KB049766

제2판

헌법학

장영철

박영사

제2판 머리말

헌법학 교과서를 출간한 지 1년 반이 지났다. 길지 않은 시간이지만 헌법의 규범력은 공적영역에서 부단히 발현되고 있다. 따라서 제2판에서는 그간의 발전된 헌법이론과 판례 및 제·개정법령을 반영하였다.

헌법이론적 측면에서는 사적자치의 기본권성을 인정하는 헌법재판소판례와 학설을 바탕으로 기본권의 주관적 사권성을 논증하는 이론을 추가하였다. 헌법재판소 판례는 2024년 1월 선고된 것까지 보충하였다. 그간 제·개정된 재외동포기본법, 공직선거법, 정부조직법 등을 해당부분에 반영하였다. 그리고 제1판에서 나타난 오탈자를 교정하고 독해의 편의를 고려하여 문맥을 수정하는 작업도 병행하였다.

기존의 헌법교과서와 차별화된 헌법이론서를 출간하려는 의도와 달리 이해하기 어려운 부분이 있다면 과문한 저자의 책임이다. 부단한 노력으로 보완할 것을 다짐하면서 독자들의 호응을 부탁드린다.

2024년 2월
저자 장영철

머 리 말

헌법국가는 자유와 정의실현을 목표로 한다. 헌법의 기능도 국가조직법에 국한되는 것이 아니라 정치, 경제, 사회, 문화 등 공적영역의 공동체법으로 확대되었다. 이 책에서 다룬 헌법학의 대상은 제도적인 국가영역은 물론 사회, 경제 등 공적영역을 포함한다.

헌법학의 이론적 기초는 공적영역과 사적영역의 구분이다. 헌법학은 공적영역에서 국가의 역할과 권력행사자의 올바른 행동기준인 정치윤리를 제시하여야 한다. 인간의 본질은 언어와 이성에 있고, 헌법의 기능은 언어의 논리로 정치질서를 정당화하는 것이다. 인간과 헌법의 공통점은 언어를 활용하는 대화능력에 있으므로 국가의 역할과 권력행사자의 정치윤리도 대화를 수단으로 하여야 한다. 헌법학에서 대화는 윤리적 차원에서 대화윤리, 정치적 차원에서 대화민주주의, 국가론적 차원에서 민주적 헌법국가, 국가의 지도원리 차원에서는 민주주의, 법치국가원리 등으로 전개된다.

헌법은 정당한 정치적 기본질서다. 헌법은 정치적 현실과 분리할 수 없는 상호 공생관계에 있는 올바른 정치를 위한 법이다. 헌법학에서 사실적인 요소를 배제하여서는 결코 국민적 정당성을 얻을 수 없다. 이 책에서 헌법학은 정치학, 역사학, 철학 등 사실의 학문과 체계적인 연계 속에 생명력을 갖는 인문사회과학으로 설명하였다.

헌법은 국가와 사회 등 공동체의 근본법이다. 헌법학은 사실적 요소 외에 규범적 요소도 경시할 수 없다. 이 책에서 헌법학은 그 구체화법으로 정치관계법, 국가조직법과 민법, 형법 등 일반 법률과 연계하여 논했다.

헌법학은 실용학문으로 이론과 실무의 상호 보완관계에서 발전할 수 있다. 이 책에서는 국내의 학설과 판례는 물론 외국의 학설과 판례도 비교법적 관점에서 검토하여 우리 헌법학의 이해를 심화하고 개선점도 제시하였다.

　헌법학 단행본을 출간하게 된 것은 학술지에 게재했던 연구논문을 중심으로 기본권론과 국가조직론을 집필했던 경험이 기초가 되었다. 하지만 이 책은 이들 개별 헌법연구의 단순합본은 아니다. 학생과 연구자들의 수요를 고려하여 전술한 헌법학의 요소를 중심으로 집필하여 내용과 체계에서 차별화하였고, 새롭게 연구한 내용들도 있어 헌법이해에 유익한 책이 되기를 바란다.

　이 책을 출판하기까지 많은 분의 도움이 있었다. 무사히 집필을 마치기를 기도해 주신 어머니, 오랜 집필기간 배려해준 아내, 서영, 재혁에게 감사한 마음을 전한다. 박영사의 안종만 회장님, 안상준 대표님, 편집과 기획을 맡아주신 심성보 편집위원님과 조성호 이사님 그리고 교정, 색인, 목차작성 등에 수고해 주신 관계자 여러분께 진심으로 감사드린다.

2022년 7월 30일
무지개 뜬 배봉산 언덕 연구실에서
저자 장영철

차 례

제1편 헌법일반론

제1장 헌 법

제2장 헌법학의 대상

제3장 국가의 기능과 과제

제4장 헌법의 기본원리

제2편 기본권일반론

제1장 인권과 기본권의 이념

제2장 기본권의 기능(법적 성격)

제3장 기본권능력과 행사능력

제4장 국가의 기본권보장의무

제5장 기본권심사의 개요

제6장 기본권의 보호범위의 제약과 책임귀속

제7장 기본권제한의 정당성심사

제3편 개별기본권론

제1장 인간의 존엄과 가치와 행복추구권

제2장　평등권

제3장 인신권

제4장 인격과 사생활의 보호

제5장 개인활동의 자유

제6장　정신·문화생활의 자유

제7장 경제활동의 자유

제8장 참정권

제9장 청구권

제10장 사회권

제11장 국민의 기본적 의무(책임)

제4편 국가조직론

제1장 국가조직의 기본원리

제2장 국 회

제3장 정 부

제4장 법 원

제5장 헌법재판소

제6장 선거관리위원회

제 1 편

헌법일반론

헌 법

제1절   헌법의 역사와 본질

Ⅰ. 헌법의 역사

헌법의 역사를 찾는 것은 헌법의 내용을 찾는 것이다. 헌법의 내용을 찾는 것은 헌법의 개념을 찾는 작업이기도 하다.

1. 고대 그리스 폴리스의 폴리테이아: 시민공동체법

헌법의 역사는 고대 그리스에서부터 시작한다. 그리스 도시의 국가사상을 반영한 폴리테이아(πολιτεία)는 현대헌법의 역사적 기원으로 볼 수 있다. 폴리테이아는 시민공동체의 사실상의 지배질서로서 공무원과 정부의 역할 등에 대하여 규정하였다. 폴리테이아는 국가형태와 동일시하여 오늘날 헌법의 기능을 하였다.[1] 하지만 특이하게도 헌법에 윤리적 목표를 규정하였다. 시민공동체법이란 특성에 기인한 것으로 보인다. 아리스토텔레스는 공공복리에 기여하는지 아니면 지배자의 개인적

---

1) Ch. Winterhoff, Verfassung-Verfassunggebung-Verfassungsänderung, Tübingen, 2007, S. 9; J. Isensee, Handbuch des Staatsrechts, Bd. Ⅰ, § 13, Heidelberg, 1987, RN 129 f.

욕구만 충족하는지에 따라 좋은 헌법과 나쁜 헌법을 구별하였다. 그리스 헌법은 지
배질서와 공동체의 윤리적 수준을 담고 있었다.

　　이러한 점에서 가치판단을 배제한 사실상의 헌법은 동서고금을 막론하고 어느
시대, 어느 국가도 존재했다. 헌법이 없는 것은 무질서 상태이기 때문이다.[2]

2. 중세 유럽의 근본법: 계약헌법

　　중세 프랑스, 독일제국의 "근본법(lois fondamentales, leges fundamentales)"도 규
정의 체계적 질서를 파악하기 곤란한 사실상의 계약문서에 불과하였다. 즉 계획적
으로 규정한 것이 아니라 역사적으로 우연히 발생한 사건에 따라 신분적 권리보장,
왕위계승, 조직규범, 종교의 자유 등을 내용으로 한 것이었기 때문이다. 근대 이전
유럽의 소위 "근본법(Grundgesetz)"들 예컨대, 영국의 대헌장(1215), 네덜란드의 요
오이제 협약(1356), 독일의 튜빙협약(1514)도 마찬가지다.[3]

　　하지만 군주의 일방적인 처분에 따라 신분적 특권을 부여한 근본법은 16세기
중엽부터 군주와 모든 신분층의 권리를 보장하는 일반 법률보다 효력이 강한 소위
제국의 근본법으로 인정된다. 종교전쟁이후 영토국가가 시작된 1648년 베스트팔리
아 평화협정, 1555년 아우구스부르크 종교협정이 그것이다.[4] 독일에서는 17세기
초에 봉건군주의 계약, 협정 등을 국가적 차원에서 '헌법(Verfassung)'이란 표현을
하였다. 하지만 이는 국가권력의 일부분에 해당되는 것을 의미하는 것이었다. 왜냐
하면 독일은 당시, 통치질서는 자연법이나 신법에 의한 것으로 실정법에 권한을 명
시할 필요가 없다고 보았기 때문이다. 따라서 법적 의미를 가진 헌법(Verfassung)을
전통적인 의미의 '상태(Zustand, Baschaffenheit)'라는 사실적 개념으로도 이해하였다.
18세기 후반까지도 유럽대륙에서는 사실상의 계약법 형식의 근본법이 헌법의 기능
을 수행하였다.

　　예외적으로 영국에서는 17세기에 총체적인 근본법이란 의미에서 헌법(consti-
tution)이란 개념을 사용하였다. 군주권한을 제한하는 "인민협정(agreement of the peo-
ple, 1647)"과 의회주권의 법적 기초인 "정부기구(instrument of government, 1653)"는
군주와 시민 간의 관계를 규율하는 근본법보다 상위의 법적 질서로 본 것이다. 크롬

---

2) K. Stern, Das Staatsrecht der Bundesrepublik Deutschland, Bd. Ⅰ, München, 1984, S. 61.
3) K. Stern, Das Staatsrecht der Bundesrepublik Deutschland, Bd. Ⅰ, S. 63.
4) Ch. Winterhoff, aaO., S. 15.

웰(Cromwell)의 정부기구는 지금까지 유일한 영국의 성문헌법이다. 아직도 영국이
형식적 의미의 헌법을 갖고 있지 않는 것은 이러한 의회주권의 전통에 기인한다.

3. 초기입헌주의헌법: 흠정헌법, 협약헌법

17세기 유럽에서 군주단독으로 제정한 국가의 기본질서에 관한 소위 입헌군주
제의 흠정(欽定)헌법도 근대헌법의 선구자, 즉 초기입헌주의헌법으로 볼 수 있다.
흠정헌법(oktroyierte Verfassung)은 19세기 유럽에서 관례적으로 이루어졌다. 예컨
대, 1814년 프랑스헌법과 그 영향을 받은 독일제방의 헌법(1818년 바이에른과 바덴,
1820년 헤센-담쉬타트 등), 1849년 오스트리아헌법, 1868년 일본의 메이지헌법 등이
그것이다. 군주단독이 아닌 군주와 국민 내지 국민의회와의 협약헌법(paktierte
Verfassung)으로는 1819년 뷔르템베르크헌법, 1850년 프로이센헌법, 1867년 북독일
연방헌법 등이 있다. 흠정헌법이나 협약헌법 모두 군주주권원리에 기반한 명목적
헌법으로 신민의 자유는 군주 스스로 권한을 제한하는 방식의 반사적 보호대상에
불과하였다.

19세기 후반 1871년 독일의 비스마르크제국에서 비로소 헌법(Reichsverfassung)
이 국가의 불가결한 요소로 간주되었다. 1849년의 프랑크푸르트 헌법과 달리 국민
주권에 의한 헌법이 아니라 군주와 제방도시 간의 협약헌법이었다. 기본권규정도
없었다. 독일제국헌법은 제방헌법에 이미 기본권규정이 있으므로 이를 제국헌법에
반영할 필요가 없다고 보았다.[5] 이는 18세기 후반에 이미 형성된 국민주권주의 미
국헌법 및 프랑스헌법과의 차이를 방증하는 것이다. 독일제국은 헌법도 일종의 법
률로 간주하여 헌법침해법률도 입법자의 처분에 맡겼다. 독일은 바이마르헌법
(1918)에 기본권규정을 마련함으로써 20세기가 되어서야 비로소 미국과 프랑스의
근대입헌주의헌법에 근접하게 되었다.

4. 근대입헌주의헌법

근대헌법의 맹아는 17세기(1620) 메이플라워(Mayflower)호를 타고 영국에서 미
국으로 이주한 청교도들이 체결한 이주계약에서 찾아볼 수 있다. 이주계약개정의

---

5) D. Willoweit, Deutsche Verfassungsgeschichte, 3. Aufl., München, 1997, S. 217 ff; 장영철,
『기본권론』, 화산미디어, 2018, 7면.

곤란성을 명시한 것은 헌법과 같은 효력을 부여한 연원으로 볼 수 있기 때문이다. 이러한 의미의 근대헌법은 영국의 군주권한을 제한하는 "인민협정(agreement of the people, 1647)"과 의회주권을 획득한 "정부기구(instrument of government, 1653)"에서도 찾을 수 있다.

하지만 진정한 의미의 근대헌법은 18세기 후반에 탄생한 미국과 프랑스 등의 국민주권주의에 입각한 민정헌법이다. 미국의 버지니아헌법(1776), 프랑스 대혁명 이후 쉬에스(Abbé Sieyes)이론에 따라 국민의회가 의결한 입헌군주제의 프랑스헌법 (1791. 9. 3.)과 폴란드헌법(1791. 5. 3.)이 대표적인 근대헌법이다. 미국의 버지니아 헌법은 다른 주에서도 차례로 수용되었고 각주의 대표가 회합하여 미연방헌법 (1787. 9. 17.)이 제정되었다. 그리고 이내 곧 10개의 기본권을 내용으로 하는 권리 장전(Bill of Rights, 1791)을 헌법전에 편입하였다.[6] 프랑스와 폴란드 헌법은 비록 단 명으로 끝났지만 이후 유럽 각국은 프랑스헌법을 모델로 하여 권력분립, 국민의 기 본권, 헌법제정권자로서 국민 등을 내용으로 하는 성문헌법을 제정하게 되었다.

5. 현대복지국가헌법

권력분립과 국가권력에 대한 기본권보장을 내용으로 하는 18, 19세기의 근대 적 의미의 헌법은 시민적 자유주의국가 헌법이었다. 하지만 이는 산업혁명의 결과 나타난 빈익빈 부익부의 현상을 완화하는 데는 속수무책이어서 사회국가원리, 실질 적 법치주의, 헌법재판제도의 강화를 통한 헌법의 최고규범성을[7] 내용으로 하는 현대적 의미의 사회복지국가헌법으로 변모되었다. 20세기 초 바이마르공화국 헌법 (1918~1933)이 그 선구자다.

---

6) 미연방헌법제정당시에 기본권규정을 마련하지 않은 것은 영국과 달리 국민이 세운 국가는 권력남용을 하지 않을 것이라는 자연권사상에 입각한 것이었다. 주에서의 기본권침해는 이 미 기본권규정이 있는 주 헌법에 의하면 된다고 판단하였다. 하지만 연방에 의한 기본권침해 현상이 나타나자 주헌법을 모방하여 10개의 기본권규정을 마련하였다. W. Brugger, Einführung in das öffentliche Recht der USA, München, 1993, S. 5 f.; 양건, "표현의 자유", 『한국에서의 미국헌법의 영향과 교훈』, 한국공법학회, 1987, 81면 이하.

7) 헌법의 최고규범성은 1803년 미연방대법원의 Marbury v. Madison 사건에서 비로소 확립되 기 시작하였고, 독일에서는 1925년 11월 4일의 제국법원의 결정으로 법률에 대해서도 근본적 으로 위헌법률심판을 인정하기에 이른다. 이에 관해서는 Ch. Gusy, Richterliches Prüfungs- recht, Berlin, 1985, S. 80 ff.

II. 헌법개념의 상대화와 본질적 내용의 확정문제

1. 헌법개념의 다양성과 상대성

헌법의 개념은 살펴본 바와 같이 역사적 발전에 따라 고대의 공동체의 지배질서로서 사실적 헌법, 중세의 계약헌법, 근대초기 흠정헌법, 근대 프랑스 대혁명 이후의 민정헌법, 자유주의 헌법, 복지국가헌법, 법률보다 효력이 강한 형식적 의미의 성문헌법, 그렇지 않은 실질적 의미의 헌법 등으로 다양하게 나타났다. 이러한 점에서 헌법의 개념은 시대와 장소에 따라 상대화된다고 할 수 있다.

2. 헌법의 본질적 내용

헌법의 본질적 내용을 찾는 것은 헌법개념의 상대화로 인해 유동적일 수밖에 없다. 따라서 자유, 평화, 정의를 목표로 하는 민주적 헌법국가의 특성을 고려하여 헌법의 본질적 내용을 제시하고자 한다.

(1) 헌법의 형식적 특성을 고려한 본질내용

(가) 헌법의 최고규범성을 반영하는 직접 또는 간접규정이 있어야 한다. 이는 헌법제정 이후 새롭게 제정된 신법으로 인해 헌법규정의 효력이 상실될 위험을 배제하기 위한 것이다. 우리 헌법의 위헌법률심판과 위헌명령·규칙·처분심사제도가 이에 해당된다. 로마법 이후로 신법우선의 원칙은 같은 효력을 갖는 법규범을 전제로 적용되는 것으로, 효력이 다른 법규범에는 적용되지 않기 때문이다. 또한 신법우선의 원칙이 배제되는 것과 같은 취지에서 위헌임을 알면서도 기존의 헌법규정에 반하는 신법을 제정하는 소위 '암묵적인 헌법침해(Verfassungsdurchbrechung)[8]'도 물론 금지된다. 신법우선원칙의 배제와 함께 헌법침해도 배제되는 결과 헌법규정은 합헌적인 헌법개정절차에 따라서만 가능하다.

(나) 일반 법률보다 헌법개정의 곤란성을 인정하는 규정이 있어야 한다. 이는

---

8) 이는 다만 위헌위법명령규칙처분심사(헌법 제107조 제2항)의 대상이 될 뿐이다. 이에 반해 대통령이 비상계엄하에 헌법의 일부조항에 대한 침해(영장제도, 언론·출판·집회·결사의 자유, 정부나 법원의 권한)는 정상적 질서회복을 위해 헌법이 예정한 국가긴급권으로 명시적인 합헌적 헌법침해다.

헌법을 법률 중의 법률로 보는 규범주의 헌법관에서는 헌법의 본질적 징표로 본다. 우리 헌법은 단순다수결에 의한 일반 법률개정과 달리 헌법개정은 가중다수결과 국민투표를 필수적 요건으로 하는 경성헌법의 특성을 갖고 있다.

(다) 헌법의 우위를 인정하는 규정을 마련하여야 하여야 한다. 그리하여 근본법으로서 헌법의 특성을 실정법질서에 반영하여야 한다. 헌법상 국가의 기본권보장 의무(제10조 제2문), 기본권제한의 형식적·실질적 한계(제37조 제2항), 포괄적 위임입법금지원칙(제75조, 제95조) 등이 그것이다.

(2) 헌법의 실질적 특성을 고려한 본질내용

(가) 국가의 근본 질서를 실질적으로 형성하는 규정이 있어야 한다. 헌법의 규범내용은 국가와 우선적으로 관련된다. 국가는 헌법의 전제조건이자 대상이다. 헌법은 국가의 형태와 권한을 조직한다. 국가의 근본질서란 국회, 정부, 법원 등 최고 국가기관의 구성과 관할사항, 국가의 기본원리 내지 목표규정(법치국가, 민주주의, 사회국가, 문화국가, 평화국가, 환경국가 등), 제도보장(지방자치제도, 직업공무원제도 등) 그리고 국가에 대한 국민의 기본적 지위 등을 말한다. 이는 실질적 헌법을 의미하는 것이다. 하지만 형식적 의미의 성문헌법에 이러한 실질적 의미의 헌법을 모두 포괄할 수는 없다. 따라서 국회나 행정부 등 국가기관에 실질적 의미의 헌법에 관한 입법형성권을 부여하는 규정을 마련하여야 한다. 우리 헌법에서는 국민의 자격취득에 관한 국적법(제2조 제1항), 선거권형성에 관한 공직선거법(제24조), 행정각부의 설치·조직과 권한에 관한 정부조직법(제96조), 대법원과 각급법원에 관한 법원조직법(제102조 제3항) 등과 헌법기관(국회, 대법원, 헌법재판소, 중앙선거관리위원회)의 규칙제정권 등이 해당된다.

(나) 국가기관의 권한설정규정을 마련하여야 한다. 국가조직법으로서 헌법의 기능은 근본 질서형성에 국한되는 것이 아니라 국가기관에 권한을 부여하는 규정이 있어야 한다. 국가기관은 헌법에 명문의 근거가 있는 권한만 행사할 수 있기 때문이다. 따라서 헌법상 국가기관의 권한규범은 창설적 규정이다. 권한규범은 이미 존재하는 권한행사의 합법성을 단순하게 승인하는 것이 아니라 국가기관의 권한행사에 국민적 정당성을 부여하는 기능을 하는 것이다.

(다) 국가기관의 권한통제규범을 마련하여야 한다. 전술한 바와 같이 헌법에는

법의 지배이념이 반영되어야 한다. 국가기관의 헌법기속의무규정과 권력분립원칙이 이에 해당된다. 전자에 해당하는 규정으로 우리 헌법에는 국가의 기본권보장의무(제10조 제2문), 국회의 기본권제한의 형식적 한계(제37조 제2항), 대통령의 법률안 거부권(제53조)과 헌법수호의무(제69조) 등이, 후자의 권력분립원칙에 관한 규정으로 국회의 입법권(제40조), 정부의 집행권(제66조 제4항), 법원의 사법권(제101조 제1항), 헌법재판소의 헌법재판권(제111조) 등이 있다.

(라) 개인의 법적 지위에 관한 기본권규정이 있어야 한다. 현대의 민주적 헌법국가는 개인의 주관적 권리를 보장하는 헌법규정을 마련하는 것이 당연하다. 헌법에서 기본권규정은 국가기관의 객관적 목표로서 권한남용을 예방하는 소극적 권한규범으로 기능한다. 기본권의 기능은 개인에게는 자유질서로서 국가기관에는 통치질서로 고양되었다. 따라서 헌법은 사회질서를 형성하는 객관적 가치질서의 기능을 수행한다. 이러한 경향이 헌법재판소의 사법영역에의 기본권보장기능으로 발현되어 고전적인 방어권중심에서 비국가적인 사회생활목표규정으로 헌법의 범위가 확대되었다. 이제 헌법은 국가와 사회, 경제, 문화 등 전체 공동체를 아우르는 기본법질서로 기능하고 있다.

(마) 기본권이념을 반영한 국민주권규정을 마련하여야 한다. 모든 인간은 태어나면서부터 자유롭고 불가양한 권리의 주체다. 이러한 천부인권의 이념인 자유와 평등은 국가창설의 원리가 되어야 한다. 따라서 헌법은 국가의 지배 대상이자 창설주체인 국민 없이는 효력을 발현할 수 없다. 헌법의 권한설정과 권한통제규정도 기본권보장을 목적으로 한다. 그 기본권이념을 반영한 국민주권원리에 따라 국민은 헌법제정권력의 주체가 된다.

모든 국민이 평등한 자유를 향유하기 위해서 국민의 자기결정권을 보장하는 기본권규정을 마련하여야 한다. 국가기관의 의사결정은 (아래로부터 위로) 상향식으로 형성되도록 하여야 한다. 헌법상 언론·출판·집회·결사의 자유(제21조), 청원권(제26조), 국민투표권(제130조 제2항) 등이 이에 해당된다. 국가기관을 민주적으로 조직하고 정책결정에 있어 국민과의 대화의 수단을 마련하는 것은 민주적 헌법의 전형적인 특징이다. 다만 스위스와 같이 국민발안, 국민소환 등 직접민주제적 수단을 보장하는 방안이 국민주권을 보다 실질적으로 향유할 수 있음은 물론이다. 우리의 지방자치법에서는 이러한 제도를 시행하고 있다.

(바) 헌법의 권위와 계속성을 보장하는 규정을 마련하여야 한다. 헌법은 국가의 조직과 국민의 기본권을 보장하는 기능 등 국가를 비롯한 전체 공동체의 기본질서로서 그 효력의 지속이 필수적으로 요구된다. 하지만 헌법의 효력을 강제할 수 있는 기관이 없어 '헌법에의 의지'를 중시하면서 자기보장에 의존할 수밖에 없다.

따라서 헌법의 계속성과 마찬가지로 헌법의 권위보장을 위한 형식적 규정이 있어야 한다. 즉 헌법의 개정곤란성과 헌법의 우위에 관한 규정은 헌법의 실질적 내용보장규정이지만 형식적 효력지속과도 관련된다.

결국 헌법의 본질내용을 형식적 특성과 실질적 특성으로 구분하여 살펴보았지만 형식은 실질적 내용과 밀접한 관련을 갖는 것이다. 따라서 양자가 중복될 수 있다. 이는 형식적 의미의 헌법과 실질적 의미의 헌법이 구분되지만 중복되는 것과 마찬가지다.

제 2 절 헌법의 개념과 분류

I. 다양한 헌법개념

1. 종래의 학설

"헌법을 갖지 않은 국가는 없다."는 표현은 동서고금을 막론하고 어느 시대, 어느 국가도 갖고 있는 국가의 근본조직법으로서 헌법을 정의한 것이다. 헌법의 개념에 대하여는 학자마다 형식적 규정과 실질적 내용의 강조점에 따라 다양하게 주장되고 있다. 규범주의 내지 순수법학이론은 헌법을 국가의 조직과 작용에 관한 법적인 기본질서,[9] 결단주의는 헌법제정권자가 사회공동체의 정치적 생활방식에 대해서 내린 정치적 결단,[10] 통합론은 사회통합을 위한 공감대적 가치질서[11]로 정의한다.

규범주의는 규범성, 결단주의는 정치성, 통합론은 사회공동체의 가치적 요소를

---

9) W. Kägi, Die Verfassung als rechtliche Grundordnung, 1945, S. 49; H. Kelsen, Reine Rechtslehre, Wien, 1960, S. 228.
10) C. Schmitt, Verfassungslehre, 8. unveränderter Neudruck, Berlin, 1993, S. 3 ff.
11) R. Smend, Verfassung und Verfassungsrecht, S. 78; 스멘트/김승조(옮김), 『국가와 헌법』, 교육과학사, 1994, 119면.

강조한 장점이 있는 반면에, 규범주의는 공동체의 사실적 현상, 결단주의는 정치적 결단에 이르는 절차, 통합론은 국가권력의 정치적 결단을 도외시하는 문제점이 있다.

2. 마스트로나르디(Ph. Mastronardi)의 정당한 정치적 기본질서로서 헌법

(1) 헌법이란 대화로 정당성을 확보한 정치적 결단

스위스 헌법학자 마스트로나르디(Ph. Mastronardi)는 독일 철학자 하버마스(J. Habermas)[12]의 '대화론(Diskurstheorie)'[13]을 헌법학에 적용하여 헌법이란 '정당한' 정치적 기본질서로 정의[14]한다. 이는 결단주의의 정치적 결단에 이르는 절차적 정당성의 문제점을 '대화민주주의'에 의하여야 보완하여야 하는 것을 전제로 한다. 현대사회의 분화와 시민들의 정치적 무관심으로 인하여 정치권력의 담당자는 다양한 사회조직 내지 기관과의 '대화'를 바탕으로 민주적 정당성을 확보하여 국정을 운영하여야 한다고 보는 것이다.

정치적 결단을 위한 대화란 형식적인 체계 내지 절차 자체의 효율성만을 강조하는 루만(N. Luhmann)의 입장과 달리 체계(절차)뿐만 아니라 절차운용을 위한 대화의 중요성을 강조하는 하버마스(J. Habermas)의 대화론을 의미한다. 즉 루만은 전체 사회체계(Sozialsystem)에서 핵심적인 역할을 하는 정치, 경제, 법규범, 문화 등의 부분사회체계는 역사적으로 복잡한 사실관계를 해결할 수 있는 적응력을 갖춘 완결된 체계[15]로 보았다.

하지만 하버마스는 역사의 발전에 의하여 사회는 체계(System)와 생활세계

---

12) 하버마스는 1929년 독일 뒤셀도르프에서 출생하여 현존하는 철학자로 역사학, 사회학, 법학, 정치학, 심리학, 신문방송학 등 인문사회과학전반에 영향을 미쳤다. 할아버지는 목사였고, 아버지는 쾰른상공회의소 소장으로 근무했다. 1949년 괴팅겐대학에서 철학을, 1950~51년 스위스 취리히, 1951~54년 독일 본 대학에서 철학, 역사학, 심리학, 독문학, 경제학 등 인문사회과학을 두루 공부했다. 1965년 독일 프랑크프르트대학의 호르크하이머의 후임으로 철학과 사회학 정교수가 되었다.

13) J. Habermas, Strukturwandel der Öffentlichkeit, Neuauflage 1990(erste Aufl. 1961), Suhrkamp Verlag Frankfurt am Main. 이 책은 1961년 하버마스의 교수자격청구논문(Habilitation)이다. 우리의 요약본으로는 하상복, 공론장의 구조변동 읽기, 세창미디어, 2016.

14) Ph. Mastronardi, Verfassungslehre—Allgemeine Staatsrecht als Lehre vom guten und ger—echten Staat, Bern·Stuttgart·Wien, 2007, S. 140.

15) N. Luhmann, Soziale Systeme, Grundriss einer allgemeinen Theorie, 7. Aufl. 1999, Frankfurt am Main; 니클라스 루만 지음, 이철·박여성 옮김, 사회적 체계들 – 일반이론의 개요, 한길그레이트북스 169, 한길사, 2020; Ph. Mastronardi, Verfassungslehre, S. 122.

(Lebenswelt)로 분화되었다고 한다. 생활세계란 윤리적이고 공동체적인 관계와 삶을 구성·유지하고 문화와 교육을 실천하는 영역인 가정, 동호회, 직장 등을 말한다. 즉 생활세계는 의사소통행위의 원리가 지배하는 곳을 말한다. 하지만 사회체계에서 이해충돌의 조정수단으로 돈과 권력은 생활세계에서 언어의 소통기능을 대체하여 현대민주주의의 위기가 초래되었다고 진단하였다. 자유민주주의와 법치주의의 한계를 극복하기 위해서는 소통을 주된 수단으로 하는 대화민주주의(deliberative Demokratie)에 의하여 체계의 돈과 힘의 논리가 생활세계영역을 일방적으로 지배하는 것을 저지하여야 한다고 주장한다.[16]

　민주주의란 국가권력의 정당성을 사회구성원의 동의에 의하는 국가원리를 말한다. 민주주의는 체계와 생활세계를 포함하는 공적영역에서의 소통수단으로 그 핵심은 언어가 된다.[17] 언어란 단순히 객관적 사실을 표상하는 수단이 아니라 행위자들의 상호관계를 이끌어내는 힘이자 그들 사이에서 실제적인 효과를 창출하는 장치로 보는 것이다. 이와 같이 하버마스의 '대화민주주의'는 언어의 화용론(pragmatics)의 관점[18]에서 정치, 경제 등 사회체계와 생활세계에서 언어의 대화기능이 국가권력의 정당성의 토대라고 강조하는 것이다.[19]

(2) 대화의 의미와 전제조건

　대화란 자신의 주장의 정당성을 얻기 위하여 상대방에게 견해를 피력하여 설득하는 절차를 말한다. 대화는 단순한 소통과는 구별되는 것으로 대화의 궁극적 목표는 사안에 관한 성공적인 소통이다.[20] 이러한 대화를 매개로 강제 없는 합의에 이를 수 있으려면 다음과 같은 전제조건을 모두 갖추어야 한다. 첫째, 대화와 관련된 이해당사자 모두 동등한 참여권이 보장되어야 한다. 둘째, 대화참가자들은 허심

---

16) J. Habermas, Theorie des Kommunikativen Handelns, Bd. 2. Zur Kritik der funktionalistischen Vernunft, 5. Aufl. Frankfurt am Main 1997, S. 272 ff.; Ph. Mastronardi, Verfassungslehre, S. 123 FN 162 재인용. 영역본으로 J. Habermas, The Theory of Communicative Action, Vol. 2, Lifeworld and System: A Critique of Functionalist Reason, Beacon Press, Boston 2005, pp. 113; 한글번역본으로 장춘익 옮김,『의사소통행위이론』, 나남, 2006.
17) Ph. Mastronardi, Verfassungslehre, S. 110.
18) 하상복,『푸코와 하버마스』, 지식인 마을 32, 김영사, 2009, 231면.
19) Ph. Mastronardi, Verfassungslehre, S. 124; 하상복,『공론장의 구조변동 읽기』, 162면.
20) Ph. Mastronardi, Verfassungslehre, S. 381.

탄회하게 주제에 대하여 논박을 할 수 있어야 한다. 셋째, 자신들의 생각, 희망, 감정 등도 자유롭게 피력할 수 있어야 한다. 넷째, 참가자들은 모두 상대방에 미치는 부정적 영향을 두려워하지 않고 재판청구권도 행사할 수 있어야 한다.[21]

(3) 대화윤리-대화민주주의-민주적 헌법국가

대화론은 도덕적 측면에서 대화윤리라 한다. 대화윤리란 대화참가자들의 합의에 의한 국가권력의 민주적 정당성을 부여하기 위하여 몇 가지 보편적 도덕원리를 내용으로 한다. 즉 상대방에 법적 유효성을 주장할 수 있는 대화참가자들의 자기결정권, 설득력 있는 주장책임, 대화상대방을 존중하는 상호성, 정치제도에 있어서 대화참가자간 대칭성 내지 힘의 균형성, 대화참가자들의 합의원칙을 말한다. 이러한 대화윤리의 이념을 하버마스는 정치적 현실과 연계하여 대화민주주의이론으로 발전시킨 것이다. 이는 전술한 바와 같이 루만의 체계론이 바탕이 된 것은 물론이다.

정치적 이념으로 대화민주주의는 자유와 공화민주주의의 조화로서 복합민주주의의 한 유형이다. 하지만 대화민주주의는 국민적 정당성이나 공공복리를 선재하는 것으로 보는 자유민주주의나 공화민주주의와 달리 정치적 결단의 정당성을 대화참가자들의 '참여'와 '동의'에서 찾는 점에서 구별된다.

대화민주주의가 국가법에서는 자유, 정의와 평화를 추구하는 '민주적 헌법국가'로 응용된다. 민주적 헌법국가는 현대헌법이 국가에 부과한 과제수행에 있어서 대화론에 입각하여 공적영역에서 책임을 원칙으로 한다. 따라서 공적영역에서 국가와 사인은 민주주의, 법치국가, 사회국가, 경제국가 등 헌법의 지도원리를 준수하여야 한다.

(4) 대화론에 대한 비판과 반론

우선 대화론은 정책결정에 있어 대화윤리를 강조한 것으로 법과 윤리를 구분하는 헌법학에서는 이상적인 계획에 불과하다는 비판을 할 수 있다. 하지만 이는 대화론의 문제점이라기보다는 오히려 대화론의 장점을 부각시킨 것이다. 왜냐하면 대화는 상호 이해를 추구하는 것으로 이상적인 계획 없이는 목표를 달성할 수 없기 때문이다. 우리의 대화는 합의를 목표로 한다. 대화의 이상적인 목표는 실현될 수 없다하더라도 국가권력의 현실적인 대화시도는 정책결정의 정당성판단의 중요한

---

21) Ph. Mastronardi, Verfassungslehre, S. 101.

기준이 될 수 있다.[22)]

헌법제정의 시원성, 자연권성을 고려하면 헌법학에서 법과 윤리는 구분되기 보다는 오히려 중첩된다고 해야 한다. 헌법에서 일체의 사실적 요소를 배제하는 법실증주의를 거부하고 결단주의를 추구하는 입장에서 실정화된 대화윤리로 기본권의 주관적ㆍ객관적 기능을 제시할 수 있다. 기본권의 주관적 기능은 국가와 수직적 대화를, 객관적 기능은 사인 간의 수평적 대화를 보장하기 때문이다. 공적영역에서 제도자체의 효율성 이외에 제도와 이해관계있는 당사자들의 참여와 동의를 강조하는 대화론은 오늘날 형식화된 제도(내지 절차)의 문제점을 보완할 수 있는 장점을 갖고 있음에 분명하다. 예컨대, 소위 '검수완박법'과 관련되어 국회법상 위원회안건 조정제도(제57조의2), 무제한토론제도(제106조의2) 등의 형해화현상은 공적영역에서 대화윤리의 헌법적 책임(규범력)에 대한 무지의 소치다.[23)]

다음으로 대화문화가 정착되지 않은 한국사회에서 대화론은 실효성이 없다는 비판을 제기할 수 있다. 대화론은 유럽의 근대 계몽사상에 입각한 것으로 우리는 만민평등과 타해금지원칙과 같은 특수성을 갖고 있지 않다는 것이다. 살펴본 바와 같이 루만과 달리 하버마스는 국가권력의 정당성을 절차 자체보다는 절차를 운용하는 참가자들의 상호대화의 과정에서 찾는 것이라 하였다. 상대방의 동의를 구하려는 노력은 대화민주주의에서뿐만 아니라 자유와 정의를 추구하는 모든 법률관계에서 타당하다.[24)] 이는 민주적 헌법국가에서도 최소한의 필요조건이다. 대화론은 보편적인 도덕에 근거한 것은 아니지만 공동체에 대한 시민의 의무를 도덕적으로 정당화하는 근거가 될 수 있다. 즉 대화론은 현실적으로 윤리는 아니지만 동서고금에 상관없이 윤리의 형이상적 정당화근거다.[25)] 예컨대, 계약자유의 내재적 한계로

---

22) Ph. Mastronardi, Verfassungslehre, S. 135.

23) 이러한 점에서 다수결원칙의 부가적 기능은 소수가 다수결정에 승복할 수 있도록 논증책임을 부과하는 것이다. 소수가 다수가 될 수 있는 가변성이 제도적으로 보장되어야 한다. 이러한 전제가 보장되지 않은 다수결정이라도 정당성을 주장할 수는 있다. 하지만 소수는 언제든지 다수결정의 부당성을 주장하면서 헌법소송(권한쟁의, 규범통제 등)을 제기할 수 있다. 이와 같이 대화민주주의는 집단적 결정의 수정가능성을 보장한다. Ph. Mastronardi, Verfassungslehre, S. 132, FN 180. 동지 헌재결 2023. 3. 23. 2022헌라4, 판례집 35−1상, 564(593, 606)−4인 재판관의 반대의견.

24) 유럽은 근대초기 부터 커피하우스(최초 1647년 베네치아의 라 보테가 델 카페 이후 1660년 영국의 윌의 카페 등), 살롱(프랑스), 만찬회와 학회(독일) 등에서 공론이 자연스럽게 형성되었다. 하지만 우리도 최근 커피전문점, 디저트카페, 각종 동호회 등이 활성화되어 대화(공론)의 장이 확대되고 있는 것은 서양과 시기적인 차이는 있으나 공통적인 현상이라 할 수 있다.

25) Ph. Mastronardi, Verfassungslehre, S. 135.

타해금지의무(민법 제103조, 제104조, 제750조 등)를 위반하여서는 안 된다. 따라서 청약자가 계약에서 민법상 실정화된 '대화윤리'를 위반하여 낙약자의 권리를 침해하면 계약은 무효가 된다.

3. 사견

헌법은 본질적으로 정치법이다. 따라서 정치, 사회, 경제 등 일체의 사실적 요소를 배제하고 실정법만능을 주장하는 규범주의 헌법관은 배격한다. 헌법을 사회통합을 위한 공감대적 가치질서로 보는 통합론도 다수의 정치적 결단을 경시하는 문제가 있다. 결단주의도 정치적 결단에 이르는 절차적 정당성의 문제점이 있다. 이와 같은 형식적 다수결의 문제점을 보완하기 위하여 대화를 매개로 다수결의 정당성을 확보할 수 있다는 소위 대화민주주의가 제시되고 있다.

우리의 현실은 의회의 형식적 다수결, 단임제 대통령정부의 무책임, 정치신인에게 현저히 불리한 공직선거제도, 정당과 시민단체의 비민주적 운영 등으로 대의민주주의와 법치국가의 한계를 방치하고 있다. 이러한 현행 제도의 문제점을 보완하기 위하여 국가기관과 시민사회의 대화와 협력을 바탕으로 제도운용을 하여야 한다. 헌법을 정당한 정치적 기본질서로 확립하려는 소위 대화민주주의에 찬동한다.

Ⅱ. 헌법의 분류

1. 형식적 · 실질적 의미의 헌법

(1) 형식적 의미의 헌법이란 규범의 형식을 기준으로 최고의 효력이 부여된 법규범을 말한다. 즉 가중다수결이나 의무적 국민투표요건으로 개정을 어렵게 하여 법적 안정성을 추구하는 법규범을 말한다. 우리 헌법개정도 필수적 국민투표사항으로 하여 형식적 의미의 헌법에 속한다. 미국연방헌법의 개정도 주 또는 양원의원 3분의 2 이상의 발의와 4분의 3 이상의 주 의회 또는 헌법회의에서 비준을 요건으로, 스위스연방헌법개정은 국민투표와 주 투표를 필수사항으로 한다. 이와 같이 대부분의 국가는 형식적 의미의 헌법을 갖고 있다. 하지만 영국, 이스라엘, 뉴질랜드는 성문헌법전이 없어 형식적 의미의 헌법국가에 속하지 않는 예외다. 영국은 의회에서 언제든지 개정될 수 있는 법률적 효력의 헌법관습법(constitutional conven-

tions), 판례법(case law), 제정법(statute law)을 헌법의 법원으로 하여 실질적 의미의 헌법은 갖고 있다. 이스라엘도 헌법전은 없지만 영국과 달리 일련의 정치관계 기본법(basic laws)에 법률보다 상위의 효력을 부여하여 국회가 일반다수결로 폐지할 수 없도록 하고 있다.

(2) 실질적 의미의 헌법이란 규범의 내용을 기준으로 하여 국가와 사회의 근본사항에 관한 법규범을 말한다. 형식적 의미의 헌법과 달리 형식이 아니라 규범의 내용을 기준으로 구분하므로 개념적으로 그 범위를 한정하는 것은 불가능하다. 왜냐하면 실질적 의미의 헌법은 규정내용이 근본적인지 여부에 의하여 결정하기 때문이다. 하지만 일반규범에서 다음과 같은 사항을 내용으로 하는 규범은 실질적 의미의 헌법으로 구분할 수 있다. 즉 국회, 정부, 법원 등 최고국가기관의 구성과 관할사항, 기본권, 헌법개정과 법률개정절차, 지방자치단체의 권한 등을 들 수 있다.

(3) 형식적 의미의 헌법과 실질적 의미의 헌법의 관계

대부분의 국가에서 형식적 의미의 헌법은 실질적 의미의 헌법에 해당되지만 모두가 그런 것은 아니다. 역사와 전통이 오랜 헌법일수록 사문화하거나 고유한 규정을 내포하고 있는 반면에 정작 국가공동체에 중요한 규정은 없는 경우가 있다. 이 경우 형식적 의미의 헌법과 실질적 의미의 헌법이 일치하는 규정도 있는 반면에 불일치하는 규정도 있게 마련이다.

형식적 의미의 헌법과 실질적 의미의 헌법이 일치하는 것이 이상적 헌법이다. 개정이 빈번한 독일, 스위스연방헌법의 경우 이상적 헌법에 접근한 반면 1787년의 미국헌법은 이상적 헌법과는 거리가 있다.

2. 연성헌법과 경성헌법

연성헌법은 법률개정과 동일한 절차로 개정하고, 경성헌법은 법률개정절차보다 어려운 절차로 개정한다. 경성헌법 중에도 개정할 수 없는 것으로 보는 특정조문은 절대적 경성헌법이다. 절대적 경성헌법규정으로는 헌법개정의 실정법상 한계규정인 독일기본법 제79조 제3항을 들 수 있다.

일반적으로는 상대적 경성헌법규정으로 의회의 가중다수결과 의무적 국민투표를 거쳐 개정한다. 예컨대, 스위스, 호주, 일본, 아일랜드, 덴마크, 우리나라 등을 들 수 있다. 덴마크헌법 제88조는 헌법개정안에 대한 국민투표는 투표에 참석한 유권자의 과반수찬성 이외에 전체 유권자의 40% 이상의 찬성도 요건으로 하고 있다. 연방국가에서는 연방의회 이외에 지분국의 단순 또는 가중다수결에 의한 동의도 요구하고 있다. 스위스의 상원의 단순다수결, 독일의 연방참사원의 3분의 2 이상, 미국의 주 의회 4분의 3 이상의 동의가 그것이다.

3. 관습헌법과 관행

(1) 관습헌법이란 다음의 세 가지 조건을 갖춘 불문헌법을 말한다. 첫째, 성문 헌법의 흠결과 이를 대체하는 관행의 존재, 둘째, 관행의 시간적 계속성, 반복성, 항상성, 명백성, 셋째, 국가기관과 국민의 승인 내지 확신 또는 컨센서스(국민적 합의).

이와 같은 엄격한 조건 때문에 현대 성문헌법국가에서 헌법적 효력을 갖는 관습헌법을 인정하는 것은 쉽지 않다. 하지만 우리는 지난 노무현정부에서 제정한 신행정수도이전특별법에 대한 헌법소원결정26)에서 헌법재판소가 수도소재지 서울을 관습헌법으로 판시한 바 있다.

독일에서는 관습헌법의 인정여부에 대한 학설대립27)이 있다. 이에 관하여 아직 연방헌법재판소의 결정28)이 없기 때문에 이론적 논의에 그치고 있다. 하지만 연방헌법재판소가 관습헌법을 인정할 가능성은 거의 없다. 대의민주제에 충실한 연방국가에서 의회입법의 우위를 연방헌법재판소가 부인하여 초래될 수 있는 위험부담을 감당할 수 없기 때문이다.

(2) 관행은 국가기관 기속력이 없다. 예컨대, 역대국회에서 법제사법위원회 위원장은 야낭이 맡았던 관행을 제21대 국회 전반기에 여당이 차지한 것을 들 수 있다. 영국에서 헌법관행(예컨대, 하원의 다수당의 당수를 국왕이 수상으로 임명하는 것)은 정치적 관행으로 매우 엄격히 준수되어 실질적 의미의 헌법적 기능을 한다.29) 그러나 불문헌법으로 강제할 수 없다. 따라서 우리 헌법재판소가 의미하는 관습헌법으로 볼 수 없다. 스위스 연방총회(Bundesversammlung)에서는 1959년부터 2003년까지 연방정부(Bundesrat) 7인 각료를 4개 정당간 비례 배분(2:2:2:1)한 바 있다.

---

26) 헌재결 2004. 10. 21. 2004헌마554.
27) 인정설(H. Krüger, DÖV 1976, 613; B.-O. Bryde, Verfassungsentwicklung, 1982, S. 446 ff.), 부정설(K. Hesse, Grundzüge des Verfassungsrecht der BRD, 13. Aufl. 1982, RN 32 ff.), 절충설(Tomuschat, Verfassungsgewohnheitsrecht?, 1972).
28) 회피하고 있는 결정으로 BVerfGE 1, 1449(151); 2, 380(403); 29, 221(234).
29) 고광림, 『영국정부론』, 일조각, 1970, 25면.

제 3 절 헌법의 제정

Ⅰ. 헌법제정의 개념

헌법제정이란 헌법제정권력에 의한 헌법정립 내지 헌법창조를 말한다. 헌법제정은 일반적으로 국가의 성립이나 혁명에 의해 이루어진다. 예컨대, 주권국가로서 인정받기 위한 1948년 대한민국헌법, 혁명의 주체가 기존의 체제를 지지할 수 없어 제정한 1787년 미연방헌법, 1791년의 프랑스헌법 등을 들 수 있다.

헌법제정은 기존의 헌법의 입장에서 보면 위헌적인 헌법정립이다. 이에 반해 헌법개정은 합헌적으로만 이루어져야 한다는 점에서 차이가 있다. 하지만 전면적 헌법개정을 헌법제정으로 보면 기존의 헌법개정절차에 따라 합헌적으로 헌법제정이 이루어질 수도 있다. 이를 헌법개혁이라고도 한다. 예컨대, 1960년 4·19 혁명 이후에 제정된 제2공화국 헌법을 들 수 있다.

헌법은 헌법제정을 전제로 하고 헌법제정은 헌법제정권력을 전제로 한다는 점에서 헌법제정권력에 대하여 살펴보기로 한다.

Ⅱ. 헌법제정권력의 개념과 고전적 연원

헌법제정권력이란 형식적 의미의 헌법의 제정 내지 개정의 권한을 행사할 수 있는 기관을 말한다. 헌법은 최고법이므로 헌법제정권력은 법적으로 최고의 권위를 갖는다. 헌법제정행위에 의해서 헌법이 완성된다. 국민주권국가에서 헌법제정권력(pouvoir constituant)의 주체는 국민이다. 이는 민주적 헌법국가의 자명한 이치다. 하지만 사회공동체가 정치적 공동체로 기능하기 위해서는 국민적 정당성이 전제되어야 한다. 헌법의 역사에서 살펴본 바와 같이 헌법제정과정은 동서고금을 막론하고 가시밭길이었다.

헌법제정권력의 문제는 1789년 프랑스대혁명에서부터 공론화하여 이론적으로 정립한 것은 헌법학자 쉬에스[30](Abbé Sieyes, 1748~1836)였다.[31] 그는 '제3 신분이

---

30) 쉬에스의 헌법제정권력이론에 기초를 제공한 사람은 사실 바텔(Emer de Vattel)이다. 그는

란 무엇인가?'라는 저서에서 국민의 헌법제정권력(pouvoir constituant)과 제도화된 제헌권(pouvoir constitués)으로서 헌법개정을 엄격히 구분하였다. 그는 헌법제정의 이론에서 헌법제정권력의 주체 – 헌법제정의 정당성 – 한계와 절차의 문제를 파악하는 것이 중요하다고 보았다.

쉬에스의 헌법제정권력이론을 독일의 칼 슈미트(C. Schmitt)는 헌법제정권력에 의한 헌법(Verfassung)과 헌법개정의 대상인 헌법률(Verfassungsgesetz)을 구분하였다. 그리고 헌법제정권력에 의한 헌법제정도 규범정립이 아니라 정치적 일원체의 종류와 형태에 관한 총체적인 결단이라 하였다.

쉬에스나 슈미트는 동일하게 헌법제정권력은 시원성, 불가분성, 통일성을 특징으로 한다고 보았다. 다만 헌법제정의 정당성의 근거에 대하여 쉬에스는 국민이라 하고, 슈미트는 정치적 결단이라 하였다. 쉬에스는 헌법과 헌법률을 구분하지 않은 점에서 슈미트와 달리 형식적 의미의 헌법제정권한은 모두 국민에게 있다고 본 것이다.

Ⅲ. 헌법제정의 현대적 이론

1. 헌법제정의 본질

(1) 쉬에스와 슈미트의 이론: 법적 개념과 사실적 현상의 대립

쉬에스는 국민은 헌법제정권력의 주체로서 헌법 창조에의 법적 권한을 갖는다고 본다. 따라서 헌법제정권력도 법적 개념이라 한다. 이에 반해 슈미트는 헌법제정은 정치적 결단으로 순수 사실적 현상으로 본다. 따라서 헌법제정의 법적 권한은 존재하지 않으며 필요하지도 않다고 본다. 헌법제정권력의 주체는 사실적으로 존재하는 권력자라고 한다. 권력자의 정치적 의사만이 헌법제정에 필수적 요소라고 본다. 이러한 점에서 헌법제정권력은 실정헌법과 무관하게 존재하기 때문에 법적으로는 파악할 수 없는 것이라고 한다.

영국과 독일에서의 헌법을 근본법(lois fondamentales)으로 서술하며 그 제정의 주체는 입법권보다 상위에 있는 국민이라 주장하였다. 그는 당시까지의 근본법의 계약법적 성격을 부인하였다. Ch. Winterhoff, aaO., S. 24, 25.

31) K. Stern, Das Staatsrecht der Bundesrepublik Deutschland, Bd. Ⅰ, S. 143 f.

(2) 현대적 이론

(가) 쉬에스의 추종이론: 순수법학이론, 자연법론, 국제법론

쉬에스의 입장을 반영하여 헌법제정의 본질에 관해 법적 권한으로 보는 견해를 추종하는 현대적 이론이 있다. 켈젠의 순수법학이론은 법 단계에 따라 실정헌법보다 상위의 헌법제정근거를 찾을 수 없어 가정적인 근본규범을 주장하고, 자연법론은 국민주권에 따라 국민의 헌법정립에의 법적 권한이라 보거나 헌법제정권력을 행사하는 국민의 권리는 불가분, 불가양이라는 점을 근거로 제시하고, 국제법론은 외국인의 타인결정이 아닌 주권에 근거한 국민의 자기결정권을 근거로 한다.

(나) 슈미트의 추종이론: 법실증주의, 사회적 세력, 정치적 과정

쉬에스와 상반된 슈미트의 입장을 반영하여 헌법제정의 본질에 관해 사실적 현상으로 보는 견해가 있다. 법실증주의는 국가는 헌법제정으로 탄생되는 것으로 헌법제정의 법적 근거를 실정법에서는 찾을 수 없다고 하면서 다만 헌법제정권력은 사회적 세력일 뿐이라고 한다. 하우그는 켈젠의 근본규범에 반대하면서 국가와 헌법의 시작은 규범이 아니라 사회공동체를 목표로 하는 현실적인 인간의 의사라고 하면서 헌법제정권력은 윤리적 합법성인 정당성이 핵심적 관건이라 한다. 그는 또한 헌법창조는 자연 상태에서 법적 형태로 전환되는 것이지 법적 절차를 전제로 하는 것이 아니라고 한다. 같은 견지에서 엠케는 헌법제정권력은 전제되어 있는 것이 아니라면서 국민이 그 주체가 된 것도 (프랑스 대혁명과 같은) 정치적 과정을 시도하여 인정된 것을 주목해야 한다고 주장한다.[32]

2. 헌법제정의 효력근거

헌법제정의 본질에 대한 견해가 다양한 것과 마찬가지로 헌법제정의 효력근거에 대하여도 견해가 다양하다.

(1) 쉬에스의 헌법제정효력의 법적 근거로서 자연법

쉬에스는 헌법제정의 권한행사자인 국민이 원하기 때문에 헌법제정은 효력을 갖는다고 한다. 하지만 이러한 국민의 헌법제정권은 헌법보다 상위의 법규범에 근

---

32) Ch. Winterhoff, aaO., S. 139.

거가 있어야 한다. 쉬에스의 견해에 의하면 헌법제정권을 제한하는 것도 자연권으로 존재한다고 보아야 한다. 결국 쉬에스의 주장은 헌법제정의 효력은 자연법에 근거한다는 주장이다. 즉 자연법이 명령하기 때문에 헌법은 효력을 가져야 된다는 것이다. 살펴본 바와 같이 헌법제정의 자연법적 효력근거는 순수법학이론의 근본규범이나 국제법론의 자기결정권에서도 주장하고 있다.

(2) 슈미트의 헌법제정의 효력근거로서 헌법제정권력 내지 사회세력의 결단

슈미트는 쉬에스와 반대로 그때그때의 헌법제정권력의 의사가 헌법제정의 효력근거라 한다. 즉 헌법은 존재하는 정치적 의사에 의하여 효력을 발현한다는 것이다. 헌법제정권력에게 헌법창조의 수권은 필요없다고 한다. 왜냐하면 현실적인 정치세력을 법적으로 평가하면 공익적 가치 있는 것이기 때문이라는 것이다. 같은 취지로 헨케도 헌법과 헌법률의 효력근거는 규범이 아니라 인간의 결정에 기인한다고 한다. 법실증주의자도 헌법제정의 효력은 헌법의 상위법에 근거하는 것이 아니라 오로지 특정한 사회세력의 의사에 근거한다.[33]

(3) 헌법제정의 효력근거로서 정당성

이 학설은 전술한 법적 근거나 단순한 정치적 사실에 반대하면서 헌법제정의 효력근거는 정당성적 관점에 있다고 특별히 주장한다. 모든 법은 효력이나 정당성 근거를 요구하지만 헌법은 법질서의 최고규범으로서 특별한 효력근거를 제시하여야 한다고 본다. 헌법보다 상위의 법은 없기 때문에 헌법의 효력은 초실정법을 근거로 하여 정당성을 주장할 필요가 있다고 하는 것이다. 헌법의 정당성은 초실정법인 윤리적 판단기준으로 헌법의 효력근거나 효력발생의 전제조건이라고 한다. 즉 정당성 있는 헌법은 효력이 있고 존중해야 하는 것이다. 헌법제정은 정당성적 이론에 기반하여야 한다.[34]

(4) 사견

헌법의 효력은 시원적인 헌법제정의 단순한 행위의 관점뿐만 아니라 그에 내

---

33) Ch. Winterhoff, aaO., S. 143.
34) Ch. Winterhoff, aaO., S. 144.

재한 역동적인 요소들을 고려해야 한다. 즉 헌법은 피치자, 즉 국민들이 정당성을 승인하고 계속 지지하는 경우에만 효력을 발현하는 것이다.

3. 헌법제정의 주체

헌법제정의 주체, 즉 헌법제정권력의 주체에 관하여도 다양한 이론이 있다.

(1) 쉬에스의 자연법적 주체이론

헌법제정의 본질을 법적 권한으로 보는 견해는 헌법제정의 주체를 당연히 규명하여야 한다. 따라서 쉬에스는 국민만이 헌법제정권을 행사할 수 있는 자연적 권한을 갖는다고 한다. 현대에도 자연권적 논거로서 국민주권의 원칙 또는 선험적으로 국민만이 배타적인 헌법제정권의 주체라고 한다. 우리나라에서의 통설적 견해이기도 하다. 국민의 자기결정권을 헌법제정의 본질로 보는 국제법적 견해도 동일한 결론에 이른다. 외적 주권에 근거한 자기결정권은 내적으로는 헌법제정권으로 나타나기 때문이다. 내적·외적 자기결정권의 주체는 국민인 것이다. 하지만 순수법학이론은 헌법제정의 본질을 근본규범으로 주장하므로 그 창조자가 논리적으로 국민이라고 할 수는 없다.

(2) 슈미트의 사실적 주체이론

슈미트의 헌법제정권력을 정치적 결단으로 보는 견해에 의하면 정치적 공동체의 종류와 형태에 관하여 구체적인 결단을 내릴 수 있는 실력과 권위를 가진 주체를 확정할 수 없다. 헌법제정의 주체는 순수 사실적인 문제가 된다. 헌법제정 이후에만 확실하게 말할 수 있는 것으로 국민이든, 군주든, 소수집단이든 실력자가 그 주체가 되는 것이다. 예컨대, 괴츠(H. Götz)의 말대로 실력자가 그 주체가 되는 것이다. 즉 국민이든, 군주든, 소수집단이든 헌법제정 이후에만 확실하게 말할 수 있는 것이다. 예컨대, 1961년 5·16 쿠데타 이후 박정희의 군사정부도 비상조치법에 의한 헌법제정을 하여 헌법제정권력의 주체인 것이다. 헌법은 헌법제정의 주체에 대하여는 개방적인 것이다.

(3) 사견

민주적 법치국가에서 헌법제정권력은 반드시 의회가 수행한다.[35] 따라서 헌법제정권력의 수행자와 소지자를 구분하면 수행자는 대의기관이 될 수 있지만 소지자는 국민으로 보는 것이 타당하다고 본다. 이는 우리 헌법상 국민주권의 이념과 헌법제정의 효력은 국민적 정당성에서 찾아야 한다는 입장에서 헌법제정의 주체는 배타적으로 국민이어야 한다고 본다. 그 방법은 국민이 사전적으로 우리 제헌헌법 제정과정에서처럼 국민(제헌)의회에 부여하든 현행헌법처럼 국민투표로 사후승인을 하든 국민이 주체가 되어야 한다.

즉 헌법제정의 주체는 중세에는 신, 절대시대에는 군주, 근대입헌시대에는 국민 또는 국민의회 등 다양할 수 있듯이 인식의 문제가 아니라 시대주체의 승인이 핵심이다.

Ⅳ. 헌법제정의 한계

헌법제정의 본질과 마찬가지로 헌법제정의 한계에 대하여도 다양한 견해가 제시되고 있다. 이는 헌법제정의 절차와 창조할 수 있는 내용에 대한 것으로 형식적 한계와 실질적 한계로 구분하여 볼 수 있다.

---

35) 민주국가에서 의회는 항상 헌법제정기관이다. 대의민주주의에서는 국민도 헌법제정에 직접 참여한다. 전면개정의 경우 특별 헌법회의를 소집한다. 미국연방헌법 제5조는 부분개정의 경우도 소집가능하다고 규정한다. 헌법회의는 다수의 국민이 능동적으로 참여할 수 있으므로 의회의 부담을 줄여준다. 헌법제정에 다수기관이 참여하는 것은 헌법의 안정성, 민주적 정당성과 지역통합을 위해 바람직하다. 미국은 헌법개정안 발의에 상원과 하원 각각 2/3 이상의 동의와 헌법개정의 승인에 모든 주 의회 또는 주 헌법회의의 3/4의 동의를(제5조), 독일은 연방의회와 연방참사원 각각 2/3의 동의를 요건(제79조 제2항)으로 한다. 스위스는 의회, 국민, 칸톤(지분국)의 공동참여로 헌법개정(제193조)을 한다. 헌법개정에 국민투표를 실시해야 한다. 스위스는 투표자 과반수 이외에 칸톤의 과반수(12/23) 동의도 부가적으로 요구하여 '이중의 과반수'를 통과하여야 한다. 오스트리아는 전면헌법개정에 국민투표를 요구하지만 부분개정의 경우에는 연방의회나 국민의회의 2/3 이상의 요구가 있는 경우에만 실시한다(연방헌법 제44조 제3항). 프랑스는 양원(국민의회와 상원)이 제안하는 헌법개정안에 대해 양원의 의결을 거쳐 국민투표(대통령이 명할 경우)나 합동의회에서 3/5 이상의 다수결로 헌법개정을 확정한다(제89조). 우리는 국회의결을 거쳐 필수적 국민투표에 의한 개정을 한다(제130조). 특이하게 1972년 제4공화국 유신헌법에서는 대통령제안의 헌법개정은 국회의결 없이 국민투표만으로 개정(제126조 제1항)하였다. 헌법개정의 민주적 정당성과 지역통합을 도외시한 것이다.

1. 형식적 한계

헌법제정을 법적으로 강제할 수 있는 민주적 절차가 있는지에 대하여는 긍정설과 부정설 및 정당성문제로 보는 학설이 있다.

(1) 긍정설

(가) 국민의 자기결정 또는 관습법 등 유사 민주적 절차이행

외적 자기결정권의 내적 반영을 헌법제정의 본질로 보는 국제법적인 견해는 헌법제정의 절차도 국민이 자기결정에 의하여 자유롭게 형성할 수 있으므로 당연히 민주적 절차일 수밖에 없다고 한다.36) 이는 자연법원리에 의하여도 마찬가지다. 헌법제정권력은 정치적 관행에 의하여 형성된 헌법제정의 관습법에 기속된다고 한다.37)

(나) 헌법제정권력의 법적 권한의 성질과 헌법국가의 목표로서 민주적 절차이행

슈나이더는 국제법적 관점과 달리 본질적인 법적 관점에서 다음과 같이 논리적으로 설명한다. 헌법제정권력은 헌법질서를 창조하고 형성할 법적 권한이므로 '헌법의 본질'에 상응하는 절차와 내용에 의한 제한을 받는다. 규범적인 헌법초안을 마련하기 위해서는 필수적으로 법적 절차를 거쳐야 한다. 이는 헌법제정권력이 결정할 사항이다. 따라서 헌법제정권력은 국민이 주체여야 하고 헌법제정절차는 민주주의원리에 부합하여야 한다. 하지만 헌법제정권력의 주체로서 국민은 일원적으로 행동할 수 있는 동질집단이 아니기에 헌법창조를 위한 행위능력 있는 소위 국민대표기관을 구성해야 한다. 이 기관은 헌법제정권자인 국민의 위임을 받아 헌법제정작업을 수행하므로 법치주의와 민주주의에 부합하는 법적 절차를 준수할 수밖에 없다.38) 이러한 점에서 헌법제정권력기관으로서 국민은 잠재적으로 항상 헌법제정을 할 수 있는 권력이다.39) 하지만 헌법제정권력의 남용으로 법적 불안정성을 초래

---

36) Ch. Winterhoff, aaO., S. 143.
37) Ch. Winterhoff, aaO., S. 151.
38) H. P. Schneider, Handbuch des Staatsrechts, Die verfassungsgebende Gewalt, in: J. Isensee/P. Kirchhof, Bd Ⅶ, § 158, Heidelberg, 1992, S. 13, 14.
39) H. P. Schneider, aaO., 1992, S. 16.

할 수 있으므로 헌법제정에는 필수적으로 국민의 승인을 받아야 한다.[40]

헤벌레도 유사하게 민주적 헌법국가의 유형에 상응한 헌법제정의 절차를 주장한다. 헌법제정은 헌법국가를 건설하기 위한 것으로 국가의 목표가 있어야 한다.[41] 그렇지 않으면 제정된 헌법원리는 장식헌법에 불과하거나 단순한 요식행위에 불과할 수 있기 때문이다. 따라서 헌법제정이 헌법국가를 건설하기 위한 것이라면 헌법제정권력은 가장 단순한 제정절차를 추종할 것이다. 우리의 제헌헌법의 제정절차를 보면 1948년 5·10선거 이후 불과 두 달여 만에 헌법이 제정되었다. 1949년 독일기본법도 마찬가지다. 일반적으로 헌법제정은 민주적 절차를 거친다. 그 밖에 헌법제정권력을 제한하는 구체적인 다른 법적 절차는 없다. 하지만 시민들의 문화헌법으로 정당화 되려면 헌법원리를 반영하는 것이 중요하다. 헌법제정의 목표인 민주적 헌법국가의 규범력은 문화헌법의 구현정도에서 그 한계가 나타난다.[42]

(2) 쉬에스와 슈미트의 부정설

헌법제정권력이론의 창시자인 쉬에스는 국민은 스스로 제정한 헌법에도 구속되지 않는 자연상태에 존재한다. 따라서 국민은 헌법제정절차로부터 자유롭다고 한다. 헌법제정의 본질을 정치적 결단으로 보는 슈미트도 절차적 한계는 없다고 한다. 법실증주의자도 실정법에 근거 없는 헌법제정의 법적 절차도 당연히 없다고 할 수밖에 없다.[43]

(3) 헌법제정의 정당성적 관점에서 절차적 한계

헌법제정의 법적 절차는 부인하면서도 정당성적 관점에서 절차적 한계를 주장하는 견해가 있다. 헌법창조의 형식에서 국민주권이 지배하는 국가에서 제정된 헌법이 국민적 정당성을 얻으려면 민주적 절차의 한계를 존중하지 않을 수 없다고 한다.[44]

---

40) H. P. Schneider, aaO., 1992, S. 19.
41) P. Häberle, Die verfassungsgebende Gewalt des Volkes-eine vergleichende Textstufen-analyse, in: AöR 112(1987), S. 54(86f.); Ch. Winterhoff,, aaO., S. 152.
42) P. Häberle, aaO., S. 54(88, 90); Ch. Winterhoff,, aaO., S. 153.
43) Ch. Winterhoff, aaO., S. 153, 154.
44) Ch. Starck, Kommentar zum Grundgesetz, in: Mangoldat/Klein/Starck, Präambel RN 15 f; Ch. Winterhoff, aaO., S. 156.

2. 실질적 한계

헌법제정권력이 창조할 수 있는 헌법의 내용은 최소한의 전제를 반영하여야 한다는 한계긍정설과 법적인 한계는 없다는 부정설이 대립되고 있다. 실질적 한계를 긍정하는 입장에서 헌법제정권력의 초실정법적인 한계를 강조할 수밖에 없다.

(1) 긍정설

(가) 헌법제정의 자연법론을 주장하는 쉬에스는 그 한계를 분명히 제시하지는 않았지만 헌법제정의 주체가 국민이라는 점에서 자연권적 한계로 제시할 수 있다. 예컨대, 인간의 존엄과 신체의 자유 등 초국가적인 인권과 민주주의, 법치주의 등 헌법원리를 들 수 있다.

(나) 국제법적인 한계로 국제법의 일반원칙, 강행규정, 법치국가의 핵심내용인 인권 등을 들 수 있다.

(다) 헌법제정의 대상인 헌법 내재적 한계를 들 수 있다. 따라서 이는 형식적 의미의 헌법의 본질적 내용인 국가기관의 권한을 설정하고 통제하는 규정을 제정하여야 한다.

(라) 민주적 헌법국가의 한계를 들 수 있다. 인간과 시민의 권리선언 제16조의 권력분립과 인권보장은 모든 헌법국가의 핵심내용으로서 민주적 헌법국가로 동일시되는 요소다. 헌법제정권력의 주체인 국민의 의사를 반영한 것이기 때문이다. 따라서 그 효과면에서 헌법제정의 문화적 한계로도 볼 수 있다.

(마) 헌법제정권력의 정당성적 측면에서 법적 한계는 없지만 자의적인 헌법제정의 한계는 있다. 예컨대, 법치국가, 민주국가, 기본권 등 헌법개정의 실질적 한계, 국민주권에 근거한 헌법제정의 민주적 절차와 함께 민주적 헌법질서 등은 정당성을 인정받기 위한 최소한의 내용이다.

(2) 부정설

사실적 요소를 배제하고 실정법만 중시하는 순수법학이론의 H. Kelsen은 실질적 정당성은 도외시하고 형식적 합법성만 중시한다. 즉 헌법을 정치적 재량에 의한 반사적 효과로 파악[45]하기 때문에 헌법제정의 한계를 모른다.

슈미트도 헌법제정의 본질을 정치적 결단으로 보아 절차적 한계를 부인한 것처럼 실질적 한계도 부인한다.[46]

3. 소결

살펴본 바와 같이 헌법제정의 개념을 제외하고는 본질, 주체, 절차, 한계에 관하여 모두 학설대립이 있다.

하지만 대체로 국민주권을 헌법의 기본이념으로 명문화한 국가는 헌법제정권력의 주체는 국민이라고 하는 데 이의가 없다. 이는 헌법제정의 정당성을 국민이 최종적으로 승인하여야 하는 것이기 때문이다. 헌법제정의 절차나 한계에 대하여도 국민주권이나 민주적 헌법국가의 논리에 의하여 형식적·절차적 한계와 실질적 한계를 긍정하여야 한다고 본다.

V. 헌법제정과 국가성립의 관계

헌법제정과 국가의 관계에 대하여 학설이 대립하고 있다. 국가우선설과 헌법우선설이 그것이다.

1. 국가우선설

국가의 근본법인 헌법제정으로 국가도 창설되고 국가권력도 구성되므로 헌법이 우선한다고 볼 수 있지만 헌법제정은 사람이 하는 행위이므로 국가가 우선한다는 견해다.[47]

2. 헌법우선설

역사적 관점에서는 국가가 우선하지만 법적 관점에서는 국가공동체의 법적인 기본질서로서 헌법제정으로 국가가 성립한다는 점에서 헌법이 우선한다고 견해다.[48] 법실증주의에 입각하여 국가를 헌법국가로 해석하는 견해다.

---

45) 장영철, "오스트리아 헌법재판제도와 시사점", 『공법학연구』제10권 제1호(2009. 2.), 225면.
46) C. Schmitt, Verfassungslehre, Berlin S. 21 ff., 87 f.
47) 방승주, 『헌법강의 I』, 박영사, 2021, 63면.
48) 한수웅, 『헌법학』, 법문사, 2011, 4면.

3. 사견

졸견은 실정법만능의 법실증주의를 배격하고 정치법으로 헌법을 보는 전제에서 국가가 우선한다. 그 이유로 우선 헌법의 역사에 보았듯이 공동체와 관련하여 헌법개념도 상이하게 나타났다. 즉 고대 그리스 폴리스는 전체 사회공동체를 대상으로 헌법질서를 형성하였고, 근대 자유주의국가에서는 국가공동체를 대상으로 헌법을 제정하였다. 하지만 현대사회국가에서는 국가는 물론 사회, 경제, 문화를 포괄하는 전체공동체를 대상으로 헌법의 범위가 다시 확대되었다. 헌법은 국가와 사회 등 전체공동체를 포괄하여 일원적 법공동체로 조직하기 위한 정당한 정치적 기본질서다.49) 근대의 헌법국가는 현대에는 민주적 헌법국가가 된 것이다. 즉 현대국가는 국민주권에 의하여 제정된 헌법이 지배하는 공동체, 즉 공적영역을 형성할 책임을 지는 고권행사주체인 것이다.

다음으로 헌법제정의 본질을 국민의 자기결정권으로 보는 국제법적 관점에서도 국가가 우선한다. 즉 외국인의 타인결정이 아닌 내적주권에 상응하는 외적주권에 근거한 국민의 자기결정권에 의하여 헌법제정이 이루어지기 때문이다.

제 4 절   헌법의 개정

Ⅰ. 헌법개정의 개념과 연원

1. 개념

헌법개정이란 헌법에 정한 절차에 따라 헌법의 계속성과 동일성을 유지하면서 헌법조문의 일부 또는 전부를 수정·삭제·증보하는 헌법개정권력의 행사를 말한다. 헌법개정권력은 제도화된 제헌권으로 주권이 아닌 국가권력의 행사다.

---

49) Ph. Masronardi, Verfassungslehre, 2007, S. 140, RN 428.

2. 연원

(1) 쉬에스의 독자적 헌법개정권력 부인이론

전술한 개념과 달리 쉬에스는 국민의 헌법제정권력에는 헌법개정권한도 포함된다고 한다. 헌법제정권력의 주체로서 국민은 실정헌법에 의해서 헌법개정권력으로 동일한 권한을 행사한다고 보는 것이다.[50] 국민만이 헌법제정과 개정권자로서 독자적 권한을 행사할 수 있는 기관으로 국민 이외에 의회는 헌법에 의해 권한을 부여받은 기관이므로 헌법개정을 할 수 없다고 보는 것이다. 헌법개정도 헌법제정으로 보아 독자적인 헌법개정권력을 부인하는 것이다.

우리 헌법재판소[51]도 실정헌법에서 헌법제정권력과 헌법개정권력을 구별할 수 없고 헌법개정의 한계도 없다고 하면서 국민투표를 헌법 제·개정의 정당성적 근거로 제시하고 있다. 이는 쉬에스의 자연법이론을 추종하고 있는 것이다. 하지만 위헌적인 헌법개정을 헌법제정으로 우회하여 정당화하는 것은 수긍하기 어렵다. 민주적 헌법국가에서는 민주주의, 법치주의 등 헌법원리에 입각한 제·개정의 한계심사를 할 수 있기 때문이다.

(2) 바텔의 독자적인 헌법개정권력이론(의회의 헌법개정권)

바텔은 쉬에스와 달리 제도화된 국민의 헌법개정권력을 실정헌법에서 찾을 수 없다고 한다. 오히려 헌법개정기관으로 제도화된 의회가 헌법개정기관이라고 한다. 예컨대, 프랑스대혁명의 인권선언의 목록을 더욱 확대한 국민의회의 1793년 헌법개정과 미국연방헌법에 따른 연방의회의 연방헌법개정을 들고 있다.

(3) 칼 슈미트의 헌법개정권력이론(헌법과 헌법률의 구분)

슈미트는 헌법제정과 헌법개정은 질적인 차이가 있다고 하면서 헌법에서 부여한 헌법률에 대한 개정권한을 행사하는 기관은 특정되어 있다고 하였다. 따라서 쉬에스가 헌법개정권한을 헌법제정권력에 부여하는 것은 정당하지 못하다고 하였다.[52]

슈미트는 전술한 쉬에스와 달리 헌법개정권력이 행사할 수 있는 헌법에서 제

---

50) Ch. Winterhoff,, aaO., S. 167.
51) 헌재결 1996. 6. 13. 94헌마118 등, 판례집 8-1, 500 이하.
52) C. Schmitt, Verfassungslehre, S. 26, 98.

도화된 기능을 헌법제정권력은 행사할 수 없는 한계라 보았다.

Ⅱ. 헌법개정의 본질과 효력근거 및 주체

1. 본질

슈미트는 헌법개정의 본질을 전래성, 종속성, 한계성을 지닌 '제도화된 제헌권'으로 본다. 그리고 헌법과 헌법률을 구분하면서 헌법은 정치적인 결단으로 직접 헌법정립을 하지만, 헌법률은 헌법에 근거하여 전래된 권한으로 헌법개정절차를 준수하여야 한다고 보았다. 그리고 헌법률의 개정은 전체헌법의 계속성과 동일성을 유지하는 전제에서만 가능하다고 보았다.

헌법개정은 기존헌법의 개정절차에 따라 이루어진다. 이에는 전면개정과 부분개정의 방식이 있다. 그 차이점은 형식적, 실질적 측면에서 나타난다. 헌법제정으로도 파악하는 전면개정은 내용적으로 제한이 없어 기존의 모든 헌법규정을 대상으로 하는 반면, 부분개정은 개정내용의 통일성원칙에 따라 비록 다수의 조문이 해당되더라도 특정조문만 대상으로 하는 특징이 나타난다.

예컨대, 3, 5, 7, 8, 9차 대한민국헌법의 개정은 형식적으로는 헌법개정이지만 실질적으로는 전면개정인 헌법제정이다. 이는 부분헌법개정인 1, 2, 4차 헌법개정과 구별된다.

2. 효력근거

헌법제정과 달리 최고규범인 헌법에서 개정의 효력을 규정하고 있기 때문에 논의의 여지는 없다.

3. 주체

제도화된 제헌권으로 헌법에서 개정수권을 부여받은 기관이 주체가 된다. 민주국가에서 의회는 항상 헌법 제·개정기관이다. 대의민주주의에서는 국민도 헌법 제·개정에 직접 참여한다. 전면개정의 경우 특별 헌법회의를 소집한다. 미국연방헌법 제5조는 부분개정의 경우도 소집가능하다고 규정한다. 헌법회의는 다수의 국민이 능동적으로 참여할 수 있으므로 의회의 부담을 줄여준다.

헌법 제·개정에 다수기관이 참여하는 것은 헌법의 안정성, 민주적 정당성과 지역통합을 위해 바람직하다. 미국은 헌법개정안 발의에 상원과 하원 각각 2/3 이상의 동의와 헌법개정의 승인에 모든 주 의회 또는 주 헌법회의의 3/4의 동의를(제5조), 독일은 연방의회와 연방참사원 각각 2/3의 동의를 요건(제79조 제2항)으로 한다. 스위스는 의회, 국민, 칸톤(지분국)의 공동참여로 헌법개정(제193조)을 한다. 헌법개정에 국민투표를 실시해야 한다. 스위스는 투표자 과반수 이외에 칸톤의 과반수(12/23) 동의도 부가적으로 요구하여 '이중의 과반수'를 통과하여야 한다.

오스트리아는 전면헌법개정에 국민투표를 요구하지만 부분개정의 경우에는 연방의회나 국민의회의 2/3 이상의 요구가 있는 경우에만 실시한다(연방헌법 제44조 제3항). 프랑스는 양원(국민의회와 상원)이 제안하는 헌법개정안에 대해 양원의 의결을 거쳐 국민투표(대통령이 명할 경우)나 합동의회에서 3/5 이상의 다수결로 헌법개정을 확정한다(제89조).

우리는 국회의결을 거쳐 필수적 국민투표에 의한 개정을 한다(헌법 제130조). 특이하게 1972년 제4공화국 유신헌법에서는 대통령제안의 헌법개정은 국회의결 없이 국민투표만으로 개정(제126조 제1항)하였다. 헌법개정의 민주적 정당성과 지역통합을 도외시한 것이다.

Ⅲ. 헌법개정의 한계

1. 한계긍정설

헌법개정은 헌법제정을 전제로 제도화된 제헌권이다. 즉 헌법개정의 한계를 넘는 것도 헌법제정자는 할 수 있다. 하지만 헌법개정은 헌법제정자가 할 수 없는 것을 할 수 없다. 이러한 점에서 헌법개정의 한계는 살펴본 헌법제정의 형식적 한계와 실질적 한계도 준수하여야 한다.

슈미트(C. Schmitt)는 헌법과 헌법률의 구별을 전제로 헌법개정권력은 전래성, 종속성, 한계성을 지닌 '제도화된 제헌권'으로 보고 실정법적 한계와 헌법내재적 한계를 긍정하였다. 정치법으로 헌법을 이해하는 우리나라,[53] 스위스, 독일도 학설상

---

53) 김철수, 『학설판례 헌법학(상)』, 박영사, 2008, 45면; 성낙인, 『헌법학』, 법문사, 2022, 54면; 이승우, 『헌법학』, 두남, 2009, 75면; 허영, 『한국헌법론』, 박영사, 2022, 59면.

헌법개정의 한계를 긍정한다. 이하에서 자세히 살펴보고자 한다.

2. 실정법적 한계

(1) 내용적 한계

독일기본법 제79조 제3항은 인간존엄, 인권존중, 기본권에 국가권력기속, 민주적·사회적 연방국가원리를 헌법개정의 내용적 한계로 들고 있다. 이는 절대적인 경성규정으로 명명할 수 있다.

(2) 시적 한계

특정조문 또는 헌법전체의 개정을 일정한 시기가 경과한 연후에만 가능하도록 규정하는 경우를 말한다. 노예제, 과세에 관한 미연방헌법 제5조는 1808년까지는 개정을 금지하였고, 스위스 주(칸톤)헌법에서는 국가재건기간(1830~1839) 동안 3년에서 12년까지 개정금지조항을 마련하였다.

(3) 형식적 한계

헌법개정은 헌법에 정해진 개정절차에 따라 이루어져야 함을 말한다. 이는 형식적 개정절차가 아닌 개정규정의 내용적인 상호 연관성을 의미한다. 예컨대, 스위스헌법(제192조 제2, 3항)에서는 부분 헌법개정에 있어서 내용과 형식의 통일성을 보호하여야 한다고 규정하고 있다. 내용적 통일성이란 다양한 헌법개정안이 객관적으로 상호 연관성이 없다면 개별적으로 발의되어야 한다는 것을 말한다. 이는 국민들이 헌법개정안에 대한 국민투표는 개정내용을 명확히 파악한 연후에 진정한 의사표시로 실시되기를 원했기 때문이다.[54]

(4) 한국헌법개정의 실정법적 한계유무

"대통령의 임기연장 또는 중임변경을 위한 헌법개정은 그 헌법개정 제안 당시의 대통령에 대하여는 효력이 없다."(헌법 제128조 제2항)는 문언 그대로 개헌효력의 인적 소급적용을 제한하는 규정이지 개헌의 내용적 한계규정이 아니다. 이는 헌법

---

54) Haller/Kölz/Gächter, Allgemeines Staatsrecht, 5. Aufl. Baden-Baden, 2013, S. 118, RN. 380

사에서 나타난 바와 같이 장기집권을 위한 1954년, 1969년의 개헌과 같은 위정자의 장기집권의 의도를 예방하기 위한 것이다.

3. 헌법내재적 한계

헌법개정의 한계에 관한 명문규정과 상관없이 헌법내재적 한계를 인정할 수 있는지에 대하여는 논란이 있다. 긍정하는 학설이 많지만 헌법재판소[55])는 법실증주의에 입각하여 부정하고 있다.

(1) 헌법본질적 내용(헌법과 헌법률의 구별)

헌법의 본질에 해당하는 헌법과 헌법의 부수적 사항에 불과한 헌법률의 구분을 전제로 헌법본질적 내용에 반하는 헌법개정은 할 수 없다고 하는 주장이 있다 (칼 슈미트의 헌법에 위반되는 헌법률). 예컨대, 민주주의, 공화국, 연방국가, 대의민주주의, 시민적 법치국가 등이다.

헌법의 본질적 내용을 개정하는 것은 헌법개정이 아니라 헌법폐지 내지 교체 (Verfassungsbeseitigung, -wechsel)가 된다.

(2) 사실상의 한계

헌법개정은 불가능한 것을 개정할 수 없다. 예컨대, 아직 실현되지 않은 통일을 대비한 헌법개정을 강행하는 것을 들 수 있다. 하지만 의원내각제 정부형태와 같이 단순히 실현하기에 곤란하다는 사정만으로는 헌법개정의 한계로 볼 수 없다.

(3) 국제법적 한계

국제법의 강행규정에 반하는 헌법개정은 할 수 없다고 보아야 한다. 예컨대, 스위스에서는 국민발안으로 불법입국자들의 망명은 법적 구제수단을 부여하지 않고 거부할 수 있다는 개정안을 제안한 바 있다. 이는 국제관습법의 강행규정인 해악금지명령에 반하는 것으로 발안무효선언을 한 바 있다. 그 후 스위스헌법에서 헌법개정은 국제법의 강행규정을 존중하여야 한다는 규정을 명문화(제139조 제3항, 제

---

55) 헌재결 1996. 6. 13. 94헌바20, 판례집 8-1, 475; 1995. 12. 28. 95헌바3, 판례집 7-2, 841 (846 이하).

193조 제4항, 제194조 제2항)하였다. 이는 우리의 경우도 평화국가원리(헌법 제6조 제1
항)에 의하여 국제연합에 편입된 개별국가로서 국내외의 정책결정에 있어서 국제법
을 준수해야 하는 때문에 타당하다고 보아야 한다.

(4) 내용적 한계

헌법의 근본적 내용에 해당하는 예컨대, 인간의 존엄과 가치, 평등권, 민주국
가원리, 법치국가원리 등을 헌법개정의 방식으로 개정할 수 있는지 아니면 헌법제
정권자도 스스로 불가침으로 보아야 하는 내용인지에 대하여는 학설상 논란이 있
다. 헌법재판소[56]는 헌법에 헌법제정과 개정의 구분은 없고 오히려 제10장에서 헌
법개정의 대상을 제한하고 있지 않고 있는 점에서 내용적 한계는 없다고 보고 있
다. 이에 반해 다수학설[57]은 헌법제정권자도 존중해야 하는 자연법적 한계를 갖는
것으로 보고 있다. 살펴본 바와 같이 독일기본법(제79조 제3항)은 이에 관한 명문규
정을 두고 있다.

4. 한계 부인설

실정법만 중시하는 순수법학자들은 형식적 합법성만 중시하여 헌법제정권
력＝헌법개정권력＝입법권으로 파악하여 헌법개정도 헌법제정과 마찬가지로 시
원성, 통일성, 불가분성, 자율성(무한계성)을 주장한다.[58] 순수법학이론의 켈젠이
기초한 오스트리아헌법도 헌법개정의 한계를 모른다.[59] 그는 다만 가정적인 근본
규범은 국가의 동일성을 징표하는 것으로 헌법 제·개정권자가 처분할 수 없는 것
으로 보았다.[60] 근본규범을 개정하는 것은 헌법제정권력자를 교체하는 헌법파괴
(Verfassungsvernichtung, -bruch)라 하였다.

---

56) 헌재결 1995. 12. 28. 95헌바3, 판례집 7-2, 841(846 이하).
57) 김철수, 『학설판례 헌법학(상)』, 53면; 한수웅, 『헌법학』, 34면; 허영, 『한국헌법론』, 61면.
58) 김철수, 『학설판례 헌법학(상)』, 44면; 허영, 『한국헌법론』, 44면.
59) Th. Öhlinger, Verfassungsrecht, 7. Aufl., Wien, S. 29.
60) H. Kelsen, Reine Rechtslehre, S. 197, 201 ff. 204, 206.

Ⅳ. 한국헌법의 개정절차

1. 개정절차(현행헌법 제128조 이하)

개정발안권자는 대통령 또는 국회재적의원 과반수이다. 1954년 제2차 개정헌법(제98조 제1항[61])과 1962년 제3공화국헌법(제119조[62])에서는 국민도 헌법개정발안권자였다. 그 발의안은 30일 이상 공고하여야 했다. 현행헌법은 발의된 개정안은 대통령이 20일 이상 공고한다(제129조). 개정안에 대한 국민의 알권리를 충분히 보호하기 위하여 공고기간을 제2차 개정헌법과 제3공화국과 같이 30일 이상 두는 것이 바람직하다. 개정안은 공고된 날로부터 60일 이내 국회재적의원 2/3 이상의 찬성을 요건으로 의결한다. 개정안의결 후 30일 이내 국민투표에 회부하여 국회의원선거권자 과반수의 투표와 투표자 과반수의 찬성을 얻어 확정한다.[63] 대통령은 확정된 헌법개정안을 즉시 공포하여야 하므로 법률안과 달리 거부권행사는 불가능하다.

2. 대통령의 국민투표회부(헌법 제72조)에 의한 헌법개정가능여부

헌법 제72조는 "대통령은 필요하다고 인정할 때에는 외교·국방·통일 기타 국가안위에 관한 중요정책을 국민투표에 붙일 수 있다."고 규정하여 대통령에게 정부의 정책에 대한 국민투표(referendum)부의권을 보장하고 있다. 하지만 국회의 의결사항은 대통령의 임의적 국민투표의 대상이 아니다.[64] 따라서 대통령이 헌법개정을 국민투표에 회부하는 것은 위헌이다.

---

61) 1954년 헌법 제98조 ① 헌법개정의 제안은 대통령, 민의원 또는 참의원의 재적의원 3분지 1 이상 또는 민의원의원선거권자 50만인이상의 찬성으로써 한다. ② 헌법개정의 제의는 대통령이 이를 공고하여야 한다. ③ 전항의 공고기간은 30일 이상으로 한다.

62) 1962년 헌법 제119조 ① 헌법개정의 제안은 국회의 재적의원 3분의 1 이상 또는 국회의원선거권자 50만 인 이상의 찬성으로써 한다. ② 제안된 헌법개정안은 대통령이 30일 이상의 기간 이를 공고하여야 한다. 2020년 4월 20대 국회 종료 직전에 헌법개정 국민발안제가 제안된 바 있다.

63) 국민투표에 관한 이의제기는 국민투표법 제92조(국민투표무효의 소송) 국민투표의 효력에 관하여 이의가 있는 투표인은 투표인 10만 인 이상의 찬성을 얻어 중앙선거관리위원회위원장을 피고로 하여 투표일로부터 20일 이내에 대법원에 제소할 수 있다.

64) 이를 구체화하여 경성헌법원리, 대의제원리, 공고절차생략으로 알권리, 국회의원의 심의·표결권 침해로 제시하는 견해로 성낙인, 『헌법학』, 59면; 변해철, "헌법 제72조에 의한 영토조항에 대한 합헌성통제", 『고시계』(1999. 7.), 88면.

Ⅴ. 헌법의 변천

1. 개념과 헌법개정과의 관계

국가의 근본규범으로서 헌법은 추상성, 개방성, 미완성의 규범적 특질이 있다. 따라서 헌법은 고정적일 수 없고 고정되어서도 안 된다. 헌법은 '역사발전에 따라 존속을 유지'할 수 있다. 그 방법으로는 조문의 수정·삭제·증보를 동반하는 형식적인 헌법개정과 헌법규정의 변화없는 헌법변천이 있다. 즉 헌법변천 내지 변질이라 함은 헌법규범내용이 시간의 경과에 따라 헌법해석에 의하여 다른 의미로 변질되는 것을 말한다.

헌법변천의 한계를 넘는 경우 헌법개정을 하여야 한다는 견해[65]가 있다. 하지만 헌법해석의 가능성은 헌법규정의 개방성, 추상성으로 인해 폭넓게 인정되어야 한다. 따라서 헌법변천의 한계를 넘는 경우란 헌법변천의 결과를 헌법개정으로 수용할 가치공감대가 형성된 경우를 의미한다. 예컨대, 동성혼의 경우 입법적 보호수준이 아니라 헌법상 혼인보호와 동일한 개인적 공권으로 보호할 필요성을 인정한 경우가 이에 해당된다.[66]

2. 헌법변천의 원인과 사례

헌법변천은 실질적인 헌법개정으로 다음의 세 가지 경우가 헌법실무에서 나타나고 있다.

(1) 기술의 발전

법규범은 일반·추상적인 규정형식으로 되어 있어 제정당시에 미처 예상하지 못했던 사례도 본질적으로 포섭할 수 있다. 헌법규범은 근본규범으로서 특히 개방성, 미완성성의 특질이 나타나고 일반법률에 비하여 포섭의 여지가 더욱 많다. 이러한 점에서 헌법변천은 규범에 포섭의 여지가 있을 경우에는 반드시 필요하지 않다. 오히려 헌법규범의 해석을 종래와 달리 새롭게 추가하여 변화를 시도하려는 경우 헌법변천을 고려할 수 있다.

---

65) 한수웅, 『헌법학』, 법문사, 2011, 30면.
66) 장영철, "일반적 행동자유권", 『서울법학』 제28권 제1호(2020. 5.), 1(32).

예컨대, 개인정보자기결정권, CCTV, 인터넷, 컴퓨터 등 정보기술매체의 신뢰
성 및 완전성보장에 관한 권리 등과 같이 불문기본권을 도출하는 경우가 헌법변천
에 해당된다. 헌법재판소는 개인정보자기결정권을 인격권 또는 사생활의 자유[67]에
서 도출하거나 독자적 기본권[68]으로 판시하고 있다. 하지만 헌법재판소는 개인정
보자기결정권과 달리 CCTV나 인터넷, 컴퓨터의 경우 헌법차원에서 새로운 기본권
을 도출하지 않았다.[69] 기술의 발전과 함께 생활관계도 변화한다. 어느덧 CCTV,
인터넷, 컴퓨터의 일상화 등에 의한 위험을 특별히 보호할 필요성이 커지고 있다.

(2) 사회현실과 가치관의 변화

전술한 기술의 변화와 달리 사회현실과 가치관의 변화에 의한 헌법변천은 헌
법해석의 한계 내의 헌법변천으로 정당화될 수 있는지 아니면 헌법변천의 한계를
넘어 헌법개정사항에 해당되는지 여부를 구별하기 매우 어렵다. 예컨대, 동성혼
이 우리 헌법(제36조 제1항)에서 보호하는 혼인과 가족에의 권리에 포함될 수 있는
지 여부다. 혼인과 가족을 특별한 결합관계로 보고 그 구체적 목적을 '재생산'에 있
다고 보는 전통적 해석론에 의하면 헌법변천으로 볼 수 없다. 헌법개정사항인 것이
다. 하지만 현대사회의 다양한 형태의 동반자관계를 이성혼과 같은 정도의 혼인으
로 헌법적 보호를 할 필요성이 인정되면 헌법변천으로 볼 수 있다. 오늘날 기러기
부부, 주말부부, 별거부부 등 다양한 가족형태도 고려하면 동성혼에 대한 법적 보
호를 마냥 부정할 수만은 없기 때문이다.

이러한 점은 전술한 개인정보자기결정권의 경우도 기술의 변화 이외에 사회현
실의 변화에 따라 요구된 입법적 보호의 필요성에 의해 기본권으로 변천된 것이다.

---

67) 헌재결 2005. 7. 21. 2003헌마282, 판례집 17-2, 81, 90; 2008. 10. 30. 2006헌마1401 등, 판
례집 20-2상, 1115
68) 헌재결 2012. 8. 23. 2010헌마47 등, 판례집 24-2상, 59; 2010. 5. 27. 2008헌마663, 판례집
22-1하, 323, 333; 개인정보자기결정권의 헌법상 근거로는 헌법 제17조의 사생활의 비밀과
자유, 헌법 제10조 제1문의 인간의 존엄과 가치 및 행복추구권에 근거를 둔 일반적 인격권
또는 위 조문들과 동시에 우리 헌법의 자유민주적 기본질서 규정 또는 국민주권원리와 민주
주의원리 등을 고려할 수 있으나, 개인정보자기결정권으로 보호하려는 내용을 위 각 기본권
들 및 헌법원리들 중 일부에 완전히 포섭시키는 것은 불가능하다고 할 것이므로, 그 헌법적
근거를 굳이 어느 한두 개에 국한시키는 것은 바람직하지 않은 것으로 보이고, 오히려 개인
정보자기결정권은 이들을 이념적 기초로 하는 독자적 기본권으로서 헌법에 명시되지 아니한
기본권이라고 보아야 할 것이다.
69) 헌재결 2016. 4. 28. 2015헌마243, 판례집 28-1하, 122.

예컨대, 헌법재판소결정에 나타난 주민등록번호 유출 또는 오남용으로 인한 피해에 대하여 주민등록변경을 일체 허용하지 않는 입법의 헌법불합치결정[70]을 들 수 있다.

(3) 기본권목록의 국제법적 기준수용

우리 헌법 제6조는 "헌법에 의하여 체결·공포된 조약과 일반적으로 승인된 국제법규는 국내법과 같은 효력을 갖는다."(제1항)고 규정하고 있다. 따라서 국제법규는 우리 헌법상 기본권목록의 흠결을 보완하여 인권신장에 기여할 수 있는 방안이 될 수 있다. 하지만 우리 헌법재판소는 국제법적 기준수용에 아직 소극적이다.

제 5 절 한국헌법의 제·개정의 역사

Ⅰ. 한국헌법사에서 공화국의 분류

1. 공화국의 개념

공화국이란 소극적 의미로는 군주국에 대칭되는 개념이고 적극적 의미로는 자유, 평등, 복지원리에 입각한 국민주권주의국가로 정의하고 있다.[71] 공화국이란 프랑스대혁명으로 루이 16세의 항복을 받아내어 건설된 자유평등박애의 국가를 의미하는 것이다. 우리도 비록 시민혁명을 겪지 않은 국가이지만 최소한 군주주권을 부정하는 국가다. 제헌헌법이전의 홍범 14조도 국민주권의 민정헌법이었다. 이러한 견지에서 공화국의 시대구분에 대하여 살펴보고자 한다.

2. 공화국 분류에 관한 학설

(1) 순차적 공화국칭호 부인설

헌법의 변동을 실질적인 관점에서 본다면 우리 헌법개정시에 있어서 헌법제정권력의 변동이 없었기 때문에 대한민국은 공화국일 따름이고 제1, 2의 호칭은 부당

---

70) 헌재결 2015. 12. 23. 2013헌바68, 판례집 27-2하, 480.
71) 성낙인, 『헌법학』, 117, 120면.

하다는 견해다. 다만 형식적인 관점에서 본다면 제3, 5차 개헌은 제2, 3공화국헌법이라 볼 수 있지만, 유신헌법이나 제8차 개헌은 헌법제정이 아니라 헌법개정이라고 하는 것이 옳다고 한다.[72]

(2) 헌법제정권력의 발동기준설

제3, 5, 7, 8, 9차 개헌은 형식적으로는 헌법개정이지만 실질적으로는 제정에 해당한다. 제3차는 권위주의적 신대통령제에서 민주공화국건설 및 기본권보장을 철저히 한 점, 제5차는 비상조치법개정의 형식으로 구헌법전면개정, 제7차는 비상조치시기에 개정한 신대통령제 헌법으로 헌법개정의 한계를 일탈하였다.[73] 제8차는 헌법전문에 제5공화국을 명시하였고 독재주의 통치체제에서 권위주의 통치체제로 전환한 점, 제9차는 국민적 저항, 6·29선언의 명예혁명적 성격에서 헌법제정으로 볼 수 있다고 한다. 제6공화국으로 명명하여도 무방하다는 것이다.[74]

(3) 프랑스의 공화국구분기준 적용설

지도이념, 헌정중단여부, 헌법제정권력의 교체여부를 기준으로 공화국의 서수표기를 하는 프랑스모델에 의하면 적어도 1987년 헌법제정의 사실상 주체는 1980년 제5공화국헌법 제정주체와 동질집단이기에 제6공화국이라 부르기 어렵다는 주장이다.[75]

(4) 민주주의적 관점 구분설

헌정사의 시대구분은 민주주의적 이념과의 조화여부 내지 민주화정도를 척도로 구분하여야 한다고 하는 견해다. 이 시각에서 3단계로 구분하여 1948.~1961. 5. 민주헌정출범기로 제1공화국, 1961. 5.~1988. 2. 민주헌정수난기(군사정부시대), 1988. 2. 25.~현재는 민주헌정부활기로 제2공화국이라고 한다.[76]

---

72) 윤세창, 『신헌법』, 89, 90면: 김철수, 『학설판례 헌법학(상)』, 125면 각주 1에서 재인용.
73) 이 중 제3차 개정은 전면개정이라는 점에서 헌법개혁으로 보는 견해로 허영, 『한국헌법론』, 49면.
74) 김철수, 『학설판례 헌법학(상)』, 113면 이하; 성낙인, 『헌법학』, 93면; 이승우, 『헌법학』, 두남, 2009, 201면.
75) 허영, 『한국헌법론』, 123, 124면.
76) 권영성, 『헌법학원론』, 99면.

(5) 헌법규범과 헌법현실일치여부 기준설

뢰벤슈타인(K. Loewenstein)의 헌법분류방법인 헌법규범과 헌법현실의 일치여부를 기준으로 하여 헌법사를 구분하는 견해도 있다. 우선, 명목적 헌법시대로 헌법규범은 입헌주의였지만 현실은 권위주의로 나타난 제헌헌법, 1963년 제3공화국헌법이 이에 해당된다.

둘째, 권위주의체제의 악법이란 의미의 명목적 헌법시대로 유신헌법이 전형적이고 1980년 제5공화국헌법은 유신헌법보다 입헌주의 요소를 부분적으로 회복하였지만 기본적으로 권위주의를 벗어나지 못하였다. 헌법현실은 제5공화국시대가 더 전제주의적 성격이 강했다고 볼 수 있다.

셋째, 헌법규범과 헌법현실이 입헌주의적 성격을 가졌지만 헌법적 안정성이 떨어진 제2공화국 헌법을 말한다. 헌법현실에서 권력을 담당할 능력을 갖추지 못했기 때문이다.

넷째, 헌법규범과 헌법현실의 괴리를 좁힌 규범적 헌법시대는 현행헌법이다.[77]

3. 헌법재판소와 대법원

대법원[78]은 제8차 헌법개정을 제5공화국 헌법제정이라 하고, 헌법재판소[79]도 1987년 제9차 개정인 현행헌법을 제6공화국 헌법이라 한다. 즉 "우리나라의 선거권 연령의 연혁을 보면 제헌헌법부터 제2차 개헌시까지는 대통령·부통령선거법과 국회의원선거법에 21세 이상으로 규정하였으나, 제3차 개헌(1960. 6. 15. 개정)당시부터 제4공화국 헌법(유신헌법)과 제5공화국 헌법까지는 헌법에 20세의 규정을 두었다. 제6공화국 헌법(1987. 10. 29. 개정)인 현행헌법은 법률에 위임하였다."라고 판시하고 있다.

4. 사견

헌법제정권력발동을 기준으로 하는 다수학설과 이를 추종하는 헌법재판소결정에 따라 공화국의 순차를 구분하기로 한다. 그 이유는 프랑스의 제4공화국에서 제5공화국으로 순차변화도 헌법제정권력의 발동을 기준으로 했던 점,[80] 제2공화국

---

77) 양건, 『헌법강의』, 법문사, 2014, 96면.
78) 대판 1985. 1. 29. 74도 3501.
79) 헌재결 1997. 6. 26. 96헌마89, 판례집 9-1, 674(681).
80) 성낙인, 『헌법학』, 92면.

부터 현행 헌법의 공화국의 순차기준도 헌정중단 또는 지도이념의 변화에 따라 헌법규범을 기준으로 하여 4·19 혁명과 제2공화국, 5·16 군사쿠데타와 제3공화국, 유신조치와 제4공화국, 12·12 군사쿠데타와 제5공화국, 6·29 명예혁명과 제6공화국 등으로 구분하여 객관적이라는 점에서다.

II. 공화국 이전의 헌법의 역사

1. 고조선, 삼국, 고려, 조선시대의 국가법

(1) 고조선, 삼국, 고려의 국가조직법

헌법은 국가의 성립을 전제로 하므로 영토국가인 고조선, 삼국, 고려, 조선시대까지 거슬러 올라갈 수 있다. 국가통치의 규범으로 볼 수 있는 것으로 고조선의 팔조금법, 고구려의 5부 귀족의 고위관료와 12관등의 권력체계, 신라의 골품제와 만장일치의 화백제도, 백제의 6좌평 16품 관등제 등이 있다. 그러나 이는 신분제와 부족국가의 한계로 법치주의에 의한 헌법과 구별되는 국가조직법에 불과하였다.

중세의 고려시대도 왕건이 후삼국을 통일하여 호족연합정권을 수립하여 호족과 서민들을 중심으로 하여 국민국가에 유사한 통치체제를 갖추고 있었다. 하지만 숭불정책과 도참사상에 따라 국정을 수행한 국가법인 훈요십조는 헌법과는 본질적으로 다르다.

(2) 조선전기의 흠정헌법

고려 말의 불교의 폐해와 대몽항쟁을 극복하고 탄생한 조선은 봉건국가의 성격에서 탈피하여 전제군주제의 근대국가로의 전환을 의미한다. 조선은 유교정책에 의한 예치와 덕치를 통치이념으로 하였다. 이에 관한 법규로 정도전의 조선경국전, 조준의 경제육전, 이를 개정하여 만든 원육전, 속육전과 중국의 법제를 체계화하여 우리에 응용한 정전, 세조에 호전, 형전이 편찬되고 성종에 완성된 경국대전[81]이 있다. 경국대전은 특히 자연법과 국민의사존중 및 법전개정은 증보에 의해서만 가능한 조종성헌준수(祖宗成憲遵守)원칙으로 법적 안정성을 강조하여 법치주의에 입각한 법전으로 평가할 수 있다.[82] 또한 권력분립체계로 국정의 최고기관인 의정부는

---

81) 우리말 번역본으로 법제처, 『경국대전(상)(하)』, 평화당, 1962.

영의정, 좌·우의정, 6조와 홍문관, 사간원, 사헌부의 3사의 견제기관도 있었다. 그럼에도 불구하고 사대부중심의 양반제도와 전제군주제의 한계로 주권재민의 근대적 의미의 헌법과는 거리가 멀었다.

(3) 조선말기 민정헌법: 홍범 14조

이와 달리 구한말 갑오개혁(1894)에서 천명한 홍범 14조는 대외적으로 개국기원을 사용하여 청과의 예속관계를 벗어나 독립된 주권국가임을 천명하고 대내적으로 왕실사무와 국정사무를 분리하고, 조세법률주의와 일년예산주의, 재판제도, 사농공상의 신분제철폐와 고문과 연좌제금지를 규정하였다. 홍범 14조는 국민주권의 민정헌법이었다. 하지만 대한국 국제는 반동으로 군주주권의 흠정헌법으로 후퇴하였다. 즉 대한국 국제(1899)는 대한국이라는 국호를 사용하고 500년 역사전통을 가진 군주주의 전제정치국가라고 천명하고 대황제의 권한으로 통수권, 입법권, 은사권, 관제권, 행정명령권, 영전수여권, 외교권 등을 규정하였다. 어쨌든 홍범 14조와 대한국 국제는 근대헌법에 접근한 국가법으로 분류할 수 있다.

2. 일제강점과 미군정의 무정부시대

(1) 제헌헌법의 모체로서 상해임시정부 헌법

일제강점기 상해임시정부에서 헌법을 제정하였다. 하지만 상해임시정부는 대외적으로 주권을 상실한 망명정부로서 그 제정헌법은 규범적인 헌법도 국가법도 아니었다. 그저 저항단체의 강령적 성격을 띤 임시헌법에 불과하였다. 임시헌법은 5차례에 걸쳐 개정을 하였는데 그중 1차와 5차 개정헌법은 근대헌법의 요소를 규정하고 있었다. 즉 3·1 독립정신, 삼균주의, 국민주권, 자유권보장, 권력분립, 의회제도, 법치주의, 성문헌법 등이다. 이러한 근대적인 임시정부의 헌법은 제헌헌법의 모체로 평가[83]하고 있다.

(2) 미군정하 입법과 민주의원의 입법기능 상실

연합국의 승리로 일제강점에서 해방된 우리는 미군정의 통치하에 지배되었다

---

82) 김영수, 『한국헌법사』, 학문사, 2001, 206면.
83) 김철수, 『한국헌법사』, 대학출판사, 1992, 23면; 김영수, 전게서, 333면, 407면

(태평양미국육군총사령부포고 제1호, 1945. 9. 7.). 미군정은 군정법령 제11호를 발하여 조선인차별을 철폐하기 위한 치안유지법, 정치범처벌법, 출판법 등의 법령을 폐지하고 사회질서를 유지하기 위해 군정법령 126호로 지방자치법(1946. 11. 15), 경제통제에 관한 군정법령 제90호(1946. 5. 28)를 발하였다. 다만 일본의 민법, 민법시행법, 상법, 민사소송법, 형법, 형법시행법, 형사소송법 등은 그 제정의 어려움과 기술적 이유로 그대로 적용하였다.

　미군정은 무정부의 사회공동체에서 정돈된 국가공동체로 이행하기 위한 자문기관으로 재남조선 대한민국대표민주의원(1946. 2. 14)을 설치하고 군정법령 제118호로 임시입법의원(1946. 12. 12)을 설치하였다. 입법의원은 입법의원선거법(1947. 6. 27), 공창제폐지법, 국립서울대 설치법 등 10여 개 법령의 제·개정을 하였다. 그러나 입법의원선거법을 제외하고는 사회적으로 의미있는 입법은 아니며 오히려 군정이 입법을 원한 토지개혁법은 보수세력인 한민당이 반대하였다. 입법의원이 제안한 사회적으로 중요한 조선임시약헌, 부일협력자, 민족반역자, 전범, 간상범 등에 대한 특별법률 조례, 사찰재산임시보호법, 공연법, 유흥영업정지법은 인준보류 내지 거부되어 민주의원과 마찬가지로 미군정의 감독 하에 형식적인 입법기관에 불과하였다. 이와 반면에 미군정은 영장주의, 구속이유고지, 변호인선임권, 국선변호제도, 보석제도 등 형사소송법개정(1948. 3. 20)과 군정법령 제175호로 남녀평등에 입각하여 여성에게도 선거권을 부여한 국회의원선거법제정(1948. 3. 17) 등 기본권보장입법을 하여 비교된다.

(3) 남한단독의 제헌의회구성

　미군정은 신탁통치를 반대하는 남한만의 1948년 5·10 총선거를 단독으로 실시하고 군정법령과 국회의원선거법에 의한 제헌국회를 구성하여 제헌헌법을 제정하였다. 제헌헌법에 따라 대통령선거를 실시하고 그해 12월에 유엔의 승인을 얻어 우리 대한민국은 대내외적으로 명실상부한 주권국가로 비로소 승인받게 된 것이다. 일제강점기와 미군정하에서 우리는 사회공동체로 존재하여 헌법은 물론 국가법도 없었다.

　제헌의회에서는 유진오의 헌법초안을 원안으로 권승렬의 정부안을 참고안으로 제헌헌법초안을 마련하기도 하였다. 양안은 모두 의원내각제정부, 양원제의회,

위헌법률심사권의 대법원관할, 경제조항 등에서 공통적이었다. 하지만 제헌의회에서 간선된 이승만은 대통령제 정부형태에 의한 장기집권의 야욕과 이에 동조한 미군정의 영향력 등으로 인하여 대통령제 정부형태의 제헌헌법이 제정되었다. 유진오[84]와 뢰벤슈타인(K. Loewenstein)[85]의 지적대로 우리의 독특한 대통령제 정부형태는 이미 장기집권의 불행한 헌법사를 제도화한 것이라 평가할 수 있다.

Ⅲ. 공화국의 순차에 의한 헌법사

1. 1948년 제1공화국 제헌헌법

제헌헌법의 제정으로 우리는 주권국가로서 승인되어 국가법과 헌법을 동시에 갖게 되었다. 제헌헌법은 대통령제, 단원제 국회, 통제경제를 주요내용으로 하고 있었다. 대통령의 권한으로는 국무원의 의장(제70조), 국군통수권(제61조), 긴급재정경제명령과 처분권(제57조), 헌법개정안제안권(제98조 제1항), 국무총리, 국무위원, 행정각부장관, 대법원장 등 공무원 임면권이 있다. 국무원을 의결기관(제72조)으로 하고, 헌법위원회의 위헌법률심판권, 경제는 중요한 운수, 통신, 수도, 가스 및 공공성을 가진 기업은 국영 또는 공영(제87조 제1항)으로 하는 등 통제경제를 원칙(제84조)으로 하여 개인의 자유는 그 한계 내에서 반사적으로 보장되는 것으로 하였다.

(1) 제1차 개헌(발췌개헌, 1952)

대통령의 독주를 막기 위하여 당시 야당인 한민당이 의원내각제 개헌안을 국회에 제출하였으나 부결[86]되었다. 그 후 제2대 국회의원의 선거(1950. 5. 30.)로 제헌국회와 마찬가지로 재적의원 210명 중 무소속이 126명의 다수로 선출되고 5·10 제헌선거 때 불참했던 중도파들도 대거 참여하여 당선되어 이승만의 지지세력은

---

84) 유진오, 『헌법기초회고록』, 57, 58면. 국토양단, 경제파탄, 공산주의자들의 극력한 파괴활동 등 생사의 문제를 산더미 같이 떠안고 있는 대한민국이 대통령제를 채택해 가지고 국회와 정부가 저물도록 옥신각신하고 앉아 있다면 나라를 망치기(아니면 독재국가화하기) 꼭 알맞은 것으로 나는 생각하고 있었다.

85) K. Loewenstein, Verfassungsrecht und Verfassungsrealität, in: AöR Bd. 77 (1952), S. 401; Youngchul Chang, Die Konkrete Normenkontrolle in der Verfassung der Republik Korea, Diss. Uni. zu Koeln, 1998, S. 40.

86) 국회재적의원 179명 중 찬성 79인, 반대 33인, 기권 66인, 무효 1인으로 부결되었다.

극소수에 불과하게 되었다. 이에 이승만은 간선으로는 연임이 불가능하다고 판단하고 정당의 필요성을 느껴 자유당을 창당하고 정·부통령직선제와 국회양원제 헌법개정을 시도하였다. 하지만 직선제 개헌안이 국회에서 부결[87]되자 정부는 백골단, 딱벌떼 등 정치깡패를 동원하여 공포분위기를 조성하고 야당의 의원내각제 개헌안에서 국무원 불신임제를 수용하는 대신 직선제 개헌안을 통과시키는 것으로 제1차 개헌을 이루었다.[88] 이는 정부(직선제)가 야당(국무원불신임)의 개헌안과 절충하여 이루어진 점에서 소위 발췌개헌이라고도 한다.

(2) 제2차 개헌(四捨五入개헌, 1954)

이후 제3대 국회의원 총선(1954. 5. 20.)에서 자유당이 절대다수를 차지하자 초대대통령의 중임제한철폐(3선 허용)를 골자로 그 밖에 국무총리제폐지, 군법회의 헌법적 근거신설, 주권의 제약, 영토 변경 등 중대한 사항에 대한 국민투표제, 자유경제로의 대폭수정, 국민발안제 등의 개헌안을 통과시켰다. 그러나 재적의원 203명에서 개헌의결정족수 3분의 2는 136명 이상으로 그에 한 명 부족한 135명 찬성에도 불구하고 의결을 선언한 것은 위헌이었다. 이는 대의민주주의에서는 소수점 이하 단수라도 기본권보호에 유리한 방향으로 해석함에도 불구하고 수학공식을 적용하여 개헌을 감행한 점에서 소위 '사사오입개헌'이라고도 한다.[89]

제3대 대통령에 무난히 조봉암을 이기고 당선된 이승만은 경향신문폐간, 진보당해산 등 독재정치를 감행하였다. 제4대 대통령선거도 조기 시행하여 선거운동 중 후보자 조병옥 박사가 급사하자 이승만은 단독후보로 대통령에 당선되었다. 하지만 부통령선거에서 장면의 당선이 유력해지자 이를 저지하기 위하여 이승만의 자유당정권은 관권선거로 이기붕을 당선시켰다. 이에 대해 야당은 1960. 3. 15. 실시된 대통령선거의 부정을 주장하자 학생들도 이에 항의하여 4·19 혁명을 촉발시켰다. 이로 인해 이승만의 자유당정권은 하야선언과 함께 하와이로 망명하여 12년 장기집권이 막을 내렸다.

---

87) 국회재적의원 210명 중 출석의원 163인, 찬성 19인, 반대 143인, 기권 1인으로 부결되었다.
88) 출석의원 166인 중 찬성 163인, 반대 없이 기권 3인으로 가결되었다.
89) 자유당 소속 최순주 국회부의장은 11월 29일 본회의를 다시 개최하여 "27일의 국회본회의에서 부결선언을 한 것은 본인의 착각에 의한 것이므로 부결되었다고 선포한 것을 취소한다." 고 말하고 가결 선포함. 대한민국국회 50년사, 200면 이하.

2. 1960년 제2공화국 헌법

이승만 정권 몰락 후 허정과도내각이 들어서 6. 15. 내각책임제 개헌안기초특별위원회에서 제출한 개헌안을 압도적 다수[90]로 가결하여 제2공화국 헌법이 탄생되었다. 이는 형식적으로는 개정이지만 실질적으로는 4·19 혁명으로 인한 헌법제정이었다. 따라서 제2공화국 헌법으로 명명할 수 있다.[91]

(1) 제3차 개헌(의원내각제개헌, 1960. 6.)

제3차 개헌은 4·19 민주이념을 반영하여 의원내각제정부형태, 정당보호와 기본권의 본질적 내용침해금지조항 및 헌법재판소를 신설하는 등 당시 서독기본법을 모방하였다. 또한 부정선거를 척결하려는 제2공화국 건설의 민주당 의지를 반영하여 중앙선거관리위원회를 헌법기관으로 규정한 특색도 있다.

(2) 제4차 개헌(소급입법개헌, 1960. 11.)

민주당은 소급입법에 의하여 반민주행위자의 공민권제한을 위한 특별입법의 근거를 부여했고, 나아가 이들 형사사건을 관장하기 위하여 특별재판소와 특별검찰부를 둘 수 있도록 하였다. 그러나 젊은 패기로 정권을 잡은 민주당은 의욕만 있고 경험이 부족하였다. 더구나 신파와 구파로 분열하여 박정희의 5·16. 군사쿠데타로 만 1년도 채우지 못하고 해체되었다. 쿠데타세력은 1961년 6월 6일 국가재건비상조치법에 의하여 국가재건최고회의를 설치하여 위원회정부를 구성하였다. 이로써 제2공화국 헌법은 파괴되었고 헌법재판소는 헌법재판소법도 제정되지 못하여 기능할 수 없었다.

3. 1962년 제3공화국 헌법

군사정부는 1961. 5. 16. 쿠데타 이후 1962년 12월 초까지 1년 6개월이나 계엄

---

90) 제35회 국회(임시회) 제37차 본회의에서 기명투표의 결과, 재적 203인 중 총 투표자 211인, 찬성 208인, 반대 3인으로 가결되었다. 대한민국국회 50년사, 250면.
91) 김철수, 『학설판례 헌법학(상)』, 116면; 문홍주, 『헌법학』, 해암사, 1993, 157면; 박일경, 축조 한국헌법, 진명출판사, 1960, 1면; 성낙인, 『헌법학』, 80면; 이승우, "한국헌정 50년 어떻게 시대구분 평가할 것인가?", 『공법연구』 제27집 제1호(1998), 57면; 허영, 『한국헌법론』, 106면 등 다수학설이다.

으로 통치하면서 헌법에 의한 정상적인 개정이 아닌 비상조치법개정으로 12. 17. 국민투표92)에 의한 제5차 개헌을 하였다. 이는 구 헌법의 전면개정으로 제3공화국 헌법제정93)으로 평가할 수 있다.

(1) 제5차 개헌(대통령제개헌, 1962. 12.)

제5차 개헌은 삼권분립에 근거한 대통령제 정부형태를 채택하고 국회를 단원제로 하였다. 헌법재판소 대신에 대법원에 위헌법률심사권(제102조 제1항)을 부여하고, 정당제도의 보장을 규정하고 복수정당제를 확보하면서 극단적 정당국가적 경향(공직선거에 소속정당의 공천을 요건으로 하고, 당적이탈·변경의 경우 의원직 상실)을 나타냈다. 헌법개정은 국회재적의원 1/3 이상 또는 국회의원선거권자 50만 이상의 국민발안(제119조 제1항)을 인정하여 스위스와 같은 직접민주제적 요소를 도입하였다. 국회와 국민이 제안한 헌법개정안은 재적의원 2/3 이상의 국회의결(제120조 제2항)을 거쳐 국민투표로 확정(제121조 제2항)하도록 하였다.

(2) 제6차 개정헌법(3선 개헌, 1969)

제7대 국회의원선거에서 여당인 공화당이 개헌 가능한 의석을 얻자 장기집권을 목적으로 국민투표를 거쳐 대통령 3선 개헌을 감행하였다. 그리고 대통령에 대한 탄핵소추발의와 의결정족수도 강화하고 국회의원정수를 250명으로 증가시키고 국회의원이 국무위원을 겸직할 수 있도록 하였다.

1971년 4월 제7대 대통령선거에서 박정희는 신민당의 김대중 후보에게 간신히 승리하여 독재의 가능성을 확보하였다. 하지만 5월 국회의원선거에서 국민은 여야의석의 균형을 만들어 박정희의 독재를 불가능하게 만들었다. 이에 박정희는 12월에 '국가보위에 관한 특별조치법'을 제정하여 초헌법적인 국가긴급권을 행사할 수 있도록 하고 당시 7. 4. 남북공동성명서발표에 의한 남북의 화해분위기를 과장하면서 헌법의 효력을 정지시키는 비상조치를 단행하였다.

---

92) 총 유권자 1,241만 2,798인 중 1,058만 5,998인이 투표하여 찬성 833만 9,333, 반대 200만 8,801, 무효 23만 7,864표로 가결되었다.

93) 제3공화국헌법은 제2공화국 헌법의 자동성을 유지한다는 점에서 헌법제정이 아닌 전부개정으로 보는 견해는 한태연, 『헌법학』, 법문사, 1983, 60면.

4. 1972년 제4공화국 헌법

비상조치에 따라 비상계엄을 선포하고 비상국무회의를 개최하여 제7차 개헌안을 통과시켰다. 이 개헌안은 소위 유신헌법이라 명명하는 것으로 정상적인 개헌절차를 거치지 않고 헌법제정권력의 변동도 없었기 때문에 헌법개정으로 보는 견해[94]도 있다. 이에 대하여는 '유신적 일대개혁'을 단행하기 위한 전면개정이라는 점에서 소위 유신헌법의 제정이라고 평가할 수 있다. 이에 따라 제4공화국 헌법으로 분류한다.

유신헌법은 신대통령제 정부형태로 대통령의 권한을 강화하여 영도적인 국가원수로 추앙하였다. 대통령은 통일주체국민회의에서 간선(제39조 제1항)되어 6년 임기 무제한 연임 가능하였다. 그 권한으로 긴급조치권(제53조)과 국회해산권(제59조)을 갖는다. 이에 반해 국회는 해임의결권(제97조)을 행사할 수 있지만 재적의원 과반수의 의결을 얻기에는 통일주체국민회의에서 선출한 1/3의 의원과 총선에서 선출된 공화당의원의 의석이 이미 과반수를 넘기에 현실적으로 불가능하였다. 국회의 회기를 단축(제82조)하고 국정감사제를 폐지하는 등 국회의 권한을 약화시켰다.

제3공화국시대의 극단적 정당국가화 경향을 완화하여 무소속출마도 허용하고 정부가 국무총리를 중심으로 연대성을 가지게 하였으며, 헌법위원회를 설치하여 위헌법률심사를 담당하게 하였다. 헌법개정에 있어서 대통령제안에 대한 개헌안은 국민투표(제126조 제1항)를 거쳐, 국회의원의 개헌안은 통일주체국민회의 의결(제125조 제3항)로 확정되도록 개헌절차를 이원화하였다.

하지만 제4공화국은 절대권력의 절대부패를 입증하듯이 1979년에 들어서 부마사태와 10. 26. 사태를 계기로 박정희는 시해되고 비상계엄이 선포되어 최규하 국무총리 권한대행체제로 이행되었다.

---

94) 헌법의 변동을 실질적인 관점에서 본다면 우리 헌법개정시에 있어서 헌법제정권력의 변동이 없었기 때문에 대한민국은 공화국일 따름이고 제1, 2의 호칭은 부당하다는 견해. 다만 형식적인 관점에서 본다면 제3, 5차 개헌은 제2, 3공화국헌법이라 볼 수 있지만, 유신헌법이나 제8차 개헌은 헌법제정이 아니라 헌법개정이라고 하는 것이 옳다고 한다. 윤세창, 『신헌법』, 일조각, 1983, 89면 이하.

5. 1980년 제5공화국 헌법

1980년 5·18 광주민주화운동을 유혈 진압한 전두환은 최규하의 하야를 종용하여 대통령으로 되고 국가보위입법회의에서 정권이양을 위한 개헌작업을 하였다. 개헌안에 대한 국민투표가 실시되어 찬성 91.6%로 제8차 개정헌법인 제5공화국헌법을 제정하였다. 이는 형식적으로는 제8차 개정헌법이지만 실질적으로는 제5공화국 헌법제정으로 볼 수 있다.95) 이 헌법에 의하여 전두환은 다시 7년 단임의 대통령(제45조)으로 간선(제39조)되었다.

그 핵심내용으로는 프랑스식 대통령중심의 이원정부제 정부형태를 기본으로 하여 대통령은 국가원수로서 행정권뿐만 아니라, 국가긴급권, 국회해산권을 갖는 반면에 국회는 국무총리나 국무위원에 대한 해임의결권(제99조)과 국정조사권(제97조)을 가졌다. 기본권목록을 확대하여 행복추구권, 사생활의 비밀과 자유, 형사피고인의 무죄추정권, 환경권, 연좌제금지규정 등을 신설하여 5·18 민주화운동을 유혈진압하면서 정권을 탄생시킨 것을 호도하였다.

군사정권은 인권유린의 규범(사회안전법, 언론기본법, 집시법, 국가보안법 등)과 함께 현실(삼청교육대 등)을 체험하게 하였다. 이에 대한 국민적 반동으로 1985. 2. 12. 총선에서 직선제개헌을 주장하는 야당의 득표율(신민, 민한, 국민당, 58%)이 여당(민정당, 35%)의 득표율을 훨씬 능가하면서 직선제개헌에 힘이 실리게 되었다. 이에 총선 이후 호헌주장을 하면서 개헌불가를 표명했던 전두환 정부가 계속된 민주화운동에 항복하여(1987. 6. 29) 직선제개헌이 이루어졌다. 6·29 선언 이후 8. 31. 여야 합의에 의한 헌법개정안기초소위원회를 구성하여 개정안을 기초하여 1987. 10. 12. 제137회 국회(정기회) 제5차 본회의에서 총 258표 중 가 254, 부 4표로 헌법 제131조 제1항에 따라 재적의원 3분의 2 이상의 찬성을 얻어 헌법개정안이 의결되었다.96)

---

95) 김철수, 『학설판례 헌법학(상)』, 116면; 문홍주, 『헌법학』, 해암사, 1993, 157면; 박일경, 『축조 한국헌법』, 진명출판사, 1960, 1면; 성낙인, 『헌법학』, 80면; 이승우, "한국헌정 50년 어떻게 시대구분 평가할 것인가?", 『공법연구』 제27집 제1호(1998), 57면; 허영, 『한국헌법론』, 106면 등 다수학설이다.
96) 『대한민국국회 50년사』, 670면 이하; 『헌법·국회법 연혁집』, 국회사무처, 2006. 110면.

6. 1987년 제6공화국 헌법

이는 형식적으로는 제9차 개정헌법이지만 실질적으로는 6·29 선언의 명예혁명적 성격을 인정하여 제6공화국 헌법으로 명명된다.[97] 이는 현행헌법으로 30여 년간 규범력을 유지하고 있다. 그 특징으로 대통령은 직선에 의한 5년 단임제로 하고, 국회해산권을 삭제하였다. 국회의 국정감사권을 부활하는 등 국회의 권한을 강화하고 독립한 헌법재판소를 신설하는 등 프랑스식의 강력한 대통령중심의 이원정부제를 완화시켰다. 그 밖에 자세한 것은 현행헌법으로 제4편에서 자세히 논한다.

제 6 절   정치법으로서 헌법의 특성

1. 규범주의 헌법의 배격과 헌법의 사실적 요소로서 정치성

국가와 법질서를 동일시하는 규범주의는 개념본질상 국가는 일체의 불법을 행할 수 없다고 본다. 순수법학이론은 동시에 순수국가론이고 모든 국가론은 국가법론이 된다. 1920년 오스트리아 연방헌법은 이러한 규범주의 순수법학이론에 입각하여 제정되었다. 헌법의 최고규범성에 대하여도 있는 그대로 근본규범으로 제정되었기 때문이라고만 설명한다. 헌법에 내재한 권력의 역학관계, 가치결단이나 정치, 경제, 사회, 역사 등 일체의 사실적 요소를 배제한다.

국가법으로서 헌법을 서술하는 본서는 국가를 법질서로 간주하여 정치, 사회, 역사 등 일체의 사실적 요소를 배제하고 합법성만 강조하는 규범주의를 배격한다. 정치성을 갖는 최고국가법으로서 헌법을 설명하고자 한다. 슈테른(K. Stern)은 헌법의 정치성에 대하여 "국가를 연구대상으로 하는 국가법, 헌법 등은 정치적 의사, 정

---

97) 김철수, 『헌법학』(상), 박영사, 2008, 116면; 문홍주, 『헌법학』, 해암사, 1993, 157면; 박일경, 『축조 한국헌법』, 진명출판사, 1960, 1면; 성낙인, 『헌법학』, 84면 등 다수학설이다. 판례도 마찬가지다. 대판 1985. 1. 29. 74도 3501; 1991. 9. 10. 91다18989. 헌재결 1995. 12. 15. 95헌마221. 반대설 이승우, "한국헌정 50년 어떻게 시대구분 평가할 것인가?", 『공법연구』 제27집 제1호(1998), 58면 이하; 허영, 『한국헌법론』, 122면 이하. 공화국구분의 기준으로 지도이념, 헌정중단여부, 헌법제정권력의 교체여부를 제시하면서 제9차 개정헌법은 제6공화국 헌법으로 평가할 수 없다고 본다.

치적 힘의 역학관계 내지 역동성을 배제할 수 없다. 정치적 의사는 국가법 제정이전에 전제되어 있는 것이다. 국가법은 정치적 의사를 순화, 조직, 형성, 결정하는것이다. 국가법은 정치법, 올바른 정치를 위한 법이다. 국가법은 사회구성원들의 가치와 정치적 힘의 영향을 받아 제정된 것이다. 국가법을 제정하고 해석하는 기관은이를 간과해서는 안 된다."98)고 설파하였다. 즉 헌법이란 사회구성원들의 정치적의사와 사회통합의 가치를 담은 최고의 국가법이라 하였다.

2. 정치성의 다양한 의미

'정치' 내지 '정치적인 것'이란 개념은 다양한 의미로 해석할 수 있다. 첫째, 아테네 도시국가 폴리스에서 논하던 공적 사안을 정치적인 것이라 보는 견해다. 정치란 용어(Politik)가 폴리스(polis)에서 연유한 점을 근거로 하지만 이는 너무 포괄적이다. 공적사안에 영향을 준 연극공연도 논의 목적에 따라서는 정치적인 것으로 해석할 수 있기 때문이다. 당시 폴리스의 민회에서 논하던 것은 국가학, 신학, 윤리학, 철학 등으로 오늘날 개별적으로 발전한 학문적 특성을 고려하지 않은 해석이다. 둘째, 막스 베버의 희소한 권력의 배분, 권력의 유지, 권력의 이양에 따른 이해관계로보는 견해다. 권력을 정치현상의 본질적 계기로 본 점에서 타당하다. 다만 통치자의 권력은 피치자로부터 동의를 얻어야 한다는 점에서 민주적 정당성도 획득하여야한다. 이러한 측면을 베버도 파악하여 지배의 세 가지 유형인 전통적 지배, 합법적지배, 카리스마 지배를 제시하였다. 셋째, 칼 슈미트는 정치를 자기편인 동지와 적, 즉 우적(友敵)의 구별로 보지만 슈테른베르거는 정반대로 정치의 대상과 목적은 평화라고 보는 견해다. 슈미트가 말하는 것처럼 정치란 적과 자기편으로 나뉘어져서대결을 하게 되는 전쟁이나 내란과 같은 극한 상황에서 뚜렷이 보여지게 되는 것이사실이다. 하지만 이는 예외적인 상황으로 이를 의식적으로 일상화시키려는 것은인권침해, 민주주의나 법치주의를 형해화할 위험성을 내재하고 있다. 슈미트가 "정치에 고유한 구별은 자기편과 적의 구별이다."라고 말한 것은 정치에 있어서의 대립의 계기를 강조한 것에 의미를 부여할 수 있다. 그러나 정치에서 대립이란 극복되어야 할 대상이다. 이러한 점에서 정치의 목적을 평화로 보는 슈테른베르거의 견해가

---

98) K. Stern, Das Staatsrecht der Bundesrepublik Deutschland, Bd. Ⅰ, 2. Aufl. München, 1984, S. 16.

있는 것이다. 하지만 양 견해 모두 정치의 단면만을 강조한 것으로 완전한 개념정의
는 아니다. 정치에 대한 완전한 정의는 정치학자에게도 사실 어려운 것이다.

이러한 점에서 한나 아렌트가 주장한 것처럼 정치란 끊임없이 발생하는 모순
과 분열과 대립으로 고민하는 인간자신을 구제하기 위하여 행사하는 인간에 의한
최고·최선의 기술이요 방법이라는 의미에서 "정치란 가능성의 예술이다."라고 한
것이 옳은 것으로 평가될 수 있다.

헌법에서 정치적인 것을 제외하면 빈껍데기만 남기 때문에 멀리할 수 없다. 정
치가 추구하는 합목적성도 헌법적 정당성을 인정받아야 한다. 국민의 정치적 생활
은 정치의 도덕성, 객관적 정당성, 국민적 덕성 즉 공공복리를 바탕으로 해야 한
다.99)

3. 법과 정치의 관계

(1) 정치투쟁의 산물로서 헌법

국가법으로서 헌법규정은 그 연원에서 보더라도 정치적 투쟁의 산물이다. 즉
중세시대 교황이 황제의 주교임명과 수도원장 서품에 반대하면서 황제 하인리히 4
세와의 서임권투쟁(Investiturstreit, 1075~1122), 절대군주시대의 군주와 신흥 시민계
층과의 타협을 통한 자치권획득, 입헌주의시대에 의회와 군주의 대결에서 헌법이
탄생한 것이 바로 그 방증이다.

오늘날에도 긴급헌법규정은 쿠데타나 혁명 등 국가의 정치적 위기상황의 산물
이다. 그 긴급헌법에 규정된 계엄선포권, 긴급명령권 등은 이를 행사하는 정치기관
인 대통령과 국회에 그 정치적 형성재량을 부여하고 있다.

국가나 그 조직, 기관, 기능에 정치적이라는 수식어를 붙이는 것은 국가법인 헌
법에서 정치적인 것을 배제할 수 없다는 것을 말한다. 헌법에서 정치적인 것과 연관
짓지 않고는 헌법규정을 완전하게 파악할 수 없는 것은 자명하다. 따라서 법적 통제
장치 없는 정치는 나침반 없는 항해와 같다면 정치 없는 헌법은 물 없이 항해하는
것과 같다. 왜냐하면 정치적인 것은 국가와 직접적으로 관련되어 있기 때문이다.100)

---

99) K. Stern, Das Staatsrecht der Bundesrepublik Deutschland, Bd. Ⅰ, S. 18, 19.
100) K. Stern, Das Staatsrecht der Bundesrepublik Deutschland, Bd. Ⅰ, S. 20.

(2) 헌법해석과 헌법정책의 구별

헌법해석과 헌법정책은 동일하지 않다. 헌법해석자는 헌법정책을 추구해서는 안 된다. 헌법규정 자체에서 가치판단기준을 찾아내 부각시키는 것이 법학교육의 목적이자 학문적 객관성을 유지하는 방법이다. 모든 학문적 과제는 연구결과에 모순이 없어 후속연구자가 수용하여 발전시킬 수 있는 진실을 추구하는 데 있다. 이러한 의미에서 스위스 민법 제3조는 "법해석은 유력한 학설과 판례를 따라야 한다."고 규정하고 있다. 이는 특히 헌법재판관의 헌법해석에서 문제되는 법관법형성에 있어서 유념해야 할 점이다.101)

(3) 법과 정치의 공생관계

법과 정치의 관계는 헌법학의 대주제로서 근래에도 소위 정치 판사들의 사법농단이 문제된 바 있다. 사법권의 독립에 위해가 된다는 점에서 재발방지를 위한 제도개혁이 요구된다.

법과 정치는 상호 공생하며 긴장관계를 유지하고 있다. 이를 다음과 같이 요약할 수 있다. 법은 정치의 목적, 산물, 수단, 한계, 기준으로서 그 질적 수준을 판단하는 척도라 할 수 있다. 법과 정치는 그 자체가 목적이 아니라 보다 더 높은 목적을 추구하는 데 있다. 즉 정의, 인간의 존엄, 공공복리 및 헌법전문에서의 "안으로는 균등한 국민생활의 향상을 기하고 밖으로는 항구적인 세계평화와 인류공영에 이바지함"이 그것이다. 이는 국가철학이자 정치철학인 것이다.

정치는 특정한 목적을 달성하기 위한 권력쟁취와 유지의 과정에서 나타나는 행태를 말한다. 따라서 정치는 동적인 투쟁으로 인간 공동체의 평판에 의존해 전개된다. 이와 달리 법은 개방성과 시대적응가능성이 있지만 본질적으로 정적이다. 우선 법은 정치의 한계이자 기준으로 정치적 과정을 법질서로 제한한다. 다음으로 법은 정치투쟁의 산물로서 특히 의회에서 다수를 점하는 정당이 주도하는 법률 제·개정의 경우에 법은 정치의 결과물로 나타난다. 연동형 비례대표개정공직선거법, 고위공직자수사처법, 소위 검수완박법 제정과정이 바로 그것이다. 법과 정치는 다른 속성을 가지고 공생하는 관계에 있는 것이다.

---

101) K. Stern, Das Staatsrecht der Bundesrepublik Deutschland, Bd. Ⅰ, S. 22.

(4) 헌법규범과 정치현실

헌법의 정치적 성격은 정치권력의 배분과 통제에 관한 법이라는 점에 있다. 헌법에 정권담당자가 행사할 수 있는 국가기관의 권한이 규정되어 있는 것이다. 헌법은 권력과 자유가 조화되는 교차점이라 할 수 있다. 따라서 정권담당자는 당연히 자신의 권한을 충분히 행사할 수 있도록 헌법에 그 행사범위를 확정적으로 규정하려고 하지 않는다. 우리 헌법과 같이 경성헌법이라도 정치적 실무나 정권담당자의 권한행사에 있어 폭넓은 재량을 부여하고 있다. 이에는 성문헌법에 반하지 않는 범위에서 관행, 예양, 전통, 관습법 등이 포함된다. 예컨대, 여야의 국회의석분포에 따른 국회의장과 국회법제사법위원장의 교차선출, 헌법기관구성원 추천, 국무총리의 국무위원제청권한의 행사방식, 국무총리와 관계국무위원의 부서 없는 대통령의 국정행위의 효력 등이다.

다른 한편 헌법에 반하는 정치적 재량행사를 '헌법변천'이나 '사실의 규범적 효력'으로 정당화하는 것은 헌법의 권력통제기능에 반한다. 하지만 이에 대해 정치과정의 생명력을 단절시킬 수 있다는 주장도 할 수 있다. 정권담당자가 헌법을 장악하는 정도에 따라 달리 판단할 수 있는 것이지만 '권력이 헌법보다 우선'하는 국정농단의 상황은 용납할 수 없다.

마지막으로 대통령도 인간이라는 점을 고려하지 않을 수 없다. 그도 욕망, 목표, 개성을 가진 정치인으로서 자신의 임기에 그 뜻을 펼치려고 노력한다. 대통령중심제, 정당민주주의, 신임국민투표는 모두 법률용어는 아니다. 이는 정치적 동물로서 인간이 헌법적 권한을 행사하면서 생겨난 것이다. 따라서 헌법은 대통령이 수행하는 제도와 권한을 완결적으로 규정하지 않는다. 즉 법률안 거부권(제53조), 조약체결비준권(제73조), 국무총리의 국무위원제청권(제87조 제1항), 행정각부통할권(제86조 제2항), 공무원임면권(제78조), 사면권(제79조) 등을 행사할 경우 대통령은 정치적 세력균형을 고려하여 행사하지 않을 수 없는 것이다. 국무총리의 국무위원임명제청권이나 행정각부통할권도 마찬가지다.

제 7 절   헌법의 해석

Ⅰ. 헌법해석의 중요성

성문헌법규정은 비록 실질적 의미의 헌법규정을 모두 포함하고 있지 않지만 국가의 근본질서로서 중요한 기능을 수행한다. 이 규정은 완결된 형식으로 전체로서 체계를 형성하고 있다. 따라서 헌법의 기능과 규정체계를 고려하여 모순 없이 해석하여야 한다. 이러한 점에서 미연방대법원의 마샬 대법관은 "우리가 해석하는 것은 헌법이란 점을 잊어서는 안 된다."고 헌법해석의 중요성을 강조하였다.

법해석이란 법 규정의 의미내용을 탐구하여 이해하는 것이다. 여기서 법 규정의 의미내용이란 입법자의 주관적 의사와 입법의 객관적 내용을 포괄하는 것이다. 즉 헌법해석은 헌법규정과 체계적인 연관성이 있는 다른 규정을 고려하여 객관적으로 나타난 입법자의 의사라고 할 수 있다. 법 규정이 입법자보다 더 현명할 수 있는 것이다.

Ⅱ. 일종의 법률로서 헌법해석방법

헌법재판소는 헌법해석을 위하여 사비니가 개발한 7단계의 법률해석방법을 수용하고 있다. 이는 즉 문자적 해석, 논리적 해석, 체계적 해석, 역사적 해석, 발생사적 해석, 비교법적 해석, 목적론적 해석이다. 주의할 것은 이러한 해석방법은 독자적인 의미를 갖기보다는 헌법의 의미를 찾기 위해 상호 보완적으로 동원되어야 한다.

1. 문자적 해석과 논리적 해석

문자적 해석이란 법 규정의 단어나 구절을 국어사전적으로 해석하는 방법을 말한다. 문의적, 문법적, 문리적 해석이라고도 한다. 논리적 해석이란 법 규정을 구성하는 단어나 문장의 법적 개념을 찾는 방법을 말한다. 보통은 문자적 해석을 먼저하고 논리적 해석을 한다.

예컨대, 헌법재판소가 뇌물죄의 주체인 '공무원'의 해석·적용에 대한 위헌소원 사건102)이 이에 해당된다. 즉 '공무원'은 사전적으로 "국가 또는 지방자치단체의 사무를 맡아보는 사람, 사무 범위에 따라 국가공무원과 지방공무원으로 나누며, 선임 및 근무 방법에 따라 일반직과 별정직으로 나눈다."로 정의되고 있고, 일상의 용어 사용에 있어서도 공무원은 국가공무원법이나 지방공무원법에 따른 신분상의 공무원을 의미하는 것으로 인식되어 왔다(문자적 해석). 다음으로 우리 헌법과 법률에서 '공무원'이라는 용어가 일반적으로 어떻게 사용되고 있는지를 살펴본다. 헌법 제7조 제1항은 "공무원은 국민전체에 대한 봉사자이며 국민에 대하여 책임을 진다."고 규정하여 공무원의 공익실현의무를 규정하고 있고, 헌법 제7조 제2항에서는 "공무원의 신분과 정치적 중립성은 법률이 정하는 바에 의하여 보장된다."고 하여 직업공무원제를 규정하고 있는데 헌법 제7조 제1항에서 규정한 공무원은 선출, 정무직 공무원을 포함한 광의의 공무원을 의미하고, 헌법 제7조 제2항의 공무원은 신분이 보장되는 경력직 공무원을 의미한다(논리적 해석).

2. 체계적 해석

체계적 해석이란 법질서 내지 법조문의 체계를 고려한 해석을 말한다. 예컨대, 헌법재판소가 선거운동기간 중의 방송광고, 방송시설주관 후보자연설의 방송, 선거방송토론위원회 주관 대담·토론회의 방송에 있어서 청각장애 선거인을 위한 자막 또는 수화통역의 방영을 의무사항으로 규정하지 아니한 공직선거법 조항이 청각장애 선거인인 청구인들의 참정권 등 헌법상 기본권을 침해하는 것인지의 여부103)에 대하여 반대의견은 "헌법 전문에서는 "… 정치·경제·사회·문화의 모든 영역에 있어서 각인의 기회를 '균등히 하고'…"라고 규정하고, 헌법 제11조 제1항은 "모든 국민은 법 앞에 평등하다. 누구든지 성별·종교 또는 사회적 신분에 의하여 정치적…생활의 모든 영역에 있어서 차별을 받지 아니한다."고 규정하고 있다. 또한, 헌법 제34조 제5항은 "신체장애자 … 국민은 법률이 정하는 바에 의하여 국가의 보호를 받는다."고 규정하여 '국가의 보호를 받을 장애인의 권리'를 규정하고 있고, 제10조는 "모든 국민은 인간으로서의 존엄과 가치를 가지며, 행복을 추구할

---

102) 헌재결 2012. 12. 27. 2011헌바117, 판례집 24-2하, 387(401, 402).
103) 헌재결 2009. 5. 28. 2006헌마285, 판례집 21-1하, 726(739, 740).

권리를 가진다. 국가는 개인이 가지는 불가침의 기본적 인권을 확인하고 이를 '보장할 의무'를 진다."고 하여 '국가의 기본권보장의무'를 천명하고 있다. 따라서 국가는 정치적 생활영역에서 차별을 받지 아니할 청각장애인의 권리 및 특별히 '국가의 보호를 받을 청각장애인의 권리'를 확인하고, 이를 '보장할 의무'를 진다. 위 헌법규정을 체계적·통일적으로 해석해 볼 때, 입법자는 청각장애인들이 선거권의 실질적인 행사가능성을 보장받도록 선거방송의 수용과정에서 적어도 비장애인들과 차별을 하여서는 아니된다는 '차별방지의무'를 지고 있다고 할 것이다."고 체계적 해석을 하였다.

3. 역사적 해석과 발생사적 해석

역사적 해석이란 헌법의 연혁을 조사하여 제정사적 해석을 하는 것을 말한다. 우리의 헌법사 내지 헌정사가 이에 해당한다.

발생사적 해석이란 헌법 제·개정을 위한 준비과정에 사용한 자료, 즉 국회의사록, 헌법 제·개정안 등을 분석하는 방법을 말한다.

4. 비교법적 해석

비교법적 해석이란 세계 각국의 헌법을 상호 관계 지우는 해석방법을 말한다. 예컨대, 선거, 법관임명, 의회나 헌법재판 등 제도의 형성에 관하여 비교하는 것이다. 비교법적 해석을 하는 목적은 자국의 헌법을 보다 성공적으로 운영하기 위한 것이다. 특히 우리 헌법은 독일과 미국의 헌법을 모방한 헌법이기에 외국헌법과 비교에서 그 특성이 보다 선명하게 드러날 수 있기 때문이다(대비효과).

5. 목적론적 해석

목적론적 해석이란 법 규정에 내재된 목적을 고려한 해석을 말한다. 예컨대, 헌법재판소는 헌법소원의 한정위헌청구의 적법성을 인정하는 결정[104]에서 "종래 법 실증주의적인 개념법학(Begriffsjurisprudenz)에서는 실정법의 완결성과 무흠결성을 전제로 '법'과 '법해석'을 구별하려고 하였으나 그러한 주장은 이미 20세기 초에 구체적 타당성을 추구하는 목적론적·개별적인 법 해석론에 의하여 극복되어 이제

---

104) 헌재결 2012. 12. 27. 2011헌바117, 판례집 24-2하, 387(396).

는 폐기된 역사적 유물에 불과하게 되었다. 따라서 더 이상 개념법학적 관념을 기초로 하여 '법률'과 '법률의 해석'을 별개의 것으로 인식할 것은 아닌 것이다."고 판시하고 있다.

6. 헌법과 법률의 규범적 차이를 고려하여 해석할 점

(1) 헌법규범의 형식적·실질적 특성과 해석결과에 대한 헌법수호에의 의지에 효력의존

위와 같은 법률해석방법은 법률 중의 법률로서 헌법의 최고규범성이 의제된 것으로 보기 때문에 법실증주의 헌법관에 입각하여 헌법해석에 적용한 것이다. 하지만 법률해석과 다른 헌법해석의 차이점은 헌법규정형식의 개방성, 추상성 이외에도 규정내용의 정치성과 포괄성에 기인한다. 즉 헌법규정에는 정치적 의사형성과 정치적 효과를 규율하는 예컨대, 대통령선거, 국무총리의 임명에 대한 국회의 동의, 정부의 법률안제출권, 지방자치의 제도보장 등이 있다. 또한 헌법은 민법, 형법과 달리 자기집행력도 없다. 헌법해석의 결과에 대한 국가기관의 헌법수호에의 의지가 있어야 그 효과가 나타날 수 있다. 바로 여기에 헌법해석의 정치적 성격이 나타난다. 헌법해석에 있어서 정치적 현실을 고려하지 않을 수 없는 것이다.

(2) 헌법해석에 있어서 고려해야 할 법률과 다른 3가지 규범적 차이점[105]

(가) 입법자를 기속하는 실질적인 내용을 내포한 규정, 예컨대, 인간의 존엄과 가치에 내재한 인격권보호, 국가의 인권확인과 보장의무의 이행수준, 기본권의 대사인적 효력 규정 또는 가중적 법률유보조항여부에 따른 언론출판의 사회적 책임, 사회권의 이념적 기초로서 구체적 사회권여부에 따른 인간다운 생활을 할 권리 등의 경우 입법재량의 한계를 고려하여야 한다.

(나) 이해관계가 광범위하게 충돌되는 헌법규범의 특성을 고려하여야 한다. 예컨대, 비교대상의 공통점과 차이점을 고려해야 하는 법 앞의 평등(헌법 제11조 제1항 제1문), 국회의원의 자유위임(헌법 제46조 제2항)과 정당소속의원의 당론기속, 국회의 국무총리, 국무위원 해임건의에 대한 대통령의 구속여부(헌법 제63조) 등을 들 수 있다.

---

105) P. Badura, Staatsrecht, 7. Aufl., München, 2018, S. 26, RN 14.

(다) 민주적 기본질서, 법치주의와 같은 헌법의 기본권원리와 기본권제한의 법률유보와 비례의 원칙(헌법 제37조 제2항)과 같이 입법재량과 헌법재판의 한계를 설정하는 규정을 고려하여야 한다.

Ⅲ. 헌법재판소가 개발한 독자적 헌법해석방법

1. 헌법의 통일적 해석

헌법은 전체적으로 국가의 백년대계를 그린 청사진으로 유기적인 연관성을 갖고 있다. 따라서 헌법규정을 분리해서 해석하는 것은 안 된다. 헌법재판소[106]는 헌법의 통일성의 원칙이란 "헌법의 개별 요소들은 서로 관련되고 서로 의존하고 있기 때문에 헌법규범을 해석하는 경우에는 개별 헌법규범만을 고찰하여서는 안되고 항상 전체적 관련성을 함께 고찰하여 모든 헌법규범이 다른 헌법규범과 상호모순되지 않도록 해석하여야 한다는 원칙이다."고 판시하고 있다.

헌법해석은 내적인 통일성을 갖고 있는 다른 헌법규정들의 의미를 고려하여 하여야 한다. 따라서 헌법해석은 문자적 해석에서 시작하여 반드시 논리적·체계적 해석으로 마쳐야 한다. 헌법의 본질은 공동체의 질서를 통일적으로 형성하는 것이기 때문이다. 예컨대, 학교교육과 부모교육이 충돌하는 경우 어느 일방을 절대 우위에 두는 해석을 하여서는 안 되고 동등하게 인정하는 해석을 하여야 한다. 헌법의 통일성(Einheit der Verfassung)이란 '헌법'을 열거된 규정들의 단순한 집합체로 간주하는 것이 아니라 국가나 사회공동체를 완전히 하나의 법질서로 형성하는 것을 말한다. 왜냐하면 헌법제정자는 완전한 공동체를 원하기 때문에 국민의 의사인 법규범의 해석도 이러한 견지에서 해석하여야 한다. 하지만 헌법을 비롯한 모든 법질서는 본질적으로 대립과 반목, 갈등상태를 내재하고 있기에 모순 없는 통일적 헌법

---

106) 헌재결 2010. 2. 25. 2008헌가23, 판례집 22-1상, 36(68); 1996. 6. 13. 94헌마118 등, 판례집 8-1, 500(511). "헌법은 전문과 각 개별조항이 서로 밀접한 관련을 맺으면서 하나의 통일된 가치체계를 이루고 있는 것으로서, 헌법의 제규정 가운데는 헌법의 근본가치를 보다 추상적으로 선언한 것도 있으므로 이념적·논리적으로는 헌법규범상호간의 우열을 인정할 수 있는 것이 사실이다. 그러나 이때 인정되는 헌법규범상호간의 우열은 추상적 가치규범의 구체화에 따른 것으로서 헌법의 통일적 해석에 있어서는 유용할 것이지만, 그것이 헌법의 어느 특정규정이 다른 규정의 효력을 전면적으로 부인할 수 있을 정도의 개별적 헌법규정 상호간에 효력 상의 차등을 의미하는 것이라고는 볼 수 없다."

해석을 할 수는 없다. 따라서 헌법의 통일적 해석원칙이란 이론과 실무에서 자연발생적인 갈등상태를 해결하기 위한 하나의 해석지침으로 파악하는 것이 타당할 수 있다. 즉 상호 모순되는 헌법의 기본원칙과 법제도의 중요성을 파악하여 그 효력범위를 조절하는 방법으로 활용할 수 있다. 예컨대, 국회의원의 자유위임원칙(헌법 제46조 제2항)과 정당소속의원의 당론기속(헌법 제8조)이 충돌하는 경우 어느 하나의 헌법규정을 해석기준으로 하여 나타나는 균열을 헌법의 통일적 해석원칙에 의하여 조절할 수 있다.

이러한 점에서 헌법규정 간의 우열을 전제로 해석을 하는 것은 헌법의 통일적 해석의 관점에서 타당하지 않다. 예컨대, 흡연자의 사생활의 자유 내지 일반적 행동자유권과 혐연자의 사생활의 자유와 생명권 내지 건강권이 충돌하는 경우 후자에 우위를 두는 헌법재판소결정[107]은 문제 있다. 기본권충돌의 해결방안으로 헌법해석의 통일성원칙을 고려할 필요가 있다. 이는 규범조화적 해석원칙으로 발전되었다.

2. 규범조화적 해석원칙

규범조화적 해석원칙이란 헌법규정들 간에 충돌이 있을 경우 상호조화를 이루는 해석을 해야 한다는 원칙을 말한다.[108] 헌법에서 명문으로 우열을 규정하지 않는 한 규정 간에 우열을 전제로 하는 해석은 소위 열위에 있는 규정의 취지를 고려하지 않는 해석이다. 헌법의 통일성의 관점에서도 헌법규정 간에 조화 내지 최적화를 이루는 해석을 하는 것이 타당하다. 즉 헌법규정의 한계를 설정할 수 있지만 규정의 효력을 완전히 부인하는 것은 곤란하다. 논리적·체계적 해석에 의하여 열위에 있는 헌법규정의 보호강도가 약할 수는 있지만 그 객관적 근본가치는 존중해야 한다.

여기서 규범조화적 해석과 법익형량을 전제로 하는 비례의 원칙은 구별하여야 한다. 헌법규정에 내재한 법익 간에 조화를 이루기 위해 비례성 심사에 의한 형량

---

107) 헌재결 2004. 8. 26. 2003헌마457, 판례집 16-2상, 355 이하.
108) 실제적 조화의 원칙은, 헌법을 해석함에 있어 헌법상 보호되는 법익 상호간에 충돌이 생기는 경우에는 성급한 법익형량이나 추상적 이익형량에 의하여 양자택일적으로 하나의 법익만을 실현하고 다른 법익을 희생시켜서는 안 되고 관련되는 모든 법익들이 가장 잘 실현될 수 있도록 조화롭게 조정되어야 한다는 것이다. 헌재결 2010. 2. 25. 2008헌가23, 판례집 22-1상, 36(68).

을 해야 한다고 주장하는 견해가 있지만 이는 문제 있다. 비례의 원칙은 주관적·상대적인 심사로 법익 간의 최적화심사를 하는 규범조화적 해석과는 차이가 있기 때문이다. 이러한 점에서 헌법재판소가 통합진보당 해산결정109)에서 정당해산의 사유로서 비례의 원칙을 기준으로 민주적 기본질서를 형량한 것은 문제 있다.

3. 자유우선의 원칙

법익형량의 기준으로 제시하는 의심스러운 경우 자유우선의 원칙(in dubio pro libertate)이나 미연방대법원의 자유선호의 원칙(preferred-freedoms-doctrine)도 해석의 일반원칙으로 수용하기는 곤란하다. 자유는 안전 없이 보장될 수 없기 때문이다. 정치적으로도 자유와 안전을 함께 주장하는 이유를 고려해야 한다. 기본권에도 보호강도에 따라 일반적, 가중적, 개별적 법률유보 등 다양한 규정형식이 있듯이 헌법해석도 개별적 사안에 따라 차별화가 필요하다. 자유의 제한과 공익보호의 필요성을 형량하는 경우에는 자유우선의 원칙과는 무관하게 헌법제정자가 개별기본권의 특성을 다양한 형식으로 규정한 것을 고려하여 판단하여야 한다.

4. 통합기능적 해석

헌법기관의 권한규범을 해석할 경우에는 헌법의 통합기능을 고려하여 해석하여야 한다. 헌법재판소가 정치형성기관인 정부나 국회의 헌법소원이나 권한쟁의심판에 있어서 흔히 볼 수 있다. 예컨대, 일반사병 이라크파병결정에 대한 헌법소원결정110)에서 "이 사건 파견결정이 헌법에 위반되는지의 여부, 즉 국가안보에 보탬이 됨으로써 궁극적으로는 국민과 국익에 이로운 것이 될 것인지 여부 및 이른바 이라크전쟁이 국제규범에 어긋나는 침략전쟁인지 여부 등에 대한 판단은 대의기관인 대통령과 국회의 몫이고, 성질상 한정된 자료만을 가지고 있는 우리 재판소가 판단하는 것은 바람직하지 않다고 할 것이며, 우리 재판소의 판단이 대통령과 국회의 그것보다 더 옳다거나 정확하다고 단정 짓기 어려움은 물론 재판결과에 대하여 국민들의 신뢰를 확보하기도 어렵다고 하지 않을 수 없다."고 하였다. 국회의장의 무제한토론 거부행위와 공직선거법 본회의 수정안의 가결선포행위에 관한 권한쟁

---

109) 헌재결 2014. 12. 19. 2013헌다1, 판례집 26-2하, 1 이하.
110) 헌재결 2004. 4. 29. 2003헌마814, 판례집 16-1, 601(606, 607).

의 사건111)과 신속처리대상안건 지정 패스트트랙 사건112)에서도 국회의 입법권한
을 존중하여 헌법재판자제를 주장하였다.

5. 합헌적 법률해석

(1) 개념

합헌적 법률해석이란 법률규정의 해석에 있어서 위헌과 합헌의 해석가능성이
공존할 경우 구체적 사실을 포섭하는 해당부분에 한정된 합헌 또는 위헌해석을 하
는 것을 말한다.113) 이는 법률의 해석·적용에 있어 일부위헌으로 단어, 구, 절, 문
장 등 가분적인 규정에 대한 양적 일부위헌과 비교하여 질적 일부위헌이라고도 한
다. 헌법재판결정형식으로는 한정위헌, 한정합헌결정으로 나타난다.

합헌적 법률해석과 비교되는 것으로 헌법정향적 법률해석이 있다. 이는 헌법
을 최고법으로 하여 법질서를 형성하고 있는 점에서 헌법의 기본결정을 존중해야
하는 일반법관의 법률해석의 헌법지향성으로 합헌적 법률해석과 구별된다. 하지만
현실적으로 헌법과 법률에 의하여 재판을 해야 하는 일반법관의 헌법정향적 법률
해석에 있어 헌법차원과 법률차원의 해석을 구분하는 것은 일의적으로 명백하지
않다. 예컨대, 양심적 병역거부권, 대법원판결에서 환자의 연명치료중단에 관한 자

---

111) 국회의 입법관련 행위를 대상으로 한 국가기관 상호간의 권한쟁의심판에 있어서, 헌법재판
   소는 심판대상 행위의 위헌·위법 여부 및 권한의 침해여부를 확인하는 것에 그쳐야 하고 이
   를 넘어 입법관련 행위에 대한 취소 내지 그 무효 확인과 같은 형성적 결정을 내리는 것은
   자제해야 한다. 국회는 스스로 다양한 절차와 방법을 통하여 합헌적 상태를 회복할 수 있는
   광범위한 정치적 형성권을 가지고 있고, 국회의 정치적 형성권의 행사로서 회복된 합헌적 상
   태는 다양한 모습일 수 있기 때문에 국가기관 스스로 권한침해확인 결정에 따라 합헌적인
   상태를 구현하도록 함으로써 손상된 헌법상의 권한질서는 회복될 수 있다고 보기 때문이다
   (헌재 2011. 8. 30. 2009헌라7 중 재판관 이강국, 김종대의 각 별개의견 참조). 헌재결 2020.
   5. 27. 2019헌라6 등, 판례집 32-1하, 214(273 이하).
112) 헌재결 2020. 5. 27. 2019헌라3 등, 판례집 32-1하, 80(175, 176).
113) 일반적으로 어떤 법률에 대한 여러 갈래의 해석이 가능할 때에는 원칙적으로 헌법에 합치
   되는 해석, 즉 합헌해석(合憲解釋)을 하여야 한다. 왜냐하면 국가의 법질서는 헌법을 최고법
   규로 하여 그 가치질서에 의하여 지배되는 통일체를 형성하는 것이며 그러한 통일체 내에서
   상위규범은 하위규범의 효력근거가 되는 동시에 해석근거가 되는 것이므로, 헌법은 법률에
   대하여 형식적인 효력의 근거가 될 뿐만 아니라 내용적인 합치를 요구하고 있기 때문이다.
   다만, 합헌적 법률해석을 하더라도 법률의 조항의 문구가 간직하고 있는 말의 뜻을 넘어서
   말의 뜻이 완전히 다른 의미로 변질되지 아니하는 범위 내이어야 한다는 문리적 한계와 입
   법권자가 그 법률의 제정으로써 추구하고자 하는 입법자의 명백한 의지와 입법의 목적을 헛
   되게 하는 내용으로 해석할 수 없다는 법목적에 따른 한계를 준수하여야 한다. 헌재결 2020.
   5. 27. 2019헌라1, 판례집 32-1하, 1(54).

기결정권인정, 민법 제103조(선량한 풍속 기타사회질서 위반행위의 무효)에 의한 형사사건의 변호사성공보수약정무효, 변호사의 인맥지수를 상업적으로 이용하려는 사기업체의 개인정보자기결정권침해, 지방법원에서의 양심적 병역거부권침해 등의 경우 헌법정향적 또는 합헌적 법률해석이 중첩되어 있다.

(2) 근거

합헌적 법률해석을 하는 이유는 입법의 합헌성 추정적 효력(favor-legis)으로 입법권존중, 국민적 정당성을 직접적으로 부여받은 국회의 입법기능을 고려한 권력분립의 원칙, 위헌결정으로 인한 법적 공백을 예방하기 위한 법적 안정성, 헌법을 정점으로 한 법질서의 통일성과 조약체결의 일방당사국이 위헌결정을 하는 것을 예방함으로써 국가 간의 신뢰를 보호할 수 있는 것을 들 수 있다.

(3) 한계

합헌적 법률해석의 한계는 다음과 같다. 첫째, 법률의 목적이나 의미가 일의적으로 명백해서 합헌적 법률해석이 개입할 여지없이 위헌 또는 합헌결정을 해야 할 경우,[114] 둘째, 헌법의 해석·적용으로만 결정을 해야 하는 경우, 셋째, 헌법해석상 법률의 위헌성이 명백한 경우, 넷째, 합헌적 법률해석이 합법률적 헌법해석으로 전도되는 경우를 말한다. 헌법재판소와 법원도 형법과 조세법과 같은 기본권을 제한하는 경우 합헌적 법률해석의 한계를 엄격하게 제시[115]하고 있다. 즉, "형벌조항이나 조세법의 해석에 있어서는 헌법상의 죄형법정주의, 조세법률주의의 원칙상 엄격하게 법문을 해석하여야 하고 합리적인 이유 없이 확장해석하거나 유추해석할 수는 없는바, '유효한' 법률조항의 불명확한 의미를 논리적·체계적 해석을 통해 합리적으로 보충하는 데에서 더 나아가, 해석을 통하여 전혀 새로운 법률상의 근거를 만들어 내거나, 기존에는 존재하였으나 실효되어 더 이상 존재한다고 볼 수 없는 법률조항을 여전히 '유효한' 것으로 해석한다면, 이는 법률해석의 한계를 벗어나 '법률의 부존재'로 말미암아 형벌의 부과나 과세의 근거가 될 수 없는 것을 법률해석을 통하여 창설해 내는 일종의 '입법행위'로서 헌법상의 권력분립원칙, 죄형법정

---

114) 헌재결 2002. 11. 28. 98헌바101등; 2015. 5. 28. 2012헌마653.
115) 헌재결 2012. 5. 31. 2009헌바123 등, 판례집 24-1하, 281; 2012. 7. 26. 2009헌바35 등, 판례집 24-2상, 7; 서울중앙지법 2009. 12. 18. 2009노677; 대판 2013. 3. 28. 2012 재두299.

주의, 조세법률주의의 원칙에 반한다."고 판시하고 있다.

제 8 절 헌법의 보호

Ⅰ. 개념과 유형

1. 개념

헌법의 보호란 국가의 존립과 국가파괴 책동에 대하여 합헌적 질서를 보장하기 위한 제도적 방법을 말한다. 국가의 보호는 국가의 존립을 외부의 적으로부터 보호하는 점에서 구별된다는 견해116)가 있다. 국가의 보호는 적의 공격에 대한 군대에 의한 보호로 역사적 의미는 있다. 하지만 군통수권도 행정수반의 권한이고 국가법의 시각에서 보면 국가존립은 헌법의 전제조건이므로 헌법보호와 국가보호를 특별히 구별할 필요가 없다.117)

헌법의 최고규범성과 국가기관의 구속력을 헌법에 규정한 것만으로 헌법보호에 충분하지 않다. 민·형법 등과 달리 헌법은 국가기관을 대상으로 하는 국가법으로 강제집행력이 없기 때문이다. 위헌적 공권력행사를 예방하고 취소할 수 있는 법적 수단을 마련하여야 한다. 헌법의 보호수단은 헌법의 규범력을 직접적으로 유지하기 위한 법적 수단을 총칭한다. 다만 국가보호를 위한 정치적 통제수단인 불신임의결권, 국민소환권, 국민투표권 등은 헌법의 규범력을 간접적으로 유지하는 수단으로 제외된다.

2. 유형

헌법보호수단에는 공직자의 불법행위와 위헌적인 공권력행사에 대한 사전예방과 사후구제수단이 있다. 고위공직자는 위헌위법행위에 대하여 직접적으로 탄핵책

---

116) K. Stern, Das Staatsrecht der Bundesrepublik Deutschland, Bd. I, S. 181 f.; 허영, 『헌법이론과 헌법』, 126면.
117) 예컨대, 스위스에서는 헌법보호를 국가보호라고 한다. Haller/Kölz/Gächter, aaO., S. 123, RN 404.

임을 진다. 하지만 탄핵으로 법적 책임을 지는 경우는 흔하지 않다. 대부분의 경우는 위헌적인 공권력행사에 대한 헌법적 책임을 부과하여 헌법보호를 하는 것이다.

이에는 형법에 있어서의 국가보호범죄도 포함한다. 예컨대, 우리 형법의 내란·외환죄(각칙 제1, 2장), 국기·국교에 관한 죄(제3, 4장), 공안을 해하는 죄(제5장) 등이 있다.118) 형법적 헌법보호는 사후적인 구제수단으로 현대의 발전된 혁명기술에는 무력하다는 한계가 있다. 그럼에도 형법에 의한 헌법보호는 투쟁적 민주주의의 수단으로 위헌정당금지, 기본권실효, 행정적 보호에 있어서 중요한 기능을 한다.

한편 국가보호범죄와 같은 정치범죄에 의한 '사법의 정치화'가 문제되기 때문에 형법적 헌법보호를 국가보호 내지 헌법보호수단에서 원칙적으로 배제하자는 주장이 있지만 이는 잘못된 것이다. 왜냐하면 보다 높은 목적(즉, 정권탈취)을 가진 자들이 헌법파괴행위를 국가에 대한 저항권행사로 정당화할 수 있기 때문이다.119) 예컨대, 헌법재판소의 통합진보당 해산결정120)에서 피청구인의 저항권과 폭력투쟁의 위헌논거에 대한 방어기능을 할 수 있다.

II. 역사적 고찰

공직자의 불법행위를 예방하기 위한 특별기관을 설치해야 한다는 주장은 성문헌법에서 국가기관기속을 규정한 것보다 훨씬 역사가 길다. 고대 스파르타의 감독기관(Ephorat)은 5명의 감독관들이 국가기관을 감시하였다. 하시반 국왕만이 책임을 졌다. 로마공화정(실제는 원로원의 귀족정치)에서는 성년남자로 구성된 민회(쿠리아회)

---

118) 독일의 경우 국가를 위태롭게 하는 죄(Staatsgefährdung), 헌법반역죄(Verfassungsverat), 정당금지위반죄(Verstoß gegen Parteiverbot), 란트반역죄(Landesverat) 등을 들 수 있다.

119) K. Stern, Das Staatsrecht der Bundesrepublik Deutschland, Bd. I , 197 ff.

120) 피청구인의 「집권전략보고서」에서는 "진보정당은 민중전선체를 통해 민중의 집권을 실현한다. 민중전선체는 단순한 운동연대체를 건설하는 것이 아니라 사회변혁과 집권의 확고한 조직적 담보를 마련하는 것이다. 민중전선체는 민중의 생존권 투쟁으로 촉발된 반제국주의, 신자유주의투쟁을 전면적으로 전개한다."고 하고, "민중조직화의 핵심은 노동자와 농민을 골간으로 삼는 민중전선체의 건설이다. 민중전선체는 대중적 요구에 따라 사안별 연대체에서 시작하여 상설적인 공동투쟁체로 발전한다."고 하며, "대중투쟁의 범주에서 민주노동당과 사회운동단체를 포괄해주는 것이 상설연대체로서 민중전선체이다. 민중전선체는 제국주의에 종속된 독점자본 그리고 이들의 대변자인 반민중적인 종속적 정권에 저항하는 노동자, 농민 중심인 민중의 상설연대체이다."고 하여 변혁과 집권과정에서 노동자, 농민 중심의 상설연대체를 건설하여 사회변혁과 집권을 실현할 것을 강조하고 있다. 헌재결 2014. 12. 19. 2013헌다1, 판례집 26-2하, 1(70).

에 광범한 통제권을 부여하였다. 하지만 원로원도 헌법수호기관으로 일정부분에서 기능을 수행했다. 미연방성립이전에 영국의 위헌적(반 자연법) 공권력행사에 대하여 미국시민들을 보호한 감독관들, 베니스 공화국의 감독위원회가 국가권력을 감시하는 기관이었다.

하지만 감독기관의 권력남용으로 국가철학자들은 개혁모델을 제안하였다. 피히테(J. G. Fichte)의 감독관제도, 루소의 스파르타, 로마, 베니스의 제도를 혼합한 호민관제도가 그것이다. 프랑스 헌법학자 쉬에스는 국가기관의 헌법침해위험에 대하여 1795년 프랑스 국민의회 의원으로 헌법위원회구성을 제안하였다.121)

Ⅲ. 현대국가의 헌법보호수단

1. 사법권에 의한 보호수단

헌법재판소와 일반법원에 의한 통제가 이에 속한다. 유럽 국가들은 대부분(독일, 오스트리아, 이탈리아, 스페인 등) 헌법재판소를 두고 있다. 헌법재판소를 두고 있는 국가는 대부분 추상적·구체적 규범통제, 기관쟁의, 탄핵심판, 기본권실효제도, 위헌정당해산제도, 헌법소원제도 등 헌법보호수단을 광범위하게 마련하고 있다. 이와 반면에 대법원을 설치하고 있는 국가(미국, 일본, 스위스, 영국)는 구체적 규범통제로 헌법보호를 도모하는 특징이 있다.

프랑스의 헌법위원회는 이전의 예방적 규범통제122) 이외에도 2009년 이후 구체적 규범통제제도를 도입하여 시행하고 있다. 루소의 영향을 받아 일반의지의 표현인 법률에 대한 사후 심사를 금지하였으나 위헌법률로 인한 기본권침해의 현실적 문제로 인하여 헌법재판소를 설치한 다른 국가와 마찬가지로 사법부의 통제를 강화한 것이다.

2. 입법권에 의한 보호수단

국회는 정치기관으로 헌법보호기관으로는 부적절하다. 하지만 미국 연방의회

---

121) Haller/Kölz/Gächter, aaO., S. 124.
122) 1919년 핀란드의 대법원과 행정대법원의 공동자문위원회, 1975년 스웨덴의 대법관으로 구성된 법률심의위원회도 예방적 규범통제로 헌법보호를 도모하였다. Haller/Kölz/Gächter, aaO., S. 125.

는 고위공직자의 위법행위에 대해 탄핵심판을 한다. 탄핵소추는 하원, 심판은 상원이 담당한다. 대통령탄핵의 경우 상원의장인 부통령이 아닌 대법원장이 재판장이 된다(연방헌법 제1조 제3항 제6절).123)

3. 행정권에 의한 보호수단

행정권에 의한 보호수단에는 공무원의 헌법준수선서, 행정심판, 대통령의 법률안 거부권 등이 있다. 공무원의 헌법준수선서는 위헌적인 공권력행사에 대한 사전예방수단이지만 간접적인 헌법보호수단으로서 한계가 있다.

행정심판은 행정상 법률관계의 분쟁을 행정기관이 심리·재결하는 행정쟁송절차를 말한다. 이는 행정의 특수성을 고려하여 행정소송과 달리 행정처분의 합목적성 통제도 가능하다는 장점이 있다.124) 하지만 어느 누구도 자기 자신에 대하여 심판하지 못한다는 자연적 정의에 반하는 것으로 헌법보호수단으로는 한계가 있다.

대통령의 법률안 거부권은 위헌적인 공권력행사를 사전 예방하는 규범통제의 성격을 갖는다. 이러한 점은 추상적 규범통제제도가 없는 우리 헌법재판의 합헌적 법질서수호기능을 보완할 수 있는 수단이다. 하지만 대통령제하에서 법률안 거부권은 정치적 거부권으로 여대야소의 국정상황에서는 헌법수호의 효과가 제한적이다.

4. 국가비상사태에서 헌법보호수단

(1) 개념과 구별개념

국가비상사태 내지 긴급사태란 정상적인 헌법보호수단으로는 국가의 존립이나 기능수행을 할 수 없는 현저한 위험상태가 존재하는 경우를 말한다. 주요 원인으로는 전쟁, 자연재해(지진, 홍수, 화산폭발, 전염병 등)를 들 수 있다. 우리 헌법의 계엄(제77조)과 긴급재정경제처분 및 명령(제76조 제1항), 긴급명령(제76조 제2항)은 ─독일과 달리 외적 내적 구분없이125)─ 비상사태를 극복하기 위한 수단이다. 비

---

123) 그 밖에도 스위스헌법에는 연방의회가 국민발안의 유효성심사(제173조 제1항 f.)와 칸톤 법률의 연방법률 위반여부심사(제51조 제1항과 제172조 제2항)를 규정하고, 핀란드헌법(제74조)에는 국회의 헌법위원회가 법률안의 헌법과 국제인권법위반여부에 대한 심사권을 규정하고 있다. 위헌의 의심이 있는 경우에는 헌법전문가의 자문을 받아 대개 그 의견에 따라 결정하고 있다.

124) 홍정선, 『행정법특강』, 박영사, 2007, 565면.

상사태를 가능한 신속히 극복하기 위하여 국가는 모든 역량을 집중하여야 한다. 국가기관(계엄시 정부나 법원)의 권한정지와 기본권제한(계엄시 영장제도, 표현의 자유)도 할 수 있다. 이를 정상헌법과 대비하여 비상헌법이라 한다.

국가긴급사태는 헌법장애상태와도 구별하여야 한다.126) 헌법장애상태는 헌법에서 부여한 정상적인 국가기관의 권한행사로 장애상태극복이 불가능하지 않다는 점에서 긴급사태와 구별된다. 이는 헌법기관의 자기부정이다. 예컨대, 대통령이 궐위되거나 사고로 직무를 수행할 수 없는 때에는 국무총리, 법률이 정하는 국무위원의 순으로 권한을 대행한다(헌법 제71조).127)

(2) 긴급헌법의 특징

(가) 입법부에서 행정부(대통령)로 권한이전

입법절차가 정상적으로 진행되기 어렵거나 시간이 소요되는 경우를 말한다. 긴급재정경제처분의 국회의 집회를 기다릴 여유가 없거나(한국헌법 제76조 제1항) 긴급명령의 요건인 집회가 불가능한 경우(한국헌법 제76조 제2항)가 이에 해당된다. 입법자의 권한이 행정부로 이전된다.

(나) 연방국가의 경우 지분국에서 연방으로 권한이전

중대한 위험상황을 극복하기 위하여 지분국은 자신의 권한을 연방으로 이전할 수 있다. 예컨대, 국방, 건강, 생활필수품, 경찰 등의 권한을 연방이 총괄하여 효율성을 증대시키기 위한 경우다.

(다) 기본권의 제한 또는 정지

우리 헌법은 계엄시 대통령이 영장제도, 언론·출판·집회·결사의 자유를 제

---

125) 독일은 연방영역의 무력공격에 관한 외적 비상사태(독일헌법 제10a장 제115a조 이하 방위사태)와 내적 비상사태(독일헌법 제80a조-긴장상태)로 구분하고 있다.

126) K. Stern, Das Staatsrecht der Bundesrepublik Deutschland, Bd. I , S. 189 f.

127) 독일의 경우 연방정부가 다수의석을 형성하지 못하였지만 의회가 해산하지 않는 경우 연방대통령이 연방정부가 긴급한 법률안이라고 표시했음에도 불구하고 연방의회가 거부한 경우 연방정부의 제의로 연방참사원의 동의를 얻어 법률안에 관한 입법긴급사태를 선포할 수 있다(헌법 제81조). 즉 연방의회의 헌법장애상태 초래에 대해 연방정부, 연방참사원, 연방대통령이 대체입법자로 기능한다.

한할 수 있다(제77조 제3항). 하지만 계엄법(제9조 제1항)에서는 거주·이전의 자유, 단체행동도 제한할 수는 있는 것으로 규정하고 있다. 국민의 생명·신체에 대한 현저한 위험을 예방하기 위한 기본권제한으로 그 한계를 일탈한 것으로 보기는 어렵다. 예컨대, 유럽인권헌장 제15조 제1항은 전쟁, 국민의 생명을 위협하는 기타 공적 긴급 상황에서 헌장의 기본권을 정지할 수 있다고 규정한다. 다만 제2항에서는 생명권, 고문금지, 죄형법정주의, 노예금지조항은 예외라고 규정한다. 긴급사태에서도 헌장으로 보장되는 기본권이다.

(3) 헌법내재적 긴급권과 초헌법적 긴급권

(가) 긴급권행사의 자기수권의 문제점

대부분의 국가는 비상사태에 대한 헌법규정을 마련하고 있다. 하지만 규정이 없는 국가도 있다. 이는 비상사태를 실정헌법에 규정하는 것은 권력찬탈의 수단으로 남용할 수 있어 법치국가에 위협이 된다는 주장에 근거한 것이다.

따라서 헌법에 비상사태 규정이 있는 경우 행사권을 갖는 주체 스스로 비상사태존재를 판단하는 소위 '자기수권(自己授權)'을 해서는 안 된다. 이러한 위험을 이미 파악한 고대 로마공화국의 독재권규정에서는 예방수단을 마련하였다. 하지만 바이마르공화국헌법을 모방한 제헌헌법은 물론 역대 헌법들과 현행 헌법에서도 그렇지 못하다. 비상사태선포의 자기수권이 여전히 가능한 것이다.[128] 특히 비상사태의 지속에 대한 견제수단도 마련하여야 한다. 비상사대의 신포권자는 사태가 종료되었어도 권력을 내려놓으려 하지 않기 때문이다.

(나) 헌법내재적 긴급권

헌법내재적 긴급권이란 헌법에 규정된 긴급권에 의한 비상사태극복조치를 말한다. 우리 헌법은 대통령에게 비상대권으로 부여하고 있다. 즉 긴급재정경제처분과 긴급재정경제명령(제76조 제1항), 긴급명령(제76조 제2항), 계엄(제77조)에 관한 권

---

128) 바이마르 공화국 헌법 제48조: 라이히 대통령은 독일 라이히의 공적 안전과 질서에 중대한 장애가 발생하거나 발생할 위험이 있을 때에는 공적 안전과 질서회복을 위한 조치를 취할 수 있고, 필요한 경우에는 병력을 사용할 수 있다. 그는 이를 위해 일시적으로 제114조, 제115조, 제117조, 제118조, 제123조, 제124조 및 제153조에 정한 기본권을 전부 또는 일부 정지할 수 있다(제2항).

한이다. 하지만 전술한 바와 같이 비상사태해석에 관한 자기수권의 문제를 갖고 있다. 비록 국회에 사후 통고, 승인의 절차적 통제가 있지만 일반적인 여대야소의 국정상황에서는 국회통제의 물리적 한계와 사후 통제라는 시간적 한계가 내재해 있다.129)

(다) 초헌법적 긴급권

초헌법적 긴급권이란 헌법에 긴급권규정이 없거나 규정이 있더라도 긴급권으로는 긴급사태를 극복할 수 없는 경우 취하는 조치를 말한다. 그 행사가능성은 해석에 달려 있다. 초헌법적 긴급권은 헌법에 긴급권규정이 없는 스위스와 미국, 일반규정형식의 바이마르헌법 제48조,130) 상세한 현재 독일헌법 방위사태규정(제10a장 제115a조 이하)에서도 발동할 수 있는 것으로 해석한다.131) 우리도 5·16 과 12·12 쿠데타와 같이 사실적인 행사를 경험한 바 있다. 권력찬탈의 정치적 야심이 실정법을 무용지물로 만드는 것이다.

5. 헌법보호의 최후수단으로 저항권행사의 가능성

(1) 저항권의 개념

저항권이란 국가기관이 공권력을 남용하여 시민의 기본적 인권을 심각하게 유린한 경우 복종을 거부하거나 적극적으로 국가기관을 파괴하는 개인, 집단 내지 국민의 권리를 말한다. 저항권은 이미 고대에 전제군주에 대항수단(즉 폭군살인)으로 행사되었다. 독일의 제3제국의 히틀러살해(샤우펜베르크, Schauffenberg)에서도 나타났다.132)

저항권을 실정권으로 규정하고 있는 사례가 있다. 프랑스 인권선언 제2조는 폭정에 저항하는 것은 인간의 권리, 독일헌법 제20조 제4항은 "모든 독일국민은 다른 구제방법이 없는 경우 합헌적 질서를 파괴하는 누구에게든 저항권을 행사할 수 있다.", 그리고 버지니아 권리장전 제3조에서도 저항권을 명문화하고 있다.

---

129) 프랑스 대통령의 비상대권발동결정에 대하여 국사원은 통치행위로 인정하고 있다. 성낙인, 『헌법학』, 753면.
130) 바이마르 공화국 헌법 제48조는 전술한 해당 각주 볼 것.
131) K. Stern, Das Staatsrecht Ⅰ, S. 188.
132) Haller/Kölz/Gächter, aaO., S. 370.

(2) 저항권의 근거

(가) 자연권

중세시대에 토마스 아퀴나스(Th. Aquinas)는 저항권을 '실정권을 초월한 자연권'으로 그 가치를 인정하였다. 그는 계몽철학자들의 주장과 같이 합리성에 근거하여 기독교의 자연법사상을 알리는 중요한 역할을 하였다. 로크(J. Locke)는 공권력의 주체가 자유보장목적의 사회계약을 위반한 경우 자연권으로서 저항권을 행사할 수 있다고 하였다.133) 그의 저항권론은 미국독립운동과 버지니아 주와 연방헌법제정에 영향을 미쳤다. 루소(J. J. Rousseau)도 소위 '일반의지(volonté générale)'로 일컫는 평등한 자유를 누리기 위하여 국가와 사회계약을 체결하여 주권을 위임했지만 정부가 권력을 남용한 경우 국민은 자연권으로 저항권을 행사할 수밖에 없다고 하였다.134)

(나) 정당성

저항권은 합법성과 정당성, 즉 실정법과 기본적 정의이념 사이에 갈등이 있을 경우 후자의 파괴를 막기 위한 목적으로 행사한다. 따라서 저항권은 정당성의 명목으로 합법성을 파괴하는 수단으로도 간주한다. 저항권은 순수 법학적인 방법이 아닌 오직 형이상학적 방법으로 합리적 근거를 제시할 수 있는 것이다. 즉 국민적 정당성주장의 궁극적 수단으로 저항권행사는 최고의 법원리라는 도덕적 신념뿐이다.135) 따라서 실패한 저항권은 불법적인 폭력으로 형사처벌의 대상이 될 뿐이다. 10·26 사건의 주범인 김재규는 재판정에서 부당한 독재정부에 대하여 저항권행사를 주장하였지만 내란죄로 사형선고를 받았다.

(다) 사견

저항권은 실정법에 없더라도 공권력을 남용한 정부에 대한 자연권으로서 정당성, 즉 국민주권을 주장하는 것이다. 우리 헌법전문에서도 "유구한 역사와 전통에 빛나는 우리 대한국민은 3·1운동으로 건립된 대한민국임시정부의 법통과 불의에 항거한 4·19 민주이념을 계승하여"라고 하며 저항권을 자연권으로 인정하고 있다.

---

133) 로크, 시민정부 제2론 제12장; 심재우, 『저항권』 고려대 출판부, 2000, 65~68면.
134) 심재우, 『저항권』, 68~76면.
135) K. Hesse, Grundzüge des Verfassungsrechts der BRD, 20 Aufl, 1995, RN 35.

하지만 저항권은 성공가능성을 요건으로 하여 대규모의 국민적 저항이 아닌 소규모의 집단적 저항권행사조차도 현실적으로는 정당성을 인정받기 어렵다.

(3) 민주적 법치국가에서 저항권의 행사방법

살펴본 바와 같이 소규모 집단의 저항권의 행사에 대하여 반대하는 논거는 민주적 법치국가에서는 인권침해에 대한 제도적 보호수단이 충분하기 때문이라 주장한다. 하지만 법치국가에서도 예외적인 상황에서는 (작은 저항권으로서) 시민불복종은 할 수 있다는 반론136)이 있다. 일반적으로 저항권행사는 불법이지만 윤리적 확신에 따라 중대한 불법에 대항한 비폭력 시위는 허용된다는 것이다. 다만 비폭력시위의 이유가 법치국가의 정상적 질서를 문제 삼는 것은 아니어야 한다. 예컨대, 박근혜정부에서 세월호 사건으로 밝혀진 국정농단에 대한 광화문광장에서의 촛불시위는 시민불복종 운동으로 저항권의 현대적 행사방법이라 하겠다.137)

---

136) 허영, 『한국헌법론』, 89면.
137) 이와 유사하게 미국에서도 흑인에 대한 경찰의 과잉진압으로 사망사건에 대한 시민들의 불복종운동은 정당화될 수 있다. 미국에서 시민 불복종 운동은 시영버스, 공립학교, 식당 등에서 좌석분리에 의한 인종차별에 항의수단으로 행사되었다. 이는 마침내 1964년 시민권법 (Civil Rights Act)제정으로 이어졌다.

헌법학의 대상

제 1 절 공적영역

헌법학의 대상은 근대 자유주의국가에서는 국가공동체에 한정되었다. 하지만 현대 사회(복지)국가에서는 국가의 역할 증대와 함께 국가와 사회공동체를 포괄하는 공적영역으로 확대되고 있다.

Ⅰ. 공적영역의 개념과 확대원인

1. 개념

공적영역은 개인의 자유에 대한 국가적 보호가 필요한 권력관계가 시작되는 모든 지점이라고 할 수 있다. 즉 공적영역은 장소적 개념으로 문 앞이 아니라 관계적 개념으로 나의 행동을 공적으로 평가할 수 있는 곳이라면 장소불문하고 해당될 수 있다. 하지만 권력관계의 양상에 따라 국가적 보호의 강도는 물론 동일하지는 않다.[1]

---

1) Ph. Mastronardi, Verfassungslehre-Allgemeine Staatsrecht als Lehre vom guten und ger-echten Staat, Bern · Stuttgart · Wien, 2007, S. 19, 20.

부연하면 공적영역이란 공동생활의 공적원칙이 적용되는 국가와 사인 또는 사인 간의 관계가 형성되는 지점이다. 이와 반대로 사적영역이란 국가나 사회와 단절된 나만의 영역을 말한다. 사적영역은 자기존속에 국한된 영역이라면 공적영역은 자기개발을 위한 국가, 사회, 경제 등의 공동체영역이다. 현대국가의 과제는 이러한 공적영역으로 확대되었다.

2. 공적영역의 확대원인

헌법학의 대상으로 공적영역은 이론적으로나 역사적으로 국가의 역할 증대로 나타나고 있다.

(1) 공법과 사법의 이론적 구분의 상대화와 헌법원리의 적용영역의 확대필요성

헌법은 국가조직법으로 행정법과 함께 공적영역을 규율대상으로 한다. 이와 반면에 사적영역을 규율하는 사법은 공법과 구분된다는 것이 전통적인 학설이다.

(가) 공법과 사법의 구분의 본질에 관한 학설

① 선험적 · 논리적 부정과 현실적 긍정설

이 학설은 국가법질서를 공법영역과 사법영역으로 구분하는 것은 대륙법계나 영미법계에서도 선험적인 것도 논리적 것도 아니라고 본다. 다만 대륙법계에서는 실무와 학설상의 발전을 법체계에 반영하고 있기 때문에 구분하고 있고,[2] 영미법계에서는 불문법체계인 보통법의 전통에서 공법과 사법의 구분은 대륙법계에 비교해 명확하지 않다고 한다.[3]

② 선험적 · 논리적 · 현실적 긍정설

이 학설은 살펴본 학설과 달리 국가의 태생적 · 본연적 · 시원적 직분에서 평등한 사인 간의 사법관계와 달리, 불평등한 상하수직의 국가와 사인 간의 공법관계는 자연발생적인 것이란 것이다. 이러한 공법관계의 선험성도 국가나 법체계에 따라 달라지는 것이 아니라 한다. '국가'라는 공동체의 틀을 갖추고 그 안에서 구성원들

---

2) 홍정선,『행정법원론』, 박영사, 2020, 31면; 유지태/박종수,『행정법신론』, 박영사, 2019, 24면.
3) 정하명, "미국법에서의 공법과 사법의 구별",『공법연구』제37집 제3호(2009. 2.), 59(61, 77면 이하).

이 공존하는 이상 대륙법이나 영미법이냐에 따라 달라질 수 없다는 것이다.[4]

(나) 공법과 사법의 구분여부에 관한 학설과 현실성

공법과 사법의 구분기준에 관하여는 다양한 학설[5]이 있다. 공법은 공익에 관한 법이라는 점에서 사익에 관한 사법과 구별된다는 이익설, 공법은 상하의 불평등관계를 규율하는 법이고, 사법은 대등한 평등관계를 규율하는 법이라는 종속설, 공법은 국가가 일방당사자인 법이고, 사법은 사인 간을 규율하는 법이라는 구주체설, 공법은 권리의무의 귀속주체가 오로지 공권력주체인 법규의 총괄개념으로 공법은 공권력주체와 그 기관의 직무법이고, 사법은 권리의무의 주체가 임의의 사인이라는 신주체설 등이 있다. 이 학설들에 대하여 현재 만족할 만한 구분기준이 아니라는 평가가 일반적이다.[6]

마우러(Maurer)는 특정법규범이 공법과 사법 중 어디에 속하는가는 통상 문제되지 않는다고 한다. 오히려 구체적인 사례에서 어떤 규범이 공적 또는 사적영역에 놓여있는가가 문제라고 하면서 공법과 사법의 구분은 현실적으로는 성질의 문제라기보다는 귀속의 문제로 보고 있다.[7] 즉 구체적 사안에서 공사법의 적용과 관련하여 주장되는 소위 2단계이론(Ob, Wie)에 의하면 국가권력의 행사와 그 방법에 대하여 각각 공법과 사법의 적용양상을 달리할 수 있다고 본다.[8] 이는 공사법의 구분에 관한 학설이 아니라 국가권력행사의 현실적 범위를 파악하는 것이다.

(다) 사견

공사법의 구분에 대한 현실적 필요성을 부인하지는 않는다. 다만 그 구분은 국가의 개입방법에 있어서 차이가 나타난다. 사법관계에서는 사인의 소추가 있어야 개입할 수 있지만 공법관계는 강제개입이 가능하기 때문이다. 하지만 사법관계든 공법관계든 모두 공적영역에서의 자유권행사는 책임을 수반하므로 국가는 사인보

---

4) 김용욱, 공법과 사법 구분의 기원·변천 및 당위체계에 관한 연구, 저스티스 통권 제150호 (2015. 10), 168면 이하.

5) K. Stern, Das Staatsrecht der Bundesrepublik Deutschland, Bd. I, München, 1984, S. 5 ff.; H. Maurer, Allgemeines Verwaltungsrecht, 18 Aufl. München, 2011, S. 43 ff.

6) H. Maurer, Allgemeines Verwaltungsrecht, S. 45, RN 14.

7) H. Maurer, Allgemeines Verwaltungsrecht, S. 46, RN 17.

8) W. Erbguth, Allgemeines Verwaltungsrecht, 5 Aufl., Baden-Baden, 2013, S. 53; 류지태/박종수, 『행정법신론』, 32면 이하.

호필요성에 따라 개입이 정당화된다. 오늘날 국가와 사인 내지 사인 간의 권력관계가 시작되는 공적영역에서 국가는 기본권보장의무(헌법 제10조 제2문)를 부담한다.

(2) 공사영역 구분의 기원: 고대 그리스 아테네와 로마 공화국

(가) 그리스 아테네에서는 자유로운 공적영역과 강제노동의 사적영역의 구분

최초로 공사영역을 구분한 것은 고대 그리스 아테네 민주주의에서다. 아테네는 신분제사회로 시민권을 가진 18세 이상의 남성과 노예, 외국인, 여자, 미성년자를 구별하였다. 당시 도시국가(Polis) 아테네는 직접민주주의를 실시하였으므로 시민권자는 입법, 행정, 사법, 국방에 관한 최고의결기관인 민회(Ekklesia)에 일당을 받고 참가하였다. 그와 반면에 노예, 외국인은 가정에서 생활필수품을 생산하는 노동에 종사하여야 했다. 여기서 폴리스의 민회는 정치적 권리를 갖고서 공공복리를 피력하며 그 실현을 위한 처분을 내리는 시민의 덕성, 즉 정의를 실현하는 공적영역이었다. 이와 반면에 가정은 노예, 외국인, 여성, 미성년자가 생활필수품을 마련하기 위하여 강제와 억압 속에 가사노동에 시달려야 했던 사적영역이었다. 따라서 경제는 사적영역에 속하였다. 경제의 영어 표기인 Economy는 oicos-nomia(가계, 살림살이)가 어원이다. 아무튼 경제는 원래 부자유속에서 강제당한 사적영역이었다.[9]

(나) 로마공화국에서 사적 권력의 강화

고대 그리스에서는 2백 년 가까운 기간 직접민주제가 시행되었다. 그 이유는 노예와 외국인노동으로 인해 정치에 시간적 여유를 가진 시민계층이 존재했기 때문이다. 하지만 그리스의 직접민주제의 실패는 로마공화국에게 매력을 주지 않았다. 로마는 집정관, 원로원, 호민관의 권력분립체계에서 대의민주제를 실시하면서 사적영역에서의 가장의 지위는 죽을 때까지 자기 가정에 대하여 절대적이었다. 성년의 자녀도 가장의 보호 대상이었다. 그리스 폴리스와 비교하면 가족구조에 차이점이 있었다. 가장의 사적권력은 국가에 대하여 독립적 인격으로 보호되었다. 자유를 부여하는 공적영역과 강제속의 사적영역의 구별이 계속되었다.[10]

---

9) Ph. Mastronardi, Verfassungslehre, S. 7.
10) Haller/Kölz/Gächter, Allgemeine Staatsrecht, 5. Aufl. Zürich, 2013, S. 5, RN 9.

(3) 절대군주시대의 국가와 사회의 절대구별: 고대와 정반대로 절대국가로부터 자유로운 사회영역

절대군주시대에 국가와 사회는 엄격히 구별되었다. 절대군주는 사치와 낭비로 인한 재정궁핍을 만회하기 위해 과세권을 남용하였다. 이에 저항한 신흥 시민들이 의회와 협력하여 국가로부터 자치권을 획득하면서 강제력을 행사하는 국가영역과 자유를 향유하여 부를 축적할 수 있는 사회영역이 구별되었다. 이러한 국가와 사회의 엄격한 구별을 전제로 한 시민적 법치국가에서 헌법의 적용범위는 국가영역에 한정되었다. 사회영역은 사적자치를 보장하는 국가로부터 자유로운 영역이었다.[11]

(4) 근대자유국가에서 자유영역의 확대분화

(가) 평등사회에서 사회영역의 확대(사적영역의 경제와 노동이 사회영역으로 편입)

자본주의적 생산양식에 의하여 탄생한 신흥시민계급과 봉건적 특권신분과의 대립 속에 루소의 급진적인 공화사상의 영향을 받은 시민계급이 프랑스 대혁명을 주동하였다. 프랑스 대혁명은 엄격한 신분사회인 구제도(Ancient Régime)를 타파하고 자유와 평등을 위해 싸운 투쟁이다. 이로써 프랑스는 미국과 마찬가지로 시민혁명을 통해 일찍이 평등사회를 이룩하게 되었다.

근대 자유주의국가에서는 국가와 사회를 구별하는 2분법에서 사회영역의 발전으로 '공적영역과 사회적·사적 영역'의 3분법으로 변화되었다. 이는 이론적으로 보면 국가란 개념을 몰랐던 고대 그리스와 로마시대의 사회공동체가 공적 관심사를 논의하는 사회영역과 노동으로 생활필수품을 조달하는 사적영역으로 구분한 것과 상응하는 것이다. 또한 현실적으로는 근대자유주의와 산업자본의 영향으로 여자와 연소자 등이 가정에서 사회영역으로 이동하여 사회적 노동자계급이 생겨났기 때문이다. 사회는 일종의 확대된 가정이었다. 고대와 중세시대에는 생활무능력자, 노인, 장애인을 배려하는 업무를 가족영역에서 담당하던 것을 근대에는 공익재단과 사단 등 사회영역에서 이를 담당하였다.

고대의 가정영역에 속하던 경제도 동일하게 사회영역으로 편입현상이 일어났다. 산업혁명으로 인한 분업의 영향으로 경제주체였던 가족영역에서의 가사노동이 해체되고 사회적 영역으로 이동한 것이다. 사회의 분화로 사적영역이 사회영역으로

---

11) Ph. Mastronardi, Verfassungslehre, S. 6.

되었듯이, 경제도 가사영역이었던 것이 사회영역으로 변하였다.

(나) 노동계약의 남용과 국가의 사회문제방치

여기서 근대자유국가에서 사적자치원칙은 경제와 노동이 사적영역에서 사회영역으로 변화했음에도 불구하고 유지되었다. 고대에 가정에서의 생활필수품을 얻기 위한 수요충족의 노동공급원리가 사회영역에서도 적용되었기 때문이다. 다만 노동자와 사용자의 관계가 일반·추상적인 대량경제관계로 확장되었을 뿐이어서 사회영역에서도 사적자치원칙이 적용되는 것으로 주장하였다. 생필품 수요충족이 노동계약의 일반적 표준이 되었다. 노동계약의 위반여부는 공적 영역에서 판단하였지만 근대국가에서는 방임하였다.[12] 이는 소위 '사회문제'가 되었다.

(5) 현대사회국가에서 국가와 사회의 구별의 상대화

(가) 사회국가의 급부의무

근대와 달리 현대사회국가에서 국가와 사회는 상호 교차관계에서 영향을 주고받는다. 우선 국가는 사회의 자율성을 우선으로 하면서 제도에 의해 보충적으로 규제한다. 예컨대, 사회보장과 교육제도로 최소한의 사회적 안전과 기회균등을 실현한다. 가능한 모든 사람들이 평등한 자유를 향유할 수 있도록 배려하기 위한 것이다. 인간다운 생활을 할 수 있도록 최소한의 물질적인 배려를 하는 것도 마찬가지다. 근대 자유주의국가에서 사회문제를 국가가 담당하게 된 것이다.

(나) 경제규제와 민영화현상

국가는 또한 사적 권력을 남용하여 독과점이나 부당근로계약을 체결하는 경우 예컨대, 독점규제 및 공정거래법, 근로기준법 등으로 적절히 경제영역을 규제한다. 과학기술의 발전으로 개인 간의 사적 자유를 침해하는 영역이 증대하면서 국가의 규제는 더욱 증대한다. 공간계획, 환경보호, 에너지 및 교통정책 등이 그것이다.

정당, 시민단체, 언론 등의 사회세력은 정치적 의사를 형성하여 국가로 매개하는 중개적 기능을 수행한다. 이와 반대로 국가는 자신의 공적 과제를 시민사회에 이양하면서 보장책임을 지는 소위 공사협력(public Governance) 내지 사회의 민영화

---

12) Ph. Mastronardi, Verfassungslehre, S. 7, 8.

(Verstaatlichung)로 나아가고 있다.

현대국가의 규제대상은 사회, 경제, 문화, 환경, 사적관계 등 공적영역으로 확대되고 있다. 환언하면 헌법학의 규율대상은 이제 국가만이 아니라 분화된 복합개념으로서 사회영역을 포괄하고 있다. 이는 개인적인 사적영역과 구분되는 소위 '공적영역'이라고 할 수 있다.

Ⅱ. 공적영역에서 행동원칙

1. 사적자유와 공적자유의 구분

헌법학의 대상인 공적영역에서 행동의 원칙과 그 이유를 제시하기 위해 사적자유와 공적자유의 구분은 필수적이다. 여기서 공적이란 공동체를 돌보는 연대를 의미하고, 사적이란 공동체에 책임감이 없어 공적 영향력이 없는 것을 말한다. 공적자유는 공적영역에서 자유를 책임감 있게 행사함으로써 공적자치를 강화하는 것을 말한다. 예컨대, 공장에서 폐수를 방류하지 않는 것, 투표권을 행사하는 것 등이다. 사적자유는 자기결정에 자기책임을 지는 사적자치를 말한다.

모든 기본권은 공적영역에서 개인의 공적자치를 보장할 뿐만 아니라 동시에 사적영역에서의 사적자치도 보장한다. 국가와 사인 또는 사인 간의 관계가 시작되어 국가가 개입할 수 있는 공적영역에서는 기본권의 주관적 공권성과 객관적 가치질서성이 모두 관련되어 있다. 이와 반면에 국가나 사회와 절연된 채로 혼자만의 사적자치를 향유할 수 있는 사적영역에서는 주관적 방어권과 관련된다. 하지만 사적 자치는 공적영역에 진입하는 계기가 된다는 점에서 국가나 사회공동체와 관계를 맺는 기초가 된다. 자유권뿐만 아니라 사회권의 경우도 마찬가지다. 국가의 급부를 요구하는 사회권은 사적자치의 전제인 자유를 형성하여 공적영역에서의 그 자유를 향유할 수 있는 공적자치의 기회를 부여하기 때문이다.

2. 사적영역에서 사적자치원칙과 공적영역에서 공적책임원칙

사적영역에서는 사적자치원칙에 의하여 학식과 판단력 있는 시민(Bourgeois)을 인간상으로 하여 자기의사에 따른 자기결정에 대하여 자기책임을 원칙으로 한다. 시민이 스스로 사적법률관계에서 입법자가 되는 것이다. 사회공동체의 제3자에 대한 배려를 할 필요가 없다. 다만 예외적으로 법치국가원리에 의하여 사법상 강행규정과 일반조항(민법 제103조, 제104조, 제750조 등)에 의한 제한만 있을 뿐이다.

이와 달리 공적자유는 공적영역에서 자신의 행위의 법적 효과에 대하여 제3자에 대한 책임이 원칙이다. 공적영역에서의 사인의 행동은 모두 정당화가 요구된다. 이는 제3자에게는 '사적권력'의 행사가 될 수 있기 때문이다. 따라서 공적영역에서 사인은 국가기관과 마찬가지로 법적으로 부여된 권한을 행사해야 하는 것이다. 사적권력의 행사로 제3자에게 피해를 준 경우에는 그 정당성을 공개적으로 입증하여야 한다.

사적자유는 개인의 차이를 인정하는 무제한의 자유로 금지되지 않은 모든 것을 할 수 있는 사실적 자유를 말하고, 공적자유는 모든 사람에게 평등한 자유로 허용되지 않은 모든 것을 금지하는 법적 자유를 말한다. 사적자유는 사인의 자의적 행사를 보호한다. 공적자유는 집단적으로 사인의 자의적인 자유행사에 대하여 보호를 청구할 수 있다. 예컨대, 제3자의 환경권보호의무의 불이행으로 환경권을 침해당한 사인은 국가에 환경침해배제청구권을 행사할 수 있다.[13]

일반적으로 자유에는 책임이 수반된다. 하지만 사적영역에서는 자유가, 공적영역에서는 책임이 핵심원칙이 된다. 사적영역에서는 다른 사람을 해하지 않는 한 나는 자유롭다. 하지만 공적영역에서는 내가 다른 사람에게 권한을 부여하지 않는 범위에서만 자유롭다. 따라서 공적영역에서는 권리행사의 재량은 없고 다만 권한행사에 대한 정당성을 입증해야 하는 책임만 있다. 예컨대, 공직선거권을 행사하지 않은 국민이라도 대통령의 행정입법에 복종하여야 하고, 근로의 의무(헌법 제32조 제2항)를 이행하지 않은 국민은 실업급여청구권 또는 사회보장청구권을 행사할 수 없다.

3. 사적자치와 공적자치의 관계

사회공동생활 속에 사적자치는 독자적으로 정의할 수 없다. 우리는 그에 관한 타인의 의견과 합치하여야 한다. 즉 사적자유의 내용, 한계, 범위에 대하여 공동규칙을 만들어야 한다. 이 규칙은 법적으로만 보장될 수 있다. 따라서 사적자치는 법적으로 기술된 자유다.[14] 자유영역의 규정을 우리가 만들지 않으면 우리의 자치(自

---

13) Ph. Mastronardi, Verfassungslehre, S. 12.

治, autonom)는 타인결정의 '타치(他治, heteronom)'가 된다. 사적자치는 우리가 공적으로 정의할 때에만 향유할 수 있다.15) 이는 공적자치도 마찬가지다. 우리의 민주적 참여권은 개인의 독립성이 보장되는 문화 속에서만 효력을 발현할 수 있다.

공적자치는 시민이 사적으로도 자치적 인간으로 행동할 수 있을 때에만 보장된다. 왜냐하면 정치문화는 시민의 개인적 활동에 의존하기 때문이다. 사적자치와 공적자치는 상호 의존적이다. 사적자치는 공적자치의 과정에서 생겨나고 공적자치는 사적자치의 주체인 국민이 만든다. 사적 자기결정과 공적 자기입법은 상호전제조건이다. 즉 상호순환적인 두 가지 내용이다. 사적자치는 공적자치가 촉진되도록 행사하여야 하며 또한 그 역도 마찬가지다.

이들 공적자치와 사적자치는 우열이 없다. 인간이 누리는 포기할 수 없는 불가분적인 자유다. 이들의 결합은 법제정에 영향을 미친다. 법제정자와 수범자는 같아야 한다. 법질서의 정당성은 사적·공적자치의 동일성 정도에 의존한다.16)

사적자유는 개인의 기본권보장을 핵심으로 하는 법치주의와 관련되고, 공적자유는 집단적인 국민주권을 내용으로 하는 민주주의와 연결된다. 즉 법치주의는 개인의 자치규범을 제정하는 개인편이고 민주주의는 집단적 주권규범을 정당화하는 국가편이다. 법치주의와 민주주의는 국가에 대한 개인의 관계에서 보면 상호 대립된다. 하지만 전술한 바와 같이 사적자치와 공적자치는 상호 의존적인 관계에 있는 동지다. 법치주의와 민주주의의 기초는 개인의 자치에서 시작된다는 점에서 공통점을 갖는다. 따라서 민주적 법치국가로 합체되는 것이다.17)

4. 공적영역에서 행동원칙: 효율성-연대성-보충성

국가의 개입이 정당화는 공적영역이란 사회, 경제, 국가를 포괄한다. 여기서 사회, 경제, 국가의 구별은 각각 사적 자유, 시장, 공적 연대로 올바른 정치적 결단을 위한 것이다. 즉 사회영역은 사적자치원칙이 적용되는 영역으로 여기서 사회는 사적자유를 우선으로 국가는 보충적으로 개입하고, 경제는 시장경제의 효율성을, 국가권력은 연대성원리에 의하여 공적영역에 개입을 한다. 그런데 사회영역에 보충

---

14) Ph. Mastronardi, Verfassungslehre, S. 23.
15) 사적자치에 대하여 자세한 것은 제3편 제7장 제1절 볼 것.
16) Ph. Mastronardi, Verfassungslehre, S. 24.
17) Ph. Mastronardi, Verfassungslehre, S. 25.

성원칙은 연대성을 전제로 한다. 전술한 바와 같이 사적자치와 공적 자치는 상호 의존적이기 때문이다. 따라서 사적자유의 침해에 대하여 국가는 보충적으로 개입한다.[18]

하지만 경제는 자유원리가 적용된다. 공동체에 유보되지 않은 경우 개인의 자의를 존중한다. 따라서 경제는 자유시장의 원리를 보장한 것으로 자기책임이 원칙이다. 하지만 경제자유원칙도 경제주체 간의 조화를 통한 경제의 민주화(헌법 제119조 제2항)를 위해 배분의 원리가 적용될 수 있다. 이는 공개적인 입법으로 정한다.[19]

요약하면 세 가지 범주로 구분된다. 첫째, 자유로운 시민공동체는 공동체연대를 하지 않은 경우 시장의 효율성원칙이 적용된다. 둘째, 국가가 보충적으로만 개입할 수 있는 공동체연대의 경우 공적질서형성은 사회공동체에 위임된다. 즉 사적자치에 의한 자기입법을 한다. 셋째, 국가의 연대가 필요한 공적영역의 경우 그 주체, 목적, 조건에 관하여 민주적 입법으로 결정하여야 한다.

제 2 절   공적영역(헌법학)에서 법과 도덕의 관계

Ⅰ. 공적영역에서의 시민적 덕성과 정당성의 해결방안

공적영역에서의 공적자치는 국가나 사회공동체와 관련된 권한으로서 책임이 중요하다. 공동체에 대한 책임의식을 갖는 시민적 덕성이 요구되는 것이다. 또한 헌법은 일반 법률과 달리 정치권력의 배분과 통제에 관한 법이다. 따라서 헌법에는 정권담당자가 행사할 수 있는 국가기관의 권한이 규정되어 있다. 정권담당자는 국가권력의 행사에 국민적 정당성을 요건으로 한다. 정당성은 주권과 달리 순수 사실적인 것으로 윤리적, 초실정법적 가치판단과 행태가 일치하는 합헌성을 의미한다. 여기서 국가권력의 정당성이 중요한 헌법에서 법과 도덕을 구별할 필요가 있는지

---

18) Ph. Mastronardi, Verfassungslehre, S. 13.
19) Ph. Mastronardi, Verfassungslehre, S. 15.

판단할 필요가 있다.

II. 법과 도덕의 관계에 관한 학설

1. 독자성설

자유민주주의의 사고로서 법과 도덕을 구분한다. 민주적 법치국가에서 국가권력에 대하여 법을 우회하여 도덕적 정당성을 판단하는 것은 자의금지의 법치국가원리나 다수결의 민주주의원칙에 반한다고 한다. 국가권력에 대한 정당성도 법적판단을 의미하는 것으로 정권담당자의 선악을 판단하는 것이 아니라 법적 의무의 준수여부를 판단하는 것이라고 한다.

다만 법은 도덕과 문화의 반영으로 법과 도덕의 구분은 절대적인 것이 아니라 상대적이라고 한다. 하지만 실정법은 도덕에서 도출되지 않는 규정이 대부분이어서 현실적으로 구분의 실익이 있다고 본다.[20]

2. 중첩성설

공적영역에서 법과 도덕은 정치윤리를 실천해야 하는 국가와 민주주의의 시민의 덕성요건과 일치한다. 정치윤리는 공적영역에서 파악하는 도덕의 일부다. 즉 시민의 덕성을 요구하는 민주주의원리는 헌법의 기본원리다. 공적영역에서 정치윤리원리는 법적 원리로 간주되는 것이다. 따라서 법과 도덕의 상호관계를 설명하는 것이 필요하다.

공적영역에서의 타해금지의 행동원칙은 법적 성격보다는 윤리적 성격이 강하다. 자유와 책임, 연대성과 보충성은 그 효력근거를 실정법에서 찾기보다는 설득력 있는 논증이 더 요구된다. 이는 각 국가마다 다른 문화의 산물이기에 정치윤리의 반영도 상이하게 나타나기 때문이다. 우리는 미국의 공리주의에 입각한 유용성윤리보다는 유럽의 당위적인 의무윤리를 추구하는 경향이 나타난다. 유교문화의 전통을 존중하는 우리는 국가에 대한 거부감이 없으며 프랑스나 미국과 같이 시민혁명도 겪지 않았기 때문이다. 따라서 공적영역에서 법과 도덕의 중첩이 흔히 나타난다.

정치윤리의 원리는 헌법의 기본원리로도 설명할 수 있다. 이는 윤리를 법규범

---

20) Ph. Mastonardi, Verfassungslehre, S. 142, 143.

으로 구체화하여 실정법으로 규정하여야 가능하다. 헌법과 법률은 윤리적 내용을 법이란 형식으로 포장한 것이다. 따라서 이러한 법과 윤리의 상관관계에 의하여 정치윤리의 기본원리는 헌법의 기본원리로 전환된 것이다.

공공복리와 정의의 정치윤리는 헌법에서 민주주의와 법치주의의 목표로 나타난다. 정치적인 공익추구는 민주주의의 공공복리로, 정치적 정의실현은 법치국가적 정의로 실현된다.

따라서 민주주의와 법치국가원리는 입법자에 정치윤리에 입각한 법제정의무를 부과하는 핵심적인 헌법 원리다. 다수의 공익은 민주주의의 윤리적 목표이고, 소수 내지 개인의 정의는 법치국가의 윤리적 목표다.

Ⅲ. 헌법에서 윤리의 실천적 개념

헌법에서 윤리의 개념을 정립하지 못하면 법과 도덕의 독자성과 중첩성에 관한 논의의 실익은 없다. 하지만 헌법규범은 개방성과 추상성을 특색으로 하여 초실정법적 원리를 매개하지 않으면 해석할 수 없다. 이 원리에 윤리도 속하는 것이다. 따라서 법적 논증에 있어서 윤리적 개념도 원용하여야 한다. 예컨대, 민사와 형사상 불법행위책임을 논하기 위하여 인간은 자기의사에 따른 자기결정에 책임을 부담하여야 한다는 사적 내지 공적자치를 원용하지 않을 수 없는 것이다. 사적 자치는 자연권의 본질을 갖는 불문기본권이다.

여기에 구체적 사실에 적용되는 기본권은 헌법원칙을 매개로 해석해야 하는 경우가 흔히 있다. 예컨대, 기본원리인 비례의 원칙, 신뢰보호원칙, 사적자치원칙, 민주주의원리, 법치국가원리 등이 그것이다. 자기의사와 자기책임은 사적자치원칙의 도덕적 내용이고, 공공복리는 공화민주주의 윤리적 목표이고, 개인과 소수의 자유보호는 법치국가의 윤리적 목표다. 헌법의 정당성은 정치윤리의 실현에 있는 것이다.

다만 국가권력의 기본권보장의무는 실정법에만 기속되는 합법성판단으로 정당성판단과는 구별하여야 한다. 국가권력과 달리 개인의 도덕적 의무의 이행여부는 정의를 내포하는 실정권을 기준으로 비판할 수 있는 척도가 된다.[21]

---

21) Ph. Mastonardi, Verfassungslehre, S. 143, 143.

Ⅳ. 소결 및 사견

헌법적으로 공동체에 대한 국민의 근로의 의무(제32조 제1항), 재산권행사의 공
공복리적합의무(제23조 제2항), 환경보호의무(제35조 제1항), 친권행사시 자의 복리최
우선의무, 선거의무 등에 대한 해석에서 법적 의무인지 도덕적 의무인지 학설이 대
립되고 있다. 이와 같은 학설대립은 국가가 개입하는 공적영역에서의 정치윤리와
시민의 덕성이 요구되는 경우로 법과 도덕은 혼재하기 때문이다. 따라서 입법자와
의무위반자는 국가나 제3자에 대한 일응의 책임을 부담하여야 하는 점에서 학설의
대립은 현실적인 결과에서 차이가 나지 않는 것이다. 예컨대, 근로의 의무, 환경보
호의무, 선거의무 등의 불이행시 직간접의 제재 내지 불이익이 있어야 한다는 점에
일치하고 있는 것은 이를 방증한다.

Ⅴ. 보충: 정치윤리[22)]

1. 개념과 윤리의 세 가지 차원

정치윤리란 공적영역에서의 행동규범정립 또는 국가기관의 올바른 권력행사
방법을 말한다. 즉 정치윤리는 살펴본 바와 같이 법과 윤리의 상관관계에 의하여
헌법의 기본원리로 전환된다. 정치란 다의적 개념이다. 이에는 정치가의 행동 이외
에 국가기관의 권한행사도 포함된다. 따라서 정치학에서 정치는 세 가지 차원의 윤
리로 구분한다. 정치제도, 정책결정, 정치행태가 그것이다. 정치제도란 헌법질서와
공적영역에서 기능하는 제도와 규범체계 등 제도로서 국가를 파악하는 것이다. 정
책결정이란 정치의 목적과 과제설정 및 결과 등 정치의 내용을 파악하는 것이다.
정치행태란 전술한 정치의 내용을 결정하는 정치인의 책임을 말한다.

2. 구체적 검토

(1) 제도윤리

제도윤리는 정치윤리의 촉진에 관한 법제도적 기여방법을 연구하는 것이다.
국가권력의 기본권기속, 법치행정원리, 협력적 권력분립, 국민에 책임을 지는 민주

---

22) Ph. Mastronardi, Verfassungslehre, S. 87~94.

주의, 사회정의 실현을 위한 사회국가원리 등 정치윤리 촉진을 위한 제도적 기능을 강조한다. 또한 제도윤리는 정치권력을 제한하고 절차에 기속되게 한다.

(2) 목적윤리

정치의 목적윤리는 권력행사의 정당성을 얻기 위해 근본가치를 정치목적으로 하는 것이다. 정치는 이해관계의 타협이다. 현대사회는 정치목적에 대하여 국민적 동의를 얻어야 한다. 공동체의 근본가치로 민주적 헌법국가의 이념에 부합하는 정치목적은 공공복리, 정의, 책임이다.

정치목적은 본질적으로 자유, 평화, 정의에 대한 국가책임을 법제도를 통해 공적영역의 행동규범으로 정립하는 데 있다.

(3) 정치행태(책임윤리)

정치행태란 인간의 행태를 말한다. 주어진 상황에서 시민의 덕성을 요구한다. 덕성이란 올바르게 행동할 수 있는 능력과 의지를 말한다. 이는 도덕을 바탕으로 한 실천이성을 말한다. 정치가에게 도덕적 의무란 양심과 그에 반하는 정치권력간의 갈등상황에서 양심에 따라 최선을 다하는 것이다. '가능성의 예술'인 정치는 가능하다면 이상적인 과제를 수행해야 한다. 따라서 정치행태, 즉 인간의 행태는 '책임윤리'다. 정치가는 자신의 행동에 대해 다른 사람에 책임을 져야 한다. 이는 덕성만으로는 안 된다. 정치적 결과가 나타나야 한다. 이 경우 양심과 결정사항 간의 의무충돌상황이 나타날 수 있다. 예컨대, 첩보경찰이 요인암살을 예방하기 위해 테러범을 고문할 수 있는지가 문제되는 경우다. '유용성윤리'에 의하면 가능하지만 '의무윤리'에 의하면 불가능하다.

이에 비교하여 '책임윤리'란 행동의 결과에 대해 책임질 것을 요구한다. 유용성윤리와 의무 윤리의 실천적 조화를 말한다. 즉 목적달성을 위한 모든 수단이 정당화되는 것이 아니라 오히려 양심과 현실적 가능성을 고려하여 결정한 것에 대해 책임을 지는 것을 의미한다.

3. 소결

국가기관은 올바른 권한행사를 위해서 제도, 목적, 책임윤리를 종합적으로 고려할 수 있는 정치윤리를 확립해야 한다. 이들 정치윤리에 필요한 내용들은 상호 보완적인 경우도 있지만 갈등관계에 있을 수도 있다. 하지만 모순은 아니다. 다원 사회에 윤리도 다원적일 수 있기 때문이다. 하지만 이는 합리적인 결정으로 극복될 수 있다.

국가의 기능과 과제

제 1 절 국가고권

I. 헌법의 일원적 국가조직기능

국가란 사회공동체를 지배하는 일원적인 정치권력조직이다. 국가의 사실적 권력행사는 정당성이 요구된다. 정당성은 권력을 행사하는 자가 지배받는 자로부터 부여받아야 한다. 따라서 권력은 이유 없이 행사해서는 안 된다. 또한 자의적인 권력행사도 통제되어야 한다. 정당한 권력행사를 위한 조직이 있어야 한다.

국가의 정치권력조직에는 지도원리가 있어야 가능하다. 국가는 법치국가, 민주주의, 단일국가를 조건으로 권력행사의 정당성을 공동체구성원, 즉 인민에게 부여할 것을 요구할 수 있다. 국가는 사회계약으로 인민의 주권을 위임받아 정당한 정치권력을 조직한다.

국가고권은 국민에 대한 국가권력을 행사할 수 있는 규범적인 권한이다. 따라서 국가고권이란 국가에 주권을 위임한 것이다. 이에 반해 국가권력은 사실적인 국가의 권력이다. 이러한 점에서 헌법은 사실적인 국가권력이 규범적인 고권을 행사할 수 있도록 연결하는 기능을 수행하게 된다. 헌법은 정당한 국가권력을 조직하는 규범적 기능을 수행한다.

국가권력은 원래 사실적인 국가구성의 3요소인 국민, 영토, 국가권력 중의 하나다. 따라서 국가구성의 3요소란 사회공동체가 국가로 조직되기 위한 단순한 현상에 불과했다. 하지만 오늘날 헌법에 의하여 국가는 국민과 국민의 공공복리를 책임지는 규범적 권력행사를 할 수 있게 되었다. 국가권력은 헌법적 정당성을 부여받은 점에서 단순한 사회조직과 구분된다. 따라서 민주적 헌법국가에서 국가권력의 담당자는 국민에 대한 헌법상 권한을 보장받는 대신에 정치윤리에 입각한 헌법적 책임도 부담한다.

Ⅱ. 국가법인설

헌법국가란 법질서로 형성된 조직체다. 하지만 국가론에서는 국가를 사실적으로 설명하기 때문에 법적 관점에서 국가의 규범적 효력을 도출할 수 없다. 예컨대, 국가는 지역공동체라는 개념에서 법적 효과를 도출할 수는 없다. 이 흠결을 보완하기 위해 국가가 권리의무의 주체가 된다는 국가법인설[1]이 유용하다.

국가법인설은 괴팅엔 대학의 알프레히트(W. E. Albrecht)가 그의 논문(1837)에서 최초로 주장하였고, 그 후 법실증주의자 게르버(C. F. v. Gerber), 라반트(P. Laband), 옐리네크(G. Jellinek), 켈젠(H. Kelsen)이 국가는 법질서[2]라고 하여 이론적 기초를 제공하였다. 민법상 법인이론을 공법에 차용하여 국가는 권리와 의무의 주체가 되고 그 부분기관(대통령, 장관, 공무원 등)은 법정의 객관적 '권한'을 행사하여 국가에 행위능력을 부여한다.[3] 국가는 민법상 법인과 마찬가지로 스스로 활동할 수 없고 그 '벌린 팔'로서 부분기관이 국가의 도구(Organ)로서 공권력을 행사하고 국민에 대한 책임도 부담한다.[4]

---

1) 법인이라 함은 법에 의해 권리능력을 부여받은 인적 집단(사단) 내지 목적 재산(재단)을 말한다. 권리능력에는 소송당사자능력과 참가당사자능력도 포함한다.

2) H. Kelsen, Reine Rechtslehre, 2. Aufl. Wien, S. 289 ff.

3) 정호경, "국가법인설의 기원과 전개과정－독일에서의 발전과정을 중심으로－", 『행정법연구』 제42호(2015), 1면 이하.

4) 그 밖에 공법상 법인으로 인정되는 것으로 지방자치단체, 공공조합, 영조물, 공법상 재단이 있다. 지방자치단체도 헌법상 주민의 복리에 관한 사무를 처리하고 재산을 관리(헌법 제117조 제1항)하는 독자적인 공법상 행위주체로서 공법인(지방자치법 제3조 제1항)이다. 따라서 자치사무(고유사무)와 단체위임사무는 지방자치단체의 사무로 그 부분기관의 활동의 법적

따라서 국가법인설에 의하면 공무원은 국가의 부분기관의 지위와 기본권주체의 이중적 지위를 갖는다. 즉 공무영역에서 공무원은 국가의 도구로서 국민에 대한 기본권보호의무자일 뿐 기본권주체가 아니다. 하지만 공무관련영역이나 사적 영역에서는 원칙적으로 기본권주체다.

국가법인설에 대하여는 사법상의 주식회사와 같이 국가권력을 과대 보호할 수 있다는 점에서 비판이 없는 것도 아니다. 하지만 공권력행사의 주체로서 권한과 책임을 부담한다는 국가법인설의 유용성을 오늘날 인정하는 것이 일반적5)이다.

제 2 절 국가의 형태, 성격 및 과제와 책임

I. 국가형태

국가형태란 국가의 법적인 기본질서를 말한다.

1. 고전적 국가형태론

고대의 국가형태는 오늘날의 일반국가론에 해당된다.

(1) 아리스토텔레스의 선하고 악한 세 가지 국가형태

권력담당자의 수와 윤리적 기준에 의하여 아리스토텔레스는 국가권력의 주체의 수, 즉 지배자의 수에 따라 1인 지배의 군주제, 소수현인지배의 귀족제, 다수국민지배의 민주제로 구분하였다. 이와 같이 공익을 도모한 최선의 국가형태와 상반

효과는 지방자치단체에 귀속된다. 공공조합도 법정의 자격을 가진 조합원으로 구성된 공법상의 사단법인이다. 하지만 구성원의 변경과 상관없이 고권적 과제수행을 위해 권리능력이 부여된다. 이에는 변호사협회, 농지개량조합, 상공회의소, 재개발조합, 재건축조합 등이 속한다. 영조물도 특정한 공적 목적을 위해 지속적으로 이용되는 인적·물적 종합시설로 공법인이다. 예컨대, 서울대학교, 한국은행 등이다. 공법상 재단이란 국가나 지방자치단체가 공적 목적을 위하여 출연한 재산을 관리하기 위하여 설립하여 독자적인 권리능력을 부여한 기관을 말한다. 예컨대, 한국연구재단, 한국문화재재단 등이다.

5) J. Ipsen, Staatsrecht I, München 2012, S. 3.

되는 타락한 국가형태로 폭군의 자기이익을 위한 전제제, 소수의 부유층을 위한 과두제, 빈곤층을 위한 중우제라 하였다.

아리스토텔레스는 원래 중우제를 민주제로, 민주제는 폴리티(Politie)로 명명하였다. 그러나 민주제가 정당한 다수국민지배의 폴리티를 대신하는 좋은 의미로 변화되었다. 아리스토텔레스는 현실에 가장 이상적인 국가형태는 이들의 혼합 형태로 보았다.

(2) 국가형태의 순환과 혼합국가론

세 가지 국가형태는 모두 장단점이 있으므로 키케로는 혼합형 국가형태를 제안하였다. 로마공화정의 국가형태로 군주(Konsul), 귀족원(Senat), 민회(Volksver-sammlung)를 예로 들었다.

혼합국가형태는 고전적인 세 가지 국가형태를 결합한 것으로 상호 견제와 균형의 원리에 의하여 타락을 예방하는 장점을 갖는다. 따라서 키케로와 폴리비오스는 혼합국가를 최선의 국가형태로 판단했다. 혼합국가는 권력분립이론의 원형으로도 볼 수 있다.

2. 현대적 국가형태론

(1) 단독국가

단독국가란 1인 지배의 국가체제를 말한다. 이에는 군주국가, 독재국가 내지 전제국가가 있다.

(가) 군주국가

오늘날의 군주국가는 입헌군주로 시민의 기본권보호의무를 지며 헌법에 구속된다. 또한 대부분의 입헌군주국가는 주권의 주체가 군주에서 국민으로 이전된 의회군주국가다. 의회군주제는 형식적으로만 군주제일 뿐 실질적으로는 민주제다. 의회군주제 국가는 민주주의국가다.

(나) 독재국가와 전제국가

독재(Diktatur)는 고대 로마공화국의 라틴어 dictatore(명령)에서 유래하였다. 로마공화국에서 독재란 한시적인 비상특권을 행사할 수 있는 단독(1인)지배체제를 말한다. 독재자의 자기절제와 독재고착화를 예방하기 위하여 로마의 군주헌법은 견제장치를 마련하였다. 비상상황에 대한 판단은 독재권을 행사하는 군주(Konsul)가 아니라 원로원(Senat)이 하였다. 원로원의 통제하에 군주가 독재권을 한시적으로 행사할 수 있었을 뿐이다. 더욱이 로마시대의 군주헌법에는 이미 긴급사태가 소멸하거나 조치발표 후 6개월이 경과하면 자동으로 해제된다고 규정되어 있었다.

이에 반해 전제국가는 시간의 제한 없이 장기집권을 하는 독재국가다. 국가권력을 국민이 아닌 자신을 위해 행사하는 위헌적 통치방식으로 국민이 선출한 정부가 한시적으로 위임된 권력을 정권보위를 위한 독재권력으로 악용하는 것을 말한다. 이승만(1956), 박정희(1969)의 3선 개헌이 그 예다. 히틀러의 신임투표(plebiscite)독재와 군사독재도 이에 속한다. 군사독재의 경우는 1인 독재보다는 과두독재가 일반적이다. 예컨대, 전두환 군사정권도 7년 단임으로 노태우에게 정권상속을 예정한 것이었다. 다만 직선제개헌으로 과두독재가 실패로 돌아가 위기에 처했으나 김대중, 김영삼 야권후보의 단일화 실패로 군사정권은 불행하게 5년 더 연장되고 말았다. 그들에 대한 처단은 김영삼 문민정부에 의해 비로소 5·18 민주화운동에 대한 특별법제정[6]으로 이루어졌다.

(2) 과두제 국가

인류역사에서 지배계층 또는 정치집단이 없는 사회는 존재하지 않는다. 국가나 정부는 다수의 사회구성원을 지배하기 위하여 법질서로 강제하는 소수집단이다. 다수국민은 자기지배가 불가능하고 능력도 없다고 자탄한다. 지배계급의 권한을 양수할 수 있는 방법은 소수집단인 정당을 창설하는 것이다. 정당은 과두지배의 초석으로 기능한다.[7] 미헬스(R. Michels)는 '정당사회학'에서 현대민주국가에서 과두제철칙을 주장하였다.

과두지배를 현대국가에서도 회피할 수 없다면, 즉 계급 없는 사회가 불가능하다면 권력계급을 가능한 범위에서 국민의 통제 하에 두는 것이 중요하다. 권력계층에 진입과 계급상승기회를 개방하는 것이 그 하나의 방법이다. 성별, 종교, 사회적

---

6) 이에 대하여 소급입법, 처분법률 등의 이유로 그들의 헌법소원청구가 있었다. 헌재결 1996. 2. 16. 96헌가2 등, 판례집 8-1, 51.

7) Haller/Kölz/Gächter, aaO., S. 55, RN 185.

신분, 인종, 언어 등에 상관없이 개인적 능력에 따라 권력계층에 진입할 수 있어야 한다. 수직적 신분상승기회는 확립된 전통계급사회에서도 보장되어야 한다. 또한 민주국가에서는 상층부를 단일하게 구성하지 않고 주도층과 견제층의 복층으로 구성하여 상호 견제와 균형을 이루도록 구성한다. 예컨대, 보수정당과 진보정당, 언론과 정부, 사용자와 노동조합 등이다. 정보공개도 중요한 요소다.[8]

(3) 민주국가

민주국가는 고대 아테네의 직접민주주의에서는 치자와 피치자의 동일성원리에 의한 자기지배를 의미한다. 모든 시민은 국가고권의 주체이자 객체다. 만인은 평등하고 각자 국민주권을 향유한다. 민회에 참가하여 국가권력을 행사하였다.

(가) 직접민주주의

직접민주주의란 국민이 스스로 입법과 일정한 행정처분을 하며 행정기관의 구성과 법관도 선출하는 통치방식을 말한다. 즉 직접민주주의에서는 의회가 없어 권력분립을 전제로 하지 않는다.

(나) 플레비시트(Plebiscite) 민주주의

플레비시트 민주주의란 국가원수, 일반적으로 대통령이 특정한 사안에 대하여 재량으로 국민투표를 실시할 수 있는 통치방식을 말한다. 즉 특정사안에 대하여 의회에 의존하지 않고 국민투표로서 국민의 신임을 받아 통치하는 직접민주제의 일종이다.

플레비시트는 국민에게 대통령이 제안한 정책에 대한 찬반의 의사표시만 할 수 있을 뿐 대안을 제시할 권한을 부여하지 않는다. 따라서 국민은 국민투표에 부의된 정책에 대하여 소극적으로 반응하는 것에 불과하지 능동적으로 의견을 표명할 수 없다. 대통령은 위기에 처해 있을 때 권력을 강화하기 위한 수단으로 국민투표를 제안하여 위기를 모면할 수 있다. 플레비시트 민주주의는 신임국민투표의 인격화를 초래하는 문제점이 있다.[9]

---

8) Haller/Kölz/Gächter, aaO., S. 56, RN 187.

9) 예컨대, 독일의 히틀러가 1938년 4월 10일 오스트리아 합병에 대하여 신임국민투표를 실시하여 99. 6%의 찬성을 유도한 것은 민주주의의 남용이다. Haller/Kölz/Gächter, aaO., S. 81,

(다) 대의민주주의

대의민주주의란 국민에 의해 공선된 의회 내지 대통령이 책임을 지고 통치하는 민주주의를 말한다. 국민은 투표를 통해 신임을 부여하고, 선출된 위정자들은 자유위임의 원리에 의하여 국민전체를 위해 국정을 책임지고 운영하는 통치형태로 간접민주주의 내지 의회민주주의라고도 한다.

(라) 국민투표(Referendum)민주주의 내지 반(半) 직접민주주의

반 직접민주주의란 스위스의 국가형태로 대의민주주의와 직접민주주의를 혼합한 것을 말한다. 반 직접민주주의에서도 국가정책은 원칙적으로 정부와 공선된 의회가 결정한다. 하지만 국민도 정책결정에 직접 영향을 미칠 수 있다. 즉 특정한 사안에 대하여 국민투표와 국민발안으로 국민결정(Volksabstimmung)을 할 수 있다. 또한 반 직접민주주의에서는 국민이 국회, 정부, 판사를 소환할 수 있는 국민소환제도를 마련하고 있다. 국민은 국회의원선거 이외에 판사도 선출할 수 있다. 즉 국민투표민주주의의 유형으로 국민투표, 국민발안, 국민소환제도가 있다.10)

Ⅱ. 국가의 성격

살펴본 바와 같이 국가형태는 국가권력의 형식적인 배분방법을 기준으로 분류한 것이다. 동일한 국가형태라 하더라도 국가권력행사방법에 따라 현실적으로는 상이한 국가가 될 수 있다. 예컨대, 민주국가가 전제국가가 될 수 있고 군주국가가 민주국가가 될 수 있다. 따라서 국가형태로 현대국가를 파악하는 데는 한계가 있다. 국가의 성격을 기준으로 분류하는 것도 필요하다.

1. 권위주의국가: 현대판 절대군주국가

현대국가의 과제는 자유와 질서다. 국가는 헌법제정의 방식으로 국민으로부터 부여받은 주권을 국가기관에 의하여 행사한다. 국가기관은 헌법에 의하여 부여받은 권한을 대내외에서 행사한다.

RN 261.
10) 그에 관하여 자세한 것은 장영철,『국가조직론』, 50면 이하 볼 것.

이와 반면에 근대의 절대군주제는 의회의 통제 없는 무제한의 절대 권력을 행사하는 군주지배형태를 말한다. 모든 국가권력은 군주에게 집중되어 군주단독으로 행사한다. 군주는 법주권의 주체로서 그의 명령은 법률적 효력을 갖는다. 하지만 그는 법에 기속되지 않는다(즉 국가무책임사상). 국민은 군주의 신민으로 정치적으로 무기력한 집단에 불과하다. 절대군주제의 이론적 기초는 보댕(J. Bodin)의 주권이론과 국가이성론(국가폭력독점)이다. 홉스(Th. Hobbes)는 리바이어던에서 인간본성에 대한 성악설에 근거하여 '만인의 만인에 대한 투쟁 상태'보다는 사회구성원과 사회계약에 의한 안전과 자유를 보장하기 위한 절대군주의 주권행사의 정당성을 강조하였다. 18세기 중반부터 계몽 절대군주는 자연법사상에 근거하여 군주주권을 제한적으로 행사하였다.

이와 같은 절대국가의 군주주권모델이 현대에도 지속되는 국가가 권위주의국가다. 대의민주주의국가의 국민은 자신의 권리를 효과적으로 행사할 수 없기 때문에 지배자에 선택의 여지없이 복종하기 때문이다. 다만 권위주의 국가는 형식적 법치국가로 비정치적인 영역에서는 부분적으로 법적 안정성을 보장한다.[11] 유신헌법을 스스로 제정하여 통치한 박정희의 제4공화국이 그 예다.

2. 전체주의국가: 현대판 전제군주국가

전체주의국가는 지배자의 권한남용이 무한정 보장되는 전제군주 내지 폭군에 비교되는 국가다. 전제군주와 절대군주는 도덕적으로 자기구속을 한다는 점에서 구별된다. 전체주의국가의 집권층은 전체 사회와 국민을 자의적으로 통제한다. 민주주의도 법치국가원리도 통용되지 않는다. 전체주의 국가는 정권담당자의 권력을 통제할 수 있는 민주적인 의결과정이 없기 때문에 법치국가가 아닌 인치국가를 말한다.

이러한 전체국가는 합리적인 토론과정은 없고 실력자의 정치적 결단만이 중요하다. 소위 칼 슈미트의 결단주의는 자연 상태에서 법적 구속과 윤리적 의무로부터 자유로운 사실적 힘, 즉 정치를 헌법제정의 효력근거로 제시하였다. 그의 '정치적인 것'은 성악설에 입각하여 사회 집단을 우적의 관계로 간주하는 정치과정의 일면만을 강조하여 헌법이론을 제시한 문제점이 있다. 이러한 칼 슈미트의 정치적 결단주의는 법과 윤리와 무관하게 '사실적 힘'을 헌법제정의 정당성의 본질로 주장하여 결

---

11) Ph. Mastronardi, Verfassungslehre, S. 51.

국 히틀러가 1933년 수권법에 의하여 전체주의국가가 되는 이론적 근거를 제공하였다. 이와 정반대되는 국가가 민주적 헌법국가다. 사실 슈미트도 정치적 사실이 헌법규범이 되는 점은 인식했지만 정치윤리12)에 입각한 권력담당자의 책임을 인식하지 못한 점에서 민주적 헌법국가와 차이가 있다.13)

3. 자유주의 법치국가

자유주의 법치국가는 전술한 권위주의국가와 전체주의국가와는 상반된 국가다. 자유주의 국가는 개인의 자유를 최고의 가치로 삼는다. 로크는 개인의 자유는 자연권으로 주장하여 당대의 절대군주제에 반대하였다. 개인의 자연적 자유에 대한 국가권력의 침해에 대하여 저항권을 행사할 수 있다고 하였다. 개인의 인권을 보호하기 위하여 권력분립도 주장하였다. 그의 개인적 자유는 국가로부터의 소극적 자유인 방어권이었다. 사회와 경제도 국가로부터 자유로운 영역이었다. 그 대표적 학자 아담 스미스는 보이지 않는 손(invisible hand)에 의한 자유로운 자유방임경제를 요구했고, 밀(J. S. Mill)은 사상의 자유시장원칙을 주장하였다. 몽테스키외는 권력분립원칙을 주장하였다.

국가의 성격은 법률유보에 의한 개인의 기본권과 국가의 자의적 권력행사로부터 재판청구권을 보장하는 형식적 법치주의국가였다. 즉 입법자의 입법에 모든 국가권력이 구속되는 법률국가였다. 민주주의는 법치행정원칙에 의하여 시민에 대한 책임을 중요하게 여겼다. 그러나 자유주의 국가의 인간상은 이기적인 동물로서 판단력있는 엘리트가 공적 여론을 형성하도록 선거에 의한 대의민주주의를 실시하였다.

19, 20세기 자유주의 법치국가는 당시의 경제발전에는 기여하였다. 하지만 부익부 빈익빈의 사회문제를 해결할 수 없어 사회국가원리가 주장되었다. 자유시장경제질서도 사회적 평등에 국가의 개입을 주장하는 질서자유주의와 여전히 보수적으로 시장의 자율에 맡기자는 신자유주의가 주장되었다.14)

---

12) 이에 대하여는 제1편 제2장 제2절 V. 보충부분 볼 것.
13) Ph. Mastronardi, Verfassungslehre, S. 52.
14) Ph. Mastronardi, Verfassungslehre, S. 54.

4. 민주적 헌법국가

민주적 헌법국가는 근대 자유주의 법치국가에 현대의 사회경제상황을 새롭게 반영하여 개발한 국가를 말한다. 민주적 헌법국가는 평화, 자유, 정의를 추구하는 국가를 말한다. 국가는 평화질서를 추구하고, 헌법은 자유를 보장하며, 민주주의는 정의는 내용으로 한다. 민주적 헌법국가의 목표는 다름 아닌 '자유민주적 기본질서'에 국가권력을 기속시키는 입헌주의의 이념을 말한다. 전술한 근대 자유주의 법치국가가 오늘날에는 사회·민주적 헌법국가로 발전된 것이다. 민주적 헌법국가는 보댕과 홉스의 자유국가적 안전과 질서 이외에도 시민의 사회·정치적 통합에 의해서만 가능한 사회·민주적 정당성(정의와 법적안정성)을 추구하는 것을 국가의 목표로 한다.[15]

Ⅲ. 국가의 과제와 책임

1. 국가의 과제

국가는 헌법에 의하여 국민주권을 위임받았다. 국가는 사실상의 권력기구가 아니라 정당한 지배질서다. 절대국가의 정당성은 사회구성원의 복종계약에 의한 것이었지만, 현대의 민주적 헌법국가에서는 주권의 헌법적 위임에 의한 것으로 국가기관은 과제를 부담한다. 그것은 살펴본 바와 같이 평화, 자유, 정의다. 하지만 그 내용은 주관적인 가치판단에 따라 상이할 수 있다. 예컨대, 고대 그리스에서는 지배자의 덕성, 중세에는 신의 은총, 근대에는 군주의 이성과 계몽이라고 주장하였다. 이들의 공통점은 '정치윤리'다. 시대와 국가에 따라 다양한 국가목적론을 제시할 수 있는 것이다.

그 기초는 인간상이다. 우리는 각자 갖고 있는 인생관에 따라 다양한 성격의 국가를 필요로 한다. 인류학적으로 인간의 본질은 언어와 이성을 갖는 존재다. 따라서 자유를 향유할 수 있다. 하지만 사회공동생활을 하면서 자유는 침해될 수 있다. 사회적 동물인 인간은 본능적으로 행동하기보다는 문화를 반영한 규범에 순응할 줄 아는 개방적 존재다. '인간은 문화적 동물이다.' 따라서 공동체생활을 영위하

---

15) Ph. Mastronardi, Verfassungslehre, S. 55; 장영철, 『국가조직론』, 24면.

기 위해 국가의 구성원으로 개인적 권리를 향유하길 원한다. 이러한 인간상은 스스로 문화적 산물로 생활하길 희망하는 것으로 강요된 것이 아니다.

이미 살펴본 헌법학의 대상으로서 공적영역과 그렇지 않은 사적자유의 사적영역을 구분하는 기준은 무엇인지가 해결할 필요가 있다. 이는 국가의 책임과 관련된다.

2. 국가의 책임

근대의 사회계약에 의한 절대국가는 자유방임국가로 현대국가의 목적을 논하는 데 별로 유익하지 않다. 구체적인 것은 아래 3. 보충부분 볼 것.

실정헌법에서 국가의 과제를 살펴보면 평화, 경제조정, 사회질서형성, 환경, 문화 등 국가의 공적영역에 대한 책임이다. 국가의 과제와 관련된 정치적 근본결단과 국민적 합의를 '국가목표규정'으로 개념 정의할 수 있다. 이와 반면에 '국가의 기본원리'는 실정헌법과 정치문화와 윤리를 함께 고려한 것으로 구분할 수 있다. 법치국가, 민주주의, 단일국가가 그것이다. 법치국가는 개인에 높은 가치를, 민주주의는 국민주권, 단일국가는 주권의 단일성에 정치·윤리적 가치를 부여한 것이다.

이와 같은 국가의 기본원리에 대한 민주적 헌법국가의 형성책임이 있다. 즉 그 형성을 위해 민주적 정당성을 획득하여야 하고 권한행사에 대한 책임도 부담한다. 국가의 책임은 연대성과 보충성의 원리에 의한다. 사회공동체가 자체적으로 해결할 수 없는 경우 국가는 연대성원리에 의하여 개입한다. 국가의 연대여부는 정의의 관점에서 사회의 효율성을 고려하여야 한다. 국가의 연대가 필요한 경우라도 기능적 관점에서 사인의 법률관계나 경제영역에의 국가개입의 적합성여부를 판단할 수 있음은 물론이다.

국가의 책임은 완전한 책임을 지는 것은 아니다. 사회국가원리에 보듯이 구체적 상황에서 사회적 정의를 실현하는 것이다. 따라서 국가의 책임은 국가의 과제와는 구별하여야 한다. 보장국가론에 의하면 공적과제는 급부의 성격에 따라 시민사회나 경제주체에게 이행책임을 전가할 수 있다. 국가는 다만 사적 파트너의 이행책임을 보장(보증)하는 책임을 지면된다. 급부계약으로 상호의무를 부담하게 된다. 사인은 기능적으로 국가화(Verstaatlichung) 된다. 공사협력(public Governance)에 의한 국가의 과제를 사인과 분담하는 것은 책임거부가 아니라 '가능성의 활용'이다.

국가의 책임은 또한 시대와 국가의 문화발전상황에 따라 다를 수 있다. 예컨대, 동성혼인정여부, 남성에 국한된 병역의무, 장애인 이동권 등을 들 수 있다. 다른 나라와 비교하여 우리나라의 과제 이행여부를 판단하기는 어렵다.

이러한 점에서 국가의 책임은 공적 과정에서 절차적 정의를 보장하는 것이 중요하다. 결과의 정당성은 절차의 공정성에 달려 있다. 국가권력의 담당자는 정치적 윤리에 의하여 특정한 결과를 정치적으로 도출할 수는 없고 윤리적으로 절차를 준수하는 것이 중요하다. 여기에 바로 '대화민주주의(deliberative Democracy)'가 필요한 것이다. 대화를 통해 우리에게 정의롭고 유익한 것을 해결하는 것이 중요하다.

3. 보충: 사회계약론과 대화민주주의의 비교

사회계약론에 의한 만인의 만인에 대한 투쟁 상태에서는 인간의 삶이 늑대의 삶과 다를 바 없는 것으로 죽음에 의한 공포를 피하기 위하여 리바이어던(Leviathan), 즉 국가를 만든다. 자연 상태에서 평화 상태로의 이행은 국민의 동의로 자신의 주권을 이양하는 국가계약 내지 복종계약에 의해서 가능하다. 이와 같이 홉스에게 국가는 사회의 안전과 자유를 보장하기 위한 장치였다.[16] 사회계약론은 무정부상태에서 극단적인 개인주의를 제어하기 위해 절대군주의 지배를 정당화하는 이론이다. 시민은 군주에게 복종을 하는 대신 군주는 안전한 자유를 보장할 국가적 의무를 지는 교환계약이다.

하지만 이는 현실에 부합하지 않는 가정에 불과하다. 역사적으로 보더라도 우리는 고조선시대부터 무정부상태가 아니라 군장 또는 전제군주의 지배하에 엄격한 신분제 사회에서 살았다. 상호간에 동등한 권리를 인정하기 위해서는 사회적 신분에 의한 차별을 금지하고 국가권력행사에 국민적 동의를 전제로 하여야 한다. 국가공동체와 교환계약이 필요한 것이 아니라 인간의 존엄을 목적으로 평등한 자유가 요구되는 것이다. 현대사회의 개인은 무정부상태에서 생활하는 것이 아니라 조직의 일원으로 살아가기 때문이다.

사회계약론은 극단적 개인주의를 전제로 하지만, 대화민주주의는 아리스토텔레스의 '인간은 사회적 동물'이라는 현실적인 대화윤리를 전제로 한다. 게다가 사회계약론의 전제는 당사자 일방이 늑대사회를 탈출하여 안전한 자유를 향유하기 위

---

16) T. Hobbes/하승우(역), 『리바이어던』, 풀빛, 2007, 69면 이하.

한 것이다. 계약의 상대방인 군주는 정당한 권력을 행사하여야 한다. 이는 대화윤리도 마찬가지다. 따라서 대화윤리는 '수정된 사회계약론'이라 할 수 있다. 대화윤리는 가정적인 사회계약모델을 공적 영역에서 대화자 간의 조화를 이루기 위한 현실적인 대화민주주의로 전환시킨다.[17]

제 3 절 국가의 개념과 본질적 요소

Ⅰ. 국가의 개념

시민공동체로서 사실상의 국가는 고대나 중세에도 존재했지만 오늘날의 국가에 상응하는 개념은 없었다. 즉 그리스는 폴리스를 시민단체와 동일시하여 예컨대, 아테네인, 코린트인이라 하였고, 외국인(예, 페르시안)도 마찬가지로 인적 집단으로 파악하였다. 로마의 국가개념도 마찬가지였다. 즉 시민공동체(civitas 내지 res publica), 로마가 세계제국으로 확대된 후에는 주권(imperium)으로 명명했을 뿐이다. 중세에도 국민(civitas), 영토(territorium), 주권(imperium, regnum)이란 표현을 개별적으로 사용하였다. 국가란 개념은 마키아벨리(Niccolo Machiavelli)[18]가 1513년 그의 저서 '군주론(IL Principe)'에서 최초로 사용하였다.[19]

약 1900년경 옐리네크(Georg Jellinek)는 국가구성의 3 요소론, 즉 영토, 국민, 국가권력 내지 주권을 주장하였다. 옐리네크의 3 요소론은 이질적인 요소들이 결합해 국가를 구성해야 할 당위성을 발견할 수 없고, 정치적이고 가치적인 요소를 배

---

17) Ph. Mastronardi, Verfassungslehre, S. 95~105.
18) 마키아벨리(1469~1527)는 이탈리아 정치가, 역사가로 토스카나에서 평범한 가정에서 태어났다. 교황지배교회개혁 내지 신앙의 순수화를 주장한 사보나롤라 운동(1452~1498)이 끝난 1498년 플로렌스공화국의 내무와 국방업무를 담당한 행정부의 10인 위원회에서 사무총장으로 근무했다. 그 후 다양한 외교업무를 수행하고 1512년 메디치가로 돌아왔다. 메디치가는 마키아벨리가 플로렌스 도시역사를 저술하도록 후원을 했다. 하지만 그는 정치로 귀환하지 않았다. 대신 San Casciano에서 전제군주 입문서로도 알려진 군주론(Principie)과 로마공화국헌법을 찬양한 로마사논고(Discorsi)를 저술했다. Haller/Kölz/Gächter, aaO., S. 9, FN 1.
19) 이극찬, 『정치학』, 법문사, 제6전정판, 2000, 673면; J. Isensee, Staat und Verfassung, in: Handbuch des Staatsrechts, Bd. Ⅱ, 3. Aufl., Heidelberg, 2004, S. 42, FN 63.

제한 채 공간적이고 정태적인 사고로 오도하였다는 비판20)이 있다. 그리하여 국가의 핵심은 '주권'으로 국가는 사회제도 등 사회를 조정하는 기능을 수행하는 도구라는 주장21)이 있다.

이는 전술한 바와 같이 사실적인 국가구성의 3요소가 헌법상 국가고권에 의하여 규범적인 개념으로 전환된 것으로 '주권'이 국가권력의 핵심적 보호법익임을 강조하는 것으로 보면 된다. 어쨌든 국가기관은 국가고권에 의하여 국가의 정치적·법적 일원성을 보호하고 형성할 내적책임과 외적책임을 진다.

Ⅱ. 국가의 본질적 요소

1. 국민

(1) 사회학적·자연적 국민개념

이는 국가의 구성원으로서 인간 공동체인 '민족'을 말한다. 언어, 문화, 종교, 인종 등과 같이 민족으로서의 주관적 귀속감에 의하여 정치적 의사공동체 내지 운명공동체로서 일체감을 갖는 특징이 있다. 우리헌법에서도 '민족'이란 단어를 찾아볼 수 있다. 헌법전문은 "조국의 민주개혁과 평화적 통일의 사명에 입각하여 정의·인도와 동포애로써 민족의 단결을 공고히 하고", 문화국가원리에 관한 헌법 제9조는 "국가는 전통문화의 계승·발전과 민족문화의 창달에 노력하여야 한다.", 대통령의 취임선서에 관한 헌법 제69조는 "나는 헌법을 준수하고 국가를 보위하며 조국의 평화적 통일과 국민의 자유와 복리의 증진 및 민족문화의 창달에 노력하여 대통령으로서 직책을 성실히 수행할 것을 국민 앞에 엄숙히 선서합니다."고 규정하고 있다. 한편 정부는 최근 재외국민보호의무(헌법 제2조 제2항)에 따라 재외동포기본법을 제정하였다.

(2) 법적 국민개념

이는 국가의 구성원으로서 해당국가의 법에 따라 국적의 취득과 상실을 정하

---

20) R. Smend, Verfassung und Verfassungsrecht, 1928, S. 9; 스멘트/김승조(옮김),『국가와 헌법』, 교육과학사, 26면; 홍성방,『헌법학(상)』, 박영사, 2010, 14면과 각주 26.

21) P. Pernthaler, Allgemeine Staatslehre und Verfassungslehre, 2. Aufl., Wien/New York, 1996, S. 123.

여 국민개념을 정한다. 국적의 취득과 상실은 "대한민국 국민이 되는 요건은 법률로 정한다."고 규정한 헌법 제2조 제1항에 따라 국적법에 의하여 결정한다. 우리 국적법의 특징을 설명하면 다음과 같다.

(가) 국적의 취득에 있어서 속인주의원칙, 제한적 복수국적인정

① 속인주의원칙과 속지주의예외

국적취득에는 선천적 취득과 후천적 취득이 있다. 선천적 취득은 출생의 법적 조건의 성취로 자동으로 국적을 취득하는 것이다. 후천적 취득으로 인지와 귀화허가(국적법 제4조~제7조)에 의한 재량취득을 말한다. 선천적 취득의 방법으로는 속인주의와 속지주의가 있다. 속인주의는 독일, 한국, 일본 등 단일민족의 정착국가에서 택하고 있고, 속지주의는 미국, 라틴아메리카제국 등 다민족의 이민국가에서 주로 채택하고 있다. 하지만 양원리가 충돌하는 경우 무국적자가 생길 수 있기에 대부분의 국가는 국적취득에 있어 속인주의와 속지주의를 절충하여 결정하고 있다. 우리 국적법도 속인주의(제2조 제1항 제1호와 제2호)를 원칙으로 하고 속지주의(제2조 제1항 제3호와 제2항)를 보충적으로 적용하는 절충형 제도를 규정하고 있다.

② 제한적 복수국적인정

만 20세가 되기 전에 복수국적자가 된 자는 만 22세가 되기 전까지, 만 20세가 된 후에 복수국적자가 된 자는 그 때부터 2년 내에 대한민국 국적을 선택하려는 경우에는 외국 국적을 포기하는 대신에 '외국국적 불행사 서약'방식으로 복수국적자가 될 수 있다(국적법 제13조 제1항). 병역법 제8조에 따라 병역준비역에 편입된 자의 경우에는 편입된 때부터 3개월 이내 또는 병역의무가 해소된 때부터 2년 이내에 하나의 국적을 선택하여야 한다(국적법 제12조 제2항 본문). 대한민국 국적이탈은 외국에 주소가 있는 경우에만 재외공관의 장을 통하여 국적이탈신고를 할 수 있도록 하고 있다. 다만 국적법 제12조 제2항 본문 또는 같은 조 제3항에 해당하는 자는 그 기간 이내에 또는 해당사유가 발생할 때부터만 신고할 수 있다(국적법 제14조 제1항). 헌법재판소는 국적법 제12조 제2항 본문, 국적법 제14조 제1항 단서 중 제12조 제2항 본문에 관한 부분이 청구인의 국적이탈의 자유를 침해하는 것으로 헌법불합치결정[22]을 하였다.

---

22) 심판대상 법률조항은 대한민국 남성인 복수국적자가 만 18세가 되는 해의 1월 1일이 되기

결혼이민자, 우수외국인재, 해외입양인, 영주귀국 고령 동포 등 일정 범위의 외국인이 우리 국적 취득시 '외국국적 불행사 서약'만 하면 외국국적을 포기하지 않아도 되도록 함으로써 복수국적을 허용하도록 규정(국적법 제10조 제2항)하고 있다. 이는 우수외국인재 이외에, 사회적 소수자에 대한 배려와 사회통합차원에서 결혼이민자 등 일정범위의 귀화외국인에 대하여도 복수국적을 허용하였다.

국적선택기간 이후에 대한민국 국적을 선택하려는 경우(국적법 제13조 제2항)와 출생 당시에 모가 자녀에게 외국 국적을 취득하게 할 목적으로 외국에서 체류 중이었던 사실이 인정되는 자는 외국 국적을 포기한 경우에만 대한민국 국적을 선택한다는 뜻을 신고할 수 있다(국적법 제13조 제3항). 후자는 사회적으로 문제가 되었던 소위 '원정출산'을 방지하기 위한 규정이다.

(나) 국적의 상실

국적법은 대한민국의 국민으로서 자진하여 외국국적 취득, 외국인에게 입양, 외국인과 혼인, 외국인 부 또는 모에게 인지(국적법 제15조)를 법정 상실사유로 규정하고 있다.

(3) 능동적 시민으로서 국민

헌법상 대통령, 국회의원선거의 선거권, 피선거권을 행사할 수 있는 국민을 말한다. 국민주권주의와 보통선거원칙에 의하여 모든 국민이 포함되어야 한다. 하지만 공직선거법은 만 18세 이상의 국민을 판단력 있는 능동적 시민으로 간주하여 대

전 국적을 취득한 경우 같은 해 3월 31일 이전에, 위 일자 이후 국적을 취득한 경우 그 취득일부터 3개월 이내에 하나의 국적을 선택하도록 하고, 그때까지 대한민국 국적으로부터 이탈한다는 뜻을 신고하지 않는 이상, 병역의무가 해소되기 전에는 대한민국 국적에서 이탈할 수 있는 예외를 전혀 두지 않고 있다. 심판대상 법률조항의 입법목적은 병역준비역에 편입된 사람이 병역의무를 면탈하기 위한 수단으로 국적을 이탈하는 것을 제한하여 병역의무 이행의 공평을 확보하려는 것이다. 복수국적자의 주된 생활근거지나 대한민국에서의 체류 또는 거주 경험 등 구체적 사정에 따라서는 사회통념상 심판대상 법률조항이 정하는 기간 내에 국적이탈 신고를 할 것으로 기대하기 어려운 사유가 인정될 여지가 있다. 주무관청이 구체적 심사를 통하여, 주된 생활근거를 국내에 두고 상당한 기간 대한민국 국적자로서의 혜택을 누리다가 병역의무를 이행하여야 할 시기에 근접하여 국적을 이탈하려는 복수국적자를 배제하고 병역의무 이행의 공평성이 훼손되지 않는다고 볼 수 있는 경우에만 예외적으로 국적선택기간이 경과한 후에도 국적이탈을 허가하는 방식으로 제도를 운용한다면, 병역의무 이행의 공평성이 훼손될 수 있다는 우려는 불식될 수 있다. 헌재결 2020. 9. 24. 2016헌마889, 판례집 32-2, 280(291, 292, 293).

통령과 국회의원선거권(제15조)과 국회의원피선거권(제16조)을 부여하고 있다.

(4) 주민으로서 국민

지방자치단체 구역 안에 주소를 두고 있는 그 지방자치단체의 주민이 된다(지방자치법 제12조). 자치단체에 주소를 두고 생활을 하는 외국인도 그 지방자치단체의 주민이 된다. 더구나 일정한 요건을 갖춘 정주외국인은 자치단체장 및 자치단체의원의 선거권도 부여하고 있다(공직선거법 제15조 제2항 제3호).

2. 영토

(1) 영토고권과 그 예외로서 법규범의 효력과 국제법상 면책특권

국가권력은 영토로 확정된 특정지역에까지 효력을 미친다. 헌법 제3조는 "대한민국의 영토는 한반도와 그 부속도서로 한다."고 규정하고 있다.

이와 같은 영토고권은 사법상 토지와 부동산에 대한 지배권과는 구별하여야 한다. 영토고권은 특정지역에 있어서 입법, 집행, 사법권과 같은 국가권력을 행사할 수 있는 지배권을 의미하는 반면, 사법상 재산권은 특정한 물권에 대한 사용, 수익, 처분권을 말한다.

특정국가에 체류하는 사람은 국적에 상관없이 해당국가의 국법을 준수하여야 한다. 이와 반대로 해당 국가는 자기 영역에서만 고권을 행사할 수 있다. 하지만 법규범의 효력은 영토범위를 넘어설 수 있다. 형법은 외국에서 범한 내국인의 범죄에 적용된다(제3조). 외국에서는 범죄로 처벌하지 않더라도(예, 카지노 도박, 마약매매 등) 속인주의를 원칙으로 하는 국내법을 적용하여 처벌할 수 있다. 다만 집행은 제한될 수 있다.

국제법상 영토고권에 대한 예외가 있는바 외교사절과 공관에 면책특권을 인정하고 있다. 외교공관도 접수국가의 영토이지만 외교사절의 동의 없이는 출입할 수 없다. 이는 정치적 망명을 하고자 하는 자가 자국의 외교공관에 도피하는 경우 현실적으로 의미가 있다. 예컨대, 폭로전문 웹사이트 위키리크스(Wikileaks) 설립자 줄리언 어산지(Julian Assange)가 런던주재 에쿠아도르 대사관에 피신하였고, 시각장애인 인권변호사 천광천이 가택연금상태에서 지지자들의 도움으로 베이징주재 미국 대사관으로 도피하여 미국으로 망명한 것을 들 수 있다.

(2) 북한주민의 국적

우리의 경우 헌법의 영토적 효력범위(제3조)에 북한이 포함되어 탈북주민의 입국을 정치적 망명권의 행사나 경제적 난민의 입국이 아니라 입국의 자유로 보호해야 하는 것으로 대법원[23]이 판시하고 있다.

3. 국가권력과 주권

(1) 국가권력의 특성

국가권력은 법의 실효성을 보장하기 위해 필요하다. 이는 다른 사적 단체와 구별되는 국가의 가장 중요한 특징이다. 국가는 자신의 영토에서 최고의 명령과 강제력을 발동할 수 있다. 하지만 국가의 독점력은 국민의 주권위임에 근거한다(국가의 폭력독점). 영주, 황제와 교황이 주권을 분할하여 행사한 중세와 달리 오늘날 주권은 불가분이다. 하지만 국가권력은 개별적으로 다양한 기관들에 분산시켜 행사할 수 있다. 특히 연방국가 내지 분권적 단일국가에서는 입법, 집행, 사법의 전통적인 수평적 권력분립 이외에 연방과 주 내지 중앙과 지방의 수직적 권력분립을 도모하여 국민의 자유보호에 기여하고 있다.

국가권력은 가분된 제한적인 권력인 반면에 주권은 시원적인 최고의 항구적 권력이다. 비록 한시적인 국가권력이라도 정당성을 갖추어야 한다. 주권과 국가권력은 상호 보완적인 관계에 있다. 주권은 국가권력의 구속력의 원천이자 국가권력 행사의 정당성의 근거다.

(2) 주권

(가) 주권개념의 생성과 내용

주권개념은 최고의 권력을 의미하는 라틴어 summa potestas에서 기원한다.

---

23) 대판 1996. 11. 12. 96누1221. 조선인을 부친으로 하여 출생한 자는 남조선과도정부법률 제11호 국적에 관한 임시조례의 규정에 따라 조선국적을 취득하였다가 제헌헌법의 공포와 동시에 대한민국 국적을 취득하였다 할 것이고, 설사 그가 북한법의 규정에 따라 북한국적을 취득하여 중국 주재 북한대사관으로부터 북한의 해외공민증을 발급받은 자라 하더라도 북한지역 역시 대한민국의 영토에 속하는 한반도의 일부를 이루는 것이어서 대한민국의 주권이 미칠 뿐이고, 대한민국의 주권과 부딪치는 어떠한 국가단체나 주권을 법리상 인정할 수 없는 점에 비추어 볼 때, 그러한 사정은 그가 대한민국 국적을 취득하고 이를 유지함에 있어 아무런 영향을 끼칠 수 없다고 한 원심판결을 수긍한 사례.

중세에는 영주가 황제와 교황의 지배에서 독립하면서 주권을 요구하였다. 주권이란 용어는 16세기 보댕(Jean Bodin)이 국가론(1577)에서 처음으로 사용하면서 이론적으로 발전시켰다. 그는 주권은 무제한의 불가분의 권력으로 보았지만 절대적인 것으로는 파악하지 않았다. 주권은 세속적인 권력에 대하여는 독립적인 것으로 본 반면에 자연과 신법에 대하여는 그렇지 않은 것으로 보았기 때문이다.[24]

(나) 주권의 주체

① 국제법상 주권의 주체와 외적 주권

국제법상 주권의 주체는 국가다. 국가탄생 이후 모든 주권국가는 동등하다 (1945년 국제연합헌장 제2조 제1항). 따라서 국가 간에는 독립하여 자치권을 갖는다. 타국의 내정에 간섭할 수는 없다. 따라서 개별국가는 국제법과 조약의 효력을 스스로 결정할 수 있다. 예컨대, 헌법 제6조 제1항 "헌법에 의하여 체결·공포된 조약과 일반적으로 승인된 국제법규는 국내법과 같은 효력을 갖는다."는 규정에 따라 국내법과 합치여부를 판단한 후 승인절차를 거쳐 효력을 갖게 된다.

최근에 국제연합(UN), 유럽연합(EU), 세계무역기구(WTO), 국제통화기구(IMF) 등 초국가적인 기구의 탄생과 다국적기업의 등장으로 외적 주권의 상대화현상이 나타나고 있다. 국민국가에서는 헌법의 기본원리가 지배한다. 하지만 초국가적 영역에서는 강자의 힘이 지배한다.

② 국내법상 주권의 주체와 내적 주권

국내법상 주권의 주체는 변화하여왔다. 과거에 홉스(Thomas Hobbes)는 군주[25]라고 하였지만 18세기 후반 계몽주의시대 이후에는 국민이 주체라고 하는 데 이론이 없다. 국민주권을 주장한 학자는 알투지우스(Johannes Althusius), 푸펜도르프(Samuel Pufendorf), 그로티우스(Hugo Grotius), 루소(Jean-Jacques Rousseau)다.

자국의 국민에 대한 국가의 고권을 내적 주권이라 한다. 국내법상 주권의 주체인 국민은 국가기관으로서 헌법제정권력을 행사한다. 국민은 정치공동체로서 사회계약에 의하여 국가를 성립시켜 헌법제정권력을 행사하기 때문에 기존헌법에 기속되지 않는다. 헌법제정에 대한 국민투표(헌법 제130조)도 국민이 헌법기관으로서 주

---

24) C. Schmitt, aaO., S. 49.
25) T. Hobbes/하승우(역), 『리바이어던』, 풀빛, 2007, 76면 이하.

권을 행사하는 경우다. 내적 주권에 의하여 국내에서는 일원적인 법공동체를 형성한다. 단일국가는 물론 연방국가에서도 주권은 단일하다. 행정기관, 지방자치단체는 헌법과 법률을 위반하는 법령을 제정할 수 없다. 연방국가에서도 지방(주)은 연방헌법이 위임한 범위에서 권한을 행사할 수 있다.

(3) 정당성

국가권력의 행사에 국민적 호응을 얻기 위해서는 정당성을 요건으로 한다. 정당성은 순수 사실적인 것으로 윤리적, 초실정법적 가치판단과 행태가 일치하는 합헌성을 의미한다. 이와 반면에 합법성이란 유효한 실정법과 행태의 일치로 합법률성을 의미한다.

(가) 초실정법적 기준으로 정당성

법은 실정법과 자연법으로 나눌 수 있다. 실정법은 법과 윤리를 구분하는 전제에서 법의 개념에서 도덕적, 윤리적 가치판단은 포함될 수 없다고 본다. 따라서 법내용의 정당성을 종교나 자연법과 같은 초실정법적인 기준에 의하여 판단하는 것에 대하여 반대한다.

이를 해결하기 위하여 루만(Nicolas Luhmann)은 절차에 의한 정당성을 추구할 수 있다[26]고 보았다. 법 내용과 구분하여 (형식적) 절차를 강조함으로써 합법성과 정당성은 일치할 수 있다는 것이다. 하버마스(Jürgen Habermas)도 절차적 정당성을 주장하지만 자유와 평등에 관해 토론하는 과정에서 동일한 결과에 이를 수 있다[27]고 본 점에서 차이가 있다.

다수결원칙이 항상 정당성을 보장하는 것은 아니다. 민주주의가 요구하는 소수의 기본권을 침해하지 않고, 결정참여자간에 동등한 정보를 보유하고 있는 상황에서 대화민주주의(deliberative Democracy)[28]에 따라 내린 결정에 정당성을 인정할 수 있는 것이다.

---

26) N. Luhmann, Legitimität durch Verfahren, S. 30 f.; Haller/Kölz/Gächter, aaO., S. 21, RN 76.
27) Haller/Kölz/Gächter, aaO., S. 21, RN 77.
28) 대화민주주의(deliberative Democracy)는 숙의민주주의, 심의민주주의, 절차민주주의로도 번역하고 있다. 칼 슈미트/ 김도균(역), 『합법성과 정당성』, 도서출판 길 2015, 78면.

(나) 정당성과 헌법통합

국가권력의 정당성은 국민적 호응을 얻어야 가능하므로 헌법학의 입장에서는 '헌법통합'(Verfassungskonsens)의 필요성으로 설명할 수 있다.[29] 국가는 중대한 목표를 달성하려면 국민적 정당성을 얻어야 한다. 더구나 현대국가에서 정부는 적극적으로 국민생활을 유도해야하기 때문에 정부정책에 대한 국민적 호응을 얻어 정당성을 확보하는 방법으로 헌법통합을 이끌어내야 할 당위성이 요구되고 있다.

---

29) Haller/Kölz/Gächter, aaO., S. 22. RN 79.

헌법의 기본원리

헌법의 기본원리란 헌법의 특성을 가장 단순하지만 흠결 없이 설명할 수 있는 핵심내용으로 국가가 수행해야 할 과제나 추구하는 목표를 제시한 규정을 말한다. 이를 일반적으로 국가의 구조원리 내지 기본질서, 국가목표규정이라고도 한다. 이들은 모두 자유, 평화, 정의를 목표로 하는 민주적 헌법국가의 기본원리라는 점에서 공통적이다. 하지만 엄밀히 보면 '국가의 기본원리'는 정치문화와 정치윤리의 근간이 되는 핵심요소를 말한다. 국가의 구성요소(국가고권, 국가형태), 국가의 행위능력(민주주의), 개인의 보호(법치주의)가 그것이다. 이와 비교하여 '국가목표규정'은 국가의 과제와 관련된 정치적 근본결단이다. 급부국가, 사회국가, 문화국가, 환경국가, 경제국가, 평화국가가 그것이다.

제 1 절   민주주의원리

Ⅰ. 의의

민주주의원리는 국가권력의 배분의 원리다. 국가는 과제수행을 위하여 권력을

행사하여야 한다. 민주적 헌법국가는 집단적 공공복리와 개인적 정의실현을 목표로
한다. 하지만 이러한 목표는 불명확하다. 따라서 국가의 과제를 실현하기 위해 구
체적인 절차를 마련하여야 한다. 민주주의와 법치주의는 국가의 과제를 분담하는
기본원리다. 민주주의는 공공복리를, 법치주의는 정의를 목표로 한다. 민주주의는
공공복리실현을 위한 정치적 의사를 형성하는 헌법 원리이다. 참정권, 공개적인 절
차, 다수결원리, 권력분립원리가 그것이다.

　　민주주의의 근본사상은 국민주권과 모든 시민의 동등한 참여에 있다. 민주주
의의 이상은 치자와 피치자의 동일성에 있다. 시민사회가 정치의 주체이자 객체인
것이다. 따라서 민주적 헌법국가에서는 민주적 정당성을 확보하여 공공복리와 정의
를 실현하여야 한다. 여기서 민주주의는 대화민주주의의 방식으로 국민적 동의에
의한 민주적 정당성을 확보하는 방법이다. 대화민주주의란 국가기관과 국민과의 소
통, 절차를 강조하는 민주주의로 예컨대, 사법상 계약에는 권리와 의무가 항상 수
반되듯이 국가기관의 권한행사에도 권리와 국민에 대한 의무가 수반된다. 헌법차원
에서 이는 국민주권원리(제1조 제2항)에 따라 국가권력의 주체이자 수신인으로 국민
이 현실적으로 자기지배를 잘할 수 있는 방법이다.

Ⅱ. 민주주의원리의 역사적 발전

1. 중세

　　유럽에서 오늘날 '영토국가'라고 하는 공동체가 탄생한 것은 근대 이후다.[1] 그
이전의 중세유럽은 집권적 권력구조가 아니라 중앙정부가 약한 상황에서 지방마다
다양한 관행의 산물로 생성된 봉건사회였다. 특정한 영토에 독점적으로 권력을 행
사하는 일원적 통치체제가 형성되지 못한 점에서 오늘날의 국가와는 다르다.

　　따라서 중세시대에는 국가와 사회의 구별을 전제로 하여 인정된 개인의 자유
도 없었다. 교황과 황제의 권위에 의하여 신앙의 정신을 강조하여 개인의 자유보다

---

1) 이러한 점에서 칼 슈미트(C. Schmitt)는 국가(Staat)란 개념은 근대정치의 특징을 반영한 것
　으로 신분(Status)이란 개념과 사상적 연관성을 갖고 있다고 한다. 왜냐하면 정치적 일원체인
　국가는 포괄적으로 신분관계, 특히 봉건사회의 신분과 교회를 상대화하고 흡수하기 때문이
　라 한다. 즉 정치적 상태인 국가는 절대적 상태를 의미하여 국가는 주권적이고 국가권력은
　불가분이라 한다. C. Schmitt, Verfassungslehre, 6. Aufl. Berlin, 1983, S. 49.

공공복리를 절대 우위에 두었다. 중세는 일반 이익을 가치척도로 하여 봉건질서를 유지하는 데 중점을 두었다.[2]

2. 근대

(1) 절대군주

중세봉건질서의 해체양상에 따라 다양한 사회관계가 형성되었다. 영국은 신흥 시민의 부의 축적으로 국왕과의 타협에 의한 자연스러운 사회질서가 이루어졌다. 이와 반면에 유럽대륙은 종교전쟁을 거쳐 중립적인 국가로 평화질서가 이전되었다. 세속적인 군주는 국민에게 주권을 요구하여 절대주권을 부여받았다. 군주는 고권을 행사하며 사회를 인격화하였다. 절대군주는 국가와 사회를 포괄하는 절대권력을 행사하였다.

근대 절대국가는 공공복리를 강조하는 중세 신분제 봉건사회의 연장이었다. 하지만 종교대립이 없는 근대초기에도 공공복리가 전제된 것은 아니었다. 이는 군주주권에 의하여 고권행사에 의한 반사적 보호의 대상일 뿐이었다. 따라서 천부인권과 이성을 강조하며 계몽사상이 등장하면서 고권행사의 정당성을 요구하였다. 18세기 중반부터 자연법사상에 근거한 계몽 절대군주는 군주주권을 제한적으로 행사하였다. 예컨대, 공공복리를 목적으로 개혁정책을 펼친 프로이센의 프리드리히 2세, 오스트리아의 요제프 2세를 들 수 있다.[3]

헌법학에서는 이성에 의한 통제를 요구하며 권력행사의 정당성을 요구한 것은 중요하다. 또한 개인의 인권보장을 국가의 정당성의 기초로 삼는 것이다. 좋은 국가란 시민의 이성적 이익을 모두 종합한 상태인 것이다. 다만 절대군주는 이러한 시민의 이익을 스스로 판단했다.[4]

프랑스에서는 절대군주의 낭비와 이를 보충하기 위한 무리한 과세로 시민혁명이 일어났다. 이로써 두 가지 변화가 일어났다. 우선 군주주권에서 국민주권으로 변화되었다. 국민은 국가의 중대한 문제를 스스로 결정할 수 있게 된 것이다. 다음으로 국가에 대한 사회의 우위가 나타났다. 공공복리는 국가의 결정사항이 아니라 사회가 결정할 문제로 되었고 헌법은 국가의 근본질서로 한정되었다.

---

2) Ph. Mastronardi, Verfassungslehre, S. 65.
3) 장영철, 『국가조직론』, 31면.
4) Ph. Mastronardi, Verfassungslehre, S. 66.

(2) 자유민주주의와 공화민주주의: 시민혁명기준

절대군주에 대한 항의와 시민혁명으로 신분제사회가 해체되어 평등이 확보된 프랑스에서는 자유민주주의(liberale Demokratie)가 주장되었다. 대의제 국민주권과 자유 시장경제를 추구하였다. 이와 달리 시민혁명을 격지 않은 영국, 스위스, 이탈리아에서는 평등, 즉 공화민주주의(republikanische Demokratie)가 탄생하였다. 여기서 '공화'란 중세시대의 신분제 사회가 여전히 해체되지 않아 공화국건설로 공공복리를 실현하려는 것을 의미한다. 국가의 경제에 대한 간섭과 조정이 허용되고, 국민주권은 개인의 이익의 총합인 인민주권으로 이해하였다. 국민 각자가 정책결정에 참여권을 갖는 직접민주주의를 추구하였다.

(3) 다원적 실용민주주의: 단체와 정당

하지만 산업혁명 이후 자유와 공화민주주의는 수정할 필요가 생겼다. 사회적 불평등의 심화로 국민주권과 자유 시장경제를 추구할 만한 기회균등의 전제가 상실되었기 때문이었다. 시민사회에서 극빈층은 정치주권도 경제자립도 할 수 없었다. 이들은 단결권을 행사할 때에만 권리를 보장받을 수 있었다. 즉 정당과 결사를 조직하여 국가와 경제에 대항할 수 있었다.[5] 국가는 자유 시장경제의 사회적 비용과 함께 공공복리의 책임도 부담하게 되었다. 국가는 위기관리와 산업구조 등 사회발전을 적극적으로 조정해야 하는 사회국가가 되어야 했다. 공공복리도 다양하게 나타났다. 분업으로 전문가를 만들었지만 개인을 또한 특정전문집단의 소속여부로 평가하여 사회적 차별도 생겼다. 개인이익은 소속집단의 이익의 일부로 간주하여, 이익단체는 공공복리를 주장하며 정치투쟁을 했다. 정당과 이익단체는 국가와 사회의 중간조직으로 그 기능수행능력에 따라 유지와 발전을 하였다. 이러한 상황에서 다원적 실용민주주의(realistische Demokratie)가 탄생하였다.

하지만 실용민주주의도 현실에 적용하기에는 한계가 있었다. 자유주의의 사익과 공화주의의 공익을 단체이익으로 대체하였지만 이러한 이익을 현실적으로 정의하기는 어렵다. 따라서 이를 기준으로 정치적 결단을 할 수는 없다. 복잡한 경제와 사회상황으로 인하여 사회적 행태를 정확히 판단하기 어렵게 된 것이다. 정치적 사안에 관한 정보의 홍수로 인하여 개인적으로 유익한 결정을 할 수 없게 된 것이다.[6]

---

5) Ph. Mastronardi, Verfassungslehre, S. 67.

6) Ph. Mastronardi, Verfassungslehre, S. 68.

(4) 복합민주주의: 자유와 공익의 조화로서 대화(절차)민주주의

사회의 분화와 함께 인격적 동일성도 파편화되어 공통점을 찾아 자신의 이익충돌을 해결할 수도 없다. 우리의 다양한 역할은 상호 모순될 수 있다. 예컨대, 학교, 가정, 직장, 정당, 사회단체 등에 따라 개인의 역할은 교수, 가장, 과장, 당원, 회원 등 다양하게 나타난다. 당원으로서 역할이 직장의 이해관계와 충돌할 수 있는 것이다. 따라서 자신의 이익을 정의할 만한 개인의 정체성을 찾을 수 없다. 파편화된 사익을 추구하기 위해서는 고도의 통합이 요구된다.

사익은 원자(Atom)로서 민주주의이론이 추구해야 하는 것은 아니다. 원자가 그렇듯이 개인(In-dividuum)도 더 이상 분해할 수 없다. 따라서 민주주의는 우리 각자의 내부에서부터 출발하여야 한다. 나 스스로 민주적으로 살아가는 것을 터득해야 하는 것이다. 즉 나로부터 어떤 이익이 창출되고 또 나로부터 다른 이익이 생성될 수 있다. 이러한 관점에서 직장, 가정, 여가시간에도 민주주의에 대한 요구가 생긴다. 즉 '정치의 민주화'로는 부족하다. 사회의 민주화, 경제의 민주화가 되어서야 비로소 우리 사는 모든 세상이 민주화될 수 있는 것이다.

공익은 그 토대를 잃었다. 공익은 사익의 총합이 아니라 사회에서 활동하는 인간의 역할의 총합이다. 하지만 공익은 현실적으로는 정당과 같은 이익단체들이 또는 이들과 국가가 함께 정치적 결단으로 실현된다. 모두가 수긍할 수 있는 명백한 공익을 찾을 수 없다. 따라서 공익실현을 위한 모든 의제는 협상의 대상이 된다. 협상의 '절차적 정당성'을 확보하는 것이 관건이다. 공익은 협상의 절차에 있는 것이다. 협상결과에 대해 더 이상 객관적 타당성을 제기하지 않을 경우 절차의 정당성이 인정된다. 협상에서 모두가 인정할 수 있는 결과를 도출할 수 있기 위해서는 절차를 준수하는 것뿐이다. 이러한 견지에서 절차적 정당성을 강조하는 복합민주주의(komplexe Demokratie)가 제시되었다.[7]

살펴본 바와 같이 현대 사회의 발전에 따라 다음 네 가지 민주주의이론이 확립되었다. 첫째, 공공복리를 강조하는 공화민주주의이론, 둘째, 시민사회에서 자유를 강조하는 자유민주주의이론, 셋째, 사회적 권력의 통제기능을 강조하는 실용민주주의이론, 넷째, 현대의 기능복합사회에서 자유와 공공복리의 조화를 강조하는 복합민주주의이론이다.

---

7) Ph. Mastronardi, Verfassungslehre, S. 69.

Ⅲ. 심화: 민주주의이론의 체계

1. 공화민주주의

(1) 이론적 기원과 그 주장자

공화민주주의는 고대 로마공화국에 이미 그 기원을 찾을 수 있고, 중세에 알투지우스가 이론적인 주장을 하였다. 이탈리아 르네상스시대에는 사보나롤라, 마키아벨리, 지아노티가 그 주장을 했다. 수세기 후에 영국의 해링턴과 밀턴이, 미국에서는 Federalist-Papers에서 매디슨과 해밀턴이 그 사상을 계승했다.

공화국원리는 민주주의의 강력한 신봉자 루소가 대표적인 주장자다. 그는 군주제, 귀족제, 민주제를 조합한 영국과 이탈리아의 공화국인 소위 '혼합국가'와 본질적으로 구별하면서 직접민주주의를 강조하였다. 그는 민주주의의 한 형태로서 공화민주주의원리를 주장했다.[8]

(2) 인간상: 정치적 인간

공화민주주의원리는 '인간은 사회적 동물'이라는 인간상에서 출발한다. 인간은 자연 상태에서는 스스로 인간다운 생활을 할 수 없다는 것이다. 사회적 동물로서 인간을 인간답게 만드는 것은 타인인 너에게 본질적으로 의존하는 데 있다는 것이다. 인간생활은 공동체 즉 폴리스를 정향하고 있다는 것이다. 공화주의자는 스스로 자신이 약한 존재라는 것을 의식하여 타인의 도움을 필요로 한다.

그러한 인간은 공동체와 기본적으로 이해관계를 같이한다. 공동체의 구성원으로서만 자유를 향유하는 인간은 시민의 자유와 운명을 같이한다. 그의 권리는 공공재의 일부로서 공동체와 관련하여서만 의미가 있는 것이다.

사회질서를 형성하는 토대는 경쟁심이 아니라 협동심이 된다. 그 모델은 스위스의 지방자치단체의 집회민주주다.[9]

---

8) Ph. Mastronardi, Verfassungslehre, S. 70.
9) 스위스의 지방자치단체 민주주의(Landsgemeindedemokratie)는 13세기 말에서 14세기에 형성되어 오늘날에도 스위스 일부 칸톤에서 시행하고 있다. 여기서는 최고의 국가권력기관으로 입법권을 행사하는 주민총회를 매년 5월 정기적으로 소집한다. 주민총회에서는 그 밖에도 중요한 재정사항을 의결하고 사법권도 행사하며 매년 주지사, 시장, 재무장관, 군 장성, 기수와 판사 등 최고의 자치단체공직자를 선출한다. 장영철, 『국가조직론』, 39면.

생활공동체는 모든 사람이 동의하는 공동의 가치에 대한 기초적 합의에 의해서 운영된다. 공동체는 공공복리를 지향한다. 이는 개인적인 이해관계의 단순한 합계가 아니라 그 이상을 내포한다. 공동의 행복은 개인적으로도 행복을 가져다주지만 그 반대는 아니다. 사적 도덕과 공적 도덕은 공동체 구성원 모두 공유하는 오늘보다 나은 내일을 위해 일체가 된다. 시민의 덕성, 정치적 동물로서 인간은 이러한 일원적 공동체를 표현하는 것이다. 공공복리를 논하고 그 실현을 위해 참여할 준비가 되어있는 것을 의미한다. 국가는 시민의 덕성을 촉진하고 보호해야 한다. 공화주의자는 정치적 인간(Homo politicus)으로서 도덕주의자다.[10]

(3) 평등사상

공화민주주의는 평등을 강조하며 평등속의 자유를 주장한다.[11] 자유란 공적영역에서 모든 사람이 동등하게 참여권을 행사하는 것을 말한다. 이는 루소의 일반의지와 같이 개별의지가 아니라 국민전체의 권한에 속한다. 우리 자체가 국가다. 왜냐하면 치자와 피치자가 동일시되는 국가권력을 행사하기 때문이다. 이러한 점에서 루소는 국민주권을 국민으로부터 파생된 국가권력보다 상위에 있는 것으로 보았다. 국민주권은 공적 이익에 대한 지배권을 의미하여 양도할 수 없는 국민전체의 행위이자 일반의지의 수행이다. 국민의사는 국민 스스로 형성하는 것이다. 이는 직접민주주의 국가를 말한다. 이 국가에서는 정당이나 결사를 보장하게 되면 의사형성이 왜곡되어 전체국민의사가 일반의지와 달리 나타나는 것을 피할 수 없게 된다. 결사의 자유를 보장하려면 될수록 많은 결사를 인정하고 결사 간에 차별취급도 없는 것이 중요하다. 루소는 법치국가는 정부형태와 상관없이 모두 공화국이라 하였다. 법은 국가의 통치수단으로 법이 지배하는 곳만이 공익이 있다고 보았기 때문이다. 법은 공인된 일반의지의 표현인 것이다. 법은 모든 사람의 자기결정으로 정치질서를 법질서로 연결시키데 필요한 수단으로 보았다. 법은 일반·추상성을 본질로 한다. 모든 사람이 법의 지배를 받게 된다. 통치

---

10) Ph. Mastronardi, Verfassungslehre, S. 71; 김동훈, 『한국 헌법과 공화주의』, 서울대학교 법학 연구총서 35권, 경인문화사, 2011, 118면 이하.
11) 시민적 덕성이 존재할 수 있는 사회적 핵심은 시민들 간의 평등이라 할 수 있다. 마키아벨리는 그의 저서 로마사 논고(제1권 제55장)에서 부패의 원인도 불평등에 있다고 보았다. 김동훈, 상게서, 129면과 각주 19.

는 통치자의 인격적인 권위의 지배가 아니라 비인격적인 일반질서인 법의 지배를 말한다. 행정청의 처분은 단순히 일반의사의 집행이다. 시민의 복종도 법에 대한 복종일 뿐이다.12)

공화주의는 공동생활에서 추구해야 할 가치나 목적을 법질서의 내용으로 하는 민주주의를 말한다.

2. 자유민주주의

(1) 이론적 주장자

자유민주주의의 대표적 학자는 로크(J. Locke), 밀(J. S. Mill)이다. 하지만 인간상과 국가이념은 본질적으로 홉스(Th. Hobbes)까지 거슬러 올라가고 최선의 국가조직은 몽테스키외가 기술했다. 20세기 경제정책에 두 개의 사조가 생겨나는 바 질서자유주의와 신자유주의다. 오이켄(W. Eucken)의 질서자유주의는 기본권보호를 위하여 시장과 경제에 대한 국가의 통제를 주장하는 견해이고, 하이엑(F. A. v. Hayek)의 신자유주의는 국가의 개입을 최소화하고 시장의 자유를 중시하는 견해다.13)

(2) 인간상: 도구를 만드는 인간

공화주의는 공동체 속의 인간을 중시한 반면에 자유주의는 개인을 강조한다. 평등이 아니라 자유를 지도 원리로 한다.

인간은 태초부터 불가침의 권리를 가지고 사회에 대항할 수 있어 결코 사회에 동화될 수 없는 존재라고 본다. 인간의 자기결정권은 사회에서 획득한 것이 아니라 자연 상태에서 이미 갖고 나온 것이다. 따라서 사회는 공화주의처럼 분할된 가치와 목적을 분유하는 공동체가 아니라 자치권을 독자적으로 향유하는 개인이 공존하는 공간이라고 할 수 있다. 자유민주주의의 인간상은 학식 있고 재력 있는 시민, 즉 부르주아(Bourgeois)를 말한다.

인간의 사회적 본성을 주장하는 공화주의와 반대로 자유주의 인간상은 이기심과 근심을 인간행동의 원인으로 본다. 자연상태에서 인간은 완전히 자유롭고 평등하지만 만인의 만인에 대한 투쟁 상태에서는 누구나 전부를 가질 수 있는 권리가

---

12) Ph. Mastronardi, Verfassungslehre, S. 72.
13) Ph. Mastronardi, Verfassungslehre, S. 73.

있다. 따라서 자유는 보장되지만 권리는 보호되지 않는다. 죽음의 공포를 피하기 위하여 리바이어던(Leviathan)이란 국가를 만든다. 이로써 자기보존의 목적으로 자연적 자유를 포기하고 주권을 이양하는 사회계약을 체결하여 국가로부터 안전, 평화, 정의를 향유하게 된다.

공화주의와 반대로 자유주의는 공동체의 공동재산의 일부를 개인의 권리로 인정하는 것이 아니다. 자신의 노력에 의해서 취득한 재산이나 또는 자연 상태에 물려받은 상속재산도 기본권처럼 각자의 고유한 재산권으로 인정한다. 능력이 부를 축적하게 하는 요인이 된다. 자유주의 인간상은 도구를 만드는 인간(Homo Faber)이다.14)

(3) 자유사상

(가) 국가와 사회의 구별

인간은 천부인권을 향유할 수 있는 필요최소 한도의 윤곽질서를 국가에 대하여 요구할 수 있다. 이 경우 공화주의는 사회공동체의 연대를 강조하고, 자유주의는 태어날 때부터 갖고 나온 개인적 능력을 강조한다. 자유주의의 최고의 가치는 국민주권이나 일반의지가 아니라 사적자치와 사익이다. 국가의 과제도 이러한 목적을 위해 수행해야 한다. 인간이 국가를 위해 존재하는 것이 아니라 국가가 인간을 위해 존재한다. 국가와 사회는 구별되어 사회가 국가보다 우위에 있게 된다. 사회가 목적달성을 위해 국가를 창설했기 때문이다. 사회에서 개인적 이익은 집단적 이익보다 우선한다. 이러한 민주주의모델을 추구하는 국가가 미국이다.

공적이익은 사적이익의 총합계가 된다. 공적이익은 독립적으로 계산할 수 없는 종속적인 것이다. 따라서 국가는 공적이익을 정의할 권한도 갖지 못한다. 공익은 사회적 권력의 활동에서 창출된다. 즉 자유 시장경제에서 이기적인 행동은 보이지 않는 손(invisible Hand)에 의해 공평하게 급부를 배분하고 정의로운 질서를 창출함으로써 공공복리를 촉진한다.

(나) 자유보장을 위해 권력분립추구

공공복리란 집단적 목적달성이 아니라 누구나 상상하고 있는 사적자유를 보장

---

14) Ph. Mastronardi, Verfassungslehre, S. 74.

하는 것이다. 따라서 공공복리는 개별적이고 동시에 형식적이다. 우리는 사회적 관습을 경시할 수 없기 때문에 각자에게 최적의 발전가능성을 제공할 수 있는 열린사회를 만드는 것이 공공복리를 증진시키는 방법이다. 국가조직은 개인의 자유를 보장하기 위하여 견제와 균형의 원리에 입각한 권력분립을 추구한다. 자유주의 법치국가에서는 집단적 권력에 대한 회의를 근거로 한다. 예컨대, 국회의 입법권행사는 국민주권에 의하여 다수결원칙에 따라 국민의사를 형성하여 헌법에서 위임한 권한을 행사한다. 따라서 다수결원칙도 기본권을 존중하여야 하는 한계를 강조한다.

(다) 대의민주주의

공화주의와 달리 자유주의는 국민의 대표자가 국회에서 의정활동을 하는 대의민주주의를 추구한다. 형식적으로 다수결을 형성하는 것만으로는 소수의 권리를 침해할 위험성이 내재한다. 하지만 교양 있는 시민을 선출하여 국회에서 의정활동을 하는 것이 자유를 더 잘 보호한다고 생각한다.

자유주의 모델은 인간에 대한 회의에서 출발한다. 이기적인 인간을 전제로 한다. 자신의 이익을 위해 개인적, 집단적으로 행동할 수 있다. 개별이익을 추구하기 위해 국가의 제도를 이용하여 세력균형을 추구한다. 그 목적은 국가와 사회에서 자유를 쟁취하기 위해서다. 자유민주주의는 자유의 한계를 설정하기 위하여 형식적 법치주의를 주장한다.

(라) 현대의 신자유주의와 질서자유주의

현대 자유주의는 신자유주의와 질서자유주의로 분열되었다. 신자유주의는 하이엑(F. A. v. Hayek)이 대표적인 학자로 고전적인 자유방임주의로 회귀할 것을 주장한다. 국가의 경제에 대한 역할은 일반적인 한계만 설정하는 최소한의 개입에 그쳐야 한다고 한다. 따라서 시장경제가 사회질서를 주도하게 된다. 사회질서는 시장의 지시에 따른다. 이러한 자유주의 경제형식은 시장경제를 시장사회로 확대시켜 경제가 사회를 지배하게 된다.[15]

이와 비교해 질서자유주의는 오이켄(W. Eucken)이 대표적인 학자로 국가가 경제의 일반적인 한계를 설정하는 것은 물론 시장에서의 독과점을 예방하고 경제주

---

15) Ph. Mastronardi, Verfassungslehre, S. 75.

체간의 불균형을 시정하는 역할을 해야 한다고 한다. 이에 더하여 울리히(P. Ulrich)는 경제가 사회기능을 조정할 수 없기 때문에 정치와 사회가 경제활동의 한계를 설정할 수 있는 경제사회위원회와 같은 국가기관을 구성해야 한다고 한다.

3. 실용민주주의 내지 다원민주주의

(1) 개념: 정당과 단체민주주의

실용민주주의는 공화주의와 자유주의보다 다양한 내용을 주장한다. 그 대표적 학자로 달(R. Dahl), 프랭클(E. Fraenkel), 슘페터(J. Schumpeter), 사르토리(G. Sartori)를 들 수 있다.

실용주의는 민주사회에서 집단주의와 제도주의의 주장을 포괄하여 다원주의라고도 한다. 공화주의와 자유주의에서의 '국가 대 개인'의 관계를 부정하고 '집단 대 개인'의 새로운 관계를 기준으로 국가를 파악하려는 것이다. 자유주의처럼 국가와 사회를 엄격히 구별하지만 국가는 부분사회로서 전체사회의 일부기능을 수행할 뿐이라는 것이다. 실용주의는 인간상을 상대화한다. 자유주의가 국가로부터 원자론적인 개인적 자유만을 강조하는 문제점을 지적하며 사회조직의 일부로서 국가의 기능을 파악하여야 한다고 한다. 이러한 점에서는 일종의 '수정자유주의'라고도 할 수 있다.[16]

(2) 사회단체와 정당의 국가정책결정에 매개기능

(가) 다수결 민주주의의 양적 한계를 질적으로 보완

실용주의는 시민사회나 공중의 문제에 대한 민주적인 의사결정과정보다는 사회체제를 실제로 기능하게 하는 단체와 정당을 관심대상으로 한다. 국가기관의 형식화된 다수결 민주주의로 인해 사회영역에서의 의사형성과정이 중요한 것으로 보는 것이다.

국가기관에 국민의 의사를 매개하는 정당이나 결사에 대하여 실용주의는 규범적인 분석보다는 사실 확인에서 출발한다. 즉 현대인간은 정치에 무관심하다고 분석한다. 정치체제의 안정도 국민의 참여에 의한 것보다는 정치적 무관심에 기인한다. 정치는 본질적으로 국민이 주체가 아니라 이익단체나 정당이 한다. 이들이 국

---

16) Ph. Mastronardi, Verfassungslehre, S. 76.

민을 대표하여 국가기관의 중요사안을 결정하고 있다는 점에서 국민대표기능을 수
행하고 있는 것이다.

(나) 엘리트민주주의

다원주의는 단체와 정당이 주도하여 국민의 의사를 전반적으로 형성할 수 있
어야 한다고 한다. 이는 단체와 정당에서의 엘리트들의 자유경쟁이 보장되어야 가
능하다. 즉 엘리트민주주의는 선거에 의한 대의민주주의 의사결정방식에서 핵심적
역할을 하는 이익단체나 정당의 구성원으로 시민의 참여가 보장되어야 한다. 다원
주의에서 경쟁은 사적 자유를 보장하고 이해관계를 민주적으로 조정한다. 따라서
단체나 정당의 다원주의는 시민들의 의사를 국가기관에 매개하는 투입기능(input)
을 수행하고 국가기관의 산출능력(output)을 확인하는 점에서 실용주의라고 할 수
있다. 기능적으로 다원주의는 합리적인 국가권력행사를 유도한다.

(다) 인간상: 경제적 동물

실용주의는 시장에서의 합리적인 소비자모델을 정치에서도 적용할 것을 주장
한다. 소비자는 시장에서 최대한의 효용을 추구하는 것처럼 투표에서도 비슷한 행
태가 나타난다. 즉 사적 유용성을 가능한 촉진시킬 수 있도록 투표를 한다는 것이
다. 실용주의가 추구하는 인간상은 경제적 동물(Homo oeconomicus)이다.[17]

(3) 협력적 권력분립

다원적 실용주의는 집단경쟁민주주의를 법적으로 보장할 것을 주장한다. 복수정
당제도는 다수결의 남용을 방지하고 소수의 권리도 존중하여 정권교체의 가능성을
보장한다. 다원주의는 자유주의가 주장하는 권력분립과 소수보호사상을 수용한다.

국가를 영도하는 중요한 사회세력 간에 이해관계를 조절하여 화합을 도모함으
로써 공익을 창출하게 된다. 사실상 민주주의는 정당의 엘리트들에 의해 기능한다
고 할 수 있다. 선거경쟁에서 승리한 정당은 국민으로부터 주권을 수임받아 집권을
정당화한다. 집권당은 국가나 사회에서 공공복리에 이바지한다는 점에서 공화주의
의 사상에 근접하게 된다. 이러한 점에서는 '수정 공화주의'라 할 수 있다. 그러나

---

17) Ph. Mastronardi, Verfassungslehre, S. 77.

엄밀하게 보면 다원주의는 집단경쟁에 의한 주권을 수임 받지만, 공화주의는 국민이 직접적으로 주권을 행사한다는 점에서 차이가 있다.

다원주의에서도 단체 간에 합의할 수 없는 것은 누구에게나 참가의 자유를 보장하고 토론에서 공정의 원리에 입각한 동등한 기회를 부여하는 것이다. 따라서 기본권과 국가의 구조 원리는 처분할 수 없는 합의금지사항이다.[18]

실용주의는 다원적 국가론에 입각하여 일원적 국가론의 자유주의와 공화주의의 입장을 사실 상대화하고 있다. 하지만 가치상대주의를 주장하는 것은 아니다. 합의할 수 없는 전술한 바와 같은 규범적 핵심영역을 제시하고 있기 때문이다.

결론적으로 실용주의는 사회단체의 체계정합적인 협력기능을 강조한다.

4. 복합민주주의 내지 대화민주주의

(1) 자유와 평등의 조화

복합주의의 이론적 착안점은 현대사회에서 자유주의와 공화주의, 즉 자유와 평등은 모두 규범적 효력을 갖고 있다는 것이다. 여기에 다원적 실용주의도 포함될 수 있다. 이들의 비현실적인 이상적 주장은 배척하지만 체계적 고찰을 위해 각각 추구하는 인간상은 고려한다.

그러나 인간을 더 이상 민주주의의 자명한 주체로 보지 않는다. 인간은 스스로 복합성을 갖고 있다. 인간은 자유주의의 자치적인 개인도 공화주의의 사회적 존재도 아닌 것이다. 사회가 분화한 것처럼, 인간상도 분화되어야 한다.[19]

자유주의의 자기결정, 다수결, 사적 자유와 공화주의의 지배의 배제, 참여권, 공적 책임, 실용주의의 원자적 개인의 극복, 다원적 민주주의, 합의의 공익창출기능은 그대로 보호한다. 그리고 개인은 국가와 사회만 전체로서 관계를 맺는 것이 아니라 개인이 처한 상황에서 다양한 사회적 관계를 맺고 있는 점을 고려한다. 즉 민주주의의 적용영역은 국가와 사회만이 아니라 경제, 문화, 가족도 포함한다.

(2) 대화 내지 토론민주주의의 강조

복합주의는 실용주의가 주장하는 개인의 정치적 무관심을 인정한다. 하지만

---

18) Ph. Mastronardi, Verfassungslehre, S. 78.
19) Ph. Mastronardi, Verfassungslehre, S. 80.

개인이 소속감을 느끼며 공적사항에 관심을 갖는 구체적인 영역은 각자 다른 것을 인정하면서 민주적인 참여의 범위를 확대한다.

이러한 대화(토론)민주주의는 공적문제에 대한 합리적인 이해를 증진시키는 절차를 요구한다. 국가권력의 행사의 정당성을 얻기 위하여 민주주의원칙에 따라 다수결에 의한 결정이전에 공개적인 대화(토론)를 거쳐야 한다. 대화의 공정성을 담보하는 것은 민주적인 제도와 절차를 마련하는 것이다. 시민단체도 공개적인 대화에 참여할 수 있다.

복합주의는 다원사회에서 개인의 정치적 참여의 기회를 증진시키고자 하는 것이다. 그 목적은 가능한 많은 생활영역에서 사회구성원으로서의 역할을 수행할 기회를 제공함으로써 정치에 공동의 책임의식을 강화하는 데 있다. 복합주의는 개인적인 효용극대화를 추구하는 다원적 실용주의에 대화(토론)의 기회를 마련하는 것으로 응용할 수도 있다.

복합주의도 공공복리를 강조한다. 하지만 공동의 문제는 단체주의나 자유로운 경쟁에 맡기기보다는 공익을 촉진할 수 있는 절차를 거쳐야 한다. 특별한 견해는 다중이 이해하고 판단할 수 있도록 가능한 한 합리적인 토론과정을 거쳐야 한다. 다수의 동의를 얻을 수 있는 설득력 있는 주장이 '합리적'이라 본다. 이는 공개적인 토론과 정책결정당국에 책임을 지우는 절차를 거치는 것이 핵심이다. 즉 보다 많은 국외자가 참가하는 공개된 절차에서의 결과에 대한 책임을 지는 것이다. 공개와 통제가 그 핵심원리다.[20]

국가의 공공복리증진의무는 다수가 동의하는 합리성논증책임으로 요약된다. 국가는 현대의 다원적 기능공동체에서 공정한 토론을 거친 정책결정만이 정당화된다는 것을 명심해야 한다. 즉 복합주의는 정치, 경제, 사회, 문화 등 다원적인 기능공동체에서 민주적 절차를 마련하여 진정한 시민참여를 보장한다.

---

20) Ph. Mastronardi, Verfassungslehre, S. 81.

Ⅳ. 국민주권주의

1. 개념

국민주권주의란 모든 권력은 국민으로부터 나와야 하는 것을 의미한다. 국민의 동의에 기초하여 권력을 행사하여야 한다. 즉 국가권력에 민주적 정당성을 부여하는 헌법의 기본원리다. 민주주의의 부분요소인 국민주권주의는 루소의 사상적 영향을 받은 프랑스대혁명을 거쳐 세계 각국의 헌법에 반영되었다. 우리 헌법 제1조 제2항에서도 "대한민국의 주권은 국민에게 있고, 모든 권력은 국민으로부터 나온다."고 규정하고 있다. 국민주권은 인간의 집단적 자치(공적자치, 루소의 의미에서 자기발전조건)를 개발하여 보호한다. 국민주권은 공적영역에서 생활에 관한 집단적 자기결정권도 보장한다. 직접민주제적인 국민의 발안·소환·표결권과 참정권이 그것이다.

2. 상대적 국민주권주의

국민주권의 이념은 헌법에서 대화민주주의에 의하여 권리와 의무로 나타난다. 정치적 대화 즉 진지한 토론을 거친 후 참가자의 동의를 얻는 경우 국가(정치)권력의 정당성을 인정할 수 있다. 이러한 국민주권의 이념을 상대화하는 현실적인 두 가지 사례가 있다. 다수결원칙과 대의민주주의다.

(1) 다수결원칙

다수결원칙은 만장일치를 의미하는 동의의 이념에는 반한다. 하지만 현실적으로 만장일치는 달성하기 어렵다. 그럼에도 공공질서와 관련된 기속력 있는 결정은 필요하다. 그 차선책으로 다수결원칙은 정당화된다. 따라서 다수결원칙은 민주주의의 최고원칙은 전혀 아니다. 단지 민주적 대화를 종결하기 위한 기술적인 수단일 뿐이다.[21]

다수결원칙은 공정한 절차에서 적용되는 것을 전제로 해야 한다. 즉 모든 참가자에게 공공복리와 정의를 주장할 수 있는 기회를 보장하여 이루어진 정치적 대화에서 동등하게 정치적 권리를 행사할 수 있어야 한다.

---

21) Ph. Mastronardi, Verfassungslehre, S. 254, 255; 장영철, 『국가조직론』, 42면.

다수결원칙은 국회의 법안의결에 적용되는 원칙으로 헌법의 기본권을 침해할 수 없는 적용단계의 한계를 준수하여야 한다. 다수결원칙은 일반 입법차원에서 적용되는 지위를 갖는 반면에 기본권은 헌법적 지위를 갖기 때문이다. 물론 다수결원칙도 헌법적 차원의 논의(예, 헌법개정안 의결)에도 적용될 수 있다. 하지만 기본권은 법치국가원리의 핵심요소로 민주주의원리와 동등한 지위를 갖는다. 법치국가원리의 핵심인 기본권을 침해하면 국가권력은 민주적 정당성을 부여받을 방법이 없다.

개인의 사적자치는 다수결로 침해할 수 없다. 사적자치는 민주주의의 본질인 공적자치의 바탕이 되기 때문이다. 다수결원칙은 전지전능의 절대규칙이 아니라 법치국가의 한계를 준수하는 범위에서 상대적인 원칙으로 적용된다. 예컨대, 기본권, 민주공화국, 법치국가 등은 헌법개정의 내재적 한계로 다수결로 침해할 수 없다.[22]

다수결원칙은 또한 미래세대에 회복할 수 없는 피해를 줄 수 있는 소위 '불가역적인 결정'을 하는 경우에 한계가 있다. 예컨대, 핵발전소 설치, 유전자 조작에 의한 인간복제, 무분별한 개발로 인한 환경훼손 등이다. 이에 대한 미래세대의 참여 없는 다수결은 그들의 자기결정권을 박탈하는 것이다. 따라서 지속가능성원리에 의하여 다수결정의 논거를 제시하여야 한다.[23]

(2) 대의민주주의

국민주권주의에 의하면 헌법에 관한 근본적인 문제에 대하여 국민 스스로 결정하여야 한다. 하지만 대의민주주의는 국민주권주의를 상대화한다. 의원들이 선거를 통해 국민들의 신임을 받아 의회에서 정치적 토론과 의결하기 때문이다. 선거제도, 정당제도, 정부형태, 선거주기 등으로 국가의 정책결정에 국민의 이해관계를 다소간 반영할 수는 있다. 하지만 대의민주주의에서는 민주주의의 핵심인 국민주권은 더 이상 없다고 보아야 한다. 더구나 헌법상 정당제도가 보장되어 국가와 국민을 매개하는 중개적 역할을 하고 있기 때문이다. 정당민주주의가 대의민주주의를 보완하는 기능을 수행하지만 현실적으로 국민주권을 직접 행사하는 직접민주주의는 아닌 것이다.[24]

---

22) 장영철, 『국가조직론』, 44면.
23) Ph. Mastronardi, Verfassungslehre, S. 256.
24) Ph. Mastronardi, Verfassungslehre, S. 257.

Ⅴ. 국가기관의 책임

1. 대화민주주의의 핵심요소

국가기관의 책임은 오늘날 국민의 자기지배를 의미하는 국민주권과 함께 민주주의의 핵심요소다. 이는 대의 내지 대화민주주의의 귀결이기도 하다. 대화민주주의는 공선된 위정자(정무직공무원)들이 국민의 신임을 바탕으로 국정수행의 권한을 부여받는 대신 국민에 대한 책임을 져야 하기 때문이다. 국가기관의 책임은 고도의 정치윤리를 전제로 한다. 정치윤리는 시민사회와 국가기관 등의 건설적 대화를 바탕으로 형성된다. 따라서 시민들은 국정에 세심한 관심을 보이는 덕성을, 위정자들은 이들 시민사회의 건설적 비판을 수용할 수 있는 자질을 갖추어야 한다. 즉 국가기관의 책임 내지 반응성은 시민사회, 국가기관 등의 정치적 대화의 수용능력을 판단하는 척도인 것이다.

2. 국가기관의 정치적 · 법적 책임

프랑스 대혁명 이전 절대군주시대에는 국가무책임사상이 지배적이었다. 하지만 17세기 영국의 권리장전과 18세기 미국건국과 프랑스 대혁명 이후 의회와 행정부의 선출직 공무원의 선거인에 대한 정치적 책임이 인정되었다. 그 후 모든 공무원의 형사책임, 징계책임, 손해배상책임 등 법적 책임으로 확대되었다.

(1) 정치적 책임

정치적 책임이란 유권자가 공직자를 소환하거나 연임시키지 않는 것을 말한다. 이는 공직자의 불법행위여부와 상관없이 유권자의 의사만으로 공직자를 불신임할 수 있다는 점에서 절대적이다. 우리는 헌법기관에 대한 국민소환제는 없다. 다만 지방자치단체장에 대한 주민소환제(지방자치법 제25조)를 인정하고 있다. 유일하게 주기적인 선거에 참여하여 정치적 책임을 묻는 수밖에 없다. 따라서 대의민주주의에서 선거는 국민주권의 유일한 행사방법으로 권리이자 의무인 것이다. 전술한 바와 같이 국가기관간, 국가기관과 시민사회와의 협력적 대화를 정치윤리로 인식하여 국정운영에 반응을 보이는 정권담당자들의 자질도 요구되는 것이다.

하지만 대통령에 대하여는 임기를 5년 단임으로 하여 선거를 통하여서 정치적 책임을 물을 수 있는 방법이 없다. 부끄럽게도 무책임한 현대판 절대군주제 정부형태를 갖고 있는 것이다. 비교법적으로 보더라도 정치적 책임을 묻지 않는 정부는 없다. 예컨대, 직선으로 선출한 대통령(프랑스, 오스트리아, 러시아, 핀란드, 폴란드), 대통령과 주지사(미국)는 정치적 책임을 진다. 의회민주주의국가의 수상과 각료들도 물론 의회의 불신임의결에 의해 정치적 책임을 진다.

(2) 형사책임

공무원이 형법상 신분범죄를 행하였을 때에는 형사책임을 진다. 공무원의 신분범죄란 뇌물죄, 직권남용죄, 공무상 비밀누설죄, 직무유기 등(우리 형법 제7장 제122조~제135조 참조)을 말한다.

(3) 징계책임

징계책임이란 공무원이 직무규정(국가공무원법 제79조)을 위반한 경우 임면권자가 부과하는 책임을 말한다. 특별신분관계에 있는 공무원의 직무책임이라는 점에서 일반국민의 형사책임과는 별개인 것이다. 따라서 공무원의 일반범죄에 대하여는 형사책임 이외에 징계책임을 병과할 수 있다. 징계의 종류로는 파면, 해임, 강등, 정직, 감봉, 견책이 있다(국가공무원법 제79조 참조).

(4) 국가배상책임

공무원의 불법행위로 국민에게 손해를 입힌 때에는 국가가 직접 책임을 진다. 다만 공무원의 불법행위가 고의나 중대한 과실에 기인한 경우에는 국가는 구상권을 행사할 수 있다(헌법 제29조 제1항 단서, 국가배상법 제2조 참조).

(5) 탄핵책임

대통령, 국무총리, 장관, 법관 등 고위공직자의 위헌위법행위에 대하여는 탄핵심판을 한다. 탄핵심판은 법적·정치적 책임이 혼합된 특별한 절차인 것이다. 따라서 탄핵소추기관은 국회 또는 양원제의회에서는 하원이, 탄핵결정은 최고법원인 대법원(영국, 일본)이나 헌법재판소(한국, 독일, 오스트리아 등) 및 상원(미국) 또는 대법원장주재 하에 상원(미국 대통령의 경우[25])이 담당한다.

Ⅵ. 시민사회의 민주적 문화

공적영역의 민주화의 필요성을 설명하기 위해서 국가기관 이외에도 시민사회에 대하여 살펴보고자 한다.

시민사회의 민주적 문화는 세 가지로 설명할 수 있다. 정치문화, 시민사회, 중개적 권력의 민주화다.

1. 정치문화

정치문화는 시민이 공동생활에서 추구해야 할 가치를 말한다. 이는 정치윤리 즉, 국가의 기본원리를 준수해야 하는 정치체계와 유사하다. 하지만 정치문화는 국가의 강제에 의하기보다는 시민사회의 자발적인 노력으로 이룩된다. 국가는 다만 정치문화의 민주화를 도모하기 위하여 투명성과 정보공개, 표현의 자유, 정치교육에 관한 법적 테두리를 제공할 수 있을 뿐이다.[26]

(1) 국정의 투명성과 정보공개

시민사회가 민주적으로 사안에 합당한 결정을 하기 위해서는 국가기관의 정보공개가 전제되어야 한다. 국가기관은 투명한 국정운영을 하여야 하고 중대한 국가기밀사항이 아니라면 시민사회의 알권리를 보장하기 위하여 정보를 공개하여야 한다. 예컨대, 헌법상 정부와 법원의 정보공개의무(헌법 제61조－국정감사 및 조사, 제62조－국회출석 답변요구), 국회의 의사공개원칙(헌법 제50조)과 법원의 심리와 판결의 공개원칙(헌법 제109조)이 그것이다.

(2) 표현의 자유

국정의 투명성과 정보공개는 시민사회의 정치적 의사형성을 위한 수단이다. 정치적 대화를 위한 최고의 가치를 제공할 수 있기 때문이다. 민주적인 여론은 개인적으로 또는 신문, 방송, 인터넷 등 의사소통수단을 통하여 집단적으로도 형성되고 표현의 자유로 전파될 수 있다. 다수는 물론 소수도 자유롭게 정당, 시민단체,

---

25) 미국연방헌법 제1조 제3항 제6절 제2문.
26) Ph. Mastronardi, Verfassungslehre, S. 270.

노조 등 결사를 조직하거나 참가할 수 있다.

(3) 정치교육

민주주의는 중우정치로 전락할 위험을 예방하기 위하여 국가정책(국민경제, 재정정책, 사회 및 경제정책 등)에 관한 기본사항을 인지할 수 있도록 의무교육, 즉 정치교육에 대한 책임을 국가에 부여한다. 몽테스키외, 루소 같은 계몽주의자의 주장과 같이 민주사회의 시민과 정치인은 공동체를 위해 헌신하는 '덕성'을 갖추어야 한다. 즉 국민의 신임을 받아 정책을 결정을 하는 공선된 기관과 국민모두 민주주의와 제도에 관하여 충분히 인지하여야 한다.[27] 위정자와 시민 모두 정치교육을 받아야 한다. 우리의 지방자치단체는 주민투표(제18조), 주민발안(제19조), 주민감사(제21조), 주민소송(제22조), 주민소환(제25조) 등 주민투표 민주주의 내지 반 직접민주제를 실시하고 있어 민주적인 정치문화는 더욱 강화될 필요가 있다.

2. 시민사회

시민사회는 시민이 공동생활에서 추구해야 할 가치인 정치문화를 적극적으로 형성하는 주체다. 즉 시민사회란 민주주의가 기능하여야 하는 사회적 현실을 말한다. 시민사회는 공사협력 거버넌스(Public Governance)의 국정파트너로 시민의 자유를 침해할 수 있는 권력을 행사할 수 있다. 따라서 시민사회에도 민주주의원리가 적용되어야 한다.

공적영역에서 거버넌스란 국가와 시민사회 및 경제가 참여하는 협동체를 말한다. 경제와 사회가 경제적 이해관계로 연결되어 있다. 예컨대, 의약분야를 보면 소비자단체, 의사회, 약사회, 제약회사의 이해관계가 얽혀있다. 시민사회의 일부로서 소비자단체는 비정부기구(NGO)로 공익을, 의사회와 약사회는 집단이익을, 제약회사는 경제적 이익을 주장한다. 하지만 동일한 조직이라도 공익과 개별이익은 혼재되어 있다.[28]

이러한 점에서 시민사회의 부분조직은 공익의 일부를 주장하는 것이다. 이들은 특별한 사익 또는 특별한 공익을 추구하는 것이다. 경제단체, 환경단체, 노동단

---

27) Ph. Mastronardi, Verfassungslehre, S. 271.
28) Ph. Mastronardi, Verfassungslehre, S. 272.

체, 소비자단체 등이 주장하는 공익도 다른 공익과 형량 하여야 한다. 따라서 시민
단체도 사회권력을 행사하여 이해관계의 충돌이 있으므로 국가적 통제와 민주적
정당성이 요구된다. 경제와 사회가 공적영역에 미치는 영향을 고려하여 국가는 대
화민주주의에 의하여 시민사회의 의사를 정책결정에 반영하여야 한다. 예컨대, 입
법 과정에서 공청회나 전문위원회에 시민단체 대표자가 초청되어 의견을 개진하여
단체의 이해관계를 입법에 반영할 수 있다. 법안표결과정에서는 시민단체의 막강한
재정을 동원하여 실질적인 영향력을 미칠 수도 있다. 이와 같이 시민단체가 국회입
법에 미치는 영향을 고려하면 의원로비 과정을 투명하게 공개하는 것이 평등한 자
유를 전제로 하는 대화의 윤리 내지 민주주의에 부합한다. 시민단체의 내부에서도
민주적으로 의사가 형성되어야 한다. 따라서 거버넌스의 사적 파트너에게도 책임이
부과된다. 시민단체의 의사결정과정을 법률에 의하여 통제하는 경우 공개하여야 한
다. 나아가 단체내부의 대화과정을 거친 구성원들의 의사를 공식의사로 채택하였음
을 입증하여야 한다.[29]

민주적 헌법국가는 결사의 자유를 보장하기 위하여 최소한의 통제만 한다. 즉
결사의 민주화를 위하여 대화윤리의 전제를 보장하기 위한 법적 통제는 한다. 이는
공사협력의 파트너로서 시민사회의 활동에 정당성을 부여하기 위한 연결고리를 제
공하는 것이다. 예컨대, 시민단체의 기부금품모집에 있어서 행정안전부장관이나 지
방자치단체장에게 등록의무를 부과하는 기부금품모집 및 사용에 관한 법률(제4조)
을 들 수 있다. 이는 모집자, 기부자, 수익자간의 상충되는 이해관계를 조정하기 위
한 국가의 보장책임에 근거한 것이다. 시민사회에 대한 민주적 통제는 특히 국가의
이행책임을 분담하는 중개적 권력에 대하여 특히 요구되는 것이다.[30]

3. 중개적 권력

(1) 국가화 내지 헌법화의 필요성

중개적 권력이란 국가와 사회를 매개하는 지위에서 정치에 상당한 영향을 미
치는 사회조직을 말한다. 예컨대, 정당, 미디어, 시민단체 등이 이에 해당된다. 이들
은 고전적인 자유주의 법치국가에서는 본질적으로 사적 조직으로 민주주의원칙이

---

29) Ph. Mastronardi, Verfassungslehre, S. 273.
30) 장영철, "기본권경합과 본안심사 지정토론문", 『헌법실무연구』 제21권(2020), 34면 이하.

적용되지 않는다고 보았다. 하지만 자유 이외에 정의도 추구하는 현대의 민주적 헌법국가에서는 거버넌스의 사적파트너에게도 민주적 책임이 부과되어야 한다.31) 국가는 인위적으로 고안한 제도이므로 헌법학의 대상에 공적영역이 포함된다면 정치권력을 사실상 행사할 수 있는 사적조직에 대하여도 정당성의 고리(Legitimations-kette)로 국가화 내지 헌법화하여야 한다.

우선, 정치적 결단에 영향을 미칠 수 있는 사적 조직은 권력기관이다. 둘째, 공적영역에서 공사 협력 거버넌스의 연결망(Network)에 속하는 모든 조직은 민주적 헌법국가의 원리를 준수하여야 한다. 셋째, 특히 권력분립의 혼합헌법(행정, 사법, 입법)은 상기 모든 조직에 적용하여야 한다. 권력분립에서 사적 권력주체 상호간(전술한 기부금품모집에서 모집자, 기부자, 수익자간)에 견제와 균형이 이루어져야 하고, 혼합헌법 원리에서 사회 권력은 국가권력의 행정, 사법, 입법에 참여하여야 한다.32) 중개적 권력의 헌법화는 국가의 사적영역에 대한 침해가 아니라 이제까지 방치했던 공적영역에서 사인의 월권행위를 규제하는 것이다. 자유주의 법치국가에서는 사인의 사회 권력행사에 대하여 헌법적 통제를 방치하였지만, 민주적 헌법국가에서는 정책결정과정에 참여하는 사적 조직도 국가기관과 동일하게 책임을 부담하여야 한다. 공사 협력 거버넌스의 사적 파트너는 정치(국가)권력을 행사하기에 민주화되어야 하는 것이다.

중개적 권력의 민주화란 조직내부의 민주화와 국가에 대한 관계에서 조직외부의 민주화를 말한다.

(2) 중개적 권력의 조직내부의 민주화

내부조직이 다원적으로 구성되어 대화윤리에 따른 공정한 방법, 즉 상향식 의사결정이 보장된 중개적 권력만이 국가의 정책결단과정에 참여할 수 있다. 이는 조직내부의 의사결정이 민주적으로 보장되는 것을 전제로 한다. 조직내부의 의사결정과정을 법률에 의하여 통제하는 경우 공개하여야 한다. 나아가 조직내부의 대화과정을 거친 구성원들의 의사를 공식의사로 채택하였음을 입증하여 한다. 입법자는 이에 관하여 세부적으로 규정하여야 하고 적절한 통제수단도 마련하여야 한다.33)

---

31) Ph. Mastronardi, Verfassungslehre, S. 274.
32) 이에 대하여는 장영철, 『국가조직론』, 331면 이하.
33) Ph. Mastronardi, Verfassungslehre, S. 275.

예컨대, 공직선거법(제57조의2)에서는 정당은 공직선거후보자를 추천하기 위하여 당내경선을 실시할 수 있다(제1항). 정당이 당내경선을 실시하는 경우 경선후보자로서 당해 정당의 후보자로 선출되지 아니한 자는 당해 선거의 같은 선거구에서는 후보자로 등록될 수 없다(제2항). 이는 입법자가 정당의 후보자를 추천하는 절차는 공적영역에 해당하는 사항으로 헌법의 민주주의원리에 구속되어야 한다고 본 것이다.

이러한 점에서 공사협력의 사적 파트너(예, 한전, 대한상공회의소 등)가 국가의 정책결단과정에 참여하려면 헌법의 기본원리를 존중하는 민주적인 내부절차를 갖추어야 한다.

(3) 중개적 권력의 조직외부의 민주화

조직외부의 민주화란 중개적 권력이 국가의 정책결정과정에 참여하여 영향을 주기 위한 것을 의미한다. 예컨대, 국회입법과정에서의 공청회나 전문위원회에 시민단체의 참여, 미국과 같이 로비공개법에 로비스트의 양성화, 집행부의 독립위원회(방송통신위원회, 공정거래위원회, 국민권익위원회, 금융위원회, 개인정보보호위원회, 원자력안전위원회 등)에 참여, 공직선거에서의 재정지원, 대통령의 자문에 응하기 위한 국민경제자문회의(헌법 제93조)에 참여 등이다. 시민사회는 공적영역에서 헌법의 기본원리를 존중하는 범위에서 국가의 정책결정과정에 참여할 수 있다.

시민단체가 국가의 정책결정에 영향을 미치기 위해서는 투명성과 대화윤리를 존중하여야 한다. 인위적으로 창작된 국가와 마찬가지로 시민사회의 민주적 문화도 헌법에 의하여 매개되어야 한다. 대화를 강조하는 현대의 복합민주주의에서 국가의 경제와 사회에 대한 관계는 본질적으로 변화되었다. 민주적 헌법국가에서 국가조직의 형식은 유지되지만 시민사회를 공적영역에 포함하지 않으면 국가의 목표는 달성할 수 없다. 민주적 헌법국가는 추구하는 가치(자유, 평화, 정의)에 대하여는 보수적이어야 하지만 시대변화에 보수적이면 안 된다. 따라서 국가가 추구하는 가치실현을 위해서는 국가의 구조를 변경하여야 한다. 국가의 규제와 조정을 필요로 하는 영역에는 헌법의 원리를 적용하여야 한다. 경제와 사회가 공적영역에서 기능을 수행한다면 사적자치에 방임할 수는 없다. 공적영역은 민주적으로 조직되어야하기 때문이다.[34]

---

34) Ph. Mastronardi, Verfassungslehre, S. 276.

(4) 사례: 미디어권력의 헌법화

대화민주주의에서 공적 여론형성에 참여하는 대중매체의 역할을 살펴보지 않을 수 없다. 정치적 결정에 참여하는 점에서 대중매체도 중개적 권력이다. 대중매체는 시민의 여론을 전달해야 한다. 하지만 정당, 이익단체나 결사와 마찬가지로 여론을 생산하는 것이 현실이다. 오늘날 시민은 여론형성의 주체에서 소비자로 전락하였다는 하버마스의 지적도 있다. 여론은 정부를 비판하기보다는 국가정책의 방향을 유도하는 기능을 수행하게 된다.

따라서 대중매체는 사실상 권력투쟁의 중심에 위치하게 된다. 전통 미디어와 현대의 전자미디어도 경제시장에 있는 사기업으로 판매량과 청취율에 민감하지 않을 수 없다. 미디어편집인은 민주적인 여론을 전달하고자 해도 상업성이 적다는 이유로 반대하는 발행인의 권력구조를 회피할 수 없다. 대중의 기호에 맞는 미디어를 발행하게 되는 것이다. 이는 미디어의 정부통제의 비판적인 기능에 반하는 것이다. 특정한 보도를 선호하는 현상이 나타나게 되면 여론과 미디어의 다양성도 해치게 된다.[35]

미디어시장에서 경제 권력의 사익추구를 저지하기 위해서는 미디어의 민주적 헌법화가 필요하다. 여론형성을 위해서는 신문과 전자미디어도 대화민주주의에 의하여 내부조정이 이루어져야 한다. 신문발행인의 편집인에 대한 권력행사에 있어서 권력분립원칙 내지 언론·출판의 자유의 대사인적 효력에 의하여 편집인의 사적자치를 발행인의 사익보다 존중하여야 한다. 신문사내부에서의 권력독점은 다양한 여론형성의 기회를 차단하게 된다. 시민사회는 인터넷과 기타 미디어에서 자신의 의견을 자유롭게 표현할 수 있어야 한다. 중대한 사안에 관해 자유로운 의견개진이 있어야 공적 여론형성의 가능성이 있기 때문이다.[36]

---

35) Ph. Mastronardi, Verfassungslehre, S. 277.
36) Ph. Mastronardi, Verfassungslehre, S. 278.

제 2 절 법치국가원리

Ⅰ. 법치국가원리의 개관

대화민주주의에 의한 정치적 논의에 구속력이 부여되어야 한다. 즉 민주적 토론을 거친 결과는 '정치적 결단'으로 효력이 부여된다. 상호 신뢰를 바탕으로 한 정치적 대화의 결과는 보호되어야 하기 때문이다. 법치국가는 정치적 이해관계를 권리와 의무로 전환한다. 법치국가는 정치를 제도적으로 순화하여 법의 테두리 내에서 운항하도록 한다. 바로 여기서 민주주의와 법치국가는 결합된다.

법치국가원리는 국가의 법치운영원리로 오늘날에는 '헌법국가'를 의미한다. 국가는 헌법에 기속되기 때문이다. 즉 헌법의 이념은 법치국가원리를 기초로 한다. 법치국가는 공적영역에서 헌법의 이념을 구체화하는 기능을 수행한다.[37]

법치국가원리는 신뢰보호를 이념으로 한다. 법은 정치적 합의에 구속력을 부여하는 신뢰보호기능을 한다. 이는 국가와 사인 간의 합의에도 동일한 효력을 부여한다. 법치국가는 국가권력에 대하여 사인의 자유와 법적 안정성도 보장한다. 법치국가는 법에 기속되는 국가권력행사를 보장하여 사인의 신뢰를 보호하는 국가의 운영원리다.

민주적 헌법국가에서 법치국가원리는 평화질서를 법적으로 구체화하는 것을 목표로 한다. 보다 구체적으로는 민주적 헌법국가는 법을 수단으로 평화, 자유, 정의의 목표를 실현한다. 이러한 법치국가원리의 구체적 내용은 다음과 같다. (1) 사인의 형식적 자유와 실질적 자유를 보장하기 위하여 형식적 법치국가와 실질적 법치국가로 구분한다. (2) 형식적 법치국가는 법치행정의 원칙인 합법성원칙을 보장한다. (3) 실질적 법치국가는 개인에게 기본권을 보장한다. (4) 기본권을 목적으로 권력분립과 (5) 개인의 실체적·절차적 권리를 보호한다. (6) 국가권력은 법치국가적 기본원리에 기속된다.[38]

---

37) Ph. Mastronardi, Verfassungslehre, S. 279.
38) Ph. Mastronardi, Verfassungslehre, S. 280.

Ⅱ. 법치국가원리의 역사

1. 영국의 법의 지배(Rule of Law)

법의 우위는 스튜어트왕조의 찰스 1세의 절대왕정에 반대하면서 코우크 (Edward Coke)[39]가 의회입법에 대해 왕의 재가를 촉구하기 위한 1628년의 권리청 원에서 기원하였다. 찰스 1세의 국왕주권에 대하여 하원의 법률가와 코우크는 마그 나카르타의 규정을 제시하였다. 하지만 코우크는 권리청원을 기초하면서 마그나카 르타의 규정을 단순히 해석한 것이 아니라 발전시켰다. 즉 국왕의 '과도한 과세'에 반대하는 권리청원에서 단순히 마그나카르타의 개별적인 권리를 주장한 것이 아니라 '법의 우위'를 강조한 것이다.

권리청원은 정치에 대한 법의 우위와 적법절차에 의한 통제를 내용으로 하였다. 코우크에 의하면 모든 신민은 예로부터 자유와 재산을 보장받았다. 따라서 재산권에 대한 제한은 적법절차에 의해서만 허용된다. 즉 형식적 법률에 근거한 판결에 의해서 가능한 것이다. 코우크는 판사에게 이러한 법의 지배의 보장을 기대하였다. 왜냐하면 판사는 정치적으로 실권이 없기 때문에 법 이외의 동기로 판결을 할 수 없다고 보았기 때문이다. 이러한 점에서 오늘날 우리가 이해하는 '법의 지배'란 개념은 19세기 비로소 정립되었지만 17세기 초에 코우크는 이미 법의 지배의 요소를 파악하였던 것이다. 즉 법의 우위와 국가권력의 자의적 행사의 금지, 모든 인간의 법 앞의 평등, 기본권의 효력, 기본권의 수호자로서 사법권의 독립과 재판절차의 보장 등을 권리청원에서 찾을 수 있다. 찰스 1세는 권리청원에서 의회입법의 지배를 핵심내용으로 하여 파생된 상기의 원칙에 대하여 재가한 것이었다. 오늘날까지도 불문헌법국가인 영국에서는 의회주권은 '법의 지배'의 원칙에 의하여 침해할 수 없다.

하지만 권리청원은 단지 사실적 성격을 갖는 것으로 직접 효력을 발현할 수 없는 한계가 있었다. 그 법적 효력은 스튜어트 왕조에 대한 명예혁명과 함께 의회의 종국적인 승리로 작성된 권리장전(1689)에서 비로소 달성되었다. 이로써 입헌군주제

---

39) 코우크(Edward Coke, 1552~1633)는 헌법재판의 기원으로 보는 본함 판결(1610)을 내린 판 사다. 그는 1616년 영국 최고법원의 판사직에서 물러난 후 하원의원(1621~29)으로 봉직했 다. Haller/Kölz/Gächter, aaO., S. 136, FN 38.

를 확립하였고 1700년의 왕위계승법(Act of Settlement)에서 사법권의 독립을 기초하였다. 이러한 영국의 제도는 몽테스키외(Charles-Louise de Secondat Montesquieu, 1689~1755)가 후에 이론적으로 발전시킨 권력분립의 모델이 되었다.[40]

2. 19세기 근대 자유주의 법치국가

19세기 초 독일에서 법치국가는 자유주의국가와 동일시하였다. 즉 법치국가의 구성요소로 재산권, 법 앞의 평등, 계약자유와 같은 자유권보장을 핵심으로 파악하였다. 법치국가를 국왕의 전제 내지 자의적 통치에 대한 상반된 개념으로 이해한 것이다. 따라서 국가는 시민의 인격적 성숙과 경제적 향상을 도모하기 위한 사적 공간을 제공하기 위하여 일반·추상적인 법률에 기속되어야 한다고 보았다. 이로써 시민들은 국가권력행사의 예측가능성과 평등대우를 보장받게 되었다. 결국 독일에서 법치국가는 형식적 법치국가원리인 법치행정원리로 변질되었다. 이는 입법, 행정, 사법권의 고전적인 권력분립원칙에 따라 국가기관의 법률기속으로 가능하였다. 즉 의회의 형식적 다수결에 의한 법률은 정의에 반하더라도 정부는 집행해야 하고 법원은 재판의 기초로 삼았던 것이다. 이는 봉건제 신분사회에서 국왕에 대한 상인층의 경제적 자유를 확보하기 위하여 그들의 이익만을 대변한 의회입법에 의한 자유주의 법치국가였다. 라살레(F. Lassale)는 야경국가라 명명하였다. 자유만능의 야경국가에서는 경제적 약자나 정치적 소수자들에 대한 국가의 보호는 불가능하였다.

귀족과 성직자들의 신분적 특권에 대항하기 위한 수단으로 형식적인 법 앞의 평등은 빈익빈 부익부의 사회적 불평등을 정당화할 수밖에 없는 한계에 봉착하였던 것이다. 이에 법치국가의 실질적 보장을 추구하는 현대적 해석론이 등장하였다.[41]

3. 비교

독일의 '법치국가원리'와 영국의 '법의 지배'의 원리는 동일하지 않다. 그 본질적인 차이점은 앵글로 색슨족의 법적 사고는 고정된 법의 내용보다는 '절차에 중점'을 두고 있는 점이다. 이에 반해 독일의 법치국가는 국가의 구조 원리로 개발되어

---

40) 장영철, 『국가조직론』, 97면.
41) 장영철, 『국가조직론』, 98면.

국가의 법 기속을 강조한다.[42] 결국 영국의 '법의 지배'의 원리는 실질적 법치국가보다는 적법 절차와 법관법형성에 있어서 '법 앞의 평등'을 강조하는 점에서는 '형식적' 법치국가에 가깝다. 이에 반해 현대독일의 법치국가는 국가의 실질적 법 기속(헌법기속)을 강조하여 '실질적' 법치국가를 추구한다.

주지하듯이 영국은 이미 근대의 의회주권에 의한 입헌주의전통을 확립하였다. 이러한 점에서 보면 법의 내용보다는 입법의 절차적 정당성을 더 중시하는 대화(절차)민주주의에 의한 법치국가, 즉 '실질적인' 법치국가로 분류할 수도 있다.[43]

Ⅲ. 법치국가원리의 구체적 내용

1. 형식적 법치국가

(1) 자유주의 법치국가

형식적 법치국가는 영국의 법의 지배원리와 달리 국가권력행사의 방식으로 법의 형식만을 강조한다. 이는 19세기 초 독일에서 법치국가를 자유주의국가와 동일시한 것에서 유래한다. 당시 독일은 법치국가를 국왕의 전제 내지 자의적 통치에 대한 상반된 개념으로 이해하여 재산권, 법 앞의 평등, 계약자유와 같은 자유권보장을 핵심으로 파악하였다. 국가는 일반·추상적인 법률형식에만 기속되면 시민은 사적 영역에서 국가권력행사의 예측가능성을 보장받아 자신의 인격적 성숙과 경제적 향상을 도모할 수 있다고 본 것이다. 결국 독일에서 법치국가는 형식적 법치국가원리인 법치행정원리로 변질되었다. 이는 입법, 행정, 사법권의 고전적인 권력분립원칙에 따라 국가기관의 법률기속으로 가능하였다. 의회의 형식적 다수결에 의한 법률은 정의에 반하더라도 정부는 집행해야 하고 법원은 재판의 기초로 삼았던 것이다.[44] 형식적 법치국가는 봉건제 신분사회에서 국왕에 대한 상인층의 경제적 자유를 확보하기 위하여 그들의 이익만을 대변한 의회입법만능의 자유주의 법치국가를 의미한다. 하지만 오늘날에도 형식적 법치국가는 법치행정의 원리와 민·형사,

---

42) 한편 프랑스에서는 법치국가란 개념을 공식적으로 사용하지 않는다. 하지만 법치국가의 개별적 요소는 프랑스헌법에서도 찾아볼 수 있다. 이는 프랑스 대혁명에서 주장한 인간과 시민의 권리선언의 제 규정이 유럽전역에 전파된 것에서도 입증된다.

43) Ph. Mastronardi, Verfassungslehre, S. 287.

44) 장영철, 『국가조직론』, 98면.

행정, 사회 등 일반재판에서 법률국가현상이 실무관행으로 나타나고 있다.

(2) 합법성원칙(법치행정의 원칙)

행정의 법에의 기속을 의미하는 합법성원칙은 다음과 같은 구체적 내용으로 구성되어 있다. 우선 법률의 우위로서 실정법에 기속은 자명하다. 즉 법은 행정에 우월하며, 행정은 실정법에 위반하여서는 안 된다. 둘째, 법률유보로 행정권의 발동에는 법령에 근거가 있어야 하는 것으로 현실적으로 중요하다. 국민생활에 중요한 영향을 미치는 경우에는 형식적 법률에 근거하여야 한다(행정기본법 제8조). 이는 행정의 중요사항이 법률유보로 예컨대, 기본권을 제약하는 침해행정(헌법 제37조 제2항)이나 급부행정의 경우에도 법률유보에 의하여야 한다. 사인이 행정권발동을 예측하기 위해서는 법률은 명확해야 한다. 행정입법에의 위임은 구체적으로 범위를 한정하여야 할 수 있다(헌법 제75조, 제95조). 하지만 자격이나 신분 등을 취득 또는 부여할 수 없거나 인가, 허가, 지정, 승인, 영업등록, 신고 수리 등을 필요로 하는 영업 또는 사업 등을 할 수 없는 사유는 위임할 수 없는 의회유보사항이다(행정기본법 제16조 제1항).

2. 실질적 법치국가

(1) 헌법우위의 법치국가

실질적 법치국가는 국가권력행사의 방식으로 법의 형식뿐만 아니라 내용을 중시한다. 형식적 법치국가는 부당한 법률과 자의적인 정부의 자의적인 권력행사에 대항할 수 없기 때문이다. 이러한 점에서 실질적 법치국가는 영국의 법의 지배원리가 법의 우위와 절차를 강조하여 보통법의 전통을 확립한 것과 유사하다. 따라서 영국과 같은 전통이 없는 실질적 법치국가는 입법자를 구속하기 위해서 국가의 기본원리와 기본권을 법률보다 상위규범에 규정할 필요가 있다. 이는 일반 법률에 대한 헌법의 우위와 이를 관철하기 위한 헌법재판제도를 마련하게 된다.[45]

---

45) Ph. Mastronardi, Verfassungslehre, S. 281; 장영철, 『국가조직론』, 99면.

(2) 구체적 내용

(가) 기본권과 권력분립원칙

기본권과 권력분립은 헌법국가의 핵심원칙이다. 인간과 시민의 권리선언 제16 조에서도 이를 천명하고 있다. 권력분립원칙은 행정부에 의한 기본권침해에 대하여 법적 보장을 내용으로 한다.

입법부는 행정을 법에 기속시킨다. 법의 일반·추상적 성격으로 인하여 동일한 사안에 해당되는 모든 사람의 법적 평등을 보장한다. 법은 모든 사람에게 평등한 자유를 보장하는 수단이다. 루소는 이를 일반의지라 하였다.[46] 사법부는 합법성원 칙을 관철시키는 기능을 한다. 개인의 재판청구를 전제로 행정과 집행의 형식적· 실질적 법치국가원리의 준수여부를 통제한다. 즉 사법권은 국가권력에 대한 사적자 치를 보호하는 기능을 수행한다.

이러한 점에서 법치국가의 요소로서 권력분립은 행정권을 제한하여 자유와 평 등을 실현한다. 국회와 법원은 행정부와 달리 권력행사기관이라기보다는 교정기관 이라 할 수 있다. 국가권력은 행정부에 집중되어 있다. 따라서 절대군주국가에서 군주의 절대 권력에 대항하기 위해 시민혁명을 일으키고 자유를 보장하기 위해 권 력분립원칙을 주장한 것이다.

기본권은 실질적 법치국가의 핵심요소다. 이는 특히 개인의 인격발현을 보호 하는 헌법상 권리를 말한다.[47]

(나) 절차권과 권리보호

절차권은 법치국가를 실현하는 중요한 수단이다. 법치국가는 국가권력에 의한 실체적 권리를 전보할 수 있는 절차권을 보장한다. 절차권은 바로 기본권의 수신인 이자 고권행사의 주체인 국가와 기본권침해주장자 간의 대화민주주의의 반영이다. 공정한 재판절차에서 진행된 심리와 판결에 기판력을 부여한다. 행정기관은 우월적 지위에 불구하고 처분의 이유를 제시하여야 하고(행정절차법 제23조 제1항) 당사자에 게는 법적 청문권(행정절차법 제2조 제5호)을 보장한다. 행정판결은 상급기관과 법원 을 구속한다. 따라서 절차권은 행정기관의 권한을 상대화하고 사인에 대한 행정권

---

46) 심재우, 『저항권』, 71면.
47) Ph. Mastronardi, Verfassungslehre, S. 282.

행사의 합리성을 보장한다.

법치국가의 요소로 권리보호는 행정청의 침익적 처분에 대한 사인의 권리보장을 의미한다. 이는 특히 행정재판과 헌법재판으로 보호된다. 개인은 행정처분의 위헌위법성을 일반법원에 주장하며 재판하여 줄 것을 요구할 수 있다. 이는 권력분립원칙에 내재된 정치권력으로부터 사법권독립을 전제로 한다.

(다) 법치국가의 기본원리

실질적 법치국가원리는 합법성원리에 의한 국가권력행사의 수단과 절차를 내용적으로 제한하고 목적을 설정하는 기능을 한다. 그 요소인 국가의 기본원리와 기본권이 이러한 기능을 한다. 기본권은 제2편에서 다루므로 여기서는 전자에 대해서만 설명한다.

첫째, 법치국가원리에 의하여 국가기관은 공법전반에 기속되고 모든 법익을 존중하여 근본적 결단을 내릴 의무(헌법 제10조 제2문)를 부담한다.

둘째, 국가권력행사의 목적은 공익을 지향하여 국가안전보장, 질서유지, 공공복리(헌법 제37조 제2항)에 봉사하여야 한다.

셋째, 국가권력은 보충성원칙에 의하여 사회적 권력이 스스로 해결할 수 없을 경우에만 개입하여야 한다(사회국가의 보충성원칙).

넷째, 비례성원칙은 국가권력행사의 목적과 수단의 비례성을 의미하는 것으로 적합성, 필요성, 균형성을 그 요소로 한다.

다섯째, 신뢰보호의 원칙에 의하여 국가기관은 사인과 마찬가지로 거래관계에서 있어서 상호 충성스러운 행동을 하여야 한다. 즉 상대방의 신뢰를 침해하거나 모순된 행태(행정규칙, 판례 등 비법규에 자기기속원리[48])나 자신의 확언에 대해 책임을 질 줄 알아야 한다.[49]

3. 형식적 법치국가와 실질적 법치국가의 상호관계

형식적 법치국가와 실질적 법치국가는 별개의 분리된 원칙이 아니라 상호 보완관계에 있는 법치국가원칙의 구성요소다. 민·형사, 행정 등 일반재판절차는 실

---

48) 장영철, 『기본권론』, 143면.
49) Ph. Mastronardi, Verfassungslehre, S. 283.

질적 법치국가원리가 절차에서 기능하는 경우에 더욱 유용하게 되고, 실질적 법치국가의 전제인 기본권과 국가의 기본원리(민주주의, 사회국가, 문화국가 등)는 형식적인 재판절차 없이는 효력을 거의 발현할 수 없다.[50]

IV. 법치국가와 민주주의원리의 관계

1. 상호 독자적인 이론적 발전의 역사

법치국가와 민주주의는 상호 보완관계에 있다. 하지만 국가의 기본원리로서 민주주의는 고대에, 법치국가는 근대에 각각 독자적으로 이론적 발전을 하였다. 세계사에서 보면 법치국가 아닌 민주국가, 민주국가 아닌 법치국가도 있었다.

고대 그리스 폴리스는 직접민주주의를 실시하였지만 법치국가는 아니다. 권력분립의 원시형태인 혼합헌법을 알았지만 권력분립도 합법성원리도 시행되지는 않았다. 성인남성에 한하여 민회에 참석가능한 시민권을 부여하였지만 노예제도를 인정하여 기본권을 침해하였다. 현대의 법치국가의 기준에서 그리스 민주주의는 법치국가는 아니다.

이와 달리 근대에는 민주국가 아닌 법치국가도 있었다. 19세기 유럽에서 관례적인 입헌군주시대의 법치국가는 군주로부터 자유로운 사적영역을 보호하는 개념으로 이해하였기 때문이다. 국가와 사회가 구별된 자유주의 법치국가였다. 이러한 맥락에서 권력분립원칙이 법치국가의 핵심으로 주장되었다. 즉 입법과 사법의 분리로 군주권력을 제한하여 시민의 자유를 반사적으로 보호하기 위한 것이다. 시민조직으로 의회는 군주에 대한 집단적 자유(공적자유)를 위해 조세입법권을 행사하였고, 법원은 개인의 자유(사적자유)를 보호하였다.

하지만 기본권과 국가권력에 시민의 참여권을 보장되어 있지 않은 형식적 법치국가에서 의회와 법원은 민주적인 제도로 운영하지 않았기에 사적자치와 공적자치가 일치하지는 못했다. 오늘날에는 법치국가와 민주주의는 상호 갈등관계에 있지는 않다.[51]

---

50) Ph. Mastronardi, Verfassungslehre, S. 281.
51) Ph. Mastronardi, Verfassungslehre, S. 288.

2. 긴장관계

하지만 여전히 법치국가와 민주주의는 긴장관계에 있다. 법치국가는 민주주의에 한계를 설정하여 제한한다. 국민은 법치국가의 테두리 내에서만 권력을 행사할 수 있는 것이다. 헌법은 민주적 결단을 형식적 법치국가와 실질적 법치국가원리에 기속시킨다. 예컨대, 법령의 범위에서 조례제정, 대통령의 법률안거부권이나 헌법재판소의 위헌법률심판에 의한 입법권에 대한 통제를 들 수 있다.

이와 반대로 민주주의가 법치국가원리를 제한하기도 한다. 법치국가의 실질적 내용과 국가조직은 민주적 방식으로 수정될 수 있다. 예컨대, 헌법제정자는 헌법재판제도를 축소 또는 확장하거나 국가기관의 권한변경, 사형제폐지나 근로3권의 확대 등 기본권신설이나 폐지를 할 수 있다.

3. 보완관계

민주주의의 다수결원칙을 다수의 전제를 의미하는 절대규칙으로 이해하는 경우에는 법치국가와 민주주의가 양립할 수 없다. 하지만 민주주의는 단순히 다수결원칙뿐만 아니라 공동체의 구성원으로서 인간의 존엄 및 가치와 개인의 자유도 보호한다.

다수결원칙은 참가자의 절대적 평등을 전제로 한다. 이는 정치적 결정에 가능한 많은 참여자가 자기결정권을 행사하여 다수결에 정당성을 부여하기 위한 것이다. 자기결정권은 실질적 법치국가원리의 요소인 사회적 형평 내지 정의에 근거한 것으로 다수의 횡포로부터 소수보호의 수단이다. 다수결원칙은 이러한 자기결정권의 집단적 행사를 의미한다.

민주주의는 자기결정권의 집단적 형성(공적자치)을 목표로 하는 반면에 법치국가는 자기결정권의 개인적 행사(사적자치)를 보호한다. 법치국가와 민주주의는 인간의 존엄 및 가치를 보장하기 위한 목적으로 각각 고대와 근대에 독자적인 이론적 발전을 하였다.[52] 그리고 현대에 상호접점을 찾아 실용적 발전을 도모하였다. 양 원리의 이념적 기초는 동일하지만 상호 긴장관계에 있기 때문에 실천적 조화를 추구할 필요가 있는 것이다.

---

52) Ph. Mastronardi, Verfassungslehre, S. 289.

법치국가와 민주주의는 민주적 헌법국가에서 윤리적 목표를 지향하고 있다. 법치국가는 정의(기본권, 적법절차, 권리보호), 민주주의는 복지(공공복리와 공익)를 지향한다.[53]

4. 우리의 경우

우리 헌법은 민주주의보다는 법치국가에 비중을 두고 있다. 하지만 법치주의의 요소인 권력분립양상을 보면 국회의 행정부에 대한 불신임의결권도 행정부의 국회해산권도, 절대군주와 유사하게 대통령의 정치적 책임도 없다. 형식적 다수결에 의한 법치주의로 기본권침해의 위험성이 높은 것이다. 헌법재판소에 추상적 규범통제와 재판소원제도를 마련할 필요가 있는 것이다.

제 3 절 급부국가원리: 사회국가, 문화국가, 환경국가, 자연국가

Ⅰ. 국가의 과제로서 공공복리

1. 급부국가의 개념

국가의 과제는 공공복리를 실현하는 것이다. 공공복리를 추구하는 국가를 급부국가라 한다. 급부국가원리는 사회가 자체적으로 제공할 수 없는 급부 중에서 정책적 판단에 의하여 국가가 보충적으로 급부를 책임지는 분배원리를 말한다. 이러한 급부국가의 유형에는 사회국가, 문화국가, 환경국가 등이 속한다.[54]

민주주의와 법치국가원리는 국가의 과제와 상관없이 모든 헌법국가의 핵심원리다. 근대의 야경국가, 현대의 사회정의를 실현하는 사회국가와 공사협력의 보장국가에도 모두 적용되는 공통원리다.

그 밖의 국가의 과제는 공공복리실현을 목표로 하지만 시대와 국가에 따라 달리 나타날 수 있다. 우리 헌법은 독일과 달리 사회국가나 환경국가원리를 국가목표

---

53) Ph. Mastronardi, Verfassungslehre, S. 290.
54) Ph. Mastronardi, Verfassungslehre, S. 293.

로 하지 않는 대신 기본권으로 실현한다. 현실적인 이행가능성을 전제로 하는 점에서 규정형식에 따라 효력은 차이가 없다. 다만 기본(급부)권 형식으로 규정한 우리는 헌법소원의 남발과 함께 헌법재판소가 초입법자로 기능할 위험성이 있는 것이다.

현대사회는 국가에 대해 사회형성의 과제를 원칙적으로 부여한다. 현대국가는 자유질서뿐만 아니라 사회적 약자에 대한 보호의무도 이행하여야 한다. 따라서 국가는 사회현실을 능동적으로 파악하여 사회생활의 기초를 마련하여야 한다.

급부국가의 과제는 다음과 같다. 사회국가의 의무로서 ① 사회적 형평을 고려한 구호와 배려(사회보험, 공공부조), 공역무제공의무로서 ② 사회발전의 근간이 되는 사회간접시설제공(도로, 수도, 발전소, 공간계획 등), ③ 시민생활에 필요한 시설마련(건강정책에 따른 병원, 교육정책에 따른 학교건설 등), ④ 정보와 소통수단(우체국, 전화, 라디오, 텔레비전 등), 종합적인 국가책임으로서 ⑤ 공적영역에서 공동생활에 필요한 문화제도(학문, 예술, 철학 등), ⑥ 현대사회와 자연 및 미래세대의 관계에 대한 조정(환경보호, 농·어업 정책 등)을 들 수 있다.

급부국가는 교육과 직업훈련시설마련, 환자와 노인보호, 청소년보호, 소비자보호, 에너지공급, 물과 생필품보호와 공급, 소통수단으로 대중매체시설 등 시민의 정신적·심리적·문화적 배려를 하여야 한다. 아울러 세부적으로 경제국가의 과제로 분류되는 완전고용, 경제위기예방, 중소기업의 보호육성, 화폐구매력유지도 광의의 급부국가의 과제에 속한다.[55]

급부국가의 개념은 살펴본 바와 같이 기술적 내용으로 구성되어 있다. 즉 개인과 사회가 시대에 적합한 생활여건을 자기책임으로 형성할 수 없는 경우에 보충적으로 개입하여 기초를 마련하여 주는 국가를 말한다. 이에 반해 급부국가원리란 법적 개념으로 급부국가의 공익실현을 목표로 하는 헌법적 권한과 운영원리로서 현대사회에서 인간의 생존보장과 인격발현을 위한 중요한 전제조건을 마련할 책임을 부담하는 국가원리를 말한다. 이와 같은 급부국가원리의 핵심요소는 공공복리, 급부행정, 효과지향성이다.

---

55) Ph. Mastronardi, Verfassungslehre, S. 295.

2. 공공복리

(1) 개념

급부국가는 고대 로마공화국에서 추구했던 공공복리를 추구하는 국가를 말한다. 자유, 평화, 정의를 목표로 공동생활을 추구하는 인간이 국가를 건설하여 주권을 위임하고 자신의 과제를 부여한 이유와 그리고 현대사회가 국가에 대하여 기대하는 것에 대하여 해결할 필요가 있다. 정치철학에서 공공복리란 정치공동체의 공익, 일반이익, 일반복지와 동의어로 개별이익, 사익, 특수이익과는 반대개념이다.

공화주의자 루소는 평등한 자유로서 '일반의지(volonté générale)'는 객관적으로 확인할 수 있는 총체적 이익(즉, 공익)으로 나타난다고 한다. 이는 권력분립원칙과 같은 정치제도와 민주적인 의사형성과정을 거쳐 실현될 수 있다고 한다. 따라서 공공복리는 사회에 이미 객관적 사실로 이미 존재하여 민주적 절차를 거쳐 발견하여야 한다고 본다. 루소의 의미에서 일반의지란 공공복리를 목표로 하는 '가정적인 국민의사'를 말한다. 이에 반해 전체의지(volonté de tous)는 개인 또는 개별그룹의 사익의 단순총합인 '현실적인 국민의사'로서 구별된다.[56]

이는 대의민주주의에서 국회의원의 자유위임의 원리와 정당의 기속원리의 충돌의 경우에 '가정적인 국민의사'와 '현실적인 국민의사' 즉 공익과 사익의 충돌을 해결해야 하는 현실적인 문제가 되고 있다. 국회의원의 국가기관과 정당원으로서 이중적 지위를 고려하여 판단해야 할 것이다. 원칙적으로는 헌법(제46조 제2항)상 국회의원의 자유위임의 원리가 보장되므로 '가정적인 국민의사'가 우선되어야 한다.

(2) 급부국가의 핵심요소로 공공복리의 기능

공공복리는 국가의 사회질서형성의 목표다. 이는 공중의 수요에 부응할 수 있는 공익이란 규범적 개념으로 구체화된다. 예컨대, 감염병예방과 치료는 공중보건을 위한 급부국가의 의무다. 이러한 법익보호를 위해 생명과 신체의 자유를 제한하는 강제접종은 정당화된다.

공익은 국가안보, 문화, 환경 등의 사회·정책적 이익을 말한다. 따라서 법적인 의미에서 공익으로 인정되기 위해서는 민주적인 절차를 거쳐야 한다. 하지만 공익

---

56) Ph. Mastronardi, Verfassungslehre, S. 294.

은 시대와 장소에 따라 변할 수 있는 상대적 개념이다. 그 두 가지 이유는 다음과 같다. 우선, 특정시간에 의회를 구성하는 그때그때의 다수가 공익을 결정하며, 다음으로 기술과 사회발전으로 새로운 공익, 예컨대 환경보호, 공간계획 등이 창출되기 때문이다.[57)]

헌법 원리로서 공익은 국가권력을 구속한다. 입법권은 공익을 일반·추상적 입법으로 구체화한다. 입법내용은 변할 수 있지만 공익추구의 입법목적은 헌법에 구속된다. 행정과 사법권은 구체적 사건에 적용되는 법의 해석·적용에 있어서 공익을 존중하여야 한다. 헌법재판에 있어서 기본권제한입법의 실질적 정당성판단에 공익은 매우 중요하다.

3. 급부행정

법치국가는 사인에 대한 침해행정의 방어수단으로 기능하지만 급부국가는 급부행정으로 실현된다. 급부행정은 기술적 개념이다. 공역무(수도, 전기, 가스, 도로 등)는 보편적인 공급을 원칙으로 한다. 왜냐하면 공적 급부는 경제적 부담능력이 없더라도 최소한의 생존보호를 위해 필수적인 것이기 때문이다. 사회국가의 과제는 자기책임을 원칙으로 하여 연대성과 보충성원리에 의하여 수행한다.[58)]

4. 효과지향성

민주주의와 법치국가는 국가권력의 기본권보호의무에 따라 절차적 정당성에 중점을 둔다. 이와 반면에 급부국가는 의사결정과정이 아니라 급부실현(즉 output, 산출)에 중점을 둔다. 급부국가는 이행조치의 사실적인 효과를 목표로 하여 경제성장과 밀접한 국가의 재정상황을 고려하여야 한다. 민주주의와 법치국가가 기본권보호의무(헌법 제10조 제2문, 의무윤리)를 이행해야 한다면 급부국가는 공리주의(유용성윤리)를 추구해야 한다.

이러한 점에서 급부국가원리는 국가의 기본원리로 일반화할 수 있다. 왜냐하면 국가권력은 공익목적을 위해 행사해야 하고 공익실현의 과제를 수행해야하기 때문이다. 즉 급부국가원리의 효력범위는 급부행정에만 국한되지 않는다. 법치국가

---

57) Ph. Mastronardi, Verfassungslehre, S. 297.
58) Ph. Mastronardi, Verfassungslehre, S. 298.

(사법권이나 고전적인 경찰법익보호)와 사회형성의 책임에 의하여 민주적 과정에 의한 입법도 공역무로서 급부국가원리에 의한 것으로 볼 수 있기 때문이다.[59]

Ⅱ. 급부국가의 공역무공급의무

1. 급부국가의 의무

현대의 사회와 경제는 스스로 공급할 수 없거나 정당한 배분을 할 수 없는 공역무(예, 물, 전기, 철도, 도로, 우편, 통신 등)를 국가에 의존한다. 국가는 사회와 경제의 기능을 위해서 필수적인 공적 재화를 공급하여야 한다. 개인도 인격발현을 위해서 이러한 재화를 필요로 한다. 따라서 공역무는 모든 사람에게 공평하게 제공되어야 한다. 공역무는 시민에게 필수적인 사회간접자본이자 개인에게는 기본권행사의 사실적인 전제조건을 보장한다. 즉 사회적으로 개인적으로도 필수적인 것이다.[60]

2. 공역무공급 원칙

공역무공급은 기본공급원칙과 수익자부담원칙을 준수하여야 한다.

(1) 기본공급원칙

기본공급원칙이란 모든 국민에게 필요한 최소한의 공역무를 제공하여야 한다는 것이다. 이는 평등권에 근거한 것이다. 경제성 없는 역무도 동일하게 편익에 제공하여야 한다. 예컨대, 우편시설은 모든 주민이 접근 가능하도록 도서지역에도 마련하여야 한다. 이러한 기본공급원칙은 법정되어 있다. 예컨대, 우편법 제14조(보편적 우편역무의 제공) 제1항은 "과학기술정보통신부장관은 전국에 걸쳐 효율적인 우편송달에 관한 체계적인 조직을 갖추어 모든 국민이 공평하게 적정한 요금으로 우편물을 보내고 받을 수 있는 기본적인 우편역무를 제공하여야 한다."고 규정하고 있다.

---

59) Ph. Mastronardi, Verfassungslehre, S. 299.
60) Ph. Mastronardi, Verfassungslehre, S. 302.

(2) 수익자부담원칙

수익자부담원칙이란 공역무는 유상으로 제공한다는 것이다. 수익자는 편익에 따라 역무를 구입하여야 한다. 공역무는 시장경제원리에 따른다. 예컨대, 빠른 등기우편은 일반우편에 비하여 비싼 비용을 지불하여야 한다.

국가는 공역무를 제공하여야 하지만 그 의무를 전적으로 이행할 필요는 없다. 사인과 공역무제공계약을 체결하여 기본공급의무를 이행하게 할 수 있다. 공역무제공과 관련하여 소위 민영화 내지 국가화가 자주 이루어진다. 국가는 이행책임을 사인에게 전가하는 대신 헌법원리를 준수하도록 보장책임을 진다. 소위 보장국가현상이다.[61]

Ⅲ. 사회국가원리

1. 사회국가의 탄생

19세기 자유주의 법치국가에서 시민에 대한 사회적 의무를 지는 사회국가로의 변화는 소위 '사회문제'와 관련되어 있다. 경제의 급속한 공업화로 인해 부익부 빈익빈현상이 가속화되어 노동자의 삶은 더욱 피폐해져 갔다. 야경국가의 목표는 경제적 자유와 사유재산권보장에 있었을 뿐이어서 개인의 사회적 형평과 최소한의 생존보장은 외면하였던 것이다. 이와 같은 자유 시장경제질서로 인해 산업국가의 노동자들은 조합을 결성하여 생존보장과 정당한 이익분배를 요구하였다. 정치적 요구에 부응하기 위하여 비스마르크는 최초로 1881년에 사회보장법을 제정하여 독일제국에서 노동자의 열악한 생활수준을 향상시켜 '사회적 평화'에 기여하고자 하였다. 하지만 시민의 사회보장에 관한 법규범은 이미 1793년의 프랑스 헌법 제24조에서도 찾아볼 수 있는 것으로 완전히 새로운 것은 아니었다.

그러나 노동자들의 사회보장요구는 19세기를 지배했던 자유주의 국가에서는 받아들일 수 없는 것이었다. 사회적 불평등을 완화하기 위한 국가적 조치는 자유주의이론의 후퇴로 파악하였던 것이다. 따라서 비스마르크의 사회보장법에 대한 다른 국가들의 입장은 매우 신중하였다. 제1차 세계대전 이후 비로소 사회보장제도는 한

---

61) Ph. Mastronardi, Verfassungslehre, S. 303. 국내문헌으로 박재윤, 『독일공법상 국가임무론과 보장국가론』, 경인문화사, 2018.

층 확대되었다. 유럽에서는 무엇보다 전쟁의 불행, 민주주의의 시대정신과 함께 군주제붕괴로 새로운 사회의식이 생겨나게 된 데 기인한다. 선거에 비례대표제의 도입으로 노동자들의 정치적 영향력은 훨씬 강해져 그들의 주장을 관철할 수 있게 되었다. 특히 미국에서는 1929년부터 1935년까지의 대공황으로 인해 1935년에 사회보장법(Social Security Act)을 제정하는 계기가 마련되었다. 제2차 세계대전 이후에는 비록 정도의 차이는 있어도 모든 서방국가에서 사회국가이념을 수용하였다. 1949년 제정된 서독기본법은 사회국가원리를 헌법개정의 한계로까지 명문화(제79조 제3항)하였다.

국제적 차원에서도 각국에서 최소한의 사회보장수준을 보장하기 위한 노력을 촉구하는 규약들을 제정하였다. 예컨대, 1966년의 국제연합의 경제, 사회, 문화적 규약(A규약), 1961년의 유럽 사회권규약, 국제노동기구(ILO)의 규약들이 그것이다.[62]

2. 사회국가의 목표

현대국가는 사회적 약자에 대한 책임을 진다. 사회보장기본법 제2조에서도 사회보장의 기본이념을 다음과 같이 규정하고 있다. "사회보장은 모든 국민이 다양한 사회적 위험으로부터 벗어나 행복하고 인간다운 생활을 향유할 수 있도록 자립을 지원하며, 사회참여, 자아실현에 필요한 제도와 여건을 조성하여 사회통합과 행복한 복지사회를 실현하는 것을 기본이념으로 한다."

사회국가는 사회정의실현을 위해 다음과 같은 목표를 수행한다.

(1) 사회적 안전이란 스스로 위험을 감당할 수 없는 신체장애인, 질병·노령 등 기타사유로 인한 생활무능력자에 대한 공공부조를 말한다(헌법 제34조 제5항).

(2) 사회정의란 불공정한 사회적 차이를 시정하기 위한 것을 말한다. 예컨대, 누진세, 노인연금 등이다.

(3) 인간다운 생활을 할 권리란 인격발현을 위한 최소한의 인간다운 생활도 할 수 없는 경우로 생존보호(헌법 제34조 제1항)를 하는 것을 말한다. 이는 사회권의 이념적 기초이자 구체적 기본권으로 기능한다.

(4) 사회적 형평이란 상기의 사회적 안전, 사회정의 그리고 인간다운 생활을

---

62) 장영철, 『국가조직론』, 101, 102면.

할 권리를 모든 사람에게 공평하게 보장하는 것을 말한다.[63] 예컨대, 건강보험, 국민연금 등 사회보장수급권은 모든 사람에게 동일한 원칙에 의하여 보장되어야 한다(헌법 제34조 제2항). 이는 사회적 안전, 사회정의 그리고 인간다운 생활을 할 권리의 요구사항이다.

3. 사회국가의 핵심요소

사회국가의 핵심요소에는 자기책임원리, 연대성과 보충성원리를 말한다.

(1) 자기책임원리

자기책임원리는 자유로운 인격발현권(자유측면)에 대응하는 것으로 최선을 다해 자신의 생계와 복리를 책임져야 한다(책임측면).

(2) 연대성원리

연대성원리란 공적영역에서 공동생활을 영위하기 위해서는 사회구성원 모두 상호간 책임을 부담해야 한다는 것이다. 여기서 상호간 책임이란 소규모공동체, 예컨대, 가정, 친구관계, 동호회 등에서의 연대와는 차원이 다르다. 공적연대를 이루기 위해서는 국가의 개입이 필요하다. 연대성원칙은 사회적 형평을 이루기 위한 공적부담의 공평분배다. 부자에게 더 많은 과세를 하는 부자증세가 그 예다.

(3) 보충성원리

보충성원리란 사인이 감당할 수 없는 과제를 국가와 사회가 수행하는 것을 말한다. 이는 공공복리실현을 목적으로 하여 개인, 사적연대, 국가의 역할을 단계별로 설명하면 다음과 같다; 개인이 스스로 할 수 있는 것은 공동체가 수행하지 않는다. 개인이 감당할 수 없는 것은 가능성에 따라 사적연대가 수행한다. 개인도 사적연대도 할 수 없는 것을 국가가 수행한다.

또한 보충성원리에 따라 사회부조, 사회보험, 개인보험의 관계를 설명하면 다음과 같다. 개인보험은 자기책임원칙에 따른 것으로 가장 확실한 위험대비수단이다. 사회보험은 피보험자의 보험금납부에 의한 보험원리와 연대성원리 내지 배분의 원리에 의한다. 일반적으로 양 원리를 혼용한다. 우리는 국내총생산의 약 30%~

---

63) Ph. Mastronardi, Verfassungslehre, S. 300.

35%를 사회복지분야에 지출한다.

사회부조는 사회적 안전과 형평을 도모하기 위한 것이다. 사회적 안전이란 감당할 수 없는 위험에 대한 보조로 의료보험, 재해보험, 연금보험, 실업보험 등을 말한다. 사회적 형평이란 시장의 균형을 목적으로 근로자, 소비자, 임차인 등의 보호, 주택건설, 장학금제도, 여성과 장애인차별금지 등을 말한다.[64]

4. 사회국가와 법치국가의 관계

사회국가의 목표는 사회적 정의, 형평, 안전이다. 이러한 목표를 규범적으로 추구하는 사회국가원리는 확정된 규칙(Regel)이 아니라 형성되어야 하는 원칙(Prinzip)이다.[65] 사회국가는 급부국가로서 현실적으로 효과가 나타나야 한다. 이는 국가의 경제성장과 관련된 재정상황에 의하여 결정한다. 국가의 재정은 조세에 의존하기 때문에 사회국가는 또한 조세국가다. 조세는 조세정의를 고려하여 법률에 의하여 부과되어야 한다. 따라서 사회국가는 민주적인 정치적 대화를 거친 법적 합의에서만 가능하다. 사회국가와 법치국가는 내적으로 연결되어 있다.[66]

5. 사회국가의 규범적 내용

사회국가는 재정상황에 의존하는 역동적 성격으로 인하여 헌법차원에서는 개방된 원칙으로 규정하고 법률차원에서 구체화하는 것이 일반적이다. 예컨대, 독일(제20조와 제28조)과 스위스(제41조)는 사회국가원칙으로 헌법상 규정하고 있다.

이와 비교하여 우리는 사회권의 기본권형식으로 규정하고 있다. 하지만 국가목표로 규정하든 기본권형식으로 규정하든 효과를 목표를 하는 사회국가의 특성상 실제적인 차이는 없다. 민주적 법치국가에서의 사회권은 재정상황에 종속적이기 때문이다. 우리 헌법재판소도 다수의 선례[67]에서, 사회권과 관련된 입법을 하는 경우에는 국가의 재정부담능력, 전체적인 사회보장수준과 국민감정 등 사회정책적인 고려, 제도의 장기적인 지속을 전제로 하는 데서 오는 제도의 비탄력성과 같은 사회

---

64) Ph. Mastronardi, Verfassungslehre, S. 300. 301.
65) 규칙과 원칙에 관하여는 장영철, 『기본권론』, 14면 이하.
66) 장영철, 『국가조직론』, 103면.
67) 헌재결 1995. 7. 21. 93헌가14, 판례집 7-2, 1, 20-21; 1999. 12. 23. 98헌바33, 판례집 11-2, 732, 758; 2000. 6. 1. 98헌마216, 판례집 12-1, 622, 640-641; 2015. 6. 25. 2013헌마128, 판례집 27-1하, 553(562).

보장제도의 특성 등 여러 가지 요소를 감안하여야 하므로 입법자에게 광범위한 형성의 자유가 인정되고, 따라서 헌법상의 사회보장권은 그에 관한 수급요건, 수급자의 범위, 수급액 등 구체적인 사항이 법률에 규정됨으로써 비로소 구체적인 법적 권리로 형성된다고 보아야 한다고 판시하고 있다.

Ⅳ. 문화국가원리

1. 국가의 종합적 책임으로서 문화촉진의무

문화국가원리란 국가의 문화촉진의 과제를 말한다. 이는 원칙적으로 미래의 국가와 관련된 공익을 추구하기 위한 종합적 책임에 속한다. 예컨대, 문화촉진, 환경보호, 공간계획 등 개인, 사회, 경제 모두 해결할 수 없는 공역무 제공에 대한 국가의 책임을 말한다.

따라서 국가의 문화촉진의 책임에는 매우 중요한 공익이 내재되어 있다. 하지만 다른 국가과제와 달리 개인적으로 문화의 편익을 직접적으로 실감하기는 어렵다. 단기적으로 문화 역무를 제공하지 않는다 하더라도 그 피해를 인식하는 것은 쉽지 않기 때문이다. 이와 같은 맥락에서 문화촉진조치를 효과적으로 평가하는 것도 어렵다. 문화정책에 대한 합리적 대화와 통제가 곤란하게 되는 이유다.

문화국가는 문화의 종합적 성격에 상응하는 국가의 책임을 의미한다. 따라서 문화국가는 특정전문가에 의해서 기술적으로 달성되는 것이 아니라 국민 모두가 향유할 수 있도록 문화를 촉진하고 장려하여야 한다. 따라서 국가는 개방적인 미래를 형성하여야 하는 종합적 책임의 특성상 다소 불확정적으로 포괄적이고 유연하게 이행할 수 있다.[68]

국가의 종합적 책임원칙이란 공적영역에서 포괄적으로 부담해야 하는 국가의 의무를 말한다. 예컨대, 식당에서 간접흡연, 가정이나 공장에서 온실가스로 인한 오존피해, 자연보호, 개인의 생활수준의 향상을 특별부담금인 문예진흥기금[69]으로 해결할 수 없는 경우 등을 말한다.

종합적 책임이란 공적영역에서의 생활은 가급적 높은 수준을 향유할 수 있도

---

68) Ph. Mastronardi, Verfassungslehre, S. 304.
69) 헌재결 2003. 12. 18. 2002헌가2, 판례집 15-2(하), 380 이하.

록 책임진다는 것이다. 이는 공적영역에서 생활의 질적 향상에 대한 국가의 책임이다. 이는 문화국가, 환경국가, 미래세대를 위한 자연국가의 목표를 말한다. 여기서는 헌법원리로 명문화한 문화국가를 살펴본다. 그리고 환경국가와 자연국가도 환경권규정으로 간접적으로 추구하는 점에서 헌법원리로 설명하기로 한다.

2. 문화국가의 개념

현대국가는 문화국가다. 문화국가는 사회의 문화적 가치를 존중·보호·장려할 과제를 이행해야 하는 국가다. 우리 헌법 제9조에서도 "국가는 전통문화의 계승·발전과 민족문화의 창달에 노력하여야 한다."고 규정하여 국가는 문화의 자율성을 존중하면서 전통문화의 계승·발전과 민족문화가 창달할 수 있는 전제조건을 형성하여야 한다. 즉 문화적 다양성을 보호할 수 있는 방법과 사회통합을 위한 제도를 마련해야 한다. 예컨대, 지역축제, 영화나 연극 등의 문예 진흥, 박람회개최 등이 이에 속한다.

문화적 다양성과 문화의 통합기능을 규범 조화시키는 것은 문화국가의 과제다. 따라서 국가는 모든 문화의 다양성을 인정하고 인격권과 학문과 예술의 자유(헌법 제22조)를 문화로서 보호하는 '개방적인 문화개념'을 견지하여야 한다. 정치적인 표현의 자유를 보호하여 효과적으로 자기결정권을 행사할 수 있도록 '정치문화'를 형성하는 것은 대화민주주의의 관점에서 특히 중요하다.

이를 위해서 국가는 공적영역에서 가치를 공유하며 생활할 수 있도록 시민교육을 하여야 한다. 자유, 평화, 정의의 민주적 헌법국가의 목적달성을 위해서도 시민적 덕성이 발현될 수 있도록 하여야 하기 때문이다. 교육은 사회를 위한 국가의 과제이자 책임이다.

하지만 국가가 사회를 위해 교육해야 한다는 것은 국가와 사회가 일치된 전체국가의 과제로서 세계관을 포함한 획일적 가치로 주입된 시민을 형성하는 것이 아니다. 국가는 공동체생활에서 사회적 책임을 다할 수 있는 시민교육을 해야 한다는 의미다. 즉 시민이 '국가를 헌법의 수호자'로서 신뢰할 수 있도록 한다는 것이다.

시민이 본래 자유를 사랑한다는 것은 착오다. 자기책임을 다하고 타인을 배려하면서 자유롭게 살 수 있는 능력은 '학습'으로 배워야 한다. 국가는 이를 위해 책임을 져야 하는 것이다. 개방된 사회의 시민은 자유문화를 국가책임으로 육성하기를 원한다.[70] 이러한 점에서 우리 헌법은 의무교육과 직업교육 이외에도 평생교육, 시민교육 등 정치교육에 대한 국가의 책임을 부과하고 있다.

3. 문화국가원리에 관한 헌법재판소결정

(1) 문화예술계 블랙리스트의 작성 등과 지원사업 배제 지시에 관한 위헌소원 사건[71]

우리나라는 제헌헌법 이래 문화국가의 원리를 헌법의 기본원리로 채택하고 있다. 문화국가원리는 국가의 문화국가실현에 관한 과제 또는 책임을 통하여 실현되는바, 국가의 문화정책과 밀접 불가분의 관계를 맺고 있다. 과거 국가절대주의사상의 국가관이 지배하던 시대에는 국가의 적극적인 문화간섭정책이 당연한 것으로 여겨졌다. 그러나 오늘날에 와서는 국가가 어떤 문화현상에 대하여도 이를 선호하거나 우대하는 경향을 보이지 않는 불편부당의 원칙이 가장 바람직한 정책으로 평가받고 있다. 오늘날 문화국가에서의 문화정책은 그 초점이 문화 그 자체에 있는 것이 아니라 문화가 생겨날 수 있는 문화풍토를 조성하는 데 두어야 한다(헌재결 2004. 5. 27. 2003헌가1등 참조).

우리 헌법상 문화국가원리는 견해와 사상의 다양성을 그 본질로 하며(헌재결 2000. 4. 27. 98헌가16등 참조), 이를 실현하는 국가의 문화정책은 불편부당의 원칙에 따라야 하는바, 모든 국민은 정치적 견해 등에 관계없이 문화 표현과 활동에서 차별을 받지 않아야 한다. 특히 아직까지 국가지원에의 의존도가 높은 우리나라 문화예술계 환경을 고려할 때, 정부는 문화국가실현에 관한 과제를 수행함에 있어 과거 문화간섭정책에서 벗어나 문화의 다양성, 자율성, 창조성이 조화롭게 실현될 수 있도록 중립성을 지키면서 문화에 대한 지원 및 육성을 하도록 유의하여야 한다. 그럼에도 불구하고 피청구인들이 이러한 중립성을 보장하기 위하여 법률에서 정하고 있는 제도적 장치를 무시하고 정치적 견해를 기준으로 청구인들을 문화예술계 정부지원사업에서 배제되도록 차별취급한 것은 헌법상 문화국가원리와 법률유보원칙에 반하는 자의적인 것으로 정당화될 수 없다.

---

70) Ph. Mastronardi, Verfassungslehre, S. 305.
71) 헌재결 2020. 12. 23. 2017헌마416, 판례집 32-2, 684(704, 705).

(2) 과외교습금지위헌결정[72]

단지 일부 지나친 고액과외교습을 방지하기 위하여 모든 학생으로 하여금 오로지 학원에서만 사적으로 배울 수 있도록 규율한다는 것은 어디에도 그 예를 찾아볼 수 없는 것일 뿐만 아니라 자기결정과 자기책임을 생활의 기본원칙으로 하는 헌법의 인간상이나 개성과 창의성, 다양성을 지향하는 문화국가원리에도 위반되는 것이다.

학원설립운영에 관한 법률 제3조와 같은 형태의 사교육에 대한 규율은, 사적인 교육의 영역에서 부모와 자녀의 기본권에 대한 중대한 침해라는 개인적인 차원을 넘어서 공동체를 문화적으로 빈곤하게 만들며, 국가간의 경쟁에서 살아남기 힘든 오늘날의 무한경쟁시대에서 문화의 빈곤은 곧 사회적·경제적인 후진성으로 이어질 수밖에 없다.

(3) 스크린쿼터제 합헌결정[73]

영화는 민족공동체의 문화적 창작력의 중요한 표현양식일 뿐 아니라 텔레비전, 종합유선방송, 위성방송 등 방송매체가 영화를 기반으로 성장하여 왔으며, 비디오, 컴퓨터게임 등의 관련영상산업분야도 영화를 바탕으로 하여 제작 혹은 촉발되어지는 등 영화는 이 산업분야의 기반이 되는 고부가가치산업이라 할 것이다. 그러나 우리 영화계의 실정을 살피면, 국산영화의 창작기반은 극도로 열악한 반면에 대중적 흥행성이 높은 외국산 영화는 무제한으로 수입되어 일정한 통제가 가하여지지 아니하면 우리의 공연장을 독점할 위험이 지대하여 국산영화의 존립 자체가 극도로 위태로운 지경에 이르고 있음을 충분히 알 수 있다. 따라서 이와 같은 실정을 감안하면, 이 사건 심판대상 규정이 국산영화의무상영제를 두어 직업선택의 자유를 일부 제한하였더라도 위와 같은 공공복리를 위한 목적의 정당성은 인정된다고 할 것이다.

---

72) 헌재결 2000. 4. 27. 98헌가16.
73) 헌재결 1995. 7. 21. 94헌마125.

Ⅴ. 환경국가원리

인간과 환경의 관계는 사적 문제가 아니다. 공적영역의 원칙에 따라 민주적으로 형성되어야 한다. 국가는 환경교육의 과제와 함께 시민행동을 유도해야 한다. 여기서도 공적영역에서 국가의 책임원칙이 중요한 기능을 한다. 환경에 대한 국가책임의 범위로서 환경헌법의 기본원리는 다음과 같다.

1. 사전배려원칙

자연환경에 대한 위해가 발생하기 전에 그 원인을 차단해야 한다. 환경정책기본법 제8조는 이에 관하여 "국가 및 지방자치단체는 환경오염물질 및 환경오염원의 원천적인 감소를 통한 사전 예방적 오염관리에 우선적인 노력을 기울여야 하며, 사업자로 하여금 환경오염을 예방하기 위하여 스스로 노력하도록 촉진하기 위한 시책을 마련하여야 한다."고 규정하고 있다. 헌법재판소[74]도 주택가에서 공직선거 운동차량의 확성기소음으로 인한 쾌적한 주거환경침해를 예방하기 위해서는 "출근 또는 등교 이전 및 퇴근 또는 하교 이후 시간대의 주거지역에서 확성장치의 최고출력 또는 소음을 제한하는 등 사용시간과 사용지역에 따른 수인한도 내에서 확성장치의 최고출력 내지 소음 규제기준에 관한 구체적인 규정을 두어야 할 것이다."고 불완전한 소음규제의 공직선거법조항에 대해 헌법불합치결정을 하였다.

2. 원인자책임원칙

원인자책임원칙이란 환경침해의 원인을 제공한 자는 원상회복 또는 환경보호조치에 필요한 비용을 부담하여야 한다는 것이다. 환경정책기본법 제8조는 이에 관하여 "자기의 행위 또는 사업활동으로 환경오염 또는 환경훼손의 원인을 발생시킨 자는 그 오염·훼손을 방지하고 오염·훼손된 환경을 회복·복원할 책임을 지며, 환경오염 또는 환경훼손으로 인한 피해의 구제에 드는 비용을 부담함을 원칙으로 한다."고 규정하고 있다. 이에 관한 헌법재판소결정[75]으로 예컨대, 먹는 물 관리법 제28조 제1항의 먹는 샘물 수입판매업자에 대한 수질개선부담금 부과의 합헌결정을

---

74) 헌재결 2019. 12. 27. 2018헌마730, 판례집 31-2하, 315(325, 326).
75) 헌재결 2004. 7. 15. 2002헌바42, 판례집 16-2상, 14면 이하.

들 수 있다.

3. 환경친화원칙(지속가능성 원칙)

대형시설물의 건축허가는 환경 부담이 임계수준을 넘지 않는 것이 입증된 경우에만 행정관청이 허가할 수 있다는 것을 말한다. 환경정책기본법 제23조는 이에 관하여 "정부는 환경에 영향을 미치는 행정계획 및 개발사업이 환경적으로 건전하고 지속가능하게 계획되어 수립·시행될 수 있도록 환경친화적인 계획기법 및 토지이용·개발기준을 작성·보급할 수 있다."고 규정하고 있다. 예컨대, 백화점허가를 발령하기 이전에 환경보호의 요건을 충족할 수 있는지를 심사해야만 한다.

VI. 자연국가원리

1. 미래세대를 위한 기본원리

국가는 영속적인 제도다. 국가는 역동적인 정치에 비하여 정체적인 특성을 갖는다. 따라서 국가는 정치적 결단을 법적 형식으로 고정시키는 법치국가기능을 수행한다. 법은 정치과정을 상대적으로 안정화시킨다. 새로운 정치결단이 있기까지는 법 규정은 효력을 갖는다. 법치국가는 법적 안정성과 신뢰보호를 내용으로 한다.

국가는 현재 세대뿐만 아니라 미래세대를 위해서도 공적 질서의 존속을 보호할 의무가 있다. 이러한 국가의 의무는 현대기술의 발전으로 인간이 자연을 훼손하여 장기간 동안 회복할 수 없는 결과를 초래하는 경우에도 당연히 적용되어야 한다. 즉 현세대가 편익을 취하고자 미래세대에 피해를 줄 수 있는 자연환경을 훼손할 위험이 존재하기 때문이다. 따라서 법적 평등과 신뢰보호는 미래세대를 위한 국가책임의 근거가 된다. 국가는 현세대와 마찬가지로 미래세대도 자신의 생활형식을 형성할 평등한 자유를 보장하여야 한다. 따라서 미래세대는 인간다운 생활을 할 수 있는 환경과 생활조건을 요구할 수 있는 청구권을 갖는다. 이에 대한 국가의 책임을 독자적인 국가목표로서 '자연국가의 책임'이라 한다.[76]

---

76) Ph. Mastronardi, Verfassungslehre, S. 306, 307.

2. 천성산 도롱뇽사건[77)]

이 사건에서 대법원은 자연물인 도롱뇽 또는 그를 포함한 자연 그 자체로서는 소송을 수행할 당사자능력은 부인하였다. 하지만 미래세대를 위한 국가의 적극적인 자연환경 보호의무를 판시하고 있다: 헌법 제35조 제1항은 "모든 국민은 건강하고 쾌적한 환경에서 생활할 권리를 가지며, 국가와 국민은 환경보전을 위하여 노력하여야 한다."고 규정하여 환경권을 헌법상의 기본권으로 명시함과 동시에 국가와 국민에게 환경보전을 위하여 노력할 의무를 부과하므로, 국가는 각종 개발·건설계획을 수립하고 시행함에 있어 소중한 자연환경을 보호하여 그 자연환경 속에서 살아가는 국민들이 건강하고 쾌적한 삶을 영위할 수 있도록 보장하고 나아가 우리의 후손에게 이를 물려줄 수 있도록 적극적인 조치를 취하여야 할 책무를 부담한다.

제 4 절   경제국가원리

Ⅰ. 경제국가, 경제국가원리, 경제헌법의 개념

국가와 경제는 분리되어 있는 독자적 영역이 아니라 상호 밀접히 연계되어 있다. 헌법차원에서 국가와 경제의 기능적 관련성을 경제국가원리라 한다. 이는 국가의 국민경제의 복리증진(즉 경제복지)의 과제를 말한다.

경제국가는 시장의 기능을 규제하고 조정하여 경제의 성장과 안정을 추구하는 국가다. 국가는 국민경제의 기반을 마련하고 필요한 경우 경제유도를 한다. 이는 자치와 협력의 원리에 의한다. 경제국가는 경제와 국가의 관계를 말한다. 국가는 인플레이션, 실업, 경제의 취약분야를 극복하기 위해서 화폐정책, 무역정책, 경기정책 등 경제정책을 시행한다.

경제국가원리란 경제의 성장과 안정, 즉 경제복지에 대한 국가의 법적 책임을 말한다. 즉 경제헌법의 지도 원리를 말한다. 경제헌법이란 경제에 관한 헌법 제9장

---

77) 대판 2006. 6. 2. 2004마1148.

과 경제기본권을 말한다.[78]

Ⅱ. 우리 헌법상 경제질서의 원리

1. 학설과 헌법재판소

(1) 학설

우리의 경제헌법의 원리에 관하여 헌법 제119조는 "대한민국의 경제 질서는 개인과 기업의 경제상의 자유와 창의를 존중함을 기본으로 한다(제1항). 국가는 균형있는 국민경제의 성장 및 안정과 적정한 소득의 분배를 유지하고, 시장의 지배와 경제력의 남용을 방지하며, 경제주체 간의 조화를 통한 경제의 민주화를 위하여 경제에 관한 규제와 조정을 할 수 있다(제2항)."고 규정하고 있다. 이 규정은 그 추상성과 개방성으로 인하여 국가의 경제개입에 대한 규칙(Regel)으로서 윤곽을 제시하고 있다고 볼 수 없다. 따라서 제1항과 제2항의 관계에 대하여 원칙과 예외라는 견해[79]와 그렇지 않다는 견해[80]와 더불어 우리의 경제 질서에 대하여도 사회적 시장경제라는 견해와 혼합경제라는 견해가 대립되고 있다.

(2) 헌법재판소

헌법재판소는 다수의 결정[81]에서 자유 시장경제질서를 원칙으로 하여 사회정의와 사회복지를 실현하기 위하여 국가의 규제와 조정을 용인하는 독일식의 사회적 시장경제질서의 성격을 띠고 있다고 본다. 즉 "우리 헌법 제119조는 제1항에서 대한민국의 경제질서는 개인과 기업의 경제상의 자유와 창의를 존중함을 기본으로 한다고 규정하여 사유재산제도, 사적 자치의 원칙, 과실책임의 원칙을 기초로 하는 자유시장 경제질서를 기본으로 하고 있음을 선언하면서, 한편 그 제2항에서 국가는 균형있는 국민경제의 성장 및 안정과 적정한 소득의 분배를 유지하고, 시장의 지배와 경제력의 남용을 방지하며, 경제주체 간의 조화를 통한 경제의 민주화를 위하여

---

78) Ph. Mastronardi, Verfassungslehre, S. 308.
79) 김철수, 『학설판례 헌법학(상)』, 310면 이하.
80) 전광석, 『한국헌법론』, 902면; 한수웅, 『헌법학』, 304면.
81) 헌재결 2001. 2. 22. 99헌마365, 판례집 13-1, 301(315, 316); 1998. 5. 28. 96헌가4등, 판례집 10-1, 522, 533-534; 1996. 4. 25. 92헌바47, 판례집 8-1, 370, 380.

경제에 관한 규제와 조정을 할 수 있다고 규정하고, 또한 헌법 제34조 제1항은 모든 국민은 인간다운 생활을 할 권리를 가진다, 제5항은 신체장애자 및 질병·노령 기타의 사유로 생활능력이 없는 국민은 법률이 정하는 바에 의하여 국가의 보호를 받는다고 규정하여 사회국가원리를 수용하고 있어, 결국 우리 헌법은 자유시장 경제질서를 기본으로 하면서 사회국가원리를 수용하여 실질적인 자유와 평등을 아울러 달성하려는 것을 근본이념으로 하고 있다. 즉 우리 헌법의 경제질서는 사유재산제를 바탕으로 하고 자유경쟁을 존중하는 자유시장 경제질서를 기본으로 하면서도 이에 수반되는 갖가지 모순을 제거하고 사회복지·사회정의를 실현하기 위하여 국가적 규제와 조정을 용인하는 사회적 시장경제질서로서의 성격을 띠고 있다."고 판시하고 있다.

2. 사견(혼합경제체제)

일부학설과 헌법재판소는 헌법 제119조는 개인과 기업의 경제상의 자유와 창의를 원칙으로 하여 사회정의의 실현을 위해 국가의 규제와 조정이 예외적으로 정당화되는 사회적 시장경제질서라고 한다. 하지만 오늘날 경제영역은 공적영역으로 경제주체의 사적자치권행사에 대하여 책임이 항상 수반된다. 국가의 개입은 공적자치의 보호필요성을 기준으로 정당화되는 것이다. 이러한 점에서 헌법 제119조 제2항의 국가의 개입은 예외가 아니라 경제영역에서 사적자치권보호의무(헌법 제10조 제2문)의 특별규정인 것이다.

또한 우리헌법은 경제영역에서의 민주화방식에 있어서 독일식의 사회적 시장경제를 지향해야 하는 것은 아니다. 자유방임시장경제와 사회주의계획경제의 극단을 배제하는 혼합경제체제(내지 수정자본주의)를 추구할 수 있다고 보는 것이 합리적이다. 즉 혼합경제체제란 순수한 시장모델에 근접한 영미형의 자유주의(경쟁보호)와 중간의 유럽형의 사회적 시장경제질서(재분배정책), 유도적 시장주의(시장에 대한 포괄적 관리), 완화된 사회주의(경자유전의 원칙, 제헌헌법의 근로자 이익분배균점권) 등이 포함된다.[82] 이 범위 내에서 입법자는 경제정책에 대한 입법재량을 갖는다. 다만 입법자는 최적화명령에 구속되어 경제에 대한 개입, 조정의 목적과 이유 및 정책수단의 선택에 대한 가중된 소명의무를 부담한다.[83]

---

82) 이덕연, 『경제와 헌법』, 한국학술정보, 2012, 65면 이하.

Ⅲ. 경제국가원리의 3가지 핵심요소

혼합경제 내지 사회적 시장경제는 추상적인 개념으로 규범적인 내용을 파악할 수 없다. 따라서 경제국가원리의 핵심요소인 경제적 기본권, 자유경쟁의 원칙, 경제복지에 대한 국가의 책임을 살펴보기로 한다.

1. 경제적 기본권

기본권은 법치국가의 핵심이다. 인격권과 인간의 존엄은 실질적 법치국가원리, 참정권은 민주주의원리, 경제활동의 자유와 안전은 경제국가 원리와 관련된 기본권이다. 경제국가 원리와 관련된 경제적 기본권에는 직업의 자유, 재산권, 결사의 자유, 사적자치권, 거주이전의 자유가 있다.

(1) 직업의 자유는 경제활동의 자유를 보장한다. 모든 사람은 경제활동의 선택과 행사의 자유를 향유할 수 있다.

(2) 재산권은 재산적 가치 있는 공법과 사법상 일체의 재산에 대한 사용, 수익, 처분권을 보장한다. 기계와 같은 생산수단은 경제력을 증대하여 경제적 자유를 창출하는 기반이 된다. 재산권은 자유경제체제를 법적으로 보장하는 것이다.

(3) 결사의 자유는 법인형식의 결사의 자유를 보장한다. 기업연합과 특별한 결사로서 노동조합결성의 자유도 보장한다.

(4) 거주이전의 자유는 대한민국의 영토 내에서 직업의 자유의 전제조건으로 경제활동영역에서의 거소지와 체류지 이전의 자유와 직업행사를 위한 장소선택의 자유를 보장한다.

2. 자유경쟁의 원칙

기본권은 주관적 공권이자 객관적 가치질서다. 직업의 자유는 경쟁의 자유를 보장한다. 자유경쟁의 헌법적 보장은 시장이 기능할 수 있는 전제조건이다. 하지만 자유경쟁은 시장에서 자연적으로 생기는 것이 아니라 국가가 제공하여야 한다. 국가의 이에 관한 과제는 다음과 같다.

(1) 직업행사의 자유 내지 경쟁의 자유를 보장하기 위해 공정한 윤곽질서를 형

---

83) 이덕연, 상계논문, 102면.

성한다. (2) 경쟁자에게 균등한 기회를 보장한다. (3) 경제주체의 시장지배와 경제력남용을 방지한다.[84]

우리 헌법은 제119조 이하의 경제에 관한 장에서 자유경쟁을 보장하기 위해 국가는 시장의 지배와 경제력남용을 방지(예, 독점방지법, 공정거래법 등), 경제주체 간의 조화(예, 소비자보호법, 제품안전법 등), 균형있는 지역경제(제123조 제2항)와 중소기업의 보호육성(제123조 제3항)을 위해 경제적 취약부분 내지 직업의 경쟁력을 향상(예, 중소기업보호법, 농어민의 보호 등)시키거나 사회정책적 조치(예, 대외무역의 육성, 소작제도금지 등)를 취한다.

우리 헌법은 또한 제119조 이하의 경제에 관한 장에서 위와 같은 내용의 국가의 경제정책의 과제를 규정하고 있다. 즉 균형 있는 국민경제의 성장과 안정, 적정한 소득의 분배, 시장의 지배와 경제력남용의 방지, 경제주체간의 조화를 통한 경제의 민주화(이상 제119조 제2항), 균형있는 지역경제의 육성(제123조 제2항), 중소기업의 보호육성(제123조 제3항), 소비자보호(제124조) 등의 국가의 경제정책의 목표를 구체화하고 있다.

3. 국가의 경제복지의 책임

경제헌법(제9장)에 따라 국가는 경제복지의 책임을 수행하기 위해 전술한 자유 경쟁정책, 국민경제의 안정을 위한 경기정책과 재정정책 및 중앙은행의 통화정책 그리고 대외무역정책, 소비자보호정책, 농어업정책 등에 대한 권한을 갖는다. 즉 국민경제는 공익창출 기능을 수행한다. 따라서 경제국가는 복지국가다.

하지만 경제국가의 복지와 사회국가의 복지는 구별하여야 한다. 사회국가의 복지는 사회적 약자보호를 목표로 하지만 경제국가의 복지는 국민경제의 전체이익과 관련된 보호를 목적으로 한다. 예컨대, 마약중독자, 난민은 사회적 보호가 더 필요한 경우로 사회국가원리에 의하고, 농어민과 지역경제는 경제국가원리에 의한 보호를 한다.[85]

다만 사회국가는 경제성장과 관련된 재정에 의존하는 급부국가로 경제국가와 밀접히 관련되어 있다. 경제적 안정을 도와주는 사회국가는 경제국가와도 관련된

---

84) Ph. Mastronardi, Verfassungslehre, S. 310.

85) Ph. Mastronardi, Verfassungslehre, S. 311.

다. 예컨대, 실업자와 산업재해는 경제의 외부비용이다. 원인자책임원칙에 따라 경제가 부담해야 한다.

경제복지는 경제에 대한 요청이자 국가에 대한 요청이다. 국가의 경제복지는 경제발전에 따른 재정에 의존한다. 따라서 경제국가원리는 공역무의 경제성을 요구하여 급부국가의 효율성과도 관련된다.86)

Ⅳ. 국가와 경제의 관계

국가의 기본원리는 국가에만 적용되는 것이 아니라 공적영역에도 물론 적용된다. 경제국가원리는 경제에 대한 국가의 관계를 설명하고 있는 점에서 분명히 드러난다. 이는 세 가지 점에서 나타난다. 첫째, 경제에 대한 국가의 관계는 3단계 결정절차로 나타난다. 둘째, 이러한 절차에는 경제국가원리 이외에 다른 국가원리도 관련된다. 따라서 다른 국가원리와의 관계를 설명한다. 셋째, 공사 협력 거버넌스의 사적파트너에게도 국가의 지도원리가 적용된다면 중개적 권력의 국가화가 요구된다는 점이다.

1. 경제에 대한 국가의 3단계 정책결정

경제적 기본권은 국가원리는 아니다. 하지만 정치적 결단과정에서 국가에 대한 경제의 영향력을 투입(input)하는 기능을 수행한다. 예컨대, 결사의 자유는 이익단체의 결성을 보장하여 국가의 경제정책결정에 영향을 미친다. 그 영향력은 일방적인 것이 아니라 경제와 국가의 대화의 결과로서 법으로 구속된다. 법과 경제는 상호 협력적 관계에 있다.87)

국가는 경제생활을 법으로 규율하고 경제단체는 그들의 의사를 국법으로 관철시킨다. 국가와 경제의 관계는 상호 객관적인 규범으로 정립된다. 이와 같은 국가와 경제의 상호관계에 의하여 3단계 결정절차가 나타난다.

---

86) Ph. Mastronardi, Verfassungslehre, S. 312.
87) Ph. Mastronardi, Verfassungslehre, S. 314.

(1) 집단적 자치원칙

경제는 자기책임의 원칙이 가장 분명한 생활영역이다. 따라서 국가의 협력이 필요한 경우는 보충성원칙에 의한다. 보충성원칙은 사회적 약자에 대한 급부국가원리에 적용되는 것이다. 하지만 경제에 대한 연대책임의 관점에서도 적용된다. 경제 정책적인 관점에서 국민경제의 복지향상을 위해서 연대를 하는 경우다. 하지만 보충성원칙에 충실하여 기대 가능한 자구책이 충분하지 못한 경우에만 국가의 협력이 정당화된다. 예컨대, 헌법 제123조 제5항은 "국가는 농·어민과 중소기업의 자조조직을 육성하여야 하며, 그 자율적 활동과 발전을 보호한다."고 규정하여 국가의 협력이전에 집단적인 자구책을 강구하여야 한다.

(2) 협력적 경제질서원칙

협력적 경제질서원칙이란 국가와 경제의 협력관계를 말한다. 전술한 보충성원칙을 국가의 관점에서 설명한 것이다. 따라서 자기책임원칙에도 불구하고 보충성원칙에 의하여 국가의 협력을 요청한 것으로 국가는 경제를 대체하여서는 안 되고 스스로 문제를 해결하도록 협력만 하여야 한다.

따라서 경제단체는 국가협력의 전제조건일 뿐만 아니라 수신인이기도 하다. 행정청은 경제단체를 해산시켜서는 안 된다. 경제단체가 경제에 영향력이 없더라도 불필요한 것으로 낙인찍기보다는 지원할 필요가 있다고 판단하여야 한다.[88]

(3) 경제의 민주화

경제와 국가는 협력적 경제질서를 형성하여야 한다는 점에서 경제의 민주화가 요구된다. 헌법 제119조 제2항 후단에서도 "경제주체 간의 조화를 통한 경제의 민주화를 위하여 국가는 경제에 대한 규제와 조정을 할 수 있다."고 규정하고 있다.

경제단체는 공익보다는 구체적인 특별이익을 추구하고 있는 점에서 정치영역에 경제단체가 영향을 미친다면 국가의 공공복리추구는 약화된다. 따라서 경제단체는 그들이 이익을 관철하기 위하여 막대한 자금과 인맥을 동원하여 입법로비를 한다. 이를 국가기관이 통제하기에는 한계가 있다. 따라서 국가와 경제의 관계를 민주적으로 조직할 수 있는 방법을 추구하여야 한다.

---

88) Ph. Mastronardi, Verfassungslehre, S. 315, 316.

경제단체가 합헌적으로 권한을 행사할 수 있도록 전제조건을 마련하는 방안이다. 공적영역에서 활동하는 경제단체에게 경제 국가원리를 준수할 것을 요구하여야 한다. 즉 경제단체의 특수이익을 공익으로 승인받기 위해서는 국민경제에 기여할 수 있고 기타 국가구조원리(민주주의, 법치주의)에도 부합한다는 것을 소명하도록 하는 것이다.[89]

2. 경제국가원리와 다른 국가원리의 관계

경제국가원리는 다른 국가원리에 비하여 사실상 우위에 있다. 급부국가원리도 경제복지의 관점에서 공역무이행의 적극적·소극적 효과를 파악할 것을 요구한다. 이는 국가의 경제성을 의미한다. 국민경제 전체에 미치는 비용과 편익을 분석하여 시장경제와 사회적 시장경제의 위임여부를 판단할 것을 요구한다. 즉 사회국가원리에 따라 관련입법을 하는 경우에도 국가의 재정부담능력을 반드시 고려하여야 한다. 이러한 점에서 경제국가원리는 법치국가원리, 민주주의원리 등 여타의 국가구조원리보다 사실상 우위에 있다.

이를 반대로 보면 경제국가원리는 다른 국가구조 원리와도 관련되어 정책결정을 하여야 한다는 것이다. 예컨대, 경제성을 고려하여 국가의 과제를 민영화하면 사회적 의무, 민주적 통제, 법치국가적 개인보호가 희생될 수 있다. 따라서 경제헌법의 문제는 경제국가원리에 의해서만 해결할 것 아니라 특히 사회국가원리와 민주주의나 법치국가원리에 의한 판단도 하여야 한다. 헌법상 경제국가원리의 우위는 정당성이 없다.[90] 이러한 점에서 헌법재판소[91]도 "경제적 기본권에 대한 제한을 정당화는 공익에 있어서 헌법에 명시적으로 규정된 목표에만 제한되는 것이 아니고, 헌법은 단지 국가가 실현하려고 의도하는 전형적인 경제적인 목표를 예시적으로 구체화하고 있을 뿐이므로 기본권을 침해할 수 있는 모든 공익을 아울러 고려하여 합헌성여부를 심사하여야 한다."고 판시하고 있다.

---

89) Ph. Mastronardi, Verfassungslehre, S. 316, 317.
90) Ph. Mastronardi, Verfassungslehre, S. 319.
91) 주세법의 자도소주구입명령제도에 관한 위헌의 헌재결 1996. 12. 26. 96헌가18 판례집, 8-2, (692, 693).

3. 중개적 권력의 국가화의 문제

국가의 구조원리는 공적영역에도 확대되어야 한다. 이는 이미 민주주의원리(시민사회의 민주적 문화)에서도 설명하였다. 여기서는 그 밖에 두 가지 관점에서 논하고자 한다. 현실적인 경제국가 원리의 우위로 인한 국가의 기본원리의 불평등과 현대국가의 과제는 국가형태와 무관하다는 점이다.

(1) 국가의 기본원리 상호간의 불평등

전술한 바와 같이 헌법상 모든 국가의 구조원리는 동등하다. 하지만 정치적 현실에서는 경제국가원리가 우위에 있다. 국가의 과제수행에 있어 재정과 비용편익분석의 관점은 법익형량의 한계를 설정한다. 즉 모든 과제는 가능성유보 하에 있게 된다.

민주주의와 법치국가원리에 의한 과제는 비용이 상대적으로 저렴하다. 하지만 급부국가원리에 의한 조치는 국가의 재정상황이 과제수행의 한계로 작용한다. 이는 사항강제다. 경제성과 유용성은 주어진 전제로 수인하여야 한다.

이러한 점에서 유용성기준이 연대성기준보다 우위에 있게 된다. 경제적 이익이 사회적 이익보다 우월하게 된다. 국가의 구조원리의 균형은 경시된다.

대화를 강조하는 민주적 헌법국가에서는 이러한 갈등상황을 해결하기 쉽지 않다. 따라서 제도적으로 해결하는 방안을 강구할 필요가 있다. 즉 정치적 결단과정에 모든 국가의 구조원리를 고려할 수 있도록 동등한 참여권을 보장하는 것이다. 국가의 기본원리를 각각 대변할 수 있는 권한을 해당 정부부처 또는 국회상임위원회에 부여하여 경제적 영향력은 비율적으로 축소하는 것이다. 그리고 대표구성의 원칙은 법정하는 것이다.[92]

(2) 현대국가의 과제를 수행할 국가기관의 결여

19세기 근대 자유주의 법치국가는 민주주의와 법치국가의 윤곽질서를 만들었다. 이에 따라 의회의 우위, 사법권의 독립 등을 보장하는 국가기관을 구성했다. 현대 복지국가헌법도 여전히 동일한 국가구조를 갖고 있다. 하지만 복지국가는 근대

---

92) Ph. Mastronardi, Verfassungslehre, S. 321~323.

국가보다 많은 과제를 수행해야 한다. 사회국가원리와 경제국가원리에 따라 사회형성적·경제유도적 과제를 수행해야 하지만 이를 담당할 기관이 헌법상 결여되어 있는 것이다.

전통적인 민주적 헌법국가의 국가고권, 민주주의, 법치국가원리를 수행할 전통적인 국가조직은 많다. 근대헌법체제하에서 현대국가는 민관 협력 거버넌스의 보장국가책임도 수행하고 있다. 국가기관의 권한과 절차를 규정하는 것으로는 불충분하다. 현대적인 협력적 권력분립의 기능을 수행하기 위해서는 국가기관 이외에 중개적 권력(미디어, 정당, 시민단체 등)의 참여가 보장되어야 한다.

중개적 권력의 헌법화는 경제와 사회영역으로 확대된 국가책임을 반영하는 것에 불과하다. 헌법은 전체로 완결된 형식과 내용을 갖추어야 하기 때문이다. 내용적 보장을 위해 수행기관도 필요로 한다.

국가의 과제도 정치적 현실에 부응하여야 한다. 헌법국가는 −국가의 구조원리에 의하여− 일원적 법공동체로 시민생활을 유도하는 기능을 한다. 이는 헌법의 규율대상으로 다원주의와 대화민주주의원리에 의하여 중개적 권력도 헌법화 내지 국가화하여야 한다.

이미 민주주의원리부분의 시민사회의 민주적 문화에서도 언급한 바와 같이 현대사회는 경제와 국가가 매우 밀접히 관련되어 있다. 상호간의 영향이 클수록 경제권력의 내적 민주화와 국가에 의한 경제의 민주화는 더욱더 중요하다.[93]

제 5 절　평화국가원리

Ⅰ. 국가, 평화국가, 평화국가원리와 평화헌법의 개념

국가란 평화질서다. 현대국가는 세계를 공적영역으로 하는 세계화(Globalisation) 시대에 살고 있다. 평화질서를 유지하기 위해서는 국내평화뿐만 아니라 국제사회와 대화와 협력을 기초로 국제평화를 도모하여야 한다. 따라서 평화국가란 국제협조와

---

93) Ph. Mastronardi, Verfassungslehre, S. 323.

국제평화를 그 이념으로 하는 국가를 말하며, 평화국가원리 내지 국제평화주의란 국제법을 존중함으로써 국제평화를 헌법의 과제로 하는 국가의 기본원리를 말한다.[94]

평화헌법이란 우리 헌법에서 평화국가원리에 관한 규정을 말한다. 이에는 대통령의 조약체결·비준권을 논외로 하면 세계평화에 관한 헌법전문, 평화통일에 관한 제4조, 침략전쟁부인과 국군의 정치적 중립성에 관한 제5조, 국제법질서존중주의에 관한 제6조 등이 있다.

Ⅱ. 연혁

1. 스토아학파의 세계시민사상

평화국가의 사상은 이미 고대에 세계시민사상(cosmopolitanism)을 주장한 그리스의 스토아(Stoa)철학에서부터 찾을 수 있다. 스토아학파의 제논(Zenon)은 이성을 중시하고 엄격한 도덕철학이 지배하는 세계국가창설은 인간이 행복할 수 있는 방법이라 한 것이다.

2. 근대의 평화국가사상

근대의 평화국가탄생은 30년간의 혹독한 종교전쟁(1618~1648)을 휴전하기 위해 5년간의 회담 끝에 성사된 베스트팔렌조약의 결과였다. 독일 제방의 주권확인, 네덜란드와 스위스 독립, 알사스와 라인좌안에 대한 프랑스지배권, 포메라니아에 대한 스웨덴 지배권이 각각 승인되어 마침내 근대국가가 시작되었다. 근대의 국민국가는 대내외 주권을 확보한 평화질서를 구축하기 위한 수단이었다. 베스트팔렌조약 또한 다수의 국민국가가 서로 주권을 인정함으로써 국제법 탄생의 계기가 되었다. 그 시조 그로티우스(1583~1645)는 '전쟁과 평화의 법'에서 인간의 이성에 근거한 자연법을 국제법의 근원으로 주장하였다.

---

94) 권영성, 『헌법학원론』, 152면; 홍성방, 『헌법학』, 현암사, 2009, 192면.

3. 칸트의 영구평화론

칸트(1724~1804)는 영구평화론(1795)에서 평화국가의 중요한 토대를 제안하였다. 즉 집단적 안전보장의 토대로서 국가공동체를 제도적으로 확립할 것, 전쟁을 예방하기 위해서 국가들의 연방체제를 제안하고, 공화민주주의 헌법을 가진 국가가 보다 평화질서를 실현하기에 적합하다고 하였다.[95]

4. 20세기 이전 패권국가의 양상

그로티우스와 칸트의 평화국가주장에도 불구하고 20세 이전의 국가들은 전쟁을 수단으로 식민지쟁탈을 하여 영토확장과 채권확보에 혈안인 패권국가였다. 동아시아의 일본도 유럽열강들의 식민지쟁탈전을 모방하여 청일전쟁(1894)과 러일전쟁(1905)에서 승리하며 마침내 한국을 강점하였다.

이러한 약육강식의 국제질서를 평화질서로 전환하기 위하여 19세기에도 상업, 해운, 우호 등의 협약과 국제적인 기술협력을 위한 조약체결이 활발히 이루어지기도 하였다. 그 지속적인 노력으로 마침내 1899년과 1907년 네덜란드의 헤이그에서 만국평화협정이 체결되기도 하였다. 하지만 이러한 국제법적인 노력에도 불구하고 국내정치의 현실적인 이해관계를 타개하기 위한 수단으로 전쟁을 억지하지는 못하였다.

5. 세계 양차대전 이후 평화국가사상 강조

제1차 세계대전 이후 1919년 국제연맹을 창설하여 국제평화와 안전보장을 촉구하기 위한 규약을 체결하였다. 하지만 국제연맹창설을 주도한 미국은 정작 회원으로 참여하지 않았다. 집단안보체제를 이루기 위한 국제연맹이지만 전체적 지배질서를 확립하고 대외정복을 추진하기 위해 회원에서 탈퇴한 독일(1926)과 일본(1933) 및 이탈리아(1939) 등 공격적인 정치세력에 의해 와해되었다.

한편 국제평화를 위한 노력으로 1922년 헤이그에 국제사법재판소(ICJ)와 지금도 존속하는 국제노동기구(ILO)를 설치하였다. 1928년에는 부전조약(Briand-Kellogg 조약)체결이 이루어졌다. 이는 유엔헌장의 일체의 폭력금지규정(제2조 제4호)의 모체

---

95) M. Herdegen, Völkerrecht, 20. Aufl., München, 2020, S. 21, RN 7.

가 되었다.

하지만 독일, 이탈리아, 일본의 추축국에 의한 제2차 세계대전이 발발하였다. 미국, 영국, 프랑스, 소련 연합국의 승리가 확실할 무렵 샌프란시스코에서 회담을 개최하여 국제연합건설을 위한 작업을 하였다. 마침내 1945년 7월 회원국의 참여로 국제평화기구가 탄생하였다. 그리고 1945년 10월에는 국제연합헌장의 효력이 발생하였다.

이러한 연합국을 중심으로 한 평화국가에의 의지는 세계 각국의 평화헌법에 반영되었다.

Ⅲ. 세계대전 패전국가의 평화헌법조항의 유형

1. 일본의 전쟁포기와 전력보유금지

일본은 일체의 전쟁포기선언과 함께 전력의 보유도 금지하는 평화헌법조항(제9조)을 마련하였다. 즉 일본국민은 정의와 질서를 기조로 하는 국제평화를 성실하게 희구하고, 국제분쟁을 해결하는 수단으로써 국권의 발동 내지는 전쟁과 무력에 의한 위협 및 무력의 행사는 영구히 포기한다(제1항). 전항의 목적을 달성하기 위해 육·해·공군 및 기타의 전력은 보유하지 않는다. 국가의 교전권은 인정되지 않는다(제2항).

2. 독일의 포괄적인 평화헌법조항

1871년의 독일제국헌법과 1919년의 바이마르헌법은 국제법과 밀접한 관계에 있지 않았다. 하지만 제2차 대전에서 패망한 독일은 국제법의 본질적인 내용과 일치하는 여러 규정을 독일기본법에 마련하지 않으면 안 되었다. 평화의 유지를 위해 국제기구에 연방과 지방의 주권위양, 연방의 국제중재재판협정에의 가입의무(제24조), 일반적인 국제법규의 법률보다 상위의 연방법으로 수용(제25조), 국제법규의 연방법의 구성부분이 되는지 여부 또는 이러한 국제법규가 개인의 권리의무와 직접관련 되어 있는지 여부가 일반법원의 재판에서 문제되는 경우 헌법재판소가 확인하는 절차(제100조 제2항), 침략전쟁의 금지와 군비의 제한(제26조), 국제법질서에 반하는 결사의 금지(제9조 제2항), 불가침·불가양의 인권을 세계의 모든 평화, 정의,

인간공동체의 기초로서 인정(제1조 제2항) 등이다.

3. 이탈리아의 국제법 우선주의

이탈리아는 법률보다 국제법규를 우선하고(헌법 제10조 제1항), 외국인의 법적지위는 국제법과 조약에 따른 법률에 의하며(동조 제2항), 타국민의 자유를 침해하거나 국제분쟁해결의 수단으로 전쟁금지와 국제기구에 의한 주권제한(제11조) 등이다.

Ⅳ. 우리 헌법상 평화국가원리

1. 평화헌법규정

세계평화에 관하여 헌법전문에서는 "자유와 권리에 따르는 책임과 의무를 완수하게 하여, 안으로는 국민생활의 균등한 향상을 기하고 밖으로는 항구적인 세계평화와 인류공영에 이바지함으로써 우리들과 우리들의 자손의 안전과 자유와 행복을 영원히 확보할 것", 평화통일에 관한 제4조는 "대한민국은 통일을 지향하며, 자유민주적 기본질서에 입각한 평화적 통일 정책을 수립하고 이를 추진한다." 침략전쟁부인과 국군의 정치적 중립성에 관한 제5조는 "대한민국은 국제평화의 유지에 노력하고 침략적 전쟁을 부인한다(제1항). 국군은 국가의 안전보장과 국토방위의 신성한 의무를 수행함을 사명으로 하며, 그 정치적 중립성은 준수된다(제2항). 국제법존중원리에 관한 제6조는 "헌법에 의하여 체결·공포된 조약과 일반적으로 승인된 국제법규는 국내법과 같은 효력을 가진다(제1항). 외국인은 국제법과 조약이 정하는 바에 의하여 그 지위가 보장된다(제2항)."고 규정하고 있다.

이와 같이 자세한 평화헌법조항은 분단국가의 현실로 인해 국내법만능의 실정법질서보다는 국제법우호적인 국가기관의 권한행사를 지향하는 평화국가원리의 내용이 된다. 즉 평화헌법조항은 단순한 프로그램규정이 아니다. 따라서 평화헌법해석에 있어서 다른 헌법원리(민주주의, 법치국가원리 등)와 동등하게 평화국가원리를 고려하여야 한다.

이는 헌법해석에 있어서 국내법과 마찬가지로 평화헌법규정의 효력을 최대한 존중하여야 한다는 것을 의미한다. 다만 단순한 선언에 그쳐 비구속적인 소위 Soft law(예, 국제연합인권선언, 포츠담선언 등)와 강제력을 갖는 국제법규는 구분하여야 한

제4장 헌법의 기본원리 **171**

다. 하지만 Soft law의 규범으로의 발전가능성을 간과해서는 안 된다.[96] 정치적인
영역에서는 의미를 부여하면서 윤리적 당위성을 인정하고 있다.

2. 침략전쟁금지와 국군의 정치적 중립성

(1) 침략전쟁금지

헌법 제5조 제1항은 "대한민국은 국제평화의 유지에 노력하고 침략적 전쟁을
부인한다."고 규정한다. 침략전쟁이란 국제분쟁이나 국내정치적 이해관계를 해결하
기 위한 수단으로서의 전쟁을 말한다. 그 전쟁의 목적은 영토확장이나 채권확보를
위한 전쟁 등을 말한다. 이에 반해 자위전쟁이란 침략전쟁이 아닌 전쟁을 말한다.
자위전쟁이란 敵의 직접적인 침략공격을 격퇴하기 위한 전쟁을 말한다. 따라서 우
리는 자위전쟁은 할 수 있고 국민의 생명보호를 위하여 또한 하여야 한다.

무력사용은 금지된다. 무력사용이란 형식적으로는 전쟁은 아니라도 실질적으
로는 전쟁이라고 볼 수 있는 대외적 군사행동을 말하기 때문이다. 따라서 경찰력의
사용도 무력행사라 하겠다.

(2) 국군의 정치적 중립성

헌법 제5조 제2항은 "국군은 국가의 안전보장과 국토방위의 신성한 의무를 수
행함을 사명으로 하며, 그 정치적 중립성은 준수된다."고 규정한다. 국군의 정치적
중립성은 우리의 헌정사에서 박정희와 전두환과 같이 정권을 찬탈하기 위해 군사
쿠데타를 감행한 군인정치를 예방하기 차원에서 마련한 규정이다. 국민의 기본권보
장을 위한 협력적 권력분립의 제도적 보장이라 할 수 있다. 이는 국무총리의 임명
(헌법 제86조 제3항)과 국무위원임명(헌법 제87조 제4항)에서 군인정치를 금지하는 것
으로 재차 강조되고 있다.

3. 국제법 존중원리

(1) 의의

살펴본 다른 나라와 마찬가지로 국제법 존중원리는 평화국가의 상징이다. 우
리헌법 제6조 제1항도 "헌법에 의하여 체결·공포된 조약과 일반적으로 승인된 국

---

96) K. Stern, Das Staatsrecht der Bundesrepublik Deutschland, Bd. I, S. 476.

제법규는 국내법과 같은 효력을 가진다."고 규정하고 있다.

(2) 국제법과 국내법의 관계

(가) 전통적 이원론과 일원론 및 현대적 절충설

국제법과 국내법의 관계에 대하여는 전통적으로 이원론과 일원론이 주장된 바 있다. 이원론은 국제법과 국내법은 상호차원이 다른 병렬관계에 있는 독자적인 법질서라고 한다. 그 구조에서도 규범수신인, 관할, 법원에서 차이가 나타난다. 따라서 일반적으로 상호 충돌하지 않는다. 하지만 예외적으로 아주 작은 정도 상호영향을 줄 수는 있다.

일원론은 국제법과 국내법은 통일된 법질서의 구성부분이라 한다. 이는 세계 법질서의 통일성을 근거로 한다. 순수법학이론의 켈젠이 대표적이다. 통일된 법질서라면 어느 법이 우위에 있는지 문제된다. 켈젠의 국제법 우위론과 다수학설의 국내헌법우위론[97]이 대립한다.

하지만 이러한 이론의 극단적 주장은 오늘날 절충하여 사실상 의미가 없어졌다.[98] 절충적 일원론은 국제법위반의 국내법도 잠정적으로 유효하다고 한다. 국제법위반의 국내법효력을 부인하는 국제법 일반규정이 없기 때문이다. 국내에서 절차적으로 무효를 선언하기까지는 유효한 것이다. 국제법의 규율대상은 원칙적으로 국가와 그 부분기관이지 시민의 권리와 의무가 아니다. 시민은 국제법에 근거한 국내법제정에 의해서 대체로 권리와 의무를 부담한다.

절충적 이원론은 국제법과 국내법의 충돌가능성을 인정한다. 하지만 국제법 우호원칙에 의해서 국내법과의 규범조화를 주장하면서 국내법질서에 침투가능성을 제시한다. 이원론도 국내법에 국제법의 영향을 부인하지 않는다. 시민이 국제법의 발전에 따라 권리와 의무를 더 많이 소지하면 그 만큼 더 많은 영향력이 나타난다.

이러한 점에서 오늘날 국제법도 국내법의 흠결보충과 효력강화를 위해 필요하기 때문에 국내법질서에 국제법을 원칙적으로 수용하려는 우호적인 관계로 보고 있다.

---

97) 권영성, 『헌법학원론』, 175면; 홍성방, 『헌법학』, 195면.
98) 김철수, 『학설판례 헌법학(상)』, 337면; 나인균, "헌법재판과 국제법규범", 『헌법논총』 제4집, 헌법재판소, 1993, 490면.

(나) 국제법과 국내법의 관계에 대한 수정이론: 변형이론, 집행이론, 수용(채용)이론

변형이론에 의하면 모든 국제법규범의 국내적 효력을 인정하기 위해서는 국내법으로 변형이 필요하다. "국제법은 국가법의 부분으로 간주된다."는 블랙스톤의 주장이 이에 적확한 표현이다. 변형작업에 의하여 국제법은 국가법이 된다. 이에는 국제법규범 전체 내지 대부분의 변형이 필요한 일반변형과 일부분만 변형되는 개별변형이 있다.

집행이론에 의하면 국제법규범의 수용을 위해서는 국내의 법률행위가 있어야 한다. 이는 국제법규범을 변형하는 것이 아니라 그대로 유지하는 것이다. 따라서 국내의 법률행위는 국제법적용을 국내에서 허락하는 집행명령의 기능만을 의미한다.

수용이론은 채용이론이라고도 하며 변형이나 집행행위 없이 국제법규범에 직접 국내법적 효력을 부여하는 것이다. 따라서 국제법규범은 채용 내지 수용된 것이다. 국내기관은 단지 확인적 기능을 수행한다. 국제법규범은 그대로 유지된다.

상기 세 개의 이론은 국제법규범에 효력을 부여하려는 목적은 동일하나 그 방법에 차이가 있을 뿐이다. 하지만 이론에 따라 법적 효과는 차이가 있다. 국내법해석원칙이 적용되는지 아니면 국제법해석원칙이 적용되는지, 국제법규범의 효력이 상실되면 국내법도 동일하게 효력이 상실되는지가 그것이다. 여기서 국제법규범의 성격을 유지하는 변형이론은 집행이론, 수용(채용)이론과 반대의 효과가 나타난다. 즉 국제법해석원칙이 적용되고 국제법규범의 효력이 상실되면 국내법도 효력이 상실된다.

(3) 국제법 존중원리의 경우

헌법 제6조 제1항도 "헌법에 의하여 체결·공포된 조약과 일반적으로 승인된 국제법규는 국내법과 같은 효력을 가진다."고 규정하고 있다. 다수설[99]은 채용이론을 다르고 있다. 조약의 국내적 실시를 보다 원활히 하여 국제협조주의 정신에 부합한다는 점, 별도의 입법적 조치가 필요하지 않다는 점, 그 문구가 국제법의 성격을 그대로 유지한 채 국내적 효력을 발휘하며, 그 효력은 국내법에 대하여 우월한 것이 아니라 국내법과 같다는 해석을 강하게 뒷받침한다는 점 등을 근거로 한다.

---

99) 김철수, 『학설판례 헌법학(상)』, 336면; 권영성, 『헌법학원론』, 177면; 허영, 『한국헌법론』, 192면; 헌법재판소, "국제조약과 헌법재판", 『헌법재판연구』 제18권, 2007, 379면 각주 584에 인용된 다수 문헌.

졸견도 이 조항은 문언적 해석상 변형이나 집행행위의 매개 없이 국제법규범의 국내법적 효력을 부여하고 있는 점에서 채용(수용)이론을 채택한 것으로 판단한다. 다만 조약과 일반적으로 승인된 국제법규의 국내법적 효력에 대하여는 해석에 맡기고 있다.

4. 조약의 국내법적 효력

(1) 조약의 의의

조약이란 국제법주체간에 법률상의 권리와 의무를 창설·변경·소멸시키기 위하여 서면형식으로 체결되며 국제법에 의하여 규율되는 합의를 말한다. 조약의 명칭은 헌장·조약·협정·협약·의정서·합의록·각서·선언 등 다양하다. 하지만 명칭여하에 상관없이 국가 간에 서면의 형식으로 체결된 명시적 합의로서 조약의 효력은 동일하다.[100] 조약체결·비준권은 대통령, 중요조약의 체결·비준에 대한 동의권은 국회에 유보되어 있다.

(2) 조약의 효력

조약의 효력에 대하여는 조약우위설과 헌법우위설이 있으나 후설이 다수설이다. 다만 독일기본법(제25조)은 국제조약에 법률보다 상위의 효력을 부여하고 있다. 또한 헌법우위의 다수설[101]은 헌법 제60조 국회의 동의를 요하는 조약은 법률적 효력을, 그 밖의 엄격한 의미의 행정협정과 그 밖의 조약은 법규명령의 효력을 부여한다. 헌법재판소는 국제통화기금조약,[102] 한일어업협정,[103] 마라케쉬협정[104]의 법률적 효력을 인정하였다.

(3) 조약에 대한 사법심사

첫째, 헌법적 효력을 갖는 조약은 헌법재판의 기준이 된다. 둘째, 법률적 효력을 갖는 조약은 헌법재판의 대상이 된다. 셋째, 법규명령적 효력을 갖는 조약은 일

---

100) 헌재결 1994. 4. 29. 97헌가14, 판례집 11-1, 273(282).
101) 김철수, 『학설판례 헌법학(상)』, 341면; 권영성, 『헌법학원론』, 171, 172면; 허영, 『한국헌법론』, 193면, 각주 2.
102) 헌재결 2001. 9. 27. 2000헌바20, 판례집 13-2, 328.
103) 헌재결 2001. 3. 21. 99헌마139, 판례집 13-1, 695.
104) 헌재결 1998. 11. 26. 97헌바65, 판례집 10-2, 698.

반재판의 기준이 된다.

하지만 이는 이론적인 기준일 뿐 조약의 국내법적 효력은 해석에 의하여 결정되는 것으로 관할충돌의 문제가 생길 수 있다.[105] 이 경우 독일은 연방헌법재판소의 심판절차로 마련되어 충돌을 예방하고 있다. 즉 일반법원의 재판에서 국제법규의 연방법의 구성부분이 되는지 여부 또는 이러한 국제법규가 개인의 권리와 의무와 직접관련 되어 있는지 여부가 문제되는 경우 헌법재판소에 신청하여 확인하여야 한다(제100조 제2항). 이는 헌법개정을 하지 않고도 헌법재판소가 구체적 규범통제의 대상으로 하여 관할의 충돌을 예방할 수 있다.

조약에 대한 위헌심사의 결과 국내법적으로는 무효이지만 국제법적으로 조약의 무효를 선언하면 조약체결상대국의 체면을 손상시켜 국제예양에 어긋나게 된다. 예컨대, 대통령이 국회의 동의를 요하는 조약을 절차를 위반하여 체결·비준한 경우가 그렇다. 따라서 국내법상 절차위반의 조약체결이라 하더라도 국제법적으로는 유효하다고 보는 것이 일반적이다. 이러한 경우를 예방하기 위하여 프랑스와 같이 사전적 규범통제제도를 마련하거나 합헌적 법질서확립을 위하여 추상적 규범통제제도를 도입하여야 한다. 독일의 경우도 조약에 대한 연방의회의 동의법에 대하여는 예방적 규범통제를 예외적으로 인정하고 있다.

5. 일반적으로 승인된 국제법규

(1) 개념

일반적으로 승인된 국제법규란 세계대다수 국가에 의하여 일반적으로 승인되어 보편적 효력을 갖게 되는 법규를 말한다. 이에 속하는 것으로 첫째, 국제관습법이 있다. 예컨대, pacta sunt servanda, 전시국제법상의 일반원칙(포로의 살해금지 등) 등이다. 둘째, 우리나라가 체결당사국이 아니라도 일반적으로 승인된 국제조약법이 있다. 예컨대, 세계우편연합규정, 대량학살(Genocide)금지협정, 포로에 관한 제네바협정, 부전조약 등이다.

(2) 국제법규의 국내법상 효력과 수용절차로서 의미를 갖는 규범통제

일반적으로 승인된 국제법규의 국내법적 효력에 대하여는 법률적 효력을 주장

---

105) 동지 헌법재판소, "국제조약과 헌법재판", 『헌법재판연구』 제18권, 2007, 424면.

하는 학설도 있으나 일률적으로 판단할 수 없어 국제법규단계에 따른 개별화설[106]
이 타당하다.

국제법규의 일반적인 승인여부를 확인하는 기관을 헌법은 지정하고 있지 않
다. 따라서 이는 해석에 의할 수밖에 없는 것으로 국민의 권리와 의무에 관한 사항
에 대하여 포괄적인 재판권을 갖는 일반법원이 원칙적인 관할기관이다. 하지만 법
률적 효력을 갖는 국제법규에 대하여는 헌법재판소가 담당하는 것이 타당하다. 헌
법정책적으로는 전술한 바와 같이 독일헌법 제100조 제2항의 국제법규의 국내법적
효력을 일반법원이 헌법재판소에 신청하여 확인하는 절차를 마련할 필요가 있다.
하지만 국제법규의 중요성에도 불구하고 경시로 인한 국가의 체면손상의 위험성을
보완하기 위한 비상수단으로 구체적 규범통제절차의 제청대상에 포함하여 해결하
는 방안도 있다.

(3) 헌법재판소

헌법재판소[107]는 국제연합의 세계인권선언의 국내법적 효력을 부인하는 입장

---

106) 허영, 『한국헌법론』, 198면; 성낙인, 『헌법학』, 333면.
107) "세계인권선언"에 관하여 보면, 이는 그 전문에 나타나 있듯이 "인권 및 기본적 자유의 보편
  적인 존중과 준수의 촉진을 위하여 … 사회의 각 개인과 사회 각 기관이 국제연합 가맹국
  자신의 국민 사이에 또 가맹국 관할하의 지역에 있는 시민들 사이에 기본적인 인권과 자유
  의 존중을 지도 교육함으로써 촉진하고 또한 그러한 보편적, 효과적인 승인과 준수를 국내
  적·국제적인 점진적 조치에 따라 확보할 것을 노력하도록, 모든 국민과 모든 나라가 달성하
  여야할 공통의 기준"으로 선언하는 의미는 있으나 그 선언내용인 각 조항이 바로 보편적인
  법적 구속력을 가지거나 국제법적 효력을 갖는 것으로 볼 것은 아니다(헌재 1991. 7. 22. 89
  헌가106, 판례집 3, 387, 425-426). 다만 실천적 의미를 갖는 것은 위 선언의 실효성을 뒷받
  침하기 위하여 마련된 '경제적·사회적 및 문화적 권리에 관한 국제규약', '시민적 및 정치적
  권리에 관한 국제규약'이다. '경제적·사회적 및 문화적 권리에 관한 국제규약'은 제4조에서
  "…국가가 이 규약에 따라 부여하는 권리를 향유함에 있어서, 그러한 권리의 본질과 양립할
  수 있는 한도 내에서, 또한 오직 민주사회에서의 공공복리증진의 목적으로 반드시 법률에
  의하여 정하여지는 제한에 의해서만, 그러한 권리를 제한할 수 있음을 인정한다." 하여 일반
  적 법률유보조항을 두고 있고, 제8조 제1항 (a)호에서 국가안보 또는 공공질서를 위하여 또
  는 타인의 권리와 자유를 보호하기 위하여 민주사회에서 필요한 범위 내에서는 법률에 의하
  여 노동조합을 결성하고 그가 선택한 노동조합에 가입하는 권리의 행사를 제한할 수 있다는
  것을 예정하고 있다. 다음으로 '시민적 및 정치적 권리에 관한 국제규약'의 제22조 제1항에
  도 "모든 사람은 자기의 이익을 보호하기 위하여 노동조합을 결성하고 이에 가입하는 권리
  를 포함하여 다른 사람과의 결사의 자유에 대한 권리를 갖는다."고 규정하고 있으나 같은 조
  제2항은 그와 같은 권리의 행사에 대하여는 법률에 의하여 규정되고, 국가안보 또는 공공의
  안전, 공공질서, 공중보건 또는 도덕의 보호 또는 타인의 권리 및 자유의 보호를 위하여 민
  주사회에서 필요한 범위 내에서는 합법적인 제한을 가하는 것을 용인하는 유보조항을 두고

이다. 시민적·정치적 권리에 관한 소위 B 국제규약의 일부조항에 대하여 '가입유
보를 이유'로 국내법적 효력도 부인하고 있다. 하지만 A(경제적·사회적 및 문화적 권
리), B 국제규약 자체의 효력은 인정하는 것으로도 해석할 수 있다. 헌법재판소의
인권향상을 위한 전향적 자세를 촉구한다.

6. 외국인의 법적 지위보장

(1) 의의

헌법 제6조 제2항은 "외국인은 국제법과 조약이 정하는 바에 의하여 그 지위
가 보장된다."고 규정하고 있다. 외국인의 법적 지위에 관하여는 원칙으로 상호(호
혜)주의 경향이 국제적으로 통용되고 있다.

(2) 외국인의 기본권주체성

외국인의 기본권주체성은 기본권조항의 해석문제다. 국민의 의무를 부담하는
전제로 국가선거권의 주체를 국민에 한정하더라도 기초지방자치단체에서 외국인에
선거권과 피선거권을 부여(공직선거법 제15조 제2항 제3호)하고 있는 것은 세계화시
대에 바람직한 입법방향이다.

7. 평화통일원칙

(1) 평화통일원칙

평화통일원칙에 관하여 헌법전문은 "조국의 민주개혁과 평화적 통일의 사명에
입각하여 정의·인도와 동포애로써 민족의 단결을 공고히 하고," 제4조는 "대한민
국은 통일을 지향하며, 자유민주적 기본질서에 입각한 평화적 통일 정책을 수립하
고 이를 추진한다.", 제92조는 "평화통일정책의 수립에 관한 대통령의 자문에 응하
기 위하여 민주평화통일자문회의를 둘 수 있다."고 규정하고 있다.

(2) 자유민주적 기본질서에 입각한 통일

헌법 제4조에 의하면 우리의 통일정책은 자유민주적 기본질서를 지향한다. 이

있을 뿐 아니라, 특히 위 제22조는 우리의 국내법적인 수정의 필요에 따라 가입당시 유보되
었기 때문에 직접적으로 국내법적 효력을 가지는 것도 아니다. 헌재결 2007. 8. 30. 2003헌
바51 등, 판례집 19-2, 213(232, 233); 1991. 7. 22, 89헌가106; 2003. 6. 26. 2002헌마305.

는 북한헌법의 사회주의식 통일을 거부하고 서독기본법의 민주주의 방식에 의한 통일을 목표로 한다는 것이다. 즉 서독기본법(제23조)은 그 효력범위를 서독의 11개 란트로 한정하는 대신 동독의 가입에 대하여 유보하였을 뿐이었다. 그리고 서독기본법 제28조에서 "란트의 합헌적 질서는 기본법의 공화적·민주적·사회적 법치국가에 합치하여야 한다."고 규정하여 서독식의 통일을 목표로 하였다.[108] 그리하여 동독은 자발적으로 서독기본법에 따른 란트로 편입하는 방식으로 통일을 하였다.

자유민주적 기본질서란 우리헌법의 기본원리, 즉 민주주의와 법치주의의 핵심 내용을 의미한다. 이러한 취지에서 헌법재판소[109]도 판시하였다. 따라서 우리는 자유, 평화, 정의의 민주적 헌법국가의 목표에 부합하게 북한과 대화와 협력을 바탕으로 통일정책을 추진하여야 한다.

(3) 우리 헌법 제3조 영토조항과 제4조 평화통일조항의 관계

1972년 제4공화국 헌법에서부터 평화통일에 관하여 헌법 제4조는 "대한민국은 통일을 지향하며, 자유민주적 기본질서에 입각한 평화적 통일 정책을 수립하고 이를 추진한다."고 규정하고 있다. 헌법 제3조의 영토조항은 1948년 제헌헌법 제4조에 동일한 내용으로 규정되어 있었다. 따라서 영토조항과 평화통일조항 즉 제3조와 제4조의 관계에 대하여 학설과 판례가 다양하게 나타나고 있다.

(가) 학설

첫째, 헌법 제3조 우위론으로 유일 합법정부론과 흡수통일론이 이에 속한다. 유일 합법정부론은 대한민국은 구한말 대한제국의 영토를 승계한 국가이며, 대한민국정부는 한반도에서 유일한 합법정부이고, 북한지역은 대한민국의 영토이지만 이른바 '조선민주주의 인민공화국'이라 불리는 불법단체에 의하여 점령되어 있는 미수복지역으로 대한민국의 주권은 미치나 현실적으로 미치지 못하고 있다고 본

---

108) 김철수, 『법과 정치』, 교육과학사, 1995, 719면; 김철수, 『학설판례 헌법학(상)』, 171면.
109) "민주적 기본질서는 우리가 오늘날의 입헌적 민주주의 체제를 구성하고 운영하는 데에 필요한 가장 핵심적인 내용이나 요소를 의미하는 것으로서, 민주적이고 자율적인 정치적 절차를 통해 국민적 의사를 형성·실현하기 위한 요소, 즉 민주주의 원리에 입각한 요소들과, 이러한 정치적 절차를 운영하고 보호하는 데에 필요한 기본적인 요소, 즉 법치주의 원리에 입각한 요소들 중에서 필요불가결한 부분이 중심이 되어야 한다."고 판시하고 있다. 헌재결 2014. 12. 19. 2013헌다1, 판례집 26-2하, 1(22).

다.110)

둘째, 헌법 제4조 우위론으로 신법우위론 내지 국제정치적 현실론, 헌법변천론
이 이에 속한다.

국가만이 가입자격을 인정받는 UN에 1991년에 남북이 아무 유보 없이 가입하
였고, '남북교류협력에 관한 법률'이 시행되고 있으며, '남북합의서'의 체결로 서로
상대방의 실체를 인정하였고(비록 남북합의서의 전문에는 남북 간의 관계를 "쌍방 사이
의 관계가 나라와 나라 사이의 관계가 아닌 통일을 지향하는 과정에서 잠정적으로 형성되는
특수관계"라고 규정하여 서로간의 법적 관계가 국가 간의 관계가 아니라고 인정하였다고 할
지라도) 평화통일의 상대방으로 대화를 하고 있는 마당에 여전히 북한지역에 남한
의 헌법이 효력을 미치며, 따라서 북한을 불법단체라고 해석할 수 있는 근거조항을
존치시키는 것은 우리의 헌법현실과 모순된다는 것이다. 입법론적으로는 제3조를
삭제하는 것이 바람직하다고 한다.111)

헌법변천론은 헌법 초기에는 영토조항에 의하여 북한을 불법단체로 보았으나
오랜 기간 분단 상태가 지속되는 동안 시대상황의 변화에 따라 우리의 통일정책도
변화하였다고 본다. 그래서 헌법현실이 헌법규범에서 이탈하여 헌법규범을 변경하
겠다는 직접적 의사 없이 헌법규범을 다르게 적용함으로써 헌법에 실질적 변화를
생기게 하는 '헌법변천'을 가져왔다는 것이다.

셋째, 절충설로 헌법만이 상반대조적 구조를 가질 수 있다는 특징이 있다는 전
제 아래, 영토조항은 진보적인 역사성의 표현으로 북한지역까지 우리의 영토로 통
합하도록 미래지향적인 평화통일조항의 청사진으로 보거나,112) 영토조항은 영토의
형식을 빌려 국가에게 평화통일의 과제를 부여하는 목표조항이라거나,113) 북한지
역에 대하여는 대한민국이 권리능력을 갖고 있으나 완전국가로서의 조직 특히 제
도의 흠결로 인하여 그 행위능력이 현재화되지 못하고 잠재적인 상태에 있다고 설
명하는 것 등이다.

---

110) 김철수, 『학설판례 헌법학(상)』, 169면.
111) 홍성방, 『헌법학』, 현암사, 64면.
112) 허영, 『한국헌법론』, 208면.
113) 한수웅, 『헌법학』, 97면.

(나) 헌법재판소

헌법재판소는 다음과 같이 판시하며 절충설의 입장에 있다.

"북한이 남·북한의 유엔동시가입, 소위 남북합의서의 채택·발효 및 남북교류협력에 관한 법률 등의 시행 후에도 적화통일의 목표를 버리지 않고 각종 도발을 자행하고 있으며 남·북한의 정치, 군사적 대결이나 긴장관계가 조금도 해소되고 있지 않음이 현실인 이상, 국가의 존립·안전과 국민의 생존 및 자유를 수호하기 위하여 신·구 국가보안법의 해석·적용상 북한을 반국가단체로 보고 이에 동조하는 반국가활동을 규제하는 것 자체가 헌법이 규정하는 국제평화주의나 평화통일의 원칙에 위반된다고 할 수 없다."114)

(다) 사견

헌법규정에 대한 해석은 헌법에 위반되는 헌법률이 아니라면 문자적 해석에서 시작하여 객관적·체계적 해석의 방법까지 모두 동원하여 의미를 부여하여야 한다. 그러한 점에서 영토조항은 국제사회에서 우리 대한민국이 추구하는 헌법의 추상적인 목표규정이지만 헌법상 평화통일조항은 국내에서 현실적인 구체적 조항으로 보고자 한다. 따라서 국제적으로 북한은 독립 국가이지만 국내적으로 북한지역은 우리헌법이 지향하는 평화통일의 목표이므로 남·북한 간에는 상호 국가로 인정하지 않는 것이다. 이러한 점에서 '남북합의서'에서 남·북간의 관계를 "쌍방 사이의 관계가 나라와 나라 사이의 관계가 아닌 통일을 지향하는 과정에서 잠정적으로 형성되는 특수 관계"라고 규정하여 서로간의 법적 관계가 국가 간의 관계가 아니라고 한 것을 이해할 수 있다. 이는 또한 남북한 간의 거래에 관세면제와 북한주민에게 대한민국국적을 자동 부여하는 대법원판결에 동의할 수 있게 되는 해석론이다.

---

114) 헌재결 1997. 1. 16. 92헌바6 등; 2015. 4. 30. 2012헌바95 등; 2023. 9. 26. 2017헌바42.

제 2 편

기본권일반론

인권과 기본권의 이념

제 1 절 인권과 기본권의 관계

I. 용어사용

1. 연원

먼저 인권과 기본권의 용어사용에 관한 학계와 비교법적 검토를 하고자 한다. 사회과학에서 인권과 기본권의 용어사용은 통일적이지 않다. 인권이란 용어는 1789년 프랑스의 인간과 시민의 권리선언에서 유래하여 정치학이나 행정학 및 역사학 등에서 일반적으로 많이 사용한다. 하지만 기본권은 1849년 프랑크푸르트 헌법(파울교회 헌법이라고도 함) 제16장 '독일국민의 기본권'이란 표제에서 유래했다. 기본권은 국가공동체와의 관계에서 그 소속원에게 부여되는 법적 지위를 의미하는 것이어서 우리 헌법학에서도 기본권이란 용어를 주로 사용한다.[1]

---

1) 장영철, "대학 인권센터의 심사기준으로서 기본권의 기능", 『서울법학』 제29권 제3호(2021. 11.), 9면.

2. 자연권으로서 인권과 실정권으로서 기본권

자연권으로서 1789년 프랑스의 인권선언에 근거한 인권과 달리 기본권은 무엇보다 헌법제정자의 의지에 근거한 실정권이다. 기본권이란 용어를 계수한 1919년 독일의 바이마르헌법, 1949년의 본 기본법, 우리의 제헌헌법도 인권과 구별하여 국민의 권리(제2장 표제어)로 규정한 점에서 마찬가지다.

인권이란 용어는 자연권으로서 유엔인권헌장, 국제인권규약 등 국제법 또는 자연법과 관련하여 사용되고 있다. 유엔인권헌장은 기본적 인권에 대한 신뢰를 바탕으로 인권과 기본적 자유를 촉진하고 보장하는 하는 것을 그 목적의 하나로 선언하고 있다. 유럽인권협약에서도 동일하게 인권과 기본적 자유를 병렬적으로 언급하면서 인권을 기본적 자유의 기초로 삼는다고 천명하고 있다.

3. 유럽연합의 기본권헌장

이와 달리 유럽연합(EU)은 그 보장되는 권리를 기본권으로 규정하고 있다. 기본권은 헌법학 용어로서 그 국가적 성격을 경향적으로 확인할 수 있다.[2] 왜냐하면 유럽연합(EU)의 기본권헌장은 연합국의 통합을 위해 권력까지 행사할 수 있도록 국가적 징표를 사용함으로써 국가연합보다는 연방국가유사의 지위를 부여하려 노력한 것으로 해석할 수 있기 때문이다. 독일기본법 제23조 제1항에서도 "유럽연합의 통합을 실현하기 위하여 독일은 민주주의, 법치주의, 사회국가와 연방국가적 원리 및 보충성의 원리에 따라 기본법 유사의 기본권보호수준을 보장하는 데 협력하여야 한다."고 규정하고 있다.

4. 인권과 기본권구별여부에 관한 학설

우리 헌법학에서도 기본권을 인권과 동의어로 파악하는 견해와 특별한 의미를 부여하여 구분하는 견해도 있다. 구별하는 견해[3]는 ① 기본권은 실정법상의 권리이지만 인권은 자연법상의 권리다. ② 기본권은 제한적 효력을 갖지만 인권은 무제

---

2) 김철수, 『인간의 권리』, 산지니, 2020, 873면.
3) 홍성방, 『헌법학(상)』, 박영사, 2010, 282면; 김철수, 『학설판례 헌법학(상)』, 364면; 허완중, "인권과 기본권의 연결고리인 국가의 의무-기본권의 의무적 고찰을 위한 토대-", 『저스티스』 124호(2011. 6.), 152면.

한적 효력을 갖는다. ③ 기본권은 사법심사의 기준이지만 인권은 그렇지 않다. ④ 기본권은 국가권력을 구속하지만 인권은 그렇지 않다.

동의어로 파악하는 견해4)는 기본권에 내포된 하위개념으로 인권과 시민권을 들고 있다. 인권이란 인간의 본성에서 나오는 생래적 자연권으로 기본권이란 대체로 헌법이 보장하는 천부인권적 방어권(신체, 종교의 자유)을, 시민권은 기본권의 특별한 형태로서 대한민국 사람에게만 귀속되는 기본권(집회의 자유, 직업선택의 자유)으로 구분된다고 한다. 독일기본법도 만인의 기본권과 독일국민에게만 인정되는 기본권으로 구분하여 인권과 시민권을 기본권의 하위개념으로 파악하고 있다.

5. 인권과 기본권구별의 입법례

이와 반면에 프랑스의 1789년 인간과 시민의 권리선언에서는 국가와 관계없이 인정되는 인권과 국가공동체 내에서만 인정되는 시민권을 구분하고 있다. 자유, 재산, 압제에 대한 저항(제2조), 신체(제8조), 종교(제10조), 사상과 의사표현의 자유(제11조) 등을 인권으로 들고 있다.5) 인권선언은 기본권보장과 권력분립을 내용으로 규정해야 한다(제16조)고 하여 기본권은 실정헌법의 규정대상으로 국가공동체내에서 인정되는 시민권으로 파악하고 있다.

하지만 기본권이 없는 헌법도 있을 수 있다. 실정권설과 군주주권론에 입각하여 제정된 1920년 오스트리아 연방헌법과 1871년 독일 비스마르크제국헌법에는 기본권목록이 없다.6) 이는 형식적 의미의 헌법으로 구분하고 오스트리아 국가기본법(1867년), 독일의 란트헌법에 규정한 기본권목록을 실질적 헌법으로 포섭하여 국민의 자유를 보장한다. 이러한 기본권은 헌법적 효력을 갖는 것으로 법률상의 권리와 달리 입법자가 단순히 폐지할 수 없다. 1789년 프랑스 대혁명 이후 기본권보장은 근대입헌주의 헌법의 본질로 인정되었기 때문이다. 기본권은 시민의 자유와 인간의 존엄 및 가치를 보장하는 수단으로 국가권력행사의 한계를 의미하게 되었다.7)

---

4) 성낙인, 『헌법학』, 1042면.

5) 김철수, 『기본적 인권의 본질과 체계』, 대한민국 학술원 2017, 69면; 장영철, 『기본권론』, 화산미디어, 2018, 6면.

6) 장영철, 『기본권론』, 7면 이하.

7) 장영철, "대학 인권센터의 심사기준으로서 기본권의 기능", 11면.

6. 기본권의 주체성문제는 국가의 책임과 관련

기본권의 목적은 국가권력의 작위, 부작위에 의해 발생하는 사회공동체의 현실적 위험을 제거하고 예방해 줄 것을 요청하는 개인의 고유한 권리를 보장하는 것이다. 즉 국가는 기본권보장의 수범자다. 국가가 개인에게 기본권주체성을 인정하는 것은 개인에 대한 국가의 기본권보장의무를 지우는 데 핵심이 있다. 결국 기본권은 헌법적으로 보장된 개인의 국가에 대한 주관적 공권과 객관적 규범의 이중적 성격을 갖는다. 주관적 공권성은 국가에 대한 개인의 관계에서 소극적 방어권, 적극적 급부권, 능동적 참정권으로 구분할 수 있다. 객관적 규범은 제도보장, 기본권의 대사인적 효력, 조직과 절차에 관한 권한규범 등을 말한다.

이에 반해 인권의 이념은 전국가적인 자연법원리를 기반으로 하여 헌법과 법률 및 국제법적인 보장을 포괄한다. 우리 국가인권위원회법(제2조 제1호)에서도 인권에 대하여 "헌법 및 법률에서 보장하거나 대한민국이 가입·비준한 국제인권조약 및 국제관습법에서 인정하는 인간으로서의 존엄과 가치 및 자유와 권리를 말한다."고 규정하고 있다.

기본권은 인권과 달리 국가의 실정권이란 점에서 구별된다. 성문의 제정법이란 성격은 인권의 법원인 국제법에도 인정되지만 국가법은 아니다. 이러한 점에서 인권은 초국가적이다. 즉 개념 내재적으로 인권은 실정법적 초실정법적 효력 모두 가능하다. 인권은 자연법과 국제법의 두 개의 영역과 관련된다.

Ⅱ. 헌법의 관점에서 실질적 구별[8]

헌법은 인권과 기본권을 구별한다. 즉 헌법 제10조 제2문은 "국가는 개인이 가지는 불가침의 기본적 인권을 확인하고 이를 보장할 의무를 진다."고 규정하여 국가의 확인과 보장의무의 대상으로 인권을 규정하고 있다. 이와 구별하여 기본권은 헌법 제2장에 표제어로 '국민의 권리와 의무', 헌법 제37조 제1항 '헌법에 열거되지 아니한 국민의 자유와 권리는 경시되지 아니한다.' 헌법 제37조 제2항에서도 "모든 국민의 자유와 권리와 국가안전보장, 질서유지, 공공복리를 위하여 필요한

---

8) 장영철, "대학 인권센터의 심사기준으로서 기본권의 기능", 12~14면을 기초로 수정·가필함.

경우에 한하여 법률로써 제한하되, 제한하는 경우에도 본질적 내용을 침해해서는 안 된다."고 규정하여 국민의 헌법적 권리로 기본권을 규정하고 있다.

1. 인권은 기본권의 본질로 국가의 확인대상, 기본권은 보장대상

국가의 인권확인은 시민의 신앙고백과 같은 것이다. 인권의 보장의무는 헌법제정자의 정언명령이다. 인권은 국가의 확인의 대상이고 기본권은 확인된 인권으로서 보장의 대상이다. 기본권은 개별적으로 명문화되지만 인권은 정의되지 않은 채 기본권의 원천으로 남아있게 된다. 인권은 헌법과 독립하여 그 전제조건으로 평가되지만 기본권은 헌법에 종속되는 실정권이다. 인권은 기본권의 본질로 합리적 이성에 근거한 자연법적 원칙이다. 이에 반해 기본권은 국가권력에 대해 직접효력을 갖는 진정한 규범적 성격을 갖는다. 기본권은 국내법질서의 일부로서 국가권력을 기속하는 개별성이 있는 반면에, 인권은 인간공동체의 평화와 정의를 위해 중요한 기능을 수행하는 보편성을 갖는다. 인권은 만인의 권리로서 만인은 세상에 흩어져 존재하기에 보장의무자를 특정할 수 없어 실질적인 효력이 없다. 하지만 기본권은 국가권력을 그 보장의무자로 지정한다.

2. 인권은 그 주체가 기본권은 국가가 정의

헌법상 인권과 기본권의 가장 큰 차이점은 인권은 그 주체가 정의하는 반면 기본권은 그 수신인, 즉 국가가 정의하는 것이다.[9] 인권은 인간의 용모를 갖는 모든 이가 갖는다. 국적이나 소재지와 상관없다. 사회, 문화적인 차이도 고려하지 않는다. 하지만 인권은 조직이 아닌 인간에만 인정된다. 지구상에서 인간존엄이 침해된 곳이라면 인권문제를 제기할 수 있다. 북한주민의 인권, 탈레반점령으로 생겨난 아프가니스탄 난민의 인권문제가 그것이다. 모든 위험에 대해 어느 누군가의 인권침해에 대해서도 인권보호를 요청할 수 있다. 예컨대, 퉁명스럽게 전화응대를 하는 교직원에 대한 인권침해주장도 가능하다. 인권의 속성은 전지전능이다.

모든 사회적 결사와 정치조직은 인권의 선언, 확대, 보장을 목적으로 한다. 경실련, 참여연대, 정당, 지방자치단체, 학교, 국가 등의 궁극적 목적은 인권을 보장하

---

9) J. Isensee, Positivität und Überpositivität der Grundrechte, in: Handbuch der Grundrechte Bd. Ⅱ (hrsgg. v. D. Merten u. H.-J. Papier) § 26, Heidelberg, 2006, S. 49, RN 12.

는 것이다. 하지만 현실적으로 국가는 인권의 효과적인 보장자이지만 잠재적인 침해자이기도 하다. 기본권은 태생적으로 국가와 관련된 것으로 국가는 유일한 기본권의 수범자다. 국가의 모든 권력행사에는 기본적 인권으로 확인되어 헌법에 규정된 기본권보장의무를 수반한다(헌법 제10조 제2문). 따라서 기본권의 향유자도 국가의 입장에서 결정한다. 국가권력의 지배가 미치는 한 자연인과 법인을 포괄하는 모든 인(Person)이 여기에 속한다.

3. 자유권과 사회권의 헌법수용으로 인권과 기본권의 이념일치

인권은 양면(국가와 피해사인), 다면관계(국가와 피해사인 및 가해사인)를 모두 포괄하지만 기본권은 잠재적인 가해자로서 국가와 피해자로서 사인의 양면관계를 전제로 한 주관적 공권을 원칙적으로 보장한다. 다만 우리 헌법은 사회국가원리에 근거한 사회권을 기본권으로 수용함으로써 사회공동체에서 사권력을 남용하는 소위 가해사인에 대한 피해사인의 보호청구에 대하여 국가는 기본권보호의무를 이행하여야 한다. 국가의 소극적인 부작위가 원인으로 작용하여 사회공동체의 피해사인에 대한 기본권보호필요성이 인정되면 국가는 보호의무를 이행하여야 한다. 이는 근대헌법에서 법치국가원리에 근거하여 국가권력과 사인의 종속적인 양면관계를 전제로 한 방어권보장과 구별하여 중재자(보증인)로서 현대국가와 가해사인과 피해사인의 삼면관계에서도 기본권보장의무를 확대하게 되었다. 현대국가는 시민적 법치국가에서 사회적 법치국가로 변모하여 '시민의 인권보호자' 내지 '보증인'으로서 기능도 수행하여야 하는 것이다. 이러한 점에서 기본권과 인권의 이념은 일치하게 되었다.

제 2 절 인권과 기본권의 역사

I. 영국의 인권보장사

1. 마그나카르타(1215)

1066년 프랑스에 정착하였던 노르만의 영국정복으로 탄생한 노르만왕조는 모든 국토를 왕령지로 선포하고 직신들의 충성선서로 집권적 봉건체제를 확립하여 영국의 왕권은 다른 나라보다 강하였다. 하지만 노르만 왕조의 뒤를 이은 플란타지네트 왕조(1145~1485)의 존왕은 프랑스의 필립2세와 싸워 프랑스영토의 대부분을 잃었다. 이에 국내 귀족들에게 막대한 세금을 부과하며 왕권을 신장하려는 존 왕에 대항하여 봉건제후들과 성직자 및 도시상인이 결합하여 존왕을 압박하여 그들의 요구를 승인하였다. 존왕이 이들의 요구를 인정한 특허장이 바로 후세에 자유의 상징으로 일컬어진 마그나카르타이다. 이는 본래 봉건제도를 유지하는 문서로서 근대적 의미의 기본적 인권보장을 목적으로 한 것은 아니다. 전제군주에 대한 봉건제후와 성직자들이 그들의 주장을 관철하기 위해서 도시상인과 결합하여 얻어진 반사적 이익에 불과하였기 때문이다.

봉건세력이 쇠퇴하고 중산계급이 대두된 17세기에 권리청원을 기초한 코크에 의하여 근대적 해석이 가해지면서 마그나카르타는 인권사에서 중요한 지위를 차지하게 되었다. 마그나카르타에서 특기할 것은 그 제14조의 일반평의회다. 이는 영국 의회제도의 모체가 된 대의기관이다.

2. 권리청원(1628)

스튜어트왕조의 제임스 1세는 왕권신수설을 주장하며 의회와 대립관계에 있었다. 그를 계승한 찰스 1세는 부왕의 실정을 감안하지 못하고 국교회보다 가톨릭교에 더욱 관심을 보이고 의회를 무시하였다. 이에 로마 가톨릭적인 제식에 반대하고 칼뱅주의를 신봉하는 청교도가 의회세력과 영합하면서 의회의 왕권에 대한 도전은 격화되었다. 이에 코크(E. Coke)가 찰스 1세에게 기본적 인권과 의회의 권한을 인정하는 입법청원을 하여 양원을 통과한 것이 권리청원이다.

마그나카르타가 봉건제도의 유지문서인 반면, 권리청원은 중산층의 자유권에 관한 문서라는 특징이 있다. 이는 미연방헌법에도 반영되었다. 청원내용으로는 마그나카르타에도 있는 신체의 자유, 상납금의 금지, 과세에 대한 의회의 동의권, 특별재판의 금지, 이유 없는 체포구금의 금지 등 적법절차, 군의 강제민박의 금지 등이다. 권리청원의 의의는 그 자체에 있기보다는 마그나카르타의 유산을 이어 권리장전의 결실을 맺게 한 점에 있다.

한편 인신구속의 적부를 심사하기 위하여 피구금자를 법원에 출두시킬 것을

명하는 영장인 인신보호영장에 관한 의회의 제정법이 인신보호법(1679)이다. 이는
오늘날 구속적부심사제의 기원이 되었다.

3. 권리장전(1689)

권리장전은 명예혁명을 사후에 합법화 시키는 단순한 문서가 아니라 마그나카
르타에서 비롯된 자유와 인권의 오랜 항쟁을 저항권에 의하여 마무리 짓고, 국왕을
상징으로 한 의회통치의 기초와 법의 지배원리를 확립시킨 헌법적 문서이다. 권리
장전은 의회선거제, 과세, 법률, 국방에 대한 의회의 간섭과 정책통제 등 13개 항목
의 자유와 권리를 선언하였다.

Ⅱ. 미국의 인권보장사

1. 버지니아 권리장전(1776)

버지니아 권리장전은 로크의 자연권사상이 가장 잘 요약되어 담겨 있는 인권
선언문이다. 모든 사람은 태어날 때부터 자유롭고 독립하여 일정한 권리를 갖는다.
생명과 자유, 재산을 향유하는 권리(제1조), 주권재민(제2조), 국가의 기본권보호의
무(제3조), 특권계층의 창설금지(제4조), 권력분립(제5조), 선거권과 과세권(제6조),
기본권제한의 법률유보(제7조), 형사사건의 배심재판을 받을 권리(제8조), 잔혹하고
이상한 형벌의 금지(제9조), 일반영장의 금지(제10조), 민사사건의 배심재판권(제11
조), 언론출판의 자유(제12조), 민병대에 의한 국가방위(제13조), 인민정부의 독립성
(제14조), 인권존중의 원칙(제15조), 종교의 자유(제16조) 등이다.

2. 독립선언(1776)

버지니아 권리장전과 마찬가지로 독립선언도 로크의 자연권사상이 가장 잘 요
약되어 담겨 있는 인권선언문이다. 다음의 독립선언의 내용을 이를 방증하고 있다.
우리는 다음의 사실을 자명의 진리로 확신한다. 즉 모든 사람은 평등하게 창조되었
고, 그들의 조물주에 의하여 일정한 불가양의 천부인권을 부여받았으며, 그중에는
생명, 자유, 행복을 추구할 권리, 저항권이 포함되어 있다. 이러한 제 권리를 향유
하기 위하여 정부를 수립하였다. 그리고 그 정부의 정당성은 피치자의 동의에 유래

하는 것이다.

3. 미연방헌법(1787)

미연방 헌법제정의 기초자들은 기본권을 천부인권으로 보아 처음에는 기본권 조항을 규정하지 않았다. 하지만 그 후 인권을 당해 시대, 사회에서 인간의 정당한 요구를 권리의 형식으로 요약한 것이라고 보아 수정헌법(1791)에서 10개의 기본권 조항과 1865년(제13조 노예제폐지), 1870년(제15조 보통선거권), 1920년(제19조 여성투 표권차별금지), 1971년(제26조 18세 이상 선거권), 1992년(제27조 연방의회의원의 보수변 경법률의 다음 하원의원 선거시까지 효력발생제한) 등 계속적으로 기본권조항을 추가증 보 하였다. 이는 인권문제의 역사적 발전과정을 나타내고 있다.

미연방헌법상 기본권규정의 특징은 다음과 같다. 첫째, 인간존엄, 국가의 기본 권보호의무, 기본권제한의 한계원리 등 일반규정은 없고 개별규정만 존재한다. 예 컨대, 종교, 언론, 출판, 집회, 청원의 자유(수정 제1조), 적법절차조항(수정 제14조), 대통령 3선 금지(수정 제22조), 18세 이상 선거권(수정 제26조) 등이다. 둘째, 보통법 의 전통상 일반원리의 확립을 판례에 의존한다. 따라서 기본권이론의 일반체계를 확립하는 데에는 한계가 있다. 셋째, 다양한 인종, 종교, 재산의 차이로 인한 헌법 해석의 불일치가 항존한다. 이를 보완하기 위하여 연방대법원은 차별사유와 연계된 3단계 평등심사방법을 개발하기도 하였다. 넷째, 기본권이론의 일반화의 한계를 보 완하기 위하여 의회의 정치적 결정에 의존하는 경향도 나타난다. 예컨대, 노예해방 선언으로 촉발된 남북전쟁(1861~1865)과 연계되어 제정한 시민권법(1875년)에 의한 기본권의 대사인적 효력의 해결노력 등을 들 수 있다.

Ⅲ. 프랑스의 인권보장사

1. 인간과 시민의 권리선언(1789)

루이 16세는 선대부터 누적된 재정궁핍을 만회하기 위하여 1789년 5월 베르사 이유 궁전에 신분제의회인 삼부회를 소집하였다. 그는 신분에 따른 차등투표 실시 를 요구하였고 이에 저항한 제3신분과 일부 승려 및 귀족이 테니스코트에서 국민 의회를 구성하여 자신들이 국민대표라고 주장하며 헌법제정을 논의하였다. 루이 16

세는 해산을 명령하였지만 이미 대세가 기울어진 상황이었다. 봉건특권과 지대폐지를 주장하며 농민폭동이 발발하였지만 정부는 유상매매를 주장하며 지대징수는 여전하였다. 이에 국민의회가 헌법의회로 명칭을 변경하면서 8월 26일 인간과 시민의 권리선언을 발표하였다.

인간과 시민의 권리선언은 입헌주의적 기본권의 역사적 모델이다. 이 선언은 기본권을 자유, 재산, 압제에 대한 저항으로 들고 이것은 누구도 소멸시킬 수 없는 천부인권으로 규정하고 있다(제2조). 그 밖에 주권재민(제3조), 일반의사의 표현으로서 법(제6조), 적법절차(제7조), 죄형법정주의(제8조), 무죄추정의 원칙(제9조), 종교의 자유(제10조), 사상과 의사표현의 자유(제11조), 군대의 설치(제12조), 조세평등(제13조), 조세법률주의(제14조), 행정정보공개청구권(제15조), 기본권과 권력분립(제16조), 재산권(제17조)에 대하여 규정하였다.

하지만 루이 16세는 인권선언을 승인하지 않고 봉건적 특권도 폐지하지 않았다. 최저 생활도 하지 못했던 파리 시민들은 10월 베르사이유 궁전난입에 이어 11월에는 바스티유 감옥까지 습격하자 루이 16세는 항복 선언을 하였다. 프랑스 대혁명은 13년 전의 버지니아 권리장전과 자유사상가 몽테스키외, 볼테르, 루소, 미라보, 쉬에스 등의 영향을 받은 것이다. 혁명으로 평등사회가 이룩된 프랑스 헌법의회는 1791년 입헌군주제 헌법을 제정하였다.

2. 인간과 시민의 권리선언(1789) 이후 프랑스 헌법사

인간과 시민의 권리선언을 수용한 1791년 헌법은 모든 인간의 자연적·절대적 권리로서 '인권'을 보장한 특성이 있다. 그 후 1793년 헌법은 35개로 인권목록을 더욱 확대하였다. 하지만 평화가 정착될 때까지 혁명정부의 독재가 필요하다고 선언하면서 시행을 보류하였다. 그리하여 1795년 제1공화국헌법에서는 '기본권'형식으로 규정하면서 그 목록도 22개로 축소되는 반면 9개의 의무조항이 생겨 그 성격도 보수적으로 변하였다. 헌법상 기본권형식으로 규정한 것은 봉건특권과 신분사회가 폐지되자 인권에는 새로운 사회질서형성기능이 필요했기 때문이다. 이러한 보수적 성격의 헌법마저도 나폴레옹의 쿠데타로 폐기되고, 1799년 헌법에는 기본권규정이 아예 없었다. 이는 1804년 나폴레옹의 황제추대를 위한 준비적 성격을 띤 것이었다.

따라서 1804년의 헌법은 국민이 헌법제정권력의 주체가 아니라 군주주권의 헌법으로 인권규정이 없는 것은 물론이었다. 나폴레옹의 패전 후 제정된 1814년 루이 18세 헌법은 인권규정이 신설되었지만 왕정복고의 성격상 보수적이었다.[10] 1830년 헌법과 인권의 초국가성을 선언한 1848년 제2공화국헌법도 마찬가지였다. 1852년 헌법은 인권선언을 일반원리로 수용하였지만 1875년 제3공화국헌법에서 바로 인권 조항을 배제하였다.

1946년 제4공화국헌법 전문에서 비로소 현대적 의미에서 '인권선언을 재확인' 하여 기본권으로 수용하였다. 특히 1946년 제4공화국의 헌법전문에서는 사회·경제적 기본권을 규정하여 복지국가의 헌법적 기초를 마련하였다. 이는 1958년 제5공화국헌법과 1962년 직선제 대통령으로 개정한 현행헌법전문[11])에서 계속 확인되고 있다.

Ⅳ. 독일의 인권보장사

1. 군주의 특허에 의한 신민의 자유

독일에서 인권보장은 주권의 변화와 병행하여 발전하였다. 독일은 봉건시대의 영주주권에 의하여 신민들이 더 많은 자유를 요구하여 남독일 영주는 신분제특권을 폐지하고 경제적 자유를 부여하였다. 바이에른(1818), 바덴(1818), 뷔르템베르크 헌법(1819)이 그것이다. 그 후 프로이센헌법(1850)은 형식상 기본권을 두고 있었으나 군주주권을 비롯하여 보수, 군국주의로 그 기능을 발휘할 수 없었다. 1871년의 비스마르크 제국헌법은 연방국가의 여러 주에 개별적으로 주권을 인정한 군주주권에 의하여 아예 기본권규정을 두지 않았다.

19세기의 몰(R. v. Mohl)은 기본권을 법치국가원리의 요소로 보고 절대권력을 제한하기 위해 법치국가원리에서 기본권제한의 한계원리인 비례성원칙을 도출하

---

10) 홍성방, 『헌법학(상)』, 박영사, 2010, 250~252면; Ch. Winterhoff, Verfassung-Verfassungebung-Verfassungsänderung, S. 24 ff.

11) 프랑스헌법 전문: 프랑스 인민은 1789년 인권선언에서 규정되고, 1946년 헌법전문에서 재차 확정되고 보완된 인권과 국민주권의 권리, 그리고 2004년 환경헌장에서 규정된 권리와 의무에 구속됨을 엄숙히 선언한다. 상기된 원리와 국민의 자유로운 자기결정에 입각하여, 프랑스 공화국은 이를 따르기를 희망하는 해외 영토에 자유·평등·박애의 보편적 이념에 입각하고, 이들의 민주적 발전을 목적으로 구상된 새로운 체제를 제공한다. 국회도서관, 『세계의 헌법』 제2권, 제3판, 2018, 515면 참조.

였다.

2. 자연권의 헌법적 승인

(1) 프랑크푸르트헌법의 국민주권에 의한 천부인권론

근대와 현대국가의 기본권은 국민주권에 의하여 국가 이전부터 존재하는 불가양의 천부인권이다. 시민은 로크(J. Locke)의 사회계약론에 의해 국가에 국민의 기본권보장의무를 부담하게 하는 대신 국민의 기본권을 민주주의원리에 의하여 제한할 수 있는 권능을 부여하였다. 이에 해당하는 근대헌법으로는 살펴본 버지니아 권리장전(1776), 인간과 시민의 권리선언(1789), 벨기에 헌법(1830), 독일의 프랑크푸르트 헌법(1849) 등이다. 프랑크푸르트 헌법은 파울교회에서 제정된 헌법으로 '파울교회 헌법(Paulskirchenverfassung)'이라고도 하며 제6장의 제130조에서부터 제189조에 걸쳐 시민혼(Zivilehe, 세속혼), 사형제의 폐지, 형사사건의 배심재판을 받을 권리 등 50여 개의 근대적 기본권을 총망라한 특징을 갖는다. 이 헌법은 국민주권을 이념으로 하여 민주적 과정을 거쳐 황제의 지휘 하에 통일된 독일을 만들려 하였으나 제방군주들의 저항으로 결국 실패로 끝났다.

(2) 바이마르헌법의 사회권

제1차 대전 후 바이마르헌법(1919)은 각 정파의 이해관계를 모두 반영하여 자유권 이외에 사회권 등 다양한 기본권규정을 두었다. 특히 모성의 보호, 재산권행사의 공공복리 적합의무, 서자의 동등권, 소년의 근로보호, 토지개혁, 중산층의 육성 등 다수의 사회권을 규정하였다. 근대국가의 형식적 법치국가에서 실질적 법치국가인 사회국가를 추구한 점에서 현대헌법으로 분류할 수 있다. 하지만 바이마르헌법은 현대헌법과 달리 입법권의 기본권기속을 인정하지 않아 '결단 없는 헌법'(즉, 프로그램규정)으로 내재적 한계를 갖고 있었다. 바이마르 공화국은 군소정당의 난립으로 의회의 기능상실, 힌덴부르크 대통령독재에 이어 히틀러의 나치정권집권(1933)으로 바이마르헌법은 기능을 잃게 되었다. 대신에 나치는 제국의회의 수권법(授權法)과 전체주의통치를 하여 게르만족 우월을 강조하면서 특히나 유태인에 대한 인권유린이 극심하였다.[12]

---

12) Michael/Morlok, Grundrechte, Baden-Baden, 2008, S. 34 ff., RN 5 ff.

(3) 독일헌법의 자연권으로 회귀

제2차 대전 후에는 UN 총회가 세계인권선언(1948. 12. 10.) 전문에서 "인간존엄과 평등, 불가양의 천부인권이 세계의 자유, 평화, 정의의 기초임"을 선언하고 당시 서독은 4대(미국, 영국, 프랑스, 소련) 연합국의 강요로 기본법(1949)을 제정하였다. 그 인권보장의 특징으로 천부인권으로서 인간존엄의 실현을 목적으로 국가기관의 기본권기속과 헌법재판제도 및 헌법개정의 실정법적 한계를 규정하여 실정화된 인권으로서 기본권을 보장하였다.

주지하듯이 근자에 서독은 동독을 흡수통일하여 영토, 수도(제23조) 등 약간의 수정과 삽입조항이 있기는 하지만 원칙적으로 서독기본법은 통일 후(1990) 독일헌법으로 기능하고 있다. 오늘날 독일은 유럽연합의 구성국으로서 유럽공동체의 인권협약(EMRK), 유럽연합의 기본권헌장(EuG)의 기본권효력을 독일국내에서도 수용하여 초국가적인 인권보장국가로 발전하고 있다.

Ⅴ. 한국의 인권보장사

1. 제1공화국 헌법

제1공화국 헌법은 바이마르헌법을 모방하여 사회권, 청구권에서는 물론 거주이전의 자유(제10조), 표현의 자유(제13조) 등 자유권에서도 일반적 법률유보 이외에 개별적 법률유보로 자유권의 규범력을 약화시켰다. 이는 사회권중심의 기본권사상을 전개하기 위한 유진오의 의도로 볼 수 있다.[13] 바이마르헌법과 마찬가지로 사회권을 중시한 특색이 있다. 즉 교육을 받을 권리와 초등교육의 무상의무교육(제16조), 근로의 권리(제17조), 근로3권의 법률유보에 의한 보장(제18조 제1항)과 사기업 노동자의 이익분배균점권(제18조 제2항), 생활무능력자의 보호(제19조), 혼인의 순결과 보건권(제20조) 등이 그것이다.

2. 제2공화국 헌법

자유당 독재정권 하에서 국민이 기본권의 중요성을 인식하여 당시 서독기본법을 모방하여 기본권의 본질내용침해금지원칙, 선거의 공정을 위하여 중앙선거관리

---

13) 이영록, 『유진오 헌법사상의 형성과 전개』, 한국학술원, 2006, 218면.

위원회(제6장)와 기본권보장기관으로서 헌법재판소(제8장)를 최초로 설치하였다.

3. 제3공화국 헌법

제2공화국의 민주당정권의 혼란을 틈타 5·16 군사쿠데타로 정권을 획득한 박정희는 인간의 존엄과 가치(제8조)를 기본권규정에 두고, 직업선택의 자유(제13조), 인간다운 생활을 할 권리(제30조 제1항) 등 기본권조항을 신설하였다. 그리하여 자유권, 청구권, 참정권, 사회권 등으로 기본권조항을 체계화하였다.

4. 제4공화국 헌법

유신헌법으로도 명명되는 제4공화국 헌법은 위헌적인 헌법개정절차에서 반영되듯 거주이전의 자유, 직업선택의 자유, 주거의 자유, 통신의 자유, 표현의 자유 등 자유권규정에서도 개별적 법률유보조항을 대부분 마련하여 기본권을 헌법적 권리가 아닌 입법자의 재량에 의한 법률상 권리로 후퇴시켰다.

5. 제5공화국 헌법

5·18 광주민주화운동을 유혈진압하면서 탄생한 군사정권은 그 정통성을 호도하기 위하여 행복추구권(제9조), 사생활의 비밀과 자유(제16조), 그리고 사회권으로 환경권(제33조)을 신설하는 등 기본권목록을 다양화하였다. 하지만 헌법규범과 달리 헌법현실에서는 소위 삼청교육대에서의 인권말살, 직선제를 주장하며 호헌철폐를 주장하는 학생의 인권유린 등 기본권을 장식품으로 전락시킨 독재정권이 되었다.

6. 제6공화국 헌법

1987년의 명예혁명의 결과 당시 노태우 민정당대표의 6·29 선언으로 직선제 개헌이 이루어졌다. 이는 오늘날까지 역대 어느 헌법보다도 최장의 규범력을 유지하고 있는 현행 헌법으로 신설된 조항은 다음과 같다. 적법절차조항, 체포·구속통지제도, 언론·출판·집회·결사의 자유에 대한 허가나 검열금지, 형사보상청구권의 확대, 형사피해자의 재판진술권, 범죄피해자구조청구권, 최저임금제, 여자의 복지와 권익향상, 노인과 청소년의 복지향상, 신체장애자에 대한 국가보호, 재해예방으로부터 국가의 보호, 쾌적한 주거생활, 국가의 모성보호의무 등 다양한 기본권목록을 마련하였다.

제 3 절 기본권의 해석방법

Ⅰ. 고전적 해석방법

기본권의 해석방법은 헌법상의 권리로 보는 실정권설, 기본권을 천부인권으로 보는 자연권설, 국가공동체의 의사형성에 매개체로서 기능하는 공민(Citoyen)들의 가치 내지 문화체계로 보는 통합설이 그것이다.

1. 실정권으로서 기본권해석

실정권설은 한스 켈젠(Hans Kelsen)이 대표적으로 주장한 규범은 규범일 뿐이라는 순수법학이론에서 연유한 것으로 기본권과 인권을 엄격히 구별한다. 즉 인권은 인간의 생래적인 권리로서 천부인권이지만 기본권은 실정헌법상의 권리일 뿐이라고 한다. 따라서 기본권해석도 법률해석과 동일하게 문자적 해석, 논리적 해석, 목적론적 해석, 발생사적 해석, 체계적 해석, 역사적 해석, 비교법적 해석으로 가능하다고 주장한다. 헌법재판소도 이러한 해석방법을 원용하고 있다.

하지만 헌법과 법률은 다음과 같은 차이점을 고려하여 해석할 필요가 있다. 첫째, 국내법 중 근본규범인 헌법의 규정형식은 추상적이고 포괄적인 내용이 일반적인 반면, 법률은 정형적으로 예상되는 사실관계를 전제로 이에 적용될 수 있는 형식으로 기본권을 구체화하여 마련한 규정이라는 점, 둘째, 기본권은 주관적 공권을 성격을 갖는 것으로 그 상대방이 국가권력이거나 헌법기관으로서 기본권보호의무자라는 점, 셋째, 법률은 구체적 사실관계에서 적용우위를 갖지만, 헌법은 기본권을 중심으로 법률에 대해 효력우위를 실현하여야 하는 실정법체계 내에서 기능상 차이가 있다. 이를 제도적으로 반영하여 우리 헌법도 헌법재판과 일반재판을 구분하고 있다.

이러한 점에서 기본권해석과 법률해석의 방법상 차이를 인정하는 해석방법을 살펴보고자 한다.

2. 비정치적 자유주의 기본권해석: 방어권으로서 기본권

이는 칼 슈미트(Carl Schmitt)가 주장한 기본권의 본질을 천부인권으로 보는 자연권론에 의한 해석방법을 말한다. 그의 자연권론에 의하면 기본권은 비정치적인 부분으로 법치국가원리가, 통치기구는 정치적인 부분으로 민주주의원리에 따라 운영되어야 한다고 주장한다. 따라서 기본권은 오로지 국가권력에 대한 항의 수단으로서 주관적 공권으로서 방어권일 수밖에 없다고 한다. 기본권은 국가와 사회의 엄격한 구별론에 입각하여 시민의 자유로운 영역을 보장하는 것이라 한다. 즉 국가는 시민의 생활영역에 개입해서는 안 되고 사인의 가해에 대해서도 보호의무를 부담하지 않는다고 본다. 이러한 주장에 대해서는 기본권의 보호의무, 대사인적 효력 등 가치체계로서 기본권의 객관적 기능을 주장하는 소위 통합론의 입장에서 근본적으로 반대하고 있다.

3. 정치 · 사회적 기본권해석: 가치체계로서 기본권

이는 스멘트(Rudolf Smend)가 주장한 통합론으로 기본권을 사회질서를 형성하는 가치체계, 문화체계로 본다. 기본권의 본질은 국가를 통한 객관적 질서형성에 본질이 있는 것으로 국가에 대한 방어적인 주관적 권리의 성격이 오히려 부차적인 것에 불과하다는 것이다. 따라서 기본권은 국가로부터의 사인의 자유를 보호하는 데 있는 것이 아니라 정치적으로 조직된 공민(Citoyen)이 국가의 정책결정과 정당성에 상향식으로 영향을 줄 수 있는 매개수단으로서 중요하다고 한다. 헬러(Hermann Heller)는 기본권의 정치적 성격을 스멘트보다 더 강조하여 예컨대, 여성의 평등권과 같이 기본권은 부단히 변화하는 사회현실을 감안하여 해석하여야 한다고 한다. 이러한 사회적 해석은 정치적 기본권(언론 · 출판 · 집회 · 결사의 자유), 사회권적 기본권(혼인과 가족에의 권리, 교육을 받을 권리), 청구권(재판청구권, 국가배상청구권)에서뿐만 아니라 기본권보호의무, 대사인적 효력, 제도적 보장 등 객관적인 기본권의 내용의 해석에서도 바탕이 되어야 한다고 주장한다. 헌법재판소의 결정에 의한 법관법형성은 비록 실정권적 기본권해석론으로는 설명할 수 없지만 오늘날 일반적으로 그 정당성을 인정하고 있는 것이다.

4. 소결

인권과 기본권은 헌법상(제10조 제2문) 형식적으로는 구별된다. 하지만 실질적으로 기본권의 본질은 헌법에 구체화한 인권이다. 따라서 인권과 기본권은 국가권력을 매개로 상호 조화를 이루어 가는 관계에 있다. 이러한 점에서 상기 기본권해석론의 장점을 활용하고 단점을 보완하여 기본권사례를 해결하는 실용적인 현대적 해석론을 살펴볼 필요가 있다.

Ⅱ. 현대적 해석방법(사례중심 관점론)

1. 규칙과 원칙의 구분

법규범은 이론적으로 규칙 또는 원칙으로 구분할 수 있다.[14] 규칙은 정해진 조건이 성취되면 항상 적용되는 조건규범이다. 규칙과 규칙이 충돌하면 이를 해결하기 위한 해결규칙을 적용한다. 예컨대, 상위법은 하위법에 우선한다. 이러한 해결규칙은 예외 없이 적용된다. 이와 달리 원칙(규범)의 특성은 본질적으로 다르다. 원칙과 원칙이 충돌하는 경우 해결규칙에 전적으로 의존하는 것이 아니라 다른 규칙이 등장한다. 즉 양 원칙을 상황에 따라 가능한 한 조화시키려 한다. 헷세(K. Hesse)의 규범조화의 원칙이 그것이다. 이는 하나의 목적을 완전히 포기하고 다른 하나의 목적을 실현하는 것이 아니다. 두 가지 원칙 중에서 어느 것도 포기하지 않고 상대적으로 형량해서 균형점을 찾는 것으로 경제학용어로는 '최적화(Optimierung)'라고 한다. 따라서 원칙은 개별적인 상황에서 최선을 구현하는 '최적화명령'으로 원칙에 의한 상대적 제한으로 '완전'을 추구하려는 것이다. 규칙이 '절대적인 우열관계'를 전제로 하나의 목적을 실현한다면, 원칙은 '조건부 우열관계'를 전제로 차별적인 상황에 따라 형량으로 목표를 달성한다.

원칙은 일반규정에서처럼 구체적 사실을 원칙에 포섭할 수 있을지 불확실할 수 있다. 이 경우 원칙은 구체화가 요구된다. 헌법적 차원의 원칙인 기본권은 법률로 구체화된다. 기본권을 규칙으로 본다면 그 법적 효과는 구체적 사실의 포섭결과

---

14) R. Alexy, Theorie der Grundrechte, Baden-Baden, 1985, S. 71 ff.; L. Michael/M. Morlok, Grundrechte, Baden-Baden, 2008, S. 40 ff., RN 22 ff.

로 나타난다. 가치판단은 보호범위단계에서 하게 된다. 이와 반대로 기본권을 원칙으로 본다면 다른 원칙과 구체적 사실과의 연관성정도에 따라 형량을 통하여 법적 효과를 도출한다. 헌법실무에서는 규칙 또는 원칙으로서 기본권해석이 모두 가능하다.

2. 규칙으로서 기본권

비정치적 자유주의 기본권해석론은 기본권의 보호범위를 가치판단을 통하여 좁게 확정한다. 즉 국가의 폭력독점원리에 의하여 기본권에는 평화유보가 내재되어 있다고 보기 때문이다. 예컨대, 음란표현은 표현의 자유의 보호범위에서 성매매는 직업의 자유의 보호범위에서 처음부터 배제된다. 형량을 하지 않는 국가로부터 자유로운 사적영역을 기본권의 본질내용으로 하여 보호하고 형량은 비례의 원칙의 수단의 적합성과 필요성단계에서만 한다.

규칙론의 장점은 기본권의 보장계획을 단순화하여 기본권의 효력을 예측가능하게 한다. 즉 기본권제한의 형식적 정당화사유로서 법률유보와 실질적 정당화사유로서 비례의 원칙으로 심사하는 단계가 그것이다. 사회권과 같이 재정상황 등 가능성유보하에 있는 기본권보호수준에 대한 가치판단은 헌법재판관이 아닌 의회에 부여한다. 단점으로는 기본권충돌과 같이 충돌하는 두 기본권 중 어느 하나의 기본권을 절대적으로 보호할 수는 없는 경우에 일방사인의 기본권제한의 비례성 판단만 할 수 있다는 점이다. 즉 기본권의 객관적 내용(제도보장, 기본권보장의무, 대사인적 효력, 조직과 절차 등)을 조화한 개별법에 대한 형량으로 타방사인의 기본권을 정당하게 보호할 수 없는 한계가 있다.

3. 원칙으로서 기본권

정치·사회적 기본권해석은 기본권의 보호범위를 확대하고 동적으로 해석한다. 기본권보장도 형량으로 한다. 기본권보호수준을 최적화하기 위해서 기본권을 원칙으로 상대화한다. 헌법 제37조 제2항의 기본권의 본질내용도 형량으로 결정되므로 절대화하지 않고 상대화한다. 하지만 형량은 주관적인 자의로 하는 것이 아니라 구체적 상황에서 기본권제약의 정도를 기준으로 한다.

원칙론의 장점은 기본권을 제3자의 기본권이나 헌법원칙과 같은 근본가치처럼 상대화하여 구체적 논증으로 사안을 해결하고, 기본권의 대국가적 효력 이외에 대사인적 효력으로 확대하여 기본권을 여타의 헌법원칙과 같은 정도로 가치를 고양한 것이다. 단점은 명문으로 규정된 불가침의 인간존엄과 기본권의 본질내용도 상대화하는 문제, 형량은 합리적이나 결과를 명백하게 예측할 수 없거나 정치과정, 일반법률, 사인의 행위가 불확정적인 헌법적 가치에 의해 상대적으로 형량되어 사법국가의 부정적 측면이 부각될 수 있다.

Ⅲ. 사견

기본권의 규칙론과 원칙론은 상호 배제관계에 있는 것이 아니라 다음 설명과 같이 구체적 사안에 따라 선택할 수 있는 우호관계에 있다.

1. 기본권은 주관적·객관적 양면적 성격을 갖는다. 따라서 기본권의 객관적 내용인 일반법질서의 하자에 대한 주관적 공권침해를 주장하며 헌법소원하면 헌법재판소는 주장된 기본권을 중심으로 그 제한의 정당성을 심판한다. 주관적 공권성만 인정하는 비정치적 자유주의 기본권해석론과 객관적 가치체계로서 기본권을 강조하는 정치적·사회적 기본권해석론이 각각 규칙과 원칙 어느 하나로 기본권해석을 주장하는 것은 오늘날 설득력을 잃었다.

2. 헌법규정 또는 해석상 법률유보될 수 없는 기본권이라도 기본권충돌의 해결을 위해서는 제한될 수 있다는 점에서 모든 기본권은 상대적 기본권이다. 기본권은 원칙의 성격을 갖고 있다는 점과 헌법 제37조 제2항은 모든 기본권을 제한할 수 있는 상대적 기본권으로 규정하고 있다.

3. 기본권제한의 한계인 비례성은 정당성심사를 위해 설정한 규칙이고, 그 심사요소를 기준으로 원칙인 특정기본권제한의 한계일탈여부를 심사한다. 원칙을 심사하기 위해서는 특정한 규칙이 먼저 존재해야 한다. 따라서 대부분의 경우 형량의 결과와 동일한 효과를 규칙으로도 이끌어 낼 수 있다. 예컨대, 규칙론의 단점으로 제시한 기본권충돌의 상대적 형량의 문제도 규칙론은 일방의 기본권의 법적 제한의 정당성을 비례의 원칙으로 판단하여 반사적으로 타방의 기본권을 보호한다. 또한 선례에서 제시한 판시내용을 결정요지 또는 중요한 이유에서 '살아있는 규칙'으로 제시하면서도 형량과정을 거쳐 결정논거로 제시한다. 이러한 점에서 헌법실무는 규칙과 원칙으로서 기본권을 형성하는 작업이라 할 수 있다. 실무에서는 형량을 하

지 않고 논증을 생략하여 결정을 하면 비판을 감수해야 하므로 일반적으로는 형량을 하여 논증의 치밀함을 부각시키는 방법을 택한다.

우리 헌법재판소가 민감한 사안에서 본질내용침해금지원칙을 비례의 원칙에 의한 상대적 보호내용과 구분하여 심사하는 경우는 형량의 결과 타인의 기본권이나 공익과 무관한 절대적인 기본권의 본질내용을 판시하기 위한 것이다. 예컨대, 변호인의 조력을 받을 권리의 보호내용에서 변호인 선임권과 변호인 접견권,[15] 내심의 자유(forum internum)에 머무르는 양심형성의 자유와 양심결정의 자유,[16] 개별적 인격권과 국적선택권,[17] 재판청구권의 최소한 보장[18] 등이다. 이러한 사례를 인간의 존엄과 가치와 밀접한 것으로 주장하면 기본권의 규칙론을 지지하는 논거[19]가 될 수 있다.

하지만 기본권은 일반적으로 원칙으로 보는 것이 타당하다. 헌법재판소가 법익충돌에 대한 형량을 생략한 채 기본권심사를 하는 것은 논증의 객관적 타당성을 인정받기 어렵기 때문이다.

---

15) 헌재결 2004. 9. 23. 2000헌마138, 판례집 16-2상, 543.

16) 헌재결 2002. 4. 25. 98헌마425 등, 판례집 14-1, 351; 1998. 7. 18. 96헌35 판례집 10-2, 159~166.

17) 헌재결 2000. 8. 31. 97헌가12, 판례집 12-2, 167.

18) 헌재결 2005. 5. 26. 2003헌가7, 판례집 17-1, 558; 1998. 9. 30. 97헌바51, 판례집 10-2, 541, 550; 1998. 12. 24. 94헌바46, 판례집 10-2, 842, 851.

19) 예컨대, 김철수, 『학설판례 헌법학(상)』, 440면.

기본권의 기능(법적 성격)

제 1 절   실정권성과 자연권성

Ⅰ. 기본권의 실정권성

1. 실정법의 일반적 특징

헌법은 실정법으로 그 자체 개정가능성을 본질로 한다. 따라서 헌법상 기본권은 인권의 특성인 절대성, 보편성, 포기불가능성과 달리 상대성, 개별성, 포기가능성을 전제로 한다. 실정법은 형식적 합법성만 강조될 뿐 실질적 정당성은 문제되지 않는다.[1]

실정법은 명확성, 구속성, 공개성 등을 특징으로 한다. 헌법의 일부로서 기본권도 형식적 절차를 거쳐 공표되어 구속력을 갖는다. 법해석기관에게 기본권은 전제조건으로서 조문내용에 엄격히 기속된다. 국가기관의 법에의 구속은 법치국가원리의 본질이기 때문이다. 국법질서에서 헌법은 최고규범이다. 그 핵심부분인 기본권도 마찬가지다.

---

1) 헌재결 1995. 12. 28. 95헌바3, 판례집 7-2, 841.

2. 기본권의 실정권성

(1) 기본권의 실정법적 경직성과 주관적 공권성 추정

바이마르 공화국 헌법을 모방한 우리의 제헌헌법은 기본권의 보호내용에 대해 법률로 유보하여 제한할 수 있는 규정형식을 택하였다. 기본권의 인권적 성격을 외면한 채 프로그램규정 내지 법률상 권리로 평가절하한 것이다. 이에 대한 반성으로 제2공화국 이후 현행헌법은 천부인권적 성격을 강조하면서 기본권을 행정부, 사법부는 물론 입법부도 구속하는 헌법원리로 해석하거나 명문화하고 있다. 기본권의 실정권성은 무엇보다 헌법재판소에서 본질적으로 발현되고 있다. 독립성이 보장된 헌법재판관은 국회와 정부와 달리 정파적 이해관계와 일정한 거리를 두고 기본권을 기준으로 헌법재판소결정의 논리적 설득력을 담보하기 위하여 노력하기 때문이다.

기본권은 국가기관에 대해 직접 효력있는 강행규정이다. 기본권은 정언적 규범명령으로서 수신여부에 대한 국가기관의 재량을 인정하지 않는다. 입법자도 기본권의 실현여부(ob)에 대하여는 결정권이 없다. 기본권의 실정법적 경직성을 국가이성(국가의 폭력독점)이나 행정편의주의로 회피할 수 없다. 정치적 다수관계의 변화, 사회정책적 합목적성고려, 국가정책상 긴급성을 이유로 기본권제한의 헌법적 한계를 유월할 수는 없다. 기본권의 실정법적 경직성은 국가에 대한 기본권의 방어기능을 본질적으로 제한할 없는 점에서도 나타난다. 이에 반해 기본권의 객관적 내용인 제도보장, 대사인적 효력, 보호의무, 조직과 절차 등에 대한 법률유보에서는 유연성이 인정된다.

기본권은 주관적 공권으로서 방어권, 청구권, 참정권, 사회권이 인정된다. 기본권의 개인적 성격과 실정헌법의 제정자로서 국민의 권리구제를 위해 주관적 공권으로 추정하여 보장한다. 예컨대, 보호권, 절차권, 참여권 등이 그것이다.

(2) 실정법체계에서 기본권의 우위와 구체화의 필요성

기본권은 헌법의 핵심부분로서 헌법의 우위에 기본권의 우위도 당연히 포함된다. 헌법은 공동체의 조직과 생활방식에 대한 근본법으로 기능하기 위하여 실정법체계에서 우위를 인정해야 한다. 이러한 형식적인 논리를 보완하기 위하여 헌법 내

지 기본권의 우위는 실정헌법에 보장하고 있다. 국가의 기본권보장의무(제10조 제2
문), 위헌법률심판(제107조 제1항 및 제111조 제1항 제1호), 헌법소원심판(제111조 제1
항 제5호 및 헌법재판소법 제68조) 등이 그것이다.

헌법의 우위에 의하여 기본권은 헌법 이하의 법규범의 구체화와 효력판단의
기준이 된다. 기본권은 헌법원칙과 유사하게 추상성, 포괄성, 개방성을 특징으로 한
다. 따라서 기본권은 구체화의 필요성이 있다. 직업의 자유는 바람직한 직업상을
내용으로 하는 직업관련 입법으로 구체화되고, 혼인과 가족에 권리는 민법상 권리
로, 국가의 기본권보호의무는 가해사인의 기본권제한과 피해사인의 기본권보호를
중재하는 예컨대, 형법, 위험방지법 등으로 구체화되어야 한다. 대학이 추구하는 학
문의 자유도 대학당국, 교수, 직원, 학생 등의 기능적 역할을 고려하는 고등교육법
과 시행령 및 학칙 등에의 구체화가 필요하다.

기본권의 구체화를 위해 법령이 필요하다고 하더라도 법령에 대한 기본권의
우위가 형해화되는 것이 아님은 물론이다. 국가와 사회공동체의 생활방식에 대한
근본가치로서 기본권의 효력우위는 여전히 보장된다. 원칙으로서 기본권의 보호내
용을 구체화하는 법령의 기능은 구별하여야 하기 때문이다. 이와 달리 국제인권법
이나 국제관습법에서 보호하는 인권은 하위법령에 의한 구체화의 과정이 없다. 따
라서 국내의 실정법과 조화될 수 있다면 일정한 절차를 거쳐 헌법하위의 규범으로
그 효력을 인정할 수 있다. 예컨대, 헌법재판소는 국내의 병역법규정에서 국제인권
법상 인정되는 양심적 병역거부권을 보호하는 규정의 흠결을 보완하라는 취지에서
헌법불합치결정[2]을 내린 바 있다. 하지만 헌법재판소는 대체로 정부와 국회의 정
치적 재량을 고려하여 국제인권법 수준으로 국민의 인권보호를 하는 것에 대하여
소극적이다.

(3) 헌법개정의 한계

헌법개정은 가중다수결에 의해 가능하다. 헌법의 일부로서 기본권도 개정가능
하다. 하지만 기본권의 이념적 원리 내지 파생근거인 인간의 존엄과 가치는 독일헌
법(제79조 제3항)과 같이 명문이 없더라도 개정할 수 없다. 개인은 만인의 투쟁상태
인 늑대사회에서 안전한 자유를 누리기 위한 국가공동체를 탄생시킨 사회계약의

---

2) 헌재결 2018. 6. 28. 2011헌바379 등, 판례집 30-1하, 370.

당사자다. 즉 국가는 인간(즉 국민)을 위해 권력을 행사하여야지 인간을 국가권력의 수단으로 전락시켜서는 안 되는 것이다.

인간의 존엄성에 근거하여 모든 인간은 평등하다. 존엄은 자기결정권을 본질로 한다. 이러한 점에서 헌법보장의 수신인인 국가는 인간의 존엄을 침해하는 어떠한 권력도 정당화해서는 안 된다. 예컨대, 인신매매, 노예제, 비도덕적인 강제노동, 음행의 상습없는 부녀에 대한 혼인빙자간음처벌 등과 같이 사회적 신분에 의한 차별, 인격을 비하하는 모욕적 표현, 고문 및 사인간의 인권침해가 이에 속한다.3)

인간의 존엄은 개별기본권으로 구체화된다. 신체, 사생활, 양심, 표현의 자유 등 방어권, 청구권, 참정권, 사회권 등이 그것이다. 양심형성의 자유, 신앙의 자유, 학문연구의 자유, 변호인의 접견권, 고향의 권리 등이 내포된 국가로부터의 방어권, 재판청구권, 근로의 권리에 내포된 근로환경의 권리, 인간다운 생활을 할 권리 등도 인권적 속성을 갖는 것으로 기본권의 본질내용을 이룬다. 따라서 이들도 헌법개정의 한계를 형성한다.

Ⅱ. 기본권의 자연권성

1. 방어권의 자연권성

'악법도 법이다.'라고 한 법실증주의는 헌법을 법률중의 법률로 평가한다. 이에 따라 기본권의 실정권성에 근거한 제헌헌법은 기본권을 프로그램규정, 법률상의 권리로 평가절하하였다. 살펴본바, 제2공화국 헌법에서 비로소 기본권은 자연권으로 회귀한다. 국가권력은 기본권에 구속되어 개인, 가정, 대학, 교회 등의 자연적·종교적 자유를 존중하여야 한다. 아리스토텔레스, 아퀴나스는 기독교전통 및 계몽사상에 입각하여 자연권을 주장하였다.4) 18세기 프랑스의 인권선언, 미국의 버지니아 권리장전은 자유와 평등권에 국한된 천부인권으로서 방어권을 규정하였다. 이는 헌법개정의 한계를 형성한다. 이와 같이 천부인권을 실정화한 이유는 권리의식을 새롭게 심어주어 현실적으로 행사할 수 있게 하기 위해서다.

기본권의 자연권성에 대하여는 논란의 여지가 있다. 즉 자연권성은 영구불변

---

3) 장영철,『기본권론』, 106면 이하.
4) 김철수,『인간의 권리』, 산지니, 2020, 51면 이하.

인가 시대 관련된 역사적 산물인가, 절대적 권리인가 상대적 권리인가, 법적 기준
인가 단지 도덕적 기준에 불과한가가 그것이다.[5]

2. 기본권의 본질내용으로 인권

인간의 존엄성은 영원불변의 절대적 규칙이고 모든 인간은 자연법상 고유의
권리를 갖는다. 국가는 불가침의 기본적 인권을 확인하고 보장할 의무를 갖는다.
따라서 국가가 확인한 인권으로서 기본권은 입법, 행정, 사법 등 국가권력을 구속
한다. 이와 같은 헌법원리들은 기본권의 본질적 내용을 형성한다.

3. 인간의 존엄성의 자연권성

인간의 존엄성은 전국가적인 천부인권이다. 하지만 이에 반해 인간의 존엄성
에서 천부인권이 나온다는 견해[6]도 있다. 그러면 인간의 존엄성은 어디에서 유래
한 것인가에 대하여는 헌법문제가 아니라 철학이나 신학의 주제라고 한다. 하지만
이 견해에 대하여는 헌법상 개별기본권은 인간의 존엄성을 보장하기 위해서 특정
한 자유영역을 보호내용으로 하고 있다는 점에서 비판을 할 수 있다. 결국 개별기
본권도 인권의 속성을 갖고 있는 것이다. 국가의 인권확인·보장의무에 관한 헌법
제10조 제2문에서도 동조 제1문의 인간의 존엄과 인권과의 관련성을 전제로 하고
있다. 자유권의 보장 없이 인간의 존엄을 진정하게 보장할 수 없다는 사고에 기인
한 것이다. 국가가 확인한 기본적 인권은 헌법 제11조에서부터 제36조까지 규정하
고 있다. 기본권은 인권이고 자유권이다. 헌법재판소도 자연권 성격에 근거하여 기
본권을 해석하여 생명권,[7] 계약자유,[8] 자기결정권,[9] 부모의 자녀교육권,[10] 저항
권[11] 등을 도출하였다.

실정헌법에 자연권적 성격을 강조한 규정으로 인간의 존엄과 가치, 행복추구

---

5) J. Isensee, Positivität und Überpositivität der Grundrechte, S. 86, RN 69.
6) R. Thoma, Grundsatzausshusses des Parl. Rates, 3. Sitzung v. 21. 9. 1948, in: Protokoll
   Bd. 5/, S. 361 ff; J. Isensee, aaO., S. 87, FN. 245 재인용.
7) 헌재결 2008. 7. 31. 2004헌바81, 판례집 20-2상, 91.
8) 헌재결 2016. 6. 30. 2015헌바371 등, 판례집 28-1하, 630.
9) 헌재결 2008. 11. 26. 2008헌마385, 판례집 21-2, 647.
10) 헌재결 2000. 4. 27. 98헌가16 등, 판례집 12-1, 427.
11) 헌재결 1997. 9. 25. 97헌가4, 판례집 9-2, 332.

권(제10조 제1문), 국가의 인권확인·보장의무(제10조 제2문), 헌법에 열거하지 아니한 자유와 권리의 존중의무(제37조 제1항), 기본권제한의 한계(형식적·실질적 정당성 요구)(제37조 제2항 전단), 본질내용침해금지원칙(제37조 제2항 후단) 등이다. 기본권은 입법자에 의해 폐지가 가능한 법률상의 권리와 달리 헌법해석상 초법률적 권리의 생성근거로서 기능한다. 일반법원은 알권리, 연명치료중단에 의한 존엄사권, 개명권, 성전환자의 인격권 등을 사실상 기본권으로 인정한 바 있다.

권리와 의무가 결합한 예컨대, 부모의 친권 내지 자녀교육권,12) 환경권과 환경보호의무, 혼인과 가족에의 권리와 국가의 보장의무, 저항권과 저항의무13)는 자연권적 성격을 갖는 것으로 국가의 개입은 보충적이어야 한다. 혼인과 가족에의 권리에 대한 국가의 보장의무는 국가에 대한 방어권차원을 넘어 사회권의 의미를 갖는다. 즉 헌법정책적 차원에서는 자연권적인 이성혼을 장려하려는 규정으로 해석할 수 있다.

기본권이론적 측면에서 칼 슈미트는 자연권론에 입각하여 기본권을 선국가적·천부인권적 성격의 자유권으로 본다. 그리하여 기본권의 본질은 국가로부터의 자유인 방어권으로 주장하였다.14) 이와 반면에 국가에 의한 배려를 요구하는 사회권은 법률유보에 의해 보장되는 상대적 기본권으로 보고 있다. 기본권과 국가권력의 관계는 법치국가의 배분의 원리에 따라 개인의 자유는 무제한인데 반해 국가권력은 개인의 자유를 보장하기 위한 수단으로 제한적이어야 한다. 그러한 점에서 기본권제한의 형식적·실질적 정당성이 요구된다. 기본권제한의 형식적 정당성은 법률유보를, 실질적 정당성은 비례의 원칙, 명확성의 원칙, 신뢰보호의 원칙 등을 기준으로 판단한다.

Ⅲ. 기본권의 실정권성과 자연권성의 조화

종래에 전국가적인 방어권과 국가내적인 사회권이 충돌하는 경우 인권으로서 방어권의 우위를 주장하였다. 하지만 오늘날에는 사회권에도 인권적 성격이 내재하고 있다고 본다. 인간다운 생활을 할 권리, 근로환경의 권리, 근로3권, 환경권, 혼인

---

12) 헌재결 2000. 4. 27. 98헌가16등(병합), 판례집 12-1, 427.
13) 심재우, 『저항권』, 고려대학교 출판부, 2002, 39면.
14) 허영, 『한국헌법론』, 전정18판, 박영사, 2022, 235면 이하.

과 가족에의 권리, 교육을 받을 권리 등의 자유권적 성격을 주장하는 것이 그것이다. 헌법상 사회국가원리에 의해 사회권에 인권적 성격이 부여된 것이다.

근대의 헌법실증주의는 현대의 헌법재판실증주의로 나타나고 있다. 기본권의 자연권성은 헌법제정과 기본권해석에서 고려된다. 하지만 현실적으로는 인간의 존엄과 가치를 기준으로 개별기본권을 해석하여 법질서를 형성한다. 부모의 친권도 오늘날 그 남용에 대한 법적 제한으로 실정권적 성격이 강화되고 있다. 인간의 존엄과 가치가 실정화된다고 하여 인간평가가 절하된 것은 아니다. 국가의 인권확인 보장의무도 ―기본권이론적 측면은 별론으로 하고― 헌법재판의 심사기준으로 그리 중요한 기능을 하지 않는다. 헌법재판에서는 구체적인 해석기준이 요구되지만 너무 추상적이기 때문이다. 예컨대, 기본권의 포기, 기본권의 대사인적 효력 내지 보호의무를 인정하기 위한 기본권 내지 인권의 보호필요성을 사인간의 법률관계에서 판단해야하기 때문이다.

하지만 헌법재판소에서도 기본권의 자연권성은 인간의 존엄과 가치, 행복추구권 등 헌법규정에 실정화된 인권보호규정의 해석으로 고려되고 국제인권법 내지 국제관습법을 기준으로 불문의 기본권을 해석에 의해 도출하고 있다. 이러한 점에서 기본권의 실정권성과 자연권성은 조화를 이루고 있다. 기본권은 자연권에 바탕을 둔 실정권으로 헌법에 실정화된 인권으로 보는 것이다. 즉 인권은 헌법상 기본권으로 다시 합체된 것이다.

제 2 절 기본권의 주관적·객관적 기능

I. 기본권의 주관적·객관적 기능과 대화윤리

주관적·객관적 기능은 기본권의 양면성 내지 이중성이라고도 한다. 기본권은 공적영역에 참가자들의 상호 신뢰할 수 있는 대화윤리를 실정화한 것이다. 실정화된 주관적 기본권은 대화윤리를 보장함으로써 객관적 법질서형성기능도 수행하게 되었다. 기본권의 주관적 방어권은 국가와 시민의 수직적인 대화를, 객관적 법질서성은 시민들이 상호 수평적인 대화를 할 수 있는 법적 권한을 부여한 것이다. 따라서 모든 사람은 타인도 그들의 기본권을 행사할 수 있도록 배려할 의무(타해금지의무)를 부담한다.[15)]

Ⅱ. 주관적 기능

옐리네크는 국가에 대한 개인의 관계를 네 가지로 구분하였다. 소극적, 적극적, 능동적, 수동적 관계가 그것이다. 국가에 대한 다양한 관계에 상응하여 개인의 지위가 형성되어 개인적 공권으로 보장된다고 보았다. 즉 방어권, 사회권, 청구권이 그것이다.

수동적 관계는 고전적인 납세와 국방의 의무를 말한다. 국민의 국가에 대한 고전적인 기본의무는 기본권의 보호범위에서 배제되어 주관적 공권으로는 기능적 한계가 있다. 이에 대하여 자세한 것은 제3편 제11장 제3절 Ⅱ.에서 설명하기로 한다. 여기서는 기본권의 주관적 기능과 관련하여 평등권도 살펴본다.

1. 소극적 지위: 방어권

역사적으로 보면 기본권은 헌법에 실정화된 인권으로서 국가에 대한 방어권이다. 국가는 안전한 자유를 추구하기 위해 창조한 인공적 산물이다. 방어권은 국가의 폭력독점을 전제로 하고 있다. 마키아벨리는 이를 국가이성이라 한다. 국가만이 정당한 권력의 소지자인 것이다. 국가는 형벌권행사를 위해 법률과 명령에 강제력을 부여할 수도 있다. 국가는 일정한 전제하에서 시민의 재산과 자유와 같은 사적 영역에 대한 제한을 할 수 있다. 하지만 민주적 법치국가는 자의적으로 국가권력을 행사하지 않고 미리 법률유보하고 있다. 방어권은 국가권력의 개입의 한계로 헌법에 설정한 것이다. 방어권은 자유를 제약하는 국가권력행사에 대한 헌법적 보호수단이다. 방어권은 또한 객관적으로 정당하지 않은 국가의 불평등대우에 대한 보호수단이기도 하다.

기본권의 대부분은 국가에 대한 방어권으로 국가권력에 대한 시민의 자유보호수단이라는 점에서 자유권으로도 설명할 수 있다. 이러한 점에서 기본권은 국가로

---

15) Ph. Mastronardi, Verfassungslehre, S. 182.

부터의 방어권 내지 자유권의 성격을 갖는다. 우리 헌법에서 제12조(신체의 자유)에
서부터 제23조(재산권)에 이르는 기본권이 이에 해당된다. 방어권에 침익적인(즉 자
유제약적인) 국가권력행사는 우선 행정처분의 형식으로 나타난다. 따라서 방어권침
해의 헌법사례의 경우 헌법소원청구의 적법요건 중 보충성의 원칙에 의하여 행정
소송을 제기하고 처분의 근거법규에 대한 위헌여부를 행정소송 중에 제청신청하든
가 아니면 제청신청이 기각된 경우 위헌제청형 헌법소원을 청구하는 형식으로 나
타나는 것이 일반적이다.

　　예컨대, 대형마트에 대하여 매월 둘째 주와 넷째 주 일요일을 의무휴업일로 지
정하고, 영업시간을 제한하는 유통산업발전법조항에 따라 구청장이 내린 행정처분
에 의하여 직업의 자유를 제한당한 청구인들은 그 처분에 대하여 취소소송을 제기
하고, 그 소송계속 중에 유통산업발전법 해당조항에 대하여 위헌법률심판제청신청
을 하였으나, 위 제청신청이 기각되자, 위헌제청형 헌법소원심판을 청구한 것을 들
수 있다.16) 이에 대하여 헌법재판소는 직업수행의 자유침해여부를 과잉금지원칙에
의하여 심판하였다.

2. 적극적 지위: 청구권, 사회권(Leistungsrecht)

　　국가 없이 향유할 수 없는 개인의 자유로서 개인의 생존과 인간다운 생활을
위해 국가의 배려를 요구할 수 있는 지위를 말한다. 이러한 지위는 청구권, 절차권,
사회권, 급부권, 참여권 등의 기본권으로 보장된다.

　　청구권은 국가권력의 행사 또는 불행사로 인한 법적·사실적 자유제약에 대하
여 국가의 보호를 요구하는 기본권을 말한다. 청구권으로서 본질적 성격을 갖는 기
본권으로 우리 헌법은 청원권(제26조), 재판청구권(제27조), 형사보상청구권(제28조),
국가배상청구권(제29조), 범죄피해자구조청구권(제30조)을 규정하고 있다. 이러한 청
구권은 비교법적 측면에서 보면 다수국가에서 법률상 권리로 규정하고 있지만 우
리는 기본권으로 격상시켜 놓고 있다. 이는 평등권 내지 객관적 가치체계로서의 기
본권적 성격을 갖고 있는 것으로 국가는 청구권형성입법의 위헌심사는 자의금지원
칙,17) 과소(보호)금지원칙 또는 완화된 비례의 원칙18)을 기준으로 심사하고 있다.

---

16) 헌재결 2018. 6. 28. 2016헌바77 등, 판례집 30-1하, 496 이하.
17) 헌재결 2012. 5. 31. 2010헌바128. 재판청구권은 절차적 기본권의 하나로서 원칙적으로 제도
　　적 보장의 성격이 강하기 때문에 자유권적 기본권 등 다른 기본권의 경우와 비교하여 볼 때

전술한 국가권력에 대한 방어권인 자유권도 그 침해에 대하여 헌법소원청구(제111조 제5호)를 통하여 권리구제를 할 수 있으므로 청구권적 성격이 부차적이 나타난다. 하지만 자유권제약이 핵심이므로 헌법소원청구에 대하여 비례의 원칙[19]을 기준으로 한다.

사회권은 국가권력의 적극적인 배려에 의해 현실적으로 향유할 수 있는 기본권을 말한다. 헌법 제31조(교육을 받을 권리)에서부터 제36조(혼인과 가족의 권리)에 이르는 기본권이 이에 해당된다. 사회권은 사회구성원인 시민들의 사적자치에 의한 자유행사에 현저한 불균형이 발생했을 때 사회국가원리에 의해 국가가 후견인적 차원에서 보충적인 간섭에 의해 향유할 수 있는 기본권이다. 따라서 국가의 간섭은 사회의 효율적인 운영을 위해 필요하고 적절한 경우에 정당화되는 것으로 국가의 부작위로 인한 사회권침해여부는 자유권과 달리 과소보호금지원칙에 의한 심사를 한다.

3. 능동적 지위: 참정권(Mitwirkungsrecht)

헌법 제24조 선거권과 제25조 공무담임권이 이에 해당된다. 이들은 국가의 형성과 관련된 기본권으로서 법률유보에 형성재량이 인정되는 기본권이다. 즉, 국가의 의사결정과 국가기관의 구성 등 국가와 관련된 기본권으로서 평등권에 기속되는 입법이 요구된다. 헌법재판소도 선거권, 공무담임권의 형성입법에 대한 위헌심사에서 2단계 평등심사를 적용하고 있다.

4. 평등권 - 일반적 평등원리, 특별평등권

일반적 평등원리는 헌법 제11조 제1항 제1문, 특별평등권은 헌법 제11조 제2, 3항 등이 있다. 일반적 평등원리는 모든 기본권제한조치와 관련하여 평등위반을 주장하며 행정소송이나 헌법소원을 청구할 수 있는 점에서 주관적 공권성을 인정할 수 있다. 하지만 비교집단이 전제되어 있지 않아 특정한 보호범위가 없는 점에서 평등원리의 성격을 갖는다고 보는 것이다. 이에 반해 특별평등권은 법적으로 비교가능한 집단, 즉 보호범위가 이미 헌법상 특정되어 있어 주관적 공권성을 인정할 수 있다. 예컨대, 헌법 제36조 제3항의 모성보호규정에 따라 미혼모에 대한 보호입

상대적으로 광범위한 입법형성권이 인정된다.
18) 헌재결 2017. 8. 31. 2016헌바447, 공보 제251호, 896
19) 헌재결 2015. 11. 26. 2012헌마858, 판례집 27-2하, 306

법은 미혼부에 대한 사실적 차별을 초래하므로 평등권침해주장을 할 수 있다. 일반적 평등원리의 심사기준으로 합리성심사라고도 하는 자의금지원칙(본질적으로 같은 것은 같게, 다른 것은 다르게 취급해야 한다.)을 특별평등권침해와 차별취급으로 자유에 중대한 제한을 가하는 입법은 엄격심사로서 비례의 원칙을 적용하여 위헌심사를 한다.

Ⅲ. 객관적 기능

객관법적 내용이란 기본권은 사회공동생활을 하는 기초로서 사회구성원간의 동화적 통합의 원동력으로 기능하는 기본권의 성격을 의미한다.

1. 기본권보호의무(제3자에 대한 국가의 보호의무)

기본권은 원칙적으로 근대의 자유민주국가에서는 국가와 국민의 관계에서 '기본권의 적'으로서 국가권력으로부터의 자유를 요구하는 주관적 공권을 말한다. 하지만 현대의 사회국가, 자유권의 생활권화, 기본권의 사실적 제한(기본권제약) 등의 현상으로 '기본권의 벗'으로서 국가의 역할이 변화됨으로서 나타난 이론이 국가의 기본권보호의무다.

예컨대, 태아도 인간의 존엄을 향유해야 하는 생명권의 주체다. 따라서 국가는 태아의 생명권을 침해하는 제3자의 행위에 대하여 보호해야 할 의무를 갖는다(헌법 제10조 제2문). 국가의 보호의무의 한계는 국가가 국민의 기본권보호를 위하여 적어도 적절하고 효율적인 최소한의 보호조치를 취했는가를 기준으로 심사하는 점에 있다. 따라서 입법자의 보호의무는 입법부작위나 불완전한 입법에 의한 기본권의 침해는 입법자의 보호의무에 대한 명백한 위반이 있는 경우에 인정될 수 있다.[20]

2. 기본권의 대사인적 효력

기본권은 전통적으로 국가의 폭력독점을 전제로 하여 오로지 국가만이 수범자이다. 사인은 기본권을 침해할 수 없어 수범자가 아니다. 하지만 기본권은 사인간

---

20) 헌재결 2008. 7. 31. 2004헌바81, 판례집 20-2상, 91; 1997. 1. 16. 90헌마110, 판례집 9-1, 90, 120~123.

에 사법의 형식으로 간접적으로 효력을 발현한다. 헌법은 가치중립적인 질서가 아니라 국민의 근본결단으로서 사회질서를 형성하는 객관적 질서형성기능도 내재하고 있기 때문이다. 이러한 점에서 기본권은 국가에 대한 방어권일 뿐만 아니라 객관적 가치질서의 기능도 수행해야 하는 것이다. 이는 국가의 헌법 이하의 법률과 명령 등 모든 법질서를 형성하는 기본권의 법령제정의 지침기능을 의미한다. 법관은 이러한 기본권의 주관적 공권과 객관적 질서의 이중적 기능을 고려하여 민·형사 등 일반재판에서 적용되는 법률의 기본권합치여부를 판단하여야 한다. 이는 적용 법률의 일반조항이나 특정조항의 기본권합치여부와 정도를 파악하는 것이다. 기본권의 객관적 질서형성기능에 반하여 기본권의 보호수준에 미달한 경우에는 위헌법률이 된다. 법관이 기본권해석을 잘못하여 위헌법률을 적용하여 판결을 한 경우에는 시민의 '일반적 행동자유권 내지 사적자치권'을 침해하게 된다. 이 경우 잘못된 위헌판결에 대하여는 해당 시민이 헌법소원을 청구하여 합헌적 법질서를 확립할 수 있게 하여야 한다.

이러한 점에서 기본권의 대사인적 효력의 현대적 해석은 주관적 방어기능에 의한 국가에 대한 직접적 효력과 객관적 가치질서기능에 의하여 간접적인 효력으로 나타난다. 기본권은 입법권을 직접 구속하여 제정된 법규범을 매개체로 하여 반사적으로 발현된다. 즉 사인 간에 적용되는 법규범은 기본권충돌에 대한 국가의 기본권보호의무와 연계되어 제정된다.[21)]

3. 행정사법과 국고행정

행정의 형식은 공법적으로만 수행할 의무는 없다. 공행정주체는 공법 또는 사법형식으로 행정행위를 수행할 선택의 자유를 갖는다. 선택의 자유는 기관의 조직형식과 급부 내지 이용관계의 형성과 관련된다(행정의 이중적 선택의 자유). 공행정주체가 사법형식으로 공적 과제를 수행한다면 행정사법이라 한다. 이에 반해 공행정주체가 조달이나 영리활동을 하는 것은 공적 과제를 직접적으로 수행하는 것이 아니라 간접적으로 수행하는 것으로 사적 주체와 동등하게 사법관계에 참여하는 것이다. 이는 국고행정이라 한다. 이 경우 공행정주체는 법적으로 사기업과 다를 바

---

21) 장영철, "사적자치와 기본권의 대사인적 효력 ― 기본권의 주관적 사권성에 관한 이론적 고찰 ―", 『서울법학』 제31권 제3호(2023, 11.), 1면 이하 참조.

없다. 그 행위기준은 사법이고 분쟁 시에는 일반재판의 관할에 속한다. 하지만 행정사법과 국고행정의 경우 사법의 해석적용에 기본권의 방사효가 투영되고 행정청은 기본권보호의무가 있다.

4. 제도적 보장

(1) 개념

제도적 보장이란 칼 슈미트가 주장한 이론으로 바이마르헌법상 주관적 방어권과 구별하여 제도 그 자체의 폐지를 입법자로부터 보호하기 위하여 헌법적 효력을 부여하여 보장한 제도를 말한다. 즉 자유권, 청구권, 사회권 등 헌법에 주관적 공권의 형태로 헌법에 규정된 기본권과 달리 제도로서 규정되어 입법에 의해 사실상 기본권으로 기능하는 규범복합체를 의미한다. 제도적 보장의 예로는 국가나 사회의 존속을 위해서 필수불가결하다고 여겨지는 사유재산제도, 혼인과 가족제도, 사적자치제도 등의 사제도보장과 대학자치제, 지방자치제, 직업공무원제 등 공제도보장이 있다.

(2) 특성

제도적 보장은 헌법상 제도라는 점에서 법률상 제도와 달리 입법에 의해 제도그 자체의 폐지가 불가능하다. 또한 주관적 공권으로서 기본권의 침해에 대해서는 헌법소원을 청구할 수 있는 반면 제도적 보장의 위반 그 자체로는 헌법소원을 청구할 수 없다. 다만 규범복합체로서 제도적 보장의 본질에 위반하는 입법자의 입법형성의 하자에 대해 제도속의 구성원(시민, 학생, 주민, 공무원 등)이 자신의 기본권침해를 주장하며 헌법소원을 청구할 수 있다. 이로써 제도적 보장은 입법으로 사실상국가와 국민 유사의 관계를 형성하여 기본권의 효력을 발현할 수 있다.

(3) 기본권의 이중성과 제도적 보장의 독자성인정여부

제도적 보장에 대하여 주관적 공권과 구별하여 객관적 제도를 독립적으로 보장할 필요가 있는지에 대하여는 논란이 있다. 소극설은 기본권의 이중성에 의하여 객관적 기본권의 내용에 포섭할 수 있는 점, (기본권적 성격, 비기본권적 성격) 제도보장은 입법자의 재량을 넓게 인정하는 최소한 보장이 아니라 헌법적 목적의 보장으로 대체하여야 한다는 점, 제도보장으로 들고 있는 사유재산제도, 직업공무원제도 등을 헌법상 명문이 아니라 해석상 도출하고 있는 점을 들고 있다. 적극설은 대학 자치제, 사유재산제도, 직업공무원제도는 헌법의 목적달성을 위하여 천부인권적 속 성의 방어권과는 구별하여 입법하여야 하는 점, 입법권과는 독립적으로 자유를 향 유할 수 있는 방어권과 입법에 의존해서만 향유할 수 있는 비기본권적 자유는 구별 하여야 한다는 점을 들고 있다.

사견으로는 적극설이 타당하다고 본다. 입법으로 사실상 국가와 국민 유사의 관계를 형성하여 비기본권의 인권적 효력을 발현할 수 있는 점이 주관적 공권과 구 별된다고 보기 때문이다. 예컨대, 기초지방자치단체의 특성을 고려한 공직선거법 (제15조 제3항)에서 외국인의 선거권부여, 대학구성원간 인권충돌양상은 대학자치를 고려하여 법령과 학칙에 의한 규범조화적 해결을 도모해야 하는 점을 들 수 있다.

5. 소극적 권한규범

기본권과 국가조직의 관계[22]에 대하여 순수법학이론자 켈젠(H. Kelsen)은 국가 기관은 자기목적적 권능구조로 기본권은 국가권력이 베푸는 반사적 이익에 불과하 다고 국가기관 우위설을 주장하였다. 하지만 자연권론자 슈미트(C. Schmitt)는 기본 권은 천부인권으로서 국가의 목적이자 과제로 배분의 원리에 입각한 국가권력의 제한과 권력분립을 강조하였고, 통합론자 스멘트(R. Smend)도 기본권은 공동체의 가치지표로서 국가권력탄생의 원동력으로 보는 기본권우위성을 주장하였다. 오늘 날 실정헌법에 국가기관의 기본권기속을 명문화(우리헌법 제10조 제2문, 독일헌법 제1 조 제3항 등)하여 국가기관우위설은 공식적으로 배척되었다.

이러한 점에서 기본권은 국가기관의 권한행사의 객관적인 목표로서 그 남용을 견제하는 소극적 권한규범으로 기능한다.

6. 법률의 해석과 형성의 기준으로서 기본권 – 기본권합치적 법률해석

기본권합치적 법률해석이란 법률규정의 해석에 있어서 위헌과 합헌의 해석가 능성이 공존할 경우 구체적 사실을 포섭하는 해당부분에 한정된 합헌 또는 위헌해 석을 하는 것을 말한다. 이는 법률의 해석·적용에 있어 일부위헌으로 단어, 구, 절,

---

22) 허영, 『한국헌법론』, 693면 이하.

문장 등 가분적인 규정에 대한 양적 일부위헌과 비교하여 질적 일부위헌이라고도
한다. 헌법재판결정형식으로는 한정위헌, 한정합헌결정으로 나타난다.

7. 조직과 절차에 의한 기본권보호

조직과 절차에 의한 기본권보호는 기본권의 주관적·객관적 내용과 모두 관련
된다. 행정절차와 사법절차에서 기본권의 실체적 내용에 대한 판단을 잘못할 위험
이 있어서는 안 된다. 이는 특히 행정절차에서 중요하다. 기본권에 절차유보된 것
으로는 신체의 자유(제12조 제3항)와 주거의 자유(제16조)에 대한 압수, 수색 등 강
제처분에 법률과 적법절차에 의한 사전영장주의가 있다.

그 밖에 기본권의 경우에도 행정이나 사법절차의 형성에서 기본권보호 내지
효율적인 절차참여를 가능하게 하여야 한다. 예컨대, 개인정보자기결정권은 개인정
보수집의 목적, 범위, 보관기간 등에서 절차보호를, 재산권은 공용수용의 목적범위
내 재산권수용을 하여야 하고, 공무담임권에서는 능력주의에 의하여 공정한 선발절
차를 보장하여야 한다.

조직과 절차위반의 기본권침해에 대해 적절한 보호청구권을 행사할 수 있는
지 문제될 수 있으나 당연히 긍정된다. 기본권의 객관적 기능에 대한 하자는 주관
적 공권으로 주장할 수 있어야 하는 것은 사회권, 청구권에서와 같이 기본권의 주
관적·객관적 기능의 경계가 분명하지 않은 점에서 일정한 전제하에서 절차적 기본
권을 보장하여 합헌적으로 기본권을 실현할 수 있기 위한 것이다. 사회권의 조직법
적 실현은 효율성, 연대성, 보충성을 고려해야 한다. 예컨대, 사회보험은 효율성을
우선으로, 국민연금은 연대성을 고려하여 국가가 개입하여야 한다.[23]

---

23) 전광석, "사회적 기본권의 논의구조", 『유럽헌법연구』 제14호(2013. 12.), 180면 이하.

기본권능력과 행사능력

제 1 절   기본권능력

기본권능력이란 기본권의 주체가 될 수 있는 능력을 말한다. 자연인과 법인의
기본권능력은 구별하여야 한다.

Ⅰ. 자연인의 기본권능력

1. 국민

국민은 헌법 문언에서 거주이전의 자유, 집회결사의 자유, 직업의 자유 등의
자유권, 청구권, 사회권 등의 주체로 규정하여 기본권주체가 되는 것에 문제가 없
다. 또한 헌법해석상 기본권인 개인정보자기결정권, 사적자치권, 저항권 등의 경우
에도 향유주체가 된다.

국민으로서 기본권주체는 아니지만 객관적인 기본권의 보호는 태아, 배아 및
사자에게도 확장된다. 헌법재판소는 인간배아의 주관적 공권의 주체성을 부인하고
다만 국가의 보호의무의 대상[1]으로, 태아의 생명권도 주관적 공권으로 평가하지

---

1) 헌재결 2010. 5. 27. 2005헌마346. 출생 전 형성 중의 생명에 대해서 헌법적 보호의 필요성이

않고 객관적 기본권으로 보는 관점에서 태아보호를 상대화하여 생명권주체성을 인정[2]한다. 또한 헌법재판소는 사자의 인격권의 주체성을 인정하면서도 사자의 인격권에 대해서는 객관적 기본권의 보호수준으로 판단[3]하였다.

2. 외국인

외국인의 기본권주체여부는 인권의 불명확성과 기본권의 국가관련성으로 인하여 헌법해석의 문제로 보아야 한다.

(1) 헌법재판소

헌법재판소는 국민 또는 국민과 유사한 지위에 있는 외국인도 기본권주체로 본다. 직장선택의 자유,[4] 근로환경의 권리[5]의 주체성을 인정하였다. 그 밖에 인간존엄, 평등권, 일반적 인격권, 신체의 자유, 언론, 출판, 방송, 예술, 종교, 양심, 학문의 자유, 통신, 주거, 재산권, 청원권, 재판청구권은 국가공동체의 존속에 영향을 미치지 않는 경우로 외국인의 기본권주체성을 인정한다.[6] 이와 반대로 외국인의 기본권주체성이 부인되는 기본권으로 선거권, 공무담임권, 국가배상청구권, 범죄피해자구조청구권, 직업선택의 자유, 사회적 기본권 등이 있다.[7] 헌법재판소가 외국인의 기본권주체성을 인정하는 경우는 기본권제한의 입법형성권이 좁아진다. 하지

크고 일정한 경우 그 기본권 주체성이 긍정된다고 하더라도, 어느 시점부터 기본권 주체성이 인정되는지, 또 어떤 기본권에 대해 기본권 주체성이 인정되는지는 생명의 근원에 대한 생물학적 인식을 비롯한 자연과학·기술 발전의 성과와 그에 터 잡은 헌법의 해석으로부터 도출되는 규범적 요청을 고려하여 판단하여야 할 것이다. 초기배아는 수정이 된 배아라는 점에서 형성 중인 생명의 첫걸음을 뗴었다고 볼 여지가 있기는 하나 아직 모체에 착상되거나 원시선이 나타나지 않은 이상 현재의 자연과학적 인식 수준에서 독립된 인간과 배아 간의 개체적 연속성을 확정하기 어렵다고 봄이 일반적이라는 점(연속성), 배아의 경우 현재의 과학기술 수준에서 모태 속에서 수용될 때 비로소 독립적인 인간으로의 성장가능성을 기대할 수 있다는 점, 수정 후 착상 전의 배아가 인간으로 인식된다거나 그와 같이 취급하여야 할 필요성이 있다는 사회적 승인이 존재한다고 보기 어려운 점 등을 종합적으로 고려할 때, 기본권 주체성을 인정하기 어렵다.

2) 헌재결 2008. 7. 31. 2004헌바81.
3) 헌재결 2010. 10. 28. 2007헌가23, 판례집 22-2상, 761. 일제 강점하 반민족행위 진상규명에 관한 특별법에 대한 위헌제청사건.
4) 헌재결 2011. 9. 29. 2007헌마1083.
5) 헌재결 2007. 8. 30. 2004헌마670.
6) 헌재결 2001. 11. 29. 99헌마494; 2011. 9. 29. 2009헌마351.
7) 헌재결 2000. 8. 31. 97헌가12; 2001. 11. 29. 99헌마494.

만 헌법재판소가 외국인의 기본권주체성을 부인하는 경우에도 입법으로 권리주체
성을 부여하는 것은 가능하다. 예컨대, 공직선거법(제15조 제2항 제3호)에서는 정주
외국인에게 지방자치의회의원 및 지방자치단체장 선거권을 부여하고 있다.

(2) 학설

실정권설은 기본권규정의 문언적 해석과 기본권은 실정헌법상의 권리라는 점
에서 통합론은 기본권의 정치적 성격으로 인하여 외국인의 기본권주체성을 원칙적
으로 부인한다. 이와 반대로 자연권설은 기본권의 천부인권적 성격에 근거하여 외
국인의 기본권주체성을 인정한다.

하지만 국내학설은 기본권관에 상관없이 외국인의 기본권의 주체성을 부인하
는 견해는 없다. 그 이유로 기본권의 본질은 인권이라는 점에서 외국인도 원칙적으
로 기본권의 주체성을 인정하고 다만 상호주의(헌법 제6조 제2항)에 의하여 개별적
으로 제한할 수 있는 것으로 해석하는 것이 세계시민의 관점에서도 타당하다는 것
이다.

(3) 사견

살펴본 바와 같이 헌법재판소는 국민 또는 국민과 유사한 지위에 있는 외국인
도 기본권주체로 보는 점에서 국가공동체와 관련성을 기준으로 한 인권과 기본권
의 구별설에 입각하고 있다. 국내학설은 기본권의 인권적 성격을 바탕으로 원칙적
으로 외국인의 기본권주체성을 인정하고 있다. 졸견은 헌법상 인권과 기본권은 구
별되는 점에서 외국인의 기본권주체성문제는 헌법해석의 문제로 본다.

우리 헌법에서 외국인의 기본권주체성은 주권의 주체로서의 국민(헌법 제1조
제2항)이 아니라 국가권력에 대한 불가침의 인권소지자로서 개인(헌법 제10조 제2문)
의 지위에 근거하여 인정하는 것을 원칙으로 할 수 있다. 그 구체적인 내용은 다음
과 같다.

우선 국가의 공권력의 침해에 대한 개인의 방어권적 성격의 기본권들(인간의
존엄, 행복추구권, 신체의 자유, 거주이전의 자유, 직업의 자유, 주거의 자유, 사생활의 자유,
통신의 자유, 양심의 자유, 언론·출판·집회·결사의 자유, 예술의 자유, 재산권)의 주체성
을 인정할 수 있다. 다음으로 개인의 인권침해에 대한 절차적 보호수단인 청구권

(청원권, 재판청구권, 국가배상청구권, 형사보상청구권, 범죄피해자보호청구권)도 인정되어
야 한다.

그러나 국가권력을 형성하는 참정권, 국가의 물질적 배려에 의해 보호되는 사
회권은 불가침의 인권에는 해당되지 않는다. 하지만 우리 헌법(제6조)은 외국인의
법적 지위는 국제법과 조약이 정하는 바에 의하여 보장하고 조약과 일반적으로 승
인된 국제법규는 국내법적 효력을 갖는다. 이에 따라 국제인권법의 법원인 인권헌
장, 인권조약, 인권관습법, 인권규칙, 인권합의 등의 국내법적 효력에 의하여 외국
인의 기본권주체성이 인정될 수 있다.8) 국제연합의 세계인권선언에서 경제·사회·
문화적 권리, 시민적·정치적 권리는 헌법적 효력을 갖는 것으로 외국인도 참정권
과 사회권의 주체성을 인정할 수 있게 된다. 예컨대, 기초자치단체의 의원과 장의
선거권, 교육을 받을 권리, 근로의 권리, 근로3권, 환경권, 혼인과 가족에의 권리 등
자유권적 성격을 내재한 사회권의 경우 인정할 수 있다. 하지만 헌법재판소9)는 이
들 국제인권법의 권고적 효력만 인정하고 국내법적 효력은 부인하고 있어 시정이
요구된다.

Ⅱ. 법인의 기본권능력

1. 사법인의 기본권능력

사법인은 자연인과 동일하게 기본권주체가 된다. 예컨대, 사단법인 한국영화
인 협회,10) 노동조합11)을 들 수 있다. 권리능력 없는 사단도 결사의 자유, 평등권
등의 기본권의 주체가 될 수 있다. 헌법재판소는 정당의 경우 등록된 정당12)뿐만
아니라 등록 취소된 정당13)도 등록정당에 준하는 사단으로서의 실질을 유지하고
있는 한 헌법소원능력을 인정하고 있다.

---

8) 김철수, "국제 인권헌장의 현재와 미래",『학술원논문집』제59집 1호(2020), 대한민국학술원,
   217면.
9) 헌재결 2008. 12. 26. 2006헌마42, 판례집 20-2하, 748(760); 1991. 7. 22. 89헌가106, 판례집
   3, 387(425).
10) 헌재결 1991. 6. 3. 90헌마56, 판례집 3, 289.
11) 헌재결 1999. 11. 25. 95헌마154, 판례집 11-2, 555.
12) 헌재결 2008. 3. 27. 2004헌마654.
13) 헌재결 2006. 3. 30. 2004헌마246.

외국사법인의 경우 외국인과 동일하게 해석에 의하여 기본권능력을 인정할 수 있다. 다만 자연인에게만 해당할 수 있는 인격권, 신체의 자유, 양심의 자유, 사회권은 제외된다. 그 밖에 방어권과 청원권, 재판청구권은 인정된다.

2. 공법인의 기본권능력

(1) 헌법재판소

사법인과 달리 헌법재판소는 지방자치단체,[14] 국회노동위원회,[15] 권한침해를 주장한 국회의원,[16] 지방교육위원회의 교육위원,[17] 서울시의회[18]와 같이 공법인 또는 국가의 부분기관은 원칙적으로 기본권주체성을 부인하고 있다. 공법인은 국가기관 또는 헌법기관의 일부로서 기본권주체가 아니므로 객관소송인 권한쟁의로 해결해야 한다고 보는 것이다. 그 이유로 헌법재판소는 국가나 국가기관 또는 국가조직의 일부나 공법인은 기본권의 '수범자(Adressat)'이지 기본권의 주체로서 그 '소지자(Träger)'가 아니고 오히려 국민의 기본권을 보호 내지 실현해야 할 '책임'과 '의무'를 지니고 있는 지위에 있을 뿐이어서 기본권의 주체가 될 수 없다는 것이다. 즉 국가기관의 부분기관이나 공법인은 기본권의 객체일 뿐이므로 기본권의 향유자로서 주체와 기본권에 기속되는 객체는 동일할 수 없다는 동일성이론 내지 혼동이론에 근거하고 있다. 다만 헌법재판소는 국·공립대학, 국영방송국의 경우 기본권침해의 전형적인 위험상황론(grundrechtstypische Gefährdungslage)을 수용하여 주체성을 인정하고 있다. 예컨대, 서울대입시요강사건[19]에서 서울대의 학문의 자유와 대학자치권의 주체성을 인정하였고, TV방송수신료결정[20]에서 한국방송공사의 방송

---

14) 헌재결 2006. 12. 28. 2006헌마312, 판례집 제18권 2집, 655, 650~656.

15) 헌재결 1994. 12. 29. 93헌마120, 판례집 제6권 2집, 477, 480~481.

16) 헌재결 1995. 2. 23. 90헌마125, 판례집 제7권 1집, 238, 242.

17) 헌재결 1995. 9. 28. 92헌마23 등, 판례집 제7권 2집, 343, 351~352.

18) 헌재결 1998. 3. 26. 96헌마345, 판례집 제10권 1집, 295, 300-301.

19) 헌재결 1992. 10. 1. 92헌마68, 판례집 제4권, 659~707, 670~670; "국립대학인 서울대학교는 다른 국가기관 내지 행정기관과는 달리 공권력의 행사자의 지위와 함께 기본권의 주체라는 점도 중요하게 다루어져야 한다."

20) 헌재결 1999. 5. 27. 98헌바70, 판례집 제11권 1집, 633~652, 646~646; "입법자는 공사의 기능이 제대로 수행될 수 있으며 방송프로그램에 관한 자율성이 보장될 수 있도록 적정한 규모의 수신료를 책정하여야 하고, 공사에게 보장된 방송의 자유를 위축시킬 정도의 금액으로 결정하여서는 아니된다." 이 결정에 관한 분석으로 김용섭, "텔레비전 방송수신료에 관한 행정법적 논의", 『인권과 정의』(2006. 11.), 112면 이하.

의 자유의 주체성을 인정하였다.

(2) 학설
(가) 부정설

공법인의 기본권능력을 원칙적으로 부정하는 이 학설은 다음과 같은 논거를 제시하고 있다. 공법인은 기본권의 객체일 뿐이므로 기본권의 향유자로서 주체와 기본권에 기속되는 객체는 동일할 수 없다는 동일성이론 내지 혼동이론, 공법인은 공권력의 행사자로서 언제나 객관적 '권한'이 문제되지 주관적 '권리'의 주체성은 문제되지 않는다는 권한과 권리구별론, 국가를 배후에 두고 있는 공법인 간의 분쟁은 국가기관 내부관계로 법이 침투할 수 없는 반면에, 자연인을 배후에 두고 있는 사법인과 국가기관의 관계는 외부관계로 사법적 구제대상이 된다는 내부·외부관계 구별론이 그것이다.

하지만 부정설도 예외적으로 전형적인 기본권침해의 위험상황, 무기평등의 원칙상 사법절차적 권리의 경우 공법인의 기본권능력을 인정하고 있다.

(나) 긍정설

이 학설은 전술한 학설과 달리 원칙적으로 공법인의 기본권능력을 인정하고 있다. 사회에 실재하는 법인의 기능과 기본권의 양면성을 인정한다면 공법인의 기본권주체성을 인정해야 한다는 통합론,[21] 공법인의 기본권능력을 예외적으로 인정하는 기본권침해의 전형적인 위험상황이란 개념의 모호성으로 인하여 권리구제의 불안정을 야기할 수 있어 원칙적으로 인정하고 예외적으로 제한하여야 한다고 한다.

예컨대, 공법인은 설립과 해산에 있어 국가에 종속적이므로 기능영역, 과제영역에 있어서만 공법인의 기본권능력을 인정하거나,[22] '공법인 대 공법인' 간에는 기본권능력을 인정하지만 국가의 통합기능책임 때문에 절대로 국민을 상대방으로 하여 기본권능력을 주장할 수는 없다거나,[23] 공공성과 사익성의 경중을 비교하여 공법인의 기본권능력을 부여하려는 시도로서[24] 이 경우 지방자치단체는 공공성이 사익성

---

21) 허영, 『한국헌법론』, 265면.
22) Pieroth/Schlink, Grundrechte, Staatsrecht Ⅱ, 24. Aufl., 2008, S. 39, RN 161.
23) 허영, 『한국헌법론』, 266면.
24) 신우철, "법인의 기본권주체성; 비판적 재구성", 『공법연구』 제30집 제3호(2002. 2.), 183면

을 완전히 압도하는 기관으로 분류하고 있어 기본권능력을 인정할 수 없게 된다.

(3) 사견

부정설이나 긍정설이나 모두 공법인의 기본권주체성을 인정해야 할 필요성은 인정하고 있다. 하지만 양 학설 모두 추상적으로 기본권의 종류, 기능과 관련하여 포괄적으로 공법인의 기본권주체성인정범위를 제시하고 있다. 따라서 구체적으로 공법인의 행위형식과 종류에 따라 기본권능력을 인정할 것인지 여부에 대하여는 개별적으로 살펴보아야 한다.

공법인인 지방자치단체가 주체가 된 경우로 ① 경찰, 소방, 공과금부과 등 지방자치단체의 주민에 대한 행정이 권력적인 침해행정일 경우에는 기본권행사능력을 인정해서는 안 된다. ② 공공성을 띠는 급부행정을 공법적 형식으로 수행하는 경우는 물론 행정사법의 형식으로 수행하려 할 때에도 주민의 기본권보호를 위하여 자치단체의 기본권주체성을 인정할 수는 없다.[25]

③ 업무의 성격이 사익성이 있는 경우로 지방자치단체가 사기업의 형식으로 특산물 판매, 축제운영, 토지임대 등 순전히 사적인 수익사업을 하는 경우와 ④ 지방자치단체가 주식회사의 의결권을 저지할 만큼 소수의 주식을 소유하여 사기업의 운영에 참가하는 경우를 들 수 있다. 이 양자의 경우 업무의 공공성과는 상관없어 기본권의 주체성을 인정해야 할 것이다. 다만 공법인과 주민들(사인)의 기본권충돌의 경우에는 기본권의 대사인적 효력으로 해결해야 할 것이다.

⑤ 그 밖에 지방자치단체가 청소대행업체를 이용하여 행정업무를 수행하는 경우 지방자치단체의 벌린 팔(즉 공무수탁사인)로서 공공성 있는 행정업무를 수행하는 것이므로 지방자치단체는 물론 청소대행업체도 원칙적으로 기본권주체가 될 수 없다. 조직형식을 남용할 위험이 있기 때문이다.

3. 혼합법인의 기본권능력

(1) 헌법재판소

헌법재판소는 축협의 공법인과 사법인의 혼합법인적 성격에도 불구하고 본질

이하.
25) BVerfGE 45, 63; 38, 258(270).

적으로 사법인에 속한다고 보면서 결사의 자유의 주체성을 인정한 바 있다.[26] 하지
만 헌법재판소[27]는 농지개량조합은 설립자체가 강제되지 않는 점 등 사법인적 성

26) 헌재결 1996. 4. 25. 92헌바47, 판례집 8-1, 370 이하. 축협법상 축협(업종별축협과 지역별
축협을 말한다)과 중앙회는 정치에 관하여는 일체의 행위를 하여서는 아니되고(축협법 제7
조), 축협과 중앙회의 임직원은 공무원(선거에 의하여 취임하는 공무원을 제외한다.)을 겸직
할 수 없으며(축협법 제8조 제1항), 정부는 조합과 중앙회의 사업과 운영에 필요한 자금의
전부 또는 일부를 보조·융자할 수 있고, 정부와 공공단체는 조합과 중앙회의 사업과 업무에
적극적으로 협력하고 그 시설장비 등의 이용에 있어 우선적으로 편의를 제공하여야 하며(축
협법 제9조), 정부가 위탁하는 사업이나 정부보조사업을 그 사업의 범위 내에 두고 있고(축
협법 제53조 제1항 제22호·제23호, 제102조 제21호·제22호), 공정한 조합장 선거를 위하여
엄격한 법적 규제를 하고 있으며(축협법 제46조, 제103조, 제144조의2, 제145조), 조합의 회
계에 대하여 많은 제한 규정을 두고 있는(축협법 제56조 내지 제68조, 제103조) 외에, 축협
중앙회는 국정감사의 대상기관이 되고(국정감사및조사에관한법률 제7조 제3호), 조합이 국
가 또는 지방자치단체로부터 재정원조를 받은 경우에는 감사원의 선택적 감사대상이 되며
(감사원법 제23조 제1항 제2호·제3호), 법인세 등에 대한 과세특례(조세감면규제법 제59조,
제60조, 제61조 제4항), 부가가치세법상의 과세특례(부가가치세법 제12조 제1항 제17호, 같
은법 시행령 제38조 제1항 제16호) 등 세제상의 특혜를 받고, 독점규제및공정거래에관한법
률 등 일부 법률의 적용도 배제되는 등(독점규제및공정거래에관한법률 제60조, 축협법 제11
조) 축협에 일반적인 사법인과는 다른 점들을 찾아 볼 수 있으나, 이와 같은 특수성은 헌법
제123조 제5항에 의한 국가의 협동조합육성의무와 축협을 비롯한 우리나라 협동조합의 육성
과정에서 나타나는 국가의 강력한 지원 및 감독에 따라 나타나는 것에 불과하여 이를 근거
로 축협을 공법인이라고 할 수는 없고, 오히려 공법상의 사단법인은 국가의 목적을 위하여
존재하고 국가에 의하여 설립된다는 점에서 사법상의 법인과 근본적인 차이가 있는바, 기본
적으로 축협은 축산업의 진흥과 그 구성원의 경제적·사회적 지위향상과 공동이익을 도모함
을 목적으로 하는 양축인의 자주적 협동조직이고(축협법 제1조, 제98조), 구역 내에 거주하
는 유자격자 50인 이상이 발기인이 되어 설립하며(축협법 제14조, 제100조), 조합원의 출자
로 자금을 조달하며(축협법 제103조, 제20조), 축협의 결성이나 가입이 강제되지 아니하고,
조합원의 임의탈퇴나 해산이 허용되며(축협법 제103조, 제27조, 제74조), 조합장은 조합원
중에서 조합원이 선출하는 등(축협법 제103조, 제41조 제3항) 그 목적이나 설립·관리면에서
자주적인 단체로서 공법인이라고 하기보다는 사법인이라고 할 것이다(헌재결 1991. 3. 11.
90헌마28 참조).
27) 헌재결 2000. 11. 30. 99헌마190, 판례집 12-2, 325 이하. 농지개량조합은 농지소유자의 조
합가입이 강제되는 점, 조합원의 출자에 의하여 조합재산이 형성되는 것이 아니라 국가 등이
설치한 농업생산기반시설을 그대로 인수하는 점, 조합의 합병·분할·해산은 법정 사유로 제
한되어 있는 점, 조합원은 그 자격을 상실하지 않는 한 조합에서 임의탈퇴할 수 없는 점, 탈
퇴되는 경우에도 조합에 대한 지분반환청구는 허용되지 않는 점, 해산한 조합의 잔여재산은
조합원들에게 분배되지 아니하고 농지개량조합자립육성금고에 납입되는 점, 조합원들에게
조합비를 부과·징수하여 경비에 충당하나 그 징수절차가 지방세체납처분의 예에 의하고 이
용료의 성격을 띠고 있는 점, 조합과 그 직원과의 관계는 공법상의 특별권력관계인 점, 주요
사업인 농업생산기반시설의 정비·유지·관리사업은 농업생산성의 향상 등 그 조합원들의 권
익을 위한 것만이 아니고 수해의 방지 및 수자원의 적정한 관리 등 일반국민들에게도 직접
그 영향을 미치는 고도의 공익성을 띠고 있는 점 등 농지개량조합의 조직, 재산의 형성·유
지 및 그 목적과 활동전반에 나타나는 매우 짙은 공적인 성격을 고려하건대, 이를 공법인이

격도 있으나 공법인적 성격이 압도적이어서 기본권주체성을 인정할 수 없다고 보았다.

헌법재판소[28]는 한국전력주식회사의 경우 정부의 보유주식이 전체의 32.35%이고 산업은행의 보유주식이 전체의 21.57%이어서 이를 합하면 전체의 53%를 상회하였지만 기본권주체성을 인정하는 전제에서 전기 간선시설의 설치비용을 한전에 부담시키는 택지개발촉진법에 대한 합헌결정을 한 바 있다. 하지만 아래 독일 연방헌법재판소결정에서 보는 바와 같이 혼합기업의 경우 지분에 의한 영향력을 고려하여 기본권주체성을 부인하는 것이 타당하다.

(2) 독일의 경우

지방자치단체와 사기업체가 혼합된 경우로서 지방자치단체가 약 50%의 지분을 갖고 사기업체와 동업으로 전기, 수도, 여객운송 사업을 하는 경우다. 공공성 있는 사업이라는 점은 위 지방자치단체가 급부수행을 하는 ②의 경우와 같지만 기본권능력을 부여할 수도 안할 수도 없는 진퇴양란에 빠지게 된다. 부정하면 사법인보호에 소홀하고 인정하면 기본권에의 기속을 회피하기 위해 사법인과 결합을 방조하게 되기 때문이다. 독일 연방헌법재판소는 함부르크시가 72%의 지분을 갖는 함부르크 전기회사(주),[29] 헤센주와 프랑크푸르트시가 50% 이상의 지분을 소유하고 프라포트(Fraport)주식회사가 운영하는 프랑크푸르트공항[30]의 기본권주체성을 부인한 바 있다. 주식회사에 대한 공행정기관의 영향력(72%, 50% 이상)이 압도적이거나 우월한 경우 유사국가기관으로서 기본권보호의무자로 보아야 한다는 이유에서다.

라고 봄이 상당하므로 헌법소원의 청구인적격을 인정할 수 없다.

28) 헌재결 2005. 2. 24. 2001헌바71, 판례집 17-1, 196 이하.

29) BVerfGE NJW 1990, S. 1783. 이에 대하여는 많은 비판이 있다. 예컨대, Schmidt-Aßmann, Der Grundrechtsschutz gemischt-wirtschaftlicher Unternehmen nach Art. 19 Abs. 3 GG, in: BB, Beilage 34 zu Heft 27/1990, S. 1 (8f.); D. Merten, Mischunternehmen als Grundrechtsträger, in: FS für Krejc, 2001, Bd. 1, S. 2014 ff.; H. Dreier, GG Kommentar, 2. Aufl. Bd. 1, Tübingen, 2004, 1592 f., FN 73 f.

30) BVerfGE 128, 226 ff.

제 2 절 기본권행사능력

　기본권행사능력은 기본권능력과 구별되어야 한다. 주관적 공권으로서 기본권을 소송에서는 누가 유효하게 주장할 수 있는지의 문제가 제기된다. 일반적으로 소송행위는 행위능력자가 할 수 있다. 기본권행사능력은 민법상의 행위능력에 상응하는 것으로 개별기본권마다 특별하게 결정된다. 헌법소송에서는 헌법소원청구능력 내지 청구인적격을 판별하는 기준이 된다. 기본권행사능력은 일반 및 헌법소송에서 개인적인 통찰력과 판단력을 요구하는 것으로 만 19세 이상의 성년연령(민법 제4조)과 일치되는 것은 아니다. 예컨대, 헌법상 대통령과 국회의원의 피선거권의 행사능력은 각각 40세, 18세 이상이다. 또한 미성년 아동의 기본권은 민법상 친권에 의하여 제한될 수 있다.

제
4
장
/

국가의 기본권보장의무

제 1 절 국가의 기본권보장의무의 범위

국가는 기본권을 보장할 책임을 진다. 즉 국가는 입법, 행정, 사법 등 모든 국
가작용에 의한 기본권제약에 대한 책임을 진다. 헌법 제10조 제2문은 "국가는 개인
이 가지는 불가침의 기본적 확인하고 이를 보장할 책임을 진다."고 하여 이를 확인
하고 있다. 이 조문의 반대해석으로 사인은 기본권보장책임을 부담하지 않는다. 사
인은 다만 실정화된 기본권의 수평적인 대화윤리에 의한 타해금지명령(예컨대, 민법
제103조, 제104조, 750조 등의 일반조항)에 위반하여 인권을 침해한 경우 국가작용을
매개로 간접적으로 법적 책임을 부담할 수 있을 뿐이다(기본권의 제3자적 효력).

사회권을 법률상 권리로 해석하는 경우 입법작용의 기속을 배제할 수 있으나
헌법재판소결정과 다수학설은 사회권도 헌법상 기본권으로 해석하는 기본적 입장
에 있어 입법권도 당연히 구속된다. 처분법률에 대한 기본권보장의무도 당연히 인
정된다. 예컨대, 뉴스통신진흥법률에 의한 국가기간뉴스통신사선정,[1] 5·18 광주민
주화운동처벌법[2]에 대한 헌법소원청구의 본안판단에 의한 기각 내지 합헌결정을

---

1) 헌재결 2005. 6. 30. 2003헌마841, 판례집 17-1, 996.
2) 헌재결 1996. 2. 16. 96헌가2 등, 판례집 8-1, 51.

들 수 있다.

제 2 절 기본권보장책임을 지는 국가작용의 수신인

기본권을 보장할 책임을 지는 국가작용 또는 공권력이란 입법, 행정, 사법을 말한다. 전술한 바와 같이 입법권의 기본권보장책임은 특별히 문제될 것이 없다. 하지만 재판소원을 배제하는 사법과 행위형식이 다양한 행정에 관하여는 기본권보장책임에 대해 살펴볼 필요가 있다.

헌법재판소3)는 사법작용의 핵심인 일반재판의 기본권보장에 대한 무책임논거로 "입법작용과 행정작용의 잠재적인 기본권침해자로서의 기능과 사법작용의 기본권의 보호자로서의 기능이 바로 법원의 재판을 헌법소원심판의 대상에서 제외한 것을 정당화하는 본질적인 요소이다."라고 판시하고 있다.

헌법소원은 비상적 권리구제수단으로 자유권보호의 주된 기능을 한다. 행정처분에 대한 일반소송에서 위헌제청형 헌법소원이 제기되는 사례4)가 적지 않은 것도 사법부의 기본권보호기능이 충분치 않음을 방증하는 것이다. 헌법재판소가 행복추구권에서 파생한 불문기본권으로 보는 일반적 행동자유권의 보호내용에는 사적자치 내지 계약자유, 법치국가적 사법절차 등이 포함된다. 일반적 행동자유권은 '일반법률의 헌법화경향'의 원인으로 실질적으로 현대형 기본권창설기능을 한다.5) 심급에 의한 사법부의 기본권보호의 한계를 방증하는 것이다. 국가는 사회계약에 의한 기본권적 자유보호를 위하여 루소의 의미에서 인민주권을 위임받은 것이다. 국민의 자유와 안전에 대한 국가의 보호의무를 흠결 없이 이행해야 하는 것은 사법부라 하여 예외가 되어서는 안 된다.

행정의 행위형식은 행정처분, 행정입법, 행정규칙, 행정계획, 사실행위, 행정부

---

3) 헌재결 1997. 12. 24. 96헌마172 · 173(병합), 판례집 9 – 2, 842(856).
4) 헌재결 1994. 6. 30. 92헌바23, 판례집 6–1, 592(604) – 처분법규의 위헌성을 무효사유로 해석하여 재판의 전제성 인정; 2004. 1. 29. 2002헌바73, 판례집 16–1, 103(109) – 취소사유로 해석하여 재판의 전제성 부인.
5) 장영철, "일반적 행동자유권에 관한 고찰", 『서울법학』 제28권 제1호(2020. 5.), 1면 이하.

작위, 공무수탁사인, 행정사법, 국고행정 등 다양하게 나타나고 있다. 행정입법, 행정규칙, 구속적 행정계획, 권력적 사실행위, 행정부작위는 기본권에 구속된다. 하지만 재판소원금지와 관련하여 원행정처분, 공무수탁사인, 행정사법과 국고행정의 경우는 이하 별도로 살펴본다.

제 3 절 원행정처분, 공무수탁사인, 행정사법, 국고행정 (영리활동, 조달행정)의 기본권보장책임

I. 원행정처분

헌법재판소[6]는 법원의 재판을 거쳐 확정된 원행정처분에 대한 헌법소원의 대상성에 대해 다음과 같이 소극적으로 판시하고 있다. 즉 "헌법재판소법 제68조 제1항의 헌법소원은 행정처분에 대하여도 청구할 수 있는 것이나 그것이 법원의 재판을 거쳐 확정된 행정처분인 경우에는 당해 행정처분을 심판의 대상으로 삼았던 법원의 재판이 예외적으로 헌법소원심판의 대상이 되어 그 재판 자체가 취소되는 경우에 한하여 심판이 가능한 것이고 이와 달리 법원의 재판이 취소될 수 없는 경우에는 당해 행정처분 역시 헌법소원심판의 대상이 되지 아니한다." 그 이유로 재판소원금지와 법원판결의 기판력을 근거로 제시하고 있다.

일반법원의 판결은 소송당사자에 국한하는 대인적 효력을 갖는 것에 불과하고 헌법소원결정의 기속력은 대세적 효력을 갖는 점과 전술한 바와 같이 일반 법률의 헌법화경향의 관문으로 기능하는 일반적 행동자유권의 침해라는 점에서 원행정처분에 대한 헌법소원금지도 위헌이다.

II. 공무수탁사인

법치국가원리는 기본권을 보장하기 위해 국가권력을 제한한다. 기본권보장책

---

6) 헌재결 1998. 5. 28. 91헌마98등 참조; 1998. 7. 16. 95헌마77, 판례집 10-2, 267.

임을 지는 국가권력에는 고권을 행사하는 국가기관뿐만 아니라 국가기관이 공적
과제를 수행하기 위하여 사인을 이용하는 공무수탁사인도 포함한다. 공무수탁사인
이란 국가나 지방자치단체로부터 사인이 공권을 부여받아 자신의 이름으로 고권적
과제를 수행하는 경우를 말한다. 이러한 의미에서 공무수탁사인도 간접적인 행정과
제수행자로서 기본권보장책임을 지는 행정기관에 속한다.

예컨대, 사립학교는 국공립학교와 마찬가지로 사립학교법(제10조), 고등교육법
(제4조) 등에 학교의 설립, 폐지를 위해 교육부장관의 허가를 받아야 하고 지도감독
을 받는 점에서 국공립학교와 함께 공교육책임을 분담하는 점에서 공무수탁사인의
지위를 갖는다. 이러한 점에서 고등교육법(제19조의3)에서는 사립학교도 인권센터설
치를 의무화하여 학생의 기본권보장의무를 지도록 한 것이다. 그 밖에도 우리의 정
부조직법, 지방자치법 등에서도 행정과제수행을 위해 공무수탁사인을 예정하고 있
다. 예컨대, 정부조직법 제6조 제3항은 "행정기관은 법령으로 정하는 바에 따라 그
소관사무 중 조사·검사·검정·관리 업무 등 국민의 권리·의무와 직접 관계되지
아니하는 사무를 지방자치단체가 아닌 법인·단체 또는 그 기관이나 개인에게 위탁
할 수 있다."고 규정하고 있고, 지방자치법 제104조 제3항도 "지방자치단체의 장은
조례나 규칙으로 정하는 바에 따라 그 권한에 속하는 사무 중 조사·검사·검정·관
리 업무 등 주민의 권리·의무와 직접 관련되지 아니하는 사무를 법인·단체 또는
그 기관이나 개인에게 위탁할 수 있다."고 규정하고 있다.

Ⅲ. 행정사법

행정사법이란 공행정주체가 공적 임무를 사법형식으로 수행하는 것을 말한다.
생존배려나 자금조성행정을 수행하는 예컨대, 주택건설, 가스나 전기, 수도물공급,
폐기물처리, 버스나 지하철 운송시설, 스포츠 시설, 국립극장 등이 이에 속한다. 이
경우 행정주체는 시설의 조직형식이나 급부의 제공 내지 이용관계설정에서 선택의
자유를 갖는다. 행정사법은 공적 목적을 직접적으로 달성하는 점에서 사법형식을
남용하지 않도록 기본권보장의무를 부담해야 한다는 점은 이견이 없다.

Ⅳ. 국고행정(조달행정이나 영리활동)

1. 조달행정

조달행정이란 행정청이 공적과제수행의 전제가 되는 필요한 물품을 공급 내지 양도, 공적과제수행을 위해 사기업체와 계약을 하는 것으로 예컨대, 사무용품, 자동차, 부동산 등의 매입(공급), 부동산의 매매(양도), 도로, 학교, 정부관청건설을 위한 계약체결(계약) 등이 이에 속한다. 전술한 행정사법과 반대로 행정청이 일반 사인과 마찬가지로 사법형식으로 경제활동에 참여하기 때문에 기본권보장의무를 포괄적으로 부담하는 것은 정당하지 않다. 하지만 행정청이 조달행정영역에서 경제를 현저히 조정하는 기능을 수행하는 점은 분명하다. 따라서 계약자선정에서 있어 행정청이 형식적인 심사를 하거나 정치적, 사회적 그밖에 다른 이유로 차별취급을 할 위험성이 있다. 이러한 점에서 조달행정분야에서 완전히 기본권보장의무를 부담할 수는 없지만 최소한 일반적인 평등원칙 내지 자의금지원칙은 준수하여야 한다.

예컨대, 지방자치단체가 사무용품공급자를 선정하는 절차에서 정치적인 이유로 특정업체를 배제하였다면 그 업체는 평등원칙 내지 자의금지원칙위반을 주장할 수 있다.

2. 영리활동

영리활동이란 행정의 주체가 영리활동을 하거나 주식회사의 주식일부나 전부를 소유하는 경우를 말한다. 예컨대, 지방자치단체의 특산물 판매, 정부가 한국전력주식회사의 일부 주식을 보유하는 경우가 이에 속한다. 행정사법과 달리 영리활동도 조달행정과 마찬가지로 간접적으로 공익목적을 달성하는 점에서 행정청의 기본권보장책임에 대해서 직접적으로 인정하지 않는 것이 독일연방대법원의 판례의 경향이다. 하지만 지방자치단체차원에서는 적어도 사인의 직업 내지 경쟁의 자유를 침해할 위험성이 존재한다. 따라서 독일의 학설과 주법원에서는 적어도 사인의 경쟁의 자유를 저해하거나 왜곡할 정도로 지방행정권한을 남용하는 경우에는 사법상의 일반규정을 매개로 직업의 자유나 재산권침해의 제3자적 효력을 인정하여 사법상의 방해배제청구권을 행사할 수 있다고 한다. 동시에 경쟁사인은 행정법원에 결과제거청구권이나 부작위청구권행사도 보장하여야 한다고 한다. 우리의 경우도 행정청이 재정조성을 위하여 사법상 영리활동을 하더라도 최소한 사인의 경쟁의 자유와 재산권을 침해하면 기본권의 제3자적 효력에 의하여 사법상의 방해배제청구권이나 공법상 결과제거청구권을 인정할 수 있다.

제 4 절   사인의 기본권기속

Ⅰ. 사인의 직접적 기본권기속

기본권은 고전적으로 국가에 대한 개인의 관계에 따라 소극적 관계에서 방어권, 적극적 관계에서 청구권 내지 사회권, 능동적 관계에서 참정권 등으로 구분하여 입법, 행정, 사법권만을 기속하였다. 따라서 전술한 공무수탁사인을 제외하면 사인은 기본권의 보장자가 될 수 없어 기본권을 침해할 수도 없었다. 하지만 기본권은 사인 간의 법률관계에 직접 영향을 미치는 주관적 사권으로 기능할 수 있다. 그 이유는 다음과 같다.[7] 첫째, 기본권의 대사인적 효력은 사적자치의 기본권성 인정과 함께 민사법관의 사법형성으로 사법관계에서 직접적 효력을 발현하고 있다. 국가의 기본권보장의무는 사권보호필요성으로 인하여 사법관계로 확대된 것이다. 사법관계에 국가의 개입이 정당화되어 공적영역으로 편입되는 것이다. 둘째, 공적영역으로 편입된 사권은 책임이 수반되는 법적 권한으로 행사되어야 한다. 즉 공적영역에서는 권리행사의 재량은 없고 다만 권한행사에 대한 정당성을 입증해야만 한다. 공적영역에서 자유를 행사하는 모든 사람은 타인의 자유와 충돌할 수 있으므로 자유행사에 책임을 부담하여야 하기 때문이다. 셋째, 사법 내지 사법관계에 위헌심사기준으로 평등원칙과 비례의 원칙이 확립되어 있다. 예컨대, 헌법재판소는 통상의 출퇴근 재해에 있어 사업주와의 관계에서 혜택근로자와 비혜택근로자를 차별하는 산재보험법의 정당성을 자의금지원칙을 기준으로 심사하여 헌법불합치결정[8]을

---

7) 자세한 것은 장영철, "사적자치와 기본권의 대사인적 효력 － 기본권의 주관적 사권성에 관한 이론적 고찰 －", 『서울법학』 제31권 제3호(2023. 11.), 19면 이하 참조할 것.

8) 헌재결 2016. 9. 29. 2014헌바254, 공보 제240호, 1474, 1477-1478면. 특히 법정의견에 대한

하였고, 비견고건물에 대한 임대차계약의 최장존속기간을 20년으로 제한(민법 제651 조 제1항)하여 계약자유의 침해에 대하여 비례의 원칙에 의하여 위헌결정9)을 하였 다. 넷째, 기본권의 주관적 사권성을 인정하더라도 법적 불안정성이 초래되거나, 권 력분립원칙에 반하는 것은 아니다. 사적자치권보호의무에 의하여 사법관계에 우선 적으로 적용되는 것은 사법이며, 민법(제1조)의 법원으로 조리를 명시하고 있듯이 민사법관은 단순한 법률해석자가 아니라 적극적으로 법관법을 형성하여야 할 의무 를 부담하기 때문이다.

Ⅱ. 사인의 간접적 기본권기속

1. 입법자의 사법제정의무

사법을 비롯한 국법질서는 헌법, 특히 기본권의 구체화법이다. 헌법은 가치중 립적인 기본질서가 아니다. 헌법은 국가와 사회의 기본질서에 관한 가치를 담은 근 본결단으로 정치공동체의 질서원리를 내포하고 있다. 이러한 점에서 기본권은 주관 적 방어권일 뿐만 아니라 객관적 가치질서의 양면성을 갖는다. 이러한 기본권의 양 면성은 모든 국법질서의 형성원리이자 지침으로 기능한다. 우리는 이를 기본권의 간접적 대사인적 내지 제3자적 효력이라 한다.10) 국가(입법자)는 기본권보장의무(헌 법 제10조 제2문)에 의하여 타해금지를 내용으로 하는 사법제정을 하여야 한다. 사 법의 일반규정(예, 민법 제103조, 제104조, 제750조 등)과 강행규정이 그것이다. 따라 서 사법관계에서 사인은 타해금지의 의무를 부담한다.

2. 일반법원에서 기본권정향적 법률해석

(1) 일반적 행동자유권의 인권보호기능

법관은 이러한 기본권의 기능을 고려하여 재판에 적용되는 법규범을 기본권에 정향하여야 한다. 법관이 법률의 해석·적용에서 기본권의 의미를 오해한 경우 기 본권의 객관적 가치질서기능을 침해하게 된다. 이에서 더 나아가 법관이 기본권해

보충의견은 생존권의 위헌심사기준으로 평등위반의 엄격심사요소를 제시하고 있다. 생존권 의 보호영역의 특성, 보호의 긴절성, 보호수준의 적절성이 그것이다.
 9) 헌재결 2013. 12. 26. 2011헌바234, 판례집 25-2하, 649, 655-659면.
10) 이에 대하여 자세한 것은 장영철, 『기본권론』, 46면 이하.

석을 오해하여 위헌법률을 적용한 잘못된 판결을 하면 소송당사자의 (사적자치를 보호내용으로 하는) 일반적 행동자유권을 침해하게 된다. 일반적 행동자유의 보호내용인 사법관계에서 사적자치는 인격을 발현하는 방법이기 때문이다. 이러한 점에서 소송당사자는 일반적 행동자유권 침해판결에 대한 헌법소원을 청구할 수 있어야 한다. 우리의 경우 헌법재판소법(제68조 제1항)에서 재판소원을 금지하는 것은 사적자치를 왜곡하여 인격권을 침해하는 위헌법률인 것이다.

(2) 위헌제청형 헌법소원의 재판소원기능

위헌제청형 헌법소원(헌법재판소법 제68조 제2항)은 재판소원의 기능을 한다. 예컨대, 헌법재판소[11]가 민사법원의 판결에서 동일일보사 발행 잡지에서 타인의 명예를 훼손하는 기사에 대하여 불법행위로 인한 손해배상청구권을 인용하면서 손해배상과 함께 명예회복에 적당한 처분에 "사죄광고를 명하는" 것은 인격권을 침해한 것으로 판시한 것도 이를 방증하는 것이다. 헌법재판소가 이 사건을 헌법소원의 대상으로 심사한 것은 실질적으로 재판소원을 한 것이다. 다만 헌법재판소개소 초기에는 권리구제형과 위헌제청형 헌법소원사건의 구분 없이 동일하게 헌마사건으로 분류표기한 것으로 위헌제청형 헌법소원의 재판소원기능을 확인해 볼 수 있다. 사산된 태아에 대한 손해배상청구권을 정지조건설에 의하여 부인하는 확립된 대법원 판결에 대한 위헌소원[12] 등의 헌바 사건이 이에 해당된다.

---

11) 헌재결 1991. 4. 1. 89헌마160, 판례집 3, 149.
12) 헌재결 2008. 7. 31. 2004헌바81. 이에 대한 비판적 평석으로 장영철, "태아의 생명권에 대한 국가의 보호의무", 『공법학연구』 제10권 제2호(2009. 5.), 129면 이하.

제 5 장 /

기본권심사의 개요

제 1 절 기본권심사와 관련된 기본개념

기본권심사의 제1단계로 기본권의 보호범위에 해당여부를 판단한다. 기본권주체가 판단하는 인권과 달리 기본권침해여부는 국가가 판단한다. 따라서 시민의 기본권보장에 대한 국가의 책임을 확정하기 위해서는 기본권이론을 정립할 필요가 있다. 헌법재판소는 기본권심사에서 기본권이론을 정립하기 위해 보호범위, 제한 내지 한계 및 이와 유사한 개념을 구별하는 학설을 수용하고 있다.

Ⅰ. 보호범위와 규범영역, 그리고 기본권보호와 기본권보장의 개념구별

개별기본권은 시민의 다양한 생활영역을 보장하고 있다. 국가권력에 의한 자유제한에 대하여 정당성을 입증할 책임을 부담하게 하기 위해서다. 예컨대, 종교의 자유는 신앙심 내지 종교적 확신에 의한 개인의 생활을 보장하고, 표현의 자유는 정보와 의견을 공유할 수 있는 생활, 혼인과 가족에의 자유는 생활동반자의 선택과 그 보호를 요구할 수 있는 권리를 보호한다.

1. 생활영역 내지 규범영역과 보호범위의 구별

기본권으로 보장되는 생활영역은 기본권의 규범영역(Regelungsbereich, Normbereich)이라고도 한다. 이에 반해 보호범위(Schutzbereich)는 기본권의 규범영역을 목적으로 해석하여 내재적 한계를 설정하여 결정한다. 예컨대, 집회의 자유의 규범영역은 모든 집회이지만, 국가의 폭력독점이론에 의하여 폭력집회를 제외한 다수인의 집회로 보호범위를 제한하거나 언론출판의 자유의 규범영역은 음란·저속한 표현은 물론 혐오표현도 포함되지만 고의적으로 인격을 비하하는 모욕적 표현은 보호범위에서 제외하는 것을 들 수 있다.

헌법재판소는 폭력집회[1]의 경우는 규범영역과 보호범위를 구별하고 있으나, 고의적 혐오표현[2]과 성매매[3]의 경우 각각 표현의 자유와 직업의 자유의 보호범위에 해당되는 것으로 구별을 하지 않고 있다. 실무의 특성상 사안에 따라 합당한 결정을 하기 위한 선택으로 볼 수 있다. 하지만 기본권의 보호범위를 넓게 해석할 것인지 좁게 해석할 것인지는 국가가 추상적으로 결정해서는 안 되고 개별기본권의 보호범위와 제한의 강도를 고려해서 기본권경합이론으로 결정해야 한다. 폭력집회는 집회의 민주주의의 공론형성기능을 수행할 수 없으므로 보호범위에서 배제할 수 있으나 고의적인 인격비하의 혐오표현을 비례의 원칙에 의해 상대화하는 것은 논증의 설득력이 부족하다. 순결한 인격은 인간의 존엄의 핵심내용으로 절대 보호되어야 하기 때문이다.

2. 기본권보장과 기본권보호의 개념

기본권의 규범영역 내지 보호범위는 주관적으로 보장되는 공권과 제도보장, 조직과 절차, 보호의무, 대사인적 효력 등 법질서로 보호되어야 하는 객관적 내용으로 구성되어 있다. 주관적 공권에는 국가에 대한 국민의 관계에 따라 방어권, 청구권, 사회권, 참정권과 이들 기본권실현과 관련된 일반적 평등원리가 있다. 여기서

---

1) 헌재결 2003. 10. 30. 2000헌바67 등, 판례집 15－2하, 41(53). 집회의 자유는 민주국가에서 정신적 대립과 논의의 수단으로서, 평화적 수단을 이용한 의견의 표명은 헌법적으로 보호되지만, 폭력을 사용한 의견의 강요는 헌법적으로 보호되지 않는다.
2) 헌재결 2019. 11. 28. 2017헌마1356, 공보 제278호, 1379면 이하.
3) 헌재결 2016. 3. 31. 2013헌가2, 판례집 28－1상, 259면 이하.

기본권보장(Grundrechtsgewährleistung)이란 기본권의 보호내용을 국가에 대하여 주관적 공권으로 보장한다는 개념이고, 기본권보호(Grundrechtsschutz)란 객관적인 기본권의 보호내용을 국가를 통하여 법적 보호를 받는 것을 말한다.[4] 따라서 객관적 기본권도 주관적 공권을 통하여 보호받을 수 있는 것으로 예컨대, 직업의 자유는 직업선택의 자유, 직업행사의 자유, 직업교육장 선택의 자유를 국가가 방어권, 청구권, 사회권으로 보장하고 경쟁의 자유는 평등권과 결합하여 보호권으로 보장한다. 직업의 자유는 적합한 교육체계를 국가에 제공하여 줄 것을 요청할 수 있는 사회권적 성격의 직업교육장 선택의 자유도 보장하고 있다.[5]

Ⅱ. 제한 내지 한계 그리고 유사개념(제약, 불가침, 침해 등)

1. 제한, 한계 및 제약의 구별여부

(1) 동일설

기본권의 '제한', '한계', '제약' 등은 기본권의 보호범위에 내포된 시민의 행태, 즉 기본권행사(활용)를 국가가 방해하는 모든 조치를 '국가의 입장'에서 파악한 개념이다. 기본권제한은 일반적 규범(법률과 법규명령, 조례 등)이나 개별적 처분(행정처분, 재판 등)으로도 가능하다. 이 경우 '제한', '한계', '제약'이란 동일한 의미로 사용되고 있다.

(2) 구별설

제한은 국가권력의 직접적인 제한으로 한정하고 제약은 간접적·사실적인 제한을 포함하는 것으로 구별하는 경우가 있다. 또한 제한과 한계도 기본권의 자연적 생활영역인 규범영역과 법적인 보호범위를 구별하는 전제에서 처음부터 보호범위에 포함되지 않는 생활영역을 헌법내재적 한계로 설명하면서 법적인 보호범위에 대한 제한과 구별하는 견해도 있다. 예컨대, 직업의 자유에 규범영역을 직업으로 보면서 성매매, 무허가 침술사 등은 공공 유해한 직업으로 헌법내재적 한계에 의하여 직업의 자유의 보호범위에는 해당하지 않는다고 주장하는 것이다.

---

4) Volkmann, JZ 2005, 265 ff; Pieroth/Schlink, Grundrechte, Staatsrecht Ⅱ, RN 203.
5) 장영철, 『기본권론』, 180면 이하 참조.

(3) 사견

기본권의 제한과 내재적 한계의 구별설은 좁은 보호범위설을 주장하는 것으로 국가권력의 우월성을 전제로 하고 있다. 이 학설은 제한의 법률유보는 물론 제한의 정당성심사도 생략하게 되고, 보호범위의 해당성은 기본권주체의 입장에서 해석하여야 한다는 점에서도 수용하기 어렵다. 다만 기본권제한이 아닌 기본권충돌을 실천적으로 조화시킬 수 있는 내재적 한계이론은 실용성이 있다.

제한과 제약의 개념구별도 기본권주체의 입장에서 광의의 보호범위를 전제로 하는 것으로 국가와 사인에 의한 간접적·사실적 제약도 국가에 기본권보장책임을 부과할 수 있다는 점에서 유용한 개념이라 판단한다.

2. 불가침과 침해의 구별

기본권의 '불가침'과 '침해'란 개념을 헌법재판소와 학설은 사용한다. 불가침이란 인간의 존엄과 가치에 내재된 인권 내지 본질내용의 불가침성을, 침해란 기본권제한의 형식적 법률유보와 실질적인 비례의 원칙을 준수하지 않아 제한의 정당성을 인정할 수 없는 국가권력행사를 말한다.

Ⅲ. 기본권의 형성과 구체화

기본권의 '형성'과 '구체화'란 기본권주체가 보호범위에 해당하는 자유를 사실적으로 향유할 수 없어 국가의 입법적 조치가 필요한 경우를 말한다. 기본권에는 방어권과 같이 사실적 생활영역을 보호범위로 하여 시민의 행태를 보장하는 기본권도 있지만 법률유보에 의하여 비로소 보호범위가 형성되는 재산권, 참정권, 청구권, 사회권 등과 같은 기본권도 있다. 제도보장에 의해 형성되는 기본권도 이에 속한다. 예컨대, 법률유보에 의한 재산권 내용과 한계(제23조 제1항 제2문), 선거권(제24조), 공무담임권(제25조), 청원권(제26조), 재판청구권(제27조), 형사보상청구권(제28조), 국가배상청구권(제29조), 범죄피해자구조청구권(제30조), 대학의 자율성(제31조 제4항), 교육제도법정주의(제31조 제6항), 최저임금제(제32조 제1항), 공무원의 근로3권(제33조 제2항), 신체장애자 및 생활무능력자의 보호(제34조 제2항), 환경권의 내용과 한계(제35조 제2항) 등이다.

이러한 기본권들은 보호범위의 형성이 필요하지만 다른 한편으로는 국가창설 이전에 보호범위가 선재하므로 입법자는 형성의무가 있다. 즉 입법자는 기본권을 형성할 입법의무에 의하여 기본권을 법률상 권리나 프로그램규정으로 전락시킬 수는 없다.

기본권의 보호범위가 사실적으로 전제된 방어권의 경우에도 법규범은 기본권의 행사를 용이하게 하거나 촉진할 수 있다. 종교, 사생활, 양심 등과 같이 기본권규정은 추상적, 개방적이어서 헌법하위 법규범에 의한 구체화가 요구된다. 기본권형성입법과 구체화입법의 구별기준은 전자는 국가의 기본권제한이 보호범위에 해당하는 입법과 관련하여 비로소 가능하지만 후자는 입법에 상관없이 국가의 제한을 판단할 수 있다는 점에 있다.

제 2 절 기본권사례의 고전적 · 현대적 심사방법(3단계 심사구조)

Ⅰ. 고전적 기본권심사의 기본개요

1. 기본권의 보호범위

기본권의 규범영역과 보호범위를 구분하면서 가치판단에 의하여 보호범위를 결정한다. 즉 규범영역은 자연적 생활영역을 기준으로 문자적 · 체계적 기본권해석에 의하여 결정되지만 보호범위는 객관적 규범영역(예, 집회의 자유에서 폭력집회제한, 국가배상청구권행사의 주체제한), 주관적인 규범영역의 제한(예, 외국인의 직업선택의 자유제한)에 의해서 보호범위가 결정된다. 규범영역과 구별되는 보호범위는 기본권의 해석 또는 경합이론이나 제한의 정당성문제와 연계되어 있음을 우리는 파악하게 된다. 좁은 보호범위를 전제로 제한과 제한의 정당성을 심사하게 된다.

2. 보호범위의 협의의 제한과 광의의 제약

(1) 협의의 고전적 제한개념

고전적 심사방법은 사실관계에 부합하는 기본권의 보호범위를 결정하면 두 번째 심사단계는 보호범위에 대한 제한이 있는지를 한다. 국가권력에 의한 모든 침익적 조치를 '제한'으로 파악하지 않아야 하는 점을 주의하여야 한다. 소위 사소한 제한(Bagatelleingriff) 예컨대, 음주운전을 단속하기 위한 경찰관의 음주측정, 일간신문에서 정치인의 의정활동보도와 관련될 수 있는 인격권제약은 공익을 위한 것으로 제한개념에서 배제된다.[6] 이와 함께 기본권주체가 사실관계에서 제한된 기본권을 유효하게 포기하면 '제한개념'에서 배제된다.

국가권력의 행사를 '기본권의 제한'으로 판단하려면 가능한 제한의 방법을 조사하여야 한다. 즉 고전적인 좁은 의미의 기본권제한(enger Eingriffsbegriff)이란 국가권력의 행사가 완전히 다른 목적에 정향된 부수적 결과가 아닌 최종적 결과여야 하고, 국가권력의 행사가 부수적이고 간접적인 결과가 아닌 직접적인 것이어야 하며, 단순히 사실적인 효과를 갖는 것이 아니라 법적 효과를 갖는 법률행위로서 명령과 강제력 있는 공권력 행사를 말한다.

(2) 광의의 현대적 제약개념

이와 반대로 현대적인 넓은 의미의 기본권제약(weiter Eingriffsbegriff)이란 기본권의 보호범위에 해당되는 행태를 불가능하게 하는 모든 공권력의 행사를 기본권의 제한으로 파악한다. 그것이 공권력행사의 결과가 의도적인 최종적인 결과이든 비의도적인 부수적인 결과이든, 직접적이든 간접적이든, 단순히 사실행위든 법률행위든, 강제력이 있든 없든 상관없다는 것이다.[7] 다만 '고전적' 제한과 정반대로 이러한 형태의 공권력행사를 모두 기본권제한으로 포괄한다면 개인의 자유는 넓게 보장되나, 공익목적을 위한 국가권력행사는 극히 좁게 인정되거나 극단적으로는 행사가 불가능하게 된다. 따라서 기본권제약의 결과발생에 대해 국가의 책임귀속을 제한하기 위한 일정한 표지가 필요하다. 하지만 고전적 심사방법은 이를 생략한 채 제3단계의 국가권력행사의 정당성심사로 넘어간다.

---

6) 이에 대해서는 기본권주체에게는 사소한 제약도 중대한 제약일 수 있어 자유를 제한하는 모든 공권력행사를 기본권제약으로 보고 그 제한 정당성여부를 판단을 하여야 한다는 반대견해도 있다. H. Bethge, Der Grundrechtseingriff, in: VVDStRL 57, 1998, S. 45; 장영철, "기본권의 사실적 제한", 공법연구 제35집 제1호(2006. 10.), 447면.

7) Pieroth/Schlink, Grundrechte, Staatsrecht Ⅱ, 13. Aufl. 1997, S. 55ff.(S. 58), RN 238 ff.

(3) 사견

고전적 심사방법은 기본권의 '제한개념'을 확대하여 현대적 기본권제약을 포섭하기에 기본권제한의 법률유보원칙에 반할 수 있다. 또한 기본권제약의 책임귀속의 판단기준도 애매할 뿐 아니라 제한개념만을 분리하여 확대해석하는 것은 보호범위와의 연관성을 도외시하여 해석론으로는 불충분하다.[8] 기본권제한단계에서 비로소 현대적 기본권제약과 국가책임을 포괄하여 심사하는 것은 소원청구인의 입장에서도 납득하기 어렵다. 기본권제약은 국가의 책임귀속을 논하기 위한 선결문제이지 국가의 책임귀속판단으로 제약심사를 대체할 수는 없기 때문이다.

3. 제한의 정당성심사

기본권제한의 헌법적 정당성이 인정되지 않으면 기본권침해가 된다. 헌법적 정당성심사에서는 기본권의 제한가능성이 핵심기준이 된다.

우선 기본권의 제한가능성은 헌법직접적 제한, 가중적 또는 일반적 법률유보에 의한 제한으로 구분할 수 있다. 헌법직접적 제한기본권으로는 정당의 자유(제8조 제4항), 국가배상청구권행사주체의 제한(제29조 제2항)이 있다. 가중적 법률유보 기본권은 언론출판의 사회적 책임(제21조 제4항), 신체, 주거의 자유에 대한 압수수색에 법률과 적법절차에 의한 영장주의(제12조, 제16조)가 나머지는 일반적 법률유보로 제한가능한 기본권(헌법 제37조 제2항)이다.

기본권의 보호내용에는 객관적 질서성에 기하여 제3자에 의한 기본권제한가능성이 있으므로 이 경우 기본권충돌이론에 의하여 입법자가 규범조화적 해결을 할 수 있다.

다음으로 기본권의 제한가능성이 인정되고 이에 상응하는 기본권제한이 있으면 기본권제한의 형식적·실질적 정당성심사를 하여야 한다. 우리 헌법 제37조 제2항에서도 기본권제한의 형식적 정당성은 법률유보로, 실질적 정당성은 필요한 경우에 한하여 제한할 수 있는 비례의 원칙을 제시하고 있다. 이에 따라 형식적 정당성심사에서는 입법절차나 입법권한을 심사하고, 실질적 정당성심사에서는 비례의 원

---

8) 기본권의 완전성을 보호내용(Integritätsbeeinträchtigung)으로 하는 기본권 제한의 본질적 표지를 제시한 것은 평가할 수 있다. W. Cremer, Freiheitsgrundrechte, Tuebingen, 2003, S. 137; J. Isensee, Der Grundrechtseingriff, in: VVDStRL 57, Walter de Gruyter · Berlin · New York, 1998, Diskussionsbeitrag, S. 108.

칙에 의한 심사 이외에도 명확성의 원칙, 의회유보원칙, 과소보호금지원칙, 본질내용침해금지원칙 등에 의한 심사를 할 수 있다.

Ⅱ. 현대적 기본권심사의 기본개요

1. 보호범위의 제약(기본권주체의 관점)

첫 번째 심사단계에서 고전적 심사방법과 다른 점은 기본권제약의 문제도 객관적 기본권의 보호범위개방문제로 보는 점이다. 즉 사실관계에서 나타난 국가권력의 행사(법률, 행정처분, 판결, 행정지도 등)가 보호범위의 제약일 경우에만 해당되는 기본권을 결정할 수 있다는 것이다. 넓은 보호범위를 주장하는 기본권의 원칙론의 입장이다.

2. 기본권제약의 책임귀속(기본권보장책임자의 관점)

두 번째 심사단계는 기본권보호의무자인 국가로 넘어간다. 여기서는 기본권은 누구를 기속하는가와 확인된 보호범위제약에 대한 보호의무자인 고권행사주체에게 책임을 귀속시킬 수 있는지에 대하여 심사한다. 즉 고전적 심사와 차이점은 넓은 의미의 기본권제약개념을 취하여 보호범위도 원칙론에 입각하여 넓게 해석하는 관계로 결과발생에 대해 책임귀속 여부를 판단하는 단계를 제2단계로 구분하여 제시하고 있는 점이다. 실체적으로는 국가권력의 작위에 의한 방어권제약의 책임귀속과 부작위에 의한 보호의무위반의 책임으로 판단하고, 절차적으로는 헌법소원청구의 법적 관련성(직접성, 현재성, 자기관련성)을 기준으로 판단한다.

3. 기본권제약의 형식적 · 실질적 정당성(기본권침해의 문제)

세 번째 단계는 고전적 심사방법과 동일하다. 즉 기본권제한의 정당성심사로서 즉, 국가책임으로 귀속될 수 있는 기본권제한을 '소극적인 측면'에서 정당화할 수 있는지를 판단한다.

먼저 기본권제한의 정당성을 형식적 측면에서 심사하는 것으로 기본권을 제한할 수 있는 방법과 형식에 대하여 판단한다. 여기서는 법률유보의 법치국가와 민주국가적 측면을 기준으로 한다. 즉 기본권제한은 민주적으로 정당한 법적 근거에 의해서만 정당화된다. 다음으로 기본권을 제한하는 목적과 강도에 대한 실질적 정당성심사를 한다.

살펴본 바와 같이 고전적 심사방법과 현대적 심사방법의 차이는 협의의 보호범위로 인해 사실적 제약을 제한개념을 확장하여 포섭할 것인지(고전적), 광의의 보호범위로 인해 광의의 제한개념을 인정할 것인지(현대적)에 있다. 현대복지국가의 책임을 고려하여 현대적 기본권심사방법의 체계를 중심으로 하되 고전적 심사방법과 차이점도 비교하면서 구체적으로 살펴보고자 한다.

기본권의 보호범위의 제약과 책임귀속

기본권의 보호범위와 제한, 한계 등 유사개념은 밀접히 관련되어 있다. 기본권의 보호범위를 넓게 해석하면 국가권력에 의한 자유의 제한가능성은 넓게 나타날 수 있고 좁게 해석할수록 국가권력과 충돌이 적어 제한가능성도 적게 나타난다.

자유주의국가는 기본권의 보호범위를 넓게 해석하여 제한개념도 넓게 파악한다. 이 경우 기본권심사는 국가권력의 정당성판단에 집중하게 된다. 기본권제한의 정당성심사는 국가권력의 정당성뿐만 아니라 민주적 정치과정의 기본권보장의무를 강조하는 순기능도 있지만 기본권의 과잉행사로 인해 헌법소원의 청구가 남발될 역기능도 존재한다.

이러한 점에서 기본권의 보호범위와 제한에 대하여는 정확한 해석이 요구된다.

제 1 절 보호범위의 결정

Ⅰ. 기본권의 체계적 해석에 의한 보호범위의 결정

기본권의 보호범위는 추상적으로 결정하는 것이 아니라 다른 기본권, 헌법규

정과 관련하여 체계적 해석을 통하여 결정하여야 한다. 예컨대, 집회에서의 정치적
의사표현은 단순히 집회의 자유로 보기보다는 표현의 자유로 볼 수 있고, 국회의원
의 의안에 대한 토론은 면책특권과 관련하여 표현의 자유의 보호범위에 해당여부
를 판단하여야 한다.

1. 규칙론의 협의의 기능적 보호범위설

기본권의 보호범위결정시에 타인의 권리, 헌법질서, 도덕률 등을 고려하여야
하는 헌법내재적 보호범위한계설 내지 기본권한계설(Verfassungimmanente Schutz-
bereichsbegrenzung od. Grundrechtsbegrenzung)[1]이 있다. 즉 국가의 폭력독점원리에
의하여 규정된 기본권에는 평화유보에 의하여 특정한 행태는 자유의 보호영역에
처음부터 배제하여야 한다는 것이다. 이를 '기능적 보호범위설'이라고도 한다. 예컨
대, 연극무대에서 살인행위는 살인죄(형법 제250조)로, 분사예술가의 거리낙서
(Graffiti)는 손괴죄(형법 제366조)로 처벌되므로 예술의 자유에서 배제된다는 것이다.

2. 원칙론의 광의의 자연적 보호범위설

다수설과 근래 헌법재판소는 기본권의 원칙론에 입각하여 기본권의 보호범위
는 넓게 결정하고 평화유보원리는 타인의 기본권과 충돌(Grundrechtskollision)의 문
제로서 보호범위의 제한의 정당성문제로서 해결하여야 한다고 본다. 전술한 헌법내
재적 보호범위한계설은 법률유보나 그 정당성판단을 생략하게 되어 기본권심사의
논증의 설득력을 확보하기 어렵다. 헌법재판소도 같은 취지로 음란표현[2]도 표현의

---

1) J. Isensee, in: Handbuch des Staatsrechts Bd. Ⅴ, § 111, RN 56; R. Schmidt, Grundrechte,
   Grasberg bei Bremen, 2009, S. 51; 권영성, 『헌법학원론』, 574면.
2) 헌재결 2009. 5. 28. 2006헌바109 등, 판례집 21-1하, 545. 음란표현이 언론·출판의 자유의
   보호영역에 해당하지 아니한다고 해석할 경우 음란표현에 대하여는 언론·출판의 자유의 제
   한에 대한 헌법상의 기본원칙, 예컨대 명확성의 원칙, 검열 금지의 원칙 등에 입각한 합헌성
   심사를 하지 못하게 될 뿐만 아니라, 기본권 제한에 대한 헌법상의 기본원칙, 예컨대 법률에
   의한 제한, 본질적 내용의 침해금지 원칙 등도 적용하기 어렵게 되는 결과, 모든 음란표현에
   대하여 사전 검열을 받도록 하고 이를 받지 않은 경우 형사처벌을 하거나, 유통목적이 없는
   음란물의 단순소지를 금지하거나, 법률에 의하지 아니하고 음란물출판에 대한 불이익을 부
   과하는 행위 등에 대한 합헌성 심사도 하지 못하게 됨으로써, 결국 음란표현에 대한 최소한
   의 헌법상 보호마저도 부인하게 될 위험성이 농후하게 되다는 점을 간과할 수 없다. 음란표
   현은 헌법 제21조가 규정하는 언론·출판의 자유의 보호영역 내에 있다고 볼 것인바, 종전에
   이와 견해를 달리하여 음란표현은 헌법 제21조가 규정하는 언론·출판의 자유의 보호영역에
   해당하지 아니한다는 판시를 변경하여 보호영역에 포함되는 것으로 우리 재판소의 의견(헌

자유의 보호범위에, 성매매3)도 직업선택의 자유의 보호범위에 속한다고 판시하고
있다.

Ⅱ. 기본권의 보호범위의 경합해결

1. 기본권소원에서 해결필요성

모든 헌법규정을 기준으로 위헌과 합헌성을 판단하는 위헌법률심판과 달리 기
본권소원(헌법재판소법 제68조 제1항)은 구체적 사실관계에서 청구인의 침해된 기본
권을 찾아 그 보호범위의 제한의 정당성을 심사하여야 한다. 기본권의 보호범위는
예컨대, 주거, 직업, 사생활 등 인간의 행태보호와 관련된 구성요건표지로서 각각
상이하게 규정되어 있다. 따라서 하나의 사실관계가 여러 측면의 자유를 제한하여
다양한 기본권의 보호범위를 제약할 수 있다. 이 때 기본권경합의 문제가 발생하게
된다. 그 유형으로는 하나의 사실관계가 여러 기본권을 기준으로 판단되어야 하는
상상적 경합, 단지 하나의 기본권만으로도 가능한 특별 -일반기본권 또는 개별-
보충기본권경합이 있다.4) 예컨대, 직업의 자유의 보호범위에 경쟁의 자유가 포함된
다고 보는 견해에 의하면 일반적 행동자유권의 경쟁의 자유와 경합하게 된다. 이
경우 직업의 자유는 특별기본권, 일반적 행동자유권은 보충적 내지 일반적 기본권
이 된다.

기본권경합은 사실관계에 해당하는 기본권들의 제한 내지 한계의 강도에 따라
보호내용이 달라질 때 현실적으로 의미가 크다. 예컨대, 절대보호를 내용으로 하는
인간존엄, 양심형성의 자유, 신앙의 자유 등 내면적 자유와 직업, 재산권 등 상대적
기본권의 경합, 헌법상의 경제적 자유보다 정신적 자유로서 표현의 자유, 양심의

재결 1998. 4. 30. 95헌가16, 판례집 10-1, 327, 340-341)을 변경한다.

3) 헌재결 2016. 3. 31. 2013헌가2, 판례집 28-1상, 259. 헌법 제15조에서 보장하는 '직업'이란
   생활의 기본적 수요를 충족시키기 위하여 행하는 계속적인 소득활동을 의미하고, 성매매는
   그것이 가지는 사회적 유해성과는 별개로 성판매자의 입장에서 생활의 기본적 수요를 충족
   하기 위한 소득활동에 해당함을 부인할 수 없다 할 것이므로, 심판대상조항은 성판매자의 직
   업선택의 자유도 제한하고 있다.

4) R. Heß, Grundrechtskonkurrenzen, Berlin, 2000, S. 49 f.; Pieroth/ Schlink, Staatsrecht Ⅱ,
   S. 76 ff.; W. Rüfner, Grundrechtskonflikte, in : Festgabe BVerfG Ⅱ, 1976, S. 453ff: K.
   Stern, Das Staatsrecht der Bundesrepublik Deutschland, Bd. Ⅲ/2, München, 1994, S.
   1369.

자유의 우월적 지위를 인정하는 이중기준의 원칙, 명백하고 현존하는 위험의 원칙, 사전억제금지의 원칙, 명백성의 원칙, 과잉금지원칙 등에 의해 그 제한입법의 합헌성을 엄격히 심사해야 하는 경우와 완화된 심사기준이 적용되는 일반적 행동자유권이 경합하는 경우 등이다.

또한 소위 '보호범위강화'를 위해 기본권을 누적적용 하는 경우에도 심사기준을 강화하는 의미가 있다. 예컨대, 평등권침해의 완화된 심사기준과 달리 엄격한 심사기준은 차별취급으로 다른 기본권에 중대한 제한을 초래하는 경우에 적용하는 것, 일반적 인격권을 헌법 제10조의 인간의 존엄 및 가치와 연계한 행복추구권에 근거한 것으로 보는 것을 들 수 있다.

(행복추구권에서 파생되는) 일반적 행동자유권은 예컨대, 외국인과 같이 직업선택의 자유, 근로의 권리, 국가배상청구권 등의 향유주체에서 배제되는 경우 보충적 기본권으로 기본권심사의 기준이 될 수 있다.

2. 개별자유권과 평등권의 경합

평등권은 기본권실현의 방법적 기초로서 기본권심사에서 개별자유권과 평등권의 경합이 항상 문제된다. 원칙적으로는 자유권과 평등권을 병렬적으로 적용하여 심사해야 한다. 자유권의 비례의 원칙에 의한 심사와 평등권의 자의금지원칙 심사가 그것이다.

하지만 사실관계에서 평등권이 객관적으로 밀접히 관련된 경우에는 자유권은 심사기준에서 배제된다. 예컨대, 여자와 연소자의 근로에 있어서의 특별보호, 국가유공자 등의 근로에서의 우선기회 부여 등 헌법상 평등보호 내지 차별취급을 특별히 금지하거나 차별취급으로 관련기본권에 중대한 제한을 초래하는 경우에 비례의 원칙에 의해 평등권심사하는 경우, 조세법영역의 경우 재산권이나 직업의 자유는 간접적 제약이 초래될 수 있지만 직접적으로는 조세형평이 주로 문제되는 경우 평등권 내지 조세평등주의가 심사기준이 된다.[5] 세법은 조세법률주의(헌법 제59조)와

---

5) 예컨대, 헌재결 2011. 7. 28. 2009헌바311, 판례집 23-2상, 77 이하(법인세법 부칙 제1조 위헌소원); 2016. 9. 29. 2014헌바406, 판례집 28-2상, 357면 이하(취득세 및 등록세가 감면되는 '주택'에 기숙사가 포함되지 않음을 전제로 취득세 및 등록세가 부과된 사건). 기숙사는 학생들이나 근로자들이 일정기간 숙식을 해결하기 위하여 마련된 건축물로서 독립된 주거의 형태를 갖추지 않은 것을 말하고, 그에 대한 소유권 또는 사용·관리권한이 개인보다는 학교법인이나 기업체 등에 속해 있는 것이 일반적이며, 학생 및 근로자들이 소유권 또는 계약상

납세의 의무(제38조)에 근거하여 입법자의 입법형성권을 넓게 인정하여 비례의 원칙에 의한 심사를 하더라도 한계가 나타나고 있다.[6]

제 2 절 기본권제약의 책임귀속

Ⅰ. 국가권력의 작위에 의한 방어권제약과 책임귀속

1. 고전적인 기본권제한의 개념

기본권이론체계를 고려하여 보호범위−제한−정당성의 3단계 전통적인 심사방법에 의하면 현대적인 기본권제약도 고전적인 제한개념을 확대하여 2단계 제한심사에서 한다.

여기서 고전적인 기본권제한에 해당요건은 다음 4개다. 첫째, 명령과 금지의 '강제력' 있는 공권력 행사, 둘째, 국가권력의 행사가 완전히 다른 목적에 정향된 부수적 결과가 아닌 '최종적' 결과여야 하고, 셋째, 국가권력의 행사가 부수적이고 간접적인 결과가 아닌 '직접적'인 것이어야 하며, 넷째, 단순히 사실적인 효과를 갖는 것이 아니라 법적 효과를 갖는 '법률행위'이어야 한다.

이 네 가지 요건은 의심의 여지없이 방어권제약에 대하여 국가는 책임을 져야 한다. 네 가지 요건을 모두 충족하면 국가의 책임귀속을 판단하지 않고 3단계의 정당성심사로 바로 이행된다. 만약 한 가지 요건이라도 충족되지 않는 경우는 다음의 현대적인 확대된 기본권제한, 즉 기본권제약에 해당되는 지를 판단해야 한다.

권리에 기하여 거주하기보다는 학교 또는 기업체의 내부규정에 따라 그 신분을 유지하는 것을 전제로 거주하는 등 주거공간에 대한 권리의 배타성, 주거생활의 계속성 및 안정성 등에서 취약한 측면이 있어, 아파트, 연립주택, 다세대주택 등과는 많은 차이가 존재한다. 또한 기숙사는 아파트, 연립주택, 다세대주택 등과는 비교할 수 없을 정도로 거래빈도가 낮고, 거래규모 또는 거래금액의 변동이 국가경제 전체에 미치는 영향 등에서 큰 차이가 존재한다. 따라서 심판대상조항이 기숙사와 다른 공동주택을 달리 취급하는 데에는 합리적인 이유가 있으므로, 심판대상조항은 조세평등주의에 위배되지 않는다.

6) 장영철, "헌법원칙으로서 계속성원칙", 『공법학연구』 제13권 제3호(2012. 8.), 111면; 김영심/박정우, "재산권보장과 조세법", 『비교사법』 제18권 제1호(통권 제52호), 337면 이하.

2. 현대적인 기본권제약의 개념

국가권력의 행사가 고전적인 기본권제한에 해당하지 않는다면 귀속책임의 현실적 필요성을 판단해야 한다. 즉 기본권은 시민의 자유제약에 대한 보호수단이다. 하지만 모든 자유제약에 대하여 기본권을 행사하여 방어할 수 있는 것은 아니고 국가책임으로 귀속될 수 있는 것만 방어할 수 있다. 여기서 누가 자유제약에 대하여 책임을 지는가에 대한 가치판단을 하여야 한다. 예컨대, 물가상승과 같이 현실적으로 원인을 규명할 수 없는 경제적 자유의 감소현상도 있다.

국가가 자유제약에 대한 책임을 지게 될지 여부에 대해 고전적으로는 보호범위의 '제한'심사로 하였다. 이는 전술한 전통적인 제한개념에 따라 일반조치로서 법률, 명령, 조례나 개별조치로서 판결, 행정처분과 같이 법적 형식의 강제력 있는 국가권력의 행사를 정향한 것이다. 하지만 현대국가의 권력행사는 다양화하여 소위 사실행위로서 단순행정행위, 정보제공, 행정계약 등 비공식적 행정행위, 민영화 내지 민관협력 등이 그것이다. 따라서 고전적 제한개념을 확대해야 하는 근거도 다음과 같이 개발되었다. 헌법국가는 국가권력을 형식적인 법률유보만으로 행사하는 것이 아니다. 헌법 제10조 제2문도 법률유보에 의하지 않는 국가권력의 행사에 대하여 기본권보장책임을 부과하고 있다. 이는 국가권력의 형식이나 내용에 상관없이 흠결 없는 포괄적인 기본권보장책임을 의미한다. 기본권보장책임은 법률행위나 사실행위의 구분 없이 자유제약에 대한 국가의 책임을 말한다.

고전적 심사방법에서 '제한개념'을 확대한 현대적인 기본권제약이란 기본권의 보호범위에 해당되는 행태를 불가능하게 하는 모든 공권력의 행사를 기본권의 제한으로 파악한다. 그것이 공권력행사의 결과가 의도적인 최종적인 결과이든 비의도적인 부수적인 결과이든, 직접적이든 간접적이든, 단순히 사실행위든 법률행위든, 강제력이 있든 없든 상관없다는 것이다.[7] '고전적' 제한과 정반대로 이러한 형태의 공권력행사를 모두 기본권제한으로 포괄한다면 개인의 자유는 넓게 보장되나, 공익목적을 위한 국가권력행사는 극히 좁게 인정되거나 극단적으로는 행사가 불가능하게 된다. 따라서 기본권제약의 결과발생에 대해 국가의 책임귀속을 판단하기 위한 아래와 같이 일정한 표지를 제시할 필요가 있다. 하지만 고전적 심사방법은 이에

---

7) Pieroth/Schlink, Grundrechte, Staatsrecht Ⅱ, S. 56 ff., RN 238 ff.

대한 기준은 제시하지 않고 있다.

제한개념은 법률유보에 의한 기본권제약에 해당되는 전형적인 사례에 국한해서는 안 된다. 지금은 사실적인 기본권제한에 대해서 국가의 책임귀속을 인정해야 한다는 것을 반대하는 견해는 없다.[8] 다만 책임귀속을 한정하는 기준에 대한 논의만 있을 뿐이다.

고전적 제한개념의 4개요건 중 하나만 존재해도 책임귀속을 인정해야 한다. 4개 요건은 각각 적극적으로 보면 기본권제한의 충분요건이 될 수 있지만 소극적으로 보면 제한을 위한 필수요건은 아니기 때문이다. 이러한 분석은 고전적인 책임귀속기준을 고수하면서도 다양한 국가권력행사 방식도 고려할 수 있기 때문이다. 고전적인 4개의 요건을 개별적으로 현대적인 기본권제약으로 인정하기 위한 필수요건인지 이하에서 살펴보기로 한다.

첫째, 명령과 금지의 강제력요건은 효과적이고 포괄적인 기본권보장을 위해서 포기해야 한다. 예컨대, 경찰이 과격한 시위를 진압하기 위해 물대포나 최루탄 등 물리력을 행사하는 과정에서 국가가 생명·신체에 대한 위험이 발생한 것에 대해 책임귀속을 인정할 수 있다.

둘째, 법률행위이어야 하는 요건은 법치국가원리에 따라 기본권에 기속하여야 한다는 것이다. 하지만 시위나 소요와 같은 사실행위에도 기본권에 기속되어야 한다는 점에서는 마찬가지다.

셋째, 직접성의 요건도 국가권력의 책임귀속범위가 확대되는 것을 제한하기 위한 것이다. 하지만 간접적인 기본권제약으로 확대하여도 예측가능성을 기준으로 한계를 설정하여 국가책임을 제한하면 된다. 따라서 이 기준에 의하면 책임 없는 사인인 제3자가 책임귀속관계를 형성하는 사슬의 중간에 있다고 하더라도 책임판단에 문제가 없다. 예컨대, 이웃의 조망권을 침해하는 건축허가를 들 수 있다. 국가의 정보제공에 의한 사인의 기본권제약도 사실행위에 의한 국가책임을 부담한다. 사인은 사적자치권에 의하여 자기결정에 의한 행동을 하면 자기책임으로 귀속되지만 국가가 정보제공을 하여 타인결정으로 대체했기 때문이다.

넷째, 국가권력이 목적한 최종적인 결과가 아닌 목적하지 않은 부수적인 결과

---

8) 이에 대해서는 장영철, "기본권의 사실적 제한", 『공법연구』 제35집 제1호(2006. 10), 439~463면.

인 경우에도 법치국가원리의 전제가 충족되지 않아 비례성에 합치하지 않는 기본 권제약의 위험성을 갖는다. 목적하지 않은 부수적인 결과라도 사인에게 수인할 수 없는 자유제약을 초래했기 때문이다. 기본권제약의 책임귀속을 전제로 제3단계에서 비례의 원칙에 의한 기본권제약의 실질적인 정당성심사로 국가책임을 판단할 수 있다는 점에서 고전적 제한요건을 엄격하게 적용할 필요는 없다. 고전적 제한개념은 국가권력의 행위형식보다는 행위효과에 중점을 둔 것으로 기본권제한의 강도와 해당기본권의 종류를 기준으로 한다. 하지만 이는 기본권주체의 관점을 간과한 것으로 현실적이지 않다. 현대복지국가는 다양한 행위형식으로 기본권을 보호하고 있는 점에서 기본권보호필요성을 '국가의 기본권제약'에 대한 책임판단기준으로 고려해야 한다. 이는 국가권력의 '작위'에 의한 책임으로 '부작위'에 의한 기본권보호의무와는 구별되는 것이다. 기본권보호의무는 국가뿐만 아니라 사인에 의한 침해에 대해서도 보호의무를 인정하기 때문이다.

3. 사례

살펴본 바와 같이 고전적인 심사방법은 기본권의 '제한개념'을 확대하여 현대적 기본권제약을 포섭하는 것은 법률유보의 원칙에 반하기에 이를 수용할 필요는 없다. 하지만 여전히 '고전적'인 기본권제한의 개념으로서 기본권제약의 책임귀속을 판단하는 기준으로 활용할 가능성은 인정해야 한다.

(1) 형식적 제약

법률과 명령 등 형식적 법규범에 의한 기본권제약은 간접적이거나 의도하지 않은 부수적인 결과라고 하더라도 책임귀속을 인정해야 한다. 예컨대, 사법상의 강행규정9)과 같이 객관적으로 사적자치권행사를 제약하는 법률이나 러브호텔건축과 같이 제3자 부담부 허가를 들 수 있다.

(2) 직접적 제약

직접적 제약은 형식적 법규범이나 의도하지 않은 경우라도 사실적 제한으로

---

9) 채권법에서 강행규정으로 해석하는 비견고건조물에 대한 임대차계약의 최장존속기간을 20년으로 제한했던 민법 제651조에 대한 위헌결정으로 헌재결 2013. 12. 26. 2011헌바234, 판례집 25-2하, 649(655~659).

책임귀속을 인정할 수 있다. 예컨대, 시위현장에서 경찰의 물리적 강제나 인질범체 포과정에서 오발사고를 들 수 있다.

(3) 최종적 제약

최종적 제약은 항상 책임귀속을 인정할 수 있다. 형식적 법규범이나 직접적인 제한이 아니라도 사실적 제한이다. 국가가 효과를 목적으로 하였다면 책임을 져야 한다. 예컨대, 국가의 정보제공에 의한 사적자치권제약을 들 수 있다. 정보제공행위 로서 간주할 수 있는 경고나 추천의 경우에도 마찬가지다.

Ⅱ. 국가권력의 부작위에 의한 보호의무위반에 대한 책임귀속: 국가의 기본권보호의무

1. 기본권보장체계에서 국가의 기본권보호의무의 개념과 발현양상

(1) 개념

기본권은 시민의 사실적인 자유제한에 대해서도 보장되어야 한다. 기본권은 원칙적으로 국가권력의 행사에 대한 소극적인 방어권을 의미한다. 바로 이것이 기 본권침해의 주된 원인이라고 할 수 있다. 하지만 기본권의 기능은 시민이 현실적으 로 자유를 향유하는 사실적인 기본권의 효과를 목표로 한다. 이러한 목표실현을 위 해서는 기본권의 기능이 확대되어야 했다. 기본권의 방어적 기능은 국가권력의 작 위에 대한 것이므로 국가권력의 부작위에 대한 시민의 기본권실현은 이와는 다른 차원에서 이론이 적용된다. 즉 국가의 부작위에 대해 추상적으로 의무를 부여하는 기본권이론으로 '원칙으로서 기본권', '객관적 가치질서로서의 기본권' 이론이다.

기본권보호의무란 이러한 국가의 부작위로 인한 사회의 구성원인 사인 간의 기본권제약현상에 대하여 적극적인 개입을 정당화하는 이론이다. 이 이론은 다음과 같은 의미를 갖는다. 우선 기본권의 적용영역을 확장시키고 있다. 전통적인 방어권 중심의 기본권이론에서는 국가와 사인의 양면관계를 전제로 기본권을 보장하였다. 그러나 기본권보호의무이론의 등장으로 기본권은 사인과 사인 간의 사적 행위에도 원칙적으로 적용된다. 즉 양면관계에서는 물론 국가와 사인(즉 제3자, 제약자) - 사 인(손해자)간의 삼면관계에서도 기본권은 적용된다. 다음으로 국가의 기능확대를 들 수 있다. 방어권이란 표현에서도 알 수 있듯이 국가는 국민의 자유향유에 있어 적대자 내지 방해자에 불과하였지만 기본권보호의무이론에서는 자유의 회복자 내지 보증인으로서의 역할을 강조한다. 국가는 제3자인 사인의 다른 사인에 대한 기본권 제약현상에 대한 중재자로 기능하므로 기본권의 객관적 성격에 근거한 것으로 그 독자성을 인정하고 있다.

국가권력의 부작위에 대한 기본권보호의무이론은 이제 기본권의 일반이론의 하나로 인정되있다. 헌법재판소도 장애인을 위한 저상버스도입의무와 관련하여 국가의 사회적 기본권보호의무,10) 세월호 참사에 대한 대통령의 생명권보호의무,11) 6. 25 참전 소년병들에 대한 국가의 불법적인 기본권침해에 대한 손해배상의무12) 등 국가의 기본권보호의무를 인정하고 있다. 따라서 기본권은 국가권력의 작위에 대한 방어기능 이외에 부작위에 대한 국가의 적극적인 기본권보호를 청구할 수 있는 기능을 갖게 되었다.

하지만 기본권을 사실상 제약하는 모든 국가권력의 부작위에 대해 사인의 입장에서 보호의무를 요구할 수는 없다. 보호의무의 발동을 청구하기 위해서는 헌법

---

10) 헌재결 2002. 12. 18. 2002헌마52, 판례집 14-2, 904. "우리 헌법은 사회국가원리를 명문으로 규정하고 있지는 않지만, 헌법의 전문, 사회적 기본권의 보장(헌법 제31조 내지 제36조), 경제 영역에서 적극적으로 계획하고 유도하고 재분배하여야 할 국가의 의무를 규정하는 경제에 관한 조항(헌법 제119조 제2항 이하) 등과 같이 사회국가원리의 구체화된 여러 표현을 통하여 사회국가원리를 수용하였다. 사회국가란 한마디로, 사회정의의 이념을 헌법에 수용한 국가, 사회현상에 대하여 방관적인 국가가 아니라 경제·사회·문화의 모든 영역에서 정의로운 사회질서의 형성을 위하여 사회현상에 관여하고 간섭하고 분배하고 조정하는 국가이며, 궁극적으로는 국민 각자가 실제로 자유를 행사할 수 있는 그 실질적 조건을 마련해 줄 의무가 있는 국가이다.

11) 헌재결 2017. 3. 10. 2016헌나1, 판례집 29-1, 1. 국가는 개인이 가지는 불가침의 기본적 인권을 확인하고 이를 보장할 의무를 진다(헌법 제10조). 생명·신체의 안전에 관한 권리는 인간의 존엄과 가치의 근간을 이루는 기본권이고, 국민의 생명·신체의 안전이 위협받거나 받게 될 우려가 있는 경우 국가는 그 위험의 원인과 정도에 따라 사회·경제적 여건과 재정사정 등을 감안하여 국민의 생명·신체의 안전을 보호하기에 필요한 적절하고 효율적인 입법·행정상의 조치를 취하여 그 침해의 위험을 방지하고 이를 유지할 포괄적 의무를 진다(헌재결 2008. 12. 26. 2008헌마419등 참조).

12) 헌재결 2015. 10. 21. 2014헌마456, 공보 제229호, 1695. 헌법 제10조 제2문은 "국가는 개인이 가지는 불가침의 기본적 인권을 확인하고 이를 보장할 의무를 진다"고 규정함으로써, 소극적으로 국가권력이 국민의 기본권을 침해하는 것을 금지하는 데 그치지 아니하고, 나아가 적극적으로 국민의 기본권을 타인의 침해로부터 보호할 의무를 부과하고 있다. 이러한 국가의 기본권보호의무로부터 국가 자체가 불법적으로 국민의 생명권, 신체의 자유 등 기본권을 침해하는 경우 그에 대한 손해배상을 해 주어야 할 국가의 작위의무가 도출된다고 볼 수 있다(헌재결 2003. 1. 30. 2002헌마358 참조).

상 국가의 사인에 대한 특별한 보증인적 지위를 부여한 경우를 전제로 한다. 이는 기본권보장을 목적으로 국가기관간의 권력분립, 법치국가, 사회국가 등 헌법원리를 고려해야 하는 것을 의미한다. 이러한 헌법원리를 고려하여 국가에 기본권보호를 부담하게 되는 경우라면 그 사실적인 기본권제한의 주체가 고권적인 국가권력, 자연력, 다른 국가 등 무엇이든 상관없다. 또한 기본권주체인 사인에 의한 사실적 제한에 대해서도 국가의 보호의무가 발동될 수 있는 것이다. 하지만 이 경우 국가의 보호의무가 발동되는 경우 제3자의 자유가 제한되는 즉 소위 기본권의 제3자효의 인정 여부 및 방법에 대한 문제가 아울러 제기된다.

(2) 구체적 발현양상

(가) 삼면관계

국가의 보호의무의 독자성을 인정하여 기본권의 객관적 성격에 근거한 것으로 본다면 제3자와 사인간의 삼면관계에도 기본권은 원칙적으로 적용되고 이의 중재자로 국가가 기능하게 된다. 삼면관계에서 기본권보호의무는 사실적 기본권제한과 기본권침해의 위험성인정을 전제[13]로 하여 성립한다. 그 심사기준은 과소보호금지원칙에 따라 위헌여부를 결정하고 있다.

헌법재판소는 미국산 쇠고기 및 쇠고기 제품 수입위생조건 위헌확인결정,[14] 소위 공장식 축산사건[15] 등에서 과소보호금지원칙을 기준으로 하여 기본권보호의무위반에 대한 심사를 하였지만 초입법자로 기능하지 않기 위하여 명백성통제에 그치는 것이 일반적이다. 일반법원에서는 소위 러브호텔 등 유해업소의 인허가로 인한 복효적 행정행위에 대한 이웃주민의 취소소송[16]에서 법률상 이익을 확대해석하여 원고적격을 인정하고 있는 것은 그 일례[17]다.

---

13) K.-A. Schwarz, Die Dogmatik der Grundrechte-Schutz und Abwehr im freiheitssichern-den Staat, in: Sicherheit statt Frieheit?, Berlin, S. 42 f; 장영철, "기본권의 사실적 제한", 453~456면.

14) 헌재결 2008. 12. 26. 2008헌마419 등, 판례집 20-2하, 960 이하.

15) 헌재결 2015. 9. 24. 2013헌마384, 판례집 27-2상, 658.

16) 대판 1994. 4. 12. 93누24247; 1995. 2. 28. 94누3964; 1995. 9. 26. 94누14544; 2006. 6. 22. 2003두1684.

17) 그 밖에 자세한 것은 장영철, "기본권의 사실적 제한", 453면 이하와 459면 참조할 것.

(나) 양면관계

국가의 보호의무를 방어권으로 해결하려는 소위 수렴론은 국가의 광범위한 입법권과 폭력독점으로 인해 원칙적으로 사인의 자력구제를 금지하는 고전적인 법치국가사상을 토대로 삼고 있다. 이로 인해 (제3자인)사인의 기본권제약행위를 국가행위로 의제하는 방법으로 손해자의 기본권을 보호하게 된다. 기본권의 양면성을 부인하고 자연권사상에 철저한 학설과 미국연방대법원의 경우 이러한 입장에서 판시[18]하고 있다.

2. 국가의 기본권보호의무의 발생

(1) 헌법상 보장의무: 헌법상 특별한 기본권의 보호, 촉진, 형성유보

헌법 제10조의 인간의 존엄에 근거하여 명문에 의한 국가보장책임을 들 수 있다. 헌법 제10조는 "모든 국민은 인간으로서 존엄 및 가치를 가지며, 행복을 추구할 권리를 갖는다. 국가는 개인이 가지는 불가침의 기본적 인권을 확인하고 이를 보장할 의무를 진다."고 규정한다. 이에 의하면 국가는 인간의 존엄을 스스로 확인하고 보장할 책임을 질 뿐만 아니라 제3자에 의한 경멸이나 최소한의 생존수준에 미달하여 인간의 존엄을 침해당하는 경우에 대한 보장책임을 부담한다.[19] 그 밖에 촉진과 보호의무로 헌법 제31조의 능력에 따라 균등하게 교육을 받을 권리(제1항), 자녀에 대한 의무교육을 받게 할 의무(제2항), 교육의 자주성, 전문성, 정치적 중립성의 보장의무(제4항), 국가의 평생교육진흥의무(제5항), 교육제도 법정주의(제6항), 제32조의 최저임금제(제1항), 근로의 의무(제2항), 근로조건의 기준(제3항), 여자와 연소자의 근로의 특별보호(제4항), 국가유공자 등의 근로의 우선적 기회부여(제5항) 등 사회권적 기본권이 이에 속한다. 형성유보로는 선거권(제24조)과 공무담임권(제25조)

---

18) 예컨대, 국가행위유사설(looks-like-government theory) 내지 국가동시설(state action theory)에 입각한 연방대법원결정으로 Shelly v. Kraemer(1948), Public Utilities Commission v. Pollak(1952) 등이 있다. 이에 관하여 자세한 것은 장영철, "기본권의 제3자적 효력과 기본권보호의무",『공법연구』제29집 제2호(2001. 2.), 159면.

19) 헌재결 2008. 7. 31. 2004헌바81, 판례집 20-2상, 91. 우리 헌법은 제10조 제2문에서 "국가는 개인이 가지는 불가침의 기본적 인권을 확인하고 이를 보장할 의무를 진다."라고 규정함으로써 국가의 적극적인 기본권보호의무를 선언하고 있는바, 이러한 국가의 기본권보호의무 선언은 국가가 국민과의 관계에서 국민의 기본권보호를 위해 노력하여야 할 의무가 있다는 의미뿐만 아니라 국가가 사인 상호간의 관계를 규율하는 사법(私法)질서를 형성하는 경우에도 헌법상 기본권이 존중되고 보호되도록 할 의무가 있다는 것을 천명한 것이다.

등의 참정권, 청원권, 재판청구권 등 청구권에 속하는 기본권유보를 들 수 있다.

(2) 국가의 안전보장의무

국가는 국민의 안전보장을 위해 존립한다. 현대의 헌법국가는 폭력독점을 위임받는 반면에 기본권에 기속된다. 법질서에 복종하는 시민은 다만 정당방위나 긴급피난과 같은 예외적인 상황에서 제3자에 대한 폭력이 정당화될 수 있다. 그 밖의 일반적인 경우에 사인은 자신의 권리를 국가의 보호에 의존해야 한다.

국가의 기본권보장의무는 특별한 보호가 필요한 경우이어야 한다. 사인은 제3자의 폭력에 대하여 스스로 방어할 수 없거나 법적으로 금지된 경우에 국가에 보호를 청구할 수 있다. 핵발전소나 항공기소음 등 기술적인 위험, 낙태나 납치 등 인간의 생명·신체에 대한 물리적 폭력, 적국에 의한 위해 등에 대해 국가는 국민의 안전보장의무를 부담한다. 국가의 안전보장의무가 발동되어야 하는 가장 극단적인 경우로는 민법, 형법 등 법률차원에서 주관적 공권의 주체성을 인정받지 못하는 태아, 배아 등 아직 태어나지 못한 생명의 보호를 위한 경우다. 하지만 예컨대, 식물인간의 상태에 있는 환자의 인간존엄에 의한 연명치료중단 등 자력구제가 법적으로 금지된 모든 경우에도 국가의 안전보장의무에 포함되어야 한다. 특히 헌법 제10조, 제12조와 연계된 생명권, 제12조 신체의 자유, 제23조 재산권의 공용침해, 제34조 신체장애자 및 질병·노령 등 생활무력자의 보호(제5항), 재해예방의무(제6항), 제36조의 모성과 보건에 대한 국가의 의무(제2, 3항) 등의 경우가 국가의 안전보장의무와 관련하여 실제적인 의미를 갖는다. 다만 헌법이 예정한 이 경우에도 예견할 수 없었거나, 회복불가능하거나, 수인할 수 없는 기본권침해의 경우에만 국가의 안전보장의무가 발동된다. 사소한 기본권침해로는 보호의무가 발동되지 않는다.

기본권의 보호의무는 부작위에 의한 기본권침해에 대하여 국가가 책임을 부담한다는 것을 의미한다. 따라서 국가는 기본권의 침해여부, 보호의 정도나 방법에 대하여는 별도로 판단하여야 한다. 이에 관하여 국가는 판단재량을 갖는다. 하지만 국가의 판단재량은 과소금지원칙(Untermassverbot)에 의해 제한을 받는다. 기본권보호의무의 수범자는 제1차적으로 입법자가 되지만 가령 판단재량권이 영으로 수축되는 경우에는 행정부도 될 수 있다. 우리 헌법재판소결정[20]에서도 일본군위안부

---

20) 헌재결 2011. 8. 30. 2006헌마788. 헌법 전문, 제2조 제2항, 제10조와 이 사건 협정 제3조의

피해자에 대한 배상청구부작위에 대하여 보호의무위반을 인정하였다.

(3) 국가의 사적자치권보장의무

인권선언을 발표한 프랑스 대혁명에서부터 시민의 자유는 사적자치의 보호로 확대된다. 사적자치는 국가뿐만 아니라 사인에 의해서도 위협당할 수 있다. 후자의 경우에는 보호의 필요성이 문제된다. 기본권주체가 자신의 자유를 자치적으로 행사할 수 없는 경우가 이에 해당된다.

사법상 사적자치원칙은 사법관계에 참여하는 모든 사인의 평등한 자유를 전제로 한다. 계약당사자가 자기의사에 따라 계약내용과 방식을 결정하여 계약체결의

문언에 비추어 볼 때, 피청구인이 이 사건 협정 제3조에 따라 분쟁해결의 절차로 나아갈 의무는 일본국에 의해 자행된 조직적이고 지속적인 불법행위에 의하여 인간의 존엄과 가치를 심각하게 훼손당한 자국민들이 배상청구권을 실현하도록 협력하고 보호하여야 할 헌법적 요청에 의한 것으로서, 그 의무의 이행이 없으면 청구인들의 기본권이 중대하게 침해될 가능성이 있으므로, 피청구인의 작위의무는 헌법에서 유래하는 작위의무로서 그것이 법령에 구체적으로 규정되어 있는 경우라고 할 것이다.

특히, 우리 정부가 직접 일본군위안부 피해자들의 기본권을 침해하는 행위를 한 것은 아니지만, 일본에 대한 배상청구권의 실현 및 인간으로서의 존엄과 가치의 회복에 대한 장애상태가 초래된 것은 우리 정부가 청구권의 내용을 명확히 하지 않고 '모든 청구권'이라는 포괄적인 개념을 사용하여 이 사건 협정을 체결한 것에도 책임이 있다는 점에 주목한다면, 그 장애상태를 제거하는 행위로 나아가야 할 구체적 의무가 있음을 부인하기 어렵다. 이러한 분쟁해결절차로 나아가지 않은 피청구인의 부작위가 청구인들의 기본권을 침해하여 위헌인지 여부는, 침해되는 기본권의 중대성, 기본권침해 위험의 절박성, 기본권의 구제가능성, 작위로 나아갈 경우 진정한 국익에 반하는지 여부 등을 종합적으로 고려하여, 국가기관의 기본권 기속성에 합당한 재량권 행사 범위 내로 볼 수 있을 것인지 여부에 따라 결정된다.

일본국에 의하여 광범위하게 자행된 반인도적 범죄행위에 대하여 일본군위안부 피해자들이 일본에 대하여 가지는 배상청구권은 헌법상 보장되는 재산권일 뿐만 아니라, 그 배상청구권의 실현은 무자비하고 지속적으로 침해된 인간으로서의 존엄과 가치 및 신체의 자유를 사후적으로 회복한다는 의미를 가지는 것이므로 피청구인의 부작위로 인하여 침해되는 기본권이 매우 중대하다. 또한, 일본군위안부 피해자는 모두 고령으로서, 더 이상 시간을 지체할 경우 일본군위안부 피해자의 배상청구권을 실현함으로써 역사적 정의를 바로세우고 침해된 인간의 존엄과 가치를 회복하는 것은 영원히 불가능해질 수 있으므로, 기본권 침해 구제의 절박성이 인정되며, 이 사건 협정의 체결 경위 및 그 전후의 상황, 일련의 국내외적인 움직임을 종합해 볼 때 구제가능성이 결코 작다고 할 수 없다. 국제정세에 대한 이해를 바탕으로 한 전략적 선택이 요구되는 외교행위의 특성을 고려한다고 하더라도, 피청구인이 부작위의 이유로 내세우는 '소모적인 법적 논쟁으로의 발전가능성'이나 '외교관계의 불편'이라는 매우 불분명하고 추상적인 사유를 들어, 기본권 침해의 중대한 위험에 직면한 청구인들에 대한 구제를 외면하는 타당한 사유라거나 진지하게 고려되어야 할 국익이라고 보기는 힘들다.

이상과 같은 점을 종합하면, 결국 이 사건 협정 제3조에 의한 분쟁해결절차로 나아가는 것만이 국가기관의 기본권 기속성에 합당한 재량권 행사라 할 것이고, 피청구인의 부작위로 인하여 청구인들에게 중대한 기본권의 침해를 초래하였다 할 것이므로, 이는 헌법에 위반된다.

자유를 행사하기 위해서는 계약당사자간 최소한 동등한 협상력이 전제되어야 한다. 하지만 현실적으로는 불평등한 협상이 이루어진다. 당사자의 지식과 정보차이, 협상능력, 주변상황의 유·불리, 최근에는 사회적 관계도 그 원인이 되고 있다. 이와 함께 재산권 등 경제적 기본권에 내재한 자유로 인해 유산자는 무산자에 대해 우월적 지위를 확보한다. 헌법은 계약자유와 동시에 사유재산권 등 경제적 기본권도 보장함으로써 현실적으로 모순이 나타날 수 있다. 기본권에 기속되지 않는 계약일방이 사회적 권력으로 위세를 부릴 수 있어 약자인 타방의 사적자치권보호의 필요성이 발생한다.21)

(4) 국가의 위험상태야기에 의한 보호의무와 국가와 수익자의 결합에 의한 보호의무

국가의 위험상태야기에 의한 보호의무란 구속적 행정지도나 행정계획과 같이 행정상 사실행위에 의한 국가의 책임귀속의 경우를 말한다. 이는 기본권의 사실적 제한 또는 국가의 기본권보호의무로 선택적으로 국가의 책임귀속을 도모할 수 있다. 사인의 행위가 중간에 매개되었다 하더라도 국가책임의 인과관계의 중단을 주장할 수는 없다. 따라서 피해를 당한 사인은 우선 국가권력의 작위에 대한 기본권의 간접적 침해를 방어권으로 주장할 수 있다. 그러나 국가권력의 작위로 비례의 원칙에 현저히 반하는 사인의 피해가 있는 경우에는 기본권보호의무의 발동을 청구할 수 있다. 국가의 위험상태야기에 의한 보호의무의 다른 경우로 행정청이 인·허가에 의한 위험상황을 과소평가한 경우에 생겨날 수 있다.

국가와 사인의 결합에 의한 보호의무란 인·허가 등의 행정처분으로 권리를 부여받은 사인(수익자)의 기본권행사능력 확장으로 피해를 당한 제3자(피해자)에 대한 기본권보호가 문제되는 경우를 말한다. 예컨대, 연탄공장, 러브호텔의 허가로 인한 이웃소송, 인·허가를 받지 못한 경원자의 소송, 자금지원행정에서 혜택을 받지 못한 기업을 들 수 있다. 이 경우 사인은 국가의 수익보장으로 법률행위 및 사실행

---

21) 막스 베버(M. Weber)에 의하면 법적으로 보장된 소유분배의 차이로 인해 시장에서 우월적 지위를 행사하는 기업가의 경우 근로조건을 자의적으로 설정하여 계약상대방에게 강제할 수 있다고 한다. 즉 "계약자유는 법적 한계 내에서 소유한 재산권을 현명하게 이용할 수 있는 기회를 제공하여 결과적으로 타인에 대한 지배권을 확보하는 수단이 된다." Ders, Wirtschaft und Gesellschaft (1922), hg. v. J. Winckelmann, 1. Halbband, 1956. S. 562; J. Isensee, Privatautonomie, S. 219, RN 24 재인용.

위를 할 수 있는 능력을 부여받으므로 이로써 (해당 기본권을 행사하지 못하는) 제3자의 기본권제약을 초래할 위험원이 된다. 이는 사인이 제3자의 피해에 대한 원인매개자가 되어 이성적으로 판단하면 그 피해를 익히 예상할 수 있는 것이다. 따라서 결과에 대한 책임은 국가에 귀속될 수 있다.

(5) 특별신분관계에서 국가의 기본권보호의무

특별신분관계란 공법상의 의무로서 학생의 학교재학, 수형자의 교도소수용, 공무원의 관청근무 등 국가와 시민간의 관계와 유사한 특별한 관계라고 할 수 있다. 여기서 시민은 국가의 기본권보호의무를 주장할 수 있다. 즉 학생의 소극적인 종교의 자유를 보호해야 할 국가의 의무는 종립학교의 적극적인 선교의 자유를 상대화하게 된다. 우리 대법원판례22)에서도 고교평준화로 기독교재단인 대광고에 추첨배정된 강의석 학생의 소극적인 종교의 자유에 대한 보호의무를 인정하는 판시를 한 바 있다.

특별신분관계에서 국가의 보호의무는 두 가지 이론적 결과를 제시하고 있다. 첫째, 소극적인 자유를 위해서도 보호의무를 부가할 수 있다. 국가는 특별신분관계를 설정하기 때문에 국가는 공무수탁사인이 행하는 것에 대한 기본권보호의무를 부담해야 한다. 국가는 학교재학중인 학생, 교도소수감중인 수형자, 군복중의 군인 등 특별신분관계에 있는 기본권주체에 대해 포괄적으로 책임을 부담해야 한다. 둘째, 특별신분관계에 있는 기본권주체 간의 기본권충돌의 복잡한 상황으로 인해 기본권보호의 수준이 약화될 수 있다. 학생과 종립학교의 종교의 자유의 충돌로 인해 개별적인 조정이 필요하게 된다. 이 때 기본권이 충돌하는 종립학교와 학생의 특별신분관계에서 기본권보호의무가 발생하는 이면에는 기본권충돌의 형량에서 기본권주체간의 관용의 한계를 설정하는 것이 중요하다.

(6) 기본권보호의무의 한계로서 관용

기본권보호의무는 원칙적으로 모든 기본권에서 발생할 수 있지만 기본권의 모든 기능에서 주장될 수 있는 것은 아니다. 예컨대, 모든 기본권제약 즉, 기본권의 보호범위에 대한 모든 제약에 대해서 기본권보호의무를 주장할 수는 없다. 기본권

---

22) 대판 2010. 4. 22. 2008다38288.

의 행사를 헌법상 보장하고 있는 것은 제3자의 관용을 전제로 한다. 자유권은 포괄적으로 방해받지 않는 생활을 보장하는 기능을 갖는 것이 아니다. 국가의 보호의무는 사인에 대하여도 사실상 발동될 수 있지만 사인의 기본권행사 자체에 대하여는 발동할 수 없다. 사인은 기본권보호의무의 수범자가 아니기 때문이다. 이는 국가의 기본권보호의무에 관한 헌법 제10조의 반대해석의 결과로 통설적인 견해다. 특정한 기본권행사의 결과 제3자인 타인의 기본권을 침해한 경우 국가의 보호의무가 발동되는 것이지, 타인을 방해하거나, 귀찮게 하거나, 도발하게 하는 모든 기본권행사에 대해 국가의 보호의무를 발동하는 것은 아니다. 이러한 정도는 기본권심사의 보호범위차원에서 보호의무를 발동할 만한 기본권제약이 없다고 보아 기본권침해 여부심사를 중단한다. 즉 제3자의 기본권행사와 단순히 충돌하는 것만으로는 소극적인 자유권제한으로 볼 여지가 없다. 적극적인 기본권행사와 제3자의 소극적인 기본권행사가 자동적으로 상응하는 것은 아니다. 예컨대 의사표현의 자유, 집회결사의 자유, 종교의 자유의 행사 그 자체는 달리 생각하는 사람이 주장하는 것이다. 따라서 헌법 제21조(표현의 자유) 및 제20조(종교의 자유)에서 기본권보호의무는 발생되지 않는다. 하지만 모욕적인 표현으로 타인의 명예를 훼손하거나 물리적 폭력집회로 타인의 생명·신체에 위해를 가한 경우에는 보호의무가 발생한다.

기본권보호의무는 방어권에 상응하는 반사경이 아니다. 즉 방어권보다는 —사인의 국가유사의 권력행사라는— 전제조건이 더 요구되는 기본권의 다른 기능이다. 예컨대, 국가가 종교중립의무에 반하여 공립학교에서 종교수업을 필수과목으로 인정하는 것에 대하여 방어권을 행사할 수 있다. 또한 수용자의 집필의 자유제한,[23) 행정정보공개거부와 같이 소극적인 표현의 자유나 정보의 자유에 대한 국가의 조치에 대해서도 방어권을 행사할 수 있다. 하지만 사인의 타해금지의무위반에 대한 기본권보호의무는 국가의 침해에 대한 방어권보다 결코 청구하는 자에게 효과적이지 못할 수 있다. 이는 살펴본 사적자치권보호의무의 경우에 분명하게 나타난다. 즉 여기서 사적자치권보호의무는 —국가권력의 침해로 사실상 간주되는— 타인의 자기결정으로 대체되는 경우에나 발동이 정당화된다. 형량에 있어도 방어권제한의 과잉금지가 기본권보호의 과소금지보다 더 엄격한 기준으로 활용되고 있기도 하다.

---

23) 헌재결 2005. 2. 24. 2003헌마289, 판례집 17-1, 261.

Ⅲ. 국가책임귀속의 중단사유로서 기본권포기

1. 개념

다수설[24]에 의하면 기본권포기란 예컨대, 집회에 참가포기, 결사에 등록포기, 경찰의 가택수색허용 등과 같이 법적으로 유효한 기본권의 처분을 의미한다. 이러한 다수설에 대하여 졸견은 기본권포기는 민법상 차용한 개념으로 권리능력과 행위능력에 상응하여 기본권을 소극적으로 행사하지 않는 방법의 하나로서 '기본권행사포기'로 본다.[25] 자유권의 일반적, 원칙적인 전부 또는 부분포기는 현실에 부합하지 않고, 국가와 사인의 주관적 공권의 경우든 사인 간의 객관적 관계에서든 기본권의 전부 내지 부분포기로 보아 국가의 보호의무를 면제할 수는 없기 때문이다. 즉 구체적인 상황에서 한시적인 기본권행사의 포기가 문제될 수 있을 뿐이다.

기본권의 포기와 행사포기를 구별하는 졸견에 의하면 기본권을 사실상 행사하지 않는 예컨대, 선거권의 불행사,[26] 생명권의 불행사인 자살, 집회의 불참, 결사에 미등록은 기본권의 소극적 행사방법이지만 법적으로 유효한 기본권포기가 아니라 사실상 기본권행사포기다. 이는 공적 영역에 해당하여 보호필요성이 인정되면 국가는 현대적인 기본권제약의 책임을 부담하여야 한다. 따라서 국가는 선거권 불행사에 대하여 투표율을 높이는 방안, 자살을 예방하기 위한 대책을 강구해야 한다.

법적으로 포기의 유효성이 인정되는 예컨대, 상소포기, 제소포기, 산업재해보상청구권, 손실보상청구권 등의 경우에도 기본권의 행사 내지 활용할 수 없는 의무를 부담하여 간접적으로 국가의 책임이 면제될 수 있을 뿐이다.

---

24) M. Ruffert, Vorrang der Verfassung und Eigenständigkeit des Privatrechts-Eine verfassungsrechtliche Untersuchung zur Privatrechtswirkung des Grundgesetzes-, Tübingen, 2001, S. 244. 기본권포기에 관한 국내문헌으로는 강태수, "기본권 포기론", 『공법연구』 제29집 제2호(2001. 2.), 133~153면; 표명환, "기본권적 보호이익의 침해에 대한 승낙과 그 한계", 『공법학연구』 제9권 제2호(2008. 5.), 285~303면; 허완중, "기본권포기", 『헌법학연구』, 제15권 제3호(2009. 9.), 517~542면; 장영철, 『기본권론』, 70면.

25) 장영철, "기본권행사포기로서 기본권포기에 관한 고찰", 『서울법학』 제27권 제3호, 43면 이하.

26) 사적자치에 의하여 법적으로 유효한 선거권의 포기는 선거권의 상실을 의미하는 것으로 헌법상 허용되지 않는다. 장영철, "기본권행사포기로서 기본권포기에 관한 고찰", 『서울법학』 제27권 제3호, 51면.

2. 객관적 요건: 기본권의 처분가능성

기본권포기는 기본권의 보호법익의 처분가능성을 전제로 한다.

(1) 학설

이에 대해서는 해석론이 다양하게 나타나고 있다. 우선, 주관적 공권과 객관적 질서의 기능구분에 따라 처분가능성을 제시하는 것으로 기본권은 국가에 대한 방어권으로 처분금지 그 자체를 명시적인 보호범위로 하지 않는 한 원칙적으로 처분할 수 있는 반면에 주관적인 사익이 아닌 객관적인 공익보호기능을 하는 기본권은 처분할 수는 없다는 견해,[27] 국가와 사인의 관계에서 기능하는 자유권은 국가에 대한 방어권으로 제한적인 포기를 인정해야 하지만, 사인 간의 관계에서 기능하는 기본권은 사적자치의 일환으로서 광범위하게 포기할 수 있다는 견해[28]가 대립되고 있다. 다음으로 기본권포기의 범위 내지 한계와 관련하여 처분가능성을 논하는 것으로 기본권의 행사포기와 기본권포기는 부분포기와 전체포기로서 포기의 범위에 차이가 있는 것이지만 포기의 한계설정이 불가능하고 기본권은 행사가 전부이므로 개념구별의 실익이 없다는 견해,[29] 기본권의 본질내용침해금지원칙에 의하여 기본권의 전체포기는 불가능하고 기본권의 개별내용의 일부포기만 가능하다는 견해,[30] 인간의 존엄과 가치는 원칙적으로 기본권포기의 한계가 될 수 없지만 헌법원리로서 객관적인 공동체의 가치를 침해하는 포기는 금지된다는 견해[31] 등이다.

(2) 사견

(가) 사적자치로서 기본권의 처분권능

기본권은 자신의 의사에 따라 작위와 부작위의 자유를 보장한다. 자기결정권에는 자유의 처분권을 내재한다. 이는 기본의무에 의해서도 배제할 수 없다. 자유는 적극적·소극적 자유를 내용으로 한다. 이는 천부인권으로서 자유권의 핵심요소

---

27) 강태수, 전게논문, 151면.
28) 표명환, 전게논문, 168면; 허완중, 전게논문, 538면.
29) 강태수, 전게논문, 135면; K. Stern, Der Grundrechtsverzicht, in: Staatsrecht der Bundes-republik Deutschland, Bd. Ⅲ/2, § 86, München, 1994, S. 903 f.
30) 정종섭, 『헌법학원론』, 박영사, 2013, 331면; 허완중, 전게논문, 536면.
31) 강태수, 전게논문, 145면; 계희열, 『헌법학(중)』, 신정2판, 박영사, 2007, 77면.

로 국가에 대한 방어수단이자 자기결정의 내용이 된다. 기본권주체는 기본권의 원칙적 기능인 주관적 공권을 처분할 수 있고 포기할 수 있다. 이는 헌법상 부여되어 포기할 수 없는 국가의 '권한'과 다른 점이다.

기본권처분권의 근거는 소송법에서도 찾아볼 수 있다. 헌법소원심판청구의 변론주의 내지 처분권주의, 행정소송과 민사소송에서 상소포기, 항소포기 등과 같이 기본권주체의 지위를 확보하면서 특정한 기본권보호를 포기하는 기본권행사포기도 기본권처분권에서 파생한 것이다. 기본권적 보호법익의 제약에 대한 동의는 해당기본권의 보호범위에 속한다. 예컨대, 종업원의 퇴사 후 경업피지의무에 대한 동의, 보증인의 보증채무에 대한 동의는 기본권의 행사다.

(나) 기본권의 처분권능 부인론에 대한 반론

① 기본권의 객관적 기능의 처분가능성

기본권의 객관적 기능을 모두 처분할 수 없다고 주장하는 것은 문제 있다. 객관적 기능은 주관적 기능을 강화하기 위한 것이기 때문이다. 처분가능성여부는 자기결정에 의한 자기의사로 타인의 기본권과 자신의 기본권을 형량할 수 있는지를 기준으로 하면 된다. 기본권의 객관적 기능이 주관적 이익을 제약해서는 안 되기 때문이다. 다만 기본권행사의 전제로 국민에게 의무이행을 강제하는 경우 사적자치는 박탈된다. 예컨대, 헌법상 권리와 의무가 결합된 재산권(제23조 제2항), 환경권(제35조 제1항), 친권 내지 자녀교육권(제36조 제1항의 해석)[32] 등을 들 수 있다.

기본권행사는 기본권의 보호범위에 내재된 사적자치를 전제로 한다. 직업의 자유, 결사의 자유, 재산권과 같이 계약자유와 밀접한 기본권은 물론 근로의 권리, 근로3권, 혼인의 자유 등 그 밖의 기본권도 사적자치를 보호범위로 하고 있다.[33] 사적자치의 보호내용을 개별기본권의 보호범위에서 도출할 수 없는 경우 보충적으로 행복추구권에서 파생된 일반적 행동자유권의 한 내용으로 사적자치 내지 계약자유를 도출할 수 있다. 이러한 점에서 사적자치의 일환으로 기본권의 포기는 개별기본권의 보호범위해석의 문제와 연계된다.

---

32) 헌재결 2000. 4. 27. 98헌가16등(병합), 판례집 12-1, 427.

33) 장영철, 『기본권론』, 121면 이하.

② 천부인권으로서 기본권의 주관적 공권의 처분가능성

불가침·불가양의 천부인권으로서 국가와 사인의 주관적 공권관계에서 국가는
기본권보호의무자이므로 사인의 기본권포기는 불가능하거나 제한적이어야 한다고
주장[34]하는 것도 문제가 있다. 기본권보호의무는 국가에 의무를 부과하는 것으로
기본권주체에게 특별한 의무를 지우는 것은 아니다. 본질내용침해금지원칙도 마찬
가지다. 주관적 공권도 처분가능성을 부인할 수 없어 기본권행사를 포기할 수 있는
것이다.

(다) 헌법가치에 따른 기본권주체의 처분권제한

헌법적 가치가 우선하는 경우는 다만 기본권주체의 처분권이 제한되고, 기본
권행사의 포기도 한계를 갖는다. 예컨대, 체포·구속시 가족에 통지의무는 피의자
가 흔적없이 사라지는 것을 예방하려는 목적에서 제도화한 것으로 통지의무를 면
제하는 기본권행사포기는 목적상의 헌법적 한계를 갖는다. 다만 이러한 위험이 없
는 경우라면 통지의무를 면제하는 의미의 기본권행사포기는 가능하다.[35]

선거권은 전술한 바와 같이 국가권력에 민주적 정당성을 부여하는 기능을 수
행하는 것으로 초개인적인 불가양의 기본권으로 처분할 수 없으므로 행사를 포기
할 수 없다. 기본권유사의 권리로 볼 수 있는 공무원의 봉급청구권[36]도 직업공무원
제도의 기능수행을 보장하는 핵심내용으로 처분권이 제한된다.

3. 주관적 요건: 자발적 포기의사

기본권행사포기는 기본권능력과 기본권행사능력에 유사한 동의능력을 전제로
한다. 추상적인 기본권능력과 구체적인 기본권행사능력은 구별된다. 예컨대, 주거
의 자유는 주택소유자인 임대인이 아니라 현재 거주하는 임차인이 행사능력자가
된다. 기본권주체가 기본권포기의 효과를 인식할 수 있는 능력이 있는 것을 전제로
한다. 이는 특히 정보와 경제력 등에서 열악한 지위에 있는 경우 사전에 정보를 제
공해야 한다는 것을 의미한다.

---

34) 허완중, 전게논문, 537면.
35) 예컨대, BVerfGE 16, 119.
36) 독일연방헌법재판소법 제90조 제1항에서 기본법 제33조의 직업공무원의 권리는 기본권유사
    의 권리로 헌법소원청구가능하다고 규정함.

포기의사는 단순한 양해로는 부족하고 개별적으로 명백히 동의 내지 승낙의 의사표시를 하여야 한다.[37] 따라서 백지포기는 전부포기로 무효다. 기본권행사포기의 전제조건인 사적자치 그 자체를 처분할 수도 없다. 결국 자발적인 포기의사의 주관적 전제조건인 사적자치는 무조건 보장되어야 하므로 자기결정에 의한 자의적인 포기의사가 아닌 한 언제든지 철회할 수 있다.

4. 기본권포기가 문제되는 사례와 그 해결

일반적으로 기본권포기사례에서도 보호범위, 제한, 정당성의 3단계 기본권심사를 한다. 다만 유효한 기본권포기로 인정될 때에는 기본권제한으로 평가되지 않아 국가의 책임은 없다. 다음은 기본권포기가 문제되는 사례다.

첫째, 구조적으로 위험상황에 처해 있는 예컨대, 특별신분관계에 있는 수용자, 공무원 등과 같이 포기의사를 자발적인 것으로 볼 수 있는지와 관련해서 문제가 제기될 수 있다. 공무원의 경우 공무원법상 일반적 의무를 부담하는 것을 인식하고 특별신분관계설정에 동의한 경우 자발적 포기로 기본권행사의 포기로 볼 수 있다. 하지만 수형자의 경우 폐쇄회로(CCTV)감시,[38] 신문구독,[39] 텔레비전시청금지[40] 등의 기본권제한을 정당화하려는 것은 충분한 사전정보를 인지하고 동의한 자발적 포기로 볼 수 없다. 결국 상기 사례에 관한 헌법재판소결정에서 나타난 바와 같이 기본권제한의 법률유보의 정당성판단문제로 보아야 한다.

둘째, 기본권주체가 기본권포기의 효과를 인식할 수 있는 능력이 있는 것을 전제로 한다. 이는 특히 정보와 경제력 등에서 열악한 지위에 있는 경우 사전에 정보를 제공해야 한다는 것을 의미한다.

예컨대, 4·16 세월호참사 피해구제 및 지원 등을 위한 특별법 등에 대한 헌법소원결정[41]을 보면 "동법 제16조에 의하여 신청인이 배상금 등의 지급결정에 동의한 경우 민사소송법에 따른 재판상 화해의 성립이 의제되어 당사자 사이에 세월호참사로 발생한 피해에 관하여 기판력이 발생하므로, 신청인이 지급결정에 대하여

---

37) 허완중, 전게논문, 521면; 김성규, "피해자의 승낙에 관한 법리로서 자기결정권", 『비교형사법연구』 제8권 제1호, 23면 이하.

38) 헌재결 2011. 9. 29. 2010헌마413, 판례집 23-2상, 726

39) 헌재결 2016. 5. 26. 2014헌마45, 판례집 28-1하, 335

40) 헌재결 2016. 5. 26. 2014헌마45, 판례집 28-1하, 335

41) 헌재결 2017. 6. 29. 2015헌마654, 판례집 29-1, 305(324).

동의의 의사표시를 하기 전에 충분히 숙고할 수 있는 기회를 보장할 필요가 있고, 이를 위해 지급결정에 대한 동의의 법적 의미와 효력에 관하여 명확하게 안내해 줄 필요성이 인정된다. 그러나 이 경우에도 동 시행령 제15조 중 별지 제15호 서식 가운데 '4·16 세월호참사에 관하여 어떠한 방법으로도 일체의 이의를 제기하지 않을 것임을 서약합니다.'라는 부분은 세월호피해지원법 제16조에서 규정하는 동의의 효력 범위를 초과하여 세월호참사 전반에 관한 일체의 이의 제기를 금지시킬 수 있는 권한을 부여받았다고 볼 수는 없다. 이의제기금지조항은 기본권 제한의 법률유보원칙에 위반하여 법률의 근거 없이 대통령령으로 청구인들에게 세월호참사와 관련된 일체의 이의제기금지의무를 부담시킴으로써 일반적 행동의 자유를 침해한 것이다."고 판시하고 있다. 즉 기본권포기로 볼 수 없어 법률유보의 형식적 정당성을 일탈한 것으로 논증하고 있다.

    말기환자의 사전의료지시에 의한 존엄사는 생명권포기로 인정할 수 있지만 테러범이 탑승한 항공기격추는 무고한 승객이 자기희생에 동의한 것이 아니므로 기본권포기로 볼 수 없다.[42] 흡연공간이 별도로 구획되지 않은 식당에 비흡연자가 방문한 경우 간접흡연에 동의한 것으로 간주하여 기본권을 포기한 것으로 볼 수도 없다. 비흡연자는 식당출입을 위하여 사회생활에서 회피할 수 없는 사실상의 리스크를 수인한 것일 뿐, 비흡연자가 헌법소원, 행정소송을 제기하면 국가는 기본권보호 책임을 면제받을 수 없기 때문이다.[43]

---

42) BVerfGE 115, 118(139 ff.); 허영, 『한국헌법론』, 381면, 각주 2.
43) 장영철, 『기본권론』, 111면.

기본권제한의 정당성심사

제1절 형식적 정당성으로서 법률유보

Ⅰ. 형식적 정당성의 기본권보호기능

기본권제한의 형식적 정당성은 고권주체의 권한, 형식, 절차적 요건을 갖추어야 한다. 고권주체는 법률형식으로 기본권을 제한할 수 있는 권한을 갖는다. 법률유보로 인해 공권력행사의 내용을 예측할 수 있고 입법자의 결정에 기속되게 한다. 따라서 법률유보는 법치국가원리의 안정성과 민주주의원리에 근거한 것이다. 보다 정확하게는 민주적인 기본권적 자유와 자기결정과 관련된 것이다.

법치주의에 근거한 기본권은 스스로 결정한 행위를 할 수 있는 '개인적 자유'를 보장한다. 민주주의는 국민으로서 개인적 자유의 한계를 결정함으로써 '집단적 자유'를 보장한다. 이러한 점에서 로크(J. Locke)는 이미 기본권제한은 시민의 동의에 의해서만 가능하다고 하였다. 영국의 권리청원(1628)에서도 의회의 동의 없는 과세는 없다고 한 것도 마찬가지다. 따라서 기본권제한의 형식적 정당성심사에서 법률유보의 민주적 측면을 포함하는 것은 자명한 것이다.

하지만 입법부만 기본권제한을 할 수 있는 유일한 기관은 아니다. 입법자의 결정은 기본권제한의 제1단계에 해당하는 일반적인 방법에 불과하다. 기본권의 구체적인 제한은 제2단계로 행정부와 사법부에 의해 이루어진다. 이와 같이 다양한 국가기관이 기본권제한의 권한을 행사할 수 있는 것은 권력분립의 관점에서 효과적인 기본권보장방법이다. 따라서 기본권제한의 형식적 정당성은 (기본권제한의) 권한행사의 정도에 대한 헌법적 정당성을 심사하여야 한다. 법률유보 이외에 행정유보와 사법유보도 가능한지를 판단하는 것이다. 이 경우 권한행사의 헌법적 정당성판단에는 권한의 존부는 물론 범위에 대한 절차적 정당성을 포함한다. 법률유보의 경우는 입법절차의 정당성을, 행정유보는 기본권제한의 행정절차법적 정당성을, 사법유보의 경우 법원조직법과 소송법적 정당성을 판단하는 것이다. 이러한 점에서 기본권제한의 형식적 정당성심사는 국가조직론과 관련된 것이다.

Ⅱ. 법률유보와 기본권제한의 형식적 요건

1. 법치국가원리에 의한 기본권의 법률유보

(1) 일반적 법률유보와 개별적 법률유보

기본권은 법률 또는 법률에 근거하여 제한할 수 있다. 이는 기본권제한의 정당한 형식으로서 법률유보라 한다. 법률유보는 19세기에 이미 행정법적 차원에서 법치행정원리로 확인되었다. 기본권제한의 본질사항에 대한 의회유보의 관점에서 민주주의원리도 내재하고 있다. 이러한 법률유보의 방법에는 일반적 법률유보와 개별적 법률유보가 있다. 예컨대, 제헌헌법은 특이하게 일반적 법률유보 이외에 개별기본권마다 법률유보여부를 명시하는 개별적 법률유보의 방식으로도 제한하였다.

법률 유보없는 기본권은 절대적 기본권이라 하고 법률유보 있는 기본권은 상대적 기본권이라 하여 문언상 보호의 강도가 구별된다. 현행헌법은 개별적 법률유보방식을 택하지 않고 일반적 법률유보방식을 택하고 있다. 즉 헌법 제37조 제2항은 "국민의 모든 자유와 권리는 국가안전보장·질서유지 또는 공공복리를 위하여 필요한 경우에 한하여 법률로써 제한할 수 있으며, 제한하는 경우에도 자유와 권리의 본질적인 내용을 침해할 수 없다."고 규정하고 있다. 우리 헌법상 개별기본권은 모두 일반적 법률유보에 의해 제한가능한 상대적 기본권으로 볼 수 있다. 다만 인간의 존엄과 가치에서 도출할 수 있는 인격권은 예외적으로 절대적 기본권으로 파악할 수 있다.

(2) 법률에 근거한 법규명령이나 조례에 의한 제한

기본권은 국회제정의 형식적 의미의 법률에 의한 제한이 원칙이다. 하지만 우리 헌법은 입법권은 국회에 속하지만(제40조) 법률의 위임에 의한 행정부의 법규명령제정권(헌법 제75조, 제95조)[1]도 인정하고 있다. 법률에 근거한 행정입법에 의한 기본권제한도 효율적인 기본권보장을 위해 가능하다. 즉 행정부가 제정하는 대통령령, 총리령, 부령, 규칙 등에 의한 기본권제한이 그것이다.

행정부가 제정하는 법규명령은 실질적 의미의 법률로서 권력분립원칙에 반한다. 하지만 전술한 바와 같이 행정부도 헌법상 법규명령제정권이 부여되고 법률에서 구체적으로 위임을 받은 범위에서 입법권을 제한적으로 행사할 수 있게 하고 있어 위헌적인 것은 아니다. 여기에 국회입법자는 기본권제한에 관한 본질적인 사항은 스스로 규정해야 한다(의회유보원칙).[2] 위임입법을 수권하는 법률의 내용으로부터 이미 법규명령에 제정될 사항을 예견할 수 있어야 하기 때문이다.[3]

법규명령과 마찬가지로 조례에 의한 기본권제한도 법령의 위임에 근거한 경우에 가능하다. 하지만 헌법재판소[4]는 지방의회의 조례제정을 법규명령과 달리 국회의 형식적 의미의 법률제정에 준하는 것으로 해석하고 있다. 즉 "조례의 제정권자인 지방의회는 지역적인 민주적 정당성을 지니고 있으며, 헌법이 지방자치단체에

---

1) 헌법 제75조는 "대통령은 법률에서 구체적으로 범위를 정하여 위임받은 사항 법률을 집행하기 위하여 필요한 사항에 관하여 대통령령을 발할 수 있다."고 하고, 헌법 제95조에서는 "국무총리 또는 행정각부의 장은 소관 사무에 관하여 법률이나 대통령령의 위임 또는 직권으로 총리령 또는 부령을 발할 수 있다."고 규정하고 있다.

2) 헌법은 법치주의를 그 기본원리의 하나로 하고 있고, 법치주의는 법률유보원칙, 즉 행정작용에는 국회가 제정한 형식적 법률의 근거가 요청된다는 원칙을 그 핵심적 내용으로 하고 있다. 나아가 오늘날의 법률유보원칙은 단순히 행정작용이 법률에 근거를 두기만 하면 충분한 것이 아니라, 국가공동체와 그 구성원에게 기본적이고도 중요한 의미를 갖는 영역, 특히 국민의 기본권 실현에 관련된 영역에 있어서는 행정에 맡길 것이 아니라 국민의 대표자인 입법자 스스로 그 본질적 사항에 대하여 결정하여야 한다는 요구, 즉 의회유보원칙까지 내포하는 것으로 이해되고 있다. 이 때 입법자가 형식적 법률로 스스로 규율하여야 하는 사항이 어떤 것인지는 일률적으로 확정할 수 없고 구체적인 사례에서 관련된 이익 내지 가치의 중요성 등을 고려하여 개별적으로 정할 수 있다고 할 것이다. 헌재결 2016. 3. 31. 2014헌바382, 판례집 28-1상, 388면 이하; 2015. 5. 28. 2013헌가6.

3) 헌재결 2016. 3. 31. 2014헌바382, 판례집 28-1상, 388(395, 396).

4) 헌재결 2019. 11. 28. 2017헌마1356, 공보 제278호, 1379; 1995. 4. 20. 92헌마264등.

대해 포괄적인 자치권을 보장하고 있는 취지에 비추어, 조례에 대한 법률의 위임은 반드시 구체적으로 범위를 정하여 할 필요가 없으며 포괄적인 것으로 족하다."고 판시하고 있다.

판단컨대 조례는 주민의 직선에 의해 구성된 지방의회에서 제정되더라도 국회의 형식적 의미의 법률과는 구별되는 실질적 의미의 법률이다. 우리 헌법(제117조 제1항)에서도 조례는 법령의 범위 안에서 제정되어야 하는 것으로 규정하고 있기 때문이다. 따라서 법규명령과 마찬가지로 조례에 위임입법을 하는 경우에도 국회제정의 형식적 의미의 법률에 본질사항을 유보해야 하는 의회유보의 원리가 준수되어야 한다. 이는 한편으로는 국가기관의 권한위임에 있어서도 법률에 권한범위와 이와 상응하는 한정된 기능을 명백히 규정하여 권한남용을 방지하여 개인의 자유를 보호하고(견제와 균형), 다른 한편으로는 전 국민에 의해 직선으로 구성된 국회의 의사결정이 모든 생활규범에 방사되어야 되기 때문이다. 즉 헌법상 법치국가원리, 민주주의원리, 권력분립원리는 전 생활영역에서 구현되어야 한다. 다만 예외적으로 전국적으로 통일적인 규제의 필요가 없거나 각 지방의 실정에 따라 특별한 보호의 필요성이 있는 추가조례(예, 법령과 다른 생활보호대상자선정기준[5])나 규제행정 아닌 복지행정의 경우 법령의 목적과 다른 목적으로 규율하거나 법령과 동일한 목적으로 규율하더라도 그 법령의 기준이 최저기준이라고 인정되는 초과조례(예, 정선군세 자녀 이상 세대양육비지원조례,[6] 단양군 공유재산지원조례[7]))는 가능하다.

(3) 가중적 법률유보의 경우

가중적 법률유보란 법률이나 법률에 근거한 법규명령이나 조례에 의한 일반적 법률유보 이외에 기본권제한의 법률유보를 위해서는 특정한 상황을 전제조건으로 부가하거나 특정한 목적이나 수단으로만 가능한 경우를 말한다. 예컨대, 신체, 주거의 자유에 대한 압수수색에 법률과 적법절차에 의한 사전영장주의(제12조, 제16조)가 그것이다.

---

5) 대판 1997. 4. 25. 96추244.
6) 대판 2006. 10. 12. 2006추38.
7) 대판 2000. 11. 24. 2000추29.

(4) 기본권제한의 법률유보의 예외로서 기본권형성적 법률유보의 경우

(가) 법률유보는 기본권제한의 경우에 적용되는 것으로 주관적 공권으로서 기본권에 타당하다. 따라서 기본권보호의무, 사회권, 청구권 등과 같이 그 보호내용을 입법으로 형성해야 하는 기본권의 경우에는 법률유보의 예외에 해당된다. 기본권보호의무와 사회권은 국가의 무역수지, 경제성장, 물가지수 등에 따른 가능성 유보하에 보호내용이 형성되는 기본권으로서 특성이 나타난다. 이러한 점에서 기본권제한의 법적 수권과 특별한 관련성이 없다.

헌법재판소도 방송자의 협찬고지(상업광고의 일종)를 대통령령에 형성유보한 방송법 제74조에 위헌소원결정[8]에서 "형성법률에 대한 위헌성 판단은 기본권 제한의 한계 규정인 헌법 제37조 제2항에 따른 과잉금지 내지 비례의 원칙의 적용을 받는 것이 아니라, 그러한 형성법률이 그 재량의 한계인 자유민주주의 등 헌법상의 기본원리를 지키면서 방송의 자유의 실질적 보장에 기여하는지 여부에 따라 판단된다."고 하고 있다.

다른 한편 헌법재판소는 사회권, 청구권 등과 같이 형성입법에 의해 보호내용이 결정되는 기본권도 헌법 제37조 제2항의 법률유보의 적용대상으로도 판단하고 있다. 하지만 법치국가원리가 기본권형성목적으로 확대될 수는 없다. 법률유보는 입법권의 기본권기속을 내용으로 하는 법치국가원리에 따라 기본권제한의 형식적 정당성을 인정하기 위한 일반적인 수단으로 인정된 것이기 때문이다. 그러나 이와 반대로 사회권이나 보호의무의 형성과 관련하여 입법을 활용할 수 없는 것은 아니다. '민주주의원리 내지 본질성이론'에 따라 입법자가 국가의 재정상황이나 공공복리를 고려하여 입법적 보호가 필요하다고 판단하면 가능한 것이다.

이는 특히 국가가 보호의무의 이행으로 제3자의 기본권과 충돌하는 경우에 규범조화의 수단으로 법률을 일반적으로 활용하게 된다. 따라서 법률유보에 의하지 않는 보호의무로는 예컨대, 천재지변이나 적국의 공격에 의한 기본권제약에 대한 보호의 경우 정도만 생각할 수 있다.

(나) 기본권의 직접적 대사인적 효력을 인정할 수 있는 경우에도 기본권제한의 법률유보의 예외에 해당된다. 일부학설[9]에서 언론·출판의 사회적 책임에 관한 헌법 제21조 제4항을 이에 관한 규정으로 보고 있다.

---

8) 헌재결 2003. 12. 18. 2002헌바49, 판례집 15-2하, 502(522).
9) 허영, 『한국헌법론』, 637면.

(다) 기본권 형성적 법률유보의 경우 입법의 부작위는 기본권제한의 형식적 정당성이 문제된다. 입법부작위는 단순입법부작위, 헌법에 명문으로 입법위임을 했거나 헌법해석상 특정인에게 구체적인 기본권이 생겨 국가의 행위의무 내지 보호의무가 발생했음에도 불구하고 입법자가 아무런 입법조치를 취하지 않은 진정입법부작위 그리고 입법을 하였으나 불완전·불충분한 부진정입법부작위로 구분한다. 기본권 형성적 법률유보의 경우 국가의 기본권보장을 위한 입법의무(헌법 제10조 제2문)와 개별기본권에 명문으로 입법위임이 있음에도 진정입법부작위는 기본권제한의 형식적 정당성을 위반한 것이다. 하지만 헌법재판소[10]는 기본권형성적 법률유보의 부진정 입법부작위에 대하여는 명백성통제에 그치는 완화된 심사를 한다.

(5) 법률유보 없는 기본권 내지 기본권충돌의 경우

법률유보 없는 기본권 내지 기본권충돌이라도 법률 없이 기본권을 제한할 수 있다는 것이 아니다. 기본권의 내재적 한계이론에 의하여 기본권제한으로 제3자의 기본권을 반사적으로 보호하건 아니면 기본권의 사회질서기능에 따라 사인 간의 기본권충돌로 보아 규범조화적 해결을 하든 법률의 형식으로 이루어져야 하는 점은 동일하다. 즉 유보 없는 기본권의 경우 ‒ 일반적 법률유보와 가중된 법률유보에서와 같이 ‒ 기본권제한의 정당성심사는 형식심사보다 실질심사에서 독자적인 기능이 나타난다. 실질심사에서는 유보 없는 기본권제한의 목적의 정당성을 판단하기 때문이다.

(6) 처분적 법률(Maßnahmegesetz)에 의한 기본권제한의 가능성

(가) 학설

헌법 제37조 제2항의 기본권제한의 수단인 일반법률은 규범수신인의 일반성과 규율대상의 추상성을 본질로 한다. 하지만 처분적 법률은 행정처분과 마찬가지

---

10) 예컨대, 형법 제9조의 14세 미만의 자를 형사미성년자로 규정하여 재판절차진술권침해여부에 대한 헌법소원결정(2003. 9. 25. 2002헌마533, 판례집 15-2상, 479), 부양의무 불이행으로 인한 증여계약 해제권의 효과를 제한하는 민법 제558조 중 민법 제556조 제1항 제2호와 관련된 부분이 증여자의 법정해제권이라는 재산권을 형성하면서 기본권 제한의 입법적 한계를 벗어난 것인지 여부에 대한 위헌소원결정(헌재결 2009. 10. 29. 2007헌바135, 판례집 21-2하, 144), 6·25 전쟁 중 적후방 지역작전수행공로자에 대한 군복무인정 및 보상 등에 관한 법률 제2조 제2호 중 동년 4월 사이에 부분 등에 관한 위헌소원결정(헌재결 2008. 10. 30. 2006헌바35, 판례집 20-2상, 793, 804) 등을 들 수 있다.

로 개별·구체적인 성격을 갖는 입법으로 기본권제한의 수단으로 가능한지가 문제된다. 일반법률과 상반되는 처분적 법률은 행정집행이나 사법재판을 매개하지 않고 직접 국민에게 권리나 의무를 발생하게 하는 법률을 말하기 때문이다. 이러한 소위 광의의 처분적 법률에는 개인대상법률, 개별사건법률, 한시법이 포함된다.

이에 대하여 학설은 헌법상 사회국가의 원리에 의하여 사회형성적 입법의 필요성에 따라 원칙적으로 허용된다는 견해,[11] 권력분립의 원칙의 기능적 권력분립 원칙으로 현대적 변용과 합리적 근거있는 차별로 평등권에도 부합하여 허용된다는 견해[12] 등의 적극설과 개인대상법률의 경우와 같이 입법자의 법률제정권의 한계를 형성하는 것으로 원칙적으로 허용할 수 없다는 소극설[13]이 있다.

(나) 헌법재판소의 기본입장

헌법재판소[14]는 "우리 헌법은 처분적 법률로서의 개인대상법률 또는 개별사건법률의 정의를 따로 두고 있지 않음은 물론, 이러한 처분적 법률의 제정을 금하는 명문의 규정도 두고 있지 않으므로 특정한 규범이 개인대상 또는 개별사건법률에 해당한다고 하여 그것만으로 바로 헌법에 위반되는 것은 아니다. 다만 이러한 법률이 일반국민을 그 규율대상으로 하지 아니하고 특정 개인이나 사건만을 대상으로 함으로써 차별이 발생하는바, 그 차별적 규율이 합리적인 이유로 정당화되는 경우에는 허용된다고 할 것이다"고 하여 평등권에 부합하는 경우 처분적 법률에 의한 기본권제한가능성을 긍정하고 있다.

(다) 사견

사회국가원리에 근거하여 기본권을 형성하는 처분적 법률의 경우 수익적 입법으로 평등권에 반하지 않는 한 허용된다고 할 수 있다. 하지만 기본권을 제한하는 처분적 법률은 개인 내지 특정집단을 대상으로 하는 개인대상법률의 경우와 일반

---

11) 한수웅, 『헌법학』, 1077면.
12) 허완중, 『기본권론』, 159면.
13) 허영, 『한국헌법론』, 991면; 정연주, "처분적 법률의 헌법적 문제", 『미국헌법연구』 제18권 제2호(2007. 9.), 193면.
14) 헌재결 1996. 2. 16. 96헌가2등, 판례집 8-1, 51, 69; 2001. 2. 22. 99헌마613, 판례집 13-1, 367, 376; 2005. 6. 30. 2003헌마841, 판례집 17-1, 996, 1008-1009 등; 2008. 1. 10. 2007헌마1468, 판례집 20-1상, 1(27).

법률의 형식을 갖고 있지만 실질적으로는 특정인을 포함하거나 포함하기 위한 소위 은폐된 개인대상법률의 경우는 헌법적 정당성을 판단할 필요 없이 허용할 수 없다. 즉 개인의 기본권제한을 목적으로 하는 처분적 법률은 위헌이다.

예컨대, 헌법재판소는 보훈기금법 부칙 제5조 및 한국보훈복지공단법 부칙 제4조 제2항에 관한 위헌심판[15])에서 "신청인들이 주장하는 바와 같이 보훈기금법 시행 전에는 여전히 이 사건 분조합원이 분조합 자산에 관한 소유권을 합유하고 있었다면, 보훈기금법 부칙 제5조는 이 사건 분조합 또는 분조합원의 사유재산을 박탈하여 보훈기금에 귀속시키기 위한 개별적 처분법률이고, 사유재산권의 공용징수는 헌법 제23조 제3항의 제한 범위 내에서만 가능한 것인데 보훈기금법의 어디에도 이 사건 분조합의 자산을 수용하기 위하여 헌법이 정한 요건과 절차를 규정하고 있지 아니하다. 따라서 후자의 취지로 해석하는 한 보훈기금법 부칙 제5조는 국민의 재산권을 보장하는 헌법 제23조 제1항, 제3항에 위반된다고 아니할 수 없다."고 하여 개인대상재산권제한 법률의 위헌성을 판시하고 있다.

하지만 개별사건법률에서 특정인이 포함되거나 될 수 있는 경우에는 평등권에 반하지 않는 한 허용할 수 있다. 예컨대, 헌법재판소가 5·18 민주화운동에 관한 특별법 위헌법률심판사건[16])에서 개별사건법률이기에 위헌인지여부를 판단하면서 "특별법 제2조는 제1항에서 '1979년 12월 12일과 1980년 5월 18일을 전후하여 발생한 … 헌정질서파괴행위에 대하여 … 공소시효의 진행이 정지된 것으로 본다.'라고 규정함으로써, 특별법이 이른바 12·12 사건과 5·18 사건에만 적용됨을 명백히 밝히고 있으므로 다른 유사한 상황의 불특정다수의 사건에 적용될 가능성을 배제하고 오로지 위 두 사건에 관련된 헌정질서파괴범만을 그 대상으로 하고 있어 특별법 제정당시 이미 적용의 인적범위가 확정되거나 확정될 수 있는 내용의 것이므로 개별사건법률임을 부인할 수는 없다. (…) 개별사건법률의 위헌 여부는, 그 형식만으로 가려지는 것이 아니라, 나아가 평등의 원칙이 추구하는 실질적 내용이 정당한지 아닌지를 따져야 비로소 가려진다."고 판시하였다.

즉 헌법재판소는 개별사건법률은 특정인의 특정사건에 대해서만 적용되는 것으로 처분법률이지만 허용된다고 본 것이다.

---

15) 헌재결 1994. 4. 28. 92헌가3, 판례집 6-1, 208(220).
16) 헌재결 1996. 2. 16. 96헌가2등, 판례집 8-1, 51, 69.

2. 법률규정의 명확성원칙

명확성원칙이란 기본권을 제한하는 법률은 명확한 용어로 규정함으로써 적용대상자에게 그 규제내용을 미리 알 수 있도록 공정한 고지를 하여야 한다는 원칙이다. 수범자에게 장래의 행동지침을 제공하고, 동시에 법 집행자에게 객관적 판단지침을 주어 차별적이거나 자의적인 법 해석을 예방하기 위한 것이다.[17] 당해규정의 명확성판단은 그 규정의 문언만으로 판단할 것이 아니라 관련 조항을 유기적·체계적으로 종합하여 판단하여야 한다.[18]

헌법재판소[19]는 명확성원칙의 심사밀도를 이중적으로 제시하고 있다. 즉 "명확성의 원칙에서 명확성의 정도는 모든 법률에 있어서 동일한 정도로 요구되는 것은 아니고, 개개의 법률이나 법조항의 성격에 따라 요구되는 정도에 차이가 있을 수 있으며, 각각의 구성요건의 특수성과 그러한 법률이 제정되게 된 배경이나 상황에 따라 달라질 수 있다고 할 것이다. 일반론으로는 어떠한 규정이 부담적 성격을 가지는 경우에는 수익적 성격을 가지는 경우에 비하여 명확성의 원칙이 더욱 엄격하게 요구되고, 죄형법정주의가 지배하는 형사관련 법률에서는 명확성의 정도가 강화되어 더 엄격한 기준이 적용되지만, 일반적인 법률에서는 명확성의 정도가 그리 강하게 요구되지 않기 때문에 상대적으로 완화된 기준이 적용된다."

제 2 절 실질적 정당성

I. 비례의 원칙

비례의 원칙이란 목적과 수단의 비례성을 의미한다. 예컨대, 우리 속담에 "빈대 잡으려고 초가삼간 태운다."는 비례의 원칙에 반하는 경우다. 헌법 제37조 제2

---

17) 헌재결 1992. 4. 28. 90헌바27등, 판례집 4, 255, 268~269.
18) 헌재결 1999. 9. 19. 97헌바73등, 판례집 11-2, 285, 300.
19) 헌재결 2000. 2. 24. 98헌바37, 판례집 12-1, 169, 179; 2002. 7. 18. 2000헌바57, 판례집 14-2, 1, 16; 2004. 2. 26. 2003헌바4, 판례집 16-1, 287, 297.

항에 의하면 국민의 자유와 권리는 국가안전보장, 질서유지 또는 공공복리를 위하여 필요한 경우에 한하여 법률로써 제한할 수 있으므로 기본권을 제한하는 입법은 비례의 원칙에 따라 입법목적의 정당성과 그 목적달성을 위한 수단의 적합성, 침해의 최소성, 그리고 그 입법에 의해 보호하려는 공공의 필요와 제한되는 기본권 사이의 균형성을 모두 갖추어야 한다.[20] 이들 심사요소는 개별적으로 정당성을 판단하므로 어느 하나의 요소에 위반되면 다음 요소를 심사할 필요는 없다. 헌법재판소는 논증의 설득력을 위해서 위헌결정에서도 모든 요소를 판단하고 있다. 그리고 실질적 정당성판단은 구체적 사실관계와 구분하여 추상적인 법 규정을 대상으로 해야 한다. 구체적인 사실관계를 고려하여 법 규정의 비례의 원칙을 심사하는 것은 행정처분이나 법규명령, 조례제정 등 위임입법의 근거법규일 경우다.[21]

1. 목적의 정당성

국가가 기본권제한으로 추구하는 목적은 그 자체로 정당해야 한다. 이 목적의 정당성은 비례성심사에서 수단의 비례성심사와 구분하여 독자적으로 파악한다. 기본권제한의 목적은 다양하다. 공익뿐만 아니라 사익을 위해서도 제한할 수 있다. 하지만 기본권제한의 목적은 객관적으로 제시되어야 한다. 예컨대, 헌법상 국가안전보장, 질서유지, 공공복리(제37조 제2항)나 사회권보호목적(제31조 이하)은 정당한 목적으로 판단된다.

비례의 원칙의 제1단계심사인 목적의 정당성판단에서 입법목적은 그 추정근거로 볼 수 있다. 입법자는 미래예측 판단재량을 갖기 때문에 미래지향적인 입법을 할 수 있다. 이를 입법자의 입법목적설정권한이라 일컫는다. 따라서 기본권심사에서 입법목적의 정당성은 대부분은 인정된다. 이러한 점에서 목적의 정당성심사를 불필요한 것으로 주장하는 견해도 있다. 하지만 의사표현, 종교, 예술과 학문, 집회와 결사, 일반적 행동자유권, 혼인의 자유 등과 같은 천부인권적 성격의 방어권의 경우 국가는 중립적 입장에서 내용에 대한 차별을 할 수 없기 때문에 그 제한목적의 정당성심사만으로도 기본권침해여부를 독립적으로 파악할 수 있다. 헌법재판소

---

20) 입법을 포함한 국가권력에 의한 기본권제한의 실질적 정당성을 판단하는 비례의 원칙에 의한 심사는 목적의 그 자체의 정당성, 목적달성을 위해 투입하는 수단의 적절성, 목적달성을 위해 투입하는 수단의 필요성, 목적달성을 위해 투입하는 수단의 균형성을 판단요소로 한다.

21) R. Schmidt, Staatsorganisationsrecht, S. 73, RN 182.

결정에서도 동성동본금혼제,[22] 혼인빙자간음죄,[23] 재외국민의 선거권,[24] 변호인의 피의자 후방착석행위,[25] 양손에 수갑 찬 피의자에 대한 촬영을 허용한 행위[26] 등은 입법목적의 정당성 그 자체를 인정할 수 없다고 하고 있다. 이러한 경우 사실상 기본권의 본질내용침해금지원칙을 기준으로 심사한 것이라 할 수 있다. 헌법재판소는 다만 논증의 설득력을 위해서 비례의 원칙의 심사요소를 원용한 것에 불과하다.

2. 수단의 적합성

목적달성을 위한 수단의 유용성을 말한다. 하여튼 가시적으로 목적달성에 기여할 수 있는 수단이라면 된다. 따라서 전혀 유용하지 않은 수단으로 목적달성에 기여하지 않는 경우에는 비례성에 반한다. 이러한 점에서 수단의 적합성을 부인하는 경우는 매우 드물다. 예컨대, 이미 다른 수단으로 목적을 달성한 경우 정도 생각할 수 있다.

헌법재판소결정에서도 수단의 적합성을 피해의 최소성과 구분하지 않고 부인하는 경우인 예컨대, 종합부동산세의 과세방법을 '인별합산'이 아니라 '세대별 합산'으로 규정한 종합부동산세법,[27] 의사의 상업광고를 규제하는 입법의 피해의 최소성

---

22) 동성동본금혼제도는 헌법 제10조, 제11조 제1항, 제36조 제1항에 위반될 뿐만 아니라 그 입법목적이 이제는 혼인에 관한 국민의 자유와 권리를 제한할 "사회질서"나 "공공복리"에 해당될 수 없다는 점에서 헌법 제37조 제2항에도 위반된다 할 것이다. 헌재결 1997. 7. 16. 95헌가6 등, 판례집 9-2, 1(18).

23) 이 사건 법률조항(혼인빙자간음죄)의 경우 형벌규정을 통하여 추구하고자 하는 목적 자체가 헌법에 의하여 허용되지 않는 것으로서 그 정당성이 인정되지 않는다고 할 것이다. 헌재결 2009. 11. 26. 2008헌바58 등, 판례집 21-2하, 520(531).

24) 선거인명부에 오를 자격이 있는 국내거주자에 대해서만 부재자신고를 허용함으로써 재외국민과 단기해외체류자 등 국외거주자 전부에 대해 국정선거권의 행사 가능성을 부인하고 있는 법 제38조 제1항은 정당한 입법목적을 갖추지 못하여 헌법 제37조 제2항에 위반하여 국외거주자의 선거권과 평등권을 침해하고 보통선거원칙에도 위반된다. 헌재결 2007. 6. 28. 2004헌마644 등, 판례집 19-1, 859(881).

25) 변호인이 피의자신문에 참여하는 이상 피의자 옆에 앉는다고 하여 피의자 뒤에 앉는 경우보다 일반적으로 수사를 방해할 가능성이 높아진다거나 수사기밀을 유출할 가능성이 높아진다고 단정할 수 없다. 더욱이 청구인은 변호인으로서 과거에 수사를 방해하거나 수사기밀을 유출한 사실이 없고, 달리 그 목적의 정당성과 수단의 적절성을 인정할 명백한 사정도 발견되지 아니한다. 헌재결 2017. 11. 30. 2016헌마503, 판례집 29-2하, 224(236).

26) 헌재결 2014. 3. 27. 2012헌마652, 판례집 26-1상, 534.

27) 우리 민법은 부부별산제를 채택하여 일방이 혼인하기 전부터 가지고 있던 고유재산과 혼인 중 자기의 명의로 취득한 재산은 특유재산으로 부부가 각자 관리·사용·수익하고(민법 제830조 제1항, 제831조), 예외적으로 부부의 누구에게 속한 것인지 분명하지 않은 재산만을

을 수단의 적합성정도로 완화하여 합리성 심사에 그치는 심사강도를 판시[28]한 것에서 찾아볼 수 있는 정도다. 이도 정확히 보면 피해의 최소성 판단이라 할 수 있다.

3. 수단의 필요성(피해의 최소성)

수단의 필요성이란 목적달성을 위해 동등한 효과를 갖는 더 이상 완화된 수단이 없을 경우를 말한다. 상상력을 발휘하여 국가권력이 목적달성을 위한 수단을 더 개발할 수 있는지를 심사하는 것이다. 즉 기본권주체를 더 보호할 수 있는 수단 내지 기본권을 덜 제한할 수 있는 수단인지를 심사한다.[29]

부부의 공유로 추정할 뿐이며(민법 제830조 제2항), 더욱이 배우자를 제외한 가족의 재산까지 공유로 추정한다는 어떠한 근거규정도 없을 뿐만 아니라 공유재산이라고 하여 당연히 개인단위가 아닌 세대별로 합산하여 과세할 논리적 당위성도 없다 할 것인데도, 부동산을 소유한 배우자 등 가족이 1세대를 구성하였다는 이유만으로, 종합부동산세의 부담에 있어 그 과세기준 금액과 누진세율 구조상 그 불이익이 더욱 커지게 되는 상황에서 이 사건 세대별 합산규정에 따라 부부 일방 또는 가족인 세대원의 특유재산까지 세대별로 합산하여 과세대상으로 삼고, 여기에 누진세율까지 적용하는 것은 그 입법 목적을 고려하더라도 헌법 제36조 제1항의 헌법원리에 비추어 적절한 방법이라 할 수 없다. 더욱이 투기 등으로 인한 부동산 가격의 앙등은 통화량의 팽창에 의한 가수요, 주택 등의 수요·공급 원리, 경제정책의 실패 등이 복합적으로 작용하여 발생하는 것으로서 오로지 세제의 불비 때문에 발생하는 것만이 아닌데도, 부동산 가격의 안정 등의 입법 목적을 달성하기 위하여 헌법 제36조 제1항의 규정취지와는 부합하기 어려운 이 사건 세대별 합산규정까지 그 수단으로 삼는 것은 적절하다고 보기 어렵다. 헌재결 2008. 11. 13. 2006헌바112 등, 판례집 20-2하, 1

28) 상업광고는 표현의 자유의 보호영역에 속하지만 사상이나 지식에 관한 정치적, 시민적 표현행위와는 차이가 있는 한편, 직업수행의 자유의 보호영역에 속하지만 인격발현과 개성신장에 미치는 효과가 중대한 것은 아니다. 그러므로 상업광고 규제에 관한 비례의 원칙 심사에 있어서 '침해의 최소성' 원칙은 같은 목적을 달성하기 위하여 달리 덜 제약적인 수단이 없을 것인지 혹은 입법목적을 달성하기 위하여 필요한 최소한의 제한인지를 심사하기보다는 '입법목적을 달성하기 위하여 필요한 범위 내의 것인지'를 심사하는 정도로 완화되는 것이 상당하다. 헌재결 2015. 12. 23. 2012헌마685, 판례집 27-2하, 655; 2005. 10. 27. 2003헌가3; 2014. 3. 27. 2012헌바293; 2014. 9. 25. 2013헌바28.

29) 예컨대, 헌법재판소가 선거운동기간 중 인터넷언론사의 소위 과태료부과로 강제되는 공직선거법상 실명확인조항(당해 홈페이지 게시판 등에 정당·후보자에 대한 지지·반대 등의 정보를 게시하는 경우 실명을 확인받는 기술적 조치를 하도록 규정)에 대한 헌법소원결정에서 인터넷 이용자의 표현의 자유나 개인정보자기결정권을 제약하지 않고도 허위정보로 인한 여론 왜곡을 방지하여 선거의 공정성을 확보하는 새로운 수단을 도입할 수 있는 사례를 다음과 같이 제시하고 있다. 첫째, 게시판 등 이용자가 자발적으로 허위사실이나 흑색선전을 중앙선거관리위원회 등에 신고하는 방식을 고려할 수 있다. 실제로 행정안전부와 중앙선거관리위원회는 제7회 전국동시지방선거 실시 전에 후보자 등에 대한 비방 또는 흑색선전을 신고할 수 있도록 하는 신고 전용 인터넷홈페이지를 개설하고 이를 홍보함으로써 이러한 자발적인 신고를 독려하였다. 둘째, 영화의 등급분류 심사처럼 표현의 자유는 보장하되 이용자로 하여금 실명확인이 된 글과 익명의 글에 대해 구분하여 접근할 수 있게 하는 방안을 생각할

완화된 수단이 최소한 동등한 효과를 갖는 경우에도 입법자는 평가재량을 갖기에 필요성을 인정할 수 있다. 하지만 필요성심사는 국가권력의 효율성을 판단하는 것으로 상대화해서는 안 된다.

4. 목적과 수단의 균형성(수인가능성, 협의의 비례의 원칙 내지 과잉금지원칙)

기본권제한의 목적과 투입하는 수단의 균형성심사란 기본권제한을 통하여 달성하려는 공익목적과 기본권제한에 대한 사인의 수인가능성 간에 균형을 이루어야 한다는 것을 말한다. 법익 간의 균형성심사로서 기본권제한을 통하여 달성하려는 공익과 제한당하는 사익 간의 균형성을 이루어야 한다는 것으로도 설명할 수 있다. 법익의 균형성은 공익과 사익을 형량하는 심사로서 기본권제한을 통하여 달성하려는 공익이 제한당하는 사익보다 우월하거나 적어도 같은 경우에도 인정된다.

5. 소결

우리 헌법재판소결정에서는 목적의 정당성과 수단의 적절성을 한 조로 하고 법익의 균형성심사와 피해의 최소성심사는 한 조로 묶어 동일한 결론을 내리는 경향을 볼 수 있다. 비례의 원칙의 심사요소의 독자성을 고려하여 개별적 심사가 바람직 하지만 심사요소의 경제성을 고려하여 피해의 최소성에 중점을 두는 것은 다른 요소보다 치밀한 객관적 논증이 요구되기 때문이라 할 수 있다.

수 있다. 가령 인터넷 게시판을 실명방과 비실명방으로 구분하는 방법은 수신자가 게시글을 읽기 전에 그 게시물이 실명글인지 익명글인지 미리 알 수 있도록 함으로써 글에 대한 신뢰감을 스스로 판단할 수 있도록 하고, 만약 자신의 게시물의 영향력을 높이고자 하는 사람이 있다면 실명확인을 거쳐 실명 게시판에 게시물을 게재할 수 있을 것이다. 셋째, 영국의 사례에서 볼 수 있듯이 비실명 게시판에는 진지성과 신빙성이 부족하여 유권자에게 거짓 정보를 제공할 가능성이 있다는 취지의 경고문을 게시하는 방법을 고려하여 볼 수도 있다. 헌재결 2021. 1. 28. 2018헌마456, 2020헌마406, 2018헌가16, 판례집 33-1, 32(57).

Ⅱ. 과소보호금지원칙

1. 기본개요

(1) 의의

헌법재판소는 과소보호금지원칙에 대하여 국가가 기본권보호의무의 이행정도에 있어 적어도 적절하고 효율적인 최소한의 보호조치를 취했는가를 판단하는 기준[30] 내지 유일한 보호수단을 포기한 경우뿐만 아니라 국가의 입법적 보호효과들의 총합이 헌법이 요구하는 보호수준에 미달하는 경우[31]로 판시하고 있다. 학설상[32]으로는 헌법이 요구하는 최저한의 보호수준을 하회해서는 안 된다는 기준으로 제시하고 있다.

(2) 심사밀도의 단계화가능성

전술한 바와 같이 과소보호금지원칙의 심사기준을 유일한 보호조치의 이행유무로 극히 한정적으로 파악하는 경우에는 명백성통제에 그친다. 헌법재판소결정의 일반적인 태도다.[33] 그러나 헌법상 명령인 기본권의 근본가치를 달성하기 위한 합

---

30) 헌재결 1997. 1. 16. 90헌마110, 판례집 9-1, 90(121, 122) − 4인재판관의 합헌의견.

31) 헌재결 1997. 1. 16. 90헌마110, 판례집 9-1, 90(136) − 3인재판관의 위헌의견.

32) 이부하, "비례성원칙과 과소보호금지원칙", 『헌법학연구』 제13권 제2호(2007. 6.), 275~303면; 표명환, "입법자의 기본권보호의무와 헌법적 통제", 『헌법학연구』 제11권 제2호(2005. 6.), 211~241면; 방승주, "국가의 기본권보호의무와 그 이행여부에 대한 헌법재판소의 통제(상)(하)", 『고시연구』(2004. 8. 9.), 171~182면(상), 14~21면(하); 송석윤, "기본권으로서의 안전권에 관한 시론적 연구", 『법학논집』 제8권 제1호(2003), 이화여자대학교 법학연구소; 이준일, "기본권의 기능과 제한 및 정당화의 세 가지 유형", 『공법연구』 제29집 제1호(2000. 11.), 101~121면; 이흥용/이발래, "국가의 기본권보호의무로서 과소보호금지의 원칙", 『사회과학연구』 제13권 제1호(2000. 8.); 정태호, "기본권보호의무", 『현대공법학의 재조명』, 김남진교수정년기념논문집(1997. 8.), 고려대법학연구소, 361(400).

33) 헌재결 2016. 12. 29. 2015헌바280, 판례집 28-2하, 513. 국가가 국민의 생명·신체의 안전을 보호할 의무를 진다 하더라도, 국가의 보호의무를 입법자 또는 그로부터 위임받은 집행자가 어떻게 실현하여야 할 것인지 하는 문제는 원칙적으로 권력분립과 민주주의의 원칙에 따라 국민에 의하여 직접 민주적 정당성을 부여받고 자신의 결정에 대하여 정치적 책임을 지는 입법자의 책임범위에 속하므로, 헌법재판소는 제한적으로만 입법자 또는 그로부터 위임받은 집행자에 의한 보호의무의 이행을 심사할 수 있다. 따라서 국가가 국민의 생명·신체의 안전에 대한 보호의무를 다하지 않았는지 여부를 헌법재판소가 심사할 때에는 국가가 이를 보호하기 위하여 적어도 적절하고 효율적인 최소한의 보호조치를 취하였는지를 기준으로 삼아야 한다(헌재결 2008. 12. 26. 2008헌마419등 참조).

당한 보호조치이행여부로 파악하는 경우에는 명백성통제 및 주장(납득)가능성통제
와 엄밀한 내용통제에 이르는 다양한 통제가능성이 있다. 이러한 보호의무위반에
대한 다양한 통제단계를 인정한다면 그 심사척도인 과소보호금지원칙의 이론적 발
전 내지 구체화가 요구된다고 할 수 있다.34) 이러한 점에서 교통사고처리특례법 제
4조 등에 대한 헌법재판소결정에서 제시한 다음과 같은 판시내용은 과소보호금지
원칙의 구체화작업에서 참고할 만한 유용한 자료로 판단되어 적시한다.

우선, 보호효과의 총합이 헌법상 보호수준에 미달하는 경우에는 국가의 보호
위무위반을 인정할 수 있다는 부분이다. 둘째, 가해운전자의 불이익과 피해자의 안
전이라는 기본권적 법익(이를 소위 '안전권'이라 명명할 수 있음)을 형량하여 가해운전
자에 대한 기본권제한이 적정선을 유지하는 한 과잉금지원칙에 반하지 아니한다는
논증부분이다. 셋째, 과잉금지원칙의 목적의 정당성, 수단의 적절성, 피해의 최소
성, 법익의 균형성의 네 가지 부분원칙의 어느 하나에도 위반하는 경우 위헌이라
전제한 후 가해운전자들의 편익만을 강조하고 교통사고 피해자의 이익은 경시하여
법익형량의 부당성은 명백하다고 한 판시내용이다.

이러한 판시사항을 종합하여 볼 때 종래에는 과소보호금지원칙은 과잉금지원
칙과 구분할 필요가 없다는 동일설과 독자성을 주장하는 학설, 그리고 보호의무를
보호권 내지 안전권으로 주관적 공권화하여 비례성 원칙의 하위 원칙으로 과소금
지원칙을 인정하는 절충설이 제시된 바 있다.

(3) 과잉금지원칙과의 관계

(가) 동일설(Kongruenzthese)

이 학설35)은 과잉금지와 과소보호금지는 동전의 앞뒷면과 같은 것으로 과소보
호금지의 독자성을 인정하는 것은 권력분립원칙에 반하다거나, 최소한 보호의 불분

---

34) 다만 독일의 경우 구체화를 시도한 것으로 R. Rassow, Zur Konkretisierung des Unter-
    maßverbotes, ZG 2005, S. 262 ff.
35) M. Gellermann, Grundrechte im einfachgesetzlichen Gewande, 2000, S. 342 ff.; K.-E.
    Hain, DVBl. 1993, S. 982(983 f.); ders, Untermaß in der Kontroverse, ZG 11(1996), S. 75
    ff; Ch. Starck, JZ 1993, S. 816(817); P. Unruh, Zur Dogmatik der grundrechtliche
    Schutzpflichten, Berlin 1996; H.-U. Erichsen, Jura 1997, 85 ff.; 이승우, "국가의 기본권보
    호의무", 『균제양승두교수화갑기념논문집(Ⅰ)』, 현대공법과 개인의 권익보호, 홍문사, 1994,
    1153면 이하.

명성 등 다양한 논거로 그 이론적 발전가능성을 회의적으로 보고 있다.[36] 그 이유로 기본권의 과잉제한금지를 의미하는 과잉금지원칙을 준수하면 제3자(피해자)의 기본권보호에 대하여는 별도로 논하는 것이 불필요한 것으로 보는 것이다. 과잉금지와 과소보호금지 사이의 딜레마에 빠진 입법자?(Gesezgeber in der Klemme zwischen Übermaß- und Untermaßverbot?)라는 반어법을 사용한 논문제목[37]으로 알 수 있듯이 (저울의 일종인) 천칭에서의 균형점도 하나일 뿐이라는 것[38]이다.

(나) 독자성설(Inkongruenzthese)

과잉금지는 입법목적달성을 위한 기본권의 최소한의 제한가능성을 판단하는 기준임에 반하여, 과소보호금지는 기본권의 근본가치 내지 목적을 달성하기 위한 최소한의 보호수준의 하회를 금지하는 원칙[39]이라고 한다. 또한 타인의 기본권제한이 초래될 수 없는 자연재해, 외국과의 전쟁 등에 대한 국가의 보호의무를 인정하고 이의 심사척도로 과소금지원칙을 구체화하는 경우에는 독자성을 인정할 수 있다고도 한다.[40]

(다) 절충설(보호의무의 재주관화설)

비례성에 다양한 형량개념이 내포되어 있다고 전제한 후 비례성원칙에 과잉금지와 과소금지는 포괄된다고 한다. 그 적용기준으로는 기본권의 성질에 따라 급부권(보호권, 절차권, 사회권)의 경우 과소금지원칙으로, 방어권인 경우에는 과잉금지원칙으로, 평등권인 경우에는 차별내용이 차별금지인지 차별명령인지에 따라 양 원칙

---

36) 자세한 것은 장영철, "헌법상 계약자유의 의미와 보호", 『공법연구』 제30집 제4호(2002. 6.), 39(53, 54).

37) K.-E. Hain, DVBl. 1993, S. 982 ff.

38) K.-E. Hain, DVBl. 1993, S. 982(983).

39) C.-W. Canaris, Grundrechte und Privatrecht, Berlin 1999; J. Isensee, Das Grundrecht als Abwehrrecht und staatliche Schutzpflichten, in: Handbuch des Staatsrechts Ⅴ, 1992, §117, RN 165; Götz, Innere Sicherheit, in: Handbuch des Staatsrechts, Bd. Ⅲ, 1988, §79, RN 30; W. Höfling, aaO., S. 55; J. Dietlein, Das Untermaßverbot, ZG 1995, 131 ff.; J. Stemmler, Grundrechtswirkung und Privatrechtentfaltung, Frankfurt am Main 1998, S. 54 ff.; M. Möstl. DÖV 1998, S. 1029(1038); W. Cremer, Freiheitsgrundrechte, Tübingen, 2003, S. 310 ff.; 장영철, "헌법상 계약자유의 의미와 보호", 54~55면; 이부하, 전게논문, 275~303면; 정태호, 전게논문, 401~403면.

40) 장영철, "기본권의 사실적 제한", 『공법연구』 제35집 제1호(2006. 10.), 453면; 장영철, "헌법상 계약자유의 의미와 보호", 54면; 정태호, 전게논문, 401면.

(과잉 및 과소금지)의 선택적 적용가능성41)을 주장하는 견해이다.

(라) 소결

과소보호금지원칙의 발전가능성을 회의적으로 보는 동일성설은 입법재량의 다양한 스펙트럼을 간과하고, 기본권의 주관적 공권성과 구별하여 객관적 내용으로서 보호의무이론이 정착된 상황에서 수용하기 곤란하다. 이러한 점에서 과잉금지원칙과 구별하여 과소보호금지원칙의 독자성을 인정하는 것이 타당하다. 과잉금지원칙은 입법목적과 기본권의 근본목적을 달리 보는 전제하에 법적 제한의 정당성을, 과소보호금지원칙은 입법부작위에 의한 목적프로그램으로서 기본권의 사실적 제한, 즉 기본권보호의무위반의 정당성을 심사하는 기준이다. 헌법재판소42)도 같은 취지로 판시하고 있다. 즉 "국가가 소극적 방어권으로서의 기본권을 제한하는 경우 그 제한은 헌법 제37조 제2항에 따라 국가안전보장·질서유지 또는 공공복리를 위하여 필요한 경우에 한하고, 자유와 권리의 본질적인 내용을 침해할 수는 없으며 그 형식은 법률에 의하여야 하고 그 침해범위도 필요최소한도에 그쳐야 한다. 그러나 국가가 적극적으로 국민의 기본권을 보장하기 위한 제반조치를 취할 의무를 부담하는 경우에는 설사 그 보호의 정도가 국민이 바라는 이상적인 수준에 미치지 못한다고 하여 언제나 헌법에 위반되는 것으로 보기 어렵다. 국가의 기본권보호의무의 이행은 입법자의 입법을 통하여 비로소 구체화되는 것이고, 국가가 그 보호의무를 어떻게 어느 정도로 이행할 것인지는 입법자가 제반사정을 고려하여 입법정책적으로 판단하여야 하는 입법재량의 범위에 속하는 것이기 때문이다." 다만 절충설은 보호의무를 방어권과 같이 재주관화하여 보호권으로 구성하여 과소금지와 과잉금지를 비례성원칙에 포괄하여 보고 있다. 이는 과소금지와 과잉금지 모두 형량을 전제로 한다는 점에서 그렇게 보는 것이다. 따라서 이하에서는 이들 문제를 포괄하여 과소보호금지원칙의 독자성을 구축하기 위한 구체적 논의를 하고자 한다.

---

41) L. Michael, JuS 2001, S. 148 ff.; Ch. Callies, Rechtsstaat und Umweltstaat, Zugleich ein Beitrag zur Grundrechtsdogmatik im Rahmen mehrpoliger Verfassungsrechtsverhältnis, Tübingen 2001, S. 578 ff.; 이준일, 『헌법학강의』 제2판, 홍문사, 384, 385면; 이준일, "기본권의 기능과 제한 및 정당화의 세 가지 유형", 『공법연구』 제29집 제1호(2000. 11.), 101(118).
42) 헌재결 2008. 7. 31. 2004헌바81, 판례집 20-2상, 91; 1997. 1. 16. 90헌마110, 판례집 9-1, 90, 120~123.

2. 과소보호금지원칙의 구체적 내용

(1) 과소보호금지원칙의 구체화의 전제

전술한바, 과소보호금지원칙은 기본권보호의무의 이행정도에 관한 심사척도다. 기본권보호의무에 관하여 먼저 살펴보았고 그 발현형태는 양면관계(국가와 사인)와 삼면관계(국가-제3자-사인)로 나타났음도 언급한 바 있다. 헌법재판소결정상 양면관계에서는 사인의 행위를 국가행위로 의제하는 방법, 즉 방어권으로 수렴하여 그 보호수준의 적정성을 과잉금지원칙으로 해결하고 있었다. 그러나 삼면관계에서는 평등권과 직업선택의 자유 등 개별자유권의 결합을 통해 평등권의 심사척도를 강화하는 논증을 하고 있다. 바로 이러한 점에 착안하면 과소보호금지원칙이란 기본권보호의무의 광범위한 발현현상으로 인해 그 모든 양태를 포괄하는 이론으로 정립하기에는 한계가 있다.43) 따라서 양면관계(국가-사인)를 전제로 과잉금지원칙이 적용된다면 과소보호금지원칙은 삼면관계를 전제로 구체화하는 것이 이론적 독자성을 추구하는 계기가 된다. 하지만 이는 교특법 제4조 등에 대한 헌법소원결정의 2인재판관의 위헌논증에서 제시한 바와 같이44) 사인의 행위를 국가의 행위로 의제하는 양면관계에서 적용되는 소위 '특수한 형태의 과잉금지원칙'의 분석을 기초로 한다. 결국 이하에서는 과소보호금지원칙도 과잉금지원칙과 마찬가지로 형량을 전제로 하여 과잉금지원칙의 세부기준들의 수용가능성을 검토하는 수준에서 구체화가 이루어지게 된다. 다만 과소보호금지원칙에서는 공익과 사익의 형량이 아닌 기본권향유자로서의 제3자(제약자)와 수인가능한 사인(손해자)의 기본권제약 사이의 형량이 문제된다. 따라서 과소보호금지원칙에서의 보호수준의 최소한이란 상대적 기준에 불과하다. 기본권제한의 경우 본질내용침해금지원칙과 인간의 존엄과의 밀접성을 기준으로 절대적인 기본권보장을 주장하는 것과는 다르다. 결국 헌법 제37

---

43) 그 밖의 양면관계로 천재지변 등 자연력에 대한 국민의 사회권보호(헌법 제34조 제6항) 및 국가배상청구권 등 절차권보호 등이 속하나 이의 경우 예산의 가능성 유보 하에 무한대로 보호해야 하므로 보호의무정도를 심사하는 구체화된 과소보호금지원칙이 반드시 필요한 것은 아니다. 그러나 극히 예외적이지만 이슬람테러집단의 한국군의 이라크파병철회를 요청하며 발생한 김선일 피살사건, 최근의 기독교도 선교사건과 같이 공익과 자국민생명보호의 사익이 중첩되는 되는 경우에는 전형적인 사인간(제3자와 사인)의 충돌로 삼면관계의 범주 내에서 속한다. 따라서 국가는 보호입법을 마련할 의무를 부담하여야 한다는 점에서 보호의무의 적용범위에 속한다고 하겠다.

44) 헌재결 1997. 1. 16. 90헌마110, 판례집 9-1, 90(141 이하).

조 제2항 후단의 기본권의 본질내용침해금지를 과소보호금지원칙의 보호수준의 하한과는 전혀 동치시킬 수 없다. 다양한 사실관계의 분석과 형량을 통해 구체화할 수 있을 뿐이다.

(2) 과잉금지원칙의 세부기준의 수용가능성검토

과잉금지원칙에서는 입법목적달성을 위한 수단의 적절성, 필요성, 균형성을 세부심사기준으로 한다. 따라서 과소보호금지원칙에서는 제3자(기본권제약자)의 무제한의 자유실현가능성을 기본권목적으로 보고, 손해를 본 사인(보호요구자)에 대한 국가의 부작위는 수단으로 간주하여 세부기준의 수용가능성을 검토한다.

(가) 목적의 (헌법적)정당성

목적의 정당성은 과잉금지원칙에서도 별개로 심사할 필요가 없다는 주장[45]이 있다. 국가는 당연히 헌법에 반하는 목적을 추구해서는 안 된다는가, 과잉금지원칙이란 이미 설정된 입법목적을 전제로 수단의 과잉여부를 판단하는 것이라든가, 헌법 제37조 제2항의 기본권제한목적인 국가안전보장, 질서유지, 공공복리의 추상성, 포괄성으로 인한 다의적 해석가능성 때문에 목적의 정당성심사는 의미 없는 것이라고 한다. 그러나 동성동본금혼제도에 관한 헌법재판소결정[46] 등[47]에서 보듯이 동성동본금혼제는 혼인과 가족제도에 관한 기본권목적에 반하므로 나머지 세부기준의 판단여부와 관계없이 이미 위헌으로 간주하고 있다. 헌법재판소결정의 경제성과 확실성을 담보할 수 있고, 심사기준의 다양성과 논증의 정치성(내지 치밀성)의 측면에서도 심사도구의 축소를 주장할 필요는 없다. 더욱이 양심형성, 신앙의 자유, 학문연구의 자유와 같이 인간존엄에 아주 밀접하여 성질상 법률유보에 적합하지 않은 기본권이 있고, 이 경우 기본권(행사)목적의 헌법적 정당성은 판단되어야 하기 때문이다.

이미 주지한 바와 같이 과소보호금지원칙에서 기본권행사의 목적은 제3자의

---

45) 이부하, 전게논문, 280면 이하; 이준일, 『헌법학강의』, 383면.
46) 헌재결 1997. 7. 16. 95헌가6, 판례집 9-2, 1(18).
47) 헌재결 2001. 11. 29. 99헌마494, 판례집 13-2, 736. 재외동포법결정에서 권성재판관의 견해. 중국, 구소련동포배제의 입법목적을 경제적 이익과 행정규제의 편의로 보고 목적의 정당성 조차 부인하고 있다.

무제한한 자유실현의 가능성이다. 이는 헌법 제10조에서 일반적 행동자유권으로 보장하고 있으므로 법률적 지위가 아닌 특별히 헌법적 지위를 갖는다. 그러므로 과소보호금지원칙에서는 과잉금지원칙과 달리 목적의 정당성을 심사할 필요가 없다.

(나) 수단의 적절성(적정성)

과잉금지원칙에서 수단의 적절성이란 목적달성에 조금이라도 기여할 수 있는 개연성을 내포한 수단 내지 방법이면 족하다는 것을 말한다. 헌법재판소는 이 부분 원칙을 여과 없이 과소보호금지원칙에서 수용하고 있다. 이미 살펴본 바와 같이 과소보호금지원칙을 국가가 기본권보호의무의 이행정도에 있어 적어도 적절하고 효율적인 최소한의 보호조치를 취했는가를 판단하는 척도로 보아 명백성통제 그치는 재판관들의 의견과 행위규범, 통제규범구분론[48]에서 이를 증명하고 있다. 기본권제약자인 제3자의 자유실현가능성에 있어 국가의 부작위는 언제나 적합성을 인정할 수 있기 때문이다.

따라서 과잉금지원칙과 달리 과소보호금지원칙에서 적합성이란 전혀 무의미한 기준에 불과하다.

(다) 피해의 최소성(필요성); 효율성

과잉금지원칙의 필요성이란 목적달성을 위해 가장피해가 적은 완화된 수단을 선택하여야 함을 의미한다. 이를 과소보호금지원칙에 적용하면 제3자(제약자)의 자유실현가능성이란 목적달성을 위하여 사인의 손해보호수단은 전혀 필요 없는 것인지 문제된다. 즉 국가에게는 공권력행사방법에 있어 선택의 여지가 있으므로 제3자의 자유실현에 영향을 미치지 않고도 손해자인 사인의 기본권제약을 완화하여 줄 수 있는 수단이 있는지 여부다.

이는 가능한 한 가장 효율적인 사인보호수단을 강구하여야 함을 의미한다. 헌법재판소도 이를 보호효과의 총합이 헌법상 보호수준에 미달하는 경우 국가의 보호의무위반을 인정할 수 있다고 판시하고 있어 이를 방증하고 있다. 하지만 이것은 구체적 사실관계분석과 국가가 선택할 수 있는 행위여지 내에서 제3자에게 부가적

---

48) 헌재결 2004. 10. 28. 2002헌마328, 판례집 16-2, 195(205); 1997. 5. 29. 94헌마33, 판례집 9-1, 543(553, 554).

인 제약을 가하지 않고 보다 효과적인 보호를 강구하여야 함을 의미한다.49) 따라서 막연히 최대한의 보호를 하는 것과는 구별하여야 한다.

(라) 법익의 균형성

충돌하는 법익 간의 형량이 문제되는 균형성심사는 과잉금지심사에 있어 핵심 부분이다. 즉 목적달성을 위한 공익과 이를 창출하기 위해 투입한 수단으로 인해 제약된 사익 간에 적어도 균형을 이루어야 한다는 것을 의미한다. 공익이 사익보다 적어도 같거나 우위에 놓여야 함을 말한다.

이를 과소보호금지원칙에 적용하면 국가에 의해 자유실현의 가능성을 승인받은 제3자의 사익과 동시에 국가의 부작위로 제약받은 사인의 손해 간에는 적어도 균형을 이루어야 하는 것이다. 헌법재판소는 가해운전자의 불이익과 피해자의 안전이라는 기본권적 법익을 형량하여 가해운전자에 대한 기본권제한이 적정선을 유지하는 한 과잉금지원칙에 반하지 아니한다고 판시하여 과소보호금지원칙에 대한 판단을 대체하고 있다. 여기서 법익의 균형성에 관하여 과잉금지원칙과 과소보호금지원칙은 동전의 앞뒷면이라는 동일설(Kongruenzthese)을 지지할 만한 논거의 일면을 발견할 수 있다. 제3자(제약자)의 자유실현가능성보장과 사인(손해자)의 보호수준은 하나의 점에서만 균형을 이룰 수 있다고 보면 더욱 그렇다.

하지만 헌법재판소가 합헌적 법률해석의 방법으로 입법자의 예측여지 및 평가대권을 인정하여 폭넓은 입법형성권을 보호하고 있듯이 입법자가 정확한 하나의 균형점을 찾는 것은 현실적으로 불가능하다. 헌법재판소가 사실관계와 예측판단의 가능성에 따라 과소보호금지원칙의 심사밀도를 명백성통제 및 납득(주장)가능성통제와 엄밀한 내용통제에 이르는 다양한 스펙트럼으로 제시하고 있는 것도 이를 방증하는 것이다. 따라서 국가는 과잉금지와 과소보호금지의 범위 내에서 광협의 판단여지를 갖는 것이다. 이 때 그 선택을 위한 일응의 기준으로 제시할 수 있는 것은 보호의무의 발현양상이 양면관계로 수렴될 수 있거나, 사인의 기본권제약이 대량적으로 초래되거나, 제3자의 자유실현의 가능성과 사인의 손해를 비교할 때

---

49) 예컨대, 그간 검사의 불기소처분에 대하여는 헌법소원에 의한 구제만 인정되어 기본권보호의 효율성은 경시되어 왔다. 따라서 최근 재정신청제도의 확대입법은 환영할 만하다. 이러한 점에서 과소보호금지원칙에 따라 위헌위법적인 행정규칙에 대한 효율적인 기본권보호를 도모하는 차원에서 독일과 같은 행정소송상 규범통제제도(VwGO § 47)도 마련하여야 할 것이다.

국가 — 제3자(피해자) — 사인(손해자)의 관계에 있는 경우로서 사인의 손해가 간접적으로 초래된 경우 내지 수인가능한 손해인 경우50)에는 과잉금지원칙을 적용한다. 반면에 보호의무의 발현양상이 삼면관계이거나, 사인의 기본권제약이 개별적으로 초래되거나,51) 제3자의 자유실현의 가능성과 사인의 손해를 비교할 때 국가 — 제3자(수익자) — 사인의 관계에 있는 경우로서 사인의 손해가 사실적으로 초래된 경우 내지 수인불가능한 손해인 경우52)에는 과소보호금지원칙을 적용하여야 한다. 여기서 과소보호의 의미는 제3자의 자유에 대한 부가적인 제약을 가하지 않는 범위 내에서의 사인의 보호를 뜻한다. 따라서 사인의 보호받는 이익이 제3자의 자유실현의 이익보다 우월해서는 안 된다.53)

(3) 소결

헌법재판소결정에서 나타난 바와 같이 과소보호금지원칙을 특수한 형태의 과잉금지원칙으로 본다면 그 세부원칙의 수용가능성을 검토해 볼 수 있다. 목적의 정당성, 수단의 적절성의 경우 삼면관계에서는 수평적인 사인 간의 형량이 문제되는 것으로 심사척도로서의 유용성이 없다. 그러나 피해의 최소성은 사인보호의 효율성으로, 법익의 균형성은 제3자와 사인 간의 사익의 균형을 도모하는 것으로 수용할 수 있다. 따라서 과소보호금지원칙도 과잉금지원칙과 마찬가지로 명백성 통제, 주장(납득)가능성 통제, 엄밀한 내용통제에 이르는 다양한 통제가능성을 갖는다.

3. 기본권보호의무의 재주관화가능성과 과소보호금지원칙

(1) 기본권보호의무의 재주관화가능성

(가) 학설

전술한 바와 같이 기본권의 객관적 내용에서 파생한 보호의무를 보호(청구)권 또는 안전권으로 재주관화(주관적 공권화)를 시도하려는 학설이 있다. 그 이유는 인간존엄의 기본권목적과 기본권보호의무는 개별적 보호목적을 지향한다는 점, 국가

---

50) 이에 관하여는 장영철, "기본권의 사실적 제한", 455면 참조할 것.
51) 이에 관하여 자세한 것은 장영철, "기본권침해위험성에 관한 소고", 『공법학연구』 제8권 제3호(2007. 8.), 285~303면 참조할 것.
52) 이에 관하여는 장영철, "기본권의 사실적 제한", 458, 459면 참조할 것.
53) R. Rassow, aaO., S. 276.

의 폭력독점사상과 구체적 위험상태야기에 대한 국가책임 그리고 기본권의 객관적 내용은 주관적 공권을 강화하려는 의도에서 파생한 것이라는 기본권의 양면성이론에 근거하고 있다.[54] 그 밖에도 헌법적 근거로 제10조 제2문(국가의 기본권보장의무), 제36조 제2항(국가의 모성보호의무)을 들 수 있다. 이로써 국가의 기본권보호의무 이행수준에 대한 통제는 가능하게 되고 동시에 방어권과 마찬가지로 과잉금지원칙에 따르는 경우 통제강도도 다양화할 수 있는 편이성이 있다.

반면에 보호의무의 주관적 공권화에 반대하는 학설[55]이 있다. 그 이유로 국가의 객관적 의무에 상응하는 개인의 주관적 공권을 항상 인정하게 된다면 기본권뿐만 헌법체계전반에 변화가 초래된다는 점이다. 기본권보호의무에 상응하는 보호권을 인정한다면 그 수신인은 제1차적으로 입법자에게 부과된다. 입법자는 기본권을 구체화할 일반적인 의무를 부담하게 된다. 이는 입법자가 헌법의 집행기관이 아니라는 점과 자신의 예측판단 및 평가대권에 따라 넓은 입법형성권을 부여하는 것에 반하며, 더욱이 개인의 소원청구인용을 강제하게 된다면 다수결을 내용으로 하는 민주주의 입법원칙에 반하게 된다. 기본권은 주관적 내용과 객관적 내용으로 구분하는 것이 일반적으로 승인된 이론이라는 점, 입법부작위에 대한 통제에 관하여 헌법재판소[56]는 원칙적으로 소극적이라는 점, 객관적 내용인 보호의무는 원리, 원칙과 같은 성격을 가지므로 구체화의 방법은 다양할 수 있다는 것이다.

(나) 헌법재판소결정에 나타난 보호의무의 재주관화양상

헌법재판소결정에서 국가의 기본권보호의무를 인정하기 위해서는 기본권침해의 위험성 내지 사실적 기본권제한을 전제로 하고 있다. 예컨대, 법률유보 없는 개인정보자기결정권의 침해위험성이 있다고 지적한 교육정보시스템(NEIS)에 관한 헌법소원사건,[57] 혁신도시입지선정에서 원주시와 경쟁도시였던 춘천시의 헌법소원청

---

54) J. Dietlein, Die Lehre von den grundrechtlichen Schutzpflichten, Berlin, 1992, S. 144 ff.; J. Isensee, Das Grundrecht als Abwehrrecht und staatliche Schutzpflichten, in: Handbuch des Staatsrechts Ⅴ, 1992, §111. RN 183 ff.

55) K. Stern, Das Staatsrecht der Bundesrepublik Deutschland, Bd. Ⅲ/1, München, 1988, S. 978 ff.

56) 예컨대, 헌재결 2000. 6. 1. 2000헌마18, 판례집 12-1, 733, 738~739; 2001. 6. 28. 2000헌마735, 판례집 13-1, 1431, 1437; 2001. 12. 20. 2001헌마484; 2003. 6. 26. 2000헌마509 등, 판례집 15-1, 741, 749.

57) 헌재결 2005. 7. 21. 2003헌마282·425(병합). 판례집 17-2, 94 – 소수재판관(1인)의 의견.

구58)에서 헌법재판소는 비록 각하결정하고 말았지만 기본권침해의 위험성 내지 사실적 제한에 대해 언급하고 있다. 또한 헌법재판소는 병마개제조업자선정에서 탈락한 자의 헌법소원청구사건59)에서 평등권과 직업선택의 자유침해주장에 대하여 이를 인정하여 취소소송의 원고적격을 인정하고 있고, 국가기간뉴스통신사지정사건60)에서는 연합뉴스사와 경업관계에 있었던 청구인회사(뉴스통신사)의 직업행사의 자유제한을 인정하였지만 본안판단에서는 정부의 재량권을 인정하며 기각하고 있다.

결국 보호의무의 주관화가 헌법소원청구를 위해 필요한 것은 아니다. 다만 본안판단의 대상으로 주관화정도를 결정하게 되는 것이다.

(2) 기본권보호의무의 재주관화정도와 과소보호금지원칙

(가) 기본권보호의무의 재주관화정도

재주관화정도의 판단방법은 본안의 문제이므로 구체적 사실관계의 분석과 함께 기본권침해위험의 양상, 사인의 자유실현가능성과 제3자의 손해의 비교 등을 통하여 보호수준을 결정함으로서 이루어진다. 이는 대체로 행정법상 개인적 공권이론을 차용하여 설명하면 다음과 같다. 행정법상 개인적 공권에는 반사적 이익, 무하자재량행사에 관한 형식적 청구권, 행정개입청구권으로 구분61)할 수 있고 이를 보호의무의 주관화정도에 수용하면 반사적 보호권(Grundrechtsreflexe), 형식적 보호권(formelles Leistungsgrundrecht), 실질적 보호권(materielles Leistungsgrundrecht)으로 변

교육부장관과 시도교육감이 졸업증명서 발급을 위해 성명, 생년월일, 졸업일자 등 학력에 관한 사항을 교육정보시스템(NEIS)으로 제작하여 일반인의 컴퓨터와 인터넷을 통해 접근 가능하게 한 것이 문제였다.

58) 헌재결 2006. 12. 28, 2006헌마312, 판례집 18-2, 650.

59) 헌재결 1998. 4. 30, 97헌마141, 판례집 10-1, 496, 507~508. "설사 국세청장의 지정행위의 근거규범인 이 사건 조항들이 단지 공익만을 추구할 뿐 청구인 개인의 이익을 보호하려는 것이 아니라는 이유로 청구인에게 취소소송을 제기할 법률상 이익을 부정한다고 하더라도, 국세청장의 지정행위는 행정청이 병마개 제조업자들 사이에 특혜에 따른 차별을 통하여 사경제 주체간의 경쟁조건에 영향을 미치고 이로써 기업의 경쟁의 자유를 제한하는 것임이 명백한 경우에는 국세청장의 지정행위로 말미암아 기업의 경쟁의 자유를 제한받게 된 자들은 적어도 보충적으로 기본권에 의한 보호가 필요하다. 따라서 일반법규에서 경쟁자를 보호하는 규정을 별도로 두고 있지 않은 경우에도 기본권인 경쟁의 자유가 바로 행정청의 지정행위의 취소를 구할 법률상의 이익이 된다 할 것이다."고 판시하고 있다.

60) 헌재결 2005. 6. 30, 2003헌마841, 판례집 17-1, 996.

61) 이들에 관하여 자세한 것은 표명환, "기본권보호의무와 행정법상의 개인적 공권이론", 『헌법학연구』 제10권 제1호(2004. 3.), 277면(299~305면).

용할 수 있다.(62) 헌법재판소가 이러한 보호의무의 주관적 공권인정단계에 따라 입법부 및 행정부의 재량권행사에 영향을 미치게 된다. 따라서 보호의무의 재주관화 여부와 정도는 헌법재판소결정의 형식적 청구요건이 아닌 본안판단의 대상 및 결과라는 제한적인 의미를 가질 뿐이다.

(나) 보호의무의 재주관화와 과소보호금지원칙의 적용여부

보호의무의 재주관화를 적극적으로 인정하는 전술한 학설의 경우에도 과소보호금지원칙을 적용하지 않고 과잉금지원칙을 적용하거나, 비례성 원칙의 하부원칙으로 과소금지원칙을 주장하는 견해(63)가 있다. 그러나 헌법소원청구를 위해 굳이 재주관화의 필요성을 인정하지 않아도 된다는 것을 주장하는 졸견에서는 보호의무의 재주관화 정도는 본안판단에서 결정되고, 보호권은 적극적인 형성을 내용으로 하므로 국가의 소극적 역할을 주장하는 방어권침해여부의 판단기준인 과잉금지원칙으로는 사안에 합당한 결론을 도출하기 어렵다. 보호의무는 기본권의 객관적 성격을 근거로 하므로 과소보호금지원칙을 주관적 공권의 판단기준인 비례성원칙에 포섭되는 것으로 보는 것도 그 이론적 독자성을 반감시키는 것이다. 즉 국가의 보호의무에서는 수직적 관계가 아닌 수평적 관계가 문제되고, 주관적 공권을 전제로 그 제한의 정당성을 판단하는 것이 아니라 본안판단의 결과 상대적으로 권리보호여부가 결정된다는 점에서 과잉금지원칙 내지 비례의 원칙과는 구별된다.

4. 기본권보호의무위반의 정당성심사기준으로서 과소보호금지원칙의 심사밀도에 관한 헌법재판소결정분석

(1) 헌법재판소결정의 일반적 태도: 명백성통제

전술한 바와 같이 과소보호금지원칙의 심사기준을 유일한 보호조치의 이행유무로 극히 한정적으로 파악하는 경우에는 명백성통제에 그친다. 미국산 쇠고기 및 쇠고기 제품 수입위생조건 위헌확인결정,(64) 불법행위로 인한 태아의 손해배상청구권인정범위에 관한 대법원의 정치조건설에 입각한 확립된 판결의 합헌성을 인정한

---

62) K. Stern, aaO., S. 992 f.
63) 위 Ⅱ. 1. (3) (다) 절충설 부분.
64) 헌재결 2008. 12. 26. 2008헌마419 등, 판례집 20-2하, 960 이하.

결정,65) 담배제조 및 판매사건,66) 소위 공장식 축산사건67) 등 헌법재판소결정의

---

65) 태아는 형성 중의 인간으로서 생명을 보유하고 있으므로 국가는 태아를 위하여 각종 보호조
치들을 마련해야 할 의무가 있다. 하지만 그와 같은 국가의 기본권 보호의무로부터 태아의
출생 전에, 또한 태아가 살아서 출생할 것인가와는 무관하게, 태아를 위하여 민법상 일반적
권리능력까지도 인정하여야 한다는 헌법적 요청이 도출되지는 않는다. 법치국가원리로부터
나오는 법적 안정성의 요청은 인간의 권리능력이 언제부터 시작되는가에 관하여 가능한 한
명확하게 그 시점을 확정할 것을 요구한다. 따라서 인간이라는 생명체의 형성이 출생 이전의
그 어느 시점에서 시작됨을 인정하더라도, 법적으로 사람의 시기를 출생의 시점에서 시작되
는 것으로 보는 것이 헌법적으로 금지된다고 할 수 없다. 입법자는 형법과 모자보건법 등 관
련규정들을 통하여 태아의 생명에 대한 직접적 침해위험을 규범적으로 충분히 방지하고 있으
므로, 이 사건 법률조항들이 태아가 사산한 경우에 한해서 태아 자신에게 불법적인 생명침해
로 인한 손해배상청구권을 인정하지 않고 있다고 하여 단지 그 이유만으로 입법자가 태아의
생명보호를 위해 국가에게 요구되는 최소한의 보호조치마저 취하지 않은 것이라 비난할 수
없다. 생명의 연속적 발전과정에 대해 동일한 생명이라는 이유만으로 언제나 동일한 법적 효
과를 부여하여야 하는 것은 아니다. 동일한 생명이라 할지라도 법질서가 생명의 발전과정을
일정한 단계들로 구분하고 그 각 단계에 상이한 법적 효과를 부여하는 것이 불가능하지 않다.
이 사건 법률조항들의 경우에도 '살아서 출생한 태아'와는 달리 '살아서 출생하지 못한 태아'
에 대해서는 손해배상청구권을 부정함으로써 후자에게 불리한 결과를 초래하고 있으나 이러
한 결과는 사법(私法)관계에서 요구되는 법적 안정성의 요청이라는 법치국가이념에 의한 것
으로 헌법적으로 정당화된다 할 것이므로, 그와 같은 차별적 입법조치가 있다는 이유만으로
곧 국가가 기본권 보호를 위해 필요한 최소한의 입법적 조치를 다하지 않아 그로써 위헌적인
입법적 불비나 불완전한 입법상태가 초래된 것이라고 볼 수 없다. 그렇다면 이 사건 법률조항
들이 권리능력의 존재 여부를 출생 시를 기준으로 확정하고 태아에 대해서는 살아서 출생할
것을 조건으로 손해배상청구권을 인정한다 할지라도 이러한 입법적 태도가 입법형성권의 한
계를 명백히 일탈한 것으로 보기는 어려우므로 이 사건 법률조항들이 국가의 생명권 보호의
무를 위반한 것이라 볼 수 없다. 헌재결 2008. 7.31. 2004헌바81, 판례집 20-2상, 91 이하.
66) 담배사업법은 담배의 제조 및 판매 자체는 금지하고 있지 않지만, 현재로서는 흡연과 폐암
등의 질병 사이에 필연적인 관계가 있다거나 흡연자 스스로 흡연 여부를 결정할 수 없을 정
도로 의존성이 높아서 국가가 개입하여 담배의 제조 및 판매 자체를 금지하여야만 한다고
보기는 어렵다. 또한, 담배사업법은 담배성분의 표시나 경고문구의 표시, 담배광고의 제한
등 여러 규제들을 통하여 직접흡연으로부터 국민의 생명·신체의 안전을 보호하려고 노력하
고 있다. 따라서 담배사업법이 국가의 보호의무에 관한 과소보호금지 원칙을 위반하여 청구
인의 생명·신체의 안전에 관한 권리를 침해하였다고 볼 수 없다. 헌재결 2015. 4. 30. 2012
헌마38, 판례집 27-1하, 12 이하.
67) 가축사육시설의 환경이 지나치게 열악할 경우 그러한 시설에서 사육되고 생산된 축산물을
섭취하는 인간의 건강도 악화될 우려가 있으므로, 국가로서는 건강하고 위생적이며 쾌적한
시설에서 가축을 사육할 수 있도록 필요한 적절하고도 효율적인 조치를 취함으로써 소비자
인 국민의 생명·신체의 안전에 관한 기본권을 보호할 구체적인 헌법적 의무가 있다. 심판대
상조항은 가축사육업 허가를 받거나 등록을 할 때 갖추어야 하는 가축사육시설기준으로서,
가축사육시설의 환경이 열악해지는 것을 막는 최소한의 기준이라 할 것이고, 그 규제 정도도
점진적으로 강화되고 있다. 따라서 심판대상조항만으로 곧바로 가축들의 건강상태가 악화되
어 결과적으로 청구인들의 생명·신체의 안전이 침해되었다고 보기는 어렵다. 또한, 국가는
심판대상조항뿐만 아니라 축산법 기타 많은 관련법령들에서 가축의 사육 및 도축, 유통에 이
르는 전 단계에 걸쳐 가축의 질병 발생과 확산을 방지하고 가축사육시설을 규제함으로써, 국

일반적인 태도다. 즉 "국가가 국민의 생명·신체의 안전을 보호할 의무를 진다 하더라도 국가의 보호의무를 입법자 또는 그로부터 위임받은 집행자가 어떻게 실현하여야 할 것인가 하는 문제는 원칙적으로 권력분립과 민주주의의 원칙에 따라 국민에 의하여 직접 민주적 정당성을 부여받고 자신의 결정에 대하여 정치적 책임을 지는 입법자의 책임범위에 속하므로, 헌법재판소는 단지 제한적으로만 입법자 또는 그로부터 위임받은 집행자에 의한 보호의무의 이행을 심사할 수 있다. 따라서 국가가 국민의 생명·신체의 안전에 대한 보호의무를 다하지 않았는지 여부를 헌법재판소가 심사할 때에는 국가가 이를 보호하기 위하여 적어도 적절하고 효율적인 최소한의 보호조치를 취하였는가 하는 이른바 '과소보호금지 원칙'의 위반 여부를 기준으로 삼아, 국민의 생명·신체의 안전을 보호하기 위한 조치가 필요한 상황인데도 국가가 아무런 보호조치를 취하지 않았든지 아니면 취한 조치가 법익을 보호하기에 전적으로 부적합하거나 매우 불충분한 것임이 명백한 경우에 한하여 국가의 보호의무의 위반을 확인하여야 한다."

(2) 과소보호금지원칙의 심사밀도 다양화가능성

전술한 바와 같이 과소보호금지원칙을 명백성통제로 국한하는 견해는 기본권 보호의무위반의 심사를 과잉금지원칙의 심사로 대체할 수 있다고 본다. 즉 제3자인 피해사인의 보호는 가해사인의 기본권의 과잉금지심사로 대체되어 반사적 보호가 가능하다고 한다. 예컨대, 헌법재판소결정에서도 1997년 교통사고처리특례법에 대한 헌법소원결정[68]에서 7인의 다수재판관이 과소보호금지원칙을 기준으로 합헌 결정하였지만 2009년 동법에 대한 두 번째 헌법소원결정[69]에서는 과잉금지심사로 위헌결정을 하여 반사적으로 피해자를 보호하였다.

하지만 헌법재판소가 2019년 공직선거운동시 확성장치 사용에 따른 소음 규제 기준 부재 사건[70]에서 동일한 법조항에 대한 2008년 합헌결정[71]과 달리 동일하게

민의 생명·신체에 대한 안전이 침해받지 않도록 여러 가지 조치를 취하고 있다. 따라서 심판대상조항이 국민의 생명·신체의 안전에 대한 국가의 보호의무에 관한 과소보호금지원칙에 위배되었다고 볼 수는 없다. 헌재결 2015. 9. 24. 2013헌마384, 판례집 27-2상, 658.

68) 헌재결 1997. 1. 16. 90헌마110, 판례집 9-1, 90 이하.

69) 헌재결 2009. 2. 26. 2005헌마764 등, 판례집 21-1상, 156 이하.

70) 국가가 국민의 건강하고 쾌적한 환경에서 생활할 권리에 대한 보호의무를 다하지 않았는지 여부를 헌법재판소가 심사할 때에는 국가가 이를 보호하기 위하여 적어도 적절하고 효율적

과소보호금지원칙을 기준으로 심사하여 헌법불합치결정을 하였다. 여기서 헌법재판소는 "어떠한 경우에 과소보호금지원칙인 국가가 기본권보호의무의 이행정도에 있어 적어도 적절하고 효율적인 최소한의 보호조치에 미달하게 되는지에 대해서는 일반적·일률적으로 확정할 수 없다. 개별 사례에 있어서 관련 법익의 종류 및 그 법익이 헌법질서에서 차지하는 위상, 그 법익에 대한 침해와 위험의 태양과 정도, 상충하는 법익의 의미 등을 비교 형량하여 구체적으로 확정하여야 한다."고 판시하여 입법내용에 대한 엄격한 통제를 할 수 있음을 시사하고 있다. 이는 종래의 명백성통제에 그치는 과소보호금지원칙의 심사밀도의 강화로 해석할 수 있다.

Ⅲ. 본질내용침해금지원칙

1. 연혁

제1공화국 헌법은 기본권제한의 일반적 법률유보(제28조 제2항) 이외에 개별적

인 최소한의 보호조치를 취하였는가 하는 이른바 '과소보호금지원칙'의 위반 여부를 기준으로 삼아야 한다. 공직선거법에는 확성장치를 사용함에 있어 자동차에 부착하는 확성장치 및 휴대용 확성장치의 수는 '시·도지사선거는 후보자와 구·시·군 선거연락소마다 각 1대·각 1조, 지역구지방의회의원선거 및 자치구·시·군의 장 선거는 후보자마다 1대·1조를 넘을 수 없다'는 규정만 있을 뿐 확성장치의 최고출력 내지 소음 규제기준이 마련되어 있지 아니하다. 기본권의 과소보호금지원칙에 부합하면서 선거운동을 위해 필요한 범위 내에서 합리적인 최고출력 내지 소음 규제기준을 정할 필요가 있다. 공직선거법에는 야간 연설 및 대담을 제한하는 규정만 있다. 그러나 대다수의 직장과 학교는 그 근무 및 학업 시간대를 오전 9시부터 오후 6시까지로 하고 있어 그 전후 시간대의 주거지역에서는 정온한 환경이 더욱더 요구된다. 그러므로 출근 또는 등교 시간대 이전인 오전 6시부터 7시까지, 퇴근 또는 하교 시간대 이후인 오후 7시부터 11시까지에도 확성장치의 사용을 제한할 필요가 있다. 공직선거법에는 주거지역과 같이 정온한 생활환경을 유지할 필요성이 높은 지역에 대한 규제기준이 마련되어 있지 아니하다. 예컨대 소음·진동관리법, '집회 및 시위에 관한 법률' 등에서 대상지역 및 시간대별로 구체적인 소음기준을 정한 것과 같이, 공직선거법에서도 이에 준하는 규정을 둘 수 있다. 따라서 심판대상조항이 선거운동의 자유를 감안하여 선거운동을 위한 확성장치를 허용할 공익적 필요성이 인정된다고 하더라도 정온한 생활환경이 보장되어야 할 주거지역에서 출근 또는 등교 이전 및 퇴근 또는 하교 이후 시간대에 확성장치의 최고출력 내지 소음을 제한하는 등 사용시간과 사용지역에 따른 수인한도 내에서 확성장치의 최고출력 내지 소음 규제기준에 관한 규정을 두지 아니한 것은, 국민이 건강하고 쾌적하게 생활할 수 있는 양호한 주거환경을 위하여 노력하여야 할 국가의 의무를 부과한 헌법 제35조 제3항에 비추어 보면, 적절하고 효율적인 최소한의 보호조치를 취하지 아니하여 국가의 기본권 보호의무를 과소하게 이행한 것으로서, 청구인의 건강하고 쾌적한 환경에서 생활할 권리를 침해하므로 헌법에 위반된다. 헌재결 2019. 12. 27. 2018헌마730, 판례집 31-2하, 315 이하.
71) 헌재결 2008. 7. 31. 2006헌마711.

법률유보도 하여 자유권의 규범력을 약화시켰다. 그리하여 제2공화국 제3차 개정헌법은 당시 서독기본법(제19조 제2항)을 모방하여 기본권제한의 법률유보의 한계로서 본질내용침해금지규정(제28조 제2항)을 도입하였다. 하지만 이 규정은 제4공화국 제7차 개정헌법에서 폐지하였다가 1980년 광주민주화운동을 유혈진압하면서 정권을 잡은 제5공화국 제8차 개정헌법에서 부활되어 현행헌법에 이어지고 있다. 이러한 본질내용침해금지원칙의 헌법적 지위가 불안정한 것은 그 해석론으로도 이어지고 있다.

2. 학설

본질내용침해금지원칙은 기본권제한의 한계원리로서 비례의 원칙과 구분되어 독자성을 인정할 수 있는지가 문제된다. 독자성을 인정하는 본질내용절대설은[72] 헌법 제37조 제2항의 기본권제한의 내용상의 한계로서 명문규정이 존재하고, 기본권의 본질내용을 절대적으로 보호되어야 하는 인간의 존엄과 가치로 파악하는 견지에서 주장하고 있다. 이와 반대로 독자성을 부인하는 본질내용상대설은 기본권의 본질내용은 기본권제한을 통하여 실현하려는 공익과 기본권이 제한되는 정도를 비교하여 현저히 균형을 잃은 경우로 비례의 원칙의 피해의 최소성이나 법익의 균형성심사에서 상대적으로 형량될 수 있고,[73] 기본권의 본질내용침해금지원칙은 공권력행사의 위헌성을 판단하기 위해 불가결한 최소한의 규범적 기준을 제시할 수 없어 헌법재판의 심사기준으로 기능할 수 없고 단지 입법자에 대한 본질내용제한을 경고하는 기능을 수행한다는 주장[74]이 있다.

기본권의 본질내용의 실체에 대해서도 인간의 존엄과 가치라는 학설과 개별기본권의 핵심내용으로 보는 학설이 있다. 인간의 존엄과 가치의 헌법원리로서의 성격을 고려하면 개별기본권의 핵심내용은 인간의 존엄과 가치를 구현한 것이라고 볼 수 있다. 개별기본권을 원칙으로 보는 입장에서 그 본질내용은 입법형성권의 상대적 한계로서 기능한다. 다만 인간의 존엄과 가치에 내재하는 인격권은 규칙으로 형량을 불허하는 절대적 본질내용이다.

---

72) 전광석, 『한국헌법론』, 276면 이하.
73) 이준일, 『헌법학강의』, 387면.
74) 한수웅, 『헌법학』, 484, 485면.

3. 헌법재판소결정

(1) 헌법재판소결정에서는 개별기본권의 침해여부를 심사하면서 상대설의 입장에서 비례의 원칙과 구분하여 본질내용침해금지원칙을 독자적 심사기준으로 삼지 않는 것이 많다.

헌법재판소는 형법상 사형제도의 위헌심판[75]에서 "헌법은 절대적 기본권을 명문으로 인정하고 있지 아니하며, 헌법 제37조 제2항에서는 국민의 모든 자유와 권리는 국가안전보장·질서유지 또는 공공복리를 위하여 필요한 경우에 한하여 법률로써 제한할 수 있도록 규정하고 있어, 비록 생명이 이념적으로 절대적 가치를 지닌 것이라 하더라도 생명에 대한 법적 평가가 예외적으로 허용될 수 있다고 할 것이므로, 생명권 역시 헌법 제37조 제2항에 의한 일반적 법률유보의 대상이 될 수밖에 없다. 나아가 생명권의 경우, 다른 일반적인 기본권 제한의 구조와는 달리, 생명의 일부 박탈이라는 것을 상정할 수 없기 때문에 생명권에 대한 제한은 필연적으로 생명권의 완전한 박탈을 의미하게 되는바, 위와 같이 생명권의 제한이 정당화될 수 있는 예외적인 경우에는 생명권의 박탈이 초래된다 하더라도 곧바로 기본권의 본질적인 내용을 침해하는 것이라 볼 수는 없다."고 본질내용을 상대화하였다.

아동·청소년대상 성범죄자 취업제한 사건[76]에서도 피해의 최소성심사에서 직업선택의 자유의 본질내용을 심사하여 독자성을 부인하고 있다. 즉 "형벌 등 범죄에 대한 제재와는 달리, 법률상 결격사유에서는 같은 종류의 아동·청소년대상 성범죄를 범하였다면 범죄의 경중에 관계없이 본질적으로 동일하다고 볼 수 있다는 주장도 있을 수 있다. 그러나 법률상 결격사유를 정함에 있어서도 범죄의 경중이나 재범의 위험성에 차등적 가치를 부여하는 것이 타당하며, 현재 우리 실정법에서 법률상 결격사유를 규정하는 통상적인 규정 방식도 그와 다르지 않다. 범죄의 경중이나 재범의 위험성에 관한 개별적 판단 없이 일률적으로 일정기간에 걸쳐 취업 등을 차단하는 것은 죄질이 가볍고 재범의 위험성이 적은 자에 대한 지나친 기본권 침해가 될 수 있다."

(2) 하지만 인간의 존엄 및 가치에서 유래하는 인격권침해에 대한 정당성판단

---

75) 헌재결 2010. 2. 25. 2008헌가23, 판례집 22-1상, 36(56, 57).
76) 헌재결 2016. 4. 28. 2015헌마98, 판례집 28-1하, 109(120).

기준으로 본질내용침해금지원칙의 독자성을 인정하는 결정도 찾아볼 수 있다.

헌법재판소는 신체과잉수색행위 위헌확인결정77)에서 독자성을 인정하는 전제에서 "헌법 제10조는 모든 기본권 보장의 종국적 목적이자 기본이념이라 할 수 있는 인간의 본질적이고 고유한 가치인 인간의 존엄과 가치로부터 유래하는 인격권을 보장하고 있고(헌재결 1990. 9. 10. 89헌마82, 판례집 2, 306, 310 등 참조), 제12조는 정신적 자유와 더불어 인간의 존엄과 가치를 구현하기 위한 가장 기본적인 자유로서 모든 기본권 보장의 전제가 되는 신체의 자유를 보장하고 있다(헌재결 1992. 4. 14. 90헌마82, 판례집 4, 194, 206 등 참조). 따라서 구 행형법 제68조 등에 근거하여 경찰서 유치장 내의 수용자에 대한 정밀신체검사의 실시에 따라 국민의 기본권에 대한 제한이 불가피하다 하더라도, 그 본질적인 내용을 침해하거나, 목적의 정당성, 방법의 적정성, 피해의 최소성 및 법익의 균형성 등을 의미하는 과잉금지의 원칙에 위배되어서는 아니 된다."

이와 같은 견지에서 헌법재판소는 피구금자처우에 관한 최저규칙을 원용하면서 미결수용자에게 재소자용 의류를 입게 하는 것,78) 비례의 원칙을 적용하지 않고 차폐시설이 불완전한 화장실사용을 강제하는 것,79) 목적의 정당성부터 부인하거나 '사실상' 비례의 원칙에 의한 심사 없이 양손에 수갑 찬 피의자에 대한 촬영을 허용한 행위80)를 인간의 존엄 및 가치에 반하는 인격권침해로 판시하고 있다.

즉 인간의 존엄과 가치로부터 유래하는 인격권침해에 대해 본질내용침해금지원칙을, 신체의 자유침해에 대해서는 과잉금지원칙을 정당성판단기준으로 구별하고 있다.

---

77) 헌재결 2002. 7. 18. 2000헌마327, 판례집 14-2, 54(62, 63).

78) 헌재결 1999. 5. 27. 97헌마137 등, 판례집 11-1, 653(665). 이 결정에서 비례의 원칙을 기준으로 한 것은 재판청구권침해의 정당성논증을 위해 독자적으로 요구되는 것으로 판단할 수 있다. 왜냐하면 헌법재판소는 재판청구권과 병렬적으로 인간의 존엄 및 가치에서 유래하는 인격권과 행복추구권을 침해된 기본권으로 열거하면서 1955년 피구금자처우에 관한 최저규칙 제17조 제3항의 "시설 내에서 사복을 입지 않는 것이 허용되지 않는 구금자에 대해서도 그가 정당하게 인정된 목적을 위하여 시설 밖으로 외출할 때에는 언제나 자신의 사복 또는 눈에 띄지 않는 의복을 입도록 허용되어야 한다."는 규정을 보강논거로 제시하고 있기 때문이다.

79) 헌재결 2001. 7. 19. 2000헌마546, 판례집 13-2, 103. 유치기간 동안 위와 같은 구조의 화장실을 사용하도록 강제한 피청구인의 행위는 인간으로서의 기본적 품위를 유지할 수 없도록 하는 것으로서, 수인하기 어려운 정도라고 보여지므로 전체적으로 볼 때 비인도적·굴욕적일 뿐만 아니라 동시에 비록 건강을 침해할 정도는 아니라고 할지라도 헌법 제10조의 인간의 존엄과 가치로부터 유래하는 인격권을 침해하는 정도에 이르렀다고 판단된다.

80) 헌재결 2014. 3. 27. 2012헌마652, 판례집 26-1상, 534.

4. 사견

헌법 제10조 제2문은 제1문의 인간의 존엄 및 가치와 행복추구권과 같은 조문에서 "국가는 개인이 가지는 불가침의 기본적 인권을 확인하고 이를 보장할 의무를 진다"고 규정하여 제1문의 기본적 인권의 구체화로 국가의 개별기본권보장의무를 부과하고 있다. 이러한 점에서 인간의 존엄과 가치와 이로부터 유래하는 개별기본권은 인권과 기본권으로 대비할 수 있다.

인권은 선국가적인 인간의 권리로 그 주체인 인간이 정의하는 반면에 헌법상 구체화된 인권인 기본권은 그 수신인, 즉 국가가 정의하는 것이다. 이러한 점에서 규칙으로서 인간의 존엄과 가치에 내재하는 인격권의 절대적 보호필요성은 본질내용침해금지원칙으로 그 밖의 개별기본권은 원칙으로서 비례의 원칙에 의한 상대적 보호의 대상으로 판단할 수 있다고 본다. 이는 살펴본 헌법재판소결정의 분석에서도 나타나고 있다.

제 3 편

개별기본권론

인간의 존엄과 가치와 행복추구권

제 1 절 인간의 존엄과 가치

Ⅰ. 연혁 및 규범적 의의

인간의 존엄과 가치는 1962년 제3공화국 헌법 제8조에서 처음으로 규정하여 현행헌법으로 이어지고 있다. 현행헌법 제10조는 "모든 국민은 인간으로서의 존엄과 가치를 가지며, 행복을 추구할 권리를 갖는다. 국가는 개인이 가지는 불가침의 기본적 인권을 확인하고 이를 보장할 의무를 진다."고 인간의 존엄 및 가치와 행복추구권에 관하여 규정하고 있다. 인간의 존엄과 가치는 헌법의 최고원리로서 국가는 인간의 존엄과 가치의 불가침을 확인하고 보장할 헌법적 의무를 부담한다. 이를 이행하기 위하여 헌법에 민주주의, 법치국가 등 기본원리를 규정하고, 자유권, 사회권 등 개별기본권을 열거하며 그 객관적 해석·적용을 도모하려 노력하고 있다.

Ⅱ. 헌법적 성격

1. 헌법의 최고원리 – 자연권과 실정권설의 논쟁

인간의 존엄과 가치의 보호내용에 대하여 헌법의 최고원리로 주장하는 논거에는 기독교적 자연권론(Mitgifttheorie)과 이에 입각한 칸트의 객체공식(Objektformel)이 있다. 즉 인간은 하느님(또는 자연)이 자신과 동일한 형상을 부여하여 창조한 지구상의 유일한 윤리적 존재로서 국가권력의 단순한 수단으로 삼지 말고 목적으로 대우하여야 한다고 한다. 하지만 그 내용적 추상성으로 인하여 전형적인 사례를 들고 있다. 예컨대, 노예, 인신매매, 인간성과 생명권을 부인하는 차별, 고문, 세뇌, 굴욕, 낙인, 추방, 경멸 등이 그것이다.

이에 반해 인간의 존엄과 가치를 실정권으로 보는 학설에는 인간의 존엄은 정체성을 확립하는 자기의사에 따른 자기결정을 보호하는 것이라는 업적론(Leistungstheorie)과 인간존엄은 –자연권론의 신이나 자연이 선사한 것도 업적론의 인간존엄의 근거를 개인의 능력이나 업적도 아닌– 공동체 속에 함께 살아가는 개인 간의 사회적 승인에 있다고 보는 승인론(Anerkennungstheorie) 내지 소통론(Kommunikationstheorie)[1]이 있다.

판단컨대 인간의 존엄과 가치의 헌법적 성격에 대한 두 학설은 모두 장단점이 있다. 하지만 원칙적으로 인간의 존엄과 가치를 개별기본권과 같이 상대적 보호의 대상으로 전락시키는 것을 막기 위하여 자연권인 헌법의 최고 원리로 보고자 한다. 헌법재판소[2]도 이러한 입장에서 결정을 하고 있다. 여기서 파생되는 인간의 존엄과 가치의 헌법적 성격은 다음과 같다.

---

1) 이는 공동체구성원 상호간에 인간존엄을 존중하겠다는 약속에 인간존엄의 보호내용이 있다는 점에서 '국가창설적 약속론(staatskonstitutive Versprechenstheorie)'이라고도 한다. 장영철, 『기본권론』, 103면.

2) 헌법재판소는 "인간존엄은 헌법이념의 핵심으로 국가는 헌법에 규정된 개별적 기본권을 비롯하여 헌법에 열거되지 아니한 자유와 권리까지도 이를 보장하여야 하고, 이를 통하여 개별 국민이 가지는 인간으로서의 존엄과 가치를 존중하고 확보하여야 한다는 헌법의 최고원리"라고 판시하고 있다. 헌재결 2010. 2. 25. 2008헌가23, 판례집 22-1상, 36; 2004. 10. 28. 2002헌마328, 공보 98, 1187, 1193~1194 참조; 2001. 7. 19. 2000헌마546 판례집 13-2, 103, 111.

2. 확정적 규칙으로 절대보호

인간의 존엄과 가치는 그 상태보호를 목적으로 국가권력의 특정한 처우를 금지하는 것으로 파악하여야 한다. 예컨대, 인격권에 대한 절대적 보호가 그것이다. 개별기본권과 달리 인간의 존엄 및 가치의 보호범위를 특별하게 설정하지 못하는 이유는 인간의 존엄은 보호범위-제한-제한의 정당성의 3단계 심사가 적용되지 않고 제한으로 바로 국가는 침해의 책임을 부담하기 때문이다.

인간의 존엄과 가치를 최고의 헌법원리로 보아 상대적 형량을 금지하는 것은 인간, 사회, 입법자가 인간의 존엄을 제한하고 형성하는 것을 금지하는 것이다. 인간의 존엄에 대한 가치판단을 원초적으로 금지해야 하는 이유는 인간을 수단시 할 수 있기 때문이다.

3. 헌법개정의 한계

인간의 존엄과 가치는 헌법개정의 한계를 이룬다. 이는 헌법개정권자가 인간의 존엄 및 가치를 침해하는 것을 금지하는 것이다. 따라서 헌법재판소가 판시하는 인간의 존엄의 보호내용은 불변의 자연법에 해당한다.

Ⅲ. 헌법이 예정하는 인간상

헌법 제10조의 인간의 존엄이란 인간의 인격적 존재와 독자적 가치를 표현한 것이다. 인간존엄은 자기결정뿐만 아니라 이를 위한 환경을 형성하는 것도 포함한다.[3] 따라서 헌법이 예정하는 인간상은 공동체와 유리된 채 개인주의에 함몰된 인간이 아닌 공동체와 관련성을 갖고 공동체에 기속된 인간으로 개인과 공동체간의 긴장관계 속에서 자기의 고유가치를 간직한 인간을 말한다. 헌법재판소도 이와 같은 취지로 우리 헌법이 지향하는 바람직한 인간상에 대하여 "개인 스스로 선택한 인생관·사회관을 바탕으로 사회공동체 안에서 각자의 생활을 자신의 책임 아래 스스로 결정하고 형성하는 성숙한 민주시민인바, 이는 사회와 고립된 주관적

---

3) K. Stern, Die Menschenwürde als Fundament der Grundrechte, in: Staatsrecht der Bundesrepublik Deutschland, Bd. Ⅲ/1, § 58, München, 1988, S. 31 f.; 장영철 "헌법재판과 사적자치", 『공법연구』 제45집 제2호(2016. 12.), 134면.

개인이나 공동체의 단순한 구성분자가 아니라, 공동체에 관련되고 공동체에 구속되어 있기는 하지만 그로 인하여 자신의 고유 가치를 훼손당하지 아니하고 개인과 공동체의 상호연관 속에서 균형을 잡고 있는 인격체라 할 것이다."고 판시4)하고 있다.

Ⅳ. 보호범위의 제한

1. 제한과 침해의 동일시

인간의 존엄과 가치는 보호범위–제한–제한의 정당성의 3단계 심사가 적용되지 않고 제한으로 바로 국가는 침해의 책임을 부담한다. 이는 인간의 존엄과 가치의 헌법의 최고원리 내지 자연권으로서 인권적 속성에 기인한다. 헌법의 최고원리 내지 인권은 다른 헌법적 가치와 충돌을 인정하지 않아 절대적 보호를 내용으로 하므로 법익 형량을 불허한다. 예컨대, 차폐시설이 불완전한 화장실사용을 강제하는 것,5) 신체과잉 수색행위,6) 양손에 수갑 찬 피의자에 대한 촬영을 허용한 행위7)로 인하여 그 피해 당사자가 수치심 내지 모욕감을 느꼈다면 비례의 원칙에 의한 형량 없이(형량을 하더라도 형식적인 논증으로) 침해가 인정된다.

2. 인간의 존엄과 가치의 보호범위의 침해가 될 수 있는 사례

(1) 포섭될 수 있는 침해사례

(가) 인격의 비하

인신매매, 노예제, 비도덕적인 강제노동 및 음행의 상습 없는 부녀에 대한 혼

---

4) 김철수,『학설판례 헌법학(상)』, 502면; 허영,『한국헌법론』, 349면; 헌재결 2015. 3. 26. 2013헌마517, 판례집 27-1상, 342, 370; 2009. 11. 26. 2008헌바58 등, 판례집 21-2하, 520(530); 2003. 10. 30. 2002헌마518, 판례집 15-2하, 185, 201; 2002. 10. 31. 99헌바40 등, 판례집 14-2, 390(406); 2000. 4. 27. 98헌가16 등, 판례집 12-1, 427, 461; 1998. 5. 28. 96헌가5, 판례집 10-1, 541(555).

5) 헌재결 2001. 7. 19. 2000헌마546, 판례집 13-2, 103. 유치기간 동안 위와 같은 구조의 화장실을 사용하도록 강제한 피청구인의 행위는 인간으로서의 기본적 품위를 유지할 수 없도록 하는 것으로서, 수인하기 어려운 정도라고 보여지므로 전체적으로 볼 때 비인도적·굴욕적일 뿐만 아니라 동시에 비록 건강을 침해할 정도는 아니라고 할지라도 헌법 제10조의 인간의 존엄과 가치로부터 유래하는 인격권을 침해하는 정도에 이르렀다고 판단된다.

6) 헌재결 2002. 7. 18. 2000헌마327.

7) 헌재결 2014. 3. 27. 2012헌마652, 판례집 26-1상, 534.

인빙자간음처벌[8]과 같이 사회적 신분에 의한 차별과 인간모멸은 인간존엄에 반하는 경우다. 고의적으로 인격을 비하하는 모욕적 표현은 표현의 자유의 보호범위[9]에 속하는 것이 아니라 인간의 존엄에 의해 절대적인 보호를 받는다. 인간의 존엄과 가치는 사인간의 기본권침해에 대해서도 보장된다. 헌법 제10조 제2문은 불가침의 기본적 인권에 대한 국가의 확인과 보장의무를 규정하고 있기 때문이다.

(나) 고문과 사형의 집행

인간을 수단시하여 무가치한 존재로 전락시키는 것은 인간의 존엄과 가치에 반한다. 따라서 무기징역도 가석방의 기회(형법 제72조)를 부여하여야 한다. 신체의 자유에서 규정한 고문금지(제12조 제2항)도 국가에 대한 방어권으로서 절대금지를 의미하므로 인간의 존엄과 가치의 보장에 의한 것으로 보아야 한다. 고문은 인간을 국가권력의 수단으로 취급하는 것을 금지하는 '객체공식'에 반하기 때문이다.[10]

형법에서 규정하고 있는 사형제[11]에 대해 헌법재판소는 인간의 존엄과 분리하여 생명권을 상대적 기본권으로 보는 견지에서 법률유보에 의해 제한 가능한 것으로 보아 합헌으로 판시[12]하였다. 그러나 사형제는 인간으로서 범죄자를 국가형벌권의 수단으로 삼는 것으로 인간의 존엄과 가치의 불가침을 보장하는 객체공식에 반하는 문제가 있다. 이러한 점에서 비록 사형제는 인정하더라도 윤리적 요소를 내재한 인간의 존엄의 절대성을 보장하기 위해 형 집행은 금지하는 절충방안을 고려해야 한다.

(2) 포섭여부가 논란되는 사례
(가) 인간다운 생활을 할 권리

인간의 존엄은 자유권, 절차권, 사회권 등 모든 기본권의 이념적 기초다. 따라서 사회생활에 필요한 최소한의 인격적인 배려를 요구하는 인간다운 생활을 할 권리(헌

---

8) 헌재결 2009. 11. 26. 2008헌바58 등, 판례집 21-2하, 520(530). 성적자기결정권은 여성의 존엄과 가치에 반하는 것이라 하지 않을 수 없다.
9) 표현의 자유는 사상의 자유시장론에 의하여 정신적인 의사표현을 보호내용으로 한다.
10) 유럽인권협약 제3조와 국제인권협약에서도 고문금지를 규정하여 전국가적인 인권으로서 예방적 보호를 강조하고 있다.
11) 사형제는 1950년의 유럽인권협약 제2조 제1항 제2문에서는 인정하고 있었다. 하지만 1983년의 부속의정서 제6호가 평시에 금지하였고, 다시 부속의정서 제13호는 전면금지하였다.
12) 헌재결 2010. 2. 25. 2008헌가23, 판례집 22-1상, 36.

법 제34조 제1항)도 인간의 존엄을 절대적 가치로 하는 보호범위에 포섭될 수 있다.13)

(나) 성매매

헌법재판소는 자발적 성매매라도 여전히 인간의 존엄을 침해하는 것으로 보고 있다. 즉 헌법재판소14)는 "외관상 강요되지 않은 자발적인 성매매행위도 인간의 성을 상품화함으로써 성판매자의 인격적 자율성을 침해할 수 있고, 성매매산업이 번창하는 것은 자금과 노동력의 정상적인 흐름을 왜곡하여 산업구조를 기형화시키는 점에서 사회적으로 매우 유해한 것이다. 성매매는 그 자체로 폭력적, 착취적 성격을 가진 것으로 경제적 대가를 매개로 하여 경제적 약자인 성판매자의 신체와 인격을 지배하는 형태를 띠므로 대등한 당사자 사이의 자유로운 거래 행위로 볼 수 없고, 인간의 성을 상품화하여 성범죄가 발생하기 쉬운 환경을 만드는 등 사회 전반의 성풍속과 성도덕을 허물어뜨린다."고 판시하고 있다.

하지만 자발적 성매매는 자기의사에 의한 진정한 기본권포기인지 문제될 수 있을 뿐이다. 자기비하를 자발적으로 원하는 사람을 인간의 존엄으로 보호하는 것은 오히려 불필요하게 법적 차별을 초래하는 것일 수 있다.15)

(다) 낙태, 사형제도, 초기배아 등 생명권침해의 사례

생명권침해사례도 인간의 존엄과 가치의 보호범위에 포섭하지 않아야 한다. 낙태, 사형제도의 경우 윤리적 내지 종교적 요구에 의한 생명권보호필요성을 인정할 수 있지만 인간의 존엄을 매개로 법적 금지를 요구할 수는 없다. 낙태를 처벌하는 형법과 달리 우리는 모자보건법에서 낙태를 허용하는 예외적인 사유를 규정하고 있는 것은 이를 방증한다. 이에 더하여 사회·경제적인 사유, 12주 이내의 임신 초기의 낙태도 허용하는 예외사유에 포함해야 한다는 주장16)이 있다. 헌법재판소의 낙태죄에 대한 헌법불합치결정17)에서는 22주 이내를 낙태결정가능기간으로 제시하고 있다. 태아와 사형수보호는 인간의 존엄과 구별하여 개별기본권에서 파생한

---

13) 장영철, 『기본권론』, 107면.
14) 헌재결 2016. 3. 31. 2013헌가2, 28-1상, 259(273, 274).
15) 헌재결 2016. 3. 31. 2013헌가2, 28-1상, 280면 이하 재판관 김이수, 강일원의 일부위헌 의견 참조.
16) 최현정, "낙태죄의 문제점 및 개선방향", 『이화젠더법학』 제8권 제3호(2016. 12.), 252, 253면.
17) 헌재결 2019. 4. 11. 2017헌바127, 판례집 31-1, 404 이하.

형량가능한 생명권에 근거하여야 한다.

초기배아의 경우도 헌법재판소결정18)에 의하면 인간존엄의 주체여부에 대한 사회적 합의가 결여되어 있는 경우로 국가의 상대적인 보호의무의 대상에 불과하다. 다만 헌법재판소가 초기배아의 인간의 존엄과 가치의 주체성을 인정하려면 기본권변천을 고려할 수 있다.

(라) 사자의 인격권의 경우

인간의 존엄과 가치는 권리능력의 주체가 아닌 사자의 인격권침해의 경우에도 적용될 수 있지 문제된다. 인간의 존엄 및 가치는 상태보호를 목적으로 제3자인 사인에 의한 침해에 대하여도 인간의 존엄청구권 내지 가치청구권을 행사하여 국가의 보호를 요구할 수 있다. 하지만 헌법재판소는 일제강점하의 반민족행위진상규명에 관한 특별법 제2조 제9호 위헌제청사건19)에서 사자의 인격권을 헌법 제10조의 인간의 존엄과 가치와 행복추구권에서 도출된다고 하면서도 이를 대신 행사하는 후손의 인격권침해로 보아 비례의 원칙에 의한 상대적 기본권으로 판단하고 있다. 이는 동법에 대한 헌법소원결정20)에서도 확인할 수 있다. 즉 "다만 이 사건 결정의 조사 대상자인 이○면, 이○용은 이미 모두 사망하였지만, 사자(死者)의 경우에도 인격적 가치에 대한 중대한 왜곡으로부터 보호되어야 하고, 이와 같은 사자인 조사 대상자에 대한 사회적 명예와 평가의 훼손은 사자와의 관계를 통하여 스스로의 인격상을 형성하고 명예를 지켜온 그들의 후손의 인격권, 즉 유족의 명예 또는 유족의 사자에 대한 경애추모의 정을 침해한다고 할 것이므로, 반민규명위원회에 의하

---

18) 헌재결 2010. 5. 27. 2005헌마346, 판례집 22-1하, 275.
19) 헌재결 2010. 10. 28. 2007헌가23, 판례집 22-2상, 761(768, 769). 헌법 제10조로부터 도출되는 일반적 인격권에는 개인의 명예에 관한 권리도 포함되는바(헌재결 1999. 6. 24. 97헌마265, 판례집 11-1, 768, 774; 2005. 10. 27. 2002헌마425, 판례집 17-2, 311, 319), 이 사건 법률조항에 근거하여 반민규명위원회의 조사대상자 선정 및 친일반민족행위결정이 이루어지면(이에 관하여 작성된 조사보고서 및 편찬된 사료는 일반에 공개된다), 조사대상자의 사회적 평가가 침해되어 헌법 제10조에서 유래하는 일반적 인격권이 제한받는다고 할 수 있다. 다만 이 사건 결정의 조사대상자를 비롯하여 대부분의 조사대상자는 이미 사망하였을 것이 분명하나, 조사대상자가 사자(死者)의 경우에도 인격적 가치에 대한 중대한 왜곡으로부터 보호되어야 하고, 사자(死者)에 대한 사회적 명예와 평가의 훼손은 사자(死者)와의 관계를 통하여 스스로의 인격상을 형성하고 명예를 지켜온 그들의 후손의 인격권, 즉 유족의 명예 또는 유족의 사자(死者)에 대한 경애추모의 정을 침해한다고 할 것이다.
20) 헌재결 2009. 9. 24. 2006헌마1298, 판례집 21-2상, 685(697).

여 친일반민족행위를 한 것으로 결정된 망 이○면, 이○용의 직계비속인 청구인은 헌법 제10조에서 유래하는 인격권을 제한받는다고 할 것이다."

참고로 독일 연방헌법재판소는 메피스토결정21) 이후 계속 사자의 인격권을 불가침의 인간의 존엄에서 도출하여 형량 없이 침해여부를 판단하고 있다.

V. 개별기본권과의 경합

인간의 존엄과 가치는 헌법의 최고원리로서 다른 기본권과 경합하지 않는다. 헌법 제10조 제2문의 국가의 기본권확인의무의 대상은 인간의 존엄 및 가치에서 파생되는 불가침의 기본적 인권이기 때문이다. 인간의 존엄은 개별기본권생성의 원천인 것이다. 따라서 공권력의 행사로 개별기본권의 보호범위를 제한하지만 그 제한의 정당성이 인정되더라도 보충적으로 인간의 존엄 및 가치의 침해여부를 심사할 수는 없다. 다만 헌법 제10조 제1문에서 병렬적으로 규정하고 있는 행복추구권에서 파생한 예컨대, 전술한 바와 같이 사자의 인격권침해심사에서는 인간의 존엄과 가치와 연계하여 그 보호범위의 강화를 추구할 수 있다.

제 2 절 행복추구권

I. 입법례와 의의

행복추구권은 1776년의 버지니아 인권선언 제1조와 미국독립선언에서 최초로 규정되었다. 여기서 행복추구권은 로크(J. Locke)의 자연법사상을 수용한 것이었다. 1789년 프랑스의 인간과 시민의 권리선언 제2조 제1항과 일본헌법 제13조에서도 찾아볼 수 있다. 독일 헌법에는 행복추구권에 관한 명문규정은 없다. 하지만 동법 제2조 제1항의 인격의 자유발현권(일반적 인격권과 일반적 행동자유권)이 동일한 기능

---

21) BVerfGE 30, 173 ff. 계속하여 Willy Brandt 추모기념 주화사건(BVerfG NJW 2001, 594), 상 소포기에도 불구하고 자녀의 사자 인격권침해에 대한 Marlene Dietrich 사건(BVerfG NJW 2006, 3409 ff.).

을 수행하고 있다. 일반적 인격권과 일반적 행동자유권에 대하여는 우리의 행복추구권을 개괄적으로 살펴본 후 별도로 살펴보기로 한다.

우리 헌법에 행복추구권이 규정된 것은 1980년 제5공화국 헌법 제9조에서부터였고 현행 헌법 제10조로 이어지고 있다. 하지만 행복추구권에 관하여는 인간의 존엄 및 가치와의 관계, 헌법 제37조 제1항과의 관계 등 그 헌법적 성격에 관하여 논란이 많다.

Ⅱ. 헌법적 성격

행복추구권의 헌법적 성격에 대하여 학설과 판례는 자연권, 포괄적 권리라는 점에서 일치하고 있다. 하지만 인간의 존엄과 가치와 구별되는 행복추구권의 독자적 기본권성에 대하여는 다음과 같이 학설과 판례가 다양하게 나타나고 있다.

1. 학설

(1) 인간의 존엄과 가치와 행복추구권을 포괄하여 이해하면서 각각 독자적 기본권으로 인정하는 견해[22]의 구체적 내용은 다음과 같다.

우선 인간의 존엄과 가치와 행복추구권을 광의와 협의의 구분한다. 그리고 광의의 인간의 존엄과 가치와 행복추구권은 주기본권으로서 개별적 기본권으로 분화하는 기본적 인권 전반을 말하고, 협의의 인간의 존엄과 가치와 행복추구권은 개별적 인격권(생명권, 자기결정권, 인격유지권)을 내용으로 하는 존엄권과 일반적 행동자유권, 일반적 인격권을 내용으로 하는 행복추구권을 말한다고 한다.

광의의 인간의 존엄과 가치와 행복추구권을 포괄하여 하나의 기본권으로 이해하는 것은 개별기본권생성의 이념적 기초로서의 성격을 고려한 것이다. 협의의 인간의 존엄과 가치와 행복추구권은 존엄권과 행복추구권으로 구성되어 각각 헌법에 열거하지 아니한 불문기본권의 도출 근거로서 파악하고 있다. 하지만 광의의 개념은 행복추구권도 인간의 존엄과 가치와 함께 기본적 인권 전반의 생성기초로 보는 것은 자연권으로 방어권의 본질을 갖는 행복추구권의 법적 성격을 과대평가하는 문제가 있다. 협의의 개념도 인간의 존엄과 가치를 개별기본권과 같은 하찮은 동전

---

22) 김철수, 『학설판례 헌법학(상)』, 513면.

으로 취급하는 문제가 있다. 존엄권에 포함되는 절대보호의 필요가 있는 인격유지권을 제외하고 생명권, 자기결정권은 타인의 권리, 헌법질서 등과 형량하여 상대적인 것으로 평가될 수밖에 없기 때문이다. 다만 협의의 행복추구권에 일반적 행동자유권, 개성의 자유발현권을 의미하는 일반적 인격권을 보호내용으로 하는 것은 불문자유권도출의 기초로 보는 점에서 타당하다.

(2) 인간의 존엄과 가치는 기본이념으로서 행복추구권은 이를 실현하는 수단으로 포괄적(종합적) 기본권으로 이해하는 견해23)는 행복추구권을 포괄적 기본권으로 이해하여 생명권, 신체불훼손권, 평화적 사회권, 휴식권, 수면권, 일조권, 스포츠권 등을 그 파생내용으로 한다고 한다.

행복추구권의 법적 성격을 포괄적 기본권으로 이해하여 헌법상 기본권과 법률상 권리의 구분을 불분명하게 하고, 인간의 존엄과 가치를 행복추구권의 기본이념으로 보면 헌법상 성문기본권과 행복추구권에서 파생하는 불문기본권의 보호수준을 동일하게 볼 수 있는 문제가 생긴다. 즉 일부학설24)에서 주장하는 바와 같이 행복추구권에서 파생하는 일반적 행동자유권은 그 보호범위의 불명확성으로 인해 합리성심사에 그쳐야지 합목적성통제를 하는 것은 헌법재판의 한계를 유월하기 때문이다.

(3) 인간의 존엄 및 가치는 정태적인 존엄권을 보장하고, 행복추구권은 무규정적이고 비정형적인 광범위한 행동자유권을 보장하는 기본권으로서 헌법 제37조 제1항의 헌법에 열거되지 아니한 불문기본권을 도출하는 실질적 기준이라는 견해25)가 있다.

인간의 존엄과 가치의 제한적인 기본권성과 행복추구권의 포괄적인 자연권성을 헌법 제37조 제1항과 의미 있게 연결하여 기본권성을 인정하고 있다. 하지만 결과적으로 헌법 제37조 제1항과 구별되는 행복추구권의 독자적인 기본권성은 부인하는 문제점이 있다. 행복추구권은 포괄적 자연권으로 동성혼, 반려동물과 생활할 자유 등의 도출근거가 될 수 있는 현대적 인권보호수단이다. 사회현실과 가치관의 변화에 따른 인간의 행동을 개별기본권의 보호범위에 포섭하기에는 설득력이 없거

---

23) 권영성, 『헌법학원론』, 384면.
24) K. Stern, Das Stsstsrecht der Bundesrepublik Deutschland Bd. Ⅳ, § 104, München, 2006, S. 974.
25) 김선택, "행복추구권", 『고시연구』 제20권 제1호(1993. 10.), 354면.

나 무리한 확대해석이 될 수 있다. 이러한 점에서 행복추구권은 헌법에 열거된 개별기본권에 의한 자유보호의 한계를 보충하는 기능을 수행한다. 행복추구권은 법률상 권리를 기본권으로 간주하는 '일반법의 헌법화경향'의 동력을 제공하는 것이다.

이에 반해 헌법에 열거되지 아니한 자유와 권리의 존중의무에 관한 헌법 제37조 제1항은 미국 수정헌법 제9조를 모방한 것으로 인권정향적 개별기본권해석 내지 시민권법(Civil Rights Act, 1964)과 같은 인권보호입법의무를 강조한 것이다.

(4) 행복추구권의 보호내용인 '행복'의 상대성, 세속성을 이유로 독자적 기본권성을 부인하는 견해26)의 구체적 내용은 다음과 같다. "행복추구권은 기본권의 문제로 다루어지기보다는 인간의 본능의 문제로 인간의 존엄과 함께 규정되어 있다는 그 자체도 조문구조상 문제가 있다. 행·불행은 법적인 규제가 미칠 수 없는 영역이다. 국가가 모든 국민의 행복의 주인이 되려면 독재의 길로 들어설 수밖에 없다. 하지만 기본권성을 부인하더라도 인간의 존엄과 가치를 최대한 실현하는 것을 목적으로 하는 포괄규범적 성격은 인정할 수 있다."

판단컨대, 행복추구권의 인권적 성격을 인정하면서도 기본권성을 부인하는 것은 기본권의 자연권론과 실정권설을 배격하고 통합론에 철저한 주장이다. 법률상의 권리는 기본권과 구별하기 때문이다. 하지만 기본권은 헌법에 실정화된 인권이다. 따라서 기본권은 공동체의 근본법인 헌법의 우위를 실현하기 위하여 법률로 구체화되어야 한다. 이러한 점에서 행복추구권을 기본권으로 보아 인간의 존엄과 가치를 최대한 실현하는 그 구체화 법률제정임무를 국가에 부과할 필요가 있는 것이다.

(5) 구체적 기본권성을 부인하고 자유권을 위한 일반원칙으로 보는 견해27)도 전술한 (4)와 같은 비판을 할 수 있다.

2. 헌법재판소

헌법재판소28)는 행복추구권을 포괄적 자유권으로서의 성격을 갖는 독자적 기본권으로 인정한다. 즉 "헌법 제10조의 행복추구권은 국민이 행복을 추구하기 위하여 필요한 급부를 국가에게 적극적으로 요구할 수 있는 것을 내용으로 하는 것이 아니라, 국민이 행복을 추구하기 위한 활동을 국가권력의 간섭 없이 자유롭게 할

---

26) 허영, 『한국헌법론』, 358면.
27) 김운용, "행복추구권의 해석", 『고시연구』 제15권 제2호(1988. 12.), 59면.
28) 헌재결 2008. 10. 30. 2006헌바35, 판례집 20-2상, 793(804); 1995. 7. 21. 93헌가14.

수 있다는 포괄적인 의미의 자유권으로서의 성격을 가진다."고 판시하고 있다.

3. 소결

행복추구권의 포괄적 자유권으로서 독자적 기본권성을 인정하는 것이 타당하다. 그 보호내용은 인간의 존엄과 가치에 내재하여 절대 보호해야 하는 개별적 인격권을 제외하고 법률에 의한 상대적 보호의 대상인 일반적 인격권과 일반적 행동자유권이다.

Ⅲ. 보호내용

헌법재판소29)도 "행복추구권은 헌법 제10조에 의하여 보장되는 것으로 포괄적이고 일반조항적인 성격을 가지며 또한 그 구체적인 표현으로서 일반적인 행동자유권과 개성의 자유로운 발현권을 포함한다."고 판시하고 있다.

1. 일반적 행동 자유권

헌법재판소는 기부금품모집, 하객에의 음식물접대(가정의례에관한법률), 체육시설설치이용에관한법률시행규칙 제5조, 계약자유 및 사적 자치, 휴식권,30) 마실 물을 선택할 권리,31) 좌석안전띠착용32) 등을 포함한다고 한다. 일반적 행동자유권에 관하여 자세한 것은 제3편 제5장 제1절 개인활동의 자유에서 상론하기로 한다.

2. 개성의 자유로운 발현권 내지 자유로운 인격발현권(즉 일반적 인격권)

자유로운 인격발현권은 일반적 인격권을 의미하는 것으로 이는 인간의 존엄과 가치를 실현하기 위하여 자율적으로 자신의 생활영역을 형성해 나아갈 수 있는 권리를 말한다. 헌법재판소도 "헌법 제10조 제1문은 "모든 국민은 인간으로서의 존엄과 가치를 가지며, 행복을 추구할 권리를 가진다."라고 규정하고 있는데, 이 조항이

---

29) 헌재결 2001. 9. 27. 2000헌마159, 판례집 13-2, 353; 1991. 6. 3. 89헌마204, 판례집 3, 268, 275; 1997. 11. 27. 97헌바10, 판례집 9-2, 651, 673).
30) 헌재결 2001. 9. 27. 2000헌마159, 판례집 13-2, 353.
31) 헌재결 1998. 7. 16. 96헌마246, 판례집 10-2, 283(309) - 수질개선부담금.
32) 헌재결 2003. 10. 30. 2002헌마518.

보호하는 인간의 존엄성으로부터 개인의 일반적 인격권이 보장된다(헌재결 1991. 4. 1. 89헌마160; 2003. 6. 26. 2002헌가14 참조). 일반적 인격권은 인간의 존엄성과 밀접한 연관관계를 보이는 자유로운 인격발현의 기본조건을 포괄적으로 보호하는데, 개인의 자기결정권은 일반적 인격권에서 파생된다(헌재결 2015. 2. 26. 2009헌바17등; 2012. 8. 23. 2010헌바402; 2015. 11. 26. 2012헌마940 참조). 모든 국민은 그의 존엄한 인격권을 바탕으로 하여 자율적으로 자신의 생활영역을 형성해 나갈 수 있는 권리를 가진다(헌재결 1997. 3. 27. 95헌가14등 참조)”고 판시하고 있다.

헌법재판소는 일반적 인격권에 성적 자기결정권33)을 포함한 개인의 자기결정권34), 부모의 자녀교육권(과외교습금지위헌결정 2000. 4. 27. 98헌가16 등), 명예권, 초상권, 음성권 등이 포함된다고 한다. 이에 대하여 자세한 것은 제4장 인격과 사생활의 보호부분에서 상론하기로 한다.

Ⅳ. 주체

행복추구권의 향유주체는 인권의 속성상 원칙적으로 외국인을 포함한 자연인이다. 하지만 전술한 바와 같이 그 보호범위의 포괄성으로 인하여 사인과 마찬가지로 사회공동체에서 현실적으로 활동하는 법인의 자유를 제약하게 된다. 헌법재판소도 법인을 그 주체로 판시하고 있다. 즉 노동단체의 정치자금기부를 금지한 정치자금에 관한 법률 제12조에 대한 위헌결정35)에서 “이 사건 법률조항은 노동단체가 정당에 정치자금을 기부하는 것을 금지함으로써 청구인이 정당에 정치자금을 기부하는 형태로 정치적 의사를 표현하는 자유를 제한하는 한편, 정치자금의 기부를 통하여 정당에 정치적 영향력을 행사하는 결사의 자유(단체활동의 자유)를 제한하는 규정이므로, 이 사건 법률조항에 의하여 침해된 기본권은 헌법 제33조의 단결권이 아니라 헌법 제21조의 노동조합의 정치활동의 자유, 즉 표현의 자유, 결사의 자유, 일반적인 행동자유권 및 개성의 자유로운 발현권을 그 보장내용으로 하는 행복추구권이라고 보아야 한다.”

---

33) 헌재결 2009. 11. 26. 2008헌바58등, 판례집 21-2하, 520.
34) 헌재결 2019. 12. 27. 2018헌바161, 판례집 31-2하, 156.
35) 헌재결 1999. 11. 25. 95헌마154, 판례집 11-2, 555.

V. 제한과 한계

　　행복추구권은 포괄적인 일반적 자유조항의 성격상 그 보호범위는 입법자의 입법형성에 의한다. 그리하여 그 제한의 정당성판단에서도 합리성심사에 그치는 것이 일반적이다.

평등권

제 1 절 평등권 일반이론

Ⅰ. 헌법상 평등권의 체계와 자유보호기능

1. 헌법상 평등권의 체계

헌법상 평등권의 체계는 일반평등원리와 특별평등권으로 구분된다. 일반평등
원리 내지 일반평등권은 법적 불평등 내지 차별을 '금지'하는 것으로 헌법 제11조
제1항 제1문에서 "모든 국민은 법 앞에 평등하다."고 규정하여 이를 확인하고 있다.
일반평등원리는 절대적 평등을 추구하는 것이 아니라 상대적으로 우대보호나 차별
취급을 금지하는 점에서 한계가 있다. 따라서 그 한계를 보완하기 위하여 특별평등
권규정을 마련하여 특정한 사유나 특정영역에서 간접 차별금지 내지 사실상 평등
대우를 '명령'하는 것이다. 이에 해당하는 것으로 헌법 제11조의 제1항 제2문의 "누
구든지 성별, 종교, 사회적 신분에 의하여 정치적·경제적·사회적·문화적 생활의
모든 영역에 있어서 차별을 받지 아니한다."와 동조 제2항의 사회적 특수계급의 창
설금지, 동조 제3항의 영전일대의 원칙(제3항)과 헌법 제31조 이하의 사회권규정 등
이다.

2. 평등권의 자유보호기능

평등주장은 항상 자유를 향한 것이다. 계층사회에서 차별금지의 투쟁은 사회발전에 공헌하였다. 예컨대, 고려무인시대 천민들의 반란, 조선시대 홍경래의 난(1811) 등 민중들의 봉기, 신분제사회를 타파하기 위한 프랑스대혁명(1789), 남북전쟁 이후 노예제폐지를 주장한 미연방수정헌법(1865) 등이 그것이다. 이와 같이 평등대우 내지 차별금지조치는 사회발전에 영향을 미칠 수 있다. 따라서 비례대표의원선거에서 여성할당제(공직선거법 제47조 제3항), 제대군인우대정책(제대군인지원에 관한 법률) 등 소수자의 사실적인 불평등을 조정하기 위한 적극적 평등실현조치(Affirmative action)의 정당성을 인정할 수 있다. 하지만 이로 인한 역차별(reverse discrimination)도 문제되고 있다. 이에 더해 사회공동체에 만연한 사실적 불평등을 포괄적으로 제거하기 위한 차별금지법제정에 대하여 찬반논란이 뜨겁게 이어지고 있다.

평등권은 원칙적으로 조정적인 것이 아니라 사실상의 불평등을 방임하는 중립적인 것이다. 그렇지 않으면 헌법상 자유권보장은 의미가 없기 때문이다. 예컨대, 재산권보장(제23조)으로 재산을 축적한 사람은 그렇지 않은 사람에 비하여 보다 많은 자유를 향유하고, 직업의 자유로 인해 직업적으로 성공한 사람은 그렇지 않은 사람에 비하여, 표현의 자유는 유력 선거입후자에게 그렇지 않은 후보자보다 더 많은 의사표현과 집회의 기회를 갖게 한다.

그러나 평등권은 부분조정을 금지하는 것은 아니다. 예컨대, 인두세대신에 응능과세를 하거나 복지국가에서 공무원임용방식에 있어 다양화를 시도하는 것 등이 그것이다. 하지만 부분조정은 자유권행사의 기회균등을 의미하는 것이지 자유권을 부인해서는 안 되는 한계가 있다. 이러한 점에서 평등은 자유와 갈등관계에 있는 것이 아니라 상호보완관계에서 공존하며 자유보호기능을 수행한다.

Ⅱ. 법적용과 법제정의 평등

1. 법적용의 평등

(1) 행정과 사법부 구속

일반평등원리에 관하여 헌법(제11조 제1항)은 "모든 국민은 법 앞에 평등하다."

고 규정한 것에서 '법 앞'의 문언에 의하여 법적용에 있어서 평등이 포함된다는 것에는 논란이 없다. 따라서 일반평등원리에 행정부와 사법부는 구속되어 평등한 법적용을 하여야 한다. 예컨대, 법률의 위임에 의한 행정부의 행정입법제정(제75조, 제95조), 법관의 재판에서 헌법과 법률 및 양심기속(제103조)에 위반하면 일반평등권 침해를 주장할 수 있다. 특히 법률이 강행법규인 경우 법적용의 평등은 준수되어야 한다. 행정규칙, 행정실무에서도 불문의 관행과 확립된 판결이 있을 경우 평등원칙에서 파생된 자기구속의 원리를 준수하여야 한다.

(2) '불법에 있어서 평등' 주장의 한계

일반평등원리에 의한 법률기속을 주장하는 것에는 한계가 있다. 사실 누구나 법적 부담의 평등을 주장할 권리를 갖는다. 하지만 헌법상 평등에 위법행위의 법적용평등은 포함되지 않는다. 권리침해에 있어서 평등대우를 주장할 수는 없는 것이다. 평등한 권리는 합법적인 경우에나 주장할 수 있는 것이지 불법한 경우에는 그렇지 않다. 예컨대, 교통경찰관의 음주 운전자에 대한 선별적 단속에 대하여 법적용의 평등을 주장하며 음주측정을 거부할 수는 없다.

(3) 행정처분의 직접 상대방이 아닌 제3자의 평등주장의 한계

행정처분의 직접 상대방이 아닌 제3자가 평등권침해를 주장하며 합법적 법집행을 청구할 권리를 행사할 수는 없다. 평등권에 기하여 제3자에게 수익적 행정행위를 발령할 것을 청구할 권리가 도출되지 않는다. 하지만 제3자의 자유권이나 소위 '제3자 보호규범'에 의하여 청구권을 행사할 수는 있다. 예컨대, 위법한 건축허가로 인해 조망권을 직접 침해당한 이웃주민은 청구권이 있다. 이러한 점에서 건축허가, 보조금지급, 공공시설에의 출입 등 수익적 행정처분을 제3자에게는 발령하면서 '납득할 수 없는 이유'로 처분발령을 거부당한 사람은 평등대우를 요구할 수 있다. 예컨대, 제3자의 증축을 합법적이라 하여 허가했다면 증축을 하려는 모든 건축주는 평등권을 주장할 수 있다.

(4) 행정규칙, 판례 등 비법규에 자기구속

법규가 아닌 관행에 국가기관이 자기기속되는 경우가 있다. 이에 속하는 것으로 행정규칙을 들 수 있다. 행정규칙이란 법규명령과 반대로 비법규명령으로서 행정조직의 내부에서만 효력을 갖는 불문기준을 말한다.[1] 예컨대, 검찰사무규칙,[2] 경찰청예규와 훈령,[3] 식품접객업소영업행위제한기준[4] 등이 이에 해당된다. 평등권의 자기기속은 행정청뿐만 아니라 법원도 확립된 판례에 기속된다. 헌법재판소도 "재량권행사의 준칙인 규칙이 그 정한 바에 따라 되풀이 시행되어 행정관행이 이룩되게 되면 평등의 원칙이나 신뢰보호의 원칙에 따라 행정기관은 그 상대방에 대한 관계에서 그 규칙에 따라야 할 자기구속을 당하게 되는 경우에는 대외적 구속력을 가지게 되는바, 이러한 경우에는 헌법소원의 대상이 될 수도 있다."[5]고 판시하고 있다.

자기구속은 엄격적용을 강제하는 것도 계속적용을 해야 하는 것도 아니다. 행정재량영역에 있어서 재량권행사는 개별적 상황에 따라 탄력적으로 발동할 수 있다. 행정규칙은 평등원칙에 따라 전형적 사건에 해결방안을 마련하거나 재량행사의 기준을 제시하는 기능을 한다. 하지만 개별사건에서 정의를 실현하기 위해 탄력성을 발휘할 수 있는 것은 평등권에 반하지 않는다. 즉 전형적인 사례가 아닌 경우에 행정규칙을 탄력적으로 적용하는 것은 오히려 평등권에 합치하는 것이다. 그러나 이 경우 일반평등원리에 따라 행정청이 근거 없이 적용하지 않았다는 것은 수긍할 수 있을 정도의 객관적 근거를 제시할 수 있어야 한다.

평등권은 행정규칙이나 확립된 판례를 변경하여 장래에 새로운 기준에 따른 실무를 처리하는 것을 금지하지 않는다. 평등권은 자기구속의 원리에 따라 개별사

---

1) 우리 헌법재판소는 행정규칙의 헌법소원대상성에 대하여 다음과 같이 판시하고 있다. 행정규칙은 일반적으로 행정조직 내부에서만 효력을 가지는 것이고 대외적인 구속력을 가지는 것이 아니어서 원칙적으로 헌법소원의 대상이 되는 '공권력의 행사'에 해당하지 아니한다. 그러나 행정규칙이 법령의 직접적 위임에 따라 수임행정기관이 그 법령을 시행하는데 필요한 구체적 사항을 정한 것이면, 그 제정형식은 비록 법규명령이 아닌 고시·훈령·예규 등과 같은 행정규칙이더라도 그것이 상위법령의 위임한계를 벗어나지 않는 한 상위법령과 결합하여 대외적인 구속력을 갖는 법규명령으로서 기능하게 된다고 보아야 할 것인바, 헌법소원의 청구인이 법령과 예규의 관계규정으로 말미암아 직접 기본권을 침해받았다면 이에 대하여 헌법소원을 청구할 수 있다(헌재결 2013. 5. 28. 2013헌마334; 2000. 7. 20. 99헌마455, 판례집 12-2, 153, 159).
2) 헌재결 1991. 7. 8. 91헌마42, 판례집 3, 380, 383.
3) 헌재결 2001. 7. 19. 2000헌마546, 판례집 13-2, 103. 유치장내 화장실설치 및 관리행위 위헌확인.
4) 헌재결 1992. 6. 26. 91헌마25, 판례집 4, 444, 449.
5) 헌재결 2005. 5. 26. 2004헌마49, 판례집 17-1, 754, 761; 2007. 8. 30. 2004헌마670, 판례집 19-2, 297, 306~307.

건에 평등한 적용을 하면 되는 것으로 개별사건과 상관없이 행정규칙을 개정하는 것은 무방하다. 민주주의는 법적 기준의 변경가능성을 인정하기 때문이다. 따라서 행위기준의 변경에 대해 평등권으로 정당화할 필요는 없다. 하지만 자유권제약에 대한 신뢰보호원칙위반이 문제될 수 있다. 자유권은 상황에 따라 법의 '존속'에 대한 신뢰를 보호해야 하는 반면에 평등권은 법의 일반적 '효력'에 대한 신뢰를 보장한다. 따라서 행정규칙이나 판례의 변경에서 평등권은 다만 추상적인 기준으로만 판단될 뿐이다. 즉 평등권은 국가가 상황에 따라 적용기준의 변경필요성을 인정하고 새로운 기준에 자기 스스로 기속되는 기능을 한다. 그 밖에 불문기준의 내용도 좁은 의미의 입법이란 점에서 평등권을 기준으로 침해여부를 심사할 수 있다.

2. 법제정의 평등

(1) 법적 불평등 내지 사실상 불평등조장가능성

'모든 국민은 법 앞에 평등하다'는 일반적 평등원리는 오늘날 헌법재판의 발달로 법적용영역인 행정과 사법뿐만 아니라 법제정작용인 입법에도 적용된다. 또한 헌법 제10조 제2문의 국가의 기본권보장의무에 의하여 모든 국가기관은 기본권에 기속되므로 법제정기관인 입법부도 일반평등권에 기속된다.[6] 일반평등권 내지 평등원칙은 국회제정 법률은 물론 명령, 규칙, 조례 등 행정입법과 자치입법 모두 적용된다. 하지만 평등원칙은 헌법상 특별평등권으로 규정한 경우를 제외하고 원칙적으로 존재하는 사실적 불평등을 조정할 수는 없다. 오히려 국가권력(입법권)행사는 법적 불평등을 조장할 수 있다. 이 경우 법제정에서의 평등은 하나의 법 자체 내지 다른 법과의 비교에서 정당하지 않은 불평등을 야기할 경우에만 평등위반이 된다. 예컨대, 법 규정 자체 내지 다른 법과의 체계정당성위반만으로는 불충분하고 자의금지나 비례의 원칙위반으로 판명된 경우이어야 한다.[7] 따라서 체계정당성원칙은 헌법재판소의 독자적인 규범통제의 재판기준이라기보다는 입법자의 입법형성에 대한 행위기준이다.

평등권위반의 심사강도에 있어서 헌법재판소는 평등권의 직접적용에 한계를 설정하고 있다. 즉 평등한 법적용을 하려 해도 불평등을 야기하는 원인이 법규정

---

6) 장영철, 『기본권론』, 142면.
7) 헌재결 2010. 6. 24. 2007헌바101·140, 2008헌바5·16·76·142·144·164; 2004. 11. 25. 2002헌바66, 판례집 16-2하, 314, 333~334 참조.

내에 있는 경우 입법형성의 재량을 갖고 있는 입법자에게 원칙적으로 불평등한 법률의 개정을 촉구하는 헌법불합치결정을 한다. 따라서 헌법소원이나 위헌법률심판제청으로 평등위반의 결정을 하더라도 직접 당사자의 권리가 구제되는 것은 아니다. 예컨대, 미혼모에 대한 사회경제적 지원을 하는 규정에 대하여 미혼부가 평등위반을 주장하며 헌법소원을 청구하여 헌법재판소가 헌법불합치결정을 하더라도 입법자의 개선입법이 수반되어야 미혼부에 대한 지원이 이루어지게 된다.

(2) 시간에 있어서 평등(Gleichheit in der Zeit)

일반적 평등원리가 적용되는 입법영역에서는 시간에 있어서 선행규범과 후행규범간에도 타당하다고 보아야 한다. 평등이란 어제와 동일한 오늘의 입법은 동일하게 다루어야 한다는 것을 포함하기 때문이다. 즉 '시간에 있어서 입법평등'이란 오늘의 입법을 어제의 입법과 비교하여 다르다고 판단하면 상황변화에 따라 달리 다루어야 함을 의미한다.

'시간에 있어서 평등'을 이론적으로 주장한 키르히호프(P. Kirchhof)는 국가권력 면에서 보면 입법권은 미래를, 행정권은 현재를 그리고 사법권은 과거를 규율하는 점에 특성이 있다고 주장한다.[8] 이는 입법의 시간적 원격성, 사법과 행정의 법적용의 시간적 밀착성에서 파악한 것이다. 하지만 국가작용은 복합적으로 작용하여 '시간에 있어서 평등'의 기능을 명확히 구분할 수도 없고 헌법에서도 이와 같은 국가작용을 규정하고 있지도 않다. 예컨대, 헌법상 입법부의 개별사건법률, 개인대상법률 등 처분법률제정권, 행정부의 법률안제출권과 장기의 조약체결권, 사법부의 법해석으로 확립된 판결로 법관법을 형성하는 것 등이 이를 방증한다. 선험적으로는 국가작용에 상응한 '시간에 있어서 평등'의 적용영역을 정확히 구별할 수도 없다.

어쨌든 일반적 평등원리에 관한 헌법해석과 키르히호프의 이론에서 나타난 것은 입법을 비롯한 행정과 사법부도 국가권력은 '시간에 있어서 평등원리'에 기속된다는 점이다.[9] 예컨대, 18세 이상 국민의 국회의원의 선거권과 피선거권행사연령, 동등한 능력의 경우 공직진출의 여성할당제, 독일통일 후 동독지역에 대한 비례대표의석배분의 우대조치 등이 이에 속한다.

---

8) P. Kirchhof, Gleichheit in der Funktionenordnung, Handbuch des Staatsrechts(Hrsg. Isensee/ Kirchhof), Bd. Ⅴ, Heidelberg, § 125, S. 994, RN 47.

9) 장영철, "헌법원칙으로서 계속성원칙", 『공법학연구』 제13권 제3호(2012. 8.), 91면 이하.

헌법재판소도 교통사고처리특례법에 대한 헌법소원결정[10]에서 "입법자가 규율의 결과를 쉽게 예측할 수 없는 복잡한 사실관계의 규율에 있어서는 입법자에게 시간적으로 적응할 수 있는 기간이 주어지며, 입법자가 시간의 경과와 함께 그 규정의 부정적 효과와 그로 인한 규범의 위헌성을 충분히 인식하고 경험할 시간을 가졌음에도 불구하고 사후적인 개선의 노력을 하지 않은 경우에 비로소 헌법적으로 비난할 여지가 있다. 따라서 교통과실범에 대한 규율과 같이 규율의 효과를 쉽게 조감할 수 없는 규율영역에서는 우선 입법자에게 경험을 축적할 적절한 시간을 부여해야 하고, 입법목적을 달성하려는 실용적인 측면에서 입법자는 이 초기단계에서는 대강의 유형화와 일반화를 통하여 대상을 규율할 수 있다. 그러한 경우에는 입법자가 보다 합리적인 해결책을 위한 경험자료의 축적에도 불구하고, 법규정의 사후적 보완노력과 입법자가 새롭게 인식한 내용에 상응하는 보다 상세한 차별화를 실시하지 않았을 때에 비로소 그 규범은 헌법재판소에 의하여 위헌으로 선언될 수 있다."

(3) 단계적 개선

시간에 있어서 평등의 유형으로 헌법재판소는 입법자에게는 단계적 개선 재량이 있다고 판시하고 있다. 즉 헌법재판소는 1983. 1. 1. 이후 출생한 A형 혈우병 환자에 한하여 유전자재조합제제에 대한 요양급여를 인정하는 보건복지부 고시 조항에 관한 사건[11]에서 "헌법상 평등의 원칙은 국가가 언제 어디에서 어떤 계층을 대상으로 하여 기본권에 관한 사항이나 제도의 개선을 시작할 것인지를 선택하는 것을 방해하지 않는다. 말하자면 국가는 합리적인 기준에 따라 능력이 허용하는 범위 내에서 법적 가치의 상향적 구현을 위한 제도의 단계적인 개선을 추진할 수 있는 길을 선택할 수 있어야 한다. 그것이 허용되지 않는다면 모든 사항과 계층을 대상으로 하여 동시에 제도의 개선을 추진하는 예외적인 경우를 제외하고는 어떠한 제도의 개선도 평등의 원칙 때문에 그 시행이 불가능하다는 결과에 이르게 되어 불합리할 뿐만 아니라 평등의 원칙이 실현하고자 하는 가치에도 어긋나기 때문이다."라고 판시(헌재결 2011. 6. 30. 2008헌마715, 판례집 23-1하, 430, 439)하여, 제도의 단계적

---

10) 헌재결 1997. 1. 16. 90헌마110 등, 판례집 9-1, 90(116); 2009. 2. 26. 2005헌마764.
11) 헌재결 2012. 6. 27. 2010헌마716, 판례집 24-1하, 754(765).

개선을 추진하는 경우 언제 어디에서 어떤 계층을 대상으로 하여 제도 개선을 시작할 것인지를 선택하는 것에 대하여 입법자에게 형성의 자유를 인정하고 있다고 판시하고 있다.

Ⅲ. 자유와 평등의 관계

1. 자유와 평등의 분리

자유권은 헌법 제12조에서 제23조에 이르기까지 규정하고 있고, 일반평등원리는 헌법 제11조 제1항 제1문에서 특별평등권은 제11조 제1항 제2문, 제2, 3항, 헌법 제31조 이하 사회권 등에서 규정하고 있다. 헌법은 자유권과 평등권을 원칙적으로 구분되는 것을 전제로 하고 있다. 따라서 자유권과 평등권은 다음과 같이 상반되는 규범적 특성이 나타나고 있다.

첫째, 자유권은 보호범위를 전제로 그 제한의 합헌여부가 문제되나, 일반평등원리는 보호범위가 없이 법적용의 일반화 정도 즉 규범수신인의 범위설정의 정당성을 문제로 한다. 따라서 평등위반여부는 입법자가 설정한 규범수신인과 비교하여 배제되는 집단의 차별의 정당성을 논증하는 것이다.

둘째, 국가와 사회의 분리를 전제로 하여 자유권은 국가와 개인의 수직적 관계를, 평등권은 사회구성원간의 수평적 관계를 전제로 한다.

셋째, 전통적인 자유권은 국가권력, 특히 경찰권력의 과잉개입을 침해로 간주하여 과잉금지 내지 비례의 원칙을 심사기준으로 보장되었고 현대의 자유권은 과잉금지 이외에 기본권보호의 과소금지를 기준으로 현실적 보장범위가 이루어진다. 이에 반해 평등권 내지 평등원칙은 차별의 정당성을 "본질적으로 같은 것은 같게 다른 것은 다르게 취급하라"는 자의금지원칙을 심사척도로 판단한다. 즉 자유의 침해는 모든 기본권주체가 비례의 원칙에 반하는 자유제한을 당하는 경우가 된다. 이와 반면에 평등침해란 독립적으로는 기본권주체에게 비례의 원칙에 맞는 자유를 보장하고 있지만 기본권주체들 상호간을 비교하면 정당하지 않게 차별적 자유를 보장하는 경우를 말한다.

넷째, 자유권은 국가권력에 의한 개인자유의 침해 내지 부담이 문제되나, 평등권은 부담·급부·침익·수익 작용 모두 그 대상이 된다. 따라서 평등권은 자유권,

사회권(급부권), 절차권 모두에서 문제가 될 수 있다. 예컨대 평등위반여부는 법률 유보에 의한 절차권(예, 헌법소원청구권[12])에서와 같이 적극적인 자유형성입법의 한 계로서 기능한다.

다섯째, 자유권은 국가권력의 자유침해에 대한 방어권으로 기능하므로 과잉된 권력행사의 절대적 무효를 의미하는 위헌선언을 하게 되지만(다만 소급무효로 법적 불안정성을 방지하기 위하여 향후무효를 입법화하기도 한다), 평등권은 규범수신인에서 의 배제로 인한 상대적 무효를 의미하는 헌법불합치를 선언한다. 이러한 점에서 자유와 평등은 분리된다.

2. 자유와 평등의 결합

살펴본 바와 같이 자유와 평등은 형식적으로 보면 상호 구별되는 규범적 특성을 갖고 있다. 하지만 자유와 평등은 현실적으로 보면 법치국가원리의 구성요소로 상호 밀접한 관련성을 갖는다. 헌법 제10조 제2문도 기본적 인권으로서 자유와 평등을 동등하게 보장할 국가의 의무를 규정하고 있다. 따라서 기본권은 전반적으로 평등한 자유 내지 자유속의 평등을 보장하여야 한다. 기본권의 이념적 기초인 인간의 존엄도 자유와 급부 및 평등보호를 내포한 절대규칙인 것이다.

(1) 자유권에서 평등요소

자유권에서 평등요소는 구성요건적 개념표지에서 가치판단 내지 차별을 절대적으로 금지하는 것에서 찾아볼 수 있다. 예컨대, 의사표현의 자유, 결사의 자유, 종교의 자유, 예술의 자유 등의 기본권에서 의사, 결사, 종교, 예술에 대한 국가의 객관적 평가에 따른 차별금지를 내용으로 하는 중립성원칙이 그것이다. 헌법 제11 조 제1항 제2문에서도 성별, 종교, 사회적 신분에 의한 차별금지도 이와 관련된 것이다. 자유권을 평등한 자유로 보장하지 않는다면 헌법규범과 불일치하는 자유권의 효력이 현실적으로 나타나게 된다. 따라서 국가의 중립성원칙에 반하는 차별금지위반의 현실이 나타나면 기본권제한의 정당성심사도 평등보호의 입법재량에 대한 판단도 할 것 없이 위헌이다.

---

12) 헌재결 2001. 7. 19. 2001헌마102, 공보 59; 1997. 12. 24. 96헌마172등, 판례집 9-2, 842, 854~862.

차별금지를 보장하기 위하여 헌법 제11조 제1항 제2문, 개별기본권의 개념표지와 자유권과 평등원리의 상상적 경합에 의한 심사가 요청된다. 평등권과 개별기본권, 특히 자유권과의 상상적 경합이란 제한의 한계가 평등권은 자의금지, 자유권은 비례의 원칙으로 다르므로 독립적으로 심사하여 결정을 하는 경우를 말한다. 헌법재판소가 초기부터 지금까지 헌법소원제기인의 침해된 기본권주장을 기본권수호자의 관점에서 모두 판단한다는 견지에서 흔히 사용하던 방법이다. 간통죄(형법 제241조)13) 등 대부분의 형사입법에 대한 헌법재판소결정,14) 법무사자격자동부여제도에 대한 결정,15) 양심적 병역거부사건16) 등 많은 헌법재판소결정에서 평등권과 개별기본권은 상상적 경합으로 보아 심사에 임하고 있다. 그러나 전통적인 자의금지원칙의 기능적 역할을 강조하면서 입법자의 입법형성권을 존중하는 결정을 함으로써 논거에 설득력이 부족한 것은 유감이다.

이와 반면에 자유권은 평등원리와 달리 다양한 보호범위를 내용으로 하여 상대적인 차별과 특별보호를 보장하여야 한다. 양심의 자유(헌법 제19조)는 일반적 행동자유권(헌법 제10조)과 비교하여 양심적 결정에 의한 행동의 자유를 특별히 보호하여야 한다. 혼인의 자유도 사실혼이나 동성혼에 대하여 법률혼을 특별히 보호하여야 한다.

요약하면 모든 차별대우에 대해 평등원리를 기준으로 불평등으로 평가하는 것은 타당하지 않다. 평등원리는 자의금지에 따라 차별을 정당화할 수 있기 때문이다. 다만 특별평등권의 경우는 차별금지 내지 우대보호의 사유를 특정하지만 일반평등원리는 차별대우의 사유에 대해서는 개방적이라는 차이점이 있을 뿐이다. 따라서 일반평등원리(헌법 제11조 제1문)는 성문기본권과 불문기본권의 보호내용과 모두 상상적 경합에 의하여 심사할 수 있다.

---

13) 일반평등권(제11조 제1항), 특별평등권으로서 혼인과 가족제도의 보장(제36조 제1항), 성적 자기결정권(제10조)을 심사기준으로 하고 있다. 헌재결 2001. 10. 25. 2000헌바60, 판례집 13-2, 480; 1990. 9. 10. 89헌마82, 판례집 2, 306; 1993. 3. 11. 90헌가70, 판례집 5-1, 18.

14) 장영철, "헌법의 규범력과 형법", 『헌법의 규범력과 법질서』, 정천허영박사정년기념논문집, 2002, 152면 이하.

15) 헌재결 2001. 11. 29. 2000헌마84, 판례집 13-2, 750.

16) 헌재결 2004. 8. 26. 2002헌가1, 판례집 16-2, 141 이하.

(2) 평등권에서 자유요소

평등권에서도 자유의 요소를 찾아볼 수 있다. 이는 특히 일반적 평등원리의 이론과 관련하여 중요한 점이다.

첫째, 변호사, 의사직업교육장 등과 같이 국가가 제한된 급부를 제공하고 있는 것에 대한 기회균등을 요구하며 일반적 평등권침해를 주장하는 경우를 들 수 있다.

둘째, 방송법, 경제법, 정당법 등에서 경원자, 경업자, 경쟁 정당간에 기회균등을 요구하는 경우와 재정법에서 공기업간의 위탁업무와 예산경쟁의 경우에도 나타나고 있다.

셋째, 일반적 평등원리의 심사기준을 새로운 공식으로 강화하는 경우에도 나타난다. 즉 완화된 심사기준인 자의금지원칙과 달리 엄격한 심사기준인 비례의 원칙을 적용하는 "차별취급으로 자유에 중대한 제한을 초래하는 경우"는 국가권력의 차별적 행사로 평등권과 자유권을 동시에 제한할 수 있다는 것을 의미하고 있다.

위 세 사례의 대부분은 국가권력의 차별행사로 자유권의 보호범위에 제한가능성은 있지만 침해로는 판단할 수 없는 경우다. 따라서 비례의 원칙에 의한 심사는 이하에서 살펴보는 바와 같이 자유권제한의 심사가 아닌 평등권침해여부의 심사구조를 나타내고 있다.

3. 자유권과 비교하여 일반평등권심사의 특성

합리성심사에 그치는 자의금지원칙과 달리 비례적 평등심사는 비교대상에 내재하고 있는 법익을 상호 비교하여 가치판단을 한다. 이는 과잉금지나 과소금지원칙과 같이 법익보호의 수준을 형량으로 시도하는 점에서 비례의 원칙으로 포섭시킬 수도 있다.[17] 하지만 살펴본 바와 같이 일반평등권과 자유권은 규범구조의 차이가 있다. 따라서 평등위반의 심사기준을 '차별취급으로 자유에 중대한 제한을 초래하는 경우'에 자유권제한의 심사기준인 비례의 원칙을 원용하더라도 규범구조의 차이를 고려하여야 한다. 왜냐하면 차별목적과 차별수단에서 '비례적 평등'이란 개념을 사용하더라도 입법목적 아닌 차별목적을 설정하기 어려운 문제가 있고, 설사 헌법 제37조 제2항의 공공복리라는 차별목적을 가정하더라도 국가와 사인의 수직적 침해를 전제로 한 수단의 적절성, 필요성, 법익의 균형성의 심사요소를 사인 간의

---

17) 이준일, 『헌법학강의』, 471면.

328 제 3 편   개별기본권론

수평적 비교의 정당성 판단에 그대로 적용하기에는 논리적 모순이 나타날 수 있기 때문이다.18)

　　일반적 평등원리는 기본권체계 내에서 평등한 사인간의 객관적 질서형성기능을 수행하는 기본권실현의 방법적 기초19)다. 따라서 평등권은 자유권, 절차권, 사회권 등 기본권들과 결합하여 사회구성원의 동화적 통합효과를 증대시켜주고 헌법의 생활규범력을 높여주게 된다.

　　자유권과 결합한 평등권은 규범수신인에서 배제된 비교집단의 평등위반심사를 통해 자유권의 객관적 사회질서형성기능을 수평적으로 강화하는 역할을 한다. 예컨대, 개발제한구역 소위 그린벨트설정에 관한 헌법소원결정20)에서 재산권을 주된 심사기준으로 하여 그린벨트설정 자체는 비례의 원칙에 합치하나 재산권자 간의 부담의 불평등을 초래한 것은 비례의 원칙위반인 동시에 자의금지원칙에 반하는 것으로 헌법불합치결정을 하였다.

　　자유실현의 절차적 정의를 강조하는 절차권에서의 평등원리는 바로 절차권의 생성 근거이자 통제척도가 된다. 예컨대, 헌법 제12조 제6항의 구속적심사청구권의 헌법위임에 대하여 "본질적으로 제도적 보장의 성격이 강한 절차적 기본권에 관하여는 상대적으로 광범위한 입법형성권이 인정되기 때문에, 관련 법률에 대한 위헌성심사를 함에 있어서는 자의금지원칙(恣意禁止原則)이 적용되고, 따라서 현저하게 불합리한 절차법규정이 아닌 이상 이를 헌법에 위반된다고 할 수 없다."고 판시하고 있다.

　　급부권 내지 참여권에서의 평등원리는 급부의 수준, 급부제공의 이유 내지 불평등의 이유를 판단하는 기준이 된다. 예컨대, 헌법재판소는 산업재해보상보험법 제37조 제1항 제1호 다목 등 위헌소원(출퇴근 재해 사건)의 헌법불합치의견에 대한 보충의견(안창호재판관)21)에서 "현대산업사회에서 산업재해 위험으로부터 근로자의

---

18) 이에 대하여는 후술하는 제2절 일반적 평등원리 부분에서 설명하기로 한다.
19) 허영, 『한국헌법론』, 357면.
20) 헌재결 1998. 12. 24. 89헌마214, 판례집 10-2, 927(955, 956, 957).
21) 헌재결 2016. 9. 29. 2014헌바254, 판례집 28-2상, 316(329). 최근 우리사회의 경제력 집중과 양극화 현상이 심화되고 그에 따른 국가 공동체의 통합에 대한 부정적 영향이 우려되고 있다. 이에 인간의 존엄과 가치에 기초한 자유민주주의 그리고 자유와 창의, 적정한 소득의 분배와 경제주체간의 조화를 바탕으로 한 시장경제의 지속적인 발전을 위해, 헌법재판소가 사회보장제도 관련 영역에서 헌법재판을 통해 위와 같은 사회갈등의 요소를 완화하는 입법을 유도함으로써 사회통합에 이바지할 수 있는 방법을 고민한바, 사회보장제도와 관련하여 심

안전과 생존의 보장은 국가의무의 중요한 부분 중 하나가 되었음을 부인할 수 없다. 헌법 제32조와 제34조는, 사회보장수급권이 국가재정 및 사회적 부담능력의 한계라는 가능성유보 아래 법률에 의해 보장된다고 하더라도 산업재해로 '인간의 존엄에 상응하는 생활에 필요한 최소한의 물질적인 생활'에 위협을 받거나 이와 밀접하게 연관된 국민에게는 보다 적극적으로 보호조치가 이루어져야 함을 요청하는 것으로 보아야 할 것이다. 그렇다면 산재보험수급권과 관련된 영역에서의 평등심사에 있어 그 심사강도를 강화된 수준으로 높일 필요가 있다. 한편 비혜택근로자는 출퇴근 재해로 인한 산재보험수급권에 있어 단지 구체적 입법에 의한 권리의 형성이 유보되어 있을 뿐 잠재적으로 재산권성이 인정되는 공법상의 지위를 가진다고 할 수 있다. 따라서 이 사건에서 혜택근로자와 비혜택근로자 사이의 차별에 대해 평등심사를 함에 있어 이러한 잠재적 재산권성을 고려하여 그 심사의 강도를 높일 필요가 인정된다. 근로자의 출퇴근 재해에 대해서는 국가와 사용자의 강화된 책임과 배려가 필요하다고 할 것이고(보호영역의 특성), 출퇴근 사고로 피해를 본 비혜택근로자에 대한 급부는 긴절하다고 할 수 있다(보호의 긴절성). 그런데 심판대상조항은 비혜택근로자에 대하여 적절하고 효과적인 보호를 위한 충분한 조치를 한 것이라고 할 수 없으며, 사회보장제도로서 산재보험제도의 본질에도 반하는 측면이 있다(보호수준의 적절성). 결국, 심판대상조항이 혜택근로자와 비혜택근로자를 차별하는 것에 헌법상 허용될 만한 정당하고 충분한 이유가 없다고 할 것이다."고 판시하였다. 이는 종래에 사회권에 대한 구체적 권리성을 부인하며 사법소극주의로 일관하던 태도에서 벗어나는 판시로 일반평등원리의 심사강도를 강화하여 급부제공의 불평등을 적극적으로 시정하고자 하려는 시도를 하고 있다.

　위 헌법재판소결정에서 보듯이 일반적 평등원리는 사회국가원리에 의한 사회권(헌법 제32조와 제34조)과 같이 개별기본권의 객관적 내용이 주관적 권리로 된 것 또는 되어야 하는 것을 보호하는 헌법재판의 심사기준이 된다. 일반평등원리는 '수정된 자유권 내지 파생적 급부권'으로 기능하게 된다. 이러한 점에서 일반적 평등

사강도 강화 등 기본권 보장을 위한 다양한 방안을 강구할 때가 되었다고 판단된다. 따라서 이 사건에서 평등원칙 위반여부에 대해 합리성 심사를 할 경우에는 종전 2012헌가16 결정 등에서와 같이 심판대상조항은 합헌으로 귀결될 수밖에 없다고 생각하나, 위와 같은 차원에서 이 사건에서 평등심사의 강도를 높여야 한다고 판단되고, 이러한 강화된 평등심사에 의하면 심판대상조항은 평등원칙에 위배되므로 심판대상조항이 헌법에 합치되지 아니한다는 견해로 종래의 의견을 변경하고 법정의견에 덧붙여 아래와 같이 보충의견을 밝히고자 한다.

원리의 보호범위를 "불평등한 대우금지"로 설정하고 독자적 기본권으로서 일반평등권의 주관적·객관적 양면성을 주장하는 견해[22]도 제시되고 있다.

제 2 절   일반평등원리

Ⅰ. 평등권체계에서 일반평등원리의 규범적 기능

헌법 제11조 제1항 제1문 "모든 국민은 법 앞에 평등하다."는 일반적 평등원리는 입법의 자의금지로서 실정법질서에 포괄적으로 효력이 미치는 일반평등권의 기능을 수행한다. 헌법 제11조의 규범체계는 제1항 제1문의 상대적 평등을 의미하는 일반평등권, 동조 제1항 제2문, 제2항과 제3항의 특별평등권으로 규정하고 있는 것으로 파악해야 한다는 것은 이미 평등권체계에서 살펴본 바와 같다. 이는 자유권체계와 비교하면 특별자유권에 대한 일반적 행동자유권의 관계와 유사하다고 할 수 있다.

Ⅱ. 소위 구 공식과 신 공식

1. 구 공식(자의금지)

고전적으로 헌법 제11조 제1항 제1문의 일반평등원리는 자의금지로 파악하였다. 자의금지란 비교대상에 대하여 "본질적으로 같은 것을 자의적으로 다르게 취급하거나 본질적으로 다른 것을 자의적으로 같은 것으로 취급하는 것을 금지"하는 것을 말한다. 이러한 일반평등권은 자유권과 달리 특정한 보호범위가 없다. 따라서 헌법소원청구권자는 개별기본권침해주장과 함께 평등권침해도 아울러 주장하고 있다. 하지만 헌법재판소는 헌법 제11조 제1항의 평등권침해 주장에 대하여는 일반적으로 사법과 행정의 권력분립원칙을 고려하여 "비교하는 대상이 본질적으로 같으면 같게 취급하고 본질적으로 다르면 다르게 취급하라."는 '자의금지원칙'의 통제에

---

22) S. Huster, Rechte und Ziele, S. 165 ff; Dreier, GG Kommentar, FN 157.

그치고 있다. 같은 의미에서 헌법재판소는 "평등원칙은 행위규범으로서 입법자에게, 객관적으로 같은 것은 같게 다른 것은 다르게, 규범의 대상을 실질적으로 평등하게 규율할 것을 요구하고 있다. 그러나 헌법재판소의 심사기준이 되는 통제규범으로서의 평등원칙은 단지 자의적인 입법의 금지기준만을 의미하게 되므로 헌법재판소는 입법자의 결정에서 차별을 정당화할 수 있는 합리적인 이유를 찾아 볼 수 없는 경우에만 평등원칙의 위반을 선언하게 된다. 즉 헌법에 따른 입법자의 평등실현의무는 헌법재판소에 대하여는 단지 자의금지원칙으로 그 의미가 한정 축소된다."고 판시[23]하고 있다.

이와 같이 자의금지원칙은 법치국가원리에 반하는 명백한 하자가 없으면 입법자의 결정을 존중함으로써 심사기준으로서 한계가 있다.

2. 신 공식(비례적 평등)

따라서 자의금지의 판단기준으로 평등권의 향유주체인 규범수신인을 기준으로 하는 이른바 새로운 '신 공식'이 주장되었다. 이는 비례의 원칙에 의한 평등권침해심사(즉 비례적 평등심사)를 말한다. 비례적 평등은 자의금지와 비교하면 적용범위는 '차별취급으로 자유에 중대한 제한이 초래된 경우'로 제한적이고 비교대상에 내재한 법익을 상호 비교하여 가치판단을 한다는 점에서 통제강도는 강화되었다. 이러한 점에서 두 개의 심사기준은 상호 모순되지 않는다.

하지만 자의금지원칙은 비례의 원칙의 심사요소인 수단의 적절성과 공통점이 있다. 따라서 양 기준의 차이는 비례의 원칙의 수단의 필요성과 충돌하는 법익의 균형성을 평등심사에서도 할 수 있는지의 문제에서 나타난다. 이하에서는 고전적인 자의금지심사의 이론적 구조에 대하여 먼저 살펴보고 새로운 공식에 의한 보완에 대하여 논하기로 한다.

Ⅲ. 자의금지의 이론과 심사구조

자유권과 달리 보호범위가 없는 일반평등원리위반에 관한 자의금지심사는 2단계로 구성된다. 제1단계는 법적 평등심사다. 심사대상은 사실관계에 주장하는 법적

---

23) 헌재결 1997. 1. 16. 90헌마110 등, 판례집 9-1, 90(115).

상태, 즉 입법 내용이고 여기서 비교대상을 추출하여, 공통점과 차이점을 비교하여 본질적으로 동일한지 여부를 판단한다. 제2단계는 입법내용이 자의금지에 반하는 여부의 정당성심사를 한다.

1. 법적 평등심사

(1) 심사대상으로서 사실관계의 법적 상태

제1단계에서는 사실관계가 '법적 불평등'인지 법제정자가 의도하지 않은 '간접적·사실적 불평등'에 불과한 것인지를 구별하는 심사를 한다. 즉 제1단계에서는 국가의 책임이 문제되지 않는 '간접적 내지 사실적 불평등'을 배제하는 심사에 그친다. 자의금지원칙에 의한 일반평등원리위반심사는 특별평등권과 달리 입법이 의도하지 않은 '간접적 내지 사실적 불평등'에 대한 시정의무는 없기 때문이다. 예컨대, 헌법재판소는 일반평등원리를 기준으로 남성에 한정하여 병역의무를 부과한 병역법 제3조 제1항, 자동차 외의 이륜자동차의 고속도로통행을 금지한 도로교통법 제63조를 심사하였다.

(2) 심사기준으로서 비교집단의 법적 상태

평등권심사에서는 두 개의 법적 상태를 구별하여 상호 비교를 한다. 즉 헌법재판의 심사대상인 사실관계의 법적 상태와 사실관계와 비교할 수 있는 집단의 법적 상태를 비교한다. 전술한 사례에서 보면 남성에 한정하여 병역의무를 부과한 병역법조항에서 남성과 여성, 자동차외의 이륜자동차의 고속도로통행을 금지한 도로교통법조항에서는 자동차와 이륜자동차가 비교집단이 된다.

(3) 법적 비교가능성(공통점과 차이점의 비교)

비교집단의 공통점과 차이점을 비교하여 본질적으로 동일한 것인지 본질적으로 다른 것인지를 심사한다.[24] 입법자가 법적 비교를 통해 본질적으로 다른 점에

---

24) 평등의 원칙은 입법자에게 본질적으로 같은 것을 자의적으로 다르게, 본질적으로 다른 것을 자의적으로 같게 취급하는 것을 금하고 있다. 그러므로 비교의 대상을 이루는 두 개의 사실관계 사이에 서로 상이한 취급을 정당화할 수 있을 정도의 차이가 없음에도 불구하고 두 사실관계를 서로 다르게 취급한다면, 입법자는 이로써 평등권을 침해하게 된다. 그런데 서로 비교될 수 있는 사실관계가 모든 관점에서 완전히 동일한 것이 아니라 단지 일정 요소에 있어서만 동일한 경우에, 비교되는 두 사실관계를 법적으로 동일한 것으로 볼 것인지 아니면

착안하여 다르게 취급하였다면 자의금지에 반하지 않는다. 왜냐하면 일반평등원리는 절대적 평등이 아니라 상대적 평등에 불과하고 특별평등권과 달리 평등보호나 차별금지를 명령하는 것도 아니기 때문이다.

따라서 비교집단의 공통점을 찾더라도 일반평등원리는 단지 '법 앞에서의 평등'을 규정하여 특정한 보호범위가 없어 입법자의 입법형성권을 존중해야 한다. 즉 특별평등권과 같이 헌법적으로 평등보호나 차별금지명령을 명문화하지도 않고, 헌법에 규정된 자유권은 개인의 능력에 따라 원칙적으로 불평등한 자유를 향유할 수 있도록 보장하고 있기 때문이다. 헌법 제37조 제2항에 의하여 법률에 의한 자유권 제한은 필요한 경우에 한하도록 한계를 제시하여 법적 불평등은 원칙적으로 자의금지에 반하지 않는다.

2. 자의란 객관적으로 정당화할 수 없는 명백히 불공정하게 불평등한 경우

전술한 법적 비교에서 살펴보았듯이 명백히 정당화될 수 있는 차별은 일반평등권침해가 아니다. 이와 반대로 제2단계 차별의 정당성 심사에서는 불평등이 명백히 정당화될 수 없는 것인지를 심사한다. 자의란 이성적으로 납득할 수 없을 때를 말한다. 즉 차별수단이 법치국가원리에 따라 수용할 수 있는 차별목적에 부적합한 경우다. 차별목적은 입법목적이 아니라 비교대상과 관련하여 차별목적이라는 점이다. 예컨대, 재외동포법의 적용대상에서 정부수립 이전의 재외동포(대부분 국적미확인동포)를 제외하여 평등위반의 헌법불합치결정에서 권성 재판관의 별개의견[25]은 차별목적을 공공복리라는 외부적으로 나타난 입법목적이 아닌 경제적 이익과 행정규제의 편의로 보고 있다.

설혹 차별의 '내적 목적'이 정의실현에 기여한다고 하더라도 수단의 적합성 심사는 하여야 한다. 심사강도는 합리성심사에 그쳐 명백히 사안에 부적합한 차별만 자의금지위반을 선언할 수 있다.

다른 것으로 볼 것인지를 판단하기 위하여는 어떠한 요소가 결정적인 기준이 되는가가 문제된다. 두 개의 사실관계가 본질적으로 동일한가의 판단은 일반적으로 당해 법률조항의 의미와 목적에 달려 있다. 헌재결 2001. 11. 29. 99헌마494, 판례집 13-2, 714 1996. 12. 26. 96헌가18, 판례집 8-2, 680, 701).

25) 헌재결 2001. 11. 29. 99헌마494, 판례집 13-2, 714(736).

Ⅳ. 비례적 평등보호명령

1. 심사체계

제1단계의 평등권심사체계는 전술한 자의금지심사와 동일하다. 따라서 신 공식은 차별의 정당성심사단계에서 자의금지심사와 차이가 나타난다. 즉 불평대우가 자의금지에 반하지 않는 경우 비례성심사단계로 넘어간다.

2. 평등위반의 비례성심사의 기준

헌법재판소는 제대군인가산점제결정 이전에도 평등위반을 비례의 원칙의 네 가지 요소에 따라 심사하는 결정을 한 바는 있다.[26] 그러나 평등권침해여부를 엄격한 심사척도로 판단하는 기준을 제시하고 명시적으로 비례의 원칙에 따라 심사한 것은 제대군인가산점제결정[27] 이후부터다. 즉 평등위반의 엄격한 심사척도를 적용하는 기준은 ① 헌법에서 특별히 평등을 요구하고 있는 경우와 ② 차별적 취급으로 인하여 관련 기본권에 대한 중대한 제한을 초래하게 되는 경우다.

같은 의미에서 헌법재판소는 또한 "사람이나 사항에 대한 불평등대우가 기본권으로 보호된 자유의 행사에 불리한 영향을 미칠 수 있는 정도가 크면 클수록, (…), 헌법재판소는 보다 엄격한 심사척도를 적용한다."고 판시[28]하기도 하였다.

3. 일반평등원칙위반심사에 비례의 원칙의 확대해석론에 대한 비판

다수학설과 헌법재판소는 자유권제한의 과잉금지원칙이나 평등위반의 비례적 평등보호심사는 모두 목적과 수단의 관계에 관한 것으로 비례의 원칙으로 보고 있다. 비교대상 간에 형량을 시도했다는 점에서 그렇게 본 것이다. 하지만 자유권제한에 대한 과잉금지와 과소금지의 비례의 원칙과 평등의 관점에서 불평등의 비례성을 심사하는 것은 다음과 같이 구별할 수 있다.[29]

---

26) 예컨대, 헌재결 1989. 5. 24. 88헌가37·96(병합), 판례집 1, 48 이하; 1994. 2. 24. 93헌바10; 1996. 8. 29. 93헌바57, 판례집 8-2, 46, 56~56.

27) 헌재결 1999. 12. 23. 98헌마363, 판례집 11-2, 770 이하.

28) 헌재결 2003. 9. 25. 2003헌마30, 판례집 15-2, 501 이하.

29) Michael/Morlok, Grundrechte, Baden-Baden, Nomos, 2008, S. 377 ff. RN 799 ff.

(1) 자유권제한과 불평등의 비례성심사의 차이점

우선 자유권제한의 비례성과 불평등의 비례성심사 모두 목적과 수단을 독립적으로 판단하는 것은 공통적이지만 심사의 관점은 다르다. 불평등의 비례성심사의 대상은 자유권과 달리 기본권제한이 아니라 성별, 종교, 사회적 신분 등 차별금지(내지 평등보호)의 사유가 된다. 따라서 국가권력행사의 일반적인 목적이 아니라 특별한 차별금지의 목적이 문제된다. 만약 입법자의 차별취급의 특정한 목적을 파악할 수 없는 경우에는 차별(내지 우대)의 객관적인 정당화사유가 목적이 된다.

둘째, 수단의 적절성심사는 법치국가원리에 따라 수인에의 가능성을 의미하는 것이다. 이는 합리성판단인 자의금지심사와 다를 바와 없으므로 엄격한 평등심사요소로서 독자적 기능이 없다.

셋째, 수단의 필요성심사는 보다 덜 기본권을 제한하는 조치로도 목적달성을 할 수 있는지의 기본권제한의 정도를 의미한다. 이를 평등심사에 적용하면 보다 덜 차별적인 조치로도 목적달성을 할 수 있는지가 된다. 하지만 특별평등권과 달리 일반적 평등원리는 개별조치가 아니라 일반조치를 해야 하는 것으로 덜 차별적인 조치를 일반화하는 것은 헌법에서는 가능하지 않다.

넷째, 차별취급정도의 균형성심사는 평등위반에 관한 엄격심사에서 중요한 기준이다. 하지만 법익이 충돌하는 자유권과 달리 평등의 비례성심사에서는 비교대상에 내재하고 있는 법익을 상호 비교하여 가치판단을 하는 것이다. 차별취급의 객관적 사유가 중요하면 할수록 법적 차별에 대한 심사기준을 강화하는 것은 정당화될 수 있다. 예컨대, 헌법 제11조 제1항 제2문의 성별, 종교, 사회적 신분을 들 수 있다. 차별취급의 정도는 비교대상의 차별정도와 균형을 이루어야 한다. 헌법재판소는 7급 공무원시험에서 산업기사 이상의 자격증 소지자에 대하여 가산점을 주고 기능사 자격증 소지자는 가산점을 부여하지 않는 공무원임용및시험시행규칙 제12조의3에 대한 헌법소원결정30)에서 기사등급 이상의 자격증과 가산점이 부여되지 않는 기능사 자격증과의 차별정도의 균형성판단을 하여 정당성을 인정하고 있다. 교육위원선거에서의 교육경력자를 우대하는 결정31)에서도 마찬가지다.

---

30) 헌재결 2003. 9. 25. 2003헌마30, 판례집 15-2상, 501(511, 513).
31) "앞서 공무담임권의 침해여부에서 살펴본 바와 같이 이 사건 법률조항이 교육위원선거에 있어 교육경력자와 비경력자를 차별하는 것은 헌법상 보호되는 교육의 자주성·전문성을 보장하기 위한 것으로서 입법목적이 정당하고, 입법목적을 달성하기 위한 적정한 방법으로서 차

결국 차별목적을 달성하기 위한 차별수단의 적합성과 비교대상에 내재한 법익의 균형성심사를 하는 점에서 비례적 평등명령심사의 특성이 나타나고 있다.

(2) 사건

헌법재판소가 제대군인가산점제결정[32]에서 "차별적 취급으로 인하여 관련 기본권에 대한 중대한 제한을 초래하게 되는 경우를 엄격한 심사척도로 판단한다."고 일반평등원리의 엄격심사기준으로 비례의 원칙이 적용되고 있다. 하지만 자의금지원칙으로 법률에 대한 위헌결정을 내리기 어려운 것을 보완하기 위하여 관련기본권에 '중대한' 제한이라는 기준으로 평등위반 엄격심사를 시도하는 것은 헌법재판소가 초입법자로 기능할 수 있는 관문을 개발한 것이다. 제대군인가산점제 위헌결정이후 헌법재판소가 청년들의 비판의 십자포화를 감수해야 했고 이에 정부와 국회는 제대군인지원에 관한 법률을 보완하여 계속 시행하고 있다.

또한 헌법재판소는 공직선거법 조항에서 선거후보자의 선거운동방법에 있어서 중증장애인 후보자와 비장애인 후보자를 동등하게 취급하였다는 점이 결과적으로 불평등을 초래하였다고 주장하면서 청구한 헌법소원결정[33]에서 선거운동의 자유에 대한 '중대한 제한'여부에 대하여 재판관의 의견이 4:5로 첨예하게 나누어진 채 완화된 심사로 합헌결정을 내리기도 하였다. 독일헌법 제3조 제3항 제2문에는 "누구도 장애인을 차별해서는 안 된다."고 하여 장애인에 대한 법적 차별금지를 명령하고 있

별취급의 적합성을 갖고 있으며, 차별취급으로 인한 공익과 침해되는 이익 간의 비례성도 있다고 인정되므로, 이 사건 법률조항이 헌법상의 평등원칙에 위배된다고 볼 수 없다."고 하며 수단의 필요성판단을 적합성으로 대체하고 법익균형성도 형식적인 판단에 머물고 있다. 헌재결 2003. 3. 27. 2002헌마573, 판례집 15-1, 319(335, 336).

32) 헌재결 1999. 12. 23. 98헌마363, 11-2, 판례집 770 이하.

33) 헌재결 2009. 2. 26. 2006헌마626, 판례집 21-1상, 211 이하. 헌법재판소는 "공직선거법 제93조 제1항 본문이 중증장애인 후보자에 대하여만 특정한 선거운동방법을 금지·제한하는 것이 아니라 중증장애인 후보자와 비장애인 후보자를 동등하게 취급하였다는 점이 결과적으로 불평등을 초래하였다는 것이어서, 위 법률조항으로 인하여 관련 기본권에 대한 중대한 제한이 초래되었다고 볼 수 없으므로 이 사건에서의 평등심사는 완화된 기준에 의한다."고 하여 합헌결정을 하였다. 하지만 재판관 4인은 "후보자의 선거운동방법에 있어서 장애인과 비장애인을 구분하지 아니하고 일률적으로 제한한 공직선거법 제93조 제1항 본문은 선거운동의 자유라는 기본권의 행사에 중대한 제약을 초래하는 것이므로, 이에 대하여는 비례성 원칙에 따를 심사를 하여야 할 것이다."고 하며 헌법불합치의견을 제시하였다. 또한 위헌의견을 제시한 재판관 1인은 문서, 도서에 의한 선거방법제한은 모든 후보자에 대한 중대한 제한으로 보았다.

는 것을 유추하면 5인 재판관의 엄격심사견해가 타당하다고 판단된다. 따라서 헌법
재판소는 헌법제정자가 차별금지 내지 우대보호명령을 내린 특별평등권(참정권, 절
차권, 사회권, 헌법 제11조 제1항 제2문, 동조 제2, 3항 등)의 규정취지를 고려해 엄격심사
를 하여 평등한 자유를 회복시켜주는 방향으로 실무를 운영할 필요가 있다.

이와 반대로 차별취급으로 관련기본권에 중대한 제한을 초래하는 경우의 엄격
심사기준은 불명확성으로 인해 남용하지 않는 것이 바람직하다.

제 3 절 특별평등권

Ⅰ. 특별평등권에 관한 헌법규정

특별평등권에 관한 헌법규정으로는 "누구든지 성별·종교·사회적 신분에 의
하여 정치적·경제적·사회적·문화적 생활의 모든 영역에 있어서 차별을 받지 아
니한다(제11조 제1항 제2문)", 사회적 특수계급의 부인과 영전일대의 원칙(제11조 제2
항, 제3항)을 비롯하여 사회권적 기본권에서 약자보호규정과 정당의 특별보호(헌법
제8조), 병역이행자의 차별금지(헌법 제39조 제2항) 등 다수규정[34]을 찾아볼 수 있다.
이는 우리 헌법이 미국헌법의 기본권규정형식보다는 독일의 바이마르헌법의 영향
을 받은 것으로 평가할 수 있다.

Ⅱ. 특별평등권의 이론적 특성

1. 차별금지의 목적론적 해석

특별평등권과 관련해서는 차별금지를 목적론적으로 해석해야 하는 두 가지 문
제가 있다. 즉 특별평등권규정을 간접 차별과 국가의 평가에 의한 차별 내지 우대에

---

34) 공무원의 국민전체에 대한 봉사자로서의 지위, 정당의 특별보호, 평등선거의 원칙, 국회의원의
   면책·불체포특권, 대통령의 형사상의 특권, 지역 간 균형발전을 위한 지역경제육성의무, 농·
   어민과 중소기업의 보호육성, 사영기업의 국·공유화 금지 등을 들 수 있다.

대해서도 확대 적용할 것인지의 문제다. 결론적으로 말하면 간접 차별에는 적용해야 하지만 국가의 평가에 의한 차별에는 '가치판단'에 의하여 적용여부가 결정된다.

(1) 법제정에 의한 직접적 차별은 물론 간접적·사실적 차별도 금지

특별한 차별금지사유에 해당하는 경우 법적 차별이 금지된다. 하지만 차별금지에는 법적 불평등인 간접 차별도 금지하여야 한다. 만약 법적인 직접 차별만 금지한다면 우회적인 차별에 대해서는 보호될 수 없기 때문이다. 따라서 차별금지사유에 직접 관련되는 것만 법적으로 금지되는 것으로 보아서는 안 된다. 오히려 특정집단에 대한 법적 우대로 인해 다른 집단에는 은폐된 간접적·사실적 차별이 되는 경우에도 특별평등권의 침해가 된다. 차별금지사유와 명백히 관련된 것은 직접 차별로 금지되지만 차별개념을 광의로 해석하여 특별평등권의 보호대상에 대한 사실적 불평등인 간접 차별도 금지되어야 한다.

(2) 헌법 제11조 제1항 제2문의 차별금지사유는 국가의 평가에 의한 법적 차별 가능

차별개념은 또한 목적론적으로 협의로 해석해야 하는 경우도 있다. 예컨대, 헌법 제11조 제1항 제2문의 성별, 종교, 사회적 신분의 차별금지사유 중에서 성별을 생물학적으로 비교하여 남성에 한하여 병역의무를 부과하는 것이 여성에 대한 특권을 인정한 것은 아니다. 차별금지란 가치평가를 전제로 하기 때문이다. 즉 차별금지는 정의롭지 못한 특권부여나 비하행위를 금지하는 것을 내용으로 하는 점은 불가침의 인간존엄과 밀접한 관계에 있는 것을 방증하는 것이다. 차별금지는 개성에 상관없이 모든 인간을 동등하게 평가하는 것이기 때문이다.

이러한 점에서 헌법 제11조 제1항 제2문의 특별평등권은 특정 집단에 대한 과잉 또는 과소평가하는 것, 예컨대 낙인을 찍는 것과 같은 행위를 금지한다. 특별평등권에 관한 이 규정은 성별, 종교, 사회적 신분에 대한 차별입법을 부정하는 소극적 권한규범으로 이해해서는 안 된다.

헌법재판소도 남성에 한정하여 병역의무를 부과하고 있는 병역법 제3조 제1항에 대한 헌법소원결정[35] 등에서 "이 사건 법률조항은 '성별'을 기준으로 병역의무

---

35) 헌재결 2011. 6. 30. 2010헌마460, 판례집 23-1하, 519(525).

를 달리 부과하도록 한 규정이고, 이는 헌법 제11조 제1항 후문이 예시하는 사유에 기한 차별임은 분명하다. 그러나 헌법 제11조 제1항 후문의 위와 같은 규정은 불합리한 차별의 금지에 초점이 있고, 예시한 사유가 있는 경우에 절대적으로 차별을 금지할 것을 요구함으로써 입법자에게 인정되는 입법형성권을 제한하는 것은 아니다 (헌재결 2010. 11. 25. 2006헌마328, 판례집 22-2하, 446, 453~454 참조).”고 판시하였다.

법적 차별금지는 일반적 평등원리의 심사대상이기 때문에 특별평등권으로는 그 대신에 입법의 은폐된 목적으로 인하여 특권부여나 차별을 초래하는 것인지를 심사하여야 한다. 특별평등권의 경우는 일정한 차별금지사유에 해당하는 경우 차별로 간주하기 때문에 일반적 평등원리와 달리 법적으로 비교 가능한 집단, 즉 보호범위가 이미 전제되어 있다. 하지만 현실적으로도 존재하는 지 여부에 대하여는 심사를 하여야 한다. 예컨대, 모성보호규정(헌법 제36조 제3항)에 따라 미혼모에 대한 보호입법은 미혼부에 대한 사실적 차별을 초래하였으므로 입법의 정당성심사를 하여야 한다.

이와 다른 문제로 예컨대, 공직에서 여성할당제, 법학전문대입학에 경제적 사정을 고려한 전형제 등과 같이 특별평등권에 내포된 사실적 불평등을 조정하기 위한 소수자에 대한 적극적 평등실현조치(Affirmative Action)가 있다. 이 경우도 비교집단을 이미 전제로 한다. 따라서 특별평등권의 차별금지 내지 우대보호로 인해 ‘역차별’이 문제될 수 있으므로 입법에 대한 정당성심사를 할 수 있다. 하지만 역차별은 헌법적으로 금지되는 것이 아니다.

2. 차별금지사유 등 특별평등권에 대한 엄격한 심사방법

(1) 헌법 제11조 제1항 제2문의 차별금지사유에 대한 다양한 해석

차별금지사유 등 특별평등권에 대한 엄격한 심사방법을 설명하기 전에 헌법 제11조 제1항 제2문에서 성별, 종교, 사회적 신분의 차별금지사유에 해당하는 입법에 대한 심사강도의 선정에 있어서 다양한 주장을 살펴보기로 한다. 제1설은 차별금지사유를 제한적 열거로 보아 엄격심사를 주장하는 학설,[36] 제2설은 예시로 보아 엄격심사와의 관련성을 부인하는 학설,[37] 제3설은 엄격심사기준이지만 가치 평

---

36) 한수웅, 『헌법학』, 555면; 황도수, 『헌법재판의 심사기준으로서 평등』, 서울대박사학위논문, 1996, 164면 이하.
37) 김철수, 『학설판례 헌법학(상)』, 593면; 헌재결 2009. 2. 26. 2006헌마626, 판례집 21-2(상),

가로 대상을 결정하여야 한다는 학설[38]이 그것이다.

판단컨대, 제2설과 제3설은 실제적으로 차이가 없다. 전술한 남성에 한정한 병역의무에 대한 헌법재판소결정에서 판시한 바를 고려하면 제2설이 타당하다. 하지만 제2설은 차별금지사유를 예시로 보지만 반드시 엄격심사와 연결하지 않을 뿐이다. 이는 미국연방대법원이 개발한 3단계 평등심사기준으로 합리성심사, 중간심사, 엄격심사의 해당사유를 확정하여 판결을 예측할 수 있게 하는 것을 반대하는 것이다. 우리와 유사하게 차별금지사유를 열거하고 있는 독일헌법 제3조 제3항[39]의 해석에 있어서도 열거된 사유에 대한 강화된 보호필요성은 있지만 미국과 같이 예외없이 엄격심사기준을 적용하여 절대 보호해야 한다고 보지는 않는다. 이러한 점에서 차별금지사유를 열거사유로 보면서 가치판단에 의하여 엄격 심사기준으로 볼 수 있는 것이다. 엄격심사기준으로 하는 성별, 종교, 사회적 신분 및 특별평등권에 의한 차별입법을 선별하는 방법에 대하여는 좀 더 논의할 필요가 있다.

(2) 2단계 특별평등권심사

이는 살펴본 차별개념에 대한 목적론적 해석에서 엄격심사를 선별하는 방법을 강구하는 것이 타당하다고 판단된다. 우선 제1단계에서는 법적 의미에서 차별이나 특권을 부여한 것인지를 심사하여야 한다. 이에 해당되는 것으로 국가권력의 행사가 차별금지사유와 직접 관련되거나 적어도 간접적으로 관련되어 비교집단에 법적으로 이익 또는 불이익을 초래한 경우이어야 한다. 특별평등권침해심사에서는 원칙적으로 차별금지사유에 대한 직접 불평등대우를 금지하고, 금지사유에 의한 간접차별입법의 필요성을 심사하는 것이다. 즉 특별평등권의 보호범위제약과 국가의 책임귀속을 동시에 심사한다. 제2단계에서는 불평등대우가 예외로 정당화될 수 있는지를 비례의 원칙에 의하여 엄격 심사한다.

제11조 제1항 제2문은 제1문의 일반평등원리와 달리 비례의 원칙의 심사요소에 따라 완전하게 심사할 수 있다. 그중 필요성심사가 핵심인바 성별에 의한 차별금지의 경우 남녀의 생리적 차이를 고려한 (예컨대, 여성만 강간죄의 객체, 남성만의 병

---

227 등.

38) 전광석, 『한국헌법론』, 302면 이하.

39) 독일 헌법 제3조 제3항: 누구든지 성별, 신분, 인종, 언어, 고향과 출신, 종교, 정치나 종교적 성향에 의하여 차별대우나 우대보호를 받을 수 없다. 누구도 장애인을 차별해서는 안 된다.

역의무 등) 성적 차별입법의 경우 목적달성을 위해 차별이 강제되는 경우에나 허용된다. 만약 차별금지사유를 위반하지 않는 보다 덜 차별적인 수단 내지 차별취급이 제한적으로 나타날 수 있는 수단이 있다면 필요성을 부인할 수 있다. 균형성 심사는 엄격하게 실제적 조화의 원칙에 따라야 한다.

적극적 평등실현조치는 헌법에 특별히 우대보호 내지 차별금지를 규정한 경우에나 가능하다. 역차별이 문제되기 때문이다. 예컨대, 근로에 있어서 연소자 보호(제32조 제5항), 국가유공자의 근로에 있어서 우선적 기회부여(제32조 제6항), 모성보호(제36조 제2항) 등이다. 이들은 사회권으로 분류되는 것으로 성별, 종교, 사회적 신분에 의한 특별평등권의 보호와 구별하기 어렵다. 양자 모두 법적 불평등뿐만 아니라 사실적 불평등도 조정하는 것을 목표로 하기 때문이다.

적극적 평등실현조치인 여성할당제의 경우 여성에 대한 특별보호의 헌법규정 이외에 두 가지 전제조건이 충족되어야 실시할 수 있다. 우선 조정할 수 있는 사실상의 불평등이 있어야 한다. 다음으로 양성의 현실적 평등을 목표로 여성을 모든 생활영역에서 우대하는 방법으로 조치를 실시해서는 안 되고 기회균등을 촉진하는 방법으로 실시하여야 한다. 즉 남성에게도 기회를 부여하지 않으면 안 된다. 따라서 할당제는 남성과 동등한 조건하에 그리고 예컨대, 미혼부보호와 같이 남성보호의 예외조항을 전제하는 경우에 허용된다. 이것이 공동체 우호적 헌법해석이기 때문이다.

인신권

제 1 절 생명권

Ⅰ. 헌법적 의의(생명의 개념)

의학기술의 발전으로 생명을 개념정의하기가 간단하지 않고 점점 더 어려워지고 있다. 생명의 시기와 종기는 자연과학적으로 정해지는 것은 아니고 가치판단에 의해서 결정한다. 이는 생명권의 보호수준과 관련된다.

1. 생명의 시기

생명은 출생 이전에 이미 시작된다는 점에 이견이 없다. 헌법상 인간의 존엄은 출생 이후의 인간에게만 적용된다는 견해에 의하면 생명보호는 인간의 존엄보다 먼저 이루어진다. 생명보호는 최소 12단계로 구성되는 것으로 난자와 정자의 수정, 자궁에의 착상, 배아기(1~3개월 이전 각 단계), 태아기(3~9개월의 각 단계)가 그것이다. 헌법재판소[1]는 생명의 시기를 착상 이후에는 인정해야 한다고 하고 배아는 최소한 국가의 보호의 대상으로 본다. 생명보호는 단계적 보호를 하여 초기단계에서

---

1) 헌재결 2010. 5. 27. 2005헌마346, 판례집 22-1(하), 36(55).

는 입법재량이 넓다. 불임부부의 체외수정도 헌법상 금지되는 것이 아니다.

2. 생명의 종기

법적 의미의 종기는 불확실하다. 그 본질적 이유는 의학의 발전으로 뇌사상태의 환자의 심장정지를 인위적으로 지연시키는 기술 때문이다. 따라서 뇌사가 심장정지로 이행된다는 생물학적 연관성은 성립될 수 없게 되었다. 법적 관점에서는 뇌사와 심장정지의 중간단계에서도 생명권의 단계적 보호를 하는 것이 타당하다. 즉 생명의 발달상황에 따라 단계적 보호를 하는 것은 입법자가 소극적 안락사는 물론 적극적 안락사도 정당화할 수 있기 때문이다. 또한 말기환자의 명시적 의사에 따라 생명권주체에 유리한 방향으로 국가는 생명보호의무를 이행해야 한다. 따라서 환자의 의사와 규범이 불일치하는 경우 현실적인 의사가 우선하여야 한다. 이는 보호의무수행의 재량권행사를 금기시하기보다는 재량권남용을 예방하기 위한 한계를 명시하는 규정방식이 합리적이라는 것이다.

Ⅱ. 헌법적 근거

1. 학설

헌법에는 생명권에 관한 명문규정이 없다. 비교 헌법적으로 보면 독일헌법 제2조 제2항과 일본헌법 제13조에는 생명권에 관한 명문규정이 있다. 따라서 생명권의 헌법적 근거에 관한 다양한 학설이 제시되고 있다.

첫째, 생자의 생명에의 권리는 인간의 본질적 가치에 해당하는 것으로 인간의 가치에 관하여 규정하고 있는 헌법 제10조가 근거라는 견해,[2] 둘째, 생명권은 신체활동을 보장하는 신체의 자유의 당연한 전제일 뿐 아니라 인간의 존엄성을 그 가치적인 핵으로 하는 기본권질서의 논리적 기초로서 명문규정유무에 상관없이 당연한 헌법상 권리로 인정된다는 견해,[3] 셋째, 인간의 존엄성과 맺는 관계에서 신체의 자유가 근거라는 견해, 넷째, 헌법 제10조, 신체의 자유를 규정한 헌법 제12조 제1항, 그리고 헌법에 열거하지 아니한 권리조항인 헌법 제37조 제1항을 근거로 한다는

---

2) 김철수, 『학설판례 헌법학(상)』, 517면.
3) 허영, 『한국헌법론』, 38면.

견해,[4] 다섯째, 생명권은 헌법 제10조 제1문 전단 인간의 존엄과 후단 행복추구권, 제37조 제1항을 직접적 근거로 하고 제30조 범죄피해자구조청구권을 간접적 근거로 한다는 견해[5] 등이 있다.

2. 헌법재판소

헌법재판소는 "인간의 생명은 고귀하고, 이 세상에서 무엇과도 바꿀 수 없는 존엄한 인간 존재의 근원이며, 인간존엄성의 활력적 기초이다. 이러한 생명에 대한 권리는 비록 헌법에 명문의 규정이 없다 하더라도 인간의 생존본능과 존재목적에 바탕을 둔 선험적이고 자연법적인 권리로서 헌법에 규정된 모든 기본권의 전제로서 기능하는 기본권 중의 기본권이라 할 것이다."[6]고 판시하여 독자적 기본권으로 본다.

3. 사견

생명권은 신체적 안정성과 신체활동의 임의성을 담보하는 신체의 자유의 전제로서 자연법적인 권리다. 또한 생명권은 절대적 자유권은 아니지만 국가계약론에 입각하여 생명권 대 생명권은 형량이 금지되는 절대평등권이라는 점에서 인간의 존엄의 핵심과 연계되어 있다. 이러한 점에서 생명권은 자연권으로서 헌법 제10조의 인간의 존엄 및 가치의 핵심이자 신체적 존재의 근원이라는 점에서 헌법 제12조 신체의 자유와 연계되어 있는 독자적 기본권이다.

Ⅲ. 헌법적 성격

생명권은 상대적 방어권, 절대적 평등권, 가중된 (진정) 기본권보호의무의 성격을 갖는다.

---

4) 권영성, 『헌법학원론』, 410면.
5) 허완중, 『기본권론』, 286면.
6) 헌재결 2019. 4. 11. 2017헌바127, 판례집 31-1, 404(417); 2009. 11. 26. 2008헌마385. 판례집 21-2(하), 647(658); 1996. 11. 28. 95헌바1, 판례집 8-2, 537(545).

1. 상대적 방어권

생명권은 사실 높은 가치를 갖는 기본권이지만 '최고의 가치'를 갖는 것으로 과장해서는 안 된다. 인간존엄을 제외한 모든 기본권은 형량할 수 있으므로 생명권도 원칙적으로 형량할 수 있는 기본권이기 때문이다. 더욱이 기독교적인 생명의 절대보호사상을 가치중립적인 헌법에서는 수용하지 않았다. 태어나지 않은 생명은 발달단계에 따라 차별적인 보호를 할 수 있다. 즉 출생에 임박할수록 입법재량은 협소해진다. 따라서 생명권의 해석과 보호내용은 불가침의 인간의 존엄과 연계해서는 안 된다. 낙태, 유전공학, 공중위험을 예방하기 위한 범인사살의 경우도 마찬가지다. 결과적으로 낙태, 납치된 비행기의 무고한 인질살해도 헌법적으로 금지되는 것이 아니다. 다만 일반적인 기본권제한의 한계원리에 따라 생명권제한의 정당성을 판단하는 것은 구체적 상황에 따라 별도로 논할 수 있다.

2. 절대적 평등권

생명권은 절대적 평등권이다. 출생한 모든 인간의 생명은 무한한 것으로 직관적으로 독립적이고 엄격하게 절대평등하다. 따라서 생명권 대 생명권은 형량할 수 없다.[7] 체계적 해석에 의하면 절대적 자유권은 아니지만 절대적 평등권이다. 생명권을 절대적 평등권으로 보는 것은 헌법 제11조 제1항의 특별평등권의 논리를 초월하는 것이다. 형량은 다만 다음의 한도에서 금지된다. 즉 생명권을 다른 가치와 비교하여 형량을 금지하는 것은 아니고 전술한 바와 같이 생명권 대 생명권의 형량을 금지하는 것이다. 이는 국가계약론에 입각하여 인간의 존엄의 핵심을 보호해야 한다는 사고에 기인한다.

3. 가중된 (진정) 기본권보호의무

생명권은 가중된 (진정) 기본권보호의무의 성격을 갖는다. 즉 국가는 침해되면 회복이 불가능한 시민의 생명권보장과 법익보호의 의무를 갖는다. 하지만 보호의무는 나체쇼, 자살 등 자기위해의 자유를 제약할 수 없는 한계가 있다. 기본권은 사적자치를 보호내용으로 하므로 생명권의 보호내용에도 자기위해 또는 자살의 자유가

---

7) BVerfGE 115, 118 ff. 테러범살해항공기격추금지사건.

포함되기 때문이다. 자기위해의 의사는 자발적이어야 하고 제3자의 권리를 침해해서는 안 되는 것은 물론이다.

비흡연자가 공공장소에서 사실상 회피할 수 있거나 충분히 피할 수 있는 경우에는 흡연금지는 헌법적으로 정당하지 않다. 따라서 공공장소에서 절대적 흡연금지는 인정될 수 없다.

Ⅳ. 제한과 정당성

1. 제한가능성

생명권도 다른 기본권과 마찬가지로 상대적 기본권이다. 따라서 헌법 제37조 제2항에 의해 제한가능한 기본권이다. 헌법재판소[8]도 "헌법은 절대적 기본권을 명문으로 인정하고 있지 아니하며, 헌법 제37조 제2항에서는 국민의 모든 자유와 권리는 국가안전보장·질서유지 또는 공공복리를 위하여 필요한 경우에 한하여 법률로써 제한할 수 있도록 규정하고 있어, 비록 생명이 이념적으로 절대적 가치를 지닌 것이라 하더라도 생명에 대한 법적 평가가 예외적으로 허용될 수 있다고 할 것이므로, 생명권 역시 헌법 제37조 제2항에 의한 일반적 법률유보의 대상이 될 수밖에 없다. 나아가 생명권의 경우, 다른 일반적인 기본권제한의 구조와는 달리, 생명의 일부 박탈이라는 것을 상정할 수 없기 때문에 생명권에 대한 제한은 필연적으로 생명권의 완전한 박탈을 의미하게 되는바, 위와 같이 생명권의 제한이 정당화될 수 있는 예외적인 경우에는 생명권의 박탈이 초래된다 하더라도 곧바로 기본권의 본질적인 내용을 침해하는 것이라 볼 수는 없다."고 판시하고 있다.

2. 생명권 대 다른 법익과 형량가능성

(1) 낙태죄의 위헌성

임산부의 자기결정권과 생명권이 충돌하는 경우 생명발달의 정도에 따라 차별적인 보호가 가능하다. 헌법재판소도 낙태죄사건[9]에서 "임신·출산·육아는 여성의 삶에 근본적이고 결정적인 영향을 미칠 수 있는 중요한 문제이므로, 임신한 여성이

---

8) 헌재결 2010. 2. 25. 2008헌가23, 판례집 22-1상, 36(57).
9) 헌재결 2019. 4. 11. 2017헌바127, 판례집 31-1, 404(420, 421).

임신을 유지 또는 종결할 것인지 여부를 결정하는 것은 스스로 선택한 인생관·사회관을 바탕으로 자신이 처한 신체적·심리적·사회적·경제적 상황에 대한 깊은 고민을 한 결과를 반영하는 전인적(全人的) 결정이다. 현 시점에서 최선의 의료기술과 의료 인력이 뒷받침될 경우 태아는 임신 22주 내외부터 독자적인 생존이 가능하다고 한다. 한편 자기결정권이 보장되려면 임신한 여성이 임신 유지와 출산 여부에 관하여 전인적 결정을 하고 그 결정을 실행함에 있어서 충분한 시간이 확보되어야 한다. 이러한 점들을 고려하면, 태아가 모체를 떠난 상태에서 독자적으로 생존할 수 있는 시점인 임신 22주 내외에 도달하기 전이면서 동시에 임신 유지와 출산 여부에 관한 자기결정권을 행사하기에 충분한 시간이 보장되는 시기(이하 착상 시부터 이 시기까지를 '결정가능기간'이라 한다)까지의 낙태에 대해서는 국가가 생명보호의 수단 및 정도를 달리 정할 수 있다고 봄이 타당하다."고 비례의 원칙에 의해 헌법불합치결정을 한 바 있다.

(2) 사형제도 합헌성

형법상 형벌의 종류로 사형제도는 국가권력에 의해 생명권을 박탈하는 것으로 그 보다 더 큰 공익적 필요성이 인정된다면 예외적으로 가능하다고 본다. 헌법재판소[10]도 "생명권 역시 그 제한을 정당화할 수 있는 예외적 상황 하에서는 헌법상 그 제한이 허용되는 기본권인 점 및 생명권 제한구조의 특수성을 고려한다면, 생명권 제한이 정당화될 수 있는 예외적인 경우에는 생명권의 박탈이 초래된다 하더라도 곧바로 기본권의 본질적인 내용을 침해하는 것이라 볼 수는 없다. 따라서 사형이 비례의 원칙에 따라 최소한 동등한 가치가 있는 다른 생명 또는 그에 못지 아니한 공공의 이익을 보호하기 위한 불가피성이 충족되는 예외적인 경우에만 적용됨으로써 생명권의 제한이 정당화될 수 있는 경우에는, 그것이 비록 생명권의 박탈을 초래하는 형벌이라 하더라도 이를 두고 곧바로 생명권이라는 기본권의 본질적인 내용을 침해하는 것이라 볼 수는 없다."고 판시하였다.

(3) 소극적 안락사의 합헌성

소극적 안락사란 생명을 단축함이 없이 죽음을 수월하게 해주거나, 환자의 의

---

10) 헌재결 2010. 2. 25. 2008헌가23, 판례집 22-1상, 36(38, 39).

사에 따라 생명을 연장시키는 처치를 하지 아니하거나 계속하는 것을 중단하는 것을 말한다. 헌법재판소도 환자의 사전 동의를 조건으로 소극적 안락사를 연명치료 중단에 관한 자기결정권으로 보장하고 있다. 즉 "'연명치료 중단, 즉 생명단축에 관한 자기결정'은 '생명권 보호'의 헌법적 가치와 충돌하므로 '연명치료 중단에 관한 자기결정권'의 인정 여부가 문제되는 '죽음에 임박한 환자'란 '의학적으로 환자가 의식의 회복가능성이 없고 생명과 관련된 중요한 생체기능의 상실을 회복할 수 없으며 환자의 신체상태에 비추어 짧은 시간 내에 사망에 이를 수 있음이 명백한 경우', 즉 '회복 불가능한 사망의 단계'에 이른 경우를 의미한다 할 것이다. 이와 같이 '죽음에 임박한 환자'는 전적으로 기계적인 장치에 의존하여 연명할 수밖에 없고, 전혀 회복가능성이 없는 상태에서 결국 신체의 다른 기능까지 상실되어 기계적인 장치에 의하여서도 연명할 수 없는 상태에 이르기를 기다리고 있을 뿐이므로, '죽음에 임박한 환자'에 대한 연명치료는 의학적인 의미에서 치료의 목적을 상실한 신체침해 행위가 계속적으로 이루어지는 것이라 할 수 있고, 죽음의 과정이 시작되는 것을 막는 것이 아니라 자연적으로는 이미 시작된 죽음의 과정에서의 종기를 인위적으로 연장시키는 것으로 볼 수 있어, 비록 연명치료 중단에 관한 결정 및 그 실행이 환자의 생명단축을 초래한다 하더라도 이를 생명에 대한 임의적 처분으로서 자살이라고 평가할 수 없고, 오히려 인위적인 신체침해 행위에서 벗어나서 자신의 생명을 자연적인 상태에 맡기고자 하는 것으로서 인간의 존엄과 가치에 부합한다 할 것이다. 그렇다면 환자가 장차 죽음에 임박한 상태에 이를 경우에 대비하여 미리 의료인 등에게 연명치료 거부 또는 중단에 관한 의사를 밝히는 등의 방법으로 죽음에 임박한 상태에서 인간으로서의 존엄과 가치를 지키기 위하여 연명치료의 거부 또는 중단을 결정할 수 있다 할 것이고, 위 결정은 헌법상 기본권인 자기결정권의 한 내용으로서 보장된다 할 것이다."

(4) 생명권 대 생명권의 형량의 금지

생명권 대 생명권이 충돌하는 경우로 자연재앙이나 매우 중대한 사고 등에 대처하기 위해 경찰의 총기사용을 정당화하는 경찰관 직무집행법 제10조[11]를 들 수

---

11) 경찰관 직무집행법 제10조(경찰장비의 사용 등) ① 경찰관은 직무수행 중 경찰장비를 사용할 수 있다. 다만, 사람의 생명이나 신체에 위해를 끼칠 수 있는 경찰장비를 사용할 때에는 필요한 안전교육과 안전검사를 받은 후 사용하여야 한다.

있다. 이에 따라 경찰이 최후의 수단으로 인질범을 사살하는 것을 금지하는 것은 아니다. 왜냐하면 이 경우에는 생명 대 생명을 형량하는 것이 아니라 인질범이 법질서를 공격하는 것을 저지하기 위한 것이기 때문이다. 하지만 방어적 사살행위여부에 대한 정당성은 비례의 원칙에 의하여 판단한다.

또 다른 사례로 독일 연방헌법재판소결정12)으로 국민의 생명을 보호하기 위한 수단으로 납치된 항공기를 격추할 수 있는 권한을 정부에 부여한 항공안전법규정에 대하여 인간의 존엄과 연계된 생명권을 침해하여 위헌이라고 판시한 것을 들 수 있다. 그 논거로 제시한 것은 정부가 국민을 보호하기 항공기 격추를 하게 되면 항공기에 탑승한 무고한 승객과 승무원들의 죽음을 수단으로 삼는 것이라는 것이다. 즉 생명보호를 위한 국가권력행사라도 다른 생명의 가치를 부정하는 것은 금지된다.

제 2 절 신체의 자유

I. 기본권체계에서 신체의 자유의 기능

1. 국가권력에 대한 방어권

인권의 역사에서 신체의 자유는 국가권력과 지배자의 강압에 의하여 침해받아 왔다. 따라서 신체의 자유에 대한 보장은 국가공권력으로부터의 보장이 중핵을 이루고 있다. 신체의 자유는 국가형벌권의 행사에 의하여 침해될 여지가 많기 때문이다. 우리 헌법은 국가형벌권의 행사로 신체의 자유에 대한 불가피한 제한을 인정하면서도, 그와 동시에 국가형벌권의 부당한 행사에 의하여 발생할 수 있는 신체의 자유의 침해를 방지하기 위하여 그 한계를 구체적으로 정하고 있다. 즉, 헌법 제12조 제1항 전문은 "모든 국민은 신체의 자유를 가진다."라고 선언하면서, 이를 구체적으로 보장하기 위하여, 같은 항 후문에서 "누구든지 법률에 의하지 아니하고는 체포·구속·압수·수색 또는 심문을 받지 아니하며, 법률과 적법한 절차에 의하지 아니하고는 처벌·보안처분 또는 강제노역을 받지 아니한다."라고 규정하여 신체의

---

12) BVerfGE 115, 118(139ff.).

자유를 보장하기 위한 적법절차의 원칙을 명시하고 있고, 제12조 제3항 본문은 "체
포·구속·압수 또는 수색을 할 때에는 적법한 절차에 따라 검사의 신청에 의하여
법관이 발부한 영장을 제시하여야 한다."라고 규정함으로써 신체의 자유에 대한 제
한은 법관의 영장에 의하여야만 한다는 영장주의를 채택하고 있다. 또한 헌법 제27
조 제4항은 "형사피고인은 유죄의 판결이 확정될 때까지는 무죄로 추정된다."라고
규정하여 무죄추정의 원칙13)을 천명하고 있다.

2. 법치국가원리에 의한 기본권의 보장

신체의 자유제한에 대한 체포·구속·압수·수색의 강제처분의 경우 미국이나
유럽국가와 마찬가지로 법률주의와 적법절차원칙을 헌법에 명문화하여 국가권력행
사의 중요한 원칙으로 자리매김하고 있다. 이는 독일 등 유럽국가에서는 1215년 영
국의 마그나카르타(대헌장) 이후 법치국가원리의 내용으로 정립되었다.14) 따라서
국가권력이 자의적으로 개인을 구금해서는 안 된다. 자유국가에서 신체의 자유를
보장받는 자유 시민으로 살아갈 수 있다는 개인적인 신뢰는 주관적 공권이자 민주
헌법국가의 전제조건이기 때문이다.

Ⅱ. 보호범위 – 신체활동의 자유만, 생명권과 건강권은 별개의 기본권

신체의 자유는 그 보장범위가 불명확한 기본권으로 판단할 수 있다. 신체활동
의 임의성 이외에 신체의 완전성 내지 건강권, 생명권도 포함될지가 불분명하기 때
문이다. 그렇지만 신체의 자유는 행복추구권과 같은 일반적 기본권은 아니고 특별
기본권으로 규정한 것이다. 따라서 그 보호내용에 대하여는 역사적·체계적 해석에
의하여 판단하여야 한다.

신체의 자유와 생명권은 인간의 신체적 존재를 보호하는 기본권이라는 점과
국가권력에 대한 상대적 방어권적 성격을 갖는 점에서는 공통적이다. 하지만 기본

---

13) 헌재결 2005. 5. 26. 2001헌마728, 판례집 17-1, 709. 우리 헌법은 제27조 제4항에서 "형사피
고인은 유죄의 판결이 확정될 때까지는 무죄로 추정된다."고 규정하고 있고, 이러한 헌법정
신을 이어받아 형사소송법 제275조의2도 같은 내용을 규정함으로써 이른바 무죄추정의 원칙
을 제도적으로 보장하고 있다. 그리고 이러한 입법의 정신은 비단 법에 명시된 피고인뿐만
아니라 절차의 전단계에 있는 피의자에 대하여도 적용된다고 보아야 할 것이다.

14) 헌재결 1992. 12. 24. 92헌가8, 판례집 4, 853, 876 참조.

권체계에서 신체의 자유는 인권사적 측면에서 국가권력에 대한 방어권으로서 보장된 반면에 생명권은 자연권적인 사상에 입각하여 국가계약설에 입각하여 생명 대생명의 형량이 금지되는 독자적 기본권이라는 점에서 구분된다. 또한 우리 헌법은 신체의 자유와 국가의 국민보건의무 내지 건강권(제36조 제3항)을 구분하여 규정하고 있다. 이러한 점에서 신체의 자유는 '신체활동의 임의성'을 보호내용으로 하는 것에 한정해야 할 것이다. 헌법재판소도 "헌법 제12조 제1항의 신체의 자유는, 신체의 안정성이 외부로부터의 물리적인 힘이나 정신적인 위험으로부터 침해당하지 아니할 자유와 신체활동을 임의적이고 자율적으로 할 수 있는 자유를 말한다."고 판시[15]하고 있다.[16]

Ⅲ. 신체의 자유의 실체적 보장

1. 책임원칙

책임원칙은 헌법상 법치국가의 원리에 내재하는 원리인 동시에, 기본권의 최고이념인 인간의 존엄 및 가치(헌법 제10조)에 근거하여 신체의 자유에서 구체화된 것으로, 형벌은 범행의 경중과 행위자의 책임이 정확히 비례되어야 함을 뜻한다.[17] 헌법에서 "모든 국민은 자기의 행위가 아닌 친족의 행위로 인하여 불이익한 처우를 받지 아니한다."고 자기책임이나 개인책임에 위배되는 연좌제를 금지(제13조 제3항)하고 있는 것은 바로 그 한 예에 속한다.

헌법재판소는 종업원 등의 범죄행위에 대하여 법인에게 책임유무를 묻지 않고 법인에게도 형벌을 부과한 사행행위 등 규제 및 처벌특례법 제31조[18]는 책임원칙에 반하는 것으로 결정하였다. 즉 "법인이 고용한 종업원 등이 업무에 관하여 같은 법 제30조 제2항 제1호를 위반한 범죄행위를 저지른 사실이 인정되면, 법인이 그와 같은 종업원 등의 범죄에 대해 어떠한 잘못이 있는지를 전혀 묻지 않고 곧바로 그 종업원 등을 고용한 법인에게도 종업원 등에 대한 처벌조항에 규정된 벌금형을 과

---

15) 헌재결 2018. 8. 30. 2016헌마344 등, 판례집 30-2, 516; 2005. 5. 26. 99헌마513; 1992. 12. 24. 92헌가8.

16) 예컨대, 영창처분은 신체의 자유를 제한한다. 헌재결 2020. 9. 24. 2017헌바157, 2018헌가 101(병합), 판례집 32-2, 213(218).

17) 헌재결 2010. 7. 29. 2009헌가18 등, 판례집 22-2상, 163(175).

18) 헌재결 2009. 7. 30. 2008헌가14, 판례집21-2상, 77(88).

하도록 규정하고 있는바, 오늘날 법인의 반사회적 법익침해활동에 대하여 법인 자체에 직접적인 제재를 가할 필요성이 강하다 하더라도, 입법자가 일단 "형벌"을 선택한 이상, 형벌에 관한 헌법상 원칙, 즉 법치주의와 죄형법정주의로부터 도출되는 책임주의원칙이 준수되어야 한다. 그런데 이 사건 법률조항에 의할 경우 법인이 종업원 등의 위반행위와 관련하여 선임·감독상의 주의의무를 다하여 아무런 잘못이 없는 경우까지도 법인에게 형벌을 부과될 수밖에 없게 되어 법치국가의 원리 및 죄형법정주의로부터 도출되는 책임주의원칙에 반하므로 헌법에 위반된다."고 판시하였다.

　　이 사건이 이후 헌법재판소는 같은 취지로 양벌규정을 하고 있는 폐기물관리법 제67조 제1항,[19] 신용정보의 이용 및 보호에 관한 법률 제34조,[20] 가축분뇨의 관리 및 이용에 관한 법률 제52조,[21] 산지관리법 제56조,[22] 구 양곡관리법 제35조[23] 등에 대해 위헌결정을 하였다.

2. 죄형법정주의

(1) 헌법적 근거

　　죄형법정주의는 헌법 제12조 제1항 후문 "누구든지 (⋯) 법률과 적법한 절차에 의하지 아니하고는 처벌, 보안처분 또는 강제노역을 받지 아니한다."는 규정과 행위시법주의를 규정한 헌법 제13조 제1항에 근거한다고 보는 견해[24]와 헌법 제12조 제1항과 비례의 원칙을 규정한 헌법 제37조 제2항을 근거로 보는 견해가 있다.[25] 헌법재판소는 학계의 다수 견해와 마찬가지로 죄형법정주의를 법치국가원리의 한 요소로 파악하고 헌법 제12조 제1항 후문과 제13조 제1항에 근거한 것으로 보고 있다.[26]

　　판단건대 죄형법정주의를 형식적 의미로 파악하는 것과 실질적 의미로 파악하

---

19) 헌재결 2010. 7. 29. 2009헌가18 등, 판례집 22-2상, 163(175).

20) 헌재결 2010. 9. 30. 2010헌가3, 공보 제168호, 1602(1611).

21) 헌재결 2010. 9. 30. 2010헌가10 등, 공보 제168호, 1612(1619).

22) 헌재결 2010. 9. 30. 2010헌가19 등, 공보 제168호, 1622(1626).

23) 헌재결 2010. 9. 30. 2010헌가52 등, 공보 제168호, 1628(1637).

24) 허영, 『한국헌법론』, 392면; 권영성, 『헌법학원론』, 419면; 김철수, 『학설판례 헌법학(상)』, 695면.

25) 최대권, 『헌법학강의』, 박영사, 2001, 245면.

26) 헌재결 1999. 2. 25. 97헌바3; 1991. 7. 8. 90헌가70.

는 것을 구분하여 살펴볼 필요가 있다. 즉 형식적 죄형법정주의는 국회가 제정하는 법률에 근거(소위 의회유보)하여야 하는 것으로 헌법 제12조 제1항에 근거하나, 실질적 죄형법정주의는 기본권에 기속되는 형법내용을 의미하는 것으로 비례의 원칙의 제약을 받아야 하는 것을 말한다. 따라서 소위 죄형법정주의 파생원칙은 전체적으로 비례의 원칙의 적용결과로 볼 수 있다.

(2) 적용범위

죄형법정주의는 비난받을 만한 책임 있는 고권적 작용을 내용으로 하는 모든 국가적 조처에 적용되어야 한다. 따라서 형사법분야는 물론, 개별법규의 목적을 추구하기 위한 일정한 제한 및 징계조치에 있어서도 죄형법정주의는 적용된다. 하지만 헌법재판소는 행정질서벌은 죄형법정주의의 규율대상이 아니라[27] 하고 있다. 질서위반행위규제법에서도 질서위반행위법정주의(제6조), 위법성착오(제8조), 책임연령(제9조), 심신장애(제10조), 다수인의 질서위반행위(제12조), 수개의 질서위반행위(제13조) 등을 직접 규정하고 있어 죄형법정주의는 적용될 여지가 없어졌다.

하지만 행정질서벌은 국민의 기본권을 제한하는 점은 형벌과 동일하고, 입법자의 입법형성권에 의해 엄격한 죄형법정주의 적용을 회피하여 형벌의 행정질서벌화를 초래할 위험이 있다. 예컨대, 지방자치법 제34조 제1항의 조례위반의 행위에 대한 일천만원의 과다한 과태료는 실질적으로 벌금형과 동일한 효과를 갖는다고 볼 수 있다.

(3) 법규명령, 조례 및 조약에 의한 형벌법규제정의 문제

죄형법정주의에서 말하는 법률이란 국회가 제정하는 형식적 의미의 법률만을 의미하는 것은 아니다. 범죄와 형벌에 관한 사항에 있어서도 위임입법의 근거와 한계에 관한 헌법 제75조는 적용되는 것이고 이에 따라 구체적으로 수권위임을 받은 범위 내에서는 법규명령, 조례로도 형벌규정은 제정될 수 있다.[28] 지방자치법 제28

---

27) 죄형법정주의는 무엇이 범죄이며 그에 대한 형벌이 어떠한 것인가는 국민의 대표로 구성된 입법부가 제정한 법률로써 정하여야 한다는 원칙인데, 부동산등기특별조치법 제11조 제1항 본문 중 제2조 제1항에 관한 부분이 정하고 있는 과태료는 행정상의 질서유지를 위한 행정질서벌에 해당할 뿐 형벌이라고 할 수 없어 죄형법정주의의 규율대상에 해당하지 아니한다. 헌재결 1998. 5. 28. 96헌바83; 1995. 9. 28. 93헌바50.

28) 헌법재판소는 이를 긍정하면서 다만 법률에 의한 처벌법규의 위임의 한계에 대하여 다음과

조 제1항 단서에서도 조례로 법률의 위임에 의한 형벌을 부과할 수 있다고 규정하고 있다. 다만 지방자치법 제34조 제1항에서는 구 법상 조례로 형벌을 과할 수 있다는 규정이 삭제되고 천만원 이하의 과태료를 부과할 수 있다는 규정만 남겨놓고 있다. 이는 전자(제28조 제1항)의 규정취지와 일관되게 죄형법정주의에 따라 법률의 위임 없이는 형벌부과는 불가능함을 확인해 준 것이다.[29]

적법하게 체결·공포된 조약은 국내법과 같은 효력을 갖게 되므로(헌법 제6조 제1항), 그로 인하여 새로운 범죄를 구성하거나 범죄자에 대한 처벌이 가중된다 하더라도 죄형법정주의의 위반은 아니다.[30]

(4) 유추해석금지와 관습법의 법원성부인

죄형법정주의는 국가형벌권의 자의적인 행사로부터 개인의 자유와 권리를 보호하기 위하여 죄와 형을 법률로 정할 것을 요구하고, 이로부터 파생된 유추해석금지의 원칙은 피고인 등에게 불리하게 성문규정이 표현하는 본래의 의미와 다른 내용으로 유추해석을 금지하는 것이다.[31] 이는 인간의 존엄 및 가치(헌법 제10조), 형식적 죄형법정주의(헌법 제12조 제1항), 적법절차의 원리(헌법 제12조 제1항, 제3항), 무죄추정권(헌법 제27조 제4항)에 기인한 것으로 볼 수 있다. 헌법재판소는 헌법소원사건이 심판에 회부된 경우 심판대상인 피의사실에 대한 공소시효가 정지되는지 여부에 대하여 유추해석금지원칙에 따라 소극적으로 보고 있다.[32] 하지만 헌법재

같이 강조하고 있다. 헌법이 특히 인권을 최대한 보장하기 위하여 죄형법정주의와 적법절차를 규정하고, 법률에 의한 처벌을 강조하고 있는 기본권보장 우위사상에 비추어 바람직하지 못한 일이므로, 그 요건과 범위가 보다 엄격하게 제한적으로 적용되어야 하는바, 따라서 처벌법규의 위임을 하기 위하여는 첫째, 특히 긴급한 필요가 있거나 미리 법률로써 자세히 정할 수 없는 부득이한 사정이 있는 경우에 한정되어야 하며, 둘째, 이러한 경우에도 법률에서 범죄의 구성요건은 처벌대상행위가 어떠한 것일 것이라고 예측할 수 있을 정도로 구체적으로 정하고, 셋째, 형벌의 종류 및 그 상한과 폭을 명백히 규정하여야 하되, 위임입법의 위와 같은 예측가능성의 유무를 판단함에 있어서는 당해 특정 조항 하나만을 가지고 판단할 것이 아니고 관련 법조항 전체를 유기적·체계적으로 종합하여 판단하여야 한다. 헌재결 1997. 5. 29. 94헌바22.

29) 이와 반대로 법률의 위임여부와 관계없이 조례로 형벌을 제정할 수 있는 것은 헌법 제117조 제1항에 근거한 권한이라는 견해도 있다. 김순태, "조례상의 벌칙규정과 죄형법정주의", 『입법조사연구』 제234호(1995. 8.), 57면 이하.

30) 마라케쉬협정의 국내법적 효력을 인정한 헌재결 1998. 11. 26. 97헌바65.

31) 헌재결 1997. 5. 29. 96헌가17; 1990. 11. 19. 90헌가48; 대판 1992. 10. 13. 92도1428.

32) 헌재결 1993. 9. 27. 92헌마284.「법률에 명문으로 규정되어 있지 아니한 경우 다른 제도인 형사소송법상의 재정신청에 관한 규정을 유추적용하여 공소시효의 정지를 인정하는 것은 피

판소 초기결정인[33] 노동쟁의조정법 제13조의2의 쟁의행위에의 제3자 개입금지조항에서 볼 수 있듯이 현실적으로 금지되는 형벌법규의 유추해석과 허용되는 법관의 보충(확장)해석의 한계를 명확히 구분하는 것은 쉽지 않다.[34]

관습헌법은 영국, 뉴질랜드 등 불문헌법국가의 중요한 법원이 되며, 헌법재판소[35]도 기본권이 자연법원리에 근거한 성질이 강한 만큼 그 법원성을 인정하고 있다. 하지만 헌법과 달리 관습형법에 의한 범죄의 구성요건을 신설하는 것은 (잠재적) 범인인 국민의 기본권을 제한하므로 관습법을 형법의 법원으로 인정하는 것은 엄격히 금지되어 있다.

(5) 명확성의 원칙(일반개념과 불확정 법 개념의 사용문제)

범죄의 구성요건은 일반국민이 일의적으로 명확히 알 수 있도록 규정해야 하는 것은 생활규범과 제재규범으로서 형법의 기능과 관련되어 있다. 또한 여느 법규범보다 기본권침해의 진지성이 가장 크기 때문에 필수적으로 요청되는 사항이다. 하지만 구체적인 상황을 모두 포섭하여 구성요건화할 수 없는 입법기술적 한계와 범죄상황에 따라 처벌규정도 절대적으로 한정할 수 없는 현실적 한계 때문에 명확성의 원칙도 이 범위 내에서 충족될 수밖에 없다.[36]

법률위임으로 법규명령 및 조례가 형벌법규를 제정하도록 하는 것도 명확성의 요청에 따라 개별·구체적으로 범위를 한정하여야 함(헌법 제75조)은 물론이다.[37]

의자의 법적 지위의 안정을 법률상 근거 없이 침해하는 것이 되며, 나아가서는 헌법상의 적법절차주의, 죄형법정주의에 반하여 기소되고 처벌받는 결과도 생길 수 있을뿐더러, 이는 당 재판소가 사실상 입법행위를 하는 결과가 되므로 헌법소원사건이 심판에 회부된 경우라고 하더라도 심판대상인 피의사실에 대한 공소시효는 정지되지 아니한다.」

33) 이를 입증하는 것으로는 특히 헌재결 1990. 1. 15. 89헌가103 볼 것.

34) 유추해석과 확장해석의 한계가 문제되는 대법원판례로 1996. 2. 23. 95도2646; 1996. 2. 23. 95도2914; 1996. 6. 11. 96도791.

35) 헌재결 2004. 10. 21. 2004헌마554 등, 판례집 16-2하, 1 이하.

36) 헌재결 1997. 9. 25. 96헌가16; 1996. 12. 26. 93헌바65; 1996. 8. 29. 94헌바15; 1995. 5. 25. 93헌바23; 1992. 2. 25. 89헌가104. 명확성원칙에 반한 결정으로는 1992. 4. 14. 90헌바23 - 국가보안법 제9조 제2항; 1995. 9. 28. 93헌바50-특정범죄가중처벌 등에 관한 법률 제4조; 1997. 9. 25. 96헌가16 - 건축법 제79조 제4호 중 "제26조의 규정에 위반한 자" 부분; 1998. 10. 15. 98헌마168 - 가정의례에 관한 법률 제4조 제1항 제7호에 위반하는 자를 처벌하는 동법 제15조 제1항 제1호; 1998. 3. 26. 96헌가20 - 노동조합법 제46조의 3.

37) 위임입법의 명확성원칙에 반하여 법규명령에 벌칙사항을 규정하도록 하여 위헌선언된 헌재 결정으로 1991. 7. 8. 91헌가4; 1995. 10. 26. 93헌바62; 1996. 2. 29. 94헌마213; 대판 1991. 2. 13. 90초38.

(6) 형벌불소급원칙

(가) 헌법적 근거

형벌불소급원칙은 범죄행위시의 형법을 적용해야 함을 의미하는 것으로 국민의 생활규범으로서 형법의 기능에 따른 것이다.[38] 따라서 헌법 제13조 제1항 전단 및 형법 제1조 제1항에서는 '행위시법주의'를 명문화하고 있다.

헌법은 나아가 현대복지국가에서 필수불가결한 권리인 재산권 및 참정권보호를 위하여 이를 제한하는 소급입법도 금지(제13조 제2항)하고 있다.

(나) 소급입법의 구분과 문제점

'소급입법'은 신법이 이미 종료된 사실관계나 법률관계에 적용되는 '진정소급입법'과 현재 진행 중인 사실관계나 법률관계에 적용되는 '부진정소급입법'으로 구분된다. '진정소급입법'은 헌법상 원칙적으로 허용되지 않고 특단의 사정이 있는 경우에만 예외적으로 허용된다. 여기서 특단의 사정이란 첫째, 일반적으로 국민이 소급입법을 예상하거나 예상할 수 있었을 경우, 둘째, 법적 상태가 불확실하고 혼란스러워 보호할 만한 신뢰이익이 적은 경우, 셋째, 소급입법에 의한 당사자의 손실이 없거나 아주 경미한 경우, 넷째, 신뢰보호의 요청에 우선하는 심히 중대한 공익상의 사유가 소급입법을 정당화하는 경우[39]를 말한다. 반면에 '부진정소급입법'은 원칙적으로 허용되지만 소급효를 요구하는 공익상의 사유와 신뢰보호 요청 사이의 교량 과정에서 신뢰보호의 관점이 입법자의 입법형성권에 일정한 제한을 가하게 된다는 데 차이가 있다.[40]

형벌불소급원칙의 적용범위는 형법상의 형벌과 진정소급입법으로 이중으로 한정된다.

하지만 세법의 경우 예컨대, 헌법재판소[41]는 "세법의 부진정소급입법의 경우 일반적으로 과거에 시작된 구성요건사항에 대한 신뢰는 더 보호될 가치가 있는 것이므로, 신뢰보호의 원칙에 대한 심사는 장래 입법의 경우보다 일반적으로 더 강화

---

38) 헌재결 1991. 7. 8. 91헌가4.
39) 헌재결 1999. 7. 22. 97헌바76 등, 판례집 11-2, 175
40) 헌재결 2001. 4. 26. 99헌바55, 판례집 13-1, 869, 884; 2002. 7. 18. 99헌마574, 판례집 14-2, 29, 43 참조.
41) 헌재결 1995. 10. 26. 94헌바12, 판례집 7-2, 447(457).

할 필요가 있다."고 판시하고 있다.

이러한 점에서 단순히 법기술적 차원에서 이루어지는 종래의 진정·부진정 소급입법의 구분을 질적 구분으로 변경할 필요가 있다. 이를 테면 진정·부진정 소급입법의 구분을 신뢰보호원칙을 기준으로 하는 방안을 고려할 수 있다.

(다) 적용범위

형벌불소급원칙은 형벌에만 적용되고 보안처분[42] 및 공소시효[43]에는 적용되지 않는다고 보는 판례와 학설이 있다. 그러나 헌법 제12조 제1항은 보안처분도 죄형법정주의가 적용된다 하고 있으며,[44] 공소시효도 -정치적 목적을 가지고 입법한 5·18 민주화운동 등에 관한 특별법 제2조 등에 대한 위헌제청사건을 배제하고 생각한다면- 일반적으로 잠재적 범인의 신뢰보호와 권력분립원칙상 입법권행사에는 한계가 있다는 점에서 형벌불소급원칙의 적용범위에 포함시켜야 할 것이다.

요컨대 형벌불소급원칙을 헌법에 명문으로 규정한 이유는 실질적으로 형벌권을 행사하여 기본권을 제한할 수 있는 모든 경우에 적용되어야 한다. 헌법재판소는 일찍이 보안처분인 구 사회보호법상 '보호감호'에 대하여 '상습범 등에 대한 보안처분의 하나로서 신체에 대한 자유의 박탈을 그 내용으로 하는 보호감호처분은 형벌과 같은 차원에서의 적법한 절차와 헌법 제13조 제1항에 정한 죄형법정주의의 원칙에 따라 비로소 과해질 수 있는 것이라 할 수 있고, 따라서 그 요건이 되는 범죄에 관한 한 소급입법에 의한 보호감호처분은 허용될 수 없다.'고 판시하여 '형법이 규정한 형벌' 외의 제재에 대해서도 형벌불소급원칙이 적용될 수 있음을 밝힌 바 있다(헌재결 1989. 7. 14. 88헌가5등 참조). 그 후에도 헌법재판소는 '보안처분이라 하더라도 형벌적 성격이 강하여 신체의 자유를 박탈하거나 박탈에 준하는 정도로 신체의 자유를 제한하는 경우에는 형벌불소급원칙이 적용된다.'고 판시하고 있다(헌재결 2012. 12. 27. 2010헌가82등; 2014. 8. 28. 2011헌마28등 참조). 헌법재판소는 노역장유치조항을 시행일 이후 최초로 공소제기되는 경우부터 적용하도록 한 형법 부칙

---

42) 대판 1997. 6. 13. 97도703; 헌재결 2012. 12. 27. 2010헌가82 등, 판례집 24-2하, 281.

43) 헌재결 1996. 2. 16. 96헌가2 등 - 5·18 민주화운동 등에 관한 특별법 제2조 등 위헌제청 결정에서 「공소시효는 "행위의 가벌성" 즉 형사소추가 "언제부터 어떠한 조건하에서" 가능한가의 문제에 관한 것이기에 죄형법정주의 및 형벌불소급의 원칙의 적용범위에 포함되는 것은 아니다.」고 판시하고 있다.

44) 김일수, 『형법총론』 제6판, 박영사, 70면.

제2조 제1항이 형벌불소급원칙에 위반되는지 여부에 대하여 적극적으로 판시[45]하고 있다.

따라서 형벌불소급원칙은 실체법적 형벌규정은 물론 절차법적으로 형벌선고와 관련된 규정에도 타당해야 한다고 생각한다.[46]

3. 이중처벌금지원칙과 일사부재리원칙

(1) 헌법적 근거

우리 헌법은 법적 안정성과 실질적 정의 중 전자에 중점을 두어 이중처벌금지원칙과 일사부재리원칙을 헌법 제13조 제1항 후문에서 "모든 국민은 (…) 동일한 범죄에 대하여 거듭 처벌받지 아니한다."고 규정하고 있다. 이 원칙들은 형사판결이 확정되어 기판력이 발생하면 동일한 사건에 대하여 거듭 심판할 수 없다는 것으로 죄형법정주의에 포함되는 것은 아니다. 헌법은 "동일한 범죄"가 무엇인지 정의하고 있지 않으나 이는 범죄의 성립요건 중 구성요건에 해당하는 "동일한 행위"를 의미하는 것으로, 동일한 행위인지의 여부는 기본적 사실관계가 동일한지 여부에 의하여 가려야 할 것이다.

(2) 적용범위

이중처벌금지원칙을 정한 헌법 제13조 제1항 소정의 "처벌"의 의미에 대하여 헌법재판소는 "처벌"은 원칙적으로 범죄에 대한 국가의 형벌권실행으로서의 과벌을 의미하는 것이고, 국가가 행하는 일체의 제재나 불이익처분을 모두 포함된다고 할 수는 없다[47]고 해석하고 있다. 따라서 형사처벌과 과태료,[48] 보호감호처분과 형벌의 부과,[49] 형벌과 보안처분[50]의 부과는 이중처벌금지원칙에 반하지 않는다고

---

45) 헌재결 2017. 10. 26. 2015헌바239 등, 판례집 29-2하, 17 [위헌] 형벌불소급원칙에서 의미하는 '처벌'은 형법에 규정되어 있는 형식적 의미의 형벌 유형에 국한되지 않으며, 범죄행위에 따른 제재의 내용이나 실제적 효과가 형벌적 성격이 강하여 신체의 자유를 박탈하거나 이에 준하는 정도로 신체의 자유를 제한하는 경우에는 형벌불소급원칙이 적용되어야 한다. 노역장유치는 그 실질이 신체의 자유를 박탈하는 것으로서 징역형과 유사한 형벌적 성격을 가지고 있으므로 형벌불소급원칙의 적용대상이 된다.

46) 그 밖에 실체법과 절차법은 상호 관련되어 있고 "서로 일치되는 하나의 법체계"를 형성한다는 것을 들 수 있다. 이에 관하여는 BVerfGE 86, 288(320 f.).

47) 헌재결 1994. 6. 30. 92헌바38.

48) 헌재결 1994. 6. 30. 92헌바38; 대판 1996. 4. 12. 96도158.

49) 헌재결 1996. 11. 28. 95헌바20; 1989. 7. 14. 88헌가5 등; 대판 1990. 3. 27. 90도135.

한다.

그러나 행정형벌과 행정질서벌로서 과태료를 병과하는 것은 목적과 기능이 중복되므로 이중처벌금지원칙에 반한다고 보아야 한다. 헌법재판소도[51] "다만, 행정질서벌로서의 과태료는 행정상 의무의 위반에 대하여 국가가 일반통치권에 기하여 과하는 제재로서 형벌(특히 행정형벌)과 목적·기능이 중복되는 면이 없지 않으므로, 동일한 행위를 대상으로 하여 형벌을 부과하면서 아울러 행정질서벌로서의 과태료까지 부과한다면 그것은 이중처벌금지의 기본정신에 배치되어 국가 입법권의 남용으로 인정될 여지가 있음을 부정할 수 없다."고 판시하고 있다.

(3) 실질적 기판력의 한계와 재심

이중처벌금지원칙과 일사부재리원칙은 형사판결이 확정되어 실질적 기판력이 발생하면 동일한 사건에 대하여 거듭 심판할 수 없다는 것을 목적으로 하므로 무죄나 유죄판결이 선고된 후 형사절차를 계속하는 것은 금지된다. 하지만 기판력있는 판결이 종결된 후 피고인의 이익을 위한 재심은 실질적 정의추구의 관점에서 그 사유를 한정하여(형사소송법 제420조 이하) 제도화하고 있으므로 허용된다 할 것이다. 다만 명문의 규정을 넘어 재심사유의 확대해석은 헌법상의 일사부재리원칙의 관점에서 문제가 될 수 있다.

헌법재판소는 형법상 누범가중규정(제35조)은 일사부재리원칙에 반하여 피고인의 기본권을 침해하는 것이 아니라 보고 있다.[52]

Ⅳ. 신체의 자유의 제도적·절차적 보장

1. 적법절차의 원리 - 형사법분야에서 시작하여 일반법의 입법 및 해석 원리로의 기능확대

적법절차원리는 헌법 제12조 제1항, 제3항에 근거한 것으로 원래 형사법에서 강조되었다. 하지만 오늘날 적법절차원칙은 형사소송절차에 국한하지 않고 모든 국

---

50) 헌재결 1997. 11. 27. 92헌바28.
51) 헌재결 1994. 6. 30. 92헌바38, 판례집 6-1, 619(627); 유지태/박종수, 『행정법신론』, 박영사, 2019, 418면.
52) 헌재결 1995. 2. 23. 93헌바23.

가작용에 대하여 문제된 법률의 실체적 내용이 합리성과 정당성을 갖추고 있는지 여부를 판단하는 기준으로 확대되었다.[53] 신체의 자유와 관련하여 적법절차원칙은 주로 형사소송법과 형법에서 절차 및 실체적 규정내용이 공정성·합리성·정당성에 위반되어서는 안 된다는 것으로 작용한다. 즉 원래 due process of law에서 due process of due law로 확대된 것으로 정의 관념에 합치하는 형사법일 것을 요구한다. 헌법재판소도 이를 형사절차법[54]과 실체법[55]의 위헌여부를 판단하는 기준으로 하여 다수의 결정을 하고 있다.

다른 한편 헌법재판소[56]는 적법절차원리는 절차권으로서 재판청구권에도 포함되어 있다고 판시하고 있다. 즉 "형사소송절차에서의 적법절차원리는 형사소송절차의 전반을 기본권 보장의 측면에서 규율하여야 한다는 기본원리를 천명하고 있는 것으로 이해하여야 하므로, 결국 포괄적, 절차적 기본권으로 파악되고 있는 재판청구권의 보호영역과 사실상 중복되는 것이어서, 공정한 재판을 받을 권리의 침해 여부에 대한 판단 속에는 적법절차원리 위반 여부에 대한 판단까지 포함되어 있다."

2. 법률주의

법률주의는 헌법 제12조 제1항에서 "누구든지 법률에 의하지 아니하고는 체포·구속·압수·수색 또는 심문을 받지 아니하며, 법률과 적법한 절차에 의하지 아니하고는 처벌·보안처분 또는 강제노역을 받지 아니한다."라고 규정하여 법률에 의한 강제처분과 처벌을 정당화하고 있다. 하지만 전술한 바와 같이 죄형법정주의에서 법률은 형식적 의미의 법률에 국한하지 않고 헌법 제37조 제2항의 기본권제한입법도 본질사항에 대한 의회유보하에 위임입법, 조례에 의한 처벌도 예외적으로 허용될 수 있다.[57] 그 예외의 기준으로 헌법재판소는 "헌법 제75조는 위임입법의 필요

---

53) 헌재결 1992. 12. 24. 92헌가8 등 참조.
54) 헌재결 1997. 5. 29. 96헌가17; 1996. 12. 26. 94헌바1; 1993. 12. 23. 93헌가2; 1992. 12. 24. 92헌가8 결정 등 다수.
55) 헌재결 1995. 3. 23. 92헌가14 – 노동조합법 제46조; 1989. 7. 14. 88헌가5등 (병합)결정 – 사회보호법 제5조 제1항; 헌재결 1997. 8. 21. 93헌바60의 다수의견에 대한 반대의견(김문희, 황도연)에서 강도상해죄(형법 제337조)의 법정형 하한이 적법절차를 위반하였다는 주장이 있다.
56) 헌재결 2018. 8. 30. 2016헌마344 등, 판례집 30-2, 516; 2012. 5. 31. 2010헌바403; 2013. 8. 29. 2011헌바253등 참조
57) 군행형법 제15조는 제2항에서 수용자의 면회는 교화 또는 처우상 특히 부적당하다고 인정되는 사유가 없는 한 이를 허가하여야 한다고 규정하여 면회의 횟수를 제한하지 않는 자유로

성을 인정하면서 동시에 그 범위와 한계를 정하고 있다. 즉 법률의 대통령령에 대한 위임은 반드시 구체적·개별적으로 한정된 사항에 대하여 행하여져야 하고 일반적·포괄적인 위임을 하여서는 아니된다. 특히 우리 헌법 제12조 및 제13조에서 천명하고 있는 죄형법정주의 원칙상 처벌법규에 관한 위임입법은 특히 긴급한 필요가 있거나 미리 법률로써 자세히 정할 수 없는 부득이한 사정이 있는 경우에 수권법률에 처벌대상인 행위가 어떠한 것일 거라고 예측할 수 있을 정도로 구체적으로 규정되고 형벌의 종류 및 그 상한과 폭이 명백하여야만 죄형법정주의에 반하지 않는다."고 판시[58]하고 있다.

3. 영장주의

헌법은 제12조 제3항에서 영장주의에 관하여 "체포·구속·압수 또는 수색을 할 때에는 적법한 절차에 따라 검사의 신청에 의하여 법관이 발부한 영장을 제시하여야 한다."라고 규정하고 있다. 신체의 자유에 대한 강제처분에는 법률유보가 아닌 법관유보에 의한 사전영장주의를 원칙으로 하고 있다. 이는 행정부에 의한 기본권침해를 사전에 예방하기 위하여 권력분립원칙에 의하여 사법부의 독립적인 판단에 의해서만 강제처분이 허용되는 것을 의미한다. 따라서 사전영장주의에 대한 예외로서 현행범과 장기 3년 이상의 해당하는 죄를 범하고 도피 또는 증거인멸의 염려(제12조 제3항 단서)가 있는 준현행범에 대한 판단은 엄격하게 해야 한다.

헌법재판소는 디엔에이감식시료채취 영장 발부 절차 사건[59]에서 신체의 자유,

운 면회를 전제로 하면서, 제6항에서 "면회에의 참여……에 관하여 필요한 사항은 대통령령으로 정한다."라고 규정함으로써, 면회에의 참여에 관한 사항만을 대통령령으로 정하도록 위임하고 있고 면회의 횟수에 관하여는 전혀 위임한 바가 없다. 따라서 이 사건 시행령규정이 미결수용자의 면회횟수를 매주 2회로 제한하고 있는 것은 법률의 위임 없이 접견교통권을 제한하는 것으로서, 헌법 제37조 제2항 및 제75조에 위반된다. 헌재결 2003. 11. 27. 2002헌마193, 판례집 15-2하, 311.

58) 헌재결 2004. 9. 23. 2002헌가26, 판례집 16-2, 394, 399; 1995. 10. 26. 93헌바62, 판례집 7-2, 419, 429; 1996. 2. 29. 94헌마213, 판례집 8-1, 147, 158~159.

59) 디엔에이감식시료채취영장이 발부된 경우에는 이 사건 영장절차 조항은 물론 디엔에이법상 그에 대하여 불복할 수 있는 규정이 마련되어 있지 않아 영장의 집행에 의하여 디엔에이감식시료가 채취되어 데이터베이스에 디엔에이신원확인정보가 수록되는 것을 감수할 수밖에 없고, 나아가 이러한 경우 어떠한 절차를 거쳐 그 채취행위의 위법성 확인을 청구할 수 있는지도 불분명하다. 이에 따라 디엔에이감식시료채취영장이 집행되어 디엔에이감식시료를 채취당한 대상자는 자신의 디엔에이신원확인정보가 데이터베이스에 수록되어 범죄수사 내지 예방의 용도로 이용되는 것을 수인할 수밖에 없는 상태에 놓이게 된다. 더욱이 이 사건 삭제

개인정보자기결정권 등의 기본권이 제한될 것인지 여부가 결정되는 중대한 문제로 보고 법관유보의 영장발부절차의 중요성을 판시하고 있다.

4. 변호인의 조력을 받을 권리

헌법 제12조 제4항은 "누구든지 체포 또는 구속을 당한 때에는 변호인의 조력을 받을 권리를 가진다."고 규정하고 있다. 헌법재판소[60]는 변호인의 조력을 받을 권리에 대하여 "무죄추정을 받고 있는 피의자·피고인에 대하여 신체구속의 상황에서 생기는 여러 가지 폐해를 제거하고 구속이 그 목적의 한도를 초과하여 이용되거나 작용하지 않게끔 보장하기 위한 것으로 여기의 '변호인의 조력'은 '변호인의 충분한 조력'을 의미한다."고 하며 변호인의 접견권은 헌법 제37조 제2항에 의해서도 제한할 수 없는 절대적 기본권으로서 변호인과 피의자의 접견시 수사관입회는 위헌으로 판시하였다. 변호인의 조력을 받을 권리는 구속[61] 및 불구속 피의자·피고인에게 포괄적으로 인정되는 기본권[62]이며 변호인의 수사서류열람·등사권은 변호인의 조력을 받을 권리의 구성요소[63]로서 기소 전 체포·구속적부심단계에서의 수사기록열람·등사청구거부,[64] 법원의 수사서류 열람·등사 허용 결정 이후 해당 수사서류에 대한 열람은 허용하고 등사만을 거부한 행위[65]도 위헌이라 하였다. '미결수용자가 변호인에게 보내는 서신'은 '절대적 검열금지'의 대상으로 이를 무봉함 제

조항에 따르면 채취대상자로서는 특별한 사정이 없는 한 사망 시까지 자신의 디엔에이신원확인정보를 데이터베이스에서 삭제할 것을 청구할 방법이 없다. 따라서 디엔에이감식시료채취영장이 집행되기 전에 그 영장 발부에 대하여 불복할 수 있는 기회를 주거나, 집행된 이후에 채취행위의 위법성 확인을 청구할 수 있도록 하는 등의 실효성 있는 구제절차를 마련할 필요가 있다. 디엔에이감식시료채취영장에 따른 디엔에이감식시료 채취 및 등록 과정에서 채취대상자는 신체의 자유, 개인정보자기결정권 등 기본권을 제한받게 된다. 그럼에도 불구하고 이 사건 영장절차 조항이 채취대상자에게 디엔에이감식시료채취영장 발부 과정에서 자신의 의견을 진술할 수 있는 기회를 절차적으로 보장하고 있지 않을 뿐만 아니라, 발부 후 그 영장 발부에 대하여 불복할 수 있는 기회를 주거나 채취행위의 위법성 확인을 청구할 수 있도록 하는 구제절차마저 마련하고 있지 않음으로써, 채취대상자의 재판청구권은 형해화되고 채취대상자는 범죄수사 내지 예방의 객체로만 취급받게 된다. 헌재결 2018. 8. 30. 2016헌마344 등, 판례집 30-2, 516(536).

60) 헌재결 1992. 1. 28. 91헌마 111.
61) 대결 2003. 11. 11. 2003모402.
62) 헌재결 2004. 9. 23. 2000헌마138, 판례집 16-2상, 543.
63) 헌재결 2010. 6. 24. 2009헌마257, 판례집 22-1하, 621.
64) 헌재결 2003. 3. 27. 2000헌마474.
65) 헌재결 2017. 12. 28. 2015헌마632, 판례집 29-2하, 417.

출하도록 하는 것[66]과 변호인이 피의자신문에 자유롭게 참여할 수 있는 권리로서 피의자신문에 참여한 변호인인 청구인에게 피의자 후방에 앉으라고 요구한 행위[67]도 같은 이유로 위헌이라 하였다. 하지만 CCTV 관찰행위, 서류 확인 및 등재행위[68]는 변호인의 조력을 받을 권리에 대한 정당한 제한으로 판시하였다.

5. 체포 · 구속적부심사제와 체포 · 구속이유 등 고지제도

헌법 제12조 제6항과 제5항에서 체포 · 구속적부심사제와 체포 · 구속이유 등 고지제도를 규정하고 있다. 이는 신체의 자유의 절차적 보장에 관한 제도로서 사적 자치에 의한 기본권포기의 대상이 될 수 없다. 국가권력은 절차적 정당성을 준수해야 하고 부당결부도 금지되기 때문이다. 체포 · 구속적부심사제와 체포 · 구속이유 등 고지를 포기하는 것은 국가의 객관적인 기본권의 보장의무를 이행하지 않는 것으로 포기의 효력은 발생하지 않는다고 할 수 있다.

6. 자백의 증거능력제한

'자백은 증거의 왕'이라는 표현이 있듯이 자백강요수사는 오랜 수사기관의 관행이었다. 이러한 불합리한 관행을 제거하기 위하여 증거재판주의에 의하여 임의성 없는 자백의 증거능력을 제한하는 규정을 헌법 제12조 제7항과 형사소송법 제309조에서 마련하였다.

현행법상 임의성 없는 자백으로 의제되는 것은 고문 · 폭행 · 협박 · 신체구속의 부당한 장기화로 인한 자백, 기망 기타 방법에 의한 자백을 말한다(헌법 제12조 제7항, 형사소송법 제309조). 전자는 강요된 자백의 예시이고, 후자는 유도적 방법에 의한 자백을 말한다. 고문 · 협박 등과 자백 사이에 인과관계의 존재를 요하는가에 관해서는 적극설과 소극설이 대립되고 있으나, 대법원[69]은 적극설의 태도를 취하고 있다. 또한 임의성에 대한 입증책임은 증거능력있는 자백으로 인정받으려는 검사가 부담해야 한다. 임의성 없는 자백의 증거능력을 부정하는 취지가 허위진술을 유발 또는 강요할 위험성이 있는 상태하에서 행하여진 자백은 그 자체로 실체적 진실에

---

66) 헌재결 2012. 2. 23. 2009헌마333, 판례집 24-1상, 280 - 이동흡의 한정위헌의견.
67) 헌재결 2017. 11. 30. 2016헌마503, 판례집 29-2하, 224.
68) 헌재결 2016. 4. 28. 2015헌마243, 판례집 28-1하, 122
69) 대판 1998. 4. 10. 97도3234.

부합하지 아니하여 오판의 소지가 있을 뿐만 아니라 그 진위 여부를 떠나서 자백을 얻기 위하여 피의자의 기본권을 침해하는 위법·부당한 압박이 가하여지는 것을 사전에 막기 위한 것이기 때문이다.

7. 불리한 진술을 거부할 수 있는 권리(진술거부권)

(1) 연혁과 헌법상 의의

진술거부권은 1962년 제5차 개정헌법 제10조 제2문에서 처음으로 규정된 이래 지금까지 동일한 문언으로 유지되고 있다. 진술거부권은 1791년 미국수정헌법 제5조의 자기부죄거부의 특권(privilege of self-incrimination)에서 유래한 것이다. 독일헌법이나 유럽인권협약에서는 명문의 규정을 찾아볼 수 없지만 법치국가원리나 인격권, 공정한 재판을 받을 권리에 내재한 것으로 보고 있다.

진술거부권은 헌법 제12조 제2항에서 "모든 국민은 고문을 받지 아니하면, 형사상 자기에게 불리한 진술을 강요당하지 아니한다."고 하여 진술을 거부할 수 있는 권리, 즉 묵비권을 보장하고 있다. 진술거부권을 헌법상 기본권으로 명문화한 이유는 인간의 존엄과 가치를 보장하고 형사절차에서 수사기관과 대등한 당사자로서 변호인의 조력을 받을 권리와 병행하여 무기평등의 원칙을 실현하려는 법치국가원리의 표현이라 할 수 있다.70)

(2) 적용범위

헌법상 진술거부권은 형사책임에 관하여 자신에게 불이익한 진술71)을 강요당

---

70) 진술거부권을 국민의 기본적 권리로 보장하는 것은 첫째, 피고인 또는 피의자의 인권을 실체적 진실발견이나 사회정의의 실현이라는 국가이익보다 우선적으로 보호함으로써 인간의 존엄성과 가치를 보장하고, 나아가 비인간적인 자백의 강요와 고문을 근절하려는데 있고(헌재결 1990. 8. 27. 89헌가118 참조), 둘째, 피고인 또는 피의자와 검사 사이에 무기평등(武器平等)을 도모하여 공정한 재판의 이념을 실현하려는 데 있다. 헌재결 1997. 3. 27. 96헌가11, 판례집 9-1, 245(256).

71) 여기서 "진술"이라 함은 생각이나 지식, 경험사실을 정신작용의 일환인 언어를 통하여 표출하는 것을 의미하는데 반해, 도로교통법 제41조 제2항에 규정된 음주측정은 호흡측정기에 입을 대고 호흡을 불어넣음으로써 신체의 물리적, 사실적 상태를 그대로 드러내는 행위에 불과하므로 이를 두고 "진술"이라 할 수 없고, 따라서 주취운전의 혐의자에게 호흡측정기에 의한 주취여부의 측정에 응할 것을 요구하고 이에 불응할 경우 처벌한다고 하여도 이는 형사상 불리한 "진술"을 강요하는 것에 해당한다고 할 수 없으므로 헌법 제12조 제2항의 진술거부권조항에 위배되지 아니한다. 헌재결 1997. 3. 27. 96헌가11, 판례집 9-1, 245(255).

하지 아니할 것을 국민의 기본권으로 보장하고 있다. 진술거부권은 형사절차뿐만 아니라 행정절차나 국회에서의 조사절차 등에서도 보장되고, 현재 피의자나 피고인으로서 수사 또는 공판절차에 계속 중인 사람뿐만 아니라 장차 피의자나 피고인이 될 사람에게도 보장된다.[72] 또한 진술거부권은 고문 등 폭행에 의한 강요는 물론 법률로써도 형사상 진술을 강요당하지 아니함을 의미한다. 헌법재판소도 유사석유제품을 제조하여 조세를 포탈한 자를 처벌하도록 규정한 구 조세범 처벌법조항에 대한 위헌소원결정[73]에서 "'대체유류'를 제조하였다고 신고하는 것이 곧 석유사업법위반죄를 시인하는 것이나 마찬가지라고 할 수 없고, 신고의무 이행 시 과세절차가 곧바로 석유사업법위반죄의 처벌을 위한 자료의 수집·획득 절차로 이행되는 것도 아니므로, 교통·에너지·환경세 등의 납부 의무가 발생하고 그 세금을 신고·납부기한 내에 납부하지 아니하는 등의 사유로 심판대상조항에 따라 처벌된다고 하더라도 이를 두고 심판대상조항이 형사상 불리한 진술을 강요하는 것이라고 볼 수 없다."고 판시하고 있다.

진술거부권은 소극적으로 진술을 거부할 권리를 의미하고, 적극적으로 허위의 진술을 할 권리까지 보장하는 것은 아니다.[74]

(3) 상대적 기본권과 제한

진술거부권은 자연법에 근거한 인권적 속성을 갖지만 다른 기본권과 마찬가지로 상대적 기본권이다. 규정형식상 금지규정으로 되어 있더라도 형사소송법상 자유심증주의(제308조)에 의하여 제한될 수 있기 때문이다. 따라서 진술거부권은 헌법 제37조 제2항에 의하여 법률유보에 의한 제한 가능한 기본권이다.[75]

---

72) 김현귀, 『헌법상 진술거부권』, 헌법재판연구원, 헌법이론과 실무 2017-A-2, 52면.
73) 헌재결 2017. 7. 27. 2012헌바323, 판례집 29-2상, 24
74) 헌재결 2015. 9. 24. 2012헌바410, 판례집 27-2상, 528(534). 다른 견해로 정종섭, 『헌법학원론』, 532면. 허위진술의 경우 가중적 양형조건으로 참작할 수 있다는 대판 2001. 3. 9. 2001도192.
75) 김현귀, 전게논문, 63면.

제
4
장

인격과 사생활의 보호

제 1 절 일반적 인격권

I. 기본권체계에서 일반적 인격권의 기능

일반적 인격권은 일반적 행동자유권과 함께 행복추구권(헌법 제10조)에서 파생한 기본권이다. 일반적 인격권은 개인의 행동보호의 전제로서 인간의 순결성을 보호내용으로 한다. 일반적 행동자유권과는 병존관계에 있다. 일반적 행동자유권은 보호범위가 인격발현을 위한 행동영역으로 제한되어 있는 반면에 일반적 인격권은 보호범위가 한정되어 있지 않다. 즉 일반적 인격권은 인격발현을 위해 제한된 영역을 구획하여 보호하는 특별인격권, 예컨대, 사생활의 자유, 개인정보자기결정권, 인간의 존엄에 내재한 절대적 인격권 등과 달리 특별한 보호영역을 갖지 않는 나머지 인격보호를 위해 인간의 존엄 및 가치와 연계하여 도출한 기본권이다. 인간의 존엄 및 가치와 연계한 이유는 인간의 행동이 아니라 인간의 존엄을 보호하는 데 목적이 있기 때문이다. 대법원이나 헌법재판소도 일반적 인격권은 인간의 행동이 아니라 인격발현의 다양한 방식으로 나타나 즉 자기결정권, 자기유지와 표현권 등을 보호내용으로 한다고 본다.

Ⅱ. 보호내용

1. 자기결정권

일반적 인격권은 스스로의 동일성을 결정할 수 있도록 각 개인의 자기결정권
을 보호한다. 이에는 각 개인에게 고유한 동일성을 확인하는 권리와 동일성형성과
동일성주장에 대하여 침해당하지 않을 자유를 포함한다. 예컨대, 성전환자의 호적
정정청구권,[1] 자기운명결정권, 성적 자기결정권,[2] 연명치료중단 자기결정권,[3] 개
인정보자기결정권[4] 등이다.

2. 자기유지권

일반적 인격권은 각 개인에게 사회적으로나 장소적으로도 단절되어 침잠하며
홀로 있을 자기유지권을 보호한다. 예컨대, 환자와 의사간에 신뢰할 수 있는 관계
에서 작성된 진료기록, 일기장기록, 수사기록, 배아생성자의 배아에 대한 관리처분
권[5] 등이다.

자기유지권에 관하여 공적영역과 내밀한 영역으로 구분하여 후자의 경우에는
엄격한 비례의 원칙, 즉 절대적 본질내용침해금지원칙을 적용하여야 한다는 영역이

---

1) 성전환자도 인간으로서의 존엄과 가치를 향유하며 행복을 추구할 권리와 인간다운 생활을
할 권리가 있고 이러한 권리들은 질서유지나 공공복리에 반하지 아니하는 한 마땅히 보호받
아야 한다(헌법 제10조, 제34조 제1항, 제37조 제2항). 대판 2006. 6. 22.자, 2004스42, 전원
합의체.

2) 헌법 제10조는 개인의 인격권과 행복추구권을 보장하고 있고, 인격권과 행복추구권은 개인
의 자기운명결정권을 전제로 한다. 이 자기운명결정권에는 성행위 여부 및 그 상대방을 결정
할 수 있는 성적 자기결정권이 포함되어 있으므로, 심판대상조항은 개인의 성적 자기결정권
을 제한한다. 헌재결 2015. 2. 26. 2009헌바17 - 형법 제241조(간통죄); 2009. 11. 26. 2008
헌바58 - 형법 제305조(혼인빙자간음죄).

3) 헌재결 2009. 2. 26. 2005헌마764, 판례집 21-1상, 156 이하.

4) 헌재결 2005. 7. 21. 2003헌마282, 판례집 17-2, 81 이하.

5) 배아는 정자 및 난자의 제공과 그 결합에 의해 생성되므로, 정자 및 난자 제공자는 배아생성
자라 일컬을 수 있다. 배아생성자는 배아에 대해 자신의 유전자정보가 담긴 신체의 일부를
제공하고, 또 배아가 모체에 성공적으로 착상하여 인간으로 출생할 경우 생물학적 부모로서
의 지위를 갖게 되므로, 배아의 관리 또는 처분에 대한 결정권을 가진다고 할 것이다. 이러
한 배아생성자의 배아에 대한 결정권은 헌법상 명문으로 규정되어 있지는 아니하지만, 헌법
제10조로부터 도출되는 일반적 인격권(헌재결 1990. 9. 10. 89헌마82, 판례집 2, 306, 310;
2003. 6. 26. 2002헌가14, 판례집 15-1, 624, 642 등 참조)의 한 유형으로서의 헌법상 권리라
할 것이다. 헌재결 2010. 5. 27. 2005헌마346, 판례집 22-1하, 275(295).

론이 주장되고 있다. 그러나 공적영역과 내밀한 영역의 구분도 상대적이고, 내밀한 영역이란 개념도 불명확하여 소송절차나 보다 큰 공익이 있을 경우에는 제한가능한 것이라고 보아야 한다.

헌법재판소도 "배아생성자의 자기결정권도 일반적인 기본권 제한의 경우와 마찬가지로 국가안전보장·질서유지 또는 공공복리를 위하여 필요한 경우에는 그 본질적 내용을 침해하지 않는 범위 내에서 법률로써 제한이 가능하다. 배아의 경우 형성 중에 있는 생명이라는 독특한 지위로 인해 국가에 의한 적극적인 보호가 요구된다는 점, 배아의 관리·처분에는 공공복리 및 사회 윤리적 차원의 평가가 필연적으로 수반되지 않을 수 없다는 점에서도 그 제한의 필요성은 크다고 할 것이다. 그러므로 배아생성자의 배아에 대한 자기결정권은 자기결정이라는 인격권적 측면에도 불구하고 배아의 법적 보호라는 헌법적 가치에 명백히 배치될 경우에는 그 제한의 필요성이 상대적으로 큰 기본권이라 할 수 있다."고 판시[6]하고 있다.

3. 자기표현권

일반적 인격권은 각 개인의 공개적인 표현수단을 훼손, 왜곡, 변조하거나 동의 없이 은밀하게 도용하는 것에 대한 방어 수단으로서 자기표현권을 보호한다.

(1) 초상권, 음성권, 성명권

모든 국민은 일반적 인격권으로서 초상권을 갖는다. 유명인의 사진이라도 허락 없이 전시하는 것, 특히 상업적 목적으로 이용하는 것은 안 된다. 초상이나 성명 등 자기동일성이 가지는 경제적 가치를 상업적으로 사용하고 통제할 수 있는 배타적 권리를 퍼블리시티권이라고도 한다.[7] 사자의 초상권은 인간의 존엄과 밀접하여 특별한 보호가 요청된다. 하지만 시사적인 인물의 초상은 공익적 목적으로 이용할 수도 있다.

법원조직법은 "법정 안에서 재판장의 허가 없이 녹화, 중계방송, 촬영행위를

---

6) 헌재결 2010. 5. 27. 2005헌마346, 판례집 22-1하, 275(296).
7) 퍼블리시티권은 이를 명시적으로 규정한 실정법이 존재하지는 않으나, 헌법상의 행복추구권과 인격권의 한 내용을 이루는 성명권에는 사회통념상 특정인임을 알 수 있는 방법으로 성명이 함부로 영리에 사용되지 않을 권리가 포함된다고 할 것이라고 판시한 서울서부지법 2010. 4. 21. 2010카합245 결정 - 영문이니셜 등 사용금지가처분신청(프로야구선수 퍼블리시티권 사건).

하지 못한다(제59조)"고 하여 소송절차에서의 초상권을 보호하고 있다. 미공개의 음성권도 자기표현권으로 보호된다. 통신비밀보호법은 "공개되지 아니한 타인간의 전화통화는 녹음하지 못한다(제3조)."고 하고 있다. 성명권은 개인의 정체성과 개별성을 나타내는 자기표현의 상징으로서 인격권으로 보호된다. 대법원8)은 성명권의 기초가 되는 개명허가기준에 대하여 주관적인 본인의사를 기준으로 원칙적으로 개명을 허가하는 기준을 제시하고 있다.

(2) 명예권

명예는 사람이나 그 인격에 대한 '사회적 평가'로서 일반적 인격권에는 명예권도 포함된다. 헌법 제21조 제4항에서 민주주의 여론형성기능을 하는 표현의 자유의 직접적 대사인적 효력 내지 가중적 법률유보사항으로도 타인의 명예를 명시하여 그 중요성을 방증하고 있다. 이와 같이 명예권은 국가권력에 의한 방어보다 제3자에 의한 침해가 대부분으로 국가의 보호의무가 중요하다. 방송이나 언론의 마녀사냥(Medienpranger)은 낙인효과를 갖는 것으로 민법(제750조 이하)에서는 손해배상청구권을, 형법(제309조, 제310조)에서는 명예훼손죄로 처벌하고, 언론중재법(제14조)에서는 무과실책임으로 명예를 보호하고 있다. 다만 표현의 자유, 알권리와 명예, 인격권이 충돌하는 경우에는 민주주의의 여론형성기능을 하는 표현의 자유의 우월성을 인정하는 경향이 일반적이다.

예컨대 정치인의 직무상 직무수행을 위한 공개대담이나 불법적인 정치음모에 대한 보도는 비밀리에 행하여진 것이라도 보다 우월한 공익목적을 인정하여 명예

---

8) 개인의 의사 이름(성명)은 특정한 개인을 다른 사람으로부터 식별하는 표지가 됨과 동시에 이를 기초로 사회적 관계와 신뢰가 형성되는 등 고도의 사회성을 가지는 일방, 다른 한편 인격의 주체인 개인의 입장에서는 자기 스스로를 표시하는 인격의 상징으로서의 의미를 가지는 것이고, 나아가 이름(성명, 이하에서는 '이름'이라고 한다)에서 연유되는 이익들을 침해받지 아니하고 자신의 관리와 처분 아래 둘 수 있는 권리인 성명권의 기초가 되는 것이며, 이러한 성명권은 헌법상의 행복추구권과 인격권의 한 내용을 이루는 것이어서 자기결정권의 대상이 되는 것이므로 본인의 주관적인 의사가 중시되어야 하는 것이다. (…) 따라서 개명허가 여부를 결정함에 있어서는 이름이 가지는 사회적 의미와 기능, 개명을 허가할 경우 초래될 수 있는 사회적 혼란과 부작용 등 공공적 측면뿐만 아니라, 개명신청인 본인의 주관적 의사와 개명의 필요성, 개명을 통하여 얻을 수 있는 효과와 편의 등 개인적인 측면까지도 함께 충분히 고려되어야 할 것이다. 개명을 허가할 만한 상당한 이유가 있다고 인정되고, 범죄를 기도 또는 은폐하거나 법령에 따른 각종 제한을 회피하려는 불순한 의도나 목적이 개입되어 있는 등 개명신청권의 남용으로 볼 수 있는 경우가 아니라면, 원칙적으로 개명을 허가함이 상당하다고 할 것이다. 대결 2005. 11. 16.자 2005스26.

권침해로 보지 않는다. 국가기관의 범죄자 신상공개제도에 대하여도 헌법재판소[9]는 인격권침해로 판시하지 않았다. 하지만 파파라치가 유명인의 사생활을 보도하는 것에 대하여는 유럽인권재판소가 유럽인권헌장 제8조의 사생활의 비밀과 주거·통신의 비밀에 관한 규정을 근거로 인권침해로 판시하였다.

명예권에 의하여 보호되는 '명예'는 스스로 평가하는 주관적·내적 명예가 아닌 소위 세간의 평판이라고 하는 객관적·외적 명예를 말한다. 왜냐하면, 헌법이 인격권으로 보호하는 명예의 개념을 사회적·외부적 징표에 국한하지 않는다면 주관적이고 개별적인 내심의 명예감정까지 명예에 포함되어 모든 주관적 명예감정의 손상이 법적 분쟁화될 수 있기 때문이다. 따라서 주관적·내면적·정신적 사항은 객관성과 구체성이 미약한 것이므로 법적인 개념이나 이익으로 파악하는 데는 대단히 신중을 기해야 한다.[10]

이러한 점에서 공적 인물의 가공된 명예라도 보호대상이 된다. 이전투구의 비방이라도 정당성이 인정된다. 정치인의 언어는 투쟁문화에서 나온 것으로 진지하게 평가하여야 한다. 다만 정치인의 명예라 하더라도 보통사람과 같은 정도의 보호를 받는 것이지 특별한 보호를 받는 것은 아니다.

Ⅲ. 법적 성격

1. 방어권

일반적 인격권은 국가의 침해로부터의 방어권적 성격을 갖는다. 예컨대, 신상공개제도, 공표, 경고 등 행정지도에 의한 인격권침해가 그것이다. 이에 대하여는 행정소송이나 불법한 공권력행사에 대하여는 국가배상청구권의 행사도 가능하다.

2. 보호의무

인격권은 제3자인 사인에 의한 침해가 일반적이다. 국가는 이에 대하여 피해자의 기본권보호의무를 이행하여야 한다. 민법상 손해배상청구권, 형법에서 명예훼

---

9) 헌재결 2013. 10. 24. 2011헌바106 등, 판례집 25-2하, 156; 2016. 12. 29. 2015헌바196·222·343(병합).
10) 헌재결 2010. 11. 25. 2009헌마147, 판례집 22-2하, 480; 2005. 10. 27. 2002헌마425, 판례집 17-2, 311, 319~320 참조.

손죄, 언론중재법의 무과실책임이 그것이다. 입법의 하자에 대하여는 헌법재판소에
헌법소원이나 위헌법률심판을 청구할 수 있다.

Ⅳ. 주체

인격권은 인간의 존엄과 밀접성으로 인하여 외국인을 포함한 자연인이 주체
다. 하지만 법인도 사회적 인격체로서 성명권, 명예권, 성명이나 초상의 상업적 이
용에 대한 배타적 권리인 퍼블리시티권의 주체가 될 수 있다.

Ⅴ. 제한과 정당성

일반적 인격권이 인간의 존엄과 밀접하다고 하더라도 이는 그 도출의 근거로
기능할 뿐 인간의 존엄과 구별되는 행복추구권에 내재한다. 따라서 일반적 행동자
유권과 마찬가지로 헌법 제37조 제2항에 의한 제한가능한 상대적 기본권이다. 그
정당성판단도 법률유보와 비례의 원칙에 의해 침해여부를 판단한다.

제 2 절   사생활의 비밀과 자유

Ⅰ. 기본권체계에서 사생활의 비밀과 자유의 기능

1. 연혁

사생활의 비밀과 자유에 관하여 헌법 제17조에서 "모든 국민은 사생활의 비밀
과 자유를 침해받지 아니한다."라고 규정하고 있다. 이는 인간의 존엄성과 행복추
구권을 실질적으로 보장하기 위하여 사생활의 영역을 내용적으로 보장하는 기능을
가진다. 이는 1980년 제5공화국 헌법에서 최초로 규정하고 현행헌법에서도 동일한
내용으로 유지하고 있다. 비교법적으로 보면 사생활의 비밀과 자유는 일본, 독일과
미국헌법에서는 명문으로 규정하고 있지 않아 판례상 행복추구권(일본헌법 제13

조),[11] 인격권(독일헌법 제2조 제1항)[12]이나 수정헌법 제14조(적법절차조항)[13]에서 근거한 것으로 판시하고 있다.

2. 사생활의 비밀과 자유와 인격권, 주거·통신의 자유 및 개인정보자기결정권과의 관계

헌법 제10조 행복추구권에서 파생한 인격권은 생명, 신체, 건강, 초상, 명예, 성명, 사생활 등 공적·사적생활을 망라하는 넓은 의미의 일반적 인격권이다. 이러한 점에서 사생활의 비밀과 자유도 인격권에 속하지만 사적 생활에 관한 인격권을 보호하는 점에서 좁은 의미의 특별인격권이다. 또한 사생활의 비밀과 자유는 넓은 의미에서 프라이버시권에 속하는 기본권으로 주거의 자유, 통신의 자유에 대하여 일반적 프라이버시권의 성격을 갖는다. 주거의 자유, 통신의 자유는 특별한 사적 영역으로 헌법에서 개별적인 기본권으로 보호하므로 사생활의 비밀과 자유와는 특별과 일반기본권의 관계에 있다.[14]

사생활의 비밀과 자유와 개인정보자기결정권의 관계는 사생활에 속하는 사항들은 많은 경우 개인정보에 포섭될 수 있는 점에서는 일반과 특별기본권의 관계에 있다고 볼 여지도 있다. 하지만 개인정보에는 사생활과 관련 없는 정보, 예컨대, 공무원의 국적, 나이, 성별 등은 이름이나 주민등록번호 등과 관련될 때 그 공무원을 식별할 수 있는 개인정보라 할 수 있다. 이러한 점에서 사생활의 비밀과 자유와 개인정보자기결정권의 관계는 상호 별개의 독자적인 기본권이라 할 수 있다.

Ⅱ. 헌법적 성격

1. 학설

(1) 방어권과 보호의무설

사생활의 비밀과 자유는 기본권체계에서 국가로부터의 소극적인 방어권의 성

---

11) 김철수, 『학설판례 헌법학(상)』, 839면.
12) BVerfG 6, 31(41); 27, 1(6;) 101, 364(382 f.).
13) 1868년의 수정헌법 제14조(적법절차조항)에 따른 보호를 받는다는 Griswold v. Connecticut, 381U.S.479(1965).
14) 헌재결 2001. 3. 21. 2000헌바25, 판례집 13-1, 652, 658 참조.

격을 갖는다. 국가는 또한 폭력독점이론에 의하여 제3자의 사생활침해에 대한 보호
의무를 부담한다. 예컨대, 형법에서는 비밀침해죄(제316조), 권리행사방해죄(제323
조), 강요죄(제324조) 등을 민법에서는 불법행위로 인한 명예나 정신적 고통 등 재
산 이외의 손해에 대한 배상청구권(제751조) 등이 이에 해당된다.

(2) 방어권 및 청구권의 복합설

프라이버시권에 속하는 사생활의 비밀과 자유는 '혼자 있을 권리'로서 소극적
인 방어권에 국한되지 않고 '자기정보에 대한 적극적인 통제권을 포함하는 청구권
적 성격을 갖고 있다. 사생활의 비밀과 자유는 인간의 존엄 및 가치에 기초한 인권
적인 성격과 자유권적 성격 및 이의 보호를 위한 청구권적 성격을 갖는다15)는 주
장이다. 이러한 점에서 개인정보자기결정권도 사생활의 비밀과 자유의 보호내용에
속한다고 한다.

2. 사견

사생활의 비밀과 자유의 복합설은 미국연방대법원의 프라이버시권을 도출한
판례를 우리 헌법이론에 도입한 학설로 기본권체계를 고려하여 명문규정을 해석하
지 않는 점, 사생활의 비밀과 자유 이외에도 신체의 자유, 학문의 자유 등 개별기본
권도 인간의 존엄 및 가치에 기초한 기본권이지만 방어권적 성격만 인정하고 있는
점16), 사생활에 관한 정보에는 공적 생활에 관한 정보가 포함되지 않아 개인정보자
기결정권의 보호대상을 협소하게 파악하는 문제점이 있다. 이러한 이유에서 방어권
과 보호의무설이 타당하다.

Ⅲ. 보호범위

1. 보호대상으로서 사생활의 범위

사생활의 범위 내지 영역에 대하여는 그 포괄성으로 인하여 이를 파악하기 위
한 다음 네 가지 이론이 주장되고 있다.17) 첫째, 개인의 사생활영역을 내밀한 영역,

---

15) 권영성, 『헌법학원론』, 453면; 성낙인, 『헌법학』, 1355면.
16) 권영성, 『헌법학원론』, 416면; 성낙인, 『헌법학』, 1243면.
17) K. Stern, Das Staatsrecht der Bundesrepublik Deutschland, Bd. Ⅳ/1, München, S. 207;

사적영역, 사회적 영역 등으로 구분하고 인간과의 밀접성에 따라 다양한 인격보호 강도를 갖는다는 영역론이다. 둘째, 과장, 가정주부, 정당원 등과 같이 사회공동체 에서 각자의 역할을 하는 해당인물을 중심으로 사생활의 범위를 구분하는 역할론 이다. 셋째, 사생활영역은 외부를 향한 자기표현을 보호하는 것, 즉 사적 정보를 누 구에게 언제 전달할지를 '결정하는 자유'를 보호하는 데 중점이 있는 자치적 자기표 현이론이다. 넷째, 사생활영역이란 인간의 사회화와 인격형성의 포괄적 조건으로서 소통의 완전성을 보호하는 것이라는 소통론이다.

사생활영역을 개념정의하는 위 네 가지 이론은 어느 것도 만족스럽지 못하다. 다만 공적 관련성이 없는 영역이 사생활이라는 것은 분명하다. 통설에 의하면 외부 세계와 단절되어 방해받지 않고 침잠할 수 있는 '나만의 영역'이 사생활이라는 점은 분명하다. 여기서 '나만의 영역'이란 장소적인 개념이 아니라 정신적 상태를 포함하 는 것이다. 따라서 사생활의 비밀과 자유는 인격권과 중첩되는 것은 피할 수 없다. 사생활의 비밀과 자유는 일반적 인격권(헌법 제10조)에서 파생된 특별인격권이기 때 문이다.

2. 사생활의 비밀과 자유의 내용

사생활의 비밀과 자유는 광의의 프라이버시권에 속하는 주거의 자유와 통신의 자유를 포함한다. 하지만 협의의 사생활의 비밀과 자유의 보호내용은 사생활의 비 밀과 사생활의 자유로 구분하여 볼 수 있다.

(1) 보호내용
(가) 사생활의 비밀영역에 대한 권리 – 내밀한 영역

이는 사생활의 핵심에 해당하는 것으로 사생활의 비밀을 본인의 의사에 반하 여 파악되는 것과 파악된 사생활의 비밀내용이 공개되는 것을 금지하는 것을 요구 할 수 있는 권리를 말한다. 예컨대, 부부간의 성생활, 일기장기록, 이혼서류, 입양기 록 등을 허락받지 않고 무단 공개하는 것은 사생활의 비밀침해이다.

Schmitt Glaeser, Schutz der Privatspähre, in: Handbuch des Staatsrecht VI, Heidelberg 1989, S. 50, RN 14.

(나) 사생활의 자유의 불가침을 보장받을 수 있는 권리

이는 사생활의 자율성을 방해 또는 간섭받지 않고 평온한 사생활을 유지하고 자신이 원하는 방향으로 사생활을 적극적으로 형성·전개할 수 있는 권리를 말한다. 예컨대, 압수나 수색, 스팸전화나 문자, 스토킹 등으로부터 자유로울 권리를 말한다.

(2) 헌법재판소

헌법재판소는 다수의 결정례에서 사생활의 자유와 비밀에 대하여 다음과 같이 해석하고 있다. 즉 사생활의 자유란, 사회공동체의 일반적인 생활규범의 범위 내에서 사생활을 자유롭게 형성해 나가고 그 설계 및 내용에 대해서 외부로부터의 간섭을 받지 아니할 권리로서, 사생활과 관련된 사사로운 자신만의 영역이 본인의 의사에 반해서 타인에게 알려지지 않도록 할 수 있는 권리인 사생활의 비밀과 함께 헌법상 보장되고 있다.[18] 사생활의 비밀은 국가가 사생활영역을 들여다보는 것에 대한 보호를 제공하는 기본권이며, 사생활의 자유는 국가가 사생활의 자유로운 형성을 방해하거나 금지하는 것에 대한 보호를 의미한다. 구체적으로 사생활의 비밀과 자유가 보호하는 것은 개인의 내밀한 내용의 비밀을 유지할 권리, 개인이 자신의 사생활의 불가침을 보장받을 수 있는 권리, 개인의 양심영역이나 성적 영역과 같은 내밀한 영역에 대한 보호, 인격적인 감정세계의 존중의 권리와 정신적인 내면생활이 침해받지 아니할 권리 등이다.[19]

Ⅳ. 주체

사생활의 비밀과 자유의 인권적 성격상 그 주체는 외국인을 포함한 인간이다. 하지만 법인의 경우 전면 제외된다고 할 수는 없다. 예컨대, 사생활의 비밀과 자유의 보호범위 중 내밀한 영역에서는 인간의 존엄과 밀접히 관련된 것으로 향유주체에서 제외될 수 있지만 사적·사회적 영역에서 법인은 인격을 부여 받은 권리능력자로서 그 주체성을 인정하여야 한다.

---

18) 헌재결 2010. 12. 28. 2009헌바258, 판례집 22-2하, 721(729); 2002. 3. 28. 2000헌마53, 판례집 14-1, 159(164); 2001. 8. 30. 99헌바92, 판례집 13-2, 174(203).

19) 헌재결 2010. 12. 28. 2009헌바258, 판례집 22-2하, 721(729): 2003. 10. 30. 2002헌마518, 판례집 15-2하, 185(206).

V. 제한과 정당성

1. 제한

사생활의 비밀과 자유는 인간의 존엄과 밀접한 인격권의 성격을 갖는 점에서 절대보호를 주장할 수 있다. 하지만 절대보호의 기본권은 인간의 존엄과 가치에 내재한 경우로 제한하는 입장에서 사생활의 비밀과 자유의 내밀한 영역은 상대적 기본권으로 파악한다. 전술한 성생활, 일기장, 이혼서류, 입양기록 등은 내밀한 인격권에 속하는 사생활에 관한 개인정보이지만 공개를 정당화할 만한 보다 큰 정당한 공익 목적에 의한 제한이 가능하다. 예컨대, 수사의 목적이나 재판절차에서 증거신청으로 내밀한 사생활기록에 관한 제출의무를 부담하는 경우가 이에 해당한다.[20]

또한 독일연방대법원에서도 딸에 대한 부양의무를 지는 소위 표현부(Schein-vater)가 친생부인의 소송을 제기하면서 생모에 대한 성관계 정보공개청구권을 행사한 것에 대하여 대법원은 민법조항의 해석을 통하여 생모의 고지의무를 인정하였다. 이에 대한 재판소원결정[21]에서 연방헌법재판소는 "민법 제242조(신의성실의 원칙)의 일반조항을 매개로 민법 제1353조 제1항(혼인생활공동체)[22]을 해석하여 생모의 고지의무를 도출한 것이 헌법적 견지에서 원칙적으로 문제되는 것은 아니다. 민사법원은 기본권보호의무에 따른 입법의 하자를 보충하는 매개수단으로 사법상 일반조항을 활용할 수 있기 때문이다. 즉 민사법원은 입법자가 파악할 수 없었던 다양한 사건에 적용되는 입법의 하자를 보완하기 위하여 기본권을 활용하여 해결하는 기능을 수행한다."고 판시하였다.[23]

---

20) K. Stern, Das Staatsrecht der BRD, Bd. IV/1, S. 202.
21) BVerfGE 138, 377 ff.
22) 독일민법 제1353조 (혼인생활공동체) 혼인은 동성 또는 이성간 평생 동안 맺어진다. 부부는 서로 혼인 생활공동체에 대한 의무를 진다. 부부는 상대방에 대한 책임을 갖는다(제1항). 부부 일방은 생활공동체형성 이후 다른 일방의 요구가 권리남용에 해당하거나 혼인이 파탄에 이르게 된 경우에 그 요구에 응할 의무는 없다(제2항).
23) 다만 이하에 보듯이 연방헌법재판소가 재판소원 인용결정을 한 것은 대체입법자로 연방대법원이 기능하여 법관유보의 한계를 일탈한 것을 문제 삼은 것이다. 이 사안은 생모와 표현부 간의 기본권충돌의 해결은 의회의 권한사항으로 하는 것이 타당하다는 것이다. 민사법원은 기본권 보호의무에 따른 입법의 하자를 보충하는 매개수단으로 사법상 일반조항을 활용할 수 있기 때문이다. 즉 민사법원은 입법자가 파악할 수 없었던 다양한 사건에 적용되는 입법의 하자를 보완하기 위하여 기본권을 활용하여 해결하는 기능을 수행한다. 하지만 민사법원

2. 사생활의 비밀과 자유의 제한의 정당성

살펴본 바와 같이 사생활의 비밀과 자유도 상대적 기본권으로 헌법 제37조 제
2항에 의한 법률유보에 의한 제한과 그 정당성은 비례의 원칙에 의하여 판단한다.

하지만 일부 학설[24]과 판례[25]에 의하면 사생활의 비밀과 자유와 언론의 자유
가 충돌하는 경우에는 언론의 자유의 우월성을 인정하는 이론을 제시하고 있다. 권
리포기의 이론(일정한 사정하에서는 사생활의 비밀과 자유를 포기한 것으로 간주한다는
이론), 공익의 이론(국민의 알권리의 대상이 되는 것은 공익이 된다는 이론), 공적 인물의
이론(사회적 지위에 사생활의 비밀과 자유는 상대화된다는 이론) 등이 그것이다.

판단컨대, 기본권충돌의 경우 규범조화적 해결을 원칙으로 하므로 입법에 의
한 조정을 우선으로 하고, 그 다음 입법의 하자가 있는 경우 헌법재판소나 대법원
이 보충적으로 해결을 도모해야 한다. 이 경우 헌법재판소나 대법원이 대체입법자
의 역할을 해서는 안 된다. 즉 연방헌법재판소[26]가 판시한 "법관법 형성으로 인하
여 일방사인의 법적 지위가 열악해지면 질수록 그 한계는 넓어진다. 만약 사인의
법적 지위에 헌법적으로도 중대한 침해가 초래되면 될수록 법관은 기존의 입법자
의 입법내용에 강하게 기속되어야 한다."는 것을 고려하여 불공정한 입법을 하면
안 된다. 사안에 따라 일방의 기본권을 우선하는 형량이 될 수는 있으나 타방의 기
본권제한을 정당화하기 위하여 공적 인물, 공익, 권리포기라는 이론을 독립된 정당
성심사기준으로 확립할 필요는 없다.

의 법관법형성은 헌법적 한계 내에서 가능하다. 법원이 선택한 법관법형성이 사인의 기본권
보호에 기여할 수 있는 경우에는 한계를 인정할 필요가 없다. 왜냐하면 이 경우 민주적 정당
성의 측면에서 법관보다 기본권구체화의 우선적 권한을 갖는 공선된 입법자라도 입법을 했
을 것이기 때문이다. 하지만 이와 반대로 법관법형성으로 사인의 법적 지위가 열악해지면 질
수록 그 한계는 넓게 된다. 만약 사인의 법적 지위에 헌법적으로도 중대한 침해가 초래되면
될수록 법관은 기존의 입법자의 입법내용에 강하게 기속되어야 한다. BVerfGE 138, 377 ff.
24) 권영성, 『헌법학원론』, 461면.
25) 헌재결 1999. 6. 24. 97헌마265, 판례집 11-1, 768면 이하. - 공적 인물의 이론
26) BVerfGE 138, 377 ff.

제 3 절 주거의 자유

I. 기본권체계에서 주거의 자유의 기능

1. 주거는 일반적 인격권의 공간적 측면을 보호한다. 따라서 주거의 자유(헌법 제16조)는 인간의 존엄과 연계하여 일반적 인격권의 특별기본권이다. 구체적으로 상황에 따라 사적영역의 핵심내용을 공개하는 경우, 예컨대 주거에서 부부간의 절대 보호해야 하는 은밀한 관계 등 인간존엄의 침해와 경합된다. 일반적 인격권은 '공개된 무대'에서 자기표현권을 보호하는 반면 주거의 자유는 인간이 '연기자'로서 필요로 하는 무대 뒤의 은폐된 공간을 보호한다. 인간은 그 공간에서 무대에의 출현여부와 다음 장면에서 연기할 내용을 준비하는 등 침잠하며 머물러 있는 것이다.

2. 주거는 개인정보의 보호공간으로 기능한다. 자신의 주거에서 인간은 신상이나 행태에 관한 자기정보를 국가의 감시로부터 은닉할 수 있다. 주거는 인간의 은밀한 사적공간일 뿐만 아니라 신상정보, 사업서류, 과세자료 등을 보관하기 위한 장소로서 활용되기도 한다. 주거의 자유는 이러한 장소에의 출입이나 감시로부터 보호하는 기능을 한다.

3. 주거의 자유는 공간적 보호를 하는 반면에 통신의 자유는 주거에서 통신수단을 보호한다. 즉 주거의 자유는 사실상의 주거의 평온을 보호법익으로 하여[27] 통신의 자유와 달리 주거에서의 어떠한 권리도 내포하지 않는다. 따라서 현실적 점유자의 권리가 제3자의 권리보다 배타적으로 보호된다. 예컨대 주거의 소유권자라도 임대차 기간이 지나 사실상 점유하고 있는 임대인의 허락 없이 주거에 출입할 수 없다.

II. 보호내용

1. 주거의 개념의 기능적 이해

주거의 개념은 기능적으로 파악해야 한다. 이는 두 가지의 보호필요성에 기인한다.

---

27) 대판 2021. 9. 9. 2020도12630.

(1) 사적공간으로서 보호기능

우선 주거의 사적공간으로서 보호기능이다. 주거에는 임대차나 소유목적의 건축물뿐만 아니라 캠핑카나 텐트와 같이 개인적인 휴식의 공간도 포함된다. 또한 호텔이나 병원의 객실과 같은 임시거처, 발코니, 다용도실, 창고, 정원과 같은 주변 내지 부속공간도 마찬가지다. 하지만 공중의 출입에 개방된 공간인 호텔로비, 교도소 방문객실 등은 주거가 아니다.

(2) 개인정보의 보호기능

다음으로 주거는 개인정보의 보호기능을 수행하는 곳으로 사무실, 가정이나 관청의 집무실, 기본권주체인 사법인도 주거가 될 수 있다. 따라서 주거의 자유는 인간의 권리이므로 자연인에게만 인정된다는 일부 학설[28]은 기능적 주거개념에 의하면 타당하지 않다.

하지만 공중에 개방된 영업시간에는 레스토랑, 백화점은 주거가 아니다. 이는 영업장소로서 직업수행의 자유와 특별한 관련성을 갖는 점과 인격발현과 개인정보보호를 위해 필요한 경우 영업장소라도 주거로서의 기능이 필요한 경우를 함께 고려한 것이다.

즉 주거의 기능적 이해에 의하면 사무실까지 주거로 포함할 수 있는 반면에 영업시간에 사무실에 단순한 방문이나 구경으로는 주거의 자유제한으로 보지 않는다. 다만 영업시간이라도 압수나 수색의 경우에는 정보보호기능을 하는 주거의 자유제한이 된다. 제한의 정당성은 가중적 법률유보로 검사의 신청에 의하여 법관이 발부한 영장제시(헌법 제16조)를 조건으로 인정된다.

주거란 사적인 휴식과 정보보호를 할 수 있는 공간이다. 따라서 법인과 사무실도 주거에 포함된다. 이러한 주거의 기능을 고려하여 독일헌법(제13조)[29]은 주거의

---

28) 권영성, 『헌법학원론』, 465면.
29) 독일헌법 제13조: (1) 주거는 침해되지 아니한다. (2) 수색은 법관에 의하여만 명하여지며, 지체의 염려가 있는 경우에는 법률에 규정된 다른 기관에 의하여도 명하여질 수 있다. 수색은 법률에 규정된 형식으로만 실행될 수 있다. (3) 일정한 사실로 어떤 사람이 법률에 개별적으로 규정된 특히 중대한 범행을 한 사실을 증명하고 사태의 조사가 다른 방법으로는 지나치게 곤란하거나 가망이 없을 수 있는 경우에는 그 범행을 추적하기 위하여 법관의 명령으로 피의자가 체재하는 것으로 추정되는 주거를 감청하기 위하여 기술적 수단을 설치할 수 있다. 이 조치는 기한이 정하여져야 한다. 명령은 3인의 법관으로 구성된 합의체에서 행한다. 지체의 염려가 있는 경우에 명령은 1인의 법관에 의하여 이루어질 수 있다. (4) 공공 안전에

자유를 보호하기 위하여 옥외도청을 엄격하게 제한하는 상세한 규정을 두고 있다.

2. 주거의 불가침

주거의 불가침이라 거주자의 의사에 반하여 승낙 없이 주거에 들어가는 것을 금지한다는 것이다. 여기서의 거주자는 소유자가 아니라 현실적인 점유자를 말한다. 대법원[30]은 배우자 있는 사람과 혼외 성관계의 목적으로 다른 배우자가 부재중인 주거에 출입하여 주거침입죄로 기소된 사건에서 "외부인(피고인)이 공동거주자 중 주거 내에 현재하는 거주자로부터 현실적인 승낙을 받아 통상적인 출입방법에 따라 주거에 들어간 경우라면, 특별한 사정이 없는 한 사실상의 평온상태를 해치는 행위태양으로 주거에 들어간 것이라고 볼 수 없으므로 주거침입죄에서 규정하고 있는 침입행위에 해당하지 않는다."고 판시하였다.

Ⅲ. 법적 성격

주거의 자유는 개방되지 않은 사적 공간인 주거를 공권력이나 제3자에 의해 침해당하지 않도록 함으로써 국민의 사생활영역을 보호하기 위한 권리를 말한

대한 급박한 위험, 특히 공동의 위험 또는 생명의 위험을 방지하기 위해서는 오직 법관의 명령으로 주거의 감시를 위하여 기술적 수단을 설치할 수 있다. 지체의 염려가 있는 경우에 이 조치는 법률로 정한 다른 기관이 명령할 수 있다. 이 경우에는 사후에 지체 없이 법관의 결정을 받아야 한다. (5) 기술적 수단이 오직 그 설치 당시 주거에서 활동하는 사람의 보호를 위한 것일 때에는 그 조치는 법률에 규정된 기관에 의하여도 명하여질 수 있다. 이때 취득한 정보를 다른 목적에 이용하는 것은 형사소추 또는 위험방지의 목적으로만 그리고 사전에 그 조치의 적법성이 법관에 의하여 확인된 경우에만 허용된다. 지체의 염려가 있는 경우에는 사후에 지체 없이 법관의 결정을 받아야 한다. (6) 연방정부는 매년 연방의회에 제3항에 따른 기술적 수단의 설치와 연방의 권한 영역 내에 있는 제4항에 따른 기술적 수단의 설치 및 법관의 심사가 필요한 한에서 제5항에 따른 기술적 수단의 설치에 대하여 보고한다. 연방의회가 선출한 위원회는 이 보고를 기초로 의회의 통제를 행한다. 주에도 동등한 의회 통제가 행하여진다. (7) 그 외에도 침해와 제한은 공동의 위험 또는 개인의 생명의 위험을 방지하기 위하여, 또한 법률에 근거하여 공공안전과 질서의 긴박한 위험의 방지, 특히 주택부족의 해결, 전염병 위험의 퇴치 또는 위험에 처한 청소년의 보호를 위해서만 행하여질 수 있다.

30) 대판 2021. 9. 9. 2020도12630 전원합의체. 주거침입죄의 보호법익은 사적 생활관계에 있어서 사실상 누리고 있는 주거의 평온, 즉 '사실상 주거의 평온'으로서, 주거를 점유할 법적 권한이 없더라도 사실상의 권한이 있는 거주자가 주거에서 누리는 사실적 지배·관리관계가 평온하게 유지되는 상태를 말한다. 외부인이 무단으로 주거에 출입하게 되면 이러한 사실상 주거의 평온이 깨어지는 것이다. 이러한 보호법익은 주거를 점유하는 사실 상태를 바탕으로 발생하는 것으로서 사실적 성질을 가진다.

다.31) 주거의 자유는 국가에 대한 방어권적 성격의 기본권이자 제3자의 침해에 대하여 국가는 보호의무를 부담한다.

Ⅳ. 주체

1. 자연인과 법인

주거는 개인정보의 보호공간으로 기능으로 은밀한 사적공간일 뿐만 아니라 신상정보, 사업서류, 과세자료 등을 보관하기 위한 장소로서 활용하고 업무를 수행한다는 점에서 자연인은 물론 법인도 향유주체다. 자연인에는 내국인은 물론 외국인도 포함된다. 법인에는 공법인, 사법인이나 권리능력 없는 단체도 그 주체가 된다. 법인이나 단체의 경우 주거의 자유를 행사하는 자는 원칙적으로 법인의 대표자가 될 것이다. 그러나 주거의 자유를 침해당하면 법인의 구성원은 누구나 침해를 주장할 수는 있다. 다만 대표자의 허락이 있으면 침해를 주장할 수 없다.

2. 사실상 권한 있는 점유자도 포함

주거의 자유의 주체는 반드시 소유권자 내지 합법적인 점유자일 필요는 없다. 다만 사실상의 권한 있는 점유자여야 한다. 예컨대, 임대차기간이 만료된 후 임차인의 연체된 임대료를 추심하기 위하여 소유권자인 임대인이라도 사실상 점유권이 있는 임차인의 주거에 허락 없이 출입할 수 없다.

Ⅴ. 제한과 한계

1. 영장주의

주거의 자유제한에 관한 영장주의에 관하여 헌법은 제16조에서 "주거에 대한 압수나 수색을 할 때에는 검사의 신청에 의하여 법관이 발부한 영장을 제시하여야 한다."라고 규정하고 있다. 따라서 주거공간에 대한 압수·수색은 그 장소에 혐의사실 입증에 기여할 자료 등이 존재할 개연성이 충분히 소명되어야 그 필요성을 인정할 수 있다.32)

---

31) 헌재결 2015. 11. 26. 2013헌바415, 판례집 27-2하, 191.

헌법 제12조 제3항과는 달리 헌법 제16조 후문은 "주거에 대한 압수나 수색을 할 때에는 검사의 신청에 의하여 법관이 발부한 영장을 제시하여야 한다."라고 규정하고 있을 뿐 영장주의에 대한 예외를 명문화하고 있지 않다. 그러나 헌법 제12조 제3항과 헌법 제16조의 관계, 주거 공간에 대한 긴급한 압수·수색의 필요성, 주거의 자유와 관련하여 영장주의를 선언하고 있는 헌법 제16조의 취지 등을 종합하면, 헌법 제16조의 영장주의에 대해서도 그 예외를 인정하되, 이는 ① 그 장소에 범죄혐의 등을 입증할 자료나 피의자가 존재할 개연성이 소명되고, ② 사전에 영장을 발부받기 어려운 긴급한 사정이 있는 경우에만 제한적으로 허용될 수 있다고 보는 것이 타당하다.[33]

이러한 점에서 헌법재판소[34]는 "형사소송법 제216조 제1항 제1호 중 제200조의2에 관한 부분은 (…) 별도로 영장을 발부받기 어려운 긴급한 사정이 있는지 여부를 구별하지 아니하고 피의자가 소재할 개연성만 소명되면 영장 없이 타인의 주거 등을 수색할 수 있도록 허용하고 있다. 이는 체포영장이 발부된 피의자가 타인의 주거 등에 소재할 개연성은 소명되나, 수색에 앞서 영장을 발부받기 어려운 긴급한 사정이 인정되지 않는 경우에도 영장 없이 피의자 수색을 할 수 있다는 것이므로, 헌법 제16조의 영장주의 예외 요건을 벗어나는 것으로서 영장주의에 위반된다."고 판시하고 있다.

2. 법률유보에 의한 직접적 제한과 간접적 제약

주거의 자유는 사적 공간에서 인격권과 사생활영역을 보호하기 위한 권리이지만 상대적 기본권으로 헌법 제37조 제2항에 의한 법률유보에 의한 제한이 가능하다. 민사소송법, 형사소송법, 마약류관리에 관한 법률, 경찰관직무집행법, 조세범처벌법 등이 그것이다.

공권력이 의도하지 않은 간접적·사실적인 주거의 자유제약으로 예컨대, 공직

---

32) 헌재결 2018. 4. 26. 2015헌바370 등, 공보 제259호, 687 [헌법불합치].
33) 대판 1997. 6. 13. 96다56115; 헌재결 2018. 4. 26. 2015헌바370 등, 공보 제259호, 687; 2002. 10. 31. 2000헌가12, 판례집 14-2, 345(359). 이 사건 법률조항은 앞에서 본바와 같이 급박한 상황에 대처하기 위한 것으로서 그 불가피성과 정당성이 충분히 인정되는 경우이므로, 이 사건 법률조항이 영장 없는 수거를 인정한다고 하더라도 이를 두고 헌법상 영장주의에 위배되는 것으로는 볼 수 없다.
34) 헌재결 2018. 4. 26. 2015헌바370 등, 공보 제259호, 687면 이하.

선거법상 확성기 소음규제가 불완전 불충분하여 유세장소 인근주민의 주거의 평온을 해치는 경우를 들 수 있다. 이에 대하여 헌법재판소는 과소보호금지원칙을 기준으로 헌법불합치결정[35]을 한 바 있다.

3. 제한의 한계

주거의 자유의 법률유보에 의한 직접적 제한의 정당성 판단은 영장주의와 비례의 원칙을 기준으로 판단한다. 주거란 사적인 휴식과 정보보호를 할 수 있는 공간으로서 주거외부에서 내부의 대화를 전자장치를 이용하여 도청하거나 동태를 감시하는 것은 개별적인 영장이 없는 한 주거의 자유의 제한의 한계를 일탈한 것이다.

제 4 절 통신의 자유

Ⅰ. 헌법규정과 연혁

헌법 제18조는 "모든 국민은 통신의 비밀을 침해받지 아니한다."라고 규정하여 통신의 비밀보호를 그 핵심내용으로 하는 통신의 자유를 기본권으로 보장하고 있다. 통신의 자유를 기본권으로서 보장하는 것은 사적 영역에 속하는 개인 사이의 의사소통을 사생활의 일부로서 보장하겠다는 취지에서 비롯된 것이다.[36] 나아가 통신의 자유는 사회구성원 상호간에 의사와 정보 교환이 원활히 이루어질 수 있도록 촉진하기 위한 것이므로 현대사회에 있어서는 정치 · 경제 · 사회 · 문화의 모든 영역에서 중요한 의미를 갖는다.[37]

통신의 자유는 비교법적으로 Weimar 헌법(제117조)에서 최초로 규정하였다. 미국 연방대법원은 감청을 수정헌법 제4조가 규정하고 있는 압수 · 수색의 객체로 보아 그 구체화법인 전기통신프라이버시법(The Electronic Communications and

---

35) 헌재결 2019. 12. 27. 2018헌마730, 판례집 31-2하, 315면 이하.
36) 헌재결 2011. 8. 30. 2009헌바42, 판례집 23-2상, 286; 2001. 3. 21. 2000헌바25, 판례집 13-1, 652, 658.
37) 헌재결 2011. 8. 30. 2009헌바42, 판례집 23-2상, 286.

Privacy Act)에서 일상대화만이 아니라 유선통화와 전기통신의 감청 등 모든 형태의
대화감청을 테러 등 국가안보와 직결된 내용 외에는 원칙적으로 금지하고 있다. 통
신비밀보호법, 우편법, 전기통신기본법 등이 통신의 비밀에 관한 구체화법이다.

Ⅱ. 사생활의 자유에 대한 특별기본권

　　개인과 개인간의 관계를 전제로 하는 통신은 다른 사생활의 영역과 비교해 볼
때 국가에 의한 침해의 가능성이 매우 큰 영역이라 할 수 있다. 왜냐하면 오늘날
개인과 개인 간의 사적인 의사소통은 공간적인 거리로 인해 우편이나 전기통신을
통하여 이루어지는 경우가 많은데, 이러한 우편이나 전기통신의 운영이 전통적으로
국가독점에서 출발하였기 때문이다. 사생활의 비밀과 자유에 포섭될 수 있는 사적
영역에 속하는 통신의 자유를 헌법이 별개의 조항을 통해서 기본권으로 보호하고
있는 이유는, 이와 같이 국가에 의한 침해의 가능성이 여타의 사적 영역보다 크기
때문이라고 할 수 있다.[38]

Ⅲ. 보호목적의 변화와 내용

　　통신의 자유의 목적은 격지자간 통신의 비밀을 보장하는 것이다. 따라서 통신
의 자유는 참가자간 소통의 장소를 보호하는 집회의 자유, 소통의 내용을 보호하는
언론·출판의 자유와 구별된다. 통신의 자유는 통신내용의 비밀뿐만 아니라 통신
사실여부도 포함한다. 후자의 소위 '통신일자'는 감청기관의 업무에서 중요한 자료
가 된다. 하지만 통신의 자유는 통신과정만 보호한다. 통신내용을 수신자가 보관하
거나 녹음한 경우에는 개인정보자기결정권이나 경우에 따라 주거의 자유에 의해
보호될 수 있다. 헌법재판소결정에서도 사회의 급격한 발전에 따라 격지자간 소통
은 더욱 중요해져서 이와 관련된 보호필요성도 강조되고 있다. 사회적 중요성 이외
에도 우체국의 민영화와 통신수단의 기술적 발전으로 헌법변천의 문제를 제기한다.
통신의 자유는 신서와 우편 및 전신, 전화, 텔렉스 등 원격통신의 비밀을 보호내용
으로 한다.[39]

---

38) 헌재결 2001. 3. 21. 2000헌바25, 판례집 13-1, 652.

1. 신서의 비밀

이는 소통목적의 정보의 문자기록을 보호내용으로 한다. 전통적 견해에 의하면 신서에는 특정 수신인을 반드시 대상으로 개인정보에 관한 문자기록으로만 이해하여 편지와 엽서는 포함되지만 광고지나 소포는 제외하고 있다. 이는 대량인쇄물과 연속된 편지송부를 실제적으로 구분하는 것은 쉽지 않다는 점에서 수긍하기 어렵다. 일반적 인격권에 의한 정보보호와 통신의 자유에 의한 정보보호는 각각 독자적인 보호내용이라는 점에서도 좁게 해석할 필요는 없다고 본다.[40)]

2. 우편의 비밀

신서의 개념을 좁게 해석하여 나타나는 흠결을 전통적 견해는 모든 종류의 우편물을 포괄하는 우편의 비밀보장으로 해결한다. 현대사회에서 매체에 의한 소통은 사실상 중요할 뿐만 아니라 정보교환을 용이하게 하는 수단으로 독자적 기능을 갖는다.

이는 다른 기본권 특히 정치·경제적 자유를 행사할 수 있는 기초를 제공한다. 따라서 통신시설과 종사자들도 통신의 자유의 향유주체다.[41)]

3. 전신·전화통신의 비밀

전신·전화통신의 비밀의 요소에는 무선전달과 사인운영의 전화통신시설에 대한 기본권이 포함되어 있다. 통신비밀보호법 제2조 제3호에 의하면 유선·무선·광선 그 밖의 전자적 방식을 통해서 모든 종류의 음향·문언·부호나 영상을 송신하거나 수신하는 것을 말한다. 이에는 인터넷, 스마트폰, 전화, 전보, PC 통신, 텔렉스, 팩스 등이 포함된다. 따라서 e-mail과 SNS는 신서가 아니라 전신·전화통신의

---

39) 허영 교수는 신서, 전신, 전화 텔렉스 등의 검열이나 도청을 금지하고, 나아가 발신에서부터 수신에 이르기까지의 비밀이 침해되는 것을 금지하는 것을 보호내용으로 한다고 한다. 그 구체적 내용으로는 열람금지(Einsichtsverbot), 누설금지(Mitteilungverbot), 정보금지(Aus-kunftsverbot)를 들고 있는 있다. 열람금지란 통신이 내용을 알기 위해서 통신물을 열거나, 또는 읽거나 도청하는 행위를 금하는 것이고, 누설금지란 통신업무 때문에 알게 된 사실을 남에게 알리는 행위를 금하는 것이고, 정보금지란 통신업무내용을 정보활동의 목적에 제공하거나 제공받으려는 행위를 금지하는 것이다. 허영, 『한국헌법론』, 441면.
40) 장영철, 기본권론, 195면.
41) 장영철, 기본권론, 196면.

비밀보호에 해당된다. 즉 이 경우에도 통신과정의 제한은 허용되지 않는다. 격지자 간 실시간 채팅은 집단소통 내지 잠재적 집회의 기능을 수행하지만 집회의 자유가 아니라 통신의 자유의 보호범위에 속한다.[42]

Ⅳ. 제한과 한계

1. 법률유보에 의한 제한

통신의 자유는 상대적 기본권으로 헌법 제37조 제2항에 의한 제한이 가능하다. 즉 사생활의 일환으로 인격발현의 수단인 통신의 자유도 국가안전보장·질서유지 또는 공공복리를 위하여 필요한 경우에 한하여 법률로써 제한할 수 있으며, 제한하는 경우에도 자유와 권리의 본질적인 내용을 침해할 수 없다.

통신의 자유를 제한하는 대표적인 법률은 통신비밀보호법이다. 이 법은 통신 및 대화의 비밀과 자유에 대한 제한은 그 대상을 한정하고 엄격한 법적 절차를 거치도록 함으로써 통신비밀을 보호하고 통신의 자유를 신장함을 목적으로 한다(제1조). 통신제한을 할 수 있는 경우로 범죄수사를 위한 우편물의 검열·압수나 전기통신 감청에는 법원의 사전허가를 받아야 하고(제5, 6조), 국가안보를 위한 통신제한조치로 정보수사기관의 장은 통신의 일방 또는 쌍방당사자가 내국인인 때에는 고등법원 수석판사의 허가를 받아야 하고, 외국의 기관·단체와 외국인인 때에는 서면으로 대통령의 승인을 얻어 통신제한조치를 할 수 있다(제7조).

그 밖에 통신의 자유를 제한하는 법률로는 반국가단체와 통신을 금지하는 국가보안법(제8조), 통일부장관에 사전신고를 하여 북한주민과 교류를 할 수 있게 하는 남북교류 협력에 관한 법률(제9조의2), 법원은 일정한 우편물을 압수할 수 있게 하는 형사소송법(제107조), 정부를 폭력으로 파괴할 것을 주장하는 통신을 금지하는 전파법(제77조)이 있다. 통신의 자유는 긴급명령에 의하여도 제한가능하다.

헌법재판소는 미결수용자와 변호인 사이의 서신검열을 할 수 있게 한 행형법(제18조의2)에 대하여 미결수용자와 변호인 사이의 서신검열을 할 수 있는 예외조건이 갖추어져 있지 않은 경우임에도 원칙적으로 검열을 허용하도록 해석한 범위에서 구 행형법은 통신의 자유를 침해한다고 결정[43]하였다. 예외적으로 검열이 허용

---

42) 장영철, 기본권론, 196면.

될 수 있는 경우란 첫째, 교도소측에서 상대방이 변호인이라는 사실을 확인할 수 있어야 하고, 둘째, 그럼에도 불구하고 서신을 통하여 마약 등 소지금지품의 반입을 도모한다든가 그 내용에 도주·증거인멸·수용시설의 규율과 질서의 파괴·기타 형벌법령에 저촉되는 내용이 기재되어 있다고 의심할 만한 합리적인 이유가 있는 경우를 말한다.

수용자가 밖으로 내보내는 모든 서신을 봉함하지 않은 상태로 교정시설에 제출하도록 규정하고 있는 '형의 집행 및 수용자의 처우에 관한 법률 시행령'에 대하여 통신비밀의 자유를 침해한다고 결정44)하였다. 하지만 일정한 경우 수용자가 작성한 집필문의 발신과 수신을 금지하는 것으로 규정한 '형의 집행 및 수용자의 처우에 관한 법률'은 통신의 자유를 침해하지 않는다고 결정45)하였다.

---

43) 헌재결 1995. 7. 21. 92헌마144, 판례집 7-2, 94.

44) 시행령조항은 교정시설의 안전과 질서유지, 수용자의 교화 및 사회복귀를 원활하게 하기 위해 수용자가 밖으로 내보내는 서신을 봉함하지 않은 상태로 제출하도록 한 것이나, 이와 같은 목적은 교도관이 수용자의 면전에서 서신에 금지물품이 들어 있는지를 확인하고 수용자로 하여금 서신을 봉함하게 하는 방법, 봉함된 상태로 제출된 서신을 X-ray 검색기 등으로 확인한 후 의심이 있는 경우에만 개봉하여 확인하는 방법, 서신에 대한 검열이 허용되는 경우에만 무봉함 상태로 제출하도록 하는 방법 등으로도 얼마든지 달성할 수 있다고 할 것인바, 위 시행령 조항이 수용자가 보내려는 모든 서신에 대해 무봉함 상태의 제출을 강제함으로써 수용자의 발송 서신 모두를 사실상 검열 가능한 상태에 놓이도록 하는 것은 기본권 제한의 최소 침해성 요건을 위반하여 수용자인 청구인의 통신비밀의 자유를 침해하는 것이다. 헌재결 2012. 2. 23. 2009헌마333, 판례집 24-1상, 280.

45) 시설의 안전 또는 질서를 해칠 우려가 있는 때(제7호) 및 수형자의 교화 또는 건전한 사회복귀를 해칠 우려가 있는 때(제6호) 집필문의 외부 반출을 금지하는 심판대상조항은 수형자를 사회로부터 일정기간 시설에 격리하여 교정하고, 이 기간이 지나면 다시 사회로 건전하게 복귀하도록 하는 기본적인 행형 목적을 달성하기 위하여 가장 필요하고 최소한도의 범위 내에서 수용자의 통신의 자유를 제한하는 것이다. 또한 수용자가 작성한 집필문을 외부로 반출하는 경우에는 그 영향력의 범위가 구금시설이라는 한정되고 예측 가능한 공간을 넘어 사회 전체까지 확대되므로, 구금시설 내부뿐만 아니라 외부에 미치는 영향력에 대해서도 고려해야 한다. 그런데 수용자의 처우 또는 교정시설의 운영에 관한 거짓 사실을 담고 있는 집필문(제4호)이나 타인의 사생활의 비밀 또는 자유를 침해할 가능성이 있는 내용을 담고 있는 집필문(제5호)이 외부로 반출되는 경우 그로 인한 부작용은 예측하기 어려우므로 이를 규제할 필요가 있다. 특히 특정인의 실명을 거론한 집필문이 외부로 반출되어 공개될 경우 당사자의 사생활의 비밀은 무방비 상태로 노출될 수 있으며, 소설 형태의 집필문이라 해도 자전적 소설을 표방한 경우에는 이야기 전개에 따라 당사자의 정체가 밝혀질 가능성이 높아 사생활의 비밀이 침해될 수 있다. 일단 이와 같은 방법으로 사생활의 비밀이 침해된 이후에는 이에 대해 형사처벌을 하거나 손해배상청구를 하는 것만으로는 피해자의 권리를 충분히 구제하기 어려우므로, 이러한 위험을 예방하기 위해서 해당 집필문의 반출을 금지하는 것은 피해자의 권리보호를 위한 가장 효과적인 수단이 될 수 있다. 형집행법상 수용자들의 집필활동은 특별한 사정이 없는 한 자유롭게 허용되고, 작성된 집필문의 외부 반출도 원칙적으로 허용되며,

2. 제한의 한계

통신의 자유를 법률 또는 긴급명령에 의하여 제한하더라도 사생활의 본질내용을 침해해서는 안 된다.

Ⅴ. 통신의 자유제한으로서 감청의 문제

1. 의의

"감청"이라 함은 전기통신에 대하여 당사자의 동의 없이 전자장치·기계장치 등을 사용하여 통신의 음향·문언·부호·영상을 청취·공독하여 그 내용을 지득 또는 채록하거나 전기통신의 송·수신을 방해하는 것을 말한다(통신비밀보호법 제2조 제7호).

2. 허용요건

감청의 허용요건에 대하여 통신비밀보호법 제3조에서는 환부우편물 등의 처리, 수출입우편물에 대한 검사, 구속 또는 복역 중인 사람에 대한 통신, 파산선고를 받은 자에 대한 통신, 혼신제거 등을 위한 전파감시를 규정하고 있다. 또한 통신비밀보호법 제5조에서는 범죄수사를 위한 통신제한조치의 허가요건을 규정하고 형법상의 국가적 법익에 관한 범죄, 사회적 법익에 관한 범죄의 대부분과 개인적 법익에 관한 범죄인 절도, 강도, 사기, 공갈 등에 이르기까지 감청을 할 수 있는 것으로 광범위하게 규정하고 있다. 감청기간의 연장에 대하여 통신비밀보호법 제6조 제7항에서 총연장기간 또는 총연장횟수의 제한을 두지 아니하여 법원이 기간의 제한 없이 연장허가를 허용할 수 있도록 하는 입법의 하자는 헌법불합치[46]로 선언된 바도 있다. 이에 따라 통신비밀보호법을 개정하였다. 즉, 통신제한조치의 기간은 2개월을 초과하지 못하고, 그 기간 중 통신제한조치의 목적이 달성되었을 경우에는 즉

예외적으로 금지되는 사유도 구체적이고 한정되어 있으므로 그 제한의 정도도 최소한에 그치고 있다. 또한 집필문의 외부반출이 불허되고 영치처분이 내려진 경우에도 수용자는 행정소송 등을 통해 이러한 처분의 취소를 구할 수 있는 등의 불복수단도 마련되어 있으므로, 심판대상조항은 수용자의 통신의 자유를 침해하지 않는다. 헌재결 2016. 5. 26. 2013헌바98, 판례집 28-1하, 234.

46) 헌재결 2010. 12. 28. 2009헌가30, 판례집 22-2하, 545.

시 종료하여야 한다. 다만, 제5조 제1항의 허가요건이 존속하는 경우에는 소명자료를 첨부하여 제1항 또는 제2항에 따라 2개월의 범위에서 통신제한조치기간의 연장을 청구할 수 있다(제6조 제7항).

통신비밀보호법 제7조에 의하여 국가안보를 위한 통신제한조치로 정보수사기관의 장은 국가안전보장에 상당한 위험이 예상되는 경우 또는 대테러활동에 필요한 경우에 한하여 그 위해를 방지하기 위하여 이에 관한 정보수집이 특히 필요한 때, 통신의 일방 또는 쌍방당사자가 내국인인 때에는 고등법원 수석판사의 허가를 받아, 대한민국에 적대하는 국가, 반국가활동의 혐의가 있는 외국의 기관·단체와 외국인, 대한민국의 통치권이 사실상 미치지 아니하는 한반도내의 집단이나 외국에 소재하는 그 산하단체의 구성원의 통신인 때 서면으로 대통령의 승인을 얻어 통신제한조치를 할 수 있다.

한편 통신비밀보호법 제5조의 범죄수사를 위한 법원의 통신제한조치허가대상으로 인터넷회선감청을 포함하고 있다. 그러나 인터넷회선감청은 패킷감청방식[47]으로 이루어져 불특정다수인의 통신의 자유가 침해될 수 있었다. 이에 청구된 헌법소원결정[48]에서 헌법재판소는 인터넷회선감청의 필요성은 인정하면서 '패킷감청'의 방식으로 이루어지는 인터넷회선 감청은 수사기관이 실제 감청 집행을 하는 단계에서는 해당 인터넷회선을 통하여 흐르는 불특정 다수인의 모든 정보가 패킷 형태로 수집되어 일단 수사기관에 그대로 전송되므로, 다른 통신제한조치에 비하여 감청 집행을 통해 수사기관이 취득하는 자료가 비교할 수 없을 정도로 매우 방대하다는 점에서 (…) 인터넷회선 감청의 특성을 고려하여 그 집행 단계나 집행 이후에 수사기관의 권한 남용을 통제하고 관련 기본권의 침해를 최소화하기 위한 제도적 조치를 제대로 마련하라고 하면서 헌법불합치결정을 하였다.

3. 평가

통신비밀보호에 대한 예외로서 감청의 대상이 너무 광범위하여 기본권의 제한의 한계를 유월하였다. 입법론적으로는 현대사회에서 통신에 의존한 사적 업무 등 통신의 자유의 기본권의 전제조건으로서의 기능이 증대하는 것을 감안하여 독일헌

---

47) 인터넷회선감청은, 인터넷회선을 통하여 흐르는 전기신호 형태의 '패킷'을 중간에 확보한 다음 재조합 기술을 거쳐 그 내용을 파악하는 이른바 '패킷감청'의 방식으로 이루어진다.
48) 헌재결 2018. 8. 30. 2016헌마263, 판례집 30-2, 481(498 이하).

법 제13조와 같이 감청의 허용요건을 헌법에 규정하는 것이 바람직하다.

제 5 절 개인정보자기결정권

Ⅰ. 헌법적 의의

개인정보자기결정권은 정보사회로 일컫는 제4차 산업혁명의 시대에 중요성이
커지는 상황에서 불문기본권으로 인정된 현대형 기본권이다. 정보화는 우리에게 신
속, 간편 등의 이점이 있는 반면 컴퓨터 통신망, 데이터베이스, CCTV 등에 의해 우
리의 개인정보는 국내는 물론 국제적으로도 침해가 일상화되고 있다. 이러한 점에
서 개인정보보호의 필요성은 더욱 요구되고 있다. 헌법재판소도 같은 취지로 판시
하고 있다[49]

---

49) 새로운 독자적 기본권으로서의 개인정보자기결정권을 헌법적으로 승인할 필요성이 대두된
것은 다음과 같은 사회적 상황의 변동을 그 배경으로 한다고 할 수 있다. 인류사회는 20세기
후반에 접어들면서 컴퓨터와 통신기술의 비약적인 발전에 힘입어 종전의 산업사회에서 정보
사회로 진입하게 되었고, 이에 따른 정보환경의 급격한 변화로 인하여 개인정보의 수집·처
리와 관련한 사생활보호라는 새로운 차원의 헌법문제가 초미의 관심사로 제기되었다. 현대
에 들어와 사회적 법치국가의 이념 하에 국가기능은 점차 확대되어 왔고, 이에 따라 국가의
급부에 대한 국민의 기대도 급격히 높아지고 있다. 국가가 국민의 기대에 부응하여 복리증진
이라는 국가적 과제를 합리적이고 효과적으로 수행하기 위해서는 국가에 의한 개인정보의
수집·처리의 필요성이 증대된다. 오늘날 정보통신기술의 발달은 행정기관의 정보 수집 및
관리 역량을 획기적으로 향상시킴으로써 행정의 효율성과 공정성을 높이는 데 크게 기여하
고 있다. 이와 같이 오늘날 국민이 급부행정의 영역에서 보다 안정적이고 공평한 대우를 받
기 위해서는 정보기술의 뒷받침이 필연적이라고 할 수 있다. 한편, 현대의 정보통신기술의
발달은 그 그림자도 짙게 드리우고 있다. 특히 컴퓨터를 통한 개인정보의 데이터베이스화가
진행되면서 개인정보의 처리와 이용이 시공에 구애됨이 없이 간편하고 신속하게 이루어질
수 있게 되었고, 정보처리의 자동화와 정보파일의 결합을 통하여 여러 기관간의 정보교환이
쉬워짐에 따라 한 기관이 보유하고 있는 개인정보를 모든 기관이 동시에 활용하는 것이 가
능하게 되었다. 오늘날 현대사회는 개인의 인적 사항이나 생활상의 각종 정보가 정보주체의
의사와는 전혀 무관하게 타인의 수중에서 무한대로 집적되고 이용 또는 공개될 수 있는 새
로운 정보환경에 처하게 되었고, 개인정보의 수집·처리에 있어서의 국가적 역량의 강화로
국가의 개인에 대한 감시능력이 현격히 증대되어 국가가 개인의 일상사를 낱낱이 파악할 수
있게 되었다. 이와 같은 사회적 상황 하에서 개인정보자기결정권을 헌법상 기본권으로 승인
하는 것은 현대의 정보통신기술의 발달에 내재된 위험성으로부터 개인정보를 보호함으로써
궁극적으로는 개인의 결정의 자유를 보호하고, 나아가 자유민주체제의 근간이 총체적으로

개인정보자기결정권은 개인정보에 대한 자기결정권으로 정보주체가 가지는 자신의 정보에 대한 사적자치권의 한 내용이라고 할 수 있다. 이러한 점에서 개인정보자기결정권은 자산의 성격과 인권의 성격을 갖는 복합적 성격의 기본권이다.[50]

개인정보자기결정권에 관한 일반법으로 개인정보보호법이 있고 그 밖에 정보통신망 이용촉진 및 정보보호 등에 관한 법률, 위치정보의 보호 및 이용 등에 관한 법률, 디엔에이신원확인정보의 이용 및 보호에 관한 법률 등이 있다.

Ⅱ. 헌법적 성격

1. 방어권과 보호의무

개인정보의 재산권적 성격에서 국가권력에 대한 방어권적 성격을 갖는다. 현대국가는 정보화 사회의 도래와 함께 그 역할도 국민의 생활을 배려해야 하는 복지국가, 민영화로 인한 보장국가로 변모하면서 개인정보의 획득과 사인에의 유출의 위험이 커지고 있다. 따라서 개인정보에 대한 국가권력의 침해에 대한 방어와 사인의 오남용에 대하여 국가는 개인정보자기결정권의 보호의무를 부담하여야 한다. 개인정보자기결정권도 다른 기본권과 마찬가지로 제한가능한 상대적 방어권이지만 인권적 특성으로 의회유보에 의해서만 가능하다. 국가는 간접적·사실적 기본권제약에 대하여도 정보주체의 보호필요성을 기준으로 책임을 부담할 수 있다. 예컨대, 감염병 확진자의 이동경로 등 개인정보공개로 인한 실직이나 인격권침해에 대해서 국가는 책임을 부담하여야 한다.[51]

국가는 제3자인 사인에 의한 개인정보침해에 대하여 보호의무와 타해금지명령(neminem laedere)을 이행할 의무를 진다. 개인정보자기결정권도 자기결정권을 보

훼손될 가능성을 차단하기 위하여 필요한 최소한의 헌법적 보장장치라고 할 수 있다. 헌재결 2005. 5. 26. 99헌마513 등, 판례집 17-1, 668(682).

50) 권건보, "개인정보보호의 헌법적 기초와 과제", 『저스티스』 통권 제144호(2014), 13면; 노현숙, "개인정보자기결정권에 관한 검토", 『헌법논총』 제30집(2019), 126면.

51) 국가인권위원회의 인권침해를 예방할 수 있도록 세부적인 기준을 마련하라는 권고결정에 따라 감염병예방법(제34조의2)에 근거규정을 마련하기는 하였다. 하지만 근거규정에도 불구하고 간접적 제약이 발생한 것에 대하여 국가의 책임을 논하는 것은 별개의 문제다. 조소영, "코로나19 시대의 개인정보자기결정권의 보호- 감염병 예방법상의 개인위치정보 공개규정을 중심으로 -", 『헌법학연구』 제27권 제2호(2021), 194면, 195면.

호범위로 하는 기본권으로 국가는 보호의무를 부담한다. 따라서 국가는 정보수집자가 협박이나 위해를 통고하면서 개인정보수집을 하는 경우는 물론 사기, 강박, 경솔, 불성실 등으로 인해 정보주체의 자기결정이 아닌 타인결정으로 대체하는 경우에도 국가는 보호의무를 이행하여야 한다. 국가는 권력분립원리에 따라 효과적인 보호를 해야 한다. 우선 국회가 개인정보자기결정권을 구체화하는 입법의무를 부담하고 사법부나 헌법재판소는 불완전·불충분한 입법에 대한 해석에 의한 보충을 하여야 한다.

2. 청구권적 성격

개인정보자기결정권은 자신의 개인정보에 대한 사적자치권으로서 인권적 성격을 갖는다. 여기서 정보주체는 스스로 입법자로서 기능을 수행하여 동의 없는 사인의 개인정보조사·수집·보관·처리·이용 등에 대하여 자기결정권침해를 주장할 수 있다. 사인의 일반적 평화의무에 따라 국가는 폭력독점권에 근거하여 침해여부를 결정할 의무를 부담한다. 대법원[52]도 개인의 위치정보수집으로 인한 손해에 대하여는 구체적 사안에 따라 배상책임을 인정할 수 있다고 판시하였다.

사적자치로서 자기결정권에 의하여 정보주체는 자신의 동의 없는 정보수집 등에 대하여 국가에 대하여 자신의 개인정보통제권을 행사할 수 있다. 이러한 점에서 개인정보자기결정권에는 정보주체가 불완전·불충분한 개인정보입법의 하자에 대하여 사법부나 헌법재판소에 그 교정을 요구할 수 있는 청구권적 성격이 내재해 있다.

Ⅲ. 헌법적 근거

개인정보자기결정권의 헌법적 근거는 살펴본 그 복합적인 성격과 관련하여 학설과 판례가 다양하게 나타나고 있다.

---

52) 정보주체의 동의를 얻지 아니하고 개인의 위치정보를 수집한 경우, 그로 인하여 손해배상책임이 인정되는지는 위치정보 수집으로 정보주체를 식별할 가능성이 발생하였는지, 정보를 수집한 자가 수집된 위치정보를 열람 등 이용하였는지, 위치정보가 수집된 기간이 장기간인지, 위치정보를 수집하게 된 경위와 그 수집한 정보를 관리해 온 실태는 어떠한지, 위치정보 수집으로 인한 피해 발생 및 확산을 방지하기 위하여 어떠한 조치가 취하여졌는지 등 여러 사정을 종합적으로 고려하여 구체적 사건에 따라 개별적으로 판단하여야 한다. 대판 2018. 5. 30. 2015다251539, 251546, 251560, 251577.

1. 학설

(1) 일반적 인격권설

헌법 제10조의 인간의 존엄과 행복추구권에서 파생하는 일반적 인격권의 핵심 내용으로 개인정보자기결정권이 근거하고 있다는 학설이다. 그 논거로 개인정보자기결정권에는 국가에 대한 소극적 방어권으로서 '사생활정보 공개에 관한 자기결정권'과 국가나 사인에 의한 개인정보제약에 대한 적극적 청구권으로서 '사회적 인격상에 관한 자기결정권'이 포함되는 것으로 보거나[53] 개인정보자기결정권의 복합적 성격을 고려하여 인간의 존엄과 행복추구권을 근거로 해야 한다[54]는 것이다.

독일과 달리 우리 헌법상 사생활의 비밀과 자유는 일반적 인격권이 아닌 독자적 기본권으로 명문화되어 있다는 점, 인간의 존엄을 상대적 기본권으로 평가 절하하는 문제점이 있다.

(2) 사생활의 비밀과 자유설

헌법 제17조의 사생활의 비밀과 자유에 개인정보자기결정권의 헌법적 근거가 있다는 학설[55]이다. 사생활의 비밀과 자유에 자신의 정보에 대한 통제권을 보호범위로 하는 적극적 청구권적 성격도 있다는 논거를 주장하고 있는 것이다.

미국은 헌법에 프라이버시권(Right of Privacy)이 명문화 되지 않아 연방대법원이 판례를 통해 개발한 것으로 이론체계와 상관없이 실무상 다양한 보호내용으로 구성한 것이다. 이를 우리가 수용하는 것은 국가에 대한 소극적 방어권의 본질을 갖는 자유권과 적극적 청구권을 구분하는 우리 헌법상 기본권체계를 형해화하는 문제점을 지적하지 않을 수 없다.

(3) 인간의 존엄과 행복추구권 및 사생활의 비밀과 자유 복합설

헌법 제10조의 인간의 존엄과 행복추구권 및 헌법 제17조의 사생활의 비밀과 자유에 근거한다는 학설[56]이다. 그 논거로 개인정보자기결정권의 보호대상에는 사

---

53) 한수웅, 『헌법학』, 525면.
54) 김철수, 『학설판례 헌법학(상)』, 838면.
55) 권영성, 『헌법학원론』, 458면; 성낙인, 『헌법학』, 1427면; 전상현, "개인정보자기결정권의 헌법상 근거와 보호영역", 『저스티스』제169호(2018. 12.), 32면; 허완중, 『기본권론』, 360면.

생활에 관한 정보 이외에 공적인 정보도 포함되는 등 그 복합적 성격을 고려하여 소극적 성격은 제17조에서, 적극적 성격은 제10조에서 찾을 수 있다고 한다.

이 학설은 개인정보자기결정권의 복합적 성격을 고려한 점은 장점이나 기본권 이론체계에서 보면 매우 기교적이다. 자기결정권의 대상인 공적 또는 사적인 개인 정보인지 정보의 성격에 따라 근거가 달라야 한다는 것은 보호의무자인 국가의 입장에서 예컨대, 주민등록번호, 지문, 성명 등과 같은 개인정보가 공적 정보인지 사적 정보인지 다분히 자의적으로 구별한 것에 불과하다. 기본권주체인 정보주체의 입장에서는 모두 개인정보로서 무차별하게 자기결정권의 대상인 것이다.

(4) 독자적 기본권설

정보화 사회에서 개인정보의 자산과 정보로서의 중요성을 고려하여 개인정보 자기결정권은 성문의 기본권인 사생활의 자유 등과 구별되는 독자적 기본권으로 보는 학설57)이다. 헌법개정을 통하여 명문화 되는 것도 필요하다고 한다.

이 학설은 개인정보자기결정권의 인권적, 복합적 성격을 바탕으로 독자적 기본권성을 주장한 것은 타당하다. 하지만 사실상 어려운 헌법개정을 고려하여 제3자에 의한 침해에 대한 국가의 보호의무와 국가에 대한 방어권과 청구권적 성격을 강화하는 입법으로도 가능하다고 본다.

2. 헌법재판소

헌법재판소는 경찰철장의 지문정보 보관·이용행위의 개인정보자기결정권제한의 법률유보위반 여부에 대한 헌법소원결정58)에서 "개인정보자기결정권의 헌법상 근거로는 헌법 제17조의 사생활의 비밀과 자유, 헌법 제10조 제1문의 인간의 존엄과 가치 및 행복추구권에 근거를 둔 일반적 인격권 또는 위 조문들과 동시에 우리 헌법의 자유민주적 기본질서 규정 또는 국민주권원리와 민주주의원리 등을 고려할 수 있으나, 개인정보자기결정권으로 보호하려는 내용을 위 각 기본권들 및 헌법원

---

56) 전광석, 『한국헌법론』, 336면.
57) 노현숙, 전게논문, 126면,
58) 헌재결 2020. 5. 27. 2017헌마1326, 판례집 32-1하, 384(391); 2014. 8. 28. 2011헌마28; 2014. 7. 24. 2013헌마423등; 2012. 7. 26. 2010헌마446; 2009. 10. 29. 2008헌마257, 판례집 21-2하, 372; 2005. 5. 26. 99헌마513, 판례집 17-1, 668(683).

리들 중 일부에 완전히 포섭시키는 것은 불가능하다고 할 것이므로, 그 헌법적 근거를 굳이 어느 한두 개에 국한시키는 것은 바람직하지 않은 것으로 보이고, 오히려 개인정보자기결정권은 이들을 이념적 기초로 하는 독자적 기본권으로서 헌법에 명시되지 아니한 기본권이라고 보아야 할 것이다."고 판시한 바 있다. 그 직후 교육정보시스템(NEIS) 결정,59) 수사경력자료 보존결정,60) 채무불이행자명부의 공개결정,61) 정보통신서비스제공자의 주민등록번호 수집이용근거결정,62) 가족관계등록법상 가정폭력피해자의 개인정보침해결정63)에서는 헌법 제10조 제1문의 일반적 인격권과 헌법 제17조의 사생활의 비밀과 자유에 의하여 보장되는 개인정보자기결정권이라고도 하였다.

하지만 헌법재판소는 디엔에이감식시료채취와 관리에 관한 결정64)에서 "청구인이 이 사건 삭제조항에 의해 침해된다고 주장하는 인간의 존엄권, 행복추구권, 인격권 및 사생활의 비밀과 자유는 개인정보자기결정권의 헌법적 근거로 거론되는 것들로서, 특별한 사정이 없는 이상 개인정보자기결정권에 대한 침해 여부를 판단함으로써 위 기본권들의 침해 여부에 대한 판단이 함께 이루어지므로 그 침해 여부를 별도로 다루지 않는다(헌재결 2014. 8. 28. 2011헌마28등 참조)."고 판시하여 독자적 기본권으로 보는 입장을 확인하고 있다.

3. 소결

개인정보자기결정권은 사생활의 자유, 일반적 인격권 등과 관련된 독자적 기본권으로서 인권적 성격을 갖는다. 따라서 국가는 인권의 확인과 보장의무(헌법 제10조 제2문)에 의하여 개인정보자기결정권을 구체화하는 입법의무를 부담해야 한다.

Ⅳ. 보호범위

개인정보자기결정권은 개인정보에 대한 자기결정권을 보호한다.

---

59) 헌재결 2005. 5. 26. 99헌마513, 판례집 17-1, 81(90).
60) 헌재결 2009. 10. 29. 2008헌마257, 판례집 21-2하, 372(384, 385).
61) 헌재결 2010. 5. 27. 2008헌마663, 판례집 22-1하, 323(334).
62) 헌재결 2015. 6. 25. 2014헌마463, 판례집 27-1하, 586(591).
63) 헌재결 2020. 8. 28. 2018헌마927.
64) 헌재결 2020. 5. 27. 2017헌마1326, 판례집 32-1하, 384(391).

1. 개인정보의 범위

개인정보의 범위는 개인정보보호법에서 우선 찾아볼 수 있다. "개인정보"란 첫째, 살아 있는 개인에 관한 정보로서 성명, 주민등록번호 및 영상 등을 통하여 개인을 알아볼 수 있는 정보, 둘째, 해당 정보만으로는 특정 개인을 알아볼 수 없더라도 다른 정보와 쉽게 결합하여 알아볼 수 있는 정보로 이 경우 쉽게 결합할 수 있는지 여부는 다른 정보의 입수 가능성 등 개인을 알아보는 데 소요되는 시간, 비용, 기술 등을 합리적으로 고려하여야 한다. 셋째, 첫째, 둘째의 정보를 가명처리함으로써 원래의 상태로 복원하기 위한 추가 정보의 사용·결합 없이는 특정 개인을 알아볼 수 없는 정보, 즉 "가명정보"를 말한다(제2조 제1호). 여기서 가명처리란 개인정보의 일부를 삭제하거나 일부 또는 전부를 대체하는 등의 방법으로 추가 정보가 없이는 특정 개인을 알아볼 수 없도록 처리하는 것을 말한다(제2조 제1호의2).

한편 헌법재판소는 개인정보에 대하여 "개인의 신체, 신념, 사회적 지위, 신분 등과 같이 개인의 인격주체성을 특징짓는 사항으로서 그 개인의 동일성을 식별할 수 있게 하는 일체의 정보라고 할 수 있고, 반드시 개인의 내밀한 영역이나 사사(私事)의 영역에 속하는 정보에 국한되지 않고 공적 생활에서 형성되었거나 이미 공개된 개인정보까지 포함한다."[65)]고 판시하였다. 신체, 신념, 사회적 지위, 신분 등은 개인의 인격주체성을 특징짓는 사항의 예시로서 헌법 제10조의 일반적 행동자유의 전제가 되는 모든 정보라 할 수 있다. 이러한 점에서 일반적 인격권에 속하는 사항[66)]은 물론 사회적 동물로서 개인의 동일성을 나타내는 지문,[67)] 졸업일자,[68)] 주민등록번호,[69)] 학력, 경력, 직명, 취미, 소비성향, 재력, 교우관계 등을 모두 포함한다.[70)] 이와 같이 해석하는 것이 전술한 개인정보보호법에서 자연적이든 기술적이든 개인을 알아볼 수 있는 일체의 정보를 개인정보로 보는 것과 일치하는 것이라

---

65) 헌재결 2020. 5. 27. 2017헌마1326, 판례집 32-1하, 384(391); 2005. 5. 26. 99헌마513 등, 판례집 17-1, 668(682).

66) 이에 한정하는 문재완, "개인정보보호법제의 헌법적 고찰", 『세계헌법연구』 제19권 제2호(2013), 281, 282면.

67) 헌재결 2005. 5. 26. 99헌마513 등, 판례집 17-1, 668(683).

68) 헌재결 2005. 7. 21. 2003헌마282. 판례집 17-2, 81(92).

69) 헌재결 2015. 12. 23. 2013헌바68 등, 판례집 27-2하, 480(489).

70) 전상현, "개인정보자기결정권의 헌법상 근거와 보호영역", 『저스티스』 제169호(2018. 12.), 9면.

보기 때문이다. 헌법재판소도 일련의 숫자 또는 부호의 조합으로 표기된 디엔에이
신원확인정보[71])는 누구나 손쉽게 정보주체를 확인할 수 있는 성명, 사진, 주민등록
번호 등과는 달리, 일반인의 경우 디엔에이신원확인정보 그 자체만을 가지고는 정
보주체를 파악하는 것은 불가능하지만 인적관리시스템에서 인적사항 등과 식별코
드를 확인해야만 정보주체의 확인이 가능하면 개인정보로 판시하고 있다. 원칙으로
서 기본권을 해석하는 졸견에 따라 보호범위를 넓게 보는 것은 사실적 제약이 적지
않은 개인정보에 대하여도 국가의 책임귀속을 전제로 형식적 정당성을 판단할 수
있기 때문이다.[72])

2. 자기결정권

자기결정권은 사적자치에 근거한 것으로 진정한 자기의사, 즉 개인정보에 대
한 동의를 핵심으로 하여 처분권을 보호하는 것을 그 내용으로 한다. 이에 관한 것
도 개인정보자기결정권에 관한 일반법인 개인정보보호법에 구체화되어 있다.

(1) 정보주체의 동의

개인정보는 정보주체와 관련된 것으로 자신의 정보에 관한 동의와 반대의 의사
표시를 하는 처분권을 갖는다. 국가권력이 개인정보를 수집하기 위해서는 법률유보
원칙에 의하여 반드시 법률에 근거하여야 한다(개인정보보호법 제15조 제1항 제2호).

의회제정법률은 대의민주국가에서는 개인의 동의를 대신하는 것을 의미한다.
그 법률은 수집목적을 명확히 제시하여야 하며, 수집목적이 각각 다르거나 수집된
정보를 제3자에게 전달하려면 별도로 정보주체의 동의를 얻어야 한다(목적구속의 원
칙). 정보주체의 동의 없이 수집한 개인정보를 제3자인 사인에게 전달하기 위해서
동의를 얻어야 하는 것은 개인정보의 오·남용 등의 위험으로부터 안전보장을 위한
제도적 장치라 할 수 있다(개인정보보호법 제5조 제1항).[73])

---

71) 헌재결 2018. 8. 30. 2016헌마344 등, 판례집 30-2, 516(531); 2014. 8. 28. 2011헌마28 등,
    판례집 26-2상, 337(363).
72) 광의의 개인정보개념을 전제로 하더라도 제한의 정도와 한계를 달리 구분할 수 있다는 견해
    로 조소영, "코로나19 시대의 개인정보자기결정권의 보호-감염병 예방법상의 개인위치정보
    공개규정을 중심으로-", 『헌법학연구』 제27권 제2호(2021), 185면.
73) 예컨대, 헌법재판소결정에서 가족관계 등록에 관한 법률에 규정된 각종 증명서(가족관계증명
    서, 혼인관계증명서, 입양관계증명서, 친양자입양관계증명서 등)에 대한 교부청구권을 형제

　　정보주체의 동의는 자의적인 것이어야 한다. 자의는 진정한 사적자치를 말한다. 따라서 정보주체는 동의에 의하여 정보수집에 따라 발생할 수 있는 위험이나 문제점들을 충분히 이해할 수 있도록 사전정보를 제공받아야 한다. 즉 개인정보처리는 동의를 받을 때에 개인정보의 수집·이용 목적, 수집하려는 개인정보의 항목, 개인정보의 보유 및 이용 기간, 동의를 거부할 권리가 있다는 사실 및 동의 거부에 따른 불이익이 있는 경우에는 그 불이익의 내용 등에 관하여 알려주어야 한다(개인정보보호법 제15조 제2항). 또한 개인정보처리자는 정보주체의 동의를 받아 개인정보를 수집하는 경우 필요한 최소한의 정보 외의 개인정보 수집에는 동의하지 아니할 수 있다는 사실을 구체적으로 알리고 개인정보를 수집하여야 한다(개인정보보호법 제16조 제2항).

　　여기서 동의는 국가에 대하여 개인정보자기결정권제한에 대한 책임을 면제하는 의미를 갖는 것이지 제3자인 사인의 개인정보자기결정권제약에 대하여 까지 국가의 책임을 면제하는 것은 아니다. 따라서 제3자에 개인정보의 전달이나 제3자로서 공무원의 개인정보 유출에 대하여 국가는 국가배상책임을 부담한다.

(2) 정보열람권

　　정보열람청구권이란 정보접근권이라고도 하며 타인에 의하여 처리되고 있는 개인정보의 내용에 대하여 정보주체가 자신에 관한 정보의 열람을 청구할 수 있는 권리를 말한다(개인정보보호법 제4조 제3호). 이를 위해 정보주체의 청구가 있는 경우 정보보유자는 정보의 내용에 대하여 충분히 설명해 주어야 한다. 청구를 거부하는 경우는 그 이유를 제시하여야 하고 이의제기권리도 보장해 주어야 한다.

(3) 정보의 정정청구권과 삭제·분리청구권

　　정보의 정정청구권이란 정보주체가 자신에 관한 정보를 열람한 결과 정보내용이 부정확하거나 불완전한 것일 경우에 이에 대한 정정을 요구할 수 있는 권리를 말한다(개인정보보호법 제4조 제4호). 정정요구가 있는 경우 정보보유자는 법률이 허용하는 특별한 사정이 없는 한 요구사항대로 정하여야 하고, 이를 정보주체에게 통지하여야 한다.

자매에게 부여하는 규정을 들 수 있다. 헌재결 2016. 6. 30. 2015헌마924.

정보의 삭제청구권이란 개인정보의 보유기간의 경과, 개인정보의 처리 목적 달성 등 그 개인정보가 불필요하게 되었을 때에 정보주체는 정보보유자에게 그 개인정보를 삭제할 것을 청구할 수 있다(개인정보보호법 제21조 제1항). 잊혀질 권리 (Right to be forgotten)도 이에 속하는 것으로 볼 수 있다.

분리청구권이란 특정목적을 위해 수집된 개인정보는 다른 기관에서 다른 목적을 위해 수집된 개인정보와 원칙적으로 통합되지 않고 분리된 상태로 유지될 것을 요구할 수 있는 권리를 말한다. 법령에 따라 개인정보를 파기하지 아니하고 보존하여야 하는 경우에 개인정보 처리자는 해당 개인정보 또는 개인정보파일을 다른 개인정보와 분리하여서 저장·관리하여야 한다(개인정보보호법 제21조 제3항).74)

(4) 정보의 처리정지청구권

정보의 처리정지청구권은 전술한 정보의 삭제나 분리의 사전조치로서 의미를 부여할 수 있기도 한 것으로 보유기간이 경과하였으나 지속적으로 이용하거나 업무상 불필요한 경우에 정보의 처리정리를 청구하는 권리를 말한다. 또한 개인정보의 처리로 자신이나 타인에게 부당하게 실질적인 손해를 초래하거나 초래할 가능성이 있는 경우 즉시 또는 상당한 기간이 경과한 후에 정보처리를 중지할 것을 청구할 수도 있다.

Ⅴ. 제한과 정당성

1. 법률유보와 비례의 원칙

개인정보자기결정권은 상대적 기본권으로 헌법 제37조 제2항의 법률유보에 의하여 제한할 수 있다. 하지만 헌법상 성문의 기본권과 달리 개인정보자기결정권의 제한수단으로 법률유보는 의회유보로 보아야 한다. 불문기본권으로 인권적 성격을 갖는 개인정보자기결정권의 보호내용을 행정입법에 위임하는 것은 행정부가 개인정보의 입법과 집행을 동시에 할 수 있어 자의적인 권력행사로 인권침해의 소지가 다분하기 때문이다. 의회입법이라도 침익적 행정으로 의한 개인정보의 남용위험

---

74) 예컨대, 헌법재판소결정에서 가정폭력가해자로부터 가정폭력피해자를 보호하는 구체적 방안을 마련하지 않은 부진정입법부작위는 이 청구권보장과 관련된 것이다. 헌재결 2020. 8. 28. 2018헌마927.

성으로 인하여 목적과 수집사유에 대한 명확성의 원칙을 준수하여야 한다.

이러한 점에서 그 제한의 실질적 정당성판단기준인 비례의 원칙도 엄격하게 적용하여야 한다. 예컨대, 성폭력범죄의 처벌 등에 관한 특례법 조항에 따른 신상정보등록대상자의 등록정보를 20년간 보존·관리하여야 한다고 규정한 동법 제45조 제1항은 등록대상성범죄의 경중과 재범의 위험성 등은 고려하지 않은 것으로 헌법불합치결정75)을 한 것을 들 수 있다. 그러나 헌법재판소는 일반적으로 합리성 심사에 그치는 경향이다. 예컨대, CCTV설치에 의한 교도관의 계호활동대체의 특별한 법적 근거가 없더라도 일반적인 계호활동을 허용하는 법률규정에 의하는 것에 대하여 허용된다76)고 보는가 하면, 경찰청장이 지문정보의 전산화 및 범죄수사에 이용에 주민등록법시행령과 시행규칙에 근거한 것으로 정당성을 인정한 것77) 등을 들 수 있다. 정보화시대에 개인정보자기결정권의 중요성을 고려하면 타당하지 않다.

2. 언론의 자유와 조화

언론매체는 민주국가에서 여론형성의 공적 기능을 수행하는 언론의 자유를 향유하는 점에서 언론기관의 취재보도과정에서 개인정보자기결정권과 충돌하는 경우 개인정보보호법에서는 언론의 자유의 우위성을 인정하는 규정을 마련하고 있다. 즉 언론기관이 취재·보도의 고유 목적을 달성하기 위하여 수집·이용하는 개인정보에 대하여는 수집의 제한, 이용·제공의 제한, 파기, 유출통지, 열람청구, 정정·삭제청구, 처리정지청구, 단체소송 등에 관한 조항의 적용을 배제하고 있다(개인정보보호법 제58조 제1항 제4호).

3. 정보공개청구권과 조화

공개청구한 정보가 제9조 제1항 각 호(공공기관이 보유·관리하는 비공개 대상정보)의 어느 하나에 해당하는 부분과 공개 가능한 부분이 혼합되어 있는 경우로서 공개 청구의 취지에 어긋나지 아니하는 범위에서 두 부분을 분리할 수 있는 경우에는 제9조 제1항 각 호의 어느 하나에 해당하는 부분을 제외하고 공개하여야 한다. 국민의 알권리와 개인정보보호를 규범조화시킨 내용이다.

---

75) 헌재결 2015. 7. 30. 2014헌마340·672, 2015헌마99(병합).
76) 헌재결 2008. 5. 29. 2005헌마137 등, 판례집 20-1하, 187.
77) 헌재결 2005. 5. 26. 99헌마513 등, 판례집 17-1, 668.

제
5
장
/

개인활동의 자유

제 1 절 일반적 행동자유권[1]

Ⅰ. 의의

우리 헌법에 일반적 행동자유권에 관한 명문규정은 없다. 하지만 헌법재판소는 1991년 화재보험법결정[2]에서부터 일반적 행동자유권을 행복추구권(헌법 제10조)에 함축된 기본권으로 판시하였다. 그리고 일반적 행동자유권의 '자유의 개념'에 대해서 "적극적으로 자유롭게 행동하는 것은 물론 소극적으로 행동하지 않을 자유, 즉 부작위의 자유도 포함되는" 포괄적인 자유로 설명하면서, 그 파생인 계약자유도 계약체결여부, 상대방선택 등에 대한 적극적 작위, 소극적 부작위의 자유가 동일하게 보장된다고 하였다.

주지하듯이 일반적 행동자유권은 독일연방헌법재판소가 엘페스(Elfes)결정[3]에

---

1) 장영철, "일반적 행동자유권에 관한 고찰", 『서울법학』 제28권 제1호(2020. 5.), 서울시립대 법학연구소, 1면 이하를 기본으로 하여 수정 가필하였음.
2) 헌재결 1991. 6. 3. 89헌마204, 판례집 제3권, 268(276).
3) BVerfGE 6, 32 ff. 엘페스의 여권연장불허가와 관련된 사건으로 해외여행의 자유가 일반적 행동자유권에 포함되는 것으로 광의로 해석하여 헌법소원 인용 결정함.

서 인격의 자유로운 발현권(독일헌법 제2조 제1항)을 포괄적인 자유권으로 판시한 것을 우리 헌법재판소가 수용한 것이다. 헌법재판소는 일반적 행동자유권에 주관적이고 상대적인 행복추구권을 대체하는 기능을 부여하면서 일련의 관련내용을 판시하고 있다. 즉 일반적 행동자유권의 보호내용에 대해 "개인의 생활방식과 취미에 관한 사항을 비롯한 모든 행위를 포괄하는 것"[4]으로, 행동자유에서 '행동의 개념'에 대해서는 "인격의 자유발현을 위한 필요한 행동을 할 수 있어야 한다는 의미의 행복추구권의 파생으로 일반적 행동자유권"으로 판시[5]하고 있다.

이와 비교하여 학계에서는 일반적 행동자유권에 관한 체계적인 연구는 아직 활발하지 못하다.[6] 지금까지 논의는 행복추구권의 보호내용으로 일반적 행동자유권을 파악하면서 자연법적 성격과 포괄적 자유권의 성격을 제시하고 있다. 하지만 헌법재판에서 일반적 행동자유권은 개별기본권과 함께 경합적으로 침해된 기본권으로 주장하며 헌법소원청구수단으로 빈번이 이용되고 있다. 따라서 일반적 행동자유권에 관한 체계적 이론 정립을 하고자 한다.

Ⅱ. 일반적 행동자유권에서 '자유'와 '행동'의 개념

1. 자유권의 보호범위로서 자유의 개념

(1) 자유권의 본질에 관한 역사적 전개

(가) 미국과 프랑스의 자연법론

행복추구권(헌법 제10조)의 파생으로 일반적 행동권은 일반적 자유를, 개별자유권은 개별적 자유를 보호범위로 한다. 따라서 자유권의 보호범위를 파악하기 위해서는 자유의 개념을 먼저 이해하여야 한다. 헌법상 자유는 인간의 존엄과 마찬가지로 기본권의 본질에 관한 이해와 이론적인 연관성을 갖는다. 르네상스시대에 자유는 포괄적으로 인격발현을 위한 모든 행위로 파악하였고, 이는 17, 18세기 근대자유국가의 자연권론자(그로티우스, 알투지우스, 프펜도르푸, 토마지우스 등)들이 자기의

---

4) 헌재결 2016. 2. 25. 2015헌가11, 판례집 28-1상, 1; 2003. 10. 30. 2002헌마518.
5) 헌재결 2014. 2. 27. 2013헌바106, 판례집 26-1상, 272.
6) 김철수, "일반적 행동자유권에 관한 연구", 『학술원논문집』, 인문사회과학편 제38집(1999), 81면; 김일환, 한국헌법상 "일반적 행동자유권"의 존재여부에 대한 비판적 검토, 『헌법학연구』 제2권(1996), 한국헌법학회.

사와 자기결정에 의한 행동을 보장하는 자연적 자유로 이해하였다(자연법론). 하지
만 18세기 후반에 자유는 국가권력의 남용에 대하여 권력분립을 주장한 로크와 인
권의 절대성을 강조한 칸트의 영향으로 개인의 일반적 자유에서 헌법적 자유로 변
화하였다. 칸트(I. Kant)는 "인간은 자기의사에 의한 목적적 존재이지, 타인의 의사
에 의한 단순한 수단적 존재가 아니다.", 영국의 로크(J. Locke)는 코크(E. Coke)의
국가권력기속을 강조한 법치주의에 근거하여 일반적 자유권을 생명, 자유, 재산의
법적 자유권으로 구체화하였다(신 자연법론). 로크의 자연권사상은 법조문으로 규정
된 미국의 수정헌법(1791), 프랑스대혁명의 인간과 시민의 권리선언(1789)에 직접적
으로 반영되었다.[7] 수정헌법 제9조는 "헌법에 열거되어 있는 권리 이외에 인민이
보유하는 그 밖의 권리를 부인하거나 경시하는 해석을 하여서는 안 된다."고 규정
하고 있다.

1776년 버지니아 권리장전 제1조를 모방한 프랑스대혁명의 인권선언 제2조
제1항은 "모든 인간은 본래 동등한 방법으로 자유를 행사하고 독립적이며 천부적
인 권리를 갖는다. (…) 이는 즉 생명권, 자유권, 재산권의 소유와 취득, 행복추구권
과 안전보장권이다. 그리고 일반적 행동자유권을 의미하는 인권선언 제4조는 "자유
는 타인의 권리를 침해하지 않는 범위 내에서 모든 것을 할 수 있는 것을 말한다."
고 규정하고 있다. 이는 일견 '타인의 권리를 침해하지 않는 범위 내에서'라는 제한
으로 소극적 자유를 배제하고 개별기본권과 마찬가지로 적극적 자유를 보장한 것
으로 해석할 여지도 있다. 하지만 동조 제2문은 "모든 개인의 자연권 행사는 사회
의 다른 구성원에게 똑같은 권리의 향유를 보장하는 이외의 제약을 갖지 아니한다.
그 제약은 오로지 법에 의해서만 규정될 수 있다." 그리고 제5조는 "법은 사회에
해로운 행위가 아니면 금지할 권리를 갖지 아니한다. 법에 의해 금지되지 않는 행
위는 어느 누구도 방해할 수 없으며, 또 누구도 법이 명하지 않는 것을 행하도록
강제 받지 아니한다."고 규정하고 있다. 따라서 프랑스 인권선언의 일반적 행동자
유권규정은 소극적 자유를 의미하는 자연권(자연적 자유)으로서 일반적 자유권을 전
제로 하였다고 볼 수 있는 근거다.[8]

---

7) K. Stern, Das Staatsrecht der Bundesrepublik Deutschland, Bd. IV/1, § 104, München, 2006, S. 880 f.

8) A. Kukk, Verfassungsgeschichtliche Aspekte zum Grundrecht der allgemeinen Hand-lungsfreiheit(Art. 2 Abs. 1 GG), Verlag W. Kohlhammer, 2000, S. 96 f.

(나) 근대독일의 제국헌법과 바이마르헌법의 실정권론과 독일기본법의 자연권론 회귀

18세기 독일은 칸트의 영향 하에 자연법사상에 입각하여 자유권을 파악하였
다. 하지만 19세 독일은 국가철학과 국가학의 영향으로 자연법상 일반적 자유권은
인간의 원초적인 권리선언으로 간주하고 개별적 자유권으로 열거된 범위에서 행사
할 수 있는 실정권으로 주장하게 되었다. 그리하여 자연적 자유는 법적으로 허용한
범위의 잔여자유로 격하되었다.9) 개별기본권규정을 많이 규정한 1848년 프랑크프
르트 헌법(59개), 1850년 프로이센 헌법, 1867년 오스트리아 국가기본법 등이 그것
이다.10) 이들은 1892년 옐리네크(G. Jellinek)가 그의 저서 '주관적 공권론'에서 자연
적 자유는 국가멸망을 초래할 수 있는 자유로 폄하하고 자유를 위법한 강제를 받지
않을 법적 자유로 주장하는 실정 헌법적 바탕이 되었다. 이론적으로는 몽테스퀴외
(Montesquieu)가 '법의 정신'11)에서 설명한 "국가, 즉 법이 지배하는 사회에서 자유
란 법적 범위 내에서 우리가 원하는 것을 할 수 있는 것, 원하지 않는 것을 강제당
하지 않는 것이다."는 것을 추종한 것이다. 이러한 실정권론을 바이마르헌법(1919)
이 수용12)하여 히틀러의 제3제국(1933) 탄생배경이 되었다.

양차 세계대전에서 패망한 독일은 기본법(1949)에서 인간존엄의 불가침성을
헌법원칙으로 강조하면서 기본권으로서 인격의 자유발현권규정(제2조 제1항13))을
연방헌법재판소는 엘페스(Elfes)결정 이후 자연권사상에 입각한 일반적 행동자유권
으로 해석하고 있다.

오늘날 헌법상 자유의 개념을 파악하기 위해서 인간의 존엄과 가치에서 추구
하는 인간상에서 찾아보는 것은 한계가 있다. 왜냐하면 개인주의도 전체주의도 아
닌 공동체주의 인격적 인간상은 개인의 인격발현과 그 방법도 중요하다고 보기 때
문이다. 국가와 사회의 상호 긴장관계에서 자연적 자유, 공동체적 자유, 가치구속
내지 의무를 수반한 자유 등의 상이한 자유이해에 따라 기본권의 보호내용은 달리
결정된다.14) 바로 여기서 일반적 행동자유권과 그 구체화로서 개별자유권의 자유

---

9) K. Stern, Das Staatsrecht der Bundesrepublik Deutschland, Bd. Ⅳ/1, S. 881.
10) 김철수, "일반적 행동자유권에 관한 연구", 81면.
11) 몽테스퀴외/이재형(옮김), 『법의 정신』 제11편 3. 자유란 무엇인가?
12) 우리 제헌헌법의 기본권도 바이마르헌법과 마찬가지로 법률의 범위 내에서 보장되어 실정권
　　으로 해석하고 있다. 예컨대, 김철수, 『헌법학신론』, 박영사, 2013, 304면.
13) 독일헌법 제2조 제1항: 모든 사람은 타인의 권리, 헌법질서, 도덕률을 침해하지 않는 한 인격
　　의 자유로운 발현권을 갖는다.

의 개념도 상이한 이해가 가능할 수 있게 된다.

(2) 적극적 자유와 소극적 자유

(가) 개념

헌법에 열거된 특별자유권은 헌법제정자가 국가나 사회로부터 침해가 예상되는 자유영역을 적극적으로 구획하여 방어권으로서 보장하기 위하여 제정된 것이다. 기본권의 주체는 사적자치로 개별기본권으로 보호된 범위의 작위와 부작위의 자유를 적극적으로 선택하여 행사할 수 있다(적극적으로 정의된 자유). 이와 반면에 일반적 행동자유권은 헌법제정자가 개별자유권과 달리 적극적으로 특정한 보호범위로 정의된 작위·부작위의 행위선택의 자유를 보장하지 않고 단지 행위선택의 자유만 소극적으로 보장한다(소극적으로 남겨진 자유).[15] 즉, 일반적 행동자유권의 보호범위인 행위선택의 자연적 자유는 입법으로 보호되게 된다.

일반적 행동자유권의 보호범위로서 '자유'는 국가권력과 상관없는 르네상스나 근대자유국가의 자연적 자유 내지 사적자치를 의미한다. 헌법재판소도 일반적 행동자유권의 자유를 "적극적으로 자유롭게 행동하는 것은 물론 소극적으로 행동하지 않을 자유, 즉 부작위의 자유도 포함되는 것"[16]으로 판시하여 포괄적으로 인격발현을 위한 모든 행동자유로 이해하고 있다. 학설[17]도 행복추구권 내지 일반적 행동자유권의 자연법적 성격과 포괄적 자유의 성격을 인정하고 있다. 이와 같은 일반적 행동자유권의 자연법적·포괄적 성격으로 인하여 사회구성원들의 이해관계는 충돌하게 된다. 일반적 행동자유권의 행사를 위해서는 입법자가 작위와 부작위를 조화하여 선택적으로 행사할 수 있도록 가치구속 내지 의무를 수반한 자유로 보호하여야 한다. 예컨대, 일반적 행동자유권의 보호내용인 계약자유를 구체화한 방문판매법 제31조는 계속거래업자와 계속거래계약을 체결한 소비자에게 일방적 해지권을 부여하고 있다. 헌법재판소는 이에 관해 거래업자의 계약자유의 제한과 소비자보호

---

14) M. Cornils, Allgemeine Handlungsfreiheit, in: Handbuch des Staatsrechts Bd. Ⅶ(hrgg. v. Isensee/Kirchhof), § 168, 3. Aufl. Heidelberg 2009, S. 1162, RN 8; 이재승, 행복추구권의 기원과 본질, 민주법학, 제38호(2008), 99면 이하.

15) M. Cornils, aaO., S. 1163, RN 9.

16) 헌재결 1991. 6. 3. 89헌마204, 판례집 3, 268(276).

17) 권영성, 『헌법학원론』, 384면; 김철수, 『헌법학신론』, 박영사, 2013, 424면; 허영, 『한국헌법론』, 356면.

의 양면성이 있음을 판시18)하고 있다.

(나) 특별기본권의 적극적 자유와 일반적 방해금지유보(좁은 보호범위이론)

직업의 자유와 같이 적극적 자유를 보호범위로 하는 개별기본권은 부작위의 자유를 보호내용으로 하더라도 부작위를 배타적으로 보호한 것은 아니다. 자연법사상에 근거하여(즉 방어권) 개별기본권의 주체가 작위·부작위 자유 중에서 적극적 작위를 선택한 경우 소극적 부작위는 보호범위에서 사실상 제외되는 것이다. 그 반대의 경우도 마찬가지로 국가에 대한 방어권이지 사회구성원에 대한 방해예방청구권이 아니다. 즉 직업선택을 하는 사람에 대하여 다른 기본권주체가 무직업의 자유를 주장할 수 없다.19) 마찬가지로 집회의 자유도 적극적으로 집회에 참여하는 자유와 소극적으로 참여하지 않을 자유를 보장하지만 집회주변의 상인들은 집회의 자유에 내재된 방해금지유보로 원칙적으로 소극적 집회의 자유를 주장하며 집회금지를 요구할 수 없다. 헌법제정자가 집회의 자유의 민주적 여론형성기능에 우위를 두어 특별기본권으로 보호영역을 설정했기 때문이다.

(다) 특별기본권의 적극적 자유와 일반적 행동자유권의 좁은 보호범위이론의 부당성

일반적 행동자유권의 보호범위를 입법의 범위 내에서 행동할 수 있는 적극적 자유로 한정하여 사소한 인격발현행위를 제외하고 현저한 인격발현행위만 보호내용으로 해석하는 견해20)도 있다. 예컨대, 동성애·동성혼은 도덕률에 반하는 행위로 일반적 행동자유권의 보호범위에 속하지 않는다는 견해,21) 좌석안전띠착용은 개인의 사생활의 자유에,22) 기부금품모집행위는 표현의 자유에 속한다는 견해23)가 이에 해당한다. 하지만 일반적 행동자유권의 보호범위를 주관적 판단으로 도덕적

---

18) 헌재결 2016. 6. 30. 2015헌바371등, 판례집 25-2(하), 649, 655~659.
19) 이는 일반적 행동자유권의 파생인 경쟁의 자유침해로 주장할 수 있다. 다만 직업선택이 아닌 행사와 관련하여 경쟁의 자유를 주장할 수는 있다. 자세한 것은 이하 IV.2.(3)에서 논함.
20) D. Grimm, in: BVerfGE 80, 137 (168 f.) - 반대의견.
21) 음선필, "동성애·동성혼의 헌법적 수용에 대한 비판", 『홍익법학』 제18권 제3호(2017), 홍익대학교 법학연구소.
22) 조영승, "좌석안전띠 착용규제에 관한 공법적 검토-헌법재판소 2003. 10. 30. 2002헌마518 결정과 관련하여-", 『공법학연구』 제20권 제3호(2019. 8.), 295면 이하.
23) 정광현, "기본권경합과 본안심사-기부금품 모집 등록제 합헌결정에 대한 비판", 『중앙법학』 제20권 제4호(2018. 12), 49면 이하.

행위, 현저하게 중요한 사회적 행위만 보호내용으로 한다면 자기결정에 따른 행동 선택권은 보호되지 않게 된다. 인격발현에 중요성여부는 스스로 결정하여 행동하는 것이 일반적 행동자유권의 포괄적 자유 내지 국가이전의 자연적 자유로서 법적 보호가능성을 개방하고 있는 성격에 부합하는 것이다.

(라) 헌법제정자의 가치결단으로서 소극적 자유의 원칙

일반적 행동자유권의 '자유'를 선택가능성 있는 소극적인 자유로 파악하는 것은 일견 상대적, 가치중립적, 형식적인 보호내용을 갖는 것으로 평가할 수 있다.[24] 하지만 이러한 소극적 자유로 해석하는 것은 헌법제정자가 헌법을 가치결단으로 구체화하여 계속성을 유지하려는 의지의 표현으로 보는 이유다. 즉 전술한 사례에서 동성애·동성혼, 좌석안전띠착용, 기부금품모집행위가 개별기본권에 각각 해당된다고 보더라도 그 보호범위에 해당하는 작위·부작위 중 적극적으로 선택한 행위에 국한하여 보호되는 것에 불과하다. 하지만 일반적 행동자유권은 홉스(T. Hobbes)의 의미에서 '만인에 대한 만인의 투쟁상태'의 자연적 자유를 국가라는 리바이어던(Leviathan)[25]이 사회공동체구성원이 수용할 수 있는 다양한 가치를 조정하여 법적 자유로 보호할 수 있는 개방성을 갖는다.[26]

(3) (작위·부작위 선택의) 사실적 자유와 법적 자유

일반적 행동자유는 인격발현의 수단으로 입법자가 선택적 자유를 형량하여 법적 자유로 구체화하는 것이다. 국가는 이를 기본적 인권의 확인과 보장의무(헌법 제 10조 2문)로 이행한다. 이 의무는 선택의 자유의 사실성으로 인하여 자유의 형성과 제한을 규범으로 조화하여 행동자유권으로 보장하는 것이다. 그 입법내용은 개인의 인격발현을 최대한 보장할 수 있도록 행동자유를 보장해야 하지만 동시에 모든 기본권주체가 원칙적으로 인격발현자와 동등한 자유를 행사하거나 할 수 있도록 하여야 한다.[27] 예컨대, 일반적 행동자유권의 파생인 기부금품모집에 있어서 모집자,

---

24) M. Cornils, aaO., S. 1185, RN 43.

25) T. Hobbes/하승우(역), 『리바이어던』, 풀빛, 2007.

26) H. -U. Erichsen, Allgemeine Handlungsfreiheit, in: Handbuch des Staatsrechts Bd. Ⅵ (hrgg. v. Isensee/Kirchhof), § 152, Heidelberg 1989, S. 1194, FN 21.

27) 개별기본권의 원칙론도 보호범위가 특정되어 있는 점 이외에 일반적 행동자유권과 마찬가지로 상대적, 가치중립적, 형식적인 보호내용으로 볼 수 있다. 하지만 일반적 행동자유권과 달

기부자, 모집종사자 등의 작위·부작위의 행위선택가능성을 보장하도록 입법으로 자유행사의 조화를 도모하여야 한다. 그 기준으로 독일헌법(제2조 제1항)에서는 합헌적 질서, 타인의 권리, 도덕율을 제시하고 법률에 의한 제한으로 가정적인 사실적인 자연적 자유를 법적 자유로 보호한다.

합헌적 질서에 타인의 권리와 도덕률이 포함되는 것으로 해석하는 것이 일반적이다.[28] 우리의 경우 합헌적 질서에 해당하는 것으로 기본권을 비롯하여 일반적 법률유보조항(헌법 제37조 제2항)과 헌법원칙 등 모든 헌법규정이 포함된다. 이는 규범에 대한 헌법소원과 위헌법률심판에 대한 헌법재판소의 심사기준에 대한 확립된 판시사항[29]으로도 방증된다.

(4) 소극적 자유의 사실적 제약

현대 복지국가에서는 급부행정, 경제행정 등 비고권적 작용으로 제3자에 의한 자유의 제약에 대해서도 국가는 책임을 져야 한다. 사실적 자유를 포함한 자유의 범위확대와 일반적 행동자유권의 소극적 자유권성으로 인하여 국가든 사인이든 자유침해의 주체는 더 이상 중요하지 않게 되었다. 즉 자유침해에 대한 보호를 위하여 침해의 내용을 구분하는 것이 중요해졌다. 개별기본권의 객관적 내용과 일반적 행동자유권의 구체화입법의 적용기관인 행정권의 행사목적과 효과가 법적 침해에 유사한 경우 국가는 책임을 져야 한다. 이는 예컨대, 경쟁의 자유, 기업의 자유 등 경제적 자유의 침해를 주장하며 헌법소원을 청구하거나 일반적 행동자유권침해를 이유로 취소소송을 제기[30]하는 것으로 흔히 나타난다.

리 원칙으로 개별기본권의 소극적 보호내용, 즉 작위, 부작위의 선택가능성은 해당 기본권주체에게 부여된 것으로 양자는 논리적으로 연계되어 있다. 예컨대, 집회참가를 선택한 사람은 집회불참의 자유를 포기한 것이다.

28) H. -U. Erichsen, aaO., S. 1199, FN 32; 김철수, 전게논문, 24면.

29) 헌재결 2017. 6. 29. 2015헌마654, 판례집 29-1, 305; 2016. 7. 28. 2015헌마236 등, 판례집 28-2상, 128; 1996. 12. 26. 96헌가18, 판례집 8-2, 680; 1989. 9. 4. 88헌마22, 판례집 1, 176, 188.

30) 예컨대, 헌재결 1998. 4. 30. 97헌마141, 판례집 10-1, 496.

2. 행동권의 보호범위로서 '행동'의 개념

(1) 행동권과 상태권의 구분과 소극적 자유와 관계

행동권의 보호범위로서 '행동'의 범위에 대한 이해를 위하여 상태권(Haben)과 행동권(Dürfen, Darf-Recht)의 기본권구분에 대하여 먼저 살펴보기로 한다. 상태권은 정적인 인간의 존재나 순수성보존을 목적으로 하는 기본권으로 예컨대, 인격권, 생명권, 신체불훼손권, 통신의 불가침, 주거의 불가침, 사생활의 불가침 등이 이에 속한다. 행동권 내지 행동자유권은 기본권주체의 행동보장을 목적으로 하는 기본권으로 예컨대, 일반적 행동자유권, 양심적 병역거부권, 집회의 자유, 거주이전의 자유 등을 들 수 있다.

행동권 내지 행동자유권은 적극적으로 행동할 자유 이외에 소극적으로 행동하지 않을 부작위의 자유를 보호내용으로 하고 있는 반면에, 상태권은 보호범위에서 법익을 향유하는 상태를 보호하는 기본권으로 적극적·소극적 자유를 선택할 소극적 기본권과는 관계없다는 견해[31](상태권과 행동권의 구분론)가 있다. 예컨대, 생명권을 소극적으로 행사하지 않을 자살의 권리는 법적 보호될 수 없다고 한다. 따라서 사실상 발생하는 자살에 대해 법적으로 유효한 기본권포기가 아니므로 자살방지를 위하여 국가는 보호의무를 부담하여야 한다고 한다.[32] 이에 대해 상태권은 정적인 존속보장을 목적으로 하는 것으로 소극적인 불행사의 자유를 선택할 여지가 없다는 것은 국가나 제3자로부터의 침해에 대한 소극적 방어권의 성격을 강조한 것에 불과하다는 반론[33](상태권과 행동권의 연계론)이 있다. 즉 기본권주체의 입장에서는 상태권도 행사권과 마찬가지로 소극적 자유가 동일하게 보장되어야 한다는 것이다.

판단컨대 상태권과 행동권의 구분은 이론적 의의를 갖는다. 왜냐하면 인간의 존엄과 가치의 절대적 보호와 관련하여 상태 내지 존속보장의 필요성이 있기 때문이다. 그러나 상태권의 경우 행동권과 달리 소극적 자유를 부인하는 것은 현실적으로 타당하지 않다. 예컨대, 상태권으로 재산권은 사유재산제도에 의하여 법적 보장을 받지만 적극적·소극적인 선택으로 재산권의 사용, 수익, 처분행위를 할 수 없다

---

31) D. Merten, Negative Grundrechte, in: Handbuch der Grundrechte, Bd. Ⅱ(hrgg. v. Merten/Papier), § 42, Heidelberg, 2006, 746 f., RN 7, 8.
32) D. Merten, aaO., S. 748, RN 8.
33) M. Cornils, aaO., S. 1188, RN 46.

는 것은 존속보장의 의의를 살릴 수 없기 때문이다. 또한 생명권의 경우도 연명치료중단정도의 아주 좁은 범위의 존엄사를 인정하여[34] 생명권에 관한 소극적 자유를 제한적으로 보호하고 있기도 하다. 하지만 소극적 자유는 입법으로 보장되는 한도 내에서 행사할 수 있는 것으로 우리의 경우 유럽제국[35]과 달리 인간의 생명처분에 관한 인격적 자율성은 실질적으로 보호받지 못하고 있는 것이다. 독일(헌법 제2조 제2항)과 마찬가지로 개인의 자유우선의 원칙을 존중하기 위하여 생명권을 개별기본권으로 명문화할 필요[36]가 있다.

(2) 행동자유에서 '행동'의 광범위성

행동자유에서 행동의 범위는 자유를 향유할 수 있는 모든 행동을 포괄한다. 이는 인간의 동적인 외면세계에서뿐만 아니라 정적인 내면세계의 보존을 위한 행위도 모두 포괄하는 행동을 말한다. 헌법재판소도 "인격의 자유발현을 위한 필요한 행동을 할 수 있어야 한다는 의미의 행복추구권의 파생으로 일반적 행동자유권"으로 판시[37]하여 행동권은 상태권으로서 인격권을 행사하는 수단으로 인정하고 있다.

따라서 인간의 존엄과 일반적 행동자유권에 파생한 불문기본권의 독자성을 인정하면서 인격권과 연계하여 보호범위강화로 엄격 심사를 도모할 수 있는 장점으로 활용할 수 있다.

Ⅲ. 헌법적 성격

일반적 행동자유권도 개별기본권과 마찬가지로 주관적·객관적인 양면적 성격을 갖는다.

---

34) 대판 2009. 5. 21. 2009다17417; 헌재결 2009. 11. 26. 2008헌마385, 판례집 21-2하, 647.

35) 이는 유럽의 네덜란드, 스위스, 오스트리아, 영국과 미국의 일부 주에서는 적극적 안락사를 인정하고 있고, 2020. 2. 26.에 독일도 연방헌법재판소의 형법 제217조 자살방조죄의 위헌결정(2BvR2347/15)과 함께 의사조력자살과 제한적으로 적극적 안락사까지도 포함되는 자살의 권리를 보호하는 입법에 박차를 가하는 사실에서도 방증할 수 있다.

36) 동지 이문호, "적극적 안락사 및 의사조력자살 허용입법의 필요성-실존적 사실 및 통계를 중심으로-", 『인권과 정의』(2019. 6.), 143면 이하.

37) 헌재결 2014. 2. 27. 2013헌바106, 판례집 26-1(상), 272.

1. 방어권적 성격

일반적 행동자유권은 자연적 자유로서 국가의 명령과 강제로부터의 방어적 성격을 갖는다. 국가에 대항하여 행동자유가 보장되므로 그 제한에는 법률유보에 의한 형식적 정당성과 비례의 원칙에 의한 실질적 정당성이 요구된다. 이러한 방어권적 성격에는 법적 제한에 유사한 사실적 제약으로 소극적 자유를 현저히 제약하는 것도 포함된다. 예컨대, 동성애, 동성혼, 반려동물과 생활할 권리 등에 관한 입법부작위가 이에 해당한다.

2. 국가의 적극적 급부의무

일반적 행동자유권의 방어권적 성격과 달리 사회적 기본권적 성격에 대하여는 학설[38]상 대립이 있다. 하지만 사회적 기본권의 포함여부에 대하여는 다음과 같이 급부의무와 관련하여 개별적으로 판단하여야 한다.

(1) 제도보장

국가는 일반적 행동자유권의 보호내용에 속하는 계약자유 내지 사적자치의 법적 조건을 형성하여야 한다. 사적자치는 자기의사, 자기결정, 자기책임을 내용으로 하는 사법상 기본원리로서 일반적 행동자유권과 개별기본권의 객관적 내용에 근거한 헌법상 제도보장이다. 근대 자유국가의 국가와 사회의 구분론을 극복한 현대 사회국가는 국가와 사회의 상호교차관계에서 자기의사, 자기결정에 의한 사적자치가 타인의사, 타인결정에 의한 사적자치로 형해화되지 않도록 최소한의 입법으로 제도보장을 하여야 한다.

(2) 사회권은 배제, 최소한 생존보호는 인간의 존엄과 연계하여 포함

일반적 행동자유권은 국가로부터의 자유인 인권적 성격을 갖는다. 따라서 국가내적인 권리로서 국가재정, 무역수지 등의 가능성유보하에 입법적으로 보호되는 사회국가적 성격의 기본권은 배제된다. 헌법재판소도 일반적 행동자유권을 일반적

---

38) 유은정, "미국 헌법문서의 행복 및 안전에 관한 권리의 검토-우리 헌법상 행복추구권의 새로운 해석가능성-", 『법학논총』 제35집(2016. 1.), 숭실대학교 법학연구소, 2016. 1. 183면 이하; 이재승, "행복추구권의 기원과 본질", 『민주법학』 제38호(2008), 99면 이하.

자유권으로 해석하고, 장애인을 위한 국가의 저상버스도입의무에 대하여 구체적 권리가 아닌 일반적 의무로 판시[39]하며 합리성통제에 국한하고 있다.

그러나 생존에 필요한 최소한의 물질적 배려 없이는 인간다운 생활을 할 수 없다. 이는 인권으로서 인간존엄에 내포되어 일반적 행동자유권을 행사하기 위한 전제조건이다. 왜냐하면 일반적 행동자유권은 입법으로 사회적 승인 내지 소통수단으로 인정받게 되는 자유권이기 때문에 국가(법)에 주권을 위임하는 사회계약의 주체로서 인간의 물질적인 최소한 생존보호는 필수적이기 때문이다.[40]

또한 이륜차의 고속도로 또는 자동차전용도로통행,[41] 시민의 서울광장통행[42]과 같이 국가의 재정적 배려없이 기존의 시설을 이용하는 것은 방어권차원에서 인정할 수 있는 것이다.

3. 보호의무

일반적 행동자유권의 한 내용으로 사적자치 내지 계약자유를 보호하기 위해서 국가는 기본권주체간 자유의 충돌을 조정하는 법치질서를 확립해야 한다. 19세기 형식적 법치국가에서 근대민법의 사적자치는 모든 시민이 동등한 협상력과 사회적 관계를 갖는 법적 평등을 전제로 하였다. 따라서 계약일방이 타방에게 급부를 이행하면 경제적으로 곤궁해지더라도 그의 계약의사는 유효한 것이었다. 근대국가는 폭력독점사상에 입각하여 계약일방의 신체에 위협, 사기, 강박, 경솔, 불성실 등으로 인하여 자기결정을 타인결정으로 대체하는 것을 예방하기 위하여 법치국가적 보호의무를 부담한 것에 국한하였다.[43] 하지만 현대국가에는 시민 간에 정보차이, 협상능력, 주변상황의 유·불리, 사회적 관계 등으로 인하여 실질적인 사적자치가 보장될 수 없다. 한 번의 잘못된 자기결정에 대해 평생 자기책임을 지는 것은 인간존엄에 반하는 것이다. 예컨대, 은행과 아버지간의 사업자금 대출에 연대보증을 요구하

---

39) 헌재결 2002. 12. 18. 2002헌마52, 판례집 14-2, 904.

40) 이러한 점에서 헌법재판소가 비록 위헌결정에 대한 보충의견이지만 사업주의 지배관리 아래 출퇴근하는 소위 혜택근로자에게 발생한 사고의 경우에만 업무상 재해로 인정하는 산업재해 보상보험법 조항에 대하여 평등권을 침해한 것으로 논거를 제시한 것은 바람직한 해석이다. 헌재결 2016. 9. 29. 2014헌바254, 판례집 28-2상, 316.

41) 헌재결 2011. 11. 24. 2011헌바51, 판례집 23-2하, 430; 2008. 7. 31. 2007헌바90등; 2007. 1. 17. 2005헌마1111등.

42) 헌재결 2011. 6. 30. 2009헌마406, 판례집 23-1하, 457.

43) 장영철, 『기본권론』, 116면.

여 가족의 일반적 행동자유권의 보호법익을 침해하는 경우 사회국가적 보호의무이
행을 요구할 수 있다.

하지만 현대국가에서 사적자치를 기본권으로 보장하고 있더라도 국가는 사법
의 독자성을 존중하여 과소금지원칙에 의하여 보충적으로 사적자치권보호의무를
이행하여야 한다. 따라서 자기결정에 의한 이전의 행동이 이후의 행동에 제약원인
을 제공한다 하더라도 일반적으로는 자기구속에 우위를 두어 자기책임을 져야 한
다.[44]

Ⅳ. 보호내용

1. 행동보호의 개방성, 포괄성

자유의 일반원칙으로 일반적 행동자유권은 포괄적 · 개방적인 객관적 · 주관적
보호내용을 특징으로 한다. 즉 일반적 행동자유권은 인격발현을 위한 행동이라면
중요한 것이든 사소한 것이든 상관없이 포괄적으로 행동을 보호한다. 헌법재판소도
"일반적 행동자유권은 가치 있는 행동만 그 보호영역으로 하는 것은 아니다. 그 보
호영역에는 개인의 생활방식과 취미에 관한 사항도 포함되며, 여기에는 위험한 스
포츠를 즐길 권리와 같은 위험한 생활방식으로 살아갈 권리도 포함된다."고 판시[45]
하고 있다. 선택가능성 있는 행동자유권의 가치구속적 자유는 국가의 기본권확인과
보장의무(헌법 제10조 제2문)에 의하여 법적 권리로 구체화된다. 이는 입법자가 합헌
적 질서, 타인의 권리, 도덕률을 고려하여 법률유보의 형식(제37조 제2항)으로 보호
한다.

그 법률의 하자에 대한 헌법소원청구에 임하여 헌법재판소는 일반적 행동자유
권의 객관적 · 주관적 보호내용을 다음과 같이 개방적이고 포괄적으로 판시하였다:
기부금품모집,[46] 안전띠 착용,[47] 이륜차통행,[48] 서울광장통행,[49] 가사소송에서 당

---

44) M. Cornils, aaO., S. 1173, RN 26.
45) 헌재결 2016. 2. 25. 2015헌가11, 판례집 28-1상, 1; 2003. 10. 30. 2002헌마518 참조.
46) 헌재결 2019. 11. 28. 2018헌마579; 2018. 3. 29. 2015헌마377; 2016. 11. 24. 2014헌바66 등.
47) 헌재결 2003. 10. 30. 2002헌마518, 판례집 15-2하, 185.
48) 헌재결 2011. 11. 24. 2011헌바51, 판례집 23-2하, 430; 2008. 7. 31. 2007헌바90 등, 판례집
   20-2상, 224; 2007. 1. 17. 2005헌마1111 등, 판례집 19-1, 110.
49) 헌재결 2011. 6. 30. 2009헌마406, 판례집 23-1하, 457.

사자본인 출석의무,[50] 사적자치, 계약자유,[51] 일반적 인격권,[52] 성적 자기결정권,[53] 소비자의 자기결정권,[54] 중혼의 자유,[55] 연명치료,[56] 외국인의 기본권주체성[57] 등. 비교하여 독일연방헌법재판소도 포괄적으로 판시하고 있는 것은 동일하다: 기부금품모집,[58] 공법인의 소극적 결사의 자유,[59] 조세나 공과금으로부터의 자유,[60] 해외여행의 자유,[61] 반려견과 생활할 자유,[62] 공공도로에서 이동수단운행의 자유,[63] 공무원의 여가활동,[64] 혼인성[65] 결정 등.

2. 일반적 행동자유권의 보호내용

(1) 계약자유와 사적자치

일반적 행동자유권의 파생으로 계약자유는 사적자치의 일부에 속한다. 사적자치는 인간의 존엄에 근거한 자기결정의 표현이다. 이는 인간의 생활관계에서 일반적 행동자유권의 행사로 발현된다. 사적자치에 의한 사실행위에 법적 효력을 부여하면 법률행위로 전환된다. 계약은 그 대표적인 것으로 취소, 철회 등의 단독행위

---

50) 헌재결 2012. 10. 25. 2011헌마598, 판례집 24-2하, 76.

51) 헌재결 2017. 11. 30. 2016헌바38, 판례집 29-2하, 165.

52) 헌재결 2019. 12. 27. 2018헌바130, 판례집 31-2하, 133; 2018. 8. 30. 2014헌마843, 판례집 30-2, 404.

53) 헌재결 1997. 7. 16. 95헌가6 등, 판례집 9-2, 1.

54) 헌재결 1996. 12. 26. 96헌가18, 판례집 8-2, 680.

55) 헌재결 2014. 7. 24. 2011헌바275, 판례집 26-2상, 1; 1997. 7. 16. 95헌가6 등, 판례집 9-2, 1; 1990. 9. 10. 89헌마82 참조.

56) 헌재결 2009. 11. 26. 2008헌마385, 판례집 21-2하, 647.

57) 헌재결 2016. 3. 31. 2014헌마367, 판례집 28-1상, 471; 2014. 4. 24. 2011헌마474 등, 판례집 26-1하, 117; 2011. 9. 29. 2007헌마1083등; 2001. 11. 29. 99헌마494. 인간의 존엄과 가치 및 행복추구권 등과 같이 단순히 국민의 권리가 아닌 인간의 권리로 볼 수 있는 기본권에 대해서는 외국인도 기본권 주체가 될 수 있다.

58) BVerfGE 20, 150 ff.

59) BVerfGE 10, 89; 13. 21(26f.); 15, 235; 32, 54; 92, 53(69); 97, 271(286).

60) BVerfGE 87, 153(169); 93, 121; 110, 274 ff.

61) 우리는 거주이전의 자유의 보호범위로 판시하고 있다. 헌재결 2015. 9. 24. 2012헌바302, 판례집 27-2상, 514. 생활의 근거지를 이전할 의사가 아니라면 일반적 행동자유권으로 보는 것이 타당하고 판단된다. 독일연방헌법재판소의 Elfes 결정(BVerfGE 6, 32 ff.)에서처럼 인격권과 결합하여 보호범위를 강화할 수 있기 때문이다.

62) BayVerfGH, BayVBl. 1991, 203.

63) NJW 2002, 2378; NJW 2005, 349(350).

64) BVerfGE 47, 239(248f.).

65) BVerfGE 84, 9.

와 법인설립의 합동행위가 이에 속한다. 이러한 점에서 계약자유, 사적자치와 자기결정권은 인간의 존엄과 가치 그리고 일반적 행동자유권과 상호 연계되어 있다.

사법은 일반적 행동자유권에 근거한 사적자치를 기본원칙으로 하고 있다. 개인의 인격은 법률관계에서는 우선적으로 사적자치로 발현된다. 자유롭고 평등한 시민들은 국가의 간섭이나 강제 없이 상호 충돌하는 이해관계를 스스로 결정할 수 있도록 요구한다. 이와 같은 전제하에 사적자치를 보호내용으로 하는 일반적 행동자유권과 개별기본권[66]은 사인 간의 법률관계에서 사적자치를 원칙적으로 존중하도록 국가에 사법질서형성의무를 지운다. 사법형성에 기본권의 방사효 내지 보호의무는 이러한 일반적 행동자유권과 개별기본권의 객관적 성격에 기인하는 것이다.[67]

(2) 법치국가적 절차보장

헌법재판소 결정을 보면 민·형사 등 사법절차와 관련하여 일반적 행동자유권 또는 인격권침해주장과 함께 헌법소원심판을 하고 있는 것을 볼 수 있다. 예컨대, 미결수용자의 재소자용 의류착용강제,[68] 수형자의 형사재판에서 사복착용금지,[69] 민사재판에 당사자로 출석하는 수형자에 대하여 사복착용금지,[70] 중대한 사실오인이나 수사미진 등에 의한 기소유예처분,[71] 가사소송에서 당사자본인 출석의무[72] 등이다. 일반적 행동자유권의 보호내용에는 일반 사법절차와 관련된 구체화입법이 포함된다. 우리의 경우 적법절차원칙은 신체의 자유(제12조 제1, 3항)에 규정하여 이를 국가작용에 널리 확대적용하고 있다. 일반특별의 법조경합이론에 따라 개별기본권을 우선적으로 적용할 수 있다. 하지만 일반적 행동자유권은 살펴본 바와 같이 인격권과 침해와 연계하여 개별기본권의 보호내용에 속하지 않는 법치국가원리에 의한 절차보장을 도모할 수 있다는 점에서 절차기본권보호의 흠결을 보완하는 보호내용을 갖는다.

---

66) 장영철, 『기본권론』, 121면 이하.
67) K. Stern, Das Staatsrecht der BRD, Bd. Ⅳ/1, S. 903 f.
68) 헌재결 1999. 5. 27. 97헌마137 등, 판례집 11-1, 653.
69) 헌재결 2015. 12. 23. 2013헌마712, 판례집 27-2하, 670.
70) 헌재결 2015. 12. 23. 2013헌마712, 판례집 27-2하, 670-3인 재판관의 위헌의견.
71) 헌재결 2010. 2. 25. 2009헌마117, 공보 제161호, 614.
72) 헌재결 2012. 10. 25. 2011헌마598, 판례집 24-2하, 76.

(3) (경제행정영역에서 기업의) 경쟁의 자유

헌법재판소는 불문의 경쟁의 자유와 기업의 자유를 직업의 자유 내지 자유 시장경제질서(제119조)의 보호범위에 속하는 것으로 판시하고 있다. 성문의 개별기본권의 보호범위에 포함될 수 있다면 일반특별의 법조경합의 원칙에 따라 개별기본권을 우선적으로 고려하는 것이 타당하다. 그렇다면 경쟁의 자유, 기업의 자유는 재산권에서도 그 보호내용을 찾아 볼 수 있다. 하지만 경쟁의 자유는 시장경제에서 기회만 제공할 뿐 구체적인 경쟁성공청구권을 보호하지는 않는다. 이 경우 일반적 행동자유권은 보충적 기본권으로 기능할 여지가 있다.

경쟁의 자유란 시장에의 자유로운 참여와 계약체결의 자유를 보호내용으로 한다. 따라서 직업행사와 관련하여서는 직업의 자유와 재산권이 우선 적용되고 일반적 행동자유권은 보충적으로 적용된다. 그러나 독과점, 인허가 등 경원행정, 자금조성행정 등과 같이 독자적으로 경쟁의 자유가 문제되는 경제행정영역의 경우 일반적 행동자유권을 특별기본권으로 심사기준에서 배제해서는 안 된다.[73] 헌법재판소도 납세필 병마개제조업자선정에서 탈락한 경쟁기업의 선정고시에 대한 헌법소원청구[74]에서 취소소송을 제기할 법률상 이익을 기본권인 경쟁의 자유가 바로 행정청의 지정행위의 취소를 구할 법률상의 이익으로 해석하면서 경쟁의 자유를 불문기본권으로 인정하였으며, 국가기간뉴스사업자선정에서 연합뉴스사를 선정하여 탈락한 청구회사의 뉴스통신진흥에 관한 법률에 대한 헌법소원결정,[75] 자도소주구입명령제도를 규정한 주세법에 대한 헌법소원결정[76] 등에서 기업의 경쟁의 자유를

---

73) 독일연방헌법재판소가 심사기준으로 판시한 것으로 BVerfGE 4, 7 (16); 65, 196(210); 97, 63(83).

74) "국세청장의 지정행위의 근거규범인 이 사건 조항들이 단지 공익만을 추구할 뿐 청구인 개인의 이익을 보호하려는 것이 아니라는 이유로 청구인에게 취소소송을 제기할 법률상 이익을 부정한다고 하더라도, 국세청장의 지정행위는 행정청이 병마개 제조업자들 사이에 특혜에 따른 차별을 통하여 사경제 주체간의 경쟁조건에 영향을 미치고 이로써 기업의 경쟁의 자유를 제한하는 것임이 명백한 경우에는 국세청장의 지정행위로 말미암아 기업의 경쟁의 자유를 제한받게 된 자들은 적어도 보충적으로 기본권에 의한 보호가 필요하다. 따라서 일반법규에서 경쟁자를 보호하는 규정을 별도로 두고 있지 않은 경우에도 기본권인 경쟁의 자유가 바로 행정청의 지정행위의 취소를 구할 법률상의 이익이 된다 할 것이다." 헌재결 1998. 4. 30. 97헌마141, 판례집 10-1, 496.

75) 헌재결 2005. 6. 30. 2003헌마841, 판례집 17-1, 996.

76) 구입명령제도는 소주판매업자에게 자도소주의 구입의무를 부과함으로써, 어떤 소주제조업자로부터 얼마만큼의 소주를 구입하는가를 결정하는 직업활동의 방법에 관한 자유를 제한하는 것이므로 소주판매업자의 '직업행사의 자유'를 제한하는 규정이다. 또한 구입명령제도는 비

심사기준으로 하였다.

3. 개별기본권의 한계와 현대적 인권보호기능

　논리적으로 일반특별관계에서 특별기본권이란 일반기본권의 보호범위를 모두 갖고 독자적인 특별한 보호범위를 추가적으로 갖고 있는 경우를 말한다. 하지만 헌법상 특별기본권은 역사적 경험에 의해 특히 공권력에 의해 침해받은 생활영역을 보호내용으로 하고 있어 그 밖의 생활영역은 일반적 행동자유권의 개방적인 보호범위에 유보되어 있다. 즉 특별기본권의 보호영역에 해당하지 않는 사실상의 모든 자유제약은 일반적 행동자유권을 기준으로 심사하여야 한다. 일반적 행동자유권은 실질적인 주자유권으로 보충적 기본권으로 기능한다.

　살펴본 바와 같이 헌법재판소는 계약자유[77]와 경쟁의 자유는 개별기본권의 보호내용과 경합하여 배제될 수 있고, 기업의 자유[78]는 전체법인의 단일기본권으로 재산권에 포함된 것으로 보고 일반적 행동자유권의 파생으로 보지 않고 있다. 특별기본권에 포함되지 않지만 일반적 행동자유권에 내재하여 그 자체의 고유한 보호범위를 갖는 계약자유, 사적자치, 통행의 자유 등의 심사기준으로서 독자적 기능을 간과할 수 있다.[79]

록 직접적으로는 소주판매업자에게만 구입의무를 부과하고 있으나 실질적으로는 구입명령제도가 능력경쟁을 통한 시장의 점유를 억제함으로써 소주제조업자의 '기업의 자유' 및 '경쟁의 자유'를 제한하고, 소비자가 자신의 의사에 따라 자유롭게 상품을 선택하는 것을 제약함으로써 소비자의 행복추구권에서 파생되는 '자기결정권'도 제한하고 있다. 헌재결 1996. 12. 26. 96헌가18, 판례집 8-2, 680.

77) 예컨대, 계약자유를 재산권의 보호내용으로 파악한 결정으로 헌재결 2006. 6. 29. 2005헌마1167.

78) 기업의 자유는 재산권, 결사의 자유, 직업의 자유, 거주이전의 자유 등의 개별기본권의 보호내용과 우선 관련된다. 이는 국가권력에 의한 기업 그 자체의 법적 제한과 관련된 것이다. 기업의 자유를 기업전체의 단체기본권으로 본다면 국가에 대한 방어권차원에서 보호하는 것으로 개별기본권에서 그 기능을 찾는 것이 더 적합할 수 있다. 하지만 계획경제 내지 통제경제방식으로 기업에 대한 개별적 사항개입을 하는 경우 일반적 행동자유권의 객관적 성격, 즉 사적자치를 주장하여 보호를 받을 수 있다. 이러한 의미에서 일반적 행동자유권은 경제적 자유의 성격뿐만 아니라 기업의 일반적인 처분의 자유도 보호내용으로 할 수 있다. K. Stern, aaO., S. 912.

79) H. -U. Erichsen, aaO., S. 1204, RN 44. 예컨대, '타다금지법'으로 명명하는 여객자동차운수사업법에 대한 헌법소원청구에서 기업(활동)의 자유침해를 주장하고 있다. 헌법재판소가 이를 직업의 자유나 재산권 등 개별기본권이나 시장경제질서에 포함시켜 심사기준에서 배제한다면 정당한 기본권보호를 받지 못하는 흠결이 현실적으로 존재할 수 있다.

이러한 의미에서 일반적 행동자유권의 보호범위를 현저한 인격발현행위로 제한하는 것도 타당하지 않다. 왜냐하면 기본권의 보호범위를 원칙(Prinzip)으로 해석하더라도 개별기본권의 보호범위는 특정되어 있어 해석으로 기본권변천[80]을 포섭하는 데는 한계가 있기 때문이다. 예컨대, 동성혼, 반려동물과 같이 생활할 자유, 크라우드 펀딩(Crowd Funding) 등 사회현실과 가치관의 변화에 따른 인간의 행동을 개별기본권의 보호범위로 포섭하는 것은 설득력이 없거나 무리한 확대해석이 될 수 있다. 이러한 점에서 일반적 행동자유권은 헌법에 열거된 개별기본권에 의한 자유보호의 한계를 보충하는 현대적 인권창설관문으로 기능을 한다.

Ⅴ. 헌법재판에서 일반적 행동자유권의 기능

1. 일반적 행동자유권제한입법의 심사기준으로 모든 헌법규정

일반적 행동자유권의 보호범위는 개별기본권과 달리 기본권주체들의 일반적 방해를 유보하는 소극적 자유를 전제로 한다. 따라서 사회구성원들이 행동자유권을 행사하기 위해서는 자유충돌의 현실을 입법적으로 조화시켜야 한다. 그 기준으로 독일에서는 타인의 권리, 도덕률을 내포하는 합헌적 법질서로 해석하고 있다. 살펴본 바와 같이 우리도 이는 마찬가지다. 일반적 행동자유권을 제한하는 법률에 대한 헌법소원에서 청구인이 개별기본권, 헌법원칙 등의 침해를 주장하고 이를 심사기준으로 수용하기 때문이다.

우리 헌법재판소는 헌법 제10조의 인간존엄과 행복추구권침해주장을 하며 헌법소원을 청구한 1989년 결정에서부터 "위헌법률심판, 헌법재판소법 제68조에 의한 헌법소원심판절차에서 심판대상인 법률의 위헌성을 판단하는 경우, 청구인이 주장한 기본권의 침해여부에 관한 심사에 한정하지 아니하고 모든 헌법적 관점에서 심판대상인 법률조항이 헌법에 부합하는가를 심사해야 한다."고 판시[81]하였다. 이러한 입장은 일반적 행동자유권을 심사기준으로 하고 있는 자도소주구입명령에 관

---

80) 장영철, 『기본권론』, 18면 이하. 기본권변천의 원인과 사례로는 과학기술의 발전(IT 기본권, 개인정보자기결정권 등), 사회현실과 가치관의 변화(동성애, 동성혼, 반려동물과 생활할 자유, 이혼의 자유 등), 국제인권기준의 수용(망명권, 양심적 병역거부권, 사형폐지 등).

81) 헌재결 1989. 9. 4. 88헌마22, 판례집 1, 176, 188. 불문기본권인 알권리를 표현의 자유, 인간의 존엄 등 기본권해석에서 도출하면서 토지조사서복사신청에 불응한 부작위의 위헌성에 대한 헌법소원을 인용결정하였다.

한 주세법 위헌법률심판,[82] 좌석안전띠 착용강제 헌법소원결정,[83] 서울특별시 서울광장을 둘러싸 통행을 제지한 행위에 대한 헌법소원결정,[84] 디엔에이신원확인정보의 이용 및 보호에 관한 법률에 대한 헌법소원결정,[85] 4 · 16 세월호참사 피해구제 및 지원 등을 위한 특별법에 대한 헌법소원결정[86] 등에서도 제시하고 있는 확립된 심사기준이다.

2. 일반적 행동자유권의 소송수단기능과 '일반법의 헌법화경향'의 원인

행정소송의 청구요건을 확대[87]하거나, 사법의 사적사치를 교정하거나, 형사절차의 공정성을 추동하는 수단으로 일반적 행동자유권이 기능[88]하여 '일반법의 헌법화경향'[89]이 나타나고 있다. 법률상의 권리를 일반적 행동자유권을 매개로 헌법소원의 침해된 기본권으로 주장하여 나타나는 현상이다. 이는 법규범에 대한 헌법소원청구에서 개별기본권침해주장을 하면서 일반적 행동자유권침해를 추가하는 관례로 형성되고 있다. 헌법소원의 적법성요건은 물론 본안판단에서도 인용될 여지를 제공할 수 있기 때문이다.[90]

이로써 헌법재판소는 심사기준의 선택과 관련하여 법률경합(Gesetzeskonkurrenz)[91]을 해결해야 하는 문제가 생긴다. 개별기본권의 제한입법인지 일반적 행동자유권의 보호입법인지 판단하여야 하는 것이다. '일반법의 헌법화경향'은 헌법국

---

82) 헌재결 1996. 12. 26. 96헌가18, 판례집 8-2, 680.

83) 헌재결 2003. 10. 30. 2002헌마518, 판례집 15-2하, 185.

84) 헌재결 2011. 6. 30. 2009헌마406, 판례집 23-1하, 457. 소위 김영란법이라 일컫는 부정청탁금지법에 대한 헌법소원: 헌재결 2016. 7. 28. 2015헌마236 등, 판례집 28-2상, 128.

85) 헌재결 2016. 3. 31. 2014헌마457, 공보 제234호, 619.

86) 청구인들은 일체의 이의를 제기하지 않는다는 서약서 기재로 인하여 표현의 자유 등이 제한되고 있다고 주장하는데, 이 부분 기재 내용을 제한적으로 해석하더라도 최소한 청구인들의 일반적 행동의 자유가 제한되는 것은 부인할 수 없다. 헌재결 2017. 6. 29. 2015헌마654, 판례집 29-1, 305.

87) 헌재결 1998. 4. 30. 97헌마141, 판례집 10-1, 496.

88) 헌재결 2019. 12. 27. 2018헌바130, 공보 제279호, 150.

89) 예컨대, 장영철, 사법의 헌법화경향에 대한 소고, 『서울법학』 제25권 제4호(2018. 2.), 1면 이하.

90) 예컨대, 서울광장을 둘러싸 통행을 제지한 행위에 대한 헌법소원(2011. 6. 30. 2009헌마406), 4 · 16 세월호참사 피해구제 및 지원 등을 위한 특별법에 대한 헌법소원(2017. 6. 29. 2015헌마654, 판례집 29-1, 305)에서 일반적 행동자유권침해를 주장하고 이를 기준으로 인용결정을 하고 있다.

91) K. Stern, Das Staatsrecht der Bundesrepublik Deutschland, Bd. IV/1, S. 979, FN 585(동조학설), 586(연방헌법재판소결정들) 참조할 것.

가를 실현해야 하는 헌법재판소의 기능에 부합하는 것이다. 하지만 일반적 행동자
유권과 개별기본권경합의 해결원칙에 따라 개별기본권의 보호범위에 해당한다면
일반적 행동자유권을 심사기준으로 하는 것은 자제할 필요가 있다. 일반법원과 기
능적 권한배분을 고려하고 일반법, 특히 사법의 독자성을 보호할 필요가 있기 때문
이다.

3. 일반적 행동자유권과 개별기본권경합의 해결방안

일반적 행동자유권과 개별기본권경합해결은 일반적 행동자유권은 개별기본권
을 파생하는 포괄적 자유권, 주자유권, 모기본권이기 때문에 일반적 행동자유권은
보충적용으로 보는 학설[92]이 일반적이다. 하지만 기본권경합해결방안에는 일반특
별의 법조경합과 상상적 경합, 누적적용의 기본권효력을 강화하는 경합해결방안이
있다. 누적적용의 기본권효력을 강화하는 경합해결방안으로는 인간존엄의 인격권
과 결합하여 보호범위를 강화하는 것으로 이미 설명한 바 있다.[93] 이하에서는 일반
특별의 법조경합과 상상적 경합의 해결방안에 대해서 살펴보기로 한다.

(1) 일반특별경합의 일반기본권배제와 상상적 경합의 사안관련기본권선정

주자유권인 일반적 행동자유권에서 파생되는 개별기본권은 역사적으로 국가
권력에 의해 침해당한 생활영역을 구획하여 특별보호하기 위해 규정한 것이다. 따
라서 헌법재판소의 위헌심판대상인 입법이 개별기본권의 보호범위의 제한에 해당
된다면 일반—특별의 법조경합으로 개별기본권이 적용되고 일반적 행동자유권은
배제된다(일반기본권배제). 이와 같이 일반—특별관계로 특별기본권이 우선하는 것
은 대체로 정치·사회적 성격의 전통적인 대국가적 방어권으로 볼 수 있다. 신체의
자유, 양심의 자유, 언론출판의 자유, 집회의 자유, 통신의 자유, 거주이전의 자유,
주거의 자유, 사생활의 자유, 청원권, 재판청구권, 국가배상청구권, 근로자의 단결
권 등이다.

하지만 모든 개별기본권이 일반적 행동자유권과 특별관계에 있는 것은 아니
다. 왜냐하면 일반적 행동자유권에서 사적자치, 계약자유, 기부금품모집행위 등 불

---

92) 허영, 전게서, 358면; 장영수, "헌법상 행복추구권의 의미와 실현구조", 『고려법학』 제85권
    (2017. 6.), 고려대학교 법학연구원, 101면.
93) 위 Ⅱ. 2. (2) 행동자유에서 행동의 광범위성 부분 볼 것.

문기본권이 도출되고 법률에 의해 보호범위가 구체화되는 특성상 사안 관련하여 개별기본권제한 법률과 경합관계에 있을 수 있기 때문이다.[94] 일반적 행동자유권의 특별한 보호범위에 해당하는 경우 이들 불문기본권이 성문 개별기본권보다 우선 적용되는 특별기본권이 될 수 있다.[95]

일반적 행동자유권과 상상적 경합관계에 있는 개별기본권은 대체로 경제적 성격의 기본권이 이에 해당된다. 이 경우 일반적 행동자유권의 파생기본권이 개별기본권의 보호범위에 해당된다면 개별기본권을 우선 적용하지만 그렇지 않고 파생기본권이 사안에서 독자적으로 보호되어야 한다면 반드시 파생기본권을 심사기준으로 적용하여야 한다. 경제적 성격의 기본권으로 직업의 자유, 재산권, 혼인의 자유를 들 수 있다. 그 보호범위에 해당되지 않아 독자적인 보호의 필요가 있는 예컨대, 통행의 자유,[96] 기부금품모집의 자유,[97] 사적자치,[98] 계약자유,[99] 동성애·동성혼의 자유[100] 등의 경우 일반적 행동자유권이 보충적이 아닌 원칙적인 심사기준으로 기능할 수 있다(일반적 행동자유권 심사기준).

(2) 일반평등원리, 개인정보자기결정권, 생명권, 알권리 등과 일반적 행동자유권의 경합

일반평등원리와 일반적 행동자유권은 일반조항으로서 보호내용의 개방성을 특징으로 한다. 이러한 점에서 법조경합의 배제관계로 볼 수 있다. 하지만 헌법 제11조 제1항의 일반평등원리는 사인 간의 비교를 통해 자의금지 내지 정의를 기준으로 차별입법의 평등위반을 심사한다. 이에 반해 일반적 행동자유권은 비례의 원

---

94) K. Stern, Das Staatsrecht der Bundesrepublik Deutschland, Bd. Ⅳ/1, S. 982 ff.
95) 일반적 행동자유권을 심사기준으로 하여 사법상 계약자유 내지 사적자치의 보호, 행정처분취소소송의 원고적격을 확대한 경쟁의 자유, 기부금품모집의 자연적 자유의 성격상 허가제를 등록제로 기부금품모집법개정, 이륜자동차와 일반인의 도로통행의 제한과 보호의 조화여부 등에 대하여 판단하였다. 이는 기본권의 객관적 성격과 관련된 일반법질서를 개별기본권의 주관적 공권침해, 즉 수직적 법적 자유침해로는 심사할 수 없는 수평적인 자연적 자유조정의 하자를 일반적 행동자유권을 심사기준으로 포섭하여 나타나는 현상이다.
96) 헌재결 2020. 2. 27. 2019헌마203, 공보 제281호, 411; 2007. 1. 17. 2005헌마1111등.
97) 헌재결 1998. 5. 28. 96헌가5, 판례집 10-1, 541.
98) 헌재결 2010. 5. 27. 2008헌바61, 판례집 22-1하, 205.
99) 헌재결 2006. 6. 29. 2005헌마1167, 판례집 18-1(하), 498(505).
100) 이보연, "독일 동성혼 인정 과정을 통해서 본 의회와 연방헌법재판소의 상호작용",『서울법학』제26권 제4호(2019. 2.), 47면 이하.

칙을 기준으로 구체화입법의 행동자유의 과잉제한여부를 심사한다. 자의금지를 비
례의 원칙과 동일시할 수는 없다. 예컨대, 수혜적 입법에 의한 불평등한 대우는 자
유침해 없이도 가능하기 때문이다. 따라서 일반적 행동자유권과 일반평등원리는 상
상적 경합관계로 병렬적으로 적용할 수 있다(병렬적용).

그 밖에 개인정보자기결정권, 생명권, 알권리 등은 국가권력의 침해와 관련된
방어권보장이 중요한 것으로 일반적 행동자유권과 구분하여 인간의 존엄 및 가치
와 헌법 제37조 제1항에 근거한 개별기본권으로 볼 수 있다. 헌법개정시에는 개별
기본권으로 명문화하여 방어권적 성격을 분명히 할 필요가 있다. 다만 지금은 이들
기본권도 법적으로 보호되는 것으로 일반적 행동자유권과 상상적 경합관계에 있다.
구체적 사안에서 해당기본권을 선정하여 심사기준으로 해야 한다(사안관련 기본권선
정).

4. 일반적 행동자유권제한입법의 심사강도

일반적 행동자유권을 주된 심사기준으로 삼은 헌법재판소 결정들에서는 재판
관의 주관적 가치관에 따라 비례의 원칙과 법률유보원칙의 심사강도가 달리 나타
나고 있는 것을 볼 수 있다. 그 원인은 적극적 자유로 보호범위가 한정된 개별기본
권과 달리 입법에 의한 소극적 자유로 보호범위가 개방적인 일반적 행동자유권을
심사기준으로 하는 것에 기인한다.

이러한 점에서 일부 학설[101]에 의하면 일반적 행동자유권의 제한입법에 대한
위헌심사는 보호범위의 불명확성으로 인해 합법(합리)성 통제에 국한해야지 합목적
성 통제는 헌법재판의 한계를 일탈하여 초입법자로 기능하게 된다고 한다. 따라서
독일의 재판소원통제에 대한 한계를 고려할 것을 제안하고 있다. 즉 법률해석은 일
반법원의 전속적 권한이므로 기본권을 도외시하여 특별히 헌법을 침해한 경우에만
통제(Heck 공식), 법관이나 검사가 입법해서는 안 되는 규범의 법적 효력을 인정한
경우(Schumann 공식), 청구인의 기본권침해의 효과가 지속적인 경우(연방헌법재판
소결정)에 한정하여 심사할 것을 제시[102]하고 있다.

이러한 주장은 체계적 논증은 아니고 구체적 사안에 따라 적용할 수 있는 기

---

101) K. Stern, Das Staatsrecht der BRD, Bd. Ⅳ/1, S. 974.
102) K. Stern, Das Staatsrecht der BRD, Bd. Ⅳ/1, S. 975 ff.

준으로 참고할 만하다. 합법성 통제는 효과적인 기본권보호를 외면할 수 있고 엄격
통제는 권력분립의 기능장애를 초래하여 헌법재판소가 양적, 질적으로 감당할 수
없는 책임을 지게 된다. 따라서 헌법재판소는 합리성통제를 원칙[103]으로 하되 상황
에 따라 (국가의 보호의무보다) 개인의 자유를 상대적 우위로 논증할 필요가 있는 경
우 일반적 행동자유권을 인격권과 연계하여 엄격한 심사를 병행할 필요가 있다.[104]
법률유보를 의회유보로 해석하여 제한형식의 엄격심사를 도모하는 것도 중요한 방
법이다.

VI. 요약

1. 자유권의 본질에 관하여 르네상스시대에 자유는 포괄적으로 인격발현을 위
한 모든 행위로 파악하였고, 17, 18세기 근대자유국가의 자연권론자들은 사적자치
로 이해하였다(자연법론). 하지만 국가권력의 남용에 대하여 자유를 방어하기 위하
여 18세기 후반 미국의 수정헌법에서는 특별자유권으로 열거하여 일반적 자유에서
헌법적 자유로 변화하였다.

2. 특별자유권은 헌법제정자가 역사적 경험에 의하여 특히 국가권력에 의해
침해된 자유영역을 적극적으로 보호하기 위하여 헌법에 열거한 것이다. 일반적 자
유권은 역사적으로 국가나 사회권력에 의하여 침해당하지 않은 자유영역을 포괄적
으로 보호하기 위하여 자유의 일반원칙으로 천명한 것이다. 근대헌법에서 프랑스
인권선언 제4조 "자유는 타인의 권리를 침해하지 않는 범위 내에서 모든 것을 할
수 있는 것을 말한다."와 미국의 수정헌법 제9조 "헌법에 열거되어 있는 권리 이외
에 인민 보유하는 그 밖의 권리를 부인하거나 경시하는 해석을 하여서는 안 된다."
현대헌법에서 일반적 행동자유권으로 해석하는 독일헌법 제2조 제1항의 인격의 자
유발현권과 우리 헌법 제10조의 행복추구권이 이에 해당된다.

3. 적극적 자유란 기본권주체가 사적자치로 개별기본권으로 보호된 작위와 부
작위의 자유를 선택하여 행사할 수 있는 자유를 말한다. 이와 반면에 소극적 자유
란 개별자유권과 달리 적극적으로 특정한 보호범위를 설정하여 작위·부작위의 행

---

103) 예컨대, 헌재결 2022. 6. 30. 2019헌가14, 판례집 34-1, 554 - 소위 대포폰 개통금지.
104) M. Cornils, aaO., S. 1185 f.

위선택의 자유를 보장하지 않고 단지 모든 사람을 대상으로 행위선택의 자유만 소극적으로 보장한다. 즉, 입법으로 보호된다.

4. 일반적 행동자유권도 특별자유권과 마찬가지로 작위와 부작위 행위선택가능성을 보호범위로 한다. 하지만 일반적 행동자유권은 특별자유권과 달리 헌법적 자유로 행위선택가능성을 보장한 것이 아니라 사실적 자유로 보장한 것에 불과하다. 따라서 일반적 행동자유권의 사실적인 작위와 부작위의 행위선택의 자유는 국가가 사회구성원들이 수용할 수 있는 다양한 가치를 입법으로 조정하여 보호하게 된다.

5. 상태권에는 정적인 인간의 존재나 순수성보존을 목적으로 하는 인격권, 생명권 등이 행동권에는 작위, 부작위의 행동자유를 보호하는 집회의 자유, 거주이전의 자유 등이 있다. 일반적 행동자유권의 '행동'의 범위에는 상태권과 행동권, 동적인 외면세계와 정적인 내면세계를 모두 포함한다.

6. 일반적 행동자유권은 개별기본권의 보호범위해석에 의하여 포섭할 수 없는 기본권변천에 해당되는 예컨대, 사회현실과 가치관의 변화, 과학기술의 변화, 국제인권법목록수용 등으로 법적 보호가 요구되는 현대적 인권을 포섭할 수 있다.

7. 계약자유, 사적자치, 소송절차적 권리 등 법률상의 권리침해를 일반적 행동자유권을 매개로 헌법소원을 청구하여 '일반법의 헌법화경향'이 나타나고 있다. 이는 헌법재판소가 헌법소원의 적법요건은 물론 본안판단에서 인용근거로 수용하고 있어 일반적 행동자유권침해주장은 관례로 형성되고 있다. 이로 인해 헌법재판소는 심사기준의 선택과 관련하여 법률경합(Gesetzeskonkurrenz)을 해결해야 하는 상황에 봉착하게 된다.

8. 일반적 행동자유권과 개별기본권의 경합해결방안은 일반－특별기본권의 법조경합의 경우 특별기본권이 우선한다. 상상적 경합의 경우에는 사안에 따라 일반적 행동자유권이 심사기준으로 우선 적용될 수 있는 경우가 있다. 즉 경제적 성격의 수평적 기본권인 사적자치, 계약자유, 기부금품 모집 등이 이에 해당한다.

9. 개인정보자기결정권, 생명권, IT 기본권 등은 일반적 행동자유권과 구분하여 인간의 존엄 및 가치와 헌법 제37조 제1항에 근거한 개별기본권으로 볼 수 있다. 이 기본권들과 일반적 행동자유권은 상상적 경합으로 해결해야 한다. 국가와 사회권력의 침해에 대한 방어권보장이 중요하게 부각되는 현대의 기본권적 성격이 있다. 헌법개정시에 개별기본권으로 명문화하여 방어권적 성격을 분명히 할 필요가

있다.

10. 일부 학설에서 행복추구권의 포괄적, 자연적인 성격으로 인해 기본권성을 부정하거나 특별기본권의 보호범위를 해석의 한계를 넘어 확장하는 것은 자제하여야 한다. 일반적 행동자유권은 행복추구권을 대체하는 일반자유권으로 합헌적 법질서확립, 사회구성원의 갈등 법적 중재, 소송절차에서의 기본권보호 및 현대 사회에서 새로운 인권을 보호하는 창구기능을 한다. 이러한 점에서 사회구성원들이 개인적 차원의 적극적 자유로 보호할 필요가 있다고 가치공감대가 형성된 경우에 입법적 보호수준을 개별기본권과 유사하게 강화하거나 헌법개정시 개별기본권으로 명문화하는 것이 바람직하다.

제 2 절 거주·이전의 자유

Ⅰ. 헌법규정 및 연혁

헌법 제14조는 "모든 국민은 거주·이전의 자유를 가진다."고 거주·이전의 자유를 명문으로 규정하고 있다. 연혁적으로 거주·이전의 자유는 바이마르(Weimar) 공화국헌법 제111조[105]에서 유래한다. 거주·이전의 자유는 인격권발현과 다른 기본권행사의 전제로서 보장된 기본권이란 특성을 갖는다. 따라서 거주·이전의 자유의 복합적 성격으로 인하여 그 제한에 있어서는 특별한 주의가 요구된다. 이론적으로도 신체의 자유, 일반적 행동자유권, 집회의 자유와의 구별에서 어려움이 있다. 이는 기본권제한의 다양한 한계와 관련하여 체계적인 구별이 요구된다.

Ⅱ. 거주·이전의 개념

거주·이전의 자유는 상시적인 주거지를 선택할 자유를 보호한다. 하지만 그

---

105) 바이마르공화국헌법 제11조: 모든 독일인은 연방 전체에서 이전의 자유를 향유한다. 누구든지 연방의 원하는 장소에서 체류하고 정주하며 토지를 구입하고 생업에 종사할 권리를 갖는다. 그 제한은 연방 법률에 의한다.

밖에 신체이동의 자유를 어느 정도 거주·이전의 자유에 포함할지 여부에 대하여는 논란이 되고 있다. 즉 국내이전 이외에 국외이전의 자유를 보호범위에 포함시킬지 여부다.

거주·이전의 자유의 보호범위를 넓게 보는 견해는 국내에서 여하한 장소를 방문할 권리, 즉 자신이 원하는 곳을 갈 수 있는 자유를 포함한다. 따라서 이동수단의 선택뿐만 아니라 여행이나 산책도 해당된다. 이 견해에 의하면 경찰의 퇴거조치는 거주·이전의 자유제한사유로는 정당화될 수 없다.

일반적 행동자유(헌법 제10조)와 거주·이전의 자유의 구분을 체재시간의 길이 내지 체제장소의 중요성을 기준으로 상대적인 판단하는 것은 불명확하다는 단점이 있다. 따라서 거주·이전의 자유의 보호범위를 거주·이전의 목적을 고려하여 기능적으로 설정하는 것이 보다 명료한 것으로 판단된다. 즉 거주이전의 목적으로 '생활의 근거지를 이전'하는 것으로 기능적 개념정의를 할 필요가 있다. 예컨대, 독일헌법에서는 거주·이전의 자유의 제한사유의 하나로 충분한 생활의 근거지 (ausreichende Lebensgrundlage)가 될 수 없는 곳을 열거하고 있다. 또한 연방헌법재판소106)는 체재지와 주거의 선택이 거주·이전의 자유에는 포함된다고 하며 이에는 제2의 부속주거지와 노숙자나 유목민의 이동주거지도 해당된다고 한다.

Ⅲ. 보호범위

1. 헌법재판소결정과 학설

헌법재판소결정107)과 학설108)에 의하면 거주·이전의 자유의 보호범위에는 국내거주·이전의 자유, 국외이주·해외여행의 자유와 국적변경의 자유를 포괄하

---

106) BVerfGE 110, 177, 190. 강제이주자들의 거주·이전의 자유.
107) 헌재결 2004. 10. 28. 2003헌가18, 판례집 16-2하, 86. 거주·이전의 자유는 국가의 간섭없이 자유롭게 거주와 체류지를 정할 수 있는 자유로서 정치·경제·사회·문화 등 모든 생활영역에서 개성신장을 촉진함으로써 헌법상 보장되고 있는 다른 기본권들의 실효성을 증대시켜주는 기능을 한다. 구체적으로는 국내에서 체류지와 거주지를 자유롭게 정할 수 있는 자유영역뿐 아니라 나아가 국외에서 체류지와 거주지를 자유롭게 정할 수 있는 '해외여행 및 해외이주의 자유'를 포함하고 덧붙여 대한민국의 국적을 이탈할 수 있는 '국적변경의 자유' 등도 그 내용에 포섭된다고 보아야 한다. 따라서 해외여행 및 해외이주의 자유는 필연적으로 외국에서 체류 또는 거주하기 위해서 대한민국을 떠날 수 있는 "출국의 자유"와 외국체류 또는 거주를 중단하고 다시 대한민국으로 돌아올 수 있는 '입국의 자유'를 포함한다.
108) 김철수, 『학설판례 헌법학(상)』, 788면; 한수웅, 『헌법학』, 627면.

여 넓게 보고 있다. 이는 내국인의 경우를 전제로 한 것으로 외국인의 경우는 입국의 자유는 제한되나 출국의 자유는 원칙적으로 허용된다고 한다. 외국인의 경우 입국의 자유를 제한한 것은 국적변경 내지 망명의 자유를 제한하기 위한 것으로 해석된다.

전술한 바와 같이 거주이전의 목적으로 '생활의 근거지를 이전'하는 것으로 거주·이전의 개념을 기능적으로 정의하는 입장에서 '국외이주'와 '해외여행'의 자유를 구분하지 아니하고 내국인의 거주이전의 자유의 보호범위로 판단하는 것은 타당하지 않다. '국외이주'는 거주이전의 자유로 볼 수 있으나 해외여행의 자유는 생활의 근거지를 이전할 의사 없이 단순히 여행하는 것에 불과하여 일반적 행동자유권에 속하는 것으로 보는 것이 타당하다.

기능적으로 보호범위를 설정하는 입장에서 거주·이전의 자유는 적극적 보호 내용으로 개인적 재산을 이전할 가능성을 갖고 거주·이전을 하는 것을 보호하고, 소극적 보호내용은 강제이주에 대하여 보호를 요구할 수 있는 고향에의 권리(Recht auf Heimat)를 말한다. 이러한 점에서 국내체류 외국인의 경우 출국의 자유는 원칙 적으로 보장되는 것이다. 이는 거주·이전의 자유를 국가내적인 실정권으로 보는 것은 타당하지 못하고 인간의 존엄에 기초한 인권적 성격을 갖는 것으로 파악해야 하는 근거가 된다. 이러한 관점에서 국적 변경의 자유에 무국적의 자유도 포함된다 고 본다. 하지만 다수설[109]은 무국적의 자유는 제외된다고 보는데 그 이유로 국적 법상 무국적자 발생방지의 입법목적과 개인의 이익보호에 문제가 있고, 국제적으로 도 어려운 문제가 발생하기 때문이라고 한다.

2. 사견(무국적의 자유인정여부에 대하여)

기본권의 보호내용에는 사적자치에 의하여 자기위해행위를 할 수 있고, 국제 적 책임을 개인의 책임으로 전가할 수도 없다. 국적법상 한국인이 '법적으로 유효 한 국적포기'로 무국적자가 되는 것을 허용하지 않는 것은 국가의 기본권보장의무 (헌법 제2조 제1항과 제10조 제2문)에 근거한 것이다. 그 반대해석으로 국가와 달리 한국인은 국외로 이주하여 그 국가의 국적법에 의하여 한국인의 국적포기와 함께

---

109) 김철수, 『학설판례 헌법학(상)』, 791면; 허영, 『한국헌법론』, 515면; 권영성, 『헌법학원론』, 471면; 허완중, 『기본권론』, 345면.

그 국적을 취득을 하거나 '사실상' 무국적자가 되는 것이 불가능한 것이 아니다. 사실상 한국국적을 행사하지 않는 무국적자에 대해서 국가는 특히 재외국민에 대한 보호의무(헌법 제2조 제2항)에 의하여 그리고 보충적으로 현대적인 기본권제약이론에 의하여 보호의 필요성이 있는 경우 국가는 책임을 부담한다. 더욱이 국적선택권은 세계인권선언(제15조)에서 보장하는 인권이므로 무국적자는 언제든지 국적취득을 할 수도 있다. 따라서 국적변경의 자유에 국적포기와 사실상의 국적불행사인 무국적의 자유를 제외할 이유는 없다. 국제적으로도 사실상 무적국자인 '난민의 보호'가 더 현실적인 문제가 되고 있다. 예컨대, 독일은 외국인도 인간의 존엄을 향유하는 주체로 보고 1993년에 이미 '난민신청자의 기초보장에 관한 법률'을 제정하여 최저생계비를 지급하였고, 오랜 기간 최저생계비를 인상하지 않은 국회와 정부의 부작위에 대하여 연방헌법재판소는 위헌결정110)을 하여 난민보호에 적극적인 입장이다. 정치적인 망명권도 기본권111)으로 보장하고 있다.

Ⅳ. 거주 · 이전의 자유의 공간적 보호범위와 탈북주민의 입국

우선 역사적으로 보면 국내이전과 해외이전은 구분하였다. 바이마르헌법은 각각 병렬적인 기본권으로 규정(제111조-국내이전, 제112조-국외이전)하여 이를 방증하

---

110) BVerfGE 132, 134~179.
111) 독일헌법 제16a조 (1) 정치적으로 박해받는 자는 망명권을 가진다. (2) 유럽연합의 회원국 또는 난민의 법적 지위에 관한 협약, 인권 및 기본적 자유의 보호를 위한 협약의 적용이 보장되는 제3국으로부터 입국하는 사람은 제1항의 권리를 주장할 수 없다. 제1문의 조건에 해당되는 유럽공동체 외의 국가는 연방참사원의 동의를 요하는 법률로 정한다. 제1문의 경우에는 체류를 종료시키는 조치는 이에 대한 사법적 권리구제와 관계없이 집행할 수 있다. (3) 연방참사원의 동의를 요하는 법률로 법적 현실, 법률 적용 및 일반적인 정치적 상황에 기초하여 정치적 박해나 비인도적이거나 모욕적인 형벌이나 취급이 이루어지지 않음이 보장되고 있는 것으로 보이는 국가들이 규정될 수 있다. 그러한 국가로부터 입국하는 외국인은 정치적으로 박해받고 있다는 가정의 근거가 되는 사실을 제출하지 않는 한 정치적으로 박해받지 않는다고 추정된다. (4) 체류를 종료시키는 조치의 집행은 제3항의 경우와 명백하게 이유가 없거나 또는 명백하게 이유가 없는 것으로 간주되는 다른 경우에 그 조치의 적법성에 대한 진지한 의혹이 있을 때만 법원에 의하여 정지된다. 심사의 범위는 제한될 수 있고, 지체하여 제출된 신청은 고려되지 않을 수 있다. 자세한 사항은 법률로 정한다. (5) 제1항 내지 제4항은 유럽연합의 회원국 상호간에 그리고 조약국가에서 그 적용이 보장되어야 하는, 난민의 법적 지위에 관한 협약과 인권 및 기본적 자유의 보호를 위한 협약으로부터 나오는 의무를 준수하면서 망명권 결정의 상호 승인을 포함한 망명 신청심사에 대한 권한규정을 제정하는 제3국들과의 국제법상의 조약에 반하여 적용되지 아니한다.

고 있다. 그러나 역사적 고찰도 국내와 국외이전의 자유를 모두 기본권으로 보장하고 있고 전술한 바와 같이 거주이전의 자유에서 국외이전의 자유를 배제하는 것도 설득력도 없다. 독일의 경우 통일전 동서독 분단시에 동독주민의 서독입국을 제한하기 위하여 거주이전의 자유의 공간적 영역을 국내에 한정할 필요가 있었다. 그러나 우리의 경우 헌법의 영토적 효력범위(제3조)에 북한이 포함되어 탈북주민의 입국을 정치적 망명권의 행사나 경제적 난민의 입국이 아니라 입국의 자유로 보호해야 하는 것으로 대법원112)이 판시하고 있다.

다음으로 거주·이전의 개념을 기능적으로 해석하여 '생활의 근거지를 이전'하는 것으로 보아야 한다는 입장에서 국외에서 주거지를 선택하여 생활할 자유를 제재할 이유가 없다. 이러한 점에서 거주·이전의 자유의 공간적 보호범위는 북한을 포함한 국내는 물론 국외를 포함하는 개방적인 헌법해석이 요청된다. 다만 국가보안법이나 남북교협력에 관한 법률 등에 의한 법적 제한은 별개의 문제다.

V. 제한과 정당성

거주·이전의 자유도 헌법 제37조 제2항에 근거하여 법률유보에 의해 제한할 수 있다. 거주·이전의 자유의 법적 제한은 직접적 제한113)은 물론 간접적 제약도 가능하다. 생활의 근거지이전을 세금이나 생활환경 등에 의해 간접적으로 불가능하게 하는 것이 그것이다. 하지만 직접적 제한과 달리 간접적 제약이라도 거주·이전이 불가능한 것은 아니다. 따라서 국가의 책임을 인정하기도 과잉제한으로 침해를 인정하기도 어렵다. 하지만 헌법재판소는 대도시의 인구집중 및 공해방지를 목적으로 법인에 등록세를 중과세하고 있는 지방세법,114) 법무부령이 정하는 금액 이상의

---

112) 대판 1996. 11. 12. 96누1221. 조선인을 부친으로 하여 출생한 자는 남조선과도정부법률 제11호 국적에 관한 임시조례의 규정에 따라 조선국적을 취득하였다가 제헌헌법의 공포와 동시에 대한민국 국적을 취득하였다 할 것이고, 설사 그가 북한법의 규정에 따라 북한국적을 취득하여 중국 주재 북한대사관으로부터 북한의 해외공민증을 발급받은 자라 하더라도 북한지역 역시 대한민국의 영토에 속하는 한반도의 일부를 이루는 것이어서 대한민국의 주권이 미칠 뿐이고, 대한민국의 주권과 부딪치는 어떠한 국가단체나 주권을 법리상 인정할 수 없는 점에 비추어 볼 때, 그러한 사정은 그가 대한민국 국적을 취득하고 이를 유지함에 있어 아무런 영향을 끼칠 수 없다고 한 원심판결을 수긍한 사례.
113) 헌재결 2008. 6. 26. 2007헌마1366, 판례집 20-1하, 472.
114) 헌재결 1996. 3. 28. 94헌바42, 판례집 8-1, 199.

추징금을 납부하지 아니한 자에게 출국을 금지할 수 있도록 한 출입국관리법,[115]
지방자치단체장의 피선거권 자격요건으로 90일 이상 관할 구역 안에 주민등록이
되어 있을 것을 요구하는 구 공직선거 및 선거부정방지법,[116] 법무부장관으로 하여
금 거짓이나 그 밖의 부정한 방법으로 귀화허가를 받은 자에 대하여 그 허가를 취
소할 수 있도록 규정하면서도 그 취소권의 행사기간을 따로 정하고 있지 아니한 국
적법[117]에 대하여 헌법재판소는 합헌결정을 하고 있다.

제 3 절 　언론 · 출판의 자유

I. 민주주의실현을 위한 소통의 자유로서의 기능

언론출판의 자유에 속하는 의사표현, 보도, 방송, 영화의 자유, 알권리는 정신
적 내용의 자유를 대상으로 하여 다원화된 경쟁사회에서 소통을 공통적인 목적으
로 한다. 소통의 자유는 새로운 인식에 개방적이어서 다원화된 사회의 학습능력을
강화하게 된다. 특히 대의민주주의에서 공적여론을 형성하는 것은 매우 중요하다.
민주주의실현은 공선된 의원의 활동만이 아니라 정치적 의사형성과 비판을 가능하
게 하는 사회의 공개된 의사소통에 달려 있다. 따라서 표현의 자유의 목적인 사상
의 자유로운 교환과 그 결과에 대한 정치인의 정치윤리실천이 대화민주주의실현에
있어서 중요한 본질을 형성한다.

헌법 제21조 제1항의 표현의 자유는 민주주의실현을 위한 공적 기능을 수행하
는 객관적 성격이 강한 기본권으로 스멘트의 통합론에서는 여타 주관적 성격의 기
본권과 비교되는 표현의 자유의 우월적 지위를 인정하고 있다. 따라서 제21조 제1
항의 표현의 자유와 제4항의 타인의 명예나 권리 또는 공중도덕이나 사회윤리와
충돌의 경우 그 형량시에 공적 기능을 고려하여야 한다. 예컨대, 공적 여론을 형성
할 수 있는 의사표현일수록 그 가치는 더욱 높게 인정된다. 하지만 의사표현의 자

115) 헌재결 2004. 10. 28. 2003헌가18, 판례집 16-2하, 86.
116) 헌재결 1996. 6. 26. 96헌마200, 판례집 8-1, 550.
117) 헌재결 2015. 9. 24. 2015헌바26, 판례집 27-2상, 604.

유의 보호대상인 의사에 대한 가치판단은 절대 금지된다.

의사표현의 자유의 중요성은 구체적인 의사 그 자체에 있는 것이 아니라 그 대화의 주제에 있다. 종래에 알지 못했던 사실도 의사표현으로 보호해야하기에 공익추구의 잠재적인 가능성만으로 충분하다. 예컨대, 공익목적을 갖고 퇴폐적이지 않은 그림으로 표현한 충격광고를 하는 것도 이에 속한다. 순수 경제적 목적으로 이미지광고를 하는 것도 표현의 자유의 객관적 기능인 민주주의의 여론형성에 기여할 수 있기 때문에 보호범위에 속한다. 의사표현의 자유는 정치적 기능을 갖는 점에서 보호범위에 제한을 가하기 어렵다. 오락도 소통을 위한 것이라면 포함될 수 있다. 의사표현의 자유는 개인의 인격발현기능도 갖기 때문이다. 정치주제를 다루는 매체뿐만 아니라 스포츠나 연예보도의 주제도 포함된다. 가치여부와 상관없이 의사표현은 보호된다.

소통의 자유는 정치적 기본권과 경제적 기본권의 행사에 있어서도 중요하다. 단순 오락이나 특히 경제적 목적의 광고[118]도 상품에 대한 의사형성을 목적으로 하는 한 보호범위에 속한다. 표현의 자유는 정치, 경제, 정신의 세 가지 측면에서의 인격발현과 관련되어 있다. 표현의 자유의 사회적 의미는 보다 낳은 사상을 구현하고 사고의 질적 향상을 위한 경쟁의 기회를 부여하는 데 있다. 법조인은 지식과 논리적 표현으로 직업을 수행하고 권력을 획득할 수 있다. 방송의 자유는 시장독점적 지위를 남용하는 것을 방지하기 위하여 정신적 자유의 기회균등을 목적으로 한다.

Ⅱ. 보호범위

1. 의사표현과 전달의 자유

(1) 의사란 가치판단과 사실주장을 모두 포함

(가) 의사의 개념에 대한 학설

의사표현의 자유란 자신의 의견을 말, 글, 그림 등으로 자유롭게 표현하고 전파할 수 있는 권리를 말한다. 여기서 의사의 개념에 대해 가치판단에 국한해야 한다는 협의설과 사실주장을 포함하여 넓게 해석하여야 한다는 광의설이 대립되고 있다.

---

118) 광고물은 사상·지식·정보 등을 불특정 다수인에게 전파하는 것으로서 헌법 제21조 제1항이 보장하는 언론·출판의 자유에 의해 보호받는 대상이다. 헌재결 2022. 5. 26. 2021헌마 619, 판례집 34-1, 501, 528; 2014. 9. 25. 2013헌바28, 판례집 26-2상, 477; 2002. 12. 18. 2000헌마764 참조.

협의설은 의사표현의 자유의 민주주의의 여론형성기능을 고려하여 가치판단
이 아닌 단순한 사실주장은 제외하여야 한다는 것이다. 하지만 가치판단을 표현하
는 것이라면 그 대상과 내용이 정치적·비정치적인지, 공적·사적인지, 합리적·비
합리적인지는 중요하지 않을 뿐만 아니라 헌법 제21조 제4항의 타인의 명예를 침
해하지 않는 한 모욕적 언사도 가능하다고 한다.

광의설은 첫째, 표현의 자유의 보호범위에는 개인의견은 물론 정보와 사상의
자유에 의한 모든 의견이 이에 속한다. 둘째, 공적논의에서 사실주장은 가치판단보
다 중요하지 않다고 볼 수 없을 뿐만 아니라 가치판단의 전제가 된다. 셋째, 단순한
사실주장과 의사형성의 근거로서 사실주장은 구분하기 어렵다는 점에서 사실주장
을 표현의 자유의 보호범위에서 배제할 수 없다고 한다.

(나) 사견

헌법의 표현의 자유의 보호범위에 대한 제한입법인 형법에는 명예훼손(제307
조), 사자의 명예훼손(제308조), 출판물에 의한 명예훼손(제309조)의 경우 사실주장
에 대해서도 형사처벌의 구성요건으로 하고 있다. 모욕죄도 구성요건으로 공연히
사람을 모욕한 것으로 규정하여 사실주장을 전제로 한 가치판단에 의한 모욕을 포
함하여야 한다는 점이다. 헌법재판소도 종래[119]에 언론·출판의 자유의 보호영역에
해당하지 아니한다는 취지로 판시한 우리 재판소의 의견을 변경한다고 하며 저속
한 표현 이외에 음란한 표현,[120] '허위사실의 표현'[121]도 표현의 자유의 보호범위에
속한다고 하며 보호범위를 넓게 해석하는 판시를 하는 경향을 나타나고 있다. 이러
한 점에서 광의설이 타당하다.

---

119) 헌재결 1998. 4. 30. 95헌가16, 판례집 10-1, 327, 340~341.
120) 헌재결 2006헌바109 음란표현이 언론·출판의 자유의 보호영역에 해당하지 아니한다고 해석
　　할 경우 음란표현에 대하여는 언론·출판의 자유의 제한에 대한 헌법상의 기본원칙, 예컨대
　　명확성의 원칙, 검열 금지의 원칙 등에 입각한 합헌성 심사를 하지 못하게 될 뿐만 아니라,
　　기본권 제한에 대한 헌법상의 기본원칙, 예컨대 법률에 의한 제한, 본질적 내용의 침해금지
　　원칙 등도 적용하기 어렵게 되는 결과, 모든 음란표현에 대하여 사전 검열을 받도록 하고 이
　　를 받지 않은 경우 형사처벌을 하거나, 유통목적이 없는 음란물의 단순소지를 금지하거나,
　　법률에 의하지 아니하고 음란물출판에 대한 불이익을 부과하는 행위 등에 대한 합헌성 심사
　　도 하지 못하게 됨으로써, 결국 음란표현에 대한 최소한의 헌법상 보호마저도 부인하게 될
　　위험성이 농후하게 된다는 점을 간과할 수 없다.
121) 헌재결 2010. 12. 28. 2008헌바157 등, 판례집 22-2하, 684 – 재판관 이강국, 재판관 이공현,
　　재판관 조대현, 재판관 김종대, 재판관 송두환의 과잉금지원칙 위반 여부에 관한 보충의견.

(2) 보호범위의 세 가지 제한

표현의 자유는 객관적인 정신적 교류와 사상경쟁을 보호한다. 이러한 기능적 이해에 근거하여 보호범위에 세 가지 제한이 있다.

(가) 객관적으로 옳지 않은 것으로 판명된 사실, 어느 누구도 주장하지 않은 사실은 보호되지 않는다.

(나) 표현의 자유에 의해서 보호되는 의사표현과 전달은 정신적 과정으로서만 소통을 보호하는 것으로 그 기술적 매개수단이 말, 글, 그림 등 어느 것이든 상관없다. 따라서 정신적 과정이 없는 강요, 압박, 폭력 등의 물리적 행동방식이 수반된 표현은 보호되지 않는다. 예컨대, 폭력집회는 집회의 자유의 보호범위에 속하지 않는다. 그러나 공개적인 불매운동도 물리적 폭력을 직접 행사하려는 것은 아니기 때문에 표현의 자유의 보호범위에 속한다.

(다) 객관적으로 논쟁의 대상이 될 수 없는 악의적인 가치판단은 제외한다. 고의적인 인격비하, 즉 험담과 욕설은 절대적으로 보호되어야 하는 인간의 존엄에 반하는 것으로 표현의 자유의 보호범위에서 제외된다. 예컨대, 헌법재판소[122]는 비록 차별표현 내지 혐오표현도 표현의 자유의 보호범위에 속한다고 판시하고 있다. 하지만 이 판시는 표현의 자유를 규칙이 아닌 원칙으로 보아 논증의 설득력을 강화하기 위한 것으로 헌법재판소[123]가 표현의 자유제한의 피해의 최소성판단에서 고의 내지 미필적 고의로 인격침해의 결과가 발생하는 차별표현 내지 혐오표현은 표현의 자유의 내재적 한계로 판시하고 있어 '험담과 욕설'은 보호범위에서 제외되거나 최소한 가중된 법률유보사항인 것으로 해석할 수 있다. 즉 헌법재판소는 "차별표현 내지 혐오표현은 의견의 자유로운 교환 범위에서 발생하는 다소 과장되고, 부분적으로 잘못된 표현으로 자유로운 토론과 성숙한 민주주의를 위하여 허용되는 의사표현이 아니고, 그 경계를 넘어 '타인의 인권을 침해'할 것을 인식하였거나 최소한 인식할 가능성이 있고, 또한 결과적으로 그러한 인권침해의 결과가 발생하는 표현이다. 따라서 이는 민주주의의 장에서 허용되는 한계를 넘는 것이므로 민주주의 의사형성의 보호를 위해서도 제한되는 것이 불가피하고, 특히 그것이 육체적·정신적으로 미성숙한 학생들이 구성원으로 있는 공간에서의 문제라면 표현의 자유로 얻

---

122) 헌재결 2019. 11. 28. 2017헌마1356, 공보 제278호, 1379(1387).
123) 헌재결 2019. 11. 28. 2017헌마1356, 공보 제278호, 1379(1387).

어지는 가치와 인격권의 보호에 의하여 달성되는 가치를 비교형량할 때에도 사상의 자유시장에서 통용되는 기준을 그대로 적용하기는 어렵다고 할 것이다.”고 판시하고 있기 때문이다.

(3) 암묵적인 사상의 자유로서 의사형성

표현의 자유는 의사표현과 전달을 보호범위로 할 뿐만 아니라 스스로 의사를 형성할 자유도 그 보호내용으로 한다. 이는 유럽인권협약 제10조 제1항에서 표현의 자유는 보도와 사상의 수용과 전달에 관한 자유를 포함한다고 규정하고 있는 점을 고려한 것이다.

2. 알권리 내지 정보의 자유

(1) 개념

알권리 내지 정보의 자유란 일반적으로 접근할 수 있는 정보원으로부터 의사형성에 필요한 정보를 수집하고, 수집된 정보를 취사·선택할 수 있는 자유를 말한다.

알권리는 ‘정보수신인의 입장’에서 소통을 보호해야 한다는 관점에서 정보원에 대한 판단을 하여야 한다. 하지만 헌법재판소결정124)과 전통적 견해에 의하면 정보원이란 ‘정보수집자’가 정보제공의 목적으로 특정된 정보제공의 대상과 수신인의 범위를 결정한다고 본다. 그리고 이는 공개행정에 위반되는 것이 아니라 한다. 하지만 유럽기본권헌장 제10조 제1항에 의하면 알권리 내지 정보의 자유는 원칙적으로 정보체계를 보장하여야 한다. 유럽기본권헌장 제11조 제1항도 국제법과 유럽공동체의 지침의 영향으로 일반 법률에서는 이미 알권리의 대상으로 공개되는 정보의 범위를 확대하였다. 알권리는 민주국가와 법치국가의 공개성, 투명성보장을 실현할 수 있는 기능을 하여야 한다.

따라서 ‘일반적으로 접근할 수 있는 정보원’이란 민주적 법치국가원리에 따라 신문·잡지·방송 등과 같이 불특정 다수인에게 개방되어 양심·사상·의견을 형성할 수 있도록 하는 일체의 자료를 말한다.

---

124) 헌재결 2010. 12. 28. 2009헌바258, 판례집 22-2하, 721.

(2) 근거

알권리는 헌법에 명문으로 규정된 기본권은 아니지만 헌법재판소결정[125]에서 표현의 자유 등 다양한 헌법규정에 근거하여 도출한 불문기본권이다. 즉 헌법재판소는 "알권리는 표현의 자유와 표리일체의 관계에 있고 정보의 공개청구권은 알권리의 당연한 내용이 되는 것이다. 그리하여 알권리는 헌법 제21조에 의하여 직접 보장되고 그 밖에도 국민주권주의(헌법 제1조), 인간의 존엄과 가치(헌법 제10조), 인간다운 생활을 할 권리(헌법 제34조 제1항)와도 관련이 있다."고 판시하고 있다.

독일헌법 제5조 제1항 제1문은 "누구든지 말, 글, 그리고 그림으로써 자유로이 의사를 표현하고 전파하며 일반적으로 접근할 수 있는 정보원으로부터 방해받지 않고 정보를 얻을 자유를 갖는다."고 알권리를 명시하고 있다. 세계인권선언 제19조에서도 '정보의 자유'를 명시하고 있다.

(3) 법적 성격

헌법재판소는 "알권리는 표현의 자유와 표리일체의 관계에 있으며 자유권적 성질과 청구권적 성질을 공유하는 것이다. 자유권적 성질은 일반적으로 정보에 접근하고 수집·처리함에 있어서 국가권력의 방해를 받지 아니한다는 것을 말하며, 청구권적 성질을 의사형성이나 여론 형성에 필요한 정보를 적극적으로 수집하고 수집을 방해하는 방해제거를 청구할 수 있다는 것을 의미하는바, 이는 정보수집권 또는 정보공개청구권으로 나타난다. 나아가 현대 사회가 고도의 정보화사회로 이행해감에 따라 알권리는 한편으로 생활권적 성질까지도 획득해 나가고 있다."고 판시[126]하고 있다.

(4) 제한과 한계

표현의 자유와 표리일체의 관계에 있는 알권리는 헌법 제21조 제4항의 가중적 법률유보와 제37제 2항의 일반적 법률유보에 의한 제한을 받을 수 있다. 헌법재판소도 "국민의 알권리는 매우 비중이 큰 귀중한 국민의 기본권이긴 하지만 그렇다고 해서 어떠한 경우에도 제한할 수 없는 기본권이라고 할 수는 없으며 다른 법익을

---

125) 헌재결 2010. 12. 28. 2009헌바258, 판례집 22-2하, 721
126) 헌재결 1991. 5. 13. 90헌마133, 판례집 3, 234(246).

침해하지 않는 범위 내에서 존중되어야 할 것이기 때문에 알권리라 할지라도 다른 기본권이나 국가·사회적 법익과 상충 또는 마찰을 일으키는 경우, 즉 타인의 명예나 권리(개인적 법익), 공중도덕이나 사회윤리(사회적 법익), 국가의 안전보장이나 치안질서(국가적 법익)를 침해하는 경우에는 보호될 수 없는 것이며 이는 헌법의 명문규정(제21조 제4항, 제37조 제2항)상 의문의 여지가 없는 것이다."고 판시하고 있다. 또한 헌법재판소는 "알권리는 아무에게도 달리 보호되고 있는 법익을 침해하는 권리를 부여하는 것은 아니다. 그리하여 여러 가지 특별법에 알권리를 제한하는 규정을 두고 있으나, 그 제한은 본질적 내용을 침해하지 않은 범위 내에서 최소한도에 그쳐야 할 것이다. 아울러 국가안보, 질서유지, 공공복리 등 개념이 넓은 기준에서 일보 전진하여 구체적 기준을 정립해야 할 것이며, 제한에서 오는 이익과 알권리침해라는 해악을 비교·형량하여 그 제한의 한계를 설정하여야 할 것이다. 알권리에 대한 제한의 정도는 당사자에게 이해관계가 있고 공익에 장해가 되지 않는다면 널리 인정해야 할 것이다. 적어도 정보와 직접의 이해관계가 있는 자에 대하여서는 의무적으로 공개하여야 한다는 점에 대하여서는 이론의 여지가 없다."고 판시[127]하였다.

3. 미디어의 자유(보도의 자유, 매스컴의 자유, 신문·방송의 자유)

(1) 기본권체계에서 미디어의 자유의 기능

살펴본 바와 같이 의사표현의 자유의 전달매체는 제한이 없다. 이와 반면에 미디어의 자유는 통신, 방송과 신문으로 전달매체를 제한하고 있다. 이러한 점에서 미디어자유는 소통수단을 방해받지 않을 통신의 자유(제18조), 소통의 장소로서 집회의 자유(제21조), 소통의 신뢰할 수 있는 장소로서 주거의 자유(제16조), 정보주체가 정보소통에 관하여 자기 스스로 결정할 수 있는 개인정보자기결정권(헌법 제10조, 제17조 등)과도 구별된다.

(2) 표현의 자유, 알권리와의 구별

미디어의 자유는 객관적인 표현매체에 국한하여 매스컴종사자를 보호한다. 이와 반면에 의사표현의 자유는 주관적인 표현내용에 중점을 두며 알권리(정보의 자

---

127) 헌재결 1989. 9. 4. 88헌마22, 판례집 1, 176(190).

유)는 정보수신인을 보호하는 점에서 구별할 수 있다. 하지만 미디어의 자유를 의 사표현의 자유, 알권리와 구별하는 것은 현실적으로 그 제한의 한계원리가 동일하 게 적용되기 때문에 그 실익은 크지 않다.

(3) 미디어 자유의 개념과 기능

미디어의 자유는 편집의 형식으로 최소한 체계적인 정보를 제공하거나 이를 위한 활동을 말한다. 미디어의 전통적인 기능은 시공을 초월하여 불특정다수인과 소통을 목적으로 하는 것으로 단순히 개인적인 소통을 목적으로 하는 통신의 자유 와는 구별된다. 미디어는 지역, 학교신문과 같이 제한적인 소통을 목적으로 할 수 도 있다. 하지만 디지털시대에 공적인 소통과 사적인 소통의 구별이 상대화되고 있 어서 일정한 구별기준을 제시하고자 한다.

미디어는 의사표현의 자유와 구별하여 민주주의의 여론형성에 독자적으로 중 요한 기능을 수행한다. 즉 정치적 의사형성과 선거행태에 중대한 영향을 미칠 수 있다. 헌법의 체계적 해석에 의하여 민주주의원리는 미디어자유의 해석에 반영되어 야하기 때문이다. 이러한 점에서 헌법은 다원화된 공개정치과정의 윤곽질서를 규정 으로 하고 있으므로 미디어법의 형성에 있어서도 이는 반영되어야 한다. 헌법재판 소결정128)에 의하면 미디어의 자유는 법제도에 의해 형성된 기본권으로서의 특징 을 갖는다. 하지만 제도적 기본권이란 성격도 주관적 공권으로서의 미디어종사자들 의 기본권을 보호하는 것이 우선되어야 한다. 예컨대, 미디어 종사자의 편집·편성 권과 소유자의 경영권충돌의 경우 기본권의 대사인적 효력이나 보호의무를 논하지 않더라도 미디어종사자들의 기본권이 우선적으로 보호되는 것은 바로 미디어가 민 주주의에 기여하는 공익적 기능 때문이다.

(4) 액세스권(언론기관에의 접근이용권)과 구별

미디어에의 접근 이용권으로서 소위 액세스권은 언론매체에 접근하여 자신의 의사를 표현하기 위해 언론매체를 이용할 수 있는 권리이다. 액세스권에는 자기와 관계가 있는 보도에 대한 반론 내지 해명의 기회를 요구할 수 있는 반론권 및 해명

---

128) 헌재결 1999. 5. 27. 98헌바70, 판례집 11-1, 633. 텔레비전방송수신료의 금액에 대하여 국 회가 스스로 결정하거나 결정에 관여함이 없이 한국방송공사로 하여금 결정하도록 한 한국 방송공사법 제36조 제1항이 법률유보원칙에 위반되는지 여부(적극).

권이 있다. 이는 민주주의의 여론형성기능에 의한 소극적 표현 내지 정보의 자유의 일환으로서 보호되는 것으로 미디어의 자유와는 구별되어야 한다.

4. 소극적 의사표현의 자유와 소극적 정보의 자유

타인의 의사를 단순히 사자로서 전달하는 것이 아니라 자신의 의사로 전달을 강제하는 것은 소극적인 표현의 자유제한으로 볼 수 있다. 이는 타인의 의사전달이 소통에 도움이 되어야 하고 왜곡되어서는 안 된다는 것에 기인한다. 동의하지 않는 의사를 전달한다면 최소한 양해한 것으로 오인할 여지가 있다. 국가의 담배해독에 대한 경고를 담뱃갑에 인쇄할 것을 강제하는 것은 소극적 표현의 자유제한이다. 다만 국가의 생명·건강에 대한 보호의무에 의해 그 제한의 정당성은 인정될 수 있다.

이는 정보로부터 보호되거나 정보를 제공하지 않을 자유란 의미에서 소극적인 정보의 자유에서도 마찬가지다. 예컨대, 라돈 침대, 쓰레기 만두소 등에 대한 국가의 경고는 소극적인 정보의 자유의 제한이다. 하지만 소극적인 정보의 자유제한으로 피해를 당한 사인은 국가의 보호의무위반을 주장할 수는 없다. 이는 표현의 자유의 보호목적인 의사소통을 저해하기 때문이다. 다만 사인의 잘못된 주장에 대해서는 인격권침해로, 국가의 경고에 대해서는 사실적 기본권제한으로 구제방법을 택할 수 있을 뿐이다.

Ⅲ. 주체

언론·출판의 자유는 개인은 물론 법인에게도 보장된다. 신문사나 방송사의 신문과 보도의 자유 등 언론의 자유가 인정된다. 특별신분관계에 있는 공무원의 경우도 일반국민으로서의 개인적인 언론·출판의 자유의 주체성은 당연히 인정된다. 따라서 공무원은 공무 이외의 일을 위한 '집단적' 의사표현의 자유도 인정되지 않는다. 공무원은 국가기관의 벌린 팔로서 기본권보호의무자이지 향유자가 아니기 때문이다. 헌법재판소도 지방공무원법 제58조 제1항 등 위헌소원결정129)에서 같은 취

---

129) "공무원의 공무 이외의 일을 위한 집단행위를 금지하고 있는 것은 공무원의 집단행동이 공무원 집단의 이익을 대변함으로써 국민전체의 이익추구에 장애가 될 소지가 있기 때문이고, 그것은 공무원이라는 특수한 신분에서 나오는 의무의 하나를 규정한 것으로 이해된다. 따라서, 공무원이 국민전체에 대한 봉사자로서 지위를 갖는다는 헌법 제7조와 그에 따른 공무

지로 판시하고 있다.

Ⅳ. 제한과 한계

언론·출판의 자유의 제한도 기본권제한의 한계 원리를 존중하는 범위에서 가능하다. 이에 대하여 살펴보기로 한다.

1. 사전허가나 검열제의 금지

사전허가나 검열이란 그 명칭이나 형식과 관계없이 실질적으로 행정권이 주체가 되어 사상이나 의견 등이 발표되기 이전에 예방적 조치로서 그 내용을 심사 선별하는 것을 말한다.[130] 헌법재판소[131]는 헌법이 금지하는 사전검열의 요건으로 다음 네 가지를 제시하고 있다. 첫째, 일반적으로 허가를 받기 위한 표현물의 제출의무가 존재할 것, 둘째, 행정권이 주체가 된 사전심사절차가 존재할 것, 셋째, 허가를 받지 아니한 의사표현을 금지할 것, 넷째, 심사절차를 관철할 수 있는 강제수단이 존재할 것을 제시하고 있다. 이러한 사전검열은 법률로써도 불가능한 것으로서 절대적으로 금지된다.

사전검열이 금지되는 이유는 언론·출판에 대하여 사전검열이 허용될 경우에 국민의 의사표현의 독창성과 창의성을 침해하여 정신생활에 미치는 위험이 크고 행정기관이 집권자에게 불리한 내용의 표현을 사전에 억제함으로써 이른바 관제의 견이나 지배자에게 무해한 여론만이 허용되는 결과를 초래할 염려가 있기 때문에 헌법이 절대적으로 금지한다.

헌법재판소는 사전검열에 해당되는 것으로 영상물등급위원회에 의한 등급분류보류제도,[132] 상영전 공연윤리위원회의 심의,[133] 의사협회의 의료광고의 사전심

의 기본적인 의무인 성실의무와 직무전념의무 등과의 관계에서 볼 때, 이 사건 법률 제58조 제1항에서 공무원이 공무 이외의 일을 위한 집단행위를 하는 것을 금지하고, 이를 어긴 공무원을 같은 법 제82조에서 처벌할 수 있도록 규정하고 있는 것은 입법목적이 정당하고, 그 수단도 적절하다고 볼 수밖에 없다." 헌재결 2005. 10. 27. 2003헌바50 등, 판례집 17-2, 238.

130) 헌재결 2001. 8. 30. 2000헌가9, 판례집 13-2, 134.
131) 헌재결 1996. 10. 31. 94헌가6; 2008. 6. 26. 2005헌마506; 2015. 12. 23. 2015헌바75 등.
132) 헌재결 2001. 8. 30. 2000헌가9, 판례집 13-2, 134. 영화진흥법 제21조 제4항; 2008. 10. 30. 2004헌가18, 판례집 20-2상, 664 — 영상물등급위원회에 의한 등급분류보류는 비디오물 등 급분류의 일환으로 유통 전에 비디오물을 제출받아 그 내용을 심사하여 이루어질 뿐 아니

의,[134) 방송위원회로부터 위탁을 받은 한국광고자율심의기구의 텔레비전 방송광고의 사전심의[135) 등을 제시하고 있다. 하지만 헌법재판소는 인터넷게시판에서의 본인확인제에 대해서는 게시 글의 내용에 따라 규제를 하는 것이 아니고, 정보통신서비스 제공자의 삭제의무를 규정하고 있지도 않은바, 의견발표 전에 국가기관에 의하여 그 내용을 심사, 선별하여 일정한 사상표현을 저지하는 사전적 내용심사로는 볼 수 없으므로 사전검열금지원칙에 위배된다고 할 수 없다[136)고 보았다.

라, 영상물등급위원회는 그 위원을 대통령이 위촉하고, 위원회의 운영에 필요한 경비를 국고에서 보조할 수 있으며, 국고 예산 등이 수반되는 사업계획 등은 미리 문화관광부장관과 협의하도록 규정하고 있고, 등급을 분류받지 아니한 비디오물은 유통이 금지되어 등급분류가 보류된 비디오물이나 등급분류를 받지 아니한 비디오물에 대하여 문화관광부장관 등은 관계 공무원으로 하여금 이를 수거하여 폐기하게 할 수도 있고 이를 유통 또는 시청에 제공한 자에게는 형벌까지 부과될 수 있으며, 등급분류보류의 횟수제한이 설정되어 있지 않아 무한정 등급분류가 보류될 수 있다. 따라서, 영상물등급위원회는 실질적으로 행정기관인 검열기관에 해당하고, 이에 의한 등급분류보류는 비디오물 유통 이전에 그 내용을 심사하여 허가받지 아니한 것의 발표를 금지하는 제도, 즉 검열에 해당되므로 헌법에 위반된다.

133) 헌재결 1996. 10. 4. 93헌가13 등, 판례집 8-2, 212. 영화법 제12조 제1항, 제2항 및 제13조 제1항이 규정하고 있는 영화에 대한 심의제의 내용은 심의기관인 가 영화의 상영에 앞서 그 내용을 심사하여 심의기준에 적합하지 아니한 영화에 대하여는 상영을 금지할 수 있고, 심의를 받지 아니하고 영화를 상영할 경우에는 형사처벌까지 가능하도록 한 것이 그 핵심이므로 이는 명백히 헌법(憲法) 제21조 제1항이 금지한 사전검열제도를 채택한 것이다.

134) 헌재결 2015. 12. 23. 2015헌바75, 판례집 27-2하, 627. 의료광고의 사전심의는 보건복지부장관으로부터 위탁을 받은 각 의사협회가 행하고 있으나 사전심의의 주체인 보건복지부장관은 언제든지 위탁을 철회하고 직접 의료광고 심의업무를 담당할 수 있는 점, 의료법 시행령이 심의위원회의 구성에 관하여 직접 규율하고 있는 점, 심의기관의 장은 심의 및 재심의 결과를 보건복지부장관에게 보고하여야 하는 점, 보건복지부장관은 의료인 단체에 대해 재정지원을 할 수 있는 점, 심의기준·절차 등에 관한 사항을 대통령령으로 정하도록 하고 있는 점 등을 종합하여 보면, 각 의사협회는 행정권의 영향력에서 벗어나 독립적이고 자율적으로 사전심의업무를 수행하고 있다고 보기 어렵다. 따라서 이 사건 법률규정들은 사전검열금지원칙에 위배된다.

135) 헌재결 2008. 6. 26. 2005헌마506, 판례집 20-1하, 397. 한국광고자율심의기구는 행정기관적 성격을 가진 방송위원회로부터 위탁을 받아 이 사건 텔레비전 방송광고 사전심의를 담당하고 있는바, 한국광고자율심의기구는 민간이 주도가 되어 설립된 기구이기는 하나, 그 구성에 행정권이 개입하고 있고, 행정법상 공무수탁사인으로서 그 위탁받은 업무에 관하여 국가의 지휘·감독을 받고 있으며, 방송위원회는 텔레비전 방송광고의 심의 기준이 되는 방송광고 심의규정을 제정, 개정할 권한을 가지고 있고, 자율심의기구의 운영비나 사무실 유지비, 인건비 등을 지급하고 있다. 그렇다면 한국광고자율심의기구가 행하는 방송광고 사전심의는 방송위원회가 위탁이라는 방법에 의해 그 업무의 범위를 확장한 것에 지나지 않는다고 할 것이므로 한국광고자율심의기구가 행하는 이 사건 텔레비전 방송광고 사전심의는 행정기관에 의한 사전검열로서 헌법이 금지하는 사전검열에 해당한다.

136) 헌재결 2012. 8. 23. 2010헌마47 등, 판례집 24-2상, 590.

2. 이중기준의 원칙

이중기준의 원칙은 기본권의 보호내용을 신체적·정신적 기본권과 재산적·경제적 기본권으로 구분하여 전자의 기본권은 침해로 인해 원상회복이 사실상 불가능한 점을 고려하여 제한의 합헌성 판단기준을 엄격하게 적용하여야 하는 반면에 후자의 기본권은 관대하게 적용하여 국가의 재량의 범위를 비교적 넓게 인정하여야 한다는 것이다. 이는 표현의 자유를 포함한 기본권제한입법에 있어서 적용되어야 할 일반적인 2중기준의 원칙으로 미연방대법원이 개발한 것이다. 우리 헌법재판소는 화재로 인한 재해보상과 보험가입에 관한 법률 제5조 제1항에 대한 위헌소원 결정137)에서 이중기준원칙에 의한 심사를 수용한 바 있다.

3. 명백하고 현존하는 위험의 원칙

언론·출판의 자유를 제한하는 입법은 명백하고 현존하는 위험의 원칙에 의해 정당성을 판단하여야 한다. 이 원칙도 미연방대법원이 개발한 것으로 위험의 '명백성'이란 위험발생의 개연성을 '현존'이란 위험의 시간적 근접성을 말한다. 이는 표현의 자유제한입법에 대한 '위험경향원칙'에 의한 심사보다 엄격한 심사기준이다. 우리 헌법재판소도 반국가단체나 그 구성원 또는 그 지령을 받은 자의 활동을 찬양·고무하는 자에 대한 처벌규정인 국가보안법 제7조 제1, 5항에 대한 위헌법률심판에서 한정합헌결정을 하면서 "국가의 존립·안전을 위태롭게 하거나 자유민주적 기본질서에 위해를 줄 명백한 위험이 있을 경우에만 축소 적용되는 것으로 해석한다면 헌법에 위반되지 아니한다."138)고 판시하며 표현의 자유제한에 대한 명백하고 현존하는 위험의 원칙을 심사기준으로 수용하였다. 이 기준은 협의의 비례의 원칙인 법익의 균형성심사에서 기본권제한입법에 의한 공익이 명백하고 현존하는 위험을 방지하기 위한 것이어야 한다는 엄격심사기준으로 활용되고 있다.139)

---

137) 헌재결 1991. 6. 3. 89헌마204, 판례집 3, 268.
138) 헌재결 1990. 4. 2. 89헌가113, 판례집 2, 49; 2014. 12. 19. 2013헌다1, 판례집 26-2하, 1.
139) 예컨대, 헌재결 2002. 4. 25. 2001헌마614, 판례집 14-1, 410. 경비업을 경영하고 있는 자들이나 다른 업종을 경영하면서 새로이 경비업에 진출하고자 하는 자들로 하여금 경비업을 전문으로 하는 별개의 법인을 설립하지 않는 한 경비업과 그 밖의 업종 간에 택일하도록 법으로 강제하고 있다. 이와 같이 당사자의 능력이나 자격과 상관없는 객관적 사유에 의한 제한은 월등하게 중요한 공익을 위하여 명백하고 확실한 위험을 방지하기 위한 경우에만 정당화

4. 명확성의 원칙(과도 광범성이론, 막연하기 때문에 무효이론)

표현의 자유의 민주주의의 여론형성기능을 고려하여 그 제한입법의 내용은 명확해야 하며 막연하면 무효가 된다. 표현의 자유를 제한하는 입법의 수범자는 국민이므로 명확성여부의 판단주체는 일반인을 기준으로 하여야 한다. 헌법재판소가 표현의 자유제한입법이 명확성원칙에 반하는 것으로 판시한 것으로 공익을 해할 목적으로 전기통신설비에 의하여 공연히 허위의 통신을 한 자를 형사 처벌하는 전기통신기본법 제47조 제1항,[140] 공공의 안녕질서 또는 미풍양속을 해하는 내용의 통신을 금하는 전기통신사업법 제53조 제1항[141] 등이 있다. 소수의 반대의견으로 명확성원칙위반을 주장한 것으로는 형법 제311조 모욕죄에 대한 결정[142]이 있다.

5. 표현의 자유의 단계적 보호

(1) 표현내용과 방법의 구분에 의한 보호의 차등

헌법재판소는 표현의 자유제한의 대상을 표현내용과 표현방법으로 구분하여 단계적 보호를 한다. 즉 표현내용에 대한 규제입법은 국가의 중립성원칙에 반하는 것으로 엄격심사를 하고, 표현방법에 대한 규제입법은 합리성심사를 하는 것이다. 이에 관한 헌법재판소결정으로는 교통수단을 이용하여 타인의 광고를 할 수 없도록 하고 있는 옥외광고물등관리법시행령 규정에 대한 합헌결정[143]이 있다.

(2) 상업광고와 정치적 표현에 대한 보호의 차등

헌법재판소는 상업광고와 정치적 표현의 제한입법을 구분하여 과잉금지원칙에 의한 심사에서 단계적 보호를 하고 있다. 즉 헌법재판소는 "의료광고도 상업광고의 하나로서 표현의 자유의 보호영역에 속하지만, 사상이나 지식에 관한 정치적,

---

될 수 있고, 따라서 헌법재판소가 이 사건을 심사함에 있어서는 헌법 제37조 제2항이 요구하는바 과잉금지의 원칙, 즉 엄격한 비례의 원칙이 그 심사척도가 된다.

140) 헌재결 2010. 12. 28. 2008헌바157 등, 판례집 22-2하, 684.

141) 헌재결 2002. 6. 27. 99헌마480.

142) 헌재결 2013. 6. 27. 2012헌바37, 판례집 25-1, 506.

143) 헌재결 2002. 12. 18. 2000헌마764, 판례집 14-2, 856. 국가가 개인의 표현행위를 규제하는 경우, 표현내용에 대한 규제는 원칙적으로 중대한 공익의 실현을 위하여 불가피한 경우에 한하여 엄격한 요건 하에서 허용되는 반면, 표현내용과 무관하게 표현의 방법을 규제하는 것은 합리적인 공익상의 이유로 폭넓은 제한이 가능하다.

시민적 표현행위와는 차이가 있으며, 직업수행의 자유는 직업선택의 자유에 비해 인격발현과 개성신장에 미치는 효과가 중대한 것은 아니다. 그러므로 심판대상조항에 대한 과잉금지원칙 위배 여부를 심사함에 있어, 침해의 최소성 원칙은 같은 목적을 달성하기 위하여 달리 덜 제약적인 수단이 없을 것인지 혹은 입법목적을 달성하기 위하여 필요한 최소한의 제한인지를 심사하기보다는 '입법목적을 달성하기 위하여 필요한 범위 내의 것인지'를 심사하는 정도로 완화하는 것이 상당하다."고 판시[144]한 바 있다.

헌법재판소는 대북 전단 등의 살포금지·처벌사건[145]에서 "정치적 표현의 자유를 제한하는 입법에 대한 심사, 그중에서도 특히 특정한 견해, 이념, 관념에 기초한 제한은 과잉금지원칙준수여부를 심사할 때 더 엄격한 기준이 적용되어야 한다."고 판시하였다.

Ⅴ. 효력

1. 대국가적 효력

언론·출판의 자유도 다른 기본권과 마찬가지로 헌법 제10조 제2문의 국가의 기본권보장의무에 의해 모든 국가기관을 구속한다.

2. 대사인적 효력

언론·출판의 자유의 대사인적 효력에 관련된 것으로 헌법 제21조 제4항은 "언론·출판은 타인의 명예나 권리 또는 공중도덕이나 사회윤리를 침해하여서는 아니된다. 언론·출판이 타인의 명예나 권리를 침해한 때에는 피해자는 이에 대한 피해의 배상을 청구할 수 있다."고 규정하고 있다. 이 규정의 해석과 관련하여 민법상의 불법행위에 관한 규정(제750조)만으로도 충분히 해결할 수 있는 사항을 헌법에 특별히 규정한 이유에 대하여 두 개의 학설이 제시되고 있다.

(1) 학설

'언론·출판의 자유'가 현대사회에서 가지는 사회통합적·민주적 기능 때문에 특

---

144) 헌재결 2014. 9. 25. 2013헌바28, 판례집 26-2상, 477; 2005. 10. 27. 2003헌가3.
145) 헌재결 2023. 9. 26. 2020헌마1724.

별히 직접적 대사인적 효력을 인정하여 언론의 사회적 책임을 강조하고 동화적 통합의 분위기조성을 촉진시키고자 한 것으로 보는 견해(직접적 대사인적 효력설),[146] 직접적 대사인적 효력규정 내지 헌법 직접적 제한으로 보는 것에 대하여 언론·출판의 자유를 심각하게 침해할 위험이 있을 뿐만 아니라 구체적 사건에 적용하는 데는 많은 문제가 따른다고 하면서 타인의 명예나 권리 또는 공중도덕이나 사회윤리라는 막연하고 추상적인 개념을 가지고 직접 언론의 자유를 제한하는 경우 남용의 가능성이 엄청나게 클 뿐만 아니라 이처럼 구체화되지 않은 막연한 개념을 어떻게 구체적 사건에 적용할 것인가라는 문제를 제기하며 간접적 대사인적 효력 내지 가중적 법률유보로 보는 견해(간접적 대사인적 효력 내지 가중적 법률유보)[147] 등이 있다.

(2) 헌법재판소

헌법재판소[148]는 "언론·출판의 자유에 따르는 책임과 의무를 강조하는 동시에 언론·출판의 자유에 대한 제한의 요건을 명시한 규정일 뿐, 헌법상 표현의 자유의 보호영역에 대한 한계를 설정한 것이라고 볼 수는 없다."고 하여 간접적 대사인적 효력 내지 가중적 법률유보로 보고 있다. 원칙론에 입각하여 표현의 자유의 보호영역을 광의로 판시하고 있다.

(3) 사견

실정화된 기본권은 사인 간의 수평적인 대화윤리도 보장한다. 즉 헌법 제21조 제4항은 언론·출판의 자유를 행사하는 주체에게 타인의 명예나 권리, 공중도덕, 사회윤리의 침해금지의무를 부과하고 있다. 국가는 기본권보장의무(헌법 제10조 제2문)에 따라 확인된 헌법 제21조 제4항의 언론·출판에 의한 수평적 대화에 있어서 타해금지의무(즉 불가침의 기본적 인권)를 법적 의무로 보장하여야 한다.

이러한 점에서 헌법재판소가 헌법 제21조 제4항에 대하여 언론·출판의 자유에 수반되는 사회적 책임과 의무를 강조하면서 언론·출판의 자유의 간접적 대사인적 효력을 발현하기 위하여 명시적인 법적 제한규정으로 판시한 것은 타당하다.

---

146) 허영, 『한국헌법론』, 637면 이하; 김철수, 『학설판례 헌법학(상)』, 990면.

147) 계희열, 『기본권론(중)』, 470면.

148) 헌재결 2021. 2. 25. 2017헌마1113 등, 판례집 33-1, 261(266); 2013. 6. 27. 2012헌바37; 2009. 5. 28. 2006헌바109등,

제 4 절 집회의 자유

Ⅰ. 기본권체계에서 집회의 자유의 기능

집회의 자유는 언론·출판의 자유와 마찬가지로 의사소통을 위한 기본권이다. 집회는 교육, 의사, 정보, 종교나 예술적 감정을 교환하고 발표하는 광장(Forum)이 될 수 있기 때문이다. 따라서 집회의 자유는 개별기본권의 행사와 밀접한 관련을 갖는다. 이 경우 집회의 자유는 공동체 내에서 개별기본권행사를 위한 자유로운 공간을 제공하는 기능을 한다. 이는 기본권의 양면성을 분명히 파악할 수 있는 예로 볼 수 있다. 즉 헌법상 기본권은 비정치적인 자유로운 방어권적 성격만이 아닌 공동체의 구성원으로서 각자의 역할을 인식하면서 발현될 수 있는 정치·사회학적 의미의 가치체계로서의 성격을 함께 갖고 있는 것이다. 이러한 점에서 헌법은 공동체 내에서 개성의 발현, 즉 '인간에 의한 인간의 발현'을 원칙적으로 보호하고 있다. 언론·출판의 자유는 소통의 내용적 자유를 보호하는 것으로 소통의 내용을 이유로 집회를 금지하는 것은 언론·출판의 자유의 제한으로 보아야 한다. 옥내집회의 공간이 주거라면 이곳에서의 소통은 주거의 자유에 의해 보호될 수 있다. 집회의 자유는 집회참가자의 소통을 보호하는 반면에, 통신의 자유는 소통수단에 대한 보호를 하는 점에서 구별된다. 이러한 견지에서 헌법재판소도 집회의 자유의 기능을 판시[149]하고 있다.

---

149) 인간의 존엄과 가치를 최고의 헌법적 가치로 삼고 있는 헌법질서 내에서, 집회의 자유는 국민들이 타인과 정보와 의견을 교환하며 집단적으로 의사표현을 할 수 있게 함으로써 동화적 통합을 촉진하는 기능을 하며, 선거와 선거 사이의 기간에 유권자와 대표 사이의 의사를 연결하고, 대의기능이 약화된 경우 직접민주주의의 수단으로 기능하며, 소수 집단에게 의사표현의 수단을 제공한다는 점에서 대의제 민주국가에서 언론·출판의 자유와 더불어 필수적 구성요소가 된다. 헌법이 집회의 자유를 보장한 것은 관용과 다양한 견해가 공존하는 다원적인 '열린 사회'에 대한 헌법적 결단이라고 할 수 있다. 헌재결 2018. 5. 31. 2013헌바322,2016헌바354,2018헌가9,2018헌가3,2018헌가4,2017헌바360,2017헌바398,2017헌바471(병합).

II. 집회의 개념과 종류

1. 집회의 개념

집회란 공동의 목적을 가진 다수인의 일시적인 모임을 말한다. 이에 대하여 구체적으로 살펴본다.

(1) 공동의 목적

집회의 개념요소로 공동의 목적에 대한 해석론도 다음과 같이 다양하다. 공적 관심사를 표현하기 위한 목적으로 한정하는 협의설, 공적·사적사항의 구별 없이 모든 사항을 논의하기 위한 목적으로 보는 광의설, 내면적 유대에 의한 모든 의사 접촉으로 보는 최광의설이 그것이다. 역사적으로 집회의 자유를 위한 투쟁이 공적 사항에서 출발했다는 점을 근거로 좁게 한정하는 견해는 사적사항에 대한 모임도 집회로서 보호할 가치가 있으므로 배제하는 것은 타당하지 않다. 또한 여하한 사항을 논의하고 표현하지 않는 집회라도 집회로서 보호할 필요가 있다. 내적 연대라는 공동의 목적 이외에 집회에서의 특정한 내용에 대한 논의여부는 필요 없다고 보아야 한다. 예컨대, 일반관객들의 연극관람은 집회가 아니지만 여고생들이 수업의 일환으로 단체로 연극관람을 하는 것은 집회라 할 수 있다. 이러한 점에서 최광의설이 타당하다.

(2) 다수인

집회란 공동의 목적을 가진 다수인의 일시적인 회합을 말한다. 다수란 2인설, 3인설이 있으나 2인설이 타당하다. 3인설은 사법상의 사단법인설립에 최소 3인의 발기인, 주식회사 이사회의 최소 이사수이나 헌법상의 집회를 사법상의 기관과 동일시할 필요는 없다. 집시법의 적용대상에서 제외되는 1인 집회를 고려하면 최소 2인 이상이면 족하다고 보아야 한다.

(3) 일시적 모임

집회의 개념요소로 일시적 모임은 계속적 모임인 결사와 구별되는 표지다. 이러한 점에서 집시법에서의 집회의 신고제는 질서유지를 위한 소극적인 성격을 갖는 것으로 우발적인 집회의 경우에 긴급성을 고려하여 신고대상에서 제외하여야 한다. 대법원도 같은 취지의 판시[150]를 하고 있다.

2. 집회의 종류

집회의 종류는 평화·폭력, 주·야간, 옥내·옥외, 공개·비공개 집회 등 다양하다.

(1) 평화 · 폭력집회의 개념

평화집회란 집시법에 의하면 폭력집회가 아닌 집회를 말한다. 폭력집회란 실정법상의 모든 법익을 침해하는 집회가 아닌 형법상의 법익을 침해하는 집회를 의미하는 것으로 해석할 여지가 있다. 하지만 형법상의 위법행위와 폭력집회를 동일시 할 수는 없다. 형법위반의 범죄는 입법자의 재량에 의해 결정되기 때문이다.

집시법에서 폭력집회란 집단적인 폭력, 협박, 손괴, 방화 등으로 공공의 안녕질서에 직접적 위협을 끼칠 것이 명백한 집회를 말한다. 즉 폭력이란 전통적으로 타인의 신체나 물건에 대하여 물리적인 강제력의 행사를 말한다. 또한 물리적 강제력은 명백히 공격적인 것이어야 한다. 하지만 폭력집회에서의 폭력은 공공의 안녕질서에 명백하게 직접적인 위협을 가할 수 있는 예시된 행위 중의 하나로서 집회에서 폭력은 저항의 수단으로 행사하는 것으로 그 행위대상에 따라 달리 판단해야 할 것이다. 집회에서의 참가자의 타인의 신체에 대한 직접적 물리력의 행사는 공공위해의 명백성이 현저한 폭력집회로 판단할 수 있지만 집회주변에서 공무집행을 하는 경찰에 대한 협박이나 질서유지시설물에 대한 손괴는 명백성이 현저하지 않더라도 폭력집회로 볼 수 있다.

하지만 개인적 일탈에 의한 비평화적인 행위로 평화집회가 폭력집회로 매도될 수는 없다. 헌법재판소가 집회의 자유에 의하여 보호되는 것은 단지 '평화적' 또는

---

150) 대판 1991. 4. 9. 90도2435. 대학생들에 의하여 학교 강당에서 개최중이던 토론회에 참석하려던 피고인들이 학교당국과 경찰의 정문출입 봉쇄로 뜻을 이루지 못하게 되자, 학교당국과 경찰에 항의하는 의미로 위 집회에 참석하려던 다른 사람들과 함께 피고인들의 선창으로 즉석에서 즉흥적으로 약 20분간의 단시간 내에 그 당시 일반적으로 성행하던 구호와 노래를 제창한 경우, 피고인들이 집회및시위에관한법률 제6조 제1항에 의하여 사전 신고의무가 있는 옥외집회 또는 시위의 "주최자"인지 여부에 대하여 소극적으로 보았다.

'비폭력적' 집회로 한정하고 있는 점을 감안해서다.[151] 그러나 개인적 일탈행위라도 집회개최자의 행위이거나 개인적 일탈행위에 다수가 동조한 경우에는 폭력집회로 보아야 한다.

(2) 옥내 · 옥외 집회와 공개 · 비공개 집회의 개념과 관계

옥내 · 옥외 집회의 구별은 장소의 개방성으로 인해 소음이나 공중위험을 초래할 가능성을 기준[152]으로 집시법에서도 "옥외집회"를 천장이 없거나 사방이 폐쇄되지 아니한 장소에서 여는 집회로 정의하고 있다. 사방이 폐쇄된 주택이나 천막에서의 집회는 옥내집회이지만 축구경기장, 노천극장, 돔 경기장, 담장으로 둘러싸인 가든에서의 집회는 옥외집회다. 옥외집회는 시간적, 장소적 제한을 준수해야 하는 점에서 야간옥외집회, 특정 공공기관에서의 옥외집회에 대한 집시법에서의 규제가 있다.

하지만 옥내옥외집회와 공개비공개집회는 일치하지 않는다. 공개집회는 옥내옥외 구별에 상관없이 공중에 개방된 장소라면 공법적 규율대상인 도로, 광장, 관공서 등은 물론 사법적 규율대상인 백화점, 민자역사 등에서도 개최될 수 있다.

(3) 주간 · 야간 집회

집회 및 시위에 관한 법률(제10조)은 야간집회를 해가 뜨기 전이나 해가 진 후의 집회로 정의하고 있다.

---

151) 헌재결 2003. 10. 30. 2000헌바67 등, 판례집 15-2하, 41. 집회의 자유는 민주국가에서 정신적 대립과 논의의 수단으로서, 평화적 수단을 이용한 의견의 표명은 헌법적으로 보호되지만, 폭력을 사용한 의견의 강요는 헌법적으로 보호되지 않는다. 헌법은 집회의 자유를 국민의 기본권으로 보장함으로써, 평화적 집회 그 자체는 공공의 안녕질서에 대한 위험이나 침해로서 평가되어서는 아니 되며, 개인이 집회의 자유를 집단적으로 행사함으로써 불가피하게 발생하는 일반대중에 대한 불편이나 법익에 대한 위험은 보호법익과 조화를 이루는 범위 내에서 국가와 제3자에 의하여 수인되어야 한다는 것을 헌법 스스로 규정하고 있는 것이다.

152) 집시법이 옥외집회와 옥내집회를 구분하는 이유는, 옥외집회의 경우 외부세계, 즉 다른 기본권의 주체와 직접적으로 접촉할 가능성으로 인하여 옥내집회와 비교할 때 법익충돌의 위험성이 크다는 점에서 집회의 자유의 행사방법과 절차에 관하여 보다 자세하게 규율할 필요가 있기 때문이다. 이는 한편으로는 집회의 자유의 행사를 실질적으로 가능하게 하기 위한 것이고, 다른 한편으로는 집회의 자유와 충돌하는 제3자의 법익을 충분히 보호하기 위한 것이다. 헌재결 2003. 10. 30. 2000헌바67 등, 판례집 15-2하, 41.

(가) 야간옥외집회의 원칙적 금지

야간옥외집회 또는 시위를 금지하는 집시법(제10조 옥외집회와 시위의 금지 시간) 규정에 대하여 현대인의 생활시간을 고려하지 않은 규정으로 헌법불합치결정이 있었다.

(나) 헌법재판소결정

시위는 공공의 안녕질서, 법적 평화 및 타인의 평온에 미치는 영향이 크고, 야간이라는 특수한 시간적 상황은 시민들의 평온이 강하게 요청되는 시간대로, 야간의 시위는 주간의 시위보다 질서를 유지시키기가 어렵다. 야간의 시위 금지는 이러한 특징과 차별성을 고려하여 사회의 안녕질서를 유지하고 시민들의 주거 및 사생활의 평온을 보호하기 위한 것으로서 정당한 목적 달성을 위한 적합한 수단이 된다. 그런데 집시법 제10조[153] 본문에 의하면, 낮 시간이 짧은 동절기의 평일의 경우, 직장인이나 학생은 사실상 시위를 주최하거나 참가할 수 없게 되는 등 집회의 자유가 실질적으로 박탈되는 결과가 초래될 수 있다. 나아가 도시화·산업화가 진행된 현대 사회에서 전통적 의미의 야간, 즉 '해가 뜨기 전이나 해가 진 후'라는 광범위하고 가변적인 시간대는 위와 같은 '야간'이 특징이나 차별성이 명백하다고 보기 어려움에도 일률적으로 야간 시위를 금지하는 것은 목적달성을 위해 필요한 정도를 넘는 지나친 제한으로서 침해의 최소성 원칙 및 법익균형성 원칙에 반한다. 따라서 집시법 제10조 본문은 과잉금지원칙에 위배하여 집회의 자유를 침해한다.

야간시위를 금지하는 집시법 제10조 본문에는 위헌적인 부분과 합헌적인 부분이 공존하고 있으며, 위 조항 전부의 적용이 중지될 경우 공공의 질서 내지 법적 평화에 대한 침해의 위험이 높아, 일반적인 옥외집회나 시위에 비하여 높은 수준의 규제가 불가피한 경우에도 대응하기 어려운 문제가 발생할 수 있으므로, 현행 집시법의 체계 내에서 시간을 기준으로 한 규율의 측면에서 볼 때 규제가 불가피하다고 보기 어려움에도 시위를 절대적으로 금지하여 위헌성이 명백한 부분에 한하여 위헌 결정을 한다. 심판대상조항들은, 이미 보편화된 야간의 일상적인 생활의 범주에

---

153) 집회 및 시위에 관한 법률 제10조(옥외집회와 시위의 금지 시간) 누구든지 해가 뜨기 전이나 해가 진 후에는 옥외집회 또는 시위를 하여서는 아니 된다. 다만, 집회의 성격상 부득이하여 주최자가 질서유지인을 두고 미리 신고한 경우에는 관할경찰관서장은 질서 유지를 위한 조건을 붙여 해가 뜨기 전이나 해가 진 후에도 옥외집회를 허용할 수 있다.

속하는 '해가 진 후부터 같은 날 24시까지의 시위'에 적용하는 한 헌법에 위반된
다.154)

Ⅲ. 보호내용

1. 집회의 자유권

(1) 학설

적극적인 내용으로 집회의 조직과 준비, 장소나 시간 등을 선택하여 주최하는
자유, 집회를 사회·진행하는 자유, 집회에 참여하는 자유가, 소극적인 측면에서 집
회를 주최하지 않을 자유, 집회에 참여하지 않을 자유가 있다.

(2) 헌법재판소

집회의 자유는 집회의 시간, 장소, 방법과 목적을 스스로 결정할 권리를 보장
한다. 집회의 자유에 의하여 구체적으로 보호되는 주요행위는 집회의 준비 및 조
직, 지휘, 참가, 집회장소·시간의 선택이다. 따라서 집회의 자유는 개인이 집회에
참가하는 것을 방해하거나 또는 집회에 참가할 것을 강요하는 국가행위를 금지할
뿐만 아니라, 예컨대 집회장소로의 여행을 방해하거나, 집회장소로부터 귀가하는
것을 방해하거나, 집회참가자에 대한 검문의 방법으로 시간을 지연시킴으로써 집회
장소에 접근하는 것을 방해하는 등 집회의 자유행사에 영향을 미치는 모든 조치를
금지한다.

2. 집회장소의 사용권

(1) 집회장소의 의의

집회의 장소는 일반적으로 집회의 목적·내용과 밀접한 내적 연관관계를 가질
수 있다. 집회는 특별한 상징적 의미 또는 집회와 특별한 연관성을 가지는 장소, 예
를 들면, 집회를 통해 반대하고자 하는 대상물이 위치하거나 집회의 계기를 제공한
사건이 발생한 장소 등에서 행해져야 이를 통해 다수의 의견표명이 효과적으로 이
루어질 수 있으므로, 집회의 장소에 대한 선택은 집회의 성과를 결정짓는 주요 요

---

154) 헌재결 2014. 3. 27. 2010헌가2 - 한정위헌; 2014. 4. 24. 2011헌가29 - 한정위헌

인이 될 수 있다(헌재결 2003. 10. 30. 2000헌바67등 참조). 따라서 집회의 장소를 선택할 자유는 집회의 자유의 한 실질을 형성한다고 할 수 있다.[155]

(2) 특정 공공장소에서 집회금지

집회의 자유는 특정 공공장소에서 금지된다. 국회의사당, 각급 법원, 헌법재판소, 대통령 관저(官邸), 국회의장 공관, 대법원장 공관, 헌법재판소장 공관, 국무총리 공관, 국내 주재 외국의 외교기관이나 외교사절의 숙소로부터 100미터 이내의 장소에서는 옥외집회 또는 시위를 하여서는 아니 된다. 하지만 예외적으로 국회의사당, 각급 법원, 헌법재판소, 국무총리 공관, 국내 주재 외국의 외교기관이나 외교사절의 숙소의 경우 해당 공공기관을 대상으로 하지 아니하는 경우와 대규모 집회 또는 시위로 확산될 우려가 없는 경우로 공공기관의 기능이나 안녕을 침해할 우려가 없다고 인정되면 100미터 이내의 장소에서도 집회를 개최할 수 있다. 여기에 더하여 국내 주재 외국의 외교기관이나 외교사절의 경우에는 외교기관의 업무가 없는 휴일에 개최하는 경우에도 100미터 이내의 장소에서도 집회개최가 가능하다. 이 예외사유는 헌법재판소가 외교기관 주변 100미터 이내에서 집회와 시위를 금지하는 규정에 대한 위헌결정[156]과 누구든지 국회의사당,[157] 국무총리 공관,[158] 각급법원[159]의 경계지점으로부터 100미터 이내의 장소에서 행진을 제외한 옥외집회·시위를 할 경우 형사처벌을 예정하고 있는 규정에 대하여 헌법불합치결정을 내린 것에 따른 개정입법이다.

하지만 헌법재판소가 판시한 사항 중 최소한만 반영하였다. 우선, 대통령 관저(官邸), 국회의장 공관, 대법원장 공관, 헌법재판소장 공관은 제외되어 100미터 이내의 장소에서는 절대로 집회를 개최할 수 없다(집시법 제11조 제3호). 또한 예외사유에 해당되는 경우에도 공공기관의 기능이나 안녕을 침해할 우려도 없다고 인정되어야 한다. 이는 이중의 제한으로 집회의 참정권적 기능은 발현되기 어렵다.

따라서 공공기관의 기능수행에 지장이 없는 경우에는 집회가 허용되어야 한다

---

155) 헌재결 2018. 6. 28. 2015헌가28 등, 판례집 30-1하, 297(307); 2005. 11. 24. 2004헌가17.
156) 헌재결 2003. 10. 30. 2000헌바67, 2000헌바83(병합).
157) 헌재결 2018. 5. 31. 2013헌바322 등, 판례집 30-1하, 88 이하.
158) 헌재결 2018. 6. 28. 2015헌가28등, 판례집 30-1하, 297 이하.
159) 헌재결 2018. 7. 26. 2018헌바137, 판례집 30-2, 71 이하.

는 것으로 집회의 자유에 대한 최소한 제한으로 비례의 원칙을 준수할 필요가 있다. 예컨대, 국회의 기능을 직접 저해할 가능성이 거의 없는 '소규모 집회', 국회의 업무가 없는 '공휴일이나 휴회기 등에 행하여지는 집회', '국회의 활동을 대상으로 한 집회가 아니거나 부차적으로 국회에 영향을 미치고자 하는 의도가 내포되어 있는 집회'처럼 옥외집회에 의한 국회의 헌법적 기능이 침해될 가능성이 부인되거나 또는 현저히 낮은 경우,160) 법원을 대상으로 하지 않고 검찰청 등 법원 인근 국가 기관이나 일반법인 또는 개인을 대상으로 한 집회로서 재판업무에 영향을 미칠 우려가 없는 집회가 있을 수 있다. 법원을 대상으로 한 집회라도 사법행정과 관련된 의사표시 전달을 목적으로 한 집회 등 법관의 독립이나 구체적 사건의 재판에 영향을 미칠 우려가 없는 집회도 있다. 입법자로서는 심판대상조항으로 인하여 발생하는 집회의 자유에 대한 과도한 제한 가능성이 완화될 수 있도록, 법관의 독립과 구체적 사건의 재판에 영향을 미칠 우려가 없는 옥외집회·시위는 허용될 수 있도록 그 가능성을 열어두어야 한다.161)

Ⅳ. 법적 성격

1. 학설

집회의 자유의 법적 성격에 대하여는 개인에게 상호 집회하는 주관적 공권과 여론을 형성하기 위한 집회제도 자체를 보장하는 자유로 국가내적인 권리와 제도보장의 결합설,162) 국가권력의 간섭이나 방해를 배제할 수 있는 주관적 공권과 민주주의를 실현하려는 사회가 절대로 포기할 수 없는 가치질서로서의 성격을 갖는다는 양면성설163)이 있다.

2. 사견

집회의 자유의 정치적 성격을 고려하여 국가내적인 권리로 제도보장으로 보는 결합설은 집회를 '열린사회의 소통수단'으로 보는 관점에서 수용하기 곤란하다. 집

---

160) 헌재결 2018. 5. 31. 2013헌바322 등, 판례집 30-1하, 88(104, 105).
161) 헌재결 2018. 7. 26. 2018헌바137, 판례집 30-2, 71(76).
162) 김철수,『학설판례 헌법학(상)』, 1013면.
163) 계희열,『헌법학(중)』, 490면; 허영,『한국헌법론』, 647면.

회의 자유도 다른 자유권과 마찬가지로 비정치적인 자유로운 방어권적 성격만이 아닌 공동체의 구성원으로서 각자의 역할을 인식하면서 발현될 수 있는 정치·사회학적 의미의 가치체계로서의 양면적 성격을 함께 갖고 있다.

Ⅴ. 주체

1. 학설

집회의 자유는 국가 내적인 권리로 인간의 권리가 아니라 국민의 권리이기에 내국인과 내국법인에 한정하고 외국인은 제외한다고 한다. 다만 외국인의 경우 다수설도 법치국가적 차원에서 인정할 수 있다거나,[164] 국제조약과 법률에 근거하여[165] 인정할 수 있다고 본다.

2. 사견

집회는 공동체 구성원간에 소통수단이라는 점에서 외국인에 대하여 부인하는 것이 타당하다. 하지만 공동체에 귀속정도에 따라 정주 외국인에게는 법률적 보호를 하는 것이 타당하다.

Ⅵ. 제한과 한계

1. 집회의 허가제 금지

헌법 제21조 제2항의 집회에 대한 허가제는 집회에 대한 검열제와 마찬가지이므로 이를 절대적으로 금지하겠다는 헌법개정 권력자인 국민들의 헌법 가치적 합의이며 헌법적 결단이다. 또한 위 조항은 헌법 자체에서 직접 집회의 자유에 대한 제한의 한계를 명시한 것이므로 기본권 제한에 관한 일반적 법률유보조항인 헌법 제37조 제2항에 앞서서, 우선적이고 제1차적인 위헌심사기준이 되어야 한다. 헌법 제21조 제2항에서 금지하고 있는 '허가'는 행정권이 주체가 되어 집회 이전에 예방적 조치로서 집회의 내용·시간·장소 등을 사전 심사하여 일반적인 집회금지를 특

---

164) 계희열, 『헌법학(중)』, 491면; 허완중, 『기본권론』, 445면.
165) 김철수, 『학설판례 헌법학(상)』, 1018면.

정한 경우에 해제함으로써 집회를 할 수 있게 하는 제도, 즉 허가를 받지 아니한 집회를 금지하는 제도를 의미한다.[166]

한편, 헌법 제21조 제2항의 '허가'는 '행정청이 주체가 되어 집회의 허용 여부를 사전에 결정하는 것'으로서 행정청에 의한 사전허가는 헌법상 금지되지만, 입법자가 법률로써 일반적으로 집회를 제한하는 것은 헌법상 '사전허가금지'에 해당하지 않는다.[167] 또한 국가나 공공단체가 사용하기 위한 공용물, 즉 도로나 공원 등과 같은 공용물사용에 대하여는 허가를 받아야 한다. 하지만 집회의 자유의 자유권적 성격에 근거하여 거부해서는 안 되며 집회개최자는 이용청구권을 행사할 수 있다.

2. 집회의 신고제

집회의 허가제는 금지된다. 하지만 옥외집회나 시위를 주최하려는 자는 그에 관한 다음 각 호의 사항 모두를 적은 신고서를 옥외집회나 시위를 시작하기 720시간 전부터 48시간 전에 관할 경찰서장에게 제출하여야 한다(집회 및 시위에 관한 법률 제6조 제1항). 신고제는 행정상의 편의를 위한 것으로 합헌이라고 보고 있다.[168] 하지만 신고제를 허가제처럼 운용하는 것은 아니 된다. 예컨대, 집회 및 시위에 관한 법률 제5조 제1항에 의하면 헌법재판소의 결정에 따라 해산된 정당의 목적을 달성하기 위한 집회 또는 시위 및 집단적인 폭행, 협박, 손괴(損壞), 방화 등으로 공공

---

166) 헌재결 2009. 9. 24. 2008헌가25, 판례집 21-2상, 427.

167) 헌재결 2001. 5. 31. 2000헌바43, 판례집 13-1, 1167(1179, 1180).

168) 집회의 자유를 한층 보장하기 위하여 헌법 제21조 제2항은 '집회에 대한 허가는 인정되지 아니한다.'고 규정함으로써 다른 기본권 조항과는 달리 기본권을 제한하는 특정 국가행위를 명시적으로 배제하고 있다. 그런데 집회의 자유의 행사는 다수인의 집단적인 행동을 수반하기 때문에 집단행동의 속성상 의사표현의 수단으로서 개인적인 행동의 경우보다 공공의 안녕질서나 법적 평화와 마찰을 빚을 가능성이 큰 것 또한 사실이다(헌재결 1994. 4. 28. 91헌바14). 특히 옥외집회·시위는 일정한 옥외장소나 도로의 사용을 전제로 하므로 그러한 가능성이 더욱 높고, 이에 따라 사전에 집회의 자유와 다른 법익을 조화시킬 수 있는 제도적 장치가 요청된다. 그리하여 구 집회시위법 제6조 제1항은, 옥외집회·시위를 주최하려는 자는 그에 관한 신고서를 옥외집회·시위를 시작하기 720시간 전부터 48시간 전에 관할 경찰서장에게 제출하도록 하고 있다. 이러한 사전신고는 경찰관청 등 행정관청으로 하여금 집회의 순조로운 개최와 공공의 안전보호를 위하여 필요한 준비를 할 수 있는 시간적 여유를 주기 위한 것으로서, 협력의무로서의 신고이다. 결국 구 집회시위법 전체의 규정 체제에서 보면 법은 일정한 신고절차만 밟으면 일반적·원칙적으로 옥외집회 및 시위를 할 수 있도록 보장하고 있으므로(헌재결 1994. 4. 28. 91헌바14), 집회에 대한 사전신고제도는 헌법 제21조 제2항의 사전허가금지에 위배되지 않는다. 헌재결 2014. 1. 28. 2011헌바174 등, 판례집 26-1상, 34(44), 45; 2009. 5. 28. 2007헌바22.

의 안녕 질서에 직접적인 위협을 끼칠 것이 명백한 집회 또는 시위는 금지하여야 하는 것으로 규정하여 동법 제8조에 의하여 금지통고를 하는 경우를 들 수 있다. 이에 대해 집회 또는 시위의 주최자는 제8조에 따른 금지 통고를 받은 날부터 10일 이내에 해당 경찰관서의 바로 위의 상급경찰관서의 장에게 이의를 신청할 수 있다. 이의신청의 결정에 불복하는 경우 행정소송을 제기할 수 있다.

타인의 집회를 방해하기 위하여 집회예정지에 먼저 허위 또는 가장신고를 하는 것은 집회의 자유에 대한 중대한 제한으로 보아야 한다(집회 및 시위에 관한 법률 제8조 제2, 3항). 집회에 참가하는 것이 아니라 단순히 집회를 방해할 목적으로 집회에 출입하여 좌석을 점유하는 것은 집회의 자유에 의해 보호되지 않는다(집회 및 시위에 관한 법률 제3조). 이러한 점에서 대법원은 신고제를 남용하여 타인의 집회의 자유를 제약하는 것을 막기 위하여 시간적으로 뒤에 신고된 집회에 대하여 무조건 금지통고를 하거나 이에 위반하여 뒤의 신고된 집회를 개최하더라도 집시법상 금지된 집회개최로 보아서는 안 된다고 판시[169]한 바 있다.

헌법재판소도 같은 취지로 "우리 헌법은 모든 국민에게 집회의 자유를 보장하고 있고, 집회에 대한 사전허가제를 금지하고 있는바, 옥외집회를 주최하고자 하는 자는 집시법이 정한 시간 전에 관할경찰관서장에게 집회신고서를 제출하여 접수시키기만 하면 원칙적으로 옥외집회를 할 수 있다. 그리고 이러한 집회의 자유에 대한 제한은 법률에 의해서만 가능하므로 법률에 정하여지지 않은 방법으로 이를 제한할 경우에는 그것이 과잉금지 원칙에 위배되었는지 여부를 판단할 필요 없이 헌법에 위반된다. 그런데 이 사건 피청구인은 청구인 ○○합섬HK지회와 ○○생명인사지원실이 제출한 옥외집회신고서를 폭력사태 발생이 우려된다는 이유로 동시에 접수하였고, 이후 상호 충돌을 피한다는 이유로 두 개의 집회신고를 모두 반려하였는바, 법의 집행을 책임지고 있는 국가기관인 피청구인으로서는 집회의 자유를 제한함에 있어 실무상 아무리 어렵더라도 법에 규정된 방식에 따라야 할 책무가 있고, 이 사건 집회신고에 관한 사무를 처리하는데 있어서도 적법한 절차에 따라 접수순위를 확정하려는 최선의 노력을 한 후, 집시법 제8조 제2항에 따라 후순위로 접수된 집회의 금지 또는 제한을 통고하였어야 한다. 만일 접수순위를 정하기 어렵다는 현실적인 이유로 중복신고된 모든 옥외집회의 개최가 법률적 근거 없이 불허

---

169) 대판 2014. 12. 11. 2011도13299.

되는 것이 용인된다면, 집회의 자유를 보장하고 집회의 사전허가를 금지한 헌법 제21조 제1항 및 제2항은 무의미한 규정으로 전락할 위험성이 있다. 결국 이 사건 반려행위는 법률의 근거 없이 청구인들의 집회의 자유를 침해한 것으로서 헌법상 법률유보원칙에 위반된다고 할 것이다."고 판시[170]하였다.

Ⅶ. 헌법재판소결정

1. 최루액 혼합살수행위

살수차는 국민의 생명과 신체에 심각한 위험을 초래할 수 있어 법률이나 대통령령에 살수차의 구체적 운용방법과 절차 등에 관한 기본적 사항을 규정하여 살수차 운용을 엄격하게 제한함으로써 국민의 생명과 안전을 도모하여야 했다. 하지만 그동안 '경찰관 직무집행법'이나 대통령령 등 법령의 구체적 위임 없이 경찰청 내부의 살수차운용지침에 근거하여 국민의 생명과 신체에 심각한 위험을 초래할 수 있는 살수차를 이용한 혼합살수 방식에 의하여 집회참가자들이 사망하거나 부상을 당하였다. 이에 헌법재판소는 "법령의 구체적 위임 없이 혼합살수 방식을 규정하고 있는 지침은 법률유보원칙에 위배되고 지침만을 근거로 한 혼합살수행위 역시 법률유보원칙에 위배하여 청구인들의 신체의 자유와 집회의 자유를 침해한 공권력행사로 헌법에 위반된다."[171]고 판시하였다.

2. 경찰의 집회참가자 촬영행위

경찰의 촬영행위는 기본권제한을 수반하는 것이므로 수사를 위한 것이라고 하더라도 필요최소한에 그쳐야 한다. 다만 옥외 집회나 시위 참가자 등에 대한 촬영은 사적인 영역이 아니라 공개된 장소에서의 행위에 대한 촬영인 점과 독일 연방집회법 등과 달리 현행 집시법에서는 옥외집회·시위 참가자가 신원확인을 방해하는 변장을 하는 것 등이 금지되고 있지 아니하는 점이 고려될 수 있다. 미신고 옥외집회·시위 또는 신고범위를 넘는 집회·시위에서 단순 참가자들에 대한 경찰의 촬영행위는 비록 그들의 행위가 불법행위로 되지 않는다 하더라도 주최자에 대한 집시

---

170) 헌재결 2008. 5. 29. 2007헌마712, 판례집 20-1하, 305(321, 322).
171) 헌재결 2018. 5. 31. 2015헌마476, 판례집 30-1하, 183(193).

법 위반에 대한 증거를 확보하는 과정에서 불가피하게 이루어지는 측면이 있다. 이러한 촬영행위에 의하여 수집된 자료는 주최자의 집시법 위반에 대한 직접·간접의 증거가 될 수 있을 뿐만 아니라 그 집회 및 시위의 규모·태양·방법 등에 대한 것으로서 양형자료가 될 수 있다. 그리고 미신고 옥외집회·시위 또는 신고범위를 넘는 집회·시위의 주최자가 집회·시위 과정에서 바뀔 수 있고 새로이 실질적으로 옥외집회·시위를 주도하는 사람이 나타날 수 있다. 따라서 경찰은 새로이 집회 및 시위에 관한 법률을 위반한 사람을 발견·확보하고 증거를 수집·보전하기 위해서는 미신고 옥외집회·시위 또는 신고범위를 넘는 집회·시위의 단순 참자자들에 대해서도 촬영할 필요가 있다. 또한 미신고 옥외집회·시위 또는 신고범위를 벗어난 옥외집회·시위가 적법한 경찰의 해산명령에 불응하는 집회·시위로 이어질 수도 있다. 이에 대비하여 경찰은 미신고 옥외집회·시위 또는 신고범위를 벗어난 집회·시위를 촬영함으로써, 적법한 경찰의 해산명령에 불응하는 집회·시위의 경위나 전후 사정에 관한 자료를 수집할 수 있다. 근접촬영과 달리 먼 거리에서 집회·시위 현장을 전체적으로 촬영하는 소위 조망촬영이 기본권을 덜 침해하는 방법도 있으나, 최근 기술의 발달로 조망촬영과 근접촬영 사이에 기본권 침해라는 결과에 차이가 없다. 따라서 경찰이 이러한 집회·시위에 대해 조망촬영이 아닌 근접촬영을 하였다는 이유만으로 헌법에 위반되는 것은 아니다.[172]

제 5 절 결사의 자유

Ⅰ. 결사의 자유의 기능

결사란 힘을 결집하여 공동업무수행을 위한 조직으로서 다양한 생활영역에서 실질적으로 중요한 역할을 수행한다. 결사들은 각각의 고유한 목적을 추구하는 반면에 이를 위해 '결사를 조직적으로 안정된 소통의 광장'으로 이용한다는 점에서 공통적이다. 결사의 종류로는 스포츠클럽에서부터 학술단체, 주식회사에 이르기까지

---

172) 헌재결 2018. 8. 30. 2014헌마843, 판례집 30-2, 404(415, 416).

다양하다.

결사의 자유를 기본권으로 규정하는 것이 비교 헌법적 측면에서 보면 다양한 것은 아니다. 독일, 한국과 달리 미국, 프랑스헌법은 결사의 자유를 기본권으로 규정하지 않고 있다. 이는 결사의 자유의 중요성을 인식하지 못한 것이 아니라 그 반대로 단체나 회사는 사회영역에서 활동하는 것으로 자유주의에 입각한 근대헌법의 아버지들은 이를 규정할 필요가 없다고 본 것이다.

결사의 자유에 대한 각국의 입장은 오늘날까지 그 법적 전통을 반영하고 있다. 즉 평등한 개인주의(루소, 미연방주의자 보고서)를 추구하는 미국, 프랑스는 결사의 자유는 평등사회의 이념을 왜곡한다고 보았다. 민주주의의 다수결원리는 모든 구성원의 평등을 전제로 하므로 특수이익을 위한 결사는 금지해야 하고 적어도 법적 보호를 해서는 안 된다고 한다. 기본권은 개인을 위해서 원칙적으로 보장되어야 하기 때문이다.

이에 반해 토크빌(A. Tocqueville)은 결사의 자유는 정치적 관점에서 소수자의 권리를 보호하기 위해 필요하다고 보았다. 민주주의는 다수의 독재를 방지하기 위해 제도적 보완이 필요하다. 다수지배의 민주주의에 대하여 결사의 자유는 정치적인 소수자의 권리로서 조정기능을 수행한다. 소수에게 결사의 자유는 아직 다수가 아니어서 할 수 없는 것을 공동으로 추구할 수 있는 기회를 제공한다. 이러한 점에서 독일헌법(제9조 제1항)은 결사의 자유를 법률유보 하에 두고 있지 않다. 법률유보는 다수유보이기 때문이다. 우리 헌법은 결사의 자유를 법률유보 하에 두고 있으므로 그 해석에 있어서 결사의 자유의 기능을 고려한 해석이 요구된다.

결사의 자유의 기능으로는 비선거기간시 유권자와 대표자사이를 연결하여 정치적 의사표현을 하는 기능, 소수의견을 국정에 반영하는 창구로서 여론형성기능 등이 있다.[173]

II. 의의 및 종류

1. 의의

결사의 자유(헌법 제21조)란 견해 표명과 정보유통을 집단적으로 구현시켜 사

---

173) 장영철, 기본권론, 221, 222면.

회연대를 촉진하고 국가로부터 사회의 민주성과 자율성을 구현하는 자유로서,[174] 다수의 자연인 또는 법인이 공동의 목적을 위하여 단체를 결성할 수 있는 자유를 말한다. 결사는 공동의 목적을 가진 다수인의 계속적인 모임이란 점에서 일시적 모임인 집회의 자유와 구별된다.

2. 종류

사법인, 공법인, 정당, 종교단체, 예술단체, 노동조합 등의 특수결사가 있다. 정당, 종교단체, 예술단체, 노동조합은 각각 그들 기본권에 의해 보호를 받고 결사의 자유는 보충적으로 적용된다. 따라서 결사의 자유(제21조)가 적용되는 공법인과 사법인의 구별은 전통적인 것으로, "설립형식"을 강조하여 공법인은 공법상 설립행위 또는 법률에 근거하고, 사법인은 설립계약 등 법률행위에 근거한다고 하기도 하고, 그 "존립목적"을 강조하여 공법인은 국가적 목적 내지 공공목적을 위하여 존재하는 것인 반면, 사법인은 그 구성원의 공동이익을 위하여 존재한다고 하여 왔다. 그런데 오늘날 사회복지국가의 등장으로 국가가 국민의 모든 생활영역에 간섭하고 활발한 경제활동을 하게 되자, 위와 같은 기준만으로는 구별이 어려운 중간적 영역의 혼합법인도 많이 생겨나고 있다.[175]

헌법재판소[176]는 결사의 자유에서 말하는 결사란 자연인 또는 법인이 공동목적을 위하여 자유의사에 기하여 결합한 단체를 말하는 것으로 공적책무의 수행을 목적으로 하는 공법상의 결사는 이에 포함되지 아니한다고 한다. 따라서 농지개량조합을 공법인으로 보는 이상, 이는 결사의 자유가 뜻하는 헌법상 보호법익의 대상이 되는 단체로 볼 수 없어 조합이 해산됨으로써 조합원이 그 지위를 상실하였다고 하더라도 조합원의 '결사의 자유'가 침해되었다고 할 수 없다[177]고 판시한 반면에 축협은 사법인으로서 복수조합의 설립을 금지한 구 축산업협동조합법은 결사의 자유를 침해한다[178]고 보았다.

---

174) 헌재결 2017. 6. 29. 2016헌가1, 판례집 29-1, 241; 2012. 3. 29. 2011헌바53 참조.
175) 헌재결 2000. 6. 1. 99헌마553, 판례집 12-1, 68.
176) 헌재결 2006. 5. 25. 2004헌가1, 공보 제116호, 750(752); 1996. 4. 25. 92헌바47, 판례집 8-1, 370(377); 1994. 2. 24. 92헌바43, 판례집 6-1, 72(77).
177) 헌재결 2000. 11. 30. 99헌마190, 판례집 12-2, 325.
178) 헌재결 1996. 4. 25. 92헌바47, 판례집 8-1, 370.

Ⅲ. 보호내용

결사의 자유의 보호내용으로는 적극적·소극적 결사의 자유가 있다.

1. 적극적 결사의 자유

적극적 결사의 자유에는 단체결성·존속·활동의 자유, 결사에의 가입·잔류의 자유가 있다. 단체 활동의 자유는 단체 외부에 대한 활동뿐만 아니라 단체의 조직, 의사형성의 절차 등 단체의 내부적 생활을 스스로 결정하고 형성할 권리인 단체 내부 활동의 자유를 포함한다.[179] 따라서 노동조합을 포함한 단체의 선거운동의 자유도 보장된다.[180] 하지만 정치자금의 기부는 금지된다.[181]

2. 소극적 결사의 자유

소극적 결사의 자유에는 단체탈퇴의 자유, 단체에의 가입하지 않을 자유가 있다. 하지만 전술한 바와 같이 공법인의 경우에는 결사의 자유의 보호대상이 아니라서 소극적 결사의 자유도 인정되지 않는다고 본다. 예컨대, 헌법재판소는 변리사회가 공법인과 사법인적 성격이 있다고 하면서 가입강제를 규정하고 있는 변리사법 규정은 결사의 자유를 침해하지 않는다고 한다.[182] 그 논거로 변리사뿐만 아니라 변호사, 공인회계사, 법무사, 세무사 및 관세사도 소속된 직능 단체에 가입할 의무를 지고 있기 때문이라 한다.[183]

공익성을 가진 전문가들의 신분적 연대의식이 존재하는 점에서 강제결사를 인정하더라도 비례의 원칙에 위반하지 않는다고 할 수 있다. 하지만 강제결사를 확대하는 것은 평등원칙과 민주주의의 다수결원칙에 반할 수 있다는 점에서 자제해야한다.

---

179) 헌재결 2012. 12. 27. 2011헌마562 등; 2016. 11. 24. 2015헌바62; 2017. 6. 29. 2016헌가1 참조.

180) 헌재결 1995. 5. 25. 95헌마105, 판례집 7-1, 826 이하.

181) 헌재결 2012. 7. 26. 2009헌바298, 판례집 24-2상, 54 이하.

182) 헌재결 2008. 7. 31. 2006헌마666, 판례집 20-2상, 319 이하.

183) 헌재결 2008. 7. 31. 2006헌마666, 판례집 20-2상, 319(331).

Ⅳ. 주체

결사의 자유는 국민의 권리이자 결사 그 자체에게도 보장된다. 외국인에게는 국제조약 또는 법률에 의하여 인정할 수 있다.

헌법재판소는 국회의원총선거에 참여하여 의석을 얻지 못하고 유효투표총수의 100분의 2 이상을 득표하지 못한 때에 정당의 등록을 취소하도록 한 구 정당법 제38조 제1항 제3호에 따라 등록 취소된 정당의 전대표자의 헌법소원청구의 직접성, 자기관련성을 부인하여 각하결정[184]하였다. 하지만 정당과 독립하여 정당의 대표자 및 소속원도 정당의 자유와 결사의 자유의 주체성이 인정되므로 청구인 적격을 인정하였어야 했다. 이는 그 후 다른 헌법소원에서 헌법재판소가 본안판단으로 위헌결정[185]을 한 것으로도 방증된다.

Ⅴ. 제한과 정당성

1. 사법인의 소극적 결사의 자유제한

헌법재판소는 안마사회,[186] 변리사회[187]의 사법인적 성격을 인정하면서 법률유보에 의한 가입강제를 합헌이라 판시하였다. 안마사회나 변리사회의 임의가입보다는 가입강제가 단체의 대표성과 법적 지위를 강화하여 안마사나 변리사들의 이익을 직접적으로 도모할 수 있으므로 합헌이라 하였다. 하지만 공익성도 없는 사법인의 법적 지위를 강화하기 위해 국가가 후견인적 차원에서 가입을 강제하는 것은

---

184) 헌재결 2006. 4. 27. 2004헌마562, 판례집 18-1상, 5.
185) 정당설립의 자유는 헌법 제8조 제1항 전단에 규정되어 있지만, 국민 개인과 정당 그리고 '권리능력 없는 사단'의 실체를 가지고 있는 등록취소된 정당에게 인정되는 '기본권'이다. 이 사건 심판대상조항들에 의해 제한되는 기본권은 헌법 제21조 제1항의 '결사의 자유'의 특별규정으로서 헌법 제8조 제1항 전단의 '정당설립의 자유'이다. 헌재결 2014. 1. 28. 2012헌마431 등, 판례집 26-1상, 155; 2006. 3. 30. 2004헌마246.
186) 헌재결 2008. 10. 30. 2006헌가15, 판례집 20-2상, 684.
187) 변리사회에 관한 헌재결정의 이유로 임의가입 제도 하에서는 변리사회의 대표성과 법적 지위가 약화되고, 변리사 단체 가입률이 낮아져 변리사 단체가 공익적 기능을 수행하는 데 어려움을 겪게 된다. 임의가입 제도로 전환할 경우 변리사회 이외의 단체가 설립될 가능성도 있으나, 공익사업 등은 회원인 변리사에게 직접적으로 이익이 되는 것이 아니어서 복수 단체가 경쟁적으로 수행할 것을 기대하기도 어렵다. 헌재결 2017. 12. 28. 2015헌마1000, 판례집 29-2하, 487; 2008. 7. 31. 2006헌마666.

시민들의 평등한 자유를 보장해야 하는 민주국가의 역할을 과잉 행사한 것이다. 이러한 점에서 소극적 결사의 자유를 강조한 반대의견188)이 타당하다.

2. 사법인의 적극적 결사의 자유제한

단체의 이름으로 혹은 단체와 관련된 자금으로 정치자금을 기부하는 것을 금지하고, 이를 위반한 경우 처벌하도록 규정하고 있는 정치자금법에 대한 헌법소원 결정에서 2인 재판관의 반대의견189)은 다음과 같이 결사의 자유제한을 강조하였다.

"정치적 활동을 목적으로 결성된 단체가 그 목적에 따른 정치활동을 하고 정치자금을 기부하는 것은 결사의 자유로서 보호된다. 나아가 정치적 활동을 목적으로 하지 않는 단체라도 그 단체의 목적을 달성하기 위하여 필요한 경우에는 단체 또는 구성원의 이름으로 정치적 활동을 할 수 있고 정치자금을 기부할 수 있으며, 그러한 정치적 활동도 결사의 자유로서 보호된다. 그런데 이 사건 정치자금법 금지조항은 정치적 활동을 결사의 목적으로 하는 정치적 단체에 대해서도 적용되는바, 이는 정치적 단체의 정치적 활동의 자유와 결사의 자유를 본질적으로 침해하는 것이다. 나아가 비정치적 단체의 정치자금 기부가 민주적 의사형성과정을 왜곡하거나 선거의 공정을 해칠 우려가 있다고 하더라도, 이러한 부작용을 방지할 제도적 장치조차 강구하지 아니한 채 단체의 목적을 달성하기 위하여 필요한 경우에도 일률적으로 정치자금 기부를 금지하는 것은 적절한 수단이라고 할 수 없으며, 내부의 민주적 의사결정과정을 거친 정치자금 기부에 대하여도 단순히 단체 구성원의 의사에 어긋날 우려가 있다는 이유로 일률적으로 제한하는 것 역시 입법목적 달성을 위한 적합한 방법이라고 할 수 없다."

---

188) 변리사회에 관한 헌재결정의 반대의견은 변리사회는 본질적으로 사법인에 불과하므로 변리사들이 자유롭게 가입하고 언제든지 탈퇴할 수 있어야 함에도 불구하고, 이 사건 가입조항이 변리사들로 하여금 변리사회에 의무적으로 가입하도록 규정하고, 이를 통하여 경쟁단체의 출현을 억제하고 있으므로, 그 결과 발생하는 소극적 결사의 자유에 대한 제한의 정도도 매우 크다. 반면에, 이 사건 가입조항을 통하여 달성하려고 하는 입법목적은 공익과는 아무런 관계도 없는 변리사회의 대표성과 법적 지위 강화에 불과하다. 헌재결 2008. 7. 31. 2006헌마666, 판례집 20-2상, 319(334 이하). 판단컨대 반대의견과 법정의견의 차이점은 개인의 소극적인 결사의 자유 내지 정치적 표현의 자유를 우선시하느냐 아니면 정치적인 소수자의 권리로서 결사의 조정기능을 강조할 것인지에 있다.

189) 헌재결 2012. 7. 26. 2009헌바298, 판례집 24-2상, 37(58, 59) - 재판관 목영준, 재판관 송두환의 반대의견.

3. 정당(헌법 제8조) 등 특수결사

헌법은 정당설립의 자유를 일반적인 결사의 자유(제21조)로부터 분리하여 제8조 제1항에 독자적으로 규율함으로써 정당설립의 자유의 특별한 의미를 강조하고 있다.190) 헌법 제8조 제1항은 "정당의 설립은 자유이며, 복수정당제는 보장된다."라고 규정하여, 국민 누구나가 원칙적으로 국가의 간섭을 받지 아니하고 정당을 설립할 권리를 기본권으로서 보장하면서, 아울러 정당설립의 자유를 보장한 것의 당연한 법적 산물인 복수정당제를 제도적으로 보장하고 있다.191)

새마을금고의 임원 선거에 있어서 법률에서 정하고 있는 방법 이외의 방법으로 선거운동을 할 수 없도록 하고, 이를 위반하여 선거운동을 한 사람을 처벌하는 심판대상조항은 단체의 내부적 활동을 스스로 결정하고 형성하고자 하는 결사의 자유를 제한한다.192) 하지만 새마을금고는 설립목적과 목적 사업이 법률에 직접 규정되어 있는 공공성이 강한 특수법인이므로, 이 사건에서 과잉금지원칙 위반 여부를 심사함에 있어 새마을금고의 특수법인으로서의 성격과 임원 선거 관리의 공공성을 고려하여,193) 완화된 심사로서 제한의 정당성을 인정194)하였다.

헌법 제8조 제2항은 "정당은 그 목적·조직과 활동이 민주적이어야 하며, 국민의 정치적 의사형성에 참여하는데 필요한 조직을 가져야 한다."고 규정하므로 정당 가입·활동의 자유를 제한하는 복수당적금지조항(정당법 제42조 제2항)은 합헌이다.195)

---

190) 헌재결 2022. 3. 31. 2020헌마1729, 판례집 34-1, 306(311).
191) 헌재결 2014. 1. 28. 2012헌마431 등, 판례집 26-1상, 155; 1999. 12. 23. 99헌마135 참조.
192) 헌재결 2018. 2. 22. 2016헌바364, 공보 제257호, 418; 2016. 11. 24. 2015헌바62; 2017. 6. 29. 2016헌가1 참조.
193) 헌재결 2012. 12. 27. 2011헌마562등 참조.
194) 헌재결 2018. 2. 22. 2016헌바364, 공보 제257호, 418.
195) 헌재결 2022. 3. 31. 2020헌마1729, 판례집 34-1, 306(312).

정신 · 문화생활의 자유

제 1 절 양심의 자유

Ⅰ. 헌법규정 및 연혁

헌법은 제19조에서 "모든 국민은 양심의 자유를 가진다."라고 하여 양심의 자유를 국민의 기본권으로 보장하고 있다. 1990년에 우리나라가 가입한 시민적 및 정치적 권리에 관한 국제규약(이른바 국제인권규약 B규약) 제18조 제2항에서도 "스스로 선택하는 신념을 가질 자유를 침해하게 될 어떠한 강제도 받지 않는다."고 규정하고 있다. 양심의 자유는 종교의 자유와 함께 정신적 자유에 속하는 것으로 독일(제4조), 러시아(제28조), 그리스(13조) 멕시코(제24조), 남아공(제15조) 등과 같이 함께 규정하는 것이 일반적이다.

우리도 제헌헌법에서 양심과 종교의 자유를 함께 규정하였으나 제3공화국 헌법(1962년)에서 분리하여 규정한 것이 현행헌법에서도 유지되고 있다. 본서에서도 규정형식을 고려하여 구분하여 설명하지만 이론적으로는 정신적 자유권이라는 점에서 일치하는 내용이 많다. 따라서 양심의 자유에서 설명한 상당부분은 종교의 자유에서도 타당하다.

Ⅱ. 양심과 구별개념

1. 양심의 개념

(1) 학설

(가) 윤리적 양심설(협의설)

양심이란 어떤 일의 옳고 그름을 판단함에 있어서 그렇게 행동하지 아니하고는 자신의 인격적인 존재가치가 파멸되고 말 것이라는 강력하고 진지한 '마음의 소리'로서 절박하고 구체적인 양심이다. 즉 우리의 일상생활에서 일어나는 구체적인 상황에 즈음해서 어떻게 행동하는 것이 옳은 것인가를 말해주는 내면의 법관이다.[1]

(나) 사회적 양심설(광의설)

사상의 자유를 규정하고 있지 않은 우리 헌법상 양심이란 광의로 해석하여 윤리적 양심은 물론 일련의 가치관 내지 일반적 신조 및 세계관의 자유까지 포함되는 것이다.[2]

(2) 헌법재판소

헌법재판소결정에는 사회적 양심설에 입각한 결정도 윤리적 양심설에 입각한 결정도 있다. 음주측정거부사건,[3] 준법서약제사건,[4] 양심적 병역거부사건[5]에서는 "개인적 자유의 시초라고 일컬어지는 이러한 양심의 자유는 인간으로서의 존엄성 유지와 개인의 자유로운 인격발현을 위해 개인의 윤리적 정체성을 보장하는 기능을 담당한다. 그러나 내심의 결정에 근거한 인간의 모든 행위가 헌법상 양심의 자유라는 보호영역에 당연히 포괄되는 것은 아니다."라고 하며 윤리적 양심설을, 사죄광고사건,[6] 국가보안법상 불고지죄사건[7] 등에서는 "양심이란 세계관·인생관·

---

1) 허영, 『한국헌법론』, 446면.
2) 김철수, 『학설판례 헌법학(상)』, 917면; 권영성, 『헌법학원론』, 481면.
3) 헌재결 1997. 3. 27. 96헌가11, 판례집 9-1, 2459263).
4) 헌재결 2002. 4. 25. 98헌마425 등, 판례집 14-1, 351(363).
5) 헌재결 2004. 8. 26. 2002헌가1, 판례집 16-2상, 141(151); 2011. 8. 30. 2008헌가22 등, 판례집 23-2상, 174(188).

주의·신조 등은 물론, 이에 이르지 아니하여도 보다 널리 개인의 인격형성에 관계되는 내심에 있어서의 가치적·윤리적 판단도 포함된다고 볼 것이다. 그러므로 양심의 자유에는 널리 사물의 시시비비나 선악과 같은 윤리적 판단에 국가가 개입해서는 안 되는 내심적 자유는 물론, 이와 같은 윤리적 판단을 국가권력에 의하여 외부에 표명하도록 강제받지 않는 자유, 즉 윤리적 판단사항에 관한 침묵의 자유까지 포괄한다고 할 것이다."라고 하며 사회적 양심설을 주장하고 있다.

(3) 사견

헌법재판소가 양심개념을 사건마다 달리 파악하는 것은 사안에 합당한 논증을 추구하기 위한 것으로 파악한다. 하지만 사상의 자유를 규정하지 않고 양심의 자유를 종교의 자유와 구분하고 있는 우리 기본권체계를 고려하고 기본권을 원칙으로 보는 입장에서 양심의 개념을 광의로 해석하는 사회적 양심설을 추종하여 논리적 일관성을 유지하고자 한다.

2. 양심과 신앙, 사상의 구별

신앙은 인간이 그 존재와 주변세계를 보다 높은 차원에서 파악하려는 종교적 확신으로서 형이상학적 사유체계인 반면에 양심은 구체적인 상황에서 진지하고 절박한 마음의 소리로 윤리적 범주에 속한다.

사상은 논리적 차원의 사고인 반면에 양심은 윤리적 차원의 사고라는 점에서 사상은 양심보다 넓은 개념이다. 사상도 일정한 가치관을 바탕으로 하는 체계적인 주장, 세계관, 인생관을 의미하는 인간의 내면적인 정신의 작용이라는 점에서 양심과 밀접한 관계에 있다. 광의의 사회적 양심설을 택하는 입장에서 사상은 양심의 특별한 형태라고 할 수 있다. 사상의 자유를 명문화하지 않은 우리 기본권체계에서 양심의 자유에 내포된 것으로 본다.

따라서 양심의 자유는 사상, 종교 등 정신적 자유의 일반기본권이라 할 수 있다.

---

6) 헌재결 1991. 4. 1. 89헌마160, 판례집 3, 149(153).
7) 헌재결 1998. 7. 16. 96헌바35, 판례집 10-2, 159(166).

Ⅲ. 보호내용

양심의 자유(헌법 제19조)는 크게 양심형성의 내면적 자유와 이를 실현하는 외면적 자유영역으로 나누어 볼 수 있다.

1. 양심내면의 자유(forum internum)

양심내심의 자유는 양심형성의 자유를 말한다. 이는 헌법 제21조의 일반적인 사상의 자유에 대한 특별기본권으로서 외부로부터의 부당한 간섭이나 강제를 받지 않고 개인의 내심영역에서 양심을 형성하고 양심상의 결정을 내리는 자유를 의미한다. 양심형성의 자유는 내심에 머무르는 한 절대적으로 보호되는 기본권이다.[8]

2. 양심외면의 자유(forum externum)

양심외면의 자유는 양심을 표명하는 양심고백의 자유와 양심을 표명하도록 강요받지 아니할 침묵의 자유를 말한다. 양심고백의 자유는 헌법 제21조의 표현의 자유에 대한 특별기본권으로 양심고백은 언어, 문장 또는 상징물착용으로 나타난다. 침묵의 자유는 인간의 존엄 및 가치와 연계된 인격권보호와 밀접한 관계에 있다. 예컨대, 사죄광고를 명하는 판결, 지금은 폐지된 국가보안법이나 집회 및 시위에 관한 법률 위반의 수형자의 가석방결정을 위한 준법서약서제출제도가 있다.

양심적 결정에 의한 행동할 자유도 널리 양심외면의 자유에 속하나 타인의 양심이나 종교 이외의 이종기본권과 충돌할 수 있다는 점에서 이하에서 구별하여 설명한다.

3. 양심적 결정에 따른 행동의 자유

양심의 자유는 기본권주체의 주관적 의사를 기준으로 보호범위를 결정하여야 한다. 이에는 양심에 반하는 행동을 강요받지 아니할 자유(부작위에 의한 양심실현의 자유), 양심에 따른 행동을 할 자유(작위에 의한 양심실현의 자유)를 모두 포함한다. 국가는 다만 중립성원칙에 따라야 한다. 이러한 점에서 양심적 결정에 따른 행동의

---

8) 헌재결 2023. 9. 26. 2017헌바42 등 – 이적표현물조항 중 소지·취득한 자에 관한 부분(유남석, 정정미 재판관의 위헌의견 참조).

자유의 보호범위로 하지 않는다면 양심의 자유를 내면적으로만 보호하는 것은 의미가 없다. 대안 즉 선택의 여지없는 양심적 명령에 의한 행동은 보호해야 한다. 다만 이에 대해서는 개연성통제의 의미에서 설명의무를 부담하게 한다.[9]

양심의 자유 중 양심형성의 자유와 달리 양심적 결정을 외부로 표현하고 실현할 수 있는 권리인 양심실현의 자유는 법질서에 위배되거나 타인의 권리를 침해할 수 있기 때문에 법률에 의하여 제한될 수 있는 상대적인 자유다.

Ⅳ. 주체

양심의 자유는 정신적 자유로서 외국인을 포함한 자연인을 그 향유주체로 한다. 하지만 헌법재판소는 법인도 그 주체로 인정하고 있다. 동아일보사의 사죄광고 강제에 대한 위헌소원결정[10]에서 "사죄광고의 강제는 양심도 아닌 것이 양심인 것처럼 표현할 것의 강제로 인간양심의 왜곡·굴절이고 겉과 속이 다른 이중인격형성의 강요인 것으로서 침묵의 자유의 파생인 양심에 반하는 행위의 강제금지에 저촉되는 것이며 따라서 우리 헌법이 보호하고자 하는 정신적 기본권의 하나인 양심의 자유의 제약(법인의 경우라면 그 대표자에게 양심표명의 강제를 요구하는 결과가 된다.)이라고 보지 않을 수 없다."고 판시하였다.

법인의 양심의 자유의 주체성을 인정하는 것은 문제있다. 다만 법인은 사회적 인격체로서 성명권, 명예권 등 인격권의 주체가 되는 점은 인정된다.

Ⅴ. 제한과 한계

1. 학설

(1) 내면적 무한계설

이 학설은 양심의 자유는 그 자체가 본질적 내용으로만 구성되어 있기 때문에 법률로서도 이를 제한할 수 없고 다만 양심이 외부에 표명되는 경우에는 표현의 자

---

9) 헌법재판소의 헌법불합치결정 이전에 이미 지방법원에서 양심적 병역거부권을 주장하여 병역거부를 하는 자에 대하여 설명의무를 부과하여 무죄를 선고했던 것은 적절한 것이다. 광주지판 2016. 10. 18. 2015노1181.
10) 헌재결 1991. 4. 1. 89헌마160, 판례집 3, 149(154).

유의 한계문제로서 제한가능하다거나 양심형성(결정)의 자유나 침묵의 자유는 인간 내심의 자유로써 제한이 불필요할 뿐만 아니라 불가능하다고 한다.[11]

(2) 내재적 한계설

이 학설은 우리 헌법은 독일헌법과 달리 양심의 자유를 절대적 기본권으로 규정하지 않고 다른 기본권과 마찬가지로 기본권제한입법의 한계조항(헌법 제37조 제2항)에 의해 제한할 수 있도록 하고 있다. 그러나 양심의 자유에 양심실현의 자유도 포함되므로 양심내면의 자유는 내재적 한계이론에 따라, 양심실현의 자유는 법률에 의한 제한도 가능하다고 한다.[12]

2. 헌법재판소

헌법재판소는 양심적 병역거부사건에서 양심형성의 자유도 절대적 자유가 아니라고 판시하였다. 즉 "양심의 자유가 개인의 내면세계에서 이루어지는 양심형성의 자유뿐만 아니라 외부세계에서 양심을 실현할 자유를 함께 보장하므로, 양심의 자유는 법질서나 타인의 법익과 충돌할 수 있고 이로써 필연적으로 제한을 받는다. 양심의 자유를 의도적으로 제한하는 법률이 아니라 할지라도, 국민 모두에 대하여 적용되는 법률은 국민 누군가의 양심과 충돌할 가능성을 항상 내재하고 있다. 양심의 자유는 헌법상의 기본권에 의하여 보호되는 자유로서 실정법적 질서의 한 부분이다. 기본권적 자유는 법적 자유이며, 법적 자유는 절대적 또는 무제한적으로 보장될 수 없다."[13] 제한의 한계 내지 정당성 심사에서도 비례의 원칙을 적용하기보다는[14] "이

---

11) 김철수, 『학설판례 헌법학(상)』, 927면; 권영성, 『헌법학원론』, 488~489면.
12) 허영, 『한국헌법론』, 452면.
13) 헌재결 2004. 8. 26. 2002헌가1, 판례집 16-2상, 141(153, 154).
14) "양심실현의 자유의 보장 문제는 '양심의 자유'와 양심의 자유에 대한 제한을 통하여 실현하고자 하는 '헌법적 법익' 및 '국가의 법질서' 사이의 조화의 문제이며, 양 법익 간의 법익형량의 문제이다. 그러나 양심실현의 자유의 경우 법익교량과정은 특수한 형태를 띠게 된다. 수단의 적합성, 최소침해성의 여부 등의 심사를 통하여 어느 정도까지 기본권이 공익상의 이유로 양보해야 하는가를 밝히는 비례원칙의 일반적 심사과정은 양심의 자유에 있어서는 그대로 적용되지 않는다. 양심의 자유의 경우 비례의 원칙을 통하여 양심의 자유를 공익과 교량하고 공익을 실현하기 위하여 양심을 상대화하는 것은 양심의 자유의 본질과 부합될 수 없다. 양심상의 결정이 법익교량과정에서 공익에 부합하는 상태로 축소되거나 그 내용에 있어서 왜곡·굴절된다면, 이는 이미 '양심'이 아니다. 이 사건의 경우 종교적 양심상의 이유로 병역의무를 거부하는 자에게 병역의무의 절반을 면제해 주거나 아니면 유사시에만 병역의무를 부과한다는 조건 하에서 병역의무를 면제해 주는 것은 병역거부자의 양심을 존중하는 해결

사건 병역법조항의 위헌여부는 '입법자가 대체복무제도의 도입을 통하여 병역의무에 대한 예외를 허용하더라도 국가안보란 공익을 효율적으로 달성할 수 있는지'에 관한 판단의 문제로 귀결된다."15)고 판시하며 과소보호금지원칙을 적용하였다.

3. 사견

이론적으로 양심의 자유의 보호내용에 따라 2단계 심사가 타당하다. 첫째, 양심내면의 자유 내지 형성의 자유는 내심에 머무르는 한 절대적으로 보호되는 기본권이다. 절대적 기본권이라도 타인의 기본권과 충돌하는 경우 그 제한은 내재적 한계이론에 따라 규범조화적 해결을 한다. 둘째, 양심외면의 자유는 법질서에 위배되거나 타인의 권리를 침해할 수 있는 상대적 기본권으로 헌법 제37조 제2항에 따라 법률유보에 의한 제한과 그 한계를 준수하여야 한다.

하지만 헌법실무적으로 보면 양심내면의 절대적 자유의 내재적 한계이론에 따른 규범조화적 해결도 입법에 의한 제한이란 점에서 법률유보에 의한 제한과 마찬가지다. 또한 헌법재판소가 양심의 자유의 제한의 한계심사는 비례의 원칙을 그대로 적용하기보다는 대체복무제도의 효율성을 판단하는 것이어야 한다고 본 것도 특수한 비례의 원칙으로서 과소보호금지원칙의 엄격심사16)를 한 것이다. 이 또한 수정된 비례의 원칙이라는 점에서 보면 헌법 제37조 제2항에 의한 제한의 정당성 심사로 볼 수 있다.

이러한 점에서 헌법재판소는 종래 세 차례의 양심적 병역거부사건17)에서는 병역법 제88조 제1항(처벌조항)18)만을 대상으로 심사하다가 근래 양심적 병역거부 위

책이 될 수 없다. 따라서 양심의 자유의 경우에는 법익교량을 통하여 양심의 자유와 공익을 조화와 균형의 상태로 이루어 양 법익을 함께 실현하는 것이 아니라, 단지 '양심의 자유'와 '공익' 중 양자택일 즉, 양심에 반하는 작위나 부작위를 법질서에 의하여 '강요받는가 아니면 강요받지 않는가'의 문제가 있을 뿐이다." 헌재결 2004. 8. 26. 2002헌가1, 판례집 16-2상, 141(154, 155).

15) 헌재결 2004. 8. 26. 2002헌가1, 판례집 16-2상, 141(156).

16) 공직선거법상 확성기소음크기부재로 인한 환경권침해에 대한 헌법불합치결정은 과소보호금지원칙의 엄격심사의 결과다. 헌재결 2019. 12. 27. 2018헌마730, 판례집 31-2(하), 315면 이하. 장영철, "기본권보호의무에 대한 심사기준-헌재결 2008. 7. 31. 2006헌마711사건을 중심으로-", 『헌법판례연구[10]』, 한국헌법판례연구학회, 2009, 55면 이하.

17) 헌재결 2004. 8. 26. 2002헌가1; 2004. 10. 28. 2004헌바61; 2011. 8. 30. 2008헌가22, 2009헌가7 · 24, 2010헌가16 · 37, 2008헌바103, 2009헌바3, 2011헌바16(병합).

18) 병역법 제88조(입영의 기피 등) ① 현역입영 또는 소집 통지서(모집에 의한 입영 통지서를 포함한다)를 받은 사람이 정당한 사유 없이 입영일이나 소집기일부터 다음 각 호의 기간이

헌소원결정에서는 병역법 제5조(병역종류조항)도 심판대상으로 삼아 양심적 병역거부자를 위한 대체복무종류를 마련하지 하지 않은 부진정입법부작위에 대해 비례의 원칙을 심사기준으로 하여 헌법불합치결정[19]을 하였다.

제 2 절 종교의 자유

Ⅰ. 기능과 헌법규정

종교의 자유는 양심의 자유와 함께 정신적 자유에 속하는 것으로 종교집단 간의 갈등을 헌법으로 해결하는 평화질서를 부여하는 중요한 의미를 갖는다. 종교전쟁(1618~1648)을 거친 유럽에서는 물론 우리에게도 종교의 자유는 국가의 종교적 평화의 촉진·유지기능을 수행하는 데 필수불가결한 기본권이다.

이러한 점에서 우리 헌법 제20조에서는 "모든 국민은 종교의 자유를 가진다(제1항). 국교는 인정되지 아니하며, 종교와 정치는 분리된다(제2항)."고 규정하고 있다. 종교의 자유와 구분하여 국교부인과 정교분리를 선언하고 있는 점은 후자가 전자의 당연규정이 아니라는 것을 헌법제정자가 제시하고자 했다는 점에서 특별히 살펴보기로 한다.

지나도 입영하지 아니하거나 소집에 응하지 아니한 경우에는 3년 이하의 징역에 처한다. 1. 현역입영은 3일 2. 공익근무요원소집은 3일.

19) 이 사건 법률조항은 헌법상 기본의무인 국방의 의무를 구체적으로 형성하는 것이면서 또한 동시에 양심적 병역거부자들의 양심의 자유를 제한하는 것이기도 하다. 이 사건 법률조항으로 인해서 국가의 존립과 안전을 위한 불가결한 헌법적 가치를 담고 있는 국방의 의무와 개인의 인격과 존엄의 기초가 되는 양심의 자유가 상충하게 된다. 이처럼 헌법적 가치가 서로 충돌하는 경우, 입법자는 두 가치를 양립시킬 수 있는 조화점을 최대한 모색해야 하고, 그것이 불가능해 부득이 어느 하나의 헌법적 가치를 후퇴시킬 수밖에 없는 경우에도 그 목적에 비례하는 범위 내에 그쳐야 한다. 헌법 제37조 제2항의 비례원칙은, 단순히 기본권제한의 일반원칙에 그치지 않고, 모든 국가작용은 정당한 목적을 달성하기 위하여 필요한 범위 내에서만 행사되어야 한다는 국가작용의 한계를 선언한 것이므로, 비록 이 사건 법률조항이 헌법 제39조에 규정된 국방의 의무를 형성하는 입법이라 할지라도 그에 대한 심사는 헌법상 비례원칙에 의하여야 한다. 헌재결 2018. 6. 28. 2011헌바379 등, 판례집 30-1하, 370.

Ⅱ. 종교의 자유와 국교부인과 정교분리의 원칙

전술한 바와 같이 우리 헌법은 국교부인과 정교분리를 제도화하여 종교적 평화질서를 추구하는 현대국가의 경향을 수용하고 있다. 신의 은총에 의한 신정정치 대신에 국가의 통합기능이 대신하게 되었다. 즉 종교의 자유를 보장함으로써 인간이 종교적 내지 무종교적 내적 확신에 기여하는 만큼 정치질서의 평화는 달성될 수 있다. 이러한 범위에서 종교의 자유는 "국민의 정착지"인 국가의 공권력행사에도 도움이 될 수 있다. 국가는 종교집단에 대한 승인과 함께 교육적, 평화적, 만족적, 사회적, 문화적인 종교공동체의 질서기능을 활용할 수도 있다.

국가와 종교의 관계는 현대헌법국가에서 다양하게 나타난다. 즉 국교를 인정하는 덴마크(헌법 제4조), 아이슬란드(헌법 제62조), 국교는 부인하되 종교공동체에 과세를 위하여 공법인으로 하는 독일(헌법 제4조), 정교분리를 선언하는 프랑스(헌법 제2조), 우리와 같이 국교부인과 정교분리를 제도화하는 방법이 그것이다. 이와 같은 내용이 종교의 자유에서 당연히 도출되는 것은 아니다.[20]

국교부인과 정교분리의 제도보장에서 국가의 종교적 중립성과 공평성의 원칙이 나온다. 자유주의와 다원주의를 추구하는 우리 헌법에서 종교의 자유의 보호범위와 관련하여 위 두 가지 원칙, 즉 국가의 종교적 중립성과 종교문제에서 차별금지인 공평성을 강조하지 않을 수 없다. 종교의 자유는 국가의 종교행사자유에 대한 침해의 방어수단이자 특정종교에 대한 우대를 예방하는 기능을 수행한다. 종교의 자유에서 자유와 평등의 요소는 개인에게 정신적 자유를 근본적으로 동등하게 보장한다. 여기서도 기본권의 이중적 기능이 나타나 즉 개인적으로 평등한 종교의 자유를 향유하게 된다.

국가의 종교적 중립성은 특별평등권의 차별금지사유(헌법 제11조 제1항 제2문)에서도 강조되고 있다. 따라서 종교나 세계관에 대한 국가의 가치판단은 금지된다. 이는 절대적인 것이다. 헌법재판소도 기반시설부담금 부과대상의 예외로 교회시설을 규정하지 않은 것에 대한 헌법소원결정[21]에서 같은 취지로 기각결정을 한 바

---

20) 동지, 김철수, 『학설판례 헌법학(상)』, 935면; 허영, 『한국헌법론』, 464면.
21) 헌재결 2010. 2. 25. 2007헌바131 등, 판례집 22-1상, 104. 종교의 자유에서 종교에 대한 적극적인 우대조치를 요구할 권리가 직접 도출되거나 우대할 국가의 의무가 발생하지 아니한다. 종교시설의 건축행위에만 기반시설부담금을 면제한다면 국가가 종교를 지원하여 종교를

있다.

Ⅲ. 종교의 개념과 보호내용

1. 개념

헌법상 종교는 초인적인 절대자에 대한 귀의, 즉 초월적인 관계라는 특징으로 인하여 개인에 따라 신과 피안에 대한 관념은 상대적이다. 따라서 종교란 신과 내세(피안)에 대한 '내적인 확신'의 집합개념[22]이라 할 수 있다. 하지만 종교의 개념에서 개인적인 확신은 필수요건은 아니다. 이는 양심의 개념을 선과 악에 대한 내면적인 확신으로 보호하는 것과 차이가 있다. 다만 절대자와 내세에 대한 '내적인 확신'은 미신이 아닌 '종교'라는 설명을 용이하게 해주는 기능을 수행할 수 있게 한다.

2. 보호내용

(1) 종교내면의 자유(forum internum)

종교내면의 자유 즉 신앙의 자유란 신앙선택·변경·고백·침묵 및 신앙포기의 자유를 말한다. 이는 인간내면의 자유로서 절대적 자유라 할 수 있다. 여기서 신앙고백이란 언어, 문장 또는 상징물착용으로 나타난다. 신앙의 자유도 다른 자유권과 마찬가지로 적극적 신앙의 자유뿐만 아니라 소극적 신앙의 자유도 포함된다. 예컨대, 공립학교 교사의 히잡착용, 교실에 십자가부착으로 학생들의 소극적인 양심 내지 종교의 자유와 충돌하게 되는 경우이다.

(2) 종교외면의 자유(forum externum)

종교적 결정에 따라 행동할 자유로서 즉 종교적 집회·결사의 자유, 종교선교 및 포교의 자유, 종교교육의 자유 등이 있다. 종교적 집회·결사의 자유는 일반적인 집회·결사의 자유에 대한 특별기본권으로 집회 및 시위에 관한 법률(제15조)에서도 집회신고제를 적용하지 않는 등 특별한 보호를 받는다. 하지만 일반적인 집회·결

승인하거나 우대하는 것으로 비칠 소지가 있어 헌법 제20조 제2항의 국교금지·정교분리에 위배될 수도 있다고 할 것이므로 종교시설의 건축행위에 대하여 기반시설부담금 부과를 제외하거나 감경하지 아니하였더라도, 종교의 자유를 침해하는 것이 아니다.

22) 허영, 『한국헌법론』, 446면.

사의 자유의 보호내용은 종교의 자유에 반하지 않는 한 보충적으로 적용된다. 종교단체 결성·활동의 자유, 단체탈퇴의 자유 등이 적용된다.

종교선교 및 포교의 자유에는 종교적인 확신을 남에게 선전하고 포교하는 자유를 말한다. 이는 국가의 간섭을 받지 않고 타종교를 비판하거나 자기와 동일한 신앙을 권유하거나 개종하도록 설득하는 것을 포함한다. 종교교육의 자유란 가정과 학교에서 종교교리에 입각한 교육을 실시할 수 있는 자유를 말한다.

이와 같은 종교적 결정에 따라 행동할 자유는 타인의 기본권과 충돌할 여지가 많다. 예컨대, 고교평준화제도에 따라 종립학교에 추첨으로 강제 입학된 학생의 소극적 종교의 자유와 충돌하는 경우가 이에 해당된다. 이는 기본권충돌의 일반이론에 의하여 입법적으로 해결하는 것을 원칙으로 하지만 그 흠결시에는 대법원[23]과 헌법재판소[24]가 보충적으로 개입하여 해결하여야 한다. 그 기준으로 특별신분관계에서는 일반권력관계에서와 달리 학교의 적극적 종교의 자유보다 학생의 소극적 종교의 자유가 우선한다.[25] 국공립학교는 물론 사립학교도 공무수탁사인으로서 기본권보호의무에 반하여 학생의 기본권을 침해할 수 없기 때문이다. 다만 구체적 사실관계에서 개별적인 형량을 하는 것은 별개의 문제. 임의적으로 선택하여 입학한 종립사립대학과 강제 입학한 고등학교, 졸업필수과목으로 종교과목을 대체하는 과목의 개설여부 등의 차이를 고려하여 판단하여야 한다.

Ⅳ. 제한과 한계

정신적 자유로서 종교의 자유도 살펴본 바와 같이 양심의 자유와 마찬가지로

---

23) 대판 2010. 4. 22. 2008다38288 전원합의체.
24) 헌재결 2010. 2. 25. 2007헌바131 등, 판례집 22-1상, 104. 기반시설부담금은 종교시설의 건축행위에 금전적인 부담을 가하여 종교적 행위의 자유를 제한하는데, 종교적 행위의 자유는 내심의 신앙의 자유와는 달리 절대적 자유가 아니라 질서유지와 공공복리를 위하여 법률로 제한할 수 있다(헌재결 2001. 9. 27. 2000헌마159, 판례집 13-2, 353, 361). 법 제6조 제1항, 제2항, 제7조 제1항 본문, 제9조 제1항, 제4항이 종교시설의 건축에 제한을 가하기 위한 입법목적으로 제정되었다거나 법문상 종교시설의 건축만을 규율하고 있는 것이 아니고, 특정한 종교를 목적으로 입법한 것이 명백하거나 실제 법 집행의 효과가 종교시설의 건축행위에만 미치는 경우도 아니다. 그렇다면, 기반시설부담금의 부과가 종교시설의 건축행위에 부담을 주었다고 하더라도, 이는 중립적이고 일반적으로 적용되는 법률이 우연히 종교시설에 적용된 것에 불과하다.
25) 장영철, 『기본권론』, 33, 68면.

헌법 제37조 제2항에 따라 법률유보에 의한 제한이 가능하다. 종교외면의 자유로서 종교적 결정에 따라 행동할 자유는 물론 종교내면의 자유로서 신앙의 자유라도 타인의 기본권과 충돌하는 경우 내재적 한계이론에 따라 입법적 제한이 가능하다. 하지만 헌법재판소[26)]는 "신앙의 자유는 신과 피안 또는 내세에 대한 인간의 내적 확신에 대한 자유를 말하는 것으로서 이러한 신앙의 자유는 그 자체가 내심의 자유의 핵심이기 때문에 법률로써도 이를 침해할 수 없다."고 판시하고 있다.

판단컨대 헌법재판소가 정신적 자유로서 양심형성의 자유도 제한할 수 있는 것으로 판시한 것은 신앙의 자유에도 타당하다고 본다. 즉 "양심의 자유를 의도적으로 제한하는 법률이 아니라 할지라도, 국민 모두에 대하여 적용되는 법률은 국민 누군가의 양심과 충돌할 가능성을 항상 내재하고 있다. 양심의 자유는 헌법상의 기본권에 의하여 보호되는 자유로서 실정법적 질서의 한 부분이다. 기본권적 자유는 법적 자유이며, 법적 자유는 절대적 또는 무제한적으로 보장될 수 없다."[27)] 대법원[28)]도 종교적 신념을 이유로 수혈을 거부한 생모에 대하여 유기치사죄를 인정하였다.

종교적 행위의 자유제한의 한계는 비례의 원칙에 의하여 정당성을 판단한다. 예컨대, 헌법재판소도 교도소에 수용중인 미결수용자에게 정당한 이유 없이 교도소 내 종교집회에 참석할 기회를 제한하는 것의 위헌결정,[29)] 1차 사법시험시행일을 일요일로 정해 공고·시행하여도 기독교인인 수험생의 종교의 자유의 본질적인 내용을 침해한 것이 아니라는 결정[30)] 등이 있다.

---

26) 헌재결 2011. 12. 29. 2009헌마527, 판례집 23-2하, 840(848); 2001. 9. 27. 2000헌마159, 판례집 13-2, 353(361).

27) 헌재결 2004. 8. 26. 2002헌가1, 판례집 16-2상, 141(153, 154).

28) 생모가 사망의 위험이 예견되는 그 딸에 대하여는 수혈이 최선의 치료방법이라는 의사의 권유를 자신의 종교적 신념이나 후유증 발생의 염려만을 이유로 완강하게 거부하고 방해하였다면 이는 결과적으로 요부조자를 위험한 장소에 두고 떠난 경우나 다름이 없다고 할 것이고 그때 사리를 변식할 지능이 없다고 보아야 마땅한 11세 남짓의 환자본인 역시 수혈을 거부하였다고 하더라도 생모의 수혈거부 행위가 위법한 점에 영향을 미치는 것이 아니다. 대판 1980. 9. 24. 79도1387.

29) 헌재결 2014. 6. 26. 2012헌마782, 판례집 26-1하, 670(675); 2011. 12. 29. 2009헌마527, 판례집 23-2하, 840.

30) 헌재결 2001. 9. 27. 2000헌마159, 판례집 13-2, 353.

제 3 절   학문의 자유

I. 헌법규정과 연혁

학문의 자유란 진리탐구로 얻어진 진리를 주장할 수 있는 자유를 말한다. 학문의 자유에 관하여 헌법 제22조는 "모든 국민은 학문과 예술의 자유를 가진다."고 규정하여 예술의 자유와 함께 규정하고 있다. 학문과 예술은 소통의 수단으로서 일반기본권인 표현의 자유에 대하여 특별기본권의 성격을 갖는다. 우리 헌법은 또한 학문의 자유와 교육을 받을 권리를 구분하여 규정하는 특징도 갖고 있다. 이는 학문과 교육을 개념적으로 달리 보는 것에 기인하는 것이다.

비교 헌법적으로 학문의 자유는 1848년 프랑크푸르트 헌법에서 처음으로 규정하였다. 학문의 자유는 연혁적으로 보면 13~14세기 탄생한 중세독일의 대학들에서 주장한 대학의 자유가 발전한 것이다.

II. 학문의 개념

학문이란 진리탐구에 향하여진 논리적·체계적 지식을 말한다. 학문적 발전은 상시적으로 시행착오(error and trial)를 동반한다. 따라서 지식의 잠정성과 모순성은 학문발전에 내재된 것이다. 학문은 객관화될 수 있는 진리발견에 기여하려는 계획적이고 진지한 노력이다. 학문은 특정한 형식이나 제도에 기속되지 않는다. 학문은 보편적인 것에 국한되는 것은 아니지만 개연성은 있어야 한다. 이는 교육도 마찬가지다. 하지만 교육은 학문적인 연구결과와 관련된다. 왜냐하면 학문의 자유는 교육의 자유와 연구의 자유를 포괄하는 상위개념으로 해석하기 때문이다.

학문의 자유의 보호내용은 예술의 자유와 마찬가지로 소통의 전 과정을 보호내용으로 한다. 이에는 학문연구의 자유, 연구(결과)발표의 자유, 교수의 자유, 대학의 자치 등이 포함된다.

Ⅲ. 헌법적 성격

1. 주관적 방어권

학문의 자유는 진리탐구의 과정과 전달에 있어서 국가권력의 모든 간섭으로부터 방해받지 않을 권리를 보장한다. 이는 대학자치를 향유하는 교수, 연구자는 물론 대학도 포함한다.

2. 객관적 가치질서

학문의 자유는 자유권으로서 양면성이 있지만 다른 자유권과 달리 주관적 방어권보다 객관적 가치질서의 중요성이 월등하다.

헌법 제22조 제1항의 학문의 자유는 학문에 대한 국가의 관계를 문화국가원리에 의한 객관적 가치결단으로 규율하고 있다. 이는 넓은 의미에서 보면 기본권의 객관적 가치질서의 성격에 포함된다. 구체적으로는 학문의 자유의 객관적 가치결단이란 개인의 자기개발뿐만 아니라 국가와 사회발전에도 기여하는 봉사적 기능(dienende Funktion)을 말한다.31) 이는 방송의 자유와 유사한 기능이다. 객관적 가치결단이란 고유한 학문영역에 국가의 침해를 배제하는 것만이 아니다. 국가는 오히려 학문의 자유를 보호하고 촉진하는 정책을 적극적으로 실시하여 문화국가의 진흥을 도모하여야 한다. 국가는 학문의 자유의 보호자로서 인적·재정적·조직적 수단을 제공하여 미래세대에 지식전달이 용이하게 될 수 있도록 노력하여야 한다. 이는 학문의 자유가 실질적으로 보호될 수 있도록 효율적인 제도를 마련하여야 한다는 것을 의미한다. 국가는 다양한 학문기관의 연구목적을 고려하여 급부행정영역에서 적합한 조처를 하여야 한다.

학문의 자유에 대한 제3자의 방해나 저지 등 제약에 대하여 국가는 보호의무를 이행하여야 한다.

---

31) 장영철, "대학 인권센터의 심사기준으로서 기본권의 기능", 『서울법학』 제29권 제3호(2021. 11.), 33면.

Ⅳ. 보호내용

1. 학문연구의 자유와 연구(결과)발표의 자유

학문연구란 진리탐구를 향한 진지하고 계획적인 시도로 간주될 수 있는 모든 정신적 활동을 말한다. 이러한 학문연구의 자유는 기초연구, 응용연구, 실험개발 등 연구대상에 상관없다. 학문연구의 본질에 해당하는 논쟁은 전달가능성을 전제로 한다. 따라서 연구결과의 공개와 전달 등 발표의 자유를 수반한다.

2. 교수의 자유

교수란 연구결과 얻은 지식을 학문적 토대로 삼기 위한 전달을 말한다. 지식을 전달하는 교수의 자유는 보호가치 있는 학문적 발전을 자기목적으로 한다. 따라서 그 보호범위의 개방성으로 인해 전달하는 지식이 사회발전에 구체적으로 유용한 내용인지 아닌지 위험이나 리스크(risk)를 수반하는지 상관없이 교수의 자유로 보장된다. 다만 교수의 자유는 경우에 따라 헌법에의 충성에 구속되는 헌법내재적 한계로 고려될 수 있을 뿐이다. 교수의 자유는 신분보장을 내용으로 하므로 교수재임용제도32)의 운영에도 반영되어야 한다.

대학의 학칙제정에 있어서도 교수의 자유와 평등권을 고려하여 교수의 우월적 지위를 보호하여야 한다. 특히 교수의 자유와 직접 관련된 학사행정에 관한 소위 학칙제정위원회에 있어서는 직원과 학생보다 교수의 의견의 우위를 보장하기 위하여 위원의 과반수 이상이 확보되어야 한다. 연구와 교수임용에 있어서는 교수의 영향력을 압도적으로 발휘할 수 있도록 위원구성을 하여야 한다.

다만 (예술의 자유에서와 같이) 학자로서 직업적 활동, 경제성을 도모하기 위한

---

32) 헌재결 1993. 5. 13. 91헌마190, 판례집 5-1, 312; 2003. 2. 27. 2000헌바26, 판례집 15-1, 176 [헌법불합치]. 객관적인 기준의 재임용 거부사유와 재임용에서 탈락하게 되는 교원이 자신의 입장을 진술할 수 있는 기회 그리고 재임용거부를 사전에 통지하는 규정 등이 없으며, 나아가 재임용이 거부되었을 경우 사후에 그에 대해 다툴 수 있는 제도적 장치를 전혀 마련하지 않고 있는 이 사건 법률조항은, 현대사회에서 대학교육이 갖는 중요한 기능과 그 교육을 담당하고 있는 대학교원의 신분의 부당한 박탈에 대한 최소한의 보호요청에 비추어 볼 때 헌법 제31조 제6항에서 정하고 있는 교원지위법정주의에 위반된다고 볼 수밖에 없다. 동지 헌재결 2003. 12. 18. 2002헌바14 등, 판례집 15-2하, 466 [헌법불합치].

상품화는 학문의 자유의 보호범위에 속하기보다는 직업의 자유나 재산권의 보호범위에 속한다.

3. 학문적 집회·결사의 자유

학문적 집회·결사의 자유는 일반적인 집회결사의 자유에 대한 특별기본권으로 집회 및 시위에 관한 법률(제15조)에서도 집회신고제를 적용하지 않는 등 특별한 보호를 받는다. 하지만 일반적인 집회결사의 자유의 보호내용은 학문의 자유에 반하지 않는 한 보충적으로 적용된다. 학문단체 결성·활동의 자유, 단체탈퇴의 자유 등이 적용된다.

4. 대학의 자치

(1) 의의

대학의 자치란 학문연구의 기능을 수행할 수 있도록 대학 자체에 교수의 인사나 시설 등에 관하여 자주적으로 결정하게 하는 학문의 자유에 내재된 제도보장이다.

(2) 근거

대학의 자치의 헌법적 근거에 대하여는 헌법 제31조 제4항에 "대학의 자율성"을 보장하는 명문의 규정이 있어 학설과 헌법재판소결정을 살펴보고자 한다. 헌법 제22조의 학문의 자유라는 견해,[33] 헌법 제31조 제4항이라는 견해,[34] 양 조항을 근거로 보는 복합설[35]이 있다. 헌법재판소[36]는 헌법 제31조 제4항이라고 본다.

학문의 자유에 내재하는 제도보장으로 보는 것이 타당하다. 그 이유는 학문의 자유에도 객관적 가치결단에 의하여 국가의 적극적 급부공급이 있어야하기 때문이다. 더구나 헌법 제31조 제4항의 사회권으로 본다면 구체적인 급부청구권까지 보장되지는 않기 때문이다.

---

33) 허영, 『한국헌법론』, 470면; 한수웅, 『헌법학』, 838면.
34) 김철수, 『학설판례 헌법학(상)』, 946면.
35) 허완중, 『기본권론』, 404면.
36) 헌재결 1998. 7. 16. 96헌바33등, 판례집 10-2, 116(144); 1992. 10. 1. 92헌마68등, 판례집 4, 659(690).

(3) 법적 성격

대학의 자치는 학문의 자유를 실현하기 위한 수단으로 방어권적 성격과 제도 보장의 성격을 갖는다. 제도 보장적 성격은 살펴본 학문의 자유의 객관적 가치질서의 범주에 속하는 점은 같다. 하지만 가치결단의 주체는 국가이지만 대학자치의 주체는 대학이다. 학문의 자유의 가치결단을 고려하여 국가는 급부행정영역에서 적합한 조처를 할 수 있도록 다양한 학문기관의 연구목적을 고려하면서 학문의 자유의 주체들 간에 기본권충돌을 실천적으로 조화하여야 한다. 대학의 자치에 있어서도 대학은 학문의 자유의 객관적 가치결단적 내용을 반영하여 학칙 등의 제정을 하여야 한다.

(4) 보호내용

대학의 자치는 내용상으로 대학인사의 자치, 총·학장선거의 자치, 시설 및 관리의 자치, 학생선발과 관리의 자치, 연구교육의 내용 및 방법의 자치, 재정의 자치를 말하고, 주체 면에서는 이사회, 교수회, 학생회의 자치를 말한다.

Ⅴ. 주체

학문의 자유의 주체는 학문적 업무를 하고 있거나 할 의향이 있는 모든 사람이다. 이에는 학문의 자유의 연혁적 측면에서 태생적 주체인 대학교수와 조교, 직원 등 학문연구종사자들과 학생도 포함된다. 하지만 수강의 자유는 학문의 자유에 내포된 교수의 자유의 반사적 이익이다. 따라서 일반적으로 직업의 자유나 일반적 행동자유권에 포함된 기본권으로 본다.[37]

학문연구를 추구하는 법인도 그 주체다. 사법인은 물론 공법인도 포함된다. 원칙적으로 공법인은 국가기관의 일부분으로 기본권의 보호의무자이지 기본권의 향유자는 아니다. 하지만 국가와 독립하여 설립된 국가기관이 자신의 고유영역에서 기본권을 방어해야 할 때에는 예외로 향유주체성을 인정한다(소위 기본권침해의 전형적인 위험상황이론). 따라서 서울대, 인천대의 경우 공법인이나 학문의 자유의 주체가 된다.

---

37) 장영철, "대학 인권센터의 심사기준으로서 기본권의 기능", 36면.

Ⅵ. 제한과 정당성

학문의 자유의 방어권에 대한 제한은 진리의 발견이나 전달과정에 있어서 국가권력이 영향력을 미치는 모든 조처를 말한다. 따라서 교수나 연구자 개인에 대한 영향력뿐만 아니라 대학 자치를 향유하는 대학도 그 대상에 포함된다.

독일헌법(제5조 제3항 제2문)에서와 같이 헌법에의 충성의무를 규정하지 않더라도 적극적으로 자유민주적 기본질서를 부정하는 것은 허용되지 않는다. 학문의 자유도 절대적 기본권은 아니다. 따라서 학문의 자유도 헌법 제37조 제2항에 의한 법적 제한이 가능하나 그 한계를 준수하여야 한다. 학문적인 연구의 자유까지 금지해서는 안 된다. 헌법개정의 한계로 설명하는 기본원리에 대한 논리적인 비판도 가능하다.

학문의 자유는 문화국가원리에 입각한 객관적 가치결단 내지 국가와 사회에 봉사적 기능으로 인하여 방어권에 대한 제한보다는 문화국가원리에 의한 촉진의무가 중요하다. 따라서 학문연구 종사자들 간에 학문의 자유와 다른 헌법적 법익들 간에 내재적 한계이론에 따라 기본권충돌을 실천적으로 조화시켜야 한다.

하지만 이 경우 학문의 자유의 우월적 지위를 보장할 수 없다. 절대적 기본권이라도 공동체에 대한 책임의 관점을 고려해야하기 때문이다. 다만 충돌하는 법익들 간의 한계나 내용을 결정하는 것을 일반적으로 설명할 수는 없고 개별적으로 형량에 의하여 결정할 수 있을 뿐이다.[38]

제 4 절 예술의 자유

Ⅰ. 헌법규정

예술의 자유에 관하여 헌법 제22조는 "모든 국민은 학문과 예술의 자유를 가진다(제1항). 저작자·발명가·과학기술자와 예술가의 권리는 법률로써 보호한다(제2

---

38) 이에 대하여는 장영철, "대학 인권센터의 심사기준으로서 기본권의 기능", 29면 이하 볼 것.

항).”고 규정하고 있다. 학문과 예술의 자유를 함께 규정하면서 그 연구, 창작결과에 대한 보호를 함께 규정하고 있다. 기본권체계상으로는 자유권행사의 구체적인 결과에 대한 보호는 유체물이든 무체물이든 재산권(헌법 제23조)으로 별도로 보장하는 것이 체계적이다. 직업행사의 결과인 수입, 사적자치에 의하여 획득한 물권, 채권과 광업권, 어업권, 실용신안권, 저작권 등이 모두 재산권에 포섭되기 때문이다.

Ⅱ. 예술개념의 개방성

1. 학설

예술의 개념은 날마다 새로운 예술의 탄생으로 인해 예술과 비예술과의 경계를 구분할 수 없다는 점에서 본질적으로 개방성을 갖는다. 하지만 예술의 자유를 기본권으로 보장하기 위해서는 예술의 개념정의를 하여야 한다. 그에 관해서는 세 가지 예술개념이 제시되고 있다. 창작자의 주관에 따른 이상적인 예술개념(주관설), 작업과 작품이 예술성을 갖고 있는지에 따른 형식적 예술개념(객관설), 예술의 특징으로서 복합성에 근거한 소통수단으로서 기능을 하는 의미정향적 예술개념(기능설)이다.

2. 사견

주관설의 경우 기본권은 주관적 공권에 본질이 있으므로 기본권주체의 자기주장을 배제할 수 없다는 점에서 타당하다. 하지만 예술이라고 단순한 주장으로는 충분하지 않다. 기본권주체가 예술개념을 확대해야 하는 이유와 범위 등에 대한 개연성을 입증해야 한다. 이 때 예술의 체계에 관한 ‘체계논리학’이 중요한 역할을 한다. 즉 창작자의 예술개연성입증은 예술개념에 대한 국가독점을 예방하는 기능을 한다. 형식적 예술개념은 예술의 현대적 발전에 부응할 수 있는 장점이 있는 반면에 국가가 정의하게 되면 국가의 중립성원칙에 반한다. 기능설은 예술작품이 의사소통과정에서 다양한 의미로서 기능하는 것을 강조한 것이다. 즉 의사소통의 수단으로서 일의적으로 명료한 학문의 기능과 비교하여 다의적으로 복잡한 예술의 기능을 구분한 것이다. 다의적인 의견과 예술은 소통에 미학적인 요소가 있는 지로 구분할 수 있다.

따라서 예술개념의 개방성으로 인하여 세 가지 학설의 장단점을 고려하여 종합적 판단을 할 필요가 있다고 본다.

Ⅲ. 헌법적 성격

예술의 자유도 학문의 자유와 마찬가지로 방어권과 객관적 가치질서 및 문화국가원리에 의한 가치결단적 근본규칙의 성격을 갖는다.

고유한 예술영역에 국가의 침해를 배제하는 것만이 아니라 국가는 오히려 예술의 자유를 보호하고 촉진하는 정책을 적극적으로 실시하여 문화국가의 진흥을 도모하여야 한다. 국가는 예술의 자유의 보호자로서 인적·재정적·조직적 수단을 제공하여 미래세대에 예술창작 및 보급 등이 용이하게 될 수 있도록 노력하여야 한다. 이는 예술의 자유가 실질적으로 보호될 수 있도록 효율적인 제도를 마련하여야 한다는 것을 의미한다.

하지만 모든 예술분야에서 문화촉진을 위해 동동한 지원을 해야 하는 것을 말하는 것이 아니다. 문화정책에 있어 국가는 폭넓은 재량을 갖는다. 따라서 예술의 자유의 객관적 가치질서에 근거하여서도 구체적인 문화예술재정지원청구권을 행사할 수 없다. 같은 이유로 예술 활동이나 학문 활동에 대하여 과세특례를 요구할 수도 없다.[39)]

Ⅳ. 보호범위

1. 작품영역

작품영역(Werkbereich)이란 준비과정을 포함한 예술창작과 관련된다. 예술교육도 직업의 자유에 대한 특별기본권으로 예술의 자유의 보호범위에 속한다. 헌법상 예술의 자유는 예술의 독자성을 고려하고 예술창작과정의 윤곽질서로서 기능한다.

2. 영향영역

영향영역(Wirkbereich)이란 예술작품의 전시, 보급, 복제를 포괄한다. 창작활동

---

39) BVerfGE 81, 108(116). 국가선정 우수영화에 대한 과세혜택을 주는 것은 시혜적 조치로 이와는 다른 문제다. BVerfGE 33, 52(71f.).

자체에 국한되는 것이 아니라 소통수단으로 확대된다. 즉 사실상 예술전달에 기여하는 광고, 평론, 전달매체와 창작에 필수적이거나 통상적으로 갖추어야 할 기본요소, 예컨대, 극장의 주차장, 식당, 옷보관소 등이 그 보호범위에 속한다.

작품영역과 달리 영향영역은 양심의 자유에서 내면의 자유(forum internum)와 비교하여 외면의 자유(forum externum)를 구별하는 것과 유사하게 기본권충돌에 대한 해결방안이 자주 문제된다. 예술의 자유와 다른 기본권이 충돌하는 경우 대중보다는 예술가를 위해 예술의 자유의 보호범위에 속하는 것으로 보아야 한다. 타인재산에 그린 자기작품주장도 원칙적으로 예술의 자유의 보호범위에 해당된다.

3. 예술적 집회 · 결사의 자유

예술적 집회 · 결사의 자유는 일반적인 집회 · 결사의 자유에 대한 특별기본권으로 집회 및 시위에 관한 법률(제15조)에서도 집회신고제를 적용하지 않는 등 특별한 보호를 받는다. 하지만 일반적인 집회 · 결사의 자유의 보호내용은 예술의 자유에 반하지 않는 한 보충적으로 적용된다. 예술단체 결성 · 활동의 자유, 단체탈퇴의 자유 등이 적용된다.

V. 주체

예술의 자유는 작품영역뿐만 아니라 영향영역도 보호범위로 한다. 즉 예술의 자유는 창작자뿐만 아니라 예술자체도 자유의 대상이므로 보호범위로 논하고 있다. 따라서 주체에는 예술가, 전달자, 음반제작자, 출판업자 등이 포함된다. 또한 사법인도 주체가 될 수 있다. 연극단체, 관현악단, 합창단, 작가협회, 후원단체 등이 그것이다. 감상자, 예술비평가도 예술의 자유는 표현의 자유에 대한 특별기본권으로 예술의 소통기능을 고려하면 그 주체가 될 수 있다.[40]

공법인으로 국립극장도 전형적인 위험상황에 의하여 예술의 자유를 주장하는 주체가 될 수 있다. 국립극장의 프로그램제작에 있어서 감독에 대한 국가의 간섭을 배제할 수 있기 때문이다.

---

40) 장영철, 『기본권론』, 229, 230면.

Ⅵ. 제한과 정당성

작품영역이나 영향영역의 활동에 대한 국가기관의 명령이나 금지 및 사실적 조치는 예술의 자유제한이다. 예컨대, 영상물등급위원회에 의한 등급보류제도,[41] 법원의 소설판매금지 가처분결정[42]으로 인한 예술의 자유제한이 이에 해당된다. 즉 국가의 문화예술에 대한 간섭은 예술의 자유의 본질에 대한 침해가 될 수 있다.

따라서 예술의 자유는 문화국가원리에 입각한 객관적 가치결단으로 인하여 방어권에 대한 제한보다는 문화국가원리에 의한 촉진의무가 중요하다. 즉 헌법 제37조 제2항에 의한 제한보다 예술분야종사자들 간에 예술의 자유와 다른 헌법적 법익들 간에 내재적 한계이론에 따라 기본권충돌을 실천적으로 조화시키는 것이 필요하다.

---

41) 헌재결 2001. 8. 30. 2000헌가9, 판례집 13-2, 134 이하.
42) BVerfGE 33, 173 - Mephisto.

제
7
장
/

경제활동의 자유

제 1 절 사적자치권[1]

I. 의의

사적자치는 사법의 근본원칙이다. 하지만 사법에서 사적자치에 관한 명문의 규정을 찾을 수 없다. 헌법에서도 사적자치에 관한 명문규정은 없지만 인간존엄 및 가치와 행복추구권에서 파생한 일반적 행동자유권의 한 내용으로 보아 기본권으로 해석하고 있다. 사법과 헌법에서 사적자치에 관한 명문규정이 없음에도 불구하고 근본원칙과 기본권으로 인정하고 있는 이유는 무엇인가? 헌법과 사법차원에서 사적 자치원칙과 사적자치권은 구별되는 것인가 아니면 병존할 수 있는가?

사법학에서 사적자치는 국가법 이전에 존재하는 천부인권의 자연권적 성격을 갖고 있다는 견해가 있다. 따라서 사적자치를 기본원리로 하는 사법은 개인의 자유를 보호하는 사회의 기본법이고, 국가기관의 조직과 국가에 대한 개인적 방어권을 보장한 헌법은 국가의 기본법으로 구별된다고 한다. 그렇다면 다음과 같은 의문이 제기된다. 사적자치를 제한하는 강행규정을 회피하는 계약체결도 상대방을 구속하

---

1) 장영철, "기본권으로서 사적자치에 관한 고찰", 『서울법학』 제25권 제3호(2017. 11.), 1면 이하를 기초로 수정·가필함.

는가? 사적자치의 보호수준이 국가마다 다르고 특히 사회주의와 민주주의국가에서 명백히 차이가 있는 것은 어떻게 설명할 수 있는가? 헌법상 재산권, 결사의 자유, 상속권, 혼인과 가족형성의 자유, 기본권보호의무 등의 기본권에 근거하여 국가기관에 사법제정과 합헌적 사법해석의무를 부과하는 것은 사법상 사적자치원칙과 무관한 것인가?

이러한 문제는 사적자치에 관한 헌법과 사법에서 논리의 차이에 기인한다. 따라서 사적자치원칙과 기본권으로서 사적자치의 이론적 체계를 설명하고자 한다.

Ⅱ. 기본권 이전의 사법원칙으로서 사적자치

1. 사적자치의 개념

사적자치는 순수한 사법적 개념이다. 하지만 사법에서 사적자치에 관한 명문의 근거조문은 찾을 수 없다. 다만 간접적인 근거로 의사표시나 법률행위 및 채권이나 전형계약규정의 배후에 존재하는 불문의 사법원리로 주장되고 있는 점에서 이들 규정에서 도출할 수 있을 뿐이다. 사적자치의 모든 내용을 포괄하는 유권해석도 지금까지 제시되고 있지 않고 있다. 그리하여 사법학자들은 사적자치를 다음과 같이 정의하고 있다. '자기 일을 자기결정에 의하여 자기책임으로 자기지배를 한다는 당위',[2] '개인이 법질서의 한계 내에서 자기의 의사에 기하여 법률관계를 형성할 수 있다는 원칙',[3] '자기결정과 평등보호를 전제로 한 사인이 법질서의 한계 내에서 자기의 자유로운 의사에 따라 법률관계를 형성하는 것,'[4] '인간의 자유로운 의사를 법에 근원을 두어, 사적 생활에 있어서 자기의 생활관계는 자기의 의사로 규율할 수 있는 것',[5] 민법은 19세기 자유주의적 세계관에 입각 '인간으로서의 존엄과 가치(헌법 제10조), 보다 구체적으로는 그 한 내용인 일반적 행동자유라는 이념에 기한, 각자가 자기의 법률관계를 자기의 의사에 따라 자주적으로 처리할 수 있고, 국가나 법질서는 여기에 개입해서는 안 된다는 민법의 기본원칙'[6] 등이 그것이다.

---

2) 이영준,『민법총칙』, 박영사, 1989, 12면; 백태승,『민법총칙』제6판, 집현재, 2014. 40면; 양
    형우,『민법의 세계』, 정독, 2023, 15면.
 3) 송덕수,『민법강의』, 제14판, 박영사, 2021, 17면.
 4) 김준호,『민법총칙』제10판, 법문사, 2023, 21면.
 5) 김주수,『민법개론』제10판, 삼영사, 2008, 18면.
 6) 지원림,『민법강의』홍문사, 2022, 19면.

이러한 사법학자들의 개념정의는 내용적으로 상호 모순되는 것은 아니다. 다만 사적자치의 세 가지 측면, 즉 '사적자치의 주체로서 개인의 행동자유', '사적자치의 수단으로서 법률행위', '사적자치의 효력근거로서 법질서에 의한 승인'의 각각을 부분적으로 또는 전반적으로 설명하고 있다. 사적자치의 세 가지 측면을 분석하면 사법관계에서 강제력이 인정되는 개인의 의사표시(인적요소), 법률행위의 형성과정에서 자기결정(물적요소), 개인의 의사표시가 승인 또는 부인될 수 있는 법적 가능성(효력요소)의 세 가지 요소로 구분할 수 있다. 이 세 가지 요소는 독립적으로 기능하는 것은 아니고 상호 결합하여 사적자치의 본질을 형성한다.[7]

2. 사적자치의 실체와 구조

(1) 동등한 존재로서 권리주체성

사적자치의 주체는 법률행위능력이 있는 사인(Private)이다. 사법에서 예정하는 사인에는 의사표시의 발신인과 수신인, 채권자와 채무자, 유언장작성자와 정관작성자 등이 있다. 따라서 사적자치의 주체로서 사인은 국가법에서의 국민(Staatsbürger)과 구별되는 시민(Bürger)이다. 시민은 이기적으로 자신의 욕심을 충족하려는 부르주아(Bourgeois)를 말하는 것으로 국가공동체를 고려하여 공익을 자신의 문제로 생각하는 공민(Citoyen)과는 차이가 있다.[8] 사법원리로서 사적자치의 시민 상(Leitbild des Bürgers)도 자기의 업무를 자기책임으로 수행하고 법률관계에서 이를 자명한 것으로 인정하는 행위능력 있는 사인을 전제로 한다.[9]

이러한 점에서 사적자치는 평등을 전제로 한 자유다. 사적자치의 주체는 자신과 동등한 권리주체인 상대방의 의견과 다른 자신의 의견을 조정하여 합의에 이르게 된다. 계약은 동등한 권리주체 간의 합의에 법적 효력을 부여한다. 계약은 또한 평등한 주권국가 간에 국제법적 관계를 규율하는 수단으로 연방국가에서 연방과

---

7) J. Isensee, Privatautonomie, in: Handbuch des Staatsrechts Ⅶ, Heidelberg, §150, 2009, S. 211, RN 6.

8) J. Isensee, Grundrechtsvoraussetzungen und Verfassungserwartungen an die Grundrechts-ausübung, in: Handbuch des Staatsrechts Ⅸ, Heidelberg, §190, 2011, S. RN 224, 234 ff.

9) 법철학에서는 이를 "인간은 공동체, 특히 국가공동체의 단순한 구성분자가 아니라 독자성을 갖는 개인을 말한다. 따라서 법률관계를 형성하는 가장 기본적인 방법은 독자성을 갖는 동등한 인간(Person) 상호간의 직접적인 관계를 말한다."고 설명한다. F. Bydlinski, Privatrcht-gesellschaft und Rechtssytem, in: FS für P. Raisch, 1995, S. 7(23); J. Isensee, Privatauto-nomie, S. 212, RN 10.

지방(주)간, 동등한 행정기관 간의 조정수단이기도 하다. 하지만 사적자치에서 파생된 계약자유는 평등한 사인 간을 전제로 한 것으로 국가와 사인과 같이 종속적인 관계에는 적용되지 않는다. 국가와 사인 간은 구조적인 불평등이 전제된 것이기 때문에 원칙적으로 계약자유가 보장되지 않지만 법적으로 사인에게 국가와 동등한 협상력을 보장된 경우에는 예외적으로 계약자유를 보장할 수도 있다.

(2) 개인적 자유

사적자치는 법적 강제의 부재를 의미하는 것으로 소극적인 자유다. 따라서 사적자치의 주체는 법, 관습, 정치적 정당성과 반드시 일치하지 않더라도 자신의 판단에 따라 스스로 자기책임법을 제정할 권한을 갖는다. 즉 사인의 자의에 정당성을 인정하는 것이 사법상 계약자유(사적자치)의 본질이 된다. 계약자유로 인해 사적 이기심과 상대방에 대한 차별도 정당화된다. 따라서 사인은 원하는 상대방을 선택하여 자신이 옳다고 판단하는 조건만 내세워 계약을 체결할 수 있다. 다른 사람을 계약상대방으로 선택하지 않고 객관적으로는 비도덕적인 계약조건을 강제하더라도 내용적 정당성을 입증할 책임도 없다.

하지만 국가는 도덕적 명령이나 사회정책적 규정에 따라 기본권제한의 정당성을 입증할 책임을 부담한다. 따라서 민법학에서 사적자치는 자기지배(Selbstherrlich-keit)로 해석한다.[10] 이는 이중적 의미를 갖는 것으로 사인은 사법관계에서 자기 자신의 주인일 뿐만 아니라 상대방에 대한 배려 없이 비도덕적으로 계약자유를 남용할 가능성에 대해서도 인정해야 하는 것을 뜻한다. 사인은 국가와 달리 자신의 권한행사방법에 대해 정당성을 입증할 필요가 없기 때문이다.

(3) 법률관계형성의 자유

사적자치는 법률관계의 발생, 변경, 소멸과 관련된 것으로 법적 효력이 부여되어야 한다. 사적자치의 행위형식은 법률행위로 사인의 의사에 따라 의욕한 대로 법적 효과가 발생하게 되는 법적 실현수단이다. 법률행위의 본질은 의욕한 법적 효과를 초래하게 하는 의사표시이고 이 의사를 승인한 법규범을 매개로 사인은 법제정을 하게 된다. 의사와 표시는 일치해야 하며 그 판단기준은 의사표시 발신자의 입

---

10) 이영준, 전게서, 13면; J. Isensee, Privatautonomie, S. 213, RN 12.

장과 수신인의 입장도 객관적인 법규범의 해석이다. 발신인은 수신인이 수용한 의사표시에 대한 책임을 진다. 따라서 자기결정은 자기책임과 상대방에 대한 책임을 포함한다.

사적자치는 그 행위주체에게 자기의 의사표시로 법률관계를 형성하는 권한을 부여한다. 하지만 사적자치는 상대방의 권리를 방해하거나 상대방을 복종하게 하는 것을 허용하지 않는다. 일방의 자기결정의 한계는 동등하게 법적 지위를 향유하는 상대방이 자기결정을 할 수 있는지 여부에 있다. 사적자치, 특히 계약자유는 반드시 계약당사자간 법적 지위의 평등을 전제로 하고 있다. 평등한 법적 지위를 갖는 계약당사자는 사적자치를 향유할 수 있지만 불평등한 경우에 계약자유는 침해된다. 사인은 타인의 자유를 존중하여야 한다. 타인에게 의무를 부담하게 할 수는 없고 자기에게만 책임을 부과할 수 있다. 계약은 일방의 청약과 타방의 승낙에 의해서만 타인에게 책임을 부과할 수 있는 것으로 사법상 계약자유는 제3자를 위한 계약(민법 제539조 제1항)과 달리 제3자 부담의 계약을 허용하지 않는다.[11] 사적자치의 한계를 넘기 때문이다.

계약자유는 자기의사에 의한 자기구속을 내용으로 한다. 교환계약은 계약당사자간 자기구속으로 성립된다(민법 제596조). 공권력과 달리 사인은 법률에서 자유제한을 허용한 예외적인 경우를 제외하고는 타인의 자유를 원칙적으로 제한할 수 없다. 예컨대, 형성권인 취소, 철회, 해지, 해제와 같은 단독(적 법률)행위의 경우도 법률에서 허용한 경우에만 행사할 수 있다.[12] 하지만 형성권행사여부는 재량사항이다. 따라서 형성권을 행사하는 일방은 그 법적 효과를 수인해야 하는 상대방에 대하여 우월적 지위를 확보할 수 있다. 하지만 형성권 그 자체는 사적자치를 침해하는 것이 아니다. 왜냐하면 취소는 자기결정이 아닌 타인결정에 의한 사적자치를 제한하는 것이고, 철회, 해지, 해제는 계약에 의한 자기기속을 종료하고 원상회복을 도모할 수 있는 것이기 때문이다.

(4) 사적자치의 객관적 효력범위

사적자치가 전형적으로 나타나는 분야는 상행위를 포함한 채권계약법이다. 사

---

11) 지원림, 전게서, 1332면; J. Isensee, Privatautonomie, S. 216, RN 17.
12) 지원림, 전게서, 171면; J. Isensee, Privatautonomie, S. 212, RN 16.

적자치의 법적 효과가 계약당사자에 국한되고 제3자에게 책임을 부과하거나 공공복리를 고려할 필요가 없기 때문이다. 여기서 계약자유란 민법의 전형계약으로부터의 자유를 의미한다. 물권법, 친족상속법, 결사 및 회사법에서는 강행규정이 일반적이어서 사적자치는 제한적으로 적용된다.[13] 하지만 이들 영역에서도 혼인계약, 회사설립, 결사가입 등 사인 간 계약체결의 자유는 법적 제한없이 향유할 수 있지만 상대방선택 및 계약방식 등 계약형성의 자유는 법적 한계 내에서 행사할 수 있다. 예컨대, 물권법정주의(민법 제185조), 회사법의 법정요건(상법 제169조 이하), 혼인의 방식과 요건(민법 제815조 이하), 유류분청구권(민법 제1112조 이하) 등이 그 법적 한계다.

Ⅲ. 사법상 계약자유의 한계와 헌법상 기본권으로 편입

1. 계약당사자간 사실상 불평등

사법상 사적자치원칙은 사법관계에 참여하는 모든 사인의 평등한 자유를 전제로 한다. 계약당사자가 자기의사에 따라 계약내용과 방식을 결정하여 계약체결의 자유를 행사하기 위해서는 계약당사자간 최소한 동등한 협상력이 전제되어야 한다. 하지만 현실적으로는 불평등한 협상이 이루어진다. 당사자의 지식과 정보차이, 협상능력, 주변상황의 유·불리, 최근에는 사회적 관계도 그 원인이 되고 있다. 이와 함께 재산권에 내재한 자유로 인해 재산소유자는 무소유자에 대해 우월적 지위를 확보한다. 헌법은 계약자유와 동시에 사유재산권을 보장함으로써 현실에서는 모순이 나타날 수 있다. 불평등하게 분배될 수 있는 법적 자유로 인해 계약일방은 타방에 대한 사회적 권력으로 위세를 부릴 수 있다.[14]

19세기 형식적 법치국가의 근대민법은 모든 시민이 동등한 협상력과 사회적 관계를 갖는 법적 평등을 전제로 하였다. 따라서 계약일방이 타방에게 급부를 이행

---

13) 송덕수, 전게논문, 2면; J. Isensee, Privatautonomie, S. 212, RN 19.

14) 막스 베버(M. Weber)에 의하면 법적으로 보장된 소유분배의 차이로 인해 시장에서 우월적 지위를 행사하는 기업가의 경우 근로조건을 자의적으로 설정하여 계약상대방에게 강제할 수 있다고 한다. 즉 "계약자유는 법적 한계 내에서 소유한 재산권을 현명하게 이용할 수 있는 기회를 제공하여 결과적으로 타인에 대한 지배권을 확보하는 수단이 된다." Ders, Wirtschaft und Gesellschaft (1922), hg. v. J. Winckelmann, 1. Halbband, 1956. S. 562; J. Isensee, Privatautonomie, S. 219, RN 24.

하면 경제적으로 곤궁해지더라도 그의 계약의사는 유효한 것이었다. 근대국가는 폭력독점사상에 입각하여 착오, 사기, 강박 등 물리적 폭력의 경우와 계약내용이 공정한 교환정의에 반하는 공서양속위반, 폭리와 같이 현저히 불공정한 법률행위의 경우가 아닌 한 사적자치에 개입하지 않았다. 즉 계약당사자의 자기의사를 물리적 강제의 경우에만 부인하고 경제적 곤궁의 경우에는 여전히 유효한 것으로 보았다. 개인적 사정은 계약의사의 판단에서 배제한 것이다. 계약상대방의 사실상 열악한 지위는 계약체결의 자유제한이 아니었다.

하지만 근대민법에서 사실적인 계약조건을 계약성립과 무관한 것으로 본 것은 계약자유를 당사자간 힘의 균형을 전제로 하는 것과 모순되는 것이다. 사법상 계약자유는 계약당사자의 자기의사에 의한 자기결정이 우월적 지위를 이용한 상대방의 타인결정으로 대체되는 것을 금지한다. 사적자치는 강제와 양립할 수 없기 때문이다. 하지만 형식적 법치국가에서 사인 간 힘의 불균형은 부인할 수 없는 현실이었기에 이러한 사법상 계약자유의 한계를 해결할 방안을 강구하게 되었다.

2. 해결방안

우선 계약당사자 간에 사회 · 경제적으로 평등하다는 가정은 성립될 수 없기에 사법원칙으로 계약자유를 포기하는 급진적 방안이다. 현대의 대량소비사회에서 대부분의 계약은 공급자가 제시하는 계약조건을 수요자는 거부하기 어렵다. 따라서 진정한 계약자유를 사인 간 계약에서는 일반적으로 향유할 수 없다. 평등이 보장되는 사회란 지구상 어느 국가에서도 존재하지 않기에, 계약자유란 정확히 말하면 현실이 아닌 이상에 불과한 것이라 보아야 한다. 이는 사회주의국가에서도 마찬가지다. 이러한 점에서 현대 민법학의 과제를 계약자유가 아니라 계약공정을 추구해야 한다고 주장한다.[15] 계약공정을 실현하는 방법으로는 사인간 수평적인 거래에서 교환정의(justitia commutativa)를 추구하는 것과 상위의 분배기관과 하위의 수령자간에 수직적인 배분정의(justitia distributiva)를 실현하는 두 가지가 있다. 사회주의국가는 후자의 수직적인 방안을 실행하고 있다. 법체계를 자유보장수단으로 파악하는 민주국가와 달리 사회주의국가에서는 자유를 정의의 문제로 급진적인 전환을 시도하여 실행한다. 따라서 민법은 지배계급의 착취수단으로 파악한다.

---

15) 한삼인/김상헌, 『민법총칙』, 화산미디어, 2017, 19면.

다음으로 계약자유의 한계를 제거하기 위하여 불평등을 보완하는 점진적인 방안을 채택한다. 이는 자유민주적 법치국가에서 계약자유를 실현하기 위한 법적 조건을 마련하여 계약당사자 상호간에 계약내용을 자유롭게 결정할 수 있도록 보장하여 교환정의(justitia commutativa)를 실현하는 체계내재적인 방안이다. 이는 계약당사자간 협상체계의 불평등을 조정하려는 입법목적에 따라 법적 수단을 마련하는 것이다.

3. 계약자유한계의 상대화경향

계약당사자간 협상력은 현실적으로 동등할 수 없다. 대량소비의 현대사회에서는 대량 거래되는 물품에 대한 예측가능성, 투명성, 일반성, 신뢰성을 전제로 고정가격이 제시된다. 즉 일반거래약관, 공급조건의 정형화로 인해 개별적인 계약내용 형성의 자유는 제약되므로 대등한 정보, 조건에 대한 신뢰, 제품의 비교가능성을 담보한 계약체결의 자유가 중요하게 되었다.

한편 사회주의국가에서 암시장과 암노동자가 존재하고 있는 것은 사적자치의 흔적으로 평가할 수 있다. 따라서 사적자치는 자본주의, 사회주의든 이념을 불문하고 인간사회에서는 자연적인 현상으로 보아야 한다. 다만 그 보호수준에서 상대적 차이를 확인할 수 있을 뿐이다.

4. 사법상 계약자유의 바이마르헌법상 기본권으로 수용

바이마르헌법은 기본권편 경제생활에 관한 장에서 계약자유를 규정하였다. 즉 "계약자유는 경제거래에서 법률의 범위 내에서 보장된다. 폭리는 금지된다. 공서양속에 반하는 법률행위는 무효이다(제152조)." 바이마르헌법은 프롤레타리아(인민)혁명 이후 경제질서를 수용하면서 민법상 계약자유를 헌법적 효력으로 고양하였다. 하지만 계약자유를 경제거래의 분야에 한정함으로써 학설상 채권법분야 이외에 물권법분야는 제외된다는 해석이 일반적이었다. 또한 계약자유를 법률유보에 의해 형성되는 자유로 규정하여 진정한 자유권으로 볼 수 없었다. 하지만 법률유보된 계약자유의 헌법적 효력으로 인해 입법자는 계약자유를 폐지할 수 없는 최소한의 의무를 부담하였다. 즉 사적자치를 제도보장으로 고양하여 바이마르헌법의 경제질서는 (사적자치를 사법상 기본원칙으로 인정하지 않고) 중앙집권적 계획경제를 추구하는 사

회주의나 공산주의국가를 배격한다는 헌법적 의미를 부여하였다.[16)]

　　바이마르헌법 제152조의 계약자유는 제도보장 이외에 입법과 그 해석방법을 제시하는 원칙으로서의 성격과 계약체결자유의 주관적 공권적 성격을 보장하고 있다. 이러한 세 가지 성격(제도보장, 입법과 해석원칙, 주관적 공권)은 계약자유의 헌법적 성격을 기본권으로 주장할 수 있는 요인이 된다. 하지만 계약자유의 기본권적 성격은 입법과 행정에 대한 보호를 의미할 뿐 다른 사인(제3자)에 의한 계약자유의 침해에 대한 보호를 청구하는 기본권의 제3자적 효력은 제외되었다.[17)]

Ⅳ. 기본권으로서 사적자치의 헌법적 근거와 실현수단

1. 사적자치의 헌법적 근거

　　현행헌법에 사적자치나 계약자유에 관한 명문규정은 없다. 따라서 학설과 헌법재판소결정에 나타난 사적자치와 계약자유의 헌법적 근거를 살펴보기로 한다.

(1) 학설

(가) 일원설

　　헌법재판소결정과[18)] 다수학설[19)]에 의하면 사적자치는 인간존엄 및 가치에 근거한 기본권의 핵심내용으로[20)] 헌법 제10조의 인간의 존엄과 행복추구권에서 파생되는 일반적 행동자유권의 한 내용으로 도출하고 있다. 이는 소위 일원설로 보충적 기본권으로서 행복추구권이 아닌 독자적 기본권으로서 사적자치의 근거로 파악할 수 있다. 일원설은 기본권으로서 사적자치의 독자성을 유지하기 위하여 그 보호내용과 한계를 동일하게 보는 것이다. 즉 사적자치(계약자유)를 행복추구권에 근거한

---

16) J. Isensee, Privatautonomie, S. 219, RN 40, 41, 42 ff.

17) J. Isensee, Privatautonomie, S. 219, RN 43.

18) 헌재결 2010. 5. 27. 2008헌바61, 판례집 22-1하, 205; 2009. 6. 25. 2007헌바39, 판례집21-1하, 820, 826-827 참조; 2003. 5. 15. 2001헌바98, 판례집 15-1, 534, 546-547; 1991. 6. 3. 89헌마204, 판례집 3, 268.

19) 김철수, 『학설판례 헌법학(상)』, 536면; 전광석, 『한국헌법론』, 291면.

20) 대리상에 관한 연방헌법재판소결정(BVerfGE, 81, 242, 254)에 의하면 "자유민주주의 사회의 구성요소인 사적자치에 기초하여 계약당사자는 자기책임으로 법률관계를 형성한다. 계약당사자는 상반되는 이해관계를 적당하게 조정할 수 있고 이와 함께 국가의 간섭 없이 기본권을 행사할 수 있다. 국가는 사적자치의 한계에서 당사자가 내린 결정을 원칙적으로 존중하여야 한다."

일반적 행동자유권의 파생으로 일반적 인격권, 개인정보자기결정권 등과 같은 독자성을 갖는 불문기본권으로 주장하고 있다.

(나) 다원설

이와 반면에 다원설은 다양한 기본권의 보호내용을 고려하여 사적자치의 특성을 반영하고 있다. 사적자치는 재산권, 혼인과 가족의 권리와 같이 법제도에 의해 보호내용이 형성되는 것으로 직업,[21] 결사,[22] 재산권,[23] 재판청구권,[24] 혼인과 가족의 권리,[25] 소비자의 권리[26] 등 다양한 기본권의 보호내용에 우선적으로 근거한다는 것이다. 다만 행복추구권에서 파생된 사적자치 내지 계약자유는 보충적인 기능을 한다고 본다. 다원설은 일원설의 경우 헌법에서 기본권의 보호내용을 차별하고 있는 만큼 개별기본권의 본질내용을 고려할 수 없어 기본권보호수준이 획일화될 위험이 있다고 본다.

(다) 사견

일원설에 의하더라도 평등한 사인간의 사적자치에 개입하는 헌법재판소[27]는 자의적인 차별입법과 관련된 자유권의 침해정도에 따라 평등보호수준을 자의금지

---

21) 운송수입금 전액납부 및 수납의무를 부과한 여객자동차운수사업법 규정의 직업수행의 자유 제한 의한 계약자유침해여부(헌재결 2009. 9. 24. 2008헌바75, 공보 제156호, 1720; 1998. 10. 29. 97헌마345),

22) 안마사들로 하여금 의무적으로 대한안마사협회의 회원이 되어 정관을 준수하도록 한 의료법 규정의 소극적 결사의 자유의 제한에 의한 사적 자치침해여부(헌재결 2008. 10. 30. 2006헌가15, 판례집 20-2상, 684),

23) 토지거래허가제에 관한 국토이용관리법규정의 재산권제한에 의한 사적 자치침해여부(헌법재판소 1989. 12. 22. 88헌가13, 판례집 1, 357); 화재로 인한 재해보상과 보험가입에 관한 법률 조항의 재산권제한에 의한 계약자유 침해여부(헌법재판소 1991. 6. 3. 89헌마204, 판례집 3, 268).

24) 가해차량이 종합보험에 가입되었다는 이유만으로 공소제기를 원칙적으로 금지하는 교통사고 처리특례법규정의 재판절차진술권제한으로 인한 불법행위 피해자의 생명신체의 보호의무위 반여부(헌재결 2009. 2. 26. 2005헌마764 등, 판례집 21-1상, 156).

25) 동성동본금혼제도에 의한 혼인계약자유의 침해(헌법재판소 1997. 7. 16. 95헌가6 등, 판례집 9-2, 1).

26) 계속거래업자와 계속거래계약을 체결한 소비자에게 일방적 해지권을 부여한 방문판매 등에 관한 법률조항 중 '계속거래'에 관한 부분이 청구인의 계약의 자유를 침해하는지 여부(헌재결 2016. 6. 30. 2015헌바371 등, 공보 제237호, 1108).

27) 헌재결 1999. 12. 23. 98헌마363; 2010. 11. 25. 2006헌마328.

와 비례의 원칙에 의해 차별화하여 헌법적 정당성을 심사하고 있으므로 실제적인
차이는 거의 없다 볼 수도 있다.

하지만 다원설은 예컨대, 점주와 직원 간의 일정기간 경업금지계약의 사적자
치침해주장에서 직원은 직업의 자유를, 점주는 계약자유를 주장하는 경우와 같이
상이한 기본권보호를 주장하는 현실을 반영하여 보호수준을 상이하게 파악할 수
있는 장점이 있다. 또한 사회국가원리에 의하여 보호수준이 다양한 계약자유의 경
우 예컨대, 근로계약에서 근로자, 보험계약에서 피보험자와 같이 사실상의 계약약
자는 사회권침해를 주장하여 정당한 보호를 받을 수 있다. 헌법재판소결정[28]에서
도 산재보험법에서 통상의 출퇴근 재해에 있어 사업주와의 관계에서 혜택근로자와
비혜택근로자를 차별하는 입법의 정당성을 자의금지원칙의 강화된 심사를 통하여
종래의 합헌결정을 변경하여 헌법불합치결정을 한 바 있다. 이러한 점에서 개별기
본권의 보호범위에 내포된 사적자치에 대하여 살펴볼 필요가 있다.

(2) 개별기본권의 보호내용으로 사적자치

(가) 모든 기본권에 내재된 사적자치

사적자치를 보호내용으로 하는 개별기본권은 사법이론과 별개로 헌법고유의
역사적 경험과 기본권이론 및 국가권력에 대한 국민의 지위 등을 고려하여 체계적
으로 규정되어 있다. 사적자치에 관하여 개별기본권은 일반적 행동자유권에 비해
특별관계에 있다.

첫째, 자유권적 기본권인 직업의 자유(헌법 제15조)는 사적자치에 관한 다양한
보호내용을 내재하고 있다. 본업, 부업, 공익, 사익을 망라한 소득활동에 관한 법률
행위, 회사합병과 같은 직업관련계약의 체결과 법적 효력, 직업선택, 경업피지의무
에 의한 직업변경 등 자신의 계획에 따라 자유롭게 직업상을 형성할 수 있는 것 등
을 보호내용으로 한다. 하지만 단계이론에 의하여 직업수행의 자유와 같이 법적 제
한이 용이한 경우 이에 해당되는 사적자치의 제한도 용이하다.

둘째, 재산권(헌법 제23조)의 경우 사유재산제도를 전제로 하고 있어 사적자치
가 내재되어 있다. 이에 따라 재산권의 주체는 법률과 제3자의 권리를 침해하지 않

---

28) 헌재결 2016. 9. 29. 2014헌바254, 공보 제240호, 1474, 1477~1478. 특히 법정의견에 대한
    보충의견은 사회권의 위헌심사기준으로 평등위반의 엄격심사요소를 제시하고 있다. 사회권
    의 보호영역의 특성, 보호의 긴절성, 보호수준의 적절성이 그것이다.

는 한 자신의 재산을 임의로 사용, 수익, 처분할 수 있는 권능이 있다. 재산권의 보호범위에는 물권의 사용, 수익, 처분행위가 포함된다. 따라서 토지의 임대차나 지상권설정시에 공익적 요청이 현저하게 있지 않음에도 불구하고 토지거래의 승인유보나 처분제한, 해지권의 배제, 임대료 규제는 재산권보장에 반한다. 헌법상 재산권은 사법상의 재산은 물론 물권, 채권, 보험금 수령기대권 등 공사법상의 모든 재산적 가치 있는 권리를 포함한다. 재산권의 보호범위는 내용과 한계를 형성하는 입법(제23조 제1항 제2문)에 의해 확대될 수 있다.

셋째, 상속권은 사유재산제도와 밀접한 관련성을 갖는 것으로 재산권의 보호내용으로 파악할 수 있다. 상속권에는 상속인의 사적자치로 후손에 대한 상속재산의 평등분배 대신에 자기결정에 의하여 재산을 분배할 수 있는 사적자치의 일환인 유언의 자유를 비롯하여 재산을 상속할 상속인의 지정 등 상속계약의 체결 및 내용형성의 자유가 내포되어 있다. 상속에 관한 사적자치는 상속법으로 구체화된다. 하지만 상속법은 혼인과 가족제도와의 규범조화를 고려하여 유류분제도와 엄격한 형식요건을 부가하여 유언자유에 제한29)을 가하고 있다.

넷째, 혼인과 가족에 관한 권리(헌법 제36조 제1항)에는 배우자를 자유롭게 선정하여 혼인계약을 체결할 자유를 내포하고 있다. 이에는 부부재산에 관한 약정, 부부생활비에 관한 약정 등 혼인의 내부관계를 자유롭게 형성할 최대한의 자유를 보장한다. 반면에 혼인의 외부관계는 제도보장으로 최소한의 법적 보호를 내용으로 한다. 따라서 동성혼과 같은 생활동반자 관계를 계약으로 체결하고 법률관계를 형성하는 것은 일반적 행동자유권(헌법 제10조)의 보호범위에 속한다.

다섯째, 결사의 자유(헌법 제21조)의 보호범위에는 합명, 합자, 주식, 유한회사 등 회사설립 및 정관작성계약, 결사의 구성원으로 가입, 탈퇴할 자유가 있다. 하지만 이러한 회사나 결사를 설립하고 그 내적관계를 형성할 자유와 회사나 결사가 단일한 권리주체로서 외부관계를 형성할 자유는 구별하여 직업의 자유(제15조)의 보호범위와 보충적으로 일반적 행동자유권(제10조)에 의해 보호된다.

여섯째, 근로자의 단결권, 단체교섭권, 단체행동권의 근로3권(제33조)의 보호범위에는 임금 등 근로조건향상을 위한 사용자와 교섭(Tarifautonomie)을 수행하기 위한 사적자치를 내재하고 있다. 일정한 경우 법률도 대체할 수 있는 임금교섭은 사

---

29) I. Kroppenberg, Privatautonomie von Todes wegen, Tübingen, 2008, S. 13 ff.

적자치가 극단적으로 발현되는 사례다. 단체교섭(Tarifvertrag)에서는 기본권의 자유주의원리보다는 사회적 힘의 역학관계가 지배하는 특징이 나타난다.

일곱째, 법률관계를 형성하는 것은 내면적인 의사표시에 기인하는 것으로 개별적인 법률행위는 단지 내면적 의사를 실현하기 위한 수단 내지 표시에 불과하다. 시민은 사적자치의 실현수단인 법률행위로 자신의 윤리, 종교, 정치적 가치관을 실현하고 자신의 가치관에 따른 계약관계를 형성하거나 회피할 수 있다. 이러한 사적자치는 의사표현의 자유(제21조)와 양심(제19조) 및 종교(제20조)의 자유의 보호범위에 속한다.

여덟째, 사적자치는 자기결정의 주체로서 스스로 법적 구속을 하고 자신의 말과 행동에 책임지는 인간의 존엄을 구현하는 수단이다. 인간은 자신의 생활영역에서 법에 복종하는 통치의 대상만이 아니라 법제정자이기도 하다. 인간존엄의 기본권인정여부에 의하여 사적자치의 기본권적 근거로 볼 여지가 있다. 판단컨대 인간존엄은 기본권실현의 목적이고 개별기본권은 인간존엄을 실현하기 위한 수단이라는 점과 기본권의 전제조건으로 전국가적인 성격을 갖는 기본권으로서 다원설에 입각한 사적자치권과 사법상 사적자치원칙의 공통적인 헌법적 근거로 파악하는 것이 타당하다고 본다. 이는 사적자치의 실현방식에 있어 헌법과 사법은 기능적 협력관계에 있음을 반증하는 것이다. 헌법은 사적자치권의 제한과 형성의 법률중재의 방법으로, 사법에서는 사적자치원칙의 헌법합치적 법률해석으로 실현한다.

마지막으로 살펴본 개별기본권의 보호내용에 속하지 않는 사적자치에 관한 나머지 내용이 보충적 기본권으로서 일반적 행동자유권(제10조)의 보호내용으로 볼 수 있다. 여기에 근거한 사적자치는 국적에 상관없는 시민의 기본권으로서 자국민만을 기본권주체로 해석하여 해당 기본권의 보호범위를 향유할 수 없는 외국인의 사적자치, 채권계약의 자유, 공법상 계약자유 등이 포함된다.

전술한 바와 같이 사적자치의 헌법적 근거에 대해서 인간존엄과 개별기본권 이외에 일반적 행동자유권은 보충적 기본권으로 기능한다고 보았다. 사적자치의 근거를 개별기본권에서 찾는 경우 그 고유의 보호범위에 상응하여 제한과 제한의 한계 원리를 적용하여 사적자치의 보호를 최적화할 수 있다. 하지만 이는 개별기본권의 보호범위에 해당하는 사적자치의 내용을 추상화할 수 있는 경우에는 가능하지만 보호범위가 중첩되는 경우에는 사적자치의 불문기본권으로서의 헌법적 근거를 기준으로 보호하는 것이 타당하다. 일반적 행동자유권은 개별기본권에 특유한 보호 범위에 포섭될 수 없는 사적자치의 근거가 된다는 점은 그 보호범위와 헌법적 성격에서 일반성을 갖는 것을 의미한다. 따라서 다양한 내용을 구분하여 개별기본권의 보호범위로 귀속시킬 수 없는 사적 자치는 불문기본권으로서 일반적 행동자유권을 근거로 하여야 한다고 볼 수 있다.

(나) 요약

결국 모든 기본권에는 사적자치가 포함되어 있다. 이를 공적영역에서 행사하면 공적자치가 된다. 즉 사적자치가 동인이 되어 공적자치가 이루어지지만 공적영역에서는 일체가 되는 것이다.

2. 사적자치실현의 법적 수단으로 공사법구분의 가능성

(1) 헌법은 공사법을 포괄하는 근본법

실정헌법에서 공사법의 구분이 가능한지 살펴볼 필요가 있다. 공사법의 구분에 대한 다양한 학설이 있다. 즉 공익보호목적과 사익보호목적으로 구별하는 이익설, 불평등한 지배복종관계와 평등한 대등관계로 구별하는 종속설(권력설, 복종설), H. J. Wolff가 주장한 국가기관이 권리의무의 주체가 되는 행위형식을 규율하는 공법과 국가기관이 아닌 사인과 사법인의 행위형식을 규율하는 사법으로 구분하는 신주체설이 그것이다. 이러한 학설들은 모두 공사법을 구별하는 기준으로 완벽하지 못하다.[30] 우선, 소비자보호법, 노동법, 사회보장법 등 오늘날의 실정법은 공사내용이 혼합하여 있는 법률이 많이 제정되고 있다. 둘째, 국가기능을 사법조직에서 수행할 가능성과 일정한 범위에서 사법형식의 행정행위를 허용할 가능성도 있다. 국가배상청구권, 손실보상청구권 등과 같이 민사법원에서 공법적 청구권을 행사하는 것도 가능하다.[31] 이러한 점은 공사법 의미와 기능이 불분명하여 법적 형식에서 차이를 엄격히 구분할 수 없다는 것을 의미한다. 셋째, 헌법은 공사법의 구별을 하지 않는다. 헌법에서 나타나는 공사법의 실질적 차이는 국가권력은 기본권에 기속되는 보호의무자이지만 사인은 기본권의 향유자로서 그 주체라는 점이다. 하지만 이 차

---

30) 동일 취지로 박균성,『행정법론(상)』, 박영사, 2008, 13면; 홍정선,『행정법특강』, 박영사, 16면.

31) 최영규, "공사법구별론 재검토(Ⅰ.)",『경남법학』제14권 제1호, 1998, 89~103면.

이점을 기준으로 공사법을 구분하는 학설이 없듯이 헌법은 공사법구분을 전제하지 않고 있다. 헌법에는 기본권보호의무를 이행해야 하는 공적영역과 사적자치를 보장하는 사적영역이 있을 뿐이다.

(2) 공법관계와 달리 사법관계는 다만 사인소추를 전제로 보호의무가 발동되는 차이점

다양한 실정법 중 사법은 기본권주체의 행위에 관한 일반법형식이라는 점과 사법에 사적자치에 관한 실질적 내용이 체현되어 있다는 점이다. 이러한 점에서 국가권력의 기본권보호의무는 공법관계에서는 직접 발동되지만 사법관계에서는 사인의 소추를 전제로 간접적으로 발동되는 차이가 있을 뿐이다. 국가의 기본권보호의무는 예외 없이 완전하게 이행되어야하기 때문이다. 그것은 국민이 주권을 위임하고 국가는 사적영역을 제외한 권력관계가 형성되는 공적영역에서는 독점적으로 폭력으로 행사하여 공동체의 평화를 유지할 과제를 부여받았기 때문이다.

(3) 사법제정의 헌법적 근거

사적자치의 실현수단으로 민법, 상법, 임대차보호법, 노동법, 소비자보호법 등 사법 내지 특별사법이 있다. 이러한 사법제정의 헌법적 근거로 인간의 존엄과 가치(제10조 제1문), 국가의 불가침의 기본적 인권에 대한 보장의무(제10조 제2문), 기본권제한의 법률유보(제37조 제2항), 재산권형성의 법률유보(제23조 제1항), 국가의 혼인과 가족제도(제36조 제1항) 및 헌법유보에 의한 사회권규정 등을 들 수 있다. 여기서 헌법은 입법자에게 제도보장이나 기본권제한 또는 형성적 법률유보로 사법제정의무를 부과하고 있다. 따라서 헌법에서는 사적자치를 사법의 기본원리로 정당화하고 있는 것이다.[32] 그 헌법적 정당화로 인해 사인은 사적자치침해에 대하여는 일반법원과 헌법재판소에 재판청구권을 행사하여 보호받을 수 있다(제27조 제1항, 제111조).

---

32) 송덕수, 전게서, 17면.

Ⅴ. 사법원칙으로서 사적자치와 기본권으로서 사적자치의 상호관계

1. 사적자치원칙과 사적자치권의 병존은 모순인가?

사적자치의 보호범위와 내용은 법률에 의해 결정된다. 민상법 등 사법에 의한 사적자치의 내용은 개방되어 있다. 이와 반면에 헌법의 규범력과 기본권의 보호범위는 고정되어 있다. 여기에서 헌법의 한계가 나타날 수 있지만 사법의 한계는 없다. 사적자치와 계약자유는 원래 순수 헌법의 주제는 아니다. 근대헌법은 국가권력의 법적 권한과 절대왕정에 대한 항의적 차원에서 국가와 수직적 관계에 있는 국민의 대국가적 효력주장 수단으로 주관적 공권을 규정하는 것을 과제로 하였기 때문이다. 따라서 사인 간의 수평적인 법률관계에 주관적 공권으로서의 기본권은 직접 적용될 수 없고 기본권의 객관적 내용인 방사효가 사법의 일반규정을 관문으로 하여 해석에 의해 간접 적용된다는 대사인효 간접설이 종래 헌법학계의 통설[33]이었다. 여기서 헌법은 최고의 효력을 갖는 국내법이지만 하위법률보다 규정내용에 있어서는 상세하지 않다는 결론이 도출된다.

전술한 간접효설에 의하면 사법의 사적자치원칙의 형해화를 방지하면서 기본권합치적 법률해석으로 공사법의 이원적 법체계하에서도 헌법의 최고규범력이 실현될 수 있다고 본 것이다. 이에 더하여 근자의 헌법학계에서는 계약자유를 기본권으로 도출하여 국가권력의 기본권기속(헌법 제10조 제2문)과 기본권보호의무이론 (Lehre von den grundrechlichen Schutzpflichten)을 근거로 하여 사법보다 우위에 있는 제도보장, 방어권, 청구권, 사회권, 보호의무의 기능을 부여하고 있다.[34] 하지만 사법학자는 여전히 사적자치는 초국가적 자연권적 성격을 갖는 사법의 근본원칙이라 주장[35]하고 있다.

사법의 시각에서 계약자유를 기본권으로 보장할 필요는 없다. 기본권으로서 계약자유의 보호범위를 확정할 수 없어, 법률유보로 보호범위에 아무런 영향을 미

---

33) 장영철, "기본권의 제3자적(대사인적) 효력에 관한 이론적 연구", 『공법연구』 제37집 제3호 (2009. 2.), 33~58면; 장영철, "기본권의 제3자적 효력과 기본권보호의무", 『공법연구』 제29 집 제2호(2001. 2.), 155~170면.

34) 장영철, "헌법재판과 사적자치", 『공법연구』 제45집 제2호(2016. 12.), 129~154면.

35) 양창수, "헌법과 민법 -민법의 관점에서-", 『법학』, 서울대 법학연구소 제39권 제4호(1999).

칠 수 없다고 본다. 계약자유는 당사자간 합치된 의사표시에 대해 사법의 범위에서
효력을 부여하기에 기본권으로서 계약자유는 아무런 기능을 하지 못하고, 계약자유
의 법률유보도 사법질서에 의한 계약자유와 구별할 수 없다. 법질서가 허용한 범위
에서 개인은 사법상 인(Person)으로서 자기결정에 의한 계약자유를 향유하는 것이
다. 예컨대, 부부별산제의 배제, 상속계약의 불허, 물권법의 제도축소, 채권법을 강
행규정으로 해석하는 계약자유도 가능한 것이다. 이는 헌법상 계약자유의 일반적
행동자유권에 근거한 기본권과는 무관한 것이다.

　　헌법상 계약자유는 국가에 대한 국민의 소극적 관계에서 주장되는 의사표현의
자유, 신체의 자유와 같은 대국가적 효력을 갖는 자유권적 기본권의 성격을 인정한
다. 자유권적 기본권은 천부인권으로서 전국가적인 자유를 보호내용으로 하여 국가
의 법적 제한에 대한 방어권적 성격을 갖는다. 법적 제한에는 공사법을 막론한 모
든 강행법규가 이에 해당된다.[36] 이러한 강행법규는 방어권으로서 일반적 행동자
유권에 근거한 계약자유의 내재적 한계인 타인의 권리, 헌법질서, 도덕률을 존중하
는 내용이어야 한다. 예컨대, 가격규제, 법률행위제한능력자보호, 유언의 형식주의
등 사법상 규정을 들 수 있다. 자유는 무제한인 반면 국가권력은 제한적이라는 법
치국가의 배분의 원리에 의하여 전국가적 자유에 제한을 가하고 있다. 국가는 계약
자유의 제한수단으로서 법률의 형식요건과 과잉금지원칙의 실질요건을 충족하여야
한다.

　　하지만 헌법상 계약자유를 방어권으로만 파악하는 것은 사법상 사적자치원칙
과 실질적인 차이점이 두드러지지 않는다. 왜냐하면 사적자치를 방어권으로만 파악
해서는 헌법과 사법에서 사적자치의 한계만을 강조하고, 기본권의 전제조건 내지
기초로서의 사적자치의 본질적 성격에 대해서는 논할 수 없기 때문이다. 사법의 독
자성에 대해서도 설명할 수 없다. 이러한 점에서 사법적 시각에서 기본권으로서 사
적자치의 독자성을 인정할 수 없다는 지적은 적확하다. 계약과 그 밖의 법률행위의
기속력과 엄격한 법적 집행력은 자연법적 명령이 아닌 국가법에 기인한다. 계약자
유는 가정적인 자연적 상황에서의 천부인권이 아니라 국가법에 의해 비로소 형성
된 기본권이다. 하지만 계약자유는 실정법의 단순한 결과물은 아니다. 헌법적 견지
에서 계약자유는 공동체형성에 필수적인 기본수단이기에 법률에 의해 비로소 생성

---

36) 헌재결 2013. 12. 26. 2011헌바234.

되는 것이 아니라 보장되어야 하는 기본권이다. 법률관계에서 개인의 자기결정은 헌법의 전제로서 인권적 성격을 갖는 것으로 입법자는 계약자유형성의무를 이행하여야 한다(헌법 제10조 제2문).

헌법학자 듀리히(G. Dürig)는 계약자유는 본질적으로 자연적인 것이어서 민법의 기본원리로 편입되었다고 인정하고 계약자유의 제한은 그 보호를 위한 것37)이라 하였다. 민법학자 플루메(W. Flume)도 입법은 법적 효력을 부여하기 위한 목적인 개인을 인격자로 존중하고 자기결정을 원칙적으로 존중하려는 목적에서 제정되는 것이다. 따라서 개인의 자기의사, 자기지배, 자기책임을 내용하는 사적자치는 입법에 의해 비로소 생성되는 것이 아니라 한다.38) 헌법 제10조의 일반적 행동자유권에서는 입법원리로 법률관계형성과정에서 인격의 자유로운 발현에 대한 존중권 이외에 사법의 기본원리로서 사적자치를 도출할 수 없다고 한다. 즉 헌법에서 계약자유를 기본권으로 도출한다 하여도 사법질서의 구체적 내용은 헌법에서 직접 도출할 수 없는 것으로 본다.

전술한 내용을 보면 사법의 시각에서도 사법상의 사적자치원칙에 관한 근본결단은 인간의 존엄과 가치(헌법 제10조 제1문)에 내재되어 있고 사적자치를 실현하기 위한 수단은 기본권형식으로 규정되어 있다고 본다.39) 이는 민법과 헌법의 견해차를 좁힐 수 있는 계기를 제공한다. 사적자치의 실현수단인 기본권의 제한과 형성에 관한 사법제정에서 헌법과 사법에서의 사적자치에 관한 이해의 대립을 조정할 수 있기 때문이다.

2. 자유의 조정자로서 법치국가

추상적인 사적자치원리가 사법에서는 구체적 내용으로 나타나고 있다. 여기서 바로 모든 사람을 인격자로 존중하고, 사적영역과 사법관계에서 자신의 인격을 발현할 수 있게 하는 법치국가의 목적이 구현되는 것이다. 이를 칸트에 의하면 법치국가란 일반법률에 의하여 일방의 자유와 타방의 자유가 공존할 수 있는 법적 조건

---

37) G. Dürig, in: Maunz/Dürig, GG, 1958, Art. 2. Abs. 1, RN 59.

38) W. Flume, Allgemeine Teil des Bürgerlichen Rechts, Bd. Ⅱ., S. 20.

39) 우리의 경우도 다수 민법학자와 대법원판례가 인정하고 있다. 송덕수, 전게서, 17면; 지원림 전게서, 17면; 김동훈, "사적자치원칙의 헌법적·민사법적 의의", 민사법학회 발표문(2017. 10. 21.), 20면. 대판 2003. 7. 22. 2002도7225; 2007. 7. 12. 2006두4554.

을 보장하는 국가를 말한다. 법치국가는 일반 기준에 따라 법영역을 구분하고 상반되는 이해관계에 있는 당사자의 기본권충돌을 해결하는 방안을 제시하여 법률관계에서의 민법적 기초를 제공한다. 예컨대, 법률행위능력, 의사표시의 효력발생요건, 하자있는 의사표시의 효력 등에 관한 규정이 이에 속한다. 전형계약에 관한 규정도 계약자유에 따라 선택가능한 계약모델을 제시하고 있다. 임의규정은 계약자유의 행사를 용이하게 하고 일반적인 경우에 합리적인 해결방안을 제공한다.40) 민사법에서 자유의 조정자로서 법치국가는 사적자치가 개인의 자기지배가 타인지배로 변질되지 않도록 하여 계약일방이 타방의 계략에 넘어가 법익침해를 당하지 않도록 배려한다. 즉 법치국가는 법률관계에서 신의를 보호한다. 사적영역에 비해 고권적인 지위에서 사적자치에 관한 일반적인 법원칙과 분쟁해결을 위한 권리보호수단을 제시한다. 사법관계에서 법적 안정성을 보장하기 위한 최소한도의 일반규정(민법 제103조, 제104조 등)도 마련한다. 이러한 사법규정은 기본권제한입법이라기보다는 오히려 형성입법으로 평가할 수 있다. 즉 사적자치는 필수적으로 제한을 동반하지만 입법적으로는 형성이 요구된다.

3. 기본권의 제한과 형성의 상대성

기본권주체는 기본권의 형성으로 현실적으로 행동할 있는 법적 조건이 마련된다. 기본권형성은 추상적인 헌법규정을 구체적인 사법규정으로 전환하는 기능을 수행하는 것으로, 헌법의 우위를 침해하지 않으면서 기본권의 내용을 일반 법률체계에 포섭하여 기본권의 효력을 발현하게 한다. 이러한 점에서 민법총칙과 채권법규정의 대부분은 사적자치에 관한 내용으로 분류된다. 기본권의 형성과 제한을 명확히 구분할 수는 없다. 오히려 제한과 형성은 혼재되어 있다고 할 수 있다. 따라서 이를 '법률중재'라 표현하는 견해41)도 있다. 예컨대, 민법 제555조는 "증여의 의사는 서면으로 표시되지 아니한 경우에는 각 당사자는 이를 해제할 수 있다."고 규정하여 증여자가 경솔하게 증여하는 것을 방지하여 증여계약의 자유를 제한하지만, 증여의사를 명확하게 하여 분쟁을 예방한다는 점에서는 증여계약의 자유를 보호하고 있다.

---

40) 예컨대, 보증채무의 범위에 대한 민법 제429조 제1항에 대한 헌재결 2010. 5. 27. 2008헌바 61.
41) 장영철, "헌법재판과 사적자치", 140면.

한편 근로기준법 제26조는 "근로자를 해고하려면 사용자는 적어도 30일 전에 예고를 하여야 한다."는 규정은 사용자의 근로계약의 자유를 제한하는 측면도 있지만 오히려 근로자와 사용자의 근로관계를 형성하고 촉진시킨다는 점이 강하다. 계약자유형성입법은 사적자치의 최적화를 목적으로 하여 계약당사자의 계약내적이익을 보호하는 반면, 계약자유제한입법은 예컨대, "사용자는 월 1일의 생리휴가를 여성에게 주어야 한다."는 근로기준법 제73조와 같이 법률행위 일방의 개별적인 기본권보장을 목적으로 계약외적 이익을 보호한다. 이는 계약당사자가 아닌 일반인에게도 이익이 될 수 있는 공익보호효과를 발생하기도 한다.

형성규범이 없다면 계약자유의 행사에 어려움이 생긴다. 제한규범이 없다면 계약당사자의 자유는 오히려 확대된다. 기본권형성규범의 예로는 법률행위제한 능력자에 관한 규정을 들 수 있다. 사적자치는 이성과 사고력에 따라 행동할 수 있는 자기책임능력을 전제로 한다.[42]

사회권과 같이 헌법위임에 의하여 형성입법이 제정될 수도 있다. 기본권보호입법과 구별하여 촉진입법으로 분류할 수 있는 사회권형성입법도 비례의 원칙, 평등의 원칙에 합치하여야 한다. 우리 헌법재판소도 출퇴근에 있어 혜택근로자에 대해 비혜택근로자를 차별하는 것의 헌법적 정당성에 대해 엄격한 평등심사를 하여 헌법불합치결정[43]을 한 바 있다. 즉 사적자치는 실정법의 범위 내에서만 존재하지만 실정법은 기본권에 기속된다. 사적자치의 실현은 법률에 의존하지만 동시에 법률을 매개로 조정할 수 있다. 이러한 모순을 사법규범의 실천적 조화만으로 해결할 수는 없기에 기본권으로서 사적자치의 다양한 기능을 파악하여 해결방안을 강구할

---

42) 연방헌법재판소(BVerfGE 99, 341, 351)가 계약자유의 일환으로 분류되는 유언자유에 관하여 결정한 다음 내용도 이를 반증하고 있다: 개인은 자기결정에 따라 행동하고 자기책임을 질 수 있을 때에만 유언에 의한 처분행위를 할 수 있는 기본권을 주장할 수 있다. 따라서 개인은 유언장작성에 요구되는 판단력과 행위능력을 갖고 있어야 한다. 법률행위규정은 법률행위에 따른 위험을 감당할 수 없는 미성년자를 보호한다. 그리고 법률행위규정에는 법률관계에 있어 신의와 투명성도 고려하고 있다. 입법자는 일정범위에서는 연령제한을 규정할 수 있다. 이때 청소년의 성장상태와 사회적 요구를 동시에 고려하여야 한다. 동시에 일반법률과 사법체계 내에서는 규범의 체계조화를 존중하여야 한다. 입법자가 연령제한을 너무 낮게 책정한다면 청소년들의 자기결정권을 과도하게 제한하게 되어 기본권형성규범이 아닌 제한규범으로 변질된다.

43) 헌재결 2016. 9. 29. 2014헌바254, 판례집 28-2(상), 316 이하. 특히 법정의견에 대한 보충의견은 사회권의 위헌심사기준으로 평등위반의 엄격심사요소를 제시하고 있다. 사회권의 보호영역의 특성, 보호의 긴절성, 보호수준위 적절성이 그것이다.

필요가 생겨난다.

Ⅵ. 기본권으로서 사적자치의 기능

1. 제도보장(제도적 자유로서 사적자치)

바이마르헌법(제152조)상 계약자유(사적자치)는 법률의 범위 내에서 보장된다는 규정해석상 제도보장으로 분류하였다. 이는 칼 슈미트의 제도보장이론에 따라 법질서에 의해 형성되는 객관적 성격의 제도로 주관적 공권인 자유권과 구분되는 것으로 보았다. 따라서 개인은 제도보장의 형성자인 입법자에 대해 기본권침해주장은 할 수 없다. 하지만 입법에 의해 마련된 제도에 의하여 법률관계를 형성하는 경우 개인의 주관적 권리가 생성될 수 있다.

계약자유는 재산권과 마찬가지로 제도보장적 성격을 갖지만 그 내용의 개방성으로 인하여 입법자의 형성재량은 매우 넓다. 민법 제211조는 "소유자는 법률의 범위내에서 그 소유물을 사용, 수익, 처분할 권리를 갖는다."고 규정하여 재산권의 보호범위를 특정하고 있는 반면 사적자치는 자기의사, 자기결정으로 형성하는 법률행위자유를 내용으로 한다. 자유 그 자체는 제도가 아니다. 제도란 법규범 없이는 무의미하고 규범에 의해 비로소 생성된다. 자유는 규범의 테두리에서 행사할 수 있다. 계약자유도 규범의 범위 내에서 행사할 수 있는 것이다. 규범은 계약자유의 법적 전제와 윤곽을 형성하고 법적 승인을 하는 기능을 한다. 규범의 총체로서 제도보장은 계약자유의 보호범위를 결정한다. 따라서 규범은 계약자유의 승인수단으로서 단순한 법원리가 아니라 계약자유를 실현하는 방식이 된다. 계약자유는 구체적 규범형성을 전제로 하는 '제도적 자유'다. 사적자치의 보호내용은 사적자치를 구체화하는 개별법의 내용과 동일하다. 제도보장의 기능은 자유의 윤곽조건으로서 법적 테두리를 형성하여 법률행위의 효력을 결정하는 것이다.

그러나 제도보장은 특정한 법적 상태를 확정할 수도 없고 특정 법규범을 본질적인 것으로 할 수도 없다. 오히려 시대상황에 따라 사적자치를 구체화하기 위하여 규범의 제·개정이 수반되어야 한다. 예컨대, 장기임대차기간, 소멸시효기간, 급부불능의 규정개정 등을 들 수 있다. 헌법에서 특정한 사법질서형성의무를 입법자에게 부과한 것은 아니지만 과소보호금지원칙에 따라 사적자치의 현실적응력을 강화하기 위하여 법률 및 사법의 발전을 도모하는 것은 헌법에 부합하는 것이다. 따라서 제헌헌법당시 사적자치실현수단으로 사법질서의 내용과 오늘날의 그것이 동일할 수는 없다. 제헌헌법의 경제질서는 바이마르 헌법의 영향을 받아 통제경제정책[44]을 기본으로 하여 사적자치를 사법의 기본원칙으로 인정하지 않았기에 더 이상 논의의 여지는 없다.

제도보장에 따라 사적자치의 보호범위는 입법자의 재량에 의해 결정된다. 그 입법재량은 헌법에 기속되므로 적어도 정치적 판단에 따라 자의입법을 금지하는 정도의 소극적인 한계만 있다. 다수설[45]에 의하면 제도보장위반의 판단기준으로 제도의 본질내용침해여부를 주장하고 있다. 이는 제도보장의 형성규범을 핵심영역과 주변영역으로 구분하여 핵심영역에 해당하는 규정에 대한 입법재량의 일탈과 남용의 경우 본질내용침해라 판단한다는 것이다. 하지만 핵심과 주변 영역을 현실적으로 구분하여 본질내용을 추려내는 것은 용이하지 않다. 따라서 본질내용침해금지에 관한 헌법 제37조 제2항 후단의 명문규정에 불구하고 동조 전단의 비례의 원칙에 포섭하여 기본권침해여부를 판단하는 본질내용의 상대화를 주장하는 학설[46]이 제기되고 일부 헌법재판소결정[47]에서도 이를 수용하고 있다. 그러나 방어권제한의 한계일탈여부를 심사하는 비례의 원칙에 따라 제도보장의 본질내용형성의무의 위반여부를 판단하기에는 불완전하다. 이러한 점에서 본질내용의 침해여부를 과소보호금지원칙에 의하여 판단할 것을 제시하는 견해[48]가 있다. 이에 의하면 과소보호금지원칙을 기본권보호의무위반의 판단요소로 다수설과 헌법재판소가 제시하는 명백성통제의 불명확성을 대신하여 기본권행사의 효율성과 사익균형성을 제시하고 있다. 사적자치는 경제적 성격을 지닌 사법질서의 기본원리라는 점을 고려하면 사법질서형성에 대한 재량위반에 대한 판단요소로 채택할 여지가 있다고 본다.

같은 견지에서 이젠제(J. Isensee)도 다음과 같은 설명을 한다[49]: 적극적 의미의

---

44) 제헌헌법 제84조: 대한민국의 경제질서는 모든 국민에게 생활의 기본적 수요를 충족할 수 있게 하는 사회정의의 실현과 균형있는 국민경제의 발전을 기함을 목적으로 삼는다. 각인의 경제상의 자유는 이 한계 내에서 보장된다.

45) 김철수, 『헌법학신론』 제21 전정신판, 박영사, 2013, 388면; 허영, 『한국헌법론』, 305면.; 전광석, 『한국헌법론』, 276면 이하.

46) 이준일, 『헌법학』, 388면; 한수웅, 『헌법학』, 484면.

47) 상대설 - 헌재결 2010. 2. 25. 2008헌가23. 절대설 - 헌재결 1989. 12. 22. 88헌가13.

48) 장영철, "헌법재판과 사적자치", 147면.

49) J. Isensee, Privatautonomie, S. 248, RN 87.

사적자치란 법질서의 근본원리로 정치, 경제, 문화적 상황에 따라 그 당시의 법적 발현조건을 보장하는 것이 중요하다. 소극적 의미의 사적자치란 사적자치를 형해화하지 않고, 개별적 조치에 의해 공동화하거나 점진적인 기능저하를 방지하는 정도로 파악한다. 여기서 입법부는 사적자치의 법적 조건을 마련하고 사법부는 해석에 의하여 발전시켜 최적화할 것을 명령하는 것이다. 제도보장은 이러한 한도에서 최적화명령으로 기능하고 기본권제한입법에 그 정당성판단이 요구되듯이 기본권형성입법에도 그 작위나 부작위에 대한 논증이 강제되어야 한다. 연방헌법재판소[50]도 직접적으로는 사적자치의 형성에 대한 입법자의 보호의무를, 간접적으로는 사법부의 합헌적 법률해석의무를 다음과 같이 판시하였다; 사법질서는 고전적인 사법에서부터 현대의 공사의 혼합적 성격의 다양한 입법으로 구성된 복합적인 법체계로서 합헌적 질서의 부분영역을 형성하고 있다. 하지만 입법자는 기본권의 객관적 내용을 고려하여 사적자치의 구체화를 위해 입법형성을 하여야 한다. 입법자는 법률관계에서 개인의 자기결정을 위한 적절한 활동공간을 마련해야 한다. 그 규율내용에 따라 사적자치는 국가의 강제력에 필연적으로 의존한다. 사적자치의 보장을 위하여 법적 강제력이 요구되기에 법기속적으로 행동하고 분쟁의 경우 대응할 수 있는 법적 수단을 마련할 입법의무를 진다.

사적자치의 제도보장으로 인해 사회영역에서 개인은 법률행위를 할 수 있다. 권한법적 견지에서 보면 국가와 사회는 공공복리실현을 위해 분업을 한다. 분업의 우선권자는 보충성원칙을 존중하여 비국가적 행위자인 개인이다. 하지만 국가기관은 보충적으로 자신의 권한으로 주장하여 사적자치를 유도하거나 해제할 수 있다. 국가는 이 경우 규율권한행사에 대한 헌법적 정당성을 입증할 책임을 부담한다.

제도보장은 주관적 권리를 생성하는 토대를 마련한다. 따라서 개인은 국가의 권한주장에 대하여 주관적 권리를 행사하여 제도보장의 위반을 주장할 수 있다. 이는 법규범의 총체로서 나타나는 제도보장의 성격을 감안하여 법규범에 대한 주관적 방어권의 침해를 주장하는 방법으로 하게 된다. 이러한 점에서 사적자치의 방어권적 성격을 살펴보고자 한다.

---

50) BVerfGE 89, 214(231f.).

2. 방어권적 성격

사적자치는 국가에 대한 개인의 소극적인 지위에서 법적 규제로부터 자유로운 방어권적 성격을 갖는다. 방어권으로서 사적자치는 행복추구권에서 파생된 일반적 행동자유권을 근거로 자기의사와 자기결정에 의한 계약체결을 포함한 법률행위형성의 자유, 법률행위내용 및 방식결정의 자유와 법률행위의 순수성 등을 보호내용으로 한다. 따라서 기본권으로서 사적자치의 보호범위가 광범위한 만큼, 법적 제한의 가능성도 확대된다. 그 예로 공서양속위반의 법률행위(민법 제103조), 경솔, 궁박 등으로 인한 현저히 불공정한 법률행위(민법 제104조), 계약체결강제, 계약내용강제(최고가격, 최저임금), 계약형식과 유형강제, 카르텔금지, 승인과 통제유보를 들 수 있다. 사적자치제한의 한계는 비례의 원칙에 따라 목적달성을 위한 수단의 적합성, 필요성, 균형성의 요건을 충족해야 한다. 입법목적은 고정적인 것은 아니지만 사회국가원리에 의하여 여성과 연소자의 근로의 보호, 신체장애인의 보호 등 사회권적 기본권으로 헌법위임한 것은 사적자치의 현실적인 법적 조건을 설정하는 입법목적이 될 수 있다. 하지만 사회권에서 설정한 것은 기본권의 목적이므로 기본권형성입법의 목적이 되지만 사적자치제한입법은 기본권제한의 목적인, 국가안전보장, 질서유지, 공공복리를 입법목적으로 한 예컨대, 사납금제를 금지하고 택시운송사업자의 운송수입금전액수납의무,51) 백화점셔틀버스 운행금지,52) 단체협약을 매개로 근로자의 지배적 노조에의 가입강제53) 등을 들 수 있다. 이 경우 국가는 계약관계에 있는 계약당사자의 계약자유를 제한하는 입법의 헌법적 정당성을 입증하여야 한다.

사적자치의 법적 제한은 제3자에 영향을 미칠 수 있다. 예컨대, 최저임금제의 법적 강제는 직접적으로는 계약당사자의 계약자유를 제한하지만, 간접적으로는 임금교섭계약에서 사용자와 노조의 자유를 제한한다. 결국 최저임금제로 인해 기존기업은 경쟁으로부터 보호될 수 있지만, 신규로 시장에 진입하려는 기업에게는 어려움을 가중시키는 것으로 경쟁의 자유를 제한하게 된다.

사법부도 기본권으로서 사적자치를 제한할 수 있다. 이는 민사판결이 사법해석을 잘못하여 특별한 헌법에 해당하는 기본권으로서 사적자치권을 효과적으로 보

---

51) 헌재결 1998. 10. 29. 97헌마345, 판례집 10-2, 621 이하.
52) 헌재결 2001. 6. 28. 2001헌마132, 판례집 13-1, 1441 이하.
53) 헌재결 2005. 11. 24. 2002헌바95 등, 판례집 17-2, 392 이하.

호하지 못한 경우이다. 이 경우 위헌제청형 헌법소원(헌법재판소법 제68조 제2항)으로 헌법재판소는 사적자치권을 기준으로 합헌적 법률해석에 대한 기본권침해여부를 판단하게 된다.[54] 이는 사법부에 의한 사적자치의 침해에 대해 실질적 법치국가원리의 견지에서 기본권인 사적자치권을 보호하는 데 기여할 수 있다. 궁극적으로는 재판소원이 도입되어야 한다.

3. 청구권적 성격

사적자치의 적극적인 성격에서 국가에 대한 개인의 청구권이 나온다. 국가는 사적자치에 의한 의사표시에 법적 승인여부를 결정할 의무를 진다. 이는 사인의 일반적 평화의무에 근거하여 국가의 폭력독점을 인정한 원리에 따른 것이다. 국가의 승인이 금지되는 경우란 민법 제103조, 제104조 등과 같이 공서에 반하는 경우다.

사적자치로 인해 사인은 의사표시로 국가의 법적 승인을 통해 사법관계에서 자신의 권리를 행사할 수 있다. 따라서 사인은 법률행위를 형성하기 위한 의사표시에 강제력을 부여하는 법적 조건을 형성할 것을 요구할 수 있고, 이에 따라 사적자치권을 침해하는 사법질서의 하자에 대하여 사법기관에 그 교정을 요구할 수 있는 청구권적 성격이 있다.

구체적으로 보면 일반법원에서는 사적자치원칙위반주장에 대하여 일반조항을 매개로 또는 직접적으로 기본권을 적용하여 합헌적 법률해석의 방식으로 사법관계를 교정한다. 예컨대, 일반조항을 매개로 하여 기본권의 방사효를 사법관계에 투영하여 사적자치의 침해여부를 판단한 판결로 형사사건에 관한 성공보수약정,[55] 보증계약,[56] 연예인 전속계약,[57] 경업제한,[58] 종중유사단체의 회칙이나 규약에 의한 남성회원한정특약[59] 등이 있고, 기본권을 직접 적용한 판결로는 헌법 제10조의 자

---

54) 4층 이상의 건물에 대해 화재보험체결을 강제하는 화재로 인한 재해보상과 보험가입에 관한 법률 제5조 제1항에 대한 위헌소원결정에서 이미 계약자유 침해를 결정한 바 있다. 이에 관하여는 헌재결 1991. 6. 3. 89헌마204, 판례집 3, 268, 275~283.

55) 선량한 풍속 기타 사회질서 위반 - 대판 2015. 7. 23. 2015다200111 전원합의체.

56) 신의칙에 의하여 보증책임에 제한가능성을 예외적으로 인정 - 대판 2004. 1. 27. 2003다45410.

57) 서울고판 2010. 3. 17. 2009나38065.

58) 경업제한약정 무효-대판 2010. 3. 11. 2009다82244; 경업제한약정 유효- 대판 1996. 8. 23. 95다40557; 대판 1997. 12. 26. 97다42450.

59) 특약유효- 대판 2011. 2. 24. 2009다17783.

기결정권을 근거로 의사와 환자간의 의료계약에 의한 연명치료 중에 존엄사를 결정한 환자의 중단청구권,[60] 성전환자의 호적정정 및 개명청구권,[61] 헌법 제23조의 재산권을 근거로 상속회복청구권의 20년 소멸시효에 대한 관습의 법적 효력부인,[62] 혼인과 가족제도에 관한 헌법 제36조와 일반평등원리에 관한 제11조를 근거로 종중 구성원을 성년남자로만 한정하는 관습법의 무효[63] 등을 들 수 있다. 이러한 판결실무를 보면 기본권의 간접 사인효나 직접 사인효를 구별할 실익이 없다.[64]

헌법재판소에서는 사적자치원칙이나 사적자치권침해를 주장에 대하여 위헌법률심판제청 또는 헌법소원심판에서 사법규정을 교정한다. 예컨대 물권법,[65] 상속법,[66] 주택[67] 및 상가임대차보호법,[68] 소비자보호법[69] 등 강행규정에서의 사적자치 내지 계약자유 침해여부에 대하여 과잉금지원칙을 기준으로 엄격한 내용통제를 하고 있다. 채권법에서도 강행규정으로 해석하는 비견고건물에 대한 임대차계약의 최장존속기간을 20년으로 제한했던 민법 제651조에 대한 위헌소원심판에서 위헌결정(민법 제651조 제1항)[70]을 하였다. 하지만 사회권과 사회국가원리, 자유권과 법치국가원리에 의한 보호의무에 따른 사적자치의 경우 사법제정자의 입법형성권을 고

---

60) 대판 2009. 5. 21. 2009다17417.
61) 대판 2006. 6. 22. 2004스42.
62) 대판 2003. 7. 24. 2001다48781.
63) 대판 2005. 7. 21. 2002다1178.
64) 김형석, "사적 자치와 기본권의 효력-유럽사법의 경험으로부터의 시사-", 『비교사법』제24권 1호(통권76호), 2017, 73면 이하.
65) 헌재결 2013. 5. 30. 2012헌바387, 판례집 25-1, 330, 335. 부동산 점유취득시효에 관한 민법 제245조 등.
66) 헌재결 2004. 10. 28. 2003헌가13, 판례집 16-2하, 76, 84. 상속으로 인한 법률관계의 부동상태를 신속하게 확정함으로써 법적안정성이라는 공익목적을 위한 상속의 효과로서 포괄·당연승계주의에 대한 합헌결정(민법 제1005조).
67) 헌재결 2004. 9. 23. 2003헌바3, 판례집 16-2상, 508, 519~521; 헌재결 1998. 2. 27. 97헌바20, 판례집 10-1, 141, 145~151. 민법상 채권에 불과한 임차권에 대항력, 우선변제권, 계약갱신요구권을 인정하는 등 사적 자치에 의하여 형성되어야 하는 권리관계에 개입하여 임차인의 지위를 강화목적을 갖는다.
68) 헌재결 2014. 3. 27. 2013헌바198, 판례집 26-1상, 480, 491~493; 2014. 8. 28. 2013헌바76, 판례집 26-2상, 304, 308~310.
69) 헌재결 2016. 6. 30. 2015헌바371 등, 판례집 28-1하630, 637~639. 우리 헌법재판소도 계속 거래업자와 계속거래계약을 체결한 소비자에게 일방적 해지권을 부여한 방문판매법조항의 계약자유의 침해여부를 판단한 결정에서 거래업자의 기본권제한과 소비자의 기본권보호의 양면성이 있음을 판시하고 있다.
70) 헌재결 2013. 12. 26. 2011헌바234, 판례집 25-2하, 649, 655~659.

려하여 헌법재판소는 사법상 임의규정[71])이나 헌법의 명시적 위임 없는 사회국가원리에 근거한 사적자치보호 청구에 대하여는 합헌결정을 하였다. 이는 사법관계에서 양당사자는 모두 기본권주체로서 주관적 공권의 침해를 주장하지만 실질적으로는 과소보호금지원칙의 명백성통제를 함으로써 사적자치원칙의 자유(사회)우선의 성격을 존중하고 있다.

4. 법치국가원리에 의한 기본권보호의무

국가는 개인의 기본권적 보호법익을 제3자(사인)가 침해하는 것에 대한 보호의무와 타해금지(neminem laedere)명령을 이행할 의무를 진다. 이러한 보호의무는 사적자치를 보호범위로 하는 기본권에도 타당하다. 따라서 국가는 신체에 대한 협박이나 위해를 통고하면서 매매계약을 체결 또는 해제하거나 혼인계약을 체결하거나 유언내용을 변경, 철회 또는 해고의 금지를 강제하는 것을 저지할 의무가 있다. 하지만 보호의무는 신체의 강제적 위해에 국한된 것은 아니고, 사기, 강박, 경솔, 불성실 등으로 인해 자기결정을 타인결정으로 대체하는 경우도 국가는 보호의무를 부담한다. 국가는 권력분립원리에 따라 효과적인 보호를 해야 한다. 국가는 물론 보호의무이행시 법 형식선택재량이 있다. 국가의 보호의무실현수단인 법 형식으로는 불법행위법, 물권법 등의 사법, 형법, 경찰법과 경제법과 같은 행정법을 들 수 있다. 그리고 사적자치의 법적 보호방법으로는 재판청구 등 사인 스스로 보호방안을 강구하는 것, 사기나 협박에 의한 의사표시의 취소, 불법행위에 대한 부작위청구나 손해배상청구를 하는 것 및 무효의 법적 효과를 명시하는 것을 들 수 있다. 사적자치의 자유로운 행사를 보장하는 총체적인 안전상태는 위해와 제약이 발생할 때마다 효과적이고 적절한 배려를 하는 것이다.

기본권보호의무에 관한 헌법규정(제10조 제2문)은 보호내용을 특정하지 않아 법률로 구체화하여야 한다. 보호의무는 순수한 객관적 성격의 기본권이다. 하지만 요보호자 내지 피해자는 자신의 주관적 공권에 근거하여 효과적인 보호를 요구할 수 있다. 국가는 계약자유를 남용하여 타인의 권리를 침해하지 않고, 법적 의무를 위반하지 않도록 기본권보호의무를 이행해야 한다. 예컨대, 부모가 보호하는 자녀에 대한 공동의 부양의무를 이행하지 않는 경우 국가는 헌법 제36조의 혼인과 가족

---

71) 보증채무의 범위에 대한 민법 제429조 제1항에 대한 헌재결 2010. 5. 27. 2008헌바61.

생활에 대한 보호의무에 근거하여 감독기관으로 기능해야 한다.[72]

　　기본권주체는 사적 침해의 희생자일 뿐만 아니라 공격자도 될 수 있다. 이는 신체적 위해, 사기, 협박 등과 같이 법적 승인을 할 수 없는 수단에 대해서도 보호 의무를 이행할 지의 문제다. 광의의 보호범위이론은 상기의 불법행위를 기본권의 보호범위에 포섭할 수 있고 민법 제103조, 제104조, 제750조 등의 일반규정을 매개 하여 법익형량으로 법률행위의 자유를 제한할 수 있다고 한다. 이에 반해 협의의 보호범위이론은 기본권의 내재적 한계로 인해 사기, 협박 등의 불법행위는 애초에 보호범위에서 배제된 것으로 본다. 사법관계에서 일방의 사기, 강박 등은 타방의 자기결정을 불법행위자의 타인결정으로 대체한다. 이는 자기의사, 자기결정, 자기 책임을 내용으로 하는 기본권으로서 사적자치의 보호범위에서 배제되므로 사기나 강요 등에 의한 법률행위에 대해 국가의 승인의무는 없다. 따라서 민법 제103조, 제104조, 제750조 등의 일반규정은 사적자치의 한계규정이 아니라 형성규정이다.

5. 사회국가원리에 의한 기본권보호의무

　　현행헌법은 사회국가원리를 사회권의 형식으로 구체적 권리성을 부여하고 있 다. 이에 근거하여 살펴본 바와 같이 헌법재판소[73]가 사회권의 위헌심사기준으로 일반평등권심사를 강화하여 출·퇴근시 근로자의 재해에 대하여 산재보험청구권행 사에 있어 혜택근로자와 비혜택근로자를 법적 차별한 산재보험법에 대하여 헌법불 합치결정을 하였다. 그러나 헌법재판소는 사회권은 국가재정, 무역수지, 경제수준 등을 고려하여 입법자가 형성하는 자유로 사회국가원리에 의한 보호의무의 대상으 로 판단하는 것이 일반적인 경향이다. 즉 사회권형성입법에 대한 통제에 대하여 행 위규범, 통제규범 구분론, 명백성통제, 자의금지심사 등을 척도로 심사하여 자유권 적 기본권의 통제밀도와 비교된다. 이러한 점에서 사회국가원리에 의한 사적자치의 보호의무를 인정하고 있는 독일연방헌법재판소의 결정을 살펴보아 우리의 사회권 형성입법에서 사적자치보호를 도모할 필요가 있다.

　　독일연방헌법재판소는 전술한 법치국가원리 이외에 사회국가원리에 의한 기

---

72) 민법 제912조의 가정법원의 자의 복리를 우선적 고려한 친권자 지정기준은 이에 해당된다.
73) 헌재결 2016. 9. 29. 2014헌바254, 공보 제240호, 1474, 1477~1478. 특히 법정의견에 대한 보충의견은 사회권의 위헌심사기준으로 평등위반의 엄격심사요소를 제시하고 있다. 사회권 의 보호영역의 특성, 보호의 긴절성, 보호수준위 적절성이 그것이다.

본권보호의무를 확대하였다. 즉 계약당사자간에 사실상의 불평등을 조정하기 위하여 소위 '계약강자'의 계약자유남용에 대한 법적 보호를 도모하여 소위 '계약약자'를 보호하는 것을 국가의 보호의무로 파악한다. 예컨대, 연방헌법재판소는 사용자가 성별 및 위험한 의사표시 등을 이유로 근로계약에서의 채용거부나 해고, 여자나 연소자에게 위해한 야간작업을 강요할 경우, 경업금지를 약정한 대리상,74) 은행과 채무보증계약이행을 약정한 보증인,75) 혼인계약체결에서 이혼시 자녀의 부양책임을 전적으로 아버지부담으로 약정한 어머니,76) 보험자변경의 경우 불이익을 약정한 피보험자77)를 위해 보호의무를 인정했다. 연방헌법재판소는 법적으로 보장된 계약약자의 자기결정을 계약강자의 타인결정으로 대체되는 것을 허용하려 하지 않는다. 여기서는 전술한 법치국가원리에 의한 보호의무와 달리 계약일방이 불법행위로 타방의 계약자유를 침해하여 국가의 보호의무가 발동되는 것은 아니다. 일방의 침해 그 자체는 불법이 아니라 우월한 경제적 지위를 이용한 것에 불과하므로 계약강자와 약자 모두 계약자유를 행사한 것이다. 따라서 사회국가원리에 의한 보호의무는 계약강자에 대한 것이 아니라 사법상 사적자치원칙에 의하여 계약의 구속력을 인정하여 약자의 의사에 반하여 사회경제적으로 곤경에 처하게 된 것에 대한 국가의 후견적 간여다. 즉 계약자유의 침해가 아니라 계약당사자간 사실상 불평등으로 계약자유를 행사하는 전제조건이 결여된 것에 대하여 국가의 보호의무가 작동하는 것이다. 법치국가원리에 의한 기본권보호의무가 계약자유의 법적 조건의 완전성을 목표로 한다면 사회국가원리에 의한 보호의무는 도의적 딜레마를 해결하는 것을 목표로 한다. 이는 타해금지명령을 이행하는 것이 아니라 사회국가의 목표를 수행하는 것이다. 연방헌법재판소는 이와 같은 사회국가원리에 의한 기본권보호의무도 사적자치를 기본권의 전제로서 이해하면서 약자보호의 논거로 제시하고 있다.

　　권력분립원리에 따르면 계약약자의 불평등을 해소하여 사적자치를 실질화하는 사회국가의 실현은 우선적으로 입법자에게 달려있다. 보증인보호법, 근로자보호법, 주택임대차보호법, 소비자보호법, 경제법, 남녀고용평등법 등 특별사법 내지 행정법제정이 그것이다. 이는 계약일방의 기본권을 제한하는 법률유보로 계약자유의

---

74) BVerfGE, 81, 242(256).
75) BVerfGE, 89, 214(232 ff.).
76) BVerfGE, 103, 89(101 ff. 105 f.).
77) BVerfGE, 114, 1(33, 43, 44, 55, 56).

과잉제한을 주장하는 경우 헌법재판소는 비례의 원칙에 의한 헌법적 정당성을 판단하여 계약자유를 보장하여야 한다. 법률이나 판결에 의해 계약자유를 침해당하는 계약약자는 자신의 소극적 지위를 방어하기 위하여 헌법소원(헌법재판소법 제68조 제1항 및 제2항)을 청구하여 사회국가원리에 의한 보호대상자의 사회권제한의 정당성심사를 요구할 수 있다. 따라서 실정법으로 사회적 불평등을 완화하거나 해소할 수 없는 경우 헌법재판소는 보충적으로 기본권으로서 계약자유를 기준으로 사법 또는 사법행위에 대한 내용통제를 통하여 계약당사자의 일방 또는 양방의 계약자유를 제한하는 상기 독일연방헌법재판소의 결정례를 참고할 필요가 있다.

Ⅶ. 요약

기본권으로서 사적자치의 이론적 체계는 다음과 같이 요약해 볼 수 있다.

1. 사적자치원칙은 인간존엄 및 가치의 본질을 형성하는 전국가적인 자연법원칙으로서 헌법과 사법의 이념적 기초가 된다.

2. 사법에서의 사적자치원칙은 계약자유, 단체결성의 자유, 유언의 자유, 권리행사의 자유를 내포하는 것으로 사법에서의 의미는 개인의사표시(인적요소), 법률행위형성에서의 자기결정(물적요소), 개인의사표시에 법적 승인(효력요소)의 세 가지 요소가 상호 결합하여 사적자치의 본질을 형성한다.

3. 기본권으로서 사적자치는 인간존엄 및 가치에 근거한 불가침의 인권으로서 사적자치원칙의 보장의무를 실현하기 위한 수단이 된다. 그 헌법적 근거는 사적자치를 보호내용으로 하는 개별기본권과 행복추구권을 보충적 기본권으로 한다.

4. 헌법은 사적자치를 근본원리로 하는 사법제정에 대한 근본적인 결단사항을 규정하고 있다. 사적자치를 침해하는 사법질서의 하자에 대하여 민사법원에서는 합헌적 법률해석으로, 헌법재판소는 규범통제의 방법으로 기본권보장의무를 이행한다.

5. 기본권으로서 사적자치는 기본권행사의 전제조건으로의 성격상 제도적으로 형성된 자유로서 특징이 나타난다. 사회주의국가에서 헌법상 기본권이 명목에 불과한 이유는 사적자치를 보호해야 하는 사법을 지배계급의 착취수단으로 보고 국가가 사법질서형성의무를 이행하지 않기 때문이다.

6. 기본권으로서 사적자치는 개인의사표시에 입법적 효력을 부여한다는 점에서 자유권과 법치국가원리에 의한 보호의무 및 공동체형성에 능동적인 참정권, 사적자치를 승인하는 국가의 법적 하자에 대하여 헌법재판소나 법원에 교정을 요구할 수 있는 청구권, 계약당사자간의 사실적 평등을 보호하여 타인결정이 아닌 자기결정의 전제조건을 마련해야 한다는 점에서 사회권 내지 사회국가원리에 의한 보호의무의 성격이 나타난다.

제 2 절   직업의 자유

I. 직업의 자유의 기능

헌법 제15조는 직업선택의 자유를 규정하고 있는데 이는 자기가 선택한 직업에 종사하여 이를 영위하고 언제든지 임의로 그것을 전환할 수 있는 자유로서 민주주의·자본주의 사회에서는 매우 중요한 기본권의 하나다. 왜냐하면 직업선택의 자유는 근세 시민사회의 출범과 함께 비로소 쟁취된 기본권으로서 중세 봉건적 신분사회에서는 인정될 수 없었던 것이며 현대사회에서도 공산주의 국가에서는 원칙적으로 인정되지 않는 기본권이기 때문이다.

직업의 자유는 개인적 기본권으로서의 성격과 경제적 기본권으로서의 성격을 갖는다. 이러한 점에서 헌법재판소는 헌법 제15조의 직업선택의 자유는 특정인이나 특정 집단에 의한 특정 직업 또는 직종의 독점을 배제하고 자유경쟁을 통한 개성신장의 수단으로 보는가 하면,78) 외국인의 직업의 자유는 정책적으로 판단하여 그 내용을 구성할 입법자의 광범위한 재량을 인정79)하고 있다.

II. 직업의 개념

직업의 자유에 의한 보호의 대상이 되는 '직업'은 '생활의 기본적 수요를 충족

---

78) 헌재결 2010. 4. 29. 2007헌마910, 판례집 22−1하, 97.
79) 헌재결 2011. 9. 29. 2007헌마1083, 2009헌마230·352(병합).

시키기 위한 계속적 소득활동'을 의미하며 그러한 내용의 활동인 한 그 종류나 성
질을 묻지 아니한다.[80] 따라서 직업의 개념표지들은 개방적 성질을 지녀 엄격하게
해석할 필요는 없다.

1. 소득활동

'소득활동'은 직업의 필수적 개념요소다. 따라서 단순한 여가활동이나 취미활
동은 일반적 행동자유권에 의해 보호되나 직업의 개념에는 포함되지 않는다. 하지
만 겸업이나 부업은 삶의 수요를 충족하기에 적합한 경우이므로 직업에 해당한
다.[81] 직업의 자유는 소득활동을 보호하는 것으로 소득의 결과에 대한 존속보호를
내용으로 하는 재산권과는 구별된다.

2. 계속성

'계속성'이란 주관적으로 활동의 주체가 어느 정도 계속적으로 해당 소득활동
을 영위할 의사가 있고, 객관적으로도 그러한 활동이 계속성을 띨 수 있으면 족하
다. 계속성이란 직업적 경험을 동반하는 것으로 혼합적 성격의 운송계약, 회원권매
매와 같은 계속거래계약은 이에 속한다. 하지만 채권계약과 같이 일회적인 계약자
유를 행사하는 것은 직업의 자유의 보호범위에 속하는 것은 아니다. 계속성은 자발
적이든 비자발적이든 상관없으므로 휴가기간 중에 하는 일, 수습직으로서의 활동도
이에 포함될 수 있다.[82]

3. 생활수단성

'생활수단성'은 직업의 전형적인 개념요소다. 개인이 기업을 설립하여 생활수
단을 영위하는 경우 법인의 직업의 자유의 주체성을 인정할 수 있게 된다.

생활수단으로서 직업은 개인에게 정신적·물질적 요소로 구성되어 있다. 이 두
가지 요소를 내포한 이상적인 직업이란 첫째, 사회적으로 승인된 직업상에 부합하

---

80) 헌재결 2003. 9. 25. 2002헌마519, 판례집 15-2상, 454; 1993. 5. 13. 92헌바80, 판례집 5-1,
   365, 374); 1989. 11. 20. 89헌가102; 1990. 10. 8. 89헌가89; 1990. 10. 15. 89헌마178; 1990.
   11. 19. 90헌마48; 1991. 6. 3. 89헌마204 등.
81) 헌재결 2003. 9. 25. 2002헌마519, 판례집 15-2상, 454(471).
82) 헌재결 2003. 9. 25. 2002헌마519, 판례집 15-2상, 454(471).

는 전형적인 직업, 둘째, 직업교육을 이수하고 전문자격을 요구하는 직업, 셋째, 생활수단으로서 계속 수행하는 본업, 넷째, 인격발현을 할 수 있는 직업이다. 하지만 이러한 이상적인 직업유형의 일부에 해당하거나 유사한 소득활동도 직업의 자유의 보호범위에 포함되는 것은 물론이다.

위 개별적 기준에 대한 해석은 다음과 같다. 첫째, 사회적으로 승인된 전형적인 직업은 독자성을 갖는 소득활동으로 직업선택의 자유로 보호할 수 있다. 그러나 전형적인 직업이 아니라도 직업선택의 자유의 보호범위에서 배제되는 것은 아니다. 비전형적인 소득활동이라도 보호의 필요성이 있기 때문이다. 다만 전형적인 직업과 비전형적인 직업에 대한 법적 보호수준에 대하여는 직업의 자유를 기준으로 그 정당성을 심사할 수 있다.

둘째, 해당교육을 이수하여 전문자격을 요구하는 직업도 직업으로서 독자성을 인정할 수 있는 적극적인 징표다. 하지만 자격증을 요구하지 않는 근로라도 직업의 자유에 의해 보호된다. 모든 근로는 원칙적으로 동일한 가치를 갖는 소득활동으로 존중을 받아야 한다. 헌법 제10조의 (행복추구권에서 파생된) 일반적 행동자유권에 의해 보호되는 단순한 여가활동이라도 특별한 능력을 갖춘 경우 수익을 얻을 수 있다. 하지만 여가활동이 법적인 의미에서 직업으로 보호를 받으려면 그 밖의 다른 기준, 즉 사회적인 직업상에 부합하는 활동이거나 주된 소득활동이어야 한다. 소득활동의 계속성요건은 엄격하게 해석할 필요는 없지만 전문적 활동으로 수행되어야 한다. 예컨대, 음대교수가 과외활동으로 소득을 올리는 것을 들 수 있다. 이 경우 전술한 바와 같이 겸업이나 부업으로서 삶의 수요를 충족하기에 적합한 경우이므로 직업에 해당한다.[83] 결국 직업수행자의 자신의 직업에 대한 정신적 요소는 인격발현수단으로서 소득활동을 평가할 수 있는 적극적인 징표로 기능한다는 점이다. 특정 활동으로도 사람의 동일성을 식별할 수 있다면 의심스러운 경우 직업의 자유의 보호범위로 보아야 한다. 직업의 개념표지의 개방성으로 인해 소득활동이 주관적으로 만족스럽거나 행복할 것까지 요구하는 것은 아니다. 여가활동에서 만족을 얻더라도 직업이 될 수 없는 것은 이를 방증한다. 하지만 전형적인 직업상에 부합하지 않는 소득활동이나 부업이라도 전문적인 활동이나 자격증을 요하는 활동은 직업으로 인정할 수 있다. 예컨대, 대학생의 본업은 학업수행이라 하더라도 방학기

---

83) 헌재결 2003. 9. 25. 2002헌마519, 판례집 15-2상, 454.

간을 이용하여 또는 휴학 중에 학비 등을 벌기 위해 학원강사로서 일하는 행위는 직업[84]이다.

4. 공공무해성 또는 자격요건의 구비여부

직업의 개념요소로 공공무해성을 들고 있는 견해가 있는바 헌법재판소는 직업의 개념요소로 전술한 생활수단으로서 계속적인 소득활동이면 충분한 것으로 공공무해성 내지 자격요건구비는 불필요한 것으로 판시하고 있다. 예컨대, 성매매,[85] 성매매알선[86](성매매처벌법 제2조), 무면허 의료행위[87](보건범죄단속법 제5조), 상습절도·강도(형법 제332조), 영리목적의 약취유인·인신매매[88](형법 제288조 제1, 2항, 제289조 제2항), 상습 장물취득알선(형법 제363조) 등이 이에 해당된다.

하지만 공공무해성 내지 자격요건은 전술한 바와 같이 사회에서 이상적인 직업을 판단하는 '일반적 기준'에 속한다. 따라서 헌법재판소는 직업의 개념요소를 개방적으로 보면서도 직업선택의 자유제한의 정당성판단에 '일반적 기준'을 적극적 징표로 활용하고 있다.

Ⅲ. 법적 성격

1. 방어권과 보호의무

직업의 자유는 선택한 직업에 대한 국가로부터의 방어권과 제3자의 침해에 대한 국가의 보호의무의 성격을 갖는다.

2. 청구권적 성격

직업의 자유의 청구권적 성격은 국가에 의한 보호의무에서 파생한 자유로운 직업경쟁에 참여를 보호해 줄 것을 청구하는 자유경쟁보호청구권이다. 따라서 사회권과 같은 적극적인 직업알선청구권은 아니다.

---

84) 헌재결 2003. 9. 25. 2002헌마519, 판례집 15-2상, 454.
85) 헌재결 2016. 3. 31. 2013헌가2, 판례집 28-1상, 259.
86) 헌재결 2016. 9. 29. 2015헌바65, 판례집 28-2상, 403.
87) 헌재결 2022. 3. 31. 2017헌마1343, 2019헌마993, 2020헌마989, 1486, 2021헌마1213, 1385 (병합), 판례집 34-1, 286; 2013. 6. 27. 2010헌마658, 판례집 25-1, 556.
88) 헌재결 2006. 5. 25. 2005헌바4, 판례집 18-1하, 70.

3. 사회권적 성격

직업의 자유는 적합한 교육체계를 국가에 제공하여 줄 것을 요청할 수 있는 사회권적 성격의 직업교육장선택의 자유를 보장하고 있다. 하지만 이는 적극적인 급부청구권을 의미하는 본래의 사회권은 아니다. 즉 일반적 평등원리와 결합한 광의의 사회권, 즉 파생적 급부권을 말한다.

Ⅳ. 보호내용

1. 직업선택과 직업행사의 자유

직업의 자유에 관하여 헌법은 "직업선택의 자유"만을 언급(제15조)하고 있지만 개방적인 직업의 개념에 상응하여 직업의 선택과 선택한 직업의 행사를 보호내용으로 하는 포괄적인 기본권이다. 따라서 직업의 자유의 법적 제한으로 인하여 사실상 향유할 수 없는 경우를 대비하여 헌법에서 직업의 자유를 보장하고 있는 것이다. 하지만 직업선택과 행사는 모두 헌법 제37조 제2항의 기본권제한의 법률유보에 의하여 동일하게 한계를 갖는다.[89] 헌법재판소는 이러한 규정형식을 존중하면서도 직업의 자유주체에게 직업선택과 행사의 실질적인 효과에서는 다른 점에 착안하여 보호의 강도를 달리하는 소위 '단계이론'을 개발하였다. 즉 직업행사의 자유에 대한 제한의 경우 인격발현에 대한 침해의 효과가 일반적으로 직업선택 그 자체에 대한 제한에 비하여 작기 때문에, 그에 대한 제한은 보다 폭넓게 허용된다고 할 수 있다.[90] 그리고 직업선택의 자유에 대한 제한이 문제되는 경우에 있어서도 일정한 주관적 사유를 직업의 개시 또는 계속수행의 전제조건으로 삼아 직업선택의 자유를 제한하는 경우보다는 직업의 선택을 객관적 허가조건에 걸리게 하는 방법으로 제한하는 경우에 침해의 심각성이 더 크므로 보다 엄밀한 정당화가 요구된다.[91]

---

89) 헌재결 1989. 11. 20. 89헌가102, 판례집 1, 329, 336; 1996. 8. 29. 94헌마113, 판례집 8-2, 141, 154; 2002. 9. 19. 2000헌바84, 판례집 14-2, 268, 277 참조.

90) 헌재결 2008. 11. 27. 2005헌마161 등, 판례집 20-2하, 290; 2002. 7. 18. 99헌마574, 판례집 14-2, 29, 40 참조.

91) 헌재결 2002. 4. 25. 2001헌마614, 판례집 14-1, 410. 이 사건 법률조항은 청구인들과 같이 경비업을 경영하고 있는 자들이나 다른 업종을 경영하면서 새로이 경비업에 진출하고자 하

2. 직업교육장선택의 자유

살펴본 바와 같이 직업교육을 이수하고 전문자격을 요구하는 직업은 정신적·물질적 요소를 모두 내재하는 이상적인 직업으로 판단하기에 대부분의 직업의 선택과 행사는 그에 상응하는 교육을 이수하는 것이 중요하다. 적합한 교육체계를 국가가 제공했을 때 국민은 직업의 자유를 효과적으로 행사할 수 있다. 따라서 직업의 자유의 보호내용에는 직업교육장선택의 자유도 포함된다. 이는 다양한 직업교육장들 중에서 선택과 수료 및 졸업시험에서의 기회균등을 의미한다. 직업선택의 자격조건으로 중요한 의미를 갖는 예컨대, 법학전문대, 약학대 등의 입학과 자격시험 등의 기회불균등에 대해서는 직업의 자유침해를 주장할 수 있다.

현실적으로 의미 있는 것은 직업의 자유의 방어권적 성격 이외에 기회균등의 보장의 한계다.

우선 직업교육장에 대한 국가의 사실상 독점이 있더라도 수요에 따라 교육장을 설치할 의무가 있는 것은 아니다. 그렇지만 국가는 현재 교육기관의 시설, 교육능력 등을 고려하여 균등한 기회를 제공할 수 있도록 배려하여야 한다. 직업교육장선택의 자유는 원래의 주관적 공권으로서 사회권은 아니며 다만 자유권실현의 방법적 기초인 일반적 평등원리(헌법 제11조 제1항 제1문)와 결합하여 파생적인 급부권의 성격을 갖는 것에 불과하기 때문이다.

다음으로 국가의 자격시험은 직업의 자유에 대한 간접적인 제한이 될 수 있다. 시험실시는 물론 학점도 마찬가지다. 변호사, 의사 등의 국가의 자격시험은 교육장 입학선발에서 자격증부여에 이르기까지 응시자간 상대평가로 결정한다. 국가는 자격결정에서 있어서 전문적이고 하자 없는 평가로 기회균등에 적합하여야 한다는 것을 헌법은 명하고 있다. 이는 자격시험의 하자에 대한 사법판단의 범위와 한계로 나타난다.

는 자들로 하여금 경비업을 전문으로 하는 별개의 법인을 설립하지 않는 한 경비업과 그밖의 업종간에 택일하도록 법으로 강제하고 있다. 이와 같이 당사자의 능력이나 자격과 상관없는 객관적 사유에 의한 제한은 월등하게 중요한 공익을 위하여 명백하고 확실한 위험을 방지하기 위한 경우에만 정당화될 수 있고, 따라서 헌법재판소가 이 사건을 심사함에 있어서는 헌법 제37조 제2항이 요구하는바 과잉금지의 원칙, 즉 엄격한 비례의 원칙이 그 심사척도가 된다.

3. 직장선택(전직)의 자유

직업의 자유에는 근로자의 거주이전의 자유의 일환으로 볼 수 있는 직장선택 내지 전직의 자유를 보호내용으로 한다. 이는 내국인의 경우 광의의 직업선택의 자유에 내포되어 현실적으로 큰 의미가 있지 않다. 하지만 외국인의 경우 경제적 기본권의 성격상 제한을 할 수 있다는 점에서 보호수준에 대한 내국인과의 차등이 나타나고 있다. 이러한 점에서 헌법재판소92)는 외국인근로자의 경우 3년의 체류기간 동안 3회까지만 사업장변경을 허용하는 외국인근로자의 고용 등에 관한 법률에 대해 합헌성을 인정하였다.

4. 경쟁의 자유의 포함여부와 보호범위

직업의 자유의 보호범위에는 경업자의 경쟁을 배제하여 줄 것을 국가에 대하여 청구할 권리(즉 경쟁배제청구권)는 포함되어 있지 않다. 직업의 자유는 오히려 국가에 의한 시장에의 진입금지로 인하여 경쟁의 자유제한이 문제될 수 있다. 따라서 헌법상 직업의 자유는 국가에 의한 자유경쟁에의 참여를 보호하여 줄 것을 청구(즉 자유경쟁참여권)하는 것에서 의미를 찾아야 한다.

결국 자유경쟁은 직업의 자유의 개인적 성격과 경쟁의 공동체적 성격을 고려하여 직업의 자유를 '현저하게' 제한하여 경쟁을 왜곡하는 경우에만 직업의 자유의 제약에 해당된다. 그렇지 않은 경우에는 일반적 행동자유권의 제약에 불과한 것이다. 헌법재판소도 재정지원혜택에 있어서 서로 경업관계에 있는 일방을 지정한 것은 직업의 자유의 보호내용으로 경쟁의 자유제한으로 보았다.93)

5. 소극적인 직업의 자유로서 강제노동이나 근로의무의 금지

직업의 자유의 소극적인 행사로서 직업을 갖지 않을 자유도 포함된다. 이는 직업의 강제 내지 강제노동의 금지로서 내국인의 기본권으로서 직업의 자유와 달리

---

92) 헌재결 2011. 9. 29. 2007헌마1083, 2009헌마230 · 352(병합). 입법자가 외국인력 도입에 관한 제도를 마련함에 있어서는 내국인의 고용시장과 국가의 경제상황, 국가안전보장 및 질서유지 등을 고려하여 정책적인 판단에 따라 그 내용을 구성할 보다 광범위한 입법재량이 인정된다.

93) 연합뉴스사에 대한 혜택의 부여로 인하여 다른 뉴스통신사의 경우 연합뉴스사와의 뉴스통신 시장에서의 경쟁이 제한된다. 헌재결 2005. 6. 30. 2003헌마841, 판례집 17-1, 996(1014, 1015).

외국인에게도 보장되는 인권적 성격을 갖는다. 이러한 점에서 유럽인권협약 제4조 제2, 3항94)과 유럽기본권헌장 제5조 제2항95)에서도 절대보장의 인간의 존엄과 체계적 연계에서 독자적인 인권으로 보장하고 있고, 독일헌법은 직업의 자유에 대한 특별규정으로서 제12조 제2, 3항96)에서 상대적 기본권으로 규정하고 있다.

우리 헌법은 제12조 제1항에서 신체의 자유와 관련하여 법률과 적법절차에 의한 강제노역을, 헌법 제32조 제2항에서 국민의 근로의무를 규정하고 그 내용과 조건에 대한 국가의 법률제정의무를 부과하고 있다. 이는 국가에 의한 강제노역 내지 근로의무의 직접적 강제를 금지하여 기본권으로 보장하고 그 제한과 형성의 필요성이 있다하더라도 법률과 적법절차 내지 의회유보에 의해서만 가능한 것으로 규정하고 있다.97) 적극적인 직업의 자유의 제한은 헌법 제37조 제2항에 의한 일반적 법률유보사항인 것에 비하여 가중된 법률유보사항으로 해석할 수 있다. 즉 독일헌법 제12조 제2, 3항과 마찬가지로 특별한 기본권으로 보장하려는 취지로 해석된다.

Ⅴ. 제한과 정당성

1. 단계이론과 그 문제점

단계이론이란 헌법재판소가 당구장결정98)에서 최초로 개발한 것으로 살펴본 직업의 자유의 보호내용에 따라서 그 제한의 진지성이 작은 것에서부터 큰 것에 이르기까지 제한의 가능성을 상대적으로 판단하여 심사의 기준을 정하는 것을 말한

---

94) 유럽인권협약 제4조 제2항: 누구든 강제노동 내지 노동의무를 강요당하지 않는다. 제3항: 금지되는 강제노동의 적용범위가 아닌 것으로 법원의 판결에 의한 강제노역, 병역의무 내지 대체역무, 자연재해나 전시에 공익목적의 근로의무, 일반시민에게 부과되는 근로의무.

95) 유럽기본권헌장 제5조 제2항: 누구든 강제노동 내지 노동의무를 강요당하지 않는다.

96) 독일헌법 제12조 제2항: 모든 사람에게 평등한 전통적이고 일반적인 공적 병역의무를 제외하고는 누구든 일정한 노동을 강요당하지 않는다. 제12조 제3항: 강제노동은 법원이 명하는 자유박탈의 경우에만 허용된다.

97) 강제노동은 포괄적으로 이해하여 예컨대, 경제활성화를 위해 국가가 근로자를 모집하여 강제노동을 시키는 것도 이에 속한다. 하지만 직업선택의 자유제한에 이르지 않는 단순한 직업행사의 자유를 제한하는 것은 강제노동에서 제외할 수 있다고 보아야 한다. 하지만 근로자 모집에 의한 강제노동과 자유롭게 선택한 직업행사의 자유를 제한하는 것의 경계가 명료한 것은 아니다.

98) 헌재결 1993. 5. 13. 92헌마80, 판례집 5-1, 365(374).

다. 즉 직업선택의 자유에는 직업선택의 자유, 직업수행의 자유, 전직의 자유 등이 포함되며 직업결정의 자유에도 주관적인 자격인 능력에 의한 직업선택의 자유와 이와 상관없는 허가나 인가제 등에 의한 객관적인 직업선택의 자유로 구분할 수 있다. 이를 단계적으로 구분하여 직업수행의 자유는 직업선택의 자유나 전직의 자유에 비하여 제한의 진지성이 가장 적은 경우로 상대적으로 가장 넓은 법적 제한이 가능하다. 직업선택의 자유 중에서도 주관적인 능력으로 극복할 수 있는 직업선택의 자유는 이와 상관없는 객관적인 직업선택의 자유보다 상대적으로 넓은 법적 제한이 가능하다. 따라서 당사자의 능력이나 자격과 상관없는 객관적 사유에 의한 직업선택의 자유제한은 월등하게 중요한 공익을 위하여 명백하고 확실한 위험을 방지하기 위한 경우에만 정당화될 수 있다.

하지만 단계이론은 주관적인 직업선택과 객관적인 직업선택의 구별을 전제로 하고 있으나 그 구별은 상대적인 것에 불과한 문제점이 있다. 예컨대, 허가나 인가제도 법적 조건의 충족을 조건으로 권한을 부여하거나 설정하여 주는 것이므로 개인적인 노력에 의하여 극복할 수 있는 주관적인 제한으로 볼 수 있다. 시험합격을 전제로 직업선택을 할 수 있는 변호사, 의사, 공무원 등의 경우에도 응시자격이나 선발인원 등의 법적 조건으로 인하여 객관적으로 직업선택이 제한되었다고 볼 수 있는 것이다. 이러한 점에서 헌법재판소는 직업의 자유제한의 독자적인 심사기준인 단계이론과 병행하여 기본권제한의 일반적인 심사기준인 비례의 원칙을 활용하고 있다.

2. 단계이론과 비례의 원칙의 비교

단계이론에 의한 심사와 비례의 원칙의 심사를 비교하면 다음과 같다. 기본권제한의 진지성이 가장 작은 직업의 수행의 자유에 대한 제한은 비례의 원칙의 수단의 적절성심사로, 주관적 사유에 의한 직업선택의 자유제한은 공익에 위험발생의 개연성을 방지하기 위한 피해의 최소성심사로, 객관적인 직업선택의 자유는 공익에 명백하고 현존하는 위험발생을 방지하기 위한 법익의 균형성심사에 집중하게 된다.

제 3 절 재산권

I. 기본권체계에서 재산권의 기능

재산은 인간에게 자주적이고 주체적인 삶을 가져다 줄 수 있다. 따라서 재산권은 다른 기본권 행사를 용이하게 한다. 즉 재산권자는 마음대로 자기재산을 이용할 수 있다. 예컨대, 자가용이나 주택 등 물건을 소유하면 개인적으로 보다 편리한 생활을 영위할 수 있다.

개인적으로 좋아하는 물건을 소유한다는 것은 정서적으로 도움이 된다. 따라서 재산권은 인격권발현과도 관련된다.

재산은 또한 소유를 넘어 경제·사회적 기능을 수행한다. 즉 재산권자는 자기재산을 자유롭게 사용·수익·처분할 수 있다. 기계와 같은 생산수단은 경제력을 증대하여 경제적 자유를 창출하는 기반이 된다. 하지만 재산권은 소득활동을 보호하는 기본권인 직업의 자유(제15조)나 일반적 행동자유권(제10조)과 달리 소득의 결과와 그 존속을 보장한다. 특히 토지나 보험청구권과 같이 경제적 가치 있는 재산권은 인간의 생존보장의 수단으로 사회적 안전장치에 속한다.

근로와 개인적 능력에 의해 취득한 재산을 보호하는 것은 정의 관념에도 합치한다. 이러한 점은 특히 정서적 재산과 같이 재산의 개념을 확대시키는 계기가 된다. 하지만 개인적 능력은 헌법상 재산권을 승인 받는 필수조건은 아니다. 재산의 행사가능성도 재산권의 중요한 내용이다. 노력 없이 상속에 의해 재산을 취득한 사람도 재산권자로 보호하기 때문이다. 상속재산의 보호와 관련하여 재산권은 정서적 기능과 상속재산의 존속보장기능을 수행한다.

재산권은 사회에서 시장경제를 구성하는 본질적 요소다. 재산권자는 자신의 재산적 지위를 이용하여 정보나 선호에 따라 경제적 결단을 할 수 있다. 재산권자의 처분권은 물적 자원이 자유롭게 분산될 수 있는 전제조건이 된다. 물적 생산수단은 처분권자의 안목에 따라 수익창출을 할 수 있는 가능성을 갖는다. 우리 헌법은 사회국가원리, 사회적 기본권, 혼합경제 내지 사회적 시장경제질서(제119조 제2항)를 추구하여 국가는 사유재산권을 조정할 수 있다. 즉 재산권행사의 공공복리적합의무(제23조 제2항), 재산권의 내용과 한계형성에 관한 법률(제23조 제1항), 재산권행사를 금전적 보상으로 촉진할 수도 있다(제23조 제3항).

Ⅱ. 법적 성격

1. 제도보장

재산권은 입법자의 내용형성재량의 한계로서 제도보장적 성격이 있다. 재산권의 본질을 형성하는 입법의 폐지는 헌법적으로 금지된다. 사회적으로 중대한 의미를 갖는 재산권형성입법은 존속해야 한다.

2. 방어권

국가권력의 침해에 대한 고전적인 방어권적 성격을 갖는다. 획득한 재산에 대한 제한은 오로지 정당성이 있을 경우에만 허용된다. 따라서 헌법 제23조 제3항의 공용침해는 공공필요에 의한 정당한 보상을 조건으로 한다.

3. 보호의무

제23조 제1항의 재산권의 내용과 한계형성에 관한 입법은 사인 간의 재산권충돌에 관한 조정규정을 내포한다. 임대인과 임차인 간의 임대차관계조정, 개발제한구역지정 당시의 상태대로 토지를 사용·수익·처분할 수 있는 토지소유자와 구역지정으로 인하여 토지를 종래의 목적으로도 사용할 수 없는 토지소유자 간[99]의 조정을 들 수 있다.

Ⅲ. 보호내용

1. 재산권의 개념

재산권이란 사적유용성 및 그에 대한 원칙적인 처분권을 내포하는 재산적 가치 있는 공법 및 사법상 일체의 구체적인 권리를 말한다. 따라서 단순한 이익이나 재화 획득의 기회 등은 재산권의 보장대상이 아니다. 예컨대, 약사의 한약조제권,[100] 치과

---

99) 헌재결 1998. 12. 24. 89헌마214 등, 판례집 10-2, 927.

전문의 자격불비로 인한 급료손해[101] 등은 반사적 이익으로 재산권과는 구별된다.

2. 재산권의 사용 · 수익 · 처분권

재산권의 사용·수익·처분권을 보호하는 것은 입법자의 임무다. 일반적으로 재산권자의 법적 지위를 박탈하는 공용수용, 사용권 등에 대한 입법재량을 넓게 인정하고 있다. 예컨대, 광업권법에서 광업권은 토지재산권과 분리하여 관할 관청의 허가나 소유자 또는 이해관계인의 승낙이 없으면 광물을 채굴할 수 없도록 제한을 하고 있다.

재산을 사용, 소비하는 인간의 행태로 예컨대, 교양서적의 독서, 피아노 연주, 택시운전, 아이스크림 먹기 등이 있다. 이는 각각 알권리, 예술의 자유, 직업의 자유, 일반적 행동자유권 등 해당 기본권이 재산권에 대한 특별기본권의 보호범위로 우선한다.

3. 재산권의 내용과 한계규정과 공용침해규정의 분리여부에 관한 학설

재산권에 관하여 헌법 제23조는 다음과 같이 규정하고 있다. 모든 국민의 재산권은 보장된다. 그 내용과 한계는 법률로 정한다(제1항). 재산권의 행사는 공공복리에 적합하도록 하여야 한다(제2항). 공공필요에 의한 재산권의 수용·사용 또는 제한 및 그에 대한 보상은 법률로써 하되, 정당한 보상을 지급하여야 한다(제3항). 이 규정의 체계적 해석과 관련하여 분리이론과 경계이론의 대립되고 있다.

(1) 분리이론

분리이론은 입법자의 의사에 따라 공용침해(헌법 제23조 제3항)와 재산권의 내

---

100) 헌재결 1997. 11. 27. 97헌바10, 판례집 9-2, 651 [합헌]. 헌법 제23조 제1항 및 제13조 제2항에 의하여 보호되는 재산권은 사적유용성 및 그에 대한 원칙적 처분권을 내포하는 재산가치있는 구체적 권리이므로 구체적인 권리가 아닌 단순한 이익이나 재화의 획득에 관한 기회 등은 재산권 보장의 대상이 아니라 할 것인바, 약사는 단순히 의약품의 판매뿐만 아니라 의약품의 분석, 관리 등의 업무를 다루며, 약사면허 그 자체는 양도·양수할 수 없고 상속의 대상도 되지 아니하며, 또한 약사의 한약조제권이란 그것이 타인에 의하여 침해되었을 때 방해를 배제하거나 원상회복 내지 손해배상을 청구할 수 있는 권리가 아니라 법률에 의하여 약사의 지위에서 인정되는 하나의 권능에 불과하고, 더욱이 의약품을 판매하여 얻게 되는 이익 역시 장래의 불확실한 기대이익에 불과한 것이므로, 구 약사법상 약사에게 인정된 한약조제권은 위 헌법조항들이 말하는 재산권의 범위에 속하지 아니한다.

101) 헌재결 1998. 7. 16. 96헌마246, 판례집 10-2, 283.

용과 한계규정(헌법 제23조 제1항 제2문)은 분리된다는 이론을 말한다. 즉 재산권형
성입법은 재산권자의 권리의무를 일반·추상적으로 확정하는 것으로 수인의 한계
를 넘으면 다만 보상으로 해결되는 것이 아니라 위헌의 문제로 된다. 재산권의 내
용과 한계규정은 재산권의 존속보장으로서 내용과 한계의 입법형성권과 재산권입
법형성이 재산권자에게 수인의 한도를 넘는 경우 비례의 원칙 위반으로 조정적 보
상이 요구된다. 이와 반면에 공용침해는 구체적 공적과제이행을 위해 이미 형성된
구체적 재산법적 지위를 전면 또는 부분적으로 박탈하는 보상을 요하는 경우로 헌
법 제23조 제3항의 수용·사용 또는 제한을 규정하고 있다. 우리 헌법재판소[102]의
확립된 입장이다.

(2) 경계이론

경계이론은 문턱이론이라고도 하며 재산권의 내용규정은 공용침해규정과 별
개의 제도가 아니라 정도의 차이가 있을 뿐 내용규정의 한계를 넘으면 보상의무 있
는 공용침해로 전환된다. 헌법 제23조 제1항 제2문은 재산권의 가치보장으로서 재
산권형성입법이 단순한 제약과 특별희생인지를 구분하는 다음(아래 4.)의 사회기속
성의 한계설정을 위한 학설에 따라 재산권형성입법의 위헌성은 치유된다. 즉 재산
권의 단순한 제약의 한계를 넘는 특별희생의 경우에는 보상규정유무에 불구하고
보상을 하여야 한다. 우리 대법원의 입장[103]이다.

(3) 사견

경계이론은 재산권의 가치보장에, 분리이론은 존속보장에 중점을 두는 것이다.
사회적 제약의 한계를 넘는 특별희생의 경우에 경계이론은 보상이 있어야 하지만
분리이론은 보상으로 해결되는 것이 아니라 침해행위의 위헌판단이 문제된다고 본
다. 졸견은 재산권의 경제적 기능 이외에 정서적 기능을 고려하여 분리이론에 찬동
한다.

---

102) 헌재결 2022. 5. 26. 2016헌마95, 판례집 34-1, 463 - 입법부작위; 2014. 2. 27. 2010헌바483,
   판례집 26-1상, 202 - 광업법; 2005헌바18 자연공원법 개발제한구역; 2005헌바110 - 학교
   환경정화구역; 1998. 12. 24. 89헌마214, 90헌바16, 97헌바78 등 - 도시계획법.
103) 대판 2000. 10. 13. 99두653; 1997. 11. 14. 97다32529.

4. 단순한 사회적 제약과 특별희생의 구분에 관한 학설

재산권에 대한 단순한 사회적 제약(제23조 제1항 2문)인 경우에는 보상할 필요가 없고 수인의 한도를 넘는 특별희생(제23조 제3항)의 경우에는 보상을 하여야 한다는 구분기준에 관한 학설이 개발되었다. 전술한 바와 같이 이 학설은 경계이론에서 주장되었다.

하지만 분리이론에 의하더라도 제23조 제2항의 재산권행사의 공공복리적합의무에 따라 재산권에 수반되는 단순한 사회적 제약은 수인하여야 한다. 재산권행사에 수반되는 사회적 제약은 공용침해보다는 사용 또는 제한에 해당되는 것으로 도시지역에서 개발제한구역(소위 그린벨트)설정으로 인한 재산권제약에 따른 보상유무가 문제되는 것이다. 따라서 구분기준에 관한 이 학설은 분리이론에도 적용할 수 있다.

(1) 형식적 기준설

고권주체의 개별행위로 특정인의 권리가 침해되었는가 여부와 특별희생을 초래했는가를 기준으로 한다. 일반적인 권리침해와 일반희생인 경우에는 단순한 사회적 제약에 불과하다고 한다. 이 학설은 특정인의 권리침해도 단순한 사회제약에 해당될 수 있고, 일반적인 권리침해도 특별희생일 수도 있는 점을 설명할 수 없는 문제가 있다.

(2) 보호가치이론

재산권을 보호가치 있는 것과 없는 것으로 구분하고 보호가치 있는 재산권에 대한 침해만이 보상의 대상이 되는 특별희생이라 한다. 이 학설은 보호가치의 유무에 대한 객관적 기준이 없다는 문제점이 있다.

(3) 특별희생이론

평등권의 시각에서 재산권제약이 일반적 희생인지 특별희생인지를 기준으로 보상유무를 결정하는 이론이다. 이 학설은 일반평등원칙의 기준으로는 구체적인 사안에서 사회적 구속의 한계를 넘는 특별희생인지에 대한 납득할 만한 기준을 제시할 수 없다는 문제가 있다.

(4) 기대가능성이론(중대설)

재산권침해의 중대성과 범위를 기준으로 사인의 수인에 기대가능성여부를 기준으로 보상유무를 결정하는 학설이다. 재산권자의 주관적 판단에 의하는 중대설은 구분기준이 불명확하다는 결점이 있다.

(5) 사적 유용성 이론

재산권제약을 하고도 사적유용성이 남아 있는지 여부를 기준으로 보상유무를 결정하는 이론이다. 이 학설도 중대설과 동일하게 사적 유용성의 객관적 판단기준이 불명확하다.

(6) 상황기속이론

재산권제약이 현 상태대로 보전을 목적으로 하는지 여부를 기준으로 보상유무를 결정하는 이론이다. 이는 환경권과 관련하여 재산권이 소재하는 위치와 상황에 따른 사회적 제약과 특별희생을 구분하는 것이다. 공용침해에 의한 재산권의 현 상태판단을 위한 별개의 구체적 기준이 더 요구되는 문제점이 있다.

(7) 사견: 종합적 판단

통설[104]과 같이 어느 학설도 만족할 만한 해결책을 제시하고 있지 않아 종합적으로 판단할 필요가 있다.

Ⅳ. 공용수용의 요건

1. 수용의 세 가지 전제조건과 유형

(1) 수용의 세 가지 전제조건

첫째, 수용은 개별·구체적인 법적 지위와 내용과 한계규정은 일반·추상적인 규정과 관련된 것이다. 둘째, 수용은 국가가 완전한 재산권의 완전한 행사능력을

---

104) 박균성, 『행정법기본강의』, 박영사, 2022, 398면; 홍정선, 『행정법원론(상)』, 859면.

갖춘 법적 지위의 전부 또는 일부를 박탈하는 것으로 재산권에 대한 직접적 제한을 목적으로 한다. 셋째, 수용은 제23조 제3항의 공공필요에 의한 공적과제의 수행을 위해 정향해야 한다. 공적과제의 수행은 도로, 철도, 교도소, 관광지개발 등 국가기간사업의 민영화와 같이 사인에 의해 수행되는 경우에도 재산권수용은 허용된다.105) 하지만 채무명의에 의한 강제집행과 같이 순전히 사적유용성을 갖는 경우, 벌금형의 집행과 같이 공익목적이 부차적인 경우에는 수용이 아니다. 사실상 공익목적에 기여하는 수용은 전술한 세 가지 전제요건의 해당여부의 문제가 아닌 재산권제한의 정당성의 문제로 파악해야 한다.

헌법 제23조 제3항의 '공공필요성'이란 공익성과 필요성을 갖추어야 하는 것으로 헌법 제37조 제2항의 공공복리보다 좁은 개념이다.106) 이는 수용의 실질적 정당성을 판단하는 심사요건이다. 공익성이 없는 수용은 처음부터 정당성이 없으므로 우선 존속보장의 가능성을 심사한다.107) 그 다음 비례성심사를 한다. 적절성, 필요성, 균형성심사를 한다. 사후적으로 목적달성이 불가능한 경우 수용의 적절성은 없다. 필요성심사는 수용목적 그 자체로 공익실현에 기여할 수 있는지를 판단하고, 균형성심사에서는 피수용자의 순전한 경제적 손실을 보상으로 경감되었는지를 판단한다.

수용 그 자체의 헌법적 정당성이 인정된다면 가치보장을 심사해야 한다. 이는 손해배상이 아닌 손실보상을 말한다. 보상은 재산의 객관적 가치가 아니라 직관에 의하여 공익과 사익을 형량하여 판단한다. 보상액의 상한은 명목상의 조정액을 초과할 수 있지만 완전한 거래가액에 상응해야 하는 것은 아니다. 보상이 거래가액에 상당하게 이루어지는 것은 재산권자가 스스로의 능력에 의하여 취득한 재산으로서 생활의 수단으로 이용된 경우다.

(2) 수용의 유형

수용의 유형에는 법률에 근거한 행정수용(행정공용침해)과 직접 법률에 의한 입법수용(법정공용침해)의 두 가지가 있다. 그 차이는 수용의 형식적 정당성판단에서 나타난다. 행정수용이 원칙이고 입법수용은 예외적이다. 입법수용은 이 형식에

---

105) 헌재결 2013. 2. 28. 2011헌바250.
106) 헌재결 2011. 4. 28. 2010헌바114.
107) 헌재결 2014. 10. 30. 2011헌바172 – 골프장 건설은 공공필요성이 부인됨.

의하지 아니하고는 해당공익사업의 실현이 불가능하거나 매우 어려운 예외적인 경우에만 허용될 수 있다.[108] 왜냐하면 입법(처분법률)형식에 의한 개별적 사건해결은 권력분립의 원칙에 반하기 때문이다. 이는 국가조직법적 차원에서뿐만 아니라 권리구제절차 면에서도 입법수용에 대한 행정소송은 불가능하여 헌법소원청구로 비로소 가능하기 때문이다. 따라서 행정수용(행정공용침해)을 원칙으로 하는 것이 헌법 제27조의 재판청구권의 효율적 권리보장에도 타당하다.

2. 공용수용에 대한 보상의 근거

(1) 입법보상의 원칙

수용(공용침해)은 특수한 재산권제한의 형태로 공적과제수행을 목적으로 구체적인 재산법적 지위의 전부 또는 일부를 박탈하는 것을 말한다. 하지만 대법원은 재산권침해의 중대성과 범위를 기준으로 사인의 수인에 기대가능성여부를 기준으로 보상유무를 결정하는 중대설 등에 따라 손실보상을 하고 있다. 이는 '수인하라 그러면 청산할 것이다(Dulde und Liquidiere!)'라는 법언에 따른 것이다. 법원이 보상여부를 판단하여 개별적 정의를 실현하는 것은 장점이다. 하지만 국가권력행사에 대한 재정적 부담을 법원이 판결로 결정하는 것은 문제가 있다. 왜냐하면 기본권제한의 일반형식인 법률유보(제37조 제2항)와 예산확정의 의회유보(제54조)에 반하기 때문이다. 재산권의 공용제한과 그에 대한 보상을 부대조항으로 하여 법률유보(제23조 제3항)하고 있는 헌법규정에도 반하는 것이다. 근자에는 토지재산권의 제한적 성격을 고려하여 입법자에게도 입법보상에 대하여 신중할 것을 요구하고 있다. 따라서 공용침해와 그에 대한 보상은 입법으로 명백히 예정한 경우로 국한해야 한다.

이에 반해 내용과 한계규정은 입법자에게 재산형성권을 위임하는 것으로 비교된다. 의도하지 않은 간접적 부수적인 재산권제한의 경우에는 법원의 판결로 개별적 정의를 추구할 수밖에 없다. 수용유사침해와 수용적 침해가 이에 해당된다.

(2) 부대조항(Junktim-Klausel) 여부

제23조 제3항의 부대조항규정에 따라 수용과 보상은 같은 법률에서 규정하여야 한다. 그렇지 않으면 수용은 형식적으로 위헌이다. 행정수용에 대한 소송에서

---

108) 이는 공권력행사와 관련하여 재판청구권에 대한 최소한 제한으로 비례의 원칙에도 부합한다. 정연주, "처분적 법률의 헌법적 문제", 『미국헌법연구』 제18권 제2호(2007), 191면.

법원은 해당법률의 위헌제청을 하여야 한다. 입법수용에 대해 헌법소원이 청구된 경우라면 헌법재판소는 위헌결정을 하여야 한다. 부대조항에 의하여 입법자는 수용에 따르는 보상규정을 마련했어야 하는 데 그렇지 않다면 사후적으로 하자를 치유할 수 없기 때문이다.

V. 과세권에 대한 입법형성의 한계

과세권에 대한 재산권제한의 한계판단에 있어서 수입의 절반을 상회하는 과세는 위헌이라는 절반의 과세원칙(Halbteilungsgrundsatz)[109]이 있다. 수입이 많은 고소득자의 경우 이 원칙에 의하더라도 잔여소득으로 충분히 생활할 수 있다.

하지만 절반의 과세 이후 생계수준 이하의 소득만 남는 계층에는 타당하지 않다. 재산권의 내용과 한계형성입법에 있어서 본질내용에 대한 최소한의 보장여부를 기준으로 적용여부가 상대화되어야 한다. 따라서 과세입법의 한계에 관한 일반원칙으로 적용하기에는 타당하지 않아 비례의 원칙, 즉 상대적 본질내용침해금지원칙으로 다시 전환할 것이 주장되고 있다.[110] 헌법 제59조의 국회의 과세입법권은 헌법 제38조의 납세의무에 근거한 것으로 헌법 제37조 제2항의 기본권제한입법의 정당성판단의 대상이 아니다. 하지만 현대 사회국가에서 과세는 실질적인 자유와 평등을 보장하기 위한 보충적인 수단이므로 과세입법으로 오히려 재산권의 본질내용을 침해해서는 안 되는 최소한의 한계는 준수하여야 한다.[111]

VI. 제한과 한계

1. 공용수용에 의한 제한

공용수용을 위해서는 공공필요성(헌법 제23조 제3항)이 있어야 하는바 이는 공익성과 필요성을 갖추어야 하는 것으로 헌법 제37조 제2항의 공공복리보다 좁은 개념이다.[112] 이는 수용의 실질적 정당성을 판단하는 심사요건이다. 또한 제23조

---

109) BVerfGE 93, 121, 136 ff.
110) 2 BvR 2194/99, BVerfGE 115, 97.
111) 헌재결 1994. 7. 29. 92헌바49 등, 판례집 6-2, 64(66) - 토초세위헌.
112) 헌재결 2011. 4. 28. 2010헌바114.

제3항의 부대조항규정(Junktim-Klausel)에 따라 수용과 보상은 같은 법률에서 규정하여야 한다. 그렇지 않으면 수용은 형식적으로 위헌이다. 민영화, 공법상 계약 등으로 수용의 주체로 사인도 가능하나 사업의 공공필요성이 전제가 되어야 사인수용의 정당성이 인정된다. 헌법재판소[113]는 사인의 골프장건설을 위한 수용은 헌법불합치라고 판시하고 있다.

2. 명령 또는 조례에 의한 제한가능성 여부

재산권제한은 원칙적으로 법률에 의해서 가능하나 예외적으로 명령 또는 조례에 의해서도 제한할 수 있다. 이는 다만 법률 또는 법령의 구체적인 위임에 의해서만 가능하다.

3. 본질내용은 재산권의 사용, 수익, 처분권

재산권의 본질내용은 재산권의 사용, 수익, 처분권이다. 헌법재판소가 도시계획법 제21조에서 분리이론에 입각하여 재산권형성입법의 비례의 원칙위반에 대한 판단에서 도시계획 구역에 있는 재산권이 나대지나 종래의 용도대로 사용·수익할 수 없는 경우에도 아무런 보상규정이 없는 것은 비례의 원칙에 반하는 위헌입법을 선언[114]한 것은 상대적으로 재산권의 본질내용을 결정한 것으로 이에 해당된다.

---

113) 헌재결 2014. 10. 30. 2011헌바172 등, 판례집 26-2상, 639 [헌법불합치].
114) 헌재결 1998. 12. 24. 89헌마214 등, 판례집 10-2, 927 [헌법불합치].

참정권

제 1 절   선거권

Ⅰ. 의의와 기능

선거는 국민이 국정의 담당자를 선출하는 방법을 말한다. 국정의 담당자를 선출하는 방법에는 선거 이외에도 직접민주주의국가에서 택하는 추첨 내지 순번제 등이 있다. 루소의 말대로 추첨이 가장 민주적인 방법이다. 하지만 현대국가는 광범위한 국토, 수많은 인구 등으로 치자와 피치자를 구분하여 국가를 운영하는 대의민주주의 방식을 택하고 있는 것이 일반적이다. 우리도 이에 속하는 국가로서 국정의 담당자를 선출하기 위한 방법으로 선거제도를 채택하고 국민에게 능동적인 선거권과 수동적인 피선거권을 부여하고 있다. 즉 헌법 제24조는 "모든 국민은 법률이 정하는 바에 의하여 선거권을 갖는다."고 규정하고 있다.

현행 헌법의 선거제도는 국회의원, 대통령, 지방자치단체의 장 및 그 의원선거가 있다. 이들 선거는 국민주권과 대의제를 실현하는 기능을 수행하는 것으로 보통·평등·직접·비밀·자유선거의 원칙하에 선거권행사가 가능하여야 한다.

Ⅱ. 법적 성격

1. 학설

(1) 자연권설

국민주권에 입각하여 모든 국민은 주권행사에 참여할 권리를 가져야 하므로, 선거권은 천부의 불가양의 자연권이라고 한다. 루소와 같이 직접민주주의를 주장하는 입장도 자연권설을 주장한다.

(2) 공무설과 권한설 내지 공무이자 공권이원설

국가법인설에 입각한 법실증주의자들의 주장으로 선거는 본래 단체행위이고, 개인은 이 단체행위에 필요한 개별적 행위, 즉 직무를 집행함에 불과하기 때문에 선거권은 국가가 국가목적을 위하여 부여한 공무라는 공무설과 국민은 선거시에 국가기관이 되어 국가의 공무인 선거를 하는 권한을 갖는다는 권한설이 있다.[1] 선거는 국가를 위한 기능으로서 공무적인 성질을 가지는 동시에 헌법에 의하여 부여된 주관적 공권이라는 이원설[2]도 이에 속한다. 이 학설들은 국가내적인 실정권인 점에서 선거의무를 부과시킬 수도 있으나 이는 정치적·도의적 의무이지 법적 의무로 강제하는 것은 자유선거의 원칙에 반한다고 한다.

(3) 주관적 공권과 객관적 가치질서성설

선거의무의 입법적 도입의 정당성을 입증하기 위하여 선거권은 개별자유권과 마찬가지로 주관적 공권으로 보아 법률유보에 의한 제한이 가능하다고 한다. 즉 선거권은 개별자유권과 마찬가지로 자연권이자 실정권으로 상대적 기본권이므로 헌법 제37조 제2항의 법률유보와 비례의 원칙에 의한 의무선거제의 정당성을 인정할 수 있다고 하는 것이다. 다만 의무선거제로 인한 자유선거권의 제한을 최소화하기

---

1) 정종섭, 『헌법학원론』, 733면. 그는 선거와 선거권의 법적 성격은 분리하여야 하고 권리에 의무가 동시에 포함되어 존재할 수 없으므로 선거권은 권리로서의 성격만 지닐 뿐 의무로서의 성격은 가지지 않는다고 한다.

2) 김철수, 『학설판례 헌법학(상)』, 1374면; 권형준, 『헌법』, 법원사, 2005, 448면; 홍일선, "선거권과 선거의무", 『공법연구』 34집 제3호(2006. 2.), 352면.

위한 방안으로 그 본질내용인 선거결정의 자유와 자유선거원칙을 제한하지 않는 선거참여의 자유를 구별하여 후자만 법적 강제하는 방안을 고려할 수 있다고 한다.[3] 참정권의 국가권력 창설적·정당성부여기능 때문에 객관적 가치질서로서의 성질도 갖는다고 한다.[4]

2. 헌법재판소

헌법재판소는 재외국민의 선거권 행사를 전면적으로 부정하고 있는 공직선거법 제37조 제1항에 대한 헌법소원결정[5]에서 다음과 같이 판시하고 있다. 헌법 제24조의 선거권에 관한 법률유보는 선거권을 제한하는 법률유보가 아니라 '구체화'하는 법률유보다. 헌법상 보통·평등·직접·비밀선거의 원칙에 비추어 국민주권과 대의제 민주주의의 실현수단으로서 선거권을 최대한 보장하는 방향으로 입법을 하여야 한다.

헌법재판소는 선거권은 실정권이지만 보통선거와 평등선거의 원칙에 따른 국민주권의 실현으로서 선거권은 최대한 보장을 하여야 하는 것으로 보고 있다.

---

3) 김래영, "의무투표제는 위헌인가?", 『헌법학연구』 제18권 제1호(2012. 3.), 한국헌법학회, 94면 이하.

4) 허영, 『한국헌법론』, 602면. 허영 교수가 선거를 의무로 여기는 윤리적 생활태도를 언급한 것은 옳다. 다만 헌법학에서는 윤리와 법은 중첩된다. 따라서 정치윤리에 입각하여 선거의 공적기능을 강화하는 입법의무를 부과하는 해석론을 전개할 필요가 있다.

5) "헌법 제24조는 모든 국민은 '법률이 정하는 바에 의하여' 선거권을 가진다고 규정함으로써 법률유보의 형식을 취하고 있지만, 이것은 국민의 선거권이 '법률이 정하는 바에 따라서만 인정될 수 있다'는 포괄적인 입법권의 유보하에 있음을 의미하는 것이 아니다. 국민의 기본권을 법률에 의하여 구체화하라는 뜻이며 선거권을 법률을 통해 구체적으로 실현하라는 의미이다. 이러한 법률유보는 선거권을 실현하고 보장하기 위한 것이지 제한하기 위한 것이 아니므로, 선거권의 내용과 절차를 법률로 규정하는 경우에도 국민주권을 선언하고 있는 헌법 제1조, 평등권에 관한 헌법 제11조, 국회의원선거와 대통령선거에 있어서 보통·평등·직접·비밀선거를 보장하는 헌법 제41조 및 제67조의 취지에 부합하도록 하여야 한다. 그리고 민주주의 국가에서 국민주권과 대의제 민주주의의 실현수단으로서 선거권이 갖는 이 같은 중요성으로 인해 한편으로 입법자는 선거권을 최대한 보장하는 방향으로 입법을 하여야 하며, 또 다른 한편에서 선거권을 제한하는 법률의 합헌성을 심사하는 경우에는 그 심사의 강도도 엄격하여야 하는 것이다. 따라서 선거권을 제한하는 입법은 위 헌법 제24조에 의해서 곧바로 정당화될 수는 없고, 헌법 제37조 제2항의 규정에 따라 국가안전보장·질서유지 또는 공공복리를 위하여 필요하고 불가피한 예외적인 경우에만 그 제한이 정당화될 수 있으며, 그 경우에도 선거권의 본질적인 내용을 침해할 수 없다."라고 판시하였다. 헌재결 2007. 6. 28. 2004헌마644 등, 판례집 19-1, 859(874).

3. 사견(권리와 의무가 결합된 실정권설)

자연권설은 주권자인 국민과 주권행사자로서 국민을 동일시하는 직접민주주의를 전제로 하기 때문에 대의민주주의를 추구하는 우리 헌법에 부합하지 않고, 선거권을 행사하는 유권자집단전체를 국가기관으로 의제하는 권한설, 공무설, 이원설은 헌법상 기본권인 선거권의 개인적 공권성을 부인하거나 선거의무를 법적 의무가 아닌 단순히 정치적·도덕적 의무로 보는 점에서 타당하지 않다. 선거권을 개별자유권과 마찬가지로 주관적 공권으로 보아 법률유보에 의한 제한이 가능하다는 견해는 보호범위와 제한의 구별을 전제로 하고 있으나 선거권의 보호범위로 포함되지도 않는 의무선거제를 법률유보로 제한하고 정당성까지 인정할 수 있다는 것은 기본권심사의 체계를 오해한 것이다.

선거권은 대의민주주의를 전제로 하여 국정의 담당자를 선출하기 위한 수단으로 국가내적인 실정권이다. 그리고 선거의 공적 기능을 고려하여 선거권은 헌법상 권리이자 선거에의 참여의무가 결합된 공무담임권과 함께 참정권의 하나다.[6] 선거권은 친권, 재산권, 환경권과 같이 공공재 내지 이타적인 봉사적 성격의 기본권으로 권리와 의무가 결합되는 기본권과 같은 성격을 갖고 있기 때문이다. 자유선거원칙을 제한하는 의무선거제의 도입도 대의민주국가에서는 국민주권의 실현의 방법으로 국정에의 참여를 기본의무로 하는 점에서 그 구체화 의무가 입법자에게 부과된다고 본다.

예컨대, 공직선거법 제6조, 제6조의2, 제6조의3에서는 선거권행사의 보장을 위하여 최소한의 입법적 조치를 취하고 있다. 국가는 선거권자가 선거권을 행사할 수 있도록 필요한 조치를 취하여야 한다(제6조 제1항). 선거권자는 성실하게 선거에 참여하여 선거권을 행사하여야 한다(제6조 제4항). 다른 자에게 고용된 사람이 사전투표기간 및 선거일에 모두 근무를 하는 경우에는 투표하기 위하여 필요한 시간을 고용주에게 청구할 수 있다(제6조의2 제1항). 고용주는 제1항에 따른 청구가 있으면 고용된 사람이 투표하기 위하여 필요한 시간을 보장하여 주어야 한다(제6조의2 제2항). 고용주는 고용된 사람이 투표하기 위하여 필요한 시간을 청구할 수 있다는 사실을 선거일 전 7일부터 선거일 전 3일까지 인터넷 홈페이지, 사보, 사내게시판 등을 통

---

6) 참정권의 의무성을 반대하는 견해로는 허영, 『한국헌법론』, 602면.

하여 알려야 한다(제6조의2 제3항). 감염병환자 등의 선거권보장을 위하여 감염병예방 및 관리에 관한 법률에 따라 입원치료, 자가(自家)치료 또는 시설치료 중이거나 같은 법 제42조 제2항 제1호에 따라 자가 또는 시설에 격리 중인 사람은 선거권 행사를 위하여 활동할 수 있다(제6조의3 제1항). 국가와 지방자치단체는 격리자등의 선거권 행사가 원활하게 이루어질 수 있도록 교통편의 제공 및 그 밖에 필요한 방안을 마련하여야 한다(제6조의3 제2항).

공직선거법에서 선거권보장은 꾸준히 확대되어 왔다는 점에서 자유선거의 본질을 침해하지 않는 범위에서 선거참여의무를 부과하는 것도 가능하다고 본다. 보다 상세한 것은 후술하는 자유선거원칙에서 설명한다.

Ⅲ. 보호내용

선거의 원칙 중 보통선거와 평등선거는 평등원칙(헌법 제11조 제1항)과 관련된 선거원칙으로 특별한 보호가 요구된다.

1. 보통선거

보통선거는 제한선거에 대한 개념으로 모든 국민의 능력을 동등하게 인정하는 것을 말한다. 따라서 보통선거는 일반평등원리가 적용되는 특별한 평등선거다. 즉 보통선거란 성별, 종교, 사회적 신분, 재산, 인종 등에 상관없이 선거권과 피선거권을 인정하여야 하는 것을 말한다. 하지만 보통선거는 현실에서는 제한선거로 나타난다. 영국의 5차례에 걸친 선거제도개혁에서 보듯이 성별, 사회적 신분, 연령에 의한 차등선거였다.[7] 오늘날에도 선거연령에 의한 보통선거제한은 있다.

우리의 경우 개정 전 공직선거법에서 만 19세 이상의 국민에게 선거권을 부여하고 있었다. 이에 대해 헌법재판소[8]는 입법재량으로 보아 합헌으로 판단하였다. 하지만 이는 평등원칙에 반하는 보통선거의 과소보호입법이었다. 왜냐하면 현대헌

---

7) 명예혁명(1688) 이후 귀족층과 일부 부유층에게만 선거권을 부여한 이후 제2차 선거개혁(1832)에서 산업 자본가, 제3차(1867)에서 도시소시민과 노동자, 제4차(1918)에서 21세 이상의 남성과 30세 이상의 여성, 제5차(1928)에서 21세 이상의 모든 남녀에게도 보통선거권을 부여하였다.

8) 헌재결 2014. 4. 24. 2012헌마287, 판례집 26-1하, 223.

법은 과거의 자유방임국가에서 복지국가로의 국가의 역할변화와 함께 청소년, 중장
년, 노년 3세대의 연대책임에 의한 복지정책을 추구하고 있어 청소년들에게 선거권
을 부여하지 않는 것은 국가정책에 대한 자기결정권(헌법 제10조)을 제약하기 때문
이다. 따라서 최근 공직선거법을 개정하여 선거권은 물론 피선거권연령도 만18세
로 통일하였다(공직선거법 제15조 제1항, 제16조 제2항). 비교법적 측면에서도 대부분
국가에서 선거연령을 18세 이상으로 하고 있어 바람직한 개정이었다.

2. 평등선거

(1) 선거권자의 투표가치의 평등

평등선거란 누구에게나 1인 1표(one man, one, vote)를 부여하는 산술적인 계
산가치의 평등과 국회의석배분에 있어서는 1표 1가(one vote, one value)의 비례적
인 결과가치의 평등을 말한다. 따라서 선거권자의 평등선거는 무엇보다 산술적 평
등원리가 준수되어야하기 때문에 차등선거를 정당화하기 위해서는 입법자가 엄격
한 입증책임을 부담한다. 즉 한정된 차별목적에 대한 차별수단의 적합성과 필요성
이 있어야 한다. 예컨대, 헌법재판소[9]는 공직선거법 제37조 제1항에서 선거인명부
작성기준일 현재 당해 지방자치단체의 관할구역 안에 주민등록을 요건으로 재외국
민의 국정선거권을 전면 부정하는 것은 정당한 차별목적도 차별수단의 적합성과
필요성도 없는 것으로 보았다.

(2) 피선거권자의 기회의 균등

피선거권자의 선거운동에서의 기회균등보장은 국가영역에서의 공직선거권행
사와 달리 사회영역에서의 입후보자의 선거운동과 정당의 정치적 의사형성과 관련
되어 있다. 여기서 평등권은 자유권행사에 대한 보충적 기능을 수행하여 상대적 평
등 내지 비례적 평등으로 완화하여 평등선거원칙을 보호하고 있다. 예컨대, 정당투
표의 비례대표국회의석배분에 있어서 유효투표의 3% 이상 득표 또는 5석 이상의
의석을 요구하는 저지조항이 이에 해당된다. 3% 저지조항은 대의민주주의에서 의
회의 기능을 확보하기 위한 것에서, 5석 최소의석은 효과적인 국민통합을 위해서
합리성을 인정할 수 있다.

---

9) 헌재결 2007. 6. 28. 2004헌마644 등, 판례집 19-1, 859(875 이하).

헌법재판소도 "일반적 평등원칙과 마찬가지로 절대적이고도 획일적인 평등 내지 기회균등을 요구하는 것이 아니라 합리적인 근거가 없는 자의적인 차별 내지 차등만을 금지하는 것으로 이해하여야 한다."10)고 판시하였다. 예컨대, 헌법재판소는 투표용지의 후보자 게재순위를 국회에서의 다수의석 순에 의하여 정하도록 규정한 것과 투표용지의 후보자 기호를 위 순위에 따라 "1, 2, 3" 등의 아라비아 숫자로 표시하도록 규정한 것11)에 대하여 합리적 기준에 의하고 있어 평등권침해가 아니라고 한다.

하지만 후보자 등의 대담·토론회의 개최·보도를 언론기관의 자율에 맡김으로써 방송시간·신문의 지면 등을 고려하여 언론기관에 의한 후보자의 초청범위 등의 제한이 가능하도록 한 것12)은 문제있다. 즉 언론기관은 국민의 후보자에 대한 알권리와 다수관계의 가변성 및 평등선거를 고려하여 모든 정당과 후보자에게 최소한의 방송시간과 신문지면을 할애해야 한다. 따라서 언론기관이 대담·토론회를 활성화하고 선거권자에게 선거에 관한 유용한 정보를 제공한다는 불명확한 사유로 후보자의 초청범위를 제한하는 것은 정당화할 수 없는 '권력의 우위'를 인정하는 것이다. 공직선거법 제72조 제1항에서도 "텔레비전 및 라디오 방송시설이 그의 부담으로 제71조(후보자 등의 방송연설)의 규정에 의한 후보자 등의 방송연설 외에 선거운동기간 중 정당 또는 후보자를 선거인에게 알리기 위하여 후보자의 연설을 방송하고자 하는 때에는 내용을 편집하지 아니한 상태에서 방송하여야 하며, 선거구단위로 모든 정당 또는 후보자에게 공평하게 하여야 한다. 다만, 정당 또는 후보자가 그 연설을 포기한 때에는 그러하지 아니하다."고 규정하고 있다.

---

10) 헌재결 1999. 1. 28. 98헌마172, 판례집 11-1, 84.

11) 정당제도의 존재 의의 등에 비추어 그 목적이 정당할 뿐만 아니라 정당·의석을 우선함에 있어서도 당적 유무, 의석순, 정당명 또는 후보자 성명의 '가, 나, 다' 순 등 합리적 기준에 의하고 있으므로 평등권을 침해하지 아니한다. 헌재결 2020. 2. 27. 2018헌마454, 판례집 32-1상, 99(105).

12) 후보자의 당선가능성, 선거권자의 관심도, 유력한 주요정당의 추천을 받았는지의 여부 등을 참작하여 선거권자의 알권리를 충족함에 필요한 범위내에서 자율적인 판단에 따라 후보자 등의 일부만을 초청하여 대담·토론회를 개최하고 이를 보도할 수 있으므로, 초청받은 후보자는 초청받지 못한 후보자에 비하여 선거운동에 있어 더 유리하게 되는 결과가 초래될 수도 있으나, 그러한 차별은 대담·토론회를 활성화하고 선거권자에게 선거에 관한 유용한 정보를 제공하기 위한 합리적이고 상대적인 차별이라 할 것. 헌재결 1999. 1. 28. 98헌마172, 판례집 11-1, 84(94).

3. 직접선거

직접선거란 간접선거에 대한 개념으로 선거권자가 선거에 의하여 즉시 국정의 담당자를 선출하는 것을 말한다. 대통령, 국회의원, 지방자치단체의 장 및 의원선거에서 헌법은 직접 선거권을 보장하고 있다. 이에 따라 공직선거법(제146조 제2항)에서는 비례대표 의회의원과 지방의원의 선출에 있어서도 정당에 대한 별도의 투표를 실시하여 직접선거를 보장하고 있다.

4. 비밀선거

비밀선거란 공개선거에 대한 개념으로 선거인이 입후보자 중 누구에게 투표했는지를 국가나 제3자가 알 수 없도록 보장하는 선거를 말한다. 선거는 민주주의의 꽃으로 유권자의 후보자선택에서 강압이나 회유, 금전 등에 의하여 유권자를 매수할 수 없도록 비밀선거를 보장하여 선거의 자유와 공정성을 동시에 추구하고 있다. 투표의 비밀침해죄에 관하여 공직선거법 제24조 제1항은 "투표의 비밀을 침해하거나 선거일의 투표마감시각 종료 이전에 선거인에 대하여 그 투표하고자 하는 정당이나 후보자 또는 투표한 정당이나 후보자의 표시를 요구한 자와 투표결과를 예상하기 위하여 투표소로부터 50미터 이내에서 질문하거나 투표마감시각 전에 그 경위와 결과를 공표한 자는 3년 이하의 징역 또는 600만원 이하의 벌금에 처한다."고 규정하고 있다.

하지만 거소투표자의 우편투표(공직선거법 제158조의2), 선상투표자의 투표용지의 팩시밀리송부(공직선거법 제158조의3 제5항)는 허용된다. 다만 선거관리위원회와 선장은 선상투표소를 설치할 때 선상투표자가 투표의 비밀이 보장된 상태에서 투표한 후 팩시밀리로 선상투표용지를 전송할 수 있도록 설비하여야 한다(공직선거법 제158조의3 제2항 제9항). 출구조사를 위하여 질문하는 경우 유권자가 자신의 투표결과에 대하여 자발적으로 출구조사나 일반인에게 공개하는 것은 비밀선거침해가 아니다(공직선거법 제167조 제2항).

5. 자유선거

(1) 국민주권원리를 실현하기 위해 민주적 선거원칙에 내재된 당연한 원칙

자유선거란 강제선거에 대한 개념으로 유권자가 국가나 제3자의 간섭을 받지 않고 자유롭게 선거권 행사여부(ob)와 행사방법(wie)을 결정할 수 있는 것을 말한다. 우리 헌법은 자유선거의 원칙을 명문으로 규정하고 있지 않다. 하지만 자유선거의 원칙은 국민주권의 원리를 실현하기 위한 선거권행사의 전제조건으로서, 헌법상 민주적 선거원칙에 당연히 내재되어 있는 것이다.[13] 헌법재판소[14]도 "자유선거의 원칙은 비록 우리 헌법에 명시되지는 아니하였지만 민주국가의 선거제도에 내재하는 법 원리인 것으로서 국민주권의 원리, 의회민주주의의 원리 및 참정권에 관한 규정에서 그 근거를 찾을 수 있다. 이러한 자유선거의 원칙은 선거의 전 과정에 요구되는 선거권자의 의사형성의 자유와 의사실현의 자유를 말하고, 구체적으로는 투표의 자유, 입후보의 자유 나아가 선거운동의 자유를 뜻한다."고 판시하였다.

(2) 의무선거 내지 선거의무제 도입의 헌법적 가능성과 필요성

투표율저하를 예방하기 위하여 법률상 선거의무를 부과하는 것은 자유선거의 원칙에 위반하는가의 문제가 제기된다. 이에 대하여 위헌론[15]은 자유선거의 본질을 투표함 내에서 선거결정의 자유로 한정하는 것은 자유선거의 내용을 지나치게 좁게 파악하는 것이고, 자유선거는 적극적으로 선거할 자유뿐만 아니라 소극적으로 선거하지 않을 자유도 포함하는 것은 자유선거의 원칙은 자유권적 기본권유사의 성격을 갖기 때문이라고 한다. 이와 반면에 합헌론은 비례의 원칙에 의하여 자유선거원칙의 제한의 정당성을 판단하더라도 보통선거나 평등선거의 원칙과 마찬가지로 자유선거의 원칙도 대의민주주의에서 국민의사의 정확한 반영이라는 공익을 위해 제한할 수 있고, 유권자들에게 단지 투표소에 나타날 것만 요구하고, 의무불이행에 대한 제재수단도 과태료나 참정권 제한에 그친다면 자유선거권제한의 피해의 최소성과 법익의 균형성도 갖출 수 있다고 주장하는 견해[16]가 있고, 선거권은 자연

---

13) 허영, 『한국헌법론』, 837면.
14) 헌재결 1999. 9. 16. 99헌바5, 판례집 11-2, 326(336).
15) 허영, 『한국헌법론』, 602. 681면; 홍일선, 전게논문, 358면.
16) 김래영, "의무투표제는 위헌인가?", 『헌법학연구』 제18권 제1호(2012. 3.), 100면 이하.

권이 아니라 대의민주주의와 결부되어 필수적으로 인정되는 권리로서, 헌법상 의무
는 아니지만 투표의 불참이 오히려 민주주의를 형해화시킬 수 있는 때에는 법률로
강제되어야 할 필요가 있다는 견해,[17] 위헌론이 주장하는 소극적 자유론에 반대하
면서 공화적 자유론에 입각하여 선거에의 참여는 민주적 통치의 필수적인 수단이
기에 오히려 이에 대한 법적 강제는 자유를 증진시킨다는 견해[18]가 있다. 헌법재판
소[19]는 '최소투표율'과 관련하여 선거의무를 부과하는 것은 자유선거의 원칙을 위
반할 우려가 있는 것으로 판시하고 있다.

대의민주주의에서 투표율저하로 인해 의무선거 내지 선거의무제 도입의 필요
성은 인정된다. 하지만 헌법상 자유선거의 원칙과의 충돌로 인한 법적 도입가능성
이 문제다. 이는 전술한 바와 같이 선거권의 법적 성격을 그 공적 기능을 고려하여
권리와 의무가 결합된 참정권으로 보는 졸견에 의하면 당연히 법률상 의무선거제
도입이 가능하다. 예컨대, 브라질(헌법 14조), 터키(헌법 제175조), 그리스(헌법 제51조
제5항), 멕시코(헌법 제36조), 호주(선거법 제24조) 등 약 28개국이 헌법 또는 법률상
의무로 규정하고 있는 것은 이를 방증한다.[20]

(3) 보호내용

자유선거의 원칙은 비밀선거의 원칙과 구분되는 독자적 의미를 갖는다. 이 원
칙에 의하여 선거관리위원회는 유권자의 올바른 선거권행사를 위하여 적시에 '알권
리'를 보장하여야 한다. 정당의 비례대표 '의원명부작성의 자유'도 보장된다.

자유선거의 원칙에 따라 비례대표입후보자, 지역구입후보자 및 유권자를 국가
의 불법적인 영향력행사에 대하여 보호한다. 즉 대통령과 정부는 선거 시기에 여당
에게 유리한 발언과 홍보를 하여서는 안 된다.[21] 하지만 개인과 단체는 강제력을
행사하지 않는 한 정치적 의사표현의 자유에 의하여 유권자의 선거표심에 영향력
을 미칠 수 있다. 언론은 공정한 보도와 논평을 하여야 한다. 공직선거법 제86조 제
1항 제2호는 "공무원이 그 지위를 이용하여 선거운동의 기획에 참여하거나 그 기획

---

17) 정종섭, 『헌법학원론』, 751, 752면.
18) 김도균, "불간섭으로서의 자유와 비예속 상태로서의 자유–한국사회의 자유담론과 관련해
　　서–",『법과 사회』제39호(2010), 257~259면; 이용복,『선거법강의』, 박영사, 2021, 17, 18면.
19) 헌재결 2003. 11. 27. 2003헌마259·250(병합), 판례집 15–2하, 339(349).
20) 의무투표제국가의 사례에 대해 자세한 것은 김래영, "의무투표제는 위헌인가?", 91면.
21) 노무현 전 대통령의 탄핵소추 및 심판의 원인이 되었다.

의 실시에 관여하는 행위를 금지"하고 그 위반에 대하여는 제255조 제1항 제10호
에 "3년 이하의 징역 또는 600만 원 이하의 벌금에 처한다."고 규정하고 있다.

Ⅳ. 제한과 정당성

1. 제한

선거권을 제한하는 대표적인 법률이 공직선거법이다. 공직선거법은 선거의 자
유와 공정을 입법목적으로 하고 있다.[22] 그러나 입법목적과 달리 공직선거법을 전
반적으로 보면 선거의 자유보다는 공정에 비중을 두어 자유로운 선거권을 제약하
는 많은 규정을 볼 수 있다. 예컨대, 선거운동의 개념을 너무 포괄적으로 규정(제58
조)하여 정치적 표현의 자유를 제약하고, 선거운동기간이 지나치게 짧고, 그 기간에
만 오프라인 선거운동을 허용(제59조)하여 드루킹의 댓글조작사건처럼 편법적인 온
라인 선거운동에는 무방비한 점, 입후보자의 선거운동에 대한 절차적인 요건을 엄
격하게 적용하여 선거경비공영제를 무색하게 하는 규정(제71조 제10항의 신고위반에
대한 제122조의2 제2항 제3호의 제재) 등이 그것이다.

과거 우리는 관권선거, 금권선거 등으로 선거의 부정으로 대의민주주의가 왜
곡된 헌정사를 갖고 있다. 이러한 점에서 선거의 공정성을 강조하는 것은 우리의
헌정사와 관련하여 지나친 것은 아니었다. 하지만 민주화 정권이 탄생한 지도 30여
년이 지나가는 시점에 선거의 자유보다 공정을 강조하는 입법으로 선거권을 구체
화하는 것은 선거권을 기본권으로 존중하기보다는 여하한 정권담당자든 단순히 선
출하기 위한 수단으로 평가 절하하여 법률상의 권리로 전락시키는 것이다. 이러한
점에서 헌법재판소가 선거의 자유를 강조하며 공직선거법의 많은 규정들에 대해
위헌결정을 하는 것은 선거로 선출된 국회가 방기한 선거권의 합헌적 형성에 경종
을 울리는 반가운 현상이다. 선거의 자유를 우선으로 하고 공정을 보충적으로 보호
하는 체제로 공직선거법의 전면적인 개정이 요구되는 바이다. 이는 기본권으로서의
선거권구체화입법의 올바른 방향이기도 하다.

보통선거의 제한은 특별 평등선거의 제한으로 국민주권과 대의민주주의를 형

---

22) 즉 공직선거법 제1조는 "선거가 국민의 자유로운 의사와 민주적인 절차에 의하여 공정히 행
   하여지도록 하고, 선거와 관련한 부정을 방지함으로써 민주정치의 발전에 기여함을 목적으
   로 한다."고 규정하여 이를 천명하고 있다.

해화할 수 있는 것으로 엄격심사를 하여야 한다. 헌법재판소는 과도한 기탁금제도,[23] 집행유예기간 중인 자와 수형자의 선거권을 제한하고 있는 공직선거법 제18조 제1항 제2호는 범죄자가 저지른 범죄의 경중을 전혀 고려하지 않아 헌법 제37조 제2항에 위반하여 청구인들의 선거권을 침해하고, 보통선거원칙에 위반하여 평등원칙에도 어긋난다고 판시[24]하였다.

평등선거의 제한은 비례대표선거에서 정당명부에 대한 별도의 투표권을 부여하지 않고 지역구 투표로 의제하여 정당의석수를 배분한 것,[25] 국회의원지역구의 인구편차가 2:1을 넘는 경우에는 선거투표의 결과가치의 평등을 위반한 것,[26] 지방의원지역구의 인구편차가 3:1을 넘는 경우에 평등선거권을 침해하는 것[27] 등이다.

직접선거에 대한 제한은 유권자 이외에 정당이나 제3자에 의사가 개입되어 간접선거로 변질되는 경우다. 예컨대, 헌법재판소[28]는 공직선거법 제264조(당선인의 선거범죄로 인한 당선무효)의 규정에 의하여 당선이 무효로 된 때를 비례대표지방의회의원의 의석승계제한사유로 규정한 구 공직선거법 제200조(보궐선거) 제2항 단서와 관련하여 본인의 의원직 박탈에 그치지 아니하고 의석승계를 인정하지 아니한 것은 그 정당에 비례대표지방의회의원의석을 할당받도록 한 선거권자들의 정치적 의사표명을 무시하고 왜곡하는 결과가 된다고 판시하였다.

자유선거에 대한 제한은 의무선거제를 도입하는 것으로 그에 대하여는 이미 살펴본 바와 같다. 그 밖에 헌법재판소의 온라인 선거운동의 제한,[29] 공무원의 선

---

23) 헌재결 2018. 4. 26. 2014헌마274, 판례집 30-1상, 647.
24) 헌재결 2014. 1. 28. 2012헌마409 등, 판례집 26-1상, 136.
25) 헌재결 2001. 7. 19. 2000헌마91 등, 판례집 13-2, 77.
26) 헌재결 2014. 10. 30. 2012헌마192 등, 판례집 26-2상, 668.
27) 헌재결 2019. 2. 28. 2018헌마415 등, 판례집 31-1, 225; 2018. 6. 28. 2014헌마189, 판례집 30-1하, 627, 628.
28) 헌재결 2009. 6. 25. 2007헌마40, 판례집 21-1하, 850.
29) 선거일 전 180일부터 선거일까지 선거에 영향을 미치게 하기 위하여 정당 또는 후보자를 지지·추천하거나 반대하는 내용이 포함되어 있거나 정당의 명칭 또는 후보자의 성명을 나타내는 문서·도화의 배부·게시 등을 금지하고 처벌하는 공직선거법 제93조 제1항 및 제255조 제2항 제5호 중 제93조 제1항의 각 '기타 이와 유사한 것' 부분에 '정보통신망을 이용하여 인터넷 홈페이지 또는 그 게시판·대화방 등에 글이나 동영상 등 정보를 게시하거나 전자우편을 전송하는 방법'('인터넷')이 포함된다고 해석한다면, 과잉금지원칙에 위배하여 정치적 표현의 자유 내지 선거운동의 자유를 침해하는 것이 보았다. 이 한정위헌결정에 따라 누구든지 선거일에 상관없이 정보통신망을 이용하여 인터넷홈페이지 또는 그 게시판·대화방 등에 글이나 동영상 등 정보를 게시하거나 전자우편을 전송하는 방법을 이용하여 선거운동을 할 수 있다. 헌재결 2011. 11. 29. 2007헌마1001 등(병합), 판례집 23-2(하), 739 이하(764면) —

거운동의 제한,[30] 언론인의 선거운동의 제한,[31] 한국철도공사 상근직원,[32] 광주광역시 광산구 시설관리공단 상근직원,[33] 서울교통공사[34] 및 안성시 시설관리공단 상근직원[35]과 최근에는 개별 기관을 넘어 모든 지방공사 상근직원[36]의 선거운동의 제한에 대하여 위헌결정을 한 것이 이에 속한다.

2. 정당성

헌법 제24조의 선거권은 법률에 의한 구체화를 입법자에게 수권했지 법률유보에 의한 제한을 수권하지 않았다. 보통과 평등선거는 직접, 비밀, 자유선거의 원칙보다 평등원리와 밀접하여 특별한 보호가 요구된다. 즉 우편투표, 팩시밀리 투표로 비밀투표의 원칙을 제한하는 사익보다 보통, 평등선거원칙을 준수하는 공익이 더 크다. 하지만 모든 선거원칙을 절대원칙으로 보호할 수는 없다.

선거란 국민주권주의에 기초한 국민의 주권적 의사표현이다. 따라서 선거에 참여하는 모든 국민은 선거운동의 자유를 향유하는바, 이는 표현의 자유의 한 내용으로서 정치적 표현의 자유에 해당하며 선거권의 중요한 내용을 형성한다. 하지만 선거의 공정과의 조화도 요구되어 그 구체적 입법에 대하여는 입법자의 형성권이 존중되지 않을 수 없다. 따라서 헌법재판소결정에서 선거권형성입법에 대한 심사밀도는 평등권심사인 합리성과 비례의 원칙의 2중 기준이 적용되고 있다.

공직선거법 제93조 제1항에 대한 한정위헌결정.

30) 이 사건 법률조항은 소위 관권선거나 공적 지위에 있는 자의 선거 개입의 여지를 철저히 불식시킴으로써 선거의 공정성을 확보하기 위하여 공무원에 대하여 선거운동의 기획에 참여하거나 그 기획의 실시에 관여하는 행위를 전적으로 금지하고 있다. 그런데 선거의 공정성을 확보하기 위하여 선거에 대한 부당한 영향력의 행사 기타 선거결과에 영향을 미치는 행위를 금지하여 선거에서의 공무원의 중립의무를 실현하고자 한다면, 공무원이 '그 지위를 이용하여' 하는 선거운동의 기획행위를 막는 것으로도 충분하다. 이러한 점에서 이 사건 법률조항은 수단의 적정성과 피해의 최소성 원칙에 반한다. 헌재결 2008. 5. 29. 2006헌마1096.

31) 헌재결 2016. 6. 30. 2013헌가1, 판례집 28-1하, 413 이하.

32) 헌재결 2018. 2. 22. 2015헌바124, 판례집 30-1상, 216. 공직선거법 제60조 제1항 제5호 및 제86조 제1항은 이 결정의 취지를 고려하여 2020. 3. 25. 법률 제17127호로 개정되어, 선거운동이 원칙적으로 금지되던, 정부가 100분의 50 이상의 지분을 가지고 있는 공공기관의 상근직원이 선거운동 금지 대상자에서 제외되었다.

33) 헌재결 2021. 4. 29. 2019헌가1, 판례집 33-1, 397.

34) 헌재결 2022. 6. 30. 2021헌가24.

35) 헌재결 2022. 12. 22. 2021헌가36. 공직선거법 제57조의6은 헌법재판소결정(2019헌가1, 2021헌가24, 2021헌가36)들의 취지를 고려하여 2023. 8. 30. 법률 제19696호로 개정되어, 지방공사와 지방공단의 상근직원이 당내경선에서의 경선운동 금지 대상자에서 제외되었다.

36) 헌재결 2024. 1. 25. 2021헌가14.

제 2 절 공무담임권

Ⅰ. 헌법적 의의

헌법 제25조는 "모든 국민은 법률이 정하는 바에 의하여 공무담임권을 가진다."고 하여 공무담임권을 기본권으로 보장하고 있다. 공무담임권이란 국가나 지방자치단체 및 일체의 공공단체 등에게 능력주의를 존중하는 공정한 공직자 선발을 요구하는 권리를 말한다. 임용시험 등에 의하여 공무를 담당할 권리를 포함하므로 피선거권보다 넓은 개념이다. 독일헌법은 공무담임권에 관한 제33조에서 "모든 독일인은 어느 지방에서도 국민으로서 동등한 권리와 의무를 가진다(제1항). 모든 독일인은 적성, 능력 및 전문성에 따라 공직에 취임할 동등한 권리를 갖는다(제2항)."고 규정하고 있다.

하지만 공무담임권은 단지 국정에의 능동적 참여권의 기능을 인정할 뿐, 개인에게 구체적인 공무담임청구권을 부여하는 것은 아니다. 이는 헌법상 근로의 권리에 관한 사회권에 의하여 별도로 인정할 수 있는 것이다.

공무담임권은 헌법 제11조 제1항을 구체화한 특별평등권이다. 이는 대한민국 국민에게만 국정에의 참여권을 인정하고, 가능성유보 하에 공무담임청구권을 행사할 수 있는 점에 기인한다. 또한 공무담임권은 헌법상 국방의무(제39조)로 구체화되어 있다.

공무담임권은 공적 영역에서 특별평등권이고, 직업의 자유는 사적 영역에서의 특별자유권이란 점에서 상상적 경합관계에 있다. 따라서 공직을 직업으로 선택하는 경우에 있어서 공무담임권이 우선 적용되며 직업선택의 자유는 배제된다. 사직의 경우는 그 반대다. 헌법재판소[37]도 동일하게 판시하고 있다.

---

37) "공무담임권은 국가 등에게 능력주의를 존중하는 공정한 공직자선발을 요구할 수 있는 권리라는 점에서 직업선택의 자유보다는 그 기본권의 효과가 현실적·구체적이므로, 공직을 직업으로 선택하는 경우에 있어서 직업선택의 자유는 공무담임권을 통해서 그 기본권보호를 받게 된다고 할 수 있으므로 공무담임권을 침해하는지 여부를 심사하는 이상 이와 별도로 직업선택의 자유 침해 여부를 심사할 필요는 없다." 헌재결 2006. 3. 30. 2005헌마598, 판례집 18-1상, 439(446).

II. 헌법적 성격

1. 국가내적인 기본권

참정권으로 분류되는 선거권과 마찬가지로 국가내적인 기본권이다. 따라서 '법률이 정하는 바에 의한' 공무담임권이란 그 구체화 법률유보를 말한다.

2. 권리와 의무가 결합된 기본권

공적 기능을 수행하는 점에서 권리와 의무가 결합된 기본권이다. 특수신분관계에 의한 공무원의 법적 의무(국가공무원법 제7장 제55조 이하), 공무원인 근로자의 근로3권의 제한(헌법 제33조 제2항 및 국가공무원법 제66조) 등이 그 방증이다.

III. 보호내용과 제한

공무담임권의 보호내용에는 피선거권, 능력과 적성에 따른 공직취임, 공직취임기회의 자의적 배제금지, 공무원의 부당한 신분박탈 금지, 권한의 부당한 정지금지를 들 수 있다.[38]

1. 피선거권

피선거권은 선거권에 대응하는 것으로 국민주권과 대의민주주의를 기능하게 하는 기본권이다. 피선거권은 성별, 종교, 사회적 신분에 상관없이 보통선거의 수동적 보호내용이지만 공직취임에의 기회를 선거를 통하여 능동적으로 부여하는 점에서 공무담임권의 보호내용에 속한다. 따라서 피선거권의 자격요건을 너무 엄격하게 정하는 것은 공무담임권의 과소보호입법이다. 예컨대, 25세 이상의 국민에게 국회의원 및 지방의회의원과 지방자치단체의 장의 피선거권(공직선거법 제16조 제3항)을 부여하는 것,[39] 지방자치단체의 장으로 하여금 당해 지방자치단체의 관할구역과

---

38) 헌재결 2002. 8. 29. 2001헌마788등, 판례집 14-2, 219, 224; 2005. 5. 26. 2002헌마699등, 판례집 17-1, 734, 743; 2005. 10. 27. 2004헌바41, 판례집 17-2, 292, 303~304; 2006. 5. 25. 2004헌바12, 판례집 18-1하, 58, 64; 2007. 6. 28. 2005헌마1179, 공보 제129호, 787.

39) 헌법 제25조 및 제118조 제2항에 따라 입법자는 국회의원, 지방의회의원, 지방자치단체의 장의 피선거권 행사 연령을 정함에 있어 선거의 의미와 기능, 그 지위와 직무 등을 고려하여

같거나 겹치는 선거구역에서 실시되는 지역구 국회의원선거에 입후보하고자 하는 경우 당해 선거의 선거일 전 180일까지 그 직을 사퇴하도록 하는 것(구 공직선거 및 선거부정방지법 제53조 제3항),[40] 간선제 총장후보자선출제도에서 기탁금을 부과하는 것[41] 등이다.

2. 능력과 적성에 따른 공직취임(직업공무원에 기능유보)

직업공무원으로의 공직취임을 보장하기 위하여 임용희망자의 능력과 적성 및 전문성을 기준으로 하는 이른바 능력주의 또는 성과주의에 의하여야 한다.[42] 이는 국가의 본질적인 기능은 직업공무원에게 맡겨야 한다는 기능유보를 실현하는 직업

재량에 따라 결정할 수 있는데, 입법자가 국회의원 등에게 요구되는 능력 및 이러한 능력을 갖추기 위하여 요구되는 교육과정 등에 소요되는 최소한의 기간, 선출직공무원에게 납세 및 병역의무의 이행을 요구하는 국민의 기대와 요청, 일반적으로 선거권 행사연령보다 피선거권 행사연령을 높게 정하는 다른 국가들의 입법례 등을 고려하여 피선거권 행사연령을 25세 이상으로 정한 것은 합리적이고 입법형성권의 한계 내에 있으므로, 25세 미만인 청구인들의 공무담임권 등을 침해한다고 볼 수 없다. 헌재결 2014. 4. 24. 2012헌마287, 판례집 26-1하, 223(239); 2013. 8. 29. 2012헌마288, 판례집 25-2상, 545(548, 549); 2005. 4. 28. 2004헌마 219 판례집 17-1, 547. 개정 공직선거법에서는 18세 이상으로 인하하였다.

40) 선거일 전 60일까지 사퇴하면 되는 다른 공무원과 비교해 볼 때 지방자치단체장의 사퇴시기를 현저하게 앞당김으로써 청구인들의 공무담임권(피선거권)에 대하여 제한을 가하고 있는 규정이므로, 기본권제한에 관한 과잉금지원칙을 준수하여야 한다. 이 사건 조항의 입법목적은 정당하고, 그 수단의 적정성도 긍정되나, 이 사건 조항은 선거의 공정성과 직무전념성이라는 입법목적 달성을 위한 적절한 수단들이 이미 공선법에 존재하고 있음에도 불구하고 불필요하고 과도하게 청구인들의 공무담임권을 제한하는 것이라 할 것이므로 침해의 최소성 원칙에 위반되고, 이 사건 조항에 의해 실현되는 공익과 그로 인해 청구인들이 입는 기본권 침해의 정도를 비교형량할 경우 양자간에 적정한 비례관계가 성립하였다고 할 수 없어 법익의 균형성 원칙에 위배된다. 헌재결 2003. 9. 25. 2003헌마106, 판례집 15-2상, 516.

41) 현행 총장후보자 선정규정에 따르면 총장후보자는 간선제 방식에 따라 선출하고, 지원자에게 허용되는 선거운동 방법은 총장후보자 추천위원회 위원을 대상으로 한 합동연설회밖에 없다. 이러한 현행 간선제 방식 하에서는 지원자들의 무분별한 난립과 선거 과열 문제가 발생할 여지가 적다. 연혁적으로 보더라도 과거 직선제 방식을 취하면서 두었던 기탁금제도가 현행 간선제 방식 하에서 어떠한 필요성에 근거하여 규정된 것인지 이를 명시적으로 설명하고 있는 자료를 찾아보기 어렵다. 헌재결 2018. 4. 26. 2014헌마274, 공보 제259호, 724.

42) 선출직 공무원과 달리 직업공무원에게는 정치적 중립성과 더불어 효율적으로 업무를 수행할 수 있는 능력이 요구되므로, 직업공무원의 공직진출에 관한 규율은 임용희망자의 능력·전문성 등 능력주의를 바탕으로 이루어져야 한다. 헌법은 이를 명시적으로 밝히고 있지 아니하지만 헌법 제7조에서 보장하는 직업공무원제도의 기본적 요소에 능력주의가 포함되는 점에 비추어 공무담임권은 모든 국민이 그 능력과 적성에 따라 공직에 취임할 수 있는 균등한 기회를 보장함을 내용으로 한다. 헌재결 2020. 6. 25. 2017헌마1178, 공보 제285호, 995(998) - 7급 세무직 공무원 공개경쟁채용시험에서 특정 자격증 소지자에게 가산점을 부여하는 구 공무원임용시험령 조항에 관한 위헌소원 사건.

공무원제도(헌법 제7조)의 취지에도 부합한다. 국가는 공무원의 전일제근무와 정년의 신분보장과 봉급, 부양, 연금 등 생활보장을 해야 하지만 이에 상응하여 직업공무원은 국가에 충성의 근무관계를 전제로 공직을 수행한다.

이러한 점에서 직업공무원의 취임에 있어서 능력주의 이외에 다른 기준을 고려하여서는 안 된다. 하지만 사회국가현상과 함께 행정업무의 민영화로 시간제공무원(국가공무원법 제26조의2), 임기제공무원(국가공무원법 제26조의5) 등 전통적인 직업공무원의 신분보장기준을 적용하지 않는 다른 공무원유형이 생겨나고 있다. 이에 대하여 직업공무원제도의 해체를 주장하는 견해도 있다. 하지만 공무원의 국민봉사자로서의 지위와 공정한 직무수행을 위한 직무상의 높은 수준의 염결성이 요구되는 점에서 능력주의 취임기준은 직업공무원제도의 핵심적 요소라 할 것이다.

이러한 점에서 공무담임권과 직업공무원제도는 권리와 제도로서 상호보완적인 관계에 있다. 즉 직업공무원제도의 핵심내용이 입법형성에 의해 공무담임권의 보호내용으로 구체화되는 관계에 있다.

3. 공직취임기회의 자의적 배제금지(기회균등)

공직취임기회의 자의적 배제금지는 헌법 제11조 제1항을 성별, 종교, 사회적 신분 등에 의한 공직에서의 차별을 금지하는 특별평등권에 해당한다. 예컨대, 헌법재판소의 4인 재판관은 언어장애인 후보자의 선거운동에 있어 정상인과 같은 선거운동방법만 인정(공직선거법 제62조 제2항 제4호 및 제7호)하여 자의적 차별로 공무담임권에 중대한 제약[43]으로 보았고, 5급과 7급 공무원임용시험에서 연령체계를 고려하지 않고 5급보다 7급 공무원 응시연령의 상한을 더 높게 책정한 것 등에 대하여는 응시자를 차별하여 공무담임권을 침해하는 것으로 판시[44]하였고, 아동성적학대전과자의 공무원·직업군인 임용을 금지한 국가공무원법 제33조와 군인사법 제10조는 범죄의 경중과 재범의 위험성을 고려하지 않아 헌법불합치결정을 하였다.[45]

---

43) 4인 재판관의 반대의견임. 헌법재판소는 이에 대하여 평등권이나 공무담임권침해가 아니라 판시하고 있다. 헌재결 2009. 2. 26. 2006헌마626. 판례집 21-1(상), 221 이하.

44) 헌재결 2008. 5. 29. 2007헌마1105, 판례집 20-1하, 329.

45) 헌재결 2022. 11. 24. 2020헌마1181, 판례집 34-2, 618.

4. 공무원의 부당한 신분박탈 금지(공직보유)

공무담임권은 공직선발에서의 공직취임기회의 자의적 배제금지를 공직보유를 위해서는 공무원의 부당한 신분박탈 금지를 보호내용으로 한다. 하지만 그 보호정도에 있어서는 자의금지에 그치는 공직취임기회보다 공직보유는 공무원의 국가에 충성근무관계에 대한 반대급부로서 엄격한 심사기준에 의한 강한 보호를 받는다. 예컨대, 공무원의 부당한 신분박탈 금지에 해당되는 것으로 금고 이상의 형의 선고유예를 받은 경우에는 공무원직에서 당연히 퇴직하는 것으로 규정한 지방공무원법규정,[46] 금고 이상의 형의 선고유예를 받은 경우에는 공무원직에서 당연히 퇴직하는 것으로 규정한 국가공무원법규정,[47] 경찰공무원이 자격정지 이상의 형의 선고유예를 받은 경우 당연퇴직하도록 규정하고 있는 경찰공무원법규정,[48] 금고 이상의 형의 선고유예를 받은 경우에는 군무원직에서 당연히 퇴직하는 것으로 규정한 구 군무원인사법규정[49]에 대해 모두 같은 취지[50]로 공무담임권침해를 판시하고 있다.

하지만 범죄의 수사와 공소제기 업무를 담당하는 검사의 지위와 위상을 고려

---

46) 헌재결 2002. 8. 29. 2001헌마788 등, 판례집 14-2, 219
47) 헌재결 2003. 10. 30. 2002헌마684 등, 판례집 15-2하, 211
48) 헌재결 2004. 9. 23. 2004헌가12, 공보 제97호, 962
49) 헌재결 2007. 6. 28. 2007헌가3, 판례집 19-1, 802
50) 금고 이상의 형의 선고유예를 받은 경우라고 하여도 범죄의 종류, 내용이 지극히 다양한 것이므로 그에 따라 국민의 공직에 대한 신뢰 등에 미치는 영향도 큰 차이가 있는 것이다. 따라서 입법자로서는 국민의 공직에 대한 신뢰보호를 위하여 해당 공무원이 반드시 퇴직하여야 할 범죄의 유형, 내용 등으로 그 당연퇴직의 사유 및 범위를 가급적 한정하여 규정하였어야 할 것이다. 그런데 위 규정은 금고 이상의 선고유예의 판결을 받은 모든 범죄를 포괄하여 규정하고 있을 뿐 아니라, 심지어 오늘날 누구에게나 위험이 상존하는 교통사고 관련 범죄 등 과실범의 경우마저 당연퇴직의 사유에서 제외하지 않고 있으므로 최소침해성의 원칙에 반한다. 오늘날 사회구조의 변화에 따른 공무원 수의 대폭적인 증가 및 민간기업조직의 대규모화, 전문화 등, 사회전반의 변화로 인하여 공직은 더 이상 사회적 엘리트로서의 명예직으로 여겨질 수 없는 상황이고, 따라서 '모든 범죄로부터 순결한 공직자 집단'이라는 신뢰를 요구하는 것은 지나치게 공익만을 우선한 것이다. 다른 한편, 현대민주주의 국가에 이르러서는 특히 사회국가원리에 입각한 공직제도의 중요성이 강조되면서 개개 공무원의 공무담임권 보장의 중요성이 더욱 큰 의미를 가지고 있다. 더욱이, 위 규정은 지방공무원의 당연퇴직사유를 공무원 채용시의 임용결격사유와 동일하게 규정하고 있는데, 일단 공무원으로 채용된 공무원을 퇴직시키는 것은 공무원이 장기간 쌓은 지위를 박탈해 버리는 것이므로 같은 입법목적을 위한 것이라고 하여도 당연퇴직사유를 임용결격사유와 동일하게 취급하는 것은 타당하다고 할 수 없다. 헌재결 2003. 10. 30. 2002헌마684 등, 판례집 15-2하, 211.

할 때, 검사가 중대한 비위행위를 하였음에도 계속 그 직무를 수행하도록 한다면 검찰의 직무와 사법질서에 대한 국민의 불신이 초래된다는 점에서, 검사에 대한 징계로서 "면직" 처분을 인정하는 검사징계법조항은 과잉금지원칙에 반하여 공무담임권을 침해한다고 할 수 없다.[51)]

5. 권한의 부당한 정지금지

공무원의 부당한 신분박탈 금지의 범주에 들지만 직업공무원제도의 적용범위에서 배제된 정무직 공무원의 부당한 권한정지도 공무담임권의 보호범위에 대한 제한이 된다는 점이다.

이에 해당하는 헌법재판소결정으로는 지방자치단체의 장이 금고 이상의 형을 선고받고 그 형이 확정되지 아니한 경우 부단체장이 그 권한을 대행하도록 규정한 지방자치법 제111조 제1항 제3호가 자치단체장인 청구인의 공무담임권을 침해하는 것으로 판시[52)]한 반면에 지방자치단체의 장이 '공소 제기된 후 구금상태에 있는 경우' 부단체장이 그 권한을 대행하도록 규정한 지방자치법 제111조 제1항 제2호가

---

51) 헌재결 2011. 12. 29. 2009헌바282, 판례집 23-2하, 547.
52) 헌재결 2010. 9. 2. 2010헌마418, 판례집 22-2상, 526 [헌법불합치]. 자치단체장직에 대한 공직기강을 확립하고 주민의 복리와 자치단체행정의 원활한 운영에 초래될 수 있는 위험을 예방하기 위한 입법목적을 달성하기 위하여 자치단체장을 직무에서 배제하는 수단을 택하였다 하더라도, 금고 이상의 형을 선고받은 자치단체장을 다른 추가적 요건없이 직무에서 배제하는 것이 위 입법목적을 달성하기 위한 최선의 방안이라고 단정하기는 어렵고. 특히 이 사건 청구인의 경우처럼, 금고 이상의 형의 선고를 받은 이후 선거에 의하여 자치단체장으로 선출된 경우에는 '자치단체행정에 대한 주민의 신뢰유지'라는 입법목적은 자치단체장의 공무담임권을 제한할 적정한 논거가 되기 어렵다. 또한, 금고 이상의 형을 선고받았더라도 불구속상태에 있는 이상 자치단체장이 직무를 수행하는 데는 아무런 지장이 없으므로 부단체장으로 하여금 그 권한을 대행시킬 직접적 필요가 없다는 점, 혹시 그러한 직무정지의 필요성이 인정된다 하더라도, 형이 확정될 때까지 기다리게 되면 자치단체행정의 원활한 운영에 상당한 위험이 초래될 것으로 명백히 예상된다거나 회복할 수 없는 공익이 침해될 우려가 있는 제한적인 경우로 한정되어야 한다는 점, 금고 이상의 형을 선고받은 범죄가 해당 자치단체장에 선출되는 과정에서 또는 선출된 이후 자치단체장의 직무에 관련하여 발생하였는지 여부, 고의범인지 과실범인지 여부 등 해당 범죄의 유형과 죄질에 비추어 형이 확정되기 전이라도 미리 직무를 정지시켜야 할 이유가 명백한 범죄를 저질렀을 경우로만 한정할 필요도 있는 점 등에 비추어 볼 때, 이 사건 법률조항은 필요최소한의 범위를 넘어선 기본권제한에 해당할 뿐 아니라, 이 사건 법률조항으로 인하여 해당 자치단체장은 불확정한 기간 동안 직무를 정지당함은 물론 주민들에게 유죄가 확정된 범죄자라는 선입견까지 주게 되고, 더욱이 장차 무죄판결을 선고받게 되면 이미 침해된 공무담임권은 회복될 수도 없는 등의 심대한 불이익을 입게 되므로, 법익균형성 요건 또한 갖추지 못하였다. 따라서 이 사건 법률조항은 자치단체장인 청구인의 공무담임권을 침해한다.

자치단체장의 공무담임권을 침해하지 않는 것으로 판시[53]하고 있다. 그 밖에 지방
자치단체의 장은 선거구역이 당해 지방자치단체의 관할구역과 같거나 겹치는 지역
구국회의원선거에 입후보하고자 하는 때에는 당해 선거의 선거일전 180일까지 그
직을 그만두어야 한다고 규정(공직선거법 제53조 제3항)한 것[54]과 국회의원 임기만료
일 전 180일 이내에 비례대표국회의원에 궐원이 생긴 경우에 궐원된 국회의원 의
석의 승계는 허용되지 않는다고 규정(공직선거법 제200조 제2항 단서)한 것[55]에 대한
위헌결정 등이 있다.

Ⅳ. 제한의 정당성

헌법재판소는 공무담임권제한의 정당성심사에서 보호내용에 따라 평등권침해

---

53) 헌재결 2011. 4. 28. 2010헌마474, 판례집 23-1하, 126.
54) 헌재결 2003. 9. 25. 2003헌마106. 이 사건 조항은 선거일 전 60일까지 사퇴하면 되는 다른
   공무원과 비교해 볼 때 지방자치단체장의 사퇴시기를 현저하게 앞당김으로써 청구인들의 공
   무담임권(피선거권)에 대하여 제한을 가하고 있는 규정이므로, 기본권제한에 관한 과잉금지
   원칙을 준수하여야 한다. 이 사건 조항의 입법목적은 정당하고, 그 수단의 적정성도 긍정되
   나, 이 사건 조항은 선거의 공정성과 직무전념성이라는 입법목적 달성을 위한 적절한 수단들
   이 이미 공선법에 존재하고 있음에도 불구하고 불필요하고 과도하게 청구인들의 공무담임권
   을 제한하는 것이라 할 것이므로 침해의 최소성 원칙에 위반되고, 이 사건 조항에 의해 실현
   되는 공익과 그로 인해 청구인들이 입는 기본권 침해의 정도를 비교형량할 경우 양자간에
   적정한 비례관계가 성립하였다고 할 수 없어 법익의 균형성 원칙에 위배된다.
55) 현행 비례대표선거제하에서 선거에 참여한 선거권자들의 정치적 의사표명에 의하여 직접 결
   정되는 것은, 어떠한 비례대표국회의원후보자가 비례대표국회의원으로 선출되느냐의 문제라
   기보다는 비례대표국회의원의석을 할당받을 정당에 배분되는 비례대표국회의원의 의석수라
   고 할 수 있다. 그런데 심판대상조항은 임기만료일 전 180일 이내에 비례대표국회의원에 궐
   원이 생긴 때에는 정당의 비례대표국회의원 후보자명부에 의한 의석 승계를 인정하지 아니
   함으로써 결과적으로 그 정당에 비례대표국회의원의석을 할당받도록 한 선거권자들의 정치
   적 의사표명을 무시하고 왜곡하는 결과가 된다. 또한, 비례대표국회의원에 궐원이 생긴 때에
   는 지역구국회의원에 궐원이 생긴 때와는 달리 원칙적으로 상당한 비용이나 시간이 소요되
   는 보궐선거나 재선거가 요구되지 아니하고 정당이 제출한 후보자명부에 기재된 순위에 따
   라서 간명하게 승계 여부가 결정되는 점, 국회의원으로서의 의정활동준비나 업무수행이 임
   기만료일 전부터 180일이라는 기간 내에는 불가능하다거나 현저히 곤란한 것으로 단정하기
   는 어려운 점 등을 종합해 볼 때, '임기만료일 전 180일 이내에 비례대표국회의원에 궐원이
   생긴 때'를 일반적인 경우와 달리 취급하여야 할 합리적인 이유가 있는 것으로 보기도 어렵
   다. 더욱이 임기만료일 전 180일 이내에 비례대표국회의원에 상당수의 궐원이 생길 경우에
   는 의회의 정상적인 기능수행을 부당하게 제약하는 결과를 초래할 수도 있다. 따라서 심판대
   상조항은 선거권자의 의사를 무시하고 왜곡하는 결과를 낳을 수 있고, 의회의 정상적인 기능
   수행에 장애가 될 수 있다는 점에서 헌법의 기본원리인 대의제 민주주의 원리에 부합되지
   않는다고 할 것이다. 헌재결 2009. 6. 25. 2008헌마413.

의 2중 심사기준을 따르고 있다.

법관과 같이 직업공무원의 적용을 받지 않는 공직취임기회의 자의적 배제금지의 정당성에 관하여 헌법재판소는 공무담임권의 구체화입법에 대한 통제는 직무의 본질에 반하지 아니하고 결과적으로 다른 기본권의 침해를 야기하지 아니하는 한 상대적으로 강한 합헌성이 추정될 것이므로, 주로 평등의 원칙이나 목적과 수단의 합리적인 연관성여부가 심사대상이 될 것이며, 법익형량에 있어서도 상대적으로 다소 완화된 심사를 하게 될 것이라고 판시56)하고 있는 것을 들 수 있다.

이와 달리 능력과 적성에 따른 직업공직취임과 그와 관련하여 직업공무원의 부당한 신분박탈 금지의 정당성심사에서 헌법재판소는 "다른 여러 결정들에서 참정권의 제한은 국민주권에 바탕을 둔 민주주의원리에 배치되는 것이기 때문에 어디까지나 최소한의 정도에 그쳐야 한다고 하면서, 민주주의는 공무담임권을 통하여 최대다수의 최대정치참여가 보장되어야 하는 것이며 그 제한은 어디까지나 예외적이고 필요부득이한 경우에 국한되어야 한다고 판시한 바 있다(헌재결 1999. 5. 27. 98헌마214, 판례집 11-1, 675(698); 1991. 3. 11. 90헌마28, 판례집 3, 63, 80~81 참조)."고 하며 비례의 원칙을 심사기준으로 하고 있다.

---

56) 이 사건 법률조항과 같이 법관의 정년을 설정한 것은 법관의 노령으로 인한 정신적·육체적 능력 쇠퇴로부터 사법이라는 업무를 제대로 수행함으로써 사법제도를 유지하게 하고, 한편으로는 사법인력의 신진대사를 촉진하여 사법조직에 활력을 불어넣고 업무의 효율성을 제고하고자 하는 것으로 그 입법목적이 정당하다. 그리고 일반적으로 나이가 들어감에 따라 인간의 정신적·육체적 능력이 쇠퇴해 가게 되는 것은 과학적 사실이고, 개인마다 그 노쇠화의 정도는 차이가 있음도 또한 사실이다. 그런데, 법관 스스로가 사법이라는 중요한 업무수행 감당능력을 판단하여 자연스럽게 물러나게 하는 제도로는 사법제도의 유지, 조직의 활성화 및 직무능률의 유지향상이라는 입법목적을 효과적으로 수행할 수 없고, 어차피 노령에 따른 개개인의 업무감당능력을 객관적으로 측정하기 곤란한 마당에, 입법자가 법관의 업무 특성 등 여러 가지 사정을 고려하여 일정한 나이를 정년으로 설정할 수밖에 없을 것이므로, 그 입법수단 역시 적절하다고 하지 않을 수 없다. 또한 이 사건 법률조항이 규정한 법관의 정년은 60세 내지 65세로 되어 있는 다른 국가공무원의 정년보다 오히려 다소 높고, 정년제를 두고 있는 외국의 법관 정년연령(65세 내지 70세)을 비교하여 보아도 일반법관의 정년이 지나치게 낮다고 볼 수도 없다. 그렇다면, 이 사건 법률조항은 직업선택의 자유 내지 공무담임권을 침해하고 있다고 할 수 없다. 헌재결 2002. 10. 31. 2001헌마557, 판례집 14-2, 541, 550(551, 552) - 법관의 정년을 규정하고 있는 법원조직법 제45조 제4항이 청구인의 평등권, 직업선택의 자유 내지 공무담임권을 침해하거나 헌법 제106조의 법관 신분보장 규정에 위배되는지 여부에 관한 사건.

청구권

제1절 청구권의 의의와 법적 성격

Ⅰ. 의의

청구권이란 국가권력의 행사 또는 불행사로 인한 법적·사실적 자유제약에 대하여 국가의 보호를 요구하는 기본권을 말한다. 청구권은 비교법적 측면에서 보면 다수국가에서 법률상 권리로 규정하고 있지만 우리는 기본권으로 격상시켜 놓고 있다.

Ⅱ. 법적 성격

1. 주관적 공권성

기본권으로 격상시켜 명문화한 청구권은 국가권력의 행사로 인한 자유침해에 대하여 방어할 수 있는 주관적 공권성을 특징으로 한다. 이는 법률상의 절차로 보장한 청구권 예컨대, 국민참여재판청구권, 인권침해진정청구권 등은 입법으로 폐지할 수 있지만 청구권은 그렇지 않다.

2. 적극적 권리

청구권은 옐리네크(G. Jellinek)의 관계이론에 의하면 국가에 대한 국민의 적극적인 관계를 전제로 하는 기본권이다. 즉 청구권은 국가에 대하여 적극적으로 자유보호를 요구하는 권리라는 점에서 국가에 대하여 소극적으로 자유를 침해하지 않을 것에 그치는 방어권적 성격의 자유권과 구별된다.

국가권력에 대한 방어권인 자유권도 그 침해에 대하여 헌법소원청구(제111조 제5호)를 통하여 권리구제를 할 수 있으므로 청구권적 성격이 부차적으로 나타난다. 하지만 청구권은 실체적 권리를 보장하기 위한 독자적인 절차권인 반면에 자유권에 내재한 청구권은 실체적 권리의 제약을 회복하기 위한 방해배제청구권의 의미를 갖는다.

3. 국가내적 권리

청구권은 법률에 의하여 보호범위가 입법에 의하여 구체화 또는 형성되는 국가내적인 권리다. 이러한 점은 사회권도 공통적이다. 하지만 청구권은 구체화입법이 없더라도 국가권력을 직접 구속하는 효력을 갖지만 사회권은 형성입법이 없으면 국가권력을 구속하는 효력이 발현될 수 없는 점에서 차이가 나타난다.

4. 절차적 권리

청구권은 실체적 권리보장을 위한 절차적 권리다. 따라서 수익권, 권리보호청구권, 권리를 보장하기 위한 기본권, 구제권적 기본권이라고도 한다.

Ⅲ. 효력

1. 대국가적 효력

전술한 바와 같이 청구권은 법치국가원리에 의한 자유권보장을 위한 최소한의 권리라는 점에서 구체화입법이 없이도 국가권력을 구속하는 효력을 갖는다. 이는 청구권에 내재한 고유한 보호범위가 존재한다는 것을 의미한다. 예컨대, 재판청구권, 형사보상청구권 등 헌법상 청구권은 그 행사를 위하여 관련조직, 절차, 방법 등을 입법에 위임하고 있다. 하지만 그 입법은 법치국가원리에 의하여 제약된 입법위임으로 진정 또는 부진정부작위의 경우 청구권침해를 주장하면서 헌법재판을 제기할 수 있다.

2. 대사인적 효력

자유권과 마찬가지로 청구권은 자유보장을 객관적 절차권으로 사인 간에 효력을 발현한다. 예컨대, 부부간에 합의이혼에 불발하더라도 재판청구권을 포기한다는 약정을 하는 것은 법치국가의 시민으로서 행사할 수 있는 사적자치의 한계를 일탈한 것으로 무효다.

Ⅳ. 헌법상 청구권

청구권으로서 본질적 성격을 갖는 기본권으로 우리 헌법은 청원권(제26조), 재판청구권(제27조), 형사보상청구권(제28조), 국가배상청구권(제29조), 범죄피해자구조청구권(제30조)을 규정하고 있다. 그 밖에도 신체의 자유의 절차적 보장을 위한 구속적부심사청구권, 변호인조력청구권과 재산권보장을 위한 손실보상청구권 등이 있다.

제 2 절   청원권

Ⅰ. 의의와 기능

1. 의의

청원권이란 국민이 국가기관에 대하여 의견이나 희망을 진술할 권리이다. 청원은 자유롭게 희망을 진술하고 국가가 이에 대하여 수리하고 심사할 의무가 있으나 재결이나 결정이 필수적이 아닌 점에서 행정심판이나 행정소송과 다르다. 우리 헌법은 제26조에 청원권을 기본권으로 규정하고 청원에 관한 사항을 청원법에서 구체화하고 있다.

2. 기능

청원권은 주관적 공권으로서 권리보호기능을 수행한다. 청원권을 의회에 행사하는 경우 의회통제의 기능을 강화한다. 의회의 대정부질문으로 행정부도 설명의무를 부담하지 않을 수 없다. 이러한 점에서 청원권은 통합과 민주적인 참여기능을 수행한다. 헌법 제26조의 청원권행사에 의한 민주적 참여기능은 내국인만이 아니라 외국인에게도 보장되어야 하므로 인권의 본질을 갖는 것으로 보아야 한다.

청원권은 대의민주주의를 원칙으로 하는 국가권력의 운영방식에 대하여 형식에 구애받지 않고 수시적으로 국민들이 의견을 개진할 수 있도록 보장함으로써 직접민주주의의 요소를 갖는 참정권적 기능을 갖는다. 헌법재판소도 청원권은 국민과 국가 간의 접촉을 강화하기 위한 수단, 즉 국가의 의사형성에 국민의 다원적인 의견이나 희망을 직접 전달할 수 있는 유일한 수단이라는 점에서 그 의의를 찾을 수 있다고 판시[1]하고 있다

Ⅱ. 청원권과 청원법의 연혁

청원권은 1948년 제헌헌법에서부터 명시된 기본권이다. 헌법상 청원권에 관한 내용을 규정하기 위한 "청원법"은 1961년 제정되었다. 제정 직후인 1963년에 전부개정한 후 큰 변화가 없다가 2005년에 제2차 전부개정이 있었다. 2020년 12월에 제3차 전부개정을 거치며 큰 폭으로 개정되어 2021년 12월부터 시행 중이다. 2020년 12월 전부개정을 통하여 변경된 사항은 다음과 같다. 기존 본칙 13조에서 본칙 총 27조로 개정되었고, 부칙 제1조를 통해 공포 후 1년이 경과한 날(2021.12.)부터 시행하도록 하였다. 다만, 온라인청원 등과 관련된 특정 개정조항 일부는 공포 후 2년이 경과한 날(2022. 12.)부터 시행하도록 하였다. 주요 개정내용은 ① 온라인청원의 실질화(제10조),[2] ② 청원법 제5조 청원사항 중 법령 및 공공제도 등[3]을 대상으

---

1) 헌재결 1999. 11. 25. 97헌마54, 판례집 11-2, 583(591).
2) 청원법 제10조(온라인청원시스템) ① 행정안전부장관은 서면으로 제출된 청원을 전자적으로 관리하고, 전자문서로 제출된 청원을 효율적으로 접수·처리하기 위하여 정보처리시스템(이하 "온라인청원시스템"이라 한다)을 구축·운영하여야 한다. ② 대법원, 헌법재판소 및 중앙선거관리위원회는 별도의 온라인청원시스템을 구축·운영할 수 있다. ③ 온라인청원시스템의 구축·운영 등에 필요한 사항은 대법원규칙, 헌법재판소규칙, 중앙선거관리위원회규칙 및

로 공개청원 제도 도입(제13조),[4] ③ 청원기관의 구체화(제4조),[5] ④ 청원의 조사·심의 처리절차 강화(제21조)[6] 등으로 구분할 수 있다.[7]

Ⅲ. 법적 성격

1. 학설

청원권은 국가기관의 부당한 압력을 받지 않고 의견이나 희망을 진술할 수 있는 소극적인 자유권이라는 학설,[8] 청원권은 국민이 국가기관에 일정한 사항을 청구할 수 있고, 국가기관은 이를 수리·심사해야 하는 의무를 부담하는 청구권이라

대통령령으로 정한다.

3) 제5조(청원사항) 국민은 다음 각 호의 어느 하나에 해당하는 사항에 대하여 청원기관에 청원할 수 있다. 1. 피해의 구제 2. 공무원의 위법·부당한 행위에 대한 시정이나 징계의 요구 3. 법률·명령·조례·규칙 등의 제정·개정 또는 폐지 4. 공공의 제도 또는 시설의 운영 5. 그 밖에 청원기관의 권한에 속하는 사항

4) 제13조(공개청원의 공개 여부 결정 통지 등) ① 공개청원을 접수한 청원기관의 장은 접수일부터 15일 이내에 청원심의회의 심의를 거쳐 공개 여부를 결정하고 결과를 청원인(공동청원의 경우 대표자를 말한다)에게 알려야 한다. ② 청원기관의 장은 공개청원의 공개결정일부터 30일간 청원사항에 관하여 국민의 의견을 들어야 한다. ③ 제2항에 따른 국민의 의견을 듣는 방식, 그 밖에 공개청원의 공개 여부 결정기준 등 공개청원의 운영에 필요한 사항은 대법원규칙, 헌법재판소규칙, 중앙선거관리위원회규칙 및 대통령령으로 정한다.

5) 청원법 제4조(청원기관) 이 법에 따라 국민이 청원을 제출할 수 있는 기관(이하 "청원기관"이라 한다)은 다음 각 호와 같다. 1. 국회·법원·헌법재판소·중앙선거관리위원회, 중앙행정기관(대통령 소속 기관과 국무총리 소속 기관을 포함한다)과 그 소속 기관 2. 지방자치단체와 그 소속 기관 3. 법령에 따라 행정권한을 가지고 있거나 행정권한을 위임 또는 위탁받은 법인·단체 또는 그 기관이나 개인

6) 청원법 제21조(청원의 처리 등) ① 청원기관의 장은 청원심의회의 심의를 거쳐 청원을 처리하여야 한다. 다만, 청원심의회의 심의를 거칠 필요가 없는 사항에 대해서는 심의를 생략할 수 있다. ② 청원기관의 장은 청원을 접수한 때에는 특별한 사유가 없으면 90일 이내(제13조 제1항에 따른 공개청원의 공개 여부 결정기간 및 같은 조 제2항에 따른 국민의 의견을 듣는 기간을 제외한다)에 처리결과를 청원인(공동청원의 경우 대표자를 말한다)에게 알려야 한다. 이 경우 공개청원의 처리결과는 온라인청원시스템에 공개하여야 한다. ③ 청원기관의 장은 부득이한 사유로 제2항에 따른 처리기간에 청원을 처리하기 곤란한 경우에는 60일의 범위에서 한 차례만 처리기간을 연장할 수 있다. 이 경우 그 사유와 처리예정기한을 지체 없이 청원인(공동청원의 경우 대표자를 말한다)에게 알려야 한다. ④ 제1항 단서의 청원심의회의 심의를 거칠 필요가 없는 사항 및 제2항에 따른 처리결과를 알리는 방식 등에 필요한 사항은 대법원규칙, 헌법재판소규칙, 중앙선거관리위원회규칙 및 대통령령으로 정한다.

7) 행정안전부 보도자료, 청원법시행령 제정안 국무회의의결, 2021. 12. 14.

8) 한수웅, 『헌법학』, 848면. 청원권의 소극적 자유권적 성격은 특별권력관계에서 여전히 중요하다고 주장한다.

는 학설,[9] 청원권은 소극적 측면에서는 자유를 보장하는 것이고, 적극적 측면에서는 국가기관에 일정한 국가적 행위를 할 것을 요구하는 청구권이므로 자유권과 청구권의 복합적 성격이 있다는 학설[10] 등이 있다.

2. 헌법재판소-복합설

청원권은 원칙적으로 내용과 형식에 구속을 받지 않고 직접 국가에 대하여 국민의 불만과 고충을 진술하고 이의 시정을 요구할 수 있는 기본권으로서, 국가의 간섭이나 방해를 받지 않고 자유롭게 국가기관에 청원을 할 권리와 국가에 의한 청원의 처리를 요구하는 권리를 내용으로 한다.[11] 여기서 자유권적 성격과 청구권적 성격이 나온다.

3. 소결

청원권은 국가내적 권리로서 행사절차나 방법에 관하여 구체화법률이 제정되어야 한다. 방해받지 않고 청원권을 행사할 수 있는 자유권적 성격은 청구권적 성격에 내재된 권리인 것이다. 예컨대, 청원법 제12조는 "누구든지 청원을 하였다는 이유로 차별대우를 받거나 불이익을 강요당하지 아니한다."고 규정하여 이를 확인하고 있다. 이는 특별신분관계에 있는 재소자, 군인 등의 청원권행사를 보장하기 위한 것이다. 이러한 점에서 청원권의 소극적인 자유권은 부차적인 것으로 청구권적 성격만 인정하는 것이 타당하다.

Ⅳ. 보호내용

1. 청원은 수리 · 심사 · 처리결과 통지를 요구할 수 있는 권리

청원권을 행사한 경우 청원의 처리요구를 할 수 있는 청구권적 성격을 본질로 한다. 헌법도 "국가는 청원에 대하여 심사할 의무를 진다."(제26조 제2항)고 규정하고, 청원법에서는 이를 구체화하여 "청원기관의 장은 청원심의회의 심의를 거쳐 청원을 처리하여야 한다. 다만, 청원심의회의 심의를 거칠 필요가 없는 사항에 대해

---

9) 김철수, 『학설판례 헌법학(상)』, 1267면.
10) 권영성, 『헌법학원론』, 604면.
11) 헌재결 2006. 6. 29. 2005헌마604, 판례집 18-1하, 487.

서는 심의를 생략할 수 있다(제21조 제1항). ② 청원기관의 장은 청원을 접수한 때에는 특별한 사유가 없으면 90일 이내(제13조 제1항에 따른 공개청원의 공개 여부 결정기간 및 같은 조 제2항에 따른 국민의 의견을 듣는 기간을 제외한다)에 처리결과를 청원인(공동청원의 경우 대표자를 말한다)에게 알려야 한다. 이 경우 공개청원의 처리결과는 온라인청원시스템에 공개하여야 한다(제21조 제2항). 청원기관의 장은 부득이한 사유로 제2항에 따른 처리기간에 청원을 처리하기 곤란한 경우에는 60일의 범위에서 한 차례만 처리기간을 연장할 수 있다. 이 경우 그 사유와 처리예정기한을 지체 없이 청원인(공동청원의 경우 대표자를 말한다)에게 알려야 한다(제21조 제3항)."고 규정하고 있다.

청원권은 주관적 공권이지만 이에 국한되는 것은 아니다. 즉 권리 또는 이익이 반드시 침해됨을 필요로 하지 않고 제3자를 위하거나 공공의 이익을 위하여서도 청원을 할 수 있다. 헌법재판소도 "국민은 여러 가지 이해관계 또는 국정에 관하여 자신의 의견이나 희망을 해당 기관에 직접 진술하는 외에 그 본인을 대리하거나 중개하는 제3자를 통해 진술하더라도 이는 청원권으로서 보호된다."고 판시[12]하고 있다. 이러한 점에서 청원권은 표현의 자유와 마찬가지로 민주주의실현을 위한 공적 기능도 수행한다. 따라서 순수한 정보청구나 의사표현은 표현의 자유의 보호범위에 속하지만 청원권행사에 있어서 그것은 양 기본권이 경합되어 의사표현이 강하게 보호되어야 한다.

2. 청원의 대상은 모든 국가기관의 권한

청원의 대상은 국회, 행정부, 사법부 등 모든 국가기관(청원법 제4조)의 권한, 즉 작위뿐만 아니라 부작위에 대하여도 할 수 있다. 청원권은 또한 의견이나 희망을 진술할 권리로서 과거나 미래의 국가기관의 행위를 대상으로 할 수도 있다. 청원법 제5조[13]는 예시규정으로 청원에는 법적 제한이 없다고 보아야 한다.

---

12) 헌재결 2005. 11. 24. 2003헌바108, 판례집 17-2, 409, 416; 2012. 4. 24. 2011헌바40, 판례집 24-1하. 107. 공무원이 취급하는 사건 또는 사무에 관하여 사건 해결의 청탁 등을 명목으로 금품을 수수하는 행위를 규제하는 구 변호사법이 일반적 행동의 자유와 청원권을 침해하는지 여부(소극).

13) 청원법 제5조(청원사항) 국민은 다음 각 호의 어느 하나에 해당하는 사항에 대하여 청원기관에 청원할 수 있다. 1. 피해의 구제 2. 공무원의 위법·부당한 행위에 대한 시정이나 징계의 요구 3. 법률·명령·조례·규칙 등의 제정·개정 또는 폐지 4. 공공의 제도 또는 시설의 운영

그 이유로 첫째, 청원은 지금까지 법적으로 금지된 것을 허용할 것을 희망하는 의견개진으로 이에 대한 논의를 촉발하는 계기로서 기능해야 한다. 둘째, 청원불수리사항으로 규정한, 예컨대 청원이 허위의 사실로 타인으로 하여금 형사처분 또는 징계처분을 받게 하는 사항(청원법 제6조 제3호)에 대한 것은 청원접수단계에서가 아니라 청원의 법적 효과나 제한의 정당성단계에서나 판단할 수 있는 것이다. 청원권행사를 타인무고의 경우에 제한하는 것도 형법적 판단에 의한 것으로 충돌하는 헌법적 법익보호의 필요가 있는 경우에나 가능한 것이다. 예컨대, 헌법재판소가 국가기관 모독 등에 관한 처벌규정인 구 형법 제104조의2는 표현의 자유를 침해하는 것으로 위헌결정[14]한 것을 반영하여 개정 전 청원법(제5조 제1항 제2호)에서 불수리사항으로 규정하였던 국가기관 등을 중상 모략하는 사항을 개정법(제6조)에서는 제외하였다. 대신 개정법(제25조)는 타인을 모해할 목적으로 허위사실을 적시한 청원을 금지하는 것으로 청원의 법적 효과를 인정하지 않는 사항으로 변경하였다.

청원은 사법부, 입법부에 대한 비형식적인 권리구제수단이다. 청원은 재판청구권과 같이 당사자의 권리구제의 효과에 있어서는 불확실하지만 청원권의 행사는 오히려 자유롭다. 예컨대 판결의 기판력으로 인하여 사법부는 자기교정의 기회를 갖기 곤란하고 의회도 권력분립원칙으로 사법부판결에 개입하기 어렵다. 하지만 사법부의 법적 권한에 대한 의회에 청원은 관련법 개정에 대한 논의를 시작하는 계기가 될 수 있다.

3. 절차

국회에의 청원은 의원의 소개를 얻어 청원서를 제출하도록 규정한 개정 전 구 국회법 제123조 제1항이 청원권을 침해하는지 여부에 대하여 헌법재판소[15]는 소극적으로 보았다. 그 이유로 "청원권의 구체적 내용은 입법활동에 의하여 형성되며, 입법형성에는 폭넓은 재량권이 있으므로 입법자는 청원의 내용과 절차는 물론 청원의 심사·처리를 공정하고 효율적으로 행할 수 있게 하는 합리적인 수단을 선택할 수 있는바, 의회에 대한 청원에 국회의원의 소개를 얻도록 한 것은 청원 심사의

---

5. 그 밖에 청원기관의 권한에 속하는 사항

14) 헌재결 2015. 10. 21. 2013헌가20, 판례집 27-2상, 700.

15) 헌재결 1999. 11. 25. 97헌마54, 판례집 11-2, 583; 2006. 6. 29. 2005헌마604, 판례집 18-1 하, 487.

효율성을 확보하기 위한 적절한 수단이다."고 판시한 바 있다.

판단컨대 청원권의 청구권적 성격을 고려하여 절차적 요건에 의하여 청원을 제한하는 것은 청원권의 본질내용에 대한 침해다. 입법에의 청원권은 대의민주주의를 보완하는 직접민주주의의 요소로서 국민과 국가 간의 접촉을 강화하기 위한 수단, 즉 국가의 의사형성에 국민의 다원적인 의견이나 희망을 직접 전달할 수 있는 유일한 수단이라는 점을 강조하지 않을 수 없다. 이러한 졸견을 반영한 개정 국회법(제123조 제1항)에서는 "국회에 청원을 하려는 자는 의원의 소개를 받거나 국회규칙으로 정하는 기간 동안 국회규칙으로 정하는 일정한 수 이상의 국민의 동의를 받아 청원서를 제출하여야 한다."고 하여 요건을 완화하였다.

4. 심사

헌법재판소는 청원에 대하여 국가기관이 청원거부사유를 명시하지 아니하고 청원인에 처리결과를 통지하여도 이는 헌법소원의 대상이 아니라 판시[16]하고 있으나 행정편의주의 및 동화적 통합의 관점에서 문제가 있었다.

따라서 청원의 처리에 관하여 개정 청원법에서는 청원심의회와 공개청원의 온라인청원시스템에 공개를 의무화하여 개선의 가능성을 보여주고 있다. 즉 청원기관의 장은 청원심의회의 심의를 거쳐 청원을 처리하여야 한다(제21조 제1항). 청원기관의 장은 청원을 접수한 때에는 특별한 사유가 없으면 90일 이내에 처리결과를 청원인에게 알려야 한다. 이 경우 공개청원의 처리결과는 온라인청원시스템에 공개하여야 한다(제21조 제2항).

---

16) 헌재결 2000. 6. 1. 2000헌마18; 1997. 7. 16. 93헌마239. 헌법상 보장된 청원권은 공권력과의 관계에서 일어나는 여러 가지 이해관계, 의견, 희망 등에 관하여 적법한 청원을 한 모든 국민에게 국가기관이 청원을 수리할 뿐만 아니라 이를 심사하여 청원자에게 그 처리결과를 통지할 것을 요구할 수 있는 권리를 말하나, 청원사항의 처리결과에 심판서나 재결서에 준하여 이유를 명시할 것을 요구하는 것은 청원권의 보호범위에 포함되지 아니하므로, 청원소관관서는 청원법이 정하는 절차와 범위 내에서 청원사항을 성실·공정·신속히 심사하고 청원인에게 그 청원을 어떻게 처리하였거나 처리하려 하는지를 알 수 있는 정도로 결과를 통지함으로써 충분하다.

제 3 절 재판청구권

I. 의의와 기능

재판청구권은 대헌장(Magna Charta) 이후 권리청원 등에서 최초 보장된 것으로 우리 헌법에서도 기본권으로서 규정하고 있다. 재판청구권에 관한 헌법 제27조는 "모든 국민은 헌법과 법률이 정한 법관에 의하여 법률에 의한 재판을 받을 권리를 가진다(제1항). 군인 또는 군무원이 아닌 국민은 대한민국의 영역 안에서는 중대한 군사상 기밀·초병·초소·유독음식물공급·포로·군용물에 관한 죄 중 법률이 정한 경우와 비상계엄이 선포된 경우를 제외하고는 군사법원의 재판을 받지 아니한다(제2항). 모든 국민은 신속한 재판을 받을 권리를 가진다. 형사피고인은 상당한 이유가 없는 한 지체없이 공개재판을 받을 권리를 가진다(제3항). 형사피고인은 유죄의 판결이 확정될 때까지는 무죄로 추정된다(제4항). 형사피해자는 법률이 정하는 바에 의하여 당해 사건의 재판절차에서 진술할 수 있다(제5항)."고 규정하고 있다.

재판청구권은 공권력의 행사로 인한 주관적 권리침해에 대한 방어수단으로서 재판청구권을 헌법상 주관적 공권으로 고양하여 이중의 주관적 권리보호를 목적으로 한다.

재판청구권은 소의 이익, 원고적격 등 소송요건을 갖추어야 원칙적으로 행사할 수 있다. 이는 민중소송으로 변질되어 남소를 방지하기 위한 것이다. 하지만 재판청구권은 재산권, 혼인의 권리와 같이 제도와 권리의 성격이 병존하는 기본권으로 헌법상 최소한 보장을 내용으로 한다. 따라서 입법자는 최소한 보장을 상회하는 재판청구권을 입법으로 형성할 수 있는 재량권을 행사할 수 있다. 예컨대, 환경법에서 주관적인 권리침해와 상관없이 자연보호를 위해 단체소송 내지 시민소송을 추진하는 입법이 그것이다. 이는 법치국가원리의 객관적인 목적과 공동체보호에도 적절한 것이다.

재판청구권은 인권의 속성을 갖는 기본권으로 국민, 법인, 외국인도 행사할 수 있다. 외국인의 경우 1966년 국제연합의 시민적·정치적 권리에 관한 B규약 제1조에서 주체로 규정하고 있다.

Ⅱ. 법적 성격

1. 학설

재판청구권은 국가에 재판을 청구하는 것을 내용으로 하는 청구권이라는 학설,[17] 재판청구권은 국가에 재판을 청구하는 것을 내용으로 하는 적극적 측면과 헌법과 법률이 정한 법관이 아닌 사람에 의한 재판을 받지 않을 소극적 측면을 갖는 자유권과 청구권의 복합설,[18] 재판청구권은 청구권적 기본권과 절차적 기본권의 성격이 내재한다는 학설[19] 등이 있다.

2. 헌법재판소

헌법재판소는 관세청장의 통고처분에 관한 관세법 조항에 대한 위헌소원결정[20]에서 "재판청구권은 재판이라는 국가적 행위를 청구할 수 있는 적극적 측면과 헌법과 법률이 정한 법관이 아닌 자에 의한 재판이나 법률에 의하지 아니한 재판을 받지 아니하는 소극적 측면을 아울러 가지고 있다."고 판시하여 복합설을 따르고 있다.

3. 소결

재판청구권은 법치국가원리에 의하여 실체적 기본권보장을 위해 국가에 재판을 청구할 수 있는 권리다. 청구권은 국가내적 권리로서 행사절차나 방법에 관하여 구체화법률이 제정되어야 한다. 방해받지 않고 재판을 받을 권리를 행사할 수 있는 자유권적 성격, 절차적 성격은 국가에 적극적으로 재판을 요구할 수 있는 청구권적 성격에 내재된 권리다. 즉 청구권은 권리구제의 형식이고, 절차권은 그 내용에 해당된다.

---

17) 김철수, 『학설판례 헌법학(상)』, 1276면.
18) 권영성, 『헌법학원론』, 608면; 김상겸, "법치국가의 요소로서 절차적 기본권: 재판청구권과 관련하여", 『아–태공법연구』 제7집(2000), 160면.
19) 한수웅, 『헌법학』, 857면.
20) 헌재결 1998. 5. 28. 96헌바4, 판례집 10-1, 610(618).

Ⅲ. 보호내용

헌법재판소는 일관되게 헌법 제27조 제1항의 재판청구권은 사법절차에의 접근뿐만 아니라 공정한 재판을 받을 권리, 즉 사법절차상의 기본권을 포함하는 포괄적 권리라고 판시하고 있다. 재판청구권은 청구권적 기본권으로 사법절차에의 접근할 권리가 침해되면 곧 재판청구권의 침해다. '헌법과 법률이 정한 법관에 의한 재판을 받을 권리'가 바로 재판청구권의 '고유한' 보호영역이다. 그 밖에 사법절차상의 기본권인 '법률에 의한 재판을 받을 권리', '공정하고도 신속한 공개재판을 받을 권리', '무죄추정권', '형사피해자의 재판절차진술권', '법적 청문권'도 법제도에 의해 '확장된' 보호영역에 속한다.

1. 헌법과 법률이 정한 법관에 의한 재판을 받을 권리

헌법과 법률이 정한 법관에 의한 재판을 받을 권리란 헌법과 법률이 정한 법관에 의하여 사실과 법률측면에서 적어도 한 차례 이상의 심리검토기회를 보장하는 것을 말한다. 이는 재판청구권의 본질내용에 해당한다.[21]

이를 분석하면 첫째, 헌법과 법률이 정한 법관에 의한, 둘째, 사실과 법률측면에서 법관에 의한 심리검토, 셋째, 적어도 한 차례 이상의 기회를 보장해야 한다.[22]

(1) 헌법과 법률이 정한 법관

헌법과 법률이 정한 법관이란 헌법과 법률이 정한 자격과 절차에 의하여 임명되고(헌법 제101조 제3항, 제104조, 법원조직법 제41조 내지 제43조), 물적 독립(헌법 제103조)과 인적 독립(헌법 제106조, 법원조직법 제46조)이 보장된 법관을 말한다.[23] 이러한 점에서 배심재판, 약식절차, 통고처분, 즉결심판, 행정심판전치주의 등이 이에

---

21) 법관에 의한 재판을 받을 권리를 보장한다고 함은 결국 법관이 사실을 확정하고 법률을 해석·적용하는 재판을 받을 권리를 보장한다는 뜻이고, 그와 같은 법관에 의한 사실확정과 법률의 해석적용의 기회에 접근하기 어렵도록 제약이나 장벽을 쌓아서는 아니된다고 할 것이며, 만일 그러한 보장이 제대로 이루어지지 아니한다면 헌법상 보장된 재판을 받을 권리의 본질적 내용을 침해하는 것으로서 우리 헌법상 허용되지 아니한다. 헌재결 1995. 9. 28. 92헌가11 등, 판례집 7-2, 264(278); 1992. 6. 26. 90헌바25.

22) 김현귀, 『재판청구권의 위헌심사기준』, 헌법이론과 실무 2020-A-2, 헌법재판연구원, 2020, 23면.

23) 헌재결 2000. 6. 29. 99헌가9, 판례집 12-1, 753(763).

반하는 것인지 문제된다.

배심재판은 배심원의 심의와 평결에 법원이 구속되지 않는 재판(국민의 형사재판참여에 관한 법률 제46조 제5항)으로 법관에 의한 재판을 받을 권리를 침해하지 않으며,[24] 공판 전의 간이소송절차로서의 약식재판과 재정범 및 교통범칙자에 대한 통고처분도 불응시 즉결심판을 거쳐 정식재판의 절차가 보장되어 있어 재판청구권을 침해하는 것이 아니다. 행정심판전치주의는 임의적 절차로 행정법원을 설치하여 행정소송을 3심제로 하고 재판청구권을 실질화하고 있다. 국가배상법상(제9조) 배상심의회결정전치주의도 임의적 절차다.

(2) 사실과 법률측면에서 법관에 의한 심리검토

재판청구권은 법관에 의한 사실적 측면과 법률적 측면에서 심리검토, 즉 재판의 기회를 보장한다. 따라서 법관에 의한 심리검토 자체를 제약하는 것은 재판청구권의 제한에 해당된다.

헌법재판소는 특허쟁송제도,[25] 구 변호사징계제도,[26] 국가배상법(제16조)상 화해간주제도[27]는 법관에 의한 재판을 받을 권리를 침해하는 제도로 판시하였다.

---

24) 헌재결 2021. 6. 24. 2020헌마1421, 공보 제297호, 865.

25) 특허청(特許廳)의 심판절차(審判節次)에 의한 심결(審決)이나 보정각하결정(補正却下決定)은 특허청(特許廳)의 행정공무원(行政公務員)에 의한 것으로서 이를 헌법(憲法)과 법률(法律)이 정한 법관(法官)에 의한 재판(裁判)이라고 볼 수 없으므로 특허법(特許法) 제186조 제1항은 법관에 의한 사실확정 및 법률적용의 기회를 박탈한 것으로서 헌법상 국민에게 보장된 '법관(法官)에 의한' 재판(裁判)을 받을 권리의 본질적(本質的) 내용을 침해(侵害)하는 위헌규정(違憲規定)이다. 헌재결 1995. 9. 28. 92헌가11 등, 판례집 7-2, 264 [헌법불합치].

26) 대한변호사협회 변호사징계위원회나 법무부변호사징계위원회의 징계에 관한 결정은 비록 그 징계위원 중 일부로 법관이 참여한다고 하더라도 이를 헌법과 법률이 정한 법관에 의한 재판이라고 볼 수 없으므로, 법무부변호사징계위원회의 결정이 법률에 위반된 것을 이유로 하는 경우에 한하여 법률심인 대법원에 즉시 항고할 수 있도록 한 변호사법 제100조 제4항 내지 제6항은, 법관에 의한 사실 확정 및 법률적용의 기회를 박탈한 것으로서 헌법상 국민에게 보장된 "법관에 의한" 재판을 받을 권리를 침해하는 위헌규정이다. 헌재결 2002. 2. 28. 2001헌가18, 판례집 14-1, 98 [위헌].

27) 헌재결 1995. 5. 25. 91헌가7, 판례집 7-1, 598 [위헌]. 국가배상법(國家賠償法) 제16조 중 "심의회(審議會)의 배상결정(賠償決定)은 신청인이 동의한 때에는 민사소송법(民事訴訟法)의 규정에 의한 재판상(裁判上)의 화해(和解)가 성립된 것으로 본다."라는 부분의 위헌 여부; 이 사건 심판대상조항부분은 국가배상(國家賠償)에 관한 분쟁을 신속히 종결·이행시키고 배상결정(賠償決定)에 안정성을 부여하여 국고의 손실을 가능한 한 경감하려는 입법목적을 달성하기 위하여 동의된 배상결정(賠償決定)에 재판상(裁判上)의 화해(和解)의 효력과 같은, 강력하고도 최종적인 효력을 부여하여 재심(再審)의 소에 의하여 취소 또는 변경되지 않는 한

(3) 법관에 의한 재판을 받을 기회보장

재판청구권은 헌법과 법률이 정한 법관에 의한 심리검토의 기회, 즉 사실심과 법률심을 각각 적어도 한차례 이상의 기회를 보장해야 한다. 예컨대, 헌법재판소는 변호사징계사건에서 "변호사법 제81조 제4항 내지 제6항은 행정심판에 불과한 법무부변호사징계위원회의 결정에 대하여 법원의 사실적 측면과 법률적 측면에 대한 심사를 배제하고 대법원으로 하여금 변호사징계사건의 최종심 및 법률심으로서 단지 법률적 측면의 심사만을 할 수 있도록 하고 재판의 전심절차로서만 기능해야 할 법무부변호사징계위원회를 사실확정에 관한 한 사실상 최종심으로 기능하게 하고 있으므로, 일체의 법률적 쟁송에 대한 재판기능을 대법원을 최고법원으로 하는 법원에 속하도록 규정하고 있는 헌법 제101조 제1항 및 재판의 전심절차로서 행정심판을 두도록 하는 헌법 제107조 제3항에 위반된다."고 판시[28]하였다.

법률상의 권리인 국민 참여재판과 달리 대법원의 재판의 받을 권리의 제한은 헌법 제101조 제2항 "법원은 대법원과 각급법원으로 조직된다."고 하는 사법부의 조직과 절차규정에 반한다고 본다. 대법원의 재판을 받을 권리를 법적으로 제한하는 것은 한 차례의 법률심 기회조차 부여하지 않기 때문이다. 하지만 헌법재판소[29]

그 효력을 다툴 수 없도록 하고 있는바, 사법절차에 준한다고 볼 수 있는 각종 중재(仲裁)·조정절차(調停節次)와는 달리 배상결정절차(賠償決定節次)에 있어서는 심의회(審議會)의 제3자성·독립성이 희박한 점, 심의절차(審議節次)의 공정성(公正性)·신중성(愼重性)도 결여되어 있는 점, 심의회(審議會)에서 결정되는 배상액이 법원의 그것보다 하회하는 점 및 불제소합의(不提訴合意)의 경우와는 달리 신청인의 배상결정(賠償決定)에 대한 동의에 재판청구권(裁判請求權)을 포기할 의사까지 포함되는 것으로 볼 수도 없는 점을 종합하여 볼 때, 이는 신청인의 재판청구권(裁判請求權)을 과도하게 제한하는 것이어서 헌법 제37조 제2항에서 규정하고 있는 기본권 제한입법에 있어서의 과잉입법금지(過剩立法禁止)의 원칙(原則)에 반할 뿐 아니라, 권력을 입법·행정 및 사법 등으로 분립한 뒤 실질적 의미의 사법작용인 분쟁해결에 관한 종국적인 권한은 원칙적으로 이를 헌법과 법률에 의한 법관(法官)으로 구성되는 사법부(司法府)에 귀속시키고 나아가 국민에게 그러한 법관(法官)에 의한 재판을 청구할 수 있는 기본권을 보장하고 자 하는 헌법의 정신에도 충실하지 못한 것이다.

28) 헌재결 2000. 6. 29. 99헌가9, 판례집 12-1, 753(765).

29) "헌법과 법률이 정하는 법관에 의하여 법률에 의한 재판을 받을 권리"가 사건의 경중을 가리지 아니하고 모든 사건에 대하여 대법원을 구성하는 법관에 의한 균등한 재판을 받을 권리를 의미한다거나 또는 상고심재판을 받을 권리를 의미하는 것이라고 할 수는 없다. 왜냐하면 상고제도의 목적을 법질서의 통일과 법발견 또는 법창조에 관한 공익의 추구에 둘 것인지, 아니면 구체적인 사건의 적정한 판단에 의한 당사자의 권리구제에 둘 것인지, 또는 양자를 다 같이 고려할 것인지는 역시 입법자의 형성의 자유에 속하는 사항이고, 그중 어느 하나를 더 우위에 두었다고 하여 헌법에 위반되는 것은 아니기 때문이다. 다시 말하면, 심급제도는 사법에 의한 권리보호에 관하여 한정된 법 발견자원의 합리적인 분배의 문제인 동시에 재판

는 상고심재판을 받을 권리는 재판을 받을 권리에 포함되지 않는다고 본다.

헌법재판소는 디엔에이감식시료채취영장 발부 과정에서 채취대상자에게 자신의 의견을 밝히거나 영장 발부 후 불복할 수 있는 절차 등에 관하여 규정하지 아니한 '디엔에이신원확인정보의 이용 및 보호에 관한 법률 제8조가 청구인들의 재판청구권을 침해하는지 여부에 대하여는 헌법불합치결정30)을 하였다.

2. 법률에 의한 재판을 받을 권리

법률에 의한 재판을 받을 권리는 살펴본 법관에 의한 재판을 받을 권리가 충족되어야 판단할 수 있는 보호내용이다.31) 예컨대, 헌법재판소결정에 의하면 치료감호청구는 재판이라는 국가적 행위를 청구할 수 있는 사안에 해당되지 않는다.32)

법률에 의한 재판을 받을 권리란 헌법과 법률이 정한 실체법과 절차법에 의한 재판을 말한다. 이에는 민사재판, 형사재판, 행정 등 공법재판 및 헌법재판을 받을 권리를 말한다. 하지만 군사법원은 예외법원으로서 헌법이 인정한 예외적인 경우 (제27조 제2항)33)에 한하여 재판을 할 수 있는 것으로 일반국민은 원칙적으로 군사법원의 재판을 받지 않을 권리를 갖는다. 그러나 헌법재판소는 현역병의 군 입대 전 범죄에 대한 군사재판의 정당성을 긍정하고 있다.34) 이러한 헌법재판소결정과

의 적정과 신속이라는 서로 상반되는 두가지의 요청을 어떻게 조화시키느냐의 문제로 돌아가므로 원칙적으로 입법자의 형성의 자유에 속하는 사항이다(참조). 헌재결 1997. 10. 30. 97헌바37 등, 판례집 9-2, 502(519); 1995. 1. 20. 90헌바1.

30) 디엔에이감식시료채취영장 발부 여부는 채취대상자에게 자신의 디엔에이감식시료가 강제로 채취당하고 그 정보가 영구히 보관·관리됨으로써 자신의 신체의 자유, 개인정보자기결정권 등의 기본권이 제한될 것인지 여부가 결정되는 중대한 문제이다. 그럼에도 불구하고 이 사건 영장절차 조항은 채취대상자에게 디엔에이감식시료채취영장 발부 과정에서 자신의 의견을 진술할 수 있는 기회를 절차적으로 보장하고 있지 않을 뿐만 아니라, 발부 후 그 영장 발부에 대하여 불복할 수 있는 기회를 주거나 채취행위의 위법성 확인을 청구할 수 있도록 하는 구제절차마저 마련하고 있지 않다. 위와 같은 입법상의 불비가 있는 이 사건 영장절차 조항은 채취대상자인 청구인들의 재판청구권을 과도하게 제한하므로, 침해의 최소성 원칙에 위반된다. 헌재결 2018. 8. 30. 2016헌마344 등, 판례집 30-2, 516(535).

31) 김현귀, 전게논문, 39면.

32) 헌재결 2010. 4. 29. 2008헌마622, 판례집 22-1하, 126(133, 134).

33) 군인 또는 군무원이 아닌 국민은 대한민국의 영역안에서는 중대한 군사상 기밀·초병·초소·유독음식물공급·포로·군용물에 관한 죄중 법률이 정한 경우와 비상계엄이 선포된 경우를 제외하고는 군사법원의 재판을 받지 아니한다. 헌재결 2009. 7. 30. 2008헌바162, 판례집 21-2상, 280.

34) 군대는 각종 훈련 및 작전수행 등으로 인해 근무시간이 정해져 있지 않고 집단적 병영(兵營) 생활 및 작전위수(衛戍)구역으로 인한 생활공간적인 제약 등, 군대의 특수성으로 인하여 일

달리 최근 시행된 개정 군사법원법(제2조 제항 제3호)에서는 군인의 재판청구권보장을 위하여 일반법원의 관할로 하고 있다.

3. 공정하고도 신속한 공개재판을 받을 권리

재판을 받을 권리는 사법절차적 기본권으로 분쟁해결의 신속, 공정을 담보하기 위하여 신속재판, 공정재판, 공개재판을 원칙으로 한다. 이에 대하여 우리 헌법 제27조 제3항은 "모든 국민은 신속한 재판을 받을 권리를 가진다. 형사피고인은 상당한 이유가 없는 한 지체없이 공개재판을 받을 권리를 가진다."고 규정하고 있다.

헌법재판소는 수형자인 청구인이 헌법소원 사건의 국선대리인인 변호사를 접견함에 있어서 그 접견내용을 녹음, 기록한 녹취행위,[35] 변호사와 접견하는 경우에도 수용자의 접견은 원칙적으로 접촉차단시설이 설치된 장소에서 하도록 규정하고 있는 형의 집행 및 수용자의 처우에 관한 법률 시행령,[36] 형사보상의 청구에 대하여 한 보상의 결정에 대하여는 불복을 신청할 수 없도록 하여 형사보상의 결정을 단심재판으로 규정한 형사보상법,[37] 수형자와 소송대리인인 변호사의 접견을 일반 접견에 포함시켜 시간은 30분 이내로, 횟수는 월 4회로 제한한 구 '형의 집행 및 수용자의 처우에 관한 법률 시행령'[38]에 대하여 재판청구권을 침해하는 것으로 보았다. 비용보상청구권의 제척기간을 무죄판결이 확정된 날부터 6개월로 규정한 형사소송법조항[39]에 대해서는 5인 재판관만 재판청구권을 침해하는 것으로 보았다.

단 군인신분을 취득한 군인이 군대 외부의 일반법원에서 재판을 받는 것은 군대 조직의 효율적인 운영을 저해하고, 현실적으로도 군인이 수감 중인 상태에서 일반법원의 재판을 받기 위해서는 상당한 비용·인력 및 시간이 소요되므로 이러한 군의 특수성 및 전문성을 고려할 때 군인신분 취득 전에 범한 죄에 대하여 군사법원에서 재판을 받도록 하는 것은 합리적인 이유가 있다. 또한, 형사재판에 있어 범죄사실의 확정과 책임은 행위 시를 기준으로 하지만, 재판권 유무는 원칙적으로 재판 시점을 기준으로 해야 하며, 형사재판은 유죄인정과 양형이 복합되어 있는데 양형은 일반적으로 재판받을 당시, 즉 선고시점의 피고인의 군인신분을 주요 고려 요소로 해 군의 특수성을 반영할 수 있어야 하므로, 이러한 양형은 군사법원에서 담당하도록 하는 것이 타당하다. 나아가 군사법원의 상고심은 대법원에서 관할하고 군사법원에 관한 내부규율을 정함에 있어서도 대법원이 종국적인 관여를 하고 있으므로 이 사건 법률조항이 군사법원의 재판권과 군인의 재판청구권을 형성함에 있어 그 재량의 헌법적 한계를 벗어났다고 볼 수 없다. 헌재결 2009. 7. 30. 2008헌바162, 판례집 21-2상, 280면 이하.

35) 헌재결 2013. 9. 26. 2011헌마398, 판례집 25-2하, 26.

36) 헌재결 2013. 8. 29. 2011헌마122, 판례집 25-2상, 494.

37) 헌재결 2010. 10. 28. 2008헌마514 등, 판례집 22-2하, 180.

38) 헌재결 2015. 11. 26. 2012헌마858, 판례집 27-2하, 306.

39) 헌재결 2015. 4. 30. 2014헌바408 등, 판례집 27-1하, 1.

4. 재판확정 전 무죄추정권

우리 헌법은 "형사피고인은 유죄의 판결이 확정될 때까지는 무죄로 추정된다."
고 규정(제27조 제4항)하여 무죄추정권을 규정하고 있다. 형사소송법에서도 동일 내용
으로 규정(제275조의2)하고 있다. 이는 형사피고인뿐만 아니라 형사피의자도 당연히
무죄추정권을 보장받는 것이다. 무죄추정권은 명문규정이 없는 경우에도 인격권으로
보호되어야 하는 것으로 언론에 의한 유죄확정 전의 보도로 인해 범인낙인효과에 대
한 방어수단으로 언론기관에 대하여는 간접적으로 대사인적 효력을 주장할 수 있다.
이에 관한 규정으로 형법상 피의사실공표죄(제126조), 형사소송법상 검사, 사법경찰관
리 기타 직무상 수사에 관련 있는 자 등의 피의자의 인권존중의무(제198조) 등이다.

5. 형사피해자의 재판절차진술권

형사피해자는 법률이 정하는 바에 의하여 당해 사건의 재판절차에서 진술할
수 있다(헌법 제27조 제5항). 여기서의 법률유보에 대하여 헌법재판소는 법률에 의한
기본권의 제한을 목적으로 하는 자유권적 기본권에 대한 법률유보의 경우와는 달
리 기본권으로서의 재판절차진술권을 보장하고 있는 헌법규범의 의미와 내용을 법
률로써 구체화하기 위한 이른바 기본권형성적 법률유보에 해당한다고 보고 있다.
따라서 헌법이 보장하는 형사피해자의 재판절차진술권을 어떠한 내용으로 구체화
할 것인가에 관하여는 입법자에게 입법형성의 자유가 부여되고 있으며, 다만 그것
이 재량의 범위를 넘어 명백히 불합리한 경우에 비로소 위헌의 문제가 생길 수 있
다[40]고 한다. 하지만 교통사고처리특례법 제4조 제1항 등에 대한 헌법소원사건에
서 헌법재판소는 생명·신체와 관련된 형사피해자의 재판절차진술권의 입법형성에
대하여 과잉금지원칙에 의한 엄격심사기준을 판시[41]하고 있다.

---

40) 헌재결 2003. 9. 25. 2002헌마533, 판례집 15-2,479(485); 1993. 3. 11. 92헌마48 판례집
   5-1, 121(130).
41) 헌재결 2009. 2. 26. 2005헌마764 등, 판례집 21-1상, 156(175). 국민의 생명·신체의 안전은
   다른 모든 기본권의 전제가 되며, 인간의 존엄성에 직결되는 것이므로, 단서조항에 해당하지
   않는 교통사고로 중상해를 입은 피해자와 단서조항에 해당하는 교통사고의 중상해 피해자
   및 사망사고 피해자 사이의 차별 문제는 단지 자의성이 있었느냐의 점을 넘어서 입법목적과
   차별 간에 비례성을 갖추었는지 여부를 더 엄격하게 심사하는 것이 바람직하고, 교통사고 운
   전자의 기소 여부에 따라 피해자의 헌법상 보장된 재판절차진술권이 행사될 수 있는지 여부
   가 결정되어 이는 기본권 행사에 있어서 중대한 제한을 구성하기 때문에, 이 사건에 대하여

6. 법적 청문권

헌법재판소는 재판청구권에는 효율적인 권리구제 내지 권리보호의 요청으로부터 '청문청구권'이라는 절차적 기본권을 포함하고 있다고 보고 있다.[42] 이러한 청문청구권은 법원에서의 법적 청문을 보장하는 권리로서 법적 분쟁의 당사자가 법원의 결정 이전에 판단근거가 된 사실관계와 법률관계에 관하여 진술할 기회를 가질 권리를 본질로 하는바, 이러한 진술권이 효율적으로 행사되도록 하기 위해 청문청구권은 그 내용에 있어 '정보를 구할 권리', '진술할 권리', '진술한 내용의 고려를 요구할 권리'의 3가지 실현단계로 구성되어 있다. 이 중 특히 진술한 내용의 고려를 요구할 권리에 대응하여 당사자의 주장을 고려하여야 할 법원의 의무는 대화민주주의 관점에서 법원이 당사자의 주장을 인식하고 고려했다는 것이 충분히 드러나도록 판결에 이유를 제시할 의무를 부담한다.

Ⅳ. 제한의 정당성

1. 합리성 심사

재판청구권은 국가내적 기본권으로 법률에 의하여 보호범위가 구체화되고 형성되는 기본권이다. 재판청구권을 보장하는 입법형성권의 한계에 대한 심사는 원칙적으로 자의금지원칙 내지 합리성심사다. 헌법재판소도 구속적부심사청구권에 관한 결정[43] 등에서 "재판청구권과 같은 절차적 기본권은 원칙적으로 제도적 보장의 성격이 강하기 때문에, 자유권적 기본권 등 다른 기본권의 경우와 비교하여 볼 때 상대적으로 광범위한 입법형성권이 인정되므로, 관련 법률에 대한 위헌심사기준은 합리성원칙 내지 자의금지원칙이 적용된다."고 같은 취지로 판시하고 있다.

는 종전 선례인 헌재결 1997. 1. 16. 90헌마110 등 사건의 결정 이후에 변화된 판례에 따라 엄격한 심사기준에 의하여 판단하기로 한다.

42) 헌재결 2004. 9. 23. 2003헌마19. 법원에게는 헌법상의 재판청구권에서 유래하는 판결이유 제시의무가 부과되어 소액사건의 경우 판결 선고시 이유를 설명하도록 한 소액사건심판법 제11조의2 제2항에 구체화되어 있다 할 것이다. 이렇게 볼 때 이 사건에서 청구인이 제기한 소액사건의 담당판사가 그 판결을 선고하면서 위와 같은 이유 설명의무를 다하지 아니한 것은 소송당사자인 청구인의 재판청구권을 침해하는 공권력 불행사에 해당한다고 할 것이다.

43) 헌재결 2004. 3. 25. 2002헌바104, 판례집 15-1, 386(395).

2. 엄격심사

다만 재판청구권은 실체적 기본권을 보장하기 위한 절차적 기본권이므로 실체적 기본권을 효과적으로 보호하지 못하는 절차 법률에 대한 위헌심사기준은 엄격한 심사로 비례의 원칙에 의한다. 헌법재판소는 디엔에이감식시료채취영장 발부 과정에서 채취대상자에게 자신의 의견을 밝히거나 영장 발부 후 불복할 수 있는 절차 등에 관하여 규정하지 아니한 '디엔에이신원확인정보의 이용 및 보호에 관한 법률 제8조가 청구인들의 재판청구권을 침해하는지 여부에 대하여 피해의 최소성심사를 하면서 그 논거로 "디엔에이감식시료채취영장 발부 여부는 채취대상자에게 자신의 디엔에이감식시료가 강제로 채취당하고 그 정보가 영구히 보관·관리됨으로써 자신의 신체의 자유, 개인정보자기결정권 등의 기본권이 제한될 것인지 여부가 결정되는 중대한 문제이다."라고 판시하며 비례의 원칙을 적용하여 헌법불합치결정[44]을 하였다.

결국 재판청구권과 같은 청구권적 기본권은 절차적 기본권으로서의 본질상 원칙적으로 평등권의 자의금지 내지 명백성심사를 기준으로 하고 예외적으로 자유실현의 수단적 성격으로 인하여 자유에의 제한정도에 따라 평등심사의 기준을 강화하게 된다.[45]

제 4 절   형사보상청구권

I. 헌법규정

헌법 제28조는「형사피의자 또는 형사피고인으로서 구금되었던 자가 법률이 정하는 불기소처분을 받거나 무죄판결을 받은 때에는 법률이 정하는 바에 의하여 국가에 정당한 보상을 청구할 수 있다」라고 규정하여 형사보상청구권을 인정하고 있다. 이에 관한 법률로는 형사보상법이 있다.

---

44) 헌재결 2018. 8. 30. 2016헌마344 등, 판례집 30-2, 516(535).
45) 장영철, "기본권체계 내에서 평등권의 기능에 관한 연구 - 헌재결정에 나타난 평등권과 개별기본권의 상호관계를 중심으로 -",『공법연구』제34집 제4호 제1권(2006. 6.), 201면.

Ⅱ. 법적 성격

형사보상청구권은 형사사법절차에서의 정당하지 않은 수사와 재판으로 인하여 무고한 국민의 정신적·재산적 피해와 명예회복에 대한 국가의 책임을 기본권인 주관적 공권으로 명문화한 것이다.

따라서 형사사법절차에서 수사와 재판이 위법행위로 인하여 발생한 경우에는 형사보상청구권 이외에 국가배상청구권도 행사할 수 있다(형사보상법 제6조 제1항). 다만 형사보상청구권과 국가배상청구권의 행사원인이 동일한 경우에는 청구권행사를 이중으로 하더라도 손실전보액수는 최고금액으로 제한한다(형사보상법 제6조 제1항).

Ⅲ. 보호내용

1. 형사피의자와 구금된 피고인

형사피고인이 아닌 형사피의자의 경우에는 '법률이 정한 불기소처분을 받은 자'에 한정된다. 형사피고인은 구금되어 무죄판결을 받은 경우다. 구금에는 형의 집행 및 형의 집행을 위한 구치, 노역장유치의 집행을 위한 구치, 노역장유치의 집행을 포함한다.

2. 무죄판결의 의미와 선고절차의 범위

'무죄판결'이라 함은 실질적 의미의 무죄판결이며, 당해절차에 의한 무죄판결만이 아니고, 재심 또는 비상상고에 의한 무죄판결도 포함된다(형사보상법 제2조 제1항). 면소 또는 공소기각의 재판을 받은 자도 이러한 재판을 할 만한 사유가 없었더라면 무죄의 재판을 받을 만한 현저한 사유가 있었을 때에는 국가에 대하여 형사보상청구권을 행사할 수 있다(형사보상법 제26조 제1항 제1호).[46]

---

46) 헌재결 2022. 2. 24. 2018헌마998등, 판례집 34-1, 195(초과 구금에 대한 형사보상을 규정하지 않은 형사보상법 사건). 원판결의 근거가 된 가중처벌규정에 대하여 헌법재판소의 위헌결정이 있었음을 이유로 개시된 재심절차에서, 공소장의 교환적 변경을 통해 위헌결정된 가중처벌규정보다 법정형이 가벼운 처벌규정으로 적용법조가 변경되어 피고인이 무죄판결을 받지는 않았으나 원판결보다 가벼운 형으로 유죄판결이 확정됨에 따라 원판결에 따른 구금형 집행이 재심판결에서 선고된 형을 초과하게 된 경우, 재심판결에서 선고된 형을 초과하여 집행된 구금에 대하여 보상요건을 규정하지 아니한 '형사보상 및 명예회복에 관한 법률' 제26조 제1항이 평등원칙을 위반하여 청구인들의 평등권을 침해한다.

Ⅳ. 제한

형사보상청구권은 법률유보에 따라 행사되므로(헌법 제28조) 그 내용은 법률에 의하여 정해진다. 따라서 입법자는 형사보상의 구체적 내용과 금액 및 절차에 관한 사항에 대하여 입법재량을 갖는다. 이러한 입법을 함에 있어서는 자의금지원칙 또는 헌법 제37조 제2항의 비례의 원칙이 적용되더라도 본질내용형성위반여부의 합리성 심사에 국한된다.

이러한 맥락에서 헌법재판소[47)는 형사보상금을 일정한 범위 내로 한정하고 있는 형사보상법 제4조 제1항(구금에 대한 보상에 있어서는 그 일수에 따라 1일 5천원 이상 대통령령이 정하는 금액 이하의 비율에 의한 보상금을 지급한다.)과 형사보상법시행령 제2조(법 제4조 제1항의 규정에 의한 구금에 대한 보상금의 상한은 1일 보상청구의 원인이 발생한 연도의 최저임금법상 일급최저임금액의 5배로 한다.)가 형사보상청구권을 침해하지 않는 것으로 판시하고 있다.

---

47) 헌재결 2010. 10. 28. 2008헌마514 등, 판례집 22-2하, 180. 형사보상은 형사피고인 등의 신체의 자유를 제한한 것에 대하여 사후적으로 그 손해를 보상하는 것인바, 구금으로 인하여 침해되는 가치는 객관적으로 평가하기 어려운 것이므로, 그에 대한 보상을 어떻게 할 것인지는 국가의 경제적, 사회적, 정책적 사정들을 참작하여 입법재량으로 결정할 수 있는 사항이라 할 것이다. 이러한 점에서 헌법 제28조에서 규정하는 '정당한 보상'은 헌법 제23조 제3항에서 재산권의 침해에 대하여 규정하는 '정당한 보상'과는 차이가 있다 할 것이다. 헌법 제23조 제3항에서 규정하는 '정당한 보상'이란 원칙적으로 피수용재산의 객관적 재산가치를 완전하게 보상하는 것이어야 하는바(헌재결 1995. 4. 20. 93헌바20, 판례집 7-1, 519, 533 참조), 토지수용 등과 같은 재산권의 제한은 물질적 가치에 대한 제한이므로 제한되는 가치의 범위가 객관적으로 산정될 수 있어 이에 대한 완전한 보상이 가능하다. 그런데 헌법 제28조에서 문제되는 신체의 자유에 대한 제한인 구금으로 인하여 침해되는 가치는 객관적으로 산정할 수 없으므로, 일단 침해된 신체의 자유에 대하여 어느 정도의 보상을 하여야 완전한 보상을 하였다고 할 것인지 단언하기 어렵다. 헌법 제23조 제3항에 '보상을 하여야 한다.'라고 규정하는 반면, 헌법 제28조는 '법률이 정하는 바에 의하여 … 보상을 청구할 수 있다.'라고 규정하고 있는 것은 이러한 점을 반영하는 것이라 할 수 있다.

제 5 절 국가배상청구권

I. 연혁과 헌법규정

공무원의 불법행위에 대한 국가책임을 인정하는 것은 영미법계와 대륙법계의 입장이 처음에는 달랐다. 영미법계에서는 국가무책임사상(The King can do no wrong)에 입각하여 국가배상청구권을 인정하지 않은 반면에 대륙법계는 피치자를 기속하는 법치국가원리에 의하여 일찍부터 국가배상청구권을 인정하였다. 그러나 근대에 이르러 영미법계에서도 국왕소추법(Crown Proceedings Act, 1947년), 연방불법행위법(Federal Tort Claims Act, 1946년) 등에 의해 국가배상청구권을 인정하기 이르렀다.[48]

우리 헌법 제29조에서도 국가배상청구권을 규정하고 있다. 즉 공무원의 직무상 불법행위로 손해를 받은 국민은 법률이 정하는 바에 의하여 국가 또는 공공단체에 정당한 배상을 청구할 수 있다. 이 경우 공무원 자신의 책임은 면제되지 아니한다(제1항). 군인·군무원·경찰공무원 기타 법률이 정하는 자가 전투·훈련 등 직무집행과 관련하여 받은 손해에 대하여는 법률이 정하는 보상 외에 국가 또는 공공단체에 공무원의 직무상 불법행위로 인한 배상은 청구할 수 없다(제2항).

국가배상청구권도 다른 청구권과 마찬가지로 인권적 성격을 갖는 기본권으로 국민, 법인, 외국인도 그 행사주체로 보아야 한다.

II. 법적 성격

국가배상청구권의 법적 성격에 관하여는 공권 또는 사권, 직접효력규정 또는 입법방침규정, 재산권 또는 청구권인지에 대하여 다양한 학설이 주장되고 있다.

국가배상청구권을 사권으로 보는 학설[49]은 국가가 사용자라는 지위에서 지는 책임이고 국가배상법은 특별사법이라는 논거를 제시하고 있다. 하지만 국가배상청

---

48) 김철수, 『학설판례 헌법학(상)』, 1322면.
49) 김철수, 『학설판례 헌법학(상)』, 1325면.

구권은 헌법상 기본권으로 주관적 공권인 기본권의 법적 성격을 특별히 주관적 사권으로 볼 필요는 없다. 국가를 공무원을 채용한 사용자로 보는 것은 국가를 기본권주체로 보아 혼동을 초래할 수 있고, 국가배상법에 의한 국가배상청구권의 성격을 규명하는 것도 법률에 의해 기본권의 성격을 결정하는 주객전도의 모순이 있다. 더구나 사권설은 국가배상청구권을 직접효력규정으로 주장[50]하고 있어 국가배상법보다 기본권의 성격을 먼저 규명하는 것이 논리적이다.

따라서 국가배상청구권은 주관적 공권으로서 국가에 대해 직접효력을 갖는 기본권이다. 또한 국가배상청구권은 경제적 가치 있는 공사법상의 권리로서 재산권으로 볼 수 있다. 하지만 국가배상청구권의 행사로 배상금수령여부가 불분명한 상황에서는 단순히 재화획득에의 기회 내지 기대권에 불과한 것으로 재산권으로 볼 수 없다. 이러한 점에서 국가배상청구권은 원칙적으로 청구권으로 보아야 한다. 헌법제정자도 재산권(제23조)과 구분하여 국가배상청구권을 별도로 규정한 것은 자유권이 아닌 절차적 기본권인 청구권으로 구분하고자 한 것으로 보아야 한다.

Ⅲ. 보호내용

국가배상청구권은 공무원의 직무상 불법행위로 손해가 발생한 것에 대한 국가의 책임을 보호내용으로 한다.

1. 공무원의 직무행위

공무원이라 함은 국가공무원법, 지방공무원법에 정하는 공무원에 한하지 않고 국가 또는 공공단체를 위하여 공무를 집행하는 일체의 사람, 즉 공무수탁사인을 포함한 광의의 공무원을 말한다. 직무행위에는 권력행위와 관리행위에 국한할 것인지 직무에 관련된 사법상의 행위도 포함할 것인지 문제된다. 널리 국민의 피해구제를 위하여 후자도 포함된다고 보는 학설이 있으나 국가배상청구권의 공권으로서의 성질상 전자에 한하는 것으로 볼 것이다. 이 경우 후자는 민사상의 손해배상청구권으로 구제 받게 된다.

---

50) 김철수, 『학설판례 헌법학(상)』, 1323면.

2. 불법행위

직무상의 불법행위가 성립하기 위하여는 공무원의 고의·과실에 의하여 재산상의 손해를 끼친 경우에만 국가배상의 책임이 있다. 손해의 발생과 불법행위 간에는 상당인과관계가 있어야 한다. 피해자는 국가에 대하여 배상을 청구할 수 있고, 국가는 고의 또는 중대한 과실이 있는 공무원에 대하여는 구상권을 행사할 수 있다.

Ⅳ. 제한과 정당성

군인, 군무원 등에 대한 국가배상청구권을 제한하는 제29조 제2항 및 국가배상법 제2조 1항 단서의 헌법위반 여부에 대하여 헌법재판소[51]는 합헌결정을 내린 바 있다. 하지만 헌법규정에도 효력상의 우열을 인정해야 한다는 점, 대법원의 위헌결정을 방지하기 위하여 유신헌법에 규정되어 오늘날까지 이어지고 있다는 점, 법치국가원리, 평등권 등의 관점에서 헌법재판소는 위헌결정을 내렸어야 한다.

제 6 절　범죄피해자구조청구권

Ⅰ. 헌법적 의의

우리 헌법 제30조는 "타인의 범죄행위로 인하여 생명·신체에 대한 피해를 받은 국민은 법률이 정하는 바에 의하여 국가로부터 구조를 받을 수 있다."고 하여 범죄피해자구조청구권을 규정하고 있다. 범죄피해자구조청구권이라 함은 본인에게 귀책사유 없는 다른 사람의 범죄로 말미암아 생명을 잃거나 신체상 피해를 본 국민이나 그 유족이 가해자에게서 충분한 보상을 받지 못한 때 국가에 구조를 청구할 수 있는 권리다. 범죄피해자구조청구권을 기본권으로 인정하는 국가는 우리나라가 세계에서 유일할 정도로 보기 드문 입법례다. 하지만 이를 기본권으로 인정한 이유

---

51) 헌재결 1995. 12. 28. 95헌바3.

에 대해 헌법재판소[52]는 국가의 범죄방지책임 또는 범죄로부터 국민을 보호할 국가의 국민보호의무를 다하지 못하였다는 것과 그 범죄피해자들에 대한 최소한의 구제가 필요하다는 데 있다고 하였다. 범죄피해자구조청구권을 구체화한 법률로 범죄피해자보호법이 있다.

Ⅱ. 범죄피해자구조의 본질

범죄피해자구조라는 국가책임의 본질에 관련하여 다음과 같은 학설들이 있다.[53] 즉 자기책임설, 대위책임설, 위험책임설 및 사회보장설 등이다. 우선 자기책임설은 사회계약설에 기초하여 계약당사자인 국가의 범죄예방의무의 불이행에 기인한 무과실책임이라고 본다. 대위책임설은 국가가 범죄인을 대신하여 보상한다는 의미에서 대위책임으로서 이는 사회국가에서 인간다운 생활을 보장하기 위한 국가의무로 이해하고 있다. 위험책임설은 범죄피해자에 대한 국가구조는, 사회적 의무이론(Social Obligation Theory)으로부터 출발하여 국가는 사회현상의 일부인 소위 '분배된 위험'에 대한 보호책임이 있다고 본다. 사회보장설은 범죄피해자구조의 본질이 사회국가원리에 입각한 사회보장의 일면이라고 본다.

Ⅲ. 헌법적 성격

1. 학설

범죄피해자구조청구권의 법적 성격에 대해서는 복지국가원리에 입각한 범죄피해구조에 관한 입법방침규정설,[54] 국가책임의 성격과 사회보장적 성격에 근거를 둔 청구권적 기본권이라는 학설, 범죄피해자구조제도는 국가배상적, 사회보장적, 그리고 사회보험적 성격이 있으므로 범죄피해자구조청구권은 국가배상청구권적 성격과 사회권적 성격이 모두 있고, 이렇게 볼 때 범죄피해자구조청구권은 국가배상적 사회보장청구권으로 볼 수 있다는 학설,[55] 국가에 '범죄피해의 구조'라는 일정한

---

52) 헌재결 2011. 12. 29. 2009헌마354, 판례집 23-2하, 795.
53) 김혜경, "범죄피해자 구조금지급의 법적 개선방안−헌법상 범죄피해자구조청구권의 본질과의 상관성을 중심으로−", 『형사정책연구』 제26권 제1호(통권 제101호, 2015·봄), 116면 이하 참조.
54) 전광석, 『한국헌법론』, 516면.
55) 김철수, 『학설판례 헌법학(상)』, 1337~1338면; 권영성, 『헌법학원론』, 635~641면.

행위를 요구할 수 있는 청구권적 기본권이라는 학설[56]이 있다.

2. 헌법재판소

헌법재판소[57]는 범죄피해자구조청구권이라 함은 타인의 범죄행위로 말미암아 생명을 잃거나 신체상의 피해를 입은 국민이나 그 유족이 가해자로부터 충분한 피해배상을 받지 못한 경우에 국가에 대하여 일정한 보상을 청구할 수 있는 권리이며, 그 법적 성격은 사회권적 기본권으로서의 성격을 가지는 청구권적 기본권이라고 할 것이다.

3. 검토 및 사견

살펴본 범죄피해자구조의 본질과 범죄피해자구조청구권의 법적 성격을 파악하기 위하여 범죄피해자보호법상 범죄피해자로서 국내외국인의 보호와 외국에서 발생한 범죄피해보호여부와 손해배상과의 관계 등을 살펴보고 사견을 제시하기로 한다.

(1) 국내외국인의 보호와 외국에서 발생한 범죄피해보호여부

(가) 외국인의 범죄피해보호

외국인이 범죄피해자인 경우[58]에는 국가책임설에 의하면 범죄피해자구조청구권을 인정하지 않아도 된다. 외국인은 사회계약의 당사자가 아니기 때문이다. 하지만 사회보장설에 의하면 외국인도 인간다운 생활을 할 최저한의 물질적 보호가 요청되기 때문에 범죄피해자구조청구권을 인정해야 한다. 우리 범죄피해자보호법은 외국인에 대한 피해보호와 관련하여, "외국인이 구조피해자이거나 유족인 경우에는 해당국가의 상호보증이 있는 경우에만 적용한다."고 규정(제23조)하고 있다. 이는 상호보증이 있는 외국에서 발생한 범죄피해에 대하여는 우리국민이 그 외국에서 피해구조를 받을 수 있는 길 또한 열어 두고 있다. 국가책임설에 가까운 입법내용이지만 사회보장설을 절충한 것으로 해석할 여지도 있다.

---

56) 한수웅, 『헌법학』, 956면.
57) 헌재결 2011. 12. 29. 2009헌마354, 판례집 23-2하, 795(800); 1989. 4. 17. 88헌마3, 판례집 1, 31(36).
58) 방승주, "범죄피해자구조청구권의 기본권주체", 『유럽헌법연구』 제19호(2015. 12.), 155면 이하.

(나) 외국에서 발생한 범죄피해보호

외국에서 발생한 범죄피해자는 원칙적으로 범죄피해자구조청구권을 행사할 수 없다. 범죄피해자보호법은 구조대상인 범죄피해를 대한민국 영역 안에서 또는 대한민국의 영역 밖에 있는 대한민국의 선박이나 항공기 안에서 행하여진 사람의 생명 또는 신체를 해치는 죄에 해당하는 경우(범죄피해자보호법 제3조 제1항 제4호)로 한정하고 있기 때문이다. 다만 살펴본 바와 같이 상호보증이 있는 경우에는 예외적으로 범죄피해자구조청구권을 행사할 수 있다.

이 또한 전술한 국내외국인의 피해보호와 마찬가지로 국가책임설에 입각한 입법례이지만 상호보증의 범위 내에서 사회보장설을 가미한 것으로 해석할 수 있다.

(2) 손해배상청구권과 관계와 과실범, 정당행위, 정당방위에 의한 범죄피해 제외

범죄피해자구조청구권과 손해배상청구권이 경합시 선택적으로 행사(범죄피해자보호법 제21조)하게 하고, 구조대상 범죄피해의 범위에서 과실범, 정당행위, 정당방위에 의한 피해는 제외하여 범죄피해자구조청구권을 행사할 수 없도록 하였다.

(3) 사견

범죄피해자보호법은 범죄피해자구조청구권의 본질을 국가책임설을 기본으로 하고 사회보장설을 보충하는 보호내용으로 규정되어 있음을 확인하였다. 이러한 점에서 졸견은 사회권적 기본권으로서의 성격을 보충적으로 가지는 '청구권적 기본권'이라고 본다.

Ⅳ. 보호내용

1. 성립요건

다른 사람의 범죄행위로 말미암아 생명을 잃거나 신체상 피해를 본 사람이 '가해자의 불명이나 무자력'의 사유로 말미암아 피해의 전부 또는 일부를 배상받지 못하거나 자기 또는 타인의 형사사건의 수사 또는 재판에서 고소·고발 등 수사단서를 제공하거나 진술, 증언 또는 자료제출을 하다가 구조피해자가 된 경우에 성립한다(범죄피해자보호법 제16조).

따라서 그 성립요건은 첫째, 다른 사람의 범죄행위로 말미암은 피해발생, 둘째, 가해자가 불명이나 무자력자일 것, 셋째, 그로 인해 피해의 전부 또는 일부를 배상받지 못할 것을 요건으로 한다.

2. 구조금의 종류와 보충성

구조금은 유족구조금·장해구조금 및 중상해구조금으로 구분하며, 일시금으로 지급한다. 유족구조금은 구조피해자가 사망하였을 때 맨 앞의 순위인 유족에게 지급한다. 다만, 순위가 같은 유족이 2명 이상이면 똑같이 나누어 지급한다. 장해구조금 및 중상해구조금은 해당 구조피해자에게 지급한다(범죄피해자보호법 제17조).

구조피해자나 유족이 해당 구조대상 범죄피해를 원인으로 하여「국가배상법」이나 그 밖의 법령에 따른 급여 등을 받을 수 있는 경우에는 대통령령으로 정하는 바에 따라 구조금을 지급하지 아니한다(범죄피해자보호법 제20조).

3. 청구기관과 청구기간

구조금을 받으려는 사람은 법무부령으로 정하는 바에 따라 그 주소지, 거주지 또는 범죄 발생지를 관할하는 지구심의회에 신청하여야 한다. 이 신청은 해당 구조대상 범죄피해의 발생을 안 날부터 3년이 지나거나 해당 구조대상 범죄피해가 발생한 날부터 10년이 지나면 할 수 없다(범죄피해자보호법 제25조).

4. 구조금의 환수

국가는 이 법에 따라 구조금을 받은 사람이 다음 각 호의 어느 하나에 해당하면 지구심의회 또는 본부심의회의 결정을 거쳐 그가 받은 구조금의 전부 또는 일부를 환수할 수 있다(범죄피해자보호법 제30조 제1항).

1. 거짓이나 그 밖의 부정한 방법으로 구조금을 받은 경우
2. 구조금을 받은 후 제19조[59]에 규정된 사유가 발견된 경우
3. 구조금이 잘못 지급된 경우

국가가 제1항에 따라 환수를 할 때에는 국세징수의 예에 따르고, 그 환수의 우선순위는 국세 및 지방세 다음으로 한다(범죄피해자보호법 제30조 제2항).

---

59) 범죄피해자보호법 제19조(구조금을 지급하지 아니할 수 있는 경우)는 범죄행위 당시 구조피해자와 가해자 사이에 친족관계에 있는 경우, 구조피해자가 범죄행위 등을 한 경우를 열거하고 있다.

제
10
장
/

사회권

제 1 절 사회권의 개념과 법적 성격

I. 개념

1. 협의의 사회권

사회권의 (헌법적) 보장이란 시장경제에서도 충분한 공급이 있어 충분한 재력을 가진 개인이라면 스스로 수요를 충족할 수 있는 급부를 국가에 대해 요구하는 권리를 말한다.[1] 여기에 속하는 권리에는 헌법 제31조 이하 제36조에서 명문으로 규정하고 있는 교육, 근로, 사회보장, 환경권 등이 속한다. 이는 학자에 따라 사회적 기본권, 사회권, 급부권 또는 생활권적 기본권이라고도 한다. 사회권이라 한 이유는 국가가 제공하는 사회적 급부는 타인의 재산권에 대한 제한을 수반하지 않고는 창출할 수 없기 때문이다. 이는 시장경제에서 무한히 공급될 수 있는 자유권적 기본권과 다른 점이다. 즉 대의민주주의국가에서 사회권의 보호를 위한 급부창출은 사인간의 기본권충돌을 규범 조화하여 법률로 매개하지 않고는 불가능한 것이다.[2]

---

1) R. Alexy, Theorie der Grundrechte, Baden-Baden, 1985, S. 454.
2) K. Stern, Das Staatsrecht der Bundesrepublik Deutschland, Bd. I. S. 937 f.

이러한 점에서 전국가적 자유권적 기본권과 달리 사회권은 국가내적인 권리로서 본질을 강조하기 위하여 사회권이라 한 것이다. 이는 후술하는 광의의 사회권과 구별하여 협의의 사회권이라고 한다.

2. 광의의 사회권

자유권에 내재한 사적자치의 보호의무위반을 주장하며 국가에 대하여 급부를 청구하는 경우에도 사회적 기본권과 동일한 기능을 수행할 수 있다.[3] 이를 광의의 사회권이라 한다. 사회권을 명문화하지 않고 사회국가원리를 천명하고 기본권보호의무와 평등권의 결합으로 생성되는 광의의 사회권을 도출하여 사실적 자유를 보호하는 대표적인 국가로 독일(제20조 제1항)[4]을 들 수 있다. 독일헌법에서는 자유권으로 분류하는 혼인과 가족(제6조 제1항), 친권(제6조 제2항), 모성(제6조 제4항), 학교(제7조) 등의 사회권적 성격을 인정하고 있다.[5] 이와 유사하게 사회국가원리를 국가의 목표조항으로 규정하는 스위스(제3장 제41조 이하), 국가의 의무로 규정하는 네덜란드(제19조~제23조)[6] 등이 있다.

3. 사견

근대국가의 헌법에서 사회권은 사인간의 계약자유에 의해 형성하는 자치적 권리로 방임하였다. 하지만 19세기 산업혁명과 20세기 초 세계대전으로 빈익빈, 부익부현상이 심화하여 사회적 약자보호의 필요성이 대두하여 1919년 바이마르헌법에서 최초로 사회적 기본권이 등장하였다.[7] 사회권의 명문규정에도 불구하고 독일은

---

3) R. Alexy, Theorie der Grundrechte, S. 938.
4) 독일헌법 제20조 제1항: 독일연방공화국은 민주적·사회적 연방국가다.
5) K. Stern, Das Staatsrecht der Bundesrepublik Deutschland, S. 938; M. Ruffert, Vorrang der Verfassung und Eigenständigkeit des Privatrechts—Eine verfassungsrechtliche Untersuchung zur Privatrechtswirkung des Grundgesetzes—, Tübingen, 2001. S. 318 f. u. 326 ff; 장영철, "헌법재판과 사적자치",『공법연구』제45집 제2호(2016. 12.), 136면.
6) 네덜란드헌법 제19조 제1항: 국가는 충분한 일자리 제공을 촉진하기 위해 노력한다. 제20조 제1항: 국가는 국민의 생계수단을 보장하고 부의 분배를 실현하기 위해 노력한다. 제21조 제1항: 국가의 환경보호의무, 제22조 제1~3항: 국가의 건강보호의무, 생활편의제공의무, 사회·문화와 여가활동증진의무, 제23조 제1항: 국가는 교육에 지속적인 관심을 기울여야 할 의무, 동조 제2항: 국민의 사교육의 자유, 제3항: 국공립학교의 종교적 중립의무 제4항: 공립학교시설제공의무, 제5항: 학교재정지원의무와 사립학교의 자율성보장의무, 제6항: 사립·공립학교에 대한 초등교육의 재정지원의무와 교육기준준수의무 및 사립초등학교의 자율성보장, 제7항: 사립학교에 대한 재정지원의무. 제8항: 정부의 교육현황에 대한 매년 국회보고의무.

제1차 세계대전에서 패배하여 배상문제로 초 인플레이션(hyper-inflation)이 생기는 등 재정이 고갈되어 사회권실현은 이상에 불과하게 되었다. 이러한 점에서 세계대전 후 1949년 서독헌법의 아버지들은 국가의 경제적 상황에 대한 불안으로 구체적 사회권(노동, 건강, 교육 등)을 인정하면 정치적 형성의 재량이 없을 것이라는 이유로 구체적인 사회권 대신 인간의 존엄을 명문화하고 사회국가원리를 규정하는 것으로 대체하였다. 즉 정치·경제적 상황과 무관하게 사회권을 명문화하여 구체적 권리로 관철되는 것을 예방하였던 것이다.8)

사회권은 인권적 성격의 자유권과 달리 국가내적인 권리로 사회구성원 간에 이해충돌을 입법에 의하여 조정하는 것이 선행되어야 한다. 다만 사회권을 명문화하면 입법과정에서 소외된 약자보호에 효과적이지만 헌법재판소가 자유를 창설하는 대체입법자로 기능하게 되어 권력분립원칙과 민중소송의 위험이 나타날 수 있다. 따라서 헌법재판소는 사회권의 명문규정유무와 상관없이 현실적으로 헌법재판의 한계를 존중하지 않을 수 없다. 이러한 점에서 헌법재판소가 약자보호의 필요성을 기준으로 일반 평등원리나 사회권으로 규정된 특별평등권을 기준으로 자의금지나 과소보호금지원칙을 심사기준으로 하여 사회권을 보호하는 것은 합리적이라 판단된다.9)

사회권은 독자적인 기본권규정에 상관없이 사실적인 자유의 향유를 목적으로 한다. 따라서 사회권심사는 명문의 사회권을 기준으로 하는 것은 물론 사실적 자유제약에 대한 보호필요성을 기준으로 일반·특별 평등원리를 결합하여 심사하는 것도 강구하여야 한다. 즉 사회권은 개념적으로 광의와 협의로 구분하는 것은 이론적 관점에서는 의미 있지만 모두 사실적인 자유형성을 목적으로 하는 점에서 실무상으로 동일한 결과를 이룰 수 있다.10) 이는 우리헌법상 교육을 받을 권리, 근로의

---

7) 사회권에 관한 최초의 헌법은 1917년 멕시코헌법이라는 견해도 있다. 노호창, "헌법상 근로권의 내용과 성격에 대한 재해석", 『노동법연구』 제30호, 서울대 노동법연구회, 2011, 127면.

8) 박한철, "제1회 한·독 재판관 공동세미나(2) 발표문-사회적 기본권의 적극적 보장방안-", 『아시아의 항구적인 평화의 길』, 박한철 소장 퇴임기념논문집, 2017, 489면.

9) 예컨대, 헌법재판소가 산재보험법에 대한 위헌소원결정에서 사업주와의 관계에서 출퇴근을 위한 차량을 제공받는 소위 혜택근로자와 그렇지 않은 비혜택근로자간에 출·퇴근에서 발생한 재해에 대하여 혜택근로자만 산재보험청구권을 부여하고 비혜택근로자에게는 부여하지 않는 것은 자의금지원칙을 기준으로 정당한 차별이 아니라고 하면서 헌법불합치결정을 내린 것을 들 수 있다. 헌재결 2016. 9. 29. 2014헌바254, 판례집 28-2상, 316 이하.

10) 비교헌법적으로 사회권의 존재여부와 사회정책의 현실적 상황과의 사이에 유의미한 관계가 있지 않다는 견해로 전광석, "사회적 기본권의 논의구조", 170면; Ewald Wiederin, Sozials-

권리, 근로3권, 환경권 등에서 사회권과 자유권의 혼합설이 주장되는 것도 이를 방증한다. 기본권은 자유의 대헌장으로 자유 없는 기본권은 현실적으로 의미가 없기 때문이다. 따라서 전술한 바와 같이 헌법재판소결정은 광의의 사회권에 관한 것도 분석하기로 한다.

이하에서의 사회권의 법적 성격에 대한 학설은 우리 헌법에서도 명문으로 규정하고 있고 자유권과 구분되는 사회권의 본질을 파악하기 위해서 협의의 사회권을 대상으로 그 법적 성격을 파악하는 것이다.[11]

II. 사회권의 법적 성격에 관한 학설

1. 프로그램규정설 내지 입법방침규정설

사회권은 강령규정으로서 입법자에게 입법의 방침을 지시하는 프로그램 내지 입법방침규정이지 주관적 공권이 아니라는 견해[12]를 말한다.

바이마르공화국 헌법을 모방하여 제정된 제헌헌법에서 개별적 법률유보에 의한 기본권보장으로 기본권을 입법자의 은혜 사항 내지 반사적 보호로 전락시킨 해석론을 모방한 것이다. 오늘날 이 학설은 인간의 존엄 및 가치를 이념으로 파생한 기본권에 대한 입법자의 구속(헌법 제10조 제2문)으로 인하여 해석론으로는 현실성이 전혀 없다.

2. 객관적 법질서의 원리로 파악하는 학설(객관설)

(1) 입법위임규정설 내지 헌법위임규정설

입법위임규정설은 사회적 기본권은 주관적 공권이 아니라, 일차적으로 기본전제를 형성하라는 입법자에 대한 입법위임 내지 헌법위임규정이라거나,[13] 입법위임

---

yaatlichkeit im Spannungsfeld von Eigenverantwortung und Fürsorge, VVDStRL 64(2005), S. 79–80. 이와 반대로 사회권을 명문화하여 사법적 통제를 강하게 하는 국가가 예상배분을 더 안정적으로 하고 있다는 견해로 최규환, 『인간다운 생활을 할 권리의 심사기준』, 99면, 각주 322.

11) 광의의 사회권에 대하여는 장영철, "기본권체계 내에서 평등권의 기능", 『공법연구』 제34집 제4호 제1권(2006. 6.), 193면 이하; 장영철, "헌법재판과 사적자치", 『공법연구』 제45집 제2호(2016. 12.), 129면 이하.

12) 박일경, 『신헌법학원론』, 법경출판사, 1986, 336면.

13) 홍성방, 『헌법학(중)』 제2판, 박영사, 2015, 288면.

과 헌법위임규정을 구별하여 헌법위임은 입법만 구속하는 것이 아니라 행정과 사법도 구속한다는 헌법위임규정설[14]이 있다.

이 견해들은 사회권은 기본권충돌을 조정하는 입법적 형성이 중요하다는 것은 파악하였지만 사회권의 주관적 공권성을 인정하지 않아 입법자의 입법형성권을 넓게 인정하여 사실상 법률상의 권리로 평가절하하는 문제가 있다.

(2) 국가목표규정설

사회권은 사회국가원리, 환경국가원리와 같은 국가의 목표규정으로 객관적 질서원리의 본질을 갖는다고 본다.

독일헌법에서와 같이 사회권을 명문화하지 않고 사회적 약자의 보호가 필요한 경우 사회국가원리에 근거하여 사적자치가 보호내용으로 내재된 자유권과 약자의 평등권침해주장을 결합하여 광의의 사회권을 도출하는 경우에 타당한 학설이다. 하지만 우리는 사회권을 기본권형식으로 규정하고 있어 받아들이기 어렵다.

3. 주관적 권리성을 인정하는 입장(주관설)

(1) 추상적 권리설

추상적 권리설은 전술한 객관설과 달리 사회권의 주관적 공권성은 인정한다. 사회권적 기본권의 법적 권리성을 인정하되 그 권리성은 입법을 통해 구체화되어야만 소구가능한 구체적인 권리가 된다는 견해이다.

생각건대 사회권은 국가내적인 권리로서 예컨대, "모든 국민은 인간다운 생활을 할 권리를 갖는다."고 하여 그 보호내용이 목적프로그램형식으로 규정되어 있어 그 보호내용이 추상적이다. 이는 전국가적인 자유권과 달리 법률로 구체화하여야 청구가능하다고 볼 수 있다. 따라서 사회권침해의 청구는 입법을 전제로 하여야 하는 점은 타당하다. 다만 사회권을 추상적 권리로 파악하는 것은 주관적 성격을 부인하여 실질적으로 객관설에 다름없다는 평가를 할 수 있다.[15]

---

14) 한수웅, 『헌법학』, 903면.
15) 동지 계희열, 『헌법학(중)』, 716면; 김철수, 『학설판례 헌법학(상)』, 1113면.

(2) 불완전한 구체적 권리설

이 학설은 사회권은 자유권적 기본권처럼 직접적 효력을 가지는 완전한 의미의 구체적 권리일 수는 없다고 하더라도 적어도 청구권적 기본권과 동일한 수준의 불완전하나마 구체적 권리로서의 성격을 갖는다고 한다. 구체적으로 보면 사회국가원리를 국가의 구조원리로 선언하고 있으므로 헌법재판에서의 헌법불합치 또는 입법촉구결정을 요구할 수 있는 정도의 구체적 권리성을 갖는다고 한다. 즉 입법부작위에 대한 위헌성을 제기할 수 있고, 재판규범으로서의 효력을 갖는다.[16] 이 학설에 대하여는 종래 추상적 권리설에서 변경한 것으로 사회권을 '하자없는 입법청구권'을 주장하는 것이라는 비판적 견해[17]도 있다.

청구권과 같이 사회권도 국가의 기본권보장의무(헌법 제10조 제2문)에 의하여 입법권과 사법권을 구속하는 기속력을 갖는다는 점에서는 동일하다고 할 수 있다. 다만 청구권은 절차권으로서 '침해된 자유의 회복'을 목적으로 하지만 사회권은 다수결에 의한 입법절차에서 소외된 '약자들의 실질적 평등을 보호'하기 위한 목적을 갖는 차이를 고려할 필요가 있다. 따라서 사회권은 약자들의 입법절차참여로 구체적 권리성을 추구할 수 있지만 청구권은 특별평등권으로서 침해된 자유의 중대성을 주장하는 방법으로 구체적 권리성을 추구하여야 한다.

(3) 구체적 권리설

자유권과 같은 정도의 구체적 권리성을 갖는다. 따라서 헌법재판소에 헌법소원을 통하여 입법부작위위헌확인과 권리구제를 받을 수 있다는 점에서 구체적 권리로 본다.[18]

생각건대 자유권과 사회권은 이념면에서 자유와 평등, 시대면에서 자유주의시대의 제1세대 인권과 사회국가시대의 제2세대 인권, 법적 성격상 전국가적 권리와 국가내적 권리 등의 차이점이 있다. 그럼에도 불구하고 자유권과 동일하게 사회권의 구체적 권리성을 인정하는 것은 초입법자로서 기능하는 헌법재판만능국가가 될

---

16) 권영성, 『헌법학원론』, 법문사, 2010, 635면.
17) 김선택, "인간다운 생활을 할 권리의 헌법규범성-생계보호기준결정: 헌법재판소 1997. 5. 29. 선고 934헌마33 결정", 『판례연구』 제9집, 고려대 법학연구원, 1998, 3면.
18) 김철수, 『학설판례 헌법학(상)』, 1114면; 김철수, "生存權的 基本權의 法的 性格攷", 『세계헌법』 제6호, 2001, 273면 이하.

수 있다. 구체적 권리라도 입법에 의하여 구체화되지 못하면 현실적으로 청구해도 의미가 없다는 비판19)도 이와 같은 의미다.

4. 원칙설(상대적 권리설)

알렉시(R. Alexy)의 원칙모델에 따라 사회권은 일단 개인에게 잠정적으로(Prima-facie) 주관적 권리를 부여하지만, 이 권리는 형량을 거친 연후에 비로소 확정적인 권리가 될 수 있다는 것이다. 따라서 직접효력을 갖는 주관적 권리, 불완전한 권리, 단순한 입법방침규정 등으로 8단계로 구분하여 입법이나 판례에 의하여 그 구속력이 강한 것부터 약한 것으로 다양하게 나타날 수 있다는 것을 인정한 점에서 상대적 권리라고도 할 수 있다.20)

이에 대하여는 주관적 권리성을 인정하는 것은 옳으나 사회권의 실현정도를 상대화하여 해석자마다 달리 해석할 여지를 주고 있다는 비판21)이 있다.

생각건대 아래에서 보는 바와 같이 확립된 헌법재판결정에서 자유권과 다른 사회권의 구조를 강조하면서 입법자의 형성재량을 강조하는 것을 고려해야 한다. 이에 대하여 먼저 보고 졸견을 제시하고자 한다.

Ⅲ. 사회권의 법적 성격에 관한 헌법재판소의 입장

상대적 권리로서 구체적 권리성, 행위규범/통제규범 구별론을 인정하는 결정도 제시되고 있어 살펴보고자 한다.

1. 전통적 경향: 구체적 권리설의 부인

(1) 헌법재판소는 사회권의 법적 성격에 관하여 구체적 권리설을 부인하면서 객관설 내지 추상적 권리설과 불완전한 구체적 권리설로 파악할 수 있는 확립된 판시22)를 다음과 같이 하고 있다.

---

19) 계희열,『헌법학(중)』, 717면; 정태호, "원리모델에 의한 사회적 기본권 침해여부의 판단구조 및 심사구조",『헌법학연구』제13권 제3호(2007. 9.), 539면 이하.
20) 계희열,『헌법학(중)』, 718면; 이덕연, "인간다운 생활을 할 권리'의 본질과 법적 성격",『공법연구』제27집 제2호(1999. 6.), 한국공법학회, 235면 이하.
21) 김철수,『학설판례 헌법학(상)』, 1113면.
22) 헌재결 2005. 7. 21. 2004헌바2, 판례집 17-2, 44

"사회권적 기본권 또는 사회적 기본권의 법적 성격과 관련하여는 다양한 견해가 제시되고 있으며, 최근에는 이를 법적 권리로서 이해하는 견해도 있다. 그 가운데 사회권적 기본권을 헌법의 명문에 의하여 규정된 '구체적 권리'로 이해하는 견해는, 사회권적 기본권도 자유권적 기본권과 같이 구체적으로 입법권·행정권·사법권을 구속하며 사회권적 기본권은 급부청구권으로서 다른 청구권적 기본권과 같이 소구(訴求)할 수 있으므로, 국가에 의한 적극적 침해행위의 배제뿐만 아니라 부작위의 경우에 입법부작위 위헌확인을 구하는 헌법소원을 제기할 수 있다고 한다.

그러나 우리 헌법재판소는 다수의 선례에서, 이러한 사회권적 기본권과 관련된 입법을 하는 경우에는 국가의 재정부담능력, 전체적인 사회보장수준과 국민감정 등 사회정책적인 고려, 제도의 장기적인 지속을 전제로 하는 데서 오는 제도의 비탄력성과 같은 사회보장제도의 특성 등 여러 가지 요소를 감안하여야 하므로 입법자에게 광범위한 형성의 자유가 인정되고, 따라서 헌법상의 사회보장권은 그에 관한 수급요건, 수급자의 범위, 수급액 등 구체적인 사항이 법률에 규정됨으로써 비로소 구체적인 법적 권리로 형성된다고 보아야 한다고 판시하였다(헌재결 1995. 7. 21. 93헌가14, 판례집 7-2, 1, 20-21; 1999. 12. 23. 98헌바33, 판례집 11-2, 732, 758; 2000. 6. 1. 98헌마216, 판례집 12-1, 622, 640~641)."

(2) 사회권을 구체화하는 입법이 존재하지 않는 것에 대한 헌법소원청구의 경우 각하되었다.[23] 즉 사회권의 보호내용은 입법으로 구체적으로 이루어진다고 할 수 있다.

헌법재판소는 저상버스 도입의무 불이행 위헌확인사건[24]에서 국가목표규정설에 입각하여 각하결정하며 "사회적 기본권은 입법과정이나 정책결정과정에서 사회적 기본권에 규정된 국가목표의 무조건적인 최우선적 배려가 아니라 단지 적절한

---

23) 헌법재판에서 사회보장입법에 포섭되지 못한 인적집단과 사회적 위험에 대한 보호 청구를 하는 주장은 모두 인용되지 않았다. 전광석, "사회적 기본권의 논의구조", 『유럽헌법연구』 제14호(2013. 12.), 170면, 각주 51 참조. 전 교수가 제시한 헌재결정 중에는 입법에서 배제된 자의 일반 평등권침해의 경우가 많고 사실상의 노무에 종사하는 공무원의 범위를 정하는 조례를 제정하지 않아 근로3권을 침해하는 지에 대하여 인용한 결정도 있다. 즉 헌재결 2009. 7. 30. 2006헌마358, 판례집 21-2상, 292(300, 301). 근로3권을 자유권이 아닌 특히 사회권으로 분류하는 그의 견해(상게논문 172면)에 의하면 인용한 헌법재판소결정도 있다고 해야 한다.
24) 헌재결 2002. 12. 18. 2002헌마52.

고려를 요청하는 것이다. 이러한 의미에서 사회적 기본권은, 국가의 모든 의사결정 과정에서 사회적 기본권이 담고 있는 국가목표를 고려하여야 할 국가의 의무를 의미한다."고 판시하였다.

처분의 근거법률이 없는 상태에서 요양불승인처분취소를 구하는 헌법소원청구[25]도 각하되었다. "이 사건의 경우 처분의 기초가 된 사실관계의 인정에 관하여는 당사자 사이에 다툼이 없다. 즉 청구외 망 안○무가 1990. 12. 1. 직장 근처의 도로 위에서 원동기장치 자전거를 타고 출근하다가, 마주 오던 자동차에 치어 중상을 입고 치료를 받던 중 약 80일 후에 사망한 사실에 대하여는 당사자 사이에 다툼이 없다. 이 사건에서 오로지 문제가 되는 것은 위와 같은 부상이 산재보상보험법 제3조 제1항에서 말하는 "업무상의 재해"에 해당하느냐 하는 사실관계의 평가 또는 일반법규의 해석·적용 문제뿐이다. 이와 관련하여 청구인은 피청구인이 통근 도상에 일어난 재해에 대하여 아무런 합리적 이유 없이 사업주가 제공한 교통수단을 이용한 경우와 그 밖의 경우로 나누어 전자에 한하여 업무상의 재해로 인정하는 것은 평등의 원칙에 반하는 것이라고 주장한다. 그러나 통근 도상에 일어난 재해의 특수성에 비추어 업무상 재해의 인정기준을 완화하여야 한다는 해석론이나, 그러한 재해를 모두 업무상 재해로 인정하여야 한다는 입법론은 제기될 수 있어도, 현행법의 해석상 통근 도상에 일어난 근로자의 재해를 위와 같이 구분하여, 사용자의 지배·관리하에 있는 재해에 한하여 업무상의 재해로 인정한다고 하여, 그것이 곧 합리적 이유가 없는 차별이어서 평등의 원칙에 반하는 것이라고 보기는 어렵다. 결국 청구인이 내세우는 법률문제는 헌법문제가 아니라 단순한 일반법규의 해석과 적용 문제라고 볼 수밖에 없다."

(3) 하지만 상기 산재보상보험법 조항에 대한 2004년 위헌소원결정[26]은 객관설 내지 추상적 권리설에 입각하여 기각결정을 하였다.

"산재보험제도는 보험가입자(사업주)가 납부하는 보험료와 국고부담을 재원으로 하여 근로자에게 발생하는 업무상 재해라는 사회적 위험을 보험방식에 의하여 대처하는 사회보험제도(사회보장기본법 제3조 제2호)이므로 이 제도에 따른 산재보험

---

25) 헌재결 1993. 9. 27. 93헌마45, 판례집 5-2, 362.

26) 헌재결 2004. 11. 25. 2002헌바52, 판례집 16-2하, 297, 306~307; 1999. 4. 29. 97헌마333, 판례집 11-1, 503(513).

수급권은 이른바 사회보장수급권의 하나에 속한다. 그런데 이러한 산재보험수급권은 국가에 대하여 적극적으로 급부를 요구하는 것이므로 헌법규정만으로는 이를 실현할 수 없고 법률에 의한 형성을 필요로 한다. 즉, 산재보험수급권의 구체적 내용인 수급요건·수급권자의 범위·급여금액 등은 법률에 의하여 비로소 확정된다."

2. 산업재해보상보험법에 대한 헌법소원결정들에서 나타난 사회권의 법적 성격의 변화

전술한 두 차례 각하와 기각의 산재보험법에 대한 결정과 달리 2016년 헌법재판소결정에서는 일반평등권침해를 논거로 헌법불합치결정으로 변경되었다. 법정의견에 대한 보충의견[27](안창호재판관)은 재산권과 일반평등권을 결합하여 강화된 심사를 주장하는 의견을 제시하기도 하였다. 그 논거를 살펴보기로 한다.

"현대산업사회에서 산업재해 위험으로부터 근로자의 안전과 생존의 보장은 국가의무의 중요한 부분 중 하나가 되었음을 부인할 수 없다. 헌법 제32조와 제34조는, 사회보장수급권이 국가재정 및 사회적 부담능력의 한계라는 가능성의 유보 아래 법률에 의해 보장된다고 하더라도 산업재해로 '인간의 존엄에 상응하는 생활에 필요한 최소한의 물질적인 생활'에 위협을 받거나 이와 밀접하게 연관된 국민에게는 보다 적극적으로 보호조치가 이루어져야 함을 요청하는 것으로 보아야 할 것이다. 그렇다면 산재보험수급권과 관련된 영역에서의 평등심사에 있어 그 심사강도를 강화된 수준으로 높일 필요가 있다. 한편 비혜택근로자는 출퇴근 재해로 인한 산재보험수급권에 있어 단지 구체적 입법에 의한 권리의 형성이 유보되어 있을 뿐 잠재적으로 재산권성이 인정되는 공법상의 지위를 가진다고 할 수 있다. 따라서 이 사건에서 혜택근로자와 비혜택근로자 사이의 차별에 대해 평등심사를 함에 있어 이러한 잠재적 재산권성을 고려하여 그 심사의 강도를 높일 필요가 인정된다. 근로자의 출퇴근 재해에 대해서는 국가와 사용자의 강화된 책임과 배려가 필요하다고 할 것이고(보호영역의 특성), 출퇴근 사고로 피해를 본 비혜택근로자에 대한 급부는 긴절하다고 할 수 있다(보호의 긴절성). 그런데 심판대상조항은 비혜택근로자에 대하여 적절하고 효과적인 보호를 위한 충분한 조치를 한 것이라고 할 수 없으며, 사회보장제도로서 산재보험제도의 본질에도 반하는 측면이 있다(보호수준의 적절성). 결

---

27) 헌재결 2016. 9. 29. 2014헌바254, 판례집 28-2상, 316(329 이하).

국, 심판대상조항이 혜택근로자와 비혜택근로자를 차별하는 것에 헌법상 허용될 만한 정당하고 충분한 이유가 없다고 할 것이다."

이 보충의견은 사회권의 구체적 권리설의 가능성을 제공하고 있다. 사회권의 보호범위를 설정하고 과소보호금지원칙의 심사요소를 도입한 엄격심사로 볼 수 있기 때문이다. 하지만 협의의 명문의 사회권이 아닌 해석상 광의의 사회권, 즉 자유권(재산권)과 결합한 평등권을 기준으로 심사한 점에서 본격적인 사회권의 구체적 권리성을 인정한 것으로 보기는 어렵다. 더구나 1인 재판관의 보충의견으로 제시한 것을 감안해야 한다.

3. 행위규범 · 통제규범 구별에 의한 불완전한 구체적 권리설 내지 상대적 권리설

헌법재판소는 1994년 생계보호기준 위헌확인결정 등[28])에서 "모든 국민은 인간다운 생활을 할 권리를 가지며 국가는 생활능력 없는 국민을 보호할 의무가 있다는 헌법의 규정은 입법부와 행정부에 대하여는 국민소득, 국가의 재정능력과 정책 등을 고려하여 가능한 범위 안에서 최대한으로 모든 국민이 물질적인 최저생활을 넘어서 인간의 존엄성에 맞는 건강하고 문화적인 생활을 누릴 수 있도록 하여야 한다는 행위의 지침, 즉 행위규범으로서 작용하지만, 헌법재판에 있어서는 다른 국가기관 즉 입법부나 행정부가 국민으로 하여금 인간다운 생활을 영위하도록 하기 위하여 객관적으로 필요한 최소한의 조치를 취할 의무를 다하였는지의 여부를 기준으로 국가기관의 행위의 합헌성을 심사하여야 한다는 통제규범으로 작용하는 것이다. 그러므로 국가가 인간다운 생활을 보장하기 위한 헌법적인 의무를 다하였는지의 여부가 사법적 심사의 대상이 된 경우에는, 국가가 생계보호에 관한 입법을 전혀 하지 아니하였다든가 그 내용이 현저히 불합리하여 헌법상 용인될 수 있는 재량의 범위를 명백히 일탈한 경우에 한하여 헌법에 위반된다고 할 수 있다."

이 결정은 불완전한 구체적 권리설 내지 상대적 권리설의 논거로 볼 수 있다.

---

28) 헌재결 1997. 5. 29. 94헌마33, 판례집 9-1, 553-554; 1999. 12. 23. 98헌바33, 판례집 11-2, 758-759; 2001. 4. 26. 2000헌마390, 공보 56, 494.

4. 소결 및 사견

사회권에 관한 헌법재판소결정에 나타난 법적 성격은 객관설, 추상적 권리설, 불완전한 구체적 권리설, 구체적 권리설, 상대적 권리설로 다양하게 나타나고 있다. 졸견에 의하면 기본권을 원칙으로 보는 입장에서 사회권도 자유권과 동일하게 보고자 한다. 헌법재판소의 사회권의 본질을 고려한 형량재량을 인정할 수 있기 때문이다.

헌법재판소는 우리헌법에서 사회권을 기본권으로 명문화한 점에서 자유권과 동일하게 기본권보장의무(헌법 제10조 제2문)를 진다. 다만 사회권은 자유권과 달리 사인간의 기본권충돌을 조정하는 입법을 대상으로 심사하여야 한다. 따라서 헌법재판소는 입법의 명백한 하자에 대하여만 심사하는 한계를 보완할 필요가 있다. 예컨대, 헌법상 사회권에 관한 규정내용을 고려하는 방안, 과소보호금지원칙의 심사요소를 개발하는 방안, 사회적 약자의 입법절차에의 참여여부를 검토하는 방안 등 다양한 약자보호방안을 고려하여 심사할 필요가 있다. 독일연방헌법재판소도 전통적인 사회권형성입법에 대한 가능성유보의 명백성심사에서[29] 2010년 구직자기초보장에 관한 Hartz Ⅳ 판결[30]과 2012년 난민의 기초보장에 관한 판결[31]에서 입법절차(효율성)통제의 강화된 심사로 변화한 것을 타산지석으로 삼을 필요가 있다.

제 2 절 인간다운 생활을 할 권리

Ⅰ. 헌법적 의의

1. 헌법적 성격

(1) 학설

헌법 제34조는 국가의 사회보장·복지 증진의무(제2항) 등과 함께 "모든 국민

---

29) BVerfGE 63, 255(262).
30) BVerfGE 125, 175 ff.
31) BVerfGE 132, 134~179.

은 인간다운 생활을 할 권리를 가진다(제1항)."고 하여 인간다운 생활을 할 권리를 규정하고 있다. 이에 대하여 사회권의 이념적 기초이자 구체적 권리라는 학설,[32] 사회권의 이념적 성격은 이미 인간의 존엄 및 가치에서 규정하고 있으므로 구체적 권리에 국한하는 학설,[33] 사회권의 일반적 기본권으로서 교육, 근로, 주거, 보건의료, 환경 등을 모두 포괄하는 것으로 보충적 기본권으로 적용될 수 있다는 학설[34] 등이 있다.

(2) 헌법재판소

헌법재판소는 인간다운 생활을 할 권리는 인간의 존엄 및 가치와 마찬가지로 사회권창설의 이념적 기초이자 인간다운 생활을 할 권리에 고유한 본질내용은 절대사회권의 성격을 갖는다는 본다.

즉 헌법재판소는 사회권의 이념적 기초로서 "사회보장수급권은 헌법 제34조 제1항 및 제2항 등으로부터 개인에게 직접 주어지는 헌법적 차원의 권리라거나 사회적 기본권의 하나라고 볼 수는 없고, 다만 위와 같은 사회보장·사회복지 증진의무를 포섭하는 이념적 지표로서의 인간다운 생활을 할 권리를 실현하기 위하여 입법자가 입법재량권을 행사하여 제정하는 사회보장입법에 그 수급요건, 수급자의 범위, 수급액 등 구체적인 사항이 규정될 때 비로소 형성되는 법률적 차원의 권리에 불과하다 할 것이다.[35]"고 판시하고, 구체적 기본권성에 대하여는 "헌법 제34조 제1항이 보장하는 인간다운 생활을 할 권리는 사회권적 기본권의 일종으로서 인간의 존엄에 상응하는 최소한의 물질적인 생활의 유지에 필요한 급부를 요구할 수 있는 권리를 의미한다."고 판시[36]하였다.

(3) 사견

인간다운 생활을 할 권리는 사회권창설의 이념으로서 개별사회권의 도출의 근거이자 구체적인 사회권의 성격도 갖는다고 본다. 우리 헌법은 사회국가원리를 명

---

32) 허영, 『한국헌법론』, 594면 이하.
33) 전광석, 『한국헌법론』, 490면.
34) 이준일, 『헌법학강의』, 798면.
35) 헌재결 2003. 7. 24. 2002헌바51, 판례집 15-2상, 103(117, 118).
36) 헌재결 2012. 2. 23. 2009헌바47, 판례집 24-1상, 95(106); 2003. 5. 15. 2002헌마90, 판례집 15-1, 581, 600~601; 2000. 6. 1. 98헌마216, 판례집 12-1, 622, 646~647.

문화하지 않아 인간다운 생활을 할 권리를 그 이념적 기초로 할 수 있고 동시에 구체적 사회권으로서 기능한다고 본다. 예컨대, 교육, 근로, 근로3권, 환경 등 개별사회권은 원칙으로서 보호내용의 형성에 입법자의 재량권이 인정되는 상대적 사회권이다. 하지만 인간다운 생활을 할 권리와 결합하여 도출한 제34조 제5항의 신체장애자 및 질병, 노령 등의 사유로 인한 생활무능력자의 생계비청구권은 최소한의 보호의무를 이행해야 하는 구체적 청구권, 즉 확정적 규칙이다.[37)]

2. 헌법적 보호수준

인간다운 생활을 할 권리의 보호수준에 대하여는 인간의 존엄에 상응하는 최소한의 '물질적인 생활'의 유지에 필요한 급부를 요구할 수 있는 권리로 보는 학설[38)]과 '물질적인 생활뿐만 아니라 문화적인 생활'의 유지에 필요한 급부까지 포함한다고 보는 학설[39)]이 있다. 헌법재판소는 "인간다운 생활을 할 권리로부터는 인간의 존엄에 상응하는 생활에 필요한 "최소한의 물질적인 생활"의 유지에 필요한 급부를 요구할 수 있는 구체적인 권리가 상황에 따라서는 직접 도출될 수 있다고 할 수는 있어도, 동 기본권이 직접 그 이상의 급부를 내용으로 하는 구체적인 권리를 발생케 한다고는 볼 수 없다."고 확립된 판시[40)]를 하고 있다.

인간다운 생활을 할 권리의 이념적 기초로서 인간의 존엄이 추구하는 인간상은 공동체와 연계하여 자주적인 생활을 영위하는 인격주의 인간을 의미한다. 따라서 공동체에서 살아가는 사회적 동물로서 인간의 수요는 물질에 국한되는 것은 아니다. 이러한 점에서 문화적인 최저한의 생활도 포함되는 것이 옳다.

Ⅱ. 보호내용

헌법 제34조 제1항은 인간다운 생활을 권리를 사회권생성의 이념적 기초이자 구체적 기본권으로 규정하고 제2항 이하에서 국가의 의무규정형식으로 개별사회권

---

37) 동지 박한철, "제1회 한·독 재판관 공동세미나(2) 발표문 - 사회적 기본권의 적극적 보장방안-", 『아시아의 항구적인 평화의 길』, 박한철 소장 퇴임기념논문집, 2017, 471면.

38) 허영, 『한국헌법론』, 587면.

39) 김철수, 『학설판례 헌법학(상)』, 1120면.

40) 헌재결 2003. 5. 15. 2002헌마90, 판례집 15-1, 581(600); 2000. 6. 1. 98헌마216, 판례집 12-1, 622(646, 647); 1995. 7. 21. 93헌가14, 판례집 7-2, 1(30, 31).

을 열거하고 있다. 사회권은 특별평등권으로 국가의 법적 보호 내지 차별금지에 의하여 생성되기 때문이다. 국가는 사회보장·사회복지의 증진에 노력할 의무를 진다(제2항), 국가는 여자의 복지와 권익의 향상을 위하여 노력하여야 한다(제3항), 국가는 노인과 청소년의 복지향상을 위한 정책을 실시할 의무를 진다(제4항), 신체장애자 및 질병·노령 기타의 사유로 생활능력이 없는 국민은 법률이 정하는 바에 의하여 국가의 보호를 받는다(제5항). 국가는 재해를 예방하고 그 위험으로부터 국민을 보호하기 위하여 노력하여야 한다(제6항). 여기서 사회보험청구권, 공공부조청구권, 사회보상청구권, 사회복지청구권을 내용으로 하는 사회보장수급권이 도출된다.

1. 사회보험청구권

헌법 제34조 제2항은 "국가는 사회보장·사회복지의 증진에 노력할 의무를 진다."고 규장하고 있다. 이에 따라 국가는 모든 국민의 인간다운 생활을 보장하기 위하여서 사회보장제도와 사회복지제도를 확립하여야 하고, 국민은 이에 따라 사회보장급여를 받을 권리(즉 사회보장수급권)을 갖는다. 사회보장수급권에 관한 법률로 사회보장기본법이 있다. 동법 제10조 제1항에서는 급여의 수준에 관하여 "국가와 지방자치단체는 모든 국민이 건강하고 문화적인 생활을 유지할 수 있도록 사회보장급여의 수준 향상을 위하여 노력하여야 한다."고 규정하고 있다. 이와 관련하여 제2항은 국가는 매년 최저보장수준과 최저임금을 공표하여야 한다. 제3항은 "최저임금을 고려하여 사회보장급여수준을 결정하여야 한다."고 규정하고 있다.

이를 구체화한 법률이 국민건강보험법, 노인장기요양보험법, 국민연금법, 공무원 등 특수직역연금법, 산업재해보상보험법, 고용보험법이다. 이 법들을 근거로 하여 각각 건강보험급여청구권(제4장), 장기요양보험급여청구권(제5장), 국민, 공무원, 군인, 사학교직원의 연금청구권, 재해보험급여청구권(제3장), 실업급여청구권(제4장)이 보장된다.

헌법재판소는 사회보험청구권은 법률적 권리로서 명백성통제에 그치는 입장을 견지[41]하고 있다. 하지만 전술한 바와 같이 상대적 기본권으로 보아 입법절차에 사회적 약자인 청구권자의 참여권을 보장하는 절차적 통제가 필요하다.

---

41) 헌재결 2011. 7. 28. 2009헌마27, 판례집 23-2상, 104.

2. 공공부조청구권

헌법 제34조 제5항은 "신체장애자 및 질병·노령 기타의 사유로 생활능력이 없는 국민은 법률이 정하는 바에 의하여 국가의 보호를 받는다."고 규정한다. 이에 관한 법률로 국민기초생활보장법이 있다. 국민기초생활보장법에서는 다음과 같은 생활보호규정을 두고 있다. 이 법은 생활이 어려운 사람에게 필요한 급여를 실시하여 이들의 최저생활을 보장하고 자활을 돕는 것을 목적으로 한다(제1조). 이 법에 따른 급여는 수급자가 자신의 생활의 유지·향상을 위하여 그의 소득, 재산, 근로능력 등을 활용하여 최대한 노력하는 것을 전제로 이를 보충·발전시키는 것을 기본원칙으로(제3조) 하고, 이 법에 따른 급여는 건강하고 문화적인 최저생활을 유지할 수 있는 것으로 규정(제4조)하고 있다.

공공부조청구권은 인간다운 생활을 할 권리의 '본질내용'으로 행정부와 사법부 및 헌법재판소는 규칙으로 절대 보장해야 할 최소핵심의무[42](Minimum core)로 인식해야 한다.

3. 사회보상청구권

헌법 제34조 제6항은 "국가는 재해를 예방하고 그 위험으로부터 국민을 보호하기 위하여 노력하여야 한다."고 규정하여 사회보상청구권을 보장하고 있다. 이에 관한 법률로 재해구호법, 산업재해보상보험법, 국가보훈기본법, 국가유공자예우 등 및 지원에 관한 법률, 감염병 예방 및 관리에 관한 법률, 범죄피해자구조법 등이 있다.

이에 따라 산업재해보상보험급여청구권(제3장), 국가유공자희생보상청구권(제2장), 예방접종피해자보상청구권(제71조), 범죄피해자 구조청구권(헌법 제30조)이 보장된다. 사회보상은 전쟁희생, 접종피해, 범죄피해 등 다양한 보호내용을 갖고 있다. 다분히 정치적 성격을 갖고 있어 평등원리에 입각한 상대적 보호로 입법재량이 매우 넓게 인정되고 있다.

4. 사회복지청구권

사회복지에 대한 개념은 실정법적인 용어가 아니다. 따라서 개념정의는 사회

---

42) 최규환, 『인간다운 생활을 할 권리의 심사기준』, 헌법재판연구원 2019-C-2, 124면 이하.

정책으로도 사회보장으로도 할 수 있다. 전자의 경우 사회문제를 해결하기 위한 총체적인 정책영역으로 후자는 사회보장수급권의 일부로 보는 것이다. 이는 즉 공공부조대상자·아동·신체장애자·노인 기타 요보호자가 자립의 생활능력을 개발하는 데 필요한 수용보호·생활지도·갱생보호·원호지원 등을 하는 국가활동[43]이다. 이에 관한 대표적인 법률로 사회복지사업법이 있다. 여기서 사회복지청구권과 사회복지시설청구권이 보장된다. 사회복지사업법 제2조에서 사회복지사업을 목적으로 하는 법률에는 국민기초생활보장법, 아동복지법, 노인복지법, 장애인복지법, 한부모가족지원법, 영유아보육법, 성매매방지 및 피해자보호 등에 관한 법률, 정신건강증진 및 정신질환자 복지서비스 지원에 관한 법률, 성폭력방지 및 피해자보호 등에 관한 법률, 입양특례법, 일제하 일본군위안부 피해자에 대한 생활안정지원 및 기념사업 등에 관한 법률, 사회복지공동모금회법 등이 있다.

이미 살펴본 바와 같이 헌법재판소는 근로자가 사업주의 지배관리 아래 출퇴근하는 소위 혜택근로자의 사고발생만 업무상 재해로 인정하여 비혜택근로자를 차별한 산업재해보상보험법 조항에 대하여 헌법불합치결정을 한 바 있다. 이는 위헌보충의견[44]에서 제시한 바와 같이 구체적 권리로서 인간다운 생활을 할 권리의 법적 성격을 인정하는 단초를 마련하기도 하였다. 세월호사건[45]에 대한 국가의 배상을 인정한 것도 동일한 맥락으로 볼 수 있다. 국민과 근로자의 생명과 신체를 보호하기 위한 국가의 재해예방의무위반에 대한 주관적 권리행사의 효력이 발생하고 있는 것이다.

---

43) 권영성, 『헌법학원론』, 663면.
44) 최근 우리 사회의 경제력 집중과 양극화 현상이 심화되고 그에 따른 국가 공동체의 통합에 대한 부정적 영향이 우려되고 있다. 이에 인간의 존엄과 가치에 기초한 자유민주주의 그리고 자유와 창의, 적정한 소득의 분배와 경제주체 간의 조화를 바탕으로 한 시장경제의 지속적인 발전을 위해, 헌법재판소가 사회보장제도 관련 영역에서 헌법재판을 통해 위와 같은 사회갈등의 요소를 완화하는 입법을 유도함으로써 사회통합에 이바지할 수 있는 방법을 고민한바, 사회보장제도와 관련하여 심사강도 강화 등 기본권 보장을 위한 다양한 방안을 강구할 때가 되었다고 판단된다. 헌재결 2016. 9. 29. 2014헌바254, 판례집 28-2상, 316.
45) 헌재결 2017. 6. 29. 2015헌마654, 판례집 29-1, 305.

제3절 교육을 받을 권리

I. 의의와 기능

교육을 받을 권리라 함은 교육을 받을 수 있도록 국가의 적극적인 배려를 요구할 수 있는 권리를 말한다. 이는 현대적 사회국가, 문화국가에 있어서는 인간다운 생활의 필수조건이 되며, 민주정치는 교육을 통해 어느 정도의 식견을 가지게 되는 개인의 존재를 전제로 운영되므로 민주적 정치기구의 운영을 위하여서도 불가결한 권리이다.

교육을 받을 권리의 기능으로 첫째, 교육을 통해 개인의 잠재적인 능력을 개발시켜줌으로써 인간다운 문화생활과 직업생활을 할 수 있는 기초를 마련해 주고(인간다운 생활의 기초마련), 둘째, 문화적이고 지적인 사회풍토를 조성하고 문화창조의 바탕을 마련함으로써 헌법이 추구하는 문화국가를 촉진시키고(문화국가촉진), 셋째, 합리적이고 계속적인 교육을 통해서 민주주의가 필요로 하는 민주시민의 윤리적 생활철학을 어렸을 때부터 습성화시킴으로써 헌법이 추구하는 민주주의의 토착화에 이바지하고(민주주의의 토착화), 넷째, 능력에 따른 균등한 교육을 통해서 직업생활과 경제생활영역에서 실질적인 평등(실질적 평등)을 실현시킴으로써 헌법이 추구하는 사회국가, 복지국가의 이념을 실현한다는 의의와 기능을 가지고 있다.[46]

II. 법적 성격

1. 학설

(1) 사회권설

교육을 받을 권리를 사회권으로 보는 학설에도 객관설과 주관설이 있다.

객관설로 프로그램규정설, 국가목표규정설, 입법위임규정설이, 주관설로 추상적 권리설, 불완전한 구체적 권리설, 구체적 권리설, 상대적 기본권설이 있다.[47] 객

---

46) 헌재결 2003. 2. 27. 2000헌바26; 1994. 2. 24. 93헌마192; 허영, 『한국헌법론』, 484면.
47) 김철수, "生存權的 基本權의 法的 性格攷", 『세계헌법』 제6호, 2001, 273면 이하; 계희열, 『헌법학(중)』, 박영사, 2000, 617면 이하; 이덕연, '인간다운 생활을 할 권리'의 본질과 법적

관설의 프로그램규정설은 교육을 받을 권리란 구체적인 권리로 주장할 수 없고 다만 강령규정으로서 입법의 방침을 지시하여 교육수혜를 받을 수 있는 것에 불과한 것으로 주장한 것이다. 국가목표규정설과 입법위임규정은 입법자가 국가의 재정상황을 고려하여 구체화하여 실현될 수 있는 법률상의 권리로 본다.

주관설의 추상적 권리설은 교육을 받을 권리는 헌법적 권리이지만 국가에 교육시설이나 교육비를 직접 청구할 수 있는 권리는 아니고 다만 입법에 의하여 비로소 행사할 수 있는 권리다. 불완전한 구체적 권리설은 교육을 받을 권리의 자유권적 측면은 구체적 권리성을 갖지만 사회권적 측면은 불완전한 구체적 권리성을 갖는다고 주장하면서도 사회적 기본권이 본질이라고 주장한다.48) 이 학설은 교육을 받을 권리의 자유권적 측면으로 교육을 받을 수 있는 재능과 경제력을 가진 자는 누구나 능력에 따라 균등하게 교육을 받는 것을 방해받지 않는 것으로 제3자의 침해가 있는 경우 방해배제청구권을 행사할 수 있다는 것을 들고 있다. 구체적 권리설은 국가가 모든 국민에게 균등한 교육을 받을 수 있도록 학교교육 등 시설을 확장하고, 의무무상교육을 실시하고, 경제적 이유에 의하여 진학이 방해되지 않도록 장학정책을 시행하여야 한다고 주장하면서 국민은 이에 대한 구체적 청구권을 행사할 수 있다49)고 한다.

(2) 자유권과 사회권의 복합설

헌법 제31조의 공교육체계에서 교육을 받을 권리의 사회권적 성격을 인정하면서도 자율과 자주성을 핵심으로 하는 교육의 본질상 공교육체계 내에서도 교육당사자에게 예컨대, 기존의 교육자원에 접근권, 교육지위의 유지에 관한 자율적 결정에 대한 방해배제청구권을 보장하는 것은 자유권적 성격을 갖고 있다고 한다. 국가의 교육권한과 비교하여 부모의 자녀교육권을 헌법 제10조, 제36조에서 찾기보다는 제31조의 자유권성을 인정하는 것에서 찾아 기본권체계의 합리성을 도모할 수도 있다고 주장한다.50)

성격, 『공법연구』 제27집 제2호(1999. 6.), 한국공법학회, 235면 이하; 허영, 『한국헌법론』, 484면 이하; 홍성방, 『헌법학』, 현암사, 561면 이하.
48) 권영성, 『헌법학원론』, 667면.
49) 김철수, 『학설판례 헌법학(상)』, 1143면.
50) 김하열, 『헌법강의』, 674, 675면; 최규환, 전게논문, 77면 이하.

2. 헌법재판소

헌법재판소는 고등학교 졸업학력 검정고시규칙 제10조 제1항 위헌확인결정[51]에서 "헌법 제31조 제1항의 교육을 받을 권리는, 국민이 능력에 따라 균등하게 교육받을 것을 공권력에 의하여 부당하게 침해받지 않을 권리와, 국민이 능력에 따라 균등하게 교육받을 수 있도록 국가가 적극적으로 배려하여 줄 것을 요구할 수 있는 권리로 구성되는바, 전자는 자유권적 기본권의 성격이, 후자는 사회권적 기본권의 성격이 강하다고 할 수 있다."고 판시하면서 이 사건 '고등학교에서 퇴학된 날로부터 6개월이 지나지 아니한 자'의 고등학교 졸업학력 검정고시응시자격을 제한[52]하는 것은 헌법 제31조 제1항 교육을 받을 권리 중 능력에 따라 균등하게 교육을 받을 권리를 국가로부터 방해받지 않을 자유권제한에 해당하여 헌법 제37조 제2항의 비례의 원칙에 의한 심사를 받아야 한다고 하였다.

하지만 취학연령을 만 6세 이상으로 제한한 교육법 제96조 제1항 위헌확인결정[53]에서는 사회권적 기본권으로 보면서 "헌법 제31조 제1항에서 말하는 '능력에 따라 균등하게 교육을 받을 권리'란 법률이 정하는 일정한 교육을 받을 전제조건으로서의 능력을 갖추었을 경우 차별 없이 균등하게 교육을 받을 기회가 보장된다는 것이지 일정한 능력, 예컨대 지능이나 수학능력 등이 있다고 하여 제한없이 다른 사람과 차별하여 어떠한 내용과 종류와 기간의 교육을 받을 권리가 보장된다는 것은 아니다. 따라서 의무취학 시기를 만 6세가 된 다음날 이후의 학년 초로 규정하고 있는 교육법 제96조 제1항은 의무교육제실시를 위해 불가피한 것이며 이와 같은 아동들에 대하여 만 6세가 되기 전에 앞당겨서 입학을 허용하지 않는다고 해서 헌법 제31조 제1항의 능력에 따라 균등하게 교육을 받을 권리를 본질적으로 침해한 것으로 볼 수 없다. 한편 아동의 성장발달 속도가 빨라지고 조기교육이 보편화되고 있는 현 시점에서 국민학교 취학연령을 만 6세 이하로 낮추는 문제, 기준연령 미달이지만 지적으로 성숙한 아동을 위한 조기입학제도의 도입문제, 지적으로 우수한 아동들을 위한 특수영재교육제도 운영문제 등도 마땅히 검토해 보아야 할 문제라고 생각되나 이는 입법자가 우리의 시대상황과 경제·문화여건 등 제반사항을 고

---

51) 헌재결 2022. 5. 26. 2020헌마1512, 판례집 34-1 492; 2008. 4. 24. 2007헌마1456, 판례집 20-1상, 720(731).
52) 헌재결 2008. 4. 24. 2007헌마1456, 판례집 20-1상, 720.
53) 헌재결 1994. 2. 24. 93헌마192, 판례집 6-1, 173.

려하여 정할 입법정책의 문제이다."고 판시하였다.

3. 소결 및 사견

사회권 이외에 자유권적 성격의 복합설의 논거로 제시하는 헌법 제31조 제1항의 교육을 받을 권리의 자유권적 측면인 방해배제청구권은 상기 헌법재판소결정에서 보면 검정고시응시자격의 법적 제한에 기인한 것이다. 하지만 취학연령을 만 6세 이상으로 제한한 교육법 제96조 제1항 위헌확인결정에서 헌법재판소는 입법정책의 문제로 사회권이라 판시하였다.

졸견은 교육을 받을 권리의 자유권적 측면에서 방해배제청구권은 법적 제한에 기인하지만, 사회권적 측면에서 '고등학교에서 퇴학된 날로부터 6개월이 지나지 아니한 자'의 고등학교 졸업학력 검정고시응시자격제한은 입법형성의 불완전·불충분성으로 인한 간접적·사실적 차별로 해석할 수 있다. 이는 취학연령을 만 6세 이상으로 제한한 교육법조항사건에서는 입법정책의 문제로 보아 방증되고 있다.

사회권은 사실적 자유의 제약이고 자유권은 법적 제한이다. 즉 사회권의 입법목적은 국가내적인 장래의 자유 실현인 반면 자유권은 전국가적인 과거의 자유회복이다. 모두 자유와 관련되지만 헌법상 기본권체계와 국가의 책임귀속의 강도를 고려하면 헌법 제31조 제1항의 교육을 받을 권리의 법적 성격은 사회권이라 보는 것이 합리적이다.

Ⅲ. 보호내용

교육을 받을 권리의 보호내용도 이미 살펴본 사회권일반에 대한 법적 성격과 마찬가지로 원칙으로서 상대적 기본권으로 파악한다. 사회권은 국가내적인 기본권으로 그 객관적인 법질서형성기능과 관련된 기본권보호의무, 조직과 절차, 제도적 보장 등으로 명문 또는 해석상 가능한 사회권규정은 입법재량이 좁아진다. 여기에 해당하는 규정으로 헌법 제31조 제1항의 교육을 받을 권리, 제3항의 무상교육, 제5항의 평생교육진흥의무는 과소보호금지원칙에 의하여 최소핵심내용을 보호해야 한다. 다만 제2항의 초등교육 이외에 법률로 정하는 의무교육의 범위와 제4항의 교육의 정치적 중립성, 제6항의 교육제도법정주의는 법률상의 권리로서 명백성통제를

할 수 있다.54)

1. '능력에 따라' 교육을 받을 권리

헌법재판소는 헌법 제31조 제1항의 '능력에 따라' 교육을 받을 권리는 능력에 따라 균등하게 교육을 받을 수 있도록 국가가 적극적으로 배려하여 줄 것을 요구할 수 있는 권리로 구성되어 있다. 전자는 자유권적 성격이 후자는 사회권적 성격이 강하다고 한다.55) 예컨대, 검정고시응시자격을 제한56)하는 것은 자유권제한에 해당하고, 취학연령을 만 6세 이상으로 제한57)하는 것은 사회권제한에 해당한다.

교육을 받을 권리도 사회권으로 기본권의 객관적 내용에 최소한의 보호수준을 상회하면 된다. 교육을 받을 권리를 자유권으로 보아 최대한 보장을 하는 것은 주관적 공권으로서 능력에 따라 교육을 받을 권리를 충실히 한다는 점에서는 이상적이기는 하다. 하지만 교육을 받을 권리는 국가의 재정상황 및 이를 고려한 적극적 입법이 없이는 현실적으로 의미 없는 사회권의 본질을 갖는 것으로 그 핵심내용을 보호하여야 한다고 본다.

결국 헌법 제31조 제1항의 '능력에 따라' 교육을 받을 권리는 사회권적 성격에 근거하여 그 최소핵심내용을 보장해야 한다. 헌법재판소도 '교육을 받을 권리'란, 모든 국민에게 저마다의 능력에 따른 교육이 가능하도록 그에 필요한 설비와 제도를 마련해야 할 국가의 과제와 아울러 이를 넘어 사회적·경제적 약자도 능력에 따른 실질적 평등교육을 받을 수 있도록 적극적인 정책을 실현해야 할 국가의 의무를 뜻한다고 판시58)하고 있다.

2. '균등하게' 교육을 받을 권리

균등하게 교육을 받을 권리는 수학능력에 의한 교육의 기회균등을 의미하는

---

54) 이러한 점에서는 근자에 주장되는 개별설도 원칙/규칙론에 의한 사회권의 법적 성격을 분석하는 것과 동일한 면이 있다. 하지만 사회권의 법적 성격을 사전적으로 고정시키고 다른 판단여지를 헌법재판소에 부여하지 않은 점에서 그 내용이 다르다. 예컨대, 허완중, 『기본권론』, 568면.
55) 헌재결 2008. 4. 24. 2007헌마1456.
56) 헌재결 2008. 4. 24. 2007헌마1456, 판례집 20-1상, 720.
57) 헌재결 1994. 2. 24. 93헌마192, 판례집 6-1, 173.
58) 헌재결 2000. 4. 27. 98헌가16, 98헌마429(병합), 판례집 12-1, 427(448~449); 1992. 11. 12. 89헌마88, 판례집 4, 739(750~752); 1991. 2. 11. 90헌가27, 판례집 3, 11(18~19).

일반평등원리에 대한 특별규정이다. 실질적인 평등교육을 실현해야 할 국가의 의무를 인정하여 역시 사회권으로 볼 수 있다. 하지만 헌법재판소는 교육비청구권까지 도출할 수는 없다고 한다.[59]

학습능력의 차이라는 것은 잠재적인 것으로 객관화하여 현실적으로 파악하기 곤란하고, 이는 또 교육에 의해 개발 가능한 것이고, 대학 서열화와 학벌중시사상으로 세계 어느 나라에서도 보기 드문 이상 교육열로 인하여 고교평준화제도의 평등위반을 주장할 수는 없다.[60] 우리 헌법상 일반평등원리는 절대적 평등이 아니라 상대적 평등을 의미하여, 합리적 이유 있는 차별은 정당화된다. 하지만 헌법 제31조 제1항의 능력에 따라 균등하게 교육을 받을 권리는 형량을 하여야 하는 원칙으로서 상대적 사회권이다.

졸견으로는 공립과 사립의 기본권을 구별하지 않는 획일적 고교평준화는 학생과 학부모의 학교선택권제한으로 교육을 받을 권리, 평등권, 거주이전의 자유, 종교의 자유, 일반적 행동자유권을 침해하며, 사립학교의 학생선발권제한으로 구체적으로는 직업행사의 자유, 재산권, 평등권을 침해하는 것이라 판단한다.[61] 이와 같은 문제점을 의식하여 이명박 정부에서는 특목고, 자사고 등 사립학교의 기본권을 보호하는 고교선택권을 부여하였다. 하지만 그 후 문재인 정부에서는 자사고 폐지입법을 하였다. 헌법재판소는 고교평준화입법[62]와 자사고 폐지[63]에 관한 입법의 심

---

59) 헌법 제31조 제1항에서 보장되는 교육의 기회균등권은 '정신적·육체적 능력 이외의 성별·종교·경제력·사회적 신분 등에 의하여 교육을 받을 기회를 차별하지 않고, 즉 합리적 차별 사유 없이 교육을 받을 권리를 제한하지 아니함과 동시에 국가가 모든 국민에게 균등한 교육을 받게 하고 특히 경제적 약자가 실질적인 평등교육을 받을 수 있도록 적극적 정책을 실현해야 한다는 것'을 의미하므로(헌재결 1994. 2. 24. 93헌마192, 판례집 6-1, 173, 177~178), 실질적인 평등교육을 실현해야 할 국가의 적극적인 의무가 인정되지만, 이러한 의무조항으로부터 국민이 직접 실질적 평등교육을 위한 교육비를 청구할 권리가 도출되는 것은 아니다. 청구인은 이 사건 법률조항이 위헌으로 선언됨에 따라 유족연금수급권자가 됨으로써 지급받은 유족연금을 자신의 교육비로 사용할 수 있을 것이나, 그와 같은 용도로 유족연금을 사용하는 것은 자신의 선택의 문제일 뿐 유족연금 자체가 교육비에 충당될 것을 예정하고 지급되는 것은 아니므로, 유족연금의 지급여부와 청구인의 교육을 받을 권리의 침해 여부는 직접적 관련성을 가지지 못한다고 볼 것이다. 그렇다면 청구인의 교육을 받을 권리가 침해되었다고 할 수 없다. 헌재결 2003. 11. 27. 2003헌바39, 판례집 15-2하, 297(310).

60) 헌재결 1995. 2. 23. 91헌마204, 판례집 7-1, 267(274 이하).

61) 장영철, "고교평준화제도의 위헌여부", 『헌법판례연구 〔4〕』, 2002, 229면 이하.

62) 헌재결 2012. 11. 29. 2011헌마827, 판례집 24-2하, 250 이하 - 초·중등교육법 제47조 제2항 등 위헌확인(고교평준화 사건).

63) 자사고를 후기학교로 규정하고, 자사고 지원자에게 평준화지역 후기학교 중복지원을 금지한

사기준을 과소보호금지원칙에 의하여 최소핵심내용을 보호해야 하는 제31조 제1항이 아니라 제31조 제6항의 교육제도법정주의를 심사기준으로 하여 학생과 학부모의 학교선택권에 대한 합리성 심사에 그쳐 합헌으로 판시하였다.

3. '교육'을 받을 권리

헌법 제31조 제6항은 "학교교육 및 평생교육을 포함한 교육제도와 그 운영, 교육재정 및 교원의 지위에 관한 기본적인 사항은 법률로 정한다."고 하여 교육제도법정주의를 규정하고 있다. 이에 따른 교육을 받을 권리는 학교교육, 가정교육, 사회교육, 공민교육 등 광의의 교육을 의미한다.

여기서 국가는 학교교육에 대하여 교육제도의 형성에 관한 폭넓은 권한을 가지고 있다. 다만 학교교육의 중요성에 비추어 교육에 관한 기본정책 또는 기본방침 등 교육에 관한 기본적 사항을 국민의 대표기관인 국회가 직접 입법절차를 거쳐 제정한 형식적 의미의 법률로 규정하여야 한다. 국민의 교육을 받을 권리가 행정기관에 의하여 자의적으로 무시되거나 침해당하지 않도록 하고, 교육의 자주성과 중립성을 유지해야 하기 때문이다.[64]

학교교육 밖의 사교육영역에서는 국가의 규율권한에는 한계가 있다. 사교육의 영역은 사회의 자율영역으로서, 자녀의 인격발현권·부모의 자녀교육권이 국가의 규율권한에 대하여 원칙적으로 우위를 차지한다. 사적으로 가르치고 배우는 행위 그 자체는 타인의 법익이나 공익을 침해하는 사회적으로 유해한 행위가 아니라 오히려 기본권적으로 보장된 행위이자 문화국가가 장려해야 할 행위이다. 따라서 헌법재판소[65]는 학원의 설립 운영에 관한 법률 제3조에 근거한 고액이 아닌 일반과외금지조치는 위헌이라 판시하였다. 다만, 기본권의 행사과정에서 사회적 위험이 발생하는 등 예외적인 경우에 한하여 국가가 개입하여 규율해야 할 필요가 있을 뿐인 것이다.[66] 예컨대, 학교교과교습학원 및 교습소의 교습시간을 05:00부터 22:00까지(고등학생의 경우 05:00부터 23:00까지) 규정하고 있는 '부산광역시 학원의 설립·

초·중등교육법 시행령 사건으로 자사고폐지는 합헌이나 중복지원금지 조항만 청구인 학생 및 학부모의 평등권을 침해한 것으로 위헌 결정함. 헌재결 2019. 4. 11. 2018헌마221, 판례집 31-1, 547(580, 581).

64) 헌재결 2019. 4. 11. 2018헌마221, 판례집 31-1, 547(563); 2013. 11. 28. 2011헌마282등.
65) 헌재결 2000. 4. 27. 98헌가16 등, 판례집 12-1, 427(445 이하).
66) 헌재결 2000. 4. 27. 98헌가16 등, 판례집 12-1, 427(468).

운영 및 과외교습에 관한 조례'[67])를 들 수 있다.

학교교육 밖의 공교육으로는 평생교육(제31조 제5항)과 홈스쿨링(homeschooling)
이 있다. 이에 대하여는 구분하여 논하기로 한다.

4. 평생교육진흥의무

현대사회는 지식정보화시대로 접어들어 전통적인 청소년기의 정규의 학교교
육만으로는 현실에 적응하기 어렵다. 따라서 체계적인 평생교육에 대한 국가의 책
임에 관하여 헌법 제31조 제5항은 "국가는 평생교육의 진흥의무를 진다."고 규정하
였다. 이러한 평생교육진흥의무에 대하여 국가는 최소한 그 핵심내용을 입법으로
보호해야 한다. 평생교육법, 산업교육진흥 및 산학연협력촉진에 관한 법률 등이 그
것이다. 평생교육법(제2조 제1호)에서는 평생교육의 정의를 학교의 정규교육과정을
제외한 학력보완교육, 성인 기초·문자해득교육, 직업능력 향상교육, 인문교양교육,
문화예술교육, 시민참여교육 등을 포함하는 모든 형태의 조직적인 교육활동이라 하
고 있다. 즉 평생교육이란 사회교육활동에서 나타나는 조직적 교육으로 비형식적
(non-formal) 교육을 말한다. 시민대학, 개방대학, 사이버대학, 방송대학 등이 설치
되어 이를 담당하고 있다.

홈스쿨링(homeschooling)이란 학령기 아동을 취학시키지 않고 학교 밖에서 학
부모 또는 아동보호자가 직접 혹은 다른 도움을 받아 아동을 교육하는 현상 혹은
제도를 말한다.[68] 이는 부모의 자녀교육권과 사회국가원리에 따른 급부행정의 일
환으로서 국가의 감독과 승인을 조건으로 헌법상 가능한 것으로 해석할 수 있다.

5. 교육을 '받을 권리'(학습권)

헌법 제31조의 능력에 따라 균등한 교육을 '받을 권리'는 국가에 의한 교육제
도의 정비·개선 외에도 의무교육의 도입 및 확대, 교육비의 보조나 학자금의 융자
등 교육영역에서의 사회적 급부의 확대와 같은 국가의 적극적인 활동을 통하여 사
인간의 출발기회에서의 불평등을 완화해야 할 국가의 의무를 규정한 것이다.[69] 이
에 따라 헌법 제31조 제2항은 "모든 국민은 그 보호하는 자녀에게 적어도 초등교육

---

67) 헌재결 2009. 10. 29. 2008헌마454, 판례집 21-2하, 402.
68) 최규환, 『헌법상 교육을 받을 권리의 재이해-홈스쿨링을 중심으로-』, 헌법재판연구원 2018-
　　C-3, 2018, 5면.
69) 헌재결 2000. 4. 27. 98헌가16 등, 판례집 12-1, 427.

과 법률이 정하는 교육을 받게 할 의무를 진다."고 규정하고 있다. 이를 구체화한 교육기본법 제8조 제1항에서 의무교육은 6년의 초등교육과 3년의 중등교육으로 규정하고 동조 제2항에서 의무교육을 받을 권리를 보장하고 있다. 국가구성 및 운영을 위한 적극적 의무인 국방과 납세의무와 달리 교육을 받을 의무는 문화국가원리에 따른 것으로 인간다운 생활을 할 권리실현을 목적으로 한다.

헌법 제31조 제3항은 "의무교육은 무상으로 한다."고 규정하고 있다. 무상교육의 범위에 대하여는 법률이 정하는 바에 따른다는 무상범위법정설, 수업료만이 면제된다는 수업료면제설, 그 외에 교재·학용품의 지급과 급식의 무상까지 포함된다는 취학필수비 무상설 등이 있다. 헌법규정상 의무교육의 무상성을 국가의 확정적 의무로 교육기본법(제8조 제2항)에서는 의무에 상응하는 의무교육을 받을 권리로 규정한 점에서 취학필수비 무상설이 타당하다. 하지만 헌법재판소[70]는 국가의 재정상황과 국민의 소득수준, 학부모의 경제적 수준 및 사회적 합의 등을 고려하여 입법적으로 결정할 수 있는 사항으로 본다.

6. 학부모의 교육참여권

일반적으로 학부모가 미성년자인 학생의 교육과정에 참여할 당위성은 부정할 수 없으므로, 학부모의 교육참여권은 인정된다. 그 보장수단으로 학교운영위원회는 단위학교의 교육자치를 활성화하고 지역의 실정과 특성에 맞는 다양한 교육을 창의적으로 실시할 수 있도록 교원, 학부모, 지역사회인사 등이 학교의 운영에 관한 중요사항을 심의하게 하는 제도이다. 입법자가 학교운영위원회를 학부모의 집단적인 교육참여수단으로 국·공립학교는 물론 사립학교에서도 법률로써 인정하는 것은 헌법상 당연히 허용된다.[71]

하지만 학부모의 교육참여권은 사회권이지만 법률상 형성되는 권리다. 따라서 헌법재판소는 국·공립학교와는 달리 사립학교의 경우에 학교운영위원회의 설치를 임의적인 사항으로 규정하고 있는 구 지방교육자치에 관한 법률조항은 자의금지원칙위반으로 평등권이나 입법재량으로 학부모의 교육참여권을 침해한 것으로 보지 않았다.[72]

---

70) 헌재결 2012. 4. 24. 2010헌바164, 공보 187, 787(789).
71) 헌재결 2001. 11. 29 2000헌마278.
72) 헌재결 1999. 3. 25. 97헌마130, 판례집 11-1, 233(245 이하).

제 4 절　근로의 권리

Ⅰ. 헌법적 의의

1. 헌법규정과 개념

　　근로의 권리에 관하여 헌법 제32조 제1항은 "모든 국민은 근로의 권리를 가진다. 국가는 사회적·경제적 방법으로 근로자의 고용의 증진과 적정임금의 보장에 노력하여야 하며, 법률이 정하는 바에 의하여 최저임금제를 시행하여야 한다."라고 규정하고 있다. 근로의 권리란 인간이 자신의 의사와 능력에 따라 근로관계를 형성하고, 타인의 방해를 받음이 없이 근로관계를 계속 유지하며, 근로의 기회를 얻지 못한 경우에는 국가에 대하여 근로의 기회를 제공하여 줄 것을 요구할 수 있는 권리를 의미한다.[73] 국민은 근로의 권리를 가지는 반면, 국가는 국민의 완전고용에 대한 의무를 지고 있으므로, 국가는 이를 위하여 사회적·경제적 방법으로 고용을 증진시켜야 하며, 사회보장제도·실업보험제도·연금제도 등과 경제성장에 적극적인 노력을 해야 한다.

　　근로의 권리에는 '일할 자리에 관한 권리'뿐만 아니라 '일할 환경에 관한 권리'도 포함되고, 일할 환경에 관한 권리는 인간의 존엄성에 대한 침해를 막기 위한 권리로서 건강한 작업환경, 정당한 보수, 합리적 근로조건의 보장 등을 요구할 수 있는 권리까지를 포함하는 것이다.[74] 근로의 권리의 보장은 생활의 기본적인 수요를 충족시킬 수 있는 생활수단을 확보해 주며, 나아가 인격의 자유로운 발현과 인간의 존엄성을 보장해 주는 의의를 지닌다.[75]

2. 연혁

　　1919년 독일바이마르공화국 헌법의 영향을 받은 제헌헌법은 제17조에서 근로의 권리에 관하여 "① 모든 국민은 근로의 권리와 의무를 가진다. ② 근로조건의

---

73) 헌재결 2012. 4. 24. 2010헌마605, 판례집 24-1하, 192(204); 2008. 9. 25. 2005헌마586, 판례집 20-2상, 556(561).
74) 헌재결 2019. 4. 11. 2017헌마820, 판례집 31-1, 527(539); 2017. 5. 25. 2016헌마640, 판례집 29-1, 234(237).
75) 헌재결 2008. 9. 25. 2005헌마586, 판례집 20-2상, 556(561).

기준은 법률로써 정한다. ③ 여자와 소년의 근로는 특별한 보호를 받는다."고 규정하였다. 이 규정은 1962년 헌법 제28조에서 "① 모든 국민은 근로의 권리를 가진다. 국가는 사회적·경제적 방법으로 근로자의 고용의 증진에 노력하여야 한다. ② 모든 국민은 근로의 의무를 진다. 국가는 근로의 의무의 내용과 조건을 민주주의원칙에 따라 법률로 정한다."로 개정하였다. 제2, 3항의 규정은 그대로 제3, 4항으로 변경하였다. 1980년 헌법 제30조 제1항 제2문을 "국가는 사회적·경제적 방법으로 근로자의 고용의 증진과 적정임금의 보장에 노력하여야 한다."고 규정하여 적정임금을 추가하였다. 그리고 제3항을 "근로조건의 기준은 인간의 존엄성을 보장하도록 법률로 정한다."고 하여 제헌헌법 제2항에 인간의 존엄성을 추가하였다. 그리고 제5항에 "국가유공자·상이군경 및 전몰군경의 유가족은 법률이 정하는 바에 의하여 우선적으로 근로의 기회를 부여받는다."를 추가하였다. 1987년 현행헌법에서는 제32조 제1항 제2문 후단에 "법률이 정하는 바에 의하여 최저임금제를 시행하여야 한다."를 추가하였다. 그리고 제4항에 "여자의 근로는 특별한 보호를 받으며, 고용·임금 및 근로조건에 있어서 부당한 차별을 받지 아니한다."고 여자의 고용 등에 대한 차별금지규정을 신설하였다.

Ⅱ. 법적 성격

1. 학설

(1) 사회권설

이 학설에는 주관설로 추상적 권리설과 구체적 권리설, 객관설로 국가목표규정설이 있다. 추상적 권리설에 의하면 근로의 권리는 입법에 의하여 구체화될 수 있는 권리에 불과한 것으로 보면서 근로의 권리를 실현하는 법률이 제정되어야 그 해석 적용의 준거가 될 수 있는 것이라 한다. 이와 달리 구체적 권리설은 근로의 권리를 적극적으로 해석하여 복지국가에서 문제된 권리로서 자유권규정과 떨어져 있고, 헌법소원제도로 근로의 권리를 확보하기 위해서도 구체적인 권리설이 타당하다는 견해, 국가가 일자리제공의 기회를 마련해야 할 뿐만 아니라 직업안정을 위한 시설과 제도의 보장, 취업과 재취업을 위한 직업교육의 실시, 부당한 해고의 제한, 실업수당으로 생활비지급의무를 진다는 견해[76]가 있다.

---

76) 홍석한, "헌법상 근로의 권리에 대한 고찰", 『공법학연구』 제20권 제2호(2019. 5.), 비교공법

객관설에 속하는 국가목표규정설은 구체적 권리설에 대하여 다음과 같은 비판을 하고 있다. 헌법상 자본주의 시장경제와 국공유화는 조화될 수 없고, 사용자의 계약자유가 침해되며, 근로의 권리와 의무의 일체는 인간의 존엄에 내재한 자기결정권을 침해한다. 따라서 국가목표규정으로서 근로의 권리는 형량에 의해서 실현될 수 있는 객관적 규범이라는 것[77]이다.

(2) 사회권설과 자유권 혼합설

근로의 자유는 근로의 기회를 적극적으로 청구할 권리뿐만 아니라 이미 갖고 있는 근로자가 일할 권리를 부당하게 박탈당하지 않을 권리와 인간의 존엄성을 침해당하지 않도록 최소한의 근로조건을 보장받을 권리가 포함되어 있다는 견해[78]다.

2. 헌법재판소

헌법재판소는 아래 판시와 같이 근로의 권리를 사회권으로 보지만, 구체적 권리로는 보지 않는다. "근로의 권리는 사회권으로서, 국가에 대하여 직접 일자리(직장)를 청구하거나 일자리에 갈음하는 생계비지급청구권을 의미하는 것이 아니라, 고용증진을 위한 사회적·경제적 정책을 요구할 수 있는 권리에 그친다. 근로의 권리를 직접적인 일자리 청구권으로 이해하는 것은 사회주의적 통제경제를 배제하고, 사기업 주체의 경제상의 자유를 보장하는 우리 헌법의 경제질서 내지 기본권규정들과 조화될 수 없다. 따라서 근로의 권리로부터 국가에 대한 직접적인 직장존속청구권이 도출되는 것도 아니다."[79] 나아가 근로자가 퇴직급여를 청구할 수 있는 권리도 헌법상 바로 도출되는 것이 아니라 퇴직급여법 등 관련 법률이 구체적으로 정하는 바에 따라 비로소 인정될 수 있는 것이다.

3. 사견

사회권과 자유권의 혼합설은 직업의 자유와 경합되고 사용자에게 고용의무를 부과할 수 없다는 점[80]에서 사회권으로 독자성을 인정하는 보는 학설이 타당하다.

학회, 125면 이하.

77) 한수웅, 『헌법학』, 950~954면.

78) 정종섭, 『헌법학원론』, 772면; 양건, 『헌법강의』, 713면.

79) 헌재결 2011. 7. 28. 2009헌마408, 판례집 23-2상, 118(129).

80) 근로자의 국가에 대한 직장존속보장청구권을 부인한 헌재결 2002. 11. 28. 2001헌바50, 판례

다만 사회권 중에 구체적 권리설은 사용자의 계약자유, 재산권 등과 충돌하는 문제, 우리 헌법은 사회주의 계획경제를 추구하지 않는다는 점에서 수용하기 어렵다.

졸견은 근로의 권리도 다른 사회권과 마찬가지로 원칙론에 입각한 상대적 기본권으로 헌법재판소가 형량에 의해 보호수준을 결정한다. 이는 국가내적인 기본권으로 사회권은 사회질서형성기능과 관련된 기본권보호의무, 조직과 절차, 제도보장 등에 관한 규정의 보호가 중요하다. 즉 제32조 제1항(근로의 권리, 적정임금과 최저임금제보장), 제4항(여성근로의 특별보호, 동일노동 동일임금), 제5항(연소자 근로보호의무)은 기본권보호의무, 조직과 절차, 제도보장으로 최소핵심내용을 보호하여야 하고, 제2항(근로의무), 제3항(근로조건), 제6항(국가유공자우선보호)은 입법내용의 명백성 내지 자의금지통제를 하여야 한다.

Ⅲ. 주체

근로의 권리는 근로자를 개인의 차원에서 보호하기 위한 권리로서 외국인을 포함한 개인인 근로자가 그 주체가 된다. 하지만 직업의 자유와 달리 법인, 노동조합[81]은 제외된다.

한편 헌법재판소는 근로의 권리를 '일할 자리에 관한 권리'와 '일할 환경에 관한 권리'로 구분하고 후자에 관하여만 외국인의 주체성을 인정하고 있다. 자유권적 성격을 내재한 사회권의 인권적 성격을 근거로 한 것이다.

Ⅳ. 보호내용

1. 근로의 권리의 내용과 보장의무

근로의 권리의 내용과 보장의무에 대하여 헌법 제32조 제1항은 "모든 국민은

집 14-2, 668 이하. 근로의 권리의 사회권적 성격을 강조하면서 사용자의 영업의 자유와 조화를 이루어야 하기에 고용유지청구권이 인정될 수 없다는 견해로 전광석, "사회적 기본권 논의구조", 172면.

81) 헌재결 2009. 2. 26. 2007헌바27, 판례집 21-1상, 61. 헌법 제32조 제1항이 규정한 근로의 권리는 근로자를 개인의 차원에서 보호하기 위한 권리로서 개인인 근로자가 그 주체가 되는 것이고 노동조합은 그 주체가 될 수 없으므로, 이 사건 법률조항이 노동조합을 비과세 대상으로 규정하지 않았다 하여 헌법 제32조 제1항에 반한다고 볼 여지는 없다.

근로의 권리를 가진다. 국가는 사회적·경제적 방법으로 근로자의 고용의 증진과 적정임금의 보장에 노력하여야 하며, 법률이 정하는 바에 의하여 최저임금제를 시행하여야 한다."고 규정하고 있다.

근로의 권리의 보호내용에는 일할 자리에 관한 권리와 일할 환경에 관한 권리가 포함된다. '일할 자리에 관한 권리'는 국가에 대하여 고용증진을 위한 사회적·경제적 정책을 요구할 수 있는 권리로서 사회적 기본권으로서 외국인은 주체가 될 수 없다.[82] 이와 반면에 직업의 자유는 자유권적 기본권으로서 인간의 존엄과 가치 및 행복추구권과도 밀접한 관련을 가지는 만큼 단순히 국민의 권리가 아닌 인간의 권리다.[83] '일할 환경에 관한 권리'는 인간의 존엄성에 대한 침해를 방어하기 위한 권리로서 외국인에게도 인정되며, 건강한 작업환경, 일에 대한 정당한 보수, 합리적인 근로조건의 보장 등을 요구할 수 있는 권리 등을 포함한다.[84]

국가는 고용증진의무를 진다. 헌법재판소는 한국보건산업진흥원법에 의한 한국식품위생연구원과 한국보건의료관리연구원의 통폐합에 따른 입법적 정리해고에 대하여 집단적 근로관계법에 의한 사적 자치의 보충, 법원을 통한 근로관계의 보호, 고용보험법, 고용정책기본법, 직업안정법, 근로자직업훈련촉진법이 제정되어 부수적으로 해고근로자를 보호할 수 있으므로, 근로관계의 존속보호를 위한 국가의 최소한의 보호의무를 위반한 것이 아니라고 판시[85]하고 있다.

2. 근로의 의무에 대한 해석

헌법 제32조 제2항은 "근로의 의무의 내용과 조건을 민주주의원칙에 따라 법률로 정한다."고 규정하고 있다. 여기서 근로의 의무에 대하여는 법적 의무설과 윤리적 의무설이 있다.

(1) 학설
(가) 법적 의무설

법적 의무설[86]은 직업선택의 자유나 강제노역의 금지 등의 헌법원칙에 위배되

---

82) 헌재결 2007. 8. 30. 2004헌마670, 판례집 19-2, 297.
83) 헌재결 2011. 9. 29. 2007헌마1083 등, 판례집 23-2상, 623.
84) 헌재결 2016. 3. 31. 2014헌마367, 판례집 28-1상, 471.
85) 헌재결 2002. 11. 28. 2001헌바50, 판례집 14-2, 668.
86) 홍석한, "헌법상 근로의 의무에 대한 고찰", 22면; 허완중, 『기본권론』, 637면.

지 않는 범위에서 근로의 의무를 법률로 정할 수 있는 점, 국가의 고용증진의무에 위반하여 실업급여를 청구할 수 없는 점, 헌법의 규범력을 경시하여 근로의 의무를 단순히 윤리적 의무로 보는 것은 타당하지 않다는 점을 든다.

(나) 윤리적 의무설

윤리적 의무설[87]은 사회주의국가[88]가 아닌 자유민주주의를 추구하는 우리 헌법질서에서 근로의 권리에 상응하는 의무를 인정할 수 없는 점, 근로의 권리가 직접적인 일자리청구권이나 그에 갈음하는 생계비지급청구권으로 해석될 수 없는 것과 마찬가지로 근로의 의무도 법적 의무로 인정될 수 없는 점 내지 주어진 일자리를 거절하고 그 대신 실업보험금을 요구할 수 없도록 하는 한계적 의미로 해석해야 한다는 점, 근로의 의무는 일종의 프로그램규정으로 입법자가 법률로 구체화하면 법적인 의무로서 현실적인 근로의 의무가 생길 수 있는 점을 든다.

(2) 검토 및 사견

살펴보면 법적 의무설과 윤리적 의무설은 실질적인 차이는 없다. 즉 헌법상 근로의 의무를 법률로 정할 수 있는 점, 근로의 의무위반의 경우 실업급여청구를 할 수 없는 점을 같이 주장한다. 다만 법 규정형식적인 측면에서 차이가 있다. 윤리적 의무설은 우리는 사회주의국가[89]가 아니므로 근로의 의무를 권리에 상응하는 법적 의무로 볼 수 없다고 하는 반면, 법적 의무설은 헌법의 명문규정을 근거로 인정한다. 하지만 법적 의무설도 입법론으로 근로의 의무는 직업의 자유의 소극적 자유와 충돌하여 궁극적으로는 삭제하는 것이 타당하다고 한다.[90]

졸견은 헌법상 법과 윤리는 중첩된다고 본다. 근로의 의무에서 나타나는 학설 대립은 법과 도덕을 준별하는 법실증주의에 입각한 것이다. 헌법은 정당한 정치적 기본질서다. 헌법의 규범력은 정치적 결단의 국민적 정당성을 근거로 한다. 정당성

---

87) 허영, 『한국헌법론』, 688, 689면.
88) 권리와 의무를 통일체로 주장하는 것은 사회주의 내지 공산주의 헌법의 특징이다. 예컨대, 1974년 동독헌법 제2장은 사회주의사회에서 시민의 권리와 의무는 일체에 대하여 규정하였고 그 한 사례가 제24조 제2항 제2문의 "근로의 권리와 의무는 일체를 이룬다."는 규정이다. Das Recht auf Arbeit und die Pflicht zur Arbeit bilden eine Einheit.
89) 공산주의사회에서는 근로의 권리를 가상적 권리로 보기에 근로의 의무와 일체가 된다고 하는 견해로 한태연, 『헌법학』, 법문사, 1983, 942면.
90) 김종서, "근로의 권리", 『민주법학』 제74호(2020. 11.), 268면; 홍석한, 전게논문, 21면.

은 초실정법적인 것으로 시민의 덕성을 의미한다. 헌법은 윤리에 규범력을 부여한 것이다. 바이마르헌법(제163조 제1항)[91]도 근로의 의무를 윤리적 의무로 규정하였다. 이러한 점에서 윤리적 의무설도 실업급여를 청구할 수 없다거나 법률상 의무를 부과할 수 있다는 규범력을 부여하고 있고, 법적 의무설도 윤리적 측면을 도외시하지 않는 절충적 해석을 하고 있는 것이다. 실제적인 차이가 없는 것이다.

3. 근로자 보호규정

(1) 근로기준법정주의

헌법 제32조 제3항은 "근로조건의 기준은 인간의 존엄성을 보장하도록 법률로 정한다."라고 규정하여 근로조건기준의 법정주의를 규정하고 있다. 여기서 근로조건이라 함은 임금과 그 지불방법, 취업시간과 휴식시간, 안전시설과 위생시설, 재해보상 등 근로계약에 의하여 근로자가 근로를 제공하고 임금을 수령하는데 관한 조건들로서, 근로조건에 관한 기준을 법률로써 정한다는 것은 근로조건에 관하여 법률이 최저한의 제한을 설정한다는 의미이다. 이처럼 헌법이 근로조건의 기준을 법률로 정하도록 한 것은 인간의 존엄에 상응하는 근로조건에 관한 기준의 확보가 사용자에 비하여 경제적·사회적으로 열등한 지위에 있는 개별근로자의 인간존엄성의 실현에 중요한 사항일 뿐만 아니라, 근로자와 그 사용자들 사이에 이해관계가 첨예하게 대립될 수 있는 사항이어서 사회적 평화를 위해서도 민주적으로 정당성이 있는 입법자가 이를 법률로 정할 필요성이 있으며, 인간의 존엄성에 관한 판단기준도 사회적·경제적 상황에 따라 변화하는 상대적 성격을 띠는 만큼 그에 상응하는 근로조건에 관한 기준도 시대상황에 부합하게 탄력적으로 구체화하도록 법률에 유보한 것이다.[92]

(2) 적정임금의 보장과 최저임금제의 시행

국가는 사회적·경제적 방법으로 적정임금의 보장과 최저임금제를 시행하여야 한다(헌법 제32조 제1항). 적정임금은 근로자가 인간다운 생활을 영위하기 위한 합리

---

91) 제163조 제1항: 모든 독일인 그의 인신의 자유가 손상됨이 없이 정신적 및 육체적 능력을 전체의 복리를 위하여 사용할 윤리적 의무를 진다.
92) 헌재결 2003. 7. 24. 2002헌바51, 판례집 15-2상, 103; 1999. 9. 16. 98헌마310, 판례집 11-2, 373; 1996. 8. 29. 95헌바36, 판례집 8-2, 90, 97~98.

적인 임금을 말하며, 최저임금은 근로자의 생계비, 유사 근로자의 임금, 노동생산성 및 소득분배율 등을 고려한(최저임금법 제4조 제1항) 물질적인 최소한 임금을 말한다. 이에 관한 입법으로 최저임금법, 근로기준법이 있다. 근로기준법에서는 근로계약을 체결할 때에 사용자는 근로자에게 임금을 명시해야 하며(제17조 제1호), 임금채권의 우선변제(제38조) 등을 규정하고 있다.

4. 여자근로의 보호와 차별대우의 금지

헌법 제32조 제4항은 "여자의 근로는 특별한 보호를 받으며, 고용·임금 및 근로조건에 있어서 부당한 차별을 받지 아니한다."고 규정한다. 이에 관한 법률로는 남녀고용평등과 일·가정 양립지원에 관한 법률, 여성발전기본법, 근로기준법 등이 있다. 남녀고용평등과 일·가정 양립지원에 관한 법률은 평등이념에 따라 고용에서 남녀의 평등한 기회와 대우를 보장하고 모성 보호와 여성 고용을 촉진하여 남녀고용평등을 실현함과 아울러 근로자의 일과 가정의 양립을 지원함으로써 모든 국민의 삶의 질 향상에 이바지하는 것을 목적으로 한다. 근로기준법에서는 여성근로자 보호를 위한 규정으로 임신 중이거나 산후 1년이 지나지 아니한 여성과 18세 미만자를 도덕상 또는 보건상 유해·위험한 사업에 사용하지 못하고(제65조 제1항), 여성근로자가 청구하면 월 1일의 생리휴가를 주어야 하고(제73조), 임산부의 보호를 위하여 사용자는 임신 중의 여성에게 출산 전과 출산 후를 통하여 90일(한 번에 둘 이상 자녀를 임신한 경우에는 120일)의 출산전후휴가를 주어야 하는(제74조 제1항) 등 여성근로자 보호에 관한 규정을 마련하고 있다.

5. 연소자의 근로보호

헌법 제32조 제5항은 "연소자의 근로는 특별한 보호를 받는다."고 규정한다. 이에 따라 근로기준법에서는 연소자의 근로보호를 위한 규정을 마련하고 있다. 친권자나 후견인은 미성년자의 근로계약을 대리할 수 없다(제67조 제1항). 미성년자는 독자적으로 임금을 청구할 수 있다(제68조). 15세 이상 18세 미만인 자의 근로시간은 1일에 7시간, 1주에 35시간을 초과하지 못한다(제69조).

6. 국가유공자 등 유가족의 우선적 근로기회 부여

헌법 제32조 제6항은 "국가유공자·상이군경 및 전몰군경의 유가족은 법률이 정하는 바에 의하여 우선적으로 근로의 기회를 부여받는다."고 규정한다. 국가유공자 등 예우 및 지원 등에 관한 법률에서는 국가유공자와 그 유족 등의 생활안정 및 자아실현을 위하여 취업지원에 관하여 규정(제28조)하고, 취업에서 우선적 기회를 부여하기 위하여 채용시험에서 만점의 10% 또는 5%를 부여하는 가산점제도(제31조)를 두고 있다. 헌법재판소는 개정 전 구법에서 전몰군경이 아닌 국가유공자나 상이군경의 유가족에게도 가산점을 동일하게 부여하는 것에 대해 최초결정에서는 합헌결정[93]하였으나 문언적 해석에 의하여 헌법불합치결정[94]으로 변경하였다. 그리하여 국가유공자와 상이군경의 유가족에게 5%로 가산점을 낮추는 개정을 하였다.

제 5 절   근로3권

Ⅰ. 헌법적 의의

헌법 제33조 제1항은 "근로자는 근로조건의 향상을 위하여 자주적인 단결권·단체교섭권 및 단체행동권을 가진다."고 규정함으로써 근로자가 인간다운 삶을 누리기 위하여 자주적인 단결을 통해서 임금 및 근로조건의 개선을 실현할 수 있는 길을 열어 놓았다.[95]

헌법재판소는 "헌법이 근로3권을 보장하는 취지는 원칙적으로 개인과 기업의 경제상의 자유와 창의를 존중함을 기본으로 하는 시장경제의 원리를 경제의 기본질서로 채택하면서 노동관계 당사자가 상반된 이해관계로 말미암아 계급적 대립, 적대의 관계로 나아가지 않고 활동과정에서 서로 기능을 나누어 가진 대등한 교섭주체의 관계로 발전하게 하여 그들로 하여금 때로는 대립·항쟁하고 때로는 교섭·

---

93) 헌재결 2001. 2. 22. 2000헌마25, 판례집 13-1, 386.
94) 헌재결 2006. 2. 23. 2004헌마675 등, 판례집 18-1상, 269.
95) 헌재결 1998. 7. 16. 97헌바23.

타협의 조종과정을 거쳐 분쟁을 평화적으로 해결하게 함으로써 결국에 있어서 근로자의 이익과 지위의 향상을 도모하는 사회복지국가 건설의 과제를 달성하고자 함에 있다."96)고 판시하고 있다.

Ⅱ. 법적 성격

1. 학설

(1) 자유권과 사회권의 복합설

근로3권은 자유권적 기본권으로서의 성격과 사회권적 기본권으로서의 성격을 모두 포함하는 복합적 권리라는 것이다. 자유권적 성격은 근로3권의 행사로 민·형사책임을 물을 수 없다는 점을 근거로 하고 사회권적 성격은 근로3권의 행사를 방해하고 침해하는 사용자 등의 행위에 대하여 국가의 적극적인 개입과 대책을 요구할 수 있다는 점을 근거로 한다.97)

(2) 사회권설

근로3권의 사회권설은 국가에 대하여 근로자가 사용자에 대항하기 위하여 적극적인 보장을 요구할 수 있는 권리라는 것이다. 근로자 개인은 사용자와 대결할 수 없기 때문에 집단적으로 사용자에게 대결할 수 있는 권리를 부여하는 근로3권은 직접적 대사인적 효력을 가져야 한다98)고 한다.

2. 헌법재판소

헌법재판소는 근로3권에 대하여 사회권적 성격을 강조하지만 자유권적 성격도 부인하지 않는다.99) 청원경찰 근로3권 전면 제한 사건100)에서 헌법재판소는 "근로

---

96) 헌재결 2002. 11. 28. 2001헌바50, 판례집 140, 668; 1993. 3. 11. 92헌바33, 판례집 5-1, 29.
97) 권영성, 『헌법학원론』, 628면.
98) 전광석, 『한국헌법론』, 469면.
99) 노동조합법 제33조 제1항 위헌소원결정에서 "헌법 제33조 제1항이 보장하는 근로3권은 근로자가 자주적으로 단결하여 근로조건의 유지·개선과 근로자의 복지증진 기타 사회적·경제적 지위의 향상을 도모함을 목적으로 단체를 자유롭게 결성하고, 이를 바탕으로 사용자와 근로조건에 관하여 자유롭게 교섭하며, 때로는 자신의 요구를 관철하기 위하여 단체행동을 할 수 있는 자유를 보장하는 자유권적 성격과 사회·경제적으로 열등한 지위에 있는 근로자로 하여금 근로자단체의 힘을 배경으로 그 지위를 보완·강화함으로써 근로자가 사용자와

3권은 사회적 보호기능을 담당하는 자유권 또는 사회권적 성격을 띤 자유권이라고 할 수 있다. 자유권적 성격과 사회권적 성격을 함께 갖는 근로3권은, 국가가 근로자의 단결권을 존중하고 부당한 침해를 하지 아니함으로써 보장되는 자유권적 측면인 국가로부터의 자유뿐만 아니라, 근로자의 권리행사의 실질적 조건을 형성하고 유지해야 할 국가의 적극적인 활동을 필요로 한다(헌재결 1998. 2. 27. 94헌바13등; 2008. 7. 31. 2004헌바9 참조)."고 판시하였다.

3. 사견

근로3권의 자유권적 성격은 결사의 자유의 특별기본권이라는 점에서 나타나는 부차적인 것이다. 따라서 근로3권의 본질은 사회권으로 보는 것이 타당하다. 약자인 근로자가 사용자와 대등한 관계에서 근로조건의 합의에 이르려면 국가의 적극적 입법적 보호 없이는 사실상 불가능하기 때문이다.

Ⅲ. 보호내용

근로자의 근로3권이란 단결권, 단체교섭권, 단체행동권을 말한다. 근로3권의 주체로서 근로자란 직업의 종류를 불문하고 임금·급료 기타 이에 준하는 수입에 의하여 생활하는 자(노동조합 및 노동관계조정법 제2조 제1호)를 말하며 이에는 노동조합[101]도 포함된다.

실질적으로 대등한 지위에서 교섭할 수 있도록 해주는 기능을 부여하는 사회권적 성격도 함께 지닌 기본권이다. 근로3권은 근로자가 국가의 간섭이나 영향을 받지 아니하고 자유롭게 단체를 결성하고 그 목적을 집단으로 추구할 권리를 보장한다는 의미에서 일차적으로 자유권적 성격을 가지나 고전적인 자유권이 국가와 개인 사이의 양자관계를 규율하는 것과는 달리 국가·근로자·사용자의 3자 관계를 그 대상으로 한다. 따라서 근로3권은 국가공권력에 대하여 근로자의 단결권의 방어를 일차적인 목표로 하지만, 근로3권의 보다 큰 헌법적 의미는 근로자단체라는 사회적 반대세력의 창출을 가능하게 함으로써 노사관계의 형성에 있어서 사회적 균형을 이루어 근로조건에 관한 노사간의 실질적인 자치를 보장하려는데 있다. 경제적 약자인 근로자가 사용자에 대항하기 위해서는 근로자단체의 결성이 필요하고 단결된 힘에 의해서 비로소 노사관계에 있어서 실질적 평등이 실현된다. 다시 말하면, 근로자는 노동조합과 같은 근로자단체의 결성을 통하여 집단으로 사용자에 대항함으로써 사용자와 대등한 세력을 이루어 근로조건의 형성에 영향을 미칠 수 있는 기회를 가지게 되므로 이러한 의미에서 근로3권은 '사회적 보호기능을 담당하는 자유권' 또는 '사회권적 성격을 띤 자유권'이라고 말할 수 있다." 헌재결 1998. 2. 27. 94헌바13 등, 판례집 10-1, 32(44).
100) 헌재결 2017. 9. 28. 2015헌마653, 판례집 29-2상, 485(498).
101) 헌재결 2009. 2. 26. 2007헌바27, 판례집 21-1상, 61.

1. 단결권

단결권이란 노동조건의 유지·개선을 목적으로 사용자와 대등한 교섭력을 가지기 위한 자주적으로 단체를 조직할 수 있는 권리를 말한다. 따라서 단결권은 목적성과 자주성을 요소로 한다.[102] 예컨대, 단체에의 불가입이나 가입강제, 단체에서 탈퇴를 조건으로 하는 이른바 황견계약체결과 단체의 결성이나 가입을 이유로 한 해고는 위헌이다.

근로자의 단결권은 개인의 권리일 뿐만 아니라 조직된 단체의 권리이기도 하다. 헌법재판소는 "헌법 제33조 제1항에 의하면 단결권의 주체는 단지 개인인 것처럼 표현되어 있지만, 만일 헌법이 개인의 단결권만을 보장하고 조직된 단체의 권리를 인정하지 않는다면, 즉 국가가 임의로 단체의 존속과 활동을 억압할 수 있다면 개인의 단결권 보장은 무의미하게 된다. 따라서 헌법 제33조 제1항은 근로자 개인의 단결권만이 아니라 단체 자체의 단결권도 보장하고 있는 것으로 보아야 한다. 즉, 헌법 제33조 제1항의 단결권은 조직된 단체의 권리이기도 하므로, 동 규정은 근로자단체의 존속, 유지, 발전, 확장 등을 국가공권력으로부터 보장하고(단체존속의 권리), 근로자단체의 조직 및 의사형성절차에 관하여 규약의 형태로 자주적으로 결정하는 것을 보장하며(단체자치의 권리), 근로조건의 유지와 향상을 위한 근로자단체의 활동, 즉 단체교섭, 단체협약 체결, 단체행동, 단체의 선전 및 단체가입의 권유 등을 보호한다(단체활동의 권리)고 보아야 한다."고 판시하였다.

2. 단체교섭권

단체교섭권은 근로자가 작업환경의 유지개선을 위하여 근로자단체의 명의로 사용자 또는 사용자단체와 근로조건에 관하여 교섭할 수 있는 권리를 말한다. 이에는 단체협약체결권을 포함한다.[103] 단체교섭은 헌법상 계약자유에 입각하여 체결한 계약내용에 대한 법적 효력을 인정하여야 효력이 발생하는 법제도에 의한 권리가 형성되는 특성상 입법형성이 단체교섭의 본질을 이룬다. 이러한 점에서 헌법재판소는 단체교섭에서 제3자개입금지한 구노동쟁의조정법 제45조의2 규

---

102) 허영, 『한국헌법론』, 579면.
103) 헌재결 1998. 2. 27. 94헌바13 등, 판례집 10-1, 32; 2006. 3. 30. 2005헌마337, 판례집 18-1 상, 417.

정,[104) 두 개 이상의 노동조합의 창구단일화,[105) 택시사납금강제제도[106) 등에 대해 계약자유의 본질을 침해하지 않는 입법형성으로 합헌으로 판시하고 있는 것이다.

그러나 사용자가 노동조합의 운영비를 원조하는 행위를 부당노동행위로 금지하는 '노동조합 및 노동관계조정법' 제81조 제4호 중 '노동조합의 운영비를 원조하는 행위'에 관한 부분이 노동조합의 단체교섭권을 침해하는지 여부에 대해서는 실질적 노사자치를 구현하려는 근로3권을 취지에 반하는 것으로 헌법불합치결정[107) 을 하였다.

3. 단체행동권

근로자의 단체행동권이라 함은 근로자가 작업환경의 유지개선을 위하여 집단적으로 시위를 함으로써 업무의 정상적인 운영을 저해할 수 있는 권리를 말한다. 즉 노동쟁의가 발생한 경우 쟁의행위를 할 수 있는 쟁의권이라고도 한다. 단체행동의 구체적인 방법으로는 동맹파업, 태업, 시위운동 등이 있다.

단체행동권은 근로3권 중에 기본권충돌의 소지가 많은 근로자의 쟁의수단이므로 헌법유보(헌법 제33조 제2항 및 제3항)에 의한 법적 제한을 예정하고 있다. 우선 공무원의 경우 사실상 노무에 종사하는 공무원(공무원법 제66조 제1항 및 국가공무원복무규정 제28조)을 제외하고는 쟁의행위를 할 수 없다[108). 다음으로 방위사업법에 의하여 지정된 주요방위산업체에 종사하는 근로자 중 전력, 용수 및 주로 방산물자를 생산하는 업무에 종사하는 자도 쟁의행위를 할 수 없으며 주로 방산물자를 생산

104) 헌재결 1993. 3. 11. 92헌바33, 판례집 5-1, 29.
105) 헌재결 2012. 4. 24. 2011헌마338, 판례집 24-1하, 235.
106) 헌재결 1998. 10. 29. 97헌마345, 판례집 10-2, 621.
107) 헌재결 2018. 5. 31. 2012헌바90, 공보 제260호, 825. 사용자의 노동조합에 대한 운영비 원조에 관한 사항은 대등한 지위에 있는 노사가 자율적으로 협의하여 정하는 것이 근로3권을 보장하는 취지에 가장 부합한다. 따라서 운영비 원조 행위에 대한 제한은 실질적으로 노동조합의 자주성이 저해되었거나 저해될 위험이 현저한 경우에 한하여 이루어져야 한다. 그럼에도 불구하고 운영비원조금지조항은 단서에서 정한 두 가지 예외를 제외한 일체의 운영비 원조 행위를 금지하고 있으므로, 그 입법목적 달성을 위해서 필요한 범위를 넘어서 노동조합의 단체교섭권을 과도하게 제한한다. 운영비원조금지조항으로 인하여 오히려 노동조합의 활동이 위축되거나 노동조합과 사용자가 우호적이고 협력적인 관계를 맺기 위해서 대등한 지위에서 운영비 원조를 협의할 수 없게 되는데, 이는 실질적 노사자치를 구현하고자 하는 근로3권의 취지에도 반한다.
108) 헌재결 2007. 8. 30. 2003헌바51 등, 판례집 19-2, 213.

하는 업무에 종사하는 자의 범위는 대통령령으로 정하고 있다(노동조합 및 노동관계조정법 제41조 제2항).

쟁의행위는 근로조건의 향상을 위한 자주적인 것이어야 하고, 정치적 목적의 쟁의는 금지된다. 업무의 저해라는 속성상 그 자체 형법상의 여러 가지 범죄의 구성요건에 해당될 수 있음에도 불구하고 그것이 정당성을 가지는 경우에는 민·형사 책임이 면제된다.[109] 이는 헌법 제33조에 당연히 포함된 내용으로 현행 노동조합 및 노동관계조정법 제3조(손해배상청구의 제한)와 제4조(정당행위)는 정당한 쟁의행위의 효과로서 민사 및 형사면책을 명문으로 확인한 규정이다.

Ⅳ. 주체

근로자가 아닌 사용자는 근로3권의 주체가 아니다. 그러나 사용자에게 근로자의 근로3권에 대응하기 위한 최후수단으로 노동조합이 쟁의행위를 개시한 이후에만 직장폐쇄를 할 수 있도록 허용하고 있다(노동조합 및 노동관계조정법 제46조). 이는 근로자와 사용자의 무기평등의 원칙에 입각한 것이라기보다는 재산권에 근거한 소극적인 방어수단으로 보아야 한다. 이러한 의미에서 대법원도 직장폐쇄의 한계를 강조[110]하고 있다.

---

109) 헌재결 2022. 5. 26. 2012헌바66, 판례집 34-1, 346(359). 노동조합법보다 강한 처벌을 하는 위력에 의한 업무방해죄(형법 제314조 제1항)의 합헌성을 인정하면서 쟁의행위에 대해 무조건적인 민·형사 책임면제는 아니라고 판시하였다. 합헌의견은 쟁의행위의 사회권적 성격을 강조한 반면에 5인의 위헌의견은 자유권적 성격을 강조한 점이 인상적이다.

110) 대판 2017. 7. 11. 2013도7896. 사용자의 직장폐쇄는 사용자와 근로자의 교섭태도 및 교섭과정, 근로자의 쟁의행위의 목적과 방법 및 그로 인하여 사용자가 받는 타격의 정도 등 구체적인 사정에 비추어 근로자의 쟁의행위에 대한 방어수단으로서 상당성이 있어야만 사용자의 정당한 쟁의행위로 인정할 수 있다. 한편 근로자의 쟁의행위 등 구체적인 사정에 비추어 직장폐쇄의 개시 자체는 정당하다고 할 수 있지만, 어느 시점 이후에 근로자가 쟁의행위를 중단하고 진정으로 업무에 복귀할 의사를 표시하였음에도 사용자가 직장폐쇄를 계속 유지하면서 근로자의 쟁의행위에 대한 방어적인 목적에서 벗어나 적극적으로 노동조합의 조직력을 약화시키기 위한 목적 등을 갖는 공격적 직장폐쇄의 성격으로 변질되었다고 볼 수 있는 경우에는, 그 이후의 직장폐쇄는 정당성을 상실한 것으로 보아야 한다.

V. 효력

1. 대국가적 효력

(1) 단결권의 대국가적 효력은 소극적으로는 국가로부터의 단결권을 침해받지 않을 자유를 적극적으로는 단결권행사로 인해 사용자로부터 부당노동행위 등으로 방해받지 않도록 국가의 보호의무를 촉구하는 것을 말한다. 국가의 단결권을 침해하는 행위는 위헌으로 불법행위책임을 진다.

하지만 헌법재판소[111]는 당해 사업장에 종사하는 근로자의 3분의 2 이상을 대표하는 노동조합의 경우 단체협약을 매개로 한 조직강제 이른바 유니언 숍(Union Shop) 협정의 체결을 용인하고 있는 노동조합및노동관계조정법 제81조 제2호 단서가 근로자의 단결권을 보장한 헌법 제33조 제1항 등에 위반되지 않는 것으로 보고 있다. 그 논거는 다음과 같다. 근로자의 단결하지 아니할 자유와 노동조합의 적극적 단결권(조직강제권)이 충돌하게 되나, 근로자에게 보장되는 적극적 단결권이 단결하지 아니할 자유보다 특별한 의미를 갖고 있고, 노동조합의 조직강제권도 이른바 자유권을 수정하는 의미의 사회권(사회권)적 성격을 함께 가지는 만큼 근로자 개인의 자유권에 비하여 보다 특별한 가치로 보장되는 점 등을 고려하면, 노동조합의 적극적 단결권은 근로자 개인의 단결하지 않을 자유보다 중시된다고 할 것이고, 또 노동조합에게 위와 같은 조직강제권을 부여한다고 하여 이를 근로자의 단결하지 아니할 자유의 본질적인 내용을 침해하는 것으로 단정할 수는 없다.

생각건대 단결권도 기본권이므로 자유권이나 다른 사회권과 마찬가지로 소극적 권리를 인정하는 것이 타당하다.[112] 이를 구체적으로 설명하면 다음과 같다. 우선 특별자유권은 적극적 자유와 소극적 자유 중 선택적으로 자유를 인정하고 있어 결사의 자유의 특별규정으로 단결권에도 소극적 단결권을 인정하여야 한다. 기본권의 이념인 인간의 존엄도 예컨대, 성매매, 빅브라더 쇼(사생활공개) 등 스스로 비하하여 존엄을 포기하는 것을 국가가 금지할 수 없다. 둘째, 자유민주주의국가에서는 근로의 권리에 강제근로를 의미하는 근로의 의무를 일체화할 수 없다는 것은 이미

---

111) 헌재결 2005. 11. 24. 2002헌바95·96, 2003헌바9(병합).

112) 소극적 단결권은 결사의 자유나 행복추구권에서 찾을 수 있다는 반대견해로 김철수, 『학설판례 헌법학(상)』, 720면; 권영성, 『헌법학원론』, 632면.

살펴본 바 있다. 교육을 받을 권리도 공교육이 아닌 사교육을 받을 선택의 자유를 인정하고 있고 이는 의무교육이라도 마찬가지다. 셋째, 단결강제는 단결권의 요소인 근로자의 '자주성'에 반한다. 헌법재판소의 반대의견도 비슷한 논거를 제시하고 있다.113)

(2) 단체교섭권의 대국가적 효력은 소극적으로는 노사협의에 국가권력의 부당한 간섭을 배제하고, 적극적으로는 노사간협의가 원만하게 성사될 수 있도록 단체교섭제도를 마련해 줄 것과, 단체교섭의 결과 체결된 단체협약의 내용이 존중될 수 있도록 적절한 조치를 강구해 줄 것을 요청할 수 있는 권리를 말한다.114) 이와 같은 단체교섭권의 효력은 단체교섭 및 단체협약에 관한 노동조합 및 노동관계조정법의 해석에 충분히 반영되어야 한다. 따라서 사회국가원리에 의해서 균형있는 국민경제의 성장과 안정적인 경제질서를 추구해야 하는 정부는 노사협의체의 자주성을 존중하는 바탕에서 경제사회노동위원회(구 노사정위원회)의 사회적 대화를 통하여 시장 간섭을 최소화하면서 경제정책의 효과를 도모하여야 한다.

2. 대사인적 효력

(1) 근로자의 단결권을 제한하거나 방해하는 협정에 대하여 독일헌법(제9조 제3항)에서는 무효로 간주하고 그러한 조치도 위법으로 규정하고 있다. 이와 같은 규정이 없는 우리나라는 노동조합 및 노동관계조정법에서 사용자의 부당노동행위로서 단결권을 침해당한 근로자 또는 노동조합은 3개월 이내에 노동위원회에 구제신청을 하고(제82조), 조사절차를 거쳐 구제를 받을 수 있다(제83조, 제84조). 만약 노동위원회가 부당노동행위가 아니라고 기각결정을 한 경우에는 그 결정의 송달을 받은 날로부터 10일 이내에 재심을 청구하여 구제를 받을 수 있다(제85조 제1항). 재심기각결정을 송달 받은 경우에는 15일 이내에 행정소송을 제기하여 판결로 구제

---

113) 근로자가 특정 노동조합에 가입하는 것을 고용조건으로 삼아서 특정 노동조합에 가입하지 않는 근로자를 해고할 수 있도록 허용하는 것이기 때문에 근로자의 단결하지 아니할 자유와 근로자의 사회권을 본질적으로 침해하고 있다. 특정 노동조합에 가입하지 않거나 탈퇴하였다는 이유로 근로자를 해고하여 근로자의 지위를 근본적으로 부정하는 것은 근로자의 사회권 보장과 지위향상을 보장하고자 하는 헌법 제33조 제1항의 취지에 정면으로 반하고 자유민주주의가 지향하는 공존공영(共存共榮)의 원칙 및 소수자 보호의 원칙에도 어긋난다. 재판관 권성, 재판관 조대현의 반대의견. 헌재결 2005. 11. 24. 2002헌바95·96, 2003헌바9(병합). 판례집 17-2, 392(406~408).

114) 허영, 『한국헌법론』, 579면.

받을 수 있다(제85조 제2항). 사인 간의 단결권침해에 대하여 노동조합 및 노동관계조정법에 의한 간접적인 대사인적 효력을 인정한 것이다. 단결권침해에 대한 우회적 구제로 열악한 지위에 있는 근로자의 단결권행사를 사실상 방해하는 결과가 될 수 있다. 약자보호를 위해 사회권규정을 명문화하면서 독일보다 오히려 실효적인 구제를 못하는 것은 개선의 여지가 있다.

(2) 단체협의의 대사인적 효력은 사용자로부터 단체협약을 방해하는 부당노동행위로 노동조합 및 노동관계조정법은 규정하고 있다. 즉 노동조합의 대표자 또는 노동조합으로부터 위임을 받은 자와의 단체협약체결 기타의 단체교섭을 정당한 이유없이 거부하거나 해태하는 행위(제81조 제1항 제3호)에 대하여는 전술한 절차(제82조~제85조)를 거쳐 구제받을 수 있다.

Ⅵ. 제한과 한계

근로3권은 결사의 자유의 특별기본권으로서 헌법 제37조 제2항에 의한 제한이 가능하다. 다만 공무원인 근로자의 근로3권의 제한은 헌법직접적 법률유보로, 법률이 정하는 방위산업체종사자의 단체행동권도 헌법직접적 법률유보로 규정하여 제37조 제2항의 적용범위는 해석의 여지가 있다.

우선 근로3권의 제한의 한계를 의미하는 헌법 제37조 제2항 위반으로 볼 수 있는 것으로 예컨대, 노동조합의 내부인사문제에 개입하는 행위, 필수유지업무지정권(노동조합법 제42조의2) 및 긴급조정권(제76조)의 남용, 단체교섭과정에 부당하게 간섭하는 행위 등을 들 수 있다.[115] 하지만 필수공익사업에 대한 강제중재제도[116]는 단체행동권의 본질내용침해가 아니다.

다음으로 공무원의 단체행동권제한의 정당성은 인정된다.[117] 직업공무원제도에 의해서 국가와 근무 및 충성관계를 맺고 있는 공무원의 단체행동권은 국민에 대

---

115) 허영, 『한국헌법론』, 583면.
116) 헌재결 1996. 12. 26. 93헌바17 등.
117) 6급 이하의 일반직공무원, 특정직공무원 중 6급 이하의 일반직공무원에 상당하는 외무행정·외교정보관리직 공무원(즉 경찰공무원, 소방공무원, 군인 등은 제외)의 노조설립 및 단결권, 단체교섭권을 인정(공무원의 노동조합설립 및 운영에 관한 법률 제6조, 제8조)하고, 비현업공무원은 단결권(동법 제7조 제2항)만 인정한다. 교원은 노조설립 및 단결권, 단체교섭권인정(교원의 노동조합설립 및 운영에 관한 법률 제4조, 제6조).

한 봉사자로서의 지위에 반하고 국가의 봉사자로서 공무원의 근로조건의 개선을 위한 쟁의행위는 정치적 파업을 의미하고, 공무원의 쟁의행위에 대한 대항수단으로 직장폐쇄는 상상할 수 없기 때문이다.[118] 그렇지만 근로3권을 온전히 행사할 수 있는 공무원의 범위가 너무 좁게 규정(국가공무원복무규정 제28조)[119]되어 있는 것은 개선의 여지가 있다.

　근로3권, 즉 단결권, 단체교섭권, 단체행동권은 각각 3개의 기본권이 아니라 전체적으로 근로자의 근로조건의 향상을 목적으로 유기적으로 결합된 하나의 기본권이다. 따라서 헌법재판소는 특수경비원의 단체행동권을 제한하고 있는 경비업법 제15조 제3항 등에 대한 합헌성을 인정하였다. 하지만 3인 재판관의 반대의견은 각각 3개의 기본권으로 보아 단체행동권의 본질내용을 침해한 것으로 위헌으로 보았다.[120]

---

118) 전광석, 『한국헌법론』, 487면.
119) 과학기술정보통신부 소속 현업기관의 작업현장에서 노무에 종사하는 우정직공무원에 한한다.
120) 헌재결 2009. 10. 29. 2007헌마1359, 판례집 21-2하, 304 이하. 법정합헌의견: 특수경비원 업무의 강한 공공성과 특히 특수경비원은 소총과 권총 등 무기를 휴대한 상태로 근무할 수 있는 특수성 등을 감안할 때, 특수경비원의 신분이 공무원이 아닌 일반근로자라는 점에만 치중하여 특수경비원에게 근로3권, 즉 단결권, 단체교섭권, 단체행동권 모두를 인정하여야 한다고 보기는 어렵고, 적어도 특수경비원에 대하여 단결권, 단체교섭권에 대한 제한은 전혀 두지 아니하면서 단체행동권 중 '경비업무의 정상적인 운영을 저해하는 일체의 쟁위행위'만을 금지·제한하는 것은 입법목적 달성에 필요불가결한 최소한의 수단이라고 할 것이다. 따라서 특수경비원의 단체행동권 중 '파업·태업 그 밖에 경비업무의 정상적인 운영을 저해하는 일체의 쟁의행위'만을 금지하고 있는 이 사건 법률조항은 침해의 최소성원칙에 위배되지 아니한다. 3인 재판관의 위헌반대의견: 헌법 제33조 제1항상의 단결권, 단체교섭권, 단체행동권에 대해 각각 독립한 기본권으로서의 독자성을 인정할 경우, 이 사건 법률조항은 헌법이 인정한 일반근로자의 단체행동권을 전면적으로 '박탈하고 있는 것인바, 이는 우리 헌법의 근로3권 보장 연혁 및 규정 문언에 비추어 볼 때 헌법 제33조 제1항 자체에 위반된다. 설령 단체행동권을 하나의 독립된 기본권으로 인정하지 아니하고 근로3권을 일체성을 가진 하나의 기본권으로 파악하여 특수경비원의 단체행동권에 대한 전면적인 금지를 근로3권의 일부제한으로 해석하는 것이 가능하다고 할지라도, 일반근로자의 단체행동권을 전면적으로 금지하는 것은 헌법 제37조 제2항이 금지하고 있는 기본권의 본질적 내용 침해금지원칙 내지 과잉금지원칙에 위반된다.

제 6 절 환경권

I. 헌법적 의의

환경권은 건강하고 쾌적한 생활을 유지하는 조건으로서 양호한 환경을 향유할 권리이고, 생명·신체의 자유를 보호하는 토대를 이루며, 궁극적으로 '삶의 질' 확보를 목표로 하는 권리이다. 즉 환경권은 인간다운 환경 속에서 생활할 수 있는 권리를 말한다. 헌법 제35조는 환경권에 관하여 "① 모든 국민은 건강하고 쾌적한 환경에서 생활할 권리를 가지며, 국가와 국민은 환경보전을 위하여 노력하여야 한다. ② 환경권의 내용과 행사에 관하여는 법률로 정한다. ③ 국가는 주택개발정책 등을 통하여 모든 국민이 쾌적한 주거생활을 할 수 있도록 노력하여야 한다."고 규정하고 있다.

환경권은 1980년 제8차 개정헌법에서 처음으로 "모든 국민은 건강하고 쾌적한 환경에서 생활할 권리를 가지며, 국가와 국민은 환경보전을 위하여 노력하여야 한다."고 규정하며 신설된 기본권이다. 그 후 현행헌법에서 '깨끗한 환경'을 '건강하고 쾌적한 환경'으로 변경하고 제2항과 제3항을 추가하였다. 환경권을 구체화한 법률로 환경정책기본법, 대기환경보전법, 수질환경보전법, 자연환경보전법, 토양환경보전법 등이 있다.

II. 법적 성격

1. 학설

(1) 자유권과 사회권의 복합설

환경권은 자유권으로서 환경침해배제청구권이 인정되고, 사회권으로서 환경보호보장청구권이 인정된다는 견해,[121] 환경권은 국가와 국민을 수범자로 하여 깨끗한 환경을 국민이 침해해서는 안 된다는 방어권적 성격이 있는 사회권이라는 견해[122]가 이에 속한다.

---

121) 김철수, 『학설판례 헌법학(상)』, 1223면; 김하열, 『헌법강의』, 732면.

(2) 사회권설

환경권은 오염되거나 불결한 환경을 예방 또는 배제하도록 청구할 있다는 의미에서 청구권이라 할 수 있고, 오염되거나 불결한 환경은 인간다운 생활을 불가능하게 한다는 의미에서 인간다운 생활권이라 할 수 있으며, 오염되거나 불결한 환경은 건강을 침해하는 것이라는 의미에서 보건에 관한 권리라고 할 수 있고, 오염되거나 불결한 환경은 인간의 존엄성을 해치고 인간을 불행하게 한다는 의미에서 인간의 존엄성존중이념에 위배되고 행복추구권을 침해하는 것이라고 할 수 있다. 이와 같이 환경권은 총합적 기본권이지만 그 주된 성격은 사회적 기본권성에 있다. 그리고 이 사회적 기본권으로서의 환경권은 불완전한 구체적 권리다.[123]

환경권의 자유권적 성격으로 침해배제청구권은 직접적 대사인적 효력을 갖는 환경사권을 주장하는 것인데 (이하에 보는 바와 같이) 대법원도 부정하고 있고, 자유권과 같이 전 국가적으로 고유한 보호범위나 향유주체를 찾을 수 없는 환경권은 입법에 의해 그것이 형성되어야 하는 사회권이다.[124]

(3) 종합적 기본권설

환경권은 기본권의 전제조건의 보호로서 자유권, 사회권, 인격권 등 획일적으로 말하기 어렵고, 인간이 누리는 생활의 질을 위해서 인간에게 행동형태를 환경보호에 맞게 바꿀 것을 촉구하는 의미에서 헌법이 추구하는 인간상과도 관련되어 있고, 법률적 보장이라는 제도보장적 성격도 있는 종합적 기본권이라는 견해다.[125]

2. 헌법재판소와 대법원

(1) 헌법재판소

독서실 실내소음 규제기준 입법부작위 사건에서 헌법재판소는 "환경권의 내용과 행사는 법률에 의해 구체적으로 정해지는데(헌법 제35조 제2항), 환경권은 헌법적으로 요청되는 환경보호의 수준에 관한 기준을 구체적으로 제시하고 있지는 않다.

---

122) 홍성방, 『헌법학(중)』, 299면.
123) 권영성, 『헌법학원론』, 703면.
124) 김종보/김배원, "환경권의 헌법적 의미와 실현방법", 『법학연구』 제53권 제1호(2012. 2.), 29(38면 이하).
125) 허영, 『한국헌법론』 498면.

따라서 입법자는 환경권의 구체적인 실현에 있어 광범위한 형성의 자유를 가진다. 정온을 요하는 사업장의 실내소음 규제기준을 마련할 것인지 여부나 소음을 제거·방지할 수 있는 다양한 수단과 방법 중 어떠한 방법을 채택하고 결합할 것인지 여부는 당시의 기술 수준이나 경제적·사회적·지역적 여건 등을 종합적으로 고려하지 않을 수 없으므로, 독서실과 같이 정온을 요하는 사업장의 실내소음 규제기준을 만들어야 할 입법의무가 헌법의 해석상 곧바로 도출된다고 보기도 어렵다."126)고 판시하였다.

공직선거법상 소음규제입법부작위사건에서도 "환경권의 내용과 행사는 법률에 의해 구체적으로 정해지는 것이기는 하나(헌법 제35조 제2항), 이 헌법조항의 취지는 특별히 명문으로 헌법에서 정한 환경권을 입법자가 그 취지에 부합하도록 법률로써 내용을 구체화하도록 한 것이지 환경권이 완전히 무의미하게 되는데도 그에 대한 입법을 전혀 하지 아니하거나, 어떠한 내용이든 법률로써 정하기만 하면 된다는 것은 아니다. 그러므로 일정한 요건이 충족될 때 환경권 보호를 위한 입법이 없거나 현저히 불충분하여 국민의 환경권을 과도하게 침해하고 있다면 헌법재판소에 그 구제를 구할 수 있다고 해야 할 것이다."127)고 판시하였다.

(2) 대법원

대법원은 환경권을 주관적 공권으로서 구체적 권리성을 부인하고 있다. 환경국가원리로서 객관적 질서의 성격, 추상적 권리설, 불완전한 구체적 권리설, 원칙론에 입각한 것으로 해석될 수 있다.

"헌법 제35조 제1항은 환경권을 기본권의 하나로 승인하고 있으므로, 사법의 해석과 적용에 있어서도 이러한 기본권이 충분히 보장되도록 배려하여야 하나, 헌법상의 기본권으로서의 환경권에 관한 위 규정만으로서는 그 보호대상인 환경의 내용과 범위, 권리의 주체가 되는 권리자의 범위 등이 명확하지 못하여 이 규정이 개개의 국민에게 직접으로 구체적인 사법상의 권리를 부여한 것이라고 보기는 어렵고, 사법적 권리인 환경권을 인정하면 그 상대방의 활동의 자유와 권리를 불가피하게 제약할 수밖에 없으므로, 사법상의 권리로서의 환경권이 인정되려면 그에 관

---

126) 헌재결 2017. 12. 28. 2016헌마45, 판례집 29-2하, 506(516).
127) 헌재결 2017. 12. 28. 2016헌마45, 판례집 29-2하, 506(516); 2008. 7. 31. 2006헌마711, 판
     례집 20-2상, 345(358).

한 명문의 법률규정이 있거나 관계 법령의 규정취지나 조리에 비추어 권리의 주체, 대상, 내용, 행사방법 등이 구체적으로 정립될 수 있어야 한다.”128) 같은 취지의 판결로 환경권은 명문의 법률규정이나 관계 법령의 규정 취지 및 조리에 비추어 권리의 주체, 대상, 내용, 행사 방법 등이 구체적으로 정립될 수 있어야만 인정되는 것이므로, 사법상의 권리로서의 환경권을 인정하는 명문의 규정이 없는데도 환경권에 기하여 직접 방해배제청구권을 인정할 수 없다.129)

3. 사견

환경권의 자유권적 성격을 인정하는 복합설과 종합설은 광의의 사회권인 자유권의 보호의무에 근거한 법률상 권리를 오해한 것으로 환경권고유의 성격을 파악하지 못했다. 사회권으로 보는 견해가 타당하다. 다만 대법원과 마찬가지로 구체적 권리성은 부인한다. 사회권으로서 그 법적 성격은 여타 사회권과 마찬가지로 환경권의 주관적 공권성을 인정하는 바탕에서 헌법재판소처럼 권력분립과 환경보호필요성을 형량할 수 있는 원칙으로서 상대적 기본권으로 보는 것이 타당하다.

Ⅲ. 보호내용

환경권은 ‘건강하고 쾌적한 환경에서 생활할 권리’ 보호내용으로 한다. 여기서 환경권의 보호대상이 되는 환경의 개념 내지 범위를 살펴보고자 한다.

1. 환경의 개념

(1) 학설

(가) 자연환경(협의설)

협의설은 깨끗한 자연환경에서 생활할 권리를 보장하는 것을 말한다. 자연환경이란 지하·지표(해양을 포함한다) 및 지상의 모든 생물과 이들을 둘러싸고 있는 비생물적인 것을 포함한 자연의 상태(생태계 및 자연경관을 포함한다)를 말한다(환경정책기본법 제3조 제2호). 물, 토양, 기후, 동물, 식물 등이 이에 속한다.

---

128) 대결 1995. 5. 23. 94마2218.
129) 대판 1997. 7. 22. 96다56153.

(나) 자연 · 생활환경(광의설)

광의설은 깨끗한 자연환경은 물론 쾌적한 인공환경에서 생활할 권리를 보장하는 것을 말한다. 여기서 "생활환경"이란 대기, 물, 토양, 폐기물, 소음·진동, 악취, 일조(日照), 인공조명 등 사람의 일상생활과 관계되는 환경을 말한다(환경정책기본법 제3조 제3호).

(다) 자연 · 생활 · 사회적 환경(최광의설)

환경권이란 단순히 사람의 생물로서의 생존을 위하는 데 그치는 것이 아니라 인격형성적 활동을 포함하는 것으로 도로·공원·교량 등 사회적 시설도 인간의 사회적 활동을 위한 불가결한 환경에 속한다는 견해다.[130]

(2) 헌법재판소

환경권은 건강하고 쾌적한 생활을 유지하는 조건으로서 양호한 환경을 향유할 권리이고, 생명·신체의 자유를 보호하는 토대를 이루며, 궁극적으로 '삶의 질' 확보를 목표로 하는 권리이다. '건강하고 쾌적한 환경에서 생활할 권리'를 보장하는 환경권의 보호대상이 되는 환경에는 자연 환경뿐만 아니라 인공적 환경과 같은 생활환경도 포함되므로, 일상생활에서 소음을 제거·방지하여 '정온한 환경에서 생활할 권리'는 환경권의 한 내용을 구성한다.[131]

(3) 사견

협의설은 환경권도 인간다운 생활을 할 권리를 위한 수단이라는 점에서 보호범위를 너무 좁게 보고 있고 이는 쾌적한 주거생활권을 포함하고 있는 헌법과 환경정책법의 규정취지와도 상반되는 해석론이다. 최광의설은 환경의 범위에 사회적 환경을 포함하는 것은 인격권, 행복추구권, 생명권 등 개별기본권의 보호범위와 중복되어 이와 구별되는 환경권의 독자적 기능을 부여하기 곤란하다. 따라서 환경의 개념범위는 자연환경과 인간의 생활과 관련된 생활환경을 포함하는 광의설이 타당하다. 이는 환경정책기본법과 헌법재판소의 견해와도 일치한다.

---

130) 조홍석, "헌법상의 환경권논쟁-부산대학교와 강암건설사건과 관련하여-", 『헌법학연구』제 2집(1996), 한국헌법학회, 203~204면.
131) 헌재결 2017. 12. 28. 2016헌마45, 판례집 29-2하, 506(516); 2008. 7. 31. 2006헌마711.

2. 건강하고 쾌적한 환경에서 생활할 권리

살펴본 바와 같이 헌법재판소는 일상생활에서 소음을 제거·방지하여 '정온한 환경에서 생활할 권리'는 환경권의 한 내용을 구성한다고 본다. 이에 따라 환경권에 근거한 환경침해(공해)배제청구권과 환경침해(공해)예방청구권이 보장된다.

환경침해(공해)배제청구권은 국가나 사인에 의한 생활환경에 대한 피해가 발생하여 생명·신체의 위협을 받는 국민이 행사할 수 있는 권리를 말한다. 환경침해(공해)예방청구권은 국가나 사인에 의한 생활환경에 대한 피해가 발생하지 않도록 사전에 예방하여 줄 것을 요구할 수 있는 권리를 말한다. 예컨대, 환경영향평가제, 공해유발업소에 대한 규제 등이 이에 속한다.

3. 쾌적한 주거생활권

우리 헌법은 환경권규정에 쾌적한 주거생활권(제35조 제3항)을 함께 규정하고 있다. 쾌적한 주거생활권이라 함은 인간다운 생활에 필수적인 쾌적한 주거생활의 확보를 위하여 국가에 대해 일정한 배려와 급부를 요구할 수 있는 권리를 말한다. 주거는 인간의 삶의 보금자리이고, 사회의 기본적 조직단위인 가정의 근거지이며, 건강하고 문화적인 생활을 영위하기 위한 필수적인 요소가 된다. 국가는 적절한 공공주택, 영구임대주택 등을 제공할 의무가 있다. 이에 관하여는 주택건설촉진법, 택지개발촉진법, 임대주택법 등에서 규정하고 있다.

Ⅳ. 주체

환경권의 주체는 자연인이다. 환경파괴로 인한 재해를 고려하여 미래세대를 위한 주체성을 인정할 필요가 있다. 법인도 환경의 개념에 일조권, 조망권 등 생활환경을 포함하므로 가능하다고 보아야 한다. 환경권은 현세대, 미래세대, 법인, 자연 등 다양한 주체들의 이해충돌을 조정해야 하는 사회권적 성격을 고려하여 헌법개정 또는 입법적 보호가 요구된다. 이러한 점에서 독일헌법 제20조a는 "국가는 현세대 및 미래세대에 대한 책임을 인식하여 헌법질서의 범위에서 입법·행정 및 사법작용을 통하여 자연환경과 동물을 보호하여야 한다."고 국가목표로 규정하고 있다.

일반법원의 환경소송에서는 원고적격이 문제되는바 환경권의 사회권의 성격 상 입법에 의해 결정되는 것이 원칙이다. 입법부작위의 경우에도 법원은 재판의무 (헌법 제10조와 제103조)가 있으므로 환경권보호의무를 고려하여 가급적 넓게 원고 적격을 인정하는 것이 바람직하다. 하지만 대법원[132]은 천성산 도롱뇽의 원고적격 을 부인하였다.

Ⅴ. 제한과 한계

1. 제한

원칙으로서 환경권의 보호범위를 개방적으로 보는 견지에서 법적 제한은 물론 사실적 제약도 가능하다. 다만 환경권의 보호범위를 광의로 보더라도 국가의 책임 귀속을 판단하는 것이 중요하다. 환경권은 국가와 사인 모두에 의해 침해될 수 있 는 것으로 사실적 제약에 대하여도 보호필요성을 기준으로 국가의 책임을 인정하 는 것이 타당하다.

2. 한계

(1) 헌법재판소의 환경권보호의무위반에 대한 과소보호금지원칙

헌법재판소는 국가의 환경보전의무위반에 대하여 과소보호금지원칙을 기준으 로 그 한계를 판단하고 있다.

헌법재판소는 공장식 축산 사건[133]에서 다음과 같이 판시하고 있다: "모든 국 민은 건강하고 쾌적한 환경에서 생활할 권리를 가지며, 국가와 국민은 환경보전을 위하여 노력하여야 한다."고 규정하여(제35조 제1항) 국가에게 환경보전을 위하여 노력하여야 할 의무도 부여하고 있다. 헌법 제35조 제1항에서 환경권에 대하여 국 가의 보호의무를 인정한 것은, 환경피해는 생명·신체의 보호와 같은 중요한 기본 권적 법익 침해로 이어질 수 있다는 점 등을 고려한 것이므로(헌재결 2008. 7. 31.

---

132) 대결 2006. 6. 2. 2004마1148. 원심이 도롱뇽은 천성산 일원에 서식하고 있는 도롱뇽목 도롱 뇽과에 속하는 양서류로서 자연물인 도롱뇽 또는 그를 포함한 자연 그 자체로서는 이 사건 을 수행할 당사자능력을 인정할 수 없다고 판단한 것은 정당하고, 위 신청인의 당사자능력 에 관한 법리오해 등의 위법이 없다.

133) 헌재결 2015. 9. 24. 2013헌마384, 판례집 27-2(상), 658(699).

2006헌마711), 환경권 침해 내지 환경권에 대한 국가의 보호의무위반도 궁극적으로는 생명·신체의 안전에 대한 침해로 귀결된다. 결국, 국민의 생명·신체의 안전이 질병 등으로부터 위협받거나 받게 될 우려가 있는 경우, 국가로서는 그 위험의 원인과 정도에 따라 사회·경제적인 여건 및 재정사정 등을 감안하여 국민의 생명·신체의 안전을 보호하기에 필요한 적절하고 효율적인 입법·행정상의 조치를 취함으로써, 그 침해의 위험을 방지하고 이를 유지할 포괄적인 의무를 진다(헌재결 2008. 12. 26. 2008헌마419등 참조).

이후 헌법재판소는 공직선거법상 소음규제입법의 불완전·불충분성을 이유로 건강하고 쾌적한 환경에서 생활할 권리침해를 주장하며 청구한 헌법소원사건[134]에서 "헌법 제10조의 규정에 의하면, 국가는 개인이 가지는 불가침의 기본적 인권을 확인하고 이를 보장할 의무를 지고 기본권은 공동체의 객관적 가치질서로서의 성격을 가지므로, 적어도 생명·신체의 보호와 같은 중요한 기본권적 법익 침해에 대해서는 그것이 국가가 아닌 제3자로서의 사인에 의해서 유발된 것이라고 하더라도 국가가 적극적인 보호의 의무를 진다.

그렇다면 국가가 국민의 기본권을 적극적으로 보장하여야 할 의무가 인정된다는 점, 헌법 제35조 제1항이 국가와 국민에게 환경보전을 위하여 노력하여야 할 의무를 부여하고 있는 점, 환경침해는 사인에 의해서 빈번하게 유발되므로 입법자가 그 허용 범위에 관해 정할 필요가 있다는 점, 환경피해는 생명·신체의 보호와 같은 중요한 기본권적 법익 침해로 이어질 수 있다는 점 등을 고려할 때, 일정한 경우 국가는 사인인 제3자에 의한 국민의 환경권 침해에 대해서도 적극적으로 기본권 보호조치를 취할 의무를 진다. 더욱이 이 사건에서 소음의 유발은 공직선거법이 허용한 일정 기간의 공직선거 운동기간 중에 공적 의사를 형성하는 과정 중에 발생하는 것이므로, 비록 그 소음이 후보자 등 사인에 의해서 유발되고 있는 것이라고 하더라도 공적 활동으로서 이해되는 측면도 있는바, 공적 영역에서 발생하는 환경권 침해 가능성에 대해 국가가 규율할 의무는 좀 더 분명해진다(헌재결 2008. 7. 31. 2006헌마711)."고 판시하고 있다.

---

134) 헌재결 2019. 12. 27. 2018헌마730, 판례집 31-2하, 315(321).

(2) 사견

헌법재판소는 공직선거법상 확성장치 사용에 따른 소음규제기준 부재사건에서 건강하고 쾌적한 환경에서 생활할 권리를 침해하여 헌법불합치결정을 하였다. 환경권의 본질적 성격은 사회권이다. 이해관계의 충돌을 규범조화하는 입법을 전제로 환경권심사를 하여 입법의 불완전·불충분성을 확인한 점에서 상대설 내지 주관설의 범주를 벗어난 것은 아니다. 다만 환경피해가 생명·신체와 같은 중대한 법익침해로 나타날 수 있는 경우에 국가의 기본권보호의무 및 환경보호의무가 발동되어야 한다고 본 것이다. 그 의무위반에 대한 심사기준으로 과소보호금지원칙에 의하여 소음규제기준을 마련하지 않은 공직선거법의 헌법불합치를 선언한 것이다. 사회권침해를 이유로 입법내용통제를 시도한 것이다. 이는 굳이 공공신탁이론135)(어떠한 자원은 일반국민 모두에게 매우 중요하므로 특정개인의 자유로운 이익 내지 사적 사유권의 대상으로 하는 것은 불합리하며, 특정자원은 인간에게 부여한 선물이어서 특정 개인이 아니라 모든 시민을 위하여 보존하여야 하고, 그 사용은 그 자체가 공공적 성격을 가지므로 개인의 사적 이용에 제공하는 것은 부적합하다는 것이다)을 원용하지 않더라도 환경권과 같은 공익적 성격이 있는 자원은 사적 이익을 위해 남용해서는 안 되는 것으로 보아 헌법재판소가 대체입법자의 역할을 할 수 있었던 것이다. 이러한 점에서 헌법재판소도 사인 간의 사적영역에서의 기본권충돌이 아니라 공직선거의 '공적영역에서의 활동'으로 이해되는 측면이 있다는 점에서 국가권력에 의한 선거유세장소의 이웃 주민의 사실적 자유제약에 대한 책임을 인정한 것이다. 따라서 종래와 달리 강화된 과소보호금지원칙에 의한 입법내용통제가 정당한 것으로 평가될 수 있는 것이었다.136)

헌법정책적으로는 대도시 아파트에서 층간소음, 지구온난화로 인한 자연파괴 등으로 인해 국가의 환경보호책임이 강조되고 있다. 환경권침해의 민중소송을 예방하기 위해서는 살펴본 독일헌법 제20조a와 같이 국가목표로 하여 환경국가조항으로 개정하는 것이 바람직하다.

---

135) 강재규,『미국환경법제와 사법의 역할』, 부산대 박사학위논문, 1995, 89면.
136) 교육, 근로, 근로3권, 혼인 등을 구체화하는 입법의 하자에 대한 사회권침해심사에서도 생명·신체와 같은 중대한 법익침해로 이어질 수 있는 경우 과소보호금지원칙에 의하여 국가의 책임이 인정될 여지는 있다.

제 7 절 혼인과 가족에 관한 권리

Ⅰ. 헌법규정과 기능

혼인과 가족에 관한 권리에 관하여 헌법 제36조는 "혼인과 가족생활은 개인의 존엄과 양성의 평등을 기초로 성립되고 유지되어야 하며, 국가는 이를 보장한다(제1항). 국가는 모성의 보호를 위하여 노력하여야 한다(제2항)."고 규정하고 있다.

고전적인 시민들의 이상인 혼인과 가족생활을 향유할 자유와 이를 보장할 국가의 의무를 명문화하고 있다. 여기서 혼인과 가족은 두 가지의 기능이 나온다.

우선 개인에게 혼인과 가족은 소통(대화)과 연대를 위한 공동체다. 혼인과 가족은 인격권과 사생활의 보호와 관련된 기본권이다. 유럽인권협정(EMRK) 제8조 제1항에서는 혼인의 보호 없이 가족의 보호에 대해서만 규정하고 있어 구별된다.

다음으로 가족은 사회적으로 재생산을 위해 중요하다. 이는 생물학적인 의미에서뿐만 아니라 사회문화적인 의미에서 자녀교육을 포함하는 것이다.

Ⅱ. 혼인과 가족의 개념

1. 혼인의 개념

혼인의 인적 성립요건은 두 명의 파트너의 결합이어야 한다. 이성간의 결합이어야 하는지는 논란이 되고 있다. 헌법 제36조 제1항의 혼인과 가족의 관계를 병렬적 열거로 해석하면 입법자는 동성혼을 입법할 수 있다. 이성간의 혼인을 보장하는 것은 최소한의 제도보장으로 해석할 수 있기 때문이다. 미국의 여러 주, 독일, 네덜란드, 북구유럽 등에서 동성혼을 합법화하고 있는 것을 보더라도 혼인개념을 목적론적으로 축소하는 것은 의문이다. 즉 차별취급의 기준으로 사회의 '재생산(Reproduction)'개념을 새롭게 정립할 필요가 있다.

혼인과 가족을 특별한 결합관계로 보고 그 구체적 목적을 '재생산'에 있다고 주장하는 것은 오늘날 성전환자, 동성혼, 불임부부 등을 차별 취급하는 것이다. 헌법 제36조의 혼인과 가족에의 권리의 '제도보장적 성격'을 고려하면 동성혼과 이성혼, 법률혼과 사실혼 등을 모두 동등하게 보호할 것을 요구할 수는 없지만 적어도 성별과 사회적 신분에 의한 차별입법을 하는 것은 헌법 제11조 제1항 제2문에 반한다.

2. 가족의 개념

헌법 제36조 제1항의 가족이란 부모와 가정의 생활공동체를 말한다. 이상적으로는 대가족 제도와 같이 가정생활공동체가 친족관계로 구성되어 현실적으로 가족과 일치하는 것이다. 하지만 헌법 제36조 제1항의 가족에는 이상적인 가족이 아니라도 보호대상이 된다. 예컨대, 주말가정, 기러기가족, 별거상태 가족 등과 같이 부모와 자식의 가족관계가 가정공동체를 이루지 않고 독립적으로 생활하더라도 마찬가지로 보호된다. 이는 생물학적으로 생부와 자식은 물론 계부, 양자 등 법적으로 가족으로 인정하는 경우도 포함된다. 동성간 생활공동체나 사실혼의 생활공동체 파트너도 사회현실과 가치관의 변화에 따라 상대 파트너의 자녀와 함께 가정공동체를 이루고 있다면 가족으로 인정받고자 할 것이다.

기본권변천으로 동성혼을 인정한다면[137] 동성부부의 입양도 제도보장으로 인정할 수 있다.[138] 이는 혼인과 가족, 가족과 친권은 특별한 결합관계에서 보호되는 것이 아니라 상호 병렬적으로 보호될 수 있다는 것을 의미한다.

친권은 전통적 견해에 의하면 교육공동체로서 가족의 본질적 요소로 이해되었다. 하지만 친권은 사실혼의 부부, 미혼부 및 미혼모에게도 인정된다. 친권은 일반기본권과 달리 예외적으로 기본권과 기본의무가 결합된 이타적인 기본권이다. 친권은 헌법상 '책임이 핵심'으로 이는 자녀에 대한 양육과 교육에 대한 권리에 상응하는 의무를 이행해야 하는 것을 말한다.[139] 그러나 친권자의 책임은 국가의 기본권

---

137) Pieroth/Schlink, Grundrechte, Staatsrecht Ⅱ, S. 161.
138) 독일연방의회는 생활동반자법에 대한 2002년 7월 연방헌법재판소의 합헌판결 이후 법 개정에 나서 '생활동반자법'은 2017년 10월 1일 동성혼인정을 위한 '혼인개방법(Eröffnungs-gesetz)'이 시행되었다. 동성혼에 대한 차별은 거의 해소되었으나 입양은 여전히 혼인한 부부에게만 허용되었다. 이에 따라 민법 제1353조 제11항 제1문은 "혼인은 일생 동안 성립한다."에서 "혼인은 이성 또는 동성인 두 사람 간에 일생동안 성립한다."로 개정되었다. 하지만 혼인개방법은 합헌이지만 그 헌법적 근거에 대하여 논란이 있다. 즉 헌법변천에 의한 제6조(혼인과 가족제도)인지 제2조 제1항(일반적 행동자유권)인지 또는 헌법개정을 하여야 하는지가 그것이다. 이에 대하여는 김보연, "독일 동성혼 인정과정을 통해서 본 의회 연방헌법재판소의 상호작용", 『서울법학』 제26권 제3호(2019. 2.), 73면.
139) 친양자관계의 경우 친부모의 동의가 그것이다. 헌재결 2012. 5. 31. 2010헌바87, 판례집

보장의무와는 구별하여야 한다. 친권은 자녀양육에 있어서 국가에 대한 방어권을 내포하기 때문이다.[140) 헌법재판소의 과외교습금지에 대한 위헌결정[141)은 이를 방증하고 있다.

가정의 보호에 관한 입법으로 모자보건법, 한부모가족지원법, 남녀고용평등과 일·가정양립지원에 관한 법률, 저출산·고령사회기본법 등이 있다.

24-1하, 364 [합헌] 친생부모의 친권이 상실되거나 사망 그 밖의 사유로 동의할 수 없는 경우를 제외하고는 친생부모의 동의가 있어야 친양자 입양을 청구할 수 있도록 규정하여 친양자가 될 자의 가족생활에 관한 기본권 등을 제한하고 있는바, 친양자 입양은 친생부모와 그 자녀 사이의 친족관계를 완전히 단절시키는 등 친생부모의 지위에 중대한 영향을 미치는 점, 친생부모 역시 헌법 제10조 및 제36조 제1항에 근거한 가족생활에 관한 기본권을 보유하고 있다는 점에 비추어 볼 때 그 입법목적은 정당하고, 나아가 이 사건 법률조항은 친양자 입양에 있어 무조건 친생부모의 동의를 요하도록 하고 있는 것이 아니라, '친생부모의 친권이 상실되거나 사망 기타 그 밖의 사유로 동의할 수 없는 경우'에는 그 동의 없이도 친양자 입양이 가능하도록 예외규정을 두어 기본권 제한의 비례성을 준수하고 있으므로 헌법에 위반되지 아니한다.

140) 혼인과 가족의 보호는 헌법이 지향하는 자유민주적 문화국가의 필수적인 전제조건이다. 개별성·고유성·다양성으로 표현되는 문화는 사회의 자율영역을 바탕으로 하고, 사회의 자율영역은 무엇보다도 바로 가정으로부터 출발하기 때문이다. 헌법은 가족제도를 특별히 보장함으로써, 양심의 자유, 종교의 자유, 언론의 자유, 학문과 예술의 자유와 같이 문화국가의 성립을 위하여 불가결한 기본권의 보장과 함께, 견해와 사상의 다양성을 그 본질로 하는 문화국가를 실현하기 위한 필수적인 조건을 규정한 것이다. 따라서 헌법은 제36조 제1항에서 혼인과 가정생활을 보장함으로써 가족의 자율영역이 국가의 간섭에 의하여 획일화·평준화되고 이념화되는 것으로부터 보호하고자 하는 것이다. 그런데 가족생활을 구성하는 핵심적 내용 중의 하나가 바로 자녀의 양육과 교육이다. 자녀의 양육과 교육은 일차적으로 부모의 천부적인 권리인 동시에 부모에게 부과된 의무이기도 하다. 부모가 자녀의 교육에 관하여 스스로 자유롭고 독자적으로 결정할 수 있는 경우에만, 가족은 자유민주적 문화국가에서의 자녀의 양육 및 교육이란 과제를 이행할 수 있고, 문화국가가 요구하는 교육의 다양성을 보장할 수 있다. 헌재결 2000. 4. 27. 98헌가16 등, 판례집 12-1, 427(446).

141) 헌법 제31조 제1항은 교육의 모든 영역, 특히 학교교육 밖에서의 사적인 교육영역에까지 균등한 교육이 이루어지도록 개인이 별도로 교육을 시키거나 받는 행위를 국가가 금지하거나 제한할 수 있는 근거를 부여하는 수권규범이 아니다. 오히려 국가는 헌법이 지향하는 문화국가이념에 비추어, 학교교육과 같은 제도교육 외에 사적인 교육의 영역에서도 사인의 교육을 지원하고 장려해야 할 의무가 있는 것이다. 경제력의 차이 등으로 말미암아 교육의 기회에 있어서 사인 간에 불평등이 존재한다면, 국가는 원칙적으로 의무교육의 확대 등 적극적인 급부활동을 통하여 사인간의 교육기회의 불평등을 해소할 수 있을 뿐, 과외교습의 금지나 제한의 형태로 개인의 기본권행사인 사교육을 억제함으로써 교육에서의 평등을 실현할 수는 없는 것이다. 헌재결 2000. 4. 27. 98헌가16 등, 판례집 12-1, 427(451, 452).

Ⅲ. 헌법적 성격과 보호내용

1. 주관적 방어권

헌법 제36조 제1항에서 혼인결정과 가족형성에 대한 국가의 제약으로부터 자유로운 방어권이 나온다. 따라서 혼인과 관련하여 그 보호범위에는 혼인계약에서부터 사실혼, 동성혼, 주말부부, 동거 등 다양한 혼인방식 및 이혼에의 권리는 물론 부양의무와 부부의 재산분할 등 모두 포함될 수 있다. 혼인계약체결의 자유에는 혼인의 상대방선택의 자유도 포함된다.142) 혼인의 자유에는 적극적 자유뿐만 아니라 소극적인 자유도 포함되어 강제혼인 내지 혼인강제로부터 보호받을 권리도 헌법 제10조의 일반적 행동자유권이 아니라 헌법 제36조 제1항에 근거한다. 혼인생활에서 경제적 책임과 부양책임도 헌법 제36조 제1항에 근거한다. 다만 혼인성 결정의 자유는 일반적 행동자유권에 근거한다.

가족과 관련하여 그 보호범위는 무엇보다 가족형성, 즉 자녀출산의 자유를 보호한다. 하지만 입법자가 '혼인한 부부'에 한하여 인공수정에 대한 의료보험청구권을 인정하더라도 헌법 제36조 제1항을 침해한 것은 아니다. 헌법 제36조 제1항은 또한 인적·경제적 관점에서 '가족공동생활'의 모든 사항을 보호내용으로 한다. 따라서 가족의 내부에서의 부양과 가사책임 등은 자유롭게 결정할 수 있지만 예컨대, 학교, 직장, 사회 등 가족의 외부에서의 생활은 법질서를 준수하여야 한다. 헌법 제36조 제1항의 보호범위는 가족공동체가 부담하는 모든 책임영역을 포함한다. 즉 무엇보다도 가족의 부양과 교육의무는 물론 자녀의 성장과 함께 행동과 인지능력의 발달을 도모하기 위해 동거의무, 그리고 자녀와 면접교섭권은 가족해체 후 시간이 지나면서 친밀도가 떨어지는 점을 고려하여 강하게 보호하여야 한다. 나아가 피상속인과 그 자녀와의 관계도 보호한다.

헌법 제36조 제1항은 혼인과 가족에 권리의 국가에 대한 방어권 이외에 특별평등권으로 다른 생활공동체나 교육공동체에 비하여 차별적 취급을 하는 것을 금지하고 있다. 과세제도, 아동 및 외국인보호에서 평등이념을 실현하기 위해서도 혼

---

142) 헌재결 2022. 10. 27. 2018헌바115, 판례집 34-2, 362. 8촌 이내의 혈족 사이의 혼인금지무효에 관한 민법조항 헌법불합치결정.

인과 가족에의 권리에 반하는 입법형성은 재량권남용이다.[143] 예컨대, 헌법재판소의 과세권남용으로 부부금융소득합산과세제도의 위헌,[144] 종부세 과세방법으로 인별 합산이 아닌 세대별 합산의 헌법불합치결정[145]이 방증하고 있다.

---

143) 헌법 제36조 제1항은 "혼인과 가족생활은 개인의 존엄과 양성의 평등을 기초로 성립되고 유지되어야 하며, 국가는 이를 보장한다."라고 규정하고 있는데, 헌법 제36조 제1항은 혼인과 가족생활을 스스로 결정하고 형성할 수 있는 자유를 기본권으로서 보장하고, 혼인과 가족에 대한 제도를 보장한다. 그리고 헌법 제36조 제1항은 혼인과 가족에 관련되는 공법 및 사법의 모든 영역에 영향을 미치는 헌법원리 내지 원칙규범으로서의 성격도 가지는데, 이는 적극적으로는 적절한 조치를 통해서 혼인과 가족을 지원하고 제삼자에 의한 침해 앞에서 혼인과 가족을 보호해야 할 국가의 과제를 포함하며, 소극적으로는 불이익을 야기하는 제한조치를 통해서 혼인과 가족을 차별하는 것을 금지해야 할 국가의 의무를 포함한다(헌재결 2002. 8. 29. 2001헌바82, 판례집 14-2, 170). 이러한 헌법원리로부터 도출되는 차별금지의 명령은 헌법 제11조 제1항의 평등원칙과 결합하여 혼인과 가족을 부당한 차별로부터 보호하고자 하는 목적을 지니고 있고, 따라서 특정한 조세 법률조항이 혼인이나 가족생활을 근거로 부부 등 가족이 있는 자를 혼인하지 아니한 자 등에 비하여 차별 취급하는 것이라면 비례의 원칙에 의한 심사에 의하여 정당화되지 않는 한 헌법 제36조 제1항에 위반된다 할 것이다. 이는 단지 차별의 합리적인 이유의 유무만을 확인하는 정도를 넘어, 차별의 이유와 차별의 내용 사이에 적정한 비례적 균형관계가 이루어져 있는지에 대해서도 심사하여야 한다는 것을 의미하고(헌재결 2001. 2. 22. 2000헌마25, 판례집 13-1, 386, 403; 2003. 6. 26. 2002헌가14, 판례집 15-1, 624, 657 등 참조), 위와 같은 헌법원리는 조세 관련 법령에서 과세단위를 정하는 것이 입법자의 입법형성의 재량에 속하는 정책적 문제라고 하더라도 그 한계로서 적용되는 것이다(헌재결 2005. 5. 26. 2004헌가6, 판례집 17-1, 592, 600 참조). 헌재결 2008. 11. 13. 2006헌바112 등, 판례집 20-2하, 1; 2002. 8. 29. 2001헌바82, 판례집 14-2, 170.

144) 헌재결 2005. 5. 26. 2004헌가6, 판례집 17-1, 592 [위헌].

145) 예컨대, 헌재결 2008. 11. 13. 2006헌바112 등, 판례집 20-2하, 1. 특정한 조세 법률조항이 혼인이나 가족생활을 근거로 부부 등 가족이 있는 자를 혼인하지 아니한 자 등에 비하여 차별 취급하는 것이라면 비례의 원칙에 의한 심사에 의하여 정당화되지 않는 한 헌법 제36조 제1항에 위반된다 할 것인데, 이 사건 세대별 합산규정은 생활실태에 부합하는 과세를 실현하고 조세회피를 방지하고자 하는 것으로 그 입법목적의 정당성은 수긍할 수 있으나, 가족 간의 증여를 통하여 재산의 소유 형태를 형성하였다고 하여 모두 조세회피의 의도가 있었다고 단정할 수 없고, 정당한 증여의 의사에 따라 가족 간에 소유권을 이전하는 것도 국민의 권리에 속하는 것이며, 우리 민법은 부부별산제를 채택하고 있고 배우자를 제외한 가족의 재산까지 공유로 추정할 근거규정이 없고, 공유재산이라고 하여 세대별로 합산하여 과세할 당위성도 없으며, 부동산 가격의 앙등은 여러 가지 요인이 복합적으로 작용하여 발생하는 것으로서 오로지 세제의 불비 때문에 발생하는 것만이 아니며, 이미 헌법재판소는 자산소득에 대하여 부부간 합산과세에 대하여 위헌 선언한 바 있으므로 적절한 차별취급이라 할 수 없다. 또한 부동산실명법상의 명의신탁 무효 조항이나 과징금 부과 조항, 상속세 및 증여세법상의 증여 추정규정 등에 의해서도 조세회피의 방지라는 입법목적을 충분히 달성할 수 있어 반드시 필요한 수단이라고 볼 수 없다. 이 사건 세대별 합산규정으로 인한 조세부담의 증가라는 불이익은 이를 통하여 달성하고자 하는 조세회피의 방지 등 공익에 비하여 훨씬 크고, 조세회피의 방지와 경제생활 단위별 과세의 실현 및 부동산 가격의 안정이라는 공익은 입법정책상의 법익인데 반해 혼인과 가족생활의 보호는 헌법적 가치라는 것을 고려할 때 법익균형성도 인정하기 어렵다. 따라서 이 사건 세대별 합산규정은 혼인한 자 또는 가족과 함

2. 제도보장

혼인과 가족의 제도보장에 의하여 입법자가 혼인과 가족의 핵심내용을 형성하지 않는 것을 예방함으로써 그 존속이 보장된다. 입법자는 혼인과 가족에의 권리의 제한과 형성에 있어서 제도의 핵심내용을 보호하여야 한다. 이에는 혼인의 지속, 두 사람의 혼인의 제한, 이혼의 조건 등이 포함된다. 하지만 독일연방헌법재판소[146]는 동성혼을 보호하기 위한 생활동반자법(Lebenspartnerschaftgesetz)은 독일헌법(제6조)상 이성혼을 혼인의 본질로 보는 점에서 제도보장에 의한 것은 아니라고 하였다. 왜냐하면 동성혼 이외에 다른 형태의 혼인에 대하여도 혼인등록신청을 거부할 수 없기 때문이라고 하였다.[147] 하지만 제도보장의 관점에서 이혼의 사유로 유책주의에서 파탄주의로 변경한 것은 문제없다.

3. 가치결단적 근본규칙

혼인과 가족제도에 관한 공법과 사법의 형성에 있어서 입법자는 혼인의 본질내용을 보장하고 혼인을 제약하지 않는 것만이 아니라 적절한 조치로 혼인을 촉진하여야 한다. 혼인의 계속은 물론 이혼의 부수적 결과에 대해서도 입법적 조치를 하여야 한다. 다만 입법자는 재정이나 연금체계 등 '가능성유보'하에 혼인촉진의무를 부담한다. 나아가 촉진의무에 대응하여 혼인 내지 급부청구권은 인정되지 않는다. 혼인촉진의무에서 혼인장애배제의무는 도출할 수 있지만 동성혼에 대한 이성혼의 촉진의무를 인정할 수는 없다.

사회공동체에서 가족의 중요한 기능을 고려하여 근친상간인 법률상 혼인할 수 없는 혈족 또는 인척 간에 임신된 경우 인공임신중절을 허용하는 것(모자보건법 제14조 제1항 제4호)은 정당하다.[148] 다만 본인과 배우자의 동의를 요하게 하는 것은

께 세대를 구성한 자를 비례의 원칙에 반하여 개인별로 과세되는 독신자, 사실혼 관계의 부부, 세대원이 아닌 주택 등의 소유자 등에 비하여 불리하게 차별하여 취급하고 있으므로, 헌법 제36조 제1항에 위반된다.

146) BVerfGE 105, 313(344 ff.).
147) BVerfGE 105, 313(357, 358 f.).
148) 헌재결 2022. 10. 27. 2018헌바115. 8촌 이내의 혈족 사이에서는 혼인할 수 없도록 하는 민법조항은 혼인의 자유를 침해하지 않는다. 다만 금혼조항을 위반한 혼인을 무효로 하는 민법 제815조 제2호는 혼인의 자유를 침해한다.

위헌이다. 독일연방헌법재판소[149]는 가족질서가 무너지기 때문에 형사 처벌입법(형법 제173조 제2항)도 정당하다고 한다.

Ⅳ. 주체

혼인과 가족에의 권리의 향유주체는 잠재적으로는 국적에 상관없이 모든 외국인을 포함한 자연인이다. 하지만 현실적으로는 국가권력에 의해 형성된 부부와 가족이 그 향유주체다. 대한민국의 영토에 없는 외국인의 경우 대한민국영토에 있는 파트너가 혼인 또는 가족관계에 있는 경우 향유주체가 된다.

Ⅴ. 제한과 정당성

국가권력에 의한 혼인과 가족형성을 제약하는 법적·사실적인 모든 조처가 보호범위의 제한이다. 전형적인 제한으로 볼 수 있는 사례는 헌법불합치 결정된 동성동본금혼제도[150], 남녀고용평등과 일·가정양립지원에 관한 법률(제11조 제2항)에서 근로계약체결금지사유인 결혼퇴직과 임신퇴직이다.

하지만 혼인과 가족형성의 제도보장으로 인하여 입법자는 넓은 입법형성권을 갖고 있으므로 최소한의 보호만 하더라도 제한은 아니다. 예컨대, 헌법 제36조 제1항의 혼인의 양성평등에 근거하여 이성혼을 배타적으로 보호하고자 동성혼을 혼인의 장애사유로 보거나, 소위 '생활동반자'수준으로 보호하는 조치는 정당화될 수 있다.

혼인과 가족에의 권리의 주관적 방어권과 제도보장적 성격상 입법자는 헌법상 보장해야 하는 혼인과 가족의 핵심내용을 보장하여야 하여야 한다. 비례의 원칙에 의한 심사는 방어권과 가치결단적 근본규칙에 해당하는 혼인과 가족에의 권리제한의 정당성판단을 하기 위한 것이다.

---

149) BVerfGE NJW 2008, 1137(1139).
150) 헌재결 1997. 7. 16. 95헌가6 등, 판례집 9-2, 1 이하.

제 8 절 보건에 관한 권리(건강권)

I. 헌법규정과 의의

헌법 제36조 제3항은 "모든 국민은 보건에 관하여 국가의 보호를 받는다."라고 규정하여 국민의 보건에 대한 권리를 보호하고 있다. 보건에 관한 권리란 국민의 건강을 보호하고 이를 위하여 국민에게 적정한 의료급여를 보장해야 하는 사회국가적 의무에 대응하는 국민의 권리다.[151] 즉 보건의료는 사람의 생명과 건강을 다루는 중대한 것으로 보건이란 '건강'을 포함하는 개념이다. 보건에 관한 헌법규정은 '국민의 보건에 대한 국가의 보호의무' 내지 '국민의 건강에 대한 국가의 보호의무'로 해석할 수 있는 것이다. 이러한 점에서 헌법상 국가의 보건에 관한 보호의무란 일정한 범위에서 국민의 건강권을 보장하는 것과 동일한 개념이라 할 수 있다.[152] 하지만 국가의 보건에 관한 보호의무는 건강권보다는 넓은 개념이다.

국가의 국민보건의무에 기하여 국민의 건강권도 보장하고 있는 입법으로는 보건의료기본법, 국민건강증진법, 의료법, 약사법, 의료보호법, 감염병의 예방 및 관리에 관한 법률, 정신보건법, 구강보건법 등이 있다.

II. 헌법적 성격

1. 학설

(1) 사회권설

보건에 관한 권리는 사회권적 기본권으로 국가에 대하여 건강한 생활을 침해하지 않도록 요구할 수 있을 뿐만 아니라 보건을 유지하도록 국가에 대하여 적극적으로 요구할 수 있는 구체적 권리라는 학설[153]과 보건권의 사회권으로서 주관적 공권성은 가능성 유보하에 보호수준이 결정되는 상대적 기본권이라는 학설이 있다.

---

151) 헌재결 2005. 3. 31. 2001헌바87, 판례집 17-1, 321; 2002. 10. 31. 99헌바76등, 판례집 14-2, 410, 436.
152) 김주경, "헌법상 건강권의 개념 및 그 내용", 『헌법판례연구 〔12〕』, 2011, 집현재, 142면.
153) 김철수, 『학설판례 헌법학(상)』, 1216면; 허완중, 『기본권론』, 625면.

(2) 자유권과 사회권 복합설

헌법상 보건권 내지 건강권은 소극적 의미의 건강침해배제청구권과 적극적 의미의 건강보장청구권의 보호내용을 갖는 것으로 전자는 자유권이고 후자는 사회권이라는 것이다.[154)

2. 헌법재판소

헌법재판소는 보건권을 사회권으로서 상대적 기본권이라 판시하고 있다. 보건에 관한 권리는 사회권적 기본권으로 국가에 대하여 건강한 생활을 침해하지 않도록 요구할 수 있을 뿐만 아니라 보건을 유지하도록 국가에 대하여 적극적으로 요구할 수 있는 권리다.[155) 또한 보건권의 최소보호의 기준을 다음과 같이 판시[156)하고 있다. "보건의료 서비스는 공급자와 수요자 등 시장참여자 사이의 정보비대칭, 수요의 불확실, 치료의 불확실, 법적 독점, 외부성 등 일반 재화와 다른 특성이 있다. 따라서 민간부문의 영리성 추구를 제한할 자율적 규제나 법적 규제가 미흡한 경우에는 의료수요 유발, 고가서비스 추구, 의료 인력의 과도한 전문화 등을 통해 국민의 의료비 부담을 증가시키므로, 그 수요와 공급을 시장에 전적으로 맡겨 두면 시장의 실패 혹은 사회적 후생감소를 초래할 가능성이 있다. 이로 인하여, 국민이 보건의료 서비스에 개인의 신분이나 재산에 관계없이 균등하게 접근하고, 보건의료전달체계 내에서 보건의료자원(인력·시설·장비 등)을 균등히 향유하고, 기본적으로 필요한 양의 필수적인 서비스를 받으며, 진료수준의 차이를 배제할 권리가 위협받는다면, 이는 헌법이 보장하는 국민의 건강권과 국가가 국민에게 적정한 의료급여를 보장해야 하는 사회국가적 의무에 위배된다고 할 것이다."

---

154) 김주경, 전게논문, 159면; 김하열, 『헌법강의』, 748면.
155) 헌재결 1998. 7. 16. 96헌마246, 판례집 10-2, 283 - 전문의 자격시험 불실시 위헌확인.
156) 헌재결 1996. 10. 31. 94헌가7, 판례집 8-2, 408; 2002. 12. 18. 2001헌마370, 판례집 14-2, 882; 2005. 3. 31. 2001헌바87, 공보 103, 475; 2005. 5. 26. 2003헌바86, 판례집 17-1, 630 [합헌]. 의료인이 아닌 자의 의료행위를 전면적으로 금지한 것은 매우 중대한 헌법적 법익인 국민의 생명권과 건강권을 보호하고 국민의 보건에 관한 국가의 보호의무(헌법 제36조 제3항)를 이행하기 위하여 적합한 조치로서, 위와 같은 중대한 공익이 국민의 기본권을 보다 적게 침해하는 다른 방법으로는 효율적으로 실현될 수 없으므로, 이러한 기본권의 제한은 비례의 원칙에 부합하는 것으로서 헌법적으로 정당화되는 것이다.

3. 사견

보건권은 국가의 국민보건에 대한 보호의무에 따라 보장되는 사회국가적인 성격의 사회권이 중점이다. 따라서 보건권에 내재한 건강침해배제청구권도 그 보호대상인 보건 내지 건강이란 것은 지극히 개인적인 것으로 입법에 의해 구체화되어야 하는 점[157]에서 사회적 성격의 기본권이다.

Ⅲ. 보호내용

1. 소극적으로 질병으로부터의 보호를 위한 건강침해배제청구권

보건 내지 건강이란 보호의무의 관점에서 소극적으로 보면 질병으로부터의 해방이라 할 수 있다. 질병이란 의학발전상황에 따라 질병으로 인정되는 것에 의존할 수 밖에 없지만 병리학적으로는 육체적, 정신적으로 건강하지 못한 상태를 모두 포함하게 된다. 인간의 신체적 완전성은 질병의 고통으로부터 해방시켜 건강하게 생활할 수 있는 데서 찾아야 한다.

2. 적극적으로 신체의 완전성 내지 건강권보장을 위한 건강보장청구권

보건에 관한 권리는 적극적으로는 신체의 완전성 내지 건강권보장을 위한 청구권을 포괄한다.[158] 그 구체적 내용을 보건의료기본법에서는 규정하고 있다.

(1) 건강권

모든 국민은 이 법 또는 다른 법률에서 정하는 바에 따라 자신과 가족의 건강에 관하여 국가의 보호를 받을 권리를 가진다. 모든 국민은 성별, 나이, 종교, 사회적 신분 또는 경제적 사정 등을 이유로 자신과 가족의 건강에 관한 권리를 침해받지 아니한다(제10조).

---

157) 이에 대하여 건강권의 자유권적 성격을 주장하는 입장에서도 건강의 개념정의의 어려움을 자인하고 있다. 김주경, 전게논문, 151, 152면.
158) 이러한 점에서 헌법재판소는 정신보건법에 대한 헌법불합치결정의 심사기준을 신체의 자유로 하였다. 헌재결 2016. 9. 29. 2014헌가9, 판례집 28-2상, 276. 보호의무자 2인의 동의와 정신건강의학과 전문의 1인의 진단으로 정신질환자에 대한 보호입원이 가능하도록 한 정신보건법 제24조 제1항 및 제2항이 신체의 자유를 침해하는지 여부(적극).

이러한 점에서 건강권과 관련하여 중요한 것은 '의료의 공공성'이다. 감염병 시대에 국가의 적극적 보건의료정책(제15조~제23조)이 요구된다.

(2) 보건의료에 관하여 알권리

모든 국민은 관계 법령에서 정하는 바에 따라 국가와 지방자치단체의 보건의료시책에 관한 내용의 공개를 청구할 권리를 가진다. 모든 국민은 관계 법령에서 정하는 바에 따라 보건의료인이나 보건의료기관에 대하여 자신의 보건의료와 관련한 기록 등의 열람이나 사본의 교부를 요청할 수 있다(제11조).

(3) 보건의료서비스에 대한 자기결정권

모든 국민은 보건의료인으로부터 자신의 질병에 대한 치료 방법, 의학적 연구 대상 여부, 장기이식(臟器移植) 여부 등에 관하여 충분한 설명을 들은 후 이에 관한 동의 여부를 결정할 권리를 가진다(제12조).

국민의 기본적 의무(책임)

제 1 절   공적영역에서 책임원칙

Ⅰ. 자유권행사에 대응하는 의무부담

1. 공적영역에서 책임원칙

공적영역이란 국가나 사인에 의한 권력관계에 의하여 자유보호의 필요성이 있는 경우를 말한다. 즉 공적영역이란 공동체와 관련되지 않는 혼자만의 사적영역을 제외한 나머지 영역이다. 예컨대, 국가와 사회, 경제, 문화 등의 영역을 포괄하는 국민의 적극적인 생활영역을 말한다. 이와 같은 공적영역에서는 책임이 원칙이다.

책임(의무)은 공적영역에서 자기결정에 의한 행동에 수반되는 당연한 귀결이다. 사적영역에서는 자유가 원칙이지만 공적영역에서는 자유보다 책임에 더 비중이 있다. 그 이유는 공적영역에서의 자유로운 행동이 상대방에게는 거역할 수 없는 권력행사로 느껴질 수 있기 때문이다. 권력은 상대방보호를 위해 통제되어야 한다. 자유는 항상 공적영역이든 사적영역이든 법적인 '자유권'으로 행사된다. 우리의 자유는 기본권으로 보장된 것이다. 하지만 사적영역에서의 자유권행사와 달리 공적영역에서의 자유권행사는 타인의 자유권과 충돌할 수 있다. 이러한 사법관계에서의 기본권충돌을 해결하기 위하여 재판청구권을 행사하면 사인은 의무를 부담할 수 있다. 이와 비교하여 공법관계에서는 공익보호를 위해 국가의 직접 통제를 받는다. 여기서 공사법의 구분의 실익이 나타나고 있지만 공적영역에서 국민이 의무를 부담한다는 것을 부인할 수는 없다. 즉 국가의 과제영역인 '공적영역'은 공·사법의 구별 없이 권력관계에 의해서 침해된 기본권보호의 필요성이 있는 경우를 말한다.[1]

이와 같이 공적영역에서 권리행사에 의무가 수반되는 것은 국가나 사회공동체를 보호하기 위해서다. 우리는 공적영역에서 권리를 침해당할 수 있기 때문에 소위 '사회권력'에 대하여 법적 보호를 받아야 한다. 따라서 공적영역에서 자유권행사는 의무가 수반되어 법적인 '권한'으로 해석할 수 있다. 공적영역에서 행동은 공적책임을 이행할 수 있는 정도에서만 권리가 부여된다. 국가기관의 경우 헌법의 기본원칙에 구속되는 법적인 권한을 행사하는 것과 같다. 예컨대, 경찰은 비례의 원칙에 따라 공익목적달성을 위하여 필요최소한도의 범위에서 시민의 자유를 제한할 수 있다.

권한은 정당한 범위에서 행사되어야 한다. 이러한 권한법의 기본이념은 공적영역에서 행사하는 모든 권력에도 적용된다. 경제와 사회권력은 국가의 권한위임 없이도 공적영역에서 책임을 부담해야 하는 점에서 공사협력 거버넌스의 사적주체도 책임을 지는 것은 당연하다.[2]

2. 자유만능주의사고에 대한 비판

국가공동체를 넘어 공적영역에서도 국가기관의 권한을 확대하는 것은 시민적 자유주의 법치국가의 사고에는 반한다. 공무원은 국민에 봉사할 수 있는 범위에서 권리를 행사할 수 있다는 것은 자명하다. 공무원은 국민이 위임한 권한을 행사하기 때문이다. 하지만 경제나 사회영역에서 자신의 급부를 제공하는 사인이 타인에 대하여 책임을 지는 이유는 논증이 필요하다. 사적영역에서 타인에 영향을 미치지 않는 혼자만의 자유향유에 대하여 공적책임은 지지 않는다. 사적자치의 원칙에 의하여 재산권자는 재산에 대한 사용·수익·처분권한을 자기의사에 따라 행사한다. 하지만 권한은 물건에만 미치는 것이 아니라 사람에게도 확대된다. 따라서 권리획득

---

1) Ph. Mastronardi, Verfassungslehre, S. 156.
2) Ph. Mastronardi, Verfassungslehre, S. 157.

이란 표현은 물건에 대한 지배를 넘어 사람에 대한 지배로 해석할 수 있는 잘못된 용어사용이다. 사람은 재산권의 객체가 아니라 기본권의 주체다. 자유권의 주체로 보호받아야 한다. 공적영역에서 사적자치(내지 계약자유)는 타해금지명령(neminem laedere)에 의하여 상대방을 존중해야 하는 의무를 부담한다. 따라서 공적영역에서 상대방존중의무는 연대원칙의 전제가 된다. 공적영역에서 책임원칙은 자유행사에 의해 침해될 수 있는 권리의 보호필요성이 있는 경우에 국가를 넘어 다른 공동체에 도 확대될 수 있다. 공적영역은 국가가 개입할 수 있는 영역으로 국민의 책임의 성격이 도덕적인지 법적인지 구분하는 것은 무의미하다. 의무위반자는 국가나 제3자에 대하여 책임을 부담해야 하기 때문이다. 다만 그 의무위반에 대한 입법의 통제 강도는 공동체에 미치는 파급효과에 따라 다를 수 있다.

우리가 누군가에게 의무를 부담할 경우에만 자신의 행동에 책임감을 갖고 상대방을 존중하게 된다. 그 전형적인 예는 타인의 재산을 관리하는 수탁자의 책임이다. 따라서 시민연대가 존재하는 경우에는 책임이 원칙이다.

3. 연대와 이익의 구분

누구나 이익을 추구하는 경우에는 인간적인 연대가 필요하다. 이익만을 추구하는 비인간적인 관계도 있는 것도 사실이다. 하지만 규범적인 측면에서 인간관계는 연대관계다. 모든 사람은 자신의 자유행사의 결과에 대하여 책임을 져야 한다. 자유권을 행사하는 우리 인간의 인격은 우리가 살고 있는 사회와 문화를 반영하고 있다. 우리가 연대를 부인하면 자신의 일부를 부인하는 것이다. 공적영역에서 자유를 행사하는 모든 사람은 타인의 자유를 수신한다. 따라서 자유행사의 한계와 의무도 인정해야 한다.[3]

4. 공적영역에서 공적자치권한

공적영역에서 발현되는 공적자치권은 타인의 권리행사에 의해 제한될 수 있기 때문에 상호 의무를 부담하는 권한이다. 예컨대, 공원을 이용할 때 쓰레기를 버리지 않고 공장의 화학물질을 하수도에 방류하지 않아야 우리는 자유를 향유할 수 있다.

---

3) Ph. Mastronardi, Verfassungslehre, S. 158.

5. 법의 상호성(상대방과 언어소통수단)

자유와 관련된 책임은 궁극적으로 언어에 그 원인이 있다. 책임이란 대답해야 할 의무다. 누군가 질문할 권리가 있고 그에 대해 관심을 가져줄 것을 기대할 때 나는 대답하여야 한다. 나와 같은 자유권을 행사할 수 있는 동등한 권한을 갖는 기본권충돌의 상대방의 경우에는 특히 그렇다. 이는 타인의 권리에 대해 문제 삼는 것에 다름 아니기 때문이다. 타인의 권력행사의 정당성이 나의 대답에 달려있을 때 나는 자유롭다.

모든 법은 언어다. 법은 법 문장으로 구성되어 판결의 전제가 된다. 권리와 의무는 인간 상호간의 행동을 유도하는 당위규정이다. 법의 상호성은 인간상호간 권리와 의무를 약속하는 계약에서 분명히 나타나지만 법률에서도 마찬가지다. 법률은 만인이 동등한 권리와 의무의 주체라고 규정하기 때문이다.

계약과 법률의 차이점은 제3자에게 규정을 제정할 권한을 부여한 점에 있다. 따라서 대화원칙은 모든 법에 타당하다. 자유권을 권리행사의 근거로 주장하는 사람은 자신의 입장을 소명할 준비를 하여야 한다. 이로써 자신이 주장한 자유권행사에 대한 책임을 다하는 것이다. 자유는 권리이기에 자유권을 행사하는 모든 사람은 권리행사에 대하여 타인에 대한 책임을 질 수 있는 법적 의무도 수인하여야 한다. 따라서 공적영역에서 책임은 행동의 지도 원리로 충분한 근거가 있다.[4]

Ⅱ. 대화민주주의와 민주적 헌법국가의 측면에서 책임

대화민주주의는 시민의 질문에 대해 정치권력은 반응하여야 한다는 것이다. 이러한 의미에서 정부는 국민의 주권을 위임받아 행사한 권한에 대하여 반드시 책임을 부담한다. 국민은 정부가 권한을 올바르게 행사하지 않을 경우 선거나 정치제도를 통하여 신임을 박탈할 수 있다.

정부의 책임은 국민의 자기지배의 이념에 따라 민주주의 내지 국민주권의 중요한 요소다. 책임은 국가기관에 위임된 주권행사의 당연한 반응이다. 즉 국회와 정부는 국민 앞에 직무수행의 결과에 대해 답변을 하여야 한다. 대화민주주의의 관

---

4) Ph. Mastronardi, Verfassungslehre, 158, 159.

점에서 정부는 반응으로서 책임을 진다. 위임된 권력의 민주적 정당성은 공적영역에서 국민에 책임질 줄 아는 대의기관의 의사와 능력에 달려 있다. 국회와 정부의 공개정치가 요구되는 이유다. 시민과 정치인의 반응성은 시민의 깨어 있는 덕성과 건설적 비판에 대한 정치인의 수용의 덕성에 달려있다. 반응성은 정치체제의 대화 수행능력을 판단하는 척도가 된다.

민주적 헌법국가에서 모든 지도 원리(민주주의, 법치주의, 사회국가 등)의 핵심은 책임으로 귀결된다. 헌법에서 반응성의 정치이념은 법적 책임으로 전환된다. 법치주의에 의하여 국회, 정부, 법원 등 국가기관 간의 견제와 균형의 원리에 입각한 고전적 권력분립과 공적영역에서 정당, 미디어, 거버넌스의 사적파트너, 사적 권력도 통제되고 책임을 진다.5)

민주주의에 의하여도 마찬가지로 책임을 진다. 국가기관의 정치적 결단과정에 자유롭고 평등한 시민 내지 시민단체가 참여하여 국가기관과 함께 상호 책임진다. 예컨대, 국민참여형사재판, 국회입법의 공청회와 전문위원회에 시민단체의 대표참여, 대법원의 법관인사위원회 참여 등이 그것이다.

제 2 절 책임의 변천

공적영역에서 책임은 중요한 원칙이지만 고정적인 것이 아니다. 시대와 장소에 따라 변천한다.

Ⅰ. 시대별 변천

1. 고대 그리스 아테네

고대 그리스는 직접민주주의를 실시하여 시민공동체가 공적 책임을 부담하였다. 하지만 시민공동체의 구성원에 제한이 있었다. 기원전 400년에 폴리스의 인구는 약 20만 명으로 그중 약 3만 명의 성인 남성만 시민공동체에 참여할 수 있었다.

---

5) Ph. Mastronardi, Verfassungslehre, S. 159 ff.

여성, 외국인, 노예는 제외되었다. 사회와 경제문제도 정치적 논쟁의 대상이 아니었다. 이는 시민공동체의 책임이 아니라 사적영역의 문제였다. 책임원칙이 적용되는 공적영역이 제한적이었다.

2. 중세시대

중세 후기 도시공화국(베니스, 피사, 제노바, 베른 등)과 북이탈리아의 르네상스에서도 그리스와 유사하였다. 대다수의 주민은 선거권이 없었다. 동업자조직의 길드규약에 의해 수평적으로 상호책임을 지는 것과 중세봉건계약방식에 의한 신분층간 수직적 책임이 있었다.

3. 근대 시민사회

근대 프랑스는 시민혁명과 함께 민주주의 국가로 탄생하였다. 미국과 달리 제3신분인 시민사회가 국가권력을 행사한 것이다. 루소의 천부인권사상에 입각하여 발발한 시민혁명은 만민평등과 상호책임을 주장하는 근거가 되었다.[6)]

4. 사회국가

근대 자유주의 법치국가에서는 국가와 사회의 철저한 구분 하에 사회적 약자에 대하여 사회가 책임을 방기하였다. 하지만 약자에 대한 사회적 책임은 산업혁명이후 심각한 사회문제가 되어 정치적 주제가 되었다. 19, 20세기에 비로소 사회국가 탄생하여 사회적 약자에게도 참정권을 부여하고 사회보장제도를 실시하였다. 즉 남녀평등과 사회적 약자에 대한 정치적 책임을 인정하게 되었다.

5. 생태국가

20세기 후반 지구의 생태균형에 대한 국가의 총체적 책임을 인식하게 되었다. 자연과 미래세대를 위한 지속가능성원칙은 지구공동체의 책임을 의미한다. 지구생태차원으로 책임원칙이 확대되었다.

현대국가에서 책임은 포괄적인 국가원리로 인식되고 있다. 과학기술의 발전으로 지구상에 생명보호의 필요성과 위험회피의 책임이 증대하고 있다. 소위 리스크

---

6) Ph. Mastronardi, Verfassungslehre, S. 163.

사회로 일컫는 현대사회는 포괄적인 책임으로 변천하였다. 국가의 경계를 넘어 책임영역이 세계화되고 있는 것이다.[7]

Ⅱ. 장소별 변천; 미국과 유럽 및 아시아

책임영역의 세계화에도 불구하고 책임원칙은 지역별로 상이한 내용을 갖고 있다. 미국과 유럽, 아시아, 아프리카 등 모두 다르다. 세부적인 차이가 있지만 큰 차이가 있는 것은 유럽과 미국이다.

1. 유럽과 미국

(1) 계몽사상의 수용방식의 차이: 하층민의 시민혁명유무

미국은 유럽과 마찬가지로 계몽사상의 영향을 받았다. 하지만 그 수용방식이 다르다. 그 이유로 우선 미국은 프랑스혁명과 달리 하층민들의 시민혁명을 겪지 않고 식민본국 영국으로부터 독립전쟁을 하였다. 따라서 국가에 대한 태도가 다르다. 미국은 본국의 권력을 찬탈한 것이 아니라 권력자를 추방한 것에 불과하다. 정복하지 못한 국가에 대한 적대감이 남아 있다. 이는 청교도들이 영국본국으로부터 박해를 받아 이민한 동기에서도 그렇다.

이와 반면에 유럽은 교권과 황권의 세력 다툼으로 일어난 종교전쟁의 혹독한 경험을 갖고 있다. 그리고 프랑스혁명은 삼부회의 국왕과 교회세력을 상대로 제3신분이 혁명을 하여 일으킨 것으로 국가 그 자체는 적대시하지 않는다.

(2) 국가와 시민의 관계: 유럽은 국가에 호의적으로 정의에 입각한 의무를 강조하는 반면 미국은 공동체에 대한 선행강조

미국인은 인간 삶에 대한 신의 예정설을 주장한 칼뱅주의의 영향을 받은 자로 현세의 행복을 추구하는 공리주의를 신봉한다.[8] 이에 반해 유럽은 타인에 정의를 보여주어야 한다는 의무론을 신봉한다. 따라서 국가와 개인의 관계에 대한 가치판단이 상이하다.

---

7) Ph. Mastronardi, Verfassungslehre, S. 164.
8) 자세한 것은 장영철, 『국가조직론』, 40, 41면.

미국에서는 공동체와의 관계를 선과 악의 기준에 따라 판단하는 도덕 내지 정치문제로 본다. 유럽은 개인의 공동체에 대한 법적 의무이행여부로 판단하지만 미국은 그저 공동체에 착한 미국인여부로 판단한다.

유럽은 국가가 공적논쟁의 대상이지만 미국은 시민사회가 집단적 자선의 장소가 된다. 유럽에서 개인은 국가에 대립하지만 미국은 사회에 대한 개인의 대항으로 본다. 유럽에서 국가는 사회질서를 형성하는 기능을 수행하지만 미국에서 사회질서는 그 내부의 공동체가 형성하는 것으로 본다.

(3) 윤리관의 차이: 논리와 실용

미국과 유럽의 윤리관의 차이는 정치문화에 반영되었다. 우선, 유럽은 문제해결을 위해 논리를 정립하지만 미국은 문제 중심으로 직접해결하고 논리는 필요할 경우 세운다. 둘째, 유럽은 법익형량과 배분의 방식으로 문제를 해결하지만 미국은 이익조정으로 해결한다. 셋째, 유럽은 원칙을 추구하지만 미국은 실용을 우선적으로 추구한다. 넷째, 유럽은 법치국가와 민주주의를 실현하려 하지만 미국은 국민의 이익 내지 미국식 생활방식을 실현하고자 한다.

(4) 종교관: 국가우호와 교회우호

국가와 종교의 관계에 대한 이해도 상이하다. 유럽은 국가가 교회로부터 개인을 보호할 수 있다고 보는 반면 미국은 교회가 국가로부터 개인을 보호할 수 있다고 한다. 유럽은 근대 종교전쟁을 겪어서 교회권력을 위험하다고 보는 반면 미국은 국가권력을 위험하다고 본다. 그 이유로 시민혁명으로 프랑스대혁명은 국왕과 교회를 대상으로 하였지 국가 그 자체를 부정한 것은 아니었다. 이에 반해 미국혁명은 영국을 대상으로 한 것이지 교회를 대상으로 한 것이 아니기 때문이다.

(5) 사상의 차이: 평등과 자유

유럽은 미국보다 시민의 평등을 강조한다. 이는 프랑스대혁명의 목표가 '자유, 평등, 박애'였고 미국은 '자유와 안전'이었던 점에서도 나타난다. 따라서 프랑스는 사회적 형평을 해결하려 하였지만 미국은 외면하였다. 이는 노예문제 이외에 현실적 행복을 추구하는 칼뱅주의 종교문제에도 기인한다. 사회적 불평등은 신의 예정이었기 때문이다. 이는 오늘날에도 여전하다. 사회적 불평등은 시장에서 생성된 것으로 국가가 해결할 책임이 아니다. 따라서 국가의 연대책임보다는 사회의 개별적인 기부문화를 확대하여 해결한다.

(6) 요약

유럽은 정의를 추구하여 문제를 해결하지만 미국은 선을 추구하여 문제해결을 하려 한다. 따라서 유럽에서 개인은 무조건 법공동체의 구성원이다. 하지만 미국에서 개인은 미국적 가치를 인정하는 경우에 법공동체의 구성원이 된다. 미국시민권자로 인정되었기에 권리를 갖는 것이다.

유럽이나 미국 모두 공적영역에서 책임이 원칙이다. 하지만 그 이유는 다르다. 유럽은 타인을 동등하게 대우해야 하는 것이 정당하기에 책임을 지지만, 미국은 친구를 배려하는 것은 선하기 때문에 동등하게 대우한다.[9]

2. 아시아

일본에서는 권리와 의무의 균형론이 제시되고 있다. 서양의 인권관은 개인의 자유와 권리에만 중점을 두어 명백하게 동아시아 각국의 인권사상과는 어울릴 수 없다는 주장이다. 개인의 지나친 권리의 확대는 다른 개인의 권리를 박탈하는 것으로, 사회전체와 개인의 권리의 조화가 필요하며, 이를 위해서는 사회 속에서 개인의 책임이나 의무가 부과되어야 한다는 것이다.[10] 일본헌법 제12조는 "헌법이 국민에게 보장하는 자유 및 권리는, 국민의 부단한 노력에 의해 지켜나가야 한다. 또한 국민은 이를 남용해서는 아니 되며 항상 공공복리를 위해 이를 이용할 책임을 진다."고 규정하고 있다. 이에 대하여 국민에 대한 도덕적 지침으로 보는 학설[11]도 있지만 일본최고재판소[12]는 법적 의무로 판시하고 있다.

---

9) Ph. Mastronardi, Verfassungslehre, 165 ff.

10) 이준일/서보건/홍일선, "헌법상 기본의무에 관한 연구", 『헌법재판연구』 제23권, 헌법재판소, 2012, 176, 177면.

11) 樋口陽一, 佐藤幸治, 中村陸男, 浦部法穗, 注釋日本國憲法 下卷, 靑林書院, 1988, 250~251; 이준일/서보건/홍일선, 상게논문, 152면 재인용.

12) 차탈레사건의 판결(最大判昭32·3·13刑集11卷3号997항) "헌법이 보장하는 각종 기본적 인권에 대하여 각 조문에 그 기본적 인권의 제한가능성을 명시하고 있는가와 관계없이, 헌법 제12조, 제13조의 규정에 의해 권리의 남용이 금지되어 있고, 공공의 복지의 제한원리에서 본다면 절대로 무제한적인 것은 아니라고' 판시하고 있다. 이준일/서보건/홍일선, 전게논문,

제 3 절   우리의 경우

Ⅰ. 기본의무의 개념과 범위

1. 학설

기본의무란 국가공동체의 존립과 활동을 위하여 국민이 국가에 대하여 지는 헌법적 부담이다.[13] 그 범위에 대하여 형식적 헌법의무설과 실질적 헌법의무설이 대립되고 있다. 형식설[14]은 헌법에서 명문으로 규정한 납세의무, 국방의무, 자녀에게 교육을 받게 할 의무, 근로의 의무, 재산권행사의 공공복리적합의무, 환경보호의무에 한정한다. 실질설[15]은 형식설의 기본의무 이외에 법질서에 대한 복종의무, 타인의 권리를 존중할 의무, 허용된 위험을 감수할 의무, 증언의무 등 다양한 의무를 제시하고 있다.

2. 사견

기본의무에 헌법의 명문으로 규정한 의무가 포함되는 것에는 학설상 다툼이 없다. 하지만 헌법에 규정되지 아니한 불문의무를 기본의무로 인정할 것인지에 대하여 견해가 갈린다.

살펴본 바와 같이 공적영역에서 책임은 시대와 장소에 따라 동일하지 않다. 우리는 자유, 평화, 정의를 추구하는 민주적 헌법국가에서 살고 있다. 따라서 근대 자유주의 법치국가의 자유중심의 사고에서 탈피하여 사회공동체에 대한 책임을 인식하는 시민의 덕성을 가져야 한다. 일반국민은 헌법상 의무 이외에 법질서에 대한 복종의무와 타인의 권리를 존중할 의무를 부담해야 한다. 법질서존중의무는 법치국가원리에 내재한 헌법원리라 할 수 있다. 타인의 권리를 존중할 의무도 살펴본 바

152면 재인용. 일본헌법 제13조 "모든 국민은 개인으로서 존중된다. 생명, 자유, 및 행복추구에 대한 국민의 권리는 공공복리에 반하지 아니하는 한 입법 그 밖의 국정에 있어서 최대한 존중된다."

13) 이준일/서보건/홍일선, 전게논문, 3면.

14) 홍성방,『헌법학(중)』, 388면 이하; 허완중,『기본권론』, 629면 이하.

15) 계희열,『헌법학(중)』, 박영사, 2007, 839면 이하; 허영,『한국헌법론』, 678면 이하; 한수웅, 『헌법학』, 1092면 이하.

와 같이 자유권에 내재한 책임이다. 이 책임의 성격을 윤리적 책임이라 하든 헌법적 책임이라 하든 구분의 실익은 없다. 왜냐하면 공적영역은 국가가 개입할 수 있는 영역으로 국민의 책임의 성격이 도덕적인지 헌법적인지 구분하는 것은 무의미하다. 공적영역에서 자유권남용을 한 사람은 국가나 제3자에 대하여 책임을 부담해야하기 때문이다. 자유민주주의의 사고에서는 법과 도덕을 구별하나 대화민주주의에서 법과 도덕은 중첩된다.

Ⅱ. 개별적인 검토

1. 국가공동체에 대한 고전적인 의무

자유주의 법치국가에서 기본권은 천부인권인 반면 국민의 기본의무는 기본권에 대한 헌법적 제한이었다. 따라서 국민의 의무는 국가공동체의 존립과 활동을 위한 최소한 범위에서 부과하였다. 고전적인 납세의 의무와 국방의 의무가 그것이다. 이는 프랑스 인권선언에서부터 규정한 이래 세계 각국헌법에서는 일반적으로 규정하고 있다. 우리헌법도 국가공동체보호를 위해 규정하고 있다.

(1) 납세의 의무
(가) 조세의 개념

헌법 제38조는 "모든 국민은 법률이 정하는 바에 의하여 납세의 의무를 진다." 라고 규정하고 있다. 조세란 국가의 재정을 충당하기 위한 반대급부 없는 금전납부의무를 말한다. 반대급부를 내용으로 하는 사용료, 수수료 등은 조세가 아니다. 납세의 의무는 중세시대 군주의 자의적인 징수로부터 시민의 재산권을 보호하기 위한 소극적인 의미를 가졌다. 의회의 동의 없이는 과세할 수 없다가 그것이다. 현대 국민주권주의 국가에서 조세는 국가공동체의 재정적 기초를 형성하는 적극적인 의미를 갖는다.[16]

---

16) 헌법재판소도 "오늘날 조세는 국가의 재정수요를 충족시킨다고 하는 본래의 기능 외에도 소득의 재분배, 자원의 적정배분, 경기의 조정 등 여러 가지 기능을 가지고 있으므로, 국민의 조세부담을 정함에 있어서 재정·경제·사회정책 등 국정전반에 걸친 종합적인 정책판단을 필요로 할 뿐만 아니라, 과세요건을 정함에 있어서 극히 전문기술적인 판단을 필요로 한다. 따라서 조세법규를 어떠한 내용으로 규정할 것인지에 관하여는 입법자가 국가재정, 사회경제, 국민소득, 국민생활 등의 실태에 관하여 정확한 자료를 기초로 하여 정책적, 기술적인 판

(나) 조세부과의 원칙: 조세법률주의와 조세평등주의

제38조의 납세의 의무는 국가의 재정을 충당하기 위한 목적으로 갖는 것으로 조세법률주의에 의하여야 한다. 이에 관하여 헌법 제59조는 "조세의 종목과 세율은 법률로 정한다."고 규정하고 있다. 헌법 제38조와 제59조에 근거한 조세법률주의는 조세평등주의와 함께 조세법의 기본원칙으로서, 형식적인 측면에서 과세요건 법정주의 및 과세요건 명확주의를 핵심적인 내용으로 하며, 이러한 조세법률주의는 과세요건을 법률로 명확히 정하는 것만으로는 부족하고, 실질적인 측면에서 조세법의 목적이나 내용이 기본권 보장의 헌법이념과 이를 뒷받침하는 헌법상의 제반 원칙에 합치될 것이 요구된다.[17) 따라서 재정충당을 위하여 조세 이외에 공과금인 특별부담금을 부과하는 것은 엄격한 요건 하에서만 허용할 수 있다.[18)

조세평등주의라 함은 헌법 제11조 제1항에 규정된 평등원칙의 세법적 구현으로서, 조세의 부과와 징수를 납세자의 담세능력에 상응하여 공정하고 평등하게 할 것을 요구하며 합리적인 이유없이 특정의 납세의무자를 불리하게 차별하거나 우대하는 것을 허용하지 아니한다.[19)

조세평등주의가 요구하는 담세능력에 따른 과세의 원칙(또는 응능부담의 원칙)은 한편으로 동일한 소득은 원칙적으로 동일하게 과세될 것을 요청한다(이른바 '수평적 조세정의'), 다른 한편으로 소득이 다른 사람들 간의 공평한 조세부담의 배분을

단에 의하여 정하여야 하는 문제이므로, 이는 입법자의 입법형성적 재량에 기초한 정책적·기술적 판단에 맡겨져 있다고 할 수 있다(헌재결 2007. 1. 17. 2005헌바75등, 판례집 19-1, 23, 49; 2001. 12. 20. 2000헌바54, 판례집 13-2, 819, 824 참조)."고 판시하고 있다. 헌재결 2011. 12. 29. 2011헌바33, 판례집 23-2하, 714(724).

17) 헌재결 1992. 2. 25. 90헌가69등, 판례집 4, 114, 120-121; 1995. 11. 30. 91헌바1등, 판례집 7-2, 562, 584; 1997. 11. 27. 95헌바38, 판례집 9-2, 591, 600~601; 1999. 5. 27. 97헌바66등, 판례집 11-1, 589, 611; 2008. 7. 31. 2007헌바13, 판례집 20-2상, 166, 180.

18) 조세 외의 공과금인 특별부담금을 징수하려는 경우에는 엄격한 요건 하에서만 이를 허용하여야 할 것이다. 특히 특별부담금은 조세의 납부의무자인 일반국민들 중 일부가 추가적으로 부담하는 또 하나의 공과금이므로, 국민들 사이의 공과금 부담의 형평성 내지 조세평등을 침해하지 않기 위해서는 일반인과 구별되고 동질성을 지니는 특정 집단으로서 부담금의 부과를 통하여 수행하고자 하는 특정한 경제적·사회적 과제와 특별히 객관적으로 밀접한 관련성이 있고 그리하여 그러한 과제의 수행에 관하여 조세 외적 부담을 질 만한 집단적인 책임성이 인정되는 집단에 대해서만 부담금이 부과되어야 하며, 부담금의 수입이 부담금 납부의무자의 집단적 이익을 위하여 사용될 경우에는 이러한 부담금 부과의 정당성이 더욱 제고된다고 할 것이다(헌재결 1998. 12. 24. 98헌가1, 판례집 10-2, 819, 830~831; 1999. 10. 21. 97헌바84, 판례집 11-2, 433, 453~454 등; 2003. 1. 30. 2002헌바5, 판례집 15-1, 86, 102)

19) 헌재결 1999. 11. 25. 98헌마55, 판례집 11-2, 593(608); 1997. 10. 30. 96헌바14, 판례집 9-2, 454, 463.

요청한다(이른바 '수직적 조세정의').20)

(다) 납세의무의 주체

납세의무의 주체는 국민이다. 이에는 법인도 물론 포함된다. 외국인도 사적자치의 주체로서 재산적 거래행위를 할 수 있으므로 납세의무를 부담한다. 다만 치외법권이 있는 경우와 조약에 의한 경우 면제될 수 있다.

(라) 납세의무와 재산권의 관계

고전적인 의무인 납세의 의무는 재산권의 보호범위제약을 전제로 한다. 즉 조세의 부과는 원칙적으로 헌법 제23조 제1항 제2문의 재산권의 내용과 한계규정에 해당하여 재산권의 보호범위확정과 관련되는 것으로 재산권침해가 아니다.21) 따라서 조세입법은 재산권제한입법의 헌법적 정당성판단, 즉 비례의 원칙은 심사척도로 기능을 발현할 수 없다. 하지만 조세입법은 사회구성원 간에 실질적인 자유와 평등을 실현하기 위한 것으로 재산권의 본질내용을 침해하는 조세입법은 사회국가의 보충성원리에 반하게 되는 것이다. 따라서 재산권의 본질내용침해금지원칙은 과세입법의 위헌성판단기준으로 유효하다. 이러한 점에서 헌법재판소도 "조세 법률조항이 조세법률주의에 위반되고 이로 인한 자의적인 과세처분권의 행사에 의하여 납세의무자의 사유재산에 관한 사용·수익·처분권이 중대한 제한을 받게 되는 즉 재산권의 본질내용을 침해하는 경우에는 예외적으로 재산권침해가 될 수 있다."고 판시22)하고 있다.

(2) 국방의 의무

(가) 국방의 의무의 개념

헌법 제39조는 "모든 국민은 법률이 정하는 바에 의하여 국방의 의무를 진다(제1항). 누구든지 병역의무의 이행으로 인하여 불이익한 처우를 받지 아니한다(제2항)."라고 규정하고 있다.

---

20) 헌재결 1999. 11. 25. 98헌마55, 판례집 11-2, 593(608).
21) 헌재결 2010. 10. 28. 2009헌바67, 판례집 22-2하, 101(123); 2004. 8. 26. 2002헌가1, 판례집 16-2상, 141, 183(187).
22) 헌재결 1997. 12. 24. 96헌가19등, 판례집 9-2, 762, 773; 2008. 7. 31. 2007헌바13, 판례집 20-2상, 166, 180, 181.

국방의 의무라 함은 외부 적대세력의 직·간접적인 침략행위로부터 국가의 독립을 유지하고 영토를 보전하기 위한 의무를 말한다. 국방의 의무는 소극적으로는 법률에 의하지 아니하고는 국방의 의무를 부과하지 못하게 함으로써 국민의 신체의 자유를 보장하는 성격을 가지며, 적극적으로는 주권자인 국민이 침략자를 무찌르고 국토를 보위하며 국가를 보존하려는 성격을 가지는 의무이다.[23] 민주국가에서 병역의무는 납세의무와 더불어 국가라는 정치적 공동체의 존립·유지를 위하여 국가 구성원인 국민에게 그 부담이 돌아갈 수밖에 없는 것으로서, 병역의무의 부과를 통하여 국가방위를 도모하는 것은 국가공동체에 필연적으로 내재하는 헌법적 가치이다.[24]

입법자는 국가의 안보상황, 재정능력 등의 여러 가지 사정을 고려하여 필요한 범위내에서 이러한 국방의무를 법률로써 구체적으로 형성할 수 있는바, 그 기본적인 사항을 규율하는 법률이 병역법이다. 병역의무는 국가공동체의 존속을 위하여 불가피하게 부담하여야 하는 것을 말한다.

(나) 국방의 의무의 범위

국방의 의무의 범위는 병역의무는 물론 방공·방첩, 전시근로 등 국방에 필요한 모든 의무를 포함한다.[25] 헌법재판소도[26] "국방의 의무는 외부 적대세력의 직·간접적인 침략행위로부터 국가의 독립을 유지하고 영토를 보전하기 위한 의무로서, 현대전이 고도의 과학기술과 정보를 요구하고 국민전체의 협력을 필요로 하는 이른바 총력전인 점에 비추어 ① 단지 병역법에 의하여 군복무에 임하는 등의 직접적인 병력형성의무만을 가리키는 것이 아니라, ② 병역법, 향토예비군설치법, 민방위기본법, 비상대비자원관리법 등에 의한 간접적인 병력형성의무 및 ③ 병력형성이후 군작전명령에 복종하고 협력하여야 할 의무도 포함하는 개념이다."라고 같은 취지로 판시하였다.

(다) 국방의 의무의 주체와 내용

국방의 의무의 주체는 국민이다. 납세의 의무와 달리 외국인은 주체가 아니다.

23) 김철수, 『학설판례 헌법학(상)』, 1432면.
24) 헌재결 2004. 8. 26. 2002헌바13, 판례집 16-2상, 195(202).
25) 김철수, 『학설판례 헌법학(상)』, 1434면; 권영성, 『헌법학원론』, 721면.
26) 헌재결 2002. 11. 28. 2002헌바45, 판례집 14-2, 704(710); 1995. 12. 28. 91헌마80, 판례집 7-2, 851.

직접적인 병역의무는 남자만 진다. 여성은 지원에 의하여 간접적인 병역의무를 부담할 수 있을 뿐이다.27) 남자만 병역의무를 부담하는 병역법조항에 대한 헌법소원 결정28)은 기각되었다.

병역의무는 국가공동체의 존속을 위하여 불가피하게 부담하여야 하는 것으로 병역의무를 이행하는 기간 동안 의무자는 군인사법이나 그 하위법규인 군인복무규율이 정하는 바에 따라 여러 생활영역에서 다양한 기본권 즉 신체의 자유, 거주·이전의 자유, 직업선택의 자유, 사생활의 자유, 언론·출판·결사·집회의 자유, 학문과 예술의 자유, 재산권행사의 자유, 재판청구권, 교육의 권리, 근로의 권리 등을 제한받게 된다.

특별권력관계 내지 신분관계에 의한 법률유보에 의한 제한이다. 다만 국가안전보장의 목적달성을 위한 수단의 비례성을 갖추어야 함은 물론이다.

(라) 병역의무이행을 이유로 불이익처우금지

헌법 제39조 제2항은 병역의무를 이행한 사람에게 보상조치를 취할 의무를 국가에게 지우는 것이 아니다. 법문 그대로 병역의무의 이행을 이유로 불이익한 처우를 하는 것을 금지하고 있을 뿐이다. 그리고 '불이익한 처우'라 함은 단순한 사실상, 경제상의 불이익을 모두 포함하는 것이 아니라 법적인 불이익을 의미하는 것이다. 그렇지 않으면 병역의무의 이행과 자연적 인과관계를 가지는 모든 불이익으로부터 이를 보호하여야 할 의무를 국가에 부과하게 되는 것이 된다. 이는 국민에게 국방의 의무를 부과하고 있는 헌법 제39조 제1항과 조화될 수 없다.29)

---

27) 병역법 제3조 제1항은 "대한민국 국민인 남자는 헌법과 이 법이 정하는 바에 따라 병역의무를 성실히 수행하여야 한다. 여자는 지원에 의하여 현역에 한하여 복무할 수 있다."고 규정하고 있다.

28) 집단으로서의 남자는 집단으로서의 여자에 비하여 보다 전투에 적합한 신체적 능력을 갖추고 있으며, 개개인의 신체적 능력에 기초한 전투적합성을 객관화하여 비교하는 검사체계를 갖추는 것이 현실적으로 어려운 점, 신체적 능력이 뛰어난 여자의 경우에도 월경이나 임신, 출산 등으로 인한 신체적 특성상 병력자원으로 투입하기에 부담이 큰 점 등에 비추어 남자만을 징병검사의 대상이 되는 병역의무자로 정한 것이 현저히 자의적인 차별취급이라 보기 어렵다. 한편 보충역이나 제2국민역 등은 국가비상사태에 즉시 전력으로 투입될 수 있는 예비적 전력으로서 병력동원이나 근로소집의 대상이 되는바, 평시에 현역으로 복무하지 않는다고 하더라도 병력자원으로서 일정한 신체적 능력이 요구된다고 할 것이므로 보충역 등 복무의무를 여자에게 부과하지 않은 것이 자의적이라 보기도 어렵다. 헌재결 2011. 6. 30. 2010헌마460, 판례집 23-1하, 519 이하.

29) 헌재결 2003. 6. 26. 2002헌마484, 판례집 15-1, 802(808).

헌법재판소는 제대군인 가산점제도[30)]는 제대군인에게 일종의 적극적 보상조치를 취하는 제도로서 헌법 제39조 제2항에 근거한 제도로 보지 않았고, 전투경찰대원으로 전임되는 것도 헌법 제39조 제2항에 위반되지 않는 것으로 결정[31)]하였다. 하지만 군법무관이었던 자가 전역 후 변호사개업을 함에 있어서 개업지 제한을 받게 규정한 변호사법 조항은 헌법 제39조 제2항에 위반된다고 결정[32)]하였다.

(3) 심사기준

기본의무에 대한 입법형성권의 한계를 비례의 원칙에 의하여 심사하는 것은 합리성심사에 그칠 수밖에 없다.[33)] 여기서 기본의무위반여부에 독자적인 심사기준을 제시하는 김종대 재판관의 견해[34)]를 인용한다.

---

30) 헌재결 1999. 12. 23. 98헌마363, 판례집 11-2, 770(784).

31) 헌재결 1995. 12. 28. 91헌마80, 판례집 7-2, 851 이하.

32) 헌재결 1989. 11. 20. 89헌가102, 판례집 1, 329 이하.

33) 조세란 국가 또는 지방자치단체가 그 존립의 물리적 기초인 재정력을 확보하기 위한 중대한 공익적 목적으로 부과·징수하는 것이고, 반면 담세자가 부담하는 불이익은 원칙적으로 생존에의 위험을 초래하는 정도는 아니므로 법익의 균형성이 요구하는 '침해되는 사익보다 추구하는 공익이 커야 한다.'는 요건은 언제나 충족된다고 볼 수밖에 없다. 침해의 최소성 요건에 관한 판단에서도 무리가 생긴다. 조세의 종목이나 과세단위의 선택, 조세부담률의 설정 같은 문제는 세수를 예측하고 국가의 재정규모를 결정하며 세제의 사회경제적 효과를 예상하는 것과 연계되어 결정되어야 할 고도의 전문적·정책적 판단이 요구되는 분야이기 때문에 입법자의 형성의 자유가 광범위하게 인정될 수밖에 없고, 구체적인 납세의무 부과가 국민 개개인에 미치는 영향 내지 부담의 정도도 다양할 수밖에 없으므로, 어느 정도의 조세부담률이면 국민의 재산권을 최소한으로 침해하는 것인지, 어떤 방식으로 과세단위를 선택하고 조세를 부과하는 것이 해당 개인들에게 덜 부담을 주는 것인지 그 기준을 명확히 설정하기가 기술상 불가능하다. 동일한 과세에 대하여 재산권을 덜 침해받는 집단과 많이 침해받는 집단이 있을 경우 어느 집단을 기준으로 최소침해성의 요건을 따질 수 있겠는가. 그러한 다양한 차이를 다 감안하고 각계의 의견을 수렴한 후 최선의 과세방식을 선택한 입법자의 전문적인 판단에 대하여, 재산권을 덜 침해하는 획일적 기준을 헌법재판소가 제시한다는 것은 지극히 어려울 뿐만 아니라 바람직하지도 않다고 할 것이다. 과거 과잉금지원칙을 적용시킨 헌법재판소 결정들 중 과세관련 입법의 입법 형성재량이 넓음을 인정한 후 사실상 그 내용이 합리적인지 여부만 간략히 심사하는 데 그치고 침해의 최소성이라든가 법익의 균형성을 자세히 심사하지 않은 결정들이 상당수 있는 것도, 위와 같이 광범위한 입법형성권이 인정될 수밖에 없는 영역에서 이루어진 입법자의 판단에 대하여, 개별적으로 문제되는 기본권마다 최소침해의 정도가 달라질 수밖에 없는 과잉금지원칙을 적용하여 그 타당성을 심사하는 것이 무리가 있을 수밖에 없음을 반증하는 것이라 생각한다. 헌재결 2010. 10. 28. 2009헌바67, 판례집 22-2하, 101(125).

34) 부과 목적의 공공성이란, 납세의무 부과 목적이 국가나 지방자치단체의 유지와 보존을 위한 재정적 필요, 기타 중요한 공익을 달성하기 위한 것이어야 한다는 의미이다. 대부분의 조세는 국가나 지방자치단체의 세수를 목적으로 하므로 문제없으나, 그와 더불어 부동산투기나

헌법상 국민이 부담하는 기본의무는 국가공동체의 보존·유지를 목적으로 하여 헌법이 직접적으로 설정한 의무이므로, 헌법 제37조 제2항에 따라 기본권을 제한할 때 국민이 부담하게 되는 수인의무와는 그 차원과 성격이 다르다. 따라서 헌법상 기본의무 부과에 관한 법률의 위헌심사에서는 헌법 제37조 제2항을 적용하는 것은 우리 헌법의 규범체계와 맞지 않다. 납세나 국방의무를 부과하는 법령의 위헌심사기준으로 일응, ⅰ) 부과 목적의 공공성, ⅱ) 부과 내용의 합리성, ⅲ) 부과 방식의 공평성, 3가지 기준을 제시할 수 있을 것이다.

2. 사회공동체에 대한 현대적인 의무

민주적 헌법국가 내지 사회국가에서 사회공동체에 대한 의무는 기본권을 보완하는 기능을 한다. 살펴본 바와 같이 사적영역을 제외한 공적영역에서 책임원칙에 근거한 것이다.

이는 타인의 권리존중의무, 선거의 의무, 근로의 의무, 자녀에게 교육을 받게 할 의무, 재산권행사의 공공복리적합의무, 환경보호의무이다.

(1) 타인의 권리존중의무

공동체에서 권리행사는 타인의 권리와 충돌하기 마련이다. 타인의 권리존중의무는 프랑스 인권선언에서부터 시작하여 1791년 헌법, 1793년 헌법, 1795헌법에서

조세회피의 방지라든가 부의 재분배 등을 목적으로 하는 조세의 경우 그러한 공익적 목적에도 정당성이 인정되어야 할 것이다. 또한 부과 내용이 과세를 함에 있어 지켜야 할 중요할 헌법적 제원칙들을 준수한 것으로서 합리적이고 타당해야 한다. 과세요건법정주의와 과세요건명확주의로 대변되는 조세법률주의, 소급과세금지의 원칙, 신뢰보호의 원칙에 위배되어서는 아니될 뿐만 아니라, 시장경제와 사유재산권의 기본적 틀 내에서 기본권보장의 원칙을 충분히 존중한 것이어야 한다. 과세는 필연적으로 국민의 재산권과 부딪칠 수밖에 없는 구조로 되어 있는바, 이에 대하여 과잉금지원칙을 대입하는 것은 위에서 본 바와 같이 바람직하지 않으나, 재산권을 행사하려는 국민에게 주는 부담의 정도가 위 납세의무 부과의 목적을 위하여 필요한 범위를 현저히 넘는 것으로서 국가가 지는 기본권보장의 의무에 반할 정도의 것이면 이는 내용적으로 도저히 합리적이라고 보기 힘들 것이기 때문이다. 부과 방식의 공평성이란, 동일한 수준의 소득이나 담세능력을 가진 사람들을 동일하게 과세하여야 한다는 '수평적 의미의 조세평등', 경제적 담세능력이 서로 상이한 납세자들 사이에는 실질적으로 다른 수준의 조세부담이 귀착되어야 한다는 '수직적 의미의 조세평등'이 아울러 구비될 것을 요구하는, 조세평등의 원칙을 의미하는 것이다. 이는 과세에 있어서 차별취급의 합리성 여부를 따지는 평등권 위반 주장과 관련하여 주로 판단되는 쟁점이다. 헌재결 2010. 10. 28. 2009헌바67, 판례집 22-2하, 101(125, 126).

도 여전히 유지되었다. 즉 프랑스 인권선언 제4조는 "자유는 타인의 권리를 침해하지 않는 한계에서 모든 것을 할 수 있는 것을 말한다. 모든 개인의 자연권행사는 사회의 다른 구성원에게 똑같은 권리를 보장하는 이외의 제약을 갖지 아니한다. 그 제약은 오로지 법에 의해서만 규정될 수 있다." 그리고 동 제5조는 "법은 사회에 해로운 행위가 아니면 금지할 권리를 갖지 않는다. 법에 의해 금지되지 않는 행위는 어느 누구도 방해할 수 없으며, 또 누구도 법이 명하지 않는 것을 행하도록 강제 받지 않는다."고 규정하였다. 이는 타해금지의 법률유보에 의한 일반적 행동자유권을 보장한 것이다.[35]

우리의 경우도 일반적 행동자유권은 행복추구권에 내재한 것으로 보고 있다. 일반적 행동자유권은 헌법상 특별자유권과 달리 사실적 자유를 보장한 것에 불과하다. 따라서 일반적 행동자유권은 사회구성원들이 수용할 수 있는 다양한 가치를 입법으로 조정하여 보호하여야 한다.

일설[36]은 기본권에 내포된 국민의 윤리의무로 보면서 법적 의무가 아니라고 한다. 그렇지 않다면 입법형성권에 의하여 기본권행사를 임의로 조정할 수 있고, 기본권의 대칭으로서 법적 의무가 일치된다는 것은 자유민주주의 국가에서는 배척되어야하기 때문이라 한다.

그러나 사회공동체에서 기본권행사는 필연적으로 타인의 기본권과 충돌하므로 무제한으로 행사할 수 없다. 따라서 입법적 조정에 의한 법률상 권리로서 행사하며 이는 법률관계로서 법적 의무를 수반한다. 자유권행사에 법적 의무가 수반되지 않는다는 자유만능의 사고는 타인의 자유와 충돌하지 않는 사적자치의 영역에서만 가능하다. 공적영역에서는 사적자치에 의한 기본권행사라 하더라도 법적 효력을 인정받아야 유효한 사적자치, 즉 공적자치가 된다. 법은 이해관계의 충돌을 조정한 것으로 타해금지가 내재된 것이다.

(2) 선거의 의무

공적영역에서 기본권행사는 공적자치에 의한 것으로 자유보다 공동체에 대한 책임이 원칙이다. 이는 사회적 동물로서 살아가는 인간의 연대성을 근거로 한다.

---

35) 장영철, "일반적 행동자유권",『서울법학』제28권 제1호(2020. 5.), 5, 6면.
36) 예컨대, 허영,『한국헌법론』, 681, 682면.

따라서 루소는 선거권은 도덕적 자유로서 '자기발전의 조건'이라 하였다. 루소는 도덕적 자유를 인간을 이성적인 인격적 존재로 만드는 계몽적 자유로 보면서 이는 "인간을 비로소 진정한 자기자신의 주인으로 만드는 것이며 왜냐하면 단순한 욕구의 충동은 본능의 노예를 만드는 것이지만 자기자신이 정립한 법칙에 복종하는 것은 자유를 의미하기 때문이다."[37]라고 설명하였다.

졸견은 이러한 선거의 공적자치기능을 고려하여 선거권은 헌법상 권리이자 선거에의 참여의무가 결합된 이타적 기본권으로 본다.[38] 다만 자유선거의 원칙상 선거의 참여여부(ob)만 법적으로 강제할 수 있는 것이지 방법(wie)까지 제한할 수 있는 것은 아니다. 예컨대, 선거권행사포기는 금지되지만 기표소에 비치된 선거인명부에 참석표시만 하거나 투표용지에 기권표시를 하는 것까지 금지할 수 있는 것은 아니다.

(3) 근로의 의무

헌법 제32조 제2항은 "근로의 의무의 내용과 조건을 민주주의원칙에 따라 법률로 정한다."고 규정하고 있다. 여기서 근로의 의무에 대하여는 법적 의무설과 윤리적 의무설이 있다.

법적 의무설[39]은 직업선택의 자유나 강제노역의 금지 등의 헌법원칙에 위배되지 않는 범위에서 근로의 의무를 법률로 정할 수 있는 점, 국가의 고용증진의무에 위반하여 실업급여를 청구할 수 없는 점, 헌법의 규범력을 경시하여 근로의 의무를 단순히 윤리적 의무로 보는 것은 타당하지 않다는 점을 든다. 윤리적 의무설[40]은 사회주의국가[41]가 아닌 자유민주주의를 추구하는 우리 헌법질서에서 근로의 권리에 상응하는 의무를 인정할 수 없는 점, 근로의 권리가 직접적인 일자리청구권이나 그에 갈음하는 생계비지급청구권으로 해석될 수 없는 것과 마찬가지로 근로의 의

---

37) 심재우, 『저항권』, 72면.
38) 자세한 것은 제3편 제8장 제1절 Ⅱ. 3.과 Ⅲ. 5. 볼 것.
39) 홍석한, "헌법상 근로의 의무에 대한 고찰", 22면; 허완중, 『기본권론』, 637면.
40) 허영, 『한국헌법론』, 688, 689면.
41) 권리와 의무를 통일체로 주장하는 것은 사회주의 내지 공산주의 헌법의 특징이다. 예컨대, 1974년 동독헌법 제2장은 사회주의사회에서 시민의 권리와 의무는 일체에 대하여 규정하였고 그 한 사례가 제24조 제2항 제2문의 "근로의 권리와 의무는 일체를 이룬다."는 규정이다. Das Recht auf Arberit und die Pflicht zur Arbeit bilden eine Einheit.

무도 법적 의무로 인정될 수 없는 점 내지 주어진 일자리를 거절하고 그 대신 실업보험금을 요구할 수 없도록 하는 한계적 의미로 해석해야 한다는 점, 근로의 의무는 일종의 프로그램규정으로 입법자가 법률로 구체화하면 법적인 의무로서 현실적인 근로의 의무가 생길 수 있는 점을 든다.

살펴보면 윤리적 의무설도 실업금여를 청구할 수 없다거나 법률상 의무를 부과할 수 있다는 규범력을 부여하고 있고, 법적 의무설도 윤리적 측면을 도외시하지 않는 절충적 해석을 하고 있는 것이다. 실제적인 차이가 없는 것이다. 이는 헌법상 윤리와 규범은 중첩되고 있다는 방증이다.

(4) 자녀에게 교육을 받게 할 의무

헌법 제31조 제2항은 "모든 국민은 그 보호하는 자녀에게 적어도 초등교육과 법률이 정하는 교육을 받게 할 의무를 진다."고 규정하고 있다. 이를 구체화한 교육기본법 제8조 제1항은 의무교육은 6년의 초등교육과 3년의 중등교육으로 규정하고 동조 제2항에서 의무교육을 받을 권리를 보장하고 있다. 국가구성 및 운영을 위한 적극적 의무인 국방과 납세의무와 달리 교육을 받을 의무는 문화국가원리에 따른 것으로 인간다운 생활을 할 권리실현을 목적으로 한다.

또한 헌법 제31조 제3항은 "의무교육은 무상으로 한다."고 규정하고 있다. 무상의 범위에 대하여 수업료면제설[42]과 취학필수비면제설[43]이 있으나 민주시민의 덕성을 함양하는 정치교육이라는 점에서 교재, 급식, 학교시설[44] 등을 학부모에게 부담시킬 수 없다는 점에서 취학필수비면제설이 타당하다. 급부국가의 실현은 재정에 의존하는 것으로 문제될 수 있으나 가능성 유보하에 시행할 수 있다고 보아야 한다.

(5) 재산권행사의 공공복리적합의무

재산권은 사회에서 시장경제를 구성하는 본질적 요소다. 재산권자는 자신의 재산적 지위를 이용하여 선호에 따라 경제적 결단을 할 수 있다. 즉 재산권자의 처분권은 물적 자원이 자유롭게 분산될 수 있는 전제조건이 된다. 물적 생산수단은 처분권자의 안목에 따라 수익창출을 할 수 있는 가능성을 갖게 된다. 우리 헌법은

---

42) 한수웅, 『헌법학』, 1032면.
43) 김철수, 『학설판례 헌법학(상)』, 1149면; 권영성, 『헌법학원론』, 623면.
44) 헌재결 2005. 3. 31. 2003헌가20, 판례집 17-1, 294 이하(학교용지부담금).

사회국가원리, 사회권, 혼합 내지 사회적 시장경제질서(제119조 제2항)를 추구하여 국가는 사유재산권을 규제와 조정할 수 있다. 즉 재산권행사의 공공복리적합의무 (제23조 제2항)도 그에 관한 것이다.

이에 대하여 윤리적 의무설과 법적 의무설이 대립하고 있다. 전설은 재산권이라는 공공재에 대한 공적의무라고 하거나 민법상 권리남용금지원칙에 의하여 처벌될 것으로 재산권의 한계 내지 제한의 문제로서 보는 견해인 반면, 후설은 헌법상 경제의 민주화(제119조 제2항), 농지소작제도의 원칙적 금지(제121조), 국토의 효율적 이용·개발과 보전의무규정과 민법상 권리남용금지원칙 등을 근거로 한다.

판단컨대 기본의무는 특히 공적영역을 규율하는 입법에 의하여 구체화된다. 이러한 점에서 윤리적 의무설과 법적 의무설의 실질적 차이는 없다. 헌법상 윤리와 법은 구분되는 것이 아니고 중첩되어 있다는 것은 여러 차례 설명한 바 있다.

(6) 환경보호의무

헌법 제35조 제1항은 환경권과 환경보호의무에 관하여 "모든 국민은 건강하고 쾌적한 환경에서 생활할 권리를 가지며, 국가와 국민은 환경보전을 위하여 노력하여야 한다."고 규정하고 있다. 이에 대하여 '노력하여야 한다.'라는 표현으로 인하여 국가의 과제이지 국민의 기본의무가 아니라는 견해[45]가 있다. 하지만 헌법규정은 노력, 의무, 책임 등 표현형식에 상관없이 정치윤리(즉, 헌법원리)에 따른 국가권력의 행사방법과 공적영역에서 시민의 행동규범을 제정하는 기준이 된다.

환경권은 또한 공적자유의 대상으로 시민의 책임이 핵심이다. 공적영역에서 시민은 법적으로 허용된 권한만 행사할 수 있다. 그러한 점에서 환경권과 환경보호의무는 권리보충적 의무인 것이다. 예컨대, 제3자의 환경보호의무의 불이행으로 환경권을 침해당한 사인은 국가에 환경침해배제청구권을 행사할 수 있다.

---

45) 허완중, 『기본권론』, 637면.

제 4 편

국가조직론

제
1
장
/

국가조직의 기본원리

제 1 절   권력분립원칙

Ⅰ. 민주적 헌법국가에서 권력분립원칙의 의의

국가조직은 권력분립원칙에 의하여 국가권력을 다양한 기관에 분산하여 협력적 국정수행을 하도록 하여야 한다. 협력적 국정수행을 위해서는 대화가 원칙이다. 정책결정과정에서 대화민주주의는 국가기관 간에 기회의 균등을 전제로 한다. 기회의 균등은 제도의 균형으로 확보된다. 헌법은 국가기관 간은 물론 정당, 미디어, 시민단체 등 중개적 권력에도 권력분립원칙을 보장하고 있다. 따라서 민주적 헌법국가는 정치적 다양성을 존중하고 보호·촉진하여야 한다.

시민사회의 결사와 정당 등 국가와 사회의 모든 조직은 대화민주주의원칙에 따라 활동하여야 한다. 이들 중개적 권력은 정치적 대화에 참여하여 의견을 국가정책에 반영할 수 있다. 따라서 민주적인 조직에서 투명한 절차를 거친 의사를 주장하여야 한다.

이러한 대화원칙은 국회, 상임위원회, 교섭단체에도 마찬가지로 적용된다. 국민의 대표선출에 있어서도 다양한 국민의사를 국회에서 대의할 수 있도록 하여야 한다. 이러한 점에서 국회의원선거제도에서 비례대표제를 확대하여야 한다.

오늘날 민주적 헌법국가에서 국가와 사회의 많은 단체가 국정에 공동참여하여 통제하고 조정할 수 있도록 소위 혼합헌법 사상이 실현되어야 한다. 혼합헌법이란 고대 로마공화국에서 처음으로 주장된 권력분립의 기원으로 이하에서 살펴보기로 한다.

Ⅱ. 권력분립원칙의 기원

권력분립원칙의 기원은 고대 그리스 폴리스에서 국가권력을 다양한 기관에 분산하여 협력적 국정수행을 한 것에서부터 찾아볼 수 있다.

1. 고대

(1) 고대 그리스의 3권 분립제

그리스 도시국가 폴리스에서도 국가기관을 3가지로 구분하였다.

(가) 중대한 국사를 결정하는 최고의 국가기관 민회(Ekklesia). 이는 전체시민으로 구성하거나 특정집단으로 구성한다. 그 권한으로 입법, 전쟁선포, 연맹의 체결, 사형선고, 추방과 재산몰수, 행정기관의 구성과 통제를 하였다.

(나) 행정기관 500인 위원회. 이는 선거나 추첨으로 선출된 공무원으로 구성된다. 임기는 6개월이고 연임은 불가능하다.

(다) 법원. 법관은 선거(시민법정의 법관)나 추첨으로 선출된다.

3개 국가기관은 현대의 권력분립이론에서도 찾을 수 있다. 3개 국가기관의 의결, 집행, 사법기능은 현대의 국가기능론에서도 기본원리로 인정되고 있다.

(2) 혼합헌법

아리스토텔레스는 지배자의 수에 따라 군주제, 귀족제, 민주제로 국가형태를 구분했지만 모두 장단점이 있어 키케로는 혼합형 국가형태를 제안하였다. 로마공화국의 군주(Konsul), 귀족원(Areopagus), 민회를 예로 들었다. 이는 오늘날 이권분립제의 기원으로 볼 수 있다.

혼합헌법(국가)형태는 고전적인 세 가지 국가형태를 결합한 것으로 상호 견제

와 균형의 원리에 의하여 타락을 예방하는 장점을 갖는다. 따라서 키케로와 폴리비
오스는 혼합국가를 최선의 국가형태로 판단했다. 혼합헌법(국가)은 권력분립이론의
원형으로도 볼 수 있다.

로마공화제를 찬양한 폴리비오스는 혼합헌법이론을 주장한 선구자[1]로 다음과
같이 기관간 견제와 균형을 강조하였다. "국가기관 간에는 상호 균형된 권력을 행
사한다. 각 기관의 권한은 대립과 갈등을 제거하여 국가조직을 유지할 수 있도록
천칭의 물건과 같이 균형을 이루어야 하지 불균형적으로 배분되어서는 안 된다."

2. 근대의 권력분립원칙으로 발전

(1) 홉스는 절대군주제 예찬으로 권력분립반대

절대군주론을 예찬한 홉스(T. Hobbes)는 국가권력을 분할하는 것은 국가를 해
체시키고 분할된 권력은 서로를 파괴시키는 것으로 권력분립에 반대하였다.[2] 그는
국가계약으로 리바이어던에 동의한 국민은 '배고픈 소크라테스보다 배부른 돼지'를
선택한 것으로 근대국가건설의 이론적 기초를 제공했다. 하지만 공화제보다 절대군
주제가 자유보호에 효율적인 것으로 평가하고 군주의 권력남용에 대하여는 통제하
는 방법을 제시하지 못하였다.

(2) 로크의 2권 분립론

이에 반해 로크(J. Locke)는 국가기능을 입법과 집행 및 소위 전쟁과 평화와 외
교정책을 포괄하는 외교권(연맹권)의 3가지로 구분하며 권력분립이론을 최초로 제
시하였다. 이는 1688년 명예혁명에서 의회가 국왕에 대해 승리할 수 있었던 이론적
기초를 제공했다. 그의 이론에서 중요한 것은 권한남용을 예방하기 위하여 입법과
집행권을 분리하여 각각 다른 기관에 맡겨야한다는 것이다. 만약 입법과 집행을 동
일한 기관이 행사한다면 자기의 이익을 위해 권한을 남용할 것이라 보았다.[3] 이는
인간의 자유와 평등을 위협하기 때문에 회피해야 한다고 하였다. 이러한 점에서 로
크의 권력분립이론은 2권 분립이론으로, 자유주의 국가의 이론적 기초를 제공한 것

---

1) K. Loewenstein(저)/김기범(역), 『현대헌법론』, 교문사, 1973, 34면.

2) T. Hobbes/하승우(역), 『리바이어던』, 풀빛, 2007, 192면.

3) J. Locke, 『1690년 로크의 시민정부에 관한 두 논문』 제11장, 제12장; 강정인/문지영(역),
『통치론』, 134면, 140면,

으로 해석한다.

(3) 몽테스키외의 3권 분립론

살펴본 바와 같이 고대 키케로, 폴리비오스의 혼합국가형태에서 이미 권력분립에 관한 선구적 제시가 있었지만 몽테스키외(Montesquieu)가 권력분립원칙의 창시자로 평가되고 있다. 이는 그의 저서(1748년의 법의 정신)에 기인한 것으로 볼 수 있다. 입헌군주제인 영국의 헌정생활을 경험한 그는 입법, 집행, 당시 의회의 상원인 귀족원의 사법으로 국가권력을 구분하였다. 그의 권력분립사상의 핵심은 개인의 자유를 침해하는 권력남용을 예방하는 것이었다.

이러한 목적달성을 위해 3가지 국가기능을 인적구성과 조직을 달리하는 각기 다른 기관에 맡겨야 한다고 보았다. 사법권은 입법, 집행에 비하여 하위 권력으로 평가한다. 권력분립사상은 권력상호간 견제와 균형을 추구하는 것으로 1787년의 미국헌법은 특히 이를 강조하였다. 몽테스키외[4]에 의하면 자유시민은 스스로 통치해야하기 때문에 입법권은 국민이 행사해야 한다. 하지만 현실적으로는 직접 행사할 수 없으므로 대의기관인 의회에 위임한다(대의제도). 선거권은 하위의 시민계층에게 부여하지 않는 제한선거제로 하고 의회는 귀족대표와 시민대표의 양원제로 구성하여 상호 통제할 수 있도록 한다. 행정의 수장은 군주가 된다. 이러한 점에서 몽테스키외의 권력분립론은 고대의 혼합헌법형태와 매우 유사하다.

Ⅲ. 권력분립원칙과 국가기능

1. 고전적인 국가기능의 세 가지 분리이론(소위 3권 분립원칙)

국가기능이란 국가권력을 행사하는 다양한 방식을 말한다. 즉 국가기관은 법질서에 근거하여 국가권력을 행사하고 책임지는 인적집단을 말한다. 국가는 국회, 정부, 법원 등 국가기관에 의해 권력을 행사한다. 고전적 권력분립이론은 이와 같이 국가기관에 상응하는 기능을 부여한다. 이상적인 기능배분으로 국회는 입법, 정부는 집행, 법원은 사법기능을 수행한다.

이를 논리적으로 보면 입법과 집행 및 사법은 동일한 차원의 국가기능은 아니

---

4) 몽테스키외/김재형(옮김), 『법의 정신』 제11편, 135면.

다. 집행과 사법은 입법의 사후적 집행을 담당하는 것으로 구분될 수 있기 때문이
다. 즉 입법은 일반·추상적인 법제정을, 집행과 사법은 개별·구체적인 법집행을
하는 것이다. 사법은 판결로 법적 분쟁과 형벌에 관한 결정을 하고, 행정은 인·허
가 등의 형식으로 그 밖의 법적용기능을 수행한다.

2. 기타 권력분립모델

고전적 권력분립이론과 다른 관점에서 특정한 국가권력의 분립모델은 다음과
같다.

(1) 규범중심의 정태적 권력분립이론

순수법학파의 한스 켈젠(H. Kelsen)은 입법, 집행, 사법 모두 법 정립작용으로
파악하였다. 순수집행인 통치행위만 법적용으로 볼 수 있을 뿐 입법과 사법의 차이
는 법 정립에서 일반·추상적인 것과 개별·구체적인 것의 양적 차이만 있는 것으
로 본 것이다.[5] 켈젠의 권력분립은 그의 순수법학이론에 입각하여 규범중심의 정
태적 권력분립이론이라 할 수 있다.

(2) 동태적 권력분립이론

뢰벤슈타인(K. Loewenstein)은 정치, 행정의 현실을 기준으로 정책결정, 정책집
행, 정책통제로 3분류하였다. 켈젠의 권력분립이론과 반대로 뢰벤슈타인의 권력분
립이론은 동태적 권력분립모델이라 할 수 있다. 정책결정이란 현재에 있어서뿐만
아니라 때에 따라서는 미래에 있어서도 공동사회구조에 대하여 방향 지시적이고
기초적인 공동체적 결단을 말한다. 정책집행은 정치적 결정의 현실에서 집행으로
국가활동의 전영역과 관련된 것이다. 정책통제는 3분법의 핵심적 기능이다.[6]

(3) 소위 통치행위의 권력분립기능

고도의 정치적 성격을 내포한 국가권력의 행사로 일반재판으로부터 자유로운
고권행위인 '소위 통치행위'를 제4의 국가기능으로 분류하는 것도 권력분립모델의

---

5) H. Kelsen, Reine Rechtslehre, 2. Aufl., Wien, 1960.
6) K. Loewenstein, Verfassungslehre, 3. Aufl. 1975, S. 39 ff; K. Loewenstein(저)/김기범(역),
   전게서, 53면 이하.

하나로 볼 수 있다.[7] 이는 최고 헌법기관인 대통령과 국회의 개별·구체적인 행위로서 대통령의 외교사절 신임, 접수, 파견, 선전포고, 국군통수, 국민투표부의권, 헌법개정안발의권, 사면권 등과 국회의 임원, 위원회의 구성, 의결, 의원의 징계, 규칙제정 등을 들 수 있다.

(4) 수직적 권력분립과 중재적 권력분립

벤자민 콘스탄트(Benjamin Konstant)는 권력분립의 모델로 입법, 집행, 사법의 수평적 권력분립 이외에 수직적 권력분립으로서 지방자치권과 의원내각제에서 국왕과 대통령의 중재적 권력기능도 강조하였다.

3. 권력분립체계와 각국의 역사·정치적 전제조건

세계 각국은 그 역사에 따라 고유한 정치체계를 형성하면서 권력분립도 달리 파악한다. 따라서 자유주의 국가학자들의 이론적 영향도 각국마다 동일하지 않다. 영국은 로크, 미국은 몽테스키외, 프랑스와 스위스는 루소의 영향을 강하게 받았다.

입법, 집행, 사법의 3권간의 관계도 각국에서 상이하게 형성되었다. 권력분립의 구조적 실현양상은 각국의 정부형태에 따라 다음과 같이 다르다.

영국은 -법률보다 효력이 강화된- 형식적 의미의 헌법이 없는 불문헌법국가이기 때문에 의회주권이 강할 수밖에 없다. 하지만 현실적으로는 의원내각제 정부

---

7) 김철수, 『헌법학신론』, 1707면; 허영, 『한국헌법론』, 1109면; 헌재결 2003. 12. 18. 2003헌마 255등, 판례집 15-2,655(663). 이 사건 파견결정은 그 성격상 국방 및 외교에 관련된 고도의 정치적 결단을 요하는 문제로서, 헌법과 법률이 정한 절차를 지켜 이루어진 것임이 명백한 이 사건에 있어서는, 대통령과 국회의 판단은 존중되어야 하고 우리 재판소가 사법적 기준만으로 이를 심판하는 것은 자제되어야 한다. 오랜 민주주의 전통을 가진 외국에서도 외교 및 국방에 관련된 것으로서 고도의 정치적 결단을 요하는 사안에 대하여는 줄곧 사법심사를 자제하고 있는 것도 바로 이러한 취지에서 나온 것이라 할 것이다. 이에 대하여는 설혹 사법적 심사의 회피로 자의적 결정이 방치될 수도 있다는 우려가 있을 수 있으나 그러한 대통령과 국회의 판단은 궁극적으로는 선거를 통해 국민에 의한 평가와 심판을 받게 될 것이다. 헌재결 2016. 5. 26. 2015헌라1, 판례집 28-1하, 170 [각하]. 헌재는 재판관 5(각하): 2(기각): 2(인용)의 의견으로 각하하는 다음과 같은 결정을 하였다. "헌법실현에 관한 1차적 형성권을 갖고 있는 정치적·민주적 기관인 국회와의 관계에서 헌법재판소가 가지는 기능적 한계에 비추어 보더라도, 헌법재판소가 근거규범도 아닌 이 사건 입법부작위의 위헌 여부에 대한 심사에까지 나아가는 것은 부적절하므로 그 심사를 최대한 자제하여 의사절차에 관한 국회의 자율성을 존중하는 것이 바람직하다." 이러한 헌재의 각하결정은 추상적 규범통제제도의 흠결과 '사법의 정치화'를 고려하여 국회입법에 대한 권한쟁의심판청구의 한계를 스스로 설정함으로써 결과적으로 '정치의 사법화'를 예방하려는 노력으로 평가할 수 있다.

형태에서 실권은 다수당의 당수로 임명되는 수상과 그 각료들에게 집중되어 있다. 유럽연합에 가입을 계기로 의회에 대한 사법부의 영향력도 강화되었다.

영국, 스위스와 달리 미국과 독일은 헌법재판의 영향으로 사법부의 권한이 강한 국가로 특징지을 수 있다.

프랑스 제3, 4공화국에서는 의회주권이 강하여 고전적인 의원내각제였으나 제5공화국에서는 정국의 안정을 위하여 의회주권을 약화시키고 대통령의 권한을 강화한 이원정부제로 변화하였다.

Ⅳ. 권력분립사상의 개관

1. 전통적 요소

(1) 객관적 · 물적 권력분립

고전적 3권 분립이론은 객관적 · 물적 권력분립에 기반하고 있다. 이는 입법, 집행, 사법의 세 가지 국가기능을 각기 다른 기관에 분배하고 독자적인 예산에 따라 수행하는 것이다. 국회, 정부, 법원의 세 개의 국가기관은 헌법과 법률에 의하여 부여된 권한을 제한적으로 수행한다. 여기에 각 국가기관이 장소적으로 분리되어 있으면 더욱 권력분립을 강화하게 된다. 예컨대, 행정부처의 일부이전(신행정수도 후속대책을 위한 연기, 공주지역 행정복합도시건설을 위한 특별법)과 국회의 세종분원설치(국회법 제22조의4, 세종의사당)를 들 수 있다. 비교법적으로도 독일연방의 대통령과 의회는 베를린에, 연방헌법재판소는 칼스루에(Karlsruhe)에 소재하고, 스위스의 연방의회는 베른에, 연방대법원은 로잔과 루체른에 있다.

(2) 주관적 · 인적 권력분립

주관적 · 인적 권력분립에 따라 각료와 의원의 겸직은 금지된다. 미국의 대통령제에서는 이를 엄격하게 준수하지만 의원내각제 국가에서는 그렇지 않다.

연방국가의 연방과 주의 수직적 권력분립에서는 인적 권력분립을 도모하지 않는 경향이 나타난다. 예컨대, 독일의 연방참사원 의원은 주정부의 각료 중에서 파견되어 주정부의 명령에 기속되는 의정활동을 한다(독일헌법 제51조 제3항).

(3) 권력통제

객관적·주관적 권력분립 이외에 권력상호간 견제수단으로 권력통제기능을 수행한다. 의회의 정부각료의 선출과 불신임의결권은 정부통제수단으로, 정부의 법률안과 예산안 제출, 법률안거부권, 의회해산권은 의회통제수단이다. 의회와 정부의 재판관임명권, 국정감사권, 예산안의결권 등은 법원통제수단으로, 헌법재판소의 위헌법률심판, 탄핵심판, 대법원의 위헌위법명령규칙심사권은 의회와 정부통제수단이다.

2. 현대의 협력적 권력분립원리

(1) 탄생배경

고전적 권력분립이론은 법제정과 법적용의 구분을 전제로 입법과 행정 및 사법의 주된 기능만을 제시할 뿐 현실적으로 행정재판(건축법과 국토계획법 등)과 헌법재판 등에서 법제정과 법적용이 상대화되는 경향을 간과하고 있다. 고전적 권력분립이론으로는 사회정책문제를 해결할 수 없게 되었다.

이를 극복하기 위하여 살펴본 로마공화국의 혼합헌법을 응용하여 국가권력의 행사기관을 다양하게 구성하여야 한다. 즉 국가의 과제를 단독, 소수 또는 다수의 기관에 선택적으로 배분하여 효율성을 도모하여야 한다. 이로써 상호 통제될 수 있을 뿐만 아니라 협력작업도 대화원칙에 따라 이루어질 수밖에 없다. 권력분립은 본질적으로 다원적인 국가권력행사기관으로 보장하여야 한다. 그리하여 다양한 견해를 갖는 사회권력의 국정참여도 강화하여야 한다. 유용성과 정의, 공공복리와 개별이익, 연대와 효율 등 모든 관점이 제시될 수 있도록 다양한 기관의 참여가 제도적으로 보장되어야 하는 것이다. 권력분립은 형식적인 헌법기관에 국한되는 것이 아니다. 공적영역에서 활동하는 모든 권력은 권력분립기능에 참여할 수 있는 것이다.

(2) 입법부내 권력분립

대의민주주의에서는 의회와 국민 간에 선거를 통해 간접통제만 가능하지만, 직접민주주의에서는 국민발안이나 국민투표로 직접통제를 할 수 있다. 의회의 헌법제정과 입법간에는 헌법제정과 개정에 특별의결정족수를 요구하여 단순다수결에 의한 입법과 구별하는 방식으로 통제한다.

양원제는 일정한 법안이나 외교정책에 대하여 양원의 합의를 요구하는 방식으로 통제한다. 이는 양원의 구성방식과 임기를 상이하게 하여 다른 관점에서 법안심의와 의결을 하는 방식으로 한다.

(3) 행정부내 권력분립

내각과 대통령 간에 대통령은 국무총리와 장관의 임명권으로 통제하고, 국무총리와 국무위원은 대통령의 국정행위에 대하여 부서로서 통제할 수 있다.

집행부와 행정간 집행부가 약하거나 불안정한 정부일 경우 직업공무원으로 구성된 행정부가 정부를 통제할 수 있다. 국무회의도 중요 국정사안에 대하여 다수 국무위원의 심의를 거쳐야 하므로 대통령과 장관의 권한을 통제할 수 있는 수단이 된다.

(4) 시간적 권력분립

임기제는 국정담당자에게 막강한 권한이 집중되는 것을 예방하는 수단이 된다. 예컨대, 지방자치단체장(지방자치법 제108조)은 4년 임기의 계속재임은 3기 내에서만 할 수 있다. 비교법적으로 미국대통령은 4년 임기의 재선까지만 가능하고 스위스 대통령은 단 1년만 권한을 행사할 수 있다.

법률안 독회제도는 법률안 심의절차로서 영국에서는 3독회제가 스위스에서는 2독회제가 시행되고 있다. 법률안 독회제는 신중한 심의를 강제하기 위한 수단으로 독회를 거치는 과정에서 상대방이 입장을 변경하거나 다른 정치적 쟁점을 제기하여 시간적 권력통제수단으로 기능한다.[8]

(5) 수직적 권력분립
(가) 지방자치

연방국가와 단일국가 모두 중앙정부를 견제하기 위하여 지방자치단체에 권한을 부여하는 수직적 권력분립을 도모한다. 하지만 단일국가와 달리 연방국가는 정치적·법적으로 연방-지분국-자치단체의 3단계 연방국가구조를 형성한다.

---

8) Haller/Kölz/Gächter, aaO., S. 208.

(나) 연방제와 분권제

연방국가에서 연방과 지분국의 분권은 중앙정부의 권한집중을 예방한다. 단일국가에서도 지방행정을 인정하거나 일부지역에 자치권을 확대하는 것으로 중앙정부를 견제할 수 있지만 연방국가의 수직적 권력통제수준에는 못 미친다.

(다) 국제법

오늘날 각국의 국내법체계는 국제법질서를 존중하지 않으면 안 된다. 헌법 제6조 제1항에서도 "헌법에 의하여 체결·공포된 조약과 일반적으로 승인된 국제법규는 국내법과 같은 효력을 가진다."고 하여 국제법질서의 국내법적 효력을 인정하고 있다.

(6) 복수정당제도

복수정당제는 정당 간의 이해관계를 자체적으로 통제할 수 있는 수단이다. 헌법 제8조 제1항은 "정당의 설립은 자유이며, 복수정당제는 보장된다."고 하여 정당의 자유와 함께 복수정당제도를 보장하고 있다. 유권자는 투표로서 정부여당과 야당을 선택하여 상호견제에 의한 정당제 민주주의를 추구할 수 있다.

(7) 시민단체

우리 헌법에 시민단체에 관한 명문규정은 없다. 다만 언론·출판·집회·결사의 자유(제21조), 근로자의 단결권(제33조)에서 단체에 관한 간접적인 규정을 찾을수 있을 뿐이다. 하지만 개별법인 민법, 민간단체지원법, 기부금품모집법, 공익신탁법, 공익법인법, 상속세 및 증여세법, 법인세법 등에서 단체에 관한 규정을 볼 수있다. 법률차원의 규율은 시민단체가 사회영역에서 공공의 이익을 위하여 자발적으로 조직하여 활동하는 사적단체라는 특성에 기인한 것이다. 근대 자유국가에서는 국가와 사회의 엄격한 구별에 의해 단체는 다만 국가의 특혜대상일 뿐 국가기관에 영향을 미칠 가능성은 없다고 보았다. 하지만 현대 복지국가에서 단체는 국가기관에 직·간접인 영향을 미치고 있다.

(8) 국가권력에 의한 사인의 기본권보장과 제한

헌법 제10조 제2문은 "국가는 개인이 가지는 불가침의 기본적 인권을 확인하고 이를 보장할 의무를 진다."고 규정하고 있다. 국가는 기본권기속에 의하여 특히 국가권력의 통제로부터 자유로운 강한 방어권은 기본권의 본질내용으로 보장받고 있다. 하지만 이로써 사회적 동물인 인간은 공적영역에서의 권한행사는 제한을 받는다. 즉 공적영역에서 사인의 자유는 타해금지의무에 의하여 법적으로 조화된 공적 자유를 행사하여야하기 때문이다.

(9) 국군의 정치개입금지

국군의 정치개입금지는 국가의 존립을 수호하는 책무를 지닌 군인이 군사력을 악용하여 정권찬탈을 예방하기 위한 것이다. 따라서 헌법은 "국군은 국가의 안전보장과 국토방위의 신성한 의무를 수행함을 사명으로 하며, 그 정치적 중립성은 준수된다(제5조 제2항)."고 규정하여 군인정치의 출현을 금지하고 있다. 그리고 "군인은 현역을 면한 후가 아니면 국무위원으로 임명될 수 없다(제87조 제4항)."고 문민정부에 의한 국가권력행사를 확인하고 있다.

제 2 절 정부형태

정부형태란 권력분립의 조직적·구조적 실현형태를 말한다. 헌법학에서 그 형태로 유형화된 의원내각제, 대통령제, 이원정부제, 스위스의 회의정부를 살펴보고 우리의 정부형태를 분석하고자 한다.

Ⅰ. 의원내각제

1. 영국에서 의원내각제의 탄생

영국의 의원내각제는 17세기 권리청원, 권리장전 등 헌법투쟁에서 본격적으로 개발되었다. 13세기 마그나카르타(1215)에서도 귀족들이 권리를 쟁취하기 위하여 의회의 동의를 요건으로 국왕의 과세권을 인정함으로써 의회의 고전적 권한을 강화하기도 하였다. 하지만 국왕은 언제든지 의회의 동의 없이도 사실상 과세권을 행사할 수 있었다. 따라서 17세기에 와서야 국왕의 자발적 양보와 더불어 시민의 승리로 의회의 지위가 확립되어 정부와 의회가 협력관계에 있는 의원내각제로 발전하였다.

여타 유럽제국과 비교하여 영국은 권리장전(1689)에 의하여 절대왕정시대가 일찍 소멸하고 입헌군주시대를 열었다. 의회와 국민의 고전적 권리와 자유가 확인되어 통치권자인 국왕은 입법권을 행사할 수 없게 되었다. 입법권은 국왕, 귀족, 서민원(House of Commons)이 공동으로 행사하도록 하였다. 따라서 의회는 헌법을 제정하여 국왕을 기속하였다. 18세기 전반에 서민원은 책임정부인 내각을 구성하여 추밀원(Privy Council)9)을 대신하게 되었다.

영국의회의 전통인 양당제는 17세기 후반에 탄생하였다. 1688년 명예혁명 이후 현대정당의 선구자인 휘그당(Whigs)과 토리당(Tories)의 정치세력이 형성되었다. 보수세력인 토리당은 교회대표자와 대지주로 구성되어 국왕의 천부적 권력을 수호한 반면, 휘그당은 의회를 강력히 지지한 진보세력으로 국왕에 대항하였다. 처음에 이들은 모두 느슨한 결사 내지 정당으로서 중요한 문제에만 대립하였다. 하지만 조지 1세의 왕위계승문제에서 휘그당은 주도적인 세력으로 역할을 하였다. 정부와 서민원의 요직을 담당했던 월폴(Robert Walpole)대법원장은 의회를 양분하여 야당을 제도화하였다.

제도화된 야당은 여론의 대변자로서 중요한 기능을 수행하였다. 야당은 숨겨진 의안도 언론에 공개하고 웨스트민스터(Westminster)에 소재하는 서민원에 대한 여론을 조성하였다. 문제지역구에서 선거운동은 정부의 실정을 비판하기도 하였다. 야당의 기능은 의회규칙에서 상세히 규정하고 있다. 야당의 제도화로 국가, 사회,

---

9) 대헌장(Magna Charta)은 귀족에게만 특허를 부여한 것으로 결코 근대적 의미의 문서는 아니었다. 하지만 이 문서는 왕권제한과 관련된 것으로 자유 향유의 시발점이 된 것은 분명하다. 특히 대헌장 제39조는 "자유민들은 재판소의 판결 없이 체포·구금되거나 재산을 박탈당하거나 귀양보내지는 일들은 있을 수 없다."고 규정한 것의 해석이 문제되었다. 이 조문을 비롯한 대헌장의 해석과 관련하여 형평법이 발달하게 되었고 소의회가 영구의회(permanent Council)로 설립되게 되었다. 15세기에는 영국의회가 보다 작고 능률적인 추밀원(Privy Council)으로 구성되었다. 18세기에 추밀원은 그 구성원이 보다 단순하고 능률적인 내각(Cabinet)제도로 바뀌었다. 고광림, 『영국정부론』, 일조각, 1970, 13면.

헌법의 기본질서에 대한 수시적인 토론이 가능하게 되었다. 이로써 여론정치를 도모할 수 있게 되어 토리당에게도 도움이 되었다. 이와 같이 영국의 여당과 야당의 이원주의는 의회에서 확립된 오랜 전통에 기반하고 있다.

정부와 의회의 융화현상의 지속으로 국왕은 내각구성에서 다수당의 지도부로 정부를 구성하는 관습이 생겨났다. 이는 현대의회주의의 기본원리의 하나로 평가되고 있다. 18세기 말경에 수상과 내각은 서민원의 불신임의결로 사퇴해야한다는 인식이 확립되었다. 이는 1841년 의회규칙에 공식적으로 규정되었다.

2. 의원내각제의 특징

(1) 의회와 정부의 긴밀한 관계

의원내각제는 의회가 정부를 구성하고 통제하는 것을 기본이념으로 하고 있다. 정부는 의회 다수당의 지지에 의존하고 그 신임을 얻는 의원이 일반적으로 각료가 된다. 결국 수상은 다수당의 당수가 된다. 따라서 총선은 사실상 수상을 직선하는 기능을 한다.

독일, 오스트리아와 같이 특히 비례대표선거가 실시되는 경우 제1당이 절대다수를 확보하지 못하는 경우가 많다. 이 경우 둘 내지 세 개 정당이 연립하여 정부를 구성하고 그 중 다수당에서 수상이 선출된다. 정부와 의회다수당간 긴밀한 협력으로 정책이 결정된다. 따라서 의회정치에서 정부는 정책을 실현하고 정권을 유지하기 위하여 제1정당의 당론을 따르게 된다. 의회다수파와 정부는 협력하기 때문에 야당은 본질적으로 의회소수파로서 정부통제기능을 수행하게 된다.

(2) 의회의 정부에 대한 불신임의결권과 정부의 의회해산권

의회와 정부의 긴밀한 관계에서 의회는 정부에 대한 불신임의결권을, 정부는 의회해산권을 행사한다. 정부가 의회다수의 신임을 얻지 못하면 사퇴하여야 한다. 이에 대한 대항수단이 정부 또는 (수상의 제안을 전제로) 대통령의 의회해산권이다. 양원제 의회의 경우 정부는 국민대표인 제1원에만 정치적으로 의존하기 때문에 제2원의 권한은 상대적으로 약하다.

(3) 대통령의 중립적 권력

의원내각제의 수상과 국가원수의 기능은 구분된다. 국가원수는 대통령 또는 군주가 되고 보통은 국가의 대표기능을 갖는다. 즉 수상과 각료의 형식적 임명권, 법적인 법률안 거부권, 사면권, 특정한 헌법상 감독권이 인정된다. 국가원수는 중립적 권력으로서 정치적 사안을 감독하고 조정자역할을 수행하는 점에서 상징적 기능에 국한되는 권한만을 행사하는 것은 아니다. 예컨대, 이탈리아, 네덜란드와 같이 정부가 자주 교체되는 국가에서는 대통령이나 국왕이 정부구성원이 되는 인물을 선정하는 중요한 역할 수행한다. 전시나 긴급사태에서도 국가원수의 기능은 중요하다.

(4) 특징

살펴본 의원내각제의 특징은 다음과 같이 요약할 수 있다.
- 대통령의 형식적 수상임명권
- 의회의 정부에 대한 불신임의결권
- 대통령의 의회해산권
- 각료와 의원의 겸직
- 의원의 원내정당기속
- 정부통제기관으로서 야당의 제도화
- 대통령의 중재자적 기능
- 연정에 의한 다수형성(비례대표제 선거의 경우)

3. 의원내각제국가의 사례

의원내각제에서 정부구성은 각국의 의회정치양상에 따라 다양하게 형성된다. 이러한 점에서 각국의 의회민주주의의 특성을 살펴보고자 한다.

(1) 영국

(가) 내각책임제

영국의 정부형태는 의회와 행정부가 긴밀한 관계에 있는 내각책임제로 운영된다. 내각은 의회에서 의결할 정책사항과 시기를 결정한다. 이는 의회의 다수당의원들이 원내대표의 지시에 기속되는 당론표결을 하여 의회다수파와 행정부가 일체가 되기 때문이다.

의원들이 자유위임에 따라 의정활동을 하는 것은 사실상 위원회에서만 가능하고 그 밖의 경우에는 정부여당의 명령적 위임에 의하여 당론에 기속된다. 이는 정부여당이 근소하게 과반을 점할 경우 더욱 강화된다.

(나) 국왕의 형식적인 권한

여왕은 국가원수로서 형식적인 수상임명권, 상원의원추천권 등의 권한을 갖는다. 이 권한은 역사적 전통에 의해 형성된 헌법관습법에 따라 실질적 권한으로 행사할 수는 없고 의회다수파와 내각의 의견을 추종하는 것으로 제한된다. 예컨대, 수상의 임명권은 하원인 서민원의 개원 이후 다수당의 지도자에게 정부구성을 위임하고, 서민원의 해산과 총선의 실시 등의 경우에도 수상의 의견에 따라 형식적인 권한만 행사할 따름이다.

(다) 수상독재정부

이와 반면에 수상은 여왕의 지위와 달리 의회다수당의 지도자로서 실권을 갖는다. 수상은 내각의 수반으로서 장관임면권, 의회에 신임투표부의권, 의회해산과 총선실시권 등 독자적으로 정책결정을 할 수 있는 막강한 권한을 행사한다. 이러한 점에서 영국의 내각책임제는 개발도상국가의 강력한 집행부에 버금가는 '수상독재정부'로 운영될 가능성을 제도적으로 보장하고 있다. 내각은 수상정부의 의결기관으로 장·차관으로 구성된다. 내각은 법률안발의권을 갖는 반면에 의회의 불신임의결로 사퇴당할 수 있다.

(라) 야당의 보호

야당은 전통적으로 의회에서 보호받는 지위를 갖는다. 야당의 지도자는 정부의 재정적 지원으로 여당의원들로 구성된 내각을 감시하는 소위 '그림자내각'을 지휘한다. 이는 차기총선과 불신임의결로 정부이양을 받는 경우 소관부처의 전문지식을 습득하는 기회로도 활용된다. 정부에 대한 불신임의결은 의원 과반수를 근소하게 넘겨 19세기에는 네 번(1841, 1859, 1886, 1892)이나 20세기에도 1979년에 있었다.[10] 하지만 그 가능성만으로도 정부가 의회를 고려하지 않는 정책집행을 예방하는 기능을 하게 된다. 하원의장은 여야 합의로 선출된 인물로 야당의 권리행사에 대하여 공정한 판단을 하는 전통이 확립되어 있다.

영국의회는 상원인 귀족원(House of Lords)과 하원인 서민원(House of the Commons)의 양원제로 구성되어 있다. 귀족원은 고급귀족과 성직자의 대표로, 서민원은 하급귀족과 도시민의 대표로 구성하였다. 1999년까지 상원의원은 약 1,200명 정도로 그중 800명은 상속귀족, 26명은 성직자, 나머지는 왕실에서 임명한 종신귀족이었다. 1,200명 중 상원회의에는 120명만 참여한다.

왕실에서 임명한 법관귀족은 상원회의에 참여하지 않고 12명의 대법원의 구성원이 된다. 이와 같은 상원의 기능에 대하여 개혁논의가 수년간 지속되었다. 마침내 1997년 노동당이 총선에서 승리하자 개혁에 착수하였다. 민주적 정당성결여가 문제된 것이다. 노동당은 특히 상원을 토리당이 지배하는 것도 문제 삼았다. 상원귀족의 경우 약 90%가 보수당소속이고 이를 조정하기 위해 임명한 진보적인 종신귀족은 92명에 불과하였다.

헌법개혁을 통하여 입법, 행정, 사법의 인적, 제도적 분리를 하였다.[11] 독립된 대법원을 설치하여 상원의 사법기능을 분리하였고 법관귀족의 소속도 사법부소속으로 변경하였다. 그리고 새로운 대법관임명은 법관인사위원회의 추천인사 중에 수상의 제청으로 여왕이 임명하는 것으로 하였다.

(2) 독일
(가) 건설적 불신임제: 행정부의 안정을 위한 제도

제2차 대전에서 패망한 독일은 연합국의 점령하에서 1949년 독일기본법을 제정하였다. 바이마르 공화국과 달리 의회에서 선출하는 연방수상의 지위를 강화하고 대통령은 간선제로 전형적인 의원내각제로 회귀하였다. 연방수상은 장관임면권과 연방정부의 수반으로서 정책결정권을 갖는다. 바이마르공화국에서 파괴적 불신임제로 인한 정부의 불안정을 예방하기 위하여 건설적 불신임제(konstruktives Misstrauensvotum)를 도입하였다. 건설적 불신임제란 연방의회 재적의원 과반수가 후임총리를 미리 선출한 후 연방대통령에게 연방수상의 해임을 요청하는 방법으로

---

10) Haller/Kölz/Gächter, aaO., S. 214, RN 682.
11) 상세한 것은 제4편 제2장 제2절 II. 2. (1) 볼 것.

불신임표명을 할 수 있는 제도(헌법 제67조)를 말한다.

(나) 연방대통령의 중립적 기능

연방대통령은 연방총회에서 간선되어 국가원수로서의 기능에 한정되지만 일정한 정치적 권한도 부여하고 있다. 즉 '중립적 권력'으로 헌법의 수호자기능을 보충적으로 부여하고 있다. 예컨대, 형식적 법률안 거부권과 수상이 요청한 신임투표에서 과반수찬성을 얻지 못하거나 총선 후 신임수상 선출에 있어 연방의회 재적의원 과반수를 얻은 당선자가 없을 경우 수상의 제청에 의한 의회해산권을 행사할 수 있다. 수상 또는 관계 장관의 부서에 의한 국정수행권도 있다.

(다) 주공무원의 파견기관인 연방참사원

독일의 의회는 양원제로 하원인 연방의회(Bundestag)와 상원인 연방참사원(Bundesrat)으로 구성된다. 연방의회는 인물선거가 가미된 비례대표제[12]로 구성한다. 연방참사원은 미국의 상원과 달리 주의 행정공무원의 파견기관으로 주의 인구수에 비례하여 3명 내지 6명의 의원정수(헌법 제51조 제2항)를 정하여 민주주의원리에 의한 상원구성을 한다. 하지만 연방참사원의 의원은 주의 명령에 기속되어 의정활동을 하므로(헌법 제51조 제3항) 주의 이해관계를 연방입법에 반영할 수 있다.

(3) 이탈리아
(가) 강한 의회, 약한 정부

이탈리아는 정부가 의회의 신임에 의존하는 의원내각제 국가다. 이러한 의원내각제는 1848년부터 시작된 오랜 전통에 기인한다. 의회에 안정된 다수정당이 성립되지 못하여 군소정당이 난립하면 약한 정부가 구성된다.

약한 정부 강한 의회의 전통적인 의원내각제는 다음과 같이 헌법에 이미 제도화되어 있다. 상원, 하원의원 각각 10% 이상 발의하면 정부에 대한 신임투표를 할 수 있다(제94조). 불신임의결에 필요한 정족수는 상원 또는 하원 중 어느 원에서든 출석의원의 단순 다수결이다. 이는 하원재적의원의 과반수를 요구하는 프랑스(헌법 제49조 제2항)에 비하여 의회가 정부에 대해 강력한 지위를 갖는 것을 의미

---

12) 상세한 것은 제4편 제2장 제1절 Ⅲ. 3. 볼 것.

한다.

(나) 양원제 의회

양원은 전체국민의 대표인 하원과 지역대표인 상원으로 구성된다(헌법 제55조). 양원은 의안결정에 있어서 완전히 동등한 권한을 갖는다. 양원 모두 국민의 대표로서 자유위임에 의하여 직무를 수행한다. 하원의원은 630명으로 피선거권은 25세 이상, 선거권은 18세 이상의 국민이 갖는다. 상원의원은 315명으로 피선거권은 40세, 선거권은 25세 이상이다.[13] 상원의원은 직선제를 원칙으로 하지만 전직대통령들과 사회, 과학, 예술, 문학 분야에서 현저한 업적을 이룩하여 국위를 선양한 사람 중 5명을 대통령이 종신 상원으로 임명할 수 있다(헌법 제59조).

1993년 선거법개정으로 의원의 75%는 다수대표로, 25%는 비례대표로 선출하였지만 정치체계의 안정에 효과는 없었다. 1999년 비례대표제 완전폐지에 관한 국민투표는 부결되었다. 지금까지도 효력이 있는 1947년 헌법에 의하여 구성된 정부는 60여 차례에 이르고 수상도 그 절반의 수에 이른다. 독일과 같은 건설적 불신임투표는 없지만 중도우파와 중도좌파의 연립정부로 상대적으로 안정을 이루고 있다. 의원내각제 국가에서 정부전체가 아닌 개별 장관에 대한 불신임투표가 가능한지에 관하여 헌법재판소는 가능하다고 판시[14]하였다.

(다) 간선대통령의 약한 지위

대통령은 양원합동회의에서 선출되는 독일의 연방대통령의 지위와 유사하다. 7년 임기의 대통령은 국가의 원수로서 외국에 대하여 국가를 대표한다(제87조). 독일 대통령과 유사하게 대통령은 지역대표 각 3인을 포함한 양원합동회의에서 선출한다(제63조). 간선제로 대통령은 의원내각제를 유지하기 위한 것이다. 독일의 대통령과 같고 직선제 대통령의 오스트리아와는 다르다. 대통령의 직무는 원칙적으로 정부의 협력이 없으면 행사할 수 없다. 대통령의 국정행위는 관계 장관의 부서와 일정한 경우 수상의 부서를 전제로 하여 행사할 수 있고, 대통령의 의회해산권과 법률안거부권도 양원 또는 일원의 동의를 전제로 행사할 수 있다.

---

13) 장영철, "이탈리아 헌법상 규범통제제도", 『기본권·국가·헌법』, 성운허경교수화갑기념논문집, 법학서당, 1999, 293면 이하.
14) Haller/Kölz/Gächter, aaO., S. 217, RN 693.

이러한 대통령의 법률안 거부권도 재의결에 가중된 의결정족수를 요구하는 우리(헌법 제53조 제4항)와 달리 단순다수결로 가능하다. 따라서 정지조건부 거부의 효력이 나타나는 것에 불과하다. 의회해산권도 의원내각제 국가에서 대통령의 의회에 대한 견제수단으로 기능하지 못한다. 다만 의회의 새로운 선거로 정부위기를 극복하기 위한 기능을 할 뿐이다. 의회해산 전에 대통령은 양원 의장에게 자문을 구해야 한다. 지금까지 한번을 제외하고 의회해산권은 수상이 요구하였다. 대통령이 수상의 요구를 수락할 법적 의무는 없다. 헌법상 대통령의 권한은 보장되어 있어 적극적으로 국정운영에 반영할 수 있지만 의회에 의존하는 의원내각제의 한계상 제도적 권한을 행사하지 않는 것이 관례다.

(4) 일본

(가) 천황의 상징적 국가대표

1889년 메이지 헌법은 프로이센 헌법의 강한 영향으로 입헌군주제를 채택하였다. 하지만 군대의 권력남용에 대하여는 무기력하여 양차 세계대전을 감행하는 것을 저지하지 못하였다. 제2차 대전 패망 후 맥아더장군의 통치하에 1946년 11월 3일 현행헌법이 제정되었다. 이는 미국의 대통령제가 아닌 영국과 유사한 의원내각제 권력구조를 근간으로 하였다. 의회군주제 정부형태로 천황은 상징적 국가대표로 기능을 제한하였다.

(나) 직선제 양원

입법부는 국가의 최고기관으로 중의원(하원)과 참의원(상원)으로 구성된다. 양원의 의원은 모두 국민의 직선에 의해 선출된다. 수상은 의원 중에서 양원의 의결로 선출한다. 양원의 의견이 일치하지 않는 경우에는 중의원에서 선출한다. 내각은 수상이 하원의 신임을 받아 임명한 장관으로 구성한다. 중의원이 내각을 불신임의결하거나 수상이 제안한 신임투표를 부결했을 때 내각은 총사퇴하여야 한다. 그에 대항 수단으로 내각은 중의원해산을 천황에 요청하여 새로운 국민총선으로 내각의 진퇴를 결정하게 할 수 있다.

(5) 이스라엘

(가) 다수정당의 의회난립

영국의 위임통치를 경험한 이스라엘의 정부형태는 영국의 영향을 강하게 받았다. 의회(Knesset)는 다만 상대다수대표제의 영국과 달리 고정명부식 비례대표제로 차이가 있다. 비례대표제는 전국을 단일선거구로 하여 보통, 평등, 직접, 비밀선거로 의회를 구성한다(기본법 제4조). 4년 임기 120명의 단원제 의회는 유효투표의 2% 이상의 저지규정을 넘은 정당의 득표율에 따라 의석을 배분하여 구성한다. 의석배분은 소위 하겐바하-비쇼프식(동트식) 계산법에 따라 저지규정을 넘은 유효정당의 총투표수를 120석으로 나눈 일반득표수를 기준으로 정당득표율을 계산하여 의석을 배분한다. 전통적으로 보면 대략 10개가 넘는 정당이 의회에 참여하였다.

(나) 직선 수상내각제의 시행시도

따라서 정부수립 이후 항상 연립정부로 국정이 운영되어 수상의 지위가 연립파트너정당들에 비하여 약하였다. 특히 기독정당 등 종교정당들이 수상에게 그들의 이해관계를 강력히 주장하면 관철되는 것이 보통이었다. 이 문제를 보완하기 위하여 1992년에 고전적 의원내각제와 달리 1996년 직선제 수상내각제를 정부형태로 도입하였다. 수상의 지위는 강화되었다. 대통령은 형식적인 국가의 대표기능에 한정되어 의회에서 여전히 선출하였다. 수상은 의회임기와 동일하게 4년마다 절대 다수결로 선출하였다. 순수 의원내각제의 요소인 수상의 의회해산권과 의회의 불신임의결권은 그대로 두어 총선에 의한 새로운 의회구성과 의회주도 국민의 수상선거가 실시될 수 있었다. 직선제 수상정부임에도 의회다수의 지지를 동시에 받아야 하는 정부형태였다. 따라서 1996년 초대 직선수상에 벤자민 내탄야후가 당시 수상이었던 시몬 페레스를 누르고 당선되었고, 1999년 5월 선거에서는 에후드 바락이 내탄야후를 압도적으로 누르고 당선되었다. 2001년에는 아리엘 샤론이 당선되었다.

(다) 의원내각제로 회귀

의회에 의존하는 직선제 수상의 이원정부의 문제점을 파악한 이스라엘은 즉각 기본법(Basic Law)을 개정하여 2003년부터 순수의원내각제로 회귀하여 지금까지 유지하고 있다. 의회의 우익세력을 대변하는 리쿠드당의 신임으로 내탄야후 수상이 장기 집권하고 있다. 근래에는 내각전체의 동의 없이도 수상에게 전쟁선포권까지 부여하여 이스라엘이 중동평화의 주도세력으로 기능하는 영국식 수상정부제에 접근하고 있다.

4. 평가

의원내각제의 장점은 다음과 같다. 의원내각제는 민주주의 확립을 위해 고안된 정부형태다.

입법부와 행정부가 결합되어 행정국가의 경향이 강하게 나타난다. 의회소수파는 야당으로 중요한 기능을 수행하여 다수파정부를 견제하고 의회에서 제도화된 소수의 권리(국정조사권, 각료들 출석요구와 대정부질문 등)로 정부정책을 통제하는 기능을 한다. 정치적 책임소재가 명백하여 유권자의 선택가능성을 제공할 수 있다. 이는 특히 국정을 양당(영국)이나 4개 이내의 정당(독일)이 주도권을 갖는 경우 분명하게 나타난다.

이와 반면에 의원내각제의 단점은 다수관계가 불분명하여 군소정당이 의회에 난립하는 경우 정부는 불안정하다. 이 경우 정부에 대한 불신임의결권의 잦은 행사로 내각이 총사퇴하여야 한다. 예컨대, 바이마르공화국, 이탈리아, 이스라엘, 벨기에, 프랑스 제3, 4공화국 등을 들 수 있다. 정부의 불안정을 예방하기 위해 독일과 같이 건설적 불신임제나 저지조항을 도입하는 방안이 있다. 의원이 원내정당에 기속되어 의결권을 자유롭게 행사하지 못하는 것은 자유위임의 원리에 반하는 헌법위반의 소지가 있다.

Ⅱ. 대통령제

1. 의의

대통령제는 1787년 미국헌법에서 탄생하였다. 대통령제에서 대통령은 국가원수이자 행정수반으로서 지위를 갖는다. 그 근본취지는 대통령의 지위강화에 있는 것이 아니라 의회, 정부, 법원의 국가기관 간에 완전한 권력분립과 상호견제와 균형에 있다. 직선제 대통령과 의회는 각각 독립적으로 국민적 정당성을 부여받는다. 즉 대통령은 의회의 불신임의결이나 해산권과 상관없이 국민에 대한 정치적 책임을 부담할 뿐이다. 사법권도 입법과 행정으로부터 독립을 보장하여 연방대법관을 종신직으로 한다. 의원내각제와 달리 의회와 행정의 인적결합 없이 완전한 주관적 권력분립을 특징으로 한다.

'미국'의 대통령제와 '권위주의' 대통령제는 권력의 견제와 균형을 도모하는 정도에서 구별할 수 있다. 후자는 전자와 달리 입법, 집행, 사법권 간의 균형이 아닌 대통령중심의 정부형태로 강력한 집행부를 특징으로 한다. 대통령제로 흔히 분류하는 우리나라와 라틴아메리카가 이에 속한다. 이와 같이 형식적인 국가원수로서 군주가 없거나 간선 대통령이 아닌 집행부우위 정부형태는 대부분 국가에서 대통령제로 분류하는 것이 일반적[15]이다.

대통령제의 특색은 다음과 같이 요약할 수 있다.

- 완전한 객관적·주관적 권력분립
- 대통령의 의회의 신임으로부터 완전독립
- 정부의 수반이자 국가원수로서 대통령
- 장관의 약한 지위
- 국민 직선 내지 유사 국민직선의 임기제 대통령
- 고전적 3권간의 상호견제와 균형

2. 미국의 고유한 정부형태로서의 의의

(1) 탄생배경

미연방은 1776년 독립선언과 영국식민지였던 13개 동부 주가 1777년 연합조약으로 국가연합을 형성하여 탄생하였다. 원래 정치적 안정을 위해 1787년 필라델피아에서 국가연합조약을 수정하기 위한 헌법회의를 소집하였다. 하지만 헌법회의는 연합조약을 수정하는 대신 새로운 헌법을 1787년에 제정하였다. 이 헌법은 연방국가를 국가형태로 로크와 몽테스키외의 권력분립사상을 수용하여 대통령제를 탄생시켰다. 대통령제는 권력남용을 예방하기 위한 일견 모순되는 두 가지 제도를 마련하였다. 한편으로는 입법, 행정, 사법의 엄격한 객관적·주관적 권력분립과 다른 한편으로는 이들 기능 간에 협력을 위한 견제와 균형을 추구하기 위한 다양한 수단이 있다.

---

15) 헌재결 1994. 4. 28. 89헌마221, 판례집 6-1, 239(259).

새 헌법과 연방기관을 지지한 연방주의자들과 지분국과 지방자치단체를 옹호한 반연방주의자들의 논쟁에서 연방주의자들이 승리하였다. 그리하여 지분국들의 승인으로 마침내 1789년 새 헌법은 효력을 발생하였다.16) 1803년 연방대법원이 마베리 사건(Marbury v. Madison)17)으로 헌법재판기능을 수행하면서 입법, 행정, 사법의 세 기관간의 권력통제는 완성되었다.

(2) 미국의 권력분립체계개관

미국의 대통령제는 의원내각제와 달리 (다만 부통령이 상원의장을 겸직하는 것은 예외로서) 입법과 행정의 완전한 객관적·주관적 권력분립을 본질로 한다. 양 기관은 국민직선에 의해 각자 독자적으로 국민적 정당성을 갖기 때문이다,

연방의회는 양원제로 구성된다. 하원은 민주주의원리에 따라 인구수에 비례하여 소선거구 다수대표제로 2년 임기의 435명 의원을 직선하고, 상원은 연방국가원리에 따라 각주에서 동등하게 2명씩 직선제 6년 임기의 100명 의원으로 구성된다. 상원의원은 계속성, 안정성 추구를 위해 2년마다 1/3씩 개선한다. 상원은 대통령의 조약체결에 2/3의 동의권과 국무장관, 대사, 영사, 법관 등 중요공무원임명에 단순 과반수의 동의권을 행사한다.

연방대통령은 선거인단에서 간선하지만 사실상 직선제로 평가한다.18) 선거인단선거전에 선호후보자를 확정하기 때문이다. 대통령은 탄핵심판에 의한 파면가능성이 있지만 중대한 법위반에 한한다. 법률안 제출권은 없지만 사실상 측근 의원을 통해 전달가능하다. 또한 정치적인 법률안 거부권을 행사할 수 있지만 법안일부에 대한 거부(Line-Item Veto)는 1998년 연방대법원이 행정수반에 과잉권한을 부여하여 입법기능을 침해한 것으로 위헌결정19)하여 금지되었다.

---

16) 연방 헌법은 각주에 회부된 지 10개월 만에 효력을 발생하였고 모든 주가 비준을 마치는 데에는 2년 8개월이 소요되었다. 문홍주, 『미국헌법과 기본적 인권』, 유풍출판사, 2002, 76면 각주 2.

17) 상세한 것은 제4편 제5장 제1절 Ⅱ. 1. 볼 것.

18) 양건, 『헌법강의』제2판, 법문사, 2011, 922면.

19) Clinton v. City of New York, 1998; 양건, 전게서, 964면. 하지만 대부분의 주지사에게는 항목별 법안 거부권 내지 법안일부거부권이 있다. 최명/백창재, 『현대미국정치의 이해』, 서울대 출판부, 2000, 381면.

(3) 대통령의 지위

대통령은 행정부의 수반이자 국가원수로서 단독책임을 지는 일원적 집행부의 특징을 갖는다. 의원내각제와 달리 의회가 구성하는 정부도 중립적 권력도 존재하지 않는다. 미국헌법은 명예혁명 이후 입헌군주제인 의회정부의 영국헌정을 참고하였다. 하지만 직선제 대통령은 의회와 상관없이 국민에 대하여 책임을 지는 헌법적 지위를 갖기 때문에 정부수반과 국가원수를 구분하여 집행부를 이원화할 필요가 없었다.

대통령제는 군주제에서 유래한 일원적 집행부를 특징으로 하여 부통령은 상속 군주제의 왕위계승자의 기능을 한다. 따라서 평상시 부통령의 정치적 역할은 거의 없고 대통령의 사고나 궐위에 권한대행을 하는 정도다. 대통령제는 단기의 정치공백도 복수의 영도자도 허용하지 않는다. 즉 부통령제도는 최고의 국가기관은 하나라는 것을 방증하는 것이다.

누구도 단독으로 행정을 수행할 수는 없다. 대통령제에서는 행정각부 장관에게 권한을 위임하여 행사한다. 이러한 점은 의원내각제와 유사하다. 하지만 대통령제의 장관은 대통령에 대해서만 정치적 책임을 부담하여 대통령은 언제든지 해임시킬 수 있다. 각부장관을 미국에서는 국무장관(secretary of state)으로 명명하고 우리나라와 라틴아메리카는 장관(Minister)이라 하지만 그 차이는 없다. 대통령제에서는 의결기관으로서 내각도 없다.

3. 평가

대통령제는 미국의 민주주의 문화, 연방제도와 결부되어 성공적으로 정착되었다. 대통령에 집중된 권한을 적절하게 견제할 수 있는 경우에만 공익보호에 기여할 수 있는 것이다. 미국에서는 의회, 대통령, 대법원 세 개 국가기관의 주도권 양상에서 의회와 대법원이 대통령에 대한 견제기능을 수행하고 있다.

대통령제는 행정부의 일원화로 행정이 안정되어 민주주의가 성숙되지 않은 개발도상국의 경우에도 경제와 사회발전을 주도하는 긍정적 효과를 가질 수 있다. 하지만 대통령제는 칠레, 아르헨티나, 우리 제4, 5 공화국과 같이 대통령독재의 위험도 있다. 특히 의회가 불안정하고 군인이 정권을 수립하거나 군이 대통령을 지지하는 경우 그 가능성이 농후하다. 따라서 대통령제의 성공조건은 의회의 견제기능을 보장하는 것이다.

대통령제는 안정된 정부에서 의회해산과 조기총선을 실시할 필요가 없기 때문에 유권자의 선거권을 침해하지 않는 장점도 있다. 브라질과 같이 저지조항 없는 비례대표선거제도가 대통령제에서는 가능하다. 대통령제에서 국회의원은 의원내각제 의원보다 정당기속이 완화되어 교차투표(cross-voting)를 할 수 있다.

Ⅲ. 이원정부제

1. 의의

이원정부제는 대통령제의 요소로 대통령 직선제와 의원내각제 요소로 의회의 정부 불신임의결권을 혼합한 절충형 정부형태다. 대통령중심 이원정부제와 의회중심 이원정부제가 있다. 전자가 일반적이다. 오스트리아를 제외한 프랑스, 러시아, 핀란드, 동부 유럽국가 등에서 대통령중심 이원정부제 내지 신 대통령제를 실시하고 있다.

이원정부제의 특색은 다음과 같이 요약할 수 있다.
- 임기제 대통령의 직선
- 대통령의 폭넓은 임명권(수상, 장관, 공무원, 법관)
- 대통령과 수상의 행정으로 분리되는 이원정부
- 정부의 의회의 신임에 의존(정부의 신임문제에 대한 의회의 불신임의결권)
- 대통령의 의회해산권
- 정부각료와 의원의 겸직금지
- 신임국민투표(예컨대, 프랑스 대통령의 국민투표부의권)

2. 탄생과 사례

(1) 프랑스 제3공화국(1871~1940), 제4공화국(1946~1958)

프랑스대혁명 이후 수차례 헌법개혁을 거쳐 1871년부터는 상대적으로 평화로운 시대가 도래되었다. 입헌군주제 전통을 지닌 프랑스는 의회제 공화국을 탄생시켰고 대통령은 입헌군주의 지위를 가졌다. 대통령의 권한은 장관 등 고위공무원임명권과 국무회의 의장 및 국군통수권을 행사할 수 있었지만 정치적으로는 무책임하였다. 대신 대통령의 국정행위에 장관의 부서의무가 있었다.

하지만 정부는 영국헌정을 모방하여 수상과 장관으로 내각을 구성하고 의회에 정치적 책임을 졌다. 의회는 수상 또는 장관에 대하여 개별적으로 불신임의결을 할 수 있었다. 대정부질의는 단 한 명의 의원의 요구로도 가능하였다. 대통령의 의회 해산권은 1877년 실패한 이후 단 한 번도 행사한 적이 없었다.

이에 반해 불신임의결권은 자주 행사하여 제3공화국에는 정부의 교체가 100여 차례에 이르렀다. 이는 영국과 달리 의회와 행정부가 협력관계에 있지 않았고 다수 정당이 의회에 난립하여 연정을 할 수 없었기 때문이다. 설상가상으로 1920년부터 1930년대에는 유럽의 반의회운동에 직면하였다.

1940년 제3공화국은 독일의 히틀러에게 패배한 이후 페탱 제독에 정권을 이양 하고 해체되었다. 페탱 정부는 1944년 연합국에 의해 해산되었다. 프랑스의 새로운 시작은 드골 장군의 망명정부의 주도로 이루어졌다. 1946년 프랑스 망명정부(제4공 화국)는 제3공화국과 유사한 의회정부였다. 정부의 불안정으로 알제리문제를 해결 하지 못하였다.

(2) 프랑스 제5공화국 드골헌법(1958년 이후)

프랑스 제5공화국은 드골(De Gaulle)과 법무장관 Michel Debré가 주도한 것으로 제3, 4공화국과 유사하게 의원내각제 요소를 갖고 있었다. 그러나 제3, 4공화국에서 의회의 잦은 불신임의결권으로 인한 권력투쟁적인 요소를 제거하여 정부의 안정을 추구하려 노력하였다.

이에 따라 대통령과 정부의 지위를 강화하고 의회의 지위는 약화시키는 제도적 장치를 강구하였다. 즉 대통령을 의회에서 선출하지 않고 다양하게 구성된 대통령선거인단에 의한 간선으로 선출하였다. 81,764명의 대통령선거인단은 의회의원, 지역과 자치단체의 대표로 구성하였다. 드골은 간선제로 선출된 초대 대통령이었다. 그는 수상임명권(헌법 제8조 제1항)과 수상의 제청에 의한 장관임명권(제8조 제2항), 국무회의 의장(제9조), 신임투표부의권(제11조), 의회해산권(제12조), 사면권(제17조), 긴급명령권(제16조) 등 광범위한 권한을 행사하였다.

하지만 의회의 권한은 헌법상 한정적으로 열거(제34조)하여 입법권 이외 정부의 긴급명령권에 개입하지 못하는 등 제한적이었다. 따라서 정부는 제출한 법안과 신임문제를 연계하는 특별한 절차로 의회를 압박할 수 있다. 즉 헌법 제49조 제3항에 의하면 정부의 법안과 연계한 신임투표제안을 의회가 부결하지 못한 경우에 정부법안은 의결된 것으로 간주하였다. 이는 다만 정부의 의회입법권에 대한 과도한 침해를 의식하여 2008년 7월 헌법개정으로 정부의 재정법안과 사회안전에 관한 재정법안에 대해서 회기내 1회에 한하여 신임문제와 연계할 수 있는 것으로 축소하였다.

드골은 의회해산권을 의회통제수단으로 행사한 반면에 불신임의결권 행사는 어렵게 하였다. 의결권행사의 정족수를 하원(Nationalversammlung)의원 절대과반수(제49조 제2항)로 하고, 장관으로 임명된 의원은 의원직도 박탈하는 것으로 개정하였기 때문이다.[20]

1961년 이후 드골의 정치적 입지는 어려워졌다. 의회에서 다수를 확보하지 못하고 의원들은 알제리사태 해결을 위해 사퇴를 요구하였다. 드골은 루이 나폴레옹처럼 대통령직선제 도입법안에 대하여 국민들에게 신임투표를 요구하여 통과시켰다. 이는 법률개정절차(헌법 제11조)에 의해 대통령의 지위를 강화하고 의회는 약화시키는 정부형태개편으로 실질적인 헌법개정이었다. 헌법개정절차(제89조)를 우회하여 개헌을 시도하였다는 점에서 위헌적인 헌법침해(Verfassungsdurchbrechung)였다. 하지만 국민투표의 정당성에 의해 강력한 대통령의 지위를 승인 받은 드골은 아이러니하게도 프랑스의 분권화와 상원폐지에 대하여 다시 국민투표에 회부하였지만 52.4%로 실패하여 사퇴하였다.

오늘날 프랑스의 이원정부제는 여대야소의 국회구도하에서는 강력한 대통령제로 운영되지만 여소야대의 국회구도하에서는 수상중심의 의원내각제정부로 변화된다. 후자의 경우 대통령은 다수야당소속의 수상과 동거정부(gouvernement de la cohabitation)를 형성하게 된다. 동거정부의 사례는 미테랑/쉬락(1986~1988), 미테랑/발라뒤르(1993/1995), 쉬락/죠스팽(1997~2002)시대다. 이 경우 대통령의 권한은 행정부의 권한과 의회의 권한으로 구분되어 집행부 내에 대통령과 수상의 권력분립이 이루어진다. 즉 사실상 의원내각제로 대통령은 외교, 국방, 유럽연합정책에 그 밖의 국내정책은 수상과 협력하여 행정을 하여야 한다.

---

20) 프랑스 제5공화국 1959년에서 1986년까지 불신임의결권은 30여 차례 행사되었으나 단 한차례만 국민의회에서 통과되었다. 성낙인, 『프랑스헌법학』, 법문사, 1995, 636면.

하지만 프랑스의 일반적인 정부형태는 강력한 대통령제로 운영된다. 이는 행정부의 안정을 국민들이 지지하는 것으로 임기가 다른 경우 대통령에 대한 중간평가성격을 띠어 동거정부가 형성될 수 있다. 따라서 하원의원의 임기와 대통령의 임기를 5년으로 일치시켜 여소야대의 의회구도를 예방하여 운용하는 것으로 제도적 보장을 하고 있다.

(3) 바이마르공화국

독일의 1919년 바이마르공화국은 진정한 의원내각제는 아니고 프랑스와 마찬가지로 대통령 우위의 이원정부제로 평가할 수 있다. 7년 임기의 직선제 대통령의 강력한 권한(헌법 제43조)과 4년 임기의 직선제 의원(제23조)이 결합한 것이기 때문이다. 바이마르공화국 헌법제정자들이 이전의 독일은 의회민주주의와 정당정치에 경험이 없기 때문에 이로 인한 일반국민의 두려움과 불안을 제거하기 위하여 이러한 혼합제도를 채택한 것이라 할 수 있다.[21] 대통령의 의회해산권(제25조), 의회의원 3분의 2 이상의 다수결로 대통령해임에 관한 국민투표부의권(제43조), 대통령의 수상과 장관임명권(제53조), 의회의 수상과 장관에 대한 불신임의결권(제54조) 등이 그것이다. 대통령에게 광범위한 권한을 부여한 것은 군주제를 대신한 것이다. 이는 시민혁명을 거치지 않은 대다수 독일국민들이 프로이센의 관료주의적 전통에서 살아왔기 때문이다.

대통령제와 의원내각제가 결합된 이원정부제이지만 바이마르공화국 정부형태는 의회보다 대통령이 강력한 권한을 행사하는 대통령우위의 정부형태였다. 대통령은 의회해산권 이외에 의회의 불신임의결에 대한 대항수단으로 비상명령권(제48조)을 자주 발동하였다. 1930년 이후 저지규정이 없는 비례대표제 선거로 구성된 의회는 군소정당의 난립으로 다수파를 형성하지 못하였다. 따라서 의회의 무력화현상과 더불어 대통령의 내각구성권이 강화되었다. 1933년 힌덴부르크 대통령은 의회의 권한을 배제하고 스스로 내각을 구성하였다.[22] 바이마르공화국에 대한 적대세력인 소수정당소속 히틀러를 수상으로 임명하여, 결국에는 그가 소수파정부로서 바이마르 헌법을 정지하고 행정권과 입법권을 통합하여 민주주의를 말살하였다.

---

21) 백경남, 『바이마르공화국』, 종로서적, 1985, 190면.
22) 백경남, 전게서, 191면.

(4) 오스트리아

오스트리아 정부형태도 바이마르공화국과 마찬가지로 이원정부제다. 즉 대통령의 의회해산권(제29조 제1항), 국민의회(Nationalrat)의원 재적의원 과반수 출석에 출석의원 3분의 2 이상의 다수결로 대통령해임에 관한 국민투표부의권(제60조 제6항), 대통령의 수상과 장관임명권(제70, 74, 78조), 의회의 수상과 장관에 대한 불신임의결권(제74조) 등이 그것이다. 하지만 오스트리아는 바이마르공화국에서 실패로 나타난 이원정부제를 성공적으로 운영하고 있다. 그 이유는 다음과 같다. 우선 연방헌법(Bundes-Verfassungsgesetz)에서 대통령의 지위와 권한을 바이마르공화국의 대통령의 그것보다 약화된 형태로 도입하여 가능하게 하였다. 오스트리아 대통령도 바이마르 대통령(제43조 제1항)과 마찬가지로 절대다수의 직선에 의한 6년 임기로 연임가능하다. 하지만 대통령의 일반 국정행위는 원칙적으로 수상과 각료의 제청에 기속되고(연방헌법 제67조),[23] 비상시에도 수상이 국민의회 상임위원회의 승인을 받아 제청하는 것을 전제로 대통령이 긴급명령권(제18조 제3항)[24]을 발령할 수 있고, 긴급명령발령의 경우에도 기본권을 제한할 수 없는 등 차이점이 나타나고 있다.

둘째, 비례대표제[25]에 의한 군소정당의 난립으로 정국의 불안정을 예방하기 위하여 국민당(ÖVP), 사민당(SPÖ) 자유당(FPÖ), 녹색당(Grüne) 등이 합의제 민주주의 오랜 전통에 따라 의원내각제의 연립정부를 구성하여 정국을 안정시키고 있다. 헌법규범으로는 이원정부제이지만 실질적으로는 의회중심의 의원내각제(parlamentarisches Regierungssystem mit präsidentiallem)[26]로 운영하고 있다. 즉 이원정부제의 문제점인 행정부의 이원화로 인한 정국경색의 문제를 해결하기 위하여 의회

---

23) 바이마르 헌법 제55조에 의하면 행정에 있어서도 대통령이 사실상 우위에 있게 된다. 동조에 의하면 "수상은 정부의 수반으로 의회규칙에 의하여 직무를 수행한다. 의회규칙은 대통령의 승인 하에 정부가 제정한다."고 규정하고 있기 때문이다.

24) 바이마르 헌법 제48조에 의하면 "제국대통령은 공공의 안녕질서에 중대한 장애가 발생하거나 발생할 우려가 있을 때에는 병력으로 필요한 조치를 할 수 있다. 이를 위하여 신체의 자유, 주거의 자유, 통신의 자유, 언론·출판·집회·결사의 자유, 재산권의 전부 또는 일부를 제한할 수 있다." 이 규정에 의하여 바이공화국의 에베르트, 힌덴부르크 대통령은 기본권을 제한하였다. H. Schneider, Die Reichsverfassung vom 11. August 1919, Heidelberg, in: J. Isensee/P. Kirchhof, Handbuch des Staatsrechts, S. 125, RN 67.

25) 장영철, "오스트리아 연방대통령의 헌법적 지위와 권한", 『헌법학연구』 제21권 제3호(2015. 9), 한국헌법학회, 99~132면.

26) Th. Öhlinger, Verfassungsrecht, 7. Aufl. , 2007, S. 159, RN 347.

다수당주도하에 정부를 구성하여 평시에 대통령은 형식적·의례적인 권한행사에 국한된다. 의원내각제 독일의 대통령과 유사한 지위를 갖는 것이다. 이는 정당법에 의하여 의회, 유럽의회선거와 달리 대통령선거는 비용보전을 하지 않아 대통령에 입후보하려면 정당 내지 유력한 재력가의 도움 없이는 당선을 기대할 수 없기 때문에 대통령의 인격에 따른 통치형태의 급격한 변화를 예방하는 것에도 기인한다.[27]

셋째, 의회에 군소정당이 난립하여 정부와의 동일성을 추구할 다수정당이 없는 위기 시에 대통령은 자신의 헌법상 권한을 실질적으로 행사할 수 있어 대통령중심의 이원정부제로 변용될 가능성도 있다. 그러나 대통령중심의 이원정부는 한시적인 정부형태일 뿐, 장기적으로는 연성헌법체계상 의회와 정부중심으로 국정이 운영될 수밖에 없다. 따라서 대통령은 의회해산으로 조기총선을 실시하여 의회중심의 정상적인 국정운영을 도모하게 된다. 미국의 대통령제와 마찬가지로 선출된 군주로서 오스트리아 대통령의 독재의 위험성은 헌법체계에 내재된 이원정부제로 인해 단기에나 가능하지, 장기적으로는 항상 의회의 다수확보를 위해 노력해야 하는 것으로 통제되는 것이다.[28]

넷째, 오스트리아는 비례대표 선거제로 구성된 국민의회가 국민을 대의하는 기능을 한다면 오스트리아에서 대통령은 의회, 정부, 헌법재판소, 지분국 등의 국가기관과 동렬에 있는 헌법기관에 불과하다. 대통령은 국가의 원수로서 대내외적 대표권을 행사할 수 있지만 행정권은 의회다수당소속의 수상이, 사법권과 감사권, 인권옴부즈만 등의 인적 구성은 의회가 선출하여 독자적 책임 하에 업무를 수행한다. 따라서 대통령은 헌법에 열거된 제한적인 집행권을 행사할 수 있다. 순수한 대통령제의 대통령이 집행부의 최고기관으로서 포괄적이고 일반적인 권한을 갖는 것과 차이가 있다. 이러한 점에서 바이마르공화국의 이원정부제와 달리 의회중심의 이원정부제로 성공적인 운영하고 있다.

(5) 러시아

러시아 또는 러시아연방은 사실상 중앙집권국가였던 구소련 하에 가장 큰 소비에트 사회주의 공화국이었다.[29] 러시아는 공산주의자 레닌과 스탈린의 지배하에

---

27) 장영철, 전게논문, 108면 이하.
28) 장영철, 전게논문, 124면.
29) 러시아 또는 러시아연방은 세계에서 가장 넓은 영토를 가지고 있는 나라로 서쪽에서 동쪽의 시

세계대전에서 경제성장을 하여 냉전시대를 거쳐 현재에 이르고 있다. 러시아는 전반적으로 신대통령제로 평가할 만큼 대통령중심의 이원정부의 특색을 갖고 있다.

연방의회는 양원제로 상원인 연방회의(Federation Council, soviet)와 하원인 두마(Duma, think)로 구성되어 있다. 연방회의는 89개 구성주체의 입법부와 행정부에서 각 1명씩 선출하여 178명의 2년 임기로, 두마는 정당에 대한 비례대표로 선출된 450인의 의원으로 5년 임기다. 89개 구성주체의 주지사임명권을 갖는 대통령의 권한과 비례대표선출에 대한 대통령의 영향으로 사실상 의회는 대통령의 통치에 대한 도우미역할을 하고 있다. 헌법재판소, 대법원, 검찰 등의 구성원에 대한 대통령의 임명권으로 사법부도 사실상 대통령의 지배하에 있다.

3. 평가

동유럽의 이원정부제는 프랑스, 오스트리아와 달리 정착되지 못하고 실패하였다. 프랑스와 오스트리아는 헌법상으로는 이원정부제라 평가할 수 있지만 집행부의 권한을 대통령 또는 수상중심으로 일원화하여 국정의 통일성과 안정성을 담보하고 있다. 몽테스키외가 그의 '법의 정신'에서 집행권은 입법권과 달리 군주의 수중에 있어야 한다[30]고 주장한 것을 주목하여야 한다. 그 이유로 집행권은 거의 항상 순간적인 행동을 필요로 해서 여러 사람보다는 한 사람에 의해서 더 잘 처리되기 때문이라 본 것이다. 미국연방헌법이 군주제의 현대적 변용인 대통령제를 채택한 것으로 해석할 여지는 몽테스키외의 3권 분립론을 수용한 것으로도 방증된다.

의원내각제든 대통령제든 이원정부제든 행정은 1인에 집중되어야 한다. 따라서 여소야대의 국회 구도 하에서 이원정부제의 현상이 나타나는 것을 고려하면 대통령과 국회의원의 임기를 일치시키는 개헌이 필요하다고 판단된다.

차는 11시간이나 된다. 구소련 하(USSR)에 있던 15개 공화국 중 1991년 독립하여 결성한 러시아, 벨라루스, 몰도바, 카자흐스탄, 우즈베키스탄, 타지키스탄, 키르기스스탄, 아르메니아, 아제르바이잔 등 9개국을 독립국가연합(CIS)이라 한다. (우크라이나와 투르크메니스탄은 비공식 참여국이다.)

30) 몽테스키외외/김재형(역), 『법의 정신』 제11편, 136면.

Ⅳ. 스위스 정부형태

1. 회의정부

스위스는 민주주의원리를 기본으로 하는 권력구조의 특징을 갖고 있다. 따라서 직선제 의회의 권한이 가장 강하다. 스위스는 오스트리아, 독일, 스웨덴 등 대다수 유럽 국가들과 마찬가지로 정당비례대표에 의한 합의제 민주주의의 전통을 갖고 있다. 정부의 각료는 의회에서 선출되어 간접적인 국민적 정당성을 갖는다. 스위스의 집행부인 연방정부(Bundesrat)는 의회에서 정당세력에 비례하여 안분된 7인의 이사회 형태의 회의정부다. 연방대통령은 각료 중 1년 단임으로 순번제로 담당한다.

양원제 의회에서 칸톤의 대표인 상원(Ständerat)은 국민직선에 의한 다수대표제 선거로 20개의 칸톤으로부터 2명, 6개의 반 칸톤으로 각 1명씩 대표되어 총 46명으로 구성(헌법 제150조 제1항)된다. 이는 연방국가의 원리에 따라 주간의 평등 대표를 선출하는 미국, 러시아의 상원구성과 동일하다. 민주주의원리에 의하여 주민 수에 따라 상원을 구성하는 독일, 오스트리아와는 다른 점이다. 그리고 스위스 상원의원은 독일의 상원의원과 달리 주정부의 지시에 기속되지 않고 자유위임에 의한 의정활동을 할 수 있다. 하지만 상원은 일반적으로 칸톤의 이익을 대변하는 보수적인 색채를, 하원(Nationalrat)은 비례대표제에 의하여 선출되어 진보의 색채를 대변하고 있다. 상원의원이 연방총회에서 주의 이해관계에 상반되게 교차투표를 보장한 것은 직접민주주의제도에 의한 국민통제가 가능하기 때문이다.

스위스의 사법부는 미국과 같이 분산된 법원체계를 택하여 부수적 규범통제를 하고 있다. 하지만 스위스 연방대법원은 미국의 대법원과 달리 헌법해석으로 연방법률의 위헌결정을 할 수 없는 점(제190조), 칸톤법에 대해서도 적극적으로 한정해석결정을 하지 않고 위헌, 합헌의 소극적인 입법자 기능에 국한하고 있다. 연방국가적 권한쟁의는 연방법원(Bundesgericht)이 담당하지만, 연방기관간의 기관쟁의는 연방총회(Bundesversammlung)가 결정한다. 스위스는 연방과 주의 협력적 연방모델로서 미국과 달리 권력분배의 주도권을 입법부에 부여하고 있다.

2. 특색

- 국민발안권(헌법 제139조와 139b조), 국민투표권(헌법 제140조), 국민소환권 (일부 칸톤)의 직접민주제적 수단을 제도화하여 국민이 야당역할을 수행(국민투표민주주의 내지 협의 민주주의)
- 의회의 임기제 정부선출, 불신임의결권과 의회해산권 모두 불인정
- 합의정부로서 연방정부각료는 동등한 결정권행사
- 대통령은 연방회의체의 동렬 구성원 중의 1인에 불과하여 국가원수로서의 지위는 불인정
- 다수당 연립정부(협의체제)

V. 우리의 정부형태

1. 우리의 정부형태에 관한 학설과 헌법재판소결정

(1) 학설

(가) 대통령중심의 절충형 내지 변형된 대통령제로 보는 학설

우리 정부형태는 대통령중심의 절충형 내지 변형된 대통령제로 보는 학설이 다수를 형성한다. 즉 의원내각제적 요소로 인하여 인적·물적 독립을 내용으로 하는 순수한 대통령제로 평가할 수 없다고 하는 견해,[31] 의원내각제의 본질적 징표인 집행부의 의회해산권과 의회의 집행부 불신임의결권이 없다는 점에서 의원내각제는 아니나 부통령제가 없고 긴급명령권을 보유한다는 점에서 변형된 대통령의 일종이라는 견해,[32] 미국식 대통령제도, 프랑스식 대통령제와도 다른 대통령제에 의원내각제를 다소 가미한 절충형이라는 견해[33]다.

(나) 헌법규범과 헌법현실의 융합에 따른 가변적인 정부형태론

정부형태는 정당제도와 선거제도를 함께 고려해야 하는 점에서 5년 임기의 대통령제와 4년 임기의 국회다수파의 일치와 불일치양상에 따라 다양한 헌정사적 변

---

31) 허영, 『한국헌법론』, 822, 823면.
32) 권영성, 『헌법학원론』, 790면 이하.
33) 김철수, 『학설판례 헌법학(하)』, 1504면.

용이 나타날 수 있다는 견해34)가 있다.

우선, 대통령과 동일정당에 의한 국회다수파가 일치하는 경우 대통령우월의 대통령제의 헌정실제가 나타난다. 제21대 총선에 압도적 다수를 확보한 문재인, 이명박, 박근혜 정부의 집권초기가 그 예다. 둘째, 대통령과 복수정당에 의한 국회다수파의 일치의 경우 대통령과 국무총리의 관계는 대통령우월의 이원정부제가 나타난다. 김대중 정부에서 국회다수파의 김종필 국무총리의 공동정부가 그 예다. 셋째, 대통령과 국회다수파가 취임 전부터 불일치하는 경우 대통령의 인격에 의하여 좌우되는 대통령직의 인격화현상이 나타난다. 노무현 정부와 윤석열 정부의 집권초기가 이에 해당된다. 넷째, 대통령과 국회다수파가 임기 중 총선으로 불일치하는 경우 이원정부제 또는 대통령직의 인격화현상의 가능성이 있다. 우리 헌정의 실제에서는 일반적으로 대통령은 이원정부제보다 인위적인 정계개편으로 여대야소의 국회구도를 형성하였다. 1988년 여소야대 국회구도를 1990년 3당 합당과 그 후에도 소수 집권당은 다른 정당과 연합하여 다수를 만드는 사례가 많았다.

(2) 헌법재판소결정

헌법재판소35)도 다수학설과 마찬가지로 대통령중심제로 판시하고 있다. 즉 "우리 헌법은 자유민주적 기본질서의 보호를 그 최고의 가치로 하여, 이를 구현할 통치기구로서 입법권은 국회(헌법 제40조)에, 행정권은 대통령을 수반으로 하는 정부(헌법 제66조 제4항)에, 사법권은 법관으로 구성된 법원(헌법 제101조 제1항)에 각각 속하게 하는 권력분립원칙을 취하는 한편, 대통령은 국가의 원수로서 외국에 대하여 국가를 대표하며(헌법 제66조 제1항), 그에게 국가의 독립·영토의 보전, 국가의 계속성과 헌법을 수호할 책무를 부여하고(같은 조 제2항), 조국의 평화적 통일을 위한 성실한 의무를 지우고 있는(같은 조 제3항) 등 이른바 대통령중심제의 통치기구를 채택하고 있다."

2. 사견

우리 헌법상 정부형태는 미국식의 순수한 대통령제는 아니다. 의원내각제의

---

34) 성낙인,『헌법학』, 401~405면; 전광석,『한국헌법론』, 564~567면.

35) 헌법재판소는 대통령중심제로 판시하고 있다. 헌재결 1994. 4. 28. 89헌마221; 2005. 11. 24. 2005헌마579, 판례집 17-2, 481(517).

특징인 행정과 입법의 융화현상으로 볼 수 있는 정부의 법률안제출권(헌법 제52조), 국무위원과 의원의 겸직(헌법 제43조과 국회법 제29조), 대통령의 국회출석발언권(헌법 제81조), 국회의 국무위원 해임건의제도(헌법 제63조 제1항)와 의원의 원내정당기속(국회법 제33조 제2항, 제48조 제1항 등), 정부통제기관으로서 야당의 권한보장으로 1/5 이상의 출석의 국회개의정족수(국회법 제73조 제1항), 비례대표선거제의 보장(헌법 제41조 제3항), 대통령의 국법상 행위에 대한 부서제도(헌법 제82조), 국무총리의 실질적 행정각부통할권(대통령과 국회다수당의 소속이 다른 경우), 대통령선거에서 최고득표자가 2인 이상인 경우 국회에서 대통령결선제도(헌법 제67조 제2항)가 있기 때문이다. 하지만 의원내각제 정부도 아니다. 의원내각제의 본질적인 특징인 정부의 의회해산권과 국회의 불신임의결권이 없기 때문이다.

이러한 점에서 '정치제도'의 면에서 대통령중심의 절충형 정부형태라 보는 다수학설의 분석이 타당하다. 예컨대, 대통령제적 요소로 볼 수 있는 의회의 신임으로부터 완전독립한 직선제 대통령(헌법 제67조 제1항), 대통령의 국가원수(헌법 제66조 제1항)이자 정부의 수반(헌법 제66조 제4항)으로서 지위, 국무위원의 약한 지위와 심의기관으로서 국무회의(헌법 제89조), 고전적 3권간의 상호 독립을 보장한 국회의 입법권(헌법 제40조), 대통령의 행정권(헌법 제66조 제4항), 법원의 사법권(헌법 제101조 제1항), 고전적 3권간의 상호견제와 균형을 위한 대통령의 법률안거부권(헌법 제53조), 탄핵소추(헌법 제65조 제1항), 대통령의 사법부의 법관임명권, 예산안제출권, 국회의 국정조사 및 감사권(헌법 제61조), 국회의 국무총리, 국무위원, 정부위원의 출석 및 답변요구권(헌법 제62조 제1, 2항), 국회의 중요조약체결비준에 대한 동의권(헌법 제60조 제1항), 선전포고, 외국에의 국군의 파견에 대한 국회동의권(헌법 제60조 제2항) 등을 들 수 있다.

여기에 법제도만 중시하는 규범주의 헌법관을 배제하면서 대화(절차)주의 헌법관을 주장하는 졸견은 정당한 정치적 기본질서를 확립하기 위한 정부형태를 형성하여야 한다고 본다. 살펴본 바와 같이 대통령과 국회다수파가 취임 전에는 물론 임기 중 총선으로 불일치하는 경우에도 이원정부제의 운영가능성보다는 인위적인 정계개편으로 대통령중심의 정부형태로 운영하는 양상이 많았다. 이러한 관점에서 의회와 정부가 당리당략이 아닌 대화민주주의에 의한 국정운영을 도모할 수 있도록 제도 개선이 필요하다. 프랑스에서 여소야대의 국회를 예방하기 위하여 대통령과 국회의원의 임기를 5년으로 일치시킨 것을 타산지석으로 삼을 필요가 있다. 이와 더불어 대화의 기회를 마련한 국민에 대한 대통령의 책임을 묻기 위한 연임제개헌도 반드시 수반되어야 한다.

제 3 절 정당제도

Ⅰ. 정당제도의 발달사

1. 고대 그리스 도시국가와 로마제국의 정당

의회운영의 다수결의 형식적 한계를 극복하기 위하여 다원민주주의와 협력적 권력분립원리에 따라 복수정당제를 보장하여야 한다. 직접민주제를 실시한 고대 그리스 폴리스에서도 시민은 자기의사를 직접 국가의사결정에 반영할 수 없는 한계를 인식하였다. 따라서 자신의 의사를 관철하기 위하여 정당 내지 정치단체를 형성하였다. 로마제국의 페리클레스, 알키비아데스, 술라, 폼페이우스, 시저, 안토니우스 등의 추종자들도 마찬가지로 정치단체를 결성하였다.

2. 중세의 동업자조직

중세도시국가에서도 수공업자, 상인, 기타 직종의 업자들 간에 공동으로 이익을 보장하기 위한 동업자조직인 길드는 절대군주에 대항하기 위한 일종의 정당의 기능을 수행했다. 길드의 탄생은 12세기 초 독일, 영국, 프랑스에서 나타났다. 길드는 동맹으로 그 수가 늘어났고 동업자간 협력적(Genossenschaftlich-korporative) 민주주의에 기초한 길드규약인 1336년 취리히(Zürich)에서의 '혈맹의 서약'도 제정되었다. 이는 중세의 신분제를 정치·경제적으로 해체시키는 요인이 될 정도가 되었다.[36]

3. 근대의 절대군주와 현대의 전체주의자의 적대적 내지 무시태도

절대군주시대에 의사결정은 군주와 신하 내지 가신회의에서 하였기에 정당을

---

36) Haller/Kölz/Gächter, aaO., S. 60, RN 194; 장영철, 『국가조직론』, 39면.

알지 못하였다. 절대국가는 본질적으로 절대 권력행사에 방해가 될 수 있는 다양한 국가의사형성을 적대시하였기 때문이다.

현대의 중국, 북한, 부루나이 등과 20세기 전반의 독일, 이탈리아 등의 전체주의국가도 이와 유사하게 국가정당 하나만을 인정하고 있다.

4. 시민혁명으로 대의제 의사형성을 위한 정당의 합법화

17세기 후반의 자연법과 이성을 강조한 계몽철학은 현대의 정당제도의 이념적 기초가 되었다. 이미 영국은 명예혁명 이전부터 국왕의 대권행사에 대하여 찬성과 반대를 표명한 토리당과 휘그당 및 성문헌법인 인민협정(1647)과 크롬웰의 정부기구(1653)에 기반한 의회주의전통을 갖고 있었다. 프랑스 대혁명의 이론적 기초를 제공한 쉬에스는 영국의 이러한 전통을 주의 깊게 관찰하여 프랑스의 대의민주주의에 반영한 것이다. 자코뱅(Jakobins, 산악당, 중앙집권 공화정)과 지롱드(Girondins, 상공시민당, 지방분권 공화정) 파당(Club)이 그것이다. 따라서 프랑스는 미국의 제퍼슨의 연방당(Feralist)과 공화당(Republican, 후에 민주당)을 모방했다는 주장은 정확하지 않은 주장이다.[37]

독일은 프랑스의 자유주의 운동인 2월 혁명의 영향으로 받아 1848년 3월 혁명에서부터 비로소 정당이 형성되었다. 유럽국가의 대부분은 영국, 미국과 달리 다당제를 형성하고 있다. 다만 정당간의 이념적 스펙트럼이 큰 프랑스, 이탈리아, 스위스, 네덜란드와 작은 독일의 차이는 있다.

5. 대의 내지 의회민주제에서 정당의 헌법상 제도보장

대의제에서는 정당이 반드시 필요한 것은 아니다. 한정된 유권자를 대신한 의원 내지 대리인이 스스로 대의제의 의사결정을 할 수 있기 때문이다. 하지만 살펴본 바와 같이 프랑스는 1791년 헌법에 의하여 조직된 의회 내에서 파당(Club) 내지 원내단체(Fraktion)가 형성되었다. 이는 보통선거와 평등선거의 확대에 의하여 유권자가 많아지면서 의원 단독으로는 광범위한 대의과제를 수행하기 어렵게 되었기 때문이다. 따라서 선거단체, 이익단체, 이념단체가 형성되었다. 루소는 직접민주주

---

37) H. St. Commager, Freedom, Loyalty, New York, 1954, S. 43; K. Stern, Das Staatsrecht der Bundesrepublik Deutschland, Bd. I, S. 433 재인용.

의에서도 그 이념에 부합하는 진정한 국민의 자기지배는 존재하지 않는다고 하였다. 국민의사를 형성하여 적극적으로 의회절차에서 관철시키려는 집단의 의사가 국민의사가 되기 때문이다.

오늘날 보통, 평등선거에 의하여 대의제는 전체 국민을 대의하는 의회민주주의가 되었다. 의회민주주의에서 정당은 유권자와 대의기관의 의사를 형성하여 국정에 반영하기 위해서 필수불가결하다. 따라서 정당은 사회구성원의 정치적 의사를 국가기관에 매개하는 도관으로서 사회의 핵심 조직이 되었다. 헌법은 정당을 제도로 보장하게 되었다. 정당의 헌법적 기능은 정부의 각료와 사법기관의 구성과 운영에뿐만 아니라 직선제대통령의 국정운영에도 영향을 미치고 있는 것을 부인하는 사람은 아무도 없을 것이다.

6. 우리 헌법사에서 정당의 발전과정

우리의 제헌헌법에는 정당에 관한 규정이 없었다. 이는 이승만 대통령이 국내에 자신을 지지하는 정치세력이 없기 때문에 정당에 대하여 무시하는 태도[38]를 반영한 것으로 볼 수 있다. 하지만 1950년 제2대 국회의원선거에서 5·10총선을 반대했던 중도파 의원들과 무소속이 대거 당선되고 자신의 지지 세력은 극소수에 불과하였다.[39] 제헌헌법에 의하면 간선제 대통령을 국회에서 선출하였다. 따라서 이승만은 대통령직선제로 제1차 개헌을 추진하면서 자신을 지지하는 세력을 규합하여 자유당을 창당하였다. 하지만 헌법상 정당보호조항이 없어 정당해산도 창당도 일반결사와 마찬가지로 간단하였다. 이승만은 야당과 정적을 탄압하기 위하여 공보실장에 명하여 1956년 제3대 대통령선거의 후보자였던 조봉암의 진보당을 등록취소로 손쉽게 해산시키기도 하였다. 급기야 자유당정부는 3·15부정선거로 하야하고 제2공화국이 탄생하였다.

제2공화국은 정당보호조항을 헌법(제13조 제2항)에 마련하였다. 위헌정당해산의 요건을 민주적 기본질서위반으로 한정하고 대통령의 승인을 얻어야 헌법재판소

---

38) 트리펠(H. Triepel)의 정당의 발달단계에 따른 분류에 의하면 적대시-무시-승인 및 합법화-헌법에의 편입의 단계로 구분하고 있다.

39) 1950년 제2대 국회의원선거 결과는 여당입장이었던 대한국민당 24명, 대한청년당 10명, 국민회 14명, 대한노총 3명, 일민구락부 3명, 대한부인회 1명, 여자국민당 1명, 중앙불교육위원회 1명으로 총 57명이었으며, 야당입장이었던 민주국민당 24명, 사회당 2명, 민족자주연맹 1명이었고, 무소속이 2/3에 해당하는 126명이었다. 김영수, 『한국헌법사』, 학문사, 2001, 437면.

에 제소할 수 있도록 하였다. 제2공화국은 헌법상 정당조항의 구체화인 정당법제정
도 하지 못하고 5·16 군사쿠데타로 제3공화국이 탄생하였다.

제3공화국헌법은 극단적인 정당국가경향을 나타내 무소속후보자의 대통령(제
64조 제3항)과 국회의원입후보(제36조 제3항)를 금지하였다. 국회의원은 합당과 제명
외에 소속정당을 이탈하거나 변경 또는 소속정당이 해산된 때에는 의원직을 박탈
하도록 하였다(제38조).

제4공화국헌법에는 무소속후보자도 국회의원입후보가 가능(제3공화국헌법 제36
조 제3항 삭제)하도록 하고 소속정당 변경시 의원직박탈규정(제38조)도 삭제하였다.
하지만 통일주체국민회의 대의원선거에서는 무소속후보의 출마를 금지(제37조 제3
항)하기도 하였다. 전반적으로 제3공화국과 비교하여 정당국가경향을 대폭 후퇴하
였다.

제5공화국에서는 정당에 대한 국고보조(제7조 제3항 후단), 제4공화국헌법의 국
가의 존립에 위해가 될 때란 요건을 삭제하고 민주적 기본질서로 한정하여 정당해
산요건의 강화(제7조 제4항), 비례대표제 선거규정(제77조 제3항), 대통령후보의 정당
추천과 대통령선거인의 정당소속허용(제39조 제2항, 제41조 제4항), 선거비용을 정당
또는 후보자에게 부담시킬 수 없다는 선거공영제(제117조 제2항) 등을 규정하였다.

제6공화국 현행헌법은 제5공화국과 거의 차이가 없다. 다만 "정당의 조직과
활동이 민주적이어야 한다."는 규정(제7조 제2항)에서 "정당은 목적·조직과 활동이
민주적이어야 한다."로 목적을 추가(제8조 제2항)하고, 위헌정당해산심판의 관할을
헌법위원회에서 헌법재판소로 변경한 정도다.

Ⅱ. 대의 내지 의회민주주의에서 정당의 헌법적 지위와 기능

살펴본 바와 같이 정당은 대의민주주의 내지 의회민주주의의 기능수행을 위해
필수불가결한 제도다. 대의민주주의에서 주권은 국민이 직접 행사하는 것이 아니고
주권을 위임받은 대의기관이 국민의 추정적 의사를 고려하여 행사한다. 정당의 기
능은 바로 여기서 나타난다. 정당은 국민의사를 국가기관의 정책결정에 반영할 수
있는 정치적 일원체로 결성된 조직이기 때문이다. 정당은 국가차원에서 국민의사를
전달하는 매개체로서 역할을 수행하는 것이다.

우리 헌법 제8조 제2항에서도 "정당은 그 목적 · 조직과 활동이 민주적이어야 하며, 국민의 정치적 의사형성에 참여하는데 필요한 조직을 가져야 한다."고 이를 명백히 인정하고 있다. 정당은 학설[40]과 헌법재판소결정[41]에서 국가기관은 아니지만 일반결사와 달리 헌법상 제도보장으로 그 지위를 고양하고 있다. 정당은 국가와 사회의 교차영역에 존재하면서 국민의 정치적 의사를 형성하여 국가기관에 전달하는 기능을 고려하여 헌법적 지위가 부여되었다고 할 수 있다.

따라서 정당은 국가기관은 아니지만 국가기관유사의 기능을 수행한다. 예컨대, 미연방대법원[42]은 당내 경선에서 흑인에 투표권을 부여하지 않은 것은 인종차별행위로서 위헌적인 국가행위가 된다고 판시하였고, 독일연방헌법재판소는 방송법제정에 있어서 정당이 민영방송국 운영에 결정적인 영향을 미칠 정도의 지분을 소유할 수 없도록 규정하여야 한다고 판시[43]한 바 있다. 다만 사적 결사로서 정당도 의사표현과 방송의 자유의 주체가 될 수 있으므로 방송을 매개로 정치적 의사형성을 도모할 수 있도록 보장하여야 한다[44]는 점에서 전면적인 참여금지는 위헌이다.

정당의 헌법적 기능에서 그 개념을 도출할 수 있다. 정당은 국민의 정치적 의사를 형성하는 기능을 한다(헌법 제8조 제2항). 그 방식에서 가장 중요한 것은 선거다(헌법 제41조 제1항, 제67조, 제118조 제2항). 정당은 선거에의 참여의무를 부담한다. 이러한 점에서 정당의 개념은 특정한 목적을 가진 국민대표를 국정에 참여시킬 목표로 결합된 인적 집단이라 정의할 수 있다. 정당법 제2조도 "정당이라 함은 국민의 이익을 위하여 책임 있는 정치적 주장이나 정책을 추진하고 공직선거의 후보자를 추천 또는 지지함으로써 국민의 정치적 의사형성에 참여함을 목적으로 하는 국민의 자발적 조직을 말한다."고 이를 구체화하고 있다.

정당은 선거에서 유권자의 지지를 받을 수 있도록 진지한 노력을 하여야 한다.

---

40) 김철수, 『학설판례 헌법학(상)』, 214면; 전광석, 『한국헌법론』, 120면.
41) 헌재결 2014. 1. 28. 2012헌마431. 정당은 국민과 국가의 중개자로서 정치적 도관(導管)의 기능을 수행하여 주체적 · 능동적으로 국민의 다원적 정치의사를 유도 · 통합함으로써 국가정책의 결정에 직접 영향을 미칠 수 있는 규모의 정치적 의사를 형성하고 있다. 오늘날 대의민주주의에서 차지하는 정당의 이러한 의의와 기능을 고려하여, 헌법 제8조 제1항은 국민 누구나가 원칙적으로 국가의 간섭을 받지 아니하고 정당을 설립할 권리를 기본권으로 보장함과 아울러 복수정당제를 제도적으로 보장하고 있다.
42) Smith v. Allwright, 321 U. S 649(1944).
43) BVerfGE 121, 30(50ff.) - 민영방송국 운영에 정당참여.
44) BVerfGE 121, 30(63).

진지성은 정당간의 비교에서 객관적으로 보장되어야 한다. 설립단계에서부터 활동에 이르기까지 당원 수, 조직을 견고하게 유지하는 것은 그 전제조건이다.[45] 헌법 제8조는 정당의 목적, 조직과 활동이 민주적이어야 하는 내재적 한계를 명시하고 있다. 정당법에서는 이를 구체적으로 규정하고 있다. 예컨대, 정당은 수도에 소재하는 중앙당과 특별시·광역시·도에 각각 소재하는 시·도당으로 구성한다(제3조). 정당은 5 이상의 시·도당을 가져야 한다(제17조). 시·도당은 1천 인 이상의 당원을 가져야 한다(제18조 제1항). 조직은 독립성이 있어야 하므로 다른 정당의 방계조직은 인정되지 않는다. 위장조직도 마찬가지다.

정당설립의 목적에 대한 내용적 평가는 할 수 없다. 비록 헌법 제8조 제4항의 민주적 기본질서에 반하는 설립목적을 내세우는 경우라도 헌법재판소가 위헌정당 해산결정을 하기까지는 정당으로 인정된다.

Ⅲ. 복수와 단일 정당의 기능

1. 다당제 또는 양당제

(1) 일반적 기능: 국가와 사회의 중개, 공직후보자추천, 선거와 투표독려

살펴본 바와 같이 정당은 국가와 사회를 매개하는 중개자로서 유권자를 정치적으로 행위능력 있는 집단으로 결집시키는 기능을 한다. 정당정책에 동조하는 유권자를 통합하고 대변하며 공직후보자를 추천한다. 정치적 의사형성에 지속적인 영향을 주며 선거와 국민투표를 독려한다.

(2) 의원내각제 대의민주주의 국가에서 정당의 강한 지위

대의민주주의에서 국민은 선거할 때에만 능동적으로 국정에 참여할 수 있다. 의원내각제에서 정부는 보통 다수당 또는 다수연정으로 구성된다. 의원내각제 정부

---

45) 헌재결 2014. 1. 28. 2012헌마431. 헌법 제8조 제1항 전단은 단지 정당설립의 자유만을 명시적으로 규정하고 있지만, 정당의 설립만이 보장될 뿐 설립된 정당이 언제든지 해산될 수 있거나 정당의 활동이 임의로 제한될 수 있다면 정당설립의 자유는 사실상 아무런 의미가 없게 되므로, 정당설립의 자유는 당연히 정당존속의 자유와 정당활동의 자유를 포함하는 것이다. 따라서 국회의원선거에 참여하여 의석을 얻지 못하고 유효투표총수의 100분의 2 이상을 득표하지 못한 정당에 대해 그 등록을 취소하도록 한 정당법 제44조 제1항 제3호는 정당설립의 자유를 침해한다.

형태에서 정당이 강한 지위를 갖는 것은 독일, 오스트리아와 같이 비례대표로 의회를 구성하는 국가다. 여기서 선거는 정부선택을 의미한다. 하지만 정부는 의회의 신임을 계속 받아야만 존속할 수 있다. 이는 교섭단체의 당론을 강화시키는 요인이 된다. 야당의 권력견제와 균형이 중요한 기능을 한다. 의원내각제는 의회와 행정부 각료의 겸직이 가능하기 때문이다.

(3) 미국의 대통령제와 스위스 회의정부제에서 정당의 약한 지위

의회의 신임에 의존하지 않는 대통령제와 회의정부제에서 정당은 약한 지위를 갖는다. 미국의 상원과 하원에서도 다수당이 모두 의장과 상임위원장 등 중요 직책을 담당하지만 다수당의 정부통제기능은 영국의 다수당의 기능과 비교할 수 없을 정도로 약하다. 이는 미국의 대통령이 의회를 장악하여 내각책임제의 수상과 같은 정도의 강력한 의회 장악력을 갖고 있기 때문이다.[46]

(4) 스위스 국민투표민주주의에서 정당의 약한 지위

스위스 회의정부에서는 중요정책을 국민발안과 국민투표에 회부하는 데 야당과 소수당이 여론조성을 하는 중요한 역할을 한다. 하지만 회부이후 표결에 있어서는 정당의 기능이 상대적으로 약하다. 스위스는 다당제와 연방제로 인해 정당보다는 시민단체가 국민의 표결에 영향력이 크다. 단체는 강한 연대의식을 갖는 구성원으로 조직된 반면에 정당은 연방과 지분국 차원에서 분리투표가 제도적으로 허용되기 때문이다.

2. 일당제

마르크스-레닌에 의하면 정당은 프롤레타리아의 전위대다. 정당은 국민의 정치적 의사를 형성하고 중요결정과 국가권력행사를 전반적으로 유도한다. 하지만 선거에서 국민의 정당선택권은 없다. 투표는 단순히 동의박수에 불과하다. 이는 중국,

---

46) 이는 유진오의 『헌법기초회고록』, 일조각, 1981, 57면에도 다음과 같이 설명되어 있다; 미국에 있어서 정부와 국회가 엄격하게 분리되어 있는 것은 형식뿐이고, 실지에 있어서는 예산안은 연방예산국(FBB)이 작성하며, 중요한 법률안도 국회의원이 형식적으로 제출할 뿐이고 실질에 있어서는 정부 측이 마련하는 것이어서, 극단적으로 말하면 미국대통령은 행정부의 수반 Chief Administrator라기보다는 의회의 수반 Chief Legislator이라고 하여야 한다고 주장하는 학자까지 있는 형편이었다(예, Corwin).

쿠바, 북한의 인민회의에서 쉽게 볼 수 있다.

개발도상국과 신생국에서 일당제는 이와는 다른 국민통합기능을 수행한다. 야당의 존재는 국민통합에 장애요인이 될 수 있기 때문이다. 국가의 효율성을 도모하여 목표달성을 위한 잠정적인 불균형정책을 추구하는 것으로 볼 수 있다. 따라서 단일정당의 내부에서 다양한 견해가 제시되는 것까지 금기시 하는 것은 아니다. 민주주의의 다양성은 정치가 최소한은 정상적으로 이루어지는 상황에서 진가를 발휘할 수 있기 때문이다.

3. 우리의 정당의 기능: 의원내각제 정부형태의 강한 정당

우리는 보수와 진보의 양당제하에서 의원내각제 정부형태와 유사하게 강한 정당의 지위를 갖고 있다. 이는 의원내각제적 요소로 정부각료와 의원의 겸직, 정부와 국회의원의 법률안 제출권과 유권자의 지역적 편중으로 인해 양당제형성에 매우 유리한 소선거구(국회의원을 선출하는 단위인 지구) 다수대표제(의원정수의 결정방법) 선거제도, 쟁점법안에 대한 정당의 당론강제, 광역 및 기초지방의원선거에서 정당공천제 등이 그 원인이다.

Ⅳ. 정당의 자유와 평등(정당의 헌법상 권리 내지 기본권)

헌법 제8조는 "정당의 설립은 자유이며, 복수정당제는 보장된다(제1항)."고 정당의 자유를 규정하고 있다. 이는 국가로부터의 정당의 자유를 말하는 것으로 정당의 설립과 활동에 대한 국가의 규제는 원칙적으로 금지된다. 따라서 이에 대한 규제입법에 대한 심사는 비례의 원칙에 의하여 엄격하게 심사한다.[47]

정당은 국가기관이 아니기 때문에 기본권능력이 있다. 따라서 재산권침해의 경우 재산권을, 선거방송에서 차별을 받은 경우 방송의 자유를 주장할 수 있다.

정당의 평등은 정당활동에 있어서 기회균등을 의미한다. 이는 특히 공직선거에서 반영되어야 하는 것으로 선거에서 평등은 절대적 평등을 원칙으로 하여야 한

---

[47] 헌재결 2022. 3. 31. 2020헌마1729, 판례집 34-1, 306(311) - 복수당적금지조항(정당법 제42조 제2항)의 합헌결정; 2014. 1. 28. 2012헌마431. 입법자는 정당설립의 자유를 최대한 보장하는 방향으로 입법하여야 하고, 헌법재판소는 정당설립의 자유를 제한하는 법률의 합헌성을 심사할 때에 헌법 제37조 제2항에 따라 엄격한 비례심사를 하여야 한다.

다. 따라서 정당간의 절대평등을 회피하는 예컨대, 공직선거법(제189조 제1항)상 비례대표의석배분에서 3% 내지 5석의 저지조항은 소수정당을 차별하는 것으로 특별한 사유가 있어야 정당화된다.

하지만 그 밖의 경우, 예컨대 선거방송,[48] 국고보조금배분,[49] 정책연구위원배정[50] 등에 있어서는 정당의 중요도에 따라 차별이 정당화될 수 있다.

V. 위헌정당과 정당특권

민주적 기본질서에 위배되거나 대한민국의 존속을 침해할 목적을 갖는 정당은 위헌정당이다(헌법 제8조 제4항). 민주적 기본질서의 해석은 헌법재판소가 결정[51]할

---

48) 헌재결 2011. 5. 26. 2010헌마451; 대담·토론회의 장점을 극대화하기 위하여는 적당한 수의 주요 후보자만을 참가하게 함으로써 정책에 대한 대담·토론의 기능을 충분히 발휘하게 하여야 할 것이고, 이를 통해 실질적인 정책 비교 및 후보의 자질 검증의 기회를 마련하는 것이 후보자에게는 공약 및 정책에 대한 효과적인 전달의 기회일 것이며, 유권자에게는 각 후보자들의 정책에 대한 실질적인 비교 분석의 기회를 제공하는 것이 될 것이다. 결국 이 사건 법률조항이 주된 대담·토론회에 참여할 수 있는 후보자를 일정한 범위로 제한하는 것은 위와 같은 입법자의 합리적인 판단에 기인한 것이라고 할 수 있다. 헌재결 1998. 8. 27. 97헌마372 등. 이 사건 초청 후보자 선정기준은 최소한의 당선가능성과 주요 정당의 추천이라는 점에 기초하여 대담·토론기능의 활성화를 위하여는 적당한 소수의 후보자만을 초청하여야 한다는 요청과 선거운동에서의 기회의 균등보장이라는 서로 대립하는 이익을 적절히 비교형량한 합리적인 것으로서, "같은 것은 같게, 다른 것은 다르게" 취급하는 것이라 할 것이므로 도저히 자의적인 차별이라고 할 수는 없다.

49) 헌재결 2006. 7. 27. 2004헌마655. 입법자는 정당에 대한 보조금의 배분기준을 정함에 있어 입법정책적인 재량권을 가지므로, 그 내용이 현재의 각 정당들 사이의 경쟁상태를 현저하게 변경시킬 정도가 아니면 합리성을 인정할 수 있다. 정당의 공적기능의 수행에 있어 교섭단체의 구성 여부에 따라 차이가 나타날 수밖에 없고, 이 사건 법률조항이 교섭단체의 구성 여부만을 보조금배분의 유일한 기준으로 삼은 것이 아니라 정당의 의석수비율과 득표수비율도 함께 고려함으로써 현행의 보조금배분비율이 정당이 선거에서 얻은 결과를 반영한 득표수비율과 큰 차이를 보이지 않고 있는 점 등을 고려하면, 교섭단체를 구성할 정도의 다수 정당과 그에 미치지 못하는 소수 정당 사이에 나타나는 차등지급의 정도는 정당 간의 경쟁상태를 현저하게 변경시킬 정도로 합리성을 결여한 차별이라고 보기 어렵다.

50) 헌재결 2008. 3. 27. 2004헌마654. 정책연구위원을 교섭단체 구성 여부만을 기준으로 배정하는 것이 소수정당의 평등권을 침해하는지 여부(소극)

51) 헌재결 2014. 12. 19. 2013헌다1. 우리 헌법 제8조 제4항이 의미하는 민주적 기본질서는, 개인의 자율적 이성을 신뢰하고 모든 정치적 견해들이 각각 상대적 진리성과 합리성을 지닌다고 전제하는 다원적 세계관에 입각한 것으로서, 모든 폭력적·자의적 지배를 배제하고, 다수를 존중하면서도 소수를 배려하는 민주적 의사결정과 자유·평등을 기본원리로 하여 구성되고 운영되는 정치적 질서를 말하며, 구체적으로는 국민주권의 원리, 기본적 인권의 존중, 권력분립제도, 복수정당제도 등이 현행 헌법상 주요한 요소라고 볼 수 있다.

수 있고 다음과 같은 내용을 갖는다.
- 헌법에 구체화된 인권의 존중, 특히 생명과 개성신장의 자유로운 인격권; 인권의 승인
- 국민주권, 권력분립, 정부의 책임, 법치행정, 사법권의 독립; 국가조직의 기본원리
- 복수정당제, 정당의 기회균등, 야당의 권리; 정치적 의사형성의 기본원리

위헌정당해산의 사유인 민주적 기본질서는 제한적으로 엄격하게 해석하여야 한다.[52] 헌법재판소만이 위헌정당해산결정을 할 수 있고 다른 국가기관은 할 수 없다. 정부의 해산청구는 재량사항이다(헌법 제8조 제4항).

Ⅵ. 정당재정에 있어서 자유와 평등

정당재정에서의 자유란 정당은 재정을 국가에 의존해서도 법인이나 단체 등 특정세력의 정치자금에 의존해서도 안 된다는 것을 의미한다. 정치자금법에서도 "외국인, 국내외의 법인 또는 단체는 정치자금을 기부할 수 없다."고 하여 이를 명문화(제31조 제1항)하고 있다. 정당재정에서의 평등이란 정당재정으로 정당간의 경쟁의 기회균등을 왜곡해서는 안 된다는 것을 의미한다. 군소정당에게도 기회는 보장되어야 한다. 정치자금법 제27조[53]는 경상보조금과 선거보조금을 교섭단체를 구성한 거대정당에게 그 100분의 50을 균등 분할하고(제1항), 나머지 군소정당에 대하여는 100분의 5 또는 100분의 2씩을 지급하는 것(제2항)으로 규정하고 있다.

평등선거의 원칙을 보장하기 위해서는 거액을 기부하는 특정인에게 과세특혜를 부여해서는 안 된다. 정당재정에 대한 위헌적인 국가의 영향력을 배제하기 위해서는 정당재정을 법률에 명시적으로 규율하여야 한다. 개별적으로 보면
- 정당에 대한 국가의 직접적 보조금배분은 허용된다. 현행헌법에서도 "정당

---

52) 헌재결 2014. 12. 19. 2013헌다1, 판례집 26-2하, 1 이하.
53) 정치자금법 제27조 ① 경상보조금과 선거보조금은 지급 당시 「국회법」 제33조(교섭단체) 제1항 본문의 규정에 의하여 동일 정당의 소속의원으로 교섭단체를 구성한 정당에 대하여 그 100분의 50을 정당별로 균등하게 분할하여 배분·지급한다. ② 보조금 지급 당시 제1항의 규정에 의한 배분·지급대상이 아닌 정당으로서 5석 이상의 의석을 가진 정당에 대하여는 100분의 5씩을, 의석이 없거나 5석 미만의 의석을 가진 정당 중 다음 각 호의 어느 하나에 해당하는 정당에 대하여는 보조금의 100분의 2씩을 배분·지급한다.

은 법률이 정하는 바에 의하여 국가의 보호를 받으며, 국가는 법률이 정하는 바에 의하여 정당운영에 필요한 자금을 보조할 수 있다."고 규정(제8조 제3항)하고 있다. 이는 선거 이외의 경우에도 국민의 의사형성을 매개하는 정당의 기능에서 정당화된다.

- 국고보조는 유권자의 정당지지도에 비례하여 배분되어야 한다. 정당득표와 무관한 국고보조는 위헌이다. 이러한 점에서 교섭단체를 구성한 정당에 대하여 경상보조금과 선거보조금의 100분의 50을 정당별로 균등하게 분할하여 배분·지급(정치자금법 제27조 제1항)하는 것은 위헌이다.

- 정치자금의 회계는 투명성을 담보하기 위하여 회계책임자를 선임하여 선거관리위원회에 서면으로 신고하고 회계책임자는 선거관리위원회에 정치자금의 수입과 지출에 관한 회계보고, 선관위는 회계보고사항에 대하여 누구든지 볼 수 있도록 공개하여야 한다(정치자금법 제7장 제34조 이하).

Ⅶ. 정당의 목적, 조직과 활동의 민주화(당내민주주의)

정당의 내부조직에서 민주적 의사형성은 정당의 헌법상 제도보장에서 도출된다. 헌법 제8조 제2항은 이를 "정당은 그 목적·조직과 활동이 민주적이어야 하며, 국민의 정치적 의사형성에 참여하는 데 필요한 조직을 가져야 한다."고 규정하고 있다. 정당의 목적·조직과 활동의 민주화라 함은 당내민주주의를 의미한다. 당내민주주의라 함은 당의 정치적 주장, 당기구의 구성, 당의 운영, 당의사의 결정, 공직선거후보자추천, 당 활동 등이 민주주의원칙에 따라 이루어져야 한다는 뜻이다.

정당의 자유는 내부조직형성의 자유(헌법 제8조 제1항)를, 헌법상 제도로서 정당은 내부조직운영에 있어서 민주적인 의사형성을 할 의무(제8조 제2항)를 부담한다. 헌법재판소[54]도 동일한 취지로 다음과 같이 판시하고 있다; 헌법 제8조 제2항은 헌법 제8조 제1항에 의하여 정당의 자유가 보장됨을 전제로 하여, 그러한 자유를 누리는 정당의 목적·조직·활동이 민주적이어야 한다는 것으로 그 조직이 국민의 정치적 의사형성에 참여하는데 필요한 조직이어야 한다는 요청을 내용으로 하는 것으로서, 정당에 대하여 정당의 자유의 한계를 부과하는 것임과 동시에 입법자

---

54) 헌재결 2004. 12. 16. 2004헌마456, 정당법 제3조 등 위헌확인; 2009. 10. 29. 2008헌바146 등, 공직선거법 제47조의2 제1항 위헌소원 등 참조.

에 대하여 그에 필요한 입법을 해야 할 의무를 부과하고 있는 조항이다.

이와 같이 정당의 이중적 지위,[55] 즉 '자유로운 지위(사적 지위)' 및 '공공의 지위(공적 지위)'에서 정당의 어떠한 지위에 초점을 맞추고 있는지에 따라 정당에 대한 국가의 개입의 정도와 한계가 달라질 수 있다.[56] 예컨대, 공직선거법 제57조 제2항(당내경선에 입후보하여 경선후보자로 선출되지 아니한 자는 당해선거구의 같은 선거구에서는 후보자로 등록될 수 없다.)이 정당의 자유를 침해하는지 여부와 관련하여서 정당의 공적지위를 강조하는 합헌론과 사적지위를 강조하는 위헌론 모두 주장할 수 있다.[57]

Ⅷ. 정당과 헌법소송

정당은 사법상의 법인격 없는 사단[58]이자 헌법상 제도로서 이중적 지위를 갖는다.[59]

- 정당내부의 분쟁은 정당은 국가기관이 아니기 때문에 기본권이 직접 적용될 수 없으므로 민사소송절차에 의하고,
- 정당에 대한 집회금지, 선거방송금지, 국고보조금차등배분 등의 경우 기본권주체로서 행정소송이나 헌법소원청구능력을 갖고,
- 헌법상 제도로서 지위를 갖는 정당의 경우는 권한쟁의능력을 부여할 수 있다. 예컨대, 정부가 총선에서 여당의 정책을 홍보하여 야당의 선거에서의 기회균등을 침해하는 경우를 들 수 있다.

---

55) 헌재결 2003. 10. 30. 2002헌라1, 판례집 15-2(하), 32. 국회의원과 국회의장 간의 권한쟁의 참조.
56) 헌재결 2004. 12. 16. 2004헌마456 – 지구당폐지 정당법 제3조; 2006. 3. 30. 2004헌마246 – 5 이상의 시·도당(지역당) 각 시·도당은 1,000명 이상의 당원(군소정당).
57) ① 합헌론－공직선거에서 정당의 후보자를 추천하는 내부절차는 정당의 공적 지위 내지 공적 영역과 관련된 사항이라는 점, 당내민주주의는 정당의 자유 못지않게 우리 헌법이 명문으로 인정하고 있는 헌법적 가치라는 점을 고려해야 한다는 점 등을 고려할 수 있음. ② 위헌론－당내경선 결과의 구속력과 경선후보자의 경선 결과에 대한 승복 여부는 국가가 강제할 수 있는 사항이 아니라는 것, 즉 당내경선의 문제는 사적 결사로서의 정당의 사적 지위 및 자율적인 영역에 관한 사항이라는 점, 정당의 내부질서에 대한 규제가 어느 정도 허용된다고 하더라도, 정당의 내부질서에서의 절차 내지 사적자치가 국민의사의 형성에 현저한 장애를 초래하지 않는 한 당내민주주의보다는 정당의 자유가 우선되어야 한다는 점 등을 고려할 수 있음. 헌재결 2009. 10. 29. 2008헌바146 참조.
58) 헌재결 1991. 3. 11. 91헌마21; 1993. 7. 29. 92헌마262.
59) 헌재결 2003. 10. 30. 2002헌라1, 국회의원과 국회의장 간의 권한쟁의 참조.

제 4 절 공무원제도

Ⅰ. 공무원에 관한 헌법규정

현행헌법은 제7조에서 "공무원은 국민전체에 대한 봉사자이며, 국민에 대하여 책임을 진다(제1항)."고 공무원의 헌법적 책임을 규정하고 있고, "공무원의 신분과 정치적 중립성은 법률이 정하는 바에 의하여 보장된다(제2항)."고 하여 직업공무원의 제도적 보장에 관하여 규정하고 있다. 그 구체화로서 헌법 제29조는 "공무원의 직무상 불법행위로 손해를 받은 국민은 법률이 정하는 바에 의하여 국가 또는 공공단체에 정당한 배상을 청구할 수 있다. 이 경우 공무원 자신의 책임은 면제되지 아니한다(제1항)."고 공무원의 불법행위책임을, 제33조에서는 "공무원인 근로자는 법률이 정하는 자에 한하여 단결권·단체교섭권 및 단체행동권을 가진다(제2항)."고 형성적 법률유보에 의해 공무원에게 근로3권을 부여하고 있고, 제65조는 "대통령·국무총리·국무위원·행정각부의 장·헌법재판소 재판관·법관·중앙선거관리위원회 위원·감사원장·감사위원 기타 법률이 정한 공무원이 그 직무집행에 있어서 헌법이나 법률을 위배한 때에는 국회는 탄핵의 소추를 의결할 수 있다(제1항)."고 하여 고위공무원에 대한 탄핵책임을 부과하고 있다. 이와 같이 현행헌법은 공무원의 국민에 대한 책임을 강조하고 있는 반면에 공무원의 권리는 입법재량사항으로 하여 고전적인 특별권력관계에 입각한 공무원제도를 규정한 것으로 해석할 여지를 제공하고 있다. 이에 대하여 살펴보기로 한다.

Ⅱ. 전통적 특별권력관계론과 현대의 특별권력관계론

1. 전통적 특별권력관계와 특징

전통적 특별권력관계란 특별한 공행정 목적을 위하여 법률상 원인에 근거하여 성립되는 관계로 권력주체는 특정신분자를 포괄적으로 지배하고 명령하는 관계를 말한다. 예컨대, 공무원의 관공서근무, 수형자의 교도소수용, 군인의 군복무, 중고등학생의 학교교육, 교직원과 대학생의 대학에서의 생활관계를 들 수 있다. 특별권력관계는 국가와 기본권의 주체로서 국민 간의 일반권력관계와 달리 특정신분자(공무원, 수형자, 학생 등)는 공행정 목적(국민봉사, 사회와 격리, 학문연구 등)을 위한 수단으로 간주하여 국가기관과 같이 기본권의 보호의무자로만 파악하는 것이다. 따라서 특별권력관계에 복종하는 특정신분자에게는 기본권주체성이 인정되지 않아 특별권력주체가 법률유보 없이 제정한 행정규칙, 학칙 등에 따라 포괄적으로 명령이나 징계권을 행사하더라도 재판청구권, 헌법소원청구권 등 기본권보호수단을 강구할 수 없다. 즉 법치국가의 적용에서 배제되는 특별권력관계에 있게 된다.

2. 현대의 특별권력관계와 특징

살펴본 전통적 특별권력관계는 19세기 후반의 외견적 입헌군주시대에 군주의 특권을 보호하기 위한 방편으로 국가내부관계에 법치주의 적용을 배제하는 국가유기체설에 입각한 이론이다. 하지만 현대헌법국가에서는 국가와 사회의 이원적 교차관계, 기본권의 국가권력기속과 기본권제한의 법률유보 등 법치주의의 적용에서 배제되는 영역은 더 이상 존재하지 않는다. 따라서 전통적 특별권력관계는 그 이론적 근거를 상실하였다.

그럼에도 불구하고 현대국가에서도 공행정 목적달성을 위해 공무원, 수형자, 학생 등의 기본권제한의 필요성을 부인할 수는 없다. 이는 일반국민의 기본권제한과 달리 특정신분에 기한 기본권제한이라는 점에서 특별신분관계라는 견해,[60] 특정한 공익목적을 위한 법적 제한이라는 점에서 특별한 공법기속(öffentlich-rechtlicher Sonderbindung) 내지 특별행정법관계라는 견해,[61] 현대헌법국가에서 특별권력관계는 특정한 공적목적달성을 위해 법적 제한을 하는 점에서 일반권력관계와 구분할 수 있는 정도라면 다른 새로운 용어보다 특별권력관계라는 전통적 용어가 보다 포괄적인 의미를 전달할 수 있다는 견해[62]가 있다.

60) K. Hesse, Grundzüge des Verfassungsrechts der BRD, RN 323.
61) W. Loschelder, Grundrechte im Sonderstatus, in: Handbuch des Staatsrechts Bd. Ⅴ, S. 809, RN 6.
62) K. Stern, Das Staatsrecht der Bundesrepublik Deutschland, Bd. Ⅲ/1, S. 1380.

3. 소결

전통적 특별권력관계에 대한 부정적 인식을 고려하여 일반권력관계에 대한 공익 목적을 위한 특별한 신분에 의한 제한이라는 점에서 특별신분관계라는 표현을 사용하고자 한다.

Ⅲ. 공무원의 기본권적 지위

1. 헌법상 공무원의 이중적 지위

공무원의 기본권적 지위는 고전적인 특별권력관계와 현대적인 특별신분관계의 혼합적인 성격을 갖는다. 공무원은 국가내부의 근무자로서 국민에 대한 특별의무(헌법 제7조 제1항)를 부담한다. 하지만 공무원은 동시에 국가에 대해 기본권을 주장할 수 있는 국민(헌법 제2장)이다. 이와 같은 공무원의 이중적 지위는 헌법상 보장되어 있다. 헌법 제7조 제1항의 "공무원은 국민전체에 대한 봉사자이며, 국민에 대하여 책임을 진다."와 헌법 제2장의 국민의 자유와 권리로서 공무원의 기본권보장이 그것이다. 이러한 점에서 공무원제도를 위해 필수적으로 요구되는 공무원의 특별의무와 이로 인한 기본권제한의 규범조화적 해석을 도모하여야 한다.

2. 실제상 3개 생활영역의 구분에 의한 지위모색

헌법상 공무원의 이중적 지위로 인해 일반규칙으로는 기본권제한과 특별의무의 조화방안을 찾을 수 없다. 따라서 공무원의 생활영역을 3가지로 구분하여 법적 지위를 부여하는 방안을 고려하고자 한다. 즉 직무, 직무관련, 사적 영역의 3개 영역으로 구분하는 것이다.

(1) 직무영역

직무영역에서 공무원은 기본권의 주체가 아니라 보호의무자다. 공무원의 직무수행은 국가관리차원이기 때문이다. 따라서 공무원은 개인적으로 표현의 자유를 주장할 수 없고 자신이 소속한 국가나 지방자치단체의 입장을 공식적으로 표명할 수 있을 뿐이다. 직무수행을 위한 전화통화도 개인적으로 통신의 비밀을 주장하며 공개를 거부할 수 없다. 국가공무원법상 종교적인 중립의무(제56조)도 이에 속한다.

(2) 직무관련영역

직무관련영역에서 공무원은 원칙적으로 기본권의 주체다. 그러나 헌법상 직업공무원제도[63]의 보장과 기능수행을 위하여 직무관련영역에서 공무원의 신분과 정치적 중립성에 대해 법률유보하고 있다. 하지만 여기서 법률유보는 공무원의 기본권보호를 위해 적합성, 필요성, 균형성의 요건을 갖추어야 한다. 공무원의 직무상 의무를 부과하기 위한 기본권제한은 국민의 기본권보장에 필수불가결한 경우이어야 하는 것이다. 예컨대, 공무원은 법률유보로 단결권, 단체교섭권, 단체행동권을 보호받을 수 있지만(헌법 제33조 제2항, 제3항) 파업이나 태업 등 국민의 기본권을 침해하는 경우에 법적 제한을 할 수 있다. 공무원의 정치적 활동에는 헌법에의 충성의무의 한계 내에서만 가능하다. 공무원의 의사표현의 자유는 공무상 비밀엄수의무(국가공무원법 제60조)로 제한된다.

기본권제한의 정도는 모든 공무원에게 동일하게 적용되는 것은 아니다. 경찰, 소방공무원의 경우에는 생명, 신체의 위험을 감수하고라도 직무수행을 하여야 하는 의무를 부담한다.

---

63) 공무원의 신분 보장에 관한 헌법적 의의를 보건대, "헌법 제7조 제2항은 공무원의 신분과 정치적 중립성을 법률로써 보장할 것을 규정하고 있다. 위 조항의 뜻은 공무원이 정치과정에서 승리한 정당원에 의하여 충원되는 엽관제를 지양하고, 정권교체에 따른 국가작용의 중단과 혼란을 예방하며 일관성 있는 공무수행의 독자성과 영속성을 유지하기 위하여 공직구조에 관한 제도적 보장으로서의 직업공무원제도를 마련해야 한다는 것이다. 직업공무원제도는 바로 그러한 제도적 보장을 통하여 모든 공무원으로 하여금 어떤 특정 정당이나 특정 상급자를 위하여 충성하는 것이 아니라 국민 전체에 대한 봉사자로서 법에 따라 그 소임을 다할 수 있게 함으로써 공무원 개인의 권리나 이익을 보호함에 그치지 아니하고 나아가 국가기능의 측면에서 정치적 안정의 유지에 기여하도록 하는 제도이다."(헌재 1997. 4. 24. 95헌바48 참조). 나아가 직업공무원에 대한 정치적 중립성의 필요성에 관하여, 공무원은 국민 전체에 대한 봉사자이므로 중립적 위치에서 공익을 추구하고(국민 전체의 봉사자설), 행정에 대한 정치의 개입을 방지함으로써 행정의 전문성과 민주성을 제고하고 정책적 계속성과 안정성을 유지하며(정치와 행정의 분리설), 정권의 변동에도 불구하고 공무원의 신분적 안정을 기하고 엽관제로 인한 부패·비능률 등의 폐해를 방지하며(공무원의 이익보호설), 자본주의의 발달에 따르는 사회경제적 대립의 중재자·조정자의 기능을 적극적으로 담당하기 위하여 요구되는 것(공적 중재자설)이라고 일반적으로 설명하고 있는바, 공무원의 정치적 중립성 요청은 결국 위 각 근거를 종합적으로 고려하여 공무원의 직무의 성질상 그 직무집행의 중립성을 유지하기 위하여 필요한 것이다(헌재 1995. 5. 25. 91헌마67; 헌재 2004. 3. 25. 2001헌마710 참조).

(3) 사적 영역

직무나 직무관련영역이 아니라면 공무원은 사인으로서 일반규칙에 따라 기본권의 주체다. 하지만 직무영역과 사적 영역을 명확히 구분할 수 없는 경우가 있다. 예컨대, 일과 후의 저녁 식사자리에서 국장님의 정치적 의견표명을 들 수 있다. 직무와 직위에 따라 사적 영역에서 기본권행사에 제한을 가할 수 있는 것이다. 법관의 경우 헌법과 법률 및 양심에 따라 심판해야 하는 사법권독립(헌법 제103조)에 대한 국민의 신뢰를 추락시켜서는 안 된다. 따라서 다른 공무원에 비해 정치적 의사표현을 자제하여야 한다. 법관과 공무원은 부업을 하는 것도 영리 및 겸직금지의무(국가공무원법 제64조)에 의한 제한을 받는다.

공무상 비밀엄수의무와 헌법충성의무도 자명하다. 주거지제한 내지 직장이탈금지의무도 교통수단과 전자매체의 발달로 인해 다양한 근무형태가 늘어나는 추세를 감안하여 그 범위를 축소하여 해석할 필요가 있다. 직무영역 밖에서 공무원의 기본권을 최대한 보장하기 위하여 가능한 공법상 특별의무를 축소할 필요가 있다. 우리의 국가공무원법[64]에서는 너무 많은 특별의무를 부과하고 있다.

Ⅳ. 직업공무원제도의 해체론(?)

한시적인 정무직 공무원을 견제하기 위한 직업공무원제도의 해체론이 제기되고 있다. 국가의 과제수행의 민영화로 인해 공무원과 일반 근로자와 구별이 어렵게 되고 있기 때문이다.[65]

---

64) 국가공무원법 제56조 성실 의무, 제57조 복종의 의무, 제58조 직장 이탈 금지, 제59조 친절·공정의 의무, 제59조의2 종교중립의 의무, 제60조 비밀 엄수의 의무, 제61조 청렴의 의무, 제62조 외국 정부의 영예 등을 받을 경우 대통령의 허가를 받을 의무, 제63조 품위 유지의 의무, 제64조 영리 업무 및 겸직 금지, 제65조 정치 운동의 금지, 제66조 집단 행위의 금지.

65) 산업사회를 거쳐 정보화사회로 이행되어 가는 오늘날의 사회구조는 공직사회 및 민간기업조직에 많은 변화를 가져왔다. 즉, 민간기업사회에도 공직사회와 같은 대규모의 관리조직이 생겨나게 된 한편, 국가조직도 능률성, 효율성의 개념을 중시하면서 민간기업의 관리 경영기법이 도입되고, 그 인적 구성에 있어서도 전문적인 지식·경험·기술로 무장된 관료집단을 필요로 하여 공무원과 일반의 근로자 간, 공직과 사직 간의 유사성의 증대, 신분적 특성의 동질화를 가져왔고, 이러한 현상은 점점 더 심화되리라고 보인다. 이와 같은 사회구조의 변화는 일반인의 공직에 대한 인식에도 변화를 가져오게 되었고, 사회구조의 변화에 따른 사회국가적 행정임무의 증대와 이에 따른 공무원 수의 대폭적인 증가현상은 자연히 공무원의 질과 사회적 지위에 영향을 미치게 되었다. 따라서 아직도 공무원은 국민에 대한 봉사자로서의 지위를 지니는 것이고 공정한 공직수행을 위한 직무상의 높은 수준의 염결성은 여전히 강조되

하지만 국가와 사회의 구별은 여전히 유효하고 공무원의 국민에 대한 봉사자의 지위도 부인할 수 없다. 민영화 내지 공사협력 거버넌스는 현대복지국가의 국민에 대한 다양한 이행책임의 확대로 인한 업무분장의 일환에 불과하다. 헌법상 국가는 국민에 대한 봉사자(제7조 제1항)로서 여전히 과제이행에 대한 최종적인 보장책임을 진다. 이러한 점에서 직업공무원의 능력과 적성 및 전문성을 바탕으로 하는 기능유보는 상대화되었지만 공무원의 정치적 중립성을 바탕으로 하는 직무수행에 대한 높은 수준의 염결성이 요구되고 있다. 행정부내부에서 직업공무원은 한시적인 정무직공무원과 대화와 협력에 의한 권력분립의 기능을 수행하는 조력자인 것이다.

이와 함께 일반 근로자와 유사하게 직업공무원의 신분보장에 대한 현대적인 해석이 요구된다.66) 즉 살펴본 바와 같이 공직을 수행하는 한도 내에서 공무원의 특별의무를 정당화하고 그 밖의 공직관련영역, 사적 영역에서는 원칙적으로 기본권주체로서의 지위를 최대한 보장하는 방향으로 입법67)을 해야 할 것이다.

제 5 절 지방자치제도

Ⅰ. 지방자치의 헌법적 근거

지방자치에 관한 헌법적 근거는 2개 조문에 불과하다. 즉 제117조 "지방자치단체는 주민의 복리에 관한 사무를 처리하고 재산을 관리하며, 법령의 범위 안에서 자치에 관한 규정을 제정할 수 있다(제1항). 지방자치단체의 종류는 법률로 정한다

어 마땅하나, 오늘날 공직의 구조 및 공직에 대한 인식의 변화에 따라, 적어도 급여에 관한한, 공무원도 일반 직장인과 같은 하나의 직업인이라는 공통된 인식이 확산되었다. 헌재결 2007. 3. 29. 2005헌바33, 판례집 19-1, 211.

66) 김수진, "독일공무원관련법개정에 따른 독일직업공무원제의 도전에 관한 연구", 『공법연구』 제40권 제2호(2011).

67) 예컨대, 초·중등학교의 교육공무원이 정치단체의 결성에 관여하거나 이에 가입하는 행위를 금지한 국가공무원법 제65조 제1항 중 '국가공무원법 제2조 제2항 제2호의 교육공무원 가운데 초·중등교육법 제19조 제1항의 교원은 그 밖의 정치단체의 결성에 관여하거나 이에 가입할 수 없다.' 부분이 나머지 청구인들의 정치적 표현의 자유 및 결사의 자유를 침해하는 것으로 위헌 결정하였다. 헌재결 2020. 4. 23. 2018헌마551.

(제2항).", 제118조 "지방자치단체에 의회를 둔다(제1항). 지방의회의 조직·권한·의
원선거와 지방자치단체의 장의 선임방법 기타 지방자치단체의 조직과 운영에 관한
사항은 법률로 정한다(제2항)."이다.

따라서 지방자치제도의 형성은 해석에 의존할 수밖에 없다. 지방자치가 1991
년부터 실시되어 이제 30년이 넘는 역사를 자랑하고 있다. 학설과 판례도 많이 축
적되었다. 그 분석과 함께 해석론을 전개하고자 한다.

Ⅱ. 국가조직에서 지방자치의 기능

1. 단일국가와 연방국가의 지방자치

(1) 고전적 단일국가의 지방자치와 연방국가의 지방자치

고전적 의미의 단일국가는 주권의 단일성을 근거로 중앙과 지방간에 권력배분
목록이 없는 하나의 헌법만을 갖고 있다. 따라서 단일국가의 정치적 의사는 지방의
분권적 참여를 배제하고 전적으로 유권자에에만 의존한다. 모든 국가권력은 일부 지
방에 분산된 행정과 사법기능을 제외하고는 중앙정부에 집중되어 있다.

지방자치단체는 순수한 행정기관으로 독자적인 입법기관도 재정자치도 법인
격도 없다. 자치단체의 장은 행정부가 임명하여 정부에 지시에 기속된다. 따라서
일사불란한 중앙집권적 행정체계를 형성한다. 단일국가의 지방자치단체는 단순한
행정권한밖에 없다.[68]

단일국가와 달리 연방국가는 이중 주권국가다. 따라서 주(state) 내지 지분국
(Land)으로 불리는 지방정부는 연방헌법에서 부여한 고유한 권한범위 내에서 입법,
집행과 사법작용을 담당한다. 지방자치단체는 지방정부의 법률 집행과 그 법률 집
행을 위해 필요한 경우 조례제정과 조세징수권 및 재정입법권도 갖는다.[69] 연방국
가의 국세와 지방세의 비중을 보면 스위스 32(국세):68(지방세), 독일 30:70 미국
44:56, 오스트리아는 48:52이다. 우리의 국세와 지방세의 비율 80:20로 연방국가의
지방세비중과 비교하여 현저하게 적다.

---

68) 장영철, 『국가조직론』, 106면.
69) 헌법재판소, "지방자치의 헌법적 보장-지방자치와 입법권의 한계-", 『헌법재판연구』 제17
권, 2006, 77면; 김수진, "지방자치단체 구역개편 재논의를 통해 보는 21C 독일의 지방자치",
『지방자치와 행정법』, 둔석 홍정선 교수정년기념논문집, 박영사, 2016, 117~140면.

(2) 분권적 단일국가의 지방자치

오늘날 지방자치단체가 단순한 행정권한밖에 없다는 고전적 단일국가의 지방자치를 고수하는 국가는 없다. 지방자치의 고도화로 분권적 단일국가의 경향이 나타나고 있다. 우리는 서울특별시 및 대도시 등과 세종특별자치시 및 제주특별자치도의 행정특례(지방자치법 제11장)를 두어 자치권을 강화하고 있고, 이탈리아의 남티롤지역(Südtirol), 스페인의 카탈로니아, 바스크지역 등은 헌법70)에 의하여 입법, 행정의 자치권(Sonderstatut)을 부여 받아 중앙정부에 대하여 고도의 독자성을 갖는다. 연방국가도 미국의 분리주의와 유럽의 행정연방주의가 상호 접근하여 실용성을 도모하고 있다.71) 이제 사실상 단일국가와 연방국가의 지방자치도 국가조직에서 기능실현을 최적화하는 방향으로 현실화할 필요가 있다.

2. 대화민주주의와 다원적 실용민주주의(다원주의)

대화민주주의와 다원민주주의에 의하면 현대인은 정치에 무관심하다고 본다. 따라서 개인이 소속감을 느끼며 공적사항에 관심을 갖는 구체적인 영역은 각자 다르다는 것을 인정하여야 한다. 국가기관의 형식화된 다수결 민주주의보다 공적영역(여기서는 지방자치단체)에서의 의사형성과정이 더 중요하다. 정치적인 참여의 범위를 지방자치단체나 정당으로 확대한다. 정치는 본질적으로 국민이 주체가 아니라 지방자치단체의 주민이 하는 것이다. 따라서 민주적 헌법국가는 정치적 다양성을 존중하고 보호·촉진하여야 한다.

헌법재판소도 이러한 취지에서 "지방자치는 민주주의의 요체이고, 현대의 복합사회가 요구하는 정치적 다원주의를 실현시키기 위한 제도적 장치로서, 지방의 공동 관심사를 자율적으로 처결함과 동시에 주민의 자치역량을 배양하여, 국민주권주의와 자유민주주의의 이념구현에 이바지함을 목적으로 하는 제도이다. 이러한 지방자치의 헌법적 보장은 국민주권의 기본원리에서 출발하여 주권의 지역적 주체인 주민에 의한 자기통치를 실현하기 위한 것이다"72)라 하고, 또한 "지방자치는 국가

---

70) 이탈리아 헌법 제121조 제1항: 지역의 기관으로는 지역총회, 지역정부, 지역정부의 대통령을 둔다. 스페인 헌법 제137조: 영토는 기초지방자치단체(Gemeinde), 광역자치단체(Provinz)와 헌법에서 규정한 지역자치공동체로 구성된다. 이들 모두는 각각의 이해 관계있는 분야에서 자치권을 갖는다.

71) 장영철, "지방분권강화방안으로서 연방국가 원리에 관한 고찰", 『헌법학연구』 제22권 제1호 (2016. 3.), 한국헌법학회, 256면 이하.

적 차원에서는 제공되지 않는 구체적인 정치적 참여가능성을 지역주민에게 부여한
다. 정치적 공동체의 의사형성 단위가 분화하면 구성원의 민주적 참여와 정치적 영
향력이 증가하며, 지역주민은 지역행정의 고유한 상황과 지역공직자에 대한 직접적
인 평가를 할 수 있다. 이에 따라 지방자치는 민주시민의 양성과 '풀뿌리 민주주의'
의 실현에 큰 역할을 한다. 또한 지방자치는 주민의 복지를 실현하고, 지역주민들
의 결속과 연대를 통한 주민들의 조정과 통합이라는 공동사회적 기능도 수행한다."
고 판시73)하고 있다.

3. 협력적 권력분립

국가조직은 권력분립원칙에 의하여 국가권력을 다양한 기관에 분산하여 협력
적 국정수행을 하도록 하여야 한다. 협력적 국정수행을 위해서는 대화가 원칙이다.
정책결정과정에서 대화민주주의는 국가기관 간에 기회의 균등을 전제로 한다. 기회
의 균등은 제도의 균형으로 확보된다. 헌법은 국가기관 간은 물론 정당, 미디어, 시
민단체 등 중개적 권력에도 권력분립원칙을 보장하고 있다. 지방자치단체도 이에
속함은 물론이다. 다만 지방자치단체는 이들 중개적 권력과 달리 기본권의 주체가
아니라 공법상 사단법인이라는 점에서 지역과 주민을 요소로 할 뿐이다.

이에 더하여 지방자치단체에 연방국가의 지방정부에 상응하는 권한배분을 하
는 것은 주민의 복리증진은 물론 국가권력의 효율성증대와 체제의 안정, 국가기관
과 지방자치단체 및 지방자치단체 간의 경쟁촉진, 지역주의 극복과 승화를 통한 남
북통일에도 기여할 수 있는 방법이다.74)

Ⅲ. 지방자치의 본질과 헌법적 성격

1. 본질

(1) 주민자치

주민자치는 영국과 미국의 정치적 의미의 지방자치로 지역주민이 그 지역사회
의 정치와 행정을 자신의 책임 하에 처리하는 자치제를 말한다. 민주주의를 이념적

---

72) 헌재결 2019. 8. 29. 2018헌마129, 판례집 31-2상, 218(224); 2009. 3. 26. 2007헌마843.
73) 헌재결 2019. 8. 29. 2018헌마129, 판례집 31-2상, 218(224).
74) 장영철, 『국가조직론』, 153면 이하.

기초로 하여 자치권도 고유권으로 보아 주민이 참여주체가 된다. 지방의회가 의결과 집행기관을 겸하여 지방자치단체에 대한 국가감독은 입법·사법 감사가 중심이다.[75)]

(2) 단체자치

단체자치는 독일과 프랑스의 법적 의미의 지방자치로 국가로부터 독립된 공법인이 자치권을 인정받아 자체의 기관으로 법률의 범위에서 사무를 처리하는 지방자치제를 말한다. 지방분권을 이념적 기초로 하여 자치권도 전래권으로 보면서 국가로부터 독립된 자치기관이 참여주체가 된다. 의결기관과 집행기관은 분리되어 견제와 균형을 도모하고 지방자치단체에 대한 국가감독은 행정감사가 중심이다.[76)]

(3) 헌법재판소: 복합설

헌법재판소는 주민자치와 단체자치 모두를 지방자치의 본질로 보고 있다. 즉 "지방자치는 지역 중심의 지방자치단체가 독자적인 자치기구를 설치하여 그 고유사무를 국가기관의 간섭 없이 스스로의 책임 아래 처리하는 것을 말한다."고 하면서 "전통적으로 지방자치는 주민의 의사에 따라 지방행정을 처리하는 '주민자치'와 지방분권주의를 기초로 하여 국가내의 일정한 지역을 토대로 독립된 단체가 존재하는 것을 전제로 하여 그 단체의 의회와 기관이 그 사무를 처리하는 '단체자치'를 포함하고, 이러한 지방자치는 국민의 기본권이 아닌 헌법상의 제도적 보장으로 이해되고 있다."고 판시[77)]하고 있다.

(4) 사견

우리 헌법상 지방자치는 대륙법계의 단체자치에 본질을 갖는다고 본다. 다만 주민자치의 민주주의적 요소를 입법자가 입법에 반영하는 것은 바람직하다는 점에서 자치행정은 혼합형으로 운영할 수 있다.

---

75) 김철수, 『학설판례 헌법학(하)』, 1809, 1810면; 권영성, 『헌법학원론』, 239면; 홍정선, 『지방자치법』, 5면.
76) 김철수, 『학설판례 헌법학(하)』, 1810면; 권영성, 『헌법학원론』, 240면; 홍정선, 『지방자치법』, 5면.
77) 헌재결 2009. 3. 26. 2007헌마843, 판례집 21-1상, 651(667).

2. 헌법적 성격

지방자치란 지역중심의 지방자치단체가 독자적인 자치기구를 설치하여 그 고유사무를 국가기관의 간섭 없이 스스로 책임 아래 처리하는 것을 말한다.

(1) 학설

이와 같은 지방자치의 본질에 대한 고유권설(자연권설), 자치위임설(전래설), 제도보장설, 신고유권설이 있다.

(가) 고유권설

고유권설은 지방자치단체는 사회의 영역에서 국가 이전부터 존재하는 주민들의 자연적인 결합체라는 전제하에 지방자치권은 지방의 전국가적인 인격권이라는 것이다.

(나) 자치위임설(전래설)

주권의 단일성에 근거하여 지방자치권은 헌법의 위임 내지 전래에 근거한 것으로 보는 학설이다.

(다) 제도보장설

칼 슈미트가 주장한 제도보장이론에 따라 지방자치제도의 본질을 입법에 의해 폐지하거나 형해화하는 것을 금지하는 것으로 보는 다수설이다.

(라) 신고유권설

자치권은 초실정적인 자연권에서만 찾을 것은 아니고 실정헌법의 해석상 자연권으로 보아야 한다는 학설이다. 통치원리 자체에서 자치권을 설명하는 인민주권설로 직접민주제의 제도화나 지방우선의 권한배분을 주장한다.[78]

---

78) 김철수, 『학설판례 헌법학(하)』, 1809면.

(2) 헌법재판소

헌법재판소는 "지방자치제도의 헌법적 보장의 구체적인 내용을 확정하려면 위의 헌법규정의 규범적 의미내용을 검토하고 그것에 따라서 지방자치의 이념과 의의를 분명하게 밝혀내는 것이 중요하다고 하겠다."고 하면서 "이 헌법적 보장은 한마디로 국민주권의 기본원리에서 출발하여 주권의 지역적 주체로서의 주민에 의한 자기통치의 실현으로 요약할 수 있고, 이러한 지방자치의 본질적 내용인 핵심영역은 어떠한 경우라도 입법 기타 중앙정부의 침해로부터 보호되어야 한다는 것을 의미한다. 다시 말하면 중앙정부의 권력과 지방자치단체간의 권력의 수직적 분배는 서로 조화가 요청되고 그 조화과정에서 지방자치의 핵심영역은 침해되어서는 안되는 것이므로, 이와 같은 권력분립적 · 지방분권적인 기능을 통하여 지역주민의 기본권 보장에도 이바지하는 것이다."라고 하며 제도보장으로 판시[79]하고 있다.

(3) 사견

우리의 지방자치단체의 성격을 국가이전에 존재한 고유권(자연권)설이나 일본(헌법 제95조 제3항)[80]에서 주장된 국민 내지 주민주권주의에 의한 신고유권설로 파악하는 것은 의제에 불과하여 수용하기 어렵다. 우리의 지방자치는 단일국가원리를 추구하는 헌법의 목표를 고려하여 자치권위임에 의한 제도보장으로 보고자 한다.[81] 다만 제도보장의 최소한 보장은 오늘날 제도속의 구성원(주민, 공무원, 정당소속원 등)도 기본권주체라는 점, 공사협력 거버넌스 내지 신공공관리(NPM)에 따라 보장국가는 사인인 공근무자도 헌법의 기본원리(민주주의, 법치주의)에 기속되는 범위에서 공적자치를 향유하며 지방자치단체의 공법인성을 고려하면 공적자치를 수행하기 위한 모든 권한(전권능성과 자기책임)을 부여하는 것이 대화윤리에 입각한 현대국가의 과제라 판단한다.

---

79) 헌재결 1998. 4. 30. 96헌바62, 판례집 10-1, 380(385).
80) 일본헌법 제95조 제3항: 지방공공단체에만 적용되는 특별법은 법률이 정하는 바에 따라 그 지방공공단체의 주민의 투표에서 과반수의 동의를 얻지 못하면 국회는 이를 제정할 수 없다. 이에 대해 자세한 것은 최환용, "일본 헌법의 지방자치특별법 규정에 대한 고찰", 『지방자치와 행정법』, 둔석 홍정선 교수정년기념논문집, 박영사, 2016, 88~97면.
81) 홍정선, 『행정법특강』, 박영사, 2007, 816면. 헌재결 1994. 12. 29. 94헌마201, 판례집 6-2, 510(522); 2009. 3. 26. 2007헌마843, 판례집 21-1(상), 651.

Ⅳ. 지방자치권의 내용

전술한 바와 같이 지방자치권의 내용은 전권능성과 자기책임을 원칙으로 보장하여야 한다. 이를 자치단체의 보장, 자치사무의 보장, 자치권한의 보장, 주관적 법적 지위보장으로 나누어 살펴보고자 한다.

1. 자치단체의 보장

(1) 자치단체의 종류: 입법위임

헌법(제117조 제2항)은 자치단체의 종류에 관하여 입법사항으로 하고 있다. 지방자치법 제2조 제1항에서는 광역자치단체(특별시, 광역시, 특별자치시, 도, 특별자치도)와 기초자치단체(시, 군, 구)의 두 가지 종류로 구분하고 있다. 자치단체의 폐치와 분합도 지방자치법(제5조 제1항)에서는 마찬가지로 입법사항으로 규정하고 있다. 다만 자치단체의 폐치와 분합의 경우 지방의회의 의견을 들어야 하지만 주민투표를 거친 경우에는 예외로 하고 있다(제5조 제3항 제1호). 그리고 주민투표법에서는 중앙행정기관의 장은 자치단체의 폐치와 분합에 대하여 주민투표실시를 요구할 수 있지만(제8조82)) 그 결과에는 구속을 받지 않는다(제8조 제4항83)).

(2) 헌법재판소결정

헌법재판소는 특정한 자치단체의 존속보장은 입법사항으로 정부와 국회가 자치단체의 중층구조를 단층구조로 입법개정을 하더라도 위헌이 아니라고 판시하고 있다. 이는 지방자치의 최소보장을 정당화하는 제도보장이론과 결부하여 확립된 헌법재판소결정이다.

헌법재판소84)는 자치단체의 폐치·분합에 관한 최초결정인 경기도 남양주시 등 33개 도농복합형태의 시설치 등에 관한 법률 제4조에 대한 헌법소원결정에서부터 "중원군수가 주민투표에 갈음하여 실시한 중원군과 충주시의 통합에 관한 주민

---

82) 주민투표법 제8조: 주민의 의견을 듣기 위하여 필요하다고 인정하는 때에는 주민투표의 실시구역을 정하여 관계 지방자치단체의 장에게 주민투표의 실시를 요구할 수 있다.

83) 주민투표법 제24조 제1항(주민투표결과의 확정): 주민투표에 부쳐진 사항은 주민투표권자 총수의 3분의 1 이상의 투표와 유효투표수 과반수의 득표로 확정된다.

84) 헌재결 1994. 12. 29. 94헌마201, 판례집 6-2, 510(529, 530).

의견조사의 절차하자문제에 관하여 살펴본다.”고 하면서 “위 주민의견조사는 위에서 살펴본 바와 같이 청문절차의 일종으로서 중원군과 충주시의 통합에 관한 중요한 사항과 그 근거에 관하여 청구인들을 비롯한 주민들에게 고지하고 의견을 진술할 기회를 부여한 것으로 족한 것이다. 기록에 의하면 그와 같은 정도의 의견조사를 충분히 하였음이 인정되고, 그 외 중원군청에서 중원군과 충주시의 통합에 관한 공청회도 개최한 사실이 인정되므로 주민의견조사 절차에 하자가 없다. 또한 주민의견조사의 결과도 국회의 공공복리를 위한 이익형량의 자료로 작용할 뿐 국회에 대한 직접적인 구속력이 없다.”고 판시하였다.

헌법재판소[85]는 영일군을 폐지하고 영일군일원과 포항시 일원을 합하여 포항시를 설치하는 법률 제8조에 대한 헌법소원결정에서도 “지방자치단체를 폐치·분합할 때 “관계 지방자치단체의회의 의견을 들어야 한다.”는 지방자치법 제4조 제2항은 헌법상 어떤 효력을 가지는가. 위에서 살펴본 바와 같이 지방자치단체의회의 의견청취절차를 밟은 것 자체로서 적법절차는 준수되었다고 보아야 하고, 단지 그 결과는 국회가 입법할 때 판단의 자료로 기능하는데 불과하다 해석하여야 한다. 그러하지 아니하고 국회가 지방자치단체의회의 의견에 구속된다면 지방자치단체의 폐치·분합은 법률의 규정에 의하도록 한 지방자치법 제4조 제1항의 입법취지가 몰각될 뿐만 아니라 국회에 대한 지방자치단체의회의 우위를 초래하는 결과가 될 것이다. 자치제도의 보장은 지방자치단체에 의한 자치행정을 일반적으로 보장한다는 것뿐이고 특정자치단체의 존속을 보장한다는 것은 아니며 지방자치단체의 폐치·분합에 있어 지방자치권의 존중은 위에서 본 법정절차의 준수로 족한 것이다. 그러므로 군 및 도의회의 결의에 반하여 법률로 군을 폐지하고 타시에 병합하여 시를 설치한다 하여 주민들의 자치권을 침해하는 결과가 된다거나 헌법 제8장에서 보장하는 지방자치제도의 본질을 침해하는 것이라고 할 수 없다.”고 판시하였다.

이러한 기조는 기초자치단체를 폐지하는 제주특별자치도의 설치 및 국제자유도시 조성을 위한 특별법안에 대한 헌법소원결정[86]에서도 재확인되고 있다. 즉 “헌법 제117조 제2항은 지방자치단체의 종류를 법률로 정하도록 규정하고 있을 뿐 지방자치단체의 종류 및 구조를 명시하고 있지 않으므로 이에 관한 사항은 기본적으

85) 헌재결 1995. 3. 23. 94헌마175, 판례집 7-1, 438(452).
86) 헌재결 2006. 4. 27. 2005헌마1190, 판례집 18-1상, 652(658, 659).

로 입법자에게 위임된 것으로 볼 수 있다. 따라서 헌법상 지방자치제도의 보장은 특정 지방자치단체의 존속을 보장하는 것이 아니며 지방자치단체의 폐치·분합은 헌법적으로 허용될 수 있다. 우리 재판소도 '자치제도의 보장은 지방자치단체에 의한 자치행정을 일반적으로 보장한다는 것뿐이고 특정자치단체의 존속을 보장한다는 것은 아니며 지방자치단체의 폐치·분합에 있어 지방자치권의 존중은 법정절차의 준수로 족하다.'고 판시(헌재결 1995. 3. 23. 94헌마175, 판례집 7-1, 438, 452)하여 이러한 취지를 분명히 하고 있다. 이와 같이 헌법상 지방자치제도보장의 핵심영역 내지 본질적 부분이 지방자치단체에 의한 자치행정을 일반적으로 보장하는 것이라면, 현행법에 따른 지방자치단체의 중층구조 또는 지방자치단체로서 특별시·광역시 및 도와 함께 시·군 및 구를 계속하여 존속하도록 할지 여부는 결국 입법자의 입법형성권의 범위에 들어가는 것으로 보아야 한다. 같은 이유로 일정구역에 한하여 모든 자치단체를 전면적으로 폐지하거나 지방자치단체인 시·군이 수행해온 자치사무를 국가의 사무로 이관하는 것이 아니라 당해 지역 내의 지방자치단체인 시·군을 모두 폐지하여 중층구조를 단층화하는 것 역시 입법자의 선택범위에 들어가는 것이다."

(3) 사견

지방자치단체의 구역변경(폐치·분합)은 법령에 의하여 가능하다는 견해가 있다. 하지만 졸견은 대화민주주의이론에 의하여 자치단체 주민들의 의견 내지 청문절차를 거친 결과에 구속력을 부여하지 않는 경우에 정부는 구역변경으로 인한 공익을 설명할 의무를 부담해야 한다고 본다. 헌법재판소에 헌법소원 또는 권한쟁의 심판청구가 제기되는 이유도 바로 설득력이 부족하다는 방증이다.

부연하면 지방자치의 다원적 대화민주주의, 협력적 권력분립기능은 자치단체의 계층 구조의 다원화를 전제로 하는 것이다. 현대사회는 분업화, 전문화, 경제화로 인하여 시민들의 일상이 분주하여 정치에 대한 관심을 가질 여유가 없다. 따라서 직장, 동호회, 학회, 종교모임 등 일상에서 대화가 정책결정에 반영될 수 있는 풀뿌리 민주주의의 근간은 '기초'자치단체에서나 가능할 수 있다. 자치단체의 존속에 관한 공공복리의 판단을 정부의 자의적 결정으로 방치할 것이 아니라 그곳에서 생활의 기반을 이루고 있는 주민투표의 기속력을 인정하거나 의회의 청문결과를 반영하는 것을 원칙으로 하여야 한다. 다만 주민들의 결정이 현저히 공익에 반하는 경우에는 국가의 개입이 정당화될 수 있다.

2. 자치사무의 보장

(1) 전권능성원칙

자치단체의 사무도 전권능성원칙에 입각하여 법률에 국가나 공공단체의 사무로 특별히 규정한 것이 아니면 자치단체가 임의로 처리할 수 있는 사무로 보아야 한다. 헌법 제117조 제1항도 지방자치단체의 자치사무에 대하여 '주민의 복리에 관한 사무'로 포괄적·일반적으로 규정하고 있다.[87] 전권능성원칙은 주민근거리행정을 하는 기초자치단체에 적용된다. 광역자치단체는 법령에 정한 사무에 한정된다. 또한 전권능성원칙은 자치사무(지방자치법 제13조 제1, 2항)에 국한되지 국가의 위임사무는 대상이 아니다.

위임사무란 법령에 의하여 지방자치단체에 속하는 단체위임사무(지방자치법 제13조 제1항)와 지방자치단체의 장에게 위임하는 기관위임사무(지방자치법 제115조)가 있다.

(2) 자기책임의 원칙

공적영역에서 법적 권한을 행사하는 누구든지 당연히 책임도 부담한다. 자치단체도 자치사무를 수행하기 위해서는 주민의 권리를 침해하지 않는 한계를 준수하여야 한다. 예컨대, 자치입법권을 행사하는 경우 주민의 권리 제한 또는 의무 부과에 관한 사항이나 벌칙을 정할 때에는 법률의 위임이 있어야 한다(지방자치법 제28조 제1항 단서).

3. 자치권의 보장

(1) 자치권의 의의

자치권은 국가주권으로부터 전래된 법적 권한이다. 하지만 자치권은 국가권력과 달리 가분된 제한적 권력이 아니라 포괄적 권력이다. 국가와 유사하게 지역과 주민을 요소로 자치권을 행사하기 때문이다. 따라서 자치권은 헌법에서 열거한 자

---

87) 홍정선, 『지방자치법』, 43면.

치행정권, 입법권, 재정권 이외에 열거하지 않은 지역권, 조직권, 인사권, 문화권, 협력권 등도 자치행정을 위해 필요하다면 법령상 보장된다.

(2) 자치행정권

자치행정권은 주민의 복리에 관한 사무로서 자치사무(지방자치법 제13조 제1, 2항)와 법령에 따라 지방자치단체에 속하는 단체위임사무(지방자치법 제13조 제2항)에 미친다. 자치사무로 열거된 것을 보면 ① 지방자치단체의 구역, 조직, 행정관리 등, ② 주민의 복지증진 ③ 농림·수산·상공업 등 산업 진흥, ④ 지역개발과 자연환경 보전 및 생활환경시설의 설치·관리, ⑤ 교육·체육·문화·예술의 진흥, ⑥ 지역민 방위 및 지방소방, ⑦ 국제교류 및 협력 등이다.

지방자치단체가 수행하기에는 너무 많은 업무다. 따라서 공역무공급의무를 사인에게 전가하는 대신 헌법원리를 준수하도록 보장책임을 부담하는 소위 보장 국가화되고 있다. 이를 민영화 내지 민관협력 거버넌스라 한다. 하지만 정확히 말하자면 국가의 공역무수행책임을 사인에 전가하는 점에서 사인의 '국가화'라고 할 수 있다.

(3) 자치입법권

(가) 의의

헌법 제117조 제1항은 지방자치단체의 권한으로 법령의 범위 안에서 자치법규 제정권을 부여하고 있다. 지방의회의 조례와 지방자치단체장의 규칙을 말한다. 조례가 규칙보다 상위의 규범이다.[88] 조례와 규칙은 지방자치권의 전권능성원칙에 의한 자치입법권으로 자주법이라고도 한다. 자주법이란 지방자치단체의 권한과 주민의 권리와 의무를 규정한 자치입법으로서 대화민주주의에 의한 합의결과에 구속력을 부여하여 법치행정을 실현하기 위한 수단이라는 것이다. 이는 자치단체구역에서 공적자치의 근거규범이므로 주민의 직·간접참여하에 제정하여야 한다. 이러한 점에서 주민에게 조례제정·개정·폐지청구권(지방자치법 제19조)과 규칙제정·개정·폐지의견 제출권(지방자치법 제20조)을 부여하고 있다.

---

88) 지방자치법 제29조는 "지방자치단체의 장은 법령 또는 조례의 범위에서 그 권한에 속하는 사무에 관하여 규칙을 제정할 수 있다."고 규정하고 있다.

  (나) 조례제정권의 본질과 법률유보의 내용

조례제정의 본질은 국회입법에 상응하는 것이다. 하지만 헌법은 법령의 범위 안에서 조례제정권을 행사하도록 하여 문제가 되고 있다. 헌법 제117조를 구체화한 지방자치법 제28조는 "지방자치단체는 법령의 범위에서 그 사무에 관하여 조례를 제정할 수 있다. 다만, 주민의 권리 제한 또는 의무 부과에 관한 사항이나 벌칙을 정할 때에는 법률의 위임이 있어야 한다."고 규정하고 있다. 단서의 규정을 보면 침익행정은 법률유보사항이지만 수익행정의 경우는 법률의 우위에 반하지 않으면 조례제정이 가능하다고 볼 수 있다.

조례는 자치단체의 공적영역에서 권리와 의무를 규율하는 규범으로 주민과 지방의회가 협력하여 제정하는 자기입법이다. 민주주의는 이제 국가영역만이 아니라 사회, 경제, 문화 등 시민의 생활영역에서 기능해야 한다. 따라서 국가법질서의 통일성을 해치지 않으면 조례제정의 자율성을 보장하는 것이 타당하다. 법률유보도 개별·구체적이 아니라 포괄적인 것으로 족하다. 헌법재판소와 대법원[89]도 헌법규정(제117조 제1항)에 충실하게 법령의 범위 내에서 조례를 제정할 수 있으므로 법률유보원칙을 배제할 수는 없지만 조례제정권에 대한 지나친 제약은 바람직하지 않으므로 수익적 사항에 대한 법률위임은 포괄적인 것으로 족하다고 보는 것이 기본입장이다.

  (다) 초과조례와 추가조례

이러한 견지에서 대법원은 초과조례와 추가조례를 인정하고 있다. 초과조례란 법률의 규제가 전국적으로 최고기준 내지 한도기준을 정한 것으로 해석되는 경우와 전국적인 최소기준 내지 표준적인 기준을 정한 것으로 해석되는 경우를 구분하고, 전자의 경우 초과조례는 위법이지만 후자의 초과조례는 합리적인 이유가 있으면 위법이 아니라는 것이다. 지방자치단체가 세 자녀 이상 세대 양육비 등 지원에 관한 조례안을 제정함에 있어서 법률의 개별적 위임이 필요한지 여부에 대하여 대법원[90]은 소극적으로 판단하면서 "지방자치단체는 법령에 위반되지 아니하는 범위 내에서 그 사무에 관하여 조례를 제정할 수 있는 것이고, 조례가 규율하는 특정사

---

89) 대판 1995. 5. 12. 94추28; 1997. 4. 25. 96추251; 헌재결 1995. 4. 20. 92헌마264·279(병합).
90) 대판 2006. 10. 12. 2006추38.

항에 관하여 그것을 규율하는 국가의 법령이 이미 존재하는 경우에도 조례가 법령과 별도의 목적에 기하여 규율함을 의도하는 것으로서 그 적용에 의하여 법령의 규정이 의도하는 목적과 효과를 전혀 저해하는 바가 없는 때, 또는 양자가 동일한 목적에서 출발한 것이라고 할지라도 국가의 법령이 반드시 그 규정에 의하여 전국에 걸쳐 일률적으로 동일한 내용을 규율하려는 취지가 아니고 각 지방자치단체가 그 지방의 실정에 맞게 별도로 규율하는 것을 용인하는 취지라고 해석되는 때에는 그 조례가 국가의 법령에 위반되는 것은 아니다."라고 판시하였다.

추가조례란 해당 법령이 배타적·포괄적 규제인 경우가 아닌 경합적 규제로서 지방자치단체가 필요한 경우 규제항목을 추가하는 것이 허용된다. 이러한 추가조례는 원칙적으로 법령의 통일적 운영이라는 측면에서 허용되지 않는다. 다만 전국적인 통일적 규제의 필요가 없거나 각 지방의 실정에 따라 특별한 필요성이 있는 경우 예외적으로 허용된다. 예컨대, 대법원[91]은 생활보호법과 그 목적과 취지를 같이 하면서도 보호대상자 선정의 기준과 방법, 보호의 내용을 생활보호법의 그것과 다르게 규정한 것이 생활보호법위반이 아니라고 하며 추가조례를 인정하였다.

(라) 조례에 대한 통제
① 지방자치단체장에 의한 통제

지방의회의 조례를 비롯한 의결에 대한 지방자치단체장에 의한 일반적인 통제 수단으로 재의요구권이 있다. 지방자치법(제32조 제3항, 제120조 제1항)은 "지방자치단체의 장은 이송받은 조례안에 대하여 이의가 있으면 20일의 기간에 이유를 붙여 지방의회로 환부(還付)하고, 재의(再議)를 요구할 수 있다. 이 경우 지방자치단체의 장은 조례안의 일부에 대하여 또는 조례안을 수정하여 재의를 요구할 수 없다."고 규정하고 있다. 지방자치법(제120조 제2항, 제3항)은 또한 "지방자치단체의 장의 재의요구에 대하여 재의한 결과 재적의원 과반수의 출석과 출석의원 3분의 2 이상의 찬성으로 전과 같은 의결을 하면 그 의결사항은 확정된다(제2항). 지방자치단체의 장은 제2항에 따라 재의결된 사항이 법령에 위반된다고 인정되면 대법원에 소(訴)를 제기할 수 있다(제3항)."고 규정하고 있다.

---

91) 대판 1997. 4. 25. 96추244.

② 국가 또는 광역자치단체장에 의한 통제

지방자치법(제192조 제1항, 제2항, 제4항, 제5항)은 "지방의회의 의결이 법령에 위반되거나 공익을 현저히 해친다고 판단되면 시·도에 대해서는 주무부장관이, 시·군 및 자치구에 대해서는 시·도지사가 해당 지방자치단체의 장에게 재의를 요구하게 할 수 있고, 재의 요구 지시를 받은 지방자치단체의 장은 의결사항을 이송받은 날부터 20일 이내에 지방의회에 이유를 붙여 재의를 요구하여야 한다(제1항). 시·군 및 자치구의회의 의결이 법령에 위반된다고 판단됨에도 불구하고 시·도지사가 제1항에 따라 재의를 요구하게 하지 아니한 경우 주무부장관이 직접 시장·군수 및 자치구의 구청장에게 재의를 요구하게 할 수 있고, 재의 요구 지시를 받은 시장·군수 및 자치구의 구청장은 의결사항을 이송받은 날부터 20일 이내에 지방의회에 이유를 붙여 재의를 요구하여야 한다(제2항). 지방자치단체의 장은 지방의회의 재의 결된 사항이 법령에 위반된다고 판단되면 재의결된 날부터 20일 이내에 대법원에 소를 제기할 수 있다(제4항). 주무부장관이나 시·도지사는 재의결된 사항이 법령에 위반된다고 판단됨에도 불구하고 해당 지방자치단체의 장이 소를 제기하지 아니하면 시·도에 대해서는 주무부장관이, 시·군 및 자치구에 대해서는 시·도지사(제2항에 따라 주무부장관이 직접 재의 요구 지시를 한 경우에는 주무부장관을 말한다.)가 그 지방자치단체의 장에게 제소를 지시하거나 직접 제소 및 집행정지결정을 신청할 수 있다(제5항)."고 규정하여 법령위반의 조례에 대한 행정적 통제를 엄격히 하고 있다.

③ 헌법재판소 또는 법원에 의한 통제

조례는 지방의회가 제정하지만 간접행정이라는 점에서 행정입법이다. 전술한 바와 같이 대법원은 법령위반의 조례에 대한 기관소송으로, 두밀분교폐지조례사건[92]에서는 처분성 조례로 판단하며 항고소송의 대상으로도 인정하였다. 또한 위법한 조례에 의한 권리침해에 대하여 주민은 직접적으로 효력여부를 다투는 소송을 제기할 수 없다. 추상적 규범통제제도가 없기 때문이다.[93] 다만 기본권침해 조례에 대하여 헌법소원을 청구할 수는 있다.

---

92) 대판 1996. 9. 20. 95누8003.
93) 유지태/박종수, 『행정법신론』, 978면.

(4) 자주재정권

지방자치단체가 광범위한 자치사무를 자기책임으로 수행하기 위해서는 독자적인 재정이 필요하다. 지방자치단체의 수입으로 지방세(제152조), 공공시설의 이용 또는 재산의 사용에 대하여 사용료(제153조), 지방자치단체의 사무가 특정인을 위한 것이면 그 사무에 대하여 수수료(제154조), 그 재산 또는 공공시설의 설치로 주민의 일부가 특히 이익을 받으면 이익을 받는 자로부터 그 이익의 범위에서 분담금(제155조) 등의 공과금을 징수할 수 있다.

이러한 공과금수입으로는 자치사무수행을 위한 재정을 충당하기 어렵다. 자주재정권이란 법률상 배분된 예산의 범위 안에서 자신의 책임에 의한 수입과 지출에 대한 권한을 말한다. 이는 지방자치의 실질적 실현을 위한 본질적 부분이다.[94] 따라서 자주재정권을 확보하는 것이 중요하다.

지방자치법 제152조는 "지방자치단체는 법률로 정하는 바에 따라 지방세를 부과·징수할 수 있다."고 규정하고 지방세법 제2조는 "이 법에 따른 지방세를 부과·징수하는 지방자치단체는 「지방세기본법」 제8조 및 제9조의 지방자치단체의 세목 구분에 따라 해당 지방세의 과세 주체가 된다."고 규정하고 있다. 하지만 조세법률주의(헌법 제59조)와 기본권제한의 의회유보규정(제37조 제2항)에 의하여 우리의 현실은 국세와 지방세의 비율이 80: 20로 현저히 불균형적이다.

이러한 상황에서 정부는 지방재정법에 의한 보조금(제23조)과 지방교부세법에 따라 지방재정조정을 하고 있지만 중앙정부에 기생하는 자치행정이 지속될 수밖에 없다. 따라서 지방교부세를 처음부터 지방재원으로 이양하는 획기적인 조치를 요구하는 견해[95]도 있다.

4. 주관적 법적 지위보장

지방자치단체는 국가기관 또는 다른 지방자치단체에 의해 권한을 침해받은 경우 권한쟁의심판의 당사자능력을 갖는다(헌법 제111조 제2항 제4호). 항고소송의 주체가 될 수 있는지에 대하여는 학설상 다툼이 있으나 자기의 고유한 권리가 침해된 경우(지방자치단체는 국가의 특정행위를 자치권침해를 이유로 다툴 수 있으나 환경침해나

---

94) Eberhard Schmidt-Aßmann, Kommunalrecht, in: ders(Hrsg.) Besonderes Verwaltungsrecht, 12. Aufl. 2002, S. 24; 헌법재판소, 『지방자치』, 280면 재인용.

95) 이동식, "지방재정의 자율성강화방안", 『지방자치법연구』 제12권 제4호(2012. 12.), 75면 이하.

건강침해를 이유로 다툴 수는 없다) 항고소송을 제기할 수 있다고 보는 것이 타당하다.96) 대법원97)도 국가기관의 취소소송의 원고적격을 인정하고 있다. 이러한 점에서 지방자치단체의 항소소송에서 처분의 근거법률의 위헌여부가 문제되는 경우 위헌법률심판제청신청도 가능하다고 보아야 한다. 참고로 독일행정법원법 제47조(고등행정법원의 규범통제)에는 법률 이하의 행정입법에 대한 위헌위법여부를 심사할 수 있는 규범통제제도를 마련하고 있다. 여기서 행정입법에는 조례와 규칙 및 법규명령이 포함된다. 규범통제의 신청권자에도 자연인과, 법인, 지방자치단체를 포함한 관공서다.98)

한편 지방자치단체는 헌법소원능력을 갖지 못한다. 지방자치단체는 공법인으로 기본권을 보호해야 할 의무의 주체이지 기본권의 주체가 아니기 때문이다. 따라서 자치권이 법률에 의하여 침해된 경우 독일헌법(제93조 제1항 제4b호)에서는 지방자치단체의 헌법소원제도를 별도로 마련하여 권리구제를 받을 수 있도록 하였다. 졸견으로는 급부이행책임을 지는 지방자치단체의 경우 국가의 과제를 분담하는 사인의 국가화 내지 민영화와 같이 헌법소원능력을 인정하는 것이 타당하다고 본다.99)

---

96) 홍정선, 『지방자치법』, 84면; 홍정선, 『행정법원론(상)』, 2020, 박영사, 1083면, 방주 2559; 조성규, 『지방자치단체의 공법상 지위에 관한 연구-독일 게마인데의 행정소송상 원고적격을 중심으로-』, 서울대박사학위논문(2001. 2.), 344면.

97) 다른 기관의 처분에 의하여 국가기관이 권리를 침해받거나 의무를 부과 받는 등 중대한 받았음에도 그 처분을 다툴 별다른 방법이 없고 그 처분의 취소를 구하는 항고소송을 제기하는 것이 유효·적절한 권익구제수단인 경우에는 국가기관에게도 당사자능력 및 원고적격을 인정하여 한다. 대판 2013. 7. 25. 2011두1214. 국가나 지방자치단체가 행정처분의 상대방인 경우에는 해당 처분을 다툴 원고적격이 있다. 대판 2014. 2. 27. 2012두 22980.

98) 이에 대하여는 장영철, "행정입법에 대한 추상적 규범통제제도의 도입방안에 대한 연구", 『공법연구』 제37집 제1-2호(2008. 10.), 한국공법학회, 155면 이하.

99) 자세한 것은 제2편 제3장 제1절 Ⅱ. 2. (3) 볼 것.

국 회

제 1 절　국회의 선거

　　주기적인 선거는 국민대표기관으로서 국회의 정당성의 근간이 된다. 선거는 민주주의의 실현방식으로 현실적 국민의사에 부합하기 위하여 선거원칙이 개발되었다. 선거의 기본원칙은 선거제도뿐만 아니라 선거기간과 선거 후의 절차에서도 준수되어야 한다. 선거는 대의민주주의를 실현하는 수단이자 의정방향을 결정하는 중요한 기준이기 때문이다.

Ⅰ. 선거권의 법적 성격

　　선거권은 이중적 성격을 갖는다. 주관적 공권성과 객관적 질서성이다. 주관적 공권성에 근거하여 국민은 국가정책결정에 참여하는 선거권을 갖는다. 선거권의 객관적 질서성을 국가의 관점에서 보면 유권자 전체의 참정권으로서 최고의 국가기관의 권한행사로 볼 수 있다. 이러한 유권자의 기관기능을 고려하면 국민이 국가기관으로서 참정권한을 행사하지 않으면 국가의 기초가 공동화되기 때문에 선거의무를 부과하는 것에 동의할 수 있다. 예컨대, 브라질(헌법 제14조), 그리스(제51조 제5

항), 멕시코(헌법 제36조), 호주(선거법 제24조) 등에서는 선거의무를 규정하고 있다. 호주는 상습적인 선거권 불행사에 징역형을 부과하여 1924년 선거의무를 법제화한 이후 투표율은 계속 90%를 상회하고 있다. 우리 헌법(제10조 제2문)에서도 국가기관 의 기본권보장의무에 의하여 유권자전체에 선거의무를 부과하는 것이 정당화될 수 있다.[1] 선거권의 객관적 기능에 대한 과소보호금지원칙에 의하여 선거의무를 부과 할 수 있다. 하지만 자유선거의 원칙에 의하여 과잉제한은 위헌의 소지가 있다는 견해가 다수설이다. 사적자치에 의한 선거권행사의 자발적 포기는 국가의 책임면제 사유로 선거의무발령을 정당화할 사유가 아니기 때문이라 보는 것이다. 따라서 투 표자에게 공영주차장 할인권배포, 선거일 공휴일지정 등 간접적으로 선거의무를 부 과하고 있다.

　하지만 선거권은 권리이자 참여의무의 성격을 갖는 국가형성을 위한 기능권 내지 봉사권이다. 따라서 자유선거의 원칙을 사회공동체에서 무한정의 자유로 보는 것은 책임의 원칙에 반한다. 선거의 자유도 선거여부(ob)와 방법(wie)으로 보호범위 가 형성되어 있는 것으로 본질내용인 선거여부에 대한 제한, 즉 투표강요는 위헌이 지만 선거방법에 대한 제한은 가능하다. 현행 공직선거법에서도 간접적인 선거강제 를 하고 있다. 다만 현재보다 더 강화된 예컨대, 선거 장소에 출석하게 하거나 출석 하여 기권표시를 하는 것 등도 자유선거의 본질내용을 침해하는 것은 아니라고 본 다. 선거권행사포기는 사적자치의 일환이지만 공적자치와 불가분의 관계에 있는 것 으로 진정한 자기의사에 의한 행사포기임을 국가가 확인할 의무(헌법 제10조 제2문) 가 있는 것이다.[2]

　외국인에게는 국가차원의 선거권은 부여하지 않는 것이 타당하다. 독일도 유 럽연합의 시민이 아닌 외국인에게는 연방, 주, 지방자치단체에서의 선거권을 인정 하지 않아야 한다는 견해가 지배적이다.[3] 하지만 우리의 경우 경제성장과 함께 외

---

1) 이와 반대되는 견해로 유권자전체는 관념적 크기에 지나지 않아 현실적으로 하나의 '기관'으로
　서 통일된 행동을 할 수 없다고 한다. 예컨대, 허영,『한국헌법론』, 157면. 하지만 헌법 제·개
　정에서 국민투표를 하는 유권자 전체나 제헌의회구성에 있어 다양한 정치적·사회적 세력의
　참여하여 민주적 방법으로 헌법제정을 하는 유권자전체는 단순한 관념적 크기에 불과하거나
　공상인 것은 아니다. 이에 대하여는 H. P. Schneider, Die verfassungsgebende Gewalt,
　Handbuch des Staatsrechts, Bd. Ⅶ, S. 13~15, RN 20~23.
2) 그 밖에 상세한 것은 제3편 제8장 Ⅱ. 3. 과 Ⅲ. 5. 볼 것.
3) R. Schmidt, Staatsorganisationsrecht, 8. Aufl. 2008, S. 54; P. Badura, in; Bonner Kommentar,
　Art. 38 RN 25.

국인의 증가현상이 나타나고 있다. 따라서 생활의 근거지로서 대한민국에서 거주하고 있는 정주외국인에게는 최소한의 생존보호를 위해 지방자치선거권은 부여하는 것이 바람직하다. 우리 공직선거법(제15조 제2항 제3호)에서도 이를 인정하고 있다.

Ⅱ. 선거의 기본원칙

선거의 기본원칙에는 보통, 평등, 직접, 비밀, 자유선거의 원칙이 있다. 보통선거권이란 성별, 종교, 사회적 신분, 재산, 인종 등에 상관없이 선거권을 인정하여야 하는 것을 말한다. 다만 공직선거법에서 보통선거권은 연령에 의한 제한을 한다. 국회의원선거의 선거권(제15조 제1항)과 피선거권(제16조 제2항)의 연령은 18세 이상의 국민으로 동일하다. 평등선거권이란 누구에게나 1인 1표를 부여하는 산술가치의 평등뿐만 아니라 1표 1가의 계산가치의 평등을 이루는 대의평등이 중요하다. 이와 같은 내용의 보통·평등선거원칙은 엄격하게 보호해야 한다. 즉 대의기관의 구성을 위한 공적영역에 있어서 국민은 선거권행사책임을 지는 반면에 국가는 그 행사방법에 대한 민주주의와 법치국가원리에 따른 보장책임을 진다. 따라서 자유, 직접, 비밀선거는 본질내용을 침해하지 않는 범위에서 최대한 선거권을 행사할 수 있는 방법으로 제한할 수 있다. 대화민주주의에 의한 국정운영을 위해서는 국민의 의사를 확인할 수 있는 전제조건을 충분히 제공하여 국가권력행사의 정당성을 확보하는 것이 중요하다.

Ⅲ. 선거제도

1. 다수대표제

(1) 국민대표에 요구되는 다수: 우리는 상대다수대표제

대표자 선정에 필요한 다수결정방식으로는 상대다수대표제와 절대다수대표제가 있다. 상대다수대표제란 투표비율에 상관없이 유효투표의 최다를 획득한 후보자를 당선자로 결정하는 것을 말하고, 절대다수대표제란 유효투표의 절대 과반수를 획득한 후보자를 당선자로 결정하는 것을 말한다.

우리나라는 미국, 영국, 독일 등과 마찬가지로 상대다수대표제를 채택하고 있

다. 절대다수대표제를 실시하는 국가는 프랑스다. 다수의 후보자가 경합하는 제1차
투표에서는 절대다수를 확보하는 것은 현실적으로 어려워 일반적으로 제2차 투표
를 하고 있다. 따라서 2회제 투표라고도 한다. 그리고 제2차 투표에서는 상대다수
대표제로 결정한다. 제2차 투표에서는 유권자의 교차투표현상과 1회에서 소수정당
후보자들이 제2회에는 합종연횡으로 대정당의 후보자를 누르고 당선되는 사례가
자주 나타난다.

(2) 결과가치평등과 선거구획정

유권자의 평등선거는 산술가치평등뿐만 아니라 결과가치평등도 보장하는 것
이다. 다수대표제에서 결과가치평등은 각 선거구 마다 동등한 인구수로 선거구를
획정하는 것이 관건이다. 모든 유권자에게 주거지와 상관없이 동등한 투표가치를
보장하는 것이 소위 '대의평등'에 부합한다. 다수대표제는 보통 소선거구제와 결
합하므로 동등한 인구수로 배분된 선거구획정을 하는 것이 중요하다. 적극적 선
거구획정은 자의적으로 자신에게 유리한 선거구를 획정하는 게리맨더링(Gerry-
mandering)[4]을, 소극적인 선거구획정은 선거구인구가 변화되었음에 불구하고 선거
구획정을 하지 않는 것을 말한다. 선거구획정은 '자신에 대하여 심판할 수 없다'는
자연법의 원칙에 따라 의회가 아닌 독립된 기관에서 담당하여야 한다. 우리는 선거
관리위원회(공직선거법 제24조[5])에서 담당한다.

헌법재판소는 국회의원선거에 있어서 선거구간의 인구편차는 최대인구수와 최
소인구수간의 상하 33%인 2:1을 넘어서는 안 된다고 판시[6]하였다. 하지만 광역과
기초지방의회의원선거에서는 상하 50%인 3:1로 판시[7]하고 있다.

---

4) 게리(Elbridge Gerry)는 매사추세츠 주지사로 샐래멘더(Salamander)라는 동물 도룡농과 유
  사하게 자신에게 유리하게 선거구를 획정하였다. 이후 자의적인 선거구획정의 대명사로 주
  지사이름과 합성한 이를 사용하게 되었다.

5) 공직선거법 제24조 ① 국회의원지역구의 공정한 획정을 위하여 임기만료에 따른 국회의원선
  거의 선거일 전 18개월부터 해당 국회의원선거에 적용되는 국회의원지역구의 명칭과 그 구
  역이 확정되어 효력을 발생하는 날까지 국회의원선거구획정위원회를 설치·운영한다. ② 국
  회의원선거구획정위원회는 중앙선거관리위원회에 두되, 직무에 관하여 독립의 지위를 가진
  다. ③ 국회의원선거구획정위원회는 중앙선거관리위원회위원장이 위촉하는 9명의 위원으로
  구성하되, 위원장은 위원 중에서 호선한다.

6) 헌재결 2014. 10. 30. 2012헌마190 등.

7) 자치단체 선거구획정에 있어서는 인구편차 외에도 행정구역 내지 지역대표성 등 2차적 요소
  도 인구비례의 원칙 못지않게 고려해야 할 필요성이 크기 때문이다. 헌재결 2019. 2. 28.

다수대표제는 소선거구에서 다수표를 획득한 1인의 대표자를 선출한다. 국회의석 300석 중 지역구선거는 소선거구 상대다수대표제다. 253개의 지역구에서 유효투표의 다수표를 얻은 자를 당선인으로 한다(공직선거법 제188조 제1항 제1문). 최다 득표자가 2인 이상인 경우 연장자를 당선인으로 결정한다(공직선거법 제188조 제1항 제2문). 단 한 번의 선거로 당선자를 결정하여 1회제 다수대표제라고도 한다.[8]

(3) 산술가치평등에서 산술가능성여부 – 백지투표는 무효인가?

신분제 계급사회가 아닌 만민평등의 자유 민주국가에서 평등선거원칙은 투표로 나타난 유권자의 의사를 현실적으로 보장하는 것이 중요하다. 예컨대, 백지투표는 유효표에 포함하지 않는 것이 일반적이다. 백지투표는 유권자의 진정한 의사를 외관상 확인할 수 없어 무효표로 간주하기 때문이다. 하지만 이는 평등선거원칙에 합치하지 않는다. 왜냐하면 백지투표를 던진 유권자는 적어도 선거참여의사를 표시한 것으로 다만 지역구 후보자 또는 정당추천 후보자에 대해 동의하지 않는다는 의사표시이기 때문이다. 따라서 백지투표도 투표권의 행사이기에 유권자의 의사를 확인할 수 없는 무효표로 간주할 수는 없다. 백지투표를 유효투표에 포함하지 않는 것은 산술가치평등에 반하는 것이다.

(4) 장단점

장점으로는 다수형성이 용이하여 거대정당의 양당제 의회가 구성되는 것이 일반적이다. 소선거구 다수대표제는 정책선거보다는 인물선거경향이 나타난다. 따라서 당선자는 현직에서 차기선거에서 재선을 위한 전략으로 반대층을 유인하는 의정활동을 하려 한다.

단점으로는 군소정당, 신진후보자에게는 불리하다. 다수대표 이외에 석패한 후보자에 대한 투표는 사표가 되어 유권자의 의사를 비례적으로 반영하는 의석배

2018헌마415; 2018. 6. 28. 2014헌마166. 비교법적으로 미국연방대법원은 상하 33%를 넘어서는 안 된다고 판시하였다. Baker V. Carr(1962) 369 U. S. 186. 독일의 연방선거법(제3조 제1항 제3호)에서는 "지역구 간의 인구편차는 상하 15%를 넘어서는 안 된다. 25%를 넘는 경우에는 지역구조정을 하여야 한다."고 규정하고 있다. 우리 유권자의 평등선거는 독일과 비교하면 현저하게 차별적인 상황이다.

8) 646개의 지역구에서 하원의원을 선출하는 영국과 435명의 하원의원과 100명의 상원의원을 선출하는 미국 그리고 299개의 지역구에서 하원의원을 선출하는 독일도 상대 다수대표제를 채택하고 있는 국가다.

분이 어렵다. 2020년 제21대 총선에서와 같이 정당지지도와 달리 전체유권자의 의사를 왜곡하는 선거결과가 나타날 수 있다. 따라서 다수대표제를 채택하는 경우 비례대표제를 병행하여 보완하는 것이 일반적이다.

2. 비례대표제

(1) 의의

비례대표제는 의회구성에 있어 선거에서 표출된 국민의 의사를 비례적으로 반영할 수 있는 의원선출방법이다. 비례대표제는 지형지물을 축소하여 그린 지도와 같이 국민의 다양한 의식과 계층을 반영할 수 있는 대의기관의 구성방법이다.

비례대표제도는 정당이 제출한 명부를 선택하는 점에서 인물선거의 성격도 가미되어 있다. 하지만 그 가미정도는 유권자의 정당명부의 선택방법에 따라 달리 나타난다. 고정명부식 비례대표제는 유권자가 명부변경을 할 수 없는 의원선출방식이다. 따라서 인물선거의 성격은 정당선택의 반사적 효과로 약하게 나타난다. 하지만 가변명부식 비례대표제는 유권자가 정당이 제출한 명부를 변경할 수 있는 의원선출방식이다. 그 가변방식에는 정당명부에서 특정후보자를 삭제하는 배제(gestrichen), 특정후보자에게 중복투표를 하는 가중투표(kumulieren), 다른 정당의 명단에 있는 후보자를 선택정당의 명단에 추가하는 삽입(panaschieren)의 세 가지 방법이 있다. 따라서 고정명부보다 가변명부에서 인물선거의 성격이 보다 강하게 나타난다. 하지만 인물선거인 다수대표제에 비교하면 비례대표제는 정당선거의 본질적 한계 내에서 가변할 수 있는 정도다. 독일의 인물중심 비례대표제는 정당명부에 있는 인물에 대한 선거인 제1투표의 당선자를 유권자가 직접 선정하는 것으로 상기 배제, 가중, 삽입의 가능성이 모두 열려있는 가변명부식 비례대표제다.

비례대표제는 산술가치와 결과가치평등을 동시에 추구하지만 너무 높은 저지조항을 설정하면 현실적으로는 그렇지 않을 수 있다. 우리는 유효투표총수의 100분의 3 이상을 득표한 정당 또는 지역구국회의원선거에서 5 이상의 의석을 차지한 정당에 대하여 비례대표국회의원의석을 배분한다(공직선거법 제189조 제1항). 우리의 비례대표제는 전국구이지만 독일의 경우 비례대표제에서는 선거구를 분할하고 있다.[9]

---

9) 하지만 선거구가 너무 작으면 소수민족 정당과 같이 의석배분에 참여할 수 없는 문제가 있

또한 결과가치평등은 선거구나 후보자와 상관없이 공정한 의석배분을 목표로 한다. 하지만 의석은 분할할 수 없기 때문에 소수점으로 남는 의석배분에 수학적 계산을 적용하여 대의평등을 실현하는 것은 한계가 있다. 동트식, 헤어/니마이어식, 상-레게/쉐퍼식, 하겐바하/비쇼프식, 푸켈스하임식 등 다양한 의석배분방법이 창조되는 것은 이를 방증한다. 최초의 배분방식인 동트식10)은 거대정당에 유리하여 다른 방법들이 개발되었다. 살펴볼 우리의 준 연동형비례대표 의석배분방법도 고유하게 개발된 것이다. 대체로 헤어/니마이어식11)에 유사하다.

(2) 장단점

비례대표제는 소수의 이익을 훌륭히 대변할 수 있는 제도로 소수정당이 의회 의석을 배분받을 가능성이 본질적으로 크다. 가변명부제 비례대표제는 인물선거를 가미하여 정당선거의 경향을 완화시켜줄 수 있다. 하지만 비례대표제는 군소정당의 난립으로 특히 의원내각제 국가에서는 약한 정부를 구성할 수 있는 단점도 있다. 예컨대, 네덜란드, 프랑스 제3공화국, 바이마르공화국, 직선제수상 이전 이스라엘 등을 들 수 있다. 이를 보완하기 위해 저지조항을 두고 있다.

3. 다수대표제와 비례대표제의 혼합

(1) 독일의 연동형 비례대표제 내지 인격화된 비례대표제

(가) 선거제도 선택은 입법재량사항

독일의 선거제도는 입법자에게 위임된 재량사항이다(헌법 제38조 제3항). 따라서 입법자는 원칙적으로 다수대표제, 비례대표제 또는 다수대표제와 비례대표제의 혼합 중에 자유롭게 선거제도로 선택할 수 있다. 독일의 연방의회는 오스트리아, 스위스, 스칸디나비아 3국 등의 유럽 국가들과 마찬가지로 의원선거에서 비례대표제를 채택하고 있다. 군소정당의 난립으로 인한 의회의 기능상실을 예방하기 위하여 저지규정도 마련하고 있다. 독일의 유권자는 인물투표와 정당투표의 제1, 2의

다. 독일연방의회선거법(제6조 제3항 제2문)은 이를 고려하여 3% 저지조항에 대한 예외로 민족정당을 보호하고 있다.

10) 동트식은 단순하게 각 정당이 얻은 득표수를 분자로 1, 2, 3, 4 등의 자연수를 분모로 하여 나눈 수의 크기에 따라 의석을 순차대로 분배하는 것이다. 장영철, 『국가조직론』, 196, 197면.

11) 헤어/니마이어식은 저지조항을 통과한 정당의 총득표수/의석수＝1석에 필요한 득표수로 하고, 나머지 의석은 소수점 크기에 따라 배분한다. 장영철, 『국가조직론』, 197면.

두개의 투표권을 행사한다. 지역구에서 유효한 제2투표(정당투표)의 5% 미만을 득표한 정당 또는 제1투표(지역구)에서 3석 미만의 정당은 의석배분에서 배제된다(독일연방의회선거법 제6조 제3항 제1문).

그러나 독일 선거제도는 상기 유럽의 비례대표제를 채택한 국가와 달리 인물선거인 지역구 제1투표와 연동하여 비례대표의석이 배분된다는 특징을 갖고 있다. 이러한 연동형 비례대표제는 다수대표제와 비례대표제의 혼합형으로 인격화된 비례대표제라고도 한다. 이러한 선거제도는 통일 이후 유권자들의 분할투표로 인한 선거원칙을 준수하기 위하여 의석배분방법에서 ―동트식, 헤어/니마어식, 상―레게/쉐퍼식으로― 변화가 있었지만 연동형제도의 본질은 유지되고 있다.

(나) 정당이 얻은 제2투표의 득표율을 기준 연방의회의석배분

독일연방의회의 의석배분은 총 598석을 제1, 2투표 각각 299석으로 일단 배분한다. 그리고 각 정당이 얻은 제2투표의 득표율을 기준으로 연방의석(598석)을 수학적으로 계산하여 배분한다. 하지만 유권자가 제1, 2의 투표권을 분리하여 행사한 경우 예컨대, 제1투표는 A 정당소속 갑을 지지했지만 제2투표는 P 정당을 지지했다면 분할투표가 된다. 이 때 지역구 인물선거인 제1투표에서 다수표를 얻은 후보자는 정당소속여부와 무관하게 의석을 부여하기 때문에 연방의회의 법정의석이 증가하는 초과의석이 나타나게 된다.

연방헌법재판소[12]는 초과의석은 제 1, 2 투표가 분리되어 행사되었을 때 나타나는 당연한 현상이라 하였다. 하지만 독일 통일 이후 초과의석(Überhangmandat)이 계속 증가하더니 2013년에는 24석이나 증가하는 현상이 나타났다. 이는 원내교섭단체 구성에 필요한 의원정수인 연방의석(598면) 5%의 과반(약 15명)을 넘는 의석으로 의회에서 정치력을 형성할 수 있는 것이었다. 따라서 연방헌법재판소[13]는 정당의 기회균등과 평등선거원칙에 반하는 것으로 구 연방의회선거법 제6조 제1항 제4문에 대하여 위헌결정을 하였다. 그리하여 제2투표에서 다수를 얻은 정당이 의석배분에서 다수의석을 얻지 못했다면 비례대표제의 취지에 따라 조정의석(Ausgleichs-mandat)을 보장하고 있다(연방의회선거법 제6조 제7항). 초과의석과 조정의석만큼 연

---

12) BVerfGE 95, 335(358 ff.).

13) Urteil vom 25. Juli 2012, 2 BvF 3/11.

방의석은 증가한다. 예컨대, 2013년 제18대 연방의회는 622명이었으나 2017년 제 19대 연방의회는 709명으로 연방의원수가 증가하였다.[14] 이에 연방의회 의석을 560석으로 줄이는 연방선거법개정을 하였다. 즉 2025년 총선에는 인물투표 280석, 정당투표 280석으로 축소된다.

(2) 우리나라의 준연동형 비례대표제

(가) 제21대 총선용 선거제도

우리나라의 국회의원정수는 지역구국회의원 253명과 비례대표국회의원 47명을 합하여 300명이다. 국회의원지역선거구에서 선출할 국회의원의 정수는 1인으로 하고(공직선거법 제21조 제2항), 비례대표국회의원은 전국을 단위로 하여 선거한다(공직선거법 제20조). 우리의 선거제도는 다수대표제와 비례대표제의 혼합형에 속한다.

지역구국회의원선거에 있어서는 선거구선거관리위원회가 당해 국회의원지역구에서 유효투표의 다수를 얻은 자를 당선인으로 결정하는 상대다수대표제다(제188조 제1항). 비례대표국회의원은 의석저지규정을 마련하여 전국 유효투표총수의 100분의 3 이상을 득표한 정당 또는 지역구국회의원선거에서 5 이상의 의석을 차지한 정당을 대상으로 다음과 같은 방법으로 의석을 배분한다(제189조 제1, 2항).

① 각 의석할당정당에 배분할 의석수(이하 이 조에서 "연동배분의석수"라 한다)는 다음 계산식에 따른 값을 소수점 첫째자리에서 반올림하여 산정한다. 이 경우 연동배분의석수가 1보다 작은 경우 연동배분의석수는 0으로 한다.

> 연동배분의석수 = 〔(국회의원정수−의석할당정당이 추천하지 않은 지역구 국회의원당선인수)×해당정당의 비례대표국회의원선거 득표비율−지역구국회의원당선인수〕÷2

② 제1호에 따른 각 정당별 연동배분의석수의 합계가 비례대표국회의원 의석정수에 미달할 경우 각 의석할당정당에 배분할 잔여의석수(이하 이 조에서 "잔여배분의석수"라 한다)는 다음 계산식에 따라 산정한다. 이 경우 정수(整數)의 의석을 먼저 배정하고 잔여의석은 소수점 이하 수가 큰 순으로 각 의석할당정당에 1석씩 배분

---

14) P. Badura, Staatsrecht, S. 55.

하되, 그 수가 같은 때에는 해당 정당 사이의 추첨에 따른다.

> 잔여의석수=(비례대표국회의원의석정수-각 연동배분의석수의 합계)×비례대표국회의
> 원선거 득표비율

③ 제1호에 따른 각 정당별 연동배분의석수의 합계가 비례대표국회의원 의석 정수를 초과할 경우에는 제1호 및 제2호에도 불구하고 다음 계산식에 따라 산출된 수(이하 이 조에서 "조정의석수"라 한다)를 각 연동배분의석 할당정당의 의석으로 산정한다. 이 경우 산출방식에 관하여는 제2호 후단을 준용한다.

> 조정의석수=비례대표국회의원 의석정수×연동배분의석수÷각 연동배분의석수의 합계

(나) 평가

우리의 국회의원선거제도는 253석의 다수대표제와 47석의 비례대표의석 중 30석만 연동형으로 하고 17석은 종래의 병립형으로 하였다. 형식은 다수대표제에 비례대표제의 혼합형이지만 실질은 47석 모두 '병립형'으로 세계에서 찾아보기 힘든 편법 선거제도다. 주지하듯이 제21대 총선에서 거대정당은 연동형 30석을 차지할 가능성이 없으므로 꼼수로 비례대표의원만 추천하는 거대정당(민주당과 국민의힘)의 위성정당을 급조하여 등록하였다. 따라서 비례대표국회의석배분에 있어서 저지요건인 지역구에서 5석 이상의 의석을 차지한 정당의 연동기능상실이 상실되었다. 비례대표의석배분의 또 다른 저지요건인 3% 이상의 정당득표율기준만으로 거대정당의 위성정당에 비례대표의석배분을 한 것도 독일식의 연동형과는 완전히 다른 것이다.

살펴본 바와 같이 독일의 연동형 선거제도는 정당투표인 제2투표에 후보자를 추천한 정당만을 대상으로 598명의 전체의석을 배분하는 것이다. 제1투표에서 무소속후보자, 정당명부에 없는 후보자가 당선된 경우 제2투표에 의한 정당의석배분과 일치되지 않는 분리투표현상이 나타난다. 이 경우 유권자의 직접선거의 원칙을 존중하여 초과의석을 인정한다. 이러한 점에서 '연동형 내지 인격화된' 비례대표제라고 하는 것이다.

우리의 제21대 국회의원 선거제도는 독일식 연동형비례대표제를 왜곡한 것이다. 즉 30석 연동형선거제도는 위성정당을 거대정당으로 간주하여 투표하게 하여

직접선거의 원칙과 정당간의 기회균등원칙을 침해하였다.[15] 당연하게도 총선 전후 비판의 십자포화를 맞게 되자 제21대 국회의원선거에서만 적용되는 한시법으로 개정을 예고하고 있다. 처분법률을 제정할 만한 정당화 사유도 없었던 것으로 국민의 선거권을 형식적·실질적으로 모두 침해한 위헌적인 선거제도다.

제 2 절 단원제와 양원제

단원제와 양원제는 국회의 구성방식을 말한다. 제헌헌법초안에서는 양원제 의회(민의원, 참의원)를 도입하려 하였다. 하지만 국회와 이승만의 대통령제 고집으로 단원제 의회로 되고 말았다. 제1차 개헌[16]에서 양원제로 복귀하여 제2공화국까지 유지되었다. 하지만 제3공화국 이후 지금까지 단원제국회가 고착되고 있다.

연방국가는 물론 분권적 단일국가인 프랑스, 이탈리아, 스페인 등에서는 지역 대표로 상원을 구성하여 양원제 의회가 증가되고 있는 추세다. 이러한 점에서 단원제와 양원제에 대하여 살펴보고자 한다.

Ⅰ. 단원제

단원제란 의회의 기능이 오직 국민대표에 의해서만 수행되는 것을 말한다. 단원제는 전체 국민의 투표가치를 동등하게 평가하여 양원제보다 입법의 민주적 정당성을 강조한다. 단원제에서는 양원간의 견해 차이를 조정할 필요가 없기 때문에 국회운영의 신중성보다는 효율성을 도모할 수 있다.

단원제는 루소, 쉬에스 등이 주장하였다.[17] 단원제 의회국가로는 유럽의 스칸디나비아 3국(스웨덴, 핀란드, 노르웨이), 포르투갈, 그리스, 그 밖에 뉴질랜드, 이스라

---

15) 허영, 『한국헌법론』, 852면, 각주 3. 의석배분방법이 난수표처럼 어려워 유권자들이 이해하기 어려워 직접선거원칙에 위배될 소지가 크다고 한다.

16) 이승만은 당시 제헌헌법에 의하여 자신의 지지 세력이 극소수에 불과한 국회간선으로 대통령연임이 불가능하다고 판단하여 직선제와 국회양원제개헌안을 제출하여 야당의 국무원 불신임제를 합하여 소위 발췌개헌하였다.

17) 김철수, 『학설판례 헌법학(하)』, 1519면.

엘, 남미일부국가와 우리나라를 들 수 있다. 스위스, 오스트리아, 독일 등 연방국가의 지분국에서도 대개 단원제를 채택하지만 미국은 이와 달리 네브라스카 주를 제외하고 모두 양원제다.

Ⅱ. 양원제

1. 양원제의 개념

양원제는 몽테스키외, 브라이스 등이 주장하였다.[18] 양원제란 광의로는 의회기능의 전부 또는 일부를 두 개의 의회조직이 공동으로 행사하는 것을 말한다. 협의로는 두 개의 원이 공동으로만 의회기능 전부를 행사하는 것을 말한다. 이 경우, 영국, 독일, 프랑스는 양원제 의회국가가 아니다. 이들 국가의 제2원은 국민대표인 제1원에서 의결한 일부법안에 대한 동의여부만을 표시할 수 있기 때문이다. 하지만 이하에서는 양원제를 광의로 파악하여 설명하기로 한다.

2. 양원제의 탄생배경

(1) 영국의 양원제

(가) 귀족제와 민주제의 역사적 혼합

고전적인 양원제모델은 역사적으로 영국에서 탄생하였다. 고급귀족과 성직자로 구성된 귀족원(상원)과 하급귀족과 시민대표로 구성된 서민원(하원)이 그것이다. 상원은 19, 20세기에 정치적 지위를 거의 상실한 반면에 하원은 유권자의 확대로 정치의 핵심주체가 되었다. 1999년까지 상원의원은 약 1,200명 정도로 그중 800명은 상속귀족, 26명은 영국교회성직자, 나머지가 영국왕실에서 임명한 종신귀족으로 구성되었다. 이 중 약 10%인 120명 정도만 법안심의에 참여하였다. 또한 임명종신귀족 중 12명은 상원의 업무에 참여하지 않고 일종의 대법원의 대법관역할을 수행하였다. 사법권독립을 도외시한 로크(J. Locke)의 이권분립론에 입각한 의회 군주제 정부였다.

---

18) 김철수, 『학설판례 헌법학(하)』, 1519면.

(나) 귀족원(상원)개혁

1997년 총선에서 노동당의 승리는 수년간 논의해 왔던 상원개혁을 단행하는 계기가 되었다. 상원의 민주적 정당성 결여가 가장 문제되었던 것이다. 노동당 측에서는 토리당(보수당)이 상원을 지배하였다는 것도 문제 삼았다. 상속귀족의 약 90%가 보수적인 토리당소속이었기 때문이다. 다만 임명종신귀족은 정치적 균형을 어느 정도 이루고 있었다. 노동당은 민주적 정당성 이외에도 정치적 역학관계도 고려하였다. 1999년 상속귀족을 92명의 대표로 축소하였다. 따라서 국왕이 임명한 종신귀족의 지위가 강화되었다. 2005년 유럽연합헌장을 준수하기 위하여 제정된 헌법개혁법에 의한 사법개혁은 보다 중요한 변화를 가져왔다. 이법의 목적은 입법, 사법, 행정의 인적·물적 분리를 통해 권력분립의 구조를 새롭게 편성하는 것이었다. 개혁이전까지는 상원소속 법관귀족이 대법원의 기능을 수행하였던 것이다. 하지만 헌법개혁법에 따라 법관귀족은 상원의원의 지위를 상실하고 독립하여 새로 설치한 대법원의 구성원이 되었다. 법관추천위원회가 선정한 대법관후보 중에 수상이 제청한 후보를 국왕이 임명하도록 하였다.

(2) 지역분권의 상징으로 제2원(상원)

18세기에 귀족이 없었던 미국도 영국의 영향으로 대부분 주 의회는 양원제를 채택하였다. 다만 펜실바니아, 조지아, 버몬트 주는 루소의 영향으로 단원제를 채택하였지만 얼마안가 양원제 의회로 대체하였다.

1787년 미국연방헌법도 국가연합회의와 중앙집권 인민대표 간의 합의로 양원제를 채택하였다. 1848년 스위스 동맹(Eidgessenschaft)도 양원제를 수용하였다. 오늘날 유럽의 모든 연방국가는 양원제 의회를 갖고 있다. 단일국가인 프랑스, 이탈리아, 스페인도 지방분권의 상징으로 제2원을 갖고 있다.

상원의원의 수는 연방국가원리에 따라 주의 인구수에 상관없이 동등하게 2명 선출하는 미국의 상원(Senate), 스위스(다만 헌법 제150조에 열거하는 6주는 1명)의 연방상원(Ständerat), 러시아의 연방회의(Federation Council, soviet)와 민주주의원리에 따라 주의 인구수에 비례하여 3~12명의 오스트리아(헌법 제34조), 3~6명을 선출하는 독일의 연방참사원(Bundesrat)이 있다(헌법 제51조 제2항). 특히 독일의 연방참사원의원은 주정부의 지시에 기속되어 일사불란한 표결로 주의 이익을 효율적으로 대의한다(독일헌법 제51조 제3항). 따라서 주 의회에서 여야관계의 변화는 연방정책에 직접 영향을 준다.

미국의 연방대통령은 고위공무원임명에 있어 상원의 동의를 얻어야 하기 때문에 지역적 안배를 하지 않을 수 없다. 작은 주의 이해관계는 연방양원의 의원 수(100명 상원의원과 435명 하원의원)에 비례하여 대통령선거인단을 배분하는 방법으로 기본적으로 존중하고 있다. 즉 미국의 상원은 주의 평등권, 대통령의 외교권행사에 대한 상원의 비준, 부통령의 상원의장겸직 등으로 지방분권의 헌법적 기초를 마련하고 있다. 이러한 점에서 연방입법은 이미 주의 이해관계가 조정된 것으로 정치적 협상에 의하여 주의 권한에 대한 배려가 내포되어 있다.[19]

(3) 기타 원인

상원은 숙고와 안정을 추구하는 의회로, 하원은 변화와 혁신을 추구하는 의회로 대변된다.[20] 따라서 상원은 보수적 성격을 갖도록 선거방식을 정하여 피선거권도 상향조정하고 있다. 예컨대, 프랑스 상원은 지방(Department)에서 간선하고, 미국상원의 피선거권은 30세 이상으로 6년의 임기를, 이탈리아의 상원의원 선거권은 25세, 피선거권은 40세로 하고 있다.

3. 양원제에서 양원의 관계

(1) 균형관계

스위스 연방총회의 양원제는 법률안, 예산안의 심의와 의결독립원칙(헌법 제156조)에 의하여 양원의 심의는 내용적으로 완전히 일치할 때까지 의결되지 않는다. 다만 연방정부, 연방대법관, 참모총장과 연방수상 선거에 있어서는 국민의회(하원)의원의 수가 많으므로 우위에 있게 된다. 이탈리아의 상원(Senat)도 정부각료 선출과 입법에 있어서 하원(Deputiertenkammer)과 동등한 권한을 갖는다.[21]

---

19) 안경환,『미국헌법의 이해』, 박영사, 2014, 303면.
20) Haller/Kölz/Gächter, aaO., S. 271, RN 845.
21) 장영철, "이탈리아 헌법상 규범통제제도",『기본권·국가·헌법』, 성운허경교수화갑기념논문집, 1999, 293면 이하.

(2) 상원 내지 지방대표의 우위

미국의 양원은 입법, 재정, 정부통제에 있어서는 동등하게 권한을 행사한다. 하지만 지방원으로서 상원은 이 밖에 다른 부가적인 권한이 있다. 즉 상원은 미국의 연방대통령의 연방법관, 국무장관, 고위공무원임명에 있어서 승인권을, 국제조약의 체결에 있어서는 2/3 이상으로 동의권을, 대통령을 비롯한 고위공무원에 대한 하원의 탄핵소추의 심판권을 갖는다. 상원의 소수위원은 의회나 행정부에 대해 정치적 압박수단으로 무제한 토론(Filibuster)을 할 수 있다.

(3) 하원 내지 국민대표의 우위

양원제국가의 대부분은 국민적 정당성을 가진 하원이 우위에 있는 것이 일반적이다. 의원내각제국가 독일의 수상은 하원에서 직선으로 선출하고 영국의 수상은 하원의 다수정당의 대표가 맡고 스스로 책임내각을 구성한다. 프랑스는 대통령이 정부의 수상과 각료를 임명하지만 하원의 불신임의결권행사로 사퇴한다.

하원은 입법과정에서 상원보다 명백히 우위에 있다. 독일의 상원인 연방참사원은 연방의회가 의결한 법안에 대한 정지조건부 거부권을 행사할 수 있을 뿐이다. 거부권을 행사한 경우 연방의회와 참사원 의원의 전원위원회는 합의를 시도할 수 있고 실패한 경우 연방의회는 재의결하여 법률로 확정할 수 있다. 하지만 주의 이해관계가 걸려있는 일부 법안의 경우에는 연방참사원의 동의를 필수적으로 얻어야 한다. 이를 '동의법(Zustimmungsgesetz)'이라 한다.

프랑스헌법에 따른 입법절차에서 정부와 의회가 제출한 법률안은 양원의 심의와 의결을 거쳐야 한다. 양원이 법안합의에 도달하지 못한 경우 수상은 쟁점사안의 합의를 이끌어 내기 위하여 양원의원 동수로 구성된 위원회를 구성할 수 있다. 양원이 합의에 이르지 못하거나 합의안을 거부한 경우 정부는 하원이 최종결정을 하도록 요구할 수 있다.

스페인, 오스트리아에서는 동의법을 제외한 일반 법률의 경우 상원의 거부권행사에 대해 하원(Cortes, Nationalrat)은 가중된 의결정족수로 재의결할 수 있다. 다만 특정한 국제조약, 자치단체 간의 협약, 지방재정불균형을 조정하기 위한 투자계약체결의 경우에는 양원의 의결을 거쳐야 한다. 그 의결에 이르지 못한 경우 상하 양원 공동의회에서 절대다수결로 결정한다.

제 3 절 국회의 운영

Ⅰ. 국회의 집회

1. 의회기 내지 입법기

의회기 내지 입법기란 국회의원총선거에 의하여 구성된 국회의원의 임기개시 후 임기만료까지의 기간을 말한다. 예컨대, 제21대 국회 4년의 기간이 이에 해당된다.

2. 국회의 회기(session, Sitzungsperiode)

회기는 의회기 내에서 의회가 활동할 수 있는 일정기간을 말한다. 정기회는 100일, 임시회는 30일을 초과할 수 없다(헌법 제47조 제2항, 국회법 제5조의2 제2항 제2호).

3. 정기회(ordinary session)

정기회는 매년 1회 법률이 정하는 바에 의하여 매년 1회 개최하여(헌법 제47조 제1항), 9월 1일 개최한다. 단 그날이 공휴일인 경우 그 다음 날에 집회한다(국회법 제4조).

4. 임시회(extraordinary session)

임시회는 대통령 또는 국회재적의원 1/4 이상의 요구로 집회한다(헌법 제47조 제1항). 대통령이 임시회의 집회를 요구할 때에는 기간과 집회이유를 명시하여야 한다(헌법 제47조 제3항).

Ⅱ. 국회의 의사원칙

1. 의사공개의 원칙

헌법 제50조 제1항은 "국회의 회의는 공개한다."라고 의사공개의 원칙을 규정하고 있다. 이는 국회의 안건처리과정을 외부에 공개하는 것으로서 방청의 자유,

회의기록의 공표, 보도의 자유 등을 그 구체적인 내용으로 한다. 헌법재판소도[22]도 같은 취지로 판시하고 있다.

2. 다수결원칙

(1) 일반의결정족수로 국회는 헌법 또는 법률에 특별한 규정이 없는 한 재적의 원 과반수의 출석과 출석의원 과반수의 찬성으로 의결한다. 가부동수인 때에는 부결된 것으로 본다(헌법 49조).

(2) 특별의결정족수를 요하는 사항은 다음과 같다.

(가) 재적의원 2/3 이상의 찬성을 요하는 것으로 국회의원 제명, 대통령에 대한 탄핵소추안 의결, 헌법개정안 의결, 국회의원 자격상실 결정

(나) 재적의원 3/5 이상의 찬성을 요하는 것으로 신속처리안건지정동의 의결, 무제한 토론의 종결 동의

(다) 재적의원 과반수 이상의 찬성을 요하는 것으로 국무총리·국무위원 해임건의안 의결, 국무총리 등의 탄핵소추안 의결, 계엄해제 요구, 국회의장·부의장 선거

(라) 재적의원 과반수 출석에 출석의원 3분의 2 이상 찬성을 요하는 것으로 대통령이 환부한 법률안 재의결, 번안동의 의결

(마) 재적의원 과반수 출석에 출석의원 다수표를 요하는 것으로 국회의장·부의장 선거시 결선투표, 임시의장 선거, 상임위원장 등 선거

3. 회기계속의 원칙

이는 국회에 제출된 법률안 기타 의안은 회기 중에 의결되지 못한 이유로 폐기되지 않는 것을 말한다(헌법 제51조). 다만 국회의원의 임기가 만료된 경우에는 그러하지 아니하다. 국회가 회기 중에 한하여 활동할 수 있지만 매 회기마다 독립된 별개의 국회로서가 아니라 국회의원의 임기 중에는 일체성을 갖는 국회로서 존재한다는 뜻이다.

---

22) 국회의 헌법적 기능과 관련된 모든 회의는 원칙적으로 국민에게 공개되어야 함을 천명한 것으로서, 의사공개원칙의 헌법적 의미, 오늘날 국회기능의 중점이 본회의에서 위원회로 옮겨져 위원회중심주의로 운영되고 있는 점, 국회법 제75조 제1항 및 제71조의 규정내용에 비추어 본회의든 위원회의 회의든 국회의 회의는 원칙적으로 공개되어야 하고, 원하는 모든 국민은 원칙적으로 그 회의를 방청할 수 있다. 헌재결 2000. 6. 29. 98헌마443, 판례집 12-1, 886(897, 898).

4. 일사부재의의 원칙

부결된 안건에 대해 같은 회기 중에 같은 내용으로 발의 또는 제출하지 못하는 것을 말한다(국회법 제92조). 이미 결정된 안건에 관하여 동일 회기 중에 거듭 발의 또는 심의하게 되면 회의의 원활한 운영을 방해한다는 것을 그 근거로 하며, 특히 소수파에 의한 의사방해 배제가 주된 목적이다.

Ⅲ. 국회운영의 효율화를 위한 제도

국회의 효율적인 운영을 도모하기 위하여 국회법에는 위원회제도와 교섭단체제도를 두고 있다.

1. 위원회 제도

위원회에는 상임위원회와 특별위원회가 있다.

(1) 상임위원회

상임위원회는 소관에 속하는 의안과 청원 등의 심사, 기타 법률에서 정하는 직무를 전문적으로 심사하기 위하여 주기적으로 설치되는 17개의 위원회(국회법 제37조)를 말한다. 위원회는 특정한 안건의 심사를 위하여 소위원회를 둘 수 있다. 상임위원회(정보위원회 제외)는 그 소관사항을 분담·심사하기 위하여 상설소위원회를 둘 수 있다. 상임위원장은 당해 상임위원을 대상으로 본회의에서 무기명투표로 선거하되 재적의원 과반수의 출석과 출석의원 다수의 득표로 당선되어 2년의 임기로 위원회 대표, 의사 정리, 질서 유지, 사무 감독을 한다. 사임은 회기 중에는 본회의 동의로 폐회 중에는 의장 허가로 사임할 수 있다.

상임위원회는 다른 법률에 따라 다음 각 호의 어느 하나에 해당하는 공직후보자에 대한 인사청문 요청이 있는 경우 인사청문을 실시하기 위하여 각각 인사청문회를 연다. 1. 대통령이 임명하는 헌법재판소 재판관, 중앙선거관리위원회 위원, 국무위원, 방송통신위원회 위원장, 국가정보원장, 공정거래위원회 위원장, 금융위원회 위원장, 국가인권위원회 위원장, 국세청장, 검찰총장, 경찰청장, 합동참모의장,

한국은행 총재, 특별감찰관 또는 한국방송공사 사장의 후보자, 2. 대통령당선인이 「대통령직 인수에 관한 법률」 제5조 제1항에 따라 지명하는 국무위원 후보자 3. 대법원장이 지명하는 헌법재판소 재판관 또는 중앙선거관리위원회 위원의 후보자(국회법 제65조2 제2항).

(2) 특별위원회

특별위원회란 수개의 상임위원회의 소관에 속하거나 특히 필요하다고 인정되는 안건을 효율적으로 심사하기 위하여 설치되는 위원회를 말한다. 예산결산특별위원회, 인사청문특별위원회, 윤리특별위원회, 연석회의, 전원위원회가 그것이다.

(가) 예산결산특별위원회는 예산안, 기금운용계획안 및 결산을 심사하는 상설특별위원회다(국회법 제45조 제1항). 위원은 특별위원회구성결의안이 본회의에서 의결된 날부터 5일 이내에 상임위원회 위원의 선임 및 개선의 예에 준하여 의장이 상임위원 중에서 선임 및 개선한다. 예산결산특별위원회의 위원은 교섭단체소속의원수의 비율과 상임위원회의 위원수의 비율에 의하여 선임한다. 인사청문특별위원회는 대법원장, 헌법재판소장, 국무총리, 대법관의 임명에 국회동의를 요하는 경우와 국회선출의 중앙선거관리위원 3인, 헌법재판소재판관 3인에 대한 인사청문을 실시한다(국회법 제46조의3 제1항). 윤리특별위원회는 의원의 자격심사, 징계에 관한 사항을 심사한다(국회법 제46조 제1항).

(나) 연석회의는 의안의 소관위원회가 다른 위원회와 협의하여 개최하는 것으로 의견을 교환할 수 있지만 표결은 할 수 없다. 연석회의는 안건의 소관위원회의 회의이므로 연석회의를 열고자 하는 위원회는 위원장이 부의할 안건명과 이유를 서면으로 제시하여 다른 위원회의 위원장에게 요구하여 한다. 다만 세입예산안과 관련 있는 법안을 회부받은 위원회는 예산결산특별위원회위원장의 요청이 있을 때에는 연석회의를 반드시 열어 의견을 교환해야 한다(국회법 제63조).

(다) 전원위원회도 본회의는 아니고 일종의 특별위원회다(국회법 제63조의2). 의원전원으로 구성되는 전원위원회는 위원회의 심사를 거치거나 위원회가 제안한 의안 중 정부조직에 관한 법률안, 조세 또는 국민에게 부담을 주는 법률안 등 주요의안에 대하여 본회의 상정전이나 본회의 상정 후에 재적의원 4분의 1 이상의 요구가 있는 때에는 그 심사를 위하여 개회할 수 있다. 하지만 의장은 주요의안의 심의 등

필요하다고 인정하는 경우 각 교섭단체대표의원의 동의를 얻어 전원위원회를 개회하지 아니할 수 있다.

전원위원회의 위원장은 그 심사대상 의안에 대한 수정안을 제출할 수 있다. 전원위원회에는 위원장 1인을 두되 의장이 지명하는 부의장으로 한다. 전원위원회는 위원회의 일반적인 의사 및 의결정족수(국회법 제54조23))와 달리 재적위원 5분의 1 이상의 출석으로 개회하고, 재적위원 4분의 1 이상의 출석과 출석위원 과반수의 찬성으로 의결한다.

2. 정당의 원내교섭단체

(1) 의의와 구성

교섭단체(Fraktion, Negotiation Group)는 원칙적으로 정당을 같이 하는 국회의원들로 구성되는 원내정치단체를 말한다. 대표의원을 원내대표(whip, floor leader)라 한다. 원내대표는 원내발언순서나 상임위원회 위원배정권한을 갖는다. 국회에 20인 이상의 소속의원을 가진 정당은 하나의 교섭단체가 된다. 그러나 정당단위가 아니라도 다른 교섭단체에 속하지 아니하는 20인 이상의 의원으로 따로 교섭단체를 구성할 수 있다(국회법 제33조 제1항).

독일의 경우 정당의 원내진출을 위한 저지조항과 연계하여 재적의원 5% 이상으로 원내교섭단체를 구성하도록 되어있다(연방의회규칙 제10조 제1항, 의원법 제45조). 비례대표제의 확대와 함께 소수정당의 원내진출과 그 활동을 보장하기 위하여 3% 저지조항과 연계하여 10인 정도로 조정하는 것이 타당하다. 교섭단체는 특히 헌법상 반사경원칙(Grundsatz der Spiegelbildlichkeit)에 따라 정치적 의사형성에 동등한 참여의 기회를 보장하는 방식으로 구성되어야하기 때문이다.[24]

교섭단체는 헌법 제46조 제2항, 제64조 제1항에 근거하고 있다. 국회의원은 자유위임의 원리(헌법 제46조 제2항)와 국회규칙제정권(헌법 제64조 제1항)에 따라 국회를 조직할 수 있다. 이와 같은 헌법적 근거에 따라 교섭단체는 국회에서의 권한을 갖는다. 하지만 헌법상 입법자가 교섭단체를 형성할 의무는 없다. 따라서 직접적인 근거는 국회법 제33조 이하에 단순히 근거하고 있다. 그 지위와 기능은 일의

---

23) 위원회는 재적위원 5분의 1 이상의 출석으로 개회하고, 재적위원 과반수의 출석과 출석위원 과반수의 찬성으로 의결한다.

24) P. Badura, Staatsrecht, S. 643.

적으로 고정된 것이 아니라 교섭단체의 활동양상에 따라 다양하게 나타난다.

(2) 국회의 부분기관으로서 기능

교섭단체는 국회의 부분기관으로서 정치적 의사를 형성하는 데 기여한다. 그 지위와 기능은 헌법과 국회법, 국회규칙에 근거하고 있다. 이는 의회내부의 민주적 운영을 위한 민주주의원리에 따른 당연한 요청이다.

국회의 권한행사에 참여하기 위해서 국회법 제33조 이하에서는 교섭단체에 권한과 의무를 부여하고 있다. 국회 내 상임위원회의 구성은 교섭단체 소속의원수의 비율에 의하여 각 교섭단체대표의원의 요청으로 의장이 선임 및 개선한다고 규정하고 있다(제33조 제1항, 제48조 제1항). 교섭단체는 국회의원과 마찬가지로 그 활동에 있어서 헌법적 기속과 국회의 조직과 절차를 준수하여야 한다.

이러한 점에서 국회의원과 마찬가지로 교섭단체도 권한쟁의의 당사자능력을 갖는다.[25] 독일의 경우 국회의원과 달리 교섭단체는 국회를 대신하여 제3자 소송담당을 할 수 있다.[26] 이는 헌법기관으로서 국회의 권한과 의회에서 소수보호를 목적으로 한다. 하지만 우리 헌법재판소[27]는 아직까지 제3자 소송담당을 인정하고 있지 않다. 더구나 우리는 정부각료와 여당의원겸직이 가능하여 권력통제의 관점에서도 소수야당의 권한을 특별히 보호할 필요가 있다. 하지만 야당교섭단체가 아닌 소수의 의원[28]이 집단적으로 제3자 소송담당을 하는 것으로 소수보호를 확대해석하는 것은 바람직하지 않다.

(3) 교섭단체의 특권과 교섭단체에 속하지 않는 국회의원

교섭단체는 국회의 각종위원회 위원배정의 우선권(국회법 제45조 제2항, 제46조의2, 제46조의3 제1항, 제48조, 제50조 제4, 5항 등), 대표의원의 발언권(제104조),[29] 중요정책연구위원배정권(제34조), 법률안 본회의 상정시기협의권(제93조의2) 등의 특

---

25) 헌재결 2003. 10. 30. 2002헌라1, 판례집 15-2, 17.

26) BVerfGE 67, 100(125) - 조사위원회; BVerfGE 90, 286 (343 f.) - AWACS 연방군의 외국 파견-아드리아.

27) 헌재결 2015. 11. 26. 2013헌라3(국회의원과 대통령의 권한쟁의심판); 2007. 7. 26. 2005헌라8.

28) 이에 대하여는 제4편 제5장 제3절 Ⅲ. 2. (1) (마) 볼 것.

29) 국회법 제104조 제2항: 교섭단체를 가진 정당을 대표하는 의원이나 교섭단체의 대표의원이 소속정당 또는 교섭단체를 대표하여 행하는 연설로 40분까지 발언할 수 있다.

권이 있다. 이러한 특권은 정당기속을 강화하는 하나의 수단으로 기능할 뿐만 아니라 정당소속 의원들의 원내 행동통일을 기함으로써 정당의 정책을 의안심의에서 최대한으로 반영하기 위한 기능도 갖는다.30) 그러나 자유위임의 원리에 따라 교섭단체에 속하지 않은 국회의원의 권리를 침해해서는 안 된다. 본회의에서의 표결권은 원칙적으로 교섭단체소속과 관련 없기 때문에 이들의 권리를 완전히 보장하여야 한다. 본회의에서의 발언권도 개별적으로 표결권에 영향을 미칠 수 있기에 마찬가지다.

그러나 위원회에서의 의결은 교섭단체소속의원이 핵심적 역할을 하고 교섭단체에 속하지 않은 의원은 단지 자문적 역할을 하는 갈등관계에 있다. 위원장배정과 위원의 다수관계, 의장과 대표의원의 법률안 본회의 상정시기협의(제93조의2), 심사기간지정협의(제85조) 등이 그것이다. 하지만 이러한 차이는 위원회의 기능으로 정당화된다. 상임위원회는 현대의 전문화된 다양한 법안표결을 위한 사전준비기관으로 본회의상정여부를 결정하는 핵심적 입법기능을 한다. 따라서 위원회가 법안상정을 의결하면 본회의에서는 법안통과여부를 단순히 결정하는 것에 한정되고 있다.

(4) 교섭단체와 국회의원의 법률관계

교섭단체와 국회의원과의 법률관계는 특별히 중요하다. 국회의원은 교섭단체의 구성원으로서 권리와 출석, 협력 등의 의무를 부담한다. 하지만 국회의원의 자유위임의 원리와 형식적 평등에 반하는 교섭단체의 조직 및 내부규율은 위헌이다.

따라서 교섭단체의 위원배제는 그 목적에 반하는 경우에만 가능하다. 정당에서의 제명은 그 중요한 사유의 하나가 된다. 정당소속은 교섭단체소속의 전제가 되기 때문이다. 교섭단체의 지시나 결정에 반하거나 의무를 위반한 경우도 소속배제 사유가 될 수 있다. 헌법재판소31)도 같은 취지로 판시하였다.

---

30) 헌재결 2003. 10. 30. 2002헌라1, 판례집 15-2, 17.
31) 헌재결 2003. 10. 30. 2002헌라1, 판례집 15-2, 17. "자유위임은 의회 내에서의 정치의사형성에 정당의 협력을 배척하는 것이 아니며, 의원이 정당과 교섭단체의 지시에 기속되는 것을 배제하는 근거가 되는 것도 아니다. 또한 국회의원의 국민대표성을 중시하는 입장에서도 특정 정당에 소속된 국회의원이 정당기속 내지는 교섭단체의 결정(소위 '당론')에 위반하는 정치활동을 한 이유로 제재를 받는 경우, 국회의원 신분을 상실하게 할 수는 없으나 "정당내부의 사실상의 강제" 또는 소속 "정당으로부터의 제명"은 가능하다고 보고 있다. 그렇다면, 당론과 다른 견해를 가진 소속 국회의원을 당해 교섭단체의 필요에 따라 다른 상임위원회로 전임(사·보임)하는 조치는 특별한 사정이 없는 한 헌법상 용인될 수 있는 "정당내부의 사

(5) 사법인으로서 교섭단체

교섭단체도 국회조직 이외의 일반 법률관계에서는 공권력행사의 주체나 공행정기관이 아니라 사법상 법인이다. 따라서 기본권주체로서 헌법소원의 청구인능력을 갖는다. 사법상 결사로서 사무원 교용계약, 필요한 물품 매매계약 등을 체결할 수 있다.

제4절 소위 국회선진화법의 탄생배경과 내용

I. 국회선진화법의 탄생배경

1. 야당의원의 심의·표결권침해에 대한 권한쟁의심판청구의 빈발

제18대 국회(2008. 5.~2012. 5.)에서 '의안처리 개선 및 질서 유지 등을 위한 국회법개정'의 별칭인 이른바 국회선진화법의 탄생배경은 다수여당의 법안날치기처리로 인한 민주당, 진보신당, 통합진보당 등 당시 야당 국회의원들의 심의·표결권침해로 권한쟁의심판청구가 빈발한 것이 원인이 되었다.

(1) 전자투표에서 여당의원의 무권투표, 대리투표, 이중투표에 의한 야당의원의 심의·표결권침해

'신문 등의 자유와 기능보장에 관한 법률 전부 개정법률안', '방송법 일부개정법률안', '인터넷멀티미디어 방송사업법 일부개정법률안' 등에 대한 권한쟁의심판청구에 대하여 헌법재판소는 여당의원의 무권투표, 대리투표, 이중투표로 법률안에 대한 표결의 자유와 공정이 현저히 저해되고 이로 인하여 표결 결과의 정당성에 영향을 미칠 개연성이 인정되는 경우라면, 표결 절차는 헌법 제49조 및 국회법 제109조가 규정한 다수결 원칙의 대전제에 반하는 것으로서 국회의원의 법률안 표결권을 침해한 것으로 판시[32]하였다.

실상 강제"의 범위 내에 해당한다고 할 것이다".

32) 헌재결 2009. 10. 29. 2009헌라8 등, 판례집 21-2하, 14.

(2) 한미 FTA 비준동의안에 대한 상임위원회에서의 심의권침해

국회 외교통상통일위원회 위원장이 2008. 12. 18. 14:00경 국회 본청 401호 외교통상통일위원회 회의실 출입문을 폐쇄한 상태로 위 회의실에서 제279회 국회임시회 제2차 외교통상통일위원회 전체회의를 개의하여 '대한민국과 미합중국 간의 자유무역협정' 비준동의안을 상정한 행위 및 비준동의안을 법안심사소위원회로 회부한 행위에 대하여 민주당의원들은 비준동의안이 자신들의 심의권을 침해한 것으로 권한쟁의심판을 청구하였다. 헌법재판소는 이에 대해 인용결정을 하였다.[33)]

(3) 쟁점법률안에 대한 국회 본회의에서 심의권침해

'한국정책금융공사법안' 및 '신용정보의 이용 및 보호에 관한 법률 전부개정법률안(대안)'은 위원회의 심사를 거친 안건이지만 민노당 비례대표의원들로부터 적법한 반대토론 신청이 있었으므로 원칙적으로 국회의장이 그 반대토론 절차를 생략하기 위해서는 반드시 본회의 의결을 거쳐야 했다(국회법 제93조 단서). 하지만 국회의장은 민노당 의원의 반대토론 신청이 적법하게 이루어졌음에도 이를 허가하지 않고 나아가 토론절차를 생략하기 위한 의결을 거치지도 않은 채 이 법률안들에 대한 표결절차를 진행함으로써 민노당 의원들은 권한쟁의심판을 청구하였다. 이에 대해 헌법재판소는 국회법 제93조 단서를 위반하여 청구인의 법률안 심의·표결권을 침해한 것으로 결정[34)]하였다.

(4) 국회의장의 직권상정권 남용에 의한 심의·표결권침해

일련의 법률안('국군부대의 아랍에미리트(UAE)군 교육 훈련 지원 등에 관한 파견동의안', '친수구역 활용에 관한 특별법안', '한국토지주택공사법 일부개정법률안', '국립대학법인 서울대학교 설립·운영에 관한 법률안', '과학기술기본법 일부개정법률안')에 대하여 상임위원회 심사기간지정과 관련하여서 국회의장은 국회법 제85조[35)]에 의한 교섭단체대표의원과의 협의절차를 거치지 않았다. 그럼에도 국회의장

---

33) 헌재결 2010. 12. 28. 2008헌라7 등, 판례집 22-2하, 567.
34) 헌재결 2011. 8. 30. 2009헌라7, 판례집 23-2상, 220.
35) 국회법(2010. 6. 4. 법률 10339호로 개정된 것) 제85조(심사기간) ① 의장은 위원회에 회부하는 안건 또는 회부된 안건에 대하여 심사기간을 지정할 수 있다. 이 경우 의장은 각 교섭단체대표의원과 협의하여야 한다.

이 이 법안들을 본회의에 상정하여 심의·표결권을 침해한 것에 대하여 진보신당과 민주당의원들은 권한쟁의심판을 청구하였다. 이에 헌법재판소는 기각결정[36]을 하였다. 하지만 3인의 반대의견은 국회의장과 교섭단체대표의원과의 전화통화와 팩시밀리에 의한 것만으로는 실질적인 협의가 이루어지지 않은 것으로 보아 직권상정권을 남용한 것으로 국회법 제85조 및 제93조의2[37]위반이라 하였다.

2. 여야의원들의 입법절차정상화를 위한 합의입법

개정국회법인 국회선진화법에 대하여 한나라당은 2012. 4. 11. 총선에서 다수당이 되지 못할 것을 예상하여 찬성의견이 다수였고, 민주당은 제1당을 예상하였으므로 오히려 반대의견이 많았다. 하지만 총선결과는 의외로 한나라당에서 당명을 바꾼 새누리당이 152석으로 다수당이 되었고[38] 개정의견에 대한 분위기도 반전되었다. 그럼에도 불구하고 당시 새누리당 비상대책위원장이었던 박근혜 의원[39]과 황우여 의원이 주축이 되어 국회선진화법을 본회의에 회부하여 투표결과 재석 192명, 찬성 127명, 반대 48명, 기권 17명으로 최종 통과됐다. 표결에 참가한 의원들 중에는 19대 총선 낙선자들도 60명이나 있었고, 18대 국회 종료가 한 달도 남지 않은 시점이었다.

이와 같이 국회선진화법의 탄생은 한나라당의 총선에서의 소수당 전락우려도 그 배경이 되었다는 것을 부인할 수 없다. 하지만 총선승리에 불구하고 한나라(새누리)당이 국회법개정에 협조한 것은 입법절차의 정상화를 도모하여 국회에 대한 국민적 신뢰를 회복하려는 것이었다.

---

36) 헌재결 2012. 2. 23. 2010헌라6 등, 판례집 24-1상, 48.

37) 국회법(2010. 6. 4. 법률 10339호로 개정된 것) 제93조의2(법률안의 본회의 상정시기) ① 본회의는 위원회가 법률안에 대한 심사를 마치고 의장에게 그 보고서를 제출한 후 1일을 경과하지 아니한 때에는 이를 의사일정으로 상정할 수 없다. 다만, 의장이 특별한 사유로 각 교섭단체대표의원과의 협의를 거쳐 이를 정한 경우에는 그러하지 아니하다.

38) 제19대 총선거의 의석분포는 새누리당 152석, 민주통합당 127석, 통합진보당 13석, 자유선진당 5석, 무소속 3석이었다.

39) 박근혜 의원은 당시 "총선 전 여야가 합의한 사항이고 국민에게 약속한 것이기 때문에 18대 국회가 끝나기 전에 꼭 처리해야 한다."고 말했다.

Ⅱ. 국회선진화법의 내용

국회선진화법은 전술한 권한쟁의심판청구의 원인이 되었던 (1) 단순다수결에 의한 다수여당단독의 날치기입법, (2) 상임위원회에서 심사절차의 형식화, (3) 쟁점 법안에 대한 본회의 심의권침해, (4) 국회의장의 직권상정권 남용을 예방하기 위하여 여·야 의원, 교섭단체 대표의원 또는 위원장과 간사 간의 협의에 의한 입법절차 진행을 원칙으로 하는 제도들을 마련하였다. 위원회 안건조정제도, 직권상정제도, 무제한 토론제도는 이러한 원칙에 충실한 제도들이다. 이와 함께 입법교착현상을 최소화하려는 취지에서 협의불발에 의한 입법절차의 단계적 이행을 순조롭게 협의 원칙에 대한 예외적인 제도도 마련하였다. 법안자동상정제도, 법안신속처리제도, 예산안 등 본회의 자동부의제도, 법사위 지연법률안 본회의 부의제도가 그것이다.

1. 협의원칙에 의한 제도

(1) 위원회 안건조정제도

국회선진화법은 위원회에서 여야의원의 협의에 의한 법률안 실질심의를 보장하기 위하여 여야 의원 동수로 6인의 위원으로 안건조정위원회를 구성하여 재적조정위원 2/3의 찬성으로 안건조정을 의결하도록 하였다. 국회(선진화)법(제57조의2)은 "위원회는 법률안에 대한 이견을 조정하기 위하여 재적의원 3분의 1 이상의 요구에 따라 안건조정위원회를 둔다. 안건에 대한 조정안은 재적 조정위원 3분의 2 이상의 찬성으로 의결하며, 의결된 조정안에 대해서는 소위원회의 심사를 마친 것으로 보아 30일 이내에 해당 위원회에서 표결하도록 한다."고 규정하고 있다. 이 제도는 개정 전 국회법에서도 상설소위원회심사의 일환으로 '안건심사소위원회'의 명칭변경과 의결정족수 규정만 신설한 것이다. 그 이유는 위원회에서의 안건협의를 제도화하지 못해 몸싸움국회로 전락한 원인의 하나로 파악하여 개별규정으로 구체화하여 제도에 의한 협의입법을 정착하려는 의지의 표현으로 해석된다.[40]

(2) 직권상정제도

직권상정이란 국회의장에 의한 법률안의 심사기간을 지정하는 것을 말한다.

---

40) 박명호/정선아, "국회선진화법의 쟁점과 성공조건", 『의정논총』 제9권 제2호, 2014, 16면.

국회법(제85조 제1항)은 "국회의장은 위원회가 이유 없이 심사기간 내에 심사를 마치지 않고 1. 천재지변의 경우, 2. 전시·사변 또는 이에 준하는 국가비상사태의 경우, 3. 의장이 각 교섭단체대표의원과 합의하는 경우에 한하여 바로 본회의에 부의할 수 있다."고 규정하여 직권상정요건을 엄격히 제한하고 있다. 여기서 직권상정요건으로 교섭단체의 대표의원과 합의하는 경우란 국회의장의 중립적 지위에 입각한 직권상정의 정상적인 방식으로 문제될 것이 없다. 이러한 직권상정요건은 외국의 입법례에서도 흔히 찾아볼 수 있다. 직권상정의 다른 요건으로 '자연재해나 국가비상사태와 같은 긴급상황'이란 국회의장이 직권상정을 하지 않더라도 대통령이 긴급명령발동상황에 해당하므로 긴급입법을 헌법적으로도 정당화할 수 있는 상황에 해당한다. 따라서 국회선진화법으로 여야 합의 없는 국회의장의 직권상정이란 사실상 불가능하게 되었다는 평가가 있다.[41]

그러나 이러한 해석과 달리 제19대 국회에서는 총 7건의 법안이 직권상정으로 본회의에 회부되어 처리된 바 있다. 특히 테러방지법은 박근혜 대통령의 국회통과 요청에 대해 국회법 제85조 제1항 제2호의 전시, 사변 또는 이에 준하는 국가비상사태에 해당하는 법안으로 판단하여 정의화 국회의장은 직권상정을 하였다.[42] 국회선진화법상 직권상정제도는 여전히 비상입법절차로서 기능할 수 있는 것이다.

(3) 무제한토론(Filibuster)제도

국회의장의 직권상정을 사실상 폐지하는 대신 원내에서의 여야의원 간의 토론을 통한 입법을 보장하기 위하여 미국상원에서 실시하는 무제한토론제도를 신설하였다.[43] 이는 소수야당을 대화의 상대방으로 인정하지 않고 위원회에서의 의안토론을 생략한 채 여당의원들만 출석하여 형식적 다수결에 의한 입법을 방지하기 위

---

41) 홍완식, "국회의장의 직권상정제도와 안건신속처리제도", 서울시립대·건국대 공동학술대회 (2016. 2. 18.), 27면.

42) "그동안 중재노력을 해온 의장으로서는 여야 간 합의를 이루는 것이 불가능하다는 결론에 도달할 수밖에 없었고, IS 등 국제적 테러 발생과 최근 북한의 도발적 행태를 볼 때 국민안위와 공공의 안녕·질서가 심각한 위험에 직면한 것으로 볼 수 있다는 판단을 내렸습니다. 국회가 테러방지법 제정 등 꼭 해야 할 일을 미루는 동안 만에 하나 테러가 발생한다면 우리 국회는 역사와 국민 앞에 더없이 큰 죄를 짓게 되는 것입니다."고 국회의장은 말하며 직권상정을 하였다.

43) 양태건, "한국국회와 의사진행방해", 입법학회 발표논문(2016. 4. 21.), 입법학회·홍익대 법학연구소, 63~88면.

한 제도이다. 국회(선진화)법은 무제한토론의 요건에 대하여 "의원은 재적의원 3분의 1 이상의 요구가 있는 경우 본회의 심의 안건에 대하여 시간의 제한을 받지 않고 무제한 토론할 수 있고, 재적의원 5분의 3 이상의 찬성으로 토론을 종료할 수 있다."(제106조의2 제1항 및 제6항)고 규정하고 있다. 여기서 의안토론이 아닌 법안의 결을 막기 위한 수단으로 무제한토론제도를 남용하는 것에 대하여는 재적의원 3/5의 합의로 종료선언을 할 수 있도록 하였다. 재적의원 3/5의 합의요건은 후술하는 바와 같이 협의불발로 인한 입법절차이행을 강제하는 제도인 법안신속처리, 법사위 지연법률안 본회의 부의를 위한 의결정족수와 동일하다. 무제한 토론제도는 다수여당의 법안신속처리제도를 통한 본회의 상정법안에 대하여 해머, 최류탄 등 물리력에 의한 의안통과저지를 할 필요 없이 보충적으로 소수야당의 토론권을 보장하기 위한 것이다.

이 제도는 사실 테러방지법과 관련하여 제19대 국회 임기 말에 몸싸움 없이도 정부여당의 쟁점법안에 대한 표결을 일시적으로 유예하는 효과를 나타낸 바 있다. 하지만 미국과 달리 우리는 회기계속원칙(헌법 제51조)에 의해 표결진행방해가 무제한 보장될 수 없다. 예컨대, 38명의 야당의원들이 9일간 192시간 동안 필리버스터에 동참했지만 직권상정에 의한 법안표결에 새누리당 의원 156명 전원은 당론에 의하여 찬성하여 테러방지법은 통과되었다.

2. 입법교착을 최소화하기 위한 제도

(1) 법안자동상정제도

위원회에 회부되어 상정되지 아니한 의안(예산안, 기금운용계획안 및 임대형 민자사업 한도액안은 제외한다)은 제59조 각 호의 구분에 따른 기간[44]이 경과한 후 30일이 경과한 날 이후 처음으로 개회하는 위원회에 상정된 것으로 본다. 다만, 위원장이 간사와 합의하는 경우에는 그러하지 아니하다(국회법 제59조의2).

(2) 법안신속처리제도

국회선진화법은 의장의 직권상정을 엄격히 제한하는 대신 법안신속처리제도

---

44) 국회법 제59조: 1. 일부개정법률안 15일, 2. 제정·전부개정·폐지법률안 30일, 체계, 자구심사를 위하여 법사위에 회부된 법안 5일, 법률안외의 의원 20일.

(Fast Track)를 마련하였다. 국회법 제85조의2에 의하면 위원회에 회부된 안건에 대하여 재적의원 과반수 또는 소관위원회 재적의원 과반수가 서명한 신속처리대상안건 지정요구동의를 의장 또는 소관 위원회 위원장에게 제출하여 무기명 표결로 재적의원 5분의 3 이상 또는 소관 위원회 재적의원 5분의 3 이상의 동의를 얻었을 때에는 신속처리 대상안건으로 지정된다(제1항). 지정된 '신속처리대상안건'이 상임위에서 180일 이내에 처리되지 않으면 상임위를 통과, 법사위에 자동회부된 것으로 간주한다(제4항). 법사위에 회부된 이후 90일 이내에 처리되지 않으면 법사위 통과, 본회의에 자동 회부된 것으로 간주한다(제3항 단서). 본회의에 회부된 후 60일 이내에 상정되지 않으면 60일이 경과한 후 첫 본회의에 자동 상정한다(제7항). 이에 의하면 신속처리 법안이라도 최장 330일이나 소요될 수 있다. 다만 의장이 각 교섭단체 대표의원과 합의한 경우에는 신속처리대상안건에 대하여 최장 330일 기간이나 소요되는 규정을 적용하지 않을 수 있다(제8항). 따라서 3/5의 가중다수결에 의한 동의를 얻어 법안신속처리대상안건으로 지정되려면 이미 여야의 합의를 전제로 하는 것으로 이 경우 의장은 직권으로도 본회의에 법안을 상정할 수 있으므로(국회법 제85조), 이 최장기간이 현실적으로 적용될 가능성은 없다.

(3) 예산안 등 본회의 자동부의제도

정부의 예산안에 대해 쟁점법안처리와 연계하여 국정운영의 신속성을 저해한 관행을 배제하기 위하여 예산안 등 본회의 자동부의제도를 마련하였다. 즉 국회선진화법은 "위원회가 예산안 등과 지정된 세입예산안 부수 법률안(체계·자구심사를 위하여 법제사법위원회에 회부된 법률안을 포함한다)에 대하여 11월 30일 내에 심사를 마치지 아니한 때에는 그 다음 날에 위원회에서 심사를 마치고 바로 본회의에 부의된 것으로 본다(제85조의3)."고 규정하고 있다

(4) 법사위 지연법률안 본회의 부의제도

법제사법위원회가 이유 없이 회부된 날부터 120일 이내에 심사를 마치지 아니한 때에는 심사대상 법률안의 소관 위원회 위원장은 간사와 협의하여 이의가 없는 경우에는 의장에게 해당 법률안의 본회의 부의를 서면으로 요구한다. 다만, 이의가 있는 경우 해당 법률안에 대한 본회의 부의요구 여부를 무기명투표로 표결하되 해

당 위원회 재적위원 5분의 3 이상의 찬성으로 의결한다(국회법 제86조).

3. 소결

국회선진화법제정(즉 국회법개정) 목적은 쟁점안건의 심의과정에서 물리적 충돌방지, 대화와 타협을 통하여 안건심의, 소수의견의 보호, 신속하고 효율적인 국회운영을 구현하려 국회법을 개정한다고 제시하였다.[45] 협의에 의한 민주성보장과 협의불발로 인한 국정운영의 경색을 예방하기 위한 상기의 제도를 내용으로 한 국회선진화법은 상호보완적인 관계에 있는 것으로 어느 한 제도를 폐지해서는 효과가 발현될 수 없는 일종의 '패키지법의 성격'을 갖는다. 이러한 점에서 국회선진화법은 야당을 대화의 상대방으로 인정하는 바탕에서 국회법제도에 의해서라도 강제적으로 '협치'를 시도하려는 여야의원의 의지의 표현이었던 것이다. 하지만 원내정당의 당론기속과 소선거구 다수대표제에 의한 양당제의 국회구도 하에서 쟁점법안에 대한 3/5의 가중다수결에 의한 합의입법을 이루어 내는 것은 현실적으로 어려운 난제가 아닐 수 없다.

Ⅲ. 국회선진화법 개정방안검토

국회에 개정안으로 제출된 바 있고 헌법재판소가 법정의견[46]에서 방론으로도 제시한 국회선진화법의 제도개선을 통한 입법교착현상을 해결하기 방안은 다음과 같다.[47]

우선, 국회의장의 법안직권상정(제85조)을 비상입법절차로서 운용하기 위하여 현행의 요건(제1항) ─ 천재지변(제1호), 전시, 사변 또는 이에 준하는 국가비상사태(제2호), 의장이 각 교섭단체대표의원과 합의하는 경우(제3호) ─ 이외에 심사기간지정요건으로 '국민 안전에 대한 중대한 침해 또는 국가 재정·경제에 회복하기 어려운 손해발생이 현저히 우려되는 경우로서 재적의원 과반수가 본회의 부의를 요구하는 경우(제4호)'를 추가하는 방안이다.

다음으로 법안신속처리제도(제85조의2)를 비상입법절차로서 운용하기 위한 방

---

45) 2012년 5월 25일 공포되어 제19대 국회의 개원일인 5월 30일부터 효력을 발생하였다.
46) 헌재결 2016. 5. 26. 2015헌라1, 판례집 28-1(하), 170 이하.
47) 장영철, 『국가조직론』, 223, 224면.

안으로 제1항에 '국민 안전에 대한 중대한 침해 또는 국가 재정·경제에 회복하기 어려운 손해발생이 현저히 우려되는 경우로서 재적의원 과반수가 본회의 부의를 요구하는 경우' 의장이 교섭단체대표의원과 협의하여 신속처리안건으로 지정할 수 있도록 하고, 위원회 심사기간과 본회의 상정기간을 75일로 단축하는 내용을 추가하는 방안[48]이다.

판단컨대, 법안신속처리제도를 비상입법제도로 운용하는 것은 살펴본 바와 같이 직권상정제도가 비상입법제도로 기능할 수 있으므로 법안합의원칙에 대한 이중의 예외를 설정하여 국회선진화법의 형해화를 초래하는 문제점이 있다. 다만 평상입법제도로 신속입법을 위해 현행법상 최대 330일까지 소요될 수 있는 것은 문제가 있으므로 75일로 단축하는 개정안은 고려할 만하다.

직권상정요건과 법안신속처리안건지정요건을 재적의원 과반수로도 가능하게 하려는 개정안도 전술한 바와 같이 국회선진화법은 '여야합의'를 강조한 제도간의 유기적인 연관성을 갖는 일종의 패키지입법으로 부분개정으로는 국회선진화법의 제정취지인 합의입법원칙을 형해화시켜 받아들이기 어렵다. 신속처리절차는 직권상정요건을 엄격히 제한하고 있는 것에 대한 보완수단으로 마련된 신설제도이기 때문이다.

제 5 절 국회의 권한

I. 입법권

1. 입법권의 개념

헌법 제40조는 "입법권은 국회에 속한다."고 하여 국회의 입법권을 규정하고 있다. 입법권의 개념과 범위에 대하여 학설이 다양하게 나타나고 있다.

---

48) 이는 제20대 국회개원 이전인 2016년 5월 24일 원혜영 의원(더불어민주당)과 김세연 의원(새누리당)이 주최한 "국회선진화법 평가와 발전방안"이란 토론회에서 제시된 의견이기도 하다. 국회보 2016. 6. 41~42면.

(1) 학설

(가) 실질설

실질설에 의하면 국회입법권은 실질적 의미의 법률제정권이다. 실질적 의미의 법률이라 함은 국가기관에 의한 일반·추상적인 성문법규범의 정립작용이다. 그 내용은 반드시 국민의 권리·의무와 직접 관계가 있는 것에 한정되지 아니하고, 이때의 국가기관도 의회에 한정되지 아니하고, 그 법규범의 형식도 법률에 한정되지 않는다. 다만 헌법에서 명문으로 입법권을 부여한 대통령의 조약체결권(제73조), 긴급재정·경제명령권(제76조), 위임명령, 집행명령(제75조)은 예외다.[49)]

이 학설이 입법의 개념을 실질적으로 보는 것은 타당하다. 하지만 국회의 입법권과 다른 국가기관의 입법은 구별하여야 한다. 국회는 민주적 정당성을 갖는 기관으로 공적영역에서 기본권보호필요성에 의하여 모든 입법을 할 수 있다. 따라서 행정입법, 사법입법도 국회의 형식적 법률제정에 의한 위임입법이다.

(나) 형식설

형식설에 의하면 국회입법권은 형식적 의미의 법률제정권이다. 형식적 의미의 법률이라 함은 규범내용에 상관없이 법률제정은 일정한 형식을 거쳐야 한다. 위임명령, 집행명령은 국회의 의결을 거친 법률의 위임과 집행을 위한 명령이므로 형식적 의미의 법률이다. 또한 국민의 권리, 의무에 관한 사항이 아닌 헌법위임에 의한 국군조직법, 법원조직법, 정부조직법 등도 국회의 의결을 거쳐야 한다는 점에서 형식적 의미의 법률이다.[50)]

이 학설은 국회의 입법권에 대하여 입법내용에 상관없이 형식적인 기관중심으로 입법권에 대하여 설명함으로써 순환논법이라는 비판을 할 수 있다. 하지만 이는 국회입법권의 포괄성에 기인한 것으로 타당성을 인정할 수 있다.

(다) 양립설

양립설에 의하면 국회입법권은 원칙적으로는 형식적 의미의 법률제정권이고, 때로는 실질적 의미의 법률제정권으로 사용될 수도 있다. 양 개념은 모순되는 것도

---

49) 권영성, 『헌법학원론』, 794, 795면.
50) 김철수, 『학설판례 헌법학(하)』, 1589면.

양립 불가능한 것도 아니다. 양자의 제정절차는 다르고 법률개념에 이중성이 있는 것은 일반적으로 인정된다.

국회입법권과 그 대상인 입법은 구별하여야 한다. 하지만 법률개념에 형식적·실질적 의미의 이중성은 있지만 국회의 입법권은 동일한 절차로 행사되지 대상에 따라 구분하여 달리 행사되는 것도 아니다.

(라) 논의무용설

입법과 입법권의 구별을 전제로 입법은 일반·추상적 규범정립작용으로 제정주체에 관한 한 중성적 성질을 갖기 때문에 국회입법권에 대한 실질설, 형식설의 논의는 불필요하다는 학설이다. 그러나 이러한 주장에도 불구하고 형식설과 유사하게 입법과 입법권을 구별하면서 헌법 제40조는 국회중심입법원칙을 천명한 것이라고 한다.[51]

국가기관의 입법과 국회입법권은 논의의 차원을 달리하는 것으로 학설의 대립은 실익이 없는 것으로 보는 학설이다. 하지만 이 학설도 제40조에 의미를 부여했듯이 국회 이외의 국가기관에 의한 입법의 정당성을 판단하기 위해서는 국회입법권의 개념과 범위를 정립할 필요가 있다. 의회유보와 법률유보 및 법률의 우위는 국회입법권의 개념정립 없이 설명하기 어렵다.

(마) 복합설

입법과 입법권(헌법 제40조)의 동일함을 전제로 행정입법, 자치입법, 사법입법 등도 원칙적으로 국회 입법권의 범위에 속하나 국민의 권리·의무 및 통치조직과 작용에 관한 기본적이고 본질적인 사항은 국회에 유보되어야 한다는 것이다.[52] 이는 입법의 개념을 국회제정의 형식적 의미의 입법으로 보는 점에서 입법과 입법권을 같은 의미로 파악한 것이다.

헌법이 행정입법, 자치입법, 사법입법에 대하여 예외적으로 입법권을 부여한 것에 대하여 국회입법권의 범위로 보는 것은 형식설에 충실하기 위한 것이다. 결론에는 동의하지만 헌법상 예외를 입법에 있어서 협력적 권력분립으로 보는 저자의

---

51) 허영, 『한국헌법론』, 989면.
52) 홍성방, 『헌법학』, 현암사, 708, 709면.

관점에서 입법권의 기능적 실현으로 파악한다. 즉 형식적으로는 국회입법권에 속하지만 실질적으로는 행정부, 자치단체, 법원 등 기능영역의 입법권행사인 것이다.

(2) 헌법재판소: 의회유보의 형식설

헌법재판소는 다음과 같이 국회입법권을 의회유보의 형식설로 판시하고 있다. 헌법은 법치주의를 그 기본원리의 하나로 하고 있으며, 법치주의는 행정작용에 국회가 제정한 형식적 법률의 근거가 요청된다는 법률유보를 그 핵심적 내용의 하나로 하고 있다. 그런데 오늘날 법률유보원칙은 단순히 행정작용이 법률에 근거를 두기만 하면 충분한 것이 아니라, 국가공동체와 그 구성원에게 기본적이고도 중요한 의미를 갖는 영역, 특히 국민의 기본권실현에 관련된 영역에 있어서는 행정에 맡길 것이 아니라 국민의 대표자인 입법자 스스로 그 본질적 사항에 대하여 결정하여야 한다는 요구까지 내포하는 것으로 이해하여야 한다(이른바 의회유보원칙). 그리고 행정작용이 미치는 범위가 광범위하게 확산되고 있으며, 그 내용도 복잡·다양하게 전개되는 것이 현대행정의 양상임을 고려할 때, 형식상 법률상의 근거를 갖출 것을 요구하는 것만으로는 국가작용과 국민생활의 기본적이고도 중요한 요소마저 행정에 의하여 결정되는 결과를 초래하게 될 것인바, 이러한 결과는 국가의사의 근본적 결정권한이 국민의 대표기관인 의회에 있다고 하는 의회민주주의의 원리에 배치되는 것이라 할 것이다.

입법자가 형식적 법률로 스스로 규율하여야 하는 그러한 사항이 어떤 것인가는 일률적으로 획정할 수 없고, 구체적 사례에서 관련된 이익 내지 가치의 중요성, 규제 내지 침해의 정도와 방법 등을 고려하여 개별적으로 결정할 수 있을 뿐이나, 적어도 헌법상 보장된 국민의 자유나 권리를 제한할 때에는 그 제한의 본질적인 사항에 관한 한 입법자가 법률로써 스스로 규율하여야 할 것이다. 헌법 제37조 제2항은 "국민의 모든 자유와 권리는 국가안전보장·질서유지 또는 공공복리를 위하여 필요한 경우에 한하여 법률로써 제한할 수 있다."고 규정하고 있는바, 여기서 '법률로써'라고 한 것은 국민의 자유나 권리를 제한하는 행정작용의 경우 적어도 그 제한의 본질적인 사항에 관한 한 국회가 제정하는 법률에 근거를 두는 것만으로 충분한 것이 아니라 국회가 직접 결정함으로써 실질에 있어서도 법률에 의한 규율이 되도록 요구하고 있는 것으로 이해하여야 한다.[53]

(3) 사견

국회입법권은 형식적 의미의 법률제정권이라 보는 것이 타당하다. 다만 헌법이 입법권을 인정한 경우를 제외하고 법률제정은 모두 국회의결을 거쳐야 하는 것으로 보는 것이다. 이는 입법은 본질적으로 국회의 권한에 속한다는 것을 의미한다. 따라서 입법권은 국회의 독점적 권한은 아니며 행정부나 사법부에 위임입법할수 있다. 행정입법, 자치입법, 사법입법이 그 예다. 이는 국민의 기본권보장측면에서 국가기관 간의 협력적 권력분립을 도모하기 위한 것이다. 이러한 점에서 다른국가기관에 의한 입법가능성은 인정하고 다만 국회의 본질적 권한을 침해하는 입법의 한계를 설정하는 것이 중요하다.54)

부연하면 기관중심의 고전적 삼권분립하에서는 형식설이 타당하다. 하지만 현대의 협력적 내지 기능적 권력분립원칙의 개발로 형식설과 실질설은 배타적인 관계가 아니라 상호 보완적인 관계로 전환된 것이다.

2. 입법의 특성

(1) 입법의 개념과 특성

입법이란 일반·추상적인 법규를 제정하는 작용을 말한다. 이는 일반·추상적인 입법을 개별·구체적인 사건에 해석적용을 하는 행정 및 사법작용과 구별된다.

입법의 일반성이란 일반국민을 대상으로 하는 규범수신인의 일반성을, 추상성이란 규율대상의 불특정성을 의미한다. 즉 입법의 일반성과 추상성은 국가와 국민의 대화민주주의에 의하여 일반인들이 국가권력의 행사여부와 방법을 예측할 수있게 하여 법적 안정성을 보장하기 위한 것이다.

(2) 처분적 법률의 인정여부

현대의 복지국가 내지 사회국가현상에 의하여 개별사건법률, 개인대상법률, 한시법이 등장하였다. 기본권제한의 법률유보(헌법 제37조 제2항)는 일반·추상적인 법률에 의하여야 한다. 하지만 사회권, 청구권, 참정권 등 기본권형성입법의 경우처분적 법률의 가능성과 필요성을 부인하기 어렵다. 다만 기본권을 제한하는 개인

---

53) 헌재결 1999. 5. 27. 98헌바70, 판례집 11-1, 633(643, 644).
54) 포괄위임입법금지원칙 내지 행정입법권으로 제4편 제3장 제1절 III.에서 살펴보기로 한다.

대상 처분법률 또는 일반 법률형식의 은폐된 개인대상법률도 헌법적 정당성을 인정할 수 없다.[55]

3. 입법권의 범위

국회는 국민주권의 실현권능을 국민으로 직접 부여받은 헌법기관이다. 따라서 국가의 개입이 필요한 공적영역에서의 모든 법률제정권을 갖는다. 즉 국회의 입법권의 범위는 형식설에 의하면 헌법에 반하지 않는 한 공동체생활에 필요한 일반·추상적인 법률제정권을 말한다.

이에는 국민의 권리제한과 의무부과에 관한 법규사항은 물론, 헌법상 입법위임된 법률사항을 포괄한다. 후자에는 국가기관의 조직법률(정부조직법, 감사원법 등), 국가의 기본원리(법치국가, 민주주의원리 등)나 제도보장(정당, 지방자치제도 등)에 관한 사항, 국회의 행정부정책통제 규범(국가재정법, 공공자금관리기금법 등), 공공기관 설치법(한국도로공사, 한국전력공사법 등) 등이 포함된다.[56]

4. 입법절차

국회입법의 절차는 다음과 같다.

(1) 법률안 제출

국회의원과 정부는 법률안을 제출할 수 있다(헌법 제52조). 국회의원은 10명 이상의 찬성으로 의안을 발의할 수 있다(국회법 제79조 제1항). 정부는 국무회의의 심의를 거쳐야 한다(헌법 제89조 제3호).

(2) 위원회의 심의와 본회의 의결

의장은 의안이 발의되거나 제출되었을 때에는 이를 인쇄하거나 전산망에 입력하는 방법으로 의원에게 배부하고 본회의에 보고하며, 소관 상임위원회에 회부하여 그 심사가 끝난 후 본회의에 부의한다(국회법 제81조 제1항). 본회의에서는 재적의원 과반수의 출석과 출석의원 과반수의 찬성으로 의결한다(국회법 제109조). 표결할 때

---

55) 처분법률에 대하여 자세한 것은 제2편 제7장 제1절 II. 1. (6) 볼 것.
56) 김철수, 『학설판례 헌법학(하)』, 1594, 1595면; 권영성, 『헌법학원론』, 802, 803면.

에는 전자투표에 의한 기록표결로 가부(可否)를 결정한다(국회법 제112조 제1항).

국회에 제출된 법률안이 위원회에서 본회의로 회부되지 않는 상황을 타개하기 위해 국회법에는 다음과 같은 제도가 마련되어 있다. 위원회에서 입법교착상태에 있는 법률안을 신속처리안건으로 지정하는 제도(국회법 제85조의2), 폐기된 법률안에 대한 위원회의 해임제도(국회법 제87조 제1항), 국회의장이 심사기간을 지정하는 제도(국회법 제85조)가 있다.

(3) 의안의 정리

본회의는 의안이 의결된 후 서로 어긋나는 조항·자구·숫자나 그 밖의 사항에 대한 정리가 필요할 때에는 이를 의장 또는 위원회에 위임할 수 있다(국회법 제97조).

(4) 법률안의 이송

국회에서 의결된 의안은 의장이 정부에 이송한다(국회법 제98조 제1항). 대통령은 이송되어 온 법률안에 대하여 15일 이내에 공포 또는 환부거부를 결정하여야 한다(헌법 제53조 제1, 2항).

(5) 대통령의 법률안공포

전술한 바와 같이 법률안은 대통령의 공포절차를 거쳐 효력을 발생하는 것이 원칙이다. 하지만 대통령이 재의결된 법률안, 공포나 재의요구도 하지 않아 확정된 법률을 공포하지 아니하였을 때에는 의장은 그 공포기일이 경과한 날부터 5일 이내에 공포하고, 대통령에게 통지하여야 한다(국회법 제98조 제3항).

5. 입법기능(입법형성권)의 제한원리: 체계정당성원칙

(1) 의의

헌법재판소[57]는 체계정당성원리를 법치국가원리에서 도출되는 입법자를 기속하는 헌법원리라 보고 있다. "체계정당성원리라는 것은 동일 규범 내에서 또는 상이한 규범 간에 그 규범의 구조나 내용 또는 규범의 근거가 되는 원칙면에서 상호

---

[57] 헌재결 2010. 6. 24. 2007헌바101·140; 2004. 11. 25. 2002헌바66, 판례집 16-2하, 314, 333~334.

배치되거나 모순되어서는 아니된다는 하나의 헌법적 요청을 말한다. 즉 이는 규범 상호간의 구조와 내용 등이 모순됨이 없이 체계와 균형을 유지하도록 입법자를 기속하는 헌법적 원리라고 볼 수 있다. 이처럼 규범 상호간의 체계정당성을 요구하는 이유는 입법자의 자의를 금지하여 규범의 명확성, 예측가능성 및 규범에 대한 신뢰와 법적 안정성을 확보하기 위한 것이다. 이는 국가공권력에 대한 통제와 이를 통한 국민의 자유와 권리의 보장을 이념으로 하는 법치주의원리로부터 도출되는 것이라고 할 수 있다."

(2) 독자적 위헌심사기준여부에 대한 헌법재판소와 학설

헌법재판소는 체계정당성원리를 위헌심사기준으로 독자성을 인정하지는 않고 비례의 원칙이나 평등원칙위반을 판단하는 하나의 심사요소로 판시[58]하고 있다. "일반적으로 일정한 공권력작용이 체계정당성에 위반된다고 해서 곧 위헌이 되는 것이 아니고, 그것이 위헌이 되기 위해서는 결과적으로 비례의 원칙이나 평등의 원칙 등 일정한 헌법의 규정이나 원칙을 위반하여야 한다."

학설상으로도 헌법재판소와 동일하게 부정하는 학설[59]과 인정하는 학설[60]도 제시되고 있다. 부정설은 헌법재판소결정에서 판시한 행위규범과 통제규범의 구별론에 입각하여 통제규범으로 기능하기보다는 행위규범으로서 입법자의 입법형성에 대한 자기구속원리로 해석하는 입장이다. 독자성 긍정설은 청구인의 입증책임의 경감 및 평등위반의 심사기준의 강화에 의미를 부여하고 있다.

(3) 사견

부정설은 평등위반의 징후로서 체계(System)와 정당성(Gerechtigkeit)을 결합한 체계정당성원리의 추상성으로 인한 심사기준으로서의 불명확성을 제시한 점에서 타당하다.[61] 왜냐하면 '체계'의 판단대상이 입법만인지 아니만 헌법도 포괄하는지,

---

58) 헌재결 2010. 6. 24. 2007헌바101. 140; 2004. 11. 25. 2002헌바66, 판례집 16-2하, 314, 333~334.

59) 홍완식, "체계정당성의 원리에 관한 연구", 『토지공법연구』 제29집, 2005, 459~482면.

60) 조재현, "헌법상 연령차별의 문제와 극복방안", 『공법학연구』 제5권 제3호(2004. 12.), 1~34면.

61) 이에 관하여 자세한 것은 F. -J. Peine, Systemgerechtigkeit-die Selbstbindung des Gesetzgebers als Massstab der Normenkotrolle, Baden-Baden, 1976. 그는 입법자의 자기구속의 원리로 이해하고 있다. 동지의 국내 논문으로는 홍완식, 전게논문, 2005, 480면.

규범만인지 해석론도 포괄하는지 명확하지 않다.[62] '정당성'도 평등의 본질을 정의로 보고 정의의 추상성으로 인한 판단기준으로 자의금지를 판시한 스위스연방대법원[63]을 무색하게 오히려 평등위반을 명확하게 심사하기 곤란하게 만들기 때문이다. 더구나 입법형성권을 제한하는 헌법원칙으로 체계정당성원칙을 심사기준으로 적용하는 헌법재판소결정도 우연적이고 비체계적이다.

결국 체계정당성원칙은 계속성원리, 결과정합성원리 내지 법질서의 통일성원리에 내재된 헌법과 법률 및 그 해석원칙으로서 비례의 원칙이나 평등원칙위반을 판단하는 하나의 심사요소라 하겠다.[64]

II. 재정권

1. 재정민주주의와 헌법적 근거

우리 헌법은 독일(제10장), 스위스(제3편 제3장), 일본(제7장) 등과 달리 재정에 관하여 독립된 장을 마련하고 있지 않다. 하지만 국회의 정부의 재정에 관한 통제규정들은 재정권의 근거가 된다. 예산안 심의·확정권(헌법 제54조 제1항), 정부의 예산안 편성과 국회제출 및 의결(헌법 제54조 제2항), 준예산제도(헌법 제54조 제3항) 계속비와 예비비에 대한 의결 및 지출승인권(헌법 제55조), 추가경정예산제도(헌법 제56조), 국채모집 및 예산외 국가부담계약 체결시 국회동의권(헌법 제58조), 조세법률주의(헌법 제59조), 결산심사권(헌법 제97조 제1항) 등이다.

재정이란 국가 또는 지방자치단체 등 공권력주체가 공공의 수요를 충족하기 위하여 필요한 재원을 조달하고 재산을 관리·사용·처분하는 일체의 행위를 말한다.[65] 재정민주주의란 재정에 대한 국민적 통제를 의미한다. 대의민주주의에서는 국회에 의한 정부의 통제가 된다. 재정민주주의의 핵심은 재정에 대한 국회의 예산통제권을 중심으로 재정에 대한 의결주의, 조세법률주의, 예산안 심의·확정권이다. 이는 헌법의 기본원리인 민주주의와 법치주의가 재정영역에서 재정민주주의와 재

---

62) 체계정당성원리의 적용범위를 헌법과 해석론으로 광의로 보는 견해로 허영, 『한국헌법론』, 994면.
63) 허영, 『헌법이론과 헌법』, 신9판, 박영사, 2021, 535면.
64) 장영철, "헌법원칙으로서 계속성원칙", 『공법학연구』, 제13권 제3호(2012. 8), 91면 이하.
65) 권영성, 『헌법학원론』, 897면.

정법치주의로 구체화된 것이라고 할 수 있다.[66]

2. 조세법률주의(헌법 제59조)

(1) 조세의 개념과 의의

헌법 제59조는 "조세의 종목과 세율은 법률로 정한다."고 조세법률주의를 규정하고 있다. 조세란 국가 또는 지방자치단체가 재정수요를 충족시키거나 경제적·사회적 특수정책을 실현하기 위하여 국민 또는 주민에 대하여 전혀 특별한 반대급부 없이 강제적으로 부과 징수하는 과징금을 말한다.[67] 조세가 국가재정수입의 주 원천으로서 특히 중요한 의미를 갖기 시작한 것은 정치적으로는 중세의 전제군주국가가 몰락하고 근대시민사회의 형성에 따라 민주주의, 법치주의체제의 통치기구가 수립되고, 경제적으로는 사유재산제도와 자유경쟁 및 시장경제의 원리가 지배하는 자본주의 경제체제가 대두되면서부터이다. 그런데 현대의 이른바 문화국가시대에 이르러 국가의 활동영역이나 기능이 방대하여짐에 따라 그에 소요되는 재정수요도 막대하게 팽창되었으며, 그 재정자금의 대종인 조세의 문제야말로 국민과 가장 밀접하게 이해관계가 상충되는 문제로서, 조세정책의 향방에 따라 국민의 재산권에 미치는 영향은 지대하게 되었다. 이러한 의미에서 현대국가는 조세국가라고 할 수 있다.[68]

(2) 조세법률주의의 내용

조세법률주의의 내용은 조세의 종류와 조세부과의 근거뿐만 아니라 납세의무자, 과세물건, 과세표준, 세율 등의 과세요건 및 조세부과·징수의 절차를 미리 법률로써 명확하게 규정하여야 할 것을 의미한다. 이는 국민으로 하여금 세제상 자신에게 불이익을 초래할 행위를 스스로 삼가거나 자제할 수 있도록 하는 등 장래에의 예측과 행동방향의 선택을 보장하고 그 결과로 국민의 재산권이 국가의 과세권의 부당한 행사로부터 침해되는 것을 예방하고 국민생활의 법적 안정성을 보호하려는데 있다.[69]

---

66) 장선희, "재정민주주의 원칙과 재정에 대한 헌법적 통제−국가재정법상 환경적응적 재정제도 및 결산에 대한 통제를 중심으로−", 『토지공법연구』 제41호(2008), 502면.
67) 헌재결 1990. 9. 3. 89헌가95, 판례집 2, 245(251).
68) 헌재결 1990. 9. 3. 89헌가95, 판례집 2, 245(251).

(가) 과세요건법정주의

과세요건법정주의라 함은 과세작용이 국민의 재산권을 침해하기 때문에 과세요건과 조세부과절차는 국회제정의 법률에 의하여야 한다는 것을 말한다. 따라서 법률의 위임이 없이 명령 또는 규칙 등의 행정입법으로 조세요건과 부과징수절차에 관한 사항을 규정하거나 또는 법률에 규정된 내용을 함부로 유추, 확장하는 내용의 해석규정을 마련하는 것은 조세법률주의원칙에 위반된다.[70]

과세요건법정주의의 예외로서 조례에 의한 지방세의 세목규정에 관한 특례로 지방자치법 제152조에서 "지방자치단체는 법률로 정하는 바에 따라 지방세를 부과·징수할 수 있다." 지방세법 제3조에서 "이 법에 따른 지방세를 부과·징수하는 지방자치단체는 「지방세기본법」 제8조 및 제9조의 지방자치단체의 세목 구분에 따라 해당 지방세의 과세 주체가 된다."고 규정하고 있다. 지방자치단체가 조례에 의한 지방세의 세목만을 규정한다면 위헌이라 할 수 없다.[71] 법률적 효력을 갖는 긴급재정경제처분·명령(헌법 제76조 제1항)과 조약(헌법 제6조)에 의한 조세부과도 과세요건법정주의의 예외다.

(나) 과세요건명확성원칙

조세법률주의는 과세요건 법정주의와 더불어 과세요건을 법률로 규정하더라도 그 내용이 지나치게 추상적이고 불명확하면 과세관청의 자의적인 해석과 집행을 초래할 염려가 있어 그 규정의 내용이 명확하고 일의적이어야 한다는 과세요건명확성원칙을 핵심적인 내용으로 한다. 이러한 과세요건 명확주의는 과세요건을 법률로 명확하게 규정함으로써 국민의 재산권을 보장함과 동시에 국민의 경제생활에 법적 안정성과 예측가능성을 보장하는데 그 뜻이 있다.[72]

---

69) 헌재결 1999. 3. 25. 98헌가11 등, 판례집 11-1, 158(174, 175).
70) 대판 1987. 9. 22. 86누694.
71) 헌법이 보장한 자치권에 기하여 제정된 지방자치단체의 조례로써 소유권보존등기에 대한 등록세의 면제대상이 되는 아파트의 범위를 종전보다 축소하여 정한 것은 조세법률주의의 취지에 위반하는 것이라고 볼 수 없다. 대판 1989. 9. 29. 88누11957; 권영성, 『헌법학원론』, 902면.
72) 헌재결 2011. 2. 24. 2009헌바41, 공보 제173호, 386(390); 2000. 6. 29. 98헌바35, 판례집 12-1, 786, 794~795 등; 1999. 2. 25. 96헌바64, 판례집 11-1, 96, 116~118.

(3) 준조세

(가) 준조세의 의의와 종류(조세법률주의 부적용)

준조세란 조세 이외에 부담금, 사용료, 수수료 등을 포함하는 일체의 금전급부의무를 말한다. 특히 부담금 및 특별부담금은 헌법 제38조와 제59조의 조세법률주의를 우회하여 조세와 동일하게 반대급부 없이 금전납부의무를 부과하는 것이다. 조세와 달리 부담금 및 특별부담금은 재산권을 제한하는 법률로 도입되는 점에서 기본권제한입법의 정당성요건(헌법 제37조 제2항), 평등의 원칙 등 엄격한 헌법적 허용한계를 준수하여야 한다.[73]

(나) 부담금

① 의의

부담금이란 중앙행정기관의 장, 지방자치단체의 장, 행정권한을 위탁받은 공공단체 또는 법인의 장 등 법률에 의하여 금전적 부담의 부과권한이 부여된 자가 분담금, 부과금, 예치금, 기여금 그 밖의 명칭에 불구하고 재화 또는 용역의 제공과 관계없이 특정 공익사업과 관련하여 법률이 정하는 바에 따라 부과하는 조세 외의 금전지급의무(부담금관리기본법 제2조)를 말한다.

조세와 부담금은 반대급부적 성격이 없이 공법상 강제로 부과·징수되는 점에서는 동일하다. 하지만 조세는 국가 등의 일반과제수행을 위한 것으로서 담세능력이 있는 일반국민에 대해 부과되지만, 부담금은 특별과제수행을 위한 것으로서 당해 공익사업과 일정한 관련성[74]이 있는 특정 부류의 사람들에 대해서만 부과되

---

73) 헌재결 1999. 10. 21. 97헌바84, 판례집 11-2, 433, 452~453; 1998. 12. 24. 98헌가1, 판례집 10-2, 819, 830~831.

74) 수신료는 공영방송사업이라는 특정한 공익사업의 소요경비를 충당하기 위한 것으로서(방송법 제56조) 일반 재정수입을 목적으로 하는 조세와 다르다. 또, 텔레비전방송을 수신하기 위하여 수상기를 소지한 자에게만 부과되어 공영방송의 시청가능성이 있는 이해관계인에게만 부과된다는 점에서도 일반 국민·주민을 대상으로 하는 조세와 차이가 있다. 그리고 '한국방송공사의 텔레비전방송을 수신하는 자'가 아니라 '텔레비전방송을 수신하기 위하여 수상기를 소지하는 자'가 부과대상이므로 실제 방송시청 여부와 관계없이 부과된다는 점, 그 금액이 공사의 텔레비전방송의 수신정도와 관계없이 정액으로 정해져 있는 점 등을 감안할 때 이를 공사의 서비스에 대한 대가나 수익자부담금으로 보기도 어렵다. 따라서 수신료는 공영방송사업이라는 특정한 공익사업의 경비조달에 충당하기 위하여 수상기를 소지한 특정집단에 대하여 부과되는 특별부담금에 해당한다고 할 것이다(헌재결 2008. 2. 28. 2006헌바70, 판례집 20-1상, 250(260); 1999. 5. 27. 98헌바70, 판례집 11-1, 633, 640~641 참조).

는 점에서 양자는 차이가 있다.[75]

② 부담금의 유형

부담금은 일반적인 국가재정수요의 충당을 위하여 일반 국민으로부터 그 담세 능력에 따라 징수되는 조세와 구별된다. 일반적으로 부담금은 그 부과목적과 기능에 따라 순수하게 재정조달의 목적만 가지는 '재정조달목적 부담금'과 재정조달 목적뿐만 아니라 부담금의 부과 자체로써 국민의 행위를 특정한 방향으로 유도하거나 특정한 공법적 의무의 이행 또는 공공출연의 특별한 이익과 관련된 집단 간의 형평성 문제를 조정하여 특정한 사회 · 경제정책을 실현하기 위한 '정책실현목적 부담금'으로 구분할 수 있다. 전자의 경우에는 공적 과제가 부담금 수입의 지출 단계에서 비로소 실현되나, 후자의 경우에는 공적 과제의 전부 혹은 일부가 부담금의 부과 단계에서 이미 실현된다.[76]

재정조달목적 부담금으로 학교용지 부담금,[77] 문예진흥기금,[78] 영화상영관 입장 부과금,[79] 물이용부담금,[80] 기반시설부담금[81] 등이, 정책실현목적 부담금으로는 수질개선부담금,[82] 개발제한구역훼손부담금[83] 등을 들 수 있다.

---

75) 헌재결 2004. 7. 15. 2002헌바42, 판례집 16-2상, 14(25, 26); 1999. 10. 21. 97헌바84, 판례집 11-2, 433, 452~453.

76) 헌재결 2020. 8. 28. 2018헌바425, 판례집 32-2, 130(138); 2008. 11. 27. 2007헌마860; 2003. 1. 30. 2002헌바5, 판례집 15-1, 86, 96.

77) 헌재결 2014. 4. 24. 2013헌가28, 판례집 26-1상, 610(615); 2008. 9. 25. 2007헌가1; 2008. 9. 25. 2007헌가9 - 헌법불합치.

78) 헌재결 2003. 12. 18. 2002헌가2, 판례집 15-2하, 367(378) - 위헌.

79) 헌재결 2008. 11. 27. 2007헌마860, 판례집 20-2하, 447(460) - 기각.

80) 헌재결 2020. 8. 28. 2018헌바425, 판례집 32-2, 130(138) - 합헌.

81) 헌재결 2010. 2. 25. 2007헌바131 등, 판례집 22-1상, 104(122) - 합헌.

82) 먹는샘물 수입판매업자에게 수질개선부담금을 부과하는 것은, 수돗물과 마찬가지로 음용수로 사용된다는 점에서 수돗물과 대체적 · 경쟁적 관계 있는 수입 먹는샘물이 음용수로 증가함으로써 수돗물을 음용수로 이용하는 사람의 수가 감소하게 되어 상수도 보급확대, 시설개량 및 수돗물 수질개선에 관한 정부의 정책 유인이 감소되어 장기적으로는 먹는물의 일종인 수돗물의 수질 저하가 야기되는 것을 방지하기 위하여 수돗물과 대체관계에 있는 수입 먹는샘물의 보급 및 소비를 상대적으로 억제하고 징수된 부담금으로 수돗물 수질개선이라는 환경정책 실현을 위한 재원을 마련함으로써 국가가 수돗물의 질을 개선하여 저렴하게 공급하는 수돗물 우선정책을 달성하는데 밀접한 관련이 있으므로 그 내용상으로는 환경에 관한 부담금이고, 그 기능상으로는 정책실현목적의 유도적 부담금이라 할 것이다. 헌재결 2004. 7. 15. 2002헌바42, 판례집 16-2상, 14(30, 31) - 합헌; 1998. 12. 24. 98헌가1, 판례집 10-2, 819(830).

83) 헌재결 2007. 5. 31. 2005헌바47, 판례집 19-1, 568(578, 579) - 합헌.

③ 재정조달목적 부담금의 헌법적 정당화요건

헌법 제38조의 조세법률주의를 우회하여 국민의 재산권이나 조세평등을 해할 우려가 있으므로 헌법 제11조상의 평등원칙과 헌법 제54조 제1항이 정한 국회의 예산심의·확정권에 의한 재정감독권 및 헌법 제37조 제2항의 과잉금지원칙으로부터 도출되는 다음과 같은 헌법적 정당화 요건을 갖추어야 한다. 그렇지 못한 경우에는 국민의 재산권을 침해하여 위헌이 될 것이다. 첫째, 조세에 대한 관계에서 예외적으로만 인정되어야 하며 국가의 일반적 과제를 수행하는 데에 부담금 형식을 남용하여서는 아니 되고, 둘째, 부담금 납부의무자는 일반 국민에 비해 부담금을 통해 추구하고자 하는 공적 과제에 대하여 특별히 밀접한 관련성을 가져야 하며, 셋째, 부담금이 장기적으로 유지되는 경우 그 징수의 타당성이나 적정성이 입법자에 의해 지속적으로 심사되어야 한다.[84]

특히 부담금 납부의무자는 그 부과를 통해 추구하는 공적 과제에 대하여 '특별히 밀접한 관련성'이 있어야 한다는 점에 있어서 Ⓐ 일반인과 구별되는 동질성을 지녀 특정집단이라고 이해할 수 있는 사람들이어야 하고(집단적 동질성), Ⓑ 부담금의 부과를 통하여 수행하고자 하는 특정한 경제적·사회적 과제와 특별히 객관적으로 밀접한 관련성이 있어야 하며(객관적 근접성), Ⓒ 그러한 과제의 수행에 관하여 조세외적 부담을 져야 할 책임이 인정될 만한 집단이어야 하고(집단적 책임성),[85] Ⓓ 만약 부담금의 수입이 부담금 납부의무자의 집단적 이익을 위하여 사용될 경우에는 그 부과의 정당성이 더욱 제고된다(집단적 효용성).[86] 또한 부담금은 국민의 재산권을 제한하는 성격을 가지고 있으므로 부담금을 부과함에 있어서도 평등원칙이나 비례성원칙과 같은 기본권제한입법의 한계는 준수되어야 하며[87] 위와 같은 부담금의 헌법적 정당화 요건은 기본권제한의 한계를 심사함으로써 자연히 고려될

---

84) 헌재결 1998. 12. 24. 98헌가1, 판례집 10-2, 819, 830~831; 2004. 7. 15. 2002헌바42, 판례집 16-2상, 14, 26~28; 2005. 3. 31. 2003헌가20, 판례집 17-1, 294, 302; 2007. 12. 27. 2006헌바25, 공보 135, 80, 84; 2008. 2. 28. 2006헌바70, 공보 137, 85, 92 등.

85) 헌재결 1998. 12. 24. 98헌가1, 판례집 10-2, 819, 830~831; 1999. 10. 21. 97헌바84, 판례집 11-2, 433, 453~454; 2003. 1. 30. 2002헌바5, 판례집 15-1, 86, 102; 2003. 12. 18. 2002헌가2, 판례집 15-2하, 367, 380; 2004. 7. 15. 2002헌바42, 판례집 16-2상, 14, 28 등,

86) 헌재결 1999. 10. 21. 97헌바74, 판례집 11-2, 433, 453~454; 2003. 1. 30. 2002헌바5, 판례집 15-1, 86, 89; 2005. 3. 31. 2003헌가20, 판례집 17-1, 294, 308.

87) 헌재결 1998. 12. 24. 98헌가1, 판례집 10-2, 819, 830; 2004. 7. 15. 2002헌바42, 판례집 16-2상, 13, 29~30.

수 있다.[88)]

④ 정책실현목적 부담금의 헌법적 정당화 요건

정책실현목적 부담금의 경우 재정조달목적은 오히려 부차적이고 그보다는 부과 자체를 통해 일정한 사회적·경제적 정책을 실현하려는 목적이 더 주된 경우가 많다. 이 때문에, 재정조달목적 부담금의 정당화 여부를 논함에 있어서 고려되었던 사정들 중 일부는 정책실현목적 부담금의 경우에 똑같이 적용될 수 없다.

조세평등주의는 담세능력에 따른 과세의 원칙을 예외 없이 절대적으로 관철시킬 것을 의미하지는 않으며, 합리적 이유가 있는 경우라면 납세자간의 차별취급도 예외적으로 허용될 수 있다.[89)] 마찬가지로, 부담금도 그 납부의무자에게 추가적인 공과금을 부담시킬 만한 합리적 이유가 있으면 공과금 부담의 형평성에 반하지 않는다. 그리고 바로 그러한 합리적 이유로서, 재정조달목적 부담금의 경우에는 납부의무자가 재정조달의 대상인 공적 과제에 대하여 일반국민에 비해 특별히 밀접한 관련성을 가질 것이 요구되는 것이다. 그런데 정책실현목적 부담금의 경우에는, 특별한 사정이 없는 한, 부담금의 부과가 정당한 사회적·경제적 정책목적을 실현하는 데 적절한 수단이라는 사실이 곧 합리적 이유를 구성할 여지가 많다. 그러므로 이 경우에는 '재정조달 대상인 공적 과제와 납부의무자 집단 사이에 존재하는 관련성' 자체보다는 오히려 '재정조달 이전 단계에서 추구되는 특정 사회적·경제적 정책목적과 부담금의 부과 사이에 존재하는 상관관계'에 더 주목하게 된다. 따라서 재정조달목적 부담금의 헌법적 정당화에 있어서는 중요하게 고려되는 '재정조달 대상 공적 과제에 대한 납부의무자 집단의 특별한 재정책임 여부' 내지 '납부의무자 집단에 대한 부담금의 유용한 사용 여부' 등은 정책실현목적 부담금의 헌법적 정당화에 있어서는 그다지 결정적인 의미를 가지지 않는다.[90)]

(다) 특별부담금

특별부담금은 조세나 부담금과 같은 전통적인 공과금체계만으로는 현대국가의 새로운 행정수요에 원활하게 대처할 수 없기 때문에 특별부담금이라는 새로운

---

88) 헌재결 2003. 1. 30. 2002헌바5, 판례집 15-1, 86, 95; 2005. 3. 31. 2003헌가20, 판례집 17-1, 294, 304.

89) 헌재결 1999. 11. 25. 98헌마55, 판례집 11-2, 593, 608.

90) 헌재결 2004. 7. 15. 2002헌바42, 판례집 16-2상, 14(28, 29).

유형의 공과금제도가 인정되고 있다. 특별부담금은, 특별한 과제를 위한 재정에 충당하기 위하여 특정집단에게 과업과의 관계 등을 기준으로 부과되고 공적기관에 의한 반대급부가 보장되지 않는 금전급부의무를 말하는 것인데 이 부담금은 특정과제의 수행을 위하여 별도로 지출·관리된다. 따라서 특별부담금은 일반적인 국가재정수요의 충당을 위하여 일반 국민으로부터 그 담세능력에 따라 징수되는 조세와 구별된다.[91] 예컨대, 헌법재판소는 과밀부담금,[92] 방송수신료[93] 등을 특별부담금으로 판시하고 있다.

(라) 수수료

공적 역무에 대한 반대급부로서 징수하는 요금을 말한다(행정기본법 제35조 제1항). 예컨대, 세무서장이 압류한 재산의 공매에 특정한 지식이 필요하여 한국자산공사로 하여금 공매를 대행하게 하는 경우에는 법정 절차에 따라 수수료를 지급할 수 있다(국세징수법 제61조 제6항).

(마) 사용료

공공시설의 이용 또는 재산의 사용에 대해 사전에 공개된 금액이나 기준에 따라 징수하는 요금을 말한다(행정기본법 제35조 제2항). 예컨대, 자연휴양림이용료, 도로 점용료, 공원입장료 등이 이에 속한다.

3. 예산안 심의 · 확정권

(1) 예산의 개념과 성질

국회는 국가의 예산안을 심의·확정하는 권한(헌법 제54조 제1항)을 갖는다. 예

---

91) 헌재결 1999. 10. 21. 97헌바84, 판례집 11-2, 433, 452~453.
92) 과밀부담금은 인구집중에 따른 여러 문제의 해결을 위한 공사시행의 원인을 제공하게 됨에 따라 부과하는 원인자부담금의 성격과, 건축물이 기반시설이 풍부한 수도권에 입지함에 따라 생기는 이득분을 수익자에게서 환수하여 낙후지역의 개발에 투자하고자 하는 수익자부담금의 성격을 함께 지니고 있지만, 기본적으로는 과밀억제권역 내에서의 인구집중유발시설의 신축·증설을 억제함으로써 수도권의 과밀해소 및 지역균형발전이라는 국가적 목적 달성을 유도하기 위해 정책적으로 부과되는 특별부담금이다. 헌재결 2001. 11. 29. 2000헌바23, 판례집 13-2, 606(621, 622).
93) 헌재결 2008. 2. 28. 2006헌바70, 판례집 20-1상, 250(260); 1999. 5. 27. 98헌바70, 판례집 11-1, 633, 640~641 참조.

산이라 함은 1회계연도(1. 1.~12. 31.)에서 국가의 세입세출의 예정준칙으로 국회의
결에 의하여 성립하는 법규범의 일종을 말한다.[94] 예산은 정부의 1년간 시정계획
을 위한 재정적 기초가 되므로, 예산에 대한 국회의 승인은 정부의 시정계획에 대
한 국회의 동의를 의미한다. 정부의 시정계획의 재정적 기초가 되는 국가의 세입·
세출 예정계획인 실질적 의미의 예산이 국회승인을 얻게 되면 형식적 의미의 예산
이 된다.[95]

예산에 대하여 법률형식으로 의결하는 예산법률주의와 법률과는 다른 특수한
형식으로 의결하는 예산비법률주의가 있다. 전자는 미국, 독일, 프랑스, 영국 등이
후자는 일본 및 스위스에서 채택하고 있다.[96] 우리헌법은 법률의 의결절차(제53조)
와 예산의 의결절차(제54조)를 구별하고 있어 후자에 속한다.

(2) 예산과 법률의 비교

예산과 법률은 국회의 의결을 거치는 법규범이라는 점에서 동일하다. 하지만
예산과 법률은 다음과 같은 차이점이 나타난다.

(가) 제안권자로서 예산안은 정부만이, 법률안은 정부와 국회의원이 제안권자
이다.

(나) 효력 면에서 예산은 의결로서 효력을 발생하고 국가기관의 1회계연도 내
의 재정행위를 구속하지만, 법률은 공포하여야 효력이 발생하고 국가와 국민 모두
구속한다.

(다) 심의절차에서 예산안은 정부의 동의없이 정부가 제출한 지출예산 각항의
금액을 증가하거나 새 비목을 설치할 수 없지만, 법률은 자유롭게 수정·삭제·증보
할 수 있다.

(라) 거부권행사에 있어서 국회는 법률안과 달리 예산안심의를 거부할 수 없
고, 대통령은 법률안거부권과 달리 국회가 의결한 예산안에 대하여 거부권을 행사
하지 못한다.

---

94) 김철수, 『학설판례 헌법학(하)』, 1615면.
95) 권영성, 『헌법학원론』, 903면; 정영화, "제59조", 『헌법주석』 [국회, 정부] 제40~제100조,
    (사)한국헌법학회 편, 2017, 227면.
96) 권영성, 『헌법학원론』, 903면.

(3) 예산의 성립과정

정부는 회계연도마다 예산안을 편성하여 회계연도 개시 90일 전까지 국회에 제출하여야 한다(헌법 제54조 제2항). 국회에 제출한 예산안은 소관 상임위원회에 회부하고, 소관 상임위원회는 예비심사를 하여 그 결과를 의장에게 보고한다. 이 경우 예산안에 대해서는 본회의에서 정부의 시정연설을 듣는다(국회법 제84조 제1항). 의장은 예산안과 결산에 제1항의 보고서를 첨부하여 이를 예산결산특별위원회에 회부하고 그 심사가 끝난 후 본회의에 부의한다(국회법 제84조 제2항). 국회는 회계연도 개시 30일 전까지 예산안을 의결하여야 한다(헌법 제54조 제2항). 예산안의 확정은 예산결산특별위원회의 심의를 거친 후 국회본회의에서 의결로 확정한다(국회법 제45조). 국회는 정부의 동의없이 정부가 제출한 지출예산 각항의 금액을 증가하거나 새 비목을 설치할 수 없다(헌법 제57조). 국회는 이미 조약 또는 법률로 규정된 세출을 삭감할 수 없고, 정부가 수정동의하는 경우에 본회의 또는 위원회의 동의를 받아야 한다(국회법 제90조 제3항). 국회의원의 예산안에 대한 수정동의는 50명 이상의 찬성이 있어야 한다(국회법 제95조 제1항 단서). 국회는 예산안의 전부에 대하여 거부할 수 없고, 일부수정만이 가능하다. 예산안을 거부하면 정부의 지출이 불가능하기 때문에 전부거부는 허용될 수 없고, 예산안은 가급적 법정기일 내에 심의·의결하여야 한다.[97] 국회가 의결한 예산은 정부에 이송하여 대통령이 공고한다.

(4) 예산안과 관련 있는 제도
(가) 계속비의 의결

계속비는 완성에 수년이 필요한 공사나 제조 및 연구개발사업은 그 경비의 총액과 연부액(年賦額)을 정하여 미리 국회의 의결을 얻은 범위 안에서 수년도에 걸쳐서 지출할 수 있는 제도를 말한다(국가재정법 제23조 제1항). 한 회계연도를 넘어 계속하여 지출할 필요가 있을 때에는 정부는 연한을 정하여 계속비로서 국회의 의결을 얻어야 한다(헌법 제55조 제1항). 공사를 비롯한 사업이 여러 해에 걸치는 계속비는 단일회계연도원칙(헌법 제54조 제2항)에 대한 합리적인 예외를 인정한 것이다. 이는 국가재정법상 이미 오래전부터 국고채무부담행위 및 명시이월비가 인정되어 왔다는 사실에서도 확인할 수 있다.[98]

---

97) 정영화, "제59조", 『헌법주석』 [국회, 정부] 제40~제100조, (사)한국헌법학회 편, 231면.

(나) 예비비의 의결 및 지출에 대한 승인권

예비비는 정부가 예측할 수 없는 예산 외의 지출 또는 예산초과지출에 충당하기 위하여 일반회계 예산총액의 100분의 1 이내의 금액을 예비비로 세입세출예산에 계상할 수 있는 제도를 말한다(국가재정법 제22조 제1항). 예비비는 총액으로 국회의 의결을 얻어야 한다. 예비비의 지출은 차기국회의 승인을 얻어야 한다(헌법 제54조 제2항).

(5) 예산의 불성립과 변경

(가) 예산의 불성립과 임시예산

정부는 회계연도마다 예산안을 편성하여 회계연도 개시 90일 전까지 국회에 제출하고, 국회는 회계연도 개시 30일 전까지 이를 의결하여야 한다(헌법 제54조 제2항). 국회가 새로운 회계연도가 개시될 때까지 예산안이 의결되지 못한 때에는 정부는 국회에서 예산안이 의결될 때까지 다음의 목적을 위한 경비는 전년도 예산에 준하여 집행할 수 있다(헌법 제54조 제3항). ① 헌법이나 법률에 의하여 설치된 기관 또는 시설의 유지·운영, ② 법률상 지출의무의 이행, ③ 이미 예산으로 승인된 사업의 계속이 그것이다.

(나) 추가경정예산제도

정부는 예산에 변경을 가할 필요가 있을 때에는 추가경정예산안을 편성하여 국회에 제출할 수 있다(헌법 제56조). 추가경정예산제도는 예산 성립 후에 생긴 사정으로 인하여 이미 성립된 예산에 변동을 가할 필요가 있는 때에 별개의 예산을 편성하여 의회의 의결을 얻음으로써 예기치 못한 사정에 대처하기 위한 예산제도다.

4. 결산심사권

결산이란 한 회계연도의 국가의 세입과 세출예산의 집행실적을 보여주는 확정적인 계수를 내용으로 하는 국가행위다.[99] 이러한 결산에 대하여 헌법은 감사원이 "세입·세출의 결산을 매년 검사하여 대통령과 차년도국회에 그 결과를 보고하여야

---

98) 장선희, 전게논문, 510면.
99) 유훈, 『재무행정론』, 법문사, 2005, 288면.

한다(헌법 제99조 제1항)."고 규정하고 있다. 헌법은 결산에 대한 권한을 감사원에 부여하고 있다.

하지만 헌법은 재정민주주의를 원칙으로 규정하고 있으므로 결산에 대한 국회의 심사권한도 이러한 관점에서 살펴보아야 한다. 국회법에는 예산안과 결산은 소관 상임위원회에 회부하고, 소관 상임위원회는 예비심사를 하여 그 결과를 의장에게 보고한다(제84조 제1항). 의장은 예산안과 결산을 소관 상임위원회에 회부할 때에는 심사기간을 정할 수 있으며, 상임위원회가 이유 없이 그 기간 내에 심사를 마치지 아니한 때에는 이를 바로 예산결산특별위원회에 회부할 수 있다(제84조 제6항). 국회법상 결산은 본회의 의결을 원칙으로 한다. 결산은 예산안과 달리 과거의 행위에 대한 청산을 내용으로 하는 점에서 정치적인 의미는 감소된다. 하지만 결산도 정부의 일 년간의 예산집행에 대한 책임을 묻는 점에서 중요한 것이다. 따라서 국회는 감사원의 결산보고에 대하여 공정하고 합리적인 심사를 바탕으로 자료제출을 할 것을 요구하여야 한다. 이는 재정민주주의의 관점에서 결산심사의 전제가 되기 때문이다. 이러한 점에서 감사원의 판단과 국회의 판단은 상호 독립적인 것으로 결산심사에 관한 한 감사원은 국회의 보조적 기능을 수행한다.[100]

5. 국회의 정부재정행위에 대한 동의 · 승인권

(1) 기채동의권

정부가 국채를 모집할 때에는 정부는 미리 국회의 의결을 얻어야 한다(헌법 제58조). 국가의 부채는 정부의 부담이 되기 때문이다. 국채는 공채의 일종으로서 국가가 국고의 세입부족을 보충하기 위하여 부담하는 재정상의 채무를 말한다. 국회의 동의는 사전 동의를 말한다.

(2) 예산 외의 국가부담이 될 조약체결에 대한 동의권(국고채무부담행위)

국채를 모집하거나 예산 외에 국가의 부담이 될 계약을 체결하려 할 때에는 정부는 미리 국회의 의결을 얻어야 한다(헌법 제58조). 국가는 법률에 따른 것과 세출예산금액 또는 계속비의 총액의 범위 안의 것 외에 채무를 부담하는 행위를 하는 때에는 미리 예산으로써 국회의 의결을 얻어야 한다(국가재정법 제25조 제1항). 헌법과 국가재정법규정을 보면 국고채무부담행위도 의결주의가 원칙이다.

---

100) 장선희, 전게논문, 517면.

(3) 재정적 부담이 될 조약체결에 대한 동의권

국회는 국가나 국민에게 중대한 재정적 부담을 지우는 조약의 체결·비준에 대한 동의권을 가진다(헌법 제60조 제1항).

(4) 긴급재정경제명령·처분권에 대한 승인권

대통령은 중대한 재정·경제상의 위기에 있어서 재정·경제상의 처분을 하거나 이에 관하여 법률의 효력을 가지는 명령을 발할 수 있다(헌법 제76조 제1항). 이 경우 지체없이 국회에 보고하여 그 승인을 얻어야 한다(헌법 제76제 제3항).

(5) 기금에 국회심의·의결권

기금에 대하여는 헌법에 규정이 없고 국가재정법에만 있다. 즉 기금은 국가가 특정한 목적을 위하여 특정한 자금을 신축적으로 운용할 필요가 있을 때에 한정하여 법률로써 설치하되, 정부의 출연금 또는 법률에 따른 민간부담금을 재원으로 하는 기금은 별표 2에 규정된 법률에 의하지 아니하고는 이를 설치할 수 없다(국가재정법 제5조 제1항). 제1항의 규정에 따른 기금은 세입세출예산에 의하지 아니하고 운용할 수 있다(국가재정법 제5조 제2항). 이는 기금법정주의에 의하여 국가재정법과 해당 기금의 존립근거에 대한 특별법형식에 의하여 국회의 동의에 의해서 설치되고 운용된다는 점에서 법정주의를 충족하고 재정민주주의원칙에도 부합하는 규정이다.101)

Ⅲ. 행정과 사법통제권

1. 일반 국가기관통제권

(1) 탄핵소추권

대통령·국무총리·국무위원·행정각부의 장·헌법재판소 재판관·법관·중앙선거관리위원회 위원·감사원장·감사위원 기타 법률이 정한 공무원이 그 직무집행에 있어서 헌법이나 법률을 위배한 때에는 국회는 탄핵의 소추를 의결할 수 있다(헌

---

101) 장용근, "재정민주주의적 관점에서의 기금에 대한 재정법적 검토", 『세계헌법연구』 제20권 제1호, 157면 이하.

법 제65조).[102]

(2) 국정감사와 조사권

국회는 정기적인 일반 국정감사권과 임시적인 특정 국정조사권을 행사하여 국가기관을 통제할 수 있다. 이에 관하여 헌법 제61조는 "국회는 국정을 감사하거나 특정한 국정사안에 대하여 조사할 수 있으며, 이에 필요한 서류의 제출 또는 증인의 출석과 증언이나 의견의 진술을 요구할 수 있다. 국정감사 및 조사에 관한 절차 기타 필요한 사항은 법률로 정한다."고 규정하고 있다. 국회의 국정감사와 조사에 관하여 자세한 것은 국회법과 국정감사 및 조사에 관한 법률에 규정하고 있다(국회법 제127조). 감사원은 행정감찰의 권한을 갖고 있어 국회는 감사원에 사안을 특정하여 감사를 요청할 수 있고 감사원은 감사요구를 받은 날로부터 3월 이내에 그 감사결과 국회에 보고하여야 할 의무를 진다(국회법 제127조의2 제1항).

국회의 국정감사는 감사원의 행정감사(감사원법 제24조)와 중복된다. 감사원은 국가기관 전체를 대상으로 하는 회계감사와 균형을 맞추기 위해서도 감사원의 행정감사를 국정감사로 확대하고 국회의 국정감사는 폐지하는 것이 타당하다.[103]

2. 기타 정부통제권

(1) 국회는 국무총리·국무위원해임건의권(헌법 제63조 제1, 2항)을 갖는다. 해임건의는 국회재적의원 3분의 1 이상의 발의에 의하여 국회재적의원 과반수의 찬성이 있어야 한다. 의원내각제국가에서 국회의 정부각료에 대한 해임의결권은 정부의 의회해산권과 선택적으로 법적 구속력이 있다. 하지만 우리는 정부의 의회해산권이 없는 점에서 의원내각제도 아니고, 오스트리아(제29조 제1항)나 프랑스(제12조)와 같은 이원정부제도 아닌 대통령제 정부형태에 속한다. 따라서 다수학설과 헌법재판소[104]는 대통령은 국정의 최고책임자로서 국회의 국무총리·국무위원에 대한

해임건의는 법적 구속력이 없다고 본다.

　졸견은 해임건의권은 대통령제가 아니라 의원내각제적 요소인 점, 정치적으로 무책임한 단임제 대통령은 국회의 구도와 상관없이 정치도의상 협력적 국정수행을 해야 하는 점, 헌법에서 정치윤리와 법은 동일시 할 수 있는 점에서 해임건의에 법적 구속력을 부여하는 것이 타당하다고 본다.[105]

　(2) 국회는 국무총리·국무위원 국회출석요구 및 질문권(헌법 제62조 제1, 2항)을 갖는다. 본회의는 의결로 국무총리, 국무위원 또는 정부위원의 출석을 요구할 수 있다. 이 경우 그 발의는 의원 20명 이상이 이유를 구체적으로 밝힌 서면으로 하여야 한다. 위원회는 의결로 국무총리, 국무위원 또는 정부위원의 출석을 요구할 수 있다. 이 경우 위원장은 의장에게 그 사실을 보고하여야 한다(국회법 제120조 제1, 2항).

　(3) 국회는 긴급명령권, 긴급재정·경제명령 및 처분권행사에 대하여 민주적 통제기관으로 그 효력지속여부의 승인권을 갖는다(헌법 제76조 제3, 4항). 대통령의 합헌적 독재권에 대한 국회의 통제수단이다.

　(4) 국회는 또한 대통령의 계엄선포에 대하여 해제요구권을 갖는다(헌법 제77조 제5항).

　(5) 선전포고, 국군의 외국에의 파견 또는 외국군대의 대한민국 영역 안에서의 주류에 대한 동의권(헌법 제60조 제2항)을 갖는다.

　(6) 대통령의 일반사면에 대한 동의권(헌법 제79조 제2항)을 갖는다. 국회동의를 요하는 일반사면은 형 집행이 면제되는 특별사면과 달리 형선고의 효력이 상실되며, 형을 선고받지 아니한 자에 대하여는 공소권(公訴權)이 상실된다(사면법 제5조 제1항).

　대통령을 간접적이나마 견제하고자 하는 것에 지나지 않는다. 헌법 제63조의 해임건의권을 법적 구속력 있는 해임결의권으로 해석하는 것은 법문과 부합할 수 없을 뿐만 아니라, 대통령에게 국회해산권을 부여하고 있지 않는 현행 헌법상의 권력분립질서와도 조화될 수 없다. 결국, 대통령이 국회인사청문회의 결정이나 국회의 해임건의를 수용할 것인지의 문제는 대의기관인 국회의 결정을 정치적으로 존중할 것인지의 문제이지 법적인 문제가 아니다. 따라서 대통령의 이러한 행위는 헌법이 규정하는 권력분립구조 내에서의 대통령의 정당한 권한 행사에 해당하거나 또는 헌법규범에 부합하는 것으로서 헌법이나 법률에 위반되지 아니한다. 헌재결 2004. 5. 14. 2004헌나1, 판례집 16-1, 609(650, 651).

105) 동지 김철수, 『학설판례 헌법학(하)』, 1622면; 성낙인, 『헌법학』, 751면.

Ⅳ. 선출과 임명동의권

1. 선출권

국회는 중앙선거관리위원회 위원 9인 중 3인을 선출하고(헌법 제114조 제2항), 헌법재판소 재판관 9인 중 3인을 선출한다(헌법 제111조 제3항). 또한 대통령선거에 있어서 최고득표자가 2인 이상인 때에는 국회의 재적의원 과반수가 출석한 공개회의에서 다수표를 얻은 자를 당선자로 한다(헌법 제67조 제2항).

2. 임명동의권

국회는 국무총리(헌법 제86조 제1항), 대법원장, 대법관(헌법 제104조 제1, 2항), 헌법재판소장(헌법 제111조 제4항), 감사원장(헌법 제98조 제2항)의 임명동의권을 행사한다. 그리고 이들 모두에 대하여 인사청문특별위원회를 구성하여 청문을 실시한다(국회법 제46조의3, 인사청문회법 제3조).

국회는 의장 1인과 부의장 2인을 선출한다(헌법 제48조). 의장과 부의장은 국회에서 무기명투표로 선거하고 재적의원 과반수의 득표로 당선된다(국회법 제15조 제1항).

Ⅴ. 중요조약의 체결 · 비준에 대한 동의권

1. 의의와 본질

국회는 대통령의 조약의 체결 · 비준에 동의권을 갖는다. 헌법에 의하여 체결 · 공포된 조약은 국내법적 효력이 부여(헌법 제6조 제1항)되므로 조약의 효력발생 이전에 대화민주주의에 의한 통제에 본질이 있다.

2. 동의의 대상

국회는 중요조약의 체결 · 비준에 대한 동의권을 가진다. 즉 '상호원조 또는 안전보장에 관한 조약, 중요한 국제조직에 관한 조약, 우호통상항해조약, 주권의 제약에 관한 조약, 강화조약, 국가나 국민에게 중대한 재정적 부담을 지우는 조약 또는

입법사항에 관한 조약(헌법 제60조 제1항)'이 그 대상이다. 이를 제한적 열거조항[106]
으로 보든 예시규정[107]으로 보든 그 구별의 실익은 없다. 제한적 열거규정으로 보
는 견해도 국가나 국민에게 중대한 재정적 부담을 지우는 조약 또는 입법사항에 관
한 조약 등 동의대상의 포괄성으로 인해 예외를 인정하고, 예시규정으로 보는 견해
도 모든 조약에 대해 국회의 동의를 요한다고 하지 않기 때문이다.

예컨대, 헌법재판소[108]는 "대한민국과아메리카합중국간의상호방위조약제4조에
의한시설과구역및대한민국에서의합중국군대의지위에관한협정(SOFA)은 그 명칭이
"협정"으로 되어있어 국회의 관여없이 체결되는 행정협정처럼 보이기도 하나 우리
나라의 입장에서 볼 때에는 외국군대의 지위에 관한 것이고, 국가에게 재정적 부담
을 지우는 내용과 근로자의 지위, 미군에 대한 형사재판권, 민사청구권 등 입법사
항을 포함하고 있으므로 국회의 동의를 요하는 조약으로 취급되어야 하는 것이다."
고 판시하고 있다.

이는 1962년 제3공화국 헌법에 국회동의대상으로 되어 있었던 '외국군대의 지
위에 관한 조약'으로 현행헌법에서는 그 대상에서 제외되었다. 그 이유는 1962년
주한미군의 지위에 관한 협정이 체결되었기 때문이다.[109] 하지만 국가나 국민에게
중대한 재정적 부담을 지우는 조약 또는 입법사항에 관한 조약에 해당되기 때문에
동의대상이 될 수 있다. 이러한 점에서 행정협정은 동의대상에 포함되지 않는
다.[110]

3. 국회동의의 시기와 방법

국회의 동의는 사전 동의를 말한다. 따라서 비준유보조약의 경우 서명 후 비
준 전, 비준유보하지 않은 조약의 경우는 가서명 후 정식서명 전에 동의를 얻어야

---

106) 김철수, 『학설판례 헌법학(하)』, 1610면; 권영성, 『헌법학원론』, 895면; 성낙인, 『헌법학』,
    334면; 전광석, 『한국헌법론』, 169, 170면; 허영, 『한국헌법론』, 941면.
107) 제성호, "조약의 체결·비준에 대한 동의권", 『국제법학회논총』 제33권 제2호(1998), 290면.
108) 헌재결 1999. 4. 29. 97헌가14, 판례집 11-1, 273(281, 282).
109) 이상훈, "헌법 제60조 제1항에 대한고찰: 국회동의의 법적성격 및 입법사항에 대한조약을 중
    심으로-", 『국제법 동향과 실무』 2-3(2003), 99; 박종보, "제60조", 『헌법주석』 [국회, 정부]
    제40~제100조, (사)한국헌법학회 편, 301면.
110) 국회의 조약에 관한 비준동의를 규정한 헌법 제60조 제1항으로부터 국민 개개인의 기본권이
    도출된다고 볼 수 없다. 이행합의서는 용산기지이전협정에서 위임된 범위 내에서 필요한 기
    술적·절차적 세부사항을 규정하고 있어 성질상 행정협정에 속하는 것이므로 국회의 동의가
    필요한 조약에 해당하지 않는다. 헌재결 2006. 2. 23. 2005헌마268, 판례집 18-1상, 298(302).

한다.

조약의 체결과 비준에 대하여 각각 동의를 받아야 한다는 견해111)도 있으나 조약체결은 대통령의 전권이라는 점과 대통령의 법률안거부권은 의결되어 이송되어 온 후 한 번만 행사할 수 있는 점, 대화윤리의 관점에서 무기평등의 원칙을 고려하면 체결과 비준 각각 동의를 받아야 조약의 합헌성이 인정된다고 할 수는 없다.112)

4. 수정동의의 문제

대화민주주의에 의하여 조약체결에 대한 국회의 동의를 얻도록 한 점에서 수정동의가 가능한지 문제된다. 대통령이 법률안에 대하여 일부 또는 수정거부를 할 수 없는 것과 균형을 맞추어 수정동의는 동의거부로 보아야 한다는 부정설113)과 상대국과 수정내용을 협의하여 가결하도록 정지조건부로 동의하는 것은 가능하다는 긍정설114)이 있다. 조약체결은 대통령의 고유권한이라는 점과 수정제의로 인한 체약상대국의 신뢰손상을 고려하여 수정동의는 부정하는 것이 타당하다.

5. 동의거부의 효력

조약체결에 대한 동의거부에도 불구하고 조약을 체결한 경우의 효력에 대하여 무효설, 유효설이 있으나 국제법상은 유효하나 국내법상으로는 무효로 보는 통설115)이 타당하다.

다만 국내법적으로 헌법 제60조의 조약은 법률적 효력을 갖는 것으로 국회의 동의 없이 체결한 조약은 위헌법률심판의 대상116)이 그 밖에 행정협정 등의 경우는 법원의 판단을 받아야 무효가 될 수 있다. 국제법상으로도 비엔나협약(제46, 65조)에 의하면 국내법규정의 명백한 위반이고 근본적으로 중대한 규정(제46조)이라

---

111) 김종서, "한미 FTA와 민주주의", 『민주법학』 제32호(2006), 135면.
112) 동지 김선택, "헌법상의 외교권한 배분과 구체화 입법의 헌법적 한계", 『헌법학연구』 제13권 제3호 제1호 책(2007), 287~289면; 박종보, "제60조", 『헌법주석』 [국회, 정부] 제40~제100조, (사)한국헌법학회 편, 318, 319면.
113) 권영성, 『헌법학원론』, 896면.
114) 김철수, 『학설판례 헌법학(하)』, 1383면.
115) 김철수, 『학설판례 헌법학(하)』, 1613면; 권영성, 『헌법학원론』, 896면.
116) 헌재결 2009. 2. 26. 2007헌바35, 판례집 21-1상, 76; 1999. 4. 29. 97헌가14, 판례집 11-1, 273.

는 것을 상대방국가에 문서로 통고하여 상대국이 3개월 이내에 이의를 제기하지 않으면 무효로 할 수는 있다(제65조).117)

Ⅵ. 국회의 자율권

1. 규칙제정권

(1) 의의

헌법은 "국회는 법률에 저촉되지 않는 범위 안에서 의사와 내부규율에 관한 규칙을 제정할 수 있다."고 규정(제64조 제1항)하고 있다. 국회규칙은 헌법에 근거하여 권리제한과 의무부과를 할 수 있는 법규명령으로 행정명령인 감사원규칙과는 성격이 다르다. 따라서 국회의 질문에 답변하기 위해 출석한 국무위원이나 방청객, 국정감사의 증인, 감정인 등의 경우에도 국회규칙의 효력이 미친다. 다만 다른 법률에 저촉되지 않는 한계 내에서 효력이 제한되는 특성이 있다.

(2) 근거와 기능

국회규칙은 권력분립의 원칙에 의하여 의회내부사항에 대하여는 타국가기관이 간섭할 수 없도록 자치입법권을 부여한 것이다. 원내 다수파의 횡포로부터 소수파를 보호하기 위한 기능적 자치를 보호하기 위한 것이기도 하다.

우리는 서구 유럽(영국, 독일, 프랑스 등)과 달리 국회법에 이미 의사와 내부규율에 관한 대부분을 규율하고 있다. 따라서 국회규칙에는 세부적·절차적·기술적 사항에 관한 것을 규정하고 있다. 국회운영에 관한 국회선진화법에 대한 논란118)을 고려하면 국회의원의 다수파와 그들의 임기를 고려하지 않고 효력이 계속되는 국회규칙에 의사와 내부규율을 규정하는 것이 바람직하다고 할 수 있다. 그리고 독일, 오스트리아,119) 영국 등 같이 국회규칙에 대하여는 법률적 효력을 부여하여 합헌적 법질서확립기능을 하는 위헌법률심판대상으로 하는 것도 고려할 만하다.

---

117) 김철수, 『학설판례 헌법학(하)』, 1613면; 박종보, "제60조", 『헌법주석』 [국회, 정부] 제40~제100조, (사)한국헌법학회 편, 320, 321면.
118) 헌재결 2016. 5. 26. 2015헌라1, 판례집 28-1하, 170. 이에 관하여는 장영철, "국회선진화법 권한쟁의심판청구에 대한 소고", 『서울법학』 제24권 제1호(2016. 5.), 1면 이하.
119) 장영철, "오스트리아 헌법재판제도와 시사점", 『공법학연구』 제10권 제1호(2009. 2.), 232면.

2. 의원의 자격심사와 징계권

국회는 의원의 자격심사와 징계를 할 수 있다(헌법 제64조 제2항). 의원을 제명하려면 재적의원 3분의 2 이상의 찬성을 요건으로 한다(헌법 제64조 제3항). 이 처분에 대하여는 국회의 자율권으로 법원에 제소할 수 없는(헌법 제64조 제4항) 의회의 절대적 통치행위다.

제 6 절   국회의원의 법적 지위

Ⅰ. 자유위임의 원리

헌법 제46조 제2항은 "국회의원은 국가이익을 우선하여 양심에 따라 직무를 행한다."고 하며 국회의원의 자유위임의 원리를 보장하고 있다. 이러한 자유위임의 원리에 따라 국회의원은 국가의 제약으로부터 인적·물적 독립을 보장받는다. 즉 의원의 임기 또는 권한을 제약하는 조치, 즉 자유로운 의정활동을 내용적으로 구속하거나 그에 대해 제재를 가하는 것은 원칙적으로 금지된다. 그러나 자유위임의 원리도 보다 큰 공익보호의 필요성이 있는 경우 예컨대, 국회법(제155조)에도 청렴의무위반, 직권남용 등의 경우 징계의결이 가능한 것처럼 내재적 한계가 있다. 다음 사례는 그 내재적 한계여부가 문제되는 것이다.

1. 위헌정당소속 국회의원의 의원직 상실여부

위헌정당소속 국회의원의 의원직 상실여부에 대하여 우리는 독일과 달리 명문의 규정이 없다. 이에 대하여 국회의원은 정당과는 별도의 헌법기관이기 때문에 국회에서의 제명처분이 있기 전에는 의원직을 유지한다는 견해[120]와 정당해산의 방어적 투쟁적 민주주의의 수단으로서의 성격과 실효성확보차원에서 자유위임의 원리의 내재적 한계로 의원직 상실이 타당하다는 견해[121]가 대립되고 있다. 우리 헌

---

120) 김철수, 『학설판례 헌법학(하)』, 1335면.
121) 권영성, 『헌법학원론』, 1157면; 허영, 『한국헌법론』, 943면.

법재판소[122])는 정당해산결정의 실효성을 확보하는 차원에서 위헌정당 소속 국회의
원의 의원직은 당선 방식을 불문하고 모두 상실되어야 한다고 판시하고 있다.

독일연방헌법재판소는 사회주의정당위헌해산결정[123])에서 의정활동의 자유위
임의 원리는 정당의 자유에 관한 제21조(우리의 경우 제8조)에 의하여 제한받을 수
있다고 하면서 민주적 기본질서에 반하는 정당은 국민의 정치적 의사형성에 참여
할 수 없다고 하였다. 즉 위헌정당의 목적은 실질적으로 소속의원의 활동으로 대변
되는 데 이를 방치하면 의회의 정치적 결정이나 표결로 나타나 위헌정당이 정치적
의사형성에 참여하는 것을 막지 못하기 때문이라고 판시하였다. 우리의 경우도 명
문규정과 상관없이 이러한 취지를 반영한 학설[124])과 헌법재판소결정이 타당하다.
다만 헌법재판소법에 명문규정을 마련하여 명확성을 기할 필요는 있다.[125])

2. 비례대표의원의 의원직 상실여부

공직선거법 제192조 제4항은 "비례대표국회의원 또는 비례대표지방의회의원
이 소속정당의 합당·해산 또는 제명 외의 사유로 당적을 이탈·변경하거나 2 이상
의 당적을 가지고 있는 때에는 「국회법」 제136조(퇴직) 또는 「지방자치법」 제78조
(의원의 퇴직)의 규정에 불구하고 퇴직된다."고 규정한다.

이는 국민의 선거로 정해준 국회의 정당구도를 인위적으로 변경시키는 소위
'철새정치인'을 예방하기 취지에서 마련한 규정이었다. 국민의 국회구도결정권이라
는 공익보호를 이유로 자유위임원리의 내재적 한계에 해당하는 것으로 보는 학
설[126])과 이를 논거로 하는 헌법재판소결정[127])은 합헌성을 인정하고 있다.

하지만 헌법 제46조 제2항은 지역대표나 비례대표나 선출된 후에는 특정정당
의 대표가 아니라 전체 국민의 대표로 자유위임의 원리에 따라 의정활동을 보장하
고 있다. 더구나 헌법상 선거제도는 기본원칙만 규정했지 지역대표, 비례대표의 선
거방법은 입법재량사항이다. 이러한 점에서 전술한 공직선거법 제192조 제4항은
위헌이다.

---

122) 헌재결 2014. 12. 19. 2013헌다1, 판례집 26-2하, 1.
123) BVerfGE 2 1, 74(SRP).
124) 권영성, 『헌법학원론』, 1165면; 허영, 『헌법소송법』, 310면.
125) 자세한 것은 제4편 제5장 제3절 Ⅴ. 4. (3) 볼 것.
126) 허영, 『사례헌법학』 [사례 37], 신조사, 2000, 241면.
127) 헌재결 1994. 4. 28. 92헌마153, 판례집 6-1, 415.

3. 교섭단체에 속하지 않은 의원의 권리

국회의 업무는 교섭단체에 우호적으로 배분된다. 교섭단체는 국회운영을 위해 필수불가결한 기관이다. 교섭단체의 특권은 소속의원에게도 부여된다. 하지만 자유위임의 원리에 의하여 교섭단체에 속하지 않은 의원에게도 의장선출, 법안제출, 위원회참여 등의 권한을 갖는다. 교섭단체에 속하지 않은 의원도 전체국민의 대표로서 위원회중심으로 이루어지는 의회업무에 참여할 권리를 원칙적으로 갖는다.

그러나 교섭단체에 속하지 않은 의원은 위원회에서 발언권은 갖지만 표결권은 과다 대표되기에 제한되어야 한다. 이러한 점에서 교섭단체에 속하지 않은 의원의 상임위원회 선임은 스스로 하지 못하게 하고 의장에게 선임권한을 부여한 것이다(국회법 제48조 제2항).

Ⅱ. 국회의원의 면책특권과 불체포특권

1. 면책특권

면책특권(Indemnität)이란 국회의원이 국회의 본회의나 위원회에서 직무상 행한 발언과 표결에 관하여 국회 외에서 책임을 지지 아니하는 것(헌법 제45조)을 말한다. 국무위원인 국회의원의 경우와 같이 겸직의원의 경우에는 원칙적으로 의원으로서의 발언과 표결에만 면책된다. 따라서 국회의 대정부질문에 대한 의원인 장관으로서의 답변은 면책되지 않는다. 또한 국회나 위원회에서의 직무상 활동에 국한하여 면책된다. 의원이 자신의 발언을 언론에 공표했을 때에는 면책되지 않는다. 하지만 국회에서 의원의 발언을 단순히 언론이 비판한 것은 의원이 스스로 공표하지 않은 것으로 면책될 수 있다.[128]

국회의원의 면책특권의 대상이 되는 행위는 직무상의 발언과 표결이라는 의사표현행위 자체에 국한되지 아니하고 이에 통상적으로 부수하여 행하여지는 행위까지 포함하고, 그와 같은 부수행위인지 여부는 결국 구체적인 행위의 목적, 장소, 태양 등을 종합하여 개별적으로 판단할 수밖에 없다.[129]

---

128) 대판 2014. 8. 20. 2012다19734.
129) 대판 2011. 5. 13. 2009도14442; 1992. 9. 22. 91도3317. 원고의 내용이 공개회의에서 행할 발언내용이고(회의의 공개성), 원고의 배포시기가 당초 발언하기로 예정된 회의 시작 30분 전

면책특권은 국회의 기능을 보호하기 위한 것이다. 의원의 합헌적 활동을 제약할 수 있는 고권적 조치, 특히 법적 책임으로부터 의원을 보호한다. 이는 민사책임을 포함한 모든 법적 책임을 의미한다. 다만 국회 내에서의 징계책임이나 국회 외에서의 정치적 책임 등은 부담할 수 있다. 이 특권은 국회가 제한하거나 박탈할 수 없고 의원도 스스로 포기할 수 없다. 하지만 면책특권은 명예훼손의 경우에 한계가 있다. 독일헌법(제46조 제1항 제2문)에는 이를 명문화하고 있다. 우리의 경우도 악의적으로 허위의 발언을 하여 개인의 명예를 훼손하고 정치적 공세를 가하는 행위는 국회의원의 직무와 무관한 것으로 면책특권의 범위를 벗어나는 것으로 해석할 수 있다.130) 따라서 국회의원의 폭행이나 사적발언은 면책특권에 포함되지 않는다.

2. 불체포특권

국회의원의 불체포특권은 현행범인 경우를 제외하고는 회기 중에는 국회의 동의 없이는 체포 또는 구금되지 않는 것을 말한다(헌법 제44조). 즉 국회의원은 회기 중에는 국회의 동의하에서만 형벌로 위하되는 행동에 책임을 지울 수 있는 것이다.

불체포특권은 면책특권과 달리 직무상의 행위일 필요가 없다. 즉 의원으로서의 행위와 상관없이 자신의 생활과 관련된 모든 행위에 대한 형사소추로부터 보호되는 것을 의미한다. 불체포특권은 면책특권과 동일하게 국회의 기능보호를 목적으로 한다. 이는 의원을 위한 특권이 아니라 국회를 보호하는 기능이 우선하므로 국회의 의사에 반하여 의원은 개인적으로 포기할 수 없다. 불체포특권은 순수한 형사소추유예의 특권이므로 면책특권과 달리 형사책임을 면제받지 못한다. 이는 국회의 동의가 없는 한 검사의 형사소추에 장애가 있을 뿐 의원은 형사처벌을 받을 수 있다. 체포동의는 국회의 사전동의를 의미하는 것으로 판사가 영장발부전에 정부에 체포동의요구서를 제출한 후, 정부는 이를 수리하여 국회의장에 동의요청을 하여야 한다. 의장은 본회의에서 24시간 이내 72시간 이전에 표결하여야 한다(국회법 제26

으로 근접되어 있으며(시간적 근접성), 원고 배포의 장소 및 대상이 국회의사당 내에 위치한 기자실에서 국회출입기자들만을 상대로 한정적으로 이루어지고(장소 및 대상의 한정성), 원고 배포의 목적이 보도의 편의를 위한 것(목적의 정당성)이라면, 국회의원이 국회본회의에서 질문할 원고를 사전에 배포한 행위는 면책특권의대상이 되는 직무부수행위에 해당한다.
130) 대판 2007. 1. 12. 2005다57752. 하지만 발언 내용이 허위라는 점을 인식하지 못하였다면 비록 발언 내용에 다소 근거가 부족하거나 진위 여부를 확인하기 위한 조사를 제대로 하지 않았다고 하더라도, 그것이 직무 수행의 일환으로 이루어진 것인 이상 면책특권의 대상이 된다.

조). 회기 전에 체포·구금된 경우에는 국회재적의원 1/4 이상의 발의로 석방요구를 하면 회기 중 석방된다(국회법 제28조).

독일의 경우 입법기 이전에 포괄적인 동의 내지 불체포특권위원회에 위임하여 본회의에서 표결하는 관행을 없앴다. 따라서 국회의 동의 없이 회기 중에도 의원에 대한 형사소추를 가능하게 하였다.

Ⅲ. 국회의원의 그 밖의 권리와 의무

1. 발언권과 자료제출요구권

(1) 발언권

국회의원은 자유발언권으로 국회에서 심의중인 의안이나 청원 기타 중요한 관심사안에 대해 자신의 의견을 5분이내의 범위에서 자유롭게 발언할 수 있다(국회법 제105조 제1항). 의사진행발언은 회의진행 과정에서 회의진행 방법 등에 대하여 이의를 제기하거나 의견을 개진하기 위해 5분 이내에 하는 발언이고, 신상 발언은 의원의 일신상에 관한 문제가 생긴 경우에 본인이 해명하는 5분 이내에 하는 발언이며, 반론 발언은 다른 의원이 이미 행한 발언에 대해 관련 있는 의원이 해명을 하거나 반론을 제기하는 3분 이내에 하는 발언이다(국회법 제104조 제1항 단서).

(2) 정부, 행정기관 등에 자료제출요구권

국회의원은 본회의, 위원회 또는 소위원회의 의결을 거쳐 안건의 심의 또는 국정감사나 국정조사와 직접 관련된 보고 또는 서류와 해당 기관이 보유한 사진·영상물("서류 등")의 제출을 정부, 행정기관 등에 요구할 수 있다(국회법 제128조 제1항). 또한 국회의원은 본회의, 위원회 또는 소위원회의 폐회 중에도 서류 등의 제출요구를 할 수 있다. 이 경우 의장 또는 위원장은 교섭단체 대표의원 또는 간사와 협의하여 이를 요구할 수 있다(국회법 제128조 제3항). 요구를 받은 정부, 행정기관 등은 기간을 따로 정하는 경우를 제외하고는 요구를 받은 날부터 10일 이내에 보고 또는 서류 등을 제출하여야 한다. 다만, 특별한 사유가 있을 때에는 의장이나 위원장에게 그 사유를 보고하고 그 기간을 연장할 수 있다. 이 경우 의장이나 위원장은 전술한 제1항의 요구를 한 의원에게 그 사실을 통보한다(국회법 제128조 제5항).

2. 국회의원의 의무

헌법상 의무(제46조)로 청렴의무, 국익우선의무, 지위남용금지의무가, 국회법상 의무로 품위유지의무(제25조), 겸직금지의무(제29조), 국회의 본회의와 위원회 출석 의무(제32조), 의사에 관한 법령·규칙 준수의무(제24조) 등이 있다.

3. 국회의원의 권리보호

국회의원은 헌법기관으로서의 지위와 개인으로서의 이중적 지위를 갖는다. 국회의원의 헌법적 지위와 관련된 권한침해의 경우 권한쟁의를 제기할 수 있다. 또한 자신의 기본권 내지 선거의 기본원칙침해에 대하여는 헌법소원을 제기할 수 있다. 양자가 경합된 경우에 헌법소원은 보충적으로 제기한다. 예컨대, 헌법 제46조 제2항의 자유위임의 원리의 침해의 경우 권한쟁의를 제기하고, 임기 종료 후 연금수급권침해의 경우 헌법소원을 제기할 수 있다. 정당소속의 일원으로서 국회의원은 상대방이 권한쟁의의 당사자능력이 없는 경우 헌법소원을 제기할 수 있다. 교섭단체 또는 소수의 의원집단에게도 권한쟁의의 당사자능력을 인정할 수 있다.

정 부

제 1 절   정부의 권한

Ⅰ. 정부의 행정권의 개념과 범위

헌법 제66조 제4항은 "행정권은 대통령을 수반으로 하는 정부에 속한다."고 규정하고 있다. 여기서 정부의 행정권에는 협의의 행정과 통치행위를 포함한 집행권을 의미한다.

Ⅱ. 행정의 개념에 관한 학설

전술한 협의의 행정개념에 대하여 다음과 같은 학설이 제시되고 있다.

1. 형식설

국가기관을 중심으로 행정을 파악하는 견해로 행정기관이 행하는 모든 행정작용은 행정이라고 하는 학설이다. 전형적인 행정작용 이외에 행정입법과 행정사법도 포괄할 수 있는 장점이 있다. 하지만 행정에 대한 적극적인 개념정의를 포기함으로써 그 실체를 파악하기 어렵다.

2. 실질설

(1) 소극설(공제설)

소극설(공제설)은 입법도 사법도 아닌 국가작용 내지 입법도 사법도 통치행위도 아닌 국가작용을 말한다. 행정의 행위형식은 20세기 초까지만 해도 경찰, 군사, 외무, 재정, 사법행정으로 전통적인 5개의 침해행정 분야로 구분할 수 있었다. 하지만 20세기 이후에 사회, 경제, 교통, 교육, 문화, 환경 등 급부행정이 추가되었다. 따라서 행정영역의 다양성과 광범위성으로 인하여 오늘날 행정의 특징을 정의하는 소극설은 장점이 있다. 하지만 이는 입법과 사법의 개념정의가 명백한 것을 전제로 하는 것이지만 현실적으로 그렇지 않다는 문제가 있다.

(2) 적극설(목적설, 양태설)

적극설(목적설, 양태설)은 법 아래에서 법의 규제를 받으며 현실적·구체적으로 국가목적의 적극적 실현을 위하여 행하여지는 전체로서 통일성을 가진 계속적인 형성적 국가활동을 말한다. 이 학설은 적극적으로 행정을 개념정의하려고 노력한 점에서 법학의 사명에 충실한 장점이 있다. 하지만 개념내용이 광범위하여 행정작용과 통치행위의 구별이 명확하지 않고, 국가목적 내지 목표란 용어의 의미도 불분명하다. 이는 결국 행정의 특징을 제한적으로 설명한 것이라는 비판을 할 수 있다.[1]

3. 사견

모두가 만족할 만한 행정개념을 정의하는 학설은 없다. 행정의 다양성과 광범위성으로 인하여 처음부터 개념정의는 불가능한 것으로 볼 수 있다. 기관중심의 고전적 삼권분립원칙을 바탕으로 입법과 사법도 형식설로 파악하는 입장에서 행정개념도 형식설을 지지한다. 다만 법학의 개념정의사명을 포기하지 않아야 한다는 점에서 실질설의 장점은 활용하고자 한다. 전술한 바와 같이 현대의 협력적 권력분립원칙으로 형식설과 실질설은 배타적인 관계가 아니라 상호 보완관계에 있기 때문이다.

---

1) 동지 홍정선, 『행정법원론(상)』, 6면.

Ⅲ. 통치행위의 개념과 인정여부

1. 개념

통치행위란 실질적으로는 고도의 정치적 성격을 내포한 국가권력의 행사를 의미하며, 형식적으로는 일반재판으로부터의 자유로운 고권행위를 말한다. 따라서 통치행위는 국가권력을 행사하는 행정부는 물론, 입법부, 사법부도 그 주체가 될 수 있다.

2. 통치행위인정여부 관한 학설과 헌법재판소 및 대법원

(1) 학설

(가) 통치행위 부인설

법치주의원칙과 포괄적인 사법심사에 의하여 기본권을 침해하는 국가작용은 모두 사법심사의 대상이 된다는 것이다.

(나) 통치행위 긍정설

정치문제(political-question)와 같이 사법권에는 내재적 한계가 있다는 권력분립적 한계설, 통치행위는 행정행위이지만 자유재량행위로 사법심사의 한계가 된다는 자유재량행위설, 통치행위도 사법심사의 대상이지만 사법의 정치화와 정치의 사법화를 예방하기 위해 사법판단자제설 내지 제4의 국가작용설이 있다.

(2) 대법원과 헌법재판소

(가) 긴급조치위헌무효

긴급조치 제1호는 구 헌법(1972. 12. 27. 헌법 제8호로 개정되고, 1980. 10. 27. 헌법 제9호로 개정되기 전의 것, 이하 '유신헌법'이라 한다)을 비판하거나 개정을 주장하는 등의 행위를 일절 금지하고, 이를 위반하는 경우 영장 없이 체포, 구속 등이 가능하도록 하는 등의 내용이며, 긴급조치 제9호는 모든 집회·시위, 특히 학생의 집회·시위와 정치관여행위를 금지하면서 위반자에 대해서는 주무부 장관이 학생의 제적, 소속 학교의 휴업, 휴교, 폐쇄조치를 할 수 있도록 하는 내용으로서 국민의 참정권,

표현의 자유, 법관에 의한 재판을 받을 권리, 신체의 자유를 중대하게 침해하는, 헌법상 용인되기 어려운 규범이었다. 그리고 이러한 긴급조치가 발령되고 시행될 1970년대 후반에는 헌법재판소에 의한 헌법재판제도가 존재하지 않았고, 유신헌법 제53조 제4항이 '제1항과 제2항의 긴급조치는 사법적 심사의 대상이 되지 아니한다.'고 규정하고 있었기 때문에 위헌적인 규범의 효력 상실을 선언할 기구가 사실상 부재하였다. 그리하여 이로부터 한참 뒤인 1987년 개정헌법에서 비로소 헌법재판소의 설립 및 헌법소원을 통한 위헌법률의 통제제도가 도입되었고, 2013년에 이르러서야 헌법재판소[2]에 의하여 긴급조치 제1호, 제9호가 위헌으로 결정되었으며, 대법원[3] 역시 긴급조치 제1호와 제9호가 헌법에 위배되어 무효라 선언한 바 있다.

(나) 금융실명제실시의 효과를 목적으로 긴급재정경제명령발포의 정당성인정

대통령의 긴급재정경제명령은 국가긴급권의 일종으로서 고도의 정치적 결단에 의하여 발동되는 행위이고 그 결단을 존중하여야 할 필요성이 있는 행위라는 의미에서 이른바 통치행위에 속한다고 할 수 있으나, 통치행위를 포함하여 모든 국가작용은 국민의 기본권적 가치를 실현하기 위한 수단이라는 한계를 반드시 지켜야 하는 것이고, 헌법재판소는 헌법의 수호와 국민의 기본권보장을 사명으로 하는 국가기관이므로 비록 고도의 정치적 결단에 의하여 행해지는 국가작용이라고 할지라도 그것이 국민의 기본권침해와 직접 관련되는 경우에는 당연히 헌법재판소의 심판대상이 된다. 긴급재정경제명령은 법률의 효력을 갖는 것이므로 마땅히 헌법에 기속되어야 할 것이다.[4]

(다) 이라크 파병

헌법은 대통령에게 다른 나라와의 외교관계에 대한 권한과 함께 선전포고와 강화를 할 수 있는 권한을 부여하고 있고(제73조) 헌법과 법률이 정하는 바에 따라 국군을 통수하는 권한을 부여하면서도(제74조 제1항) 선전포고 및 국군의 외국에의 파견의 경우 국회의 동의를 받도록 하여(제60조 제2항) 대통령의 국군통수권 행사에 신중을 기하게 함으로써 자의적인 전쟁수행이나 해외파병을 방지하도록 하고 있다.

---

2) 헌재결 2013. 3. 21. 2010헌바132 등, 판례집 25-1, 180.
3) 대판 2010. 12. 16. 2010도5986; 대결 2013. 4. 18. 2011초기689 등.
4) 헌재결 1996. 2. 29. 93헌마186, 판례집 8-1, 111(115, 116).

이 사건과 같은 외국에의 국군의 파견결정은 파견군인의 생명과 신체의 안전뿐만 아니라 국제사회에서의 우리나라의 지위와 역할, 동맹국과의 관계, 국가안보 문제 등 궁극적으로 국민 내지 국익에 영향을 미치는 복잡하고도 중요한 문제로서 국내 및 국제정치관계 등 제반상황을 고려하여 향후 우리나라의 바람직한 위치, 앞으로 나아가야 할 방향 등 미래를 예측하고 목표를 설정하는 등 고도의 정치적 결단이 요구되는 사안이다.

따라서 그와 같은 결정은 그 문제에 대해 정치적 책임을 질 수 있는 국민의 대의기관이 관계분야의 전문가들과 광범위하고 심도 있는 논의를 거쳐 신중히 결정하는 것이 바람직하며 우리 헌법도 그 권한을 국민으로부터 직접 선출되고 국민에게 직접 책임을 지는 대통령에게 부여하고 그 권한행사에 신중을 기하도록 하기 위해 국회로 하여금 파병에 대한 동의여부를 결정할 수 있도록 하고 있는바, 현행헌법이 채택하고 있는 대의민주제 통치구조하에서 대의기관인 대통령과 국회의 그와 같은 고도의 정치적 결단은 가급적 존중되어야 한다.

따라서 이 사건과 같은 파견결정이 헌법에 위반되는지의 여부, 즉 세계평화와 인류공영에 이바지하는 것인지 여부, 국가안보에 보탬이 됨으로써 궁극적으로는 국민과 국익에 이로운 것이 될 것인지 여부 및 이른바 이라크전쟁이 국제규범에 어긋나는 침략전쟁인지 여부 등에 대한 판단은 대의기관인 대통령과 국회의 몫이고, 성질상 한정된 자료만을 가지고 있는 우리 재판소가 판단하는 것은 바람직하지 않다고 할 것이며, 우리 재판소의 판단이 대통령과 국회의 그것보다 더 옳다거나 정확하다고 단정 짓기 어려움은 물론 재판결과에 대하여 국민들의 신뢰를 확보하기도 어렵다고 하지 않을 수 없다.[5]

3. 사견

통치행위라도 국가기관의 권한행사에는 책임이 수반되므로 기본권침해여부와 헌법절차준수여부에 대하여 사법부(긴급조치)와 헌법재판소의 판단(긴급조치, 금융실명제, 이라크 파병사건)을 받아야 한다. 하지만 국가기관간의 협력적 권력분립원리에 의하더라도 기관고유의 영역(정부와 국회동의 이라크파병사건의 경우)에 대하여는 존중하는 것이 정치윤리로 바람직할 것이다.

---

5) 헌재결 2004. 4. 29. 2003헌마814, 판례집 16-1, 601(606, 607).

이러한 점에서 통치행위에도 상대적 통치행위와 통제가능 하지만 사법자제를 해야 하는 절대적 통치행위가 있다고 하겠다. 후자에 속하는 것으로 대통령의 국군의 해외파병, 조약체결·비준권, 외교사절 신임·접수권, 사면·감형·복권권·영전권, 헌법개정안 발안 및 공포권, 국민투표부의권, 헌법기관구성권, 위헌정당해산제소권, 국회의 법률과 예산안 심의·의결권, 의원징계·제명권(헌법 제64조 제4항), 법원의 재판권 등이 있다.

제 2 절 대통령의 지위와 권한

Ⅰ. 헌법기관과 신분상의 지위

1. 국가원수로서의 지위

대통령은 국가의 원수로서 대한민국을 대표한다(헌법 제66조 제1항). 대통령은 의전서열에서 형식적으로 최고의 국가기관이다. 대통령의 국가원수로서의 지위는 헌법규정에 근거하고 있지만 규정유무에 상관없이 헌법제정에서부터 자명한 것으로 보아야 한다. 왜냐하면 대통령, 국회의 소재지인 수도의 지위가 헌법적 효력을 갖는 것과 마찬가지로 최고의 국가기관으로서 국가원수가 없는 국가란 존재할 수 없기 때문이다. 국가원수로서 대통령은 국가와 국가근본법으로서 헌법의 수호기관으로서의 지위도 갖는다(헌법 제66조 제2항). 여기서 국정의 최고책임자로서의 지위도 도출된다. 우리의 경우 분단국가의 현실에서 평화통일의 수임자로서의 지위(제66조 제3항)를 규정하고 있다. 이는 1972년 헌법에서 처음 규정하여 통일주체국민회의 의장으로서의 지위의 근거가 되기도 하였다.

대통령은 대한민국을 대표하여 국제조약의 체결·비준권, 외교사절 신임·접수권을 행사하고, 국가원수, 국정의 최고책임자로서 사면·감형·복권·영전권, 헌법개정안 발안 및 공포권, 국민투표부의권, 헌법기관구성권, 국군통수권, 위헌정당해산제소권 등을 행사한다.

2. 행정부수반으로서의 지위-행정의 최고책임자

민주적 정당성을 국민으로부터 직접 부여 받은 직선제 대통령은 행정부수반으로서의 지위를 갖는다(헌법 제66조 제4항). 여기서 최고의 정책심의기관인 국무회의 의장(제88조 제3항)이 된다. 대통령의 국군통수권자로서의 지위는 행정조직으로서 국군에 대한 지휘명령권자(제74조 제1항)라는 의미에서다.

3. 신분상의 지위

대통령은 국민의 보통·평등·직접·비밀선거에 의하여 선출한다. 대통령으로 당선될 수 있는 자는 국회의원의 피선거권이 있고 선거일 현재 40세에 달하여야 한다. 상대다수대표의 1회제 선거로 당선자를 선출한다. 만약 대통령선거에 있어서 최고득표자가 2인 이상인 때에는 국회의 재적의원 과반수가 출석한 공개회의에서 다수표를 얻은 자를 당선자로 한다. 대통령후보자가 1인일 때에는 그 득표수가 선거권자 총수의 3분의 1 이상이 아니면 대통령으로 당선될 수 없다(제67조). 대통령의 임기가 만료되는 때에는 임기만료 70일 내지 40일 전에 후임자를 선거한다. 대통령이 궐위된 때 또는 대통령 당선자가 사망하거나 판결 기타의 사유로 그 자격을 상실한 때에는 60일 이내에 후임자를 선거한다(제68조).

대통령의 임기는 5년 단임이다(제70조). 따라서 연임은 물론 자신의 임기만료 후 중간에 다른 대통령의 임기가 종료된 후에도 새로이 대통령으로 선출되는 중임도 할 수 없다. 이는 미국의 대통령제(4년 연임)나 의원내각제 독일의 대통령(5년 연임), 오스트리아 직선제 대통령(6년 연임) 등과 비교할 때 일반적으로 대통령의 연임을 허용하는 것과 구별된다. 우리 역대 대통령들의 무리한 장기집권의 부정적 측면을 드러내는 정치풍토의 반영이다. 하지만 정치적 책임을 면제한다는 점에서 문제 있다.

대통령은 내란 또는 외환의 죄를 범한 경우를 제외하고는 재직 중 형사상의 소추를 받지 아니한다(제84조). 이는 국회의원의 회기 중 불체포특권과 유사한 것으로 임기 중에 한정된 불소추특권이다. 국회의원의 불체포특권은 국회의 동의로 체포와 소추가 가능하다. 대통령에 대한 국회의 탄핵소추가 국회의 동의와 유사한 기능을 수행하지만 그 의결정족수가 가중되어 현실적으로 소추되기는 어렵다. 박근혜

전 대통령에 대한 탄핵소추의 사유는 내란, 외환에 준하는 국기문란행위로서 형사재판의 대상이지만 탄핵유죄결정이 선고된 이후 별건으로 가능했던 것도 '치외법권' 유사기능을 방증한다.

4. 취임선서와 권한대행

대통령은 취임에 즈음하여 다음의 선서를 한다. "나는 헌법을 준수하고 국가를 보위하며 조국의 평화적 통일과 국민의 자유와 복리의 증진 및 민족문화의 창달에 노력하여 대통령으로서의 직책을 성실히 수행할 것을 국민 앞에 엄숙히 선서합니다(제69조)." 취임선서는 권리나 의무가 아니라 대한민국의 국민과 법질서를 수호하기 위해 대통령의 권한을 수행할 것을 국민 앞에 다짐하는 신성한 의례라 할 수 있다.

대통령이 궐위되거나 사고로 인하여 직무를 수행할 수 없을 때에는 국무총리, 법률이 정한 국무위원의 순서로 그 권한을 대행한다(제71조). 권한대행의 범위는 대통령의 헌법기관으로서의 지위, 즉 국가원수와 행정수반으로서의 권한이다. 따라서 소극적인 현상유지의 권한뿐만 아니라 적극적인 정책집행의 권한과 의무도 가능하다. 하지만 신분상의 지위는 일신전속적인 것으로 대행하기 곤란하다.

Ⅱ. 대통령의 헌법상 권한

우리 정부형태는 대통령제 내지 대통령중심제에 속한다. 따라서 대통령의 권한은 헌법에 열거된 입법, 집행, 행정, 사법 등에 걸쳐 폭넓게 규정되어 있다. 그 밖에도 합의제 행정기관, 국가정보원의 설치6) 등 법률제정에 의해 대통령의 권한은 확대할 수 있다. 이러한 헌법과 법률에 열거되어 있는 대통령의 권한을 기능적 관점에서 체계적 분석을 하고자 한다. 이에는 통합기능, 대표기능, 위기관리기능, 행정기능, 입법기능 등이 있다.

---

6) 헌재결 1994. 4. 28. 89헌마221, 판례집 6-1, 239.

1. 통합기능

(1) 통치행위

대통령은 사회구성원들의 갈등을 조정하여 서로 상생할 수 있도록 통합기능을 수행하여야 한다. 우리 헌법은 대통령에게 국가원수로서의 지위를 부여하여 초당파적이고 중립적인 권력을 행사할 것을 명하고 있다. 이는 성문헌법과 불문의 헌정관행에서 나타나는 것으로 예컨대, 겸직금지의무(헌법 제83조), 사면·감형·복권권(헌법 제79조 제3항), 영전수여권(헌법 제80조), 헌법개정안 발안 및 공포권(헌법 제128조 이하), 국민투표부의권(헌법 제72조), 대법원장, 헌법재판소장, 헌법재판관, 감사원장, 선거관리위원 등의 임명권, 위헌정당해산제소권, 국정운영에 대한 합의도출을 위한 여야대표들과의 회동, 대국민보고와 담화 등의 대통령의 권한행사로 발현된다.

(2) 국민투표부의권에 관한 헌법재판소결정

대통령의 국민투표부의권은 국가정책을 대상으로 하는 국민투표를 의미하는 것이다. 따라서 자신의 신임을 대상으로 하는 국민투표(plebiscite)와 정책과 연계하여 간접적으로 신임을 묻는 국민투표를 제안하는 것은 위헌이다. 이는 신임을 묻는 것은 대의민주주의에서 선거의 대상이기 때문이다.

이러한 취지에서 헌법재판소는 다음과 같이 판시하고 있다; 헌법 제72조는 "대통령은 필요하다고 인정할 때에는 외교·국방·통일 기타 국가안위에 관한 중요정책을 국민투표에 붙일 수 있다."고 규정하여 대통령에게 국민투표 부의권을 부여하고 있다. 헌법 제72조는 대통령에게 국민투표의 실시 여부, 시기, 구체적 부의사항, 설문내용 등을 결정할 수 있는 임의적인 국민투표발의권을 독점적으로 부여함으로써, 대통령이 단순히 특정 정책에 대한 국민의 의사를 확인하는 것을 넘어서 자신의 정책에 대한 추가적인 정당성을 확보하거나 정치적 입지를 강화하는 등, 국민투표를 정치적 무기화하고 정치적으로 남용할 수 있는 위험성을 안고 있다. 이러한 점을 고려할 때, 대통령의 부의권을 부여하는 헌법 제72조는 가능하면 대통령에 의한 국민투표의 정치적 남용을 방지할 수 있도록 엄격하고 축소적으로 해석되어야 한다.

이러한 관점에서 볼 때, 헌법 제72조의 국민투표의 대상인 '중요정책'에는 대

통령에 대한 '국민의 신임'이 포함되지 않는다. 선거는 '인물에 대한 결정', 즉 대의
제를 가능하게 하기 위한 전제조건으로서 국민의 대표자에 관한 결정이며, 이에 대
하여 국민투표는 직접민주주의를 실현하기 위한 수단으로서 '사안에 대한 결정' 즉,
특정한 국가정책이나 법안을 그 대상으로 한다. 따라서 국민투표의 본질상 '대표자
에 대한 신임'은 국민투표의 대상이 될 수 없으며, 우리 헌법에서 대표자의 선출과
그에 대한 신임은 단지 선거의 형태로써 이루어져야 한다. 대통령이 이미 지난 선
거를 통하여 획득한 자신에 대한 신임을 국민투표의 형식으로 재확인하고자 하는
것은, 헌법 제72조의 국민투표제를 헌법이 허용하지 않는 방법으로 위헌적으로 사
용하는 것이다.

대통령은 헌법상 국민에게 자신에 대한 신임을 국민투표의 형식으로 물을 수
없을 뿐만 아니라, 특정 정책을 국민투표에 부치면서 이에 자신의 신임을 결부시키
는 대통령의 행위도 위헌적인 행위로서 헌법적으로 허용되지 않는다. 물론, 대통령
이 특정 정책을 국민투표에 부친 결과 그 정책의 실시가 국민의 동의를 얻지 못한
경우, 이를 자신에 대한 불신임으로 간주하여 스스로 물러나는 것은 어쩔 수 없는
일이나, 정책을 국민투표에 부치면서 "이를 신임투표로 간주하고자 한다."는 선언
은 국민의 결정행위에 부당한 압력을 가하고 국민투표를 통하여 간접적으로 자신
에 대한 신임을 묻는 행위로서, 대통령의 헌법상 권한을 넘어서는 것이다. 헌법은
대통령에게 국민투표를 통하여 직접적이든 간접적이든 자신의 신임여부를 확인할
수 있는 권한을 부여하지 않는다.[7]

2. 대표기능

(1) 국가의 원수

대표기능은 통합기능과 밀접히 관련된다. 국가의 대표가 국내적으로 통합기능
을 수행하지 못하면서 국제적 권위와 영향력을 발휘할 수 없기 때문이다. 대통령은
국제법적 차원에서 대한민국을 대표한다(헌법 제66조 제1항). 이는 의원내각제 대통
령과 달리 형식적 대표가 아니라 실질적 대표다. 대통령은 행정부의 수반(헌법 제66
조 제4항)으로서 외교정책을 수행할 수 있기 때문이다. 즉 내용을 실질적으로 결정
한 조약 체결·비준권, 외교사절 신임·접수권(헌법 제73조), 국제적 사안에 대한 입

---

7) 헌재결 2004. 5. 14. 2004헌나1, 판례집 16-1, 609(648, 649).

장표명, 유엔(UN), 아세안(ASEAN) 등 국제기구에 참여하여 의견표명 등을 할 수 있다. 헌법 제66조 제1항의 대표기능은 제66조 제4항의 행정기능과 결합하여 대통령은 실질적인 국가대표로서 기능한다.

(2) 조약체결 · 비준권에 관한 헌법재판소결정

고시류 조약체결의 관행은 헌법소원의 대상에서 배제되는 통치행위라 할 수 있다. 헌법재판소도 대한민국정부와 중화인민공화국정부 간의 마늘교역에 관한 합의서 등 위헌확인결정[8]에서 이와 같은 취지로 판시하고 있다. 즉 "대한민국과 중화인민공화국이 2000. 7. 31. 체결한 양국 간 마늘교역에 관한 위 합의서는 소위 고시류조약에 해당하는 것으로 이러한 고시류조약을 체결하는 행정부의 권한은 성질상 매우 폭넓은 재량을 수반하지 않을 수 없으며 행정부의 이러한 재량은 본질적으로 전술적임과 동시에 전략적인 사항인 데다가 상호주의에서 벗어날 수 없는 것이어서 결국은 상황을 종합적이고 통시적으로 파악하여 흐름을 장악하는 행정당국자의 식견의 수준에 그 품질이 좌우될 수밖에 없다. 따라서 헌법재판소는 이 문제에 관하여 일단은 경원(敬遠)의 위치에 서 있으면서 고시류조약체결과 관련하여 헌법과 법률이 정한 절차를 현저히 일탈하거나 남용한 것이 두드러지게 들어난 경우에 한하여 기본권침해의 유무를 살피는 것이 옳으므로 헌법과 법률이 정한 절차를 현저히 일탈하거나 남용한 것이 아닌 한 이 사건의 고시류조약체결과 관련한 정부의 권한행사 및 그 내용은 헌법소원의 대상이 되지 못한다."

3. 행정기능

(1) 정부의 수반

대통령은 정부의 수반(헌법 제66조 제4항)으로서 단독책임의 행정기능을 수행한다. 이는 직선제 대통령의 민주적 정당성을 근거로 한다. 대통령은 정부의 수반으로서 광범위한 행정기능을 수행하기 위해 보좌기관으로서 국무총리와 국무위원을 국회의 동의와 국무총리의 제청을 받아 임명한다. 이들은 간접적인 민주적 정당성에 근거하여 대통령의 행정기능을 보좌하는 것으로 행정의 책임은 대통령 단독으로 부담한다. 의원내각제 국가의 수상이 각료들과 연대책임을 지는 것과 비교된다.

---

8) 헌재결 2004. 12. 16. 2002헌마579, 판례집 16-2하, 568(577, 578). 권성 재판관의 별개의견.

그 밖의 행정기능으로 공무원임면권(헌법 제78조), 국군통수권(헌법 제74조), 국무회의주재권(헌법 제88조), 국가원로(헌법 제90조)·민주평화통일(헌법 제92조)·국민경제(헌법 제93조) 자문회의구성권과 국가안전보장회의(헌법 제91조 제2항) 주재권을 행사한다.

(2) 국군통수권과 관련된 헌법재판소결정

군형법상 상관모욕죄[9]의 보호대상인 상관에 대통령이 포함되는 지에 대하여 헌법재판소는 대통령은 군통수권자로서 군인과 명령복종관계에 있는 상관으로 판시[10]하고 있다. 우리 헌법 제74조 제1항은 "대통령은 헌법과 법률이 정하는 바에 의하여 국군을 통수한다."라고 규정함으로써, 대통령이 국군의 최고사령관이자 최고의 지휘·명령권자임을 밝히고 있다. 국군통수권은 군령(軍令)과 군정(軍政)에 관한 권한을 포괄하고, 여기서 군령이란 국방목적을 위하여 군을 현실적으로 지휘·명령하고 통솔하는 용병작용(用兵作用)을, 군정이란 군을 조직·유지·관리하는 양병작용(養兵作用)을 말한다. 또한 헌법 제74조 제2항은 "국군의 조직과 편성은 법률로 정한다."라고 규정하고, 이에 근거하여 국군조직법에서는 대통령은 헌법과 법률에서 정하는 바에 따라 국군을 통수하고(제6조), 국방부장관은 대통령의 명을 받아 군사에 관한 사항을 관장하며(제8조), 합동참모의장과 각군 참모총장은 국방부장관의 명을 받는다(제9조, 제10조)고 각 규정하여 대통령과 국군의 명령복종 관계[11]를 정하고 있다.

---

9) 군형법 제64조 제2항의 상관모욕죄는 문서, 도화(圖畵) 또는 우상(偶像)을 공시(公示)하거나 연설 또는 그 밖의 공연(公然)한 방법으로 상관을 모욕한 사람에 대하여 형사 처벌하는 것을 내용으로 하고 있다. 청구인은 특수전사령부 소속 중사로서, 총 9회에 걸쳐 공연하게 대통령을 욕하는 글을 올려 상관을 모욕하였다는 이유로 형사처벌을 받게 되었는바, 그 근거법인 상관모욕죄가 위헌이라 주장하면서 위헌소원을 청구하였다. 헌재결 2016. 2. 25. 2013헌바111, 판례집 28-1상, 42(47, 48).

10) 헌재결 2016. 2. 25. 2013헌바111, 판례집 28-1상, 42 이하.

11) 군형법 제2조 제1호는 상관의 개념을 "명령복종 관계에서 명령권을 가진 사람을 말한다. 명령복종 관계가 없는 경우의 상위 계급자와 상위 서열자는 상관에 준한다."라고 정의함으로써 상관을 명령복종 관계에 있는 경우와 명령복종 관계가 없는 경우로 나누고 있다. 당해사건은 대통령이 명령복종 관계에서 명령권을 가진 사람에 해당하는지 여부와 관련된다. 헌재결 2016. 2. 25. 2013헌바111, 판례집 28-1상, 42(48).

4. 위기관리기능

(1) 긴급재정경제처분 · 명령권, 긴급명령권, 계엄선포권

대의민주주의에 위기상황이 초래되었을 경우 대통령에게는 국가보위의 책임(헌법 제69조)이 있으므로 이를 극복하기 위한 위기관리기능이 부여된다. 긴급재정경제처분 · 명령권(헌법 제76조 제1항), 긴급명령권(헌법 제76조 제2항), 계엄선포권(헌법 제77조)이 그것이다. 이 경우 대통령에게는 위기상황에 대한 판단재량이 있어 정치적 영향력을 발휘할 수 있다. 자기수권이란 점에서 남용가능성이 있다. 이에 대한 통제수단으로 긴급재정경제처분 및 명령권, 긴급명령권을 행사한 경우 재량권통제를 위해 대통령은 국회에 보고하여 승인을 얻어야 하며(헌법 제76조 제3항), 계엄선포의 경우 지체 없이 국회에 통고(헌법 제77조 제4항)하여야 한다. 승인을 얻지 못하면 그 때부터 긴급재정경제처분 및 명령권, 긴급명령권은 효력을 상실한다(헌법 제76조 제4항). 계엄은 국회재적의원 과반수의 찬성으로 해제를 요구하면 해제하여야 한다(헌법 제77조 제5항).

(2) 국가긴급권과 관련된 헌법재판소결정

헌법재판소는 구 국가보위에 관한 특별조치법조항에 대한 위헌법률심판에서 민주적 통제절차와 시간적 한계가 결여된 것으로 위헌결정을 하였다.

즉 "국가긴급권은 국가의 존립이나 헌법질서를 위태롭게 하는 비상사태가 발생한 경우에 국가를 보전하고 헌법질서를 유지하기 위한 헌법보장의 한 수단이지만, 평상시의 헌법질서에 따른 권력 행사방법만으로는 대처할 수 없는 중대한 위기상황에 대비하여 헌법이 중대한 예외로서 인정한 비상수단이므로, 헌법이 정한 국가긴급권의 발동요건 · 사후통제 및 국가긴급권에 내재하는 본질적 한계는 엄격히 준수되어야 한다.[12] 헌법은 대통령이 긴급재정경제처분 · 명령권 또는 긴급명령권을 발동한 경우에는 지체 없이 국회에 보고하여 그 승인을 얻어야 하되 만약 그 승인을 얻지 못하면 그 처분 또는 명령이 그때부터 효력을 상실한다고 규정하고(제76조 제3항, 제4항), 대통령이 계엄을 선포한 경우에도 지체 없이 국회에 통고하되 만

---

12) 헌재결 2015. 3. 26. 2014헌가5, 판례집 27-1상, 226(230); 1994. 6. 30. 92헌가18; 1996. 2. 29. 93헌마186.

약 국회가 재적의원 과반수의 찬성으로 계엄의 해제를 요구하면 계엄을 해제하여야 한다고 규정함으로써(제77조 제4항, 제5항), 엄격한 민주적 사후통제 절차를 거치도록 하고 있다.

그리고 국가긴급권의 행사는 헌법질서에 대한 중대한 위기상황의 극복을 위한 것이기 때문에, 본질적으로 위기상황의 직접적인 원인을 제거하는데 필수불가결한 최소한도 내에서만 행사되어야 한다는 목적상 한계가 있다. 또한 국가긴급권은 비상적인 위기상황을 극복하고 헌법질서를 수호하기 위해 헌법질서에 대한 예외를 허용하는 것이기 때문에 그 본질상 일시적·잠정적으로만 행사되어야 한다는 시간적 한계가 있다.

그런데 특별조치법은 "국가안보에 대한 중대한 위협이 제거 또는 소멸되었을 때에는 대통령은 지체 없이 비상사태선포를 해제하여야 한다."고 규정함으로써(제3조 제1항), 대통령의 판단에 의하여 자신이 선포한 국가비상사태가 소멸되었다고 인정될 경우에만 비상사태선포가 해제될 수 있음을 정하고 있을 뿐, 다른 민주적 사후통제 절차를 두고 있지 않다. 즉 특별조치법은 대통령이 국가비상사태를 선포하고 나서도 국회에 통고하거나 국회의 승인을 받아야 할 의무를 부과하지 않고 있으며, 다만 국회가 대통령에게 비상사태선포의 해제를 건의할 수는 있으나 이 경우에도 대통령은 특별한 사유가 있음을 이유로 이를 해제하지 아니할 수 있도록 규정하고 있을 뿐이다(제3조 제2항). 나아가 국가긴급권의 일시적·잠정적 성격을 고려할 때, 국가비상사태 해소 이후에는 바로 헌법이 예정하는 통상적인 절차로의 복귀가 요구됨에도 특별조치법에 따른 국가비상사태 선포는 약 10년에 이를 정도로 장기간 유지되었는데, 이는 특별조치법상 대통령의 국가비상사태 선포에 구속력 있는 사후통제 장치가 전무함으로 인하여 국가긴급권에 내재하는 시간적 한계마저 유명무실해진 상황을 방증한다. 그러므로 국가비상사태 선포의 해제를 규정한 특별조치법 제3조는 헌법이 정하고 있는 국회에 의한 사후통제 절차 및 국가긴급권에 내재하는 시간적 한계에 위반된다."13)

---

13) 헌재결 2015. 3. 26. 2014헌가5, 판례집 27-1상, 226(230, 231).

5. 입법기능

(1) 법률안제출권과 법률안공포권

우리는 대통령제 정부형태임에도 불구하고 정부에 법률안제출권(헌법 제52조)을 부여하고 있다. 현실적으로 여대야소의 국회구도가 자주 형성되고 국회의원의 국무위원겸직으로 여당의원이 제출한 법안도 사실상 정부입법이다. 여기에 대통령은 국회에서 이송되어 온 법률안공포권(헌법 제53조 제1항)이 있다. 하지만 대통령에게는 법률안 거부권도 부여되어 있어 우리의 정부형태는 입법과 행정이 융화된 영국과 독일의 의원내각제 수상정부보다 강력한 신대통령제 내지 대통령중심제로 평가할 수 있다.

(2) 법률안거부권

(가) 의의

대통령의 법률안거부권은 국회에서 의결되어 정부로 이송되어 온 법률안에 대하여 이의를 붙여 국회에 환부하여 재의를 요구하는 제도를 말한다. 이는 미국과 같은 대통령제국가에서 의회에 대한 강력한 통제수단으로 기능하고 있다. 예컨대, 미국의 루스벨트 대통령은 재임 12년 동안 635회나 행사하였다. 하지만 우리의 경우는 정부에 법률안 제출권이 있고 여대야소의 국회구도가 자주 형성되어 대통령의 거부권행사는 상대적으로 적다. 다만 제2대 국회는 무소속 의원이 다수인 특이한 상황으로 자유당의 이승만 대통령은 25회 행사하여 역대 대통령 중 제일 많다. 이승만, 루스벨트와 같이 법률안거부권의 잦은 행사는 대통령이 의회내 강력한 지지기반을 갖고 있지 못하다는 것을 드러내는 것일 수 있다.[14]

(나) 법적 성격

재의결하지 않는 것을 정지 조건으로 하는 법률완성에 대한 소극적 거부권의 성격을 갖는다는 정지조건적 권한설과 재의결하는 것을 해제조건으로 하는 적극적인 거부의 성격을 갖는 다는 해제조건적 권한설이 있다. 하지만 대통령의 법률안거부권의 법적 성격은 국회로 환부되어 온 법률안을 국회가 재의결로 확정할 수 있으

---

14) 최명/백창재, 『현대미국정치의 이해』, 서울대 출판부(2000), 381면.

므로 국회가 재의결하지 않는 것을 전제로 거부의 효과는 조건부 정지되는 것에 불과하다. 즉 정지조건부 거부권의 성격을 갖는다. 따라서 국회가 이송되어 온 법률안에 대하여 재의결하면 거부권의 효과는 전혀 없는 것으로 소급적으로 무효가 된다.

(다) 방법
① 환부거부

국회에서 의결되어 이송되어 온 법률안에 대하여 이의가 있는 경우 대통령은 국무회의의 심의를 거쳐 15일 이내에 국회에 환부하고 그 재의를 요구하는 환부거부(direct veto)해야 한다(헌법 제53조 제2항). 국회의 폐회 중에도 국회의원의 임기가 만료된 때가 아니라면 환부거부해야 한다(제53조 제2항). 대통령은 법률안의 일부에 대하여 또는 법률안을 수정하여 재의를 요구할 수 없다(제53조 제3항).

② 보류거부

보류거부(pocket veto)라 함은 국회의 폐회로 인하여 대통령이 지정된 기일 내에 환부가 불가능한 경우에 그 법률안이 자동으로 폐기되는 것을 말한다. 이에 대하여 우리도 의원의 임기만료나 국회해산의 경우에 환부할 수 있는 국회가 없어 자동 폐기될 수밖에 없다고 하면서 이를 보류거부의 사례라 하는 견해[15]가 있다.

하지만 이는 사실상의 폐기로 법적 폐기는 아니다. 우리는 국회에 제출된 법률안 기타의 의안은 회기 중에 의결되지 못한 이유로 폐기되지 않는 회기계속의 원칙(제51조)을 택하고 있고, 국회의 폐회 중에도 환부거부를 해야 하며(제53조 제2항 단서), 대통령이 15일의 기간 내에 공포나 재의의 요구를 하지 아니한 때에도 그 법률안은 법률로서 확정(제53조 제5항)되는 점에서 보류거부는 법적으로 허용되지 않는다고 보는 것이 타당하다.[16]

(라) 법률안거부사유의 해석권한에 대한 분석
① 정치적 심사권

정치적 심사권은 국회에서 이송되어 온 법률안에 대해 대통령이 단순히 정치적 이유로 거부권을 행사할 수 있는 것을 말한다. 즉 국회입법에 대한 정부의 합목

---

15) 권영성, 『헌법학원론』, 885면.
16) 동지 김철수, 『학설판례 헌법학(하)』, 1731면.

적성 통제수단으로 이용할 수 있다. 미국의 대통령제에서는 정부의 법률안제출권이 없는 대신 이러한 정치적 거부권행사로 국회입법에 대한 통제를 하고 있다. 직선제 대통령은 국회와 동등하게 민주적 정당성을 부여받은 헌법기관이기 때문이다.

② 형식적 심사권

형식적 심사권은 헌법상 법률안의 국회입법절차의 하자에 국한된 형식적 합헌성심사를 말한다. 이는 이론의 여지없이 거부권행사의 사유로 인정한다. 국가기관의 기본권보장의무(헌법 제10조 제2문)와 헌법수호기관으로서 대통령은 형식적 위헌법률행위를 간과할 수는 없기 때문이다. 따라서 의원내각제의 간선대통령의 법률안거부권에도 인정되는 사유다.

③ 실질적 심사권

법률안에 대한 실질적 심사권은 법률안이 내용적으로 보아 헌법에 위반되는지 여부를 심사하는 것을 말한다. 이는 헌법재판소의 위헌법률심사권과 경합되는 것으로 거부사유로 인정하더라도 권한충돌을 회피하는 범위에서 제한가능성을 살펴볼 필요가 있다. 헌법재판소의 심사는 헌법전문가로서 구성된 재판관과 다수의 연구관에 의한 것으로 정교할 뿐만 아니라 합헌적 법률해석의 방법으로 일부폐지도 가능하다. 따라서 실질적 거부권은 헌법재판절차에서 흠결되거나 헌법재판소결정을 기다릴 여유가 없을 때에 예방적 규범통제로 헌법을 수호해야 할 경우로 한정한다. 위헌의 논란이 있는 경우는 협력적 권한배분을 고려하여 헌법재판소의 결정을 기다려야 한다. 의원내각제 독일의 간선제 대통령, 이원정부제 오스트리아의 직선제 대통령도 실질적 심사권을 행사할 수 있다고 보는 것이 일반적이다.[17] 하지만 헌정의 실제에서는 실질적 심사권을 행사하는 사례가 흔하지 않다.[18]

④ 우리의 경우

우리의 법률안거부권은 대통령중심제 정부형태에 속하여 합헌성, 합목적성을 포괄하는 정치적 심사권으로 행사할 수 있다.

---

17) S. Korioth, Staatsrecht Ⅰ, München, 2013, S. 205; L. Melhorn, Der Bundespräsident der Bundesrepublik Deutschland und der Republik Österreich, Baden-Baden 2010, S. 409; K. Korinek, in: Korinek/Holoubek, B-VG Kommentar, Wien, New York, 2007, Art. 47. RN 7f.

18) 오스트리아에서는 2008년 피셔(Heinz Fischer)대통령이 유럽인권헌장 제7조에 명백히 반하는 소급형법안에 대해 거부권을 행사한 것이 유일하다. 장영철, "오스트리아 연방헌법체계 내에서 연방대통령의 지위와 권한", 『헌법학연구』 제21권 제3호, 2015, 114면.

(3) 행정입법권

대통령은 법률에서 구체적으로 범위를 정하여 위임받은 사항과 법률을 집행하기 위하여 필요한 사항에 관하여 대통령령을 발할 수 있다(제75조). 이에 대하여는 이하에서 별도로 상론하고자 한다.

Ⅲ. 포괄위임입법금지원칙(행정입법권)

1. 개념과 필요성

포괄위임입법금지원칙이란 입법권의 전부 또는 일부의 일반·포괄적 위임은 허용되지 아니하고 구체적인 범위를 정하여 위임하는 특정위임만 가능하다는 원칙을 말한다.

근대 자유주의 국가와 달리 현대는 국가의 기능이 확대된 행정 내지 복지국가로 변모하였다. 이와 같이 확대된 행정권행사는 법치행정의 원리에 따라 법적 근거가 있어야 한다. 입법은 민주적 통제가 가능한 의회입법이 원칙이다. 헌법 제37조 제2항의 기본권제한입법도 의회입법을 의미한다. 그러나 기본권제한의 수단으로 입법은 일반·추상적인 규범으로, 권력분립이나 법치주의의 관점에서 규범은 국회만 제정하는 것보다 다른 기관 즉, 행정부, 지방자치단체 등도 제정할 수 있는 것이 효율적이다.[19] 이는 협력적 권력분립 내지 법치주의의 관점에서 행정입법권(헌법 제75조, 제95조)으로 보장하고 있다.

2. 위임입법의 근거와 종류

(1) 근거

행정부, 지방자치단체 등의 기관은 대의민주주의의 기원인 '동의'에 의한 기본권제한의 정당성 즉 '민주적 정당성'을 고려하여 상위 법규범의 위임범위 내에서 규범을 제정할 수 있다. 우리 헌법에서도 행정입법에는 반드시 구체적이며 명확한 법률의 위임을 있어야 가능한 것으로 규정(헌법 제75조, 제95조)하고 있다.

---

19) 법률유보의 원칙은 '법률에 의한' 규율만을 뜻하는 것이 아니라 '법률에 근거한' 규율을 요청하는 것이므로 기본권제한의 형식이 반드시 법률의 형식일 필요는 없고 법률에 근거를 두면서 헌법 제75조가 요구하는 위임의 구체성과 명확성을 구비하면 위임입법에 의하여도 기본권제한을 할 수 있다(헌재결 2005. 2. 24. 2003헌마289, 판례집 17-1, 261, 269).

(2) 종류

위임입법에는 위임명령과 집행명령이 있다. 위임명령은 입법사항에 대하여 구체적으로 범위를 정하여 위임한 것으로 법률과 같이 권리제한, 의무부과가 가능하여 법률보충명령이라고도 한다. 이에 반하여 집행명령은 법률을 집행하기 위한 행정기관의 고유권능에 근거한 것으로 새로운 입법사항을 제정할 수 없다. 오늘날 법률보다 위임입법에 의한 행정이 일반적인 현상이어서 그에 대한 통제가 중요하다. 영국의 정치가 카(Carr)는 '아이가 아버지를 능가하게 된 셈', 유명한 법조인 흐워트(Lord Hewart)는 '행정권의 전제정치'라고 비판한 바 있다.[20] 이러한 비판을 고려하여 법원의 위헌위법명령규칙심사권,[21] 헌법재판소의 헌법소원, 행정절차에 의한 통제, 국회의 통제방법을 잘 활용하여야 한다.

3. 위임입법의 한계와 구체적 사례

(1) 입법위임의 구체성은 예측가능성으로 해석

독일헌법(제80조 제1항)에서는 이를 명문화하여 "연방정부, 장관, 지방정부의 법규명령제정권한을 위임받을 수 있다. 이 경우 그 위임된 권한의 내용, 목적 및 범위를 법률에 확정하여 한다."고 규정하여 국민이 위임입법의 내용을 예측할 수 있도록 보호하고 있다.

우리 헌법재판소[22]도 해석상 위임입법의 구체성을 독일과 마찬가지로 행정입법의 예견가능성으로 보호하고 있다. 즉 "법의 지배 내지 법치주의의 원리는 국가권력행사의 예측가능성 보장을 위하여 그 주체와 방법 및 그 범위를 법률로 규정한 것을 요구한다. 예외적으로 위임입법을 허용하는 경우에 있어서도 법률에 의한 수권에 의거한 명령의 내용이 어떠한 것이 될 수 있을 것인가를 국민에게 예측가능한 것임을 요구하는 것으로서 그것은 법규명령에 의하여 비로소가 아니라 그보다 먼저 그 수권법률의 내용으로부터 예견가능하여야 하는 것을 의미하는 것이다. 그 예측가능성의 유무는 당해 특정조항 하나만을 가지고 판단할 것이 아니고 관련 법조항 전체를 유기적·체계적으로 종합 판단하여야 하며, 각 대상법률의 성질에 따라

---

20) 양승두/이동과/김영삼/전형성, 『영미공법론』, 길안사, 1997, 169면.
21) 장영철, "행정입법에 대한 추상적 규범통제제도의 도입방안에 대한 연구", 『공법연구』 제37집 제1-2호(2008. 10.), 155면 이하.
22) 헌재결 1994. 6. 30. 93헌가15·16·17(병합); 1994. 7. 29. 93헌가12 참조.

구체적·개별적으로 검토하여야 할 것이다."

(2) 입법위임의 명확성판단의 이중 기준심사

헌법재판소는 입법위임의 명확성에 대한 판단을 이중기준으로 나눈다. 즉 처벌법규와 조세법규 등 기본권제한입법의 경우에는 엄격심사[23]를 하고, 그 밖에 급부 및 수혜입법 등 기본권형성입법의 경우에는 합리성 심사로 족하다는 것이다.

또한 처벌법규의 위임은 특히 긴급한 필요가 있거나 미리 법률로써 자세히 정할 수 없는 부득이한 사정이 있는 경우에 한정되어야 하고, 이러한 경우일지라도 법률에서 범죄의 구성요건은 처벌대상인 행위가 어떠한 것일 것이라고 이를 예측할 수 있을 정도로 구체적으로 정하고 형벌의 종류 및 그 상한과 폭을 명백히 규정하여야 한다.[24] 즉 죄형법정주의의 명확성원칙과 포괄위임입법금지원칙의 그것을 동일시한다.

(3) 재위임의 한계

법률에서 위임받은 사항을 전혀 규정하지 않고 재위임하는 것은 이위임금지 (履委(任禁止))의 법리에 반할 뿐 아니라 수권법의 내용변경을 초래하는 것이 되고, 부령의 제정·개정절차가 대통령령에 비하여 보다 용이한 점을 고려할 때 재위임에 의한 부령의 경우에도 위임에 의한 대통령령에 가해지는 헌법상의 제한이 당연히 적용되어야 할 것이므로 법률에서 위임받은 사항을 전혀 규정하지 아니하고 그대로 재위임하는 것은 허용되지 않으며 위임받은 사항에 관하여 대강(大綱)을 정하고 그중의 특정사항을 범위를 정하여 하위법령에 다시 위임하는 경우에만 재위임이 허용된다.[25]

---

23) 예컨대, 공익법인 설립운영에 관한 법률 제14조에 의하여 주무관청이 대통령령이 정하는 사유가 있는 경우에 이사승인취소를 하는 것은 직업수행의 자유를 침해하는 것으로 공익법인 이사취임승인취소사유를 대통령령에 포괄위임은 위헌이다. 헌재결 2004. 7. 15. 2003헌가2, 판례집 16-2상, 1. 운전학원의 등록취소사유로 운전면허를 받은 사람 중 교통사고를 일으킨 비율이 대통령령이 정하는 비율을 초과하는 때라고 규정한 것은 포괄위임으로 위헌이다. 헌재결 2005. 7. 21. 2004헌가30, 판례집 17-2, 1.
24) 헌재결 1994. 6. 30. 93헌가15 등, 판례집 6-1, 576.
25) 헌재결 1996. 2. 29. 94헌마213, 판례집 8-1, 147.

(4) 행정명령(규칙)에의 위임입법의 한계

행정명령은 19세기 국가법인설에 입각한 법실증주의 시대에는 국가내부에서만 통용되는 비법규였다. 하지만 오늘날 행정국가의 현상으로 행정규칙에 의한 행정이 오히려 원칙이 되는 현실이 되었다. 이는 법치행정의 원칙에 반하는 것이다. 더욱이 법규명령은 행정명령과 달리 다음과 같은 엄격한 제정절차를 거쳐야 되는 절차상 차이도 있다. 즉 법규명령은 행정절차법상 입법예고(제41조), 의견제출(제44조), 공청회(제45조), 법제처의 심사, 공포를 하여야 하는 엄격한 절차를 거쳐야 한다. 이와 반면에 행정규칙은 이러한 절차가 생략된다. 절차적 정당성에도 문제 있으므로 행정규칙에 의한 행정은 위헌이다.

다만 법률과 법규명령에서 개별·구체적으로 행정규칙에 위임한 경우 예외적으로 허용할 수 있다. 행정규제기본법(제4조 제2항)에서도 그 필요성을 인정하여 법적 근거를 마련한 것을 도외시 할 수 없기 때문이다. 즉 법령에서 전문적, 기술적인 사항이나 경미한 사항으로 업무의 성질상 위임이 불가피한 사항에 관하여 구체적으로 범위를 정하여 위임한 경우에는 고시 등으로 정할 수 있다. 예컨대, 헌법재판소는 군인복무 및 군인훈련의 특수성과 헌법이 대통령에게 국군통수권을 부여하고 있는 점을 고려하여 군인사법 제47조의2가 군인의 복무에 관한 사항에 관한 규율권한을 대통령에 위임하면서 대통령령으로 규정될 사항 및 범위의 기본사항을 구체적으로 규정하지 아니하고 다소 개괄적으로 '육군 신병교육 지침서'에 위임하였다고 하여 헌법 제75조의 포괄위임금지원칙에 어긋난다고 보기 어렵다고 판시[26]하고 있다.

(5) 조례, 정관 등에의 위임-포괄위임입법금지원칙 적용배제

조례의 제정권자인 지방의회는 선거를 통해서 그 지역적인 민주적 정당성을 지니고 있는 주민의 대표기관이고 헌법이 지방자치단체에 포괄적인 자치권을 보장하고 있는 취지에서, 조례에 대한 법률의 위임은 법규명령에 대한 법률의 위임과 같이 반드시 구체적으로 범위를 정하여 할 필요가 없으며 포괄적인 것으로 족하다.[27] 대법원도 같은 취지로 초과조례[28]와 추가조례[29]를 인정하고 있다.

---

26) 헌재결 2010. 10. 28. 2007헌마890, 판례집 22-2하, 131.
27) 헌재결 1995. 4. 20. 92헌마264 등, 판례집 7-1, 564 - 담배사업법과 담배사업법 시행규칙, 부천시 담배자판기 설치금지조례, 강남구 담배자판기 설치금지조례.

정관의 경우도 자치법적 성격으로 인해 포괄위임입법금지원칙 적용이 배제된다. 헌법 제75조, 제95조가 정하는 포괄적인 위임입법의 금지는, 그 문리해석상 정관에 위임한 경우까지 그 적용 대상으로 하고 있지 않고, 또 권력분립의 원칙을 침해할 우려가 없다는 점 등에서, 법률이 정관에 자치법적 사항을 위임한 경우에는 원칙적으로 적용되지 않는다.[30)]

(6) 의회유보(본질성이론의 적용범위)

기본권제한의 입법은 원칙적으로 의회입법이어야 한다.[31)] 이를 의회유보, 기본권의 본질사항유보 내지 본질성이론이라 한다.

헌법재판소결정에 나타난 본질사항으로는 예컨대, TV방송수신료,[32)] 문예진흥기금 모금액 및 모금방법,[33)] 토지 등 소유자가 도시환경정비사업을 시행하는 경우

---

28) 대법원은 주민의 권리제한 또는 의무부과와 같이 규제행정분야에 대한 초과조례가 아닌 조장행정분야의 초과조례는 허용하는 것으로 판시하고 있다. 예컨대, 정선군 세 자녀 이상 세대양육비 지원조례판결(대판 2006. 10. 12. 2006추38).

29) 추가조례는 해당 법령이 배타적·포괄적 규제인 경우가 아닌 경합적 규제로서 지방자치단체가 필요한 경우 규제항목을 추가하는 것이 허용된다. 이러한 추가조례는 원칙적으로 법령의 통일적 운영이라는 측면에서 허용되지 않는다. 다만 전국적인 통일적 규제의 필요가 없거나 각 지방의 실정에 따라 특별한 필요성이 있는 경우 예외적으로 허용된다. 예컨대, 대판 1997. 4. 25. 96추244에서는 생활보호법과 그 목적과 취지를 같이 하면서도 보호선대상자 선정의 기준과 방법, 보호의 내용을 생활보호법의 그것과 다르게 규정한 것이 생활보호법위반인지 여부에 대하여 추가조례를 인정하였다.

30) 헌재결 2001. 4. 26. 2000헌마122 － 농업지반공사 및 농지기금관리법 부칙.

31) 오늘날 법률유보원칙은 단순히 행정작용이 법률에 근거를 두기만 하면 충분한 것이 아니라, 국가공동체와 그 구성원에게 기본적이고도 중요한 의미를 갖는 영역, 특히 국민의 기본권실현과 관련된 영역에 있어서는 국민의 대표자인 입법자가 그 본질적 사항에 대해서 스스로 결정하여야 한다는 요구까지 내포하고 있다(의회유보원칙). 헌재결 1999. 5. 27. 98헌바70, 판례집 11-1, 633.

32) 헌재결 1999. 5. 27. 98헌바70, 판례집 11-1, 633. 텔레비전방송수신료는 대다수 국민의 재산권 보장의 측면이나 한국방송공사에게 보장된 방송자유의 측면에서 국민의 기본권실현에 관련된 영역에 속하고, 수신료금액의 결정은 납부의무자의 범위 등과 함께 수신료에 관한 본질적인 중요한 사항이므로 국회가 스스로 행하여야 하는 사항에 속하는 것임에도 불구하고 한국방송공사법 제36조 제1항에서 국회의 결정이나 관여를 배제한 채 한국방송공사로 하여금 수신료금액을 결정해서 문화관광부장관의 승인을 얻도록 한 것은 법률유보원칙에 위반된다.

33) 헌재결 2003. 12. 18. 2002헌가2, 판례집 15-2하, 367. 문예진흥기금의 모금은 공연 등을 관람하려는 수많은 국민들에게 금전적 부담을 지움으로써 국민의 문화향수권 및 재산권 등을 직접적으로 제한하게 된다. 특히 모금액 및 모금방법은 기금납입의무자, 모금대상시설과 아울러 문예진흥기금의 모금에 관한 중요하고도 본질적인 입법사항이다. 그러므로 이에 관한 사항을 하위법규에 위임함에 있어서는 위임의 구체성·명확성이 보다 엄격하게 요구된다 할 것이다.

사업시행인가 신청시 필요한 토지 등 소유자의 동의[34] 등이다.

제 3 절 국무총리의 지위와 권한

Ⅰ. 헌법기관과 신분상의 지위

1. 헌법기관

국무총리는 대통령의 보좌기관으로서, 행정에 관하여 대통령의 명을 받아 행정각부를 통할한다(헌법 제86조 제2항). 국무총리는 국무회의 부의장으로서 의장이 사고로 직무를 수행할 수 없는 경우에는 부의장인 국무총리가 그 직무를 대행한다(헌법 제88조 제3항, 정부조직법 제12조 제2항). 국무총리는 대통령의 명을 받아 각 중앙행정기관의 장을 지휘·감독한다(차상급 중앙행정기관).[35] 국무총리는 중앙행정기관의 장의 명령이나 처분이 위법 또는 부당하다고 인정될 경우에는 대통령의 승인을 받아 이를 중지 또는 취소할 수 있다(정부조직법 제18조). 국무총리의 보좌기관으로 국무조정실, 국무총리비서실과 소속기관으로 법제처, 인사혁신처, 식품의약품안전처를 둔다.

이와 같이 국무총리는 헌법에 규정되어 있고 헌법과 법률에 의하여 직접 권한을 부여받은 헌법기관으로서, 국가기관간에 권한쟁의를 적당히 해결할 수 있는 기관이나 방법이 없어 권한쟁의의 당사자능력이 부여된다.[36]

---

34) 헌재결 2011. 8. 30. 2009헌바128 등, 판례집 23-2상, 304. 토지등소유자가 도시환경정비사업을 시행하는 경우 사업시행인가 신청시 필요한 토지등소유자의 동의는 개발사업의 주체 및 정비구역 내 토지등소유자를 상대로 수용권을 행사하고 각종 행정처분을 발할 수 있는 행정주체로서의 지위를 가지는 사업시행자를 지정하는 문제로서 그 동의요건을 정하는 것은 국민의 권리와 의무의 형성에 관한 기본적이고 본질적인 사항이므로 국회가 스스로 행하여야 하는 사항에 속하는 것임에도 불구하고 사업시행인가 신청에 필요한 동의정족수를 토지등소유자가 자치적으로 정하여 운영하는 규약에 정하도록 한 것은 법률유보원칙에 위반된다.

35) 헌재결 1994. 4. 28. 89헌마221 참조.

36) 헌재결 1997. 7. 16. 96헌라2, 판례집 9-2, 154, 162~163; 2010. 10. 28. 2009헌라6.

2. 신분상의 지위

국무총리는 국회의 동의를 얻어 대통령이 임명한다. 국회의 동의는 임명 전 사전 동의를 의미[37]하는 것으로 의원내각제적 요소다. 따라서 국무총리서리제도는 위헌이다. 문민원칙에 의하여 군인은 국무총리에 임명될 수 없다(헌법 제86조 제1, 3항). 국무총리가 특별히 위임하는 사무를 수행하기 위하여 국무위원으로 보하는 부총리 2명을 둔다(정부조직법 제18조). 국무총리가 사고[38]로 직무를 수행할 수 없는 경우에는 기획재정부장관이 겸임하는 부총리, 교육부장관이 겸임하는 부총리의 순으로 직무를 대행하고, 국무총리와 부총리가 모두 사고로 직무를 수행할 수 없는 경우에는 대통령의 지명이 있으면 그 지명을 받은 국무위원이, 지명이 없는 경우에는 정부조직법 제26조 제1항에 규정된 순서에 따른 국무위원이 그 직무를 대행한다(정부조직법 제22조).

---

37) 헌재결 1998. 7. 14. 98헌라1, 판례집 10-2, 1. 국회의 동의 없이 대통령의 국무총리서리임명의 국회의 권한침해여부에 대하여 이결정은 주문별 평결방식에 따라 5인의 다수재판관의 의견에 따라 각하 결정되고 말았다. 하지만 3인 재판관의 인용의견은 다음과 같이 국무총리서리임명의 위헌성을 제시하고 있다. 헌법 제86조 제1항은 "국무총리는 국회의 동의를 얻어 대통령이 임명한다."고 명시하여 대통령이 국무총리를 임명함에 있어서는 "반드시 사전에" 국회의 동의를 얻어야 함을 분명히 밝히고 있다. 이는 법문상 다른 해석의 여지없이 분명하고, 이에 더하여 헌법이 국무총리의 임명에 관하여 규정하고 있는 국회동의제도의 취지를 고려하여 보면 국무총리임명은 대통령의 단독행위에 국회가 단순히 부수적으로 협력하는 것에 그치지 아니하고 국회가 대통령과 공동으로 임명에 관여하는 것이라고 보아야 한다. 그러므로 국회의 동의는 국무총리임명에 있어 불가결한 본질적 요건으로서 대통령이 국회의 동의 없이 국무총리를 임명하였다면 그 임명행위는 명백히 헌법에 위배되고, 이러한 법리는 국무총리 대신 국무총리 "서리"라는 이름으로 임명하였다고 하여 달라지는 것이 아니다.

38) 정부조직법 제23조는 국무총리가 "사고"로 인하여 직무를 수행할 수 없을 때 직무대행자가 국무총리의 직무를 대행하도록 하고 있는데, 여기서의 "사고"는 국무총리가 직무를 행할 수 없는 일반적인 경우, 즉 "사고"와 "궐위"를 포괄하는 넓은 개념으로 해석하는 것이 타당하다. 이 사건의 경우 국무총리의 사퇴로 인하여 국무총리의 직무를 수행할 사람이 없어 국정공백이 우려되었다면 정부조직법에 따라 국무총리 직무대행자를 지명함으로써 이 사건 임명동의안의 처리시까지 국정공백을 방지할 수도 있었다. 이와 같이 국무총리 직무대행체제가 법적으로 완비되어 있어 헌법에 위반함이 없이도 국정공백을 방지할 수 있음에도 불구하고 헌법상, 법률상의 근거가 전혀 없는 국무총리서리를 임명하였으므로 이를 국정공백의 방지라는 명분으로 정당화할 수 없다. 헌재결 1998. 7. 14. 98헌라1, 판례집 10-2, 1.

Ⅱ. 국무총리의 권한

헌법과 법률에 열거되어 있는 국무총리의 권한을 기능적 관점에서 검토하고자
한다.

1. 대통령의 보좌기능

국무총리는 대통령을 보좌하며, 대통령의 명을 받아 행정각부를 통할한다(헌법
제86조 제2항). 국무총리는 단지 대통령의 첫째가는 보좌기관으로서 행정에 관하여
독자적인 권한을 가지지 못하고 대통령의 명을 받아 행정각부를 통할하는 지위만
을 갖는다.

국무총리는 대통령의 행정에 대한 보좌책임으로 부서권과 부서의무를 갖는다
(제82조). 하지만 이는 대통령제 국가에서는 이질적인 요소다. 대통령제 정부형태에
서 대통령은 국정행위를 할 수 있고 이에 대해 단독책임을 지기 때문이다. 부서는
원래 이원정부제 내지 의원내각제적 요소로 의회와 독립하여 대통령은 독자적인
국정행위를 할 수 없기 때문에 수상 또는 장관의 부서가 있어야 그 효력을 발생한
다. 따라서 대통령의 국정행위에 각료들의 부서가 없으면 무효가 된다. 다만 의원
내각제국가의 대통령이라도 위기관리기능을 수행하는 것은 중립적이고 초당파적인
권한으로서 각료의 부서 없이 독자적으로 권한을 행사할 수 있다.[39]

우리의 경우 대통령제 정부형태이므로 독자적인 국정행위능력이 있으므로 부
서가 없더라도 무효인 것은 아니다. 다만 대통령의 국정행위에 대하여 국무총리나
관계 장관이 부서를 거부한 경우 오히려 이들에 대한 국회의 해임건의사유가 될 수
있다. 대통령제 정부형태의 체계정당성에 반하는 것으로 제왕적 대통령제의 징표라
할 수 있다.

2. 국무회의와 행정의 보좌기능

(1) 국무회의 부의장으로서의 지위

국무총리는 국무회의 부의장(헌법 제88조 제3항)으로서 대통령의 국무회의주재
를 보좌하는 기능을 하며 행정부의 제2인자로서 국무위원 임명제청(헌법 제87조 제1

---

39) S. Korioth, Staatsrecht Ⅰ, S. 207, RN 711.

항)과 해임건의권(헌법 제87조 제3항)을 갖는다. 유진오에 의하면 국무총리의 국무위
원임명제청권은 다음과 같은 중요한 의미가 있다고 설명한다.[40] 즉 "국무총리 임명
에 국회의 승인을 얻어야 한다는 것과 국무위원임명에 국무총리의 제청이 있어야
한다는 것은 의원내각제적 요소로 중요하다고 보았다. 그리하여 이승만의 대통령독
주를 견제할 수 있는 효과적인 수단으로 제헌헌법에 규정하려 노력하였다. 하지만
그가 점심으로 초밥 먹는 동안 한민당 의원들이 국무총리 임명에 대한 승인만 통과
시켰다고 통탄해 했다. 국무위원임명에 국무총리의 제청이 전제되지 않으면 대통령
의 의중에 따라 국무위원이 임명되어 국무총리에 대한 국회의 승인만으로 다수결
에 의한 국무원의결을 사실상 견제할 수 없기 때문이었다."

이러한 점에서 오늘날에도 국무회의 심의에 법적 구속력을 부여하기 위한 전
제로 국무총리의 실질적인 국무위원 임명제청권이 요구된다고 하겠다.

(2) 행정부 제2인자로서의 지위

국무총리는 대통령 다음의 행정기관으로서 각부장관에 대한 임명제청권(헌법
제94조)과 행정각부통할권(헌법 제86조 제2문) 및 국회출석·발언권과 의무(헌법 제62
조)를 갖는다. 국무총리는 대통령의 명을 받아 각 중앙행정기관의 장을 지휘·감독
한다(정부조직법 제18조 제1항).

행정부 제2인자로서 국무총리는 대통령이 궐위되거나 사고로 인하여 직무를
수행할 수 없을 때에 대통령의 권한대행권을 행사한다(헌법 제71조).

3. 행정각부 통할과 입법기능 – 중앙행정관청으로서의 지위

국무총리는 중앙행정관청으로서 행정각부의 사무를 통할한다(헌법 제86조 제2
문). 국무총리는 대통령의 명을 받아 각 중앙행정기관의 장을 지휘·감독한다. 국무
총리는 중앙행정기관의 장의 명령이나 처분이 위법 또는 부당하다고 인정될 경우
에는 대통령의 승인을 받아 이를 중지 또는 취소할 수 있다(정부조직법 제18조).

국무총리의 보좌기관으로 국무조정실은 각 중앙행정기관의 행정의 지휘·감
독, 정책조정 및 사회위험·갈등의 관리, 정부업무평가 및 규제개혁을 담당한다(정
부조직법 제20조). 그 밖에 국무총리 소속으로 인사혁신처, 법제처, 식품의약품안전

---

40) 유진오, 『헌법기초회고록』, 일조각, 1981, 99면 이하.

처를 둔다.

국무총리는 소관사무에 관하여 법률이나 대통령령의 위임이나 직권으로 총리
령을 발포할 수 있다(헌법 제95조). 따라서 총리령은 시행규칙으로도 명명하며 법률
이나 시행령인 대통령령(헌법 제75조)보다는 하위의 효력을 갖는다.

제 4 절 국무회의의 지위와 권한

I. 국무회의의 헌법적 지위

1. 정부형태에 따른 다양한 지위

순수한 대통령제는 행정부의 일원성을 특징으로 하므로 국무회의는 헌법기관
이 아니라 임의기관에 불과하다. 따라서 국무회의는 대통령의 국정행위를 보좌하는
자문기관의 성격을 갖는다. 의원내각제국가에서 정부는 의회의 신임 하에서 설치된
헌법기관이다. 정부의 수반인 수상은 국회에서 다수결로 선출되어 민주적 정당성을
갖는다. 수상은 각료들의 실질적 임면권(인적 조직권)과 업무분장권(물적 조직권)을
갖는다. 의원내각제국가 영국, 독일, 이탈리아는 대통령제에 준하는 강력한 수상내
각제국가로 국무회의는 수상과 각료들의 의견이 불일치할 경우 임시적으로 설치하
여 의견조율을 위한 자문적 성격의 임의기관이다. 이에 반해 베네룩스 삼국(룩셈부
르크, 네덜란드, 벨기에)과 북유럽 삼국(스웨덴, 핀란드, 노르웨이)의 의원내각제의 경우
비례대표제에 의한 연립정부로 수상의 지위가 각료보다 약하여 국무회의는 의결기
관의 성격을 갖는다.

이원정부는 대통령제와 의원내각제가 결합된 것으로 직선제 대통령과 의회가
행정기능을 공동으로 수행한다. 의원내각제의 대통령은 간선으로 선출되어 형식적
으로 행정권한을 수행하지만 이원정부의 대통령은 적어도 헌법상으로는 실질적인
행정권한을 행사할 수 있다는 점에 차이가 있다. 즉 이원정부 대통령에게 행정기능
에 속하는 헌법상 권한으로는 내각의 수상 및 각료임면권, 과도정부구성권, 공무원
임명권, 국군통수권, 외교권, 영전수여권, 헌법기관 소재지 이전권 등이 있다. 이러

한 광범위한 행정기능을 수행할 수 있는 대통령의 헌법상 권한에 근거하여 이원정부는 프랑스와 같은 강력한 대통령제로 나타나기도 하고 오스트리아와 같이 의원내각제로 운영되기도 한다.[41] 이는 국회의 여야구도와 정당·선거제도 및 의원임기와 일치여부 등에 따른 것으로 분석된다. 오스트리아는 독일보다 수상의 지위가 각료보다 약하여 현실적으로 국무회의는 의결기관으로 기능한다.[42] 프랑스 제5공화국은 신대통령제로 대통령의 국정을 보좌하는 국무회의(헌법 제9조)는 심의기관의 성격을 갖는다.[43] 수상이 주재하는 내각회의(Kabinettsrat)는 대통령의 국무회의(Ministerrat) 정책심의를 준비하는 성격을 가질 뿐이다. 예외적으로 프랑스도 의회의 지위가 강한 여소야대의 동거 정부하에서 국무회의는 의결기관의 성격이 나타난다.

결국 대통령제와 수상내각제 국무회의는 자문기관, 고전적 의원내각제에서는 의결기관, 그리고 이원정부제 국무회의는 대통령과 수상의 권력분점 양상에 따라 대통령제로 운영되는 프랑스는 심의기관으로, 의원내각제로 운영되는 오스트리아는 의결기관의 성격이 나타나고 있다.

2. 우리 국무회의의 지위

(1) 국무회의의 헌법적 기능상실

우리 헌법사에서 보면 이원정부의 제1공화국과 의원내각제의 제2공화국의 국무원은 의결기관이었다. 제1공화국에서 국무원은 헌법상 의결기관(제68조)이었다. 하지만 살펴본 바와 같이 국무위원임명에 국무총리의 제청 없이 대통령이 자의적으로 국무위원을 임명할 수 있어 의결기관으로서 국무원이 대통령을 견제하기보다는 사실상 보좌기관으로 기능하였다. 대통령중심제, 신대통령제, 한국식 대통령제 등 소위 변형된 대통령제의 제3공화국 이후 오늘날까지 국무회의는 심의기관이다. 제2공화국을 제외한다면 프랑스식 이원정부의 국무회의 성격이 나타나고 있다. 신대통령제 정부형태에서는 심의기관으로, 여소야대의 동거정부에서는 의결기관으로서 기능할 수 있다. 우리의 경우 다수대표제 선거제도와 결합하여 여대야소의 정국

---

41) 장영철, "오스트리아 연방헌법체계내에서 연방대통령의 지위와 권한", 『헌법학연구』 제21권 제3호(2015. 9.), 108면.
42) 오스트리아 헌법 제67조에 의하면 대통령의 집행권한에 속하지 않는 행정기능은 수상, 부수상, 장관들로 구성된 정부(내각)의 권한으로 재적각료 과반수가 참석하면 의결능력을 부여하고 있다.
43) 성낙인, 『헌법학』, 650면.

이 일반적이어서 현실적으로 국무총리주재의 국무회의가 흔치 않게 개최되는 것이 현실이다. 이는 의결기관은 물론 심의기관도 아닌 다만 대통령주재의 국무회의를 사전 준비하는 성격을 갖는다.

(2) 헌법재판소결정

통합진보당 해산결정에서 헌법재판소[44]는 국무총리주재의 국무회의심의만으로 위헌정당해산심판청구의 적법성을 인정하였다. 더구나 국무회의 규정 제5조 제1항에 의하면 국무회의에 제출되는 의안은 긴급한 의안이 아닌 한 차관회의의 심의를 거쳐야 한다고 규정하고 있다. 하지만 헌법재판소는 의안의 긴급성에 관한 판단에도 원칙적으로 정부의 재량이 있다고 판시하면서 적법성을 인정하였다.

대의민주주의체제에서 정당은 국민의 정치적 의사를 매개하는 도관이다. 따라서 그 기능을 보호하기 위해 헌법은 일반결사와 달리 정당해산에 대한 실체적·절차적 특권을 부여하고 있다. 실체적으로 정당의 목적과 활동 모두 민주적 기본질서에 반하여야 하고 절차적으로는 국무회의의 필수적 심의를 거쳐야 한다. 정당에 대한 정부의 해산청구는 신중한 절차를 거쳐 이루어져야 한다. 하지만 이 사건에서 나타나듯이 실체적 판단은 차치하고 절차적으로 국무회의의 사전심의기능은 무력화되었다.

---

44) 정부는 정당의 목적이나 활동이 민주적 기본질서에 위배될 때 국무회의의 심의를 거쳐 헌법재판소에 그 해산을 청구할 수 있다(헌법재판소법 제55조). 이 사건 기록에 의하면, 대통령이 직무상 해외 순방 중이던 2013. 11. 5. 국무총리가 주재한 국무회의에서 피청구인에 대한 정당해산심판청구서 제출안이 의결되었고, 위 의안에 대하여는 차관회의 사전 심의를 거치지 않은 사실이 인정된다. 정부조직법 제12조에 의하면, 대통령은 국무회의의 의장으로서 회의를 소집하고 이를 주재하지만 대통령이 사고로 직무를 수행할 수 없는 경우에는 국무총리가 그 직무를 대행한다. 대통령이 해외 순방 중인 경우는 일시적으로 직무를 수행할 수 없는 경우로서 '사고'에 해당된다고 할 것이므로(직무대리규정 제2조 제4호 참조), 위 국무회의의 의결이 위법하다고 볼 수 없다. 또한 국무회의 규정 제5조 제1항에 의하면 국무회의에 제출되는 의안은 긴급한 의안이 아닌 한 차관회의의 심의를 거쳐야 한다고 규정하고 있으나, 의안의 긴급성에 관한 판단에는 원칙적으로 정부의 재량이 있다고 할 것이고, 피청구인 소속 국회의원 등이 연루된 내란관련 사건이 발생한 상황에서 제출된 피청구인 해산심판청구에 대한 의안이 긴급한 의안에 해당한다고 본 정부의 판단에 재량의 일탈이나 남용의 위법이 있다고 단정하기 어렵다. 마찬가지 이유로, 위와 같은 상황에서 제기된 이 사건 정당해산심판 청구가 형평에 반하는 것으로서 청구권 남용에 해당한다고 보기도 어렵다. 결국 이 사건 정당해산심판청구는 관련 법령에 따라 적법하게 이루어진 것으로 그 절차에 하자가 없고, 이를 다투는 피청구인의 주장은 모두 이유 없다. 헌재결 2014. 12. 19. 2013헌다1, 판례집 26-2하, 1(14, 15).

우리의 국무회의는 대통령제의 자문기관도 의원내각제의 의결기관도 아니다. 하지만 절충형 정부형태로 기관 내에서 협력적 권력분립을 도모하기 위한 필수적인 헌법기관이다. 국무회의는 대통령과 국무위원들이 수평적인 관계에서 중요한 국정을 논의하는 대화민주주의를 실현하는 기관이다. 통합진보당 해산청구에서 나타난 절차적 문제는 정치제도보다는 무책임한 군주와 국무위원들의 정치윤리에 기인하고 있다. 이러한 점에서도 헌법에서는 적어도 윤리를 법과 구별하면서 위정자들에게 면죄부를 부여하는 해석을 경계하여야 한다.[45)

3. 국무위원의 신분상 지위

국무회의는 대통령과 국무총리와 15인 이상 30인 이하의 국무위원으로 구성한다. 국무위원은 국회의원겸직이 가능하다. 대통령은 국무회의의 의장이 되고, 국무총리는 부의장이 된다(헌법 제88조 제2, 3항). 하지만 국무회의는 합의체기관으로 정책심의에서 국무위원들의 지위는 동등하다. 대통령은 다만 국무회의 의장으로서 회의를 소집하고 이를 주재한다. 의장이 사고로 직무를 수행할 수 없는 경우에는 부의장인 국무총리가 그 직무를 대행하고, 의장과 부의장이 모두 사고로 직무를 수행할 수 없는 경우에는 기획재정부장관이 겸임하는 부총리, 교육부장관이 겸임하는 부총리 및 정부조직법 제26조 제1항에 규정된 순서에 따라 국무위원이 그 직무를 대행한다.

국무위원은 정무직으로 의장에게 의안을 제출하고 국무회의의 소집을 요구할 수 있다(정부조직법 제12조).

Ⅱ. 국무회의의 권한

1. 심의기능

우리는 대통령제도 의원내각제도 아닌 이원정부제의 국무회의의 성격에서 정부의 권한에 속하는 중요정책에 대한 심의기능을 수행한다(헌법 제88조 제1항).

국무회의는 헌법기관으로 헌법에서 열거한 정책은 그 권한으로 반드시 심의하

---

45) 동지 한상희, "위헌정당해산심판제도, 그 의미와 문제점: 통합진보당사건과 관련하여", 『민주법학』 제54호(2014. 3.), 422면, 각주 101.

여야 한다(헌법 제89조).

2. 합의기능

대통령우위의 정부형태에서 국무회의의 심의결과는 대통령을 구속하는 것은 아니다. 하지만 위원들이 합의한 정책에 대하여는 대통령에게 집행을 사실상 강제하는 효과를 갖는다. 국무회의에는 국정현안에 관한 심의를 위하여 국무위원 이외에도 국무조정실장·인사혁신처장·법제처장·식품의약품안전처장 그 밖에 법률로 정하는 공무원으로 서울시장 등이 국무회의에 출석하여 발언할 수 있는(정부조직법 제13조 제1항) 고도의 정책심의기능을 수행하기 때문이다.

제 5 절 감사원

Ⅰ. 감사원의 헌법적 지위

1. 헌법기관의 지위

감사원은 대통령소속의 헌법기관이다. 국가원수[46]로서 대통령소속인지 행정부수반[47]으로서 대통령소속인지에 대하여 학설이 대립하고 있다. 이는 독립적인 업무의 성격을 강조할 것인지 행정부소속의 헌법편제의 형식을 존중할 것인지에 따른 것으로 독립성을 강조하는 전자의 견해가 타당하다. 감사원법(제2조 제1항)도 감사원은 대통령에 소속하되 직무에 관하여는 독립성을 갖는다고 규정하고 있다.

감사원은 헌법(제97조 이하)에 근거하여 직접 설치되고 헌법과 감사원법(제20조)에 의하여 권한을 부여받은 헌법기관이다. 감사원은 국가의 세입·세출의 결산, 국가 및 법률이 정한 단체의 회계검사와 행정기관 및 공무원의 직무에 관한 감찰을 한다.

---

46) 김철수, 『학설판례 헌법학(하)』, 1785면.
47) 성낙인, 『헌법학』, 677면.

2. 신분상의 지위

감사원은 원장을 포함한 5인 이상 11인 이하의 감사위원으로 구성한다. 원장
은 국회의 동의를 얻어 대통령이 임명하고, 그 임기는 4년으로 하며, 1차에 한하여
중임할 수 있다. 감사위원은 원장의 제청으로 대통령이 임명하고, 그 임기는 4년으
로 하며, 1차에 한하여 중임할 수 있다(헌법 제98조).

Ⅱ. 감사원의 권한

1. 결산기능

감사원의 결산기능은 헌법에 근거한 것으로 세입·세출의 결산을 매년 검사하
여 대통령과 차년도 국회에 그 결과를 보고하여야 한다(헌법 제99조, 감사원법 제21
조). 독일은 이를 연방재무장관의 권한으로 하여 연방정부의 차년도 부담을 완화하
기 위한 목적으로 연방의회와 연방참사원에 제출하도록 하고 있다(독일헌법 제114조
제1항). 결산은 정부의 1년간 예산집행에 대한 책임을 묻고, 차년도 예산안에 대한
민주적 통제의 기준이 된다는 점과 대화윤리의 관점에서도 정부가 의회에 보고하
는 것이 타당하다.

2. 회계검사기능

감사원은 국가, 지방자치단체, 정부투자기관 등의 회계를 검사하여 그 집행의
적정을 기하는 기능을 한다. 회계검사에는 필요적 검사와 선택적 검사가 있다. 필
요적 검사는 감사원이 반드시 검사해야 되는 사항으로 국가의 회계, 지방자치단체
의 회계, 한국은행의 회계와 국가 또는 지방자치단체가 자본금의 2분의 1 이상을
출자한 법인의 회계, 다른 법률에 따라 감사원의 회계검사를 받도록 규정된 단체
등의 회계(감사원법 제22조)를 말한다. 선택적 검사는 감사원은 필요하다고 인정하
거나 국무총리의 요구가 있는 경우에 검사할 수 있는 사항으로 국가 또는 지방자치
단체가 자본금의 일부를 출자한 자의 회계, 국가 또는 지방자치단체가 채무를 보증
한 자의 회계 등(감사원법 제23조)의 경우가 이에 해당한다.

3. 직무감찰기능

감사원은 행정기관의 사무와 그에 소속한 공무원의 직무, 지방자치단체의 사무와 그에 소속한 지방공무원의 직무 등(감사원법 제24조)에 관한 권한을 갖는다. 이러한 직무감찰기능에는 공무원의 비위감찰뿐만 아니라 법령·제도 또는 행정관리의 모순이나 문제점개선 등에 관한 것도 포함된다.

4. 감사결과처리기능

감사원은 감사결과에 따라 회계관계직원 등에 대한 변상책임판정권(감사원법 제31조), 정당한 사유 없이 감사원법에 따른 감사를 거부하거나 자료제출을 게을리한 자에 대한 징계나 문책의 요구권(감사원법 제32조, 제51조), 감사결과 위법 부당한 사실이 있을 경우 소속장관, 감독기관의 장, 당해 기관의 장에게 시정·주의 등의 요구권(감사원법 제33조), 감사결과 법령상, 제도상 또는 행정상 모순이 있거나 기타 개선할 사항이 있을 경우 국무총리, 소속장관, 감독기관의 장, 당해 기관의 장에게 법령 등의 제·개정과 제도상 행정상 개선요구권(감사원법 제34조), 감사결과 범죄혐의가 있을 경우 고발 또는 수사요청권(감사원법 제35조) 등이 있다.

5. 규칙제정기능

감사원규칙은 헌법에는 근거가 없고 감사원법 제52조[48]에 근거규정이 있다. 이에 대하여 헌법에 규칙제정의 근거가 있는 국회(제64조 제1항), 헌법재판소(제113조 제2항), 대법원(제108조), 중앙선거관리위원회(제114조 제6항)의 규칙과 마찬가지로 법률에 근거한 법규명령이라는 견해[49]와 행정규칙이라는 견해[50]가 대립되고 있다. 헌법에 근거하지 않고 국민의 권리와 의무에 관한 사항을 제정할 수 없다는 점에서 행정규칙으로 보는 것이 타당하다.

---

48) 감사원법 제52조: 감사원은 감사에 관한 절차, 감사원의 내부규율과 감사사무 처리에 관한 규칙을 제정할 수 있다.
49) 장경원, 『행정법의 기본쟁점』, 신조사, 2018, 85면.
50) 권영성, 『헌법학원론』, 1058면.

Ⅲ. 감사원의 소속과 직무범위에 대한 개헌여부

1. 개헌안

감사원의 소속을 현행 대통령소속에서 국회로 이관하자는 견해,[51] 독립기관으로 하자는 견해[52]가 제시되고 있다. 또한 직무범위에 대하여도 감사원의 회계검사와 직무감찰기능은 우리 헌법사에서 보면 제헌헌법의 심계원과 1961년 감찰위원회에서 분리하여 담당한 것을 고려하여 회계검사는 국회가 담당하여야 한다는 주장[53]이 있다.

2. 사견

감사업무는 독립성과 공정성을 바탕으로 해야 한다. 비교법적으로 보면 독일[54]은 독립기관으로, 오스트리아[55]는 국민의회(Nationalrat)소속이지만 법실증주의 국가로서 법률에만 기속되는 독립기관으로 하고 있다. 미국은 의회소속이지만 결산과 회계검사기능만(Government Accountability Office) 부여하고 있다. 분리연방제와 양원제를 채택하여 연방의회의 당파적 이해관계는 단원제국회의 중앙집권국가와 달리 의회내 통제가 가능하다.

이러한 점에서 우리 감사원의 소속은 정파적 이해관계가 첨예한 국회소속으로 하기에는 시기상조다. 더구나 행정공무원에 대한 직무감찰은 국정감사권과 중복되기도 한다. 따라서 개헌을 한다면 독일처럼 대통령소속에서 독립기관으로 지위를 인정하는 것이 타당하다. 이는 감사원을 행정부소속으로 이해하여 감사원에 영향력을 미치려는 대통령의 시도를 예방하는 의미가 있다.[56] 하지만 현행헌법상 중립적

---

51) 『제18대 국회의장 자문기구 헌법연구자문위원회 결과보고서』, 2009, 154면.

52) 김남철, "감사원관련 헌법개정논의에 대한 공법적 소고",『공법학연구』제19권 제1호, 비교공법학회 300면; 차진아, "감사원의 독립성강화를 위한 개헌의 방향과 대안",『공법학연구』제18권 제2호, 비교공법학회, 120면 이하.

53) 제18대 국회의장 자문기구 결과보고서, 154면. 회계검사기능의 국회이관시 감사원의 직무가 직무감찰기능에 한정되므로 법률기관으로 전환될 필요가 있다고 한다.

54) 독일헌법(제114조 제2항)에서 연방회계검사원(Bundesrechnungshof)은 직무상 법관의 독립성을 갖고 연방정부 이외의 연방의회와 연방참사원에 매년 검사결과를 보고 하여야 한다고 규정하고 있다.

55) Th. Öhlinger, Verfassungsrecht, 7. Aufl. 2007, S. 151 ff., RN 328 ff.

56) 예컨대, 이명박 정부에서 대통령중심제 국가이기 때문에 국가정보원과 마찬가지로 감사원도

인 국가원수로서의 대통령소속 감사원을 개헌을 통하여 굳이 변경할 필요는 없다. 다만 감사원법개정을 통하여 국가기관 전체를 대상으로 하는 회계검사의 대상과 행정공무원에 국한하는 직무감찰의 대상을 통일할 필요는 있다.57) 직무감찰의 대상을 확대한다면 권력견제를 위해 그에 대한 통제수단도 마련되어야 한다.

전술한 바 결산보고기능은 정부로 이관하는 것이 타당하다.

청와대가 관장해야 한다고 생각하여 감사원을 견제하였다. 김철수, 『새 헌법 개정안』, 진원사, 2014, 131면.
57) 김철수, 『새 헌법 개정안』, 128면.

제
4
장
/

법 원

제 1 절   법원의 권한

Ⅰ. 헌법 제101조 제1항의 법원의 사법권의 개념에 관한 학설

헌법 제101조 제1항은 「사법권은 법관으로 구성된 법원에 속한다.」고 규정하고 있다. 여기서 사법권의 개념에 대하여 다양한 학설이 제시되고 있다.

1. 형식설

입법기관 및 행정기관을 제외한 사법기관인 법원에 속하는 모든 권한을 말한다.[1]

2. 실질설

구체적 사건에 임하여 당사자의 쟁송제기를 전제로 법을 판단하고 선언하는 국가의 행위로써 대립하는 양당사자의 의견을 들어 제3자의 지위에서 국가가 판단하는 법 인식작용을 말한다.[2]

---

1) 김철수, 『학설판례 헌법학(하)』, 1960면.

3. 절충설

헌법 제101조 제1항의 "사법권은 법관으로 구성된 법원에 속한다."는 법원의 자율입법기능, 사법행정기능 등을 배척하는 개념도 법원 이외의 국가기관이 사법유사의 기능을 담당하는 것을 배척한 것도 아니다. 이는 다만 고유한 사법기능은 법원에 속한다는 것을 말한다.[3]

4. 사견

적어도 헌법 제101조 제1항이 규정하는 사법권이란 형식설의 관점이 타당하다.

그 이유로 첫째, 헌법의 명문규정상 법원의 위헌법률심판제청권(헌법 제107조 제1항), 사법행정(헌법 제102조, 제109조 등), 사법입법(헌법 108조)을 인정하고 있다.

둘째, 위와 같은 맥락에서 사법과 사법권의 구별을 전제로 헌법은 그 제101조 제1항에서 법원의 권한에 속하는 형식적 의미의 사법권을 규정하고 있고, 실질적인 의미의 사법작용에 속하는 헌법재판소는 별도로 제6장에서 규율하고 있다. 그리고 실질적인 사법작용인 행정심판권은 행정청의 권한으로 하고 있다.

셋째, 법원조직법 제2조는 "법원은 헌법에 특별한 규정이 있는 경우를 제외한 일체의 법률상의 쟁송을 심판하고, 이 법과 다른 법률에 의하여 법원에 속하는 권한을 가진다(제1항). 제1항의 규정은 행정기관에 의한 전심으로서의 심판을 금하지 아니한다(제2항). 법원은 등기, 가족관계등록, 공탁, 집행관, 법무사에 관한 사무를 관장 또는 감독한다(제3항)."고 규정하여 형식설로 해석하고 있다.

살펴본 바와 같이 실질적 의미의 사법에 속하는 헌법재판, 행정심판과 같이 민주적 헌법국가는 형식적 사법권과 협력적 권력분립을 추구하고 있다. 즉 실질설과 형식설은 상호 배제관계가 아니라 보완관계에 있는 것이다.

---

2) 권영성, 『헌법학원론』, 832면.
3) 허영, 『한국헌법론』, 1099면.

Ⅱ. 사법권의 범위

1. 서설

고전적인 3권 분립원칙에 의한 광의의 사법과 현대적인 협력적 권력분립원칙에 의한 협의의 사법을 구분하여 살펴보기로 한다. 우리 헌법은 국가권력의 분산을 통하여 협력적 권력분립원칙을 추구하고 있다.

2. 광의의 사법권의 범위

광의의 사법작용의 범위는 비송사건, 사법입법, 사법행정작용을 포함한 독립 기관인 법원의 권한에 속하는 모든 사법작용을 말한다. 즉 민사재판(가사소송), 형사재판, 행정재판(행정심판, 위헌·위법명령규칙처분심사, 행정소송), 특허재판, 조세재판, 사회재판, 헌법재판(위헌법률심판, 탄핵심판, 위헌정당해산심판, 권한쟁의, 선거소송, 연방국가적 쟁의)이다.

3. 협의의 사법권의 범위

헌법 제101조 제1항은 협의의 사법개념에 입각하여 민·형사재판, 행정재판, 특허재판, 조세재판, 사회재판, 선거재판이 속한다. 여기에 형식설에 의하여 사법입법, 사법행정도 포함된다.

(1) 행정처분심판

행정법원개원이전에 행정처분에 대하여는 행정심판전치주의에 의하여 행정내부의 통제를 거쳐 법원이 심판할 수 있었다. 행정의 특수성을 고려한 것이지만 행정심판절차는 사법절차가 준용되어야 했다(헌법 제108조 제3항). 하지만 행정소송법(제18조 제1항)에서 행정심판전치주의는 필요적 절차에서 임의적 절차로 개정되어 행정처분은 행정법원에서 제1심 재판을 받게 되었다. 행정처분에 대한 심사도 민·형사사건과 마찬가지로 최종적인 심사는 대법원이 담당한다. 독일, 프랑스와 같이 유럽대륙의 사법체계는 행정국가의 특수성을 고려하여 일반사건과 구분하여 행정대법원을 별도로 설치하여 전문법원으로 운영하고 있는 것과 다른 점이다.

(2) 위헌위법명령규칙심판권

명령, 규칙이 헌법이나 법률에 위반되는 여부가 재판의 전제가 된 경우에는 대법원은 이를 최종적으로 심사할 권한을 가진다(헌법 제107조 제2항). 명령, 규칙은 헌법 이하의 규범으로 행정부의 입법 내지 행정기능에 속한다. 로크의 이권분립이론에 의하면[4] 사법과 행정부는 동일하게 법률을 집행하는 기능을 수행하는 권력으로 입법부에 종속된다고 보았다. 즉 법원은 행정부를 통제할 수 있지만 입법부는 통제할 수 없다. 이러한 점에서 각급법원을 비롯한 대법원은 행정통제기능에서 위헌위법명령·규칙심판권을 스스로 행사할 수 있다. 대법원은 무효선언과 함께 관보 게재·공고(행정소송법 제6조)하여 일반적 효력을 부여하고 있다. 위헌인 법령을 실정법에서 배제하여 국민의 기본권을 보호한다는 점과 헌법재판소와 협력적 권력분립의 관점에서 타당하다. 헌법재판소도 헌법소원을 통하여 위헌위법명령규칙에 대하여 심판하여 일반적 효력을 부여하고 있다.

(3) 선거소송

대통령과 국회의원, 비례대표 시·도의원과 시·도지사 및 교육감의 선거소송과 당선소송은 대법원에서, 지역구시·도의원선거, 자치구·시·군 의원선거 및 자치구·시·군의 장 선거에 있어서는 그 선거구를 관할하는 고등법원에 소를 제기할 수 있다(공직선거법 제223조 제1, 2항 및 지방교육자치법 제49조 제1항).

(4) 위헌법률심판제청권

법관은 헌법과 법률에 의하여 그 양심에 따라 독립하여 심판하여야 한다(헌법 제103조). 법관이 위헌인 법률에 근거하여 심판하는 것은 법치주의원칙에 반하는 것이다. 따라서 법률이 헌법에 위반되는 여부가 재판의 전제가 된 경우에는 법원은 헌법재판소에 제청하여 그 심판에 의하여 재판한다(헌법 제107조 제1항).

헌법재판작용은 정치적 사법작용으로 선거관리와 마찬가지로 독립된 장에서 규율하고 있다. 하지만 헌법재판도 본질적으로 사법작용인 것은 물론이다. 비교 헌법적으로 보면 헌법재판을 미국, 일본, 스위스 등은 대법원이 관할하고, 우리 헌정사에서도 제3공화국에서는 법원의 권한으로 하였다.

---

4) 강정인/문지영(옮김), 『존 로크 통치론』, 제11장 입법권의 범위에 관하여, 127면 이하.

(5) 사법행정권

법원은 인사 · 예산 · 회계 · 시설 · 통계 · 송무(訟務) · 등기 · 가족관계등록 · 공탁 · 집행관 · 법무사 · 법령조사 및 사법제도연구에 관한 사법행정기능을 수행한다(법원조직법 제19조).

(6) 사법입법권

대법원은 사법행정과 관련하여 법률에 저촉되지 않는 범위 내에서 규칙을 제정할 수 있다(헌법 제108조). 대법원장은 법원의 조직, 인사, 운영, 재판절차, 등기, 가족관계등록, 그 밖의 법원 업무와 관련된 법률의 제정 또는 개정이 필요하다고 인정하는 경우에는 국회에 서면으로 그 의견을 제출할 수 있다(법원조직법 제9조 제3항).

제 2 절   법원의 인적 구성

Ⅰ. 세계 각국의 법관임명과 임기

1. 법관임명방법

미국의 지분국, 스위스 칸톤 그리고 영국의 제1심 법원의 판사는 국민이 선출한다. 스위스 연방대법원, 독일 연방헌법재판소의 재판관은 의회에서 선출한다. 이는 법원구성에 있어서 민주적 정당성을 부여하는 방안이다. 또한 정당이 강한 영향력을 발휘할 수 있는 방안이기도 하다.

독일의 연방법관은 법관인사추천위원회의 제청으로 행정부소속의 법무부장관이 임명한다. 유럽연합의 제1심 법원의 판사와 사무처장은 회원국의 상호 동의로 각국 정부가 임명한다.

미국에서 연방법관은 대통령의 제청과 상원의 동의로 임명한다. 이는 특히 낙태와 동성혼 등 헌법재판을 담당하는 연방대법관을 임명하는 경우 중대한 정치적 판단을 하는 것에 기인한다.

2. 임기

스위스는 의회에서 선출하는 연방법관의 임기는 3년에서 10년으로 재선은 피선연령상한에까지 가능하다. 그리고 연방판사는 임기 중에는 직위를 박탈하지 않지만 연방행정재판소와 연방형사재판소의 재판관은 고의 또는 중대한 과실로 직무의 의무를 위반한 경우 직위를 박탈할 수 있다. 하지만 연방판사도 정치적 압박이나 언론의 영향으로 임기 이전에 직위를 상실당할 수 있다. 반 직접민주주의 제도화로 국민적 통제가 언제든지 가능한 것도 중요한 요소다.

법관의 독립을 확실히 보장하기 위하여 종신 또는 장기로 선발하는 경우도 있다. 독일, 이탈리아, 프랑스 헌법재판관은 중임은 불가능하지만 12년(독), 9년(이), 9년(프)으로 비교적 장기의 임기를 보장하고 있다. 미국은 연방법관의 임기를 종신직으로 하고 탄핵으로만 사직할 수 있는 것으로 하고 있다.

Ⅱ. 우리의 법관임명과 임기

1. 법관의 자격과 임명

(1) 법관자격

우리 헌법(제101조 제1항)에서 법관은 사법권을 구성하는 인적요소다. 법관의 자격은 입법사항(제101조 제3항)이다. 그 자격에 관하여 법원조직법 제42조는 대법원장과 대법관은 20년 이상 다음 각 호의 직(職)에 있던 45세 이상의 사람 중에서 임용한다. ① 1. 판사, 검사, 변호사 2. 변호사 자격이 있는 사람으로서 국가기관, 지방자치단체, 공공기관의 운영에 관한 법률 제4조에 따른 공공기관, 그 밖의 법인에서 법률에 관한 사무에 종사한 사람 3. 변호사 자격이 있는 사람으로서 공인된 대학의 법률학 조교수 이상으로 재직한 사람 ② 판사는 10년 이상 제1항 각 호의 직에 있던 사람 중에서 임용한다.

모두 변호사의 자격이 있어야 한다. 변호사자격은 1. 사법시험에 합격하여 사법연수원의 과정을 마친 자 2. 판사나 검사의 자격이 있는 자 3. 변호사시험에 합격한 자 중 어느 하나에 해당하여야 한다(변호사법 제4조). 법학전문대학원에서 석사학위를 취득하여 변호사시험에 합격한 자(변호사시험법 제5조)만이 법관이 될 수 있는

자격을 갖는다. 문제는 법학전문대학원 설치 및 운영에 관한 법률에 의한 법학전문
대학원 설치대학의 인가제와 입학정원제한 및 변호사자격시험의 상대평가제로 인
해 변호사시험에 합격하는 것이 매우 어렵다는 점이다. 직업선택의 자유, 평등권,
재판청구권, 변호사의 조력을 받을 권리 등의 기본권침해소지가 있는 것이다.

　이는 입법·행정부의 구성원들이 선거, 시험, 계약 등 다양한 방법으로 선발되
는 것과 구별될 뿐만 아니라 비교법적으로 법관을 미국은 선거와 의회선발, 독일은
행정부에서 선발하는 것과 비교된다. 더구나 미국과 독일의 변호사자격시험은 우리
와 달리 응시자격, 합격률 제한도 없어 변호사자격취득이 어렵지 않다. 우리도 이
를 의식하여 국민이 배심원으로 참여하는 형사재판을 도입하였다. 하지만 헌법 제
101조 제1항의 사법부의 구성원으로 법관의 자격을 부여하지 않아 배심원의 의견
은 구속력이 없다.

　판단컨대 헌법의 핵심인 국민주권의 원리와 비교하여 법관의 자격요건(헌법 제
101조 제3항)은 입법사항에 불과하고, 비교법적으로 세계 각국은 법관선발방법을 다
양하고 자격요건도 완화하는 등 사법의 민주화를 추구하는 것이 시대적 요청이란
점을 강조하지 않을 수 없다.

(2) 법관임명

　법관임명방법에 관하여 헌법 제104조와 동일내용으로 법원조직법 제41조는 "대
법원장은 국회의 동의를 받아 대통령이 임명한다(제1항). 대법관은 대법원장의 제청
으로 국회의 동의를 받아 대통령이 임명한다(제2항). 판사는 인사위원회의 심의를 거
치고 대법관회의의 동의를 받아 대법원장이 임명한다(제3항)."고 규정하고 있다.

2. 임기

　대법원장의 임기는 6년으로 하며, 중임할 수 없다. 대법관의 임기는 6년으로
하며, 법률이 정하는 바에 의하여 연임할 수 있다. 대법원장과 대법관이 아닌 법관
의 임기는 10년으로 하며, 법률이 정하는 바에 의하여 연임할 수 있다. 법관의 정년
은 법률로 정한다(헌법 제105조). 대법원장과 대법관의 정년은 각각 70세, 판사의 정
년은 65세로 한다(법원조직법 제45조). 임기가 끝난 판사는 인사위원회의 심의를 거
치고 대법관회의의 동의를 받아 대법원장의 연임발령으로 연임한다(법원조직법 제45

조의2).

　　법관은 탄핵 또는 금고 이상의 형의 선고에 의하지 아니하고는 파면되지 아니하며, 징계처분에 의하지 아니하고는 정직·감봉 기타 불리한 처분을 받지 아니한다(헌법 제106조).

제 3 절 법원의 조직과 사법권의 독립

Ⅰ. 법원의 조직과 심급제

1. 법원의 조직

　　법원은 최고법원인 대법원과 각급법원으로 조직된다(헌법 제101조 제2항). 대법원 이하 각급법원으로 고등법원, 특허법원, 지방법원, 가정법원, 행정법원, 회생법원(법원조직법 제3조 제1항)이 있다.

2. 심급제

(1) 3심제 원칙

　　헌법에 의하면 법원조직은 법률심인 대법원과 사실심인 각급법원으로 2심제를 유지하면 된다. 하지만 우리 법원의 재판은 3심제를 원칙으로 하여 민사, 형사, 행정, 군사재판5)은 3심제다. 상급법원 재판에서의 판단은 해당 사건에 관하여 하급심을 기속한다(법원조직법 제8조). 이는 심급제에 근거한 것으로 법관의 재판상 독립을 침해하는 규정으로 해석할 수 없다.

(2) 예외

　　예외적으로 2심제, 단심제도 인정하고 있다.

---

5) 개정 군사법원법에 따라 고등군사법원이 폐지되어 항소심을 일반법원에서 담당한다.

(가) 2심제

지방선거 중 시·도지사 및 비례대표 시·도의원선거를 제외한 나머지 선서소송과 당선소송 및 특허와 해양안전재판은 2심제로 한다.

(나) 단심제

대통령, 국회의원의 선거소송과 당선소송(공직선거법 제222조, 제223조), 비상계엄하의 군사재판은 군인·군무원의 범죄나 군사에 관한 간첩죄의 경우와 초병·초소·유독음식물공급·포로에 관한 죄 중 법률이 정한 경우에 한하여(헌법 제110조 제4항) 단심제로 한다. 단심제로 하는 이유는 선거나 비상사태에서와 같이 신속히 해결할 필요할 있는 경우이다. 따라서 군사재판에서 사형을 선고하는 경우는 비상계엄상황이라 하더라도 단심으로 할 수 없다(헌법 제110조 제4항 단서).

(3) 특별법원의 설치금지원칙

사법권의 독립이 보장되지 않고 대법원에의 상고가 인정되지 않는 특별법원은 설치가 금지된다. 하지만 군사법원은 헌법이 인정한 유일한 특별법원이다. 즉 군사법원의 상고심은 대법원으로 하고 전술한 바와 같이 비상계엄하의 군사재판은 일정한 경우에 한하여 단심으로 하고 있다(헌법 제110조).

헌법 제27조 제2항은 군인 또는 군무원이 아닌 국민은 일정한 경우에 한하여 군사재판을 받도록 하고 있다. 군사법원조직법정주의(헌법 제110조 제3항)에 의하여 개정된 군사법원법은 군인의 재판청구권보장을 위하여 일련의 제도개선[6]을 하여 시행하고 있다.

---

6) 현행 군사법원법은 2021. 9 개정된 법으로 그 개정목적을 다음과 같이 공지하고 있다: 군 사법(司法)제도에 대한 국민적 신뢰를 회복하고 피해자의 인권보장과 사법정의의 실현이라는 헌법적 가치를 구현하기 위하여 성폭력범죄, 군인 등의 사망사건 관련 범죄 및 군인등이 그 신분취득 전에 저지른 범죄에 대해서는 군사법원의 재판권에서 제외하여 일반 법원이 재판권을 행사하도록 하고, 군 사법제도 개혁을 통한 사법의 독립성과 군 장병의 공정한 재판을 받을 권리를 실질적으로 보장하기 위하여 1심 군사재판을 담당하는 군사법원을 국방부장관 소속으로 설치하며, 고등군사법원을 폐지하여 일반 법원에서 항소심을 담당하게 하고, 수사의 공정성 및 군검찰의 독립성을 확보하기 위하여 국방부장관 및 각 군 참모총장 소속으로 검찰단을 설치하며, 관할관 및 심판관 제도를 폐지하고, 군검사가 구속영장을 청구할 때 부대의 장의 승인을 받는 제도를 폐지하는 등 군 장병의 재판받을 권리와 군조직의 특수성이 조화된 사법체계를 확립하는 동시에 현행 제도의 운영상 나타난 일부 미비점을 개선·보완하려는 것임. 국가법령정보 홈페이지 참조.

3. 판결의 공개의무

법원의 심리와 판결은 민주적 통제를 위하여 공개하여야 한다. 다만, 심리는 국가의 안전보장, 안녕질서 또는 선량한 풍속을 해칠 우려가 있는 경우에는 결정으로 공개하지 아니할 수 있다(헌법 제109조, 법원조직법 제57조 제1항). 이 경우에도 비공개결정의 이유를 밝혀 선고하여야 한다(법원조직법 제57조 제2항). 심리비공개결정에도 불구하고 재판장은 적당하다고 인정되는 사람에 대해서는 법정 안에 있는 것을 허가할 수 있다(법원조직법 제57조 제3항).

Ⅱ. 사법권의 독립

1. 의의

사법은 법에만 기속되고 그 밖에는 독립하여 비당파적, 객관적이어야 한다. 사법권의 독립은 공정한 재판을 통하여 개인의 자유를 보장하는 데 그 이념적 기초를 두는 실질적 의미의 헌법이다. 우리 헌법 제103조는 "법관은 헌법과 법률에 의하여 그 양심에 따라 독립하여 심판한다."고 규정하여 사법권의 독립을 헌법에 명문으로도 규정하고 있다.

2. 일반 · 추상적인 규범에 기속

법관은 헌법, 법률, 명령에 기속된다. 그 기속은 절차적, 실질적 규범내용이다. 실질적 기속은 합헌적 규범에 기속되는 것을 말하며 위헌규범에 기속되어서는 안 된다. 법관은 위헌의 의심이 있는 규범에 대하여는 위헌법률심판이나 위헌위법명령규칙심사청구를 하여 합헌적 규범에 의한 재판을 하여야 한다.

선례구속의 원칙은 영미법계와 달리 사실상 존중될 뿐 법적 구속력은 없다. 법원조직법 제8조의 "상급법원의 재판에 있어서의 판단은 당해 사건에 관하여 하급심을 기속한다."는 심급에 의한 사법의 통일성을 도모하기 위한 상급심재판의 기속력을 의미한다.

법관의 절차적 기속은 소송법과 재판청구권, 무죄추정권, 영장주의 등 헌법상 절차적 기본권에 기속을 말한다.

3. 독립(법관의 재판상의 독립)

법관의 재판상 독립은 타 국가기관, 사회세력, 소송당사자로부터의 독립을 의미한다.

(1) 국회와 정부로부터의 독립

국회와 정부는 입법에 의해 추상적으로 법원의 사법기능에 영향을 미칠 수는 있어도 구체적으로 사건에 영향을 미칠 수는 없다. 또한 입법에 의한 사법행정에 독립성을 보장하기 위하여 "대법원장은 법원의 조직, 인사, 운영, 재판절차, 등기, 호적 기타 법원업무에 관련된 법률의 제정 또는 개정이 필요하다고 인정하는 경우에는 국회에 서면으로 그 의견을 제출할 수 있다."(법원조직법 제9조 제3항).

(2) 소송당사자로부터의 독립

법관과 소송당사자가 법률상 사실상 이해관계로 인하여 공정한 재판을 기대할 수 없는 경우에 대비하여 제척, 기피, 회피제도(형사소송법 제2장, 민사소송법 제1장 제2절)를 마련하여 재판의 객관성을 도모하고 있다.

(3) 사회적 제 세력으로부터의 독립

법관은 정당, 시민, 종교, 언론단체의 압력으로부터 독립하여 여론 내지 인민재판을 하여서는 안 된다.

(4) 상급법원으로부터의 독립

법원조직법 제8조의 "상급법원의 재판에 있어서의 판단은 당해 사건에 관하여 하급심을 기속한다."는 상급심재판의 기속력은 상급법원이 하급법원의 재판을 다시 판단하여 파기환송하여 재판의 통일성을 도모하는 것으로 사법권독립에 합치한다.

제
5
장
/

헌법재판소

제 1 절 헌법재판의 기원과 전파

Ⅰ. 기원: 본함 박사(Dr. Bonham)사건

구체적 규범통제는 독립적인 헌법재판제도보다 훨씬 오랜 역사를 갖고 있다. 1610년 영국의 본함 박사(Dr. Bonham)사건[1]에서 코우크(Edward Coke) 판사의 보통법에 위반되는 의회제정법의 무효판결은 헌법재판의 기원으로 볼 수 있기 때문이다.

이 사건을 살펴보면 절대군주시대에 특허를 받은 왕립의사협회는 협회에 가입하지 않고 의료업에 종사하는 의사를 감독하고 징계와 형사처벌까지 할 수 있는 막강한 직업단체였다. 케임브리지 대학 출신 의사 본함(Dr. Bonham)은 협회에 가입하지 않아 벌금형을 부과 받았다. 하지만 벌금을 납부하지 않아 7일간 투옥되었다가 의료업까지 중지되었다. 이에 그는 의사협회 간부들을 상대로 소송을 제기하여 코우크 판사의 심리를 받게 되었다.

코우크는 '어느 누구도 자기가 이해관계 당사자인 사건의 심판관을 할 수 없

---

1) Dr. Bonham's Case, 1610.8 Coke Rep., 114a 2 Browl, 295; 양승두/이동과/김영삼/전형성, 『영미공법론』, 23면 이하; 김운용, 『위헌심사론』, 삼지원, 1998, 38면 이하; 이헌환, 『법과 정치』, 박영사, 2007, 75면 이하.

다.'는 자연법적 정의(Common Law)를 근거로 국왕의 특허를 인준한 의회제정법의 무효를 선언한 것이다. 이는 왕권과 의회에 대하여 자연법적 정의의 우위를 선언한 위헌법률심판의 기원이라 할 수 있다.

하지만 제임스 1세(1603~1625)는 그를 정직시키고 판결수정을 명하여 코우크의 위헌법률심사는 실패로 돌아가고 말았다. 당시 영국에서는 제임스(James) 1세의 절대왕권, 의회주권, 인권법원인 星(성)법원(The Court of Star Chamber)에 대한 불신이 그 배경이 되었다.

Ⅱ. 전파

1. 마베리 사건(Marbury v. Madison)

본함 사건에서 코우크가 발견한 자연법사상에 입각한 위헌법률심사는 영국 식민지인 미국에 전파되어 뿌리를 내리게 되었다. 마샬(Marshall) 대법원장이 마베리 사건(Marbury v. Madison)에서 자연법사상을 헌법의 최고규범성으로 해석하여 가능하게 된 것이다. 이 사건을 살펴보면 다음과 같다.[2]

1800년 대통령선거에서 공화당 후보 제퍼슨(Thomas Jefferson)이 승리하였다. 퇴위를 준비하고 있던 아담스(Adams)는 강력한 연방주의를 주장한 민주당의 영향력을 차기 대통령재위 기간에도 미치게 하기 위하여 임기만료직전 워싱턴 D.C.[3]의 치안판사(Justices of the Peace) 42명을 임명하고 상원(연방주의자가 다수였음)의 인준을 임기만료일에 받았다. 동일 자정 전에 임명장에 서명을 마쳤지만 송달은 하지 못하고 국무장관실에 두었다. 신임대통령 제퍼슨은 새로 임명한 매디슨 법무장관에게 25명의 임명장만 전달할 것을 명하였다. 마베리(William Marbury)는 임명장을 수령하지 못한 판사 중 한 명이었다. 그는 연방대법원에 임명장송달 집행명령장(Writ of Mandamus)발부를 요청하는 소를 제기하였다.

1789년 연방법원조직법(Judiciary Act)에는 "대법원은 특정사항에 대하여 1심으

---

2) Marbury v. Madison, 1 Cranch 137(1803); 김운용, 전게서, 51면 이하; 김철수, 『판례교재 헌법』, 법문사, 1977, 611, 612면; 이헌환, 전게서, 83면 이하.

3) 워싱턴 D.C.는 특정한 주로부터 합중국에 양도되어 합중국의회가 수납하여 합중국정부의 소재지로 한 구역(10평방마일을 초과하지 못함)으로 어떠한 사항임을 불문하고 전속적인 입법권을 행사한다(미연방헌법 제1장 제8조 제17항).

로 집행명령을 내릴 수 있다."고 규정되어 있었다. 마샬(Marshall) 대법원장은 본함 (Dr. Bonham)사건에서 코우크 판사의 기지를 헌법의 최고규범성으로 수용하여 법 원조직법의 헌법위반을 이끌어 내었다. 그는 헌법위임 없이 법원조직법에서 비로소 대법원에 집행명령을 발부할 권한을 부여하는 것은 대법원의 권한을 법률로 창설 한 것으로 위헌이라는 논리를 제시한 것이다. 왜냐하면 헌법 제3조 제2항 제2문은 대법원의 제1심 관할을 한정적으로 열거하고 있기 때문이라 논증하였다. 즉 헌법 제3조 제2항 제2문은 "대사, 공사, 영사가 관계된 사건에서는 연방대법원이 제1심 으로 관할권을 갖지만 그 밖의 사건에서는 상소심으로 권한을 행사한다."고 규정하 고 있었다.

2. 유럽제국

유럽에서 헌법재판소를 독립된 특별재판소로 처음 설치한 국가는 1920년 오스 트리아다. 독립된 헌법재판소는 제2차 대전 이후 유럽각국에 전파되었다. 이들 국 가는 모두 추상적 규범통제제도를 두고 있다. 독일은 특히 연합국의 강요로 국가기 관의 기본권기속을 담보하기 위하여 헌법재판소의 기능을 강화하였다. 바이마르공 화국의 국사재판소의 관장사항은 지분국 내의 기관쟁의, 지분국 상호간의 연방국가 적 쟁의제도만 있었고, 라이히법률에 대한 통제와 헌법기관 상호간 기관쟁의는 없 었다.[4] 하지만 독일 연방헌법재판소는 구체적·추상적 규범통제, 기관쟁의, 헌법소 원 등 광범위한 헌법보호절차를 마련하였다.

독일헌법재판제도는 이탈리아, 스페인, 남아공 등에서 모방하였다. 1989년 소 련연방해체 후 동부와 중부 유럽국가에서도 민주화의 상징처럼 헌법재판을 제도화 하였다. 이러한 경향과 달리 스위스는 강한 민주주의 전통으로 인하여 미국과 같이 연방대법원에 헌법재판기능을 부여하고 연방법률에 대하여는 규범통제를 금지(헌법 제189조 제4항[5])하고 있다.

---

4) K. Schlaich, Das Bundesverfassungsgericht, 4. Aufl., München, 1997, S. 1 f. RN 1.
5) 스위스헌법 제189조 제4항: 연방대법원은 연방의회와 연방내각의 법률행위에 관하여 심판하 지 못한다. 다만 그 예외는 법률로 정한다.

제 2 절 헌법재판일반론

Ⅰ. 개념과 기능

헌법재판제도란 헌정생활에 대한 헌법의 해석적용을 바탕으로 헌법의 최고규범성을 확보하기 위한 제도를 말한다. 헌법재판이란 독립된 법원이 국가권력행사의 헌법에의 합치여부를 사법적 절차로 기속력 있게 결정하는 것을 말한다. 특히 법률, 명령, 공권력행사의 합헌성을 심사한다. 일반법원과는 독립된 특별법원으로 헌법재판을 담당하게 하는 것은 규범통제에 집중하기 위한 것이고, 합헌성 심사에서 사법절차를 준수하는 것은 객관적으로 정당한 결정을 보장하기 위한 것이다. 따라서 헌법재판은 헌법보호의 효과적인 수단으로 인정되고 있다.

헌법재판은 주관적·객관적인 두 가지 보호기능을 한다. 개인의 주관적 권리보호기능으로 특히 공권력에 의한 기본권침해에 대한 보호기능과 헌법의 최고규범성을 고양하여 기본권형성을 보장함으로써 객관적으로 합헌적 법질서보호기능을 한다.

Ⅱ. 헌법재판의 유형과 관장사항

1. 헌법재판의 유형

(1) 집중형과 분산형

독일, 오스트리아, 프랑스, 이탈리아, 스페인 등 대부분의 국가에서는 일반법원과 구분되는 특별한 법원을 설치하여 헌법재판을 집중적으로 담당한다(집중형). 하지만 미국, 일본, 스위스 등은 최고법원으로서 대법원이 민사, 형사, 행정, 헌법재판을 담당하고 있다(분산형).

(2) 우리나라의 역대 헌법재판의 경우

우리나라는 대법원에서 헌법재판도 담당했던 제3공화국(1962년 헌법)을 제외하고는 제1, 4, 5공화국(1948, 1972, 1980)의 헌법위원회, 제2, 6공화국(1960, 1987)의 헌법재판소가 독립된 법원으로서 헌법재판을 담당하였다.

제1공화국에서 헌법위원회가 헌법재판을 담당했던 것은 당시 법관들이 대부분 친일파여서 국회의 입법을 견제할 만한 국민들의 신뢰와 권위를 확립하지 못하였기 때문이다.[6] 하지만 당시 헌법위원회도 약 10년 동안 6건의 위헌심판을 하여 그 중 2건에 대하여는 위헌결정을 하고 4건[7]은 합헌 결정하였다. 위헌결정은 농지개혁법 제18조 제1항 후단 및 제24조 제1항 후단[8]과 비상사태하의 범죄처벌에 관한 특별조치령 제9조[9]에 대한 것이다.

제3공화국에서 대법원이 군인, 군무원 등에 대한 국가배상청구권을 부인하는 국가배상법에 대하여 위헌판결을 한 것은 고무적인 것이었다. 하지만 1971년의 박정희의 사법파동과 함께 유신헌법에서 위헌적인 국가배상법규정을 헌법에 명문화하였다. 이후 제5공화국까지 헌법위원회가 헌법재판권을 담당하였지만 예상대로 휴면기관으로 전락하고 말았다.

2. 헌법재판의 관장사항

분산형 헌법재판은 사법체계 내에서 최고법원으로 대법원(미국, 스위스, 일본 등)이 법원판결의 위헌성을 심사하는 구체적 규범통제에 국한된다. 스위스의 경우 주법과 행정입법으로 대상도 제한하고 있다. 이에 반해 집중형 헌법재판(독일, 오스트리아, 스페인, 남아공 등)의 관장사항은 광범위하여 추상적·구체적 규범통제, 탄핵심판, 위헌정당해산심판, 권한쟁의, 헌법소원, 연방국가적 쟁의, 지방자치단체의 헌법소원, 선거소송 등이 있다.

우리 헌법재판소의 관장사항은 그 중간 정도로 법원의 제청에 의한 법률의 위헌여부심판인 구체적 규범통제, 탄핵심판, 위헌정당해산심판, 권한쟁의, 법률의 규정에 의한 헌법소원심판이 있다(헌법 제111조). 그리고 헌법재판소법(제68조 제1항)에는 헌법소원의 대상에서 법원의 재판을 배제하고 있다.

---

6) 유진오, 『헌법기초회고록』, 53면.
7) 귀속재산처리법 제35조(4285. 3. 29. 제청법원 서울고등법원), 계엄법 제13조(4286. 10. 8. 제청법원 서울고등법원), 남조선과도정부행정명령 제9호(4287. 2. 27. 제청법원 청주지방법원), 법률 제120호 간이소청절차에 의한 귀속해제결정의 확인에 관한 법률(4287. 3. 26. 제청법원 서울지방법원).
8) 4285. 9. 9. 제청법원 대법원.
9) 4286. 10. 8. 제청법원 서울고등법원.

Ⅲ. 헌법재판에서 정치와 법의 관계

1. 심사기준인 정치법으로서 헌법

국가는 정치적 의사, 정치적 힘의 역학관계에 의한 인위적 창조물이다. 헌법은 특정국가의 기본법으로 국가를 전제로 한다. 헌법제정 이전에 정치적 의사는 전제되어 있는 것이다. 헌법은 정치적 의사를 순화하고 조직하며 결정하는 것이다. 헌법은 정치법, 즉 올바른 정치를 위한 법이다. 헌법재판은 사회구성원들의 동화적 통합의 가치와 정치적 의사의 합치에 의하여 탄생한 것이다. 따라서 헌법을 심사기준으로 헌법분쟁을 해결하는 헌법재판에서는 정치법으로서 헌법의 특성을 고려하지 않을 수 없다.

2. 헌법재판의 본질(정치와 법치의 관계)

정치는 역동적, 실질적, 감정적, 현실적, 이기적, 투쟁적, 독점적, 배타적인 본질을 갖고 있는 반면에 법치는 수동적, 형식적, 합리적, 이성적, 동화적, 타협적, 이타적인 본질이 있다. 양자가 상반된 특성을 갖고 있어 실천적 조화가 필요하다. 이러한 작업을 헌법재판이 담당하는 것이다. 헌법재판은 정치를 법적으로 순화하는 기능을 하기 때문이다.

하지만 헌법은 기본법의 특성상 개방성, 추상성, 포괄성 등 일반규정의 형식으로 규정되어 있다. 헌법해석자의 주관적 가치관에 따라 정치상황이 상이하게 나타날 수 있다. 이러한 헌법재판의 특성상 헌법재판은 헌법보다는 재판작용에 비중을 두어야 한다. 헌법의 개방적인 규정보다는 소송법의 엄격한 절차규정에 따른 논리를 제시하여야 청구인을 설득할 수 있기 때문이다. 따라서 헌법재판은 일반재판과 같은 사법작용의 속성을 부인할 수 없다.

하지만 정치를 심판대상으로 하는 점에서 구체적 정의만 고려하여 결정하는 것은 바람직하지 않다. 특히 권한쟁의, 위헌정당해산심판과 같이 진정한 정치 분쟁을 대상으로 하는 경우 민주적 기본질서의 침해여부, 권한범위의 확인 등의 해석은 대세적·일반적 효력으로 나타나기 때문이다. 헌법재판은 일반재판과 달리 헌법과 헌법재판소법에 열거된 권한 이외에 헌법해석으로 스스로 권한을 창설해서는 안

된다. 정치적 영역에 개입하여 갈등의 소지를 제공하는 것으로 바람직하지 않기 때문이다. 이러한 점에서 헌법재판에서 정치와 법은 심사기준으로 헌법의 정치성과 심판대상으로 정치문제를 다루는 불가분의 관계에 있다. 헌법재판을 순수한 사법작용으로 볼 수 없고 정치적 사법작용이라 보는 이유다.

3. 정치와 법의 기능배분 사례

구체적 규범통제제도의 기원으로 알려진 Marbury v. Madison 사건도 제퍼슨(Jefferson)과 아담스(Adams) 대통령 간의 정치투쟁을 대상으로 연방대법원이 헌법재판을 한 것이다. 즉 Marshall 대법원장은 마베리(Marbury)의 청구대로 법무장관 메디슨(Madison)에게 치안판사 임명장 집행명령(Writ of Mandamus)을 발하게 되면 신임 대통령에게 불리한 것이었다. 그렇다고 집행명령청구를 기각하면 물러나는 아담스 대통령에게 불리하게 되는 것이었다. 그는 기지를 발휘하여 직무집행명령을 규정한 법원조직법 규정은 헌법에 정해진 대법원의 제1심 권한에는 없는 것을 창설한 것으로 위헌법률이라고 하여 위기를 모면한 것이다.

미연방대법원이 개발한 3단계 위헌심사기준도 법과 정치의 권한배분을 도모하기 위한 것으로 실용적인 헌법재판방법이다. 엄격심사(Strict Scrutiny Test)는 공권력에 의한 표현의 자유제한과 인종차별행위에 대한 심사로 압도적 공익실현의 절박한 필요성이 있는 경우에만 정당화된다. 이 기준을 적용하면 입법은 거의 위헌선언이 된다. 중간심사(Intermediate Scrutiny Test)는 성, 사생아, 외국인에 대한 차별입법의 합헌성심사에 해당한다. 중요한 입법 목적과 실질적인 관련을 갖는 입법내용인지를 판단하는 것이다. 합리성 심사(Rationality Test)는 경제규제나 연방규제입법에 대한 관대한 위헌심사로 공권력행사에 넓은 재량을 부여하므로 거의 합헌 결정된다.

독일연방헌법재판소는 1945년-1949년 소련점령지역의 공용수용에 대한 합헌성심사에서 동독이나 소련이 실지회복포기의 합의를 전제로 이루어진 통일조약과 2(동·서독)＋4(프랑스, 소련, 영국, 미국)조약체결이 없었다면 독일의 통일은 이루어질 수 없었을 것이라고 확신하였다. 따라서 1991년 8월 31일 독일연방헌법재판소는 헌법 제143조 제3항[10])에 이 합의를 삽입한 것의 헌법개정금지조항(제79조 제3항)

---

10) 독일헌법 제143조 제3항: (…) 통일조약 제41조와 그 시행을 위한 규정들은 통일조약 제3조에서 열거한 지역에 대한 재산권의 침해가 더 이상 원상회복되지 않는다고 하는 규정하는 한도 내에서 효력을 갖는다.

침해주장을 하면서 청구한 헌법소원심판에서 다음과 같이 판시하면서 기각결정[11]
을 하였다. "조약체결을 위한 위 전제조건이 합의되지 않았다면 독일통일의 기회는
없었을 것이다. 조약체결 후에 할 수 있는 것에 대한 판단은 정부의 권한으로 헌법
재판의 심사대상이 아니다." 다만 이 결정 이후에 연방헌법재판소가 방론으로 제시
한 공용수용에 대한 보상규정의 필요성을 연방의회가 수용하여 1994년 9월 27일
보상입법을 제정하였다.[12]

　　우리 헌법재판소도 국회의 동의 없이 정부가 국군을 이라크 파병한 것에 대한
헌법소원각하결정[13]에서 헌법재판에서 다음과 같이 정치와 법의 분배를 강조하고
있다; 국군의 이라크파견 결정은 고도의 정치적 결단을 요하는 문제로서, 대통령과
국회의 판단은 존중되어야 하고 우리 재판소가 사법적 기준만으로 이를 심판하는
것은 자제되어야 한다.

제 3 절　헌법재판의 개별절차

Ⅰ. 규범통제(위헌법률심판)

　　규범통제는 헌법재판의 핵심으로 법원이 헌법하위의 규범의 합헌성을 심사하
는 제도를 말한다. 이에는 추상적·구체적 규범통제가 있다.

1. 추상적 규범통제(독자적 헌법재판)

　　추상적 규범통제란 법원이 구체적 사건과 관련 없이 규범의 합헌성을 심사하
는 제도를 말한다. 위헌성을 인정하면 규범의 효력발생을 예방적으로 저지하거나
(예방적 규범통제) 사후적으로 효력을 취소할 수 있다(사후적 규범통제).

---

11) BVerfGE 84, 90 ff
12) H. Säcker, Das Bundesverfassungsgericht, Bundeszentralle für Politische Bildung, Bonn
　　1991, S. 181.
13) 헌재결 2004. 4. 29. 2003헌마814, 판례집 16-1, 601(607).

(1) 예방적 규범통제

예방적 규범통제란 법규나 국제조약의 효력발생이전에 헌법재판소가 심사하는 것을 말한다. 이는 위헌적 공권력행사를 사전에 예방하기 위한 것이다. 1958년 프랑스 헌법은 예방적 규범통제를 채택한 대표적인 예다: 동법 제61조는 헌법률(조직법, lois organiques), 국회규칙에 대하여 효력발생 전에 반드시 헌법위원회의 합헌성심사를 받아야 시행할 수 있었다. 제62조는 위헌으로 선언된 규정은 공포 또는 시행할 수 없다. 헌법위원회의 결정에 대하여는 불복수단이 없다. 이는 행정부와 법원을 비롯한 모든 국가기관을 기속한다. 제54조는 국제조약에 대해서도 체결 전에 헌법위원회의 합헌성심사를 받아야 한다. 이는 루소[14]의 민주주의이론에 따라 국민의 일반의지로 제정된 법률은 대의기관이 사후적으로 무효로 할 수 없다는 것에 근거한 것이다.

(2) 사후적 규범통제

사후적 규범통제는 구체적 사건에의 적용여부와 상관없이 이미 효력이 발생한 규범에 대한 헌법재판소의 심사를 말한다. 독일헌법 제93조 제1항 제2호에서는 "연방법과 주법의 형식적·실질적 헌법위반 또는 주법의 연방법위반에 대한 의심이 있는 경우에 연방정부, 주정부, 1/3 이상의 연방의회의원의 청구로" 연방헌법재판소가 사후적 추상적 규범통제의 심판을 한다고 규정하고 있다. 오스트리아, 이탈리아, 스페인, 체코 등 집중형 헌법재판소를 설치한 국가에서는 이러한 추상적 규범통제를 하고 있다. 이 경우 헌법재판소는 입법무효 내지 폐지결정으로 소극적 입법자로 기능한다.

우리의 경우 국회입법의 합헌성에 대하여 국회의원이 추상적 규범통제제도의 흠결로 권한쟁의심판을 청구하여 본안판단도 받지 못하고 각하되는 사례가 있다. 국회선진화법에 대한 각하결정[15]이 그것이다. 국회의 동의를 요하는 조약(헌법 제60조 제1항)의 절차위반에 대한 국내법적 효력도 방치되고 있다. 전술한 바와 같이 집중형 헌법재판제도를 마련한 국가들은 추상적 규범통제의 헌법수호기능으로 합헌적 법질서확립을 도모하고 있는 점에서도 제도적 보완이 필요하다.

---

14) 루소, 『사회계약론』 제3편 제15장.
15) 헌재결 2016. 5. 26. 2015헌라1, 판례집 28-1하, 170.

2. 구체적 규범통제(부수적 헌법재판)

(1) 분산형 헌법재판국가

분산형 헌법재판국가(미국, 스위스, 일본 등)는 모든 법원이 법규범의 위헌여부 심사와 위헌규범의 적용을 거부할 수 있는 권한과 의무를 갖는다. 위헌규범의 효력이 개별적으로 상이하여 법적 안정성에 문제가 생길 수 있는 것은 심급제에 따라 대법원에 상고하여 그 결정에 최종적 효력을 부여한다. 이는 원칙적으로 당해 사건에 국한해야 하지만 사실상 일반적 효력을 인정하고 있다. 예컨대, 명령규칙의 위헌위법심사(헌법 제108조 제2항)는 구체적 사건에 적용거부의 개별적 효력을 갖는 것이 원칙인데 대법원은 무효선언을 하고 있다. 행정소송법 제6조에서는 대법원이 명령규칙의 위헌위법판결을 한 경우 지체 없이 행정안전부장관에게 통보하고 행정안전부장관은 이를 지체 없이 관보에 게재하여야 한다고 규정하고 있다. 미연방대법원의 경우도 선례구속의 원칙(doctrine of stare desicis)에 의하여 위헌규범에 일반적 효력을 부여하고 있다.16)

(2) 집중형 헌법재판국가

집중형 헌법재판국가(독일, 오스트리아, 프랑스, 이탈리아 등)는 헌법재판소에 법률의 위헌여부심사권을 부여하여 위헌결정에 일반법원을 포함한 모든 국가기관이 구속되는 일반적 효력을 부여한다. 일반법원은 법률의 위헌여부가 재판의 전제가 되는 경우 헌법재판소에 위헌법률심판을 제청하여 그 결정에 따라 재판을 한다. 이와 같이 집중형 국가에서는 일반법원에서의 위헌여부판단의 제청절차를 거쳐 헌법재판소의 구체적 규범통제(konkrete Normenkontrolle) 내지 부수적 통제(Inzidentkon – trolle)가 이루어진다. 심급제에 따른 대법원에 집중된 위헌심사를 스위스에서는 부수적 심사(Akzessorische Prüfung), 미국에서는 사법심사(Judicial Review)라고도 한다. 프랑스도 2010년 헌법개정에 의하여 전술한 예방적 규범통제 이외에 구체적

---

16) 텍사스 법에 의하면 임신의 지속이 임산부의 생명에 위험이 초래되는 경우에만 법원의 허가를 얻어 낙태할 수 있었다. 이 텍사스 법에 따라 미혼의 임산부는 텍사스지방법원의 허가를 얻을 수 없었다. 그녀는 연방대법원에 상고하였다. 미연방대법원의 낙태판결(Roe v. Wade)에 의하면 임신 3개월 이내의 낙태는 임산부의 자기결정에 따라 의사에게 시술을 위임할 수 있었다. 연방대법원은 미혼 임산부의 의사낙태를 수정헌법 제14조에 따라 연방대법원의 Roe 판례를 텍사스 주 지방법원의 낙태사건에도 적용하는 것을 정당화하였다.

규범통제도 도입하였다. 즉 제61조에 의하면 프랑스 행정대법원(Conseil d'Etat)과 민·형사대법원(Cour de cassation)은 법률의 위헌여부가 재판의 전제가 된 경우 헌법위원회(Verfassungsrat)에 제청하여 그 심판에 의하여 재판한다.

(3) 우리의 경우

우리의 경우 법률과 법률이하의 규범에 대한 구체적 규범통제의 담당기관이 각각 헌법재판소와 모든 법원이 된다. 위헌법률의 경우 헌법재판소가 독점적인 구체적 규범통제를 한다. 즉 "법률이 헌법에 위반되는 여부가 재판의 전제가 된 경우에는 법원은 헌법재판소에 제청하여 그 심판에 의하여 재판한다(헌법 제107조 제1항)." 위헌위법 명령·규칙은 대법원을 비롯한 모든 법원이 구체적 규범통제를 할 수 있다. 즉 "명령·규칙 또는 처분이 헌법이나 법률에 위반되는 여부가 재판의 전제가 된 경우에는 대법원은 이를 최종적으로 심사할 권한을 가진다(헌법 제107조 제2항)." 헌법재판소의 위헌법률심판절차에 대하여는 헌법재판소법 제41조~제47조에서 규정하고 있다. 우리 헌법재판소는 전술한 바와 같이 집중형 국가(독일, 오스트리아 등)의 규범통제제도와 달리 구체적 규범통제만 인정하고 추상적 규범통제제도는 없다. 따라서 우리 헌법재판소는 구체적 규범통제의 기능에 추상적 규범통제의 기능도 부여하는 제도적 운영을 도모하고 있다. 즉 구체적 규범통제의 입법자 보호기능 이외에 추상적 규범통제의 합헌적 법질서확립의 기능도 나타나고 있다. 이에 대하여 살펴보기로 한다.

(가) 위헌법률심판제청의 요건으로서 담당법관의 위헌의심의 경우도 포함

헌법 제107조 제1항, 헌법재판소법 제41조, 제43조 등의 규정취지는 법원은 문제되는 법률조항이 담당법관 스스로의 법적 견해에 의하여 단순한 위헌의심을 넘어선 합리적인 위헌의 의심이 있으면 위헌여부심판을 제청을 하라는 취지이고, 헌법재판소로서는 제청법원의 고유 판단을 될 수 있는 대로 존중하여 제청신청을 받아들여 헌법판단을 하는 것이다.[17]

---

17) 헌재결 2017. 10. 26. 2016헌가19, 판례집 29-2하, 1; 1993. 12. 23. 93헌가2, 판례집 5-2, 578(592).

(나) 위헌법률심판제청대상은 형식적 법률 이외에 실질적 법률도 포함

위헌법률심판의 제청은 원칙적으로 국회제정의 형식적 의미의 법률이 대상이 된다. 따라서 헌법과 헌법률의 구분에 의한 헌법률,[18] 단순입법부작위[19] 등은 대상이 될 수 없다.

하지만 법률적 효력 있는 실질적 의미의 규범은 제청대상이 된다. 예컨대, 긴급재정경제명령,[20] 헌법 제60조의 국제조약, 관습법,[21] 유신헌법상의 대통령의 긴급조치,[22] 폐지된 법률도 침해된 법익보호위해 필요한 경우,[23] 법률해석[24] 등이

---

18) 헌재결 1995. 12. 28. 95헌바3 - 국가배상법 제2조 제1항 등 위헌소원. 헌법 제111조 제1항 제1호 및 헌법재판소법 제41조 제1항은 위헌법률심판의 대상에 관하여, 헌법 제111조 제1항 제5호 및 헌법재판소법 제68조 제2항, 제41조 제1항은 헌법소원심판의 대상에 관하여 그것이 법률임을 명문으로 규정하고 있으며, 여기서 위헌심사의 대상이 되는 법률이 국회의 의결을 거친 이른바 형식적 의미의 법률을 의미하는 것에 아무런 의문이 있을 수 없으므로, 헌법의 개별규정 자체는 헌법소원에 의한 위헌심사의 대상이 아니다.

19) 헌재결 1996. 6. 13. 93헌마276, 판례집 8-1, 493. 입법부작위에 대한 헌법소원은 헌법에서 기본권 보장을 위해 법령에 명시적인 입법위임을 하였음에도 입법자가 아무런 입법조치를 하고 있지 않거나, 헌법해석상 특정인에게 구체적인 기본권이 생겨 이를 보장하기 위한 국가의 작위의무 내지 보호의무가 발생하였음이 명백함에도 입법자가 아무런 입법조치를 취하고 있지 않은 경우가 아니면 원칙적으로 인정될 수 없으며, 기본권 보장을 위한 법규정이 불완전하여 그 보충을 요하는 경우에는 그 불완전한 법규 자체를 대상으로 하여 그것이 헌법위반이라는 적극적인 헌법소원을 함은 별론으로 하고 입법부작위를 헌법소원의 대상으로 삼을 수 없다.

20) 헌재결 1996. 2. 29. 93헌마186.

21) 헌재결 2013. 2. 28. 2009헌바129, 판례집 25-1, 15. 법률과 동일한 효력을 갖는 조약 등을 위헌법률심판의 대상으로 삼는 것은 헌법을 최고규범으로 하는 법질서의 통일성과 법적 안정성을 확보할 수 있을 뿐만 아니라, 합헌적인 법률에 의한 재판을 가능하게 하여 궁극적으로는 국민의 기본권 보장에 기여할 수 있다. 그런데 이 사건 관습법은 민법 시행 이전에 상속을 규율하는 법률이 없는 상황에서 재산상속에 관하여 적용된 규범으로서 비록 형식적 의미의 법률은 아니지만 실질적으로는 법률과 같은 효력을 갖는 것이므로 위헌법률심판의 대상이 된다.

22) 헌재결 2013. 3. 21. 2010헌바132 등, 공보 제198호, 472 [위헌] 유신헌법을 부정·반대·왜곡 또는 비방하거나, 유신헌법의 개정 또는 폐지를 주장·발의·제안 또는 청원하는 일체의 행위, 유언비어를 날조·유포하는 행위 등을 전면적으로 금지하고, 이를 위반하면 비상군법회의 등에서 재판하여 처벌하도록 하는 것을 주된 내용으로 한, 유신헌법 제53조에 근거하여 발령된 대통령긴급조치에 대한 위헌심판대상여부에 대하여 헌법재판소는 긍정한다. 즉 헌법 제107조 제1항, 제2항은 법원의 재판에 적용되는 규범의 위헌 여부를 심사할 때, '법률'의 위헌 여부는 헌법재판소가, 법률의 하위 규범인 '명령·규칙 또는 처분' 등의 위헌 또는 위법 여부는 대법원이 그 심사권한을 갖는 것으로 권한을 분배하고 있다. 이 조항에 규정된 '법률'인지 여부는 그 제정 형식이나 명칭이 아니라 규범의 효력을 기준으로 판단하여야 하고, '법률'에는 국회의 의결을 거친 이른바 형식적 의미의 법률은 물론이고 그 밖에 조약 등 '형식적 의미의 법률과 동일한 효력'을 갖는 규범들도 모두 포함된다. 따라서 최소한 법률과 동일한 효력을 가지는 이 사건 긴급조치들의 위헌 여부 심사권한도 헌법재판소에 전속한다.

그 대상이다.

(다) 재판의 전제성

① 적용 법률의 위헌여부가 재판의 전제성이 있어야 하는 요건은 추상적 규범 통제와 구별되는 구체적 규범통제의 제청요건이다. 하지만 구체적 규범통제를 통한 법질서확립에 기여하기 위해 재판의 전제성요건을 폭넓게 해석하고 있다. 이를 살 펴보면 첫째, 구체적인 사건이 법원에 계속 중이어야 한다. 둘째, 위헌여부가 문제 되는 법률이 당해 소송사건의 재판과 관련하여 적용되는 것이어야 한다. 여기서 직 접적용 법률은 물론 간접적용 법률도 직접 적용되는 법률과 내적 관련성이 있는 경 우 재판의 전제성을 인정하고 있다.25) 셋째, 그 법률이 헌법에 위반되는지의 여부 에 따라 당해 사건을 담당한 법원이 다른 내용의 재판을 하게 되는 경우를 말한다. 법률의 위헌여부에 따라 법원이 "다른 내용의" 재판을 하게 되는 경우라 함은 원칙 적으로 제청법원이 심리중인 당해 사건의 재판의 결론이나 주문에 어떠한 영향을 주는 것뿐만 아니라, 문제된 법률의 위헌여부가 비록 재판의 주문 자체에는 아무런 영향을 주지 않는다고 하더라도 재판의 결론을 이끌어내는 이유를 달리 하는데 관 련되어 있거나 또는 재판의 내용과 효력에 관한 법률적 의미가 전혀 달라지는 경우 에도 재판의 전제성이 있는 것으로 보고 있다.

재판의 전제성유무 판단에 있어서는 구체적 규범통제의 성격상 원칙적으로 제 청법원의 견해를 존중한다.26) 하지만 헌법재판소27)는 제청법원의 법률적 견해가

---

23) 헌재결 1994. 6. 30. 92헌가18, 판례집 6-1, 557(563); 1989. 7. 14. 88헌가5 · 8, 89헌가44 병
  합, 판례집 1, 69(81). 개정전 사회보호법 제5조의 위헌여부는 신법이 소급 적용되기 위한 전
  제문제로 보아 대상성 인정함.
24) 헌재결 2012. 12. 27. 2011헌바117. 법률의 의미는 결국 개별 · 구체화된 법률해석에 의해 확
  인되는 것이므로 법률과 법률의 해석을 구분할 수는 없고, 재판의 전제가 된 법률에 대한 규
  범통제는 해석에 의해 구체화된 법률의 의미와 내용에 대한 헌법적 통제로서 헌법재판소의
  고유권한이며, 헌법합치적 법률해석의 원칙상 법률조항 중 위헌성이 있는 부분에 한정하여
  위헌결정을 하는 것은 입법권에 대한 자제와 존중으로서 당연하고 불가피한 결론이므로, 이
  러한 한정위헌결정을 구하는 한정위헌청구는 원칙적으로 적법하다고 보아야 한다. 다만, 재
  판소원을 금지하는 헌법재판소법 제68조 제1항의 취지에 비추어, 개별 · 구체적 사건에서 단
  순히 법률조항의 포섭이나 적용의 문제를 다투거나, 의미있는 헌법문제에 대한 주장없이 단
  지 재판결과를 다투는 헌법소원 심판청구는 여전히 허용되지 않는다.
25) 헌재결 2010. 9. 30. 2009헌가23, 공보 제168호, 1591.
26) 헌재결 1996. 10. 4. 96헌가6, 판례집 8-2, 308, 321; 1999. 9. 16. 98헌가6, 판례집 11-2,
  228, 235; 2007. 6. 28. 2006헌가14, 판례집 19-1, 783, 792

명백히 유지될 수 없을 정도로 잘못된 경우, 적용 법률에 대한 오해가 있는 경우 및 헌법재판제도에 대한 헌법적 선결문제의 해명에 따라 전적으로 좌우되는 경우에는 헌법재판소가 스스로 재판의 전제성을 인정하여 판단한다.

② 재판의 전제성요건은 구체적 규범통제의 성격상 제청시는 물론 헌법재판소의 위헌법률심판의 시점에도 충족되어야 함이 원칙이다. 따라서 소취하, 화해 등의 경우 원칙적으로 규범통제절차는 종료된다. 하지만 헌법재판소는 기본권침해의 계속반복의 위험성과 헌법질서의 수호유지에 긴요한 사항의 헌법적 해명의 필요성을 인정한 경우 규범통제절차를 계속할 수 있는 예외를 형성하고 있다. 예컨대, 검사의 보석허가결정에 대하여 검사의 즉시항고를 허용한 형사소송법 제97조 제3항,[28) 보안관찰처분 취소 등을 구하는 행정소송절차에서는 일률적으로 가처분을 할 수 없도록 한 보안관찰법 제24조 단서[29) 등에 대한 위헌심사에서 헌법적 해명의 필요성을 인정하고 있다.

(라) 제청법률 이외에 기능적 관련성하에 위헌심판대상의 조정

위헌법률심판의 대상은 원칙적으로 제청법률조항이다. 하지만 헌법재판소는 제청법률조항과 기능적 연관성있는 법률조항의 경우 축소, 확장, 변경을 하여 합헌적 법질서확립에 기여하고 있다.

(마) 위헌심판의 기준

헌법재판소는 위헌심판의 기준을 직권주의에 의해 결정한다. 즉 헌법재판소는 "헌법 제107조 제1항, 제111조 제1항 제1호에 의한 위헌법률심판절차에 있어서 규범의 위헌성을 제청법원이나 제청신청인이 주장하는 법적 관점에서만이 아니라, 심판대상규범의 모든 법적 효과를 고려하여 모든 헌법적인 관점에서 심사한다. 법원의 위헌제청을 통하여 제한되는 것은 심판의 대상일 뿐, 위헌심사의 기준이 아니다. 마찬가지로 헌법소원심판청구가 적법하기 위해서는 청구인에 대한 기본권의 침해가능성이 존재해야 하지만, 일단 헌법소원이 적법하게 제기된 경우에는 헌법재판

---

27) 헌재결 1993. 5. 13. 92헌가10등, 판례집 5-1, 226, 239; 1999. 9. 16. 99헌가1, 판례집 11-2, 245, 252.
28) 헌재결 1993. 12. 23. 93헌가2, 판례집 5-2, 578(591).
29) 헌재결 2001. 4. 26. 98헌바79 등, 판례집 13-1, 799.

소는 본안판단을 함에 있어서 모든 헌법규범을 심사기준으로 삼음으로써 청구인이 주장한 기본권의 침해여부에 관한 심사에 한정하지 아니하고 모든 헌법적 관점에서 심판대상의 위헌성을 심사한다.” 이에는 헌법규정과 불문기본권, 관습헌법 등이 포함된다. 불문기본권으로는 인격권, 개인정보자기결정권, 계약자유, 사적자치 등이, 관습헌법[30]에는 수도소재지, 국기, 국가, 국화, 국어 등이 포함된다.

(바) 규범통제결정의 유형과 효력 및 헌법불합치결정의 기능

규범통제결정은 형식요건 불비의 각하결정, 본안판단의 결과 합헌과 위헌결정, 제청법률의 해석결정인 한정위헌과 한정합헌결정[31]을 하여 구체적 규범통제의 입법자 보호기능을 수행하고 있다. 위헌결정의 범위에 부분(일부)위헌, 법률전부위헌 이외에 심판대상인 법률조항과 기능상 분리할 수 없는 법률 조항에 대한 부수적 위헌(헌법재판소법 제45조 제2문)도 합헌적 법질서확립에 기여한다. 그리고 위헌결정의 효력은 장래효를 원칙(헌법재판소법 제47조 제2항)[32]으로 하고 결정주문은 물론 중요한 결정이유도 국가기관에 기속력(헌법재판소법 제47조 제1항)을 미치는 것으로 판시[33]한 것은 합헌적 법질서확립을 고려한 것이다.

그 밖에도 헌법재판소는 입법촉구를 내포한 헌법불합치결정[34]도 하여 합헌적 법질서확립을 도모하고 있다. 하지만 헌법불합치결정의 남발은 오히려 입법권침해의 결과를 초래한다. 위헌결정으로 인한 법질서의 공백으로 법치질서의 혼란을 예

---

30) 헌재결 2004. 10. 21. 2004헌마554·556(병합), 판례집 16-2(하), 1면 이하.

31) 한정위헌결정과 한정합헌결정과의 관계는 동전의 앞뒷면과 같은 표리관계에 있는 것이 아니라 구체적 사건에 적용되는 법률의 다양한 해석사례군 중에 선택된 결정으로 독자성을 갖는다.

32) 예외적으로 형벌법규의 경우는 소급효. 다만 해당 법률 또는 법률의 조항에 대하여 종전에 합헌으로 결정한 사건이 있는 경우에는 그 결정이 있는 날의 다음 날로 소급하여 효력을 상실한다(제47조 제3항).

33) 헌재결 2008. 10. 30. 2006헌마1098 등, 판례집 20-2(상), 1089, 1103~1104. 이 결정에서 중요한 이유의 기속력은 다만 재판관 6인 이상 정족수가 필요한 것을 판시한 것이다. 이 결정에서도 주문을 뒷받침하는 중요한 결정이유에 기속력을 부인하지는 않았다. 더욱이 간통죄 위헌결정(2015. 2. 26. 2009헌바17등, 판례집 27-1상, 20)의 소급효를 이전의 합헌결정 있는 다음 날로 제한(헌법재판소법 제47조 제3항 단서)한 것도 중요한 결정이유의 기속력을 인정하는 것을 전제로 한 것이다. 중요한 결정이유의 기속력에 대한 논란은 불필요하다. 예컨대, 정연주, 『헌법소송론』, 115~117면; 허완중, 『헌법소송법』, 339~342면.

34) 헌법불합치결정을 하는 사례로 혁명입법, 위헌성 경미한 입법, 헌법적 가치질서에 부합하는 법률, 평등위반 입법의 경우. 평등권침해 이외에도 자유권침해법률의 이익형량의 결과, 자유권침해경우에도 합헌인 부분과 위헌부분의 경계가 불분명한 경우로 설명하고 있다. 허영, 『헌법소송법』, 261~262면; 헌법재판소, 『헌법재판실무제요』, 133면 이하.

방하기 위한 차원에서의 시한부 적용 헌법불합치결정에 한정하는 것이 타당하다. 형벌법규에 대한 적용중지의 헌법불합치결정이나 기한의 정함이 없는 적용중지의 헌법불합치결정은 위헌결정을 하는 것이 오히려 합헌적 법질서확립에 기여하는 것이다.

Ⅱ. 헌법소원

1. 개념

일반적으로 헌법소원이란 국가에 대해 시민들이 기본권으로 보장된 자유를 관철하기 위한 헌법재판절차다. 즉 헌법소원은 일반법원의 최종판결에 대해 헌법재판소가 초상고심으로 재판하는 것이 아니라 특별하게 헌법침해여부를 심사하는 비상적 권리구제수단이다. 우리 헌법에는 헌법재판소의 관장사항으로 법률이 정하는 헌법소원심판(제111조 제5호)이라 하고, 헌법재판소법에 권리구제형 헌법소원(제68조 제1항)과 위헌제청형 헌법소원(제68조 제2항)제도를 마련하고 있다. 헌법재판소 실무에서 권리구제형 헌법소원(제68조 제1항)은 '헌마'사건으로 위헌제청형 헌법소원은 '헌바'사건으로 분류하고 있다.

위헌제청형 헌법소원은 우리에 고유한 헌법재판절차로 먼저 살펴보기로 한다.

2. 위헌제청형 헌법소원

(1) 개념

위헌제청형 헌법소원이란 일반법원에서의 당사자가 담당법관에게 적용 법률의 위헌제청신청을 하였으나 기각된 경우 그 신청을 한 당사자의 헌법소원청구를 말한다(헌법재판소법 제68조 제2항). 여기서 위헌제청신청을 기각한 경우란 담당법관이 소송당사자의 위헌주장을 수용하지 않은 것을 말한다. 따라서 일반법원에서의 소송은 계속 진행되어 확정판결이 선고될 수도 있다. 이러한 점에서 헌법소원청구는 기각결정을 통지 받은 날부터 30일 이내에 하도록 규정하였다(헌법재판소법 제69조 제2항).

(2) 법적 성격: 규범통제인가 헌법소원인가

소송당사자의 헌법소원청구(헌법재판소법 제68조 제2항)의 법적 성격에 관해 구체적 규범통제라는 견해[35]와 헌법소원이라는 견해[36]가 대립된다. 전자는 재판의 전제성요건을 충족하여야 한다는 점에서, 후자는 재판소원을 대체한다는 점을 논거로 한다.

구체적 규범통제의 본질을 갖는 것으로 볼 수 있는 것은 헌법소원심판을 청구한 당사자는 당해 사건의 소송절차에서 동일한 사유를 이유로 다시 위헌 여부 심판의 제청을 신청할 수 없는 점(헌법재판소법 제68조 제2항),[37] 헌법소원의 인용결정에 구체적 규범통제의 결정유형(헌법재판소법 제45조)과 위헌결정의 효력(헌법재판소법 제47조)을 준용하게 한 점(헌법재판소법 제75조 제6항)에서 타당하고, 재판소원의 성격은 헌법소원이 인용된 경우에 민·형사법원에서 이미 확정판결이 선고된 경우 재심을 청구할 수 있는 점(헌법재판소법 제75조 제7항과 제8항), 법관의 위헌제청신청기각결정에 대한 헌법소원이라는 점을 논거로 할 수 있다.

(3) 사견

헌법재판소법 제68조 제2항의 헌법소원은 구체적 사건에 적용 법률의 합헌성을 보장하는 추상적 규범통제의 흠결보완과 법원의 구체적 규범통제의 소극적 태도로 인한 재판소원의 기능을 대체하는 복합적 성격의 독자적인 우리 제도로 본다.

3. 권리구제형 헌법소원

(1) 개념과 기능

권리구제형 헌법소원이란 법원의 재판을 제외한 공권력의 행사·불행사로 인하여 헌법상 보장된 기본권을 침해당한 자가 헌법재판소에 청구하는 권리구제수단을 말한다(헌법재판소법 제68조 제1항). 권리구제형 헌법소원은 개인의 기본권침해에

---

35) 헌재결 1993. 5. 13. 92헌가10 등; 2003. 5. 15. 2001헌바98, 판례집 15-1, 534, 543.
36) 헌재결 2003. 4. 24. 2001헌마386, 판례집 15-1, 443, 457~458.
37) "법률의 위헌 여부 심판의 제청신청이 기각된 때에는 그 신청을 한 당사자는 헌법재판소에 헌법소원심판을 청구할 수 있다. 이 경우 그 당사자는 당해 사건의 소송절차에서 동일한 사유를 이유로 다시 위헌 여부 심판의 제청을 신청할 수 없다(헌법재판소법 제68조 제2항)."

대한 비상적 권리구제수단으로 마련한 헌법소원(Individualverfassungsbeschwerde)이다. 따라서 헌법소원은 원칙적으로 주관적 권리보호기능을 한다. 하지만 헌법재판소는 헌법소원청구의 취소나 철회가 있더라도 기본권침해의 계속반복의 위험성과 헌법질서의 수호유지에 긴요한 사항의 헌법적 해명의 필요성이 있는 경우에는 심판청구의 이익을 인정한다. 헌법소원은 주관적 권리보호 이외에 객관적 헌법질서수호기능[38]도 수행한다.

　우리 헌법소원제도는 재판소원이 제외되어 객관적 헌법질서수호기능이 오히려 주된 것으로 운용되고 있다. 사법부 체계에서 헌법재판소가 초상고심으로 법원의 최종재판을 심사하는 것이 아니라 기본권침해여부를 심사하는 비상적 권리구제수단이라는 점에서 재판소원을 제외한 것은 위헌의 소지가 있다. 국가에 주권을 위임한 계약당사자인 국민의 자유보호에 흠결이 나타날 수 있기 때문이다.

(2) 헌법소원능력(기본권능력)

　기본권침해에 대한 권리구제수단이므로 기본권주체는 헌법소원능력을 갖는다. 국민과 이와 유사한 지위를 누리는 사법인과 외국인은 헌법소원능력을 갖는다.[39] 헌법재판소결정[40]에 의하면 외국인에게 해석상 인정되는 기본권으로 국가공동체의 존속에 영향을 미치지 않는 천부인권적 성격의 방어권(인간의 존엄, 평등권, 일반적 인격권, 신체의 자유, 언론, 출판, 방송, 예술, 종교, 양심, 학문의 자유, 통신, 주거, 재산권, 직장선택의 자유, 근로환경의 권리)과 그 보호절차권(청원권, 재판청구권)을 제시하고 있다. 여기에 일반적 행동자유권으로 해석하는 행복추구권이 포함되어야 할 것이다. 태아의 경우 생명권[41]과 상속권의 주체로서, 사자는 인격권[42]의 주체로서 헌법소원능력자다. 정당은 유사국가기관으로서의 지위와 사법인으로서 이중적 지위를 갖는 점에서 권한쟁의능력과 헌법소원능력을 모두 인정할 수 있다. 독일은 모두 인

---

38) 헌재결 1992. 1. 28. 91헌마111, 판례집 4, 51.

39) 헌재결 1994. 12. 29. 93헌마120, 판례집 6-2, 477, 480.

40) 헌재결 2001. 11. 29. 99헌마494; 2011. 9. 29. 2009헌마351. 이와 반대로 외국인의 기본권주체성이 부인되는 기본권으로 선거권, 공무담임권, 국가배상청구권, 범죄피해자구조청구권, 직업선택의 자유, 사회적 기본권 등이 있다. 헌재결 2000. 8. 31. 97헌가12; 2001. 11. 29. 99헌마494.

41) 헌재결 2008. 7. 31. 2004헌바81.

42) 헌재결 2010. 10. 28. 2007헌가23, 판례집 22-2상, 761. 일제 강점하 반민족행위 진상규명에 관한 특별법에 대한 위헌제청사건.

정43)하고 있으나 우리 헌법재판소는 헌법소원능력만44) 인정한다.

공법인의 경우 국가나 국가기관 또는 국가조직의 일부로서 기본권의 '수범자(Adressat)'이지 기본권의 주체로서 그 '소지자(Träger)'가 아니고 오히려 국민의 기본권을 보호 내지 실현해야 할 '책임'과 '의무'를 지니고 있는 지위에 있을 뿐이어서 기본권의 주체가 될 수 없다. 즉 공법인은 기본권의 객체일 뿐이므로 기본권의 향유자로서 주체와 기본권에 기속되는 객체는 동일할 수 없다는 동일성이론 내지 혼동이론에 근거하고 있다. 다만 헌법재판소는 국·공립대학, 국영방송국의 경우 기본권침해의 전형적인 위험상황론(grundrechtstypische Gefährdungslage)을 수용하여 주체성을 인정하고 있다. 서울대입시요강사건45)에서 서울대의 학문의 자유와 대학자치권의 주체성을 인정하였고, TV방송수신료결정46)에서 한국방송공사의 방송의 자유의 주체성을 예외적으로 인정하고 있다.

우리의 경우 변호사강제주의에 의하여 소송수행능력을 제한하고 있다. 독일은 헌법재판에 변호사강제제도가 없어 사인의 헌법소원청구가 가능하다. 소송비용도 무료다. 다만 구두변론의 경우만 변호사대리를 강제하고 있다.

(3) 헌법소원청구능력(청구인적격)

헌법소원청구능력 내지 청구인적격이란 헌법소원능력자가 청구한 기본권침해의 공권력작용과 청구인 사이에 법적 관련성이 있어야 하는 것을 말한다. 즉 자기

---

43) 연방헌법재판소는 근래(2020. 6. 9. 2BvE1/19)에도 독일을 위한 대안정당(AfD)이 내무장관에 대하여 청구한 권한쟁의심판을 청구한 것에 대하여 국가의 중립성원칙과 정당의 기회균등원칙을 침해한 것으로 인용하였다. 이 사안은 대안정당(AfD)의 −외국인에 대한 극우파들의 행동을 지지하는 것이 잘못되었다는− 연방대통령비난은 국가전복의 위험이 있다고 내무장관(Seehofer)이 기자들과 인터뷰한 내용을 내무부홈페이지에 게시한 것에 대하여 대안정당의 권리침해를 주장한 것이다.

44) 정책연구위원을 교섭단체 구성 여부만을 기준으로 배정하는 것은 20인 이상의 교섭단체를 구성하지 못한 소수정당의 기본권을 침해할 가능성이 있어 청구인능력을 인정한 헌재결 2008. 3. 27. 2004헌마654.

45) 헌재결 1992. 10. 01, 92헌마68, 판례집 제4권, 659~707, 670~670; "국립대학인 서울대학교는 다른 국가기관 내지 행정기관과는 달리 공권력의 행사자의 지위와 함께 기본권의 주체라는 점도 중요하게 다루어져야 한다."

46) 헌재결 1999. 5. 27, 98헌바70, 판례집 제11권 1집, 633~652, 646~646; "입법자는 공사의 기능이 제대로 수행될 수 있으며 방송프로그램에 관한 자율성이 보장될 수 있도록 적정한 규모의 수신료를 책정하여야 하고, 공사에게 보장된 방송의 자유를 위축시킬 정도의 금액으로 결정하여서는 아니 된다."

관련성, 현재성, 직접성요건을 충족하여야 한다.

(가) 자기관련성이란 헌법소원청구인이 공권력작용의 상대방 내지 수신인인 경우다. 단지 간접적, 사실적, 경제적인 이해관계에 있는 제3자는 원칙적으로 자기관련성을 부인한다.[47) 다만 예외적으로 제3자의 자기관련성을 인정할 수 있는 경우는 입법의 목적, 실질적인 규율대상, 법 규정에서의 제한이나 금지가 제3자에게 미치는 효과나 진지성의 정도 및 규범의 직접적인 수규자에 의한 헌법소원제기의 기대가능성 등을 종합적으로 고려하여 판단한다.[48)

(나) 직접성이란 집행행위에 의하지 아니하고 법규범 그 자체에 의하여 자유의 제한, 의무의 부과, 권리 또는 법적 지위의 박탈이 생긴 경우를 말한다. 임의규정이나 강령규정은 제외되고 강행규정 내지 단속규정이 해당된다. 이러한 법규범에 대하여 예외적으로 직접적으로 규범소원(Rechtssatzverfassungsbeschwerde)을 청구할 수 있다. 이에 반해 권리구제형 헌법소원은 원칙적으로 법률의 집행이나 해석에 의한 행정처분 또는 재판의 결과 권리를 침해당한 자가 일반법원에서의 절차를 모두 거쳐야 청구할 수 있다. 보충성의 원칙에 의하여 대법원의 최종판결에 대하여 헌법소원을 청구할 수 있는 것이다. 다만 우리는 재판소원이 금지되어 있다.

규범소원청구도 규범과 청구인 사이에 자기관련성, 직접성, 현재성이 있어야 한다. 자기관련성과 현재성은 법규범에 의해 청구인의 기본권침해의 개연성이 있으면 인정된다. 직접성은 집행행위가 반드시 요구되지 않으면 인정된다. 다만 예외적으로 집행행위가 예정되어 있는 법규라도 권리구제의 가능성이나 사전절차이행의 기대가능성이 없는 경우에는 직접성을 인정한다. 예컨대 형사법이나 질서위반법의 경우 규범소원청구의 직접성요건을 충족하기 위하여 범죄나 질서위반행위를 사전에 요구할 수는 없기 때문이다.

(다) 현재성이란 청구인의 현재의 기본권침해를 의미한다. 하지만 헌법재판소는 기본권구제의 실효성을 고려하여 기본권침해가 장래에 발생하더라도 현재 확실히 예측할 수 있는 개연성 내지 상황성숙성 정도로 완화하여 해석하고 있다.[49) 예

---

47) 헌재결 1997. 9. 25. 96헌마133, 판례집 9-2, 410; 1993. 3. 11. 선고, 91헌마233; 1993. 7. 29. 89헌마123; 1994. 6. 30. 92헌마61.
48) 헌재결 1997. 9. 25. 96헌마133, 판례집 9-2, 410. 장영철, "기본권의 사실적 제한", 『공법연구』 제35집 제1호(2006. 10.), 439면 이하.
49) 헌재결 2021. 1. 28. 2020헌마264·681(병합), 판례집 33-1, 72(113, 114).

컨대, 서울대입시요강사건,[50] 가정의례에 관한 법률,[51] 고위공직자범죄수사처 설치 및 운영에 관한 법률[52] 등에서 현재성을 인정하고 있다.

(4) 청구대상

헌법소원의 청구대상은 공권력작용이다. 여기서 공권력에는 입법, 행정, 사법 등 국가작용이 모두 포함된다.

(가) 입법작용

입법에는 국회입법의 법률, 행정입법인 법규명령, 규칙,[53] 조약, 국제법규가 포함된다. 이는 모두 일반·추상성을 갖는 입법의 성격을 갖는 것으로 헌법소원의 대상이 된다. 하지만 구체적 사건에 적용되는 재판의 전제로 위헌위법성이 문제되는 명령, 규칙(헌법 제108조 제2항)은 대법원의 관할이므로 제외된다.

국회의 입법에는 부작위도 포함된다. 입법부작위에는 헌법에서 입법의무를 명시하거나 또는 해석상 부과였음에도 전혀 입법을 하지 않은 진정입법부작위와 입법을 하였으나 불완전·불충분한 부진정 입법부작위가 있다. 진정입법부작위는 입법부작위로서 헌법소원의 대상[54]이 될 수 있다. 하지만 부진정입법부작위는 그 불완전한 법규정 자체를 대상으로 하여 그것이 헌법위반이라는 적극적인 헌법소원을 청구할 수 있을 뿐 이를 입법부작위라 하여 헌법소원을 제기할 수 없다.[55] 예컨대, 헌법재판소[56]는 "공직선거법상 전국동시지방선거의 선거운동 시 확성장치를 사용할 수 있도록 허용하면서도 그 사용에 따른 소음의 규제기준을 두지 아니하는 등

---

50) 헌재결 1992. 10. 1. 92헌마68 등, 판례집 4, 659.

51) 헌재결 1998. 10. 15. 98헌마168, 판례집 10-2, 586.

52) 헌재결 2021. 1. 28. 2020헌마264·681(병합), 판례집 33-1, 72(91).

53) 헌법상 국회, 대법원, 헌법재판소, 중앙선관리위원회의 규칙을 말한다. 법무사법 시행규칙에 대한 헌재결 1990. 10. 15. 89헌마178, 판례집 2, 365.

54) 헌재결 1989. 3. 17. 88헌마1, 판례집 1, 9, 17; 1989. 9. 29. 89헌마13, 판례집 1, 294, 296; 1994. 12. 29. 89헌마2, 판례집 6-2, 395, 405~406; 1998. 7. 16. 96헌마246, 판례집 10-2, 283, 299; 2003. 5. 15. 2000헌마192 등, 판례집 15-1, 551.

55) 헌재결 1993. 3. 11. 89헌마79, 판례집 5-1, 92, 102; 1996. 6. 13. 93헌마276, 판례집 8-1, 493, 496; 2003. 5. 15. 2000헌마192 등, 판례집 15-1, 551.

56) 헌재결 2019. 12. 27. 2018헌마730, 판례집 31-2하, 315. 이 결정은 종전의 헌재결 2008. 7. 31. 2006헌마711의 합헌결정을 변경한 것이다. 이에 합헌결정에 대하여 저자는 이미 비판적 평석을 한 바 있다. 장영철, "기본권보호의무위반의 심사기준", 『헌법판례연구 [10]』, 박영사, 2009, 55면 이하.

그 입법 내용이 불완전·불충분하여 환경권을 침해하는지 문제된다."고 판시하면서 과소금지원칙위반으로 헌법불합치결정으로 변경하였다.

다만 헌법소원의 대상으로 진정·부진정 입법부작위의 구별은 입법여부만으로 결정하기보다는 부진정입법부작위는 질적, 상대적으로 입법의무를 불완전·불충분하게 규율하는 것으로 보아야 한다.[57] 청구기간의 제한을 받지 않는 점, 입법재량이 좁은 점 등 기본권보호의 효력을 강화할 수 있기 때문이다.

헌법에 의하여 체결 공포된 조약과 국제법규는 국내법과 같은 효력을 가지므로(헌법 제6조 제1항) 헌법소원의 대상이다. 헌법재판소는 마라케쉬협정,[58] 한일어업협정[59] 등에 대한 헌법소원대상성을 인정하고 있다.

(나) 행정작용

행정작용에는 행정처분, 행정규칙, 행정계획, 사실행위, 행정부작위 등이 있다. 구속적 행정계획,[60] 권력적 사실행위,[61] 행정부작위는 헌법소원의 대상이 된다. 행

---

57) 다수의견은 입법부작위를 진정·부진정의 두 경우로 나누고 있으며, 그 판단기준을 어떤 사항에 관하여 "입법이 있었느냐"의 여부에만 두고 있으나, 이와 같은 2분법적 기준은 애매모호하여 국민의 기본권 보호에 실효성이 없으며, 가사 2분법에 따른다 하더라도, 헌법상 입법의무의 대상이 되는 입법사항이 여러 가지로 나누어져 있을 때에 각 입법사항을 모두 규율하고 있으나 입법자가 질적·상대적으로 불완전·불충분하게 규율하고 있는 경우를 부진정입법부작위로, 위 입법사항들 중 일부의 입법사항에 대하여는 규율하면서 나머지 일부의 입법사항에 관하여서는 전혀 규율하고 있지 아니한 경우 즉 양적·절대적으로 규율하고 있지 아니한 경우에는 진정입법부작위로 보아야 한다. 헌재결 1996. 10. 31. 94헌마204, 공보 제18호, 648. 3인 재판관의 반대의견.

58) 헌재결 1998. 11. 26. 97헌바65, 판례집 10-2, 685.

59) 헌재결 2001. 3. 21. 99헌마139 등, 판례집 13-1, 676.

60) 헌재결 2016. 10. 27. 2013헌마576, 판례집 28-2상, 691 – 사실상 총장직선제를 강제하는 2012년도와 2013년도 대학교육역량강화사업 기본계획(반대의견). 선진화 계획은 그 법적 성격이 행정계획이라고 할 것인바, 국민의 기본권에 직접적인 영향을 미친다고 볼 수 없고, 장차 법령의 뒷받침에 의하여 그대로 실시될 것이 틀림없을 것으로 예상된다고 보기도 어려우므로, 헌법소원의 대상이 되는 공권력의 행사에 해당한다고 할 수 없다. 헌재결 2011. 12. 29. 2009헌마330 등, 판례집 23-2하, 784.

61) 헌재결 2022. 1. 17. 2016헌마364, 판례집 34-1, 36 – 개성공단 전면중단조치는 투자기업인 청구인들로 하여금 공권력에 순응케 하여 개성공단의 운영을 중단시키는 결과를 실현한 일련의 행위로 구성되며, 그로 인해 위 청구인들의 개성공단에서의 사업 활동이 중단되고, 개성공단 내 공장, 영업시설이나 자재 등에 접근, 이용이 차단되는 등 법적 지위에 직접적, 구체적 영향을 받게 되었으므로, 이 사건 중단조치는 피청구인들이 투자기업인 청구인들에 대한 우월적 지위에서 일방적으로 행한 권력적 사실행위로서 공권력의 행사에 해당한다고 봄이 타당하다. 헌재결 2006. 6. 29. 2004헌마826, 공보 제117호, 938 – 마약류사범이 구치소

정권력의 부작위에 대한 헌법소원은 공권력의 주체에게 헌법에서 유래하는 작위의무가 특별히 구체적으로 규정되어 있음에도 공권력의 주체가 그 의무를 해태하는 경우에만 허용된다.[62] 원행정처분은 재판소원금지와 판결의 기판력으로 인하여 원칙적으로 대상성을 부인한다.[63]

행정규칙은 행정기관 내부에서만 효력을 갖고 원칙적으로 대외적인 구속력이 없으므로 헌법소원의 대상이 되지 않는다. 이는 독일의 입헌군주제시대의 국가법인설에 입각하여 행정규칙은 국가내부에만 적용되는 것으로 법규로서 대외적인 구속력을 갖지 못한다는 것에 기인한다. 그러나 법령의 규정이 행정관청에게 법령의 구체적 내용을 보충할 권한을 부여한 경우 또는 재량권 행사의 준칙인 행정규칙이 되풀이 시행되어 행정관행이 이룩되게 된 결과 평등의 원칙이나 신뢰보호의 원칙에 따라 행정기관이 그 상대방에 대한 관계에서 그 규칙에 따라야 할 자기구속을 당하게 되는 경우에는 대외적인 구속력을 가지게 된다.[64] 이 경우 예외적으로 헌법소원의 대상이 된다.[65]

에 수용되는 과정에서 반입금지물품의 소지·은닉 여부를 확인하기 위하여 구치소 수용자에 대하여 하는 정밀신체검사는 구치소의 관리주체인 구치소장이 수용자를 유치함에 있어 수용자의 생명·신체에 대한 위해를 방지하고 구치소 내의 안전과 질서유지를 위하여 실시하는 것으로서 그 우월적 지위에 기하여 수용자에게 일방적으로 강제하는 성격을 가지는 권력적 사실행위로서 헌법재판소법 제68조 제1항의 공권력의 행사에 해당한다.

62) 여기에서 말하는 "공권력의 주체에게 헌법에서 유래하는 작위의무가 특별히 구체적으로 규정되어"가 의미하는 바는, 첫째, 헌법상 명문으로 공권력 주체의 작위의무가 규정되어 있는 경우, 둘째, 헌법의 해석상 공권력 주체의 작위의무가 도출되는 경우, 셋째, 공권력 주체의 작위의무가 법령에 구체적으로 규정되어 있는 경우 등을 포괄하고 있는 것으로 볼 수 있다. 헌재결 2004. 10. 28. 2003헌마898; 2011. 8. 30. 2006헌마788; 2016. 5. 26. 2014헌마1002; 2018. 3. 29. 2016헌마795, 공보 제258호, 580.

63) 헌법재판소법 제68조 제1항의 헌법소원은 행정처분에 대하여도 청구할 수 있는 것이나 그것이 법원의 재판을 거쳐 확정된 행정처분인 경우에는 당해 행정처분을 심판의 대상으로 삼았던 법원의 재판이 예외적으로 헌법소원심판의 대상이 되어 그 재판 자체가 취소되는 경우에 한하여 심판이 가능한 것이고 이와 달리 법원의 재판이 취소될 수 없는 경우에는 당해 행정처분 역시 헌법소원심판의 대상이 되지 아니한다. 헌재결 1998. 5. 28. 91헌마98등 참조; 1998. 7. 16. 95헌마77, 판례집 10-2, 267.

64) 헌재결 2019. 12. 3. 2019헌마1300; 2018. 8. 30. 2014헌마843, 판례집 30-2, 404; 1990. 9. 3. 90헌마13 참조.

65) 예컨대, 헌재결 2018. 8. 30. 2014헌마843, 판례집 30-2, 404 – 채증활동규칙(경찰청예규 제472호; 2011. 10. 25. 2009헌마588 – 저소득가구 전세자금 지원기준(2009. 4. 1.자); 2005. 5. 26. 2004헌마49, 판례집 17-1, 754(761) – 계호근무준칙(법무부 훈령 제298저 제1호와 제2호).

(다) 사법작용

사법작용에는 재판, 소송지휘 내지 재판진행 등 사법행정, 재판의 부작위(지연), 사법입법이 있다. 헌법재판소는 재판소원금지(헌법재판소법 제68조 제1항)의 위헌여부에 대하여 '법률이 정하는 헌법소원심판(헌법 제111조 제5호)'의 규정형식상 입법자의 재량사항으로, 재판진행은 재판작용으로, 180일 종국 결정선고기간(헌법재판소법 제38조)은 훈시규정으로 해석하고 있다. 사법입법으로 대법원규칙은 실질적인 입법작용이다. 결국 헌법소원의 사법작용에 대한 비상적 권리구제기능은 원시불능이다.

헌법재판소는 재판소원금지의 합헌논거로 "입법작용과 행정작용의 잠재적인 기본권침해자로서의 기능과 사법작용의 기본권의 보호자로서의 기능이 바로 법원의 재판을 헌법소원심판의 대상에서 제외한 것을 정당화하는 본질적인 요소이다." 라고 판시[66]하고 있다. 그러나 헌법소원은 비상적 권리구제수단으로 주관적 방어권보호의 주된 기능을 한다. 따라서 행정처분의 재량권일탈 남용여부의 위법성판단과 공정력을 인정하여 법치행정의 원칙의 위반여부를 심사하는 법원판결에 대한 헌법소원이 필요한 이유다. 행정처분에 대한 일반소송에서 위헌제청형 헌법소원이 제기되는 사례[67]가 적지 않은 것도 사법부의 기본권보호기능이 충분치 않음을 방증하는 것이다.

헌법소원청구에서 침해된 기본권으로 행복추구권 내지 일반적 행동자유권이 주장되고 있는 것도 일반법원의 재판의 하자를 다투는 것이다. 헌법재판소가 행복추구권에서 파생한 불문기본권으로 보는 일반적 행동자유권의 보호내용에는 사적자치 내지 계약자유, 법치국가적 사법절차 등이 포함된다. 일반적 행동자유권은 '일반 법률의 헌법화경향'의 원인으로 실질적으로 현대형 기본권창설기능을 하기 때문이다.[68] 심급에 의한 사법부의 기본권보호의 한계를 방증하는 것이다. 국가는 사회계약에 의한 기본권적 자유보호를 위하여 루소의 의미에서 인민주권을 위임받은 것이다. 국민의 자유와 안전보호의 국가의무를 흠결 없이 이행해야 하는 것은 사법부

---

66) 헌재결 1997. 12. 24. 96헌마172·173(병합), 판례집 9-2, 842(856).
67) 헌재결 1994. 6. 30. 92헌바23, 판례집 6-1, 592(604) - 처분법규의 위헌성을 무효사유로 해석하여 재판의 전제성 인정; 2004. 1. 29. 2002헌바73, 판례집 16-1, 103(109) - 취소사유로 해석하여 재판의 전제성 부인.
68) 장영철, "일반적 행동자유권에 관한 고찰", 『서울법학』 제28권 제1호(2020. 5.), 1면 이하.

라 하여 예외가 되어서는 안 된다. 따라서 재판소원금지는 사적자치의 침해로 시민들의 수평적인 대화윤리를 보호해야 하는 국가의 의무(헌법 제10조)위반인 것이다.

(라) 자치입법작용

자치입법인 조례[69]는 헌법소원의 대상이다. 하지만 대법원은 처분조례[70]를 취소소송의 대상으로 판시하고 있다. 조례에 대한 이원적인 관할은 주민의 입장에서 또한 판결의 불일치로 인한 법적 안정성의 측면에서 문제가 있다. 조례의 입법적 성격을 고려하여 헌법재판소의 관할로 통일하는 것이 바람직하다.[71]

(마) 검찰작용

검찰작용은 수사권과 공소제기권이 있다. 수사권남용과 공소제기는 기소독점주의와 기소편의주의에 의한 공소권남용의 여지가 있다. 따라서 검사의 수사권과 공소권남용에 대한 통제가 필요하다. 수사권남용의 사례로 수회에 걸쳐 청구인이 서울지방검찰청 검사조사실에서 피의자신문을 받는 동안 수갑과 포승으로 계속 피의자를 속박한 행위[72] 등[73]에 대한 신체의 자유침해를 인정한 바 있다. 하지만 검찰작용에 대한 헌법소원은 피의자의 기소유예처분,[74] 형사피해자의 불기소처분[75]이 대부분이다.

(5) 보충성원칙

보충성원칙이란 가능하거나 기대할 수만 있다면 언제든지 헌법소원심판을 청구하기 전에 다른 권리구제수단으로 방어해야 한다는 원칙을 말한다. 헌법재판소법

---

69) 헌재결 2019. 11. 28. 2017헌마1356, 공보 제278호, 1379 – 서울시 학생인권조례 제3조 제1항 등 위헌확인; 92헌마264 – 부천시 담배자동판매기설치금지조례.
70) 대판 1996. 9. 20. 95누8003. 대법원은 처분조례로 보아 항고소송대상으로 봄.
71) 동지 허영, 『헌법소송법』, 박영사, 2021, 392, 393면.
72) 헌재결 2005. 5. 26. 2004헌마49, 판례집 17-1, 754.
73) 헌재결 2018. 3. 29. 2017헌가10, 판례집 30-1상, 371. 독립행위가 경합하여 상해의 결과를 발생하게 한 경우 원인된 행위가 판명되지 아니한 때에는 공동정범의 예에 의하도록 규정한 형법 제263조에 대한 4:5(다수 위헌) 합헌결정
74) 헌재결 2019. 11. 28. 2018헌마579, 공보 제278호, 1400; 2019. 4. 11. 2018헌마168, 공보 제271호, 590.
75) 헌재결 2018. 11. 29. 2016헌마1056, 인용(취소); 2009. 2. 26. 2005헌마764 등, 판례집 21-1상, 156 – 교통사고처리특례법 제4조 제1항 등 위헌.

에서는 이를 다른 법률에 구제절차가 있는 경우에는 그 절차를 모두 거쳐야 한다 (제68조 제1항 단서)고 규정하고 있다. '다른 법률에 의한 구제'란 적법하게 거친 경우만을 의미한다.76) 헌법소원제기 이후 종국결정 전에 권리구제절차를 거쳤을 경우 사전구제절차의 흠결은 치유된다.77)

보충성원칙과 재판소원금지로 인해 헌법소원의 대상은 일반법원의 재판관할에서 제외된 공권력작용에 국한된다. 즉 법률상 권리구제절차가 없는 경우인 법률, 행정입법, 검사의 불기소처분, 권력적 사실행위, 구속적 행정계획, 행정부작위 등과 예외적으로 권리구제절차의 선이행을 기대하기 어려운 경우가 헌법소원의 대상이 된다. 그 예외란 첫째, 청구인의 불이익으로 돌릴 수 없는 정당한 이유 있는 착오로 전심절차를 거치지 않은 경우, 둘째, 전심절차를 거쳐도 권리구제의 기대가능성이 거의 없거나, 셋째, 권리구제절차의 허용여부가 객관적으로 불확실하여 전심절차 이행을 기대할 수 있는 가능성이 없는 경우가 있다. 예컨대, 토지조사부 열람신청에 대한 단순부작위,78) 대법원판결 변경 전 지목변경신청서반려처분취소,79) 옥외집회신고서를 반려한 행위,80) '변호인이 되려는 자'의 피의자 접견신청을 허용하기 위한 조치를 취하지 않은 검사의 행위에 대하여 형사소송법 제417조에 따른 준항고 절차를 거치지 아니하고 헌법소원심판을 청구한 경우81) 등이다.

(6) 청구기간

권리구제형 헌법소원의 경우 제 절차를 거치지 않은 경우 사유가 있음을 안 날(기본권침해의 사실관계를 안 날)부터 90일, 사유가 있은 날(기본권침해가 현실적으로

---

76) 헌재결 1994. 6. 30. 90헌마107, 판례집 6-1, 645.
77) 헌재결 1996. 3. 28. 95헌마211, 판례집 8-1, 273.
78) 헌재결 1989. 9. 4. 88헌마22, 판례집 제1권 176.
79) 헌재결 1999. 6. 24. 97헌마315, 판례집 11-1, 802(823). 이 결정 이후 대법원은 지목변경반려신청처분취소는 항고소송의 대상으로 인정하였음. 대판 2004. 4. 22. 선고, 2003두9015. 구 지적법 해당규정은 토지소유자에게 지목변경신청권과 지목정정신청권을 부여한 것이고, 한편 지목은 토지에 대한 공법상의 규제, 개발부담금의 부과대상, 지방세의 과세대상, 공시지가의 산정, 손실보상가액의 산정 등 토지행정의 기초로서 공법상의 법률관계에 영향을 미치고, 토지소유자는 지목을 토대로 토지의 사용·수익·처분에 일정한 제한을 받게 되는 점 등을 고려하면, 지목은 토지소유권을 제대로 행사하기 위한 전제요건으로서 토지소유자의 실체적 권리관계에 밀접하게 관련되어 있으므로 지적공부 소관청의 지목변경신청 반려행위는 국민의 권리관계에 영향을 미치는 것으로서 항고소송의 대상이 되는 행정처분에 해당한다.
80) 헌재결 2008. 5. 29. 2007헌마712, 판례집 20-1하, 305.
81) 헌재결 2019. 2. 28. 2015헌마1204, 판례집 31-1, 141

발생한 날)부터 1년 이내에 청구하여야 한다. 종전 60일, 180일에서 90일, 1년으로 연장(헌법재판소법 제69조 제1항)되었다. 이는 행정소송의 제소기간(행정소송법 제20조)과 균형을 이루기 위한 것이다. 다만 다른 법률의 구제절차를 거친 경우 최종결정의 통지받은 날부터 30일 이내 청구하여야 한다(헌법재판소법 제69조 제1항 단서). 규범통제형 헌법소원의 경우 제청신청을 기각하는 결정을 통지받은 날부터 30일 이내 청구하여야 한다(헌법재판소법 제69조 제2항). 부작위의 경우 진정입법부작위는 부작위가 계속되는 동안 기간제한이 없고, 부진정입법부작위는 현행법령을 대상으로 하므로 90일, 1년(헌법재판소법 제69조 제1항)이내에 청구하여야 한다. 청구취지를 변경한 경우에 추가청구서가 제출된 시점(헌법재판소법 제40조 제1항과 민사소송법 제265조), 국선대리인 선임을 신청한 경우 신청일을 기준으로 청구기간을 계산한다(헌법재판소법 제70조 제1항). 정당한 사유에 의한 청구기간의 도과의 경우는 행정소송법 해당규정(헌법재판소법 제40조 제1항과 행정소송법 제20조 제2항)을 준용한다. 기간의 계산은 민법규정(제6장)을 준용한다.

(7) 권리보호이익 내지 필요성

헌법소원은 주관적 권리구제를 목적으로 하므로 권리보호이익 내지 필요성을 요건으로 한다. 기본권침해의 공권력작용과 청구인 사이에 법적 관련성여부에 관한 직접성 심사나 완화된 심사로서 운영하는 보충성심사에서 이미 권리보호이익을 판단한 것으로 볼 수 있다. 따라서 권리보호이익을 심사하는 것은 불필요한 것으로 생각할 수도 있다. 그러나 본안판단을 할 가치가 있는 청구인지에 대한 것은 아직 결정한 바 없다.[82]

권리보호이익은 일반소송절차에서 권리보호의 필요성 내지 보호가치 있는 이익으로 협의의 소의 이익으로도 일컫는다. 이는 절차법에 명문화되지 않은 소송요건으로 직권조사사항이다.[83] 우리 헌법재판소법에서도 이에 관한 명문규정(단, 헌법재판소법 제72조와 제73조는 적법요건에 대한 일반규정임)은 없고 헌법재판소가 직권으로 판단하고 있다.

따라서 권리보호이익을 부인하여 본안판단을 받지 못한다 하더라도 헌법소원

---

82) E. Benda/E. Klein, Lehrbuch des Verfassungsprozeßrechts, Heidelberg, 1991, S. 216, 217.
83) 홍정선, 『행정법특강』, 676면.

청구권을 침해한 것은 아니다. 하지만 헌법소원재판을 받을 권리를 부당하게 침해 당할 수는 있다. 이러한 점에서 헌법재판소는 헌법소원의 주된 기능인 주관적 권리 구제의 적법요건을 충족하지 못한 경우에도 기본권침해의 계속반복의 위험성과 헌 법질서의 수호유지에 긴요한 사항의 헌법적 해명의 필요성으로 심판청구의 이익을 인정한다. 예컨대, 미결수서신검열사건,[84] 변호인접견방해사건,[85] 자유형 형기의 '연월'을 역수에 따라 계산하도록 하면서 윤달이 있는 해에 형집행 대상이 되는 경 우에 관하여 형기를 감하여 주는 보완규정을 두지 않은 형법 제83조[86] 등이 그것 이다. 하지만 헌법재판소는 국회의원선거예비후보자의 선거구획정부작위로 인한 공무담임권침해사건[87]에서 심판청구 이후 국회가 선거구를 획정하였으므로 권리보 호이익을 부인하였고, 5 · 18 사건에 대한 검찰의 공소권 없음에 대한 헌법소원청 구[88]는 청구인의 헌법소원취하서제출로 인하여 평의를 마치고 결정 선고만 남겨두 었는데도 심판절차종료선언을 하였다.

(8) 실질적 심사기준

권리구제형 헌법소원은 기본권침해에 대한 헌법소원이므로 원칙적으로 기본 권이 심사기준이다. 헌법에 열거된 명문의 기본권은 물론 해석상 인정된 불문기본 권도 포함된다. 알권리, 계약자유, 일반적 행동자유권, 개성의 자유로운 발현권 등 이 그것이다. 하지만 국회구성권,[89] 국회의원의 질의권 · 토론권 · 표결권,[90] 지방자 치권[91]은 기본권이 아니다. 기본원리, 헌법원칙도 심사기준으로 될 수는 있으나 기 본권관련성이 있어야 한다.[92] 기본권관련성 없이 단순히 권력분립원칙, 영장주의원

---

84) 헌재결 1995. 7. 21. 92헌마144, 판례집 7-2, 94.
85) 헌재결 1992. 1. 28. 91헌마111, 판례집 4, 51.
86) 헌재결 2013. 5. 30. 2011헌마861, 판례집 25-1, 399.
87) 헌재결 2016. 4. 28. 2015헌마1177 등, 판례집 28-1하, 141.
88) 헌재결 1995. 12. 15. 95헌마221 등(병합), 판례집 7-2, 697 이하.
89) 헌재결 1998. 10. 29. 96헌마186, 판례집 10-2, 600.
90) 헌재결 1995. 2. 23. 91헌마231, 공보 제9호, 175.
91) 전통적으로 지방자치는 주민의 의사에 따라 지방행정을 처리하는 '주민자치'와 지방분권주의 를 기초로 하여 국가내의 일정한 지역을 토대로 독립된 단체가 존재하는 것을 전제로 하여 그 단체의 의회와 기관이 그 사무를 처리하는 '단체자치'를 포함하고, 이러한 지방자치는 국 민의 기본권이 아닌 헌법상의 제도적 보장으로 이해되고 있다. 헌재결 2009. 3. 26. 2007헌 마843, 판례집 21-1상, 651.
92) 헌재결 1997. 12. 24. 96헌마172 · 173(병합), 판례집 9-2, 842(862).

칙 등 헌법원칙이나 일반 헌법규정은 심사기준에서 제외된다.[93]

규범소원의 경우 헌법재판소가 위헌법률심판의 본질을 갖는 것으로 해석하므로 그 심사기준과 동일하다. 위헌심판의 기준은 직권에 의해 결정하며 이에는 헌법규정과 불문기본권, 관습헌법 등이 포함된다.

(9) 헌법소원심판결정형식과 효력

지정재판부는 형식심사결과 각하결정과 심판회부결정을 한다. 전원재판부는 본안심사결과 인용결정 또는 기각결정을 한다. 헌법소원도 원칙적으로 접수한 날로부터 180일(헌법재판소법 제38조) 이내에 종국결정을 선고하여야 한다. 하지만 헌법재판소[94]는 이를 훈시규정으로 해석운용하고 있다. 인용결정의 경우 헌법재판소는 주문에서 기본권침해의 원인이 된 공권력행사를 취소하거나 그 불행사가 위헌임을 확인할 수 있다(헌법재판소법 제75조 제3항). 헌법재판소는 공권력의 행사 또는 불행사가 위헌인 법률 또는 법률조항에 기인한 것이라고 인정되는 때에는 인용결정에서 해당 법률 또는 법률조항이 위헌임을 선고할 수 있다(헌법재판소법 제75조 제5항). 이는 소위 부수적 규범통제다. 헌법소원청구인의 사망이나 청구취하의 경우 심판절차종료선언을 한다. 규범소원의 종국결정유형은 위헌법률심판의 결정유형과 동일하다.

권리구제형 개인헌법소원의 인용결정은 모든 국가기관과 지방자치단체를 기속하는 기속력(헌법재판소법 제75조 제1항), 피청구인은 결정취지에 따라 새로운 처분을 해야 할 재처분의무(제75조 제4항), 헌법소원과 관련된 소송이 이미 확정된 때에는 재심을 청구할 수 있다(제75조 제7항).

Ⅲ. 권한쟁의심판

1. 의의와 기능

(1) 의의와 비교법적 사례

권한쟁의심판은 제2공화국의 헌법재판에도 있었으나 당시에는 국가기관 상호간의 권한쟁의에 한정하였다. 이와 비교하여 현행헌법(제111조 제1항 제4호)은 권한

---

93) 헌재결 2021. 1. 28. 2020헌마264·681(병합), 판례집 33-1, 72(117).
94) 헌재결 2009. 7. 30. 2007헌마732, 판례집 21-2상, 335(343).

쟁의심판의 당사자와 권한범위를 확장하고 있다. 즉 헌법재판소의 관장사항으로 "국가기관 상호간, 국가기관과 지방자치단체간 및 지방자치단체 상호간 권한쟁의심판"으로 규정하고 있다.

비교법적으로 독일은 연방과 주간의 연방국가적 쟁의제도(헌법 제93조 제1항 제4호)와 별개로 국가기관간의 권한쟁의는 기관쟁의(Organstreitigkeiten)로 제도화(헌법 제93조 제1항 제1호)하고 있다. 이는 흠결 없는 권리보호를 목적95)으로 하여 그 부분기관에 대하여도 당사자능력을 인정하고 있다. 스위스에서 기관쟁의는 연방총회(제157조 제1항b.)가, 연방국가적 쟁의(Kompetenzstreitigkeiten)는 연방대법원(제189조 제2항)이 관장하고 있다. 민주주의원리를 국가목표로 하는 특성상 헌법분쟁인 연방 최고기관 간의 기관쟁의는 일반법원의 관장사항에서 배제하였다. 연방법률에 대한 구체적 규범통제를 금지한 것과 같은 취지다. 오스트리아는 기관쟁의를 공동의 상급기관이 없어 권한조정이 불가능한 연방과 지분국의 행정기관과 (헌법재판소를 포함한) 사법기관 간의 권한쟁의를 별개 권한쟁의제도(연방헌법 제138조 제1항)로 하고 있다. 법원과 행정기관간, 행정재판소와 헌법재판소를 포함한 모든 법원간, 일반법원과 기타 법원간, 연방과 지분국의 행정기관간 또는 지분국들의 행정기관간으로 한정한다. 따라서 연방대통령, 연방정부, 장관들 사이의 권한쟁의는 제외된다. 다만 예외적으로 연방회계심사원(Rechnungshof)96)과 연방정부 및 지분국정부 간의 회계심사권의 존부와 범위에 대한 권한쟁의(연방헌법 제126a조)와 인권옴부즈만(Volksanwalt-schaft)97)과 연방정부 및 장관간의 옴부즈만의 권한의 존부와 범위에 대한 권한쟁의(연방헌법 제148f조)를 그 독립적 기능을 고려하여 특별히 인정하고 있다.

이와 같이 각국에서 권한쟁의의 당사자 인정범위는 법치국가실현의 의지와 사

---

95) J. Pietzker, Organstreit, FS für 50 Jahre Bundesverfassungsgericht(hrgg v. P. Badura, H. Dreier), 1. Bd., Tübingen, 2001, S. 589.

96) 연방회계심사원은 연방, 지분국, 지방자치단체, 지방자치단체조합, 기타 법률로 정한 권리주체의 회계심사를 한다(오스트리아 헌법 제121조 제1항). 연방회계심사원은 연방의 집행작용에 속하는 연방기관 또는 공익단체의 회계를 심사하는 국민의회(NR)소속 기관이다. 지분국이나 지방자치단체의 회계심사의 경우는 지분국의회의 기관이다.

97) 인권옴부즈만은 국민의회에서 선출되는 3명으로 구성되는 합의기관이다(오스트리아 헌법 제148조 제1항). 하지만 행정입법에 위헌심사청구권, 국민의회와 지분국 의회에 일정사항을 보고하나 경우를 제외하고는 단독책임으로 직무를 수행한다. 정당세력에 비례하여 3 정당이 각 1명씩 추천하여 선출한다(동 제148조 제2항). 6년 임기로 재선가능하다. 인권옴부즈만은 행정통제기능을 하는 의회의 보조기관이다. 하지만 의회의 지시에 기속되지 않고 회계검사원과 마찬가지로 직무수행에 있어 독립성을 갖는다(동 제148a조 제4항).

법제도에 따라 다양하게 나타나고 있다. 이는 법치국가실현을 위해 재판소원도 포함하여 흠결 없는 권리보호를 해야 하는 헌법소원의 청구대상과 비교된다.

(2) 기능

(가) 국가기관 간의 권한쟁의는 동일한 법인격의 내부소송(자기소송, In sich Prozeß)이다. 하지만 국가와 지방자치단체간, 지방자치단체 간의 권한쟁의는 연방국가적 쟁의와 유사한 것이다. 따라서 동일 또는 상이한 법인격 주체간 헌법적 권리와 의무의 분쟁해결기능을 한다. 이는 간접적으로 기본권보호에 기여한다.

(나) 권한쟁의는 권리구제형 헌법소원의 주관적 공권보호방법과 유사하게 객관적 '권한(Kompetenz)'보호기능을 수행한다. 즉 추상적인 법규범의 위헌성이 아닌 기본권침해의 법적 관련성(자기관련성, 직접성, 현재성)과 유사하게 구체적인 법적 분쟁에 의한 권한침해의 위험성이 있어야 한다.

(다) 국가기관간, 지방자치단체간, 국가기관과 지방자치단체 간에 흠결 없는 권리보호를 목적으로 권한의 유무와 범위를 확인하여 협력적 권력분립을 실현하는 기능을 한다.

(라) 소수의 헌법 또는 법률상 권한을 보호하는 기능을 한다. 이는 독자적인 권한을 가진 국가기관의 권한쟁의 당사자능력을 인정하는 경우에 발현될 수 있다. 예컨대, 국회의 심의·의결과정에서 국회의원, 교섭단체 등의 권한침해, 정부의 정책집행과정에서 야당의 권한침해, 공직선거법의 비례대표의석 배분에 있어 저지조항에 의한 소수정당의 기회균등의 자유침해 등이다. 특히 정당의 권한쟁의 당사자능력을 인정할 필요성은 정당특권인 '민주적 기본질서의 관점'에서 차별정책이나 차별입법의 위헌성을 심사하기 때문에 단순히 헌법소원청구능력만 인정하는 것보다 강한 보호를 받을 수 있다.98)

2. 당사자능력

국가기관 상호간, 국가기관과 지방자치단체간 및 지방자치단체 상호간 권한쟁의심판을 나누어 당사자능력을 살펴보기로 한다.

---

98) 자세한 것은 이하 2. (1) (라) 볼 것.

(1) 국가기관간 권한쟁의심판

(가) 헌법기관과 그 부분기관

이는 국가의 내부기관 상호간의 권한쟁의(In sich Prozeß)로 헌법분쟁의 성격을 갖는다. 국가기관의 범위에 대하여 헌법을 구체화한 헌법재판소법에서는 국회, 정부, 법원, 중앙선거관리위원회를 규정(제62조 제1항 제1호)하고 있다.[99] 이 규정에 대하여 헌법재판소는 최초 권한쟁의 당사자를 한정하는 열거적 규정으로 해석[100] 하였으나 2년여 만에 국회의원과 국회의장간에 권한쟁의심판에서 예시적 규정으로 당사자의 범위를 확대하는 판례변경[101]을 하였다. 그리고 헌법재판소는 권한쟁의의 당사자로서 국가기관의 판별기준을 다음과 같이 '헌법기관'으로 제한하고 있다: "국가기관이 헌법에 의하여 설치되고 헌법과 법률에 의하여 독자적인 권한을 부여받고 있는지 여부, 헌법에 의하여 설치된 국가기관 상호간의 권한쟁의를 해결할 수 있는 적당한 기관이나 방법이 있는지 여부 등을 종합적으로 고려하여야 할 것이다."[102] 하고 있다.

이 기준에 따라 국회의 경우 국회의장(헌법 제48도), 국회의원(헌법 제41조 제1항), 국회의 각종 위원회(헌법 제62조), 원내교섭단체(헌법 제8조, 제41조 제1항) 등이 당사자가 될 수 있다. 정부의 경우 대통령(헌법 제4장 제1절), 국무총리(헌법 제4장 제2절 제1관), 국무위원(헌법 제4장 제2절 제1관), 행정 각부의 장관(헌법 제4장 제2절 제3관) 등이, 법원의 경우는 대법원과 각급법원이, 선거관리위원회의 경우 중앙선거관리위원회, 시·도 선거관리위원회, 구·시·군 선거관리위원회가[103] 당사자가 될 수 있다.

(나) 감사원

감사원의 경우 우리와 오스트리아는 당사자능력을 인정한다. 하지만 독일에서

---

99) 독일 연방헌법재판소법 제63조: 기관쟁송의 당사자는 연방대통령, 연방의회, 연방참사원, 연방정부, 그리고 헌법이나 연방의회와 연방참사원의 직무규정에 의하여 권리를 부여받은 이 기관들의 부분기관들이다.

100) 헌재결 1995. 2. 23. 90헌라1, 판례집 7-1, 140 이하.

101) 헌재결 1997. 7. 16. 96헌라2, 판례집 9-2, 154, 162~163.

102) 헌재결 1997. 7. 16. 96헌라2, 판례집 9-2, 154, 162~163; 2010. 10. 28. 2009헌라6, 판례집 22-2(하), 1(15); 2023. 12. 21. 2023헌라1 - 피청구인 문화재청장의 권한쟁의심판 당사자능력부인.

103) 헌재결 2008. 6. 26. 2005헌라7, 판례집 20-1(하), 340, 352~353.

는 학설상 대립이 있다. 연방정부의 재정통제기능을 하고 연방의회에 보고해야 하는 협력적 권력분립관계에 있는 연방심계원(헌법 제114조 제2항)이라도 제한된 회계심사권한을 고려하여 일반적인 헌법기관과 달리 모든 헌법기관을 상대로 당사자능력을 부여해서는 안 된다고 한다. 연방은행의 경우도 동일하다고 한다.104) 살펴본 바와 같이 오스트리아는 연방회계심사원과 연방정부, 지분국정부간의 제한적인 권한쟁의를 인정하고 있다. 우리의 경우 감사원은 오스트리아의 연방회계심사원과 인권옴부즈만(호민관)의 기능을 겸하고 있어 모든 국가기관을 상대로 권한쟁의의 당사자능력을 인정하는 것이 타당하다.

(다) 유권자의 헌법기관성

선거권을 행사하는 유권자도 헌법 제24조, 제41조, 제66조, 제118조 제2항과 법률에 의하여 권한을 부여받은 국가기관으로서 권한쟁의 당사자가 될 수 있다. 하지만 독일연방헌법재판소는 이미 능동적 유권자의 헌법기관성을 부인한 바 있다.105) 대부분의 학설106)도 이에 동조한다. 예컨대, 유권자를 권한쟁의 당사자로 인정하면 선거법개정에 대하여 권한쟁의를 청구할 것이고 그에 대해 피청구인인 헌법기관이 응하지 않을 경우 헌법재판소는 곤경에 처할 수 있다는 것이다. 따라서 헌법소원청구를 할 수 있는 정도로 만족할 수밖에 없다는 것이다.

우리의 경우 최근 제21대 총선을 위해 개정한 소위 '연동형' 비례대표제로 인해 선거관리위원회가 위성정당의 등록승인을 한 바 있다. 이로 인해 유권자들은 선거권침해주장을 하면서 헌법소원청구를 하였지만 헌법재판소는 각하결정107)을 하였다. 권한쟁의와 헌법소원 모두 유권자에게는 현실성이 없는 헌법보호수단에 불과한 것이다. 대의민주주의에서는 대표자의 선의만 기대할 수 있을 뿐이다.

(라) 정당

과두지배의 현실적 대용품으로 정당의 국가기관성을 인정하는 견해108)에 의하

---

104) J. Pietzker, aaO., S. 593.
105) BVerfGE 13. 54(94 ff.); 49, 15(24); 60, 175(200f.).
106) Pestalozza, Verfassungsprozeßrecht, 3. Aufl. 1991, §7 Ⅱ RN 12; J. Pietzker, aaO., S. 594.
107) 헌재결 2020. 5. 12. 2020헌마571; 2020. 5. 12. 2020헌마616.
108) 예컨대, G. Leibholz, JöR Bd. 6(1957), S. 112, 127; 헌재결 1996. 8. 29. 96헌마99, 판례집 제8권 제2집, 199(207).

면 권한쟁의의 당사자능력을 인정할 수 있다. 이와 같은 정당의 헌법적 지위를 고려하여 헌법재판소도 국민의 정치적 의사형성의 자유로운 참여와 기회균등을 강조하고 있다.

정당의 권한쟁의 당사자능력은 상대방이 헌법기관이 아닌 경우에는 문제없다. 예컨대, 국영방송국,109) 지방자치단체, 국가정보원 등에 의해 기회균등이 침해가 된 경우가 그렇다. 하지만 행정안전부장관이 외국인노동자, 난민입국 등에 반대하며 보수정책을 지지하는 정당에 대한 부정적 언론인터뷰기사를 행정안전부 홈페이지에 게재한 경우 헌법기관으로 권한을 행사한 것인지 아니면 장관으로서 행정업무를 수행한 것인지 쉽게 구분하기 어렵다. 교섭단체를 구성한 정당에 국고보조금의 50%를 우선 배분하는 것(정치자금법 제27조 제1항), 비례대표의석배분에 3%의 저지규정을 마련한 것 등도 마찬가지다.

판단컨대 권한쟁의 당사자인 국회의원은 정당의 대표로서 정부의 각료도 될 수 있다. 이러한 점에서 정당의 당사자능력을 인정하면 공직자의 의무와 정치적 자유가 혼동될 수 있다. 예컨대, 독일통일 후 5% 저지조항에 의한 정당의 기회균등침해에 대해서 정당소속 국회의원이 헌법소원과 기관쟁의를 병행하여 청구하였다.110) 독일의 경우 바이마르공화국 국사재판소(Staatsgerichtshof)는 기관쟁의심판만 제도로 있어 헌법소원심판을 할 수 없었다.111) 독일의 기관쟁의와 우리의 권한쟁의 모두 헌법소원과 비교하여 단기의 청구기간(헌법재판소법 제63조112))과 적법요건의 불분명으로 인해 각하되는 경향이 많다.113) 따라서 원칙적으로는 정당의 권한쟁의 당사자능력을 부인하되 청구상대방이 '헌법기관인 경우'에만 당사자능력을 인정하는 것이 옳다고 생각한다. 헌법기관 특히 정부에 대한 정당의 기회균등의 침해를 주장하는 것은 정당보호의 이념으로서 민주적 기본질서의 관점에서 판단하여야 하기 때문이다. 최근 독일연방헌법재판소는 행정안전부장관(Bundesinnenminister)이 독일을

---

109) 헌재결 2011. 5. 26. 2010헌마451; 1998. 8. 27. 97헌마372등.

110) BVerfGE 82, 322.

111) 헌법소원제도는 1874년 스위스연방헌법에 있던 제도다. 독일은 이를 1951년 연방헌법재판소법에 도입하였고 1969년 비상입법으로 서독기본법에 편입하였다.

112) 헌법재판소법 63조 ① 권한쟁의의 심판은 그 사유가 있음을 안 날부터 60일 이내에, 그 사유가 있은 날부터 180일 이내에 청구하여야 한다. ② 제1항의 기간은 불변기간으로 한다.

113) J. Pietzker, aaO., S. 606 ff. 어쨌든 연방헌법재판의 심판절차가 15개나 되어(헌법재판소법 제13조 제1호~제15호) 흠결없는 권리보호를 하는데 문제가 거의 없지만 제도운영의 문제도 해석으로 보완하려는 헌법수호에의 의지를 본받아야 할 필요가 있다.

위한 대안정당(AfD)의 극우적 성향에 대한 인터뷰기사를 부처홈페이지에 게재한 것에 대한 대안정당(AfD)의 권한쟁의청구에 대하여 민주적 기본질서의 관점에서 침해를 인정하는 결정을 하였다.[114] 정부의 위헌정당해산심판청구에 대한 실질심 사요건을 정당의 권한쟁의심판청구에서도 동일하게 적용하여 공정한 정책경쟁을 유도하는 기능을 헌법재판소가 보장하고 있는 것이다.

(마) 소수의 국회의원

권한쟁의의 당사자는 헌법과 법률에 의하여 독자적인 권한을 부여받아야 한 다. 따라서 단순히 국회의 권한행사에 대한 반대의견을 가진 소수 의원들이 결집하 여 권한쟁의를 청구하는 것은 인정되지 않는다. 예컨대, 헌법개정에 반대하는 3분 의 1의 저지소수에도 미달하는 의원들이 권한쟁의를 청구하는 경우다. 이는 국회의 정당한 헌법개정권한행사로 국회 내에서 합리적인 의사절차를 거쳐 자치적으로 해 결할 사항인 것이다.

이러한 점에서 절대다수의 국회의원이 국무총리서리임명에 대한 위헌성을 주 장하면서 청구한 권한쟁의심판을 각하[115]한 것은 타당하다. 국무총리임명에 대한 동의권은 국회의원의 독자적인 권한이 아니라 국회의 권한으로 자치적으로 해결할 수 있는 사항으로 제3자 소송담당을 인정할 필요가 없기 때문이다.[116]

(바) 당사자능력의 상실의 경우

권한쟁의심판절차 중 국회의원의 지위상실, 교섭단체의 해체, 국무총리나 장 관의 해임 등으로 당사자능력을 상실한 경우 권한쟁의심판을 계속할 것인지 문제 된다. 이는 헌법소원의 권리보호필요성 내지 객관적 헌법질서의 수호유지를 위한 심판의 이익을 고려하여 결정하면 된다. 우리 헌법재판소가 민사소송법을 준용(헌 법재판소법 제40조 제1항)하여 심판종료선언[117]을 하는 것은 헌법소송의 특성을 고 려하지 않은 해석이다.

---

114) 독일 연방헌법재판소의 최근 사례로 BVerfG, Urteil des Zweiten Senats vom 09. Juni 2020 2 BvE 1/19.
115) 헌재결 1998. 7. 14. 98헌라1, 판례집 10-2, 1.
116) 다만 교섭단체에 의한 권한쟁의청구는 독일과 같이 소수보호의 기능을 고려하여 제3자 소송 담당을 인정할 필요가 있다.
117) 헌재결 2001. 6. 28. 2000헌라1, 판례집 13-1, 1218, 1224~1225.

(2) 국가기관과 지방자치단체간 권한쟁의심판

국가기관과 지방자치단체간 권한쟁의심판의 당사자로 헌법재판소법(제62조 제1항 제2호)에 의하면 국가기관에는 정부만 규정하고 있으나 예시규정으로 해석하여 국회, 법원, 중앙선거관리위원회와 그 부분기관도 포함되는 것으로 보아야 한다.[118] 지방자치단체에는 특별시, 광역시, 특별자치시, 도, 특별자치도와 시, 군, 자치구가 있다. 이는 법인격을 달리하는 연방과 지분국간의 연방국가적 쟁의와 유사한 것으로 지방자치권 침해[119]에 대한 권한쟁의라고 할 수 있다.

지방자치작용에는 자치사무, 자치재정, 자치입법권이 있다. 자치사무는 주민의 복리에 관한 사무로서 헌법과 법률이 지방자치단체의 사무로 정한 사무를 말한다. 이에는 고유사무와 단체위임사무가 있다. 기관위임사무는 지방자치단체에 위임된 사무가 아니라 기관(광역과 기초단체장)에 위임된 국가사무다. 기관위임사무는 기관 내부의 사무로 행정기관의 위계질서에 의한 권한조정이 가능하다. 따라서 헌법재판소는 고유사무와 단체위임사무를 포괄하는 자치사무만 권한쟁의의 청구대상으로 한다.[120]

(3) 지방자치단체간 권한쟁의심판

지방자치단체에는 특별시, 광역시, 특별자치시, 도, 특별자치도와 시, 군, 자치구가 있다(헌법재판소법 제62조 제1항 제3호). 법인격을 달리 하는 권리주체 간의 소송이란 점에서 연방국가의 지분국과 자치단체간의 권한쟁의와 유사하다. 지방자치의 발전으로 특별시, 특별자치시, 특별자치도에 관한 특례가 부여되어 자치단체간 권한쟁의심판은 증가할 것이다.

3. 청구적격

헌법상 권한쟁의심판절차를 구체화한 헌법재판소법 제61조는 "국가기관 상호

---

118) 헌법재판소, 『헌법재판실무제요』 제1개정판, 278면.
119) 독일에서는 지방자치권을 기본권으로 간주하여 그 침해에 대하여 지방자치단체의 헌법소원 청구권(헌법 제28조 제2항, 연방헌법재판소법 제91조 제1문)을 인정하고 있다. 다만 지분국 헌법재판소에서 게마인데의 자치권침해에 대한 권리구제절차를 거쳐야 하는 보충성원칙이 있다(연방헌법재판소법 제91조 제2문).
120) 헌재결 2006. 2. 23. 2005헌마403, 판례집 18-1상, 320; 1994. 12. 29. 94헌마201, 판례집 6-2, 510, 522.

간, 국가기관과 지방자치단체간 및 지방자치단체 상호간의 권한의 존부 또는 범위에 관한 다툼이 있을 경우에는 국가기관 또는 지방자치단체는 헌법재판소에 권한쟁의심판을 청구할 수 있다(제1항). 제1항의 심판청구는 피청구인의 처분 또는 부작위가 헌법 또는 법률에 의하여 부여받은 청구인의 권한을 침해하였거나 현저히 침해할 위험이 있을 때에 한하여 이를 할 수 있다(제2항)."고 규정하고 있다. 이를 분석하여 권한쟁의 청구적격을 살펴보면 다음과 같다.

(1) 헌법적 지위의 침해

정당은 사법상 법인격 없는 사단의 본질을 갖고 있지만 정치적 의사를 형성하여 국가에 전달하는 도관으로서 헌법상 제도로 보장하고 있다. 따라서 독일 연방헌법재판소는 정당 내지 교섭단체의 권한침해는 피청구인이 헌법기관인 경우에 인정하고 있다. 하지만 우리 헌법재판소는 정당의 법인격 없는 사단의 본질과 헌법재판소법에 당사자로 규정되어 있지 않기 때문에 인정될 수 없다고 판시[121]하고 있다.

헌법재판소는 또한 국가인권위원회가 대통령의 직제개편과 정원축소에 대하여 청구한 권한쟁의심판에서 국회제정 법률에 의하여 설치된 기관에 불과하여 헌법적 지위의 침해가 없다고 보아 각하결정[122]하였다. 즉 국가인권위원회는 중앙행정기관에 해당하고 타 부처와의 갈등이 생길 우려가 있는 경우에는 대통령의 명을 받아 행정 각부를 통할하는 국무총리나 대통령에 의해 분쟁이 해결될 수 있고, 국가인권위원회의 대표자가 국무회의에 출석해 국무위원들과 토론을 통하여 문제를 해결할 수 있다는 것이다.

지방자치단체의 내부기관, 예컨대, 지방자치단체의 장, 지방의회, 교육감은 헌법기관이 아니다. 따라서 이들 간의 권한쟁의는 일반법원의 기관소송(행정소송법 제3조 제4호)의 대상이다. 지방자치법상 행정소송도 주무부장관, 지방자치단체의 장, 지방의회간의 권한다툼인 기관소송의 일종으로 권한쟁의의 대상이 아니다.[123]

---

121) 헌재결 2020. 5. 27. 2019헌라6 등, 공보 제284호, 835.
122) 헌재결 2010. 10. 28. 2009헌라6, 판례집 22–2하, 1.
123) 지방자치법 제188조(위법·부당한 명령·처분의 시정) ⑥ 지방자치단체의 장은 제1항, 제3항, 제4항에 따른 자치사무에 관한 명령이나 처분의 취소 또는 정지에 대하여 이의가 있으면 그 취소처분 또는 정지처분을 통보받은 날부터 15일 이내에 대법원에 소를 제기할 수 있다.
　　지방자치법 제189조(지방자치단체의 장에 대한 직무이행명령) ① 지방자치단체의 장이 법령의 규정에 따라 그 의무에 속하는 국가위임사무나 시·도위임사무의 관리와 집행을 명

(2) 자신의 권한침해

청구인이 주장한 침해된 권한은 자신의 권한이어야 한다. 국회의원의 경우 합성기관인 국회의 일원으로 의사결정에 참여할 권한을 갖는다. 따라서 일반적으로 직접적인 법적 관계는 국회와 관련되지 정부나 법원과 관련된 것이 아니다. 예컨대, 국회의원이 교원들의 교원단체 가입현황을 자신의 인터넷 홈페이지에 게시하여 공개하려 하였으나, 법원이 그 공개로 인한 기본권침해를 주장하는 교원들의 신청을 받아들여 그 공개의 금지를 명하는 가처분 및 그 가처분에 따른 의무이행을 위한 간접강제 결정을 하였다. 이에 대해 국회의원이 법원을 상대로 제기한 권한쟁의심판청구에서 헌법재판소[124]는 인터넷 홈페이지에 게시는 국회의원만의 고유한 자기권한이 아니라고 하며 청구인적격을 부인하였다.

국회의원이 국회의 동의 없는 대통령의 조약체결·비준에 대하여 자신의 심의·표결권침해를 주장하면서 제기한 권한쟁의도 청구인 적격이 부인된다.[125] 이는 국회의 동의권침해(헌법 제60조 제2항)로 국회의원이 국회를 대신하여 동의권침해를 주장할 수 없기 때문이다(제3자의 소송담당 부인).

(3) 법적으로 중요하지 않은 처분배제

(가) 권한침해 또는 침해의 위험성판단기준으로 법적으로 중요하지 않은 처분은 배제

권한침해 또는 침해의 현저한 위험성판단은 법적으로 중요하지 않은 처분 (Nicht Rechtserhebliche Maßnahme)을 소송요건에서 배제한다는 것이다. 예컨대, 헌법재판소는 제주도의 기초자치단체폐치와 관련하여 청구된 제주시 등과 행정자치부장관간의 권한쟁의심판에서 국가정책에 참고하기 위해 중앙행정기관의 요구에 의해 실시되는 주민투표법 제8조의 주민투표의 요구를 받지 않은 지방자치단체에

백히 게을리하고 있다고 인정되면 시·도에 대하여는 주무부장관이, 시·군 및 자치구에 대하여는 시·도지사가 기간을 정하여 서면으로 이행할 사항을 명령할 수 있다. ⑥ 지방자치단체의 장은 제1항 또는 제4항의 이행명령에 이의가 있으면 이행명령서를 접수한 날부터 15일 이내에 대법원에 소를 제기할 수 있다. 이 경우 지방자치단체의 장은 이행명령의 집행을 정지하게 하는 집행정지결정을 신청할 수 있다.
  지방자치법 제192조(지방의회 의결의 재의와 제소) ④ 지방자치단체의 장은 제3항에 따라 재의결된 사항이 법령에 위반된다고 판단되면 재의결된 날부터 20일 이내에 대법원에 소를 제기할 수 있다. 이 경우 필요하다고 인정되면 그 의결의 집행을 정지하게 하는 집행정지결정을 신청할 수 있다.
124) 헌재결 2010. 7. 29. 2010헌라1, 판례집 22-2상, 201.
125) 헌재결 2015. 11. 26. 2013헌가3, 판례집 27-2하, 126.

게는 주민투표의 실권한이 발생했다고 볼 수 없으므로 그 권한의 침해 여지도 없어 이를 다투는 청구는 부적법하다고 판시하였다.[126] 또한 국회의장이 입법교착상태에 빠진 법률안에 대한 국회재적 과반수의 국회의원들의 심사기간지정요청을 국회의장이 거부한 행위는 국회의원인 청구인들의 법률안 심의표결권을 침해하거나 침해할 위험성이 없다고 하며 심판청구를 각하했다.[127] 독일연방헌법재판소는 독일 연방내무부장관이 연방의회의 대정부질문에서 사회주의 민주당(PDS)은 헌법적대적이라고 답변한 것은 법적으로 중요하지 않은 처분으로 청구정당의 권한침해나 침해의 현저한 위험을 유발할 만한 것이 아니라 하였다.[128]

또한 권한침해 내지 침해의 현저한 위험성판단은 법적 중요성 그 자체만으로 판단하는 것이 아니라 시간적으로 성숙되지 않아 해당성이 없는 경우도 배제한다. 연방헌법재판소는 국회의원법 제44조b 제2항[129]에 따라 조사대상이 된 국회의원 기시(Dr. Gysi)가 청구한 연방의회의 상임위원회가 구동독시절 국가정보원(Stasi)에서의 자신의 활동에 대해 조사를 할 수 있는 것은 국회의원의 권한침해라는 주장에 대하여 청구적격 결여로 각하한 바 있다.[130] 왜냐하면 법 자체가 아니라 연방의회의 심사절차가 개시되어야 비로소 법적 처분이 있기 때문이다. 동 결정에서 법 규정자체는 국회의원의 권리에 관한 연방헌법 제38조 제1항 제2문에 합치한다고 전원일치로 결정하였다.

그러나 법령소원의 청구요건에서 직접성은 집행행위의 매개 없이 법규범 그

---

126) 헌재결 2005. 12. 22. 2005헌라5, 판례집, 17-2, 667(676). 하지만 반대의견은 다음과 같이 권한침해를 인정하였다. 지방자치법 제4조 제2항에서는 지방자치단체의 폐치·분합시 지방의회의 의견을 들도록 하고 있고, 주민투표법 제8조의 주민투표로 이를 대체할 수 있도록 하고 있다. 그렇다면 주민투표법 제8조에 의한 주민투표 실시요구를 하고 이를 실시하는 이상 폐치되는 당사자인 청구인들이 배제되어서는 안 된다고 해석해야 하고, 4개 시, 군과 이해관계가 대립되는 당사자인 제주도에게만 투표실시요구를 하고 4개 시, 군의 폐치를 계속 추진하는 것은 폐치가 검토되는 당사자인 청구인들의 제8조의 주민투표실시권한을 침해한 것이라고 보는 것이 사안의 실질에 부합한다. 헌재결 2005. 12. 22. 2005헌라5, 판례집 17-2, 667(679).

127) 헌재결 2016. 5. 26. 2015헌라1, 판례집 28-2, 170(196).

128) BVerfGE 57, 1(5 ff.).

129) 국회의원법 제44조b 제2항은 1992년 1월 26일 개정법으로 국회의원이 동독시절 국가정보원(Stasi)에서 활동하거나 정치적 책임을 질만한 행동을 했다는 구체적 의심이 있는 경우 연방의회 상임위원회는 그 의원 동의 없이 국가정보원(Stasi)에서의 공식, 비공식적인 활동과 정치적 행동에 대하여 조사할 수 있다는 것이다.

130) BVerfGE 94, 351 ff.

자체에 의하여 직접 권리제한이 있는 경우 인정된다. 따라서 국회의원이나 정당의 기관쟁의는 국회법 또는 공직선거법에 의한 권한침해로 해석할 필요가 있다. 예컨 대, 독일연방헌법재판소는 통일독일 후 연방선거법의 5% 저지조항,[131] 초과의 석[132]에 대한 소수정당의 기관쟁의를 인용하여 헌법불합치결정을 한 바 있다. 전술 한 국회의원 기시에 대한 각하결정 이후 연방의회는 국가정보원에서의 활동조사절 차개시결정을 하였다. 이에 대한 기시(Dr. Gysi)의 재차 기관쟁의청구에 대하여 연 방헌법재판소는 법적 중요성을 인정하였다. 하지만 국회의원의 권한침해나 침해위 험의 직접성을 인정할 수 없어 기각한다고 판시하였다.[133]

(나) 입법권과 입법 그 자체에 의한 권한침해의 엄격한 구별의 문제점

헌법재판소는 국회선진화법에 대한 권한쟁의심판[134]에서 국회의장이 입법교 착상태에 빠진 법률안에 대한 국회재적의원 과반수의 국회의원들이 심사기간지정 요청을 거부한 행위는 입법권의 침해 또는 침해의 현저한 위험이 없다고 하며 각하 결정하였다. 하지만 권한쟁의에서 입법권과 입법 그 자체의 침해를 구분하는 것은 사실상 쉽지 않다. 이 심판에서 재판관의 견해가 5(각하) : 2(기각) : 2(인용)으로 나누 인 것도 이를 방증한다. 추상적 규범통제제도가 없어 합헌적 법질서확립에 공백이 생길 수 있으므로 적법요건을 엄격히 심사하는 것은 자제하여야 한다. 독일연방헌 법재판소도 추상적 규범통제의 청구인이 매우 제한적인 것과 비교하여 사안에 따 라 기관쟁의의 적법요건을 완화하여 해석하려는 경향이 있다.[135]

결국 권한침해위험성의 청구적격의 요건은 적법요건이자 본안판단요건이기도 하기 때문이다.

(다) 소극적 권한쟁의의 인정여부

권한쟁의의 종류는 '권한의 존부나 그 범위에 대한 다툼'을 내용으로 하는 적 극적 권한쟁의와 당사자간 서로에게 자기의 권한이 아니라고 다투는 소극적 권한

---

131) BVerfGE 892, 322(335 f.),
132) BVerfGE 92, 80(88).
133) BVerfGE 97, 408(414 f.).
134) 헌재결 2016. 5. 26. 2015헌라1, 판례집 28-1하, 170.
135) J. Pietzker, aaO., S. 606 ff.

쟁의가 있다. 우리 헌법재판소법 제61조 제2항은 "심판청구는 피청구인의 처분 또는 부작위가 헌법 또는 법률에 의하여 부여받은 청구인의 권한을 침해하였거나 현저히 침해할 위험이 있을 때에 한하여 이를 할 수 있다."고 적극적 권한쟁의만 헌법재판소의 권한으로 명문화하고 있다. 따라서 소극적 권한쟁의의 인정여부에 대하여는 해석에 맡겨져 있다.

적극설[136]은 법적 행위개념의 포괄성, 객관적인 권한질서의 유지와 지속적인 국가업무수행을 위하여 인정해야 한다는 것이다. 이에 반해 소극설[137]은 권한쟁의의 형성은 입법재량사항, 행정소송(취소소송, 부작위위법확인소송, 당사자소송)으로 해결가능 등을 근거로 한다. 헌법재판소[138]도 소극설의 입장이다.

헌법재판은 정치적 사법재판으로 그 심판범위는 헌법이나 헌법재판소법에서 열거한 사항에 한정되는 것이 원칙이다.[139] 따라서 명문으로 인정되기 전에는 행정소송의 방법으로 해결하는 것이 타당하다. 예컨대, 오스트리아(헌법재판소법 제46조 제1항, 제50조 제1항), 스페인(헌법재판소조직법 제60조) 헌법재판소에서는 소극적 권한쟁의를 인정한다.

4. 결정

(1) 결정정족수와 가처분 결정

다른 헌법재판절차와 달리 권한쟁의절차의 의결정족수는 재판관 6인 이상의 찬성을 요하지 않는다(헌법재판소법 제23조). 따라서 9인 재판관 중 과반수인 5인 이상의 찬성으로 인용결정을 할 수 있다.

권한쟁의심판절차가 종료하여 처분취소결정이 나더라도 이미 집행된 경우 소급효제한(헌법재판소법 제67조 제2항)으로 권리보호이익을 상실할 위험이 있다. 예컨대, 국회의 동의를 받지 않고 국군을 해외파병하려는 정부의 조치에 대하여 헌법재판소는 직권 또는 국회의 가처분신청(헌법재판소법 제65조)으로 집행정지를 요청할

---

136) 허영, 『헌법소송법』, 342면; 김남철, "정부와 지방자치단체간의 권한쟁의", 『헌법판례연구 Ⅰ』, 박영사, 315면 이하.
137) 정연주, 『헌법소송론』, 법영사, 2015, 292면; 한수웅, 『헌법학』, 1399면; 허완중, 『헌법소송법』, 641면.
138) 헌재결 1998. 8. 27. 96헌라1, 판례집 10-2, 364(소위 시화공단사건); 1998. 6. 25. 94헌라1, 판례집 10-1, 739(포항시 어업면허 유효기간연장 불허가처분사건).
139) K. Schlaich, aaO., S. 53.

수 있다. 이로써 종국결정에 의한 권한쟁의심판의 권한확인의 이익을 누릴 수 있게 된다.

(2) 종국결정 결정내용

형식요건 불비의 각하결정, 권한침해위험을 부인하는 기각결정, 침해위험을 인정하는 인용결정이 있다. 인용결정에는 권한의 존부 또는 범위확인결정과 처분의 취소 또는 무효확인, 부작위의 위헌확인 또는 위법확인결정(헌법재판소법 제66조)이 있다.

(3) 결정의 효력

권한쟁의의 인용결정은 모든 국가기관과 지방자치단체의 기속력, 반복금지의무, 처분취소결정의 소급효 제한(헌법재판소법 제67조), 자기구속력과 형식적·실질적 확정력 등이 있다. 자기구속력은 종국결정을 취소·변경할 수 없는 효력, 형식적 확정력은 소송당사자에게 미치는 일사부재리의 효력, 실질적 확정력은 당사자와 후소를 내용적으로 구속하는 기판력을 말한다(헌법재판소법 제40조에 의한 민사소송법준용140)).

Ⅳ. 탄핵심판

1. 의의와 기능

헌법재판소는 헌법(제65조)이 규정하는 고위공직자가 헌법이나 법률위반행위를 한 경우 탄핵심판을 할 수 있다. 탄핵심판이란 일반형사절차에서 소추하여 재판하거나 징계절차에 의해 징계하기 어려운 고위공직자의 위법행위에 대하여 공직을 박탈함으로써 헌법을 수호하는 기능을 한다.

특히 정부에 대한 불신임의결권도 없고 대통령에 대한 형사소추도 사실상 불가능한 우리의 상황에서 탄핵심판은 국가권력에 대한 민주적 통제수단으로 의의가 크다. 유감스럽게도 세계사적으로 유일한 대통령 탄핵파면을 우리는 경험한 바 있다.

---

140) 장영철, "헌법소송에 있어서 일반소송법 준용규정의 해석", 『헌법판례연구 [2]』, 한국헌법판례연구회, 박영사, 2000, 395면 이하.

2. 기원 및 입법례

탄핵심판은 하향식 헌법침해로부터 헌법을 보호하기 위한 제도로 오랜 역사를 갖고 있다.

(1) 기원

고대 아테네 직접민주주의에서는 이미 폭군을 추방하기 위해 도편추방의 인민재판을 하였다. 이는 국민소환제로 볼 수 있지만 이와 별개로 장교출신으로 제한된 그룹에게 왕족의 비행을 탄핵재판(Areopagus)하는 임무를 수행하게 한 것은 탄핵심판의 기원으로 볼 수 있다. 하지만 근대적 의미의 소추와 심판기관을 분리한 탄핵심판제도는 대의민주주의를 알았던 중세 영국에서 기원했다고 볼 수 있다.[141)

탄핵재판은 중세의 봉건사회 영국에서 14세기말 에드워드 3세(1327~1377)시기로부터 시작하여 리차드 2세(1377~1399)시기에 빈번하였다. 그리하여 1399년 헨리 4세는 탄핵재판에 관한 헨리 4세법을 제정하였다. 이후 영국의 "하원은 탄핵소추권을 상원은 탄핵심판권을 갖는다."는 원칙이 확립되었다. 이는 1787년 미국헌법 제1조 제2항 제5호(하원의 소추권)과 제1조 제3항 제6호(상원의 탄핵심판권)에 그대로 반영되었다.

매우 한정된 권한이 부여된 독일 바이마르공화국의 국사재판소(Staatsgerichts-hof)에서도 연방국가적 쟁의와 함께 고위공직자에 대한 탄핵심판제도는 있었다. 오늘날 아시아, 남미제국 등 세계 각국의 헌법에는 탄핵심판제도가 규정되어 있다.

(2) 입법례

탄핵심판도 일반형사절차와 마찬가지로 소추와 심판기관을 분리한다. 비교법적으로 미국에서는 소추는 하원이 심판은 상원이 한다. 다만 대통령탄핵의 경우 상원의장이 부통령이므로 대법원장이 심판을 주재한다(미국연방헌법 제1조 제3항 제6호 제3문).

의원내각제 국가의 경우 불신임의결로 정치적 책임을 지는 수상과 장관에 대한 탄핵은 할 필요가 없다. 다만 대통령과 법관에 대한 탄핵을 한다. 독일은 연방대통령에 대한 소추는 연방의회 재적의원 1/4 또는 연방참사원 표수의 1/4 이상 발의

---

141) 이승우, "탄핵심판제도에 관한 연구",『헌법재판연구』제12권, 헌법재판소, 2001, 2면 이하.

와 각 2/3 이상의 찬성으로 의결한다(헌법 제61조 제1항). 심판은 연방헌법재판소가 한다. 법관에 대한 소추는 연방의회 단독권한으로 하나 연방헌법재판소가 2/3 이상(즉 8명 중 6인 이상)의 찬성으로 유죄결정을 한다. 오스트리아는 연방대통령에 대한 소추는 국민의회 또는 연방의회의 의결로 수상에게 합동회의(Bundesversammlung) 소집을 청구하여 재적 과반수 이상의 출석에 출석의원 2/3 이상의 의결로 소추한다(연방헌법 제68조와 제142조 제2항). 심판은 연방헌법재판소가 한다(연방헌법 제142조 제1항). 영국이나 일본에서는 소추는 의회가, 심판은 대법원이 한다.

(3) 우리의 탄핵심판제도의 변천

우리도 탄핵심판은 제헌헌법에서부터 현행 헌법에 이르기까지 소추와 심판기관을 분리하여 계속 존재하였다. 비교법적 검토에서 살펴본 바와 같이 우리도 탄핵소추는 계속 국회의 권한이었으나 심판기관만 변화가 있었다. 즉 탄핵재판소(제1공화국), 헌법재판소(제2공화국), 탄핵심판위원회(제3공화국), 헌법위원회(제4, 5공화국), 현재는 헌법재판소가 담당하고 있다.

우리 헌정사상 국회에서 14차례 탄핵소추안이 발의되었다. 대법원장과 7번의 검찰에 대한 소추안은 모두 부결되었으나 대통령에 대한 두 차례의 탄핵안과 판사(임성근) 그리고 장관(이상민)과 검사 2명에 대한 탄핵안이 가결되어 심판에 회부되었다.[142] 주지하듯이 노무현대통령에 대한 탄핵심판은 기각결정, 박근혜 대통령에 대한 탄핵심판은 파면결정, 임성근 판사에 대한 탄핵심판은 피청구인의 임기만료로 퇴직하여 심판이익이 없는 것으로 각하결정하였다. 이상민 장관에 대한 탄핵심판은 기각결정하였다.

3. 탄핵심판과 다른 제도와 관계

(1) 국민소환제도와의 관계

국민소환제도는 유권자인 국민이 공직자를 공직으로부터 해임하는 제도를 말한다. 선출직 공직자를 임기 전에 해임하는 직접민주주의 원리에 근거한 제도다.

---

142) 유태흥 대법원장(1985), 임성근 판사(헌재결 2021. 10. 28. 2021헌나1, 판례집 33-2, 321 이하)와 김태정 검찰총장(1998, 1999)등 검사에 대한 9번의 탄핵, 노무현 탄핵(헌재결 2004. 5. 14. 2004헌나1, 판례집 16-1, 609 이하), 박근혜 탄핵(헌재결 2017. 3. 10. 2016헌나1, 판례집 29-1, 1 이하), 이상민 탄핵(헌재결 2023. 7. 25. 2023헌나1)이 있었다.

우리는 지방자치법(제25조)에 제도로 규정되어 있다.

국민소환제도를 정치적 책임을 묻는 제도로 고안할 것이지 법적 책임을 묻는 제도로 고안할 것인지는 동서고금에 따라 상이하다. 예컨대, 탄핵심판의 연원으로 보는 아테네 민주주의의 도편추방제의 인민재판은 국민소환으로, 왕족의 비행을 재판하는 아레오파구스(Areopagus)는 탄핵재판으로 구분할 수 있다. 하지만 미국의 일부 주(캘리포니아, 콜로라도, 미시간, 알래스카 등)에서는 주민소환에 대해 사법심사를 배제하여 정치적 제도로 운영하지만 다른 주(조지아, 캔사스, 몬태나 등)에서는 위법에 대하여만 주민소환을 허용하여 법적 제도로 운영한다.[143]

이러한 점에서 국민소환과 탄핵심판은 본질적으로 구별되는 제도는 아니라 할 수 있다. 다만 운영상 탄핵심판은 소추기관인 의회를 통한 국민주권의 간접적 실현 수단인 반면에 국민소환제도는 주권자인 국민이 직접책임추궁을 추구할 수 있는 수단이라는 점에서 차이가 있다. 국민소환과 탄핵심판제도는 병존할 수도 택일적으로 할 수도 있는 것이다. 일반적으로는 미국의 일부 지분국을 제외하고는 국민소환제도의 인민재판화 우려로 탄핵심판제도를 채택하고 있다.

(2) 정부형태와 관계

탄핵심판제도는 살펴본 바와 같이 국민소환제와 유사성을 갖는 점에서 정부형태와 상관없이 헌법보호수단으로 기능한다. 의원내각제 국가에서도 정치적으로 책임을 지지 않는 대통령과 법관이 존재하고, 대통령제 국가에서는 고위공직자 가운데 정치적 책임을 지지 않는 자가 많아 제도의 필요성은 더욱 크다.

(3) 사법권독립과의 관계

일반형사절차에서 소추하거나 징계절차에서 징계하기 곤란한 법관, 검사 등 고위공직자에 대한 특수한 형사소추수단으로 사법권독립을 침해하는 것과 직접적 관련이 없다. 다만 법관의 임기제와 종신제 따라 탄핵심판제도의 실효성은 상이하게 나타난다. 종신제 연방법관제를 시행하고 있는 미국은 법관에 대한 탄핵소추 15건 중 파면결정이 8번이나 이루어졌다.[144]

---

143) J. F. Zimmerman/김영기(옮김), 『미국의 주민소환제도』, 대영문화사, 2002, 46면 이하.
144) 지금까지 19건의 탄핵소추가 이루어졌다. 이 중 15건의 법관 탄핵 이외에 대통령소추 2건, 장관과 상원의원에 대한 소추 각 1건씩 있었지만 모두 기각결정되었다.

4. 탄핵소추절차

(1) 탄핵대상자

헌법상 탄핵심판의 대상자를 분류하면 정치적으로 책임을 지지 않는 정부관료(대통령, 국무총리, 국무위원, 행정각부의 장 등), 사법권의 독립에 의하여 신분보장이 되는 법관(대법원장, 대법관 등), 소추하거나 징계하기 어려운 고위공직자(헌법재판소 재판관, 중앙선거관리위원회 위원, 감사원장, 감사위원, 검찰총장 등)를 대상으로 한다(제 65조 제1항). 그리고 헌법 제65조 제1항과 헌법재판소법 제48조 '기타법률이 정하는 공무원'에는 검사, 각 처장, 정부위원, 각군 참모총장, 경찰청장, 고위외교관 그리고 정무직 및 별정직 고급공무원 등이 포함된다.

다만 헌법재판소 재판관에 대한 탄핵심판은 헌법재판소가 자기 자신에 대하여 심판한다는 자연법적 정의에 반한다. 예컨대, 독일은 재판관전원회의에서 자체 정화하도록 헌법재판소법(제105조[145]))에 절차를 마련하여 중립적 기관인 연방대통령이 최종적으로 파면결정을 하는 형식을 취하고 있다.

(2) 탄핵사유

그 직무집행에 있어 헌법이나 법률을 위배한 때이다. 이를 분석하기로 한다.

(가) '직무'란 법제상 소관 직무에 속하는 고유 업무와 사회통념상 이와 관련된 업무를 말하고, 법령에 근거한 행위뿐만 아니라 피소추인의 지위에서 국정수행과 관련하여 행하는 모든 행위를 포괄하는 개념이다.[146] 여기서 전직시의 행위포함여부에 대하여는 원칙적으로 전직은 배제하는 것이 타당하다. 하지만 직무수행과 관련성을 고려하여 전직과 현직이 업무적으로 연계되어 있는 경우라면 전직에서의 직무도 현직에 포함시켜야 할 것이다.

(나) 헌법이나 법률을 위배한 경우란 형식적 의미의 헌법과 법률은 물론 실질

---

145) 독일연방헌법재판소법 제105조에 의하면 "연방헌법재판소 재판관이 품위에 반하는 행동을 하는 경우, 6개월 이상의 징역형을 선고받았을 경우, 중대한 의무위반으로 책임을 져야 할 경우에 직무에서 배제하는 파면결정을 연방대통령에게 위임할 수 있다(제1항). 파면절차신청은 전원회의의 의결에 의한다(제2항). 탄핵절차는 대통령탄핵심판의 사실조사와 구두변론 절차를 준용한다(제3항). 연방대통령에게 권한위임은 재적 재판관 2/3 이상의 동의가 있어야 한다(제4항)."

146) 헌재결 2017. 3. 10. 2016헌나1, 판례집 29-1, 1(19).

적 의미의 그것도 포함된다. '헌법'에는 명문의 헌법규정뿐만 아니라 헌법재판소의 결정에 따라 형성되어 확립된 불문헌법도 포함되고, '법률'에는 형식적 의미의 법률과 이와 동등한 효력을 가지는 국제조약 및 일반적으로 승인된 국제법규 등이 포함된다.

위배한 때란 헌법과 법률상의 권한을 유월하거나 작위·부작위의무를 이행하지 않는 것을 말한다. 대통령, 국무총리, 검찰총장, 대법원장 등의 고의·과실 뿐만 아니라 법의 무지도 포함한다.

(다) 모든 위헌·위법행위를 탄핵사유로 할지 아니면 중대 명백한 위헌·위법행위를 탄핵사유로 할지 문제될 수 있다. 오스트리아는 대통령과 기타 공직자를 구분하여 대통령의 경우는 헌법위반행위에 대하여만 소추가 가능한 것으로 제한하고 있다(제142조 제2항 a호). 헌법재판소도 같은 취지로 "대통령을 탄핵하기 위해서는 대통령의 법 위배 행위가 헌법질서에 미치는 부정적 영향과 해악이 중대하여 대통령을 파면함으로써 얻는 헌법 수호의 이익이 대통령 파면에 따르는 국가적 손실을 압도할 정도로 커야 한다. 즉, '탄핵심판청구가 이유 있는 경우'란 대통령의 파면을 정당화할 수 있을 정도로 중대한 헌법이나 법률 위배가 있는 때를 말한다."고 판시[147]하고 있다.

(3) 탄핵소추

대통령에 대한 소추발의는 국회재적의원 과반수의 발의와 국회재적의원 2/3 이상의 찬성으로 소추의결을 한다. 그 밖에 고위공직자에 대하여는 국회재적의원 1/3 이상의 발의와 국회재적의원 과반수 이상의 찬성으로 소추의결을 한다(헌법 제65조 제2항). 탄핵소추의결여부는 국회의 재량행위로 본다.[148]

탄핵소추의 의결을 받은 자는 탄핵심판이 있을 때까지 권한행사가 정지된다(헌법 제65조, 국회법 제134조 제2항, 헌법재판소법 제50조). 사임이나 해임도 금지된다(국회법 제134조 제2항). 이러한 규정에도 불구하고 대통령의 사실상 사임의 경우 심판절차 계속여부에 대하여 특수한 형사절차이므로 심판절차종료선언을 하여야 한다는 견해[149]가 있다. 그러나 미국헌법상(제2조 제2항 제1호) 사면금지와 상기의 국

---

147) 헌재결 2017. 3. 10. 2016헌나1, 판례집 29-1, 1(20).
148) 헌재결 1996. 2. 29. 93헌마186. 판례집 8-1, 111(118).
149) 성낙인, 『헌법학』, 527면.

회법상(제134조 제2항) 사임금지 그리고 탄핵심판의 징계처분적 성격을 고려하면 심판절차는 계속되어야 한다. 다만, 선출직 공직자가 아닌 피소추인에 대한 탄핵결정 이전에 상급자가 파면을 한 경우 탄핵심판청구는 기각된다(헌법재판소법 제53조 제2항). 하지만 대통령을 파면할 상급자는 국민밖에 없어 심판절차는 계속되어야 하는 것이다.

5. 탄핵심판절차

탄핵소추위원은 국회법제사법위원장이다(헌법재판소법 제49조 제1항). 소추위원은 의결서 정본을 헌법재판소에 제출하여 심판을 청구하며, 심판의 변론에 있어서 피청구인을 심문할 수 있다(헌법재판소법 제49조 제2항).

탄핵심판은 공개적인 구두변론에 의한다(헌법재판소법 제30조제 1항 및 제34조). 이는 형사소송절차를 준용한다(헌법재판소법 제40조).

6. 탄핵의 결정과 그 효과

(1) 결정

재판관 6인 이상의 찬성으로 파면결정을 하고 그렇지 않으면 기각결정을 한다(헌법재판소법 제53조). 재판관 공석으로 9인에 미달하는 경우에도 결정정족수는 동일하다. 헌법재판소[150]는 "헌법재판은 9인의 재판관으로 구성된 재판부에 의하여 이루어지는 것이 원칙이다. 그러나 현실적으로는 일부 재판관이 재판에 참여할 수 없는 경우가 발생할 수밖에 없다. 이에 헌법과 헌법재판소법은 재판관 중 결원이 발생한 경우에도 헌법재판소의 헌법수호기능이 중단되지 않도록 7명 이상의 재판관이 출석하면 사건을 심리하고 결정할 수 있음을 분명히 하고 있다. 그렇다면 헌법재판관 1인이 결원이 되어 8인의 재판관으로 재판부가 구성되더라도 탄핵심판을 심리하고 결정하는 데 헌법과 법률상 아무런 문제가 없다."고 판시하고 있다.

(2) 효과

탄핵결정은 징계처분적 성질을 가지므로 민·형사상책임은 별도로 진행된다(헌법재판소법 제54조 제1항). 파면결정으로 5년 간 공직취임은 금지된다(헌법재판소법

---

150) 헌재결 2017. 3. 10. 2016헌나1, 판례집 29-1, 1(19, 20).

제54조 제2항).

탄핵파면에 대한 사면은 불허하는 것이 타당하다. 탄핵심판절차에서 국회와 헌법재판소의 대화민주주의에 의한 파면결정의 법치주의를 침해하기 때문이다. 미 연방헌법 제2조 제2항 제1호도 "대통령은 탄핵을 제외한 일반형사범에 대한 형의 집행유예 또는 사면을 하는 권한이 있다."고 명문화하고 있다.

이러한 점에서 탄핵으로 파면된 박근혜대통령에 대하여 사면을 한 것은 헌법의 근본원리를 침해한 사면권의 남용이다.

V. 위헌정당해산심판

1. 의의와 연혁

(1) 의의

위헌정당해산은 헌법 제8조 제4항에 근거한다. 즉 "정당의 목적이나 활동이 민주적 기본질서에 위배될 때에는 정부는 헌법재판소에 그 해산을 제소할 수 있고, 정당은 헌법재판소의 심판에 의하여 해산된다."

위헌정당해산은 민주주의의 적에게는 자유가 없다는 방어적 내지 투쟁적 민주주의에 근거한 국가와 헌법보호수단이다. 민주적 기본질서를 침해하고 대한민국의 존립을 위태롭게 하는 정당은 위헌이다. 위헌정당해산결정은 대체정당의 창설도 금지하는 포괄적 효력을 갖는다. 따라서 행정부나 국회가 경쟁자를 제거하기 위한 수단으로 정당해산제도를 남용하는 것을 방지하기 위하여 헌법재판소결정에 의해서만 해산할 수 있도록 정당특권을 부여하고 있다. 헌법재판소의 해산결정 이전에 누구든지 특정정당의 위헌성을 주장할 수는 없다. 다만 장관이나 의원이 언론이나 국회에서 특정정당의 극우 내지 극좌적 성향을 지적하는 것,[151] 위헌적 활동에 의혹을 제기하는 것[152]은 정당특권이나 정당의 자유에 반하지 않는다.

(2) 연혁

미국과 바이마르헌법을 모방한 제헌헌법은 정당에 관한 보호조항이 없었다.

---

151) BVerfGE 40, 287(정당의 헌법 적대적 성향지적결정).
152) BVerfGE 133, 100 ff.

따라서 정치적 의사를 형성하는 기능을 하는 정당도 일반결사로 간주하여 창당도 정당해산도 간단하였다. 이승만 대통령은 당시 정적인 조봉암이 당수로 있었던 진보당등록취소(1958. 2. 25.)를 감행하였다. 그리고 그를 제거하기 위하여 북한 밀파 간첩과 접선, 당원을 의회에 진출시켜 대한민국을 파괴하려고 기도하였다는 이유로 형사재판에 회부하였다. 1심에서 간첩죄 무죄가 선고되었지만 대법원[153]에서 사형으로 번복하여 사법살인을 자행하였다.

제1공화국의 정치부패에 대항하여 4·19혁명으로 탄생한 제2공화국 헌법에서는 정당보호조항을 마련하였다. 즉 헌법 제13조 제2항은 "정당은 법률의 정하는 바에 의하여 국가의 보호를 받는다. 단 정당의 목적이나 활동이 헌법의 민주적 기본질서에 위배될 때에는 정부가 대통령의 승인을 얻어 소추하고 헌법재판소가 판결로써 그 정당의 해산을 명한다."고 규정하였다.

대통령의 승인을 얻도록 한 것은 야당탄압의 수단으로 정부가 위헌 정당해산 제소권을 남용하지 못하도록 예방하는 기능을 한 것이다. 당시 의원내각제 정부형태에서 대통령의 명목적·형식적 지위에 불구하고 승인여부는 실질적 권한으로 해석하였다.[154]

하지만 위헌정당해산심판은 제2공화국 이후 50년을 넘도록 휴면제도였다. 마침내 지난 2014년 박근혜 정부가 통합진보당에 대한 위헌정당심판청구를 하였고 헌법재판소는 해산결정을 하였다. 이는 독일의 경우도 연방헌법재판소 초기 1952년 사회주의 제국당(SRP), 1956년 공산당(KPD)에 대한 위헌정당해산청구가 있었고 이후에 독일 통일되기까지는 사문화된 제도인 것과 유사한 것이다. 하지만 독일은 통일과 유럽연합국이 되면서 극우정당 내지 극우단체들이 출현하여 위헌정당해산 청구가 빈발하고 있다. 자유 독일노동당(FDAP),[155] 민족리스트(NL),[156] 독일민족민주당(NPD)[157] 등에 대한 것이 그것이다.

---

153) 대판 1959. 2. 27. 4291형상559.
154) 박일경, 『제6공화국 신헌법』, 법경출판사, 1990, 28면.
155) 2 BvB 2/93 vom 17. Nov. 1994.
156) 2 BvB 1/93 vom 17. Nov. 1994.
157) 2 BvB 1/13 vom 17. Jan. 2017; BVerfGE 144, 20 ff.

2. 실질적 심판요건으로 민주적 기본질서

정당의 목적이나 활동이 민주적 기본질서를 침해하고 대한민국의 존립을 위태롭게 하는 정당은 위헌이다. 독일연방헌법재판소[158]는 '민주적 기본질서'에 대하여 "폭력과 자의적 지배를 배제하고 국민주권에 근거한 다수의사와 자유와 평등을 존중하는 법치국가적 지배질서"라고 판시한다. 즉 민주적 기본질서에는 다음과 같은 내용이 포함된다: 헌법에 구체화된 인권(즉 기본권), 특히 생명과 인격의 자유발현권 보호, 국민주권, 권력분립, 정부의 책임, 법치행정원리, 사법권의 독립, 복수정당제, 야당의 제도적 보호와 모든 정당의 기회균등.

우리 헌법재판소[159]도 '민주적 기본질서'를 독일과 유사하게 판시하고 있다: 오늘날의 입헌적 민주주의 체제의 구성 및 운영에 필요한 가장 핵심적인 내용이나 요소를 의미하는 것으로, 민주적이고 자율적인 정치적 절차를 통해 국민적 의사를 형성·실현하기 위한 요소, 즉 민주주의 원리에 입각한 요소들과, 이러한 정치적 절차를 운영하고 보호하는 데 필요한 기본적인 요소, 즉 법치주의 원리에 입각한 요소들 중에서 필요불가결한 부분을 의미한다. 그러므로 '민주적 기본질서'는 개인의 자율적 이성을 신뢰하고 모든 정치적 견해들이 각각 상대적 진리성과 합리성을 지닌다고 전제하는 다원적 세계관에 입각하여, 모든 폭력적·자의적 지배를 배제하고, 다수를 존중하면서도 소수를 배려하는 민주적 의사결정과 자유·평등을 기본원리로 하여 구성되고 운영되는 정치적 질서를 의미하며, 구체적으로는 국민주권의 원리, 기본적 인권의 존중, 권력분립제도, 복수정당제도 등이 현행 헌법상 민주적 기본질서의 중요한 요소라고 볼 수 있다.

헌법적대적인 기본활동은 정당의 목적이나 강령에 나타나 있어야 한다. 이는 정당의 내부조직이나 당원의 행동에서 파악할 수 있다. 하지만 일부 당원의 개별적 행동이나 일부규정의 위헌성으로 민주적 기본질서에 반하는 정당으로 판단해서는 안 된다. 사회적 현실, 정당의 세력 등 전체적으로 판단하여 개별적 징표가 민주적 기본질서에 반하는 정당의 활동으로 귀속되어 해산만이 정당화될 수 있는지가 중요하다.

---

158) BVerfGE 2, 1(12 f.).
159) 헌재결 2016. 9. 29. 2014헌가3 등, 판례집 28-2상, 258; 2014. 12. 19. 2013헌다1, 판례집 26-2하, 1.

그 판단의 실마리를 얻기 위해 근래 독일연방헌법재판소의 독일민족민주당
(NPD)[160]에 대한 위헌정당심판을 살펴보고자 한다. 독일민족민주당(NPD)은 현존
헌법질서를 대체하여 민족공동체인 전체국가를 건설하는 것을 목표로 하였다. 즉
정당의 구상은 극우적인 성향을 드러나 인간존엄과 민주주의원리에 반하는 것이었
다. 하지만 연방헌법재판소는 독일민족민주당(NPD)이 비록 지방선거에서 의석을
얻었다 하더라도 총선에서 다수정당이 되거나 연정에 참여하여 목표를 구체적으로
실현할 가능성을 발견할 수 없다고 보아 기각결정한다고 판시하였다. 독일민족민주
당(NPD)의 일부 당원과 추종자들의 극단적 행동은 정당해산의 요건으로 볼 수 없
다는 것이다. 폭력의 공포와 불안에 대한 것은 시민들이 정치적 의사형성에 참여할
수 있는 자유와 독일민족민주당(NPD) 당원들의 활동도 보호해야 하는 상황에서 경
찰의 위험예방조치와 형사적 처벌로 충분히 대응할 수 있다고 보았다. 이러한 점에
서 우리 헌법재판소가 통합진보당 해산결정을 내린 것은 근래의 독일민족민주당
(NPD)에 대한 기각결정이 아닌 동서독 분단 상황에서 1952년 사회주의 제국당
(SRP), 1956년 공산당(KPD)해산결정을 참고한 것으로 판단된다. 통합진보당이 정권
을 획득할 구체적 가능성은 없었기 때문이다.[161] 더욱이 헌법재판소가 민주적 기본
질서도 헌법원리 이외에 남북분단의 정치적 현실을 감안해야 한다는 논거[162]는 우
리 사회의 다원적 가치를 보호하는 것보다는 추상적인 국가안보 내지 정권안보가
중요하다는 것을 말한다.

3. 심판청구의 형식적 요건

(1) 심판청구권자와 청구의 재량여부

위헌정당해산심판청구권자는 정부다(헌법 제8조 제4항). 여기서 정부는 국무회

---

160) 2 BvB 1/13 vom 17. Jan. 2017; BVerfGE 144, 20 ff.
161) 동지 김이수, "통합진보당결정에 대한 몇 가지 검토", 『민사법연구』 제27집(2019. 12.),
　　12면.
162) 헌재결 2014. 12. 19. 2013헌다1, 판례집 26-2하, 1. 대한민국은 북한이라는 현실적인 적으
　　로부터 공격의 대상으로 선포되어 있고, 그로부터 체제 전복의 시도가 상시적으로 존재하는
　　상황인데, 우리의 민주적 기본질서도 궁극적으로 대한민국과 동일한 운명에 있다. 따라서 남
　　북이 대립되어 있는 현재 한반도의 상황과 무관하지 않은 이 사건에서 우리는 입헌주의의
　　보편적 원리에 더하여, 우리 사회가 처해 있는 여러 현실적 측면들, 대한민국의 특수한 역사
　　적 상황 그리고 우리 국민들이 공유하는 고유한 인식과 법 감정들의 존재를 동시에 숙고할
　　수밖에 없다.

의심의(헌법재판소법 제55조)를 거쳐 청구하여야 하므로 대통령을 의미한다.[163] 다만 정부를 대표하여 법무부장관(헌법재판소법 제25조 제1항)이 청구한다.

위헌정당해산심판청구에 대하여 정부의 재량행위로 보는 견해가 다수설[164]이다. 하지만 이와 반면에 정당에 대한 국고보조와 교섭단체에 대한 특혜 등 위헌정당에 대한 혈세의 낭비와 위헌정당의 정치적 의사형성에 참여를 예방하기 위하여 합리적 위헌의심이 있는 정당에 대한 해산청구는 기속행위로 보아야 한다는 견해,[165] 대통령이 정당해산청구를 이행하지 않아 사회혼란을 방치하고 오히려 조장하는 결과가 초래된다면 탄핵사유라는 유력한 견해[166]도 있다.

판단컨대 연방의회, 연방참사원도 청구권자인 독일(연방헌법재판소법 제43조 제1항)과 달리 우리의 경우 정부로 한정되고 정당의 권한쟁의 당사자능력도 부인하고 있어 의무로 해석하는 것은 정당'특권'의 본질에도 부합하지 않는다. 다만 위헌의 확신이 있는 경우 해산청구의 재량권은 영으로 수축되므로 이 경우 청구불이행은 대통령의 기본권보호의무(헌법 제10조)와 국가의 계속성과 헌법수호의무(헌법 제66조 제2항) 위반으로 탄핵사유가 될 수 있다.

(2) 정당일 것

정당법 제17조(법정시·도당수), 제18조(시·도당의 법정당원수)의 요건을 구비하고 등록을 필한 기성정당, 등록 중의 정당(창당준비위원회), 시·도당 등 정당의 부분조직[167]도 포함된다. 하지만 방계조직과 위장조직, 일반결사는 제외된다. 정당의 업무를 수행하는 부분조직도 청구대상이 된다.[168] 예컨대, 시·도당, 청년위원회, 재정위원회, 정책연구소 등이 이에 속한다.

---

163) 신평, 『헌법재판법』, 법문사, 2011, 506면.
164) 정연주, 『헌법소송론』, 231; 허영, 『헌법소송법』, 303면.
165) W. Löwer, Zuständigkeiten und Verfahren des Bundesverfassungsgerichts, in: Handbuch des Staatsrechts, Heidelberg, 2005, §70, S. 1443, RN 157.
166) 신평, 『헌법재판법』, 507.
167) S. Korioth, aaO., S. 241 RN 831.
168) W. Löwer, aaO., S. 1443, RN 157.

4. 위헌정당해산심판의 절차, 결정 및 그 효력

(1) 절차

위헌정당해산심판은 구두변론의 절차에 의하고(헌법재판소법 제30조), 헌법재판소법에 특별한 규정이 없으면 민사소송절차가 준용된다(헌법재판소법 제40조).

권한쟁의심판과 마찬가지로 종국결정의 효력이 소급하지 않으므로 가처분을 신청할 수 있다. 즉 헌법재판소는 정당해산심판의 청구를 받은 때에는 직권 또는 청구인의 신청에 의하여 종국결정의 선고 시까지 피청구인의 활동을 정지하는 결정을 할 수 있다(헌법재판소법 제57조). 헌법재판소장은 정당해산심판의 청구가 있는 때, 가처분결정을 한 때 및 그 심판이 종료한 때에는 그 사실을 국회와 중앙선거관리위원회에 통지하여야 한다. 정당해산을 명하는 결정서는 피청구인 외에 국회, 정부 및 중앙선거관리위원회에도 송달하여야 한다(헌법재판소법 제58조).

(2) 종국결정과 그 효력

위헌정당해산심판의 종국결정은 해산결정과 기각결정이다. 정당의 해산을 명하는 결정이 선고된 때에는 그 정당은 해산된다(헌법재판소법 제59조). 해산결정으로 비로소 청구정당의 위헌성인정과 함께 해산이 강제되는 형성적 효력(ex-nunc)을 갖는다. 따라서 해산선고 이전의 청구정당이 형성한 법률관계는 유효하다.

헌법재판소의 결정으로 해산된 정당의 강령(또는 기본정책)과 동일하거나 유사한 것으로 정당을 창당하지 못한다(대체정당창설금지, 정당법 제40조). 또한 헌법재판소결정에 의하여 해산된 정당의 명칭과 같은 명칭도 정당의 명칭으로 다시 사용하지 못한다(명칭사용금지, 정당법 제41조 제2항). 해산정당 잔여재산은 국고에 귀속한다(정당법 제48조 제2항).

정당의 해산을 명하는 헌법재판소의 결정은 중앙선거관리위원회가 「정당법」에 따라 집행한다(헌법재판소법 제60조).

(3) 해산결정의 부수적 효력으로 의원직 상실여부

해산결정의 효력은 살펴본 바와 같이 정당법과 헌법재판소법에 명문화되어 있다. 하지만 해산정당 소속 국회의원이나 지방자치의원에 대한 의원직 상실여부에 대한 명문규정은 없다. 따라서 헌법해석의 문제가 된다. 독일도 연방헌법재판소 초기에 해산정당의 의원직상실에 관한 규정이 없었다. 따라서 독일의 해석사례를 먼저 살펴보기로 한다.

(가) 독일연방헌법재판소는 사회주의제국당(SRP)[169]과 공산당(KDP)[170]해산결정에서 국회의원의 정당의 대표와 국민의 대표로서 이중적 지위의 충돌문제로 보았다. 이는 헌법상 민주적 기본질서와 자유위임원리 중 상위의 가치를 결단하는 것이었다. 연방헌법재판소는 헌법원리로서 민주적 기본질서가 상위의 가치라는 것에 의문이 없다고 보고 위헌정당해산의 목적을 달성하기 위해서는 의원직 상실이 당연히 수반되어야 한다고 판시하였다. 다만 정당의 자유조항(독일헌법 제21조)의 적용 범위는 국민의 정치적 의사형성기능을 수행하는 연방의회와 지분국의회에 제한되는 것으로 의원직상실의 범위를 제한했다. 기초자치단체인 게마인데는 행정업무를 수행하는 기관으로 기초자치의원의 지위는 박탈할 필요가 없는 것으로 본 것이다.

(나) 우리 헌법재판소도 독일연방헌법재판소와 유사한 결정을 내리고 있다. 즉 헌법재판소는 통합진보당 해산결정[171]에서 다음과 같이 의원직상실의 정당성을 논증하고 있다: 정당해산심판제도의 본질은 민주적 기본질서에 위배되는 정당을 정치적 의사형성과정에서 배제함으로써 국민을 보호하는 데에 있다. 국회의원이 국민 전체의 대표자로서의 지위를 가진다는 것과 방어적 민주주의의 정신이 논리 필연적으로 충돌하는 것이 아닐 뿐 아니라, 국회의원이 헌법기관으로서 정당기속과 무관하게 국민의 자유위임에 따라 정치활동을 할 수 있는 것은 헌법의 테두리 안에서 우리 헌법이 추구하는 민주적 기본질서를 존중하고 실현하는 경우에만 가능한 것이지, 헌법재판소의 해산결정에도 불구하고 그 정당 소속 국회의원이 위헌적인 정치이념을 실현하기 위한 정치활동을 계속하는 것까지 보호받을 수는 없다. 이러한 정당해산제도의 취지 등에 비추어 볼 때 헌법재판소의 정당해산결정이 있는 경우 명문의 규정이 있는지 여부는 고려의 대상이 되지 아니하고, 그 정당 소속 국회의원의 의원직은 당선 방식을 불문하고 모두 상실되어야 한다.

(다) 하지만 헌법재판소의 정당해산결정의 집행책임을 지는 중앙선거관리위원회는 지방자치의원에 대한 의원직상실여부에 대하여 헌법재판소가 명시적 입장을

---

169) BVerfGE 2, 1(72 ff.).
170) BVerfGE 5, 85(392).
171) 헌재결 2014. 12. 19. 2013헌다1, 판례집 26-2하, 1(111 이하).

제시하지 않아 공직선거법 제192조 제4항을 유추 해석하여 비례대표의원직만 상실시켰다.[172] 국회의원과 달리 지역구 자치의원은 무소속으로 남겨둔 것이다.

(라) 이는 법치행정의 문제로 헌법재판소의 판시사항 중 국민의 정치적 의사를 형성하는 정당의 기능과 위헌정당해산심판의 본질을 고려하여 당선방식을 불문하고 모두 상실되어야 한다는 취지를 고려하면 지역구 기초자치의원의 의원직도 상실시키는 것이 옳았다. 중앙선거관리위원회의 오류는 헌법재판소가 국회의원의 국민대표성과 정당기속성 사이의 긴장관계를 적절히 조화시킨 입법으로 공직선거법 제192조 제4항을 방론으로 제시[173]하여 혼란을 초래한 것에 기인한다.[174] 비교법적으로 독일은 해산판결 이후 의원직 상실에 관한 근거규정을 연방선거법(제46조 제1항 제5호), 유럽연합의원선거법(제22조 제2항 제5호), 지분국(Land) 의회선거법에 마련하였다. 우리도 일선에서 혼란을 초래하고 있으므로 근거규정을 마련할 필요가 있다. 다만 독일과 달리 기초자치단체에서도 정당추천입후보로 정치적 의사형성기능을 하므로 지역구, 전국구 상관없이 모두 박탈하는 규정이 옳다.

---

172) 중앙선거관리위원회 중앙선거정보포탈 [KBS] 통합진보당 비례대표지방의원직 상실 2014. 12. 22.
173) 헌재결 2014. 12. 19. 2013헌다1, 판례집 26-2하, 1(112).
174) 하지만 공직선거법 제192조 제4항은 위헌입법이다. 이에 대하여 자세한 것은 제4편 제2장 제6절 Ⅰ. 2. 볼 것.

선거관리위원회

제 1 절   선거관리위원회의 헌법적 근거와 의의

우리 헌법은 선거와 국민투표의 공정한 관리 및 정당에 관한 사무를 처리하기 위한 선거관리위원회를 독립된 장(제7장)에서 비교적 상세히 규정하고 있다(헌법 제114조~제116조). 선거관리위원회는 3·15 부정선거에 대한 국민적 저항으로 탄생한 1960년 제2공화국헌법[1]에서 처음으로 근거규정을 마련하였다. 제2공화국의 혼란과 그 후 오랜 기간의 군사정권으로 인해 선거관리위원회가 헌법적 기능을 제대로 수행한 것은 1987년 문민정부 이후부터다.

오늘날 선거관리위원회의 헌법적 권한과 위상은 확대되어 정치적 행정작용을 수행하는 독립된 헌법기관으로 평가되고 있다.

---

1) 당시 선거관리위원회의 권한은 선거관리(제6장 제75조의2)에 국한하였다. 하지만 제4공화국헌법(제9장 제112, 113조)에서는 선거와 국민투표의 공정한 관리 및 정당에 관한 사무로 확대하였다.

제 2 절   선거관리위원회의 헌법적 지위

Ⅰ. 헌법기관

선거관리위원회는 헌법에 의하여 설치되고 헌법과 법률에 의하여 권한이 부여된 헌법기관이다. 중앙선거관리위원회는 물론 각급선거관리위원회2)도 헌법에 의하여 설치(헌법 제114제 제7항)되고 독자적인 권한을 부여받은 헌법기관이다. 즉 각급선거관리위원회는 선거인명부의 작성 등 선거사무와 국민투표사무에 관하여 관계 행정기관에 필요한 지시를 할 수 있다. 지시를 받은 당해 행정기관은 이에 응하여야 한다(헌법 제115조).

헌법재판소3)도 각급 선거관리위원회의 권한쟁의 당사자능력을 인정하고 있다.

---

2) 선거관리위원회의 조직은 중앙, 특별시·광역시·도, 구·시·군, 읍·면·동 선거관리위원회의 4단계 각 9인의 위원으로 구성되어 있다(선거관리위원법 제2조). 행정기관에 대응하여 17개 시·도 선거관리위원회와 249개 구·시·군 선거관리위원회, 3,505개의 읍·면·동 선거관리위원회를 두고 있다(헌법 제114조 제7항). 또한 대통령선거와 임기만료에 따른 국회의원선거를 실시할 때마다 공관에 한시적으로 재외선거관리위원회를 설치·운영하고 있다.

3) 우리 헌법은 제114조 제1항에서 선거와 국민투표의 공정한 관리 및 정당에 관한 사무를 처리하기 위하여 선거관리위원회를 둔다고 하면서, 제2항에서 제5항까지 중앙선거관리위원회에 대해 규정하고 있는 외에 제6항에서 각급 선거관리위원회의 조직·직무범위 기타 필요한 사항은 법률로 정한다고 규정하여 각급 선거관리위원회의 헌법적 근거 규정을 마련하고 있다. 또한 헌법 제115조 제1항은 각급 선거관리위원회는 선거인명부의 작성 등 선거사무와 국민투표사무에 관하여 관계 행정기관에 필요한 지시를 할 수 있다고 규정하고 있으며, 제2항은 제1항의 지시를 받은 당해 행정기관은 이에 응하여야 한다고 규정하고, 제116조 제1항은 선거운동은 각급 선거관리위원회의 관리하에 법률이 정하는 범위 안에서 하되 균등한 기회가 보장되어야 한다고 규정하여 각급 선거관리위원회의 직무 등을 정하고 있다. 우리 헌법은 중앙선거관리위원회와 각급 선거관리위원회를 통치구조의 당위적인 기구로 전제하고, 각급 선거관리위원회의 조직, 직무범위 기타 필요한 사항을 법률로 정하도록 하고 있는 것이다. 그리고 위 헌법 규정에 따라 제정된 선거관리위원회법은 각각 9인 또는 7인의 위원으로 구성되는 네 종류의 선거관리위원회를 두고 있고, 공직선거법 제13조 제1항 제3호에 의하면, 이 사건 구·시·군 선거관리위원회는 지역선거구 국회의원 선거, 지역선거구 시·도의회의원 선거, 지역선거구 자치구·시·군 의회의원 선거, 비례대표선거구 자치구·시·군 의회의원 선거 및 자치구의 구청장·시장·군수 선거의 선거구선거사무를 담당한다. 그렇다면 중앙선거관리위원회 외에 각급 구·시·군 선거관리위원회도 헌법에 의하여 설치된 기관으로서 헌법과 법률에 의하여 독자적인 권한을 부여받은 기관에 해당하고, 따라서 피청구인 강남구선거관리위원회도 당사자 능력이 인정된다. 헌재결 2008. 6. 26. 2005헌라7, 판례집 20-1하, 340(352, 353).

이는 선거관리위원회 내부의 민주화와 협력적 권력통제기능에 기여하게 된다.

Ⅱ. 독립기관

선거관리위원회는 업무의 공정성을 보장하기 위하여 기능과 조직상 정부와 국회 및 법원으로부터 독립한 기관으로 설치하고 있다.

1. 기능

선거와 국민투표의 공정관리와 정당의 사무를 담당하는 선거관리위원회는 그 정치적 행정기능상 정부와 국회 및 법원으로부터 독립되어야 한다. 비교법적으로 보면 선거관리위원회는 미국, 독일, 영국, 일본 등과 같이 법률기관으로 하는 것이 선진국의 사례다. 헌법기관으로 하는 국가는 필리핀(헌법 제12장 제3절), 터키(헌법 제79조), 남아공(헌법 제190조, 제191조), 인도(헌법 제324~제329조) 등 남미, 아시아, 아프리카 등 후진국이 주류를 이룬다.

이러한 점에서 우리도 선거관리위원회를 행정부와 지방자치단체소속 법률기관으로 하는 헌법개정이 타당하다는 주장이 제기되고 있다. 이는 선거의 공정성을 너무 강조하는 나머지 대의민주주의의 실현수단인 선거의 자유가 침해되는 원인제공을 선거관리위원회의 설치에 있다고 보는 것에 기인한다. 하지만 이는 기성 정치인들이 자신의 당선을 유리하게 하고 신진정치인의 선거운동은 어렵게 만드는 공직선거법에 기인하는 것으로 보는 것이 이성적이다. 따라서 그 대응방안으로 선거관리위원회의 기능을 순수한 행정기능으로 축소할 것은 아니라고 본다. 국회와 선거관리위원회가 협력적 입법을 할 수 있도록 법령에 대한 의견개진권(선거관리위원회법 제17조)을 적극적으로 행사하고 입법에 반영할 필요가 있다. 그 밖에 선거관리위원회는 공직선거법에 대한 위헌결정을 하는 헌법재판소와의 대화도 꾸준히 할 수 있도록 노력하여야 한다.[4]

---

4) 음선필, "선거관리위원회의 헌법적 지위와 역할", 『홍익법학』 제16권 제1호(2015), 240면; 홍석한, "선거관리위원회의 위상과 역할에 대한 헌법적 고찰", 『공법연구』 제42집 제3호(2014. 2.), 96면.

2. 조직

조직상 대통령이 임명하는 3인, 국회에서 선출하는 3인과 대법원장이 지명하는 3인의 위원으로 구성한다. 위원장은 위원 중에서 호선한다(헌법 제114조 제2항). 하지만 위원장은 관례상 대법원장이 지명하는 위원 중에서 호선되고 정파적 이해관계에 따라 대통령과 대법원장이 지명하는 각 3인과 국회에서 선출하는 3인중 2인을 포함하므로 극단적으로는 동일 이념 성향의 8인의 위원이 포함될 수 있다. 더구나 대법원은 선거와 당선소송을 담당하는 기관으로 대법관을 겸직하는 선거관리위원장이 자기재판을 할 수 있다. 이는 자연법적 정의에도 반한다. 따라서 위원의 선출은 모두 국회에서 하는 것이 타당하다.[5] 이는 정치적 행정작용을 담당하는 선거관리의 기능에도 부합한다.

업무의 독립성보장을 위해 임기 6년의 위원은(헌법 제114조 제3항), 정당에 가입하거나 정치에 관여할 수 없다(헌법 제114조 제4항). 위원은 탄핵 또는 금고 이상의 형의 선고에 의하지 아니하고는 파면되지 아니한다(헌법 제114조 제5항). 법관에 준하는 신분보장을 하고 있다.

Ⅲ. 합의제기관

선거관리위원회는 업무의 독립성과 공정성을 담보하기 위하여 합의제기관으로서 구성한다. 위원들의 지위는 동등하며 합의로 업무를 처리한다. 각급선거관리위원회는 위원과반수의 출석으로 개의하고 출석위원 과반수의 찬성으로 의결한다. 위원장은 표결권을 가지며 가부동수인 때에는 결정권을 가진다(선거관리위원회법 제10조).

---

5) 『제18대 국회의장 자문기구 헌법연구자문위원회결과보고서』, 2009, 301, 302면.

제3절 선거관리위원회의 권한

Ⅰ. 선거관리기능

선거관리위원회는 선거관리기능을 수행하기 위하여 선거와 국민투표관리권을 갖는다(헌법 제114조 제1항). 공직선거로 대통령선거, 국회의원선거, 지방의회의원 및 지방자치단체의 장 선거관리(공직선거법 제2조)와 외교·국방·통일 기타 국가안위에 관한 중요정책(헌법 제72조)이나 헌법개정안(헌법 제130조 제2항)에 대해 국민의 뜻을 물을 때 실시하는 국민투표를 관리하고 있다. 그밖에 선거비용, 주민투표, 주민소환투표, 정당의 당내선거사무, 위탁선거도 관리하고 있다.

소선거구 다수대표제로 공선된 의원을 선출하는 국회의원선거의 선거구획정위원회는 중앙선거관리위원회에 두되, 직무에 관하여 독립의 지위를 가진다(공직선거법 제24조 제2항). 국회의원선거구획정위원회는 중앙선거관리위원회위원장이 위촉하는 9명의 위원으로 구성하되, 위원장은 위원 중에서 호선한다(공직선거법 제24조 제3항).

Ⅱ. 정당관리기능

대의민주주의를 실현하기 위한 선거와 불가분의 관계에 있는 정당관리기능을 수행하기 위하여 선거관리위원회는 정당사무관리권과 정치자금분배권을 갖는다. 이에 따라 정당법과 정치자금법의 해석·적용 권한을 갖는다.

Ⅲ. 입법기능

중앙선거관리위원회는 법령의 범위안에서 선거관리·국민투표관리 또는 정당사무에 관한 규칙을 제정할 수 있으며, 법률에 저촉되지 아니하는 범위 안에서 내부규율에 관한 규칙을 제정할 수 있다(헌법 제114조 제6항). 이 규칙에 의한 기본권 침해에 대하여는 헌법소원청구를 할 수 있다.

법령에 대한 의견개진을 할 수 있도록 행정기관이 선거·국민투표 및 정당관계법령을 제정·개정 또는 폐지하고자 할 때에는 미리 당해 법령안을 중앙선거관리위원회에 송부하여 그 의견을 구하여야 한다. 중앙선거관리위원회는 다음 각 호의 어느 하나에 해당하는 법률의 제정·개정 등이 필요하다고 인정하는 경우에는 국회에 그 의견을 서면으로 제출할 수 있다. 1. 선거·국민투표·정당관계법률 2. 주민투표·주민소환관계법률. 이 경우 선거관리위원회의 관리 범위에 한정한다(선거관리위원회법 제17조).

제4절 선거운동의 관리와 선거공영제

Ⅰ. 헌법적 근거

선거운동의 관리와 선거공영제에 관하여 헌법 제116조는 "① 선거운동은 각급 선거관리위원회의 관리 하에 법률이 정하는 범위 안에서 하되, 균등한 기회가 보장되어야 한다. ② 선거에 관한 경비는 법률이 정하는 경우를 제외하고는 정당 또는 후보자에게 부담시킬 수 없다."고 규정하고 있다.

Ⅱ. 선거운동의 관리

1. 선거운동의 자유

선거운동이란 선거에 입후보한 자를 당선되게 하거나 당선되지 못하게 하는 것을 말한다. 선거운동의 자유란 선거과정에서 자유롭게 의사를 표현할 자유의 일환으로 정치적 표현의 자유의 일환이다. 이는 선거과정에서의 선거운동을 통하여 국민이 정치적 의견을 자유로이 발표·교환함으로써 비로소 그 기능을 하게 된다. 따라서 선거운동의 자유는 헌법에 정한 언론·출판·집회·결사의 자유 보장규정에 의한 보호를 받는다.[6]

---

6) 헌재결 2001. 8. 30. 99헌바92 등, 판례집 13-2, 174(193).

민주정치는 주권자인 국민이 정치과정에 참여하는 기회가 폭넓게 보장될 것을 요구하므로, 국민의 주권행사 내지 참정권행사의 의미를 지니는 선거과정에 대한 참여행위는 원칙적으로 자유롭게 행하여질 수 있도록 최대한 보장되어야 한다. 이러한 자유선거의 원칙은 민주국가의 선거제도에 내재하는 법원리로서 국민주권의 원리, 대의민주주의의 원리 및 참정권에 관한 헌법규정들(제1조, 제24조, 제25조, 제41조 제1항, 제67조 제1항 등)을 근거로 하며, 그 내용으로 선거권자의 의사형성의 자유와 의사실현의 자유, 구체적으로는 투표의 자유, 입후보의 자유 나아가 선거운동의 자유가 있다.7)

그러나 한편, 민주적 의회정치의 기초인 선거는 동시에 공정하게 행하여지지 않으면 아니 된다. 금권, 관권, 폭력 등에 의한 타락선거를 막고 무제한적이고 과열된 선거운동으로 말미암아 발생할 사회경제적 손실과 부작용을 최소화하며 국민의 진정한 의사를 제대로 반영하기 위하여 선거의 공정이 보장되어야 한다. 선거의 공정 없이는 진정한 의미에서의 선거의 자유도 선거운동의 기회균등도 보장되지 아니한다. 이 점에서 선거의 공정성 확보를 위하여 어느 정도 선거운동에 대한 규제가 행하여지지 아니할 수 없고, 이는 곧 선거운동의 자유를 제한하는 셈이 되므로 기본권제한의 요건과 한계에 따라야 한다.

따라서 우리 헌법상 선거운동의 자유도 다른 기본권과 마찬가지로 헌법 제37조 제2항에 의한 기본권제한의 법률유보원칙을 준수하여야 한다.8)

2. 선거운동기회균등의 원칙

선거운동의 관리는 기회균등의 원칙에 의한다. 이는 일반평등원칙에 관한 헌법 제11조 제1항, 평등선거원칙에 관한 헌법 제41조 제1항, 제67조 제1항과 동일한 내용이다. 따라서 선거운동의 관리에 있어서 합리적이고 상대적인 차별은 허용된다.9)

헌법재판소는 선거의 자유를 제한하는 공직선거법조항에 대하여 위헌결정으로 선거운동기회균등의 원칙을 실현하기 위하여 노력하였다. 하지만 여전히 선거의 공정을 강조하는 결정도 많다. 예컨대, 선거운동기간의 제한,10) 호별방문금지,11) 선

---

7) 헌재결 2006. 7. 27. 2004헌마215, 판례집 18-2, 200(204, 205).
8) 헌재결 1995. 4. 20. 92헌바29, 판례집 7-1, 499, 506~508; 1995. 5. 25. 95헌마105, 판례집 7-1, 826, 835~837.
9) 헌재결 1996. 3. 28. 96헌마9 등, 판례집 8-1, 289.

거운동으로서 2인을 초과하여 거리를 행진하는 행위 및 연달아 소리 지르는 행위금지,[12] 선거운동의 선전벽보에 비정규학력의 게재를 금지,[13] 예비후보자의 선거비용을 보전대상에서 제외하고 있는 공직선거법 제122조의2 제2항 제1호 중 '지역구국회의원선거의 후보자'에 관한 부분[14] 등에 대하여 합헌결정을 한 것이 그 예다.

3. 선거의 자유보다 공정 강조

우리는 관권선거, 금권선거 등 선거부정으로 대의민주주의가 왜곡된 헌정사를 갖고 있다. 이러한 점에서 선거의 공정성을 강조하는 것은 우리의 헌정사와 관련하여 지나친 것은 아니었다. 하지만 민주화 정권이 탄생한 지도 30년이 넘는 시점에도 선거의 자유보다 공정을 강조하는 입법으로 선거권을 구체화하여 정치신인의 의회진출을 어렵게 하고 있다. 이러한 점에서 헌법재판소가 선거의 자유를 강조하며 공직선거법의 많은 규정들에 대해 위헌결정을 하는 것은 선거로 선출된 국회가 방기한 선거권의 합헌적 형성에 경종을 울리는 반가운 현상이다.

Ⅲ. 선거공영제

선거공영제란 선거의 관리·운용에 필요한 비용을 후보자에게 부담시키지 않고, 국민 모두의 공평부담으로 하는 것을 말한다.[15] 한편 공무담임권은 공적 기능을 수행하는 점에서 국민의 권리이자 의무로 피선거권도 그 보호내용으로 한다. 피선거권은 성별, 종교, 사회적 신분에 상관없이 보통선거의 수동적인 보호내용이지만 공직취임에의 기회를 선거를 통하여 능동적으로 부여하는 점에서 공무담임권의 보호내용에 속하는 것이다. 피선거권의 자격요건을 너무 엄격하게 정하는 것은 국민의 공무담임권을 과소보호하는 입법이다. 이러한 점에서 선거공영제, 후보난발을

---

10) 헌재결 2005. 2. 3. 2004헌마216.
11) 헌재결 2016. 12. 29. 2015헌마1160 등.
12) 헌재결 2006. 7. 27. 2004헌마215, 판례집 18-2, 200.
13) 헌재결 1999. 9. 16. 99헌바5, 판례집 11-2, 326.
14) 헌재결 2018. 7. 26. 2016헌마524 등, 판례집 30-2, 126
15) 박종보, "제59조", 『헌법주석』[국회, 정부] 제40~제100조, (사)한국헌법학회 편, 2017, 1369면; 정종섭, 『헌법학원론』, 박영사, 2013, 1374면; 헌재결 2011. 4. 28. 2010헌바232, 판례집 23-1하, 62(75).

예방하기 위한 최소한 기탁금제도를 실시하는 것도 공무담임권을 보호하기 위한 것이다. 헌법재판소[16]도 동일한 취지로 판시하고 있다.

선거공영제의 유형에는 정당 또는 후보자의 선거비용을 국가가 직접 관리하는 관리공영제와 선거후에 보전 또는 보조하는 비용공영제가 있다.[17] 우리의 선거공영제는 공직선거법 제122조의2[18]에 따라 비용보전을 하는 후자의 예에 속한다.

---

16) 선거공영제는 선거 자체가 국가의 공적 업무를 수행할 국민의 대표자를 선출하는 행위이므로 이에 소요되는 비용은 원칙적으로 국가가 부담하는 것이 바람직하다는 점과 선거경비를 개인에게 모두 부담시키는 것은 경제적으로 넉넉하지 못한 자의 입후보를 어렵거나 불가능하게 하여 국민의 공무담임권을 부당하게 제한하는 결과를 초래할 수 있다는 점을 고려하여, 선거의 관리·운영에 필요한 비용을 후보자 개인에게 부담시키지 않고 국민 모두의 공평부담으로 하고자 하는 원칙이다. 한편 선거공영제의 내용은 우리의 선거문화와 풍토, 정치문화 및 국가의 재정상황과 국민의 법감정 등 여러 가지 요소를 종합적으로 고려하여 입법자가 정책적으로 결정할 사항으로서 넓은 입법형성권이 인정되는 영역이라고 할 것이다. 헌재결 2011. 4. 28. 2010헌바232, 판례집 23-1하, 62(75); 2010. 5. 27. 2008헌마491, 판례집 22-1하, 300, 310~311.

17) 박종보, "제59조", 『헌법주석』[국회, 정부] 제40~제100조, (사)한국헌법학회 편, 2017, 1370면; 방승주, 『헌법강의Ⅰ』, 박영사, 2021, 727면.

18) 공직선거법 제122조의2(선거비용의 보전 등) ①선거구선거관리위원회는 다음 각호의 규정에 따라 후보자(대통령선거의 정당추천후보자와 비례대표국회의원선거 및 비례대표지방의회의원선거에 있어서는 후보자를 추천한 정당을 말한다. 이하 이 조에서 같다)가 이 법의 규정에 의한 선거운동을 위하여 지출한 선거비용[「정치자금법」제40조(회계보고)의 규정에 따라 제출한 회계보고서에 보고된 선거비용으로서 정당하게 지출한 것으로 인정되는 선거비용을 말한다]을 제122조(선거비용제한액의 공고)의 규정에 의하여 공고한 비용의 범위안에서 대통령선거 및 국회의원선거에 있어서는 국가의 부담으로, 지방자치단체의 의회의원 및 장의 선거에 있어서는 당해 지방자치단체의 부담으로 선거일후 보전한다. 1. 대통령선거, 지역구국회의원선거, 지역구지방의회의원선거 및 지방자치단체의 장선거 가. 후보자가 당선되거나 사망한 경우 또는 후보자의 득표수가 유효투표총수의 100분의 15 이상인 경우 후보자가 지출한 선거비용의 전액 나. 후보자의 득표수가 유효투표총수의 100분의 10 이상 100분의 15 미만인 경우 후보자가 지출한 선거비용의 100분의 50에 해당하는 금액 2. 비례대표국회의원선거 및 비례대표지방의회의원선거 후보자명부에 올라 있는 후보자중 당선인이 있는 경우에 당해 정당이 지출한 선거비용의 전액.

대한민국 헌법

[시행 1988.2.25.] [헌법 제10호, 1987.10.29., 전부개정]

　유구한 역사와 전통에 빛나는 우리 대한국민은 3·1운동으로 건립된 대한민국임시정부의 법통과 불의에 항거한 4·19민주이념을 계승하고, 조국의 민주개혁과 평화적 통일의 사명에 입각하여 정의·인도와 동포애로써 민족의 단결을 공고히 하고, 모든 사회적 폐습과 불의를 타파하며, 자율과 조화를 바탕으로 자유민주적 기본질서를 더욱 확고히 하여 정치·경제·사회·문화의 모든 영역에 있어서 각인의 기회를 균등히 하고, 능력을 최고도로 발휘하게 하며, 자유와 권리에 따르는 책임과 의무를 완수하게 하여, 안으로는 국민생활의 균등한 향상을 기하고 밖으로는 항구적인 세계평화와 인류공영에 이바지함으로써 우리들과 우리들의 자손의 안전과 자유와 행복을 영원히 확보할 것을 다짐하면서 1948년 7월 12일에 제정되고 8차에 걸쳐 개정된 헌법을 이제 국회의 의결을 거쳐 국민투표에 의하여 개정한다.

제1장 총강
제1조 ① 대한민국은 민주공화국이다.
　② 대한민국의 주권은 국민에게 있고, 모든 권력은 국민으로부터 나온다.
제2조 ① 대한민국의 국민이 되는 요건은 법률로 정한다.
　② 국가는 법률이 정하는 바에 의하여 재외국민을 보호할 의무를 진다.
제3조 대한민국의 영토는 한반도와 그 부속도서로 한다.
제4조 대한민국은 통일을 지향하며, 자유민주적 기본질서에 입각한 평화적 통일 정책을 수립하고 이를 추진한다.
제5조 ① 대한민국은 국제평화의 유지에 노력하고 침략적 전쟁을 부인한다.
　② 국군은 국가의 안전보장과 국토방위의 신성한 의무를 수행함을 사명으로 하며, 그 정치적 중립성은 준수된다.
제6조 ① 헌법에 의하여 체결·공포된 조약과 일반적으로 승인된 국제법규는 국내법과 같은 효력을 가진다.

② 외국인은 국제법과 조약이 정하는 바에 의하여 그 지위가 보장된다.

제7조 ① 공무원은 국민전체에 대한 봉사자이며, 국민에 대하여 책임을 진다.

② 공무원의 신분과 정치적 중립성은 법률이 정하는 바에 의하여 보장된다.

제8조 ① 정당의 설립은 자유이며, 복수정당제는 보장된다.

② 정당은 그 목적·조직과 활동이 민주적이어야 하며, 국민의 정치적 의사형성에 참여하는데 필요한 조직을 가져야 한다.

③ 정당은 법률이 정하는 바에 의하여 국가의 보호를 받으며, 국가는 법률이 정하는 바에 의하여 정당운영에 필요한 자금을 보조할 수 있다.

④ 정당의 목적이나 활동이 민주적 기본질서에 위배될 때에는 정부는 헌법재판소에 그 해산을 제소할 수 있고, 정당은 헌법재판소의 심판에 의하여 해산된다.

제9조 국가는 전통문화의 계승·발전과 민족문화의 창달에 노력하여야 한다.

제2장 국민의 권리와 의무

제10조 모든 국민은 인간으로서의 존엄과 가치를 가지며, 행복을 추구할 권리를 가진다. 국가는 개인이 가지는 불가침의 기본적 인권을 확인하고 이를 보장할 의무를 진다.

제11조 ① 모든 국민은 법 앞에 평등하다. 누구든지 성별·종교 또는 사회적 신분에 의하여 정치적·경제적·사회적·문화적 생활의 모든 영역에 있어서 차별을 받지 아니한다.

② 사회적 특수계급의 제도는 인정되지 아니하며, 어떠한 형태로도 이를 창설할 수 없다.

③ 훈장등의 영전은 이를 받은 자에게만 효력이 있고, 어떠한 특권도 이에 따르지 아니한다.

제12조 ① 모든 국민은 신체의 자유를 가진다. 누구든지 법률에 의하지 아니하고는 체포·구속·압수·수색 또는 심문을 받지 아니하며, 법률과 적법한 절차에 의하지 아니하고는 처벌·보안처분 또는 강제노역을 받지 아니한다.

② 모든 국민은 고문을 받지 아니하며, 형사상 자기에게 불리한 진술을 강요당하지 아니한다.

③ 체포·구속·압수 또는 수색을 할 때에는 적법한 절차에 따라 검사의 신청에 의하여 법관이 발부한 영장을 제시하여야 한다. 다만, 현행범인인 경우와 장기 3년 이상의 형에 해당하는 죄를 범하고 도피 또는 증거인멸의 염려가 있을 때에는 사후에 영장을 청구할 수 있다.

④ 누구든지 체포 또는 구속을 당한 때에는 즉시 변호인의 조력을 받을 권리를 가진다. 다만, 형사피고인이 스스로 변호인을 구할 수 없을 때에는 법률이 정하는 바에 의하여 국가가 변호인을 붙인다.

⑤ 누구든지 체포 또는 구속의 이유와 변호인의 조력을 받을 권리가 있음을 고지받지

아니하고는 체포 또는 구속을 당하지 아니한다. 체포 또는 구속을 당한 자의 가족등 법률이 정하는 자에게는 그 이유와 일시·장소가 지체없이 통지되어야 한다.

⑥ 누구든지 체포 또는 구속을 당한 때에는 적부의 심사를 법원에 청구할 권리를 가진다.

⑦ 피고인의 자백이 고문·폭행·협박·구속의 부당한 장기화 또는 기망 기타의 방법에 의하여 자의로 진술된 것이 아니라고 인정될 때 또는 정식재판에 있어서 피고인의 자백이 그에게 불리한 유일한 증거일 때에는 이를 유죄의 증거로 삼거나 이를 이유로 처벌할 수 없다.

제13조 ① 모든 국민은 행위시의 법률에 의하여 범죄를 구성하지 아니하는 행위로 소추되지 아니하며, 동일한 범죄에 대하여 거듭 처벌받지 아니한다.

② 모든 국민은 소급입법에 의하여 참정권의 제한을 받거나 재산권을 박탈당하지 아니한다.

③ 모든 국민은 자기의 행위가 아닌 친족의 행위로 인하여 불이익한 처우를 받지 아니한다.

제14조 모든 국민은 거주·이전의 자유를 가진다.

제15조 모든 국민은 직업선택의 자유를 가진다.

제16조 모든 국민은 주거의 자유를 침해받지 아니한다. 주거에 대한 압수나 수색을 할 때에는 검사의 신청에 의하여 법관이 발부한 영장을 제시하여야 한다.

제17조 모든 국민은 사생활의 비밀과 자유를 침해받지 아니한다.

제18조 모든 국민은 통신의 비밀을 침해받지 아니한다.

제19조 모든 국민은 양심의 자유를 가진다.

제20조 ① 모든 국민은 종교의 자유를 가진다.

② 국교는 인정되지 아니하며, 종교와 정치는 분리된다.

제21조 ① 모든 국민은 언론·출판의 자유와 집회·결사의 자유를 가진다.

② 언론·출판에 대한 허가나 검열과 집회·결사에 대한 허가는 인정되지 아니한다.

③ 통신·방송의 시설기준과 신문의 기능을 보장하기 위하여 필요한 사항은 법률로 정한다.

④ 언론·출판은 타인의 명예나 권리 또는 공중도덕이나 사회윤리를 침해하여서는 아니된다. 언론·출판이 타인의 명예나 권리를 침해한 때에는 피해자는 이에 대한 피해의 배상을 청구할 수 있다.

제22조 ① 모든 국민은 학문과 예술의 자유를 가진다.

② 저작자·발명가·과학기술자와 예술가의 권리는 법률로써 보호한다.

제23조 ① 모든 국민의 재산권은 보장된다. 그 내용과 한계는 법률로 정한다.

② 재산권의 행사는 공공복리에 적합하도록 하여야 한다.

③ 공공필요에 의한 재산권의 수용·사용 또는 제한 및 그에 대한 보상은 법률로써 하되, 정당한 보상을 지급하여야 한다.

제24조 모든 국민은 법률이 정하는 바에 의하여 선거권을 가진다.

제25조 모든 국민은 법률이 정하는 바에 의하여 공무담임권을 가진다.

제26조 ① 모든 국민은 법률이 정하는 바에 의하여 국가기관에 문서로 청원할 권리를 가진다.

② 국가는 청원에 대하여 심사할 의무를 진다.

제27조 ① 모든 국민은 헌법과 법률이 정한 법관에 의하여 법률에 의한 재판을 받을 권리를 가진다.

② 군인 또는 군무원이 아닌 국민은 대한민국의 영역안에서는 중대한 군사상 기밀·초병·초소·유독음식물공급·포로·군용물에 관한 죄중 법률이 정한 경우와 비상계엄이 선포된 경우를 제외하고는 군사법원의 재판을 받지 아니한다.

③ 모든 국민은 신속한 재판을 받을 권리를 가진다. 형사피고인은 상당한 이유가 없는 한 지체없이 공개재판을 받을 권리를 가진다.

④ 형사피고인은 유죄의 판결이 확정될 때까지는 무죄로 추정된다.

⑤ 형사피해자는 법률이 정하는 바에 의하여 당해 사건의 재판절차에서 진술할 수 있다.

제28조 형사피의자 또는 형사피고인으로서 구금되었던 자가 법률이 정하는 불기소처분을 받거나 무죄판결을 받은 때에는 법률이 정하는 바에 의하여 국가에 정당한 보상을 청구할 수 있다.

제29조 ① 공무원의 직무상 불법행위로 손해를 받은 국민은 법률이 정하는 바에 의하여 국가 또는 공공단체에 정당한 배상을 청구할 수 있다. 이 경우 공무원 자신의 책임은 면제되지 아니한다.

② 군인·군무원·경찰공무원 기타 법률이 정하는 자가 전투·훈련등 직무집행과 관련하여 받은 손해에 대하여는 법률이 정하는 보상외에 국가 또는 공공단체에 공무원의 직무상 불법행위로 인한 배상은 청구할 수 없다.

제30조 타인의 범죄행위로 인하여 생명·신체에 대한 피해를 받은 국민은 법률이 정하는 바에 의하여 국가로부터 구조를 받을 수 있다.

제31조 ① 모든 국민은 능력에 따라 균등하게 교육을 받을 권리를 가진다.

② 모든 국민은 그 보호하는 자녀에게 적어도 초등교육과 법률이 정하는 교육을 받게 할 의무를 진다.

③ 의무교육은 무상으로 한다.

④ 교육의 자주성·전문성·정치적 중립성 및 대학의 자율성은 법률이 정하는 바에 의하여 보장된다.

⑤ 국가는 평생교육을 진흥하여야 한다.

⑥ 학교교육 및 평생교육을 포함한 교육제도와 그 운영, 교육재정 및 교원의 지위에 관한 기본적인 사항은 법률로 정한다.

제32조 ① 모든 국민은 근로의 권리를 가진다. 국가는 사회적·경제적 방법으로 근로자의 고용의 증진과 적정임금의 보장에 노력하여야 하며, 법률이 정하는 바에 의하여 최저임금제를 시행하여야 한다.

② 모든 국민은 근로의 의무를 진다. 국가는 근로의 의무의 내용과 조건을 민주주의원칙에 따라 법률로 정한다.

③ 근로조건의 기준은 인간의 존엄성을 보장하도록 법률로 정한다.

④ 여자의 근로는 특별한 보호를 받으며, 고용·임금 및 근로조건에 있어서 부당한 차별을 받지 아니한다.

⑤ 연소자의 근로는 특별한 보호를 받는다.

⑥ 국가유공자·상이군경 및 전몰군경의 유가족은 법률이 정하는 바에 의하여 우선적으로 근로의 기회를 부여받는다.

제33조 ① 근로자는 근로조건의 향상을 위하여 자주적인 단결권·단체교섭권 및 단체행동권을 가진다.

② 공무원인 근로자는 법률이 정하는 자에 한하여 단결권·단체교섭권 및 단체행동권을 가진다.

③ 법률이 정하는 주요방위산업체에 종사하는 근로자의 단체행동권은 법률이 정하는 바에 의하여 이를 제한하거나 인정하지 아니할 수 있다.

제34조 ① 모든 국민은 인간다운 생활을 할 권리를 가진다.

② 국가는 사회보장·사회복지의 증진에 노력할 의무를 진다.

③ 국가는 여자의 복지와 권익의 향상을 위하여 노력하여야 한다.

④ 국가는 노인과 청소년의 복지향상을 위한 정책을 실시할 의무를 진다.

⑤ 신체장애자 및 질병·노령 기타의 사유로 생활능력이 없는 국민은 법률이 정하는 바에 의하여 국가의 보호를 받는다.

⑥ 국가는 재해를 예방하고 그 위험으로부터 국민을 보호하기 위하여 노력하여야 한다.

제35조 ① 모든 국민은 건강하고 쾌적한 환경에서 생활할 권리를 가지며, 국가와 국민은 환경보전을 위하여 노력하여야 한다.

② 환경권의 내용과 행사에 관하여는 법률로 정한다.

③ 국가는 주택개발정책등을 통하여 모든 국민이 쾌적한 주거생활을 할 수 있도록 노력하여야 한다.

제36조 ① 혼인과 가족생활은 개인의 존엄과 양성의 평등을 기초로 성립되고 유지되어야

하며, 국가는 이를 보장한다.

② 국가는 모성의 보호를 위하여 노력하여야 한다.

③ 모든 국민은 보건에 관하여 국가의 보호를 받는다.

제37조 ① 국민의 자유와 권리는 헌법에 열거되지 아니한 이유로 경시되지 아니한다.

② 국민의 모든 자유와 권리는 국가안전보장·질서유지 또는 공공복리를 위하여 필요한 경우에 한하여 법률로써 제한할 수 있으며, 제한하는 경우에도 자유와 권리의 본질적인 내용을 침해할 수 없다.

제38조 모든 국민은 법률이 정하는 바에 의하여 납세의 의무를 진다.

제39조 ① 모든 국민은 법률이 정하는 바에 의하여 국방의 의무를 진다.

② 누구든지 병역의무의 이행으로 인하여 불이익한 처우를 받지 아니한다.

제3장 국회

제40조 입법권은 국회에 속한다.

제41조 ① 국회는 국민의 보통·평등·직접·비밀선거에 의하여 선출된 국회의원으로 구성한다.

② 국회의원의 수는 법률로 정하되, 200인 이상으로 한다.

③ 국회의원의 선거구와 비례대표제 기타 선거에 관한 사항은 법률로 정한다.

제42조 국회의원의 임기는 4년으로 한다.

제43조 국회의원은 법률이 정하는 직을 겸할 수 없다.

제44조 ① 국회의원은 현행범인인 경우를 제외하고는 회기중 국회의 동의없이 체포 또는 구금되지 아니한다.

② 국회의원이 회기전에 체포 또는 구금된 때에는 현행범인이 아닌 한 국회의 요구가 있으면 회기중 석방된다.

제45조 국회의원은 국회에서 직무상 행한 발언과 표결에 관하여 국회외에서 책임을 지지 아니한다.

제46조 ① 국회의원은 청렴의 의무가 있다.

② 국회의원은 국가이익을 우선하여 양심에 따라 직무를 행한다.

③ 국회의원은 그 지위를 남용하여 국가·공공단체 또는 기업체와의 계약이나 그 처분에 의하여 재산상의 권리·이익 또는 직위를 취득하거나 타인을 위하여 그 취득을 알선할 수 없다.

제47조 ① 국회의 정기회는 법률이 정하는 바에 의하여 매년 1회 집회되며, 국회의 임시회는 대통령 또는 국회재적의원 4분의 1 이상의 요구에 의하여 집회된다.

② 정기회의 회기는 100일을, 임시회의 회기는 30일을 초과할 수 없다.

③ 대통령이 임시회의 집회를 요구할 때에는 기간과 집회요구의 이유를 명시하여야 한다.

제48조 국회는 의장 1인과 부의장 2인을 선출한다.

제49조 국회는 헌법 또는 법률에 특별한 규정이 없는 한 재적의원 과반수의 출석과 출석 의원 과반수의 찬성으로 의결한다. 가부동수인 때에는 부결된 것으로 본다.

제50조 ① 국회의 회의는 공개한다. 다만, 출석의원 과반수의 찬성이 있거나 의장이 국가 의 안전보장을 위하여 필요하다고 인정할 때에는 공개하지 아니할 수 있다.

② 공개하지 아니한 회의내용의 공표에 관하여는 법률이 정하는 바에 의한다.

제51조 국회에 제출된 법률안 기타의 의안은 회기중에 의결되지 못한 이유로 폐기되지 아 니한다. 다만, 국회의원의 임기가 만료된 때에는 그러하지 아니하다.

제52조 국회의원과 정부는 법률안을 제출할 수 있다.

제53조 ① 국회에서 의결된 법률안은 정부에 이송되어 15일 이내에 대통령이 공포한다.

② 법률안에 이의가 있을 때에는 대통령은 제1항의 기간내에 이의서를 붙여 국회로 환 부하고, 그 재의를 요구할 수 있다. 국회의 폐회중에도 또한 같다.

③ 대통령은 법률안의 일부에 대하여 또는 법률안을 수정하여 재의를 요구할 수 없다.

④ 재의의 요구가 있을 때에는 국회는 재의에 붙이고, 재적의원과반수의 출석과 출석의 원 3분의 2 이상의 찬성으로 전과 같은 의결을 하면 그 법률안은 법률로서 확정된다.

⑤ 대통령이 제1항의 기간내에 공포나 재의의 요구를 하지 아니한 때에도 그 법률안은 법률로서 확정된다.

⑥ 대통령은 제4항과 제5항의 규정에 의하여 확정된 법률을 지체없이 공포하여야 한다. 제5항에 의하여 법률이 확정된 후 또는 제4항에 의한 확정법률이 정부에 이송된 후 5일 이내에 대통령이 공포하지 아니할 때에는 국회의장이 이를 공포한다.

⑦ 법률은 특별한 규정이 없는 한 공포한 날로부터 20일을 경과함으로써 효력을 발생 한다.

제54조 ① 국회는 국가의 예산안을 심의·확정한다.

② 정부는 회계연도마다 예산안을 편성하여 회계연도 개시 90일전까지 국회에 제출하 고, 국회는 회계연도 개시 30일전까지 이를 의결하여야 한다.

③ 새로운 회계연도가 개시될 때까지 예산안이 의결되지 못한 때에는 정부는 국회에서 예산안이 의결될 때까지 다음의 목적을 위한 경비는 전년도 예산에 준하여 집행할 수 있다.

1. 헌법이나 법률에 의하여 설치된 기관 또는 시설의 유지·운영

2. 법률상 지출의무의 이행

3. 이미 예산으로 승인된 사업의 계속

제55조 ① 한 회계연도를 넘어 계속하여 지출할 필요가 있을 때에는 정부는 연한을 정하

여 계속비로서 국회의 의결을 얻어야 한다.

② 예비비는 총액으로 국회의 의결을 얻어야 한다. 예비비의 지출은 차기국회의 승인을 얻어야 한다.

제56조 정부는 예산에 변경을 가할 필요가 있을 때에는 추가경정예산안을 편성하여 국회에 제출할 수 있다.

제57조 국회는 정부의 동의없이 정부가 제출한 지출예산 각항의 금액을 증가하거나 새 비목을 설치할 수 없다.

제58조 국채를 모집하거나 예산외에 국가의 부담이 될 계약을 체결하려 할 때에는 정부는 미리 국회의 의결을 얻어야 한다.

제59조 조세의 종목과 세율은 법률로 정한다.

제60조 ① 국회는 상호원조 또는 안전보장에 관한 조약, 중요한 국제조직에 관한 조약, 우호통상항해조약, 주권의 제약에 관한 조약, 강화조약, 국가나 국민에게 중대한 재정적 부담을 지우는 조약 또는 입법사항에 관한 조약의 체결·비준에 대한 동의권을 가진다.

② 국회는 선전포고, 국군의 외국에의 파견 또는 외국군대의 대한민국 영역안에서의 주류에 대한 동의권을 가진다.

제61조 ① 국회는 국정을 감사하거나 특정한 국정사안에 대하여 조사할 수 있으며, 이에 필요한 서류의 제출 또는 증인의 출석과 증언이나 의견의 진술을 요구할 수 있다.

② 국정감사 및 조사에 관한 절차 기타 필요한 사항은 법률로 정한다.

제62조 ① 국무총리·국무위원 또는 정부위원은 국회나 그 위원회에 출석하여 국정처리상황을 보고하거나 의견을 진술하고 질문에 응답할 수 있다.

② 국회나 그 위원회의 요구가 있을 때에는 국무총리·국무위원 또는 정부위원은 출석·답변하여야 하며, 국무총리 또는 국무위원이 출석요구를 받은 때에는 국무위원 또는 정부위원으로 하여금 출석·답변하게 할 수 있다.

제63조 ① 국회는 국무총리 또는 국무위원의 해임을 대통령에게 건의할 수 있다.

② 제1항의 해임건의는 국회재적의원 3분의 1 이상의 발의에 의하여 국회재적의원 과반수의 찬성이 있어야 한다.

제64조 ① 국회는 법률에 저촉되지 아니하는 범위안에서 의사와 내부규율에 관한 규칙을 제정할 수 있다.

② 국회는 의원의 자격을 심사하며, 의원을 징계할 수 있다.

③ 의원을 제명하려면 국회재적의원 3분의 2 이상의 찬성이 있어야 한다.

④ 제2항과 제3항의 처분에 대하여는 법원에 제소할 수 없다.

제65조 ① 대통령·국무총리·국무위원·행정각부의 장·헌법재판소 재판관·법관·중앙선거관리위원회 위원·감사원장·감사위원 기타 법률이 정한 공무원이 그 직무집행에 있

어서 헌법이나 법률을 위배한 때에는 국회는 탄핵의 소추를 의결할 수 있다.

② 제1항의 탄핵소추는 국회재적의원 3분의 1 이상의 발의가 있어야 하며, 그 의결은 국회재적의원 과반수의 찬성이 있어야 한다. 다만, 대통령에 대한 탄핵소추는 국회재적의원 과반수의 발의와 국회재적의원 3분의 2 이상의 찬성이 있어야 한다.

③ 탄핵소추의 의결을 받은 자는 탄핵심판이 있을 때까지 그 권한행사가 정지된다.

④ 탄핵결정은 공직으로부터 파면함에 그친다. 그러나, 이에 의하여 민사상이나 형사상의 책임이 면제되지는 아니한다.

제4장 정부

제1절 대통령

제66조 ① 대통령은 국가의 원수이며, 외국에 대하여 국가를 대표한다.

② 대통령은 국가의 독립·영토의 보전·국가의 계속성과 헌법을 수호할 책무를 진다.

③ 대통령은 조국의 평화적 통일을 위한 성실한 의무를 진다.

④ 행정권은 대통령을 수반으로 하는 정부에 속한다.

제67조 ① 대통령은 국민의 보통·평등·직접·비밀선거에 의하여 선출한다.

② 제1항의 선거에 있어서 최고득표자가 2인 이상인 때에는 국회의 재적의원 과반수가 출석한 공개회의에서 다수표를 얻은 자를 당선자로 한다.

③ 대통령후보자가 1인일 때에는 그 득표수가 선거권자 총수의 3분의 1 이상이 아니면 대통령으로 당선될 수 없다.

④ 대통령으로 선거될 수 있는 자는 국회의원의 피선거권이 있고 선거일 현재 40세에 달하여야 한다.

⑤ 대통령의 선거에 관한 사항은 법률로 정한다.

제68조 ① 대통령의 임기가 만료되는 때에는 임기만료 70일 내지 40일전에 후임자를 선거한다.

② 대통령이 궐위된 때 또는 대통령 당선자가 사망하거나 판결 기타의 사유로 그 자격을 상실한 때에는 60일 이내에 후임자를 선거한다.

제69조 대통령은 취임에 즈음하여 다음의 선서를 한다.

"나는 헌법을 준수하고 국가를 보위하며 조국의 평화적 통일과 국민의 자유와 복리의 증진 및 민족문화의 창달에 노력하여 대통령으로서의 직책을 성실히 수행할 것을 국민 앞에 엄숙히 선서합니다."

제70조 대통령의 임기는 5년으로 하며, 중임할 수 없다.

제71조 대통령이 궐위되거나 사고로 인하여 직무를 수행할 수 없을 때에는 국무총리, 법률이 정한 국무위원의 순서로 그 권한을 대행한다.

제72조 대통령은 필요하다고 인정할 때에는 외교·국방·통일 기타 국가안위에 관한 중요 정책을 국민투표에 붙일 수 있다.

제73조 대통령은 조약을 체결·비준하고, 외교사절을 신임·접수 또는 파견하며, 선전포고 와 강화를 한다.

제74조 ① 대통령은 헌법과 법률이 정하는 바에 의하여 국군을 통수한다.

② 국군의 조직과 편성은 법률로 정한다.

제75조 대통령은 법률에서 구체적으로 범위를 정하여 위임받은 사항과 법률을 집행하기 위하여 필요한 사항에 관하여 대통령령을 발할 수 있다.

제76조 ① 대통령은 내우·외환·천재·지변 또는 중대한 재정·경제상의 위기에 있어서 국가의 안전보장 또는 공공의 안녕질서를 유지하기 위하여 긴급한 조치가 필요하고 국 회의 집회를 기다릴 여유가 없을 때에 한하여 최소한으로 필요한 재정·경제상의 처분 을 하거나 이에 관하여 법률의 효력을 가지는 명령을 발할 수 있다.

② 대통령은 국가의 안위에 관계되는 중대한 교전상태에 있어서 국가를 보위하기 위하 여 긴급한 조치가 필요하고 국회의 집회가 불가능한 때에 한하여 법률의 효력을 가지는 명령을 발할 수 있다.

③ 대통령은 제1항과 제2항의 처분 또는 명령을 한 때에는 지체없이 국회에 보고하여 그 승인을 얻어야 한다.

④ 제3항의 승인을 얻지 못한 때에는 그 처분 또는 명령은 그때부터 효력을 상실한다. 이 경우 그 명령에 의하여 개정 또는 폐지되었던 법률은 그 명령이 승인을 얻지 못한 때부터 당연히 효력을 회복한다.

⑤ 대통령은 제3항과 제4항의 사유를 지체없이 공포하여야 한다.

제77조 ① 대통령은 전시·사변 또는 이에 준하는 국가비상사태에 있어서 병력으로써 군 사상의 필요에 응하거나 공공의 안녕질서를 유지할 필요가 있을 때에는 법률이 정하는 바에 의하여 계엄을 선포할 수 있다.

② 계엄은 비상계엄과 경비계엄으로 한다.

③ 비상계엄이 선포된 때에는 법률이 정하는 바에 의하여 영장제도, 언론·출판·집회· 결사의 자유, 정부나 법원의 권한에 관하여 특별한 조치를 할 수 있다.

④ 계엄을 선포한 때에는 대통령은 지체없이 국회에 통고하여야 한다.

⑤ 국회가 재적의원 과반수의 찬성으로 계엄의 해제를 요구한 때에는 대통령은 이를 해 제하여야 한다.

제78조 대통령은 헌법과 법률이 정하는 바에 의하여 공무원을 임면한다.

제79조 ① 대통령은 법률이 정하는 바에 의하여 사면·감형 또는 복권을 명할 수 있다.

② 일반사면을 명하려면 국회의 동의를 얻어야 한다.

③ 사면·감형 및 복권에 관한 사항은 법률로 정한다.

제80조 대통령은 법률이 정하는 바에 의하여 훈장 기타의 영전을 수여한다.

제81조 대통령은 국회에 출석하여 발언하거나 서한으로 의견을 표시할 수 있다.

제82조 대통령의 국법상 행위는 문서로써 하며, 이 문서에는 국무총리와 관계 국무위원이 부서한다. 군사에 관한 것도 또한 같다.

제83조 대통령은 국무총리·국무위원·행정각부의 장 기타 법률이 정하는 공사의 직을 겸할 수 없다.

제84조 대통령은 내란 또는 외환의 죄를 범한 경우를 제외하고는 재직중 형사상의 소추를 받지 아니한다.

제85조 전직대통령의 신분과 예우에 관하여는 법률로 정한다.

제2절 행정부
제1관 국무총리와 국무위원

제86조 ① 국무총리는 국회의 동의를 얻어 대통령이 임명한다.

② 국무총리는 대통령을 보좌하며, 행정에 관하여 대통령의 명을 받아 행정각부를 통할한다.

③ 군인은 현역을 면한 후가 아니면 국무총리로 임명될 수 없다.

제87조 ① 국무위원은 국무총리의 제청으로 대통령이 임명한다.

② 국무위원은 국정에 관하여 대통령을 보좌하며, 국무회의의 구성원으로서 국정을 심의한다.

③ 국무총리는 국무위원의 해임을 대통령에게 건의할 수 있다.

④ 군인은 현역을 면한 후가 아니면 국무위원으로 임명될 수 없다.

제2관 국무회의

제88조 ① 국무회의는 정부의 권한에 속하는 중요한 정책을 심의한다.

② 국무회의는 대통령·국무총리와 15인 이상 30인 이하의 국무위원으로 구성한다.

③ 대통령은 국무회의의 의장이 되고, 국무총리는 부의장이 된다.

제89조 다음 사항은 국무회의의 심의를 거쳐야 한다.

1. 국정의 기본계획과 정부의 일반정책
2. 선전·강화 기타 중요한 대외정책
3. 헌법개정안·국민투표안·조약안·법률안 및 대통령령안
4. 예산안·결산·국유재산처분의 기본계획·국가의 부담이 될 계약 기타 재정에 관한 중요사항

   5. 대통령의 긴급명령·긴급재정경제처분 및 명령 또는 계엄과 그 해제

   6. 군사에 관한 중요사항

   7. 국회의 임시회 집회의 요구

   8. 영전수여

   9. 사면·감형과 복권

   10. 행정각부간의 권한의 획정

   11. 정부안의 권한의 위임 또는 배정에 관한 기본계획

   12. 국정처리상황의 평가·분석

   13. 행정각부의 중요한 정책의 수립과 조정

   14. 정당해산의 제소

   15. 정부에 제출 또는 회부된 정부의 정책에 관계되는 청원의 심사

   16. 검찰총장·합동참모의장·각군참모총장·국립대학교총장·대사 기타 법률이 정한 공무원과 국영기업체관리자의 임명

   17. 기타 대통령·국무총리 또는 국무위원이 제출한 사항

제90조 ① 국정의 중요한 사항에 관한 대통령의 자문에 응하기 위하여 국가원로로 구성되는 국가원로자문회의를 둘 수 있다.

   ② 국가원로자문회의의 의장은 직전대통령이 된다. 다만, 직전대통령이 없을 때에는 대통령이 지명한다.

   ③ 국가원로자문회의의 조직·직무범위 기타 필요한 사항은 법률로 정한다.

제91조 ① 국가안전보장에 관련되는 대외정책·군사정책과 국내정책의 수립에 관하여 국무회의의 심의에 앞서 대통령의 자문에 응하기 위하여 국가안전보장회의를 둔다.

   ② 국가안전보장회의는 대통령이 주재한다.

   ③ 국가안전보장회의의 조직·직무범위 기타 필요한 사항은 법률로 정한다.

제92조 ① 평화통일정책의 수립에 관한 대통령의 자문에 응하기 위하여 민주평화통일자문회의를 둘 수 있다.

   ② 민주평화통일자문회의의 조직·직무범위 기타 필요한 사항은 법률로 정한다.

제93조 ① 국민경제의 발전을 위한 중요정책의 수립에 관하여 대통령의 자문에 응하기 위하여 국민경제자문회의를 둘 수 있다.

   ② 국민경제자문회의의 조직·직무범위 기타 필요한 사항은 법률로 정한다.

제3관 행정각부

제94조 행정각부의 장은 국무위원 중에서 국무총리의 제청으로 대통령이 임명한다.

제95조 국무총리 또는 행정각부의 장은 소관사무에 관하여 법률이나 대통령령의 위임 또

는 직권으로 총리령 또는 부령을 발할 수 있다.

제96조 행정각부의 설치·조직과 직무범위는 법률로 정한다.

제4관 감사원

제97조 국가의 세입·세출의 결산, 국가 및 법률이 정한 단체의 회계검사와 행정기관 및 공무원의 직무에 관한 감찰을 하기 위하여 대통령 소속하에 감사원을 둔다.

제98조 ① 감사원은 원장을 포함한 5인 이상 11인 이하의 감사위원으로 구성한다.

② 원장은 국회의 동의를 얻어 대통령이 임명하고, 그 임기는 4년으로 하며, 1차에 한하여 중임할 수 있다.

③ 감사위원은 원장의 제청으로 대통령이 임명하고, 그 임기는 4년으로 하며, 1차에 한하여 중임할 수 있다.

제99조 감사원은 세입·세출의 결산을 매년 검사하여 대통령과 차년도국회에 그 결과를 보고하여야 한다.

제100조 감사원의 조직·직무범위·감사위원의 자격·감사대상공무원의 범위 기타 필요한 사항은 법률로 정한다.

제5장 법원

제101조 ① 사법권은 법관으로 구성된 법원에 속한다.

② 법원은 최고법원인 대법원과 각급법원으로 조직된다.

③ 법관의 자격은 법률로 정한다.

제102조 ① 대법원에 부를 둘 수 있다.

② 대법원에 대법관을 둔다. 다만, 법률이 정하는 바에 의하여 대법관이 아닌 법관을 둘 수 있다.

③ 대법원과 각급법원의 조직은 법률로 정한다.

제103조 법관은 헌법과 법률에 의하여 그 양심에 따라 독립하여 심판한다.

제104조 ① 대법원장은 국회의 동의를 얻어 대통령이 임명한다.

② 대법관은 대법원장의 제청으로 국회의 동의를 얻어 대통령이 임명한다.

③ 대법원장과 대법관이 아닌 법관은 대법관회의의 동의를 얻어 대법원장이 임명한다.

제105조 ① 대법원장의 임기는 6년으로 하며, 중임할 수 없다.

② 대법관의 임기는 6년으로 하며, 법률이 정하는 바에 의하여 연임할 수 있다.

③ 대법원장과 대법관이 아닌 법관의 임기는 10년으로 하며, 법률이 정하는 바에 의하여 연임할 수 있다.

④ 법관의 정년은 법률로 정한다.

제106조 ① 법관은 탄핵 또는 금고 이상의 형의 선고에 의하지 아니하고는 파면되지 아니하며, 징계처분에 의하지 아니하고는 정직·감봉 기타 불리한 처분을 받지 아니한다.

② 법관이 중대한 심신상의 장해로 직무를 수행할 수 없을 때에는 법률이 정하는 바에 의하여 퇴직하게 할 수 있다.

제107조 ① 법률이 헌법에 위반되는 여부가 재판의 전제가 된 경우에는 법원은 헌법재판소에 제청하여 그 심판에 의하여 재판한다.

② 명령·규칙 또는 처분이 헌법이나 법률에 위반되는 여부가 재판의 전제가 된 경우에는 대법원은 이를 최종적으로 심사할 권한을 가진다.

③ 재판의 전심절차로서 행정심판을 할 수 있다. 행정심판의 절차는 법률로 정하되, 사법절차가 준용되어야 한다.

제108조 대법원은 법률에 저촉되지 아니하는 범위안에서 소송에 관한 절차, 법원의 내부규율과 사무처리에 관한 규칙을 제정할 수 있다.

제109조 재판의 심리와 판결은 공개한다. 다만, 심리는 국가의 안전보장 또는 안녕질서를 방해하거나 선량한 풍속을 해할 염려가 있을 때에는 법원의 결정으로 공개하지 아니할 수 있다.

제110조 ① 군사재판을 관할하기 위하여 특별법원으로서 군사법원을 둘 수 있다.

② 군사법원의 상고심은 대법원에서 관할한다.

③ 군사법원의 조직·권한 및 재판관의 자격은 법률로 정한다.

④ 비상계엄하의 군사재판은 군인·군무원의 범죄나 군사에 관한 간첩죄의 경우와 초병·초소·유독음식물공급·포로에 관한 죄중 법률이 정한 경우에 한하여 단심으로 할 수 있다. 다만, 사형을 선고한 경우에는 그러하지 아니하다.

제6장 헌법재판소

제111조 ① 헌법재판소는 다음 사항을 관장한다.

1. 법원의 제청에 의한 법률의 위헌여부 심판
2. 탄핵의 심판
3. 정당의 해산 심판
4. 국가기관 상호간, 국가기관과 지방자치단체간 및 지방자치단체 상호간의 권한쟁의에 관한 심판
5. 법률이 정하는 헌법소원에 관한 심판

② 헌법재판소는 법관의 자격을 가진 9인의 재판관으로 구성하며, 재판관은 대통령이 임명한다.

③ 제2항의 재판관중 3인은 국회에서 선출하는 자를, 3인은 대법원장이 지명하는 자를

임명한다.

④ 헌법재판소의 장은 국회의 동의를 얻어 재판관중에서 대통령이 임명한다.

제112조 ① 헌법재판소 재판관의 임기는 6년으로 하며, 법률이 정하는 바에 의하여 연임할 수 있다.

② 헌법재판소 재판관은 정당에 가입하거나 정치에 관여할 수 없다.

③ 헌법재판소 재판관은 탄핵 또는 금고 이상의 형의 선고에 의하지 아니하고는 파면되지 아니한다.

제113조 ① 헌법재판소에서 법률의 위헌결정, 탄핵의 결정, 정당해산의 결정 또는 헌법소원에 관한 인용결정을 할 때에는 재판관 6인 이상의 찬성이 있어야 한다.

② 헌법재판소는 법률에 저촉되지 아니하는 범위안에서 심판에 관한 절차, 내부규율과 사무처리에 관한 규칙을 제정할 수 있다.

③ 헌법재판소의 조직과 운영 기타 필요한 사항은 법률로 정한다.

제7장 선거관리

제114조 ① 선거와 국민투표의 공정한 관리 및 정당에 관한 사무를 처리하기 위하여 선거관리위원회를 둔다.

② 중앙선거관리위원회는 대통령이 임명하는 3인, 국회에서 선출하는 3인과 대법원장이 지명하는 3인의 위원으로 구성한다. 위원장은 위원중에서 호선한다.

③ 위원의 임기는 6년으로 한다.

④ 위원은 정당에 가입하거나 정치에 관여할 수 없다.

⑤ 위원은 탄핵 또는 금고 이상의 형의 선고에 의하지 아니하고는 파면되지 아니한다.

⑥ 중앙선거관리위원회는 법령의 범위안에서 선거관리·국민투표관리 또는 정당사무에 관한 규칙을 제정할 수 있으며, 법률에 저촉되지 아니하는 범위안에서 내부규율에 관한 규칙을 제정할 수 있다.

⑦ 각급 선거관리위원회의 조직·직무범위 기타 필요한 사항은 법률로 정한다.

제115조 ① 각급 선거관리위원회는 선거인명부의 작성등 선거사무와 국민투표사무에 관하여 관계 행정기관에 필요한 지시를 할 수 있다.

② 제1항의 지시를 받은 당해 행정기관은 이에 응하여야 한다.

제116조 ① 선거운동은 각급 선거관리위원회의 관리하에 법률이 정하는 범위안에서 하되, 균등한 기회가 보장되어야 한다.

② 선거에 관한 경비는 법률이 정하는 경우를 제외하고는 정당 또는 후보자에게 부담시킬 수 없다.

제8장 지방자치

제117조 ① 지방자치단체는 주민의 복리에 관한 사무를 처리하고 재산을 관리하며, 법령의 범위안에서 자치에 관한 규정을 제정할 수 있다.

② 지방자치단체의 종류는 법률로 정한다.

제118조 ① 지방자치단체에 의회를 둔다.

② 지방의회의 조직·권한·의원선거와 지방자치단체의 장의 선임방법 기타 지방자치단체의 조직과 운영에 관한 사항은 법률로 정한다.

제9장 경제

제119조 ① 대한민국의 경제질서는 개인과 기업의 경제상의 자유와 창의를 존중함을 기본으로 한다.

② 국가는 균형있는 국민경제의 성장 및 안정과 적정한 소득의 분배를 유지하고, 시장의 지배와 경제력의 남용을 방지하며, 경제주체간의 조화를 통한 경제의 민주화를 위하여 경제에 관한 규제와 조정을 할 수 있다.

제120조 ① 광물 기타 중요한 지하자원·수산자원·수력과 경제상 이용할 수 있는 자연력은 법률이 정하는 바에 의하여 일정한 기간 그 채취·개발 또는 이용을 특허할 수 있다.

② 국토와 자원은 국가의 보호를 받으며, 국가는 그 균형있는 개발과 이용을 위하여 필요한 계획을 수립한다.

제121조 ① 국가는 농지에 관하여 경자유전의 원칙이 달성될 수 있도록 노력하여야 하며, 농지의 소작제도는 금지된다.

② 농업생산성의 제고와 농지의 합리적인 이용을 위하거나 불가피한 사정으로 발생하는 농지의 임대차와 위탁경영은 법률이 정하는 바에 의하여 인정된다.

제122조 국가는 국민 모두의 생산 및 생활의 기반이 되는 국토의 효율적이고 균형있는 이용·개발과 보전을 위하여 법률이 정하는 바에 의하여 그에 관한 필요한 제한과 의무를 과할 수 있다.

제123조 ① 국가는 농업 및 어업을 보호·육성하기 위하여 농·어촌종합개발과 그 지원등 필요한 계획을 수립·시행하여야 한다.

② 국가는 지역간의 균형있는 발전을 위하여 지역경제를 육성할 의무를 진다.

③ 국가는 중소기업을 보호·육성하여야 한다.

④ 국가는 농수산물의 수급균형과 유통구조의 개선에 노력하여 가격안정을 도모함으로써 농·어민의 이익을 보호한다.

⑤ 국가는 농·어민과 중소기업의 자조조직을 육성하여야 하며, 그 자율적 활동과 발전을 보장한다.

제124조 국가는 건전한 소비행위를 계도하고 생산품의 품질향상을 촉구하기 위한 소비자
　보호운동을 법률이 정하는 바에 의하여 보장한다.

제125조 국가는 대외무역을 육성하며, 이를 규제·조정할 수 있다.

제126조 국방상 또는 국민경제상 긴절한 필요로 인하여 법률이 정하는 경우를 제외하고
　는, 사영기업을 국유 또는 공유로 이전하거나 그 경영을 통제 또는 관리할 수 없다.

제127조 ① 국가는 과학기술의 혁신과 정보 및 인력의 개발을 통하여 국민경제의 발전에
　노력하여야 한다.

　② 국가는 국가표준제도를 확립한다.

　③ 대통령은 제1항의 목적을 달성하기 위하여 필요한 자문기구를 둘 수 있다.

제10장 헌법개정

제128조 ① 헌법개정은 국회재적의원 과반수 또는 대통령의 발의로 제안된다.

　② 대통령의 임기연장 또는 중임변경을 위한 헌법개정은 그 헌법개정 제안 당시의 대통
　령에 대하여는 효력이 없다.

제129조 제안된 헌법개정안은 대통령이 20일 이상의 기간 이를 공고하여야 한다.

제130조 ① 국회는 헌법개정안이 공고된 날로부터 60일 이내에 의결하여야 하며, 국회의
　의결은 재적의원 3분의 2 이상의 찬성을 얻어야 한다.

　② 헌법개정안은 국회가 의결한 후 30일 이내에 국민투표에 붙여 국회의원선거권자 과
　반수의 투표와 투표자 과반수의 찬성을 얻어야 한다.

　③ 헌법개정안이 제2항의 찬성을 얻은 때에는 헌법개정은 확정되며, 대통령은 즉시 이
　를 공포하여야 한다.

부칙 〈제10호, 1987.10.29.〉

제1조 이 헌법은 1988년 2월 25일부터 시행한다. 다만, 이 헌법을 시행하기 위하여 필요한
　법률의 제정·개정과 이 헌법에 의한 대통령 및 국회의원의 선거 기타 이 헌법시행에
　관한 준비는 이 헌법시행 전에 할 수 있다.

제2조 ① 이 헌법에 의한 최초의 대통령선거는 이 헌법시행일 40일 전까지 실시한다.

　② 이 헌법에 의한 최초의 대통령의 임기는 이 헌법시행일로부터 개시한다.

제3조 ① 이 헌법에 의한 최초의 국회의원선거는 이 헌법공포일로부터 6월 이내에 실시하
　며, 이 헌법에 의하여 선출된 최초의 국회의원의 임기는 국회의원선거후 이 헌법에 의
　한 국회의 최초의 집회일로부터 개시한다.

　② 이 헌법공포 당시의 국회의원의 임기는 제1항에 의한 국회의 최초의 집회일 전일까
　지로 한다.

제4조 ① 이 헌법시행 당시의 공무원과 정부가 임명한 기업체의 임원은 이 헌법에 의하여 임명된 것으로 본다. 다만, 이 헌법에 의하여 선임방법이나 임명권자가 변경된 공무원과 대법원장 및 감사원장은 이 헌법에 의하여 후임자가 선임될 때까지 그 직무를 행하며, 이 경우 전임자인 공무원의 임기는 후임자가 선임되는 전일까지로 한다.

② 이 헌법시행 당시의 대법원장과 대법원판사가 아닌 법관은 제1항 단서의 규정에 불구하고 이 헌법에 의하여 임명된 것으로 본다.

③ 이 헌법중 공무원의 임기 또는 중임제한에 관한 규정은 이 헌법에 의하여 그 공무원이 최초로 선출 또는 임명된 때로부터 적용한다.

제5조 이 헌법시행 당시의 법령과 조약은 이 헌법에 위배되지 아니하는 한 그 효력을 지속한다.

제6조 이 헌법시행 당시에 이 헌법에 의하여 새로 설치될 기관의 권한에 속하는 직무를 행하고 있는 기관은 이 헌법에 의하여 새로운 기관이 설치될 때까지 존속하며 그 직무를 행한다.

판례색인

사항색인

저자 주요 약력

장영철
연세대학교 법과대학(법학사)
연세대학교 대학원 법학과(법학석사)
독일쾰른대학교 법과대학(법학박사)
한국헌법판례연구학회 회장
한국공법학회, 한국헌법학회 부회장
변호사시험, 사법시험, 행정고시 등 각종 국가고시 출제위원
국가인권위원회 행정심판위원
헌법재판연구원 모의헌법재판 운영위원
서울시립대 법학연구소 소장
강남구 세정연구자문단 위원
대전대학교 법학과 교수
(현) 서울시립대 법학전문대학원 교수

[주요저서]
국가조직론(화산미디어, 2020)
기본권론(화산미디어, 2018) 2019년 학술원선정 우수학술도서
법학입문(두남, 1999, 공저)

제2판
헌법학

초판발행	2022년 9월 1일
제2판발행	2024년 2월 28일
지은이	장영철
펴낸이	안종만·안상준
편 집	심성보
기획/마케팅	조성호
표지디자인	벤스토리
제 작	고철민·조영환
펴낸곳	(주) **박영시**
	서울특별시 금천구 가산디지털2로 53, 210호(가산동, 한라시그마밸리)
	등록 1959. 3. 11. 제300-1959-1호(倫)
전 화	02)733-6771
f a x	02)736-4818
e-mail	pys@pybook.co.kr
homepage	www.pybook.co.kr
ISBN	979-11-303-4695-3 93360

copyright©장영철, 2024, Printed in Korea

* 파본은 구입하신 곳에서 교환해 드립니다. 본서의 무단복제행위를 금합니다.

정 가   54,000원